DIE ALTEN ÜBERSETZUNGEN
DES NEUEN TESTAMENTS,
DIE KIRCHENVÄTERZITATE UND LEKTIONARE

ARBEITEN ZUR NEUTESTAMENTLICHEN TEXTFORSCHUNG

HERAUSGEGEBEN VOM

INSTITUT FÜR NEUTESTAMENTLICHE TEXTFORSCHUNG
DER WESTFÄLISCHEN WILHELMS-UNIVERSITÄT
MÜNSTER/WESTFALEN

BAND 5

WALTER DE GRUYTER · BERLIN · NEW YORK

1972

DIE ALTEN ÜBERSETZUNGEN DES NEUEN TESTAMENTS, DIE KIRCHENVÄTERZITATE UND LEKTIONARE

DER GEGENWÄRTIGE STAND IHRER ERFORSCHUNG UND IHRE BEDEUTUNG FÜR DIE GRIECHISCHE TEXTGESCHICHTE

MIT BEITRÄGEN VON

M. BLACK, B. FISCHER, H. J. FREDE,
CHR. HANNICK, J. HOFMANN, K. JUNACK, L. LELOIR,
B. M. METZGER, G. MINK, J. MOLITOR,
P. PRIGENT, E. STUTZ, W. THIELE

HERAUSGEGEBEN VON

K. ALAND

WALTER DE GRUYTER · BERLIN · NEW YORK

1972

Library of Congress Catalog Card Number: 72-77435

ISBN 3 11 004121 9

Satz und Druck: Walter de Gruyter & Co., Berlin 30

Dem Vorsitzenden des Vorstandes
der Stiftung zur Förderung der neutestamentlichen Textforschung

Bischof D. HERMANN KUNST, D. D.

in dankbarer Würdigung seiner Verdienste
um die Förderung der neutestamentlichen Textforschung
zum 65. Geburtstag gewidmet

VORWORT

Dieser Band berichtet über eine Tagung des Wissenschaftlichen Beirats des Instituts für Neutestamentliche Textforschung, die vom 20.—22. Mai 1970 in Bonn stattfand. Sie stand unter dem Thema: Die alten Übersetzungen des Neuen Testaments, die Kirchenväterzitate und die Lektionare: der gegenwärtige Stand ihrer Erforschung und ihre Bedeutung für die griechische Textgeschichte. Dementsprechend hat auch der Berichtsband über die Tagung diesen Titel erhalten, mag er auch etwas umständlich klingen. Die Überlieferung in den griechischen Texthandschriften, welche auf einer späteren Tagung des Beirats diskutiert werden soll, kam lediglich im Vortrag zur Eröffnung der Tagung zur Sprache, den der Rektor des Päpstlichen Bibelinstituts in Rom, Prof. Dr. Carlo Martini S. J. hielt: Die Bedeutung der handschriftlichen Funde für die Gestaltung des Urtextes des Neuen Testaments. Dieser Vortrag fand vor einem größeren geladenen Kreis statt und war mit einem Empfang durch Kuratorium und Vorstand der Stiftung zur Förderung der neutestamentlichen Textforschung verbunden, die das Zustandekommen der Tagung ermöglicht hatten. An ihr nahmen außer den Mitgliedern des wissenschaftlichen Beirats auch eine Reihe von Mitarbeitern der Editio maior critica teil, denn auch für die Vorbereitung dieser Ausgabe war die Tagung gedacht: indirekt (zur theoretischen Grundlegung), aber z. T. auch sehr direkt (deshalb die unmittelbare Ausrichtung einer Reihe von Referaten auf die Katholischen Briefe, mit welchen die Ausgabe beginnen wird).

Kaum ein Referat wird jedoch hier so abgedruckt, wie es gehalten worden ist. Entweder wurde das der Größe des Themas entsprechend umfangreiche Manuskript im Auszug vorgetragen, oder der vorgetragene Grundriß wurde nachträglich zur ausführlichen Untersuchung erweitert. Einige Manuskripte sind von vornherein nur für den Berichtsband geschrieben, weil das Programm der Tagung mit neun Vorträgen und den sich an sie anschließenden ausführlichen Aussprachen ohnehin reichlich ausgefüllt war. Alle sind durch Zusätze und Korrekturen während des Druckes (dessen Durchführung H. L. Heller überwacht hat) auf den neuesten Stand gebracht worden. So ist der Berichtsband über die Tagung zu einem Handbuch geworden, welches eine Übersicht über den Stand der Erforschung wie eine Darstellung der aktuellen Probleme der alten Übersetzungen des Neuen

Testaments, der Zitate aus ihm bei den Kirchenvätern sowie der Lektionare bietet. Dieses Handbuch dürfte den auf dem Gebiete der Textgeschichte und der Textkritik arbeitenden Neutestamentlern eine willkommene Hilfe sein. Aber auch den Vertretern der in Betracht kommenden philologischen Disziplinen dürfte es erwünschte Aufschlüsse über Spezialfragen geben. Wenn es darüber hinaus die Zusammenarbeit zwischen ihnen und der neutestamentlichen Textforschung neu beleben würde, an der es in der Vergangenheit oft gefehlt hat (vgl. die Referate über das Gotische und das Altkirchenslawische, um nur zwei Beispiele herauszugreifen), so wäre damit nicht nur der neutestamentlichen Textforschung ein wesentlicher Dienst erwiesen. Auf allen in Betracht kommenden Sektoren sind in der letzten Generation zwar entscheidende Fortschritte erreicht, wie dieser Band zeigt, dennoch bleibt fast überall noch sehr viel zu tun, nicht selten (etwa beim Koptischen und beim Äthiopischen) fehlt es sogar noch an der Schaffung tragfähiger Grundlagen für die weitere Arbeit.

Jedem Bearbeiter ist freie Hand in der Gestaltung der Beiträge gelassen worden. So sind sie nicht nur im Umfang voneinander unterschieden. Aber das entspricht nur der unterschiedlichen Lage in den einzelnen Disziplinen. Ein Fach, das — wie das Lateinische — über eine Fülle gesicherten Materials verfügt, kann anders reden als eine Disziplin — wie das Syrische —, in welcher die überkommenen Vorstellungen in völliger Wandlung begriffen sind, ohne daß die dafür notwendige Aufarbeitung des Materials schon abgeschlossen wäre. Noch anders liegen die Dinge etwa bei dem heute so in den Vordergrund getretenen Koptischen. Bei denen, die nach Horners Ausgaben arbeiten, herrscht oft eine falsche Sicherheit. Denn hier muß die Materialgrundlage völlig neu erarbeitet werden. Wenn daher bei der Behandlung des Koptischen auf die Problematik der Umsetzung ins Griechische ausführlicher als sonst eingegangen wird — obwohl die Lage auch anderswo durchaus vergleichbar ist — so mit Rücksicht auf diesen Tatbestand. Vom Äthiopischen wie vom Gotischen war bereits die Rede, auch hierzu wie zum Armenischen und zum Georgischen ließe sich manches bemerken. Aber dafür sei auf den Band selbst verwiesen, der, wie mir scheint, einen Markstein der Forschung bedeutet. Ohne Kenntnis dieses Bandes wird man künftig auf allen von ihm behandelten Gebieten nicht weiterarbeiten können. Vielleicht wird er mit manchen seiner Beiträge (vgl. z. B. K. Junacks Ergebnisse bei der Untersuchung der Apostolos-Lektionare) Widersprüche hervorrufen, vielleicht wird der Fortgang der Forschung auch manche der in diesem Band vorgetragenen Resultate modifizieren, alles in allem scheint er mir aber die Richtung zu bezeichnen, in welche die neutestamentliche Textforschung sich in unserer Generation bewegen wird.

Daß die erste Arbeitstagung des wissenschaftlichen Beirats des Instituts für Neutestamentliche Textforschung sich mit den „Randgebieten", den alten Versionen, den Kirchenväterzitaten und den Lektionaren befaßte, hat seinen Grund in der Notwendigkeit, die Resultate auf diesen Gebieten neu aufzuarbeiten. Die Problematik der Überlieferung des griechischen Textes wurde auf dieser Tagung (vgl. oben S. VII) nur einleitend kurz angesprochen, sie soll auf einer zweiten Tagung des Beirats ausführlich diskutiert werden. Der Augenblick dafür wird gekommen sein, wenn das International Project seine Ausgabe des Lukasevangeliums, die Editio maior critica die des Jakobusbriefes vorgelegt hat und wenn die in Münster laufenden Arbeiten zur Überlieferung der Katholischen Briefe aber auch des sog. „Westlichen Textes" über die bisher nur in Konturen sichtbaren Resultate hinaus zu einigermaßen endgültigen Ergebnissen geführt haben werden (vgl. dazu den in Kürze erscheinenden Bericht über die Arbeit der Stiftung zur Förderung der neutestamentlichen Textforschung in den Jahren 1970 und 1971 von Hermann Kunst).

Wenn der vorliegende Band Hermann Kunst zum 65. Geburtstag gewidmet ist, so geschieht das im Zeichen eines Dankes für weit mehr als nur dafür, daß die Tagung des Wissenschaftlichen Beirats des Instituts für Neutestamentliche Textforschung und damit das Erscheinen dieses Bandes möglich war. Denn jeder Fachgenosse weiß, daß ohne Bischof Kunst und seinen ständigen Beistand die Arbeit des Instituts nur einen Bruchteil der tatsächlichen Reichweite und Erfolge erlangt hätte.

21. Januar 1972 K. Aland

INHALTSVERZEICHNIS

BONIFATIUS FISCHER

DAS NEUE TESTAMENT IN LATEINISCHER SPRACHE

Der gegenwärtige Stand seiner Erforschung und seine Bedeutung für die griechische Textgeschichte

Zwei Vorbemerkungen müssen gemacht werden, um Mißverständnisse zu vermeiden:

1. Der Titel heißt absichtlich nicht „seine Bedeutung für die Gewinnung des griechischen Urtextes", sondern „seine Bedeutung für die griechische Textgeschichte". Die neutestamentliche Textkritik hat nämlich nicht nur das eine Ziel, den Urtext des Neuen Testamentes wiederherzustellen, sondern auch die Aufgabe, seine Textüberlieferung zu klären, d. h. zu zeigen, in welchen Formen das Neue Testament im Laufe der Kirchengeschichte gelesen und verkündet worden ist. Wenn schon griechische Textzeugen nicht einzig in ihrem Wert für die Gewinnung des Urtextes gesehen werden dürfen, so ist das noch weniger zulässig bei einem derart einflußreichen Überlieferungszweig wie der lateinischen Übersetzung. Denn beinahe ausschließlich in dieser Gestalt hat das Neue Testament auf die Theologie und das Geistesleben fast des gesamten Abendlandes eingewirkt, von den lateinischen Kirchenvätern angefangen bis zu den Reformatoren.

2. Dieses Referat soll kein Literaturbericht sein. Die älteren Arbeiten sind in den Handbüchern von Heinrich Joseph Vogels und Bruce M. Metzger[1] angegeben, und die laufende Literatur wird in den kritischen Berichten von Jean Duplacy[2] und Pierre-Maurice Bogaert[3]

---

[1] H. J. Vogels, Handbuch der Textkritik des Neuen Testaments, Bonn 1955²; B. M. Metzger, Annotated Bibliography of the Textual Criticism of the New Testament 1914–1939, Kopenhagen 1955 (= Studies and Documents 16); B. M. Metzger, The Text of the New Testament. Its Transmission, Corruption, and Restoration, Oxford 1964. Dagegen ist A. Vööbus, Early Versions of the New Testament, Stockholm 1954 (= Papers of the Estonian Theological Society in Exile 6), für die lateinischen Texte unzureichend.

[2] J. Duplacy, Où en est la critique textuelle du Nouveau Testament?, Paris 1959 [Zusammenfassung der Artikel in: Recherches de Science Religieuse 45 (1957), 419–441; 46 (1958), 270–313. 431–462]; Bulletin I = Recherches de Science Religieuse 50 (1962), 242–263. 564–598; 51 (1963), 432–462; Bulletin II = Recherches de Science Religieuse 53 (1965), 257–284; 54 (1966), 426–476; Bulletin III (in Verbindung mit C. M. Martini) = Bibl 49 (1968), 515–551; 51 (1970), 84–129; Bulletin IV = Bibl 52 (1971), 79–113.

[3] Das Bulletin de la Bible Latine setzt als Band 5 das frühere Bulletin d'ancienne littérature chrétienne latine als Beigabe zur Revue bénédictine seit Band 74 (1964)

verzeichnet und besprochen; sie ist also verhältnismäßig einfach aufzufinden. Hier geht es um einen zusammenfassenden Überblick über den bisher erreichten Stand und noch offene Probleme. Die Auswahl der Fragenkomplexe und manches Urteil im einzelnen ist subjektiv; die angeführten Begründungen können nur kurz sein, da eingehende Erörterungen das Referat zu einem Buch anschwellen ließen. Aber was daran subjektiv ist, ist nicht leicht dahingesprochen, sondern stützt sich auf langjährige Arbeit an den Quellen selbst und auf persönliche Kenntnis der Literatur.

I. Ausgaben und Terminologie

Wenn uns einerseits ein Werk fehlt, das den heutigen Stand der Forschung über das lateinische Neue Testament zusammenfaßt[4], so sind

---

unter eigener Paginierung fort, herausgegeben von P.-M. Bogaert; bis Ende 1970 hat es 220 Seiten bzw. 704 Nummern erreicht. Auch der jährliche *Elenchus Bibliographicus* der Zeitschrift Biblica ist hier zu nennen.

[4] Aus der älteren Literatur ist zu nennen: P. Corssen, Bericht über die lateinischen Bibelübersetzungen, Sonderabdruck aus dem Jahresbericht über die Fortschritte der classischen Altertumswissenschaft, Leipzig 1899; F. Stummer, Einführung in die lateinische Bibel, Paderborn 1928; das Handexemplar von Stummer mit zahlreichen Notizen für eine Neuauflage ist zwar in meinem Besitz, aber der heutige Stand unserer Kenntnisse würde damit nicht dargestellt, zumal er sich schnell weiterentwickelt. Unentbehrlich ist immer noch S. Berger, Histoire de la vulgate pendant les premiers siècles du moyen âge, Paris 1893 (Nachdruck: New York 1958, Burt Franklin Bibliographical Series 14); allerdings sollte daneben als Ergänzung und Berichtigung immer benützt werden B. Fischer, Bibelausgaben des frühen Mittelalters, in: Settimane di studio del Centro italiano di studi sull'alto medioevo X. La bibbia nell'alto medioevo, Spoleto 1963, 519–600; Bibeltext und Bibelreform unter Karl dem Großen, in: Karl der Große, Lebenswerk und Nachleben II. Das geistige Leben, hg. von B. Bischoff, Düsseldorf 1965, 156–216; Die Alkuin-Bibeln, in: Die Bibel von Moutier-Grandval, hg. vom Verein Schweizerischer Lithographiebesitzer, Bern 1972, 49–98. Viel verspricht der Titel The Cambridge History of the Bible I. From the Beginnings to Jerome, Edited by P. R. Ackroyd and C. F. Evans, Cambridge 1970; II. The West from the Fathers to the Reformation, Edited by G. W. H. Lampe, Cambridge 1969. Die Erwartungen, die sich besonders auf den zweiten Band richten, werden jedoch enttäuscht. Denn die Themen der einleitenden drei Beiträge (II, 1–79) werden im ersten Band ausführlicher behandelt und trotz Buchtitel spielt der besondere Aspekt des lateinischen Westens darin keine Rolle; E. F. Sutcliffe, Jerome (II, 80–101), ist schwach gegenüber H. F. D. Sparks, Jerome as Biblical Scholar (I, 510–541). Beachtlich ist aber R. Loewe, The Mediaeval History of the Latin Vulgate (II, 102–154), obwohl Loewe die neueste Literatur wegen der nicht von ihm verschuldeten Verzögerung des Druckes nicht mehr berücksichtigen konnte und sich vielleicht zu sehr an die Arbeiten von Hans Glunz anschloß: Britannien und Bibeltext. Der Vulgatatext der Evangelien in seinem Verhältnis zur irisch-angelsächsischen Kultur des Frühmittelalters, Leipzig 1930 (= Kölner Anglistische Arbeiten 12); History of the Vulgate in England from Alcuin to Roger Bacon, Cambridge 1933. Als instruktiv ist noch die kurze Darstellung zu erwähnen von H. F. D. Sparks, The Latin Bible, in: H. Wheeler Robinson, The Bible in its Ancient and English Versions, Oxford 1940, 100–127.

wir andererseits in der glücklichen Lage, daß uns wesentlich mehr Material zur Verfügung steht in kritischen Ausgaben, die teilweise schon vollendet sind, teilweise erst erscheinen. Ich nenne die große Vulgata-Ausgabe von John Wordsworth und Henry Julian White[5], neben die jetzt die kritische Handausgabe der Württembergischen Bibelanstalt[6] getreten ist, dann die Itala von Jülicher–Matzkow–Aland[7] für die altlateinischen Evangelien und die Beuroner Vetus Latina[8] für die Katholischen Briefe und für einige Paulusbriefe. Allerdings unterscheiden sich diese Ausgaben beträchtlich voneinander nach der Menge des gebotenen Materials und nach dem Grad seiner Erschließung. Am weitesten geht die Beuroner Vetus Latina, nicht nur durch die Fülle und Aufgliederung des Stoffes, sondern vor allem durch die Einleitungen, in denen die verschiedenen lateinischen Textformen einschließlich der Vulgata charakterisiert und geschichtlich eingeordnet werden. Dazu treten noch die Abhandlungen in der zugehörigen Reihe „Aus der Geschichte der lateinischen Bibel“[9]. Jülicher rezensiert die europäische Textform; er bietet dazu die Lesarten der altlateinischen Hss; die Hss k (1) und e (2) bringt er als Afra in einer eigenen Zeile. Der Words-

5 J. Wordsworth, H. J. White, H. F. D. Sparks, Nouum Testamentum Domini nostri Iesu Christi Latine secundum editionem S. Hieronymi, Oxford 1889–1954.

6 Biblia Sacra iuxta Vulgatam versionem adiuvantibus B. Fischer, J. Gribomont, H. F. D. Sparks, W. Thiele recensuit et brevi apparatu instruxit R. Weber, Stuttgart 1969. Zur Vorgeschichte dieser Ausgabe siehe B. Fischer, Vetus Latina Institut der Erzabtei Beuron, Bericht 3, Beuron 1969, 7–16.

7 Itala. Das Neue Testament in altlateinischer Überlieferung nach den Handschriften herausgegeben von A. Jülicher, durchgesehen und zum Druck besorgt von W. Matzkow und K. Aland, Berlin 1938–1963; eine verbesserte Neuauflage von Mk erschien 1970, von Mt 1972.

8 Vetus Latina. Die Reste der altlateinischen Bibel nach Petrus Sabatier neu gesammelt und herausgegeben von der Erzabtei Beuron, 26/1. Epistulae Catholicae, hg. von W. Thiele, Freiburg 1956–1969; 24/1. Epistula ad Ephesios, hg. von H. J. Frede, Freiburg 1962–1964; 24/2. Epistulae ad Philippenses et ad Colossenses, hg. von H. J. Frede Freiburg 1966–1971.

9 Nr. 1: B. Fischer, Die Alkuin-Bibel, Freiburg 1957; Nr. 2: W. Thiele, Wortschatzuntersuchungen zu den lateinischen Texten der Johannesbriefe (1958); Nr. 3: H. J. Frede, Pelagius, der irische Paulustext, Sedulius Scottus (1961); Nr. 4: H. J. Frede, Altlateinische Paulus-Handschriften (1964); Nr. 5: W. Thiele, Die lateinischen Texte des 1. Petrusbriefes (1965); Nr. 6: J. Regul, Die antimarcionitischen Evangelienprologe (1969). Über die Tätigkeit des Vetus Latina Instituts in Beuron vgl. auch die Arbeitsberichte 1–14 (1951–1965) der Stiftung Vetus Latina und: Vetus Latina Institut der Erzabtei Beuron, Bericht 1 (1967) – 3 (1969); seither zusammen 15. Arbeitsbericht der Stiftung, 4. Bericht des Instituts (1971). — Hier sei auch hingewiesen auf die Arbeiten aus der Schule von Karl Theodor Schäfer über die lateinischen Texte verschiedener Paulusbriefe; sie betreffen 2 Kor (H. Zimmermann 1960), Gal (Schäfer 1935, 1939 und auch 1963), Eph (ungedruckte Dissertation von H. J. Frede 1958, überholt durch seine oben genannten Publikationen), Kol (U. Borse 1966, überholt durch H. J. Frede, siehe oben), 1 Thess (E. Nellessen 1965 und 1968), 1 Tim (F. H. Tinnefeld 1963), Tit (ungedruckte Diplomarbeit von E. Wolgarten o. J., wohl 1968), Hebr (Schäfer 1929).

worth-White gibt nur zu den Evangelien eine lange Einleitung und einen Epilog, zur Apostelgeschichte eine kurze, aber gehaltvolle Einleitung; naturgemäß behandelt er darin fast nur die Vulgata; im Apparat gruppiert er seine Zeugen nicht, sondern beläßt sie in alphabetischer Reihenfolge, gibt allerdings auch sehr viel altlateinisches Material aus Hss und Zitaten bei Kirchenvätern.

Die Verschiedenheit in der Terminologie, die schon in den Titeln der genannten Ausgaben zutage tritt, darf uns nicht verwirren. Am gebräuchlichsten ist heute Vetus Latina oder die altlateinische Bibel. Mit dem Singular will nicht gesagt sein, daß es sich um eine ursprünglich einheitliche Übersetzung handelt. Im Neuen Testament bedeutet der Name heute nur eine Abgrenzung gegenüber der Vulgata. Unter dieser hinwiederum versteht man zwar eine durchgehende bestimmte Textform; davon sind aber nur die Evangelien sicher eine Revision des Hieronymus, für die übrigen Bücher des Neuen Testaments gilt das keineswegs, siehe unten die Anm. 66. Prävulgata oder vorhieronymianische Texte sind weniger gebräuchliche Synonyme für Vetus Latina; empfehlenswert erscheinen sie nicht, da sich zu leicht die falsche Vorstellung einschleicht, daß all diese Texte in die Zeit vor Hieronymus oder vor der Entstehung der Vulgata zu setzen seien; Sicherheit besteht aber nur darüber, daß sie vor den endgültigen Sieg der Vulgata datiert werden müssen. Der Name Itala stammt aus einer oft behandelten Augustinus-Stelle[10]; heute wird er besser vermieden, weil er unklar ist, hauptsächlich wegen der verschiedenartigen Bedeutungen, die ihm beigelegt werden: Vetus Latina ganz allgemein oder nur die europäischen Texte im Gegensatz zu den afrikanischen oder — besonders in den Evangelien — eine bestimmte Gruppe unter den europäischen Textzeugen, und entsprechend klingt auch noch mehr oder weniger stark eine lokale Aussage über Herkunft oder wenigstens Verbreitungsgebiet des jeweils gemeinten Textes mit.

---

[10] *De doctrina christiana* 2, 22: *In ipsis autem interpretationibus Itala ceteris praeferatur' nam est verborum tenacior cum perspicuitate sententiae.* Die Flut der Literatur über diese Stelle, die zunächst vom Alten Testament spricht, und über das Wort Itala ist glücklicherweise in den letzten Jahren etwas abgeebbt; der Ertrag für unser Wissen über die lateinische Bibel und ihre Geschichte ist gering, da die Frage überbewertet worden war. Zuletzt behandelte L. F. Pizzolato, Studi sull'esegesi agostiniana I. S. Agostino „emendator", Rivista di storia e letteratura religiosa 4 (1968), 338–357, das Itala-Problem und gab die umfangreiche Literatur an. Aber er machte dabei den Fehler, daß er Textausgaben und deren Einleitungen mit der seltsamen Begründung nicht berücksichtigte, diese beruhten doch nur auf den Forschungen von anderen. Normalerweise ist das Verhältnis hoffentlich gerade umgekehrt (siehe als abschrekkendes Beispiel unten die Anm. 67); und speziell die Frage der Itala läßt sich nicht von der Geschichte des lateinischen Bibeltextes trennen, zu der in den Ausgaben und deren Einleitungen gezeigt wird, daß in Afrika zur Zeit Augustins europäische Texte eindringen und sich durchzusetzen beginnen, siehe unten den Abschnitt IV.

II. Die Forschungsmethode und ihre Entwicklung

Wann und wo die lateinische Bibelübersetzung geschaffen wurde, erzählt keine Legende, wie etwa die Wiederherstellung der Hl. Schrift durch Ezra oder die wunderbare Übersetzung der Septuaginta ausgeschmückt worden ist. Wir sind auf das angewiesen, was man aus den erhaltenen Resten erschließen kann. Denn wenn Augustinus und Hieronymus[11] von der Vielzahl der Übersetzer und Korrektoren schon in den ersten Zeiten sprechen, so ist das bloß ein Rückschluß aus der Vielfältigkeit der Texte, die sie selber beobachteten und die uns noch heute beeindruckt.

Für die Ursprünge und die ersten Zeiten der Vetus Latina haben wir nur wenige Anhaltspunkte allgemeiner Art, an denen wir uns etwas orientieren können. Ohne Zweifel wandten sich die ersten Verkünder des Evangeliums im lateinischen Westen zunächst an die Juden und Orientalen, die ihr Griechisch verstanden. Wann wurde dann das Sprachenproblem aktuell? Für die Stadt Rom wissen wir, daß die christliche Gemeinde anfangs griechisch sprach[12]; seit 250 wird auch Latein ihre offizielle Sprache[13], für die Anaphora ihrer Liturgie ging sie vielleicht erst zwischen 360 und 380 zum Lateinischen über[14]. Aber nach und teils gegen Gustave Bardy[15] hat vor allem Christine Mohrmann[16] gezeigt, daß die römische Gemeinde doch schon seit der ersten

11 Augustinus, *De doctrina christiana* 2, 16: *Qui enim Scripturas ex Hebraea in Graecam verterunt, numerari possunt, Latini autem interpretes nullo modo. Ut enim cuique primis fidei temporibus in manus venit codex Graecus et aliquantum facultatis sibi utriusque linguae habere videbatur, ausus est interpretari.* Ähnlich schreibt Hieronymus im Widmungsbrief zu seiner Evangelienrevision an Papst Damasus: *Si enim Latinis exemplaribus fides est adhibenda, respondeant quibus; tot sunt paene quot codices.*

12 Griechisch abgefaßt sind der Römerbrief des hl. Paulus, der Klemensbrief, der Hirt des Hermas, die Schriften des Justinus und des Hippolyt, sowie die Grabinschriften der Päpste bis zum Ende des 3. Jhs. Unter den überlieferten Namen der römischen Bischöfe sind bis Kallistus († 222) nur drei mit lateinischen Namen, wovon Klemens und der Bruder von Pius (Hermas) griechisch schreiben, so daß nur Victor (etwa 189–198) bleibt, der nach Hieronymus, *De viris illustribus* 53, Lateiner war, nach dem späten *Liber Pontificalis* (6. Jh.) Afrikaner. Hieronymus behauptet an der genannten Stelle, daß Victor und Apollonius die einzigen lateinischen Kirchenschriftsteller vor Tertullian gewesen seien.

13 Vgl. die Briefe des römischen Klerus und der römischen Confessores in der Korrespondenz des Cyprian, sowie Novatian, der lateinisch schreibt.

14 Th. Klauser, Der Übergang der römischen Kirche von der griechischen zur lateinischen Liturgiesprache, in: Miscellanea Giovanni Mercati I, Vatikan 1946 (= Studi e Testi 121), 467–482; vgl. Chr. Mohrmann, Études sur le latin des chrétiens III, Rom 1965, 69f.

15 G. Bardy, La question des langues dans l'église ancienne I, Paris 1948, 81–115, über die Entwicklung in Rom, besonders 91f. über die Zeit der Latinisierung der Gemeinde, die er gegen Ende des 2. Jhs. ansetzt und afrikanischem Einfluß zuschreiben will. Dagegen wendet sich mit Recht Christine Mohrmann (siehe Anm. 16).

16 Chr. Mohrmann, Les origines de la latinité chrétienne à Rome, VigChr 3 (1949), 67–106. 163–183; wieder abgedruckt in: Études sur le latin des chrétiens III, Rom 1965 67–126.

Hälfte des 2. Jhs. größtenteils lateinisch sprach und eine lateinische Terminologie ausbildete. Für die Anfänge von lateinischen Bibelübersetzungen in Rom, Italien, Illyrien, Pannonien, Gallien, Spanien und Afrika haben wir allerdings kaum faßbare Hinweise. 178 scheinen in einem Brief der Gemeinden Lyon und Vienne die Bibelzitate aus dem Lateinischen ins Griechische zurückübersetzt zu sein[17]. 180 haben die Märtyrer von Scili in Afrika in der lateinisch geführten Gerichtsverhandlung die Paulusbriefe bei sich. Ebenfalls im 2. Jh. begegnet man Spuren lateinischer Bibeltexte auch in Rom in der Übersetzung des Klemensbriefes[18]. Um 200 liegen Tertullian in Afrika sicherlich fixierte lateinische Bibeltexte vor, die für ihn aber keine Autorität sind; auf die Probleme, die uns Tertullians Bibelzitate stellen, müssen wir noch mehrmals zurückkommen. Erst um 250 erbringen zahlreiche genaue Anführungen durch den Bischof Cyprian von Karthago die Gewißheit, daß und in welcher Form er ein lateinisches Neues Testament in Händen hatte. Für alle anderen lateinischen Gebiete sind uns solch klare Einblicke erst mehr als hundert Jahre später möglich, wenn überhaupt. Die ältesten Handschriftenfragmente sind dem 4. Jh. zuzuweisen und werden dann zahlreicher. Wir werden unten auf diese direkte Überlieferung eingehen, während über die indirekte Überlieferung in den Väterzitaten von Hermann Josef Frede an anderer Stelle gesprochen wird, obwohl wir sie im folgenden nicht ausklammern können, wie sofort ersichtlich werden wird.

Angesichts der verwirrenden Vielfalt der oft weit abweichenden, oft wieder übereinstimmenden lateinischen Bibeltexte, stellt man mit einer gewissen Skepsis die Frage, ob und wie die wissenschaftliche Forschung sie zu einer Überlieferungsgeschichte ordnen kann. Die richtige Methode hat William Sanday (1843—1920) in Zusammenarbeit mit dem jungen Henry Julian White (1859–1934) im Jahre 1884/85 in Oxford gefunden[19] und in der Einleitung zur Ausgabe der Evangelien-Hs k (1) ausführlich angewandt[20]. Andere Forscher haben sie dann weiter aus-

[17] J. A. Robinson, The Passion of S. Perpetua, Cambridge 1891 (= Texts and Studies 1, 2), 97–100; F. Stummer, Einführung in die lateinische Bibel, Paderborn 1928, 9–11. Übrigens sind die Namen der Märtyrer von Vienne und Lyon zum großen Teil lateinisch (Sanctus, Maturus, Blandina), während Attalus aus Pergamon und Alexander aus Phrygien stammten, wie ausdrücklich in dem Brief gesagt wird. Die in neuerer Zeit verfochtene These, daß es sich um Märtyrer in Galatien und nicht in Gallien handle, ist abzulehnen.

[18] Chr. Mohrmann, Études sur le latin des chrétiens III, Rom 1965, 78–106.

[19] W. Sanday, Studia Biblica. Essays in Biblical Archaeology and Criticism and Kindred Subjects 1 (1885), 234–239; gefunden wurde die Methode zunächst bei der Untersuchung der Hs k (1) in Mt und Mk, aber dann gleich auf ein Buch angewandt, in dem die Verhältnisse ganz anders liegen: Some further Remarks on the Corbey St. James (ff), in: Studia Biblica 1 (1885), 233–263.

[20] J. Wordsworth, W. Sanday, H. J. White, Portions of the Gospels according to St. Mark and St. Matthew from the Bobbio MS. (k)..., Oxford 1886 (= Old-Latin Biblical Texts 2).

gebildet; ich nenne vor allem Francis Crawford Burkitt[21], Hans von Soden[22], Bernard Capelle[23], Donatien De Bruyne[24], Johannes Schildenberger[25] und schließlich meine Mitarbeiter im Beuroner Vetus Latina Institut Walter Thiele und Hermann Josef Frede[26]. Durch diese fortschreitende Entwicklung ist die Methode allerdings zu einem raffinierten Instrument geworden, das nur wenige richtig zu handhaben verstehen.

Als Erfinder hatte Sanday zwei Ausgangspunkte. Der erste war der Vergleich der direkten mit der indirekten Überlieferung, also der Hss mit den Väterzitaten. Die Hss bieten sicher einen Bibeltext; aber auch wenn ihre Entstehung nach Zeit und Ort bestimmt werden kann, was bei den älteren auf ziemliche Schwierigkeiten stößt und erst vom 8. Jh. an einigermaßen zuverlässig möglich ist, dann ist damit noch nicht einmal gesagt, daß der Text auch wirklich damals dort benützt wurde[27];

---

21 F. C. Burkitt, The Old Latin and the Itala, Cambridge 1896 (= Texts and Studies 4, 3); auch schon in der Einleitung zu F. C. Burkitt, The Book of Rules of Tyconius, Cambridge 1894 (= Texts and Studies 3, 1); zahlreiche Aufsätze.

22 Hans v. Soden, Das lateinische Neue Testament in Afrika zur Zeit Cyprians nach Bibelhandschriften und Väterzeugnissen, Leipzig 1909 (= TU 33).

23 Paul Capelle, Le texte du psautier latin en Afrique, Rom 1913 (= Collectanea Biblica Latina 4). Das Buch kam heraus, bevor Capelle Benediktiner wurde und den Ordensnamen Bernard erhielt.

24 Vor allem D. De Bruyne, Les Fragments de Freising, Rom 1921 (= Collectanea Biblica Latina 5); Les anciennes traductions latines des Machabées, Maredsous 1932 (= Anecdota Maredsolana 4); zahlreiche Aufsätze, siehe die Bibliographie von P.-M. Bogaert, RBén 81 (1971), 123–150.

25 J. Schildenberger, Die altlateinischen Texte des Proverbien-Buches I. Die alte afrikanische Textgestalt, Beuron 1941 (= Texte und Arbeiten 32–33); der zweite Teil dieser Dissertation am Bibelinstitut in Rom liegt nur maschinenschriftlich vor.

26 Siehe vor allem die oben in Anm. 8 und 9 genannten Arbeiten.

27 Die Hs ff (66) zu Jak verdanken wir antiquarischem Interesse an seltenen Texten, siehe B. Fischer, Bibeltext und Bibelreform ... (vgl. Anm. 4) 188; W. Thiele, Vetus Latina 26/1, 16*. Die Hss δ (27) der Evangelien und g (77) der Paulusbriefe sind die zwei erhaltenen Bände einer dreibändigen, zweisprachigen Ausgabe des Neuen Testaments, die von einem Iren im 9. Jh. in St. Gallen im Zusammenhang mit der dortigen Schule und mit den dortigen wissenschaftlichen Bestrebungen aus alten Quellen geschaffen wurde, siehe H. J. Frede, Altlateinische Paulus-Handschriften, Freiburg 1964, 50–79; zur normalen öffentlichen Lesung oder privaten Lektüre waren diese Hss sicher nicht bestimmt. Andererseits kann man getrost bejahen, daß das altlateinische Psalterium Mozarabicum noch praktisch benützt worden ist, wenn es uns in Brevieren des 14. und 15. Jhs. aus der Diözese Burgos begegnet: Paris, Bibliothèque Nationale nouv. acq. lat. 2193; Santiago de Compostela, Archivo Capitular, Breviario de Miranda. Aber wie ist das mit dem böhmischen Riesenbuch der göttlichen und weltlichen Wissenschaften aus dem 13. Jh., das unter anderem auch die ganze Bibel nach der Vulgata enthält, nur Apostelgeschichte und Apk altlateinisch (unsere Hs 51 = g oder gig)? Die Zusammenhänge mit böhmischen Ketzern und französischen Katharern, die man zur Erklärung bemühte, gehören ins Reich der Fabel. Wie ist der altlateinische Evangelientext c (6) im Südfrankreich des 12. Jhs. zu beurteilen? Wie das Vorkommen altlateinischer Bücher, vor allem Tobit, Judith, Ester und Baruch, in Vulgata-Hss des 13., 12., 11., 10., 9., 8. Jhs.? Wo ist die Grenze, bei der

und noch viel weniger wissen wir, woher und aus welcher Zeit er stammt. Daß man trotzdem mit Hilfe der modernen Handschriftenkunde zu wichtigen Erkenntnissen kommen kann, gehört zur jüngsten Verfeinerung der Methode, die erst im Beuroner Vetus Latina Institut erreicht worden ist[28]. Bei den Väterzitaten auf der anderen Seite muß man nur allzu oft eine gewisse Unsicherheit in Kauf nehmen, ob es sich wirklich um den genauen Wortlaut der Bibel handelt. Sobald aber dieser Zweifel ausgeräumt ist, dann ist ein solcher Bibeltext nach Ort und Zeit sicher und genau bestimmt, wenn wir in diesem Überblick von gewissen Ausnahmen absehen, auf die Frede in seinem Referat eingehen wird. Der unmittelbare Vergleich zwischen Hss und Väterzitaten ermöglichte eine ganze Reihe von wichtigen Einsichten. Das erste Resultat war für die Evangelien die Gruppierung von k (1) mit Cyprian und e (2), womit eine afrikanische Textform des 3. Jhs. festgestellt war. Weitere Beispiele kommen unten im Abschnitt IV zur Sprache, wo für die einzelnen Büchergruppen ein Überblick über die Texttypen gegeben wird.

Wegen der Lückenhaftigkeit der meisten Zeugen, die nicht nur auf die Zitate sondern auch leider auf viele Hss zutrifft, sind unmittelbare Vergleiche nur in beschränktem Umfang möglich. Hier kommen wir weiter durch den zweiten Ausgangspunkt, den Sanday gefunden hat, und das ist der Sprachgebrauch der einzelnen Zeugen oder Zeugengruppen. Die Übersetzungen überhaupt haben ja gegenüber dem griechischen Text den großen Vorteil, daß sie als Untersuchungsmaterial nicht nur Varianten und Lesarten sondern auch die verschiedenen Übersetzungsmöglichkeiten, die sogenannte Übersetzungsfarbe darbieten, wie es Heinrich Joseph Vogels[29] genannt hat, also sowohl „readings" wie „renderings"[30], ja sogar Übersetzungsfehler[31] und innersprachliche Fehler bzw. Verderbnisse[32]. Für die lateinischen Bibel-

---

wir noch einen echten Gebrauch des alten Textes annehmen dürfen? Und muß die Frage nicht schon für ältere Hss, etwa des 6. Jhs., gestellt werden?

[28] Als Beispiel nenne ich meine Untersuchungen in Settimane di studio del Centro italiano di studi sull'alto medioevo 10, Spoleto 1963, 545–557 über die Vulgata-Hs F (Fuldensis) und 576–586 über G (Sangermanensis). H. J. Frede, Altlateinische Paulus-Handschriften, Freiburg 1964, hat auf diese Weise den richtigen Weg zur Beurteilung der Texte in g (77) und f (78) zeigen können.

[29] Vgl. H. J. Vogels, Übersetzungsfarbe als Hilfsmittel zur Erforschung der neutestamentlichen Textgeschichte, RBén 40 (1928), 123–129.

[30] W. Sanday, Old-Latin Biblical Texts 2, Oxford 1886, XLII, führt das sehr deutlich aus.

[31] z. B. bezeugt Joh 1,9 auch das wohl falsche *venientem* statt *veniens* den griechischen Wortlaut ἐρχόμενον. Mk 10,40 las *aliis* falsch ἄλλοις, *sed quibus* richtig ἀλλ' οἷς; etwas komplizierter ist Phil 2,23 *confestim* und *mox* für ἐξαυτῆς, *ex ipsa* (verdorben *ex ipso*) für ἐξ αὐτῆς, siehe Vetus Latina 24/2 zur Stelle.

[32] Vgl. z. B. das in altlateinischen und Vulgata-Hss weit verbreitete *locutus est* statt *locus est* für τόπος ἐστίν in Lk 14,22; umgekehrt liest e (2) in Lk 1,70 *locus est* statt

texte fand schon Sanday auf diese Weise, daß sie sich nach Wortschatz und Übersetzungsart in zwei große Gruppen teilen, den afrikanischen und den europäischen Text. Damit wird auch ein indirekter Vergleich zwischen den lückenhaften Zeugen möglich, die nur wenige oder überhaupt keine Verse gemeinsam bieten. Man legt nämlich Tabellen an, in denen jeweils für die griechischen Wörter die Übersetzung angegeben ist, die in den afrikanischen Bibeltexten, d. h. in den Zitaten Cyprians und den damit verwandten Texten, vorherrscht, und daneben die andere Übersetzung, die in den übrigen, europäischen Bibeltexten bevorzugt wird.

Sanday hat freilich diese Konsequenz noch nicht gezogen, wahrscheinlich weil er die Methode erst im Zuge seines Arbeitens allmählich entwickelte, und auch Henry Julian White[33] ordnet sein Material noch nach den lateinischen Wörtern statt nach den griechischen. Erst Hans von Soden[34] untersucht grundsätzlich vom Griechischen her. Für Sanday hatten die Ausdrücke afrikanisch und europäisch außerdem durchaus lokalen Sinn; ja, im Anschluß an eine Bemerkung von Paul de Lagarde[35] erwog er die utopische Vorstellung, als seien regionale Dialekte der lateinischen Sprache in hohem Maße für die Verschiedenheiten innerhalb der Vetus Latina verantwortlich[36]. Diese falsche Auffassung hat Bernard Capelle ein für allemal klargestellt. Dialektische Verschiedenheiten des Lateins mag es zwischen den Provinzen des Römischen

des richtigen *locutus est* = ἐλάλησεν. Apk 14,3 hat fast nur G das richtige *discere* = μαθεῖν, die meisten Zeugen lesen das hier naheliegende *dicere*. In Apk 5,12 bietet nur g (51) mit einigen Zitaten *divitias* = πλοῦτον gegenüber *divinitatem* aller Vulgata-Hss und anderer Belege.

[33] H. J. White, The Four Gospels from the Munich MS. (q) now Numbered Lat. 6224 in the Royal Library at Munich ..., Oxford 1888 (= Old-Latin Biblical Texts 3).

[34] Siehe Anm. 22.

[35] P. de Lagarde, Symmicta, Göttingen 1877, 69, in einer Rezension über Hartels Cyprian-Ausgabe, die zuerst in Göttingische gelehrte Anzeigen 1871, Stück 14, 521–543, erschienen war.

[36] W. Sanday, Studia Biblica 1 (1885), 260f.: „The original versions, African and European, were not made, and the subsequent changes in them were not for the most part introduced, by practised scholars. They were essentially vernacular; and the scribes by whom they were copied were men of the people, who did not scruple to substitute forms and usages with which they were familiar for others that were strange to them. But when we think to what an extent dialects have survived in our own country, compact as it is, and easy as is the communication from one part to another, what must have been the diversities of usage in different parts of the Roman Empire? It is, I suspect, through these diversities, to an extent that we are as yet unable to define, that the Latin versions have assumed those varied forms in which they have come down to us." Vielleicht ist es teilweise diesen anfänglichen, falschen Perspektiven zuzuschreiben, daß sich Heinrich Joseph Vogels trotz der von B. Capelle angebrachten und von andern Forschern beachteten Korrekturen nie recht mit den Ausdrücken afrikanisch und europäisch anfreunden konnte, die ihm außerdem die komplexen Verhältnisse allzu sehr zu vereinfachen schienen, vgl. jedoch auch unten Anm. 150.

Reiches in der alltäglichen Umgangssprache besonders der unteren Schichten gegeben haben, in schriftlichen Aufzeichnungen ist nichts davon festzustellen[37]. Biblische Afrikanismen sind also nicht Provinzialismen der afrikanischen Vulgärsprache, sondern charakteristische Ausdrücke, die mit einer ausgeprägten Vorliebe von den Zeugen des afrikanischen (d. h. cyprianischen) Bibeltextes verwendet werden; sie können aber auch in anderen Bibeltexten vorkommen, und andererseits können die afrikanischen Zeugen gelegentlich auch andere Ausdrücke an ihrer Stelle wählen[38]. Europäismen sind demgegenüber alle anderen Übersetzungen, vor allem Ausdrücke, die in den afrikanischen Zeugen selten oder gar nicht belegt sind.

Vor allem gilt es, sich vor zwei entgegengesetzten Extremen zu hüten. Auf der einen Seite darf man nicht annehmen, daß ein Übersetzer jedes griechische Wort stets mit dem gleichen lateinischen Wort wiedergibt und daß demgemäß jedes Schwanken in der Wortwahl spätere Überarbeitung oder Kontamination verrät. An manchen Stellen ist die Wortwahl vom Zusammenhang, von einer speziellen Bedeutung oder auch nur vom Streben nach Abwechslung bestimmt, wenn das gleiche oder ein ähnliches Wort mehrmals in einem Zusammenhang vorkommt. Hans von Soden[39], Heinrich Joseph Vogels[40] und

---

[37] Vgl. die wohl abgewogenen Ausführungen bei E. Löfstedt, Late Latin, Oslo 1959 (= Instituttet for Sammenlignende Kulturforskning, Serie A: Forelesninger 25), 39–58, über „Local Variation in Latin". Löfstedt zitiert S. 39 Anm. 1 die Worte des Hieronymus: *Cum et Afri Phoenicum linguam nonnulla ex parte mutaverint et ipsa Latinitas et regionibus quotidie mutetur et tempore.* Aber er weist sofort auf den grundsätzlichen Unterschied zwischen jeder Art von Aufzeichnung und der alltäglichen Umgangssprache hin und sagt: „This fact, together with the powerful influence of the rhetorical training that was a traditional feature of Roman literature, explains why the search for local variations, even in works of the later period, has been so barren of results. The same holds good in large measure of the researches devoted to inscriptions of Gaul, Spain, and Africa." Und in Anm. 3 fügt Löfstedt unmittelbar bei: „So far as we can tell from written sources, even at a late date Latin retained the character of a more or less normalized and standard language throughout the Empire." Und ähnlich, diesmal von der anderen Seite her gesehen, auf Seite 42: „To assign any text to a particular province on linguistic grounds has in most cases been found impossible, and at the best is extremely difficult."

[38] P. Capelle, Le texte du psautier latin (siehe Anm. 23), 27, definiert Afrikanismen in diesem Sinn folgendermaßen: „Ce sont des termes, en eux-mêmes caractéristiques, employés avec une préférence marquée par les témoins d'Afrique. Cela n'exclut pas l'usage de ces expressions chez d'autres et ne suppose pas l'exclusivisme de leur emploi chez les Africains." Vgl. auch B. Fischer, Vetus Latina 2, Freiburg 1951 bis 1954, 15*.

[39] Siehe das in Anm. 22 genannte Werk.

[40] Vor allem H. J. Vogels, Untersuchungen zur Geschichte der lateinischen Apokalypseübersetzung, Düsseldorf 1920; diese methodische Voraussetzung ist letzten Endes ausschlaggebend, daß Vogels zu dem Ergebnis kommt, man müsse mehrere, unabhängige Übersetzungen der Apokalypse annehmen.

viele andere sind in dieser Beziehung nicht vorsichtig genug gewesen[41]. Auf der anderen Seite darf man aber auch nicht annehmen, ein einheitlicher Wortschatz und gleichförmige Übersetzungstechnik etwa für die Partizipien bilde stets das Ende einer Entwicklung und setze gründliche Revisionen voraus. Wenn wir diese beiden Extreme vermeiden, dann ergibt sich, daß tatsächlich in den altlateinischen Bibeltexten bis zu einem gewissen Grad ein afrikanischer und ein europäischer Sprachgebrauch unterschieden werden kann. Und aufgrund von Tabellen muß eben jede einzelne Stelle gewissenhaft gewogen werden; gute Beispiele für diese verfeinerte Methode geben Johannes Schildenberger[42] und Walter Thiele[43]. Natürlich wird dann manches Urteil nicht mehr so apodiktisch ausfallen, sondern mit verschiedenen Einschränkungen verbunden werden; da ist kein Platz mehr für „terribles simplificateurs", sondern nur für gewissenhafte, ja penible Philologie, die heute vielfach als altmodisch abgetan wird. Und noch viel mehr gilt das, wenn man von Einzelfeststellungen zu Zusammenfassungen kommt, eben zu den Ergebnissen, die nicht wenige Leute so ausschließlich interessieren, daß sie sich damit schon den Weg zum wirklichen Verständnis verbauen.

Die von Sanday begründete Methode, die vom Vergleich der Hss mit den Väterzitaten sowie vom Sprachgebrauch der Zeugengruppen ausgeht, führt drittens über die bloße Gegenüberstellung der afrikanischen und europäischen Texte hinaus zu der wichtigen Erkenntnis, daß die Geschichte der altlateinischen Bibel weitgehend eine fortschreitende Entwicklung vom afrikanischen zum europäischen Text war. Dem entspricht, daß der afrikanische Text ziemlich homogen ist und daß schon bei Cyprian sich die Anfänge seiner Europäisierung zeigen, die dann bei Hilarius und noch mehr bei Ambrosius weit fortgeschritten ist. In wohl allen europäischen Texten finden sich noch afrikanische Überreste. Erst die spätesten Zeugen haben sie fast ganz ausgemerzt; andererseits gilt dies auch für die späten Zeugen im afrikanischen Gebiet selber. Die Entwicklung verlief in einzelnen Büchergruppen, einzelnen Büchern, ja sogar in verschiedenen Teilen des gleichen Buches nicht immer einheitlich, sondern teils langsamer, teils schneller. Manche Teile wurden eben bei der öffentlichen und privaten Lektüre eher benötigt und öfter benützt, wurden daher früher übersetzt als andere Teile und öfter und schneller revidiert. Was also in einem Teil der Bibel afrikanisch ist, braucht es in einem andern Teil nicht zu sein; Andeutungen für solche Unterschiede sind tatsächlich vorhanden, jedoch leider noch nicht ge-

---

[41] Speziell bei dem Problem Tertullian–Marcion muß eine solche Einstellung jede Untersuchung entwerten, weil alle Bibelzitate Tertullians gerade durch ihre große Mannigfaltigkeit des sprachlichen Ausdrucks charakterisiert werden.

[42] Siehe oben Anm. 25.

[43] W. Thiele, Aus der Geschichte der lateinischen Bibel Heft 2 und 5, siehe oben Anm. 9.

nügend untersucht. Die Entwicklung vom afrikanischen zum europäischen Text verlief auch nicht eingleisig sondern in mehreren Strängen, von denen manche abrissen. Aber erst durch die vorsichtige Beachtung dieses dritten Gesichtspunktes erhalten wir eine brauchbare Methode zur Erforschung des lateinischen Bibeltextes.

Wenn wir von der normalen Veränderung der Texte absehen, die bei jeder handschriftlichen Überlieferung entsteht, und uns auf die absichtlichen Eingriffe beschränken, die höchst selten mit dem Vorgang des Abschreibens gleichzeitig sind[44], so waren die Motive dafür zweifacher Art: Man wollte den Bibeltext sprachlich verbessern oder anpassen, und man wollte die jeweilige griechische Vorlage, die als maßgebend galt, genauer wiedergeben. Wenn man von dem frühen Fall des pseudo-cyprianischen *Liber de rebaptismate* im 3. Jh. einmal absieht, wo die Abkehr vom sogenannten Westlichen Text radikal durchgeführt ist, kommt eine Abwendung vom Texttyp der alten griechischen Vorlage eigentlich erst seit der zweiten Hälfte des 4. Jhs. in Gang; durchgeführt wird sie um 383 von Hieronymus bei seiner Revision der Evangelien, noch konsequenter gegen 400 vom Autor der Vulgata der übrigen Bücher des Neuen Testaments. Schon vorher sind aber Versuche zu beobachten, sich enger an die alte Vorlage anzuschließen oder an Varianten innerhalb dieses Texttyps.

Dagegen ist die innersprachliche Modifizierung viel früher anzusetzen. Die Unterschiede sind um die Mitte des 3. Jhs. schon recht deutlich zu sehen, z. B. zwischen Novatian und Cyprian. Das ist auch leicht verständlich, wenn man die Möglichkeit in Betracht zieht, daß man in den christlichen Gemeinden lateinischer Sprache die griechische Lesung zunächst mündlich dolmetschte, analog den Gebräuchen im synagogalen Gottesdienst und in der Kirche von Jerusalem, wie sie uns gegen Ende des 4. Jhs. von der spanischen oder aquitanischen Pilgerin Egeria geschildert werden. Dann muß sich ja die erste schriftliche Übersetzung eines Buches sehr rasch ausgebreitet haben, weil sie einem dringenden Bedürfnis abhalf. Sie muß sich aber auch sofort mehr

---

[44] Diese Unterschiede werden viel zu wenig beachtet, sondern man spricht meist einerseits von der Willkür und Nachlässigkeit der Schreiber, andererseits von ihrer erstaunlichen Dummheit, womit sie unverständlichen Blödsinn niederschrieben. Nun gab es sicherlich Schreiber von der besten bis zur schlechtesten Qualität und schöne Schrift geht keineswegs gewöhnlich mit einem guten Text zusammen, aber in der Antike war das gesprochene Wort maßgebend, nicht das geschriebene, so daß es vielen Schreibern im Grunde gleichgültig war, mit welcher Schreibweise oder Orthographie sie den Leser zum Sprechen eines Textes veranlaßten. Sie fühlten sich auch meist frei gegenüber der Orthographie ihrer Vorlage. Aber die wirklichen textlichen Varianten sind in den wenigsten Fällen den Schreibern anzukreiden, sondern viel eher den Lesern und Korrektoren, die bei der Lektüre oder bei der Vorbereitung eines Textes zum Abschreiben ihre Bemerkungen, Änderungen oder Randlesarten anbrachten, die dann der Schreiber als Korrektur ansah und getreulich übernahm.

oder weniger differenziert haben unter dem Einfluß schon vorhandener, mündlicher Übersetzungsgewohnheiten und infolge der sich entwickelnden christlichen Sondersprache und Terminologie der Gemeinden. Konnte man denn für die Heiden, die man als *gentes* oder *gentiles* bezeichnete, in der Bibel die Bezeichnung *nationes* belassen? Oder *tingere* und *tinctio* für *baptizare* und *baptismus, minister* für *diaconus, senior* für *presbyter,* usw.[45]? Unter diesen Umständen ist es fast ein Streit um Worte, ob wir für die Vetus Latina eine einzige Übersetzung annehmen, deren Text sich sofort in verschiedene Typen und Formen spaltet und entwickelt, oder aber zwei oder mehr Übersetzungen, bei denen die jüngeren die älteren Übersetzungen benützen[46]. Manche Unterschiede zwischen den afrikanischen und europäischen Texten sind stilistischer Art, wie z. B. der Wechsel von *quoniam* zu *quia* und *quod* (das letztere ist zum Teil ursprünglich), von *(com)edere* zu *manducare,* vom Perfekt *fui* zum Imperfekt *eram.* Manchmal mag sogar nur eine persönliche Wahl unter Synonymen vorliegen, die bestimmte Übersetzer oder Korrektoren getroffen haben. Vielleicht fand man den einen oder anderen Ausdruck allzu unpassend, z. B. *discentes* (in der Umgangssprache = „Lehrling" oder „Rekrut") für die Jünger Christi, die man daher lieber als *discipuli* bezeichnete. Auch der Einfluß gewisser Methoden der antiken Rhetorik und des Schulbetriebs kann bei der *lectio* zur *emendatio* geführt haben, zu Änderungen, die man für Verbesserungen des Textes hielt, weil so der Sinn deutlicher, die Form ansprechender wurde[47]. Aber aufs Ganze gesehen, sind solche literarische Einflüsse auf die Sprache der altlateinischen Bibel gering geblieben und haben nicht ihre Entwicklung bestimmen können; die sprachliche Gestalt der lateinischen Bibel war in all ihren unterschiedlichen For-

---

[45] Vgl. A. V. Billen, The Old Latin Texts of the Heptateuch, Cambridge 1927, 6: „It is interesting to notice in the history of a few renderings hints of modification in religious ideas during the third century. The change of *donum* to *munus,* of *festus* to *solemnis,* of *ministrare* to *sacrificare,* and of *uotum* and *uouere* to *oratio* and *orare* are evidently not unrelated to the development of thought in the Christian Church, and are interesting as showing the direction of that development." Auch hier ist natürlich das Wort „Entwicklung" so zu verstehen, daß sich gewisse Wörter durchsetzten, während andere allmählich verschwanden. Damit ist nicht bewiesen, daß die Wörter, die sich schließlich behaupteten, später in Gebrauch genommen wurden; es kann sich auch um gleich alte, eher lokal zu erklärende Verschiedenheiten handeln.

[46] Vgl. etwa M.-J. Lagrange, Critique textuelle II. La critique rationelle, Paris 1935, 254: „Nous avons admis l'existence d'une version vraiment nouvelle, même si le traducteur, résolu à faire mieux que son prédécesseur qu'il connaissait, n'a pas hésité à garder le texte quand il ne voyait pas de raison de s'en écarter."

[47] Vgl. z. B. M. Mees, Matthäus 5,1–26 in den altlateinischen Bibelübersetzungen. *Emendare* und *traducere* in ihrem Einfluß, Vetera Christianorum 3 (1966), 85–100. Siehe auch schon A. Jülicher, ZNW 15 (1914), 187: „Einige von diesen erklärenden Übersetzungen werden aus der Schule bzw. Kirche stammen, wo man durch Paraphrase den Text zu verdeutlichen verpflichtet war."

men für den gebildeten Menschen der Antike ein Stein des Anstoßes. Die Vielfalt ihrer Formen kommt davon, daß der lateinische Wortlaut nicht normativ festgelegt war. Daher konnte jeder, der sich für fähig hielt, unter Schonung der eingebürgerten Terminologie und Sondersprache, was zugleich den Ausschluß allzu literarischer Tendenzen bedeutete, und unter Berücksichtigung der überkommenen wörtlichen Übersetzungstradition an ihm verbessern oder auch ändern, und nur allzu viele Leute haben es tatsächlich getan, kompetente und weniger befähigte.

Hier müßte man eigentlich auf die Sprache der lateinischen Bibelübersetzung eingehen. Aber wir unterlassen das, weil dieses schwierige Gebiet noch ganz ungenügend beackert ist. Selbst Christine Mohrmann hat bisher diesen speziellen Teil der christlichen Latinität nicht so ausführlich behandelt wie andere Aspekte. Es wäre allerdings ein mehrbändiges Werk notwendig, um den alten Hermann Rönsch[48] in einer Form wieder erstehen zu lassen, die der modernen Sprachwissenschaft entspräche. So möchte ich nur auf den älteren Wilhelm Süß[49] und auf G. Q. A. Meershoek[50], einen Schüler von Christine Mohrmann, hinweisen.

Im Gegensatz zur klassischen freien Übersetzungstechnik etwa eines Cicero gibt die altlateinische Bibel ihre Vorlage viel wortgetreuer bis in Einzelheiten wieder. Sie läßt sich darin am ehesten mit der griechischen Septuaginta vergleichen; wenn hier also vielleicht ein jüdisches Prinzip nachwirkt, so ist ihr andererseits doch die sklavische Genauigkeit eines Aquila fremd[51]. Das hat Hieronymus in seinem Brief 57 *Ad Pammachium de optimo genere interpretandi* ganz richtig erkannt. Zunächst spricht er hier von dem Unterschied zwischen Bibel und klassischer Übersetzungsweise: *Ego enim non solum fateor, sed libera voce profiteor me in interpretatione Graecorum absque scripturis sanctis, ubi et verborum ordo mysterium est, non verbum e verbo sed sensum exprimere de sensu. habeoque huius rei magistrum Tullium, qui Protagoram Platonis et Oeconomicum Xenofontis et Aeschini et Demosthenis duas contra se orationes pulcherrimas transtulit.*

---

[48] H. Rönsch, Itala und Vulgata. Das Sprachidiom der urchristlichen Itala und der katholischen Vulgata unter Berücksichtigung der römischen Volkssprache, Marburg 1875[2]; vgl. auch H. Rönsch, Semasiologische Beiträge zum lateinischen Wörterbuch I–III, Leipzig 1887–1889, und: Collectanea philologa, nach dem Tode des Verfassers herausgegeben von Carl Wagener, Bremen 1891. E. Löfstedt, Late Latin, Oslo 1959, 89 Anm. 3, meint dazu: „The value of the work consists rather in its enormous amassing of material than in its notions of linguistic history, which were faltering when it was published and now are antiquated; but it is none the less a great contribution to scholarship." Da es allzu oft vernachlässigt wird, muß darauf hingewiesen werden, daß heutzutage die Einzelangaben von Rönsch in den entsprechenden neueren Ausgaben der Quellen nachgeprüft werden müssen und auch besser die heute gebräuchlichen Bezeichnungen dieser Quellen anzuwenden sind.

[49] W. Süß, Das Problem der lateinischen Bibelsprache, HV 27 (1932), 1–39; Studien zur lateinischen Bibel I. Augustins Locutiones und das Problem der lateinischen Bibelsprache, Tartu 1932 (auf dem Umschlag 1933).

[50] G. Q. A. Meershoek, Le latin biblique d'après saint Jérôme. Aspects linguistiques de la rencontre entre la Bible et le monde classique, Nijmegen 1966 (= Latinitas Christianorum Primaeva 20).

[51] Zur Sprache und Übersetzungstechnik der altlateinischen Bibel vgl. F. Stummer, Einführung in die lateinische Bibel, Paderborn 1928, 57–74; in seinem Handexemplar hat Stummer zahlreiche weitere Beispiele und Belege nachgetragen. Auf Seite 80–124 seines Buches behandelt Stummer dann die Tätigkeit des Hieronymus, auch unter philologischen Gesichtspunkten.

quanta in illis praetermiserit, quanta addiderit, quanta mutaverit, ut proprietates alterius linguae suis proprietatibus explicaret, non est huius temporis dicere. sufficit mihi ipsa translatoris auctoritas ... (*Epist.* 57, 5, 2)[52]. Aber dann kommt er in den Abschnitten 7–11 des gleichen Briefes auf die Septuaginta, die Apostel und Evangelisten zu sprechen und schränkt die Sonderstellung der Bibel doch wieder etwas ein: *Ex quibus universis perspicuum est apostolos et evangelistas in interpretatione veterum scripturarum sensum quaesisse, non verba, nec magnopere de ordinatione sermonibusque curasse, cum intellectui res paterent* (*Epist.* 57, 9, 8). Und das Vorgehen des Aquila wird ausdrücklich abgelehnt: *Et tamen iure Septuaginta editio obtinuit in ecclesiis, vel quia prima est et ante Christi fertur adventum vel quia ab apostolis, in quibus tamen ab Hebraico non discrepat, usurpata. Aquila autem, proselytus et contentiosus interpres, qui non solum verba sed etymologias verborum transferre conatus est, iure proicitur a nobis* (*Epist.* 57, 11, 2).

Das alles ist von Hieronymus, wie nicht anders zu erwarten, gut beobachtet und glänzend formuliert. Aber seine eigene Übersetzertätigkeit auf biblischem Gebiet stimmt damit nicht recht überein[53]. Vor allem in den erzählenden Teilen des Alten Testaments ist er bei seiner Neuübersetzung mit der hebräischen Vorlage manchmal doch sehr frei umgesprungen; man vergleiche etwa im zweiten Band der Vetus Latina die Josefsgeschichte in der Vulgata und in den altlateinischen Texten miteinander. Allerdings bleibt er viel näher am Wortlaut seiner Vorlage, wenn es sich um Worte Gottes oder um Gebete oder überhaupt um Texte handelt, wo auch die Einzelheiten ihm wichtig erscheinen. Diesen Unterschied hat Felix Reuschenbach[54] doch wohl richtiger erkannt als Benjamin Kedar-Kopfstein[55], der den verschiedenen Übersetzungsstil in den prophetischen und den historischen Büchern eher als Entwicklung in der Übersetzungstechnik des Hieronymus deuten will; aber seine eigenen Beispiele widerlegen ihn, da sie das Nebeneinander der beiden Stile im gleichen Buch der Bibel zeigen, je nach dem Inhalt des Textes. In solchen Fällen bleibt eben die tiefere Ursache für die wörtliche Übersetzungstechnik der altlateinischen Bibel auch bei Hieronymus wirksam. Denn

---

52 Ähnlich drückt sich Hieronymus in seinem Kommentar zu Eph 3,6 (Buch 2; PL 26, 481 A) aus: *Sed quia ita habetur in Graeco et singuli sermones, syllabae, apices, puncta in divinis scripturis plena sunt sensibus, propterea magis volumus in compositione structuraque verborum quam intelligentia periclitari.*

53 Am auffälligsten scheint das beim Buch Ester zu sein. Einerseits sagt Hieronymus im Prolog: *Quem ego de archivis Hebraeorum elevans verbum e verbo pressius transtuli ... Vos autem, o Paula et Eustochium, quoniam et bibliothecas Hebraeorum studuistis intrare et interpretum certamina conprobastis, tenentes Hester Hebraicum librum, per singula verba nostram translationem aspicite, ut possitis agnoscere me nihil etiam augmentasse addendo, sed fideli testimonio simpliciter, sicut in Hebraeo habetur, historiam Hebraicam Latinae linguae tradidisse.* Andererseits ist gerade in diesem Buch seine Übersetzung wesentlich freier als in der Vetus Latina. Aber vermutlich meinte Hieronymus im Prolog nur die großen Zusätze der Septuaginta gegenüber dem Hebräischen, die er aus dem Text herausnahm und an den Schluß des Buches setzte (10,4 bis 16,24). Jedoch stimmt auch bei seiner Evangelien-Revision das ziemlich willkürliche Vorgehen in der Praxis mit den ausgezeichneten theoretischen Grundsätzen nicht überein, die in der Vorrede an Damasus geradezu klassisch formuliert werden: *Igitur haec praesens praefatiuncula pollicetur quattuor tantum evangelia ... codicum Graecorum emendata conlatione sed veterum. Quae ne multum a lectionis Latinae consuetudine discreparent, ita calamo imperavimus ut, his tantum quae sensum videbantur mutare correctis, reliqua manere pateremur ut fuerant.*

54 F. Reuschenbach, Hieronymus als Übersetzer der Genesis, Diss. Freiburg/Schweiz 1942, nur teilweise gedruckt Limburg 1948.

55 B. Kedar-Kopfstein, The Vulgate as a Translation. Some Semantic and Syntactical Aspects of Jerome's Version of the Hebrew Bible, Diss. Hebrew University, Jerusalem 1968, besonders 30–70.

für Gebetstexte, besonders für magische Beschwörungen, für Dokumente und für technische und wissenschaftliche (z. B. medizinische) Literatur war diese Übersetzungsart im Altertum durchaus gebräuchlich, weil sie notwendig war oder schien; da hatte die Genauigkeit bis ins einzelne den absoluten Vorrang vor der unmittelbaren Verständlichkeit für alle und erst recht vor dem Wohlgefallen des Ästheten. Aber daß Hieronymus vor allem die erzählenden Stücke der Bibel freier behandelt hat und bis zu einem gewissen Grad ein literarisches Werk daraus zu machen suchte, obwohl er das Gegenteil beteuerte und vielleicht in erstaunlichem Maße sich selber zügelte, das hat weithin Anstoß erregt und seinen Erfolg verzögert; nicht umsonst spricht er in fast allen seinen Vorreden mit scharfen Worten von seinen Gegnern. Sein Spott über gewisse Vulgarismen und *portenta verborum* richtet sich ausschließlich auf lateinische Textformen, die ihm nur zufällig zu Gesicht kamen, meist afrikanische Texte, während er ähnliche Erscheinungen in den europäischen Texten, die ihm von Jugend auf vertraut waren, ohne weiteres hinnahm[56]. Jedenfalls war gegen Ende des 4. Jhs. die Berechtigung einer besonderen lateinischen Bibelsprache allgemein anerkannt; wenn sie dennoch als fremdartig empfunden wurde, so galt das als sakral.

Ohne anachronistische Vorstellungen fördern zu wollen, darf doch an einige Parallelen zu den damaligen Vorgängen und Entwicklungen in unserer eigenen Zeit erinnert werden. Heute entstehen allenthalben neue Übersetzungen der Bibel mit verschiedenen Zielen und auf verschiedenem Sprachniveau, wohl die wenigsten ganz unabhängig von ihren Vorgängern. Was dem einen angemessen erscheint, finden andere anstößig; altgewohnte und vielleicht ans Herz gewachsene Ausdrücke streiten sich mit modernem Sprachgefühl. Für den praktischen Gebrauch werden erklärende Übersetzungen geschaffen, so daß daneben die Unterschiede zwischen dem Westlichen Text, dem kritischen Text und dem *Textus receptus* im Griechischen und die Differenzen in der lateinischen Überlieferung nicht mehr verwundern sollten. Die Motive für die Änderungen sind im Grunde genommen heute nicht so viel anders als damals. Speziell in Deutschland kann oder konnte man bis vor kurzem an dem Unterschied zwischen evangelischen und katholischen Christen sehen, was es ausmacht, ob eine autoritative oder normative Übersetzung vorliegt oder nicht.

III. Folgen der Methode

Nachdem die Entwicklung der Forschungsmethode und der Arbeit an der lateinischen Bibel sowie deren Geschichte selber in groben Strichen skizziert worden ist, müssen wir ausführlicher auf die drei wichtigsten Einschränkungen eingehen, die bisher nur angedeutet worden sind. Wenn sie nicht nach Umfang und Tragweite klar erkannt und immer beachtet werden, riskiert man schwerwiegende Fehler und Irrtümer.

1. Die Entwicklungsgeschichte, die durch die Untersuchungen erschlossen wird, ist nicht ein gradliniger Ablauf in der Zeit. Es ist durchaus möglich, daß ein späterer Schriftsteller oder eine späte Hs einen Bibeltext bietet, der entwicklungsmäßig primitiver ist als der Bibeltext eines älteren Schriftstellers oder einer alten Hs. Besonders in Randzonen erhalten sich ältere Zustände viel länger. Die Entwicklung verlief auch sicherlich nicht eingleisig. Es gab Seitenzweige, die keine Zukunft hatten; es gab Parallelentwicklungen; es gab schließlich immer

[56] Siehe dazu G. Q. A. Meershoek (siehe Anm. 50).

wieder Rückgriffe. Das äußere Erscheinungsbild eines Textes, der nebeneinander afrikanische und europäische, alte und junge Lesarten bietet, bestimmt den Platz des Textes in der Entwicklungsgeschichte keineswegs eindeutig; er kann eine Etappe auf dem Weg vom alten zum neuen Text sein oder aber eine spätere Mischung aus den beiden schon vorhandenen Texten, wobei entweder in den alten Text junge Lesarten (z. B. Vulgata-Lesarten in einen altlateinischen Text) oder alte Lesarten, die man nicht aufgeben wollte, in einen jungen Text eingetragen worden sind (z. B. altlateinische Lesarten in den Vulgatatext der Evangelien schon bei Augustinus, *De consensu Evangelistarum*, und in die Vulgata der Paulusbriefe bei Pelagius). Schließlich, wenn wir auch je nach der Anzahl gemeinsamer Lesarten Textformen und Beziehungen zwischen ihnen sowie gemeinsame oder verwandte Schichten in Gruppen von Einzelzeugen feststellen, so dürfen wir doch nicht der Vorstellung erliegen, daß es sich bei diesen Texten um feste Einheiten handelt und daß ihre Beziehungen eine klare Genealogie oder einen Stammbaum bilden. Vielmehr entwickeln sich die Texttypen innerhalb einer gewissen Variationsbreite, und ihr gegenseitiges Verhältnis ist je nach den Entwicklungsstadien und den Einzelzeugen nicht gleich. Es handelt sich eben um Abstraktionen, die nie alle konkreten Einzelheiten decken können, die aber andererseits absolut notwendig sind, um die geschichtlichen Vorgänge einigermaßen zu beschreiben und zu verstehen.

Das gilt nicht nur für die Texttypen, sondern auch für die Textüberlieferung in einem engen, streng abgegrenzten Rahmen, also innerhalb einer eigentlichen Hss-Familie[57]. Da die lateinische Handschriftenkunde viel weiter fortgeschritten ist als die griechische, könnte vielleicht das folgende Beispiel methodisch sehr lehrreich sein, nicht nur für Untersuchungen an den griechischen Minuskeln, sondern überhaupt als Anstoß, um über den Wert eines *stemma codicum* und der genealogischen Methode in der Textkritik neu nachzudenken. Es zeigt uns, daß innerhalb einer geschlossenen Gruppe von Hss ihre zeitliche Reihenfolge nicht nach dem Text sondern nur nach anderen Gesichtspunkten bestimmt werden kann; daß man die Geschichte bzw. Entwicklung des Textes in diesen Hss verfolgen und erklären kann; daß es aber trotzdem unmöglich ist, ein Stemma für sie aufzustellen.

32 Hss, die allesamt innerhalb von hundert Jahren in der gleichen Schreibschule Tours hergestellt worden sind, sind zu 50 Stellen in den Vulgata-Evangelien kollatio-

[57] Für die griechischen Textformen des Neuen Testaments betont auch Ernest C. Colwell ihre innere Entwicklung und die Unmöglichkeit einer Genealogie, während er die Möglichkeit eines Stammbaumes für eigentliche Familien von Hss ausdrücklich anerkennt; siehe E. C. Colwell, Studies in Methodology in Textual Criticism of the New Testament, Leiden 1969 (= New Testament Tools and Studies 9), 1–25. 45–55. 63–83.

niert. Die Hss sind nach ihrer Schrift und Dekoration mit sehr großer Sicherheit zeitlich zu ordnen; dementsprechend sind sie in der Tabelle aufgeführt. Zu jeder wird dann angegeben: 1. die Anzahl der „alten" Lesarten, die zu dem Text gehören, der sich bis 820 ausbildete; 2. die Anzahl der „neuen" Lesarten, die zu dem Text gehören, der 834 mit dem Regierungsantritt des Laienabtes Adalhard eingeführt wurde; 3. sonstige Lesarten. Vor den Evangeliaren steht ein *, die übrigen Hss sind Ganzbibeln; jedoch scheint dieser Unterschied keinerlei Bedeutung zu haben. Für alle weiteren Einzelheiten verweise ich auf meine Untersuchungen[58]; nur soviel sei noch bemerkt, daß die Kategorien „alt" und „neu" absolut nichts mit der Beurteilung richtig/falsch zu tun haben.

Vulgata-Evangelien in Tours im 9. Jh.

** = Evangeliare; die andern Hss sind Pandekten (Ganzbibeln).*
Die Ziffern 1–7 bezeichnen verschiedene, sich berührende Gruppen.

		Lesarten		
		alt	*neu*	*anders*
	Unter Abt Alkuin (796–804):			
	Paris, Bibl. Nat. lat. 8847	*39*	*10*	*1*
	St. Gallen 75	*45*	*4*	*1*
1	**Paris, Bibl. Nat. lat. 260*	*43*	*6*	*1*
2	**London, B. M. Harley 2790*	*44*	*6*	
	Monza, Bibl. Capit. g–1	*44*	*6*	
3	**Paris, Bibl. Nat. lat. 17227*	*45*	*3*	*2*
	Unter Abt Fridugisus (807–834):			
	Basel, A. N. I. 3	*47*	*3*	
	Bern, Burgerbibl. 3–4	*50*		
3	*Zürich, Zentralbibl. Car. C. 1*	*44*	*3*	*3*
	**Stuttgart, HB. II, 40*	*49*	*1*	
	**London, B. M. Addit. 11848*	*49*	*1*	
1	*Paris, Bibl. Nat. lat. 250*	*45*	*4*	*1*
	**New York, P. Morgan 191*	*46*	*4*	
	München, Staatsbibl. Clm 12741	*45*	*4*	*1*
	Unter Abt Adalhard (834–843):			
1	*London, B. M. Addit. 10546*	*46*	*4*	
5	*Paris, Bibl. Nat. lat. 3*	*6*	*43*	*1*
	**Nancy, Kathedrale ursprünglich*	*43*	*7*	
4	**Nancy, Kathedrale Korrektor*	*7*	*43*	
	**Paris, Bibl. Nat. lat. 274*	*11*	*39*	
4	**Wolfenbüttel, 16. Aug. fol.*	*4*	*46*	
	Die folgenden drei Hss stammen aus Marmoutier bei Tours:			
1	**Basel, B. II. 11*	*46*	*3*	*1*
3	*Bamberg, Bibl. 1*	*47*	*1*	*2*
2	**Leningrad, Q. v. I, 21*	*45*	*5*	

---

[58] B. Fischer, Die Alkuin-Bibeln, in: Die Bibel von Moutier-Grandval, hg. vom Verein Schweizerischer Lithographiebesitzer, Bern 1972, 79–82.

	Unter Abt Vivian (843–851):			
5	*Paris, Bibl. Nat. lat. 1*	*3*	*47*	
	**Berlin, Theol. lat. Fol. 733*	*13*	*37*	
6	**Paris, Bibl. Nat. lat. 266*	*8*	*42*	
6	**Laon, Bibl. Munic. 63*	*9*	*41*	
	**Paris, Bibl. Nat. lat. 9385*	*45*	*5*	
	Um 857/62, nach dem ersten Normannensturm:			
	Köln, Dombibl. 1	*39*	*11*	
	Nach 860 bis gegen 900:			
	Paris, Bibl. Nat. lat. 47	*18*	*29*	*3*
	**Paris, Bibl. Nat. lat. 267*	*42*	*8*	
7	**Paris, Bibl. Nat. lat. 261*	*9*	*41*	
7	**London, B. M. Addit. 11849*	*16*	*32*	*2*

Aus der Tabelle ersehen wir, daß die Entwicklung, die übrigens immer innerhalb des einen Überlieferungszweiges der Vulgata-Evangelien[59] verbleibt, zunächst durch eine gewisse Reinigung vom Text der Hofschule Karls des Großen wegführt; um 820–25 ist der beste Stand erreicht. Da die Bibel Additional 10546 (Grandval) noch unter Abt Fridugisus geschrieben, aber erst unter Abt Adalhard ausgeschmückt wurde, tritt exakt mit dem Regierungsantritt von Adalhard ein Umschwung zugunsten des Textes von Reims ein; dabei ist merkwürdig, daß der künstlerische Einfluß eines Reimser Evangeliars sich schon früher in den Bildern von Additional 11848 bemerkbar gemacht hatte. Marmoutier vor den Mauern der Stadt Tours bleibt aber konservativ; geradezu verblüffend ist dort die spezielle Anknüpfung an drei verschiedene Evangeliare der Alkuin-Periode, siehe unten. Gegen Ende der Regierung von Abt Vivian kommt aber die Rückkehr zum alten Text auch im Martinsstift selber, und dann folgt ein Hin- und Herschwanken. Die beiden zuletzt aufgeführten Hss fallen dabei überhaupt nicht aus dem Rahmen, obwohl sie nachweisbar gar nicht aus turonischen Vorlagen abgeschrieben worden sind, sondern aus einem Evangeliar der sogenannten franko-sächsischen Schule aus dem Norden Frankreichs.

Es gelingt nicht, die Beziehungen dieser Hss in irgendein Stemma gültig zu fassen, nur einzelne Gruppen gehen enger miteinander, die mit den Zahlen 1 bis 7 bezeichnet sind. Innerhalb des alten Textes sind es: 1. Paris 260, Paris 250, Additional 10546, Basel B. II. 11; 2. Harley 2790 und Leningrad Q. v. I, 21; 3. Paris 17227, Zürich, Bamberg. Unter den Vertretern des neuen Textes gibt es die Gruppen: 4. Der korrigierte Text von Nancy und Wolfenbüttel; 5. Paris 3 (Rorigo-Bibel) und Paris 1 (Vivian-Bibel); 6. Paris 266 (Lothar-Evangeliar) und Laon. Dazukommt noch die Gruppe 7. Paris 261 und Additional 11849 mit dem franko-sächsischen Text. Hier haben wir also reichliches Material an Hss, alle aus der gleichen, gut organisierten Schreibschule, sicher historisch geordnet, alle aus einer verhältnismäßig kurzen Zeitspanne. Und das Ergebnis? Es ist kein Stemma möglich! Noch schlimmer, wir können aus der Textentwicklung und -analyse nicht den Ablauf der Textgeschichte erschließen; die Hss nach ihrem Text zu ordnen würde unmögliche Widersprüche bei der Entwicklung von Schrift und Dekoration nach sich ziehen. Wir können nur umgekehrt anhand der uns aus anderen Faktoren bekannten Geschichte auch die Geschichte des Evangelientextes im 9. Jh. in Tours an den Texten verfolgen und aufzeigen. Es lohnt die Mühe und Zeit, diese Tatsachen ruhig durchzudenken und sich ihre ganze Tragweite für die Methode der Textkritik mit allen Konsequenzen klarzumachen.

---

[59] Vgl. dazu unten den Abschnitt VI. Zur Vulgata des Neuen Testamentes, 1. Evangelien.

Vielleicht ergibt sich daraus sogar die Folgerung, daß Gemeinsamkeiten und Unterschiede in Lesarten für sich allein kein genügendes Fundament sind, um richtig Handschriftengruppen oder -familien abzugrenzen, die ihrer Entstehung nach zusammengehören. Es erheben sich gewisse Zweifel über die Bedeutung derartiger Familien, auch wenn sie mit der verfeinerten Methode von Ernest C. Colwell[60] oder nach der Claremont Profile Method[61] konstituiert worden sind. Bilden die Hss aus Tours überhaupt in diesem Sinn eine Familie, wie sie es paläographisch und historisch ohne Zweifel sind? Fehlt es ihnen nicht an der ,,internal consistency", d. h. einem genügend hohen Prozentsatz gemeinsamer Lesarten, und an den ,,significant differences", d. h. genügend charakteristischen Abweichungen von allen übrigen Gruppen? Um so berechtigter und wichtiger erscheint unter diesen Umständen die Forderung von Ernest C. Colwell: ,,The task of textual criticism is to establish the form of the text in time and place. This is historical study. Thus the fourth stage in the program is the writing of the history of the manuscript period . . . This history can be written in spite of mixture, but only if stemmatics is abandoned"[62].

2. Das Material an altlateinischen Bibeltexten, das uns heute zur Verfügung steht, ist nur ein ganz geringfügiger Bruchteil von dem, was einst vorhanden war; außerdem verteilt es sich sehr ungleichmäßig auf die Bücher und ihre Teile. Obwohl es trotz der obengenannten Ausgaben immer noch so zerstreut ist, daß man alles tatsächlich erhaltene Material nur schwer lückenlos erreichen kann, muß daher trotzdem die Forderung erhoben werden, dieses Material bei den Untersuchungen auch vollständig zu berücksichtigen. Manche bestechende Theorie, die heute noch ihre Anhänger hat, wäre in den letzten hundert Jahren nicht aufgestellt worden, wenn man diese Forderung beachtet hätte. Dazu zähle ich die These von ,,Saint Augustin reviseur de la Bible"[63], die Verknüpfung der Anfänge der lateinischen Übersetzung mit Marcions Evangelium und Apostolos und mit Tatians Diatessaron[64], die stufenweise Entstehung der Vulgata der nicht-evangelischen Teile des Neuen Testaments durch aufeinanderfolgende Revisionen[65] und das

---

[60] E. C. Colwell, Studies in Methodology ... (siehe Anm. 57), 26–44 und 162–164.

[61] Sie wurde entwickelt von Frederik Wisse und Paul McReynolds, vgl. JBL 87 (1968), 191–197.

[62] E. C. Colwell, a. a. O. (siehe Anm. 57) 164.

[63] D. De Bruyne, Saint Augustin reviseur de la Bible, in: Miscellanea Agostiniana II. Studi Agostiniani, Rom 1931, 521–606; und schon vorher in seinem Buch: Les Fragments de Freising, Rom 1921 (= Collectanea Biblica Latina 5). Für die Psalmen wurde De Bruyne widerlegt von A. Vaccari, I salteri di S. Girolamo e di S. Agostino, in: Scritti di erudizione e di filologia I, Rom 1952, 207–255, speziell 238–255, der schon früher seine Bedenken angemeldet hatte; vgl. auch A. Vaccari, Saint Augustin, saint Ambroise et Aquila, in: Scritti di erudizione e di filologia II, Rom 1958, 229 bis 243; G. Ongaro, Saltero veronese e revisione agostiniana, Bibl 35 (1954), 443 bis 474. Für die Paulusbriefe siehe H. J. Frede, Altlateinische Paulus-Handschriften, Freiburg 1964, 102–120; vgl. ebenda 143 über Hebr, für den sowohl Karl Theodor Schäfer wie Donatien De Bruyne sogar eine selbständige Übersetzung durch Augustinus angenommen hatten. Für die Katholischen Briefe siehe W. Thiele, Vetus Latina 26/1, Freiburg 1956–1969 (diese Lieferung 1969), 65*. 69*f. 75*f. 81*f. 88*. 90*. 94*.

[64] Darüber siehe unten im Abschnitt V. Der Codex Bezae und verwandte Probleme.

[65] Dieser Ansicht neigte ich früher selber zu, siehe ZNW 46 (1955), 194; heute ist sie

Festhalten an einem Mitwirken des Hieronymus an diesem Prozeß[66], usw.[67]

---

nicht mehr zu halten infolge der besseren Erkenntnisse über den Charakter der Vulgata gegenüber den altlateinischen Texten, wie sie durch die Ausgaben Vetus Latina 24/1, 24/2 und 26/1 sowie durch die Kontroverse um den Paulustext des Pelagius (siehe H. J. Frede unten S. 475 f) ermöglicht worden sind, vgl. Vetus Latina Institut der Erzabtei Beuron, Bericht 1, Beuron 1967, 21.

66 Die Art der Revision des Hieronymus, die in den Evangelien die Vulgata bildet, unterscheidet sich von der Revision, die in den andern Büchern des Neuen Testaments sich als Vulgata durchgesetzt hat, so sehr und so grundlegend, daß eine Identität der beiden Revisoren ausgeschlossen ist. Auf den seltsamen und dennoch erstaunlicherweise weithin akzeptierten Ausweg, daß die Revision in den nichtevangelischen Teilen flüchtiger sei, konnten überhaupt nur Leute verfallen, die die Texte selber nie verglichen haben; denn genau das Gegenteil ist der Fall, wie sich schon beim oberflächlichsten Durchmustern zeigt. Gerade in den Evangelien sind die Änderungen eher sporadisch und öfters unmotiviert, wie man es bei Hieronymus trotz der ausgezeichneten Grundsätze erwarten muß, die er in seinem Widmungsbrief an Damasus darlegt, vgl. Anm. 53. Die größeren Westlichen Lesarten hat Hieronymus konsequent ausgemerzt, wie es auch die Vulgata der übrigen Bücher tut; aber sonst bringt er im Gegensatz zu dieser auch dort Korrekturen an, wo seine altlateinische Vorlage mit dem Griechischen übereinstimmte, siehe unten S. 61. Als einzigen Beweis für eine Arbeit des Hieronymus am lateinischen Paulustext könnte man seinen Brief 27,3 anführen, wo er für drei Paulusstellen den altlateinischen Wortlaut zurückweist. Aber viel wahrscheinlicher handelt es sich hier um eine polemische Dreingabe, nämlich um eine Kritik am Paulus-Kommentar des sogenannten Ambrosiaster aus der überlegenen Kenntnis des griechischen Textes heraus, weil dieser vielleicht auch zu den Kritikern der Evangelien-Revision gehört hatte und auf alle Fälle ein Gegner des Damasus war. Es ist wohl zu beachten, daß im selben Brief 27,1,1 nur von einer Revision der Evangelien die Rede ist: ... *cur adversus auctoritatem veterum et totius mundi opinionem aliqua in evangeliis emendare temptaverim.* — Zwei weitere Begründungen dafür, daß Hieronymus der Urheber der Vulgata zum ganzen Neuen Testament sei, sollen hier nochmals zurückgewiesen werden, weil man ihnen auch heute noch begegnen kann. Erstens ist die ältere Vulgata-Überlieferung nicht so einheitlich und gleichförmig für alle Teile des Neuen Testaments, daß sich daraus auf einen einzigen Urheber schließen läßt, siehe unten Abschnitt VI. Zweitens beweisen die eigenen Aussagen des Hieronymus (*De viris illustr.* 135; *Epist.* 71,5; *Epist.* 112,20) in dieser Hinsicht schlechterdings nichts. Die älteste stammt aus dem Jahre 392 und lautet großspurig: *Novum testamentum Graecae fidei reddidi, vetus iuxta Hebraicum transtuli.* Damals hatte Hieronymus mit der Neuübersetzung des Alten Testaments kaum begonnen; daher darf man auch seine Aussage über das Neue Testament, was den Umfang anlangt, nicht so genau nehmen, sondern das Ganze steht für den Teil. Ähnlich ist die letzte Äußerung aus dem Jahre 404 im Brief 112 an Augustinus zu interpretieren; denn Augustinus selber hatte nur von den Evangelien gesprochen (*Epist.* 71,6 des Augustinus = 104,6 in der Ausgabe der Hieronymusbriefe).

67 Georges de Plinval hätte seine kühne Hypothese über das *Speculum* Augustins schwerlich aufgestellt und sicher nicht die falschen Behauptungen in der Revue des études augustiniennes 3 (1957), 399–402, wenn er auch nur die Einleitung von Franz Weihrich zur Ausgabe dieses Werkes im CSEL 12, Wien 1887, speziell die Seiten XIV–XXIII, gelesen hätte. So hat er sich mit Recht eine Zurückweisung zugezogen von A. Vaccari, Les traces de la *Vetus Latina* dans le *Speculum* de Saint Augustin, in: F. L. Cross, Studia Patristica IV, Berlin 1961 (= TU 79), 228–233; vgl. auch H. J. Frede, SE 16 (1965), 180f., besonders Anm. 47.

Zur Vollständigkeit gehört auch die Erfassung der altlateinischen Bestandteile in den zahlreichen Mischhandschriften aus Vulgata und Vetus Latina. Welche Bedeutung das hat, ergibt sich schon aus der nachgewiesenen Tatsache, daß es im Neuen Testament überhaupt keine Vulgata-Hs gibt, die der Kontamination mit den altlateinischen Texten ganz entgangen wäre. Zur Sauberkeit der Methode gehört allerdings auf der einen Seite, daß alle Mischhandschriften, selbst wenn sie ein Sigel als Altlateiner aufweisen können, bei Übereinstimmungen mit der Vulgata nicht als eigene Zeugen neben dieser gelten dürfen. Andererseits ist die Vulgata-Überlieferung nicht nur von der Vetus Latina kontaminiert worden, sondern hat auch ihre eigenen Varianten hervorgebracht. Wir haben also folgende Fälle zu unterscheiden:

a) Hss, in denen altlateinische und Vulgata-Teile nebeneinanderstehen entweder entsprechend verschiedenen Büchern oder wie Blöcke innerhalb eines Buches, z. B. c (6), g (51), z (65), 67; man darf ihre Vulgata-Teile nicht als altlateinische Hss zitieren.

b) In allen Vulgata-Hss gibt es altlateinische Lesarten; außerdem ist nicht allzu selten die patristische Überlieferung nach altlateinischen oder gemischten Bibeltexten, nicht etwa nur nach der Vulgata, geändert worden; diese Lesarten sind zu erfassen.

c) Daneben gibt es in allen Vulgata-Hss und in der Überlieferung der patristischen Zitate noch eigene Fehler und Varianten; diese sind zwar oft nicht leicht von den altlateinischen Kontaminationen zu unterscheiden, gehören aber trotzdem nicht zur Vetus Latina.

Schließlich gehört zur methodischen Sauberkeit in der Erfassung des Materials, daß die Textkritiker endlich die einschlägigen Forschungen der Paläographie, Handschriftenkunde und Kunstgeschichte zur Kenntnis nehmen, was die Datierung und Lokalisierung der Hss anlangt, anstatt immer weiter die veralteten Angaben aus Gregory nachzuschreiben. Caspar René Gregory selber hatte seinerzeit Ludwig Traube zu Rate gezogen, wohl den besten Kenner der lateinischen Paläographie in jenen Jahren. Aber seither sind gerade von den Schülern und Nachfolgern Traubes auf diesem Gebiet ziemlich große Fortschritte gemacht worden, und wir sollten lieber die sorgfältige Methode Gregorys uns zum Vorbild nehmen als seine Einzelangaben weiter tradieren.

3. Entscheidend ist, daß man sich immer der Tatsache bewußt bleibt, daß die Methode im Grunde genommen angewandte Statistik ist, und das heißt, daß so ziemlich alles von der absolut sauberen und einwandfreien Anwendung abhängt. Nicht von ungefähr gibt es im Englischen das Wort: „There are lies, damned lies, and statistics“[68].

---

[68] M. J. Moroney, Facts from Figures (= Pelican Books A 236), ich zitiere aus dem Druck in den Penguin Books 1968, 2; vgl. in der Vorrede des Verfassers zur zweiten

Legitim ist es für die Statistik, von den Einzelheiten zu abstrahieren; sie sagt aber auf der anderen Seite über den Einzelfall auch nichts anderes aus, als mit welchem Grad von Wahrscheinlichkeit er eintritt. Als Ausgleich für die Abstraktion und eine in Kauf genommene Ungenauigkeit in den Einzelheiten müssen die Zahlen eine gewisse Größe erreichen. Und damit werden deutlich ziemlich enge Grenzen der Methode erkennbar. Es gibt im ganzen Neuen Testament nur etwa tausend Wörter, die mindestens zehnmal vorkommen[69]. Davon kommen einige in sich nicht in Betracht. Dann dürfen nicht alle Bücher des Neuen Testaments zusammengenommen werden, sondern sind einzeln oder höchstens in Gruppen zu behandeln. Schließlich sind die meisten Zeugen der altlateinischen Bibel fragmentarisch; speziell bei Zitaten fallen z. B. sehr oft die Verbindungspartikel weg oder werden frei umgestaltet. Die Folge ist, daß sich überhaupt nur eine nicht allzu große Anzahl von Wörtern dazu eignet, die Übersetzungsfarbe eines Textes und seine Stellung in der Textentwicklung zu bestimmen. Wenn ein Fragment klein ist, findet sich vielleicht darin überhaupt kein solches Leitfossil oder nur eines oder zwei, die nicht ganz charakteristisch sind. Auf jeden Fall ist dann die Zahl der Fälle so klein, daß eine Statistik unmöglich wird oder keine Aussagekraft hat, weil es sich ja um die berühmten Ausnahmen handeln könnte, die jede Regel aufweist.

Noch auf ein paar andere Grundsätze der Statistik muß hingewiesen werden, die leider oft vernachlässigt werden. Wenn man Beispiele bestimmter Art zusammenstellt, darf man daraus nur auf das Vorkommen eines Tatbestandes schließen; schon um seinen Umfang zu bestimmen, sind weitere Grundlagen notwendig. Erst recht aber dann, wenn man seine Bedeutung im Vergleich zu anderen Eigenschaften eines Textes erkennen will. Eine wirkliche Beurteilung eines Textes aber ist auf diese Weise unmöglich; denn dazu ist eine repräsentative Auswahl notwendig, wenn nicht alle Phänomene eines Textes berücksichtigt werden können, also zum allerwenigsten eine objektiv zufällige Auswahl. Bei jeder anderen Auswahl muß man stets bis zum allerletzten Schluß sich seiner Auswahlprinzipien bewußt bleiben, sonst sind Irrtümer, ja sogar Zirkelschlüsse, unvermeidlich. Was hier über Statistik gesagt wird, gilt natürlich ganz allgemein, nicht nur für die Textkritik der lateinischen Bibel sondern auch für die der griechischen Bibel und für jede andere Anwendung. Aber es ist leider geradezu unglaublich, wie oft und wie sehr gegen diese Grundregeln verstoßen wird. Strenge Logik, besonders in ihrer formelhaften Ausgestaltung als Logistik, ist nicht jedermanns Sache; daher merkt mancher nicht, daß er nach mühsamer Arbeit etwas Falsches als Ergebnis vorlegt oder nur

Auflage (1953): „I give way to none in my admiration for the theory ..., but when it comes to a great deal of the practice I simply cannot help chuckling.“

[69] Vgl. R. Morgenthaler, Statistik des neutestamentlichen Wortschatzes, Zürich 1958.

das, was bei den Voraussetzungen herauskommen mußte, von denen er ohne genaue kritische Prüfung ausgegangen war. Das gilt auch, ja gerade dann, wenn man moderne Hilfsmittel wie einen Computer einsetzt.

IV. Lateinische Texttypen

Das wichtigste Ergebnis der beschriebenen Forschungsmethode ist, daß wir im lateinischen Neuen Testament Texttypen voneinander unterscheiden können. Darauf müssen wir etwas ausführlicher eingehen. Daß diese Texttypen nur aufgrund des gesamten verfügbaren Materials abgegrenzt und manchmal sogar rezensiert werden können, ist nach dem Gesagten klar. Im einzelnen werden sich verschiedene Fälle ergeben und die Regeln werden sich nach den vorhandenen Zeugen richten müssen, insbesondere nach dem Grad, in dem sie homogen oder kontaminiert sind, ob sie frühere oder spätere Entwicklungsstufen des gleichen Typs darstellen. Das alles ist natürlich je nach den verschiedenen Teilen des Neuen Testaments verschieden, so daß wir auf diese Teile im folgenden getrennt eingehen. Für die Vulgata liegt uns jetzt durchweg die neue Ausgabe von Stuttgart vor, die wir schon erwähnt haben (siehe Anm. 6); ihre Überlieferung wird im Abschnitt VI behandelt.

1. Paulusbriefe. Bei den Paulusbriefen haben wir einen guten Überblick, weil Hermann Josef Frede in der Beuroner Vetus Latina-Ausgabe schon einige Briefe ediert und die altlateinischen Paulus-Hss in einer eigenen Arbeit untersucht hat und weil sonstige Arbeiten (siehe Anm. 8 und 9) und Stichproben in anderen Briefen gezeigt haben, daß dort die Probleme ziemlich gleich liegen. Demnach ist die Geschichte des lateinischen Paulustextes folgendermaßen zu skizzieren:

Aus einer einzigen Urübersetzung entsprießen zwei Stämme. Am wenigsten verändert und am frühesten deutlich erkennbar ist der afrikanische Text **K** um die Mitte des 3. Jhs. bei Cyprian und in den pseudo-cyprianischen Schriften, ausgenommen *De rebaptismate* und *De singularitate clericorum*. Reste und Spuren davon finden sich in abnehmender Zahl bei den Donatisten, Augustinus, anderen Afrikanern, in Gallien bei Hilarius, in Irland, Spanien und Italien. Offenbar durch einen Wechsel des Wortschatzes entstand aus **K** schon im 3. Jh. der Text **I**. Erste Spuren des neuen Wortschatzes sind bereits bei Novatian, dem römischen Zeitgenossen Cyprians, sichtbar. Aber wirklich greifbar wird der Text **I** zuerst bei Marius Victorinus um 360 in Rom, leider nur für die kleinen Briefe Gal, Phil und Eph. Aber damals war er schon in Italien, Illyrien, Gallien und Spanien verbreitet, ist in rascher Entwicklung begriffen und treibt eine Reihe von Zweigen: die Form des Ambrosiaster (Rom unter Damasus), die Form des Ambrosius und der Hs 86, die Form des Rufinus und einiger Ambrosiaster-Hss in Röm und 1 Kor[70]. Er ist gewissermaßen der normale Text. Seine Abhängigkeit von **K** zeigen die verschiedenen Überbleibsel davon in **I**. Im letzten Viertel des 4. Jhs. werden in seiner Entwicklung Berührungen mit dem griechischen Text bemerkbar, und vor allem vermischt er sich mit dem dritten Text **D**. Dieser ist eine etwas jüngere Parallelentwicklung zu **K** aus der gleichen Urübersetzung, im Wortschatz europäisch aber verschieden von **I**, wohl provinziell. Er ist überliefert einerseits als bloß lateinischer Text, hauptsächlich bei Lucifer von Cagliari und als Beimischung zum Text **I**, wohin unter anderem auch Augustinus mit der Hs r (64) gehört, und andererseits in Verbindung mit einem griechischen Text, der der Vorlage der Lateiner insgesamt nahesteht, in den Bilinguen d (75) und g (77); in der Ausgabe selber ist er in der letzteren Form als der Archetyp z dieser Bilinguen rezensiert. Ein Mischtext aus **D** und **I**, wie er am besten in 61 (Book of Armagh) vorliegt, bildete die lateinische Grundlage, die ein Autor, vielleicht Rufinus der Syrer, in Rom um 400 nach dem Griechischen durchkorrigierte, wobei er möglicherweise den Wortschatz noch etwas mehr nach **D** färbte. Das ist die Vulgata **V**, deren erste Zeugen Pelagius und seine Anhänger sind. Schon bei ihnen, also von Anfang an, dringen Lesarten des überall verbreiteten Textes **I** wieder in die Vulgata-Überlieferung ein, vor allem solche, die inhaltliche Bedeutung haben, und das sind solche, die Korrekturen nach dem griechischen Text, die für die Vulgata charakteristisch waren, wieder rückgängig machen. Es entstehen verschiedene Mischtexte, von denen besonders der italienische der Hss FS und der spanische der Peregrinus-Ausgabe wegen ihrer altlateinichen Bestandteile wichtig sind[71].

Die Geschichte ist für alle Paulusbriefe, einschließlich Hebr, gleich verlaufen; nur ist in Hebr der Text **K** nicht faßbar, weil Cyprian und die afrikanischen Zitate bis zum Ende des 4. Jhs. aus kanongeschichtlichen Gründen ausfallen. Deshalb wird man die Heimat der Urübersetzung eher in Italien als in Afrika suchen[72], und damit wird offenbar, wie wenig der Begriff „afrikanisch" auch für **K** geographisch gemeint

---

[70] Vgl. H. J. Vogels, Untersuchungen zum Text paulinischer Briefe bei Rufin und Ambrosiaster, Bonn 1955 (= Bonner Biblische Beiträge 9).

[71] Die Hs, die von H. J. Vogels, Handbuch der Textkritik des Neuen Testaments, Bonn 1955², 100, als x² angeführt wird, kann unbeachtet bleiben. Sie ist als O bei Wordsworth–White kollationiert und gesondert herausgegeben von E. S. Buchanan, The Epistles of S. Paul from the Codex Laudianus, London 1914 (= Sacred Latin Texts 2). Aber in Wirklichkeit handelt es sich um eine Abschrift von Würzburg, Universitätsbibliothek M.p.th.f. 69, siehe H. J. Frede, Vetus Latina 24/1, Freiburg 1962–1964, 17*f.; 24/2 (1966–1971), 18.

[72] Auch der Wortschatz bietet einige Ansatzpunkte für diese Annahme, da er auch in **K** gewisse Unterschiede zu anderen Büchern der altlateinischen Bibel aufweist, z. B. *baptizare* und *catecizare*; jedoch fehlen hierfür eingehende Untersuchungen.

ist. Tertullian zitiert die Paulusbriefe, einschließlich Hebr, in der gleichen Art und Weise wie die gesamte übrige Bibel. Daher ist ein Rückschluß auf den Wortlaut seines Bibeltextes nur in den seltenen Fällen möglich, wo entsprechende andere Zeugen vorhanden sind. Unbewiesen ist der angebliche lateinische Apostolos des Marcion, aus dem Tertullian zitiere, und sein weitreichender Einfluß[73]; auch die bekannten Prologe sind weder marcionitisch noch antimarcionitisch[74]. Allerdings fehlt uns noch eine ausführliche Widerlegung der falschen, aber weit verbreiteten Marcion-Hypothesen. Vgl. auch unten im Abschnitt V.

2. Katholische Briefe. Hier haben wir ebenfalls die guten Grundlagen der Ausgabe von Walter Thiele in der Beuroner Vetus Latina 26/1 samt ausführlicher Einleitung und einigen begleitenden Untersuchungen, siehe Anm. 8 und 9. Aber ein Gesamtbild ist wegen der Verschiedenheiten zwischen den Briefen und der ungleichmäßigen, fragmentarischen Bezeugung schwerer zu gewinnen. Tertullian steht auch hier praktisch außerhalb der lateinischen Textgeschichte, da weder sein Wortlaut genau zu fassen ist noch sein griechischer Text der Vorlage der Vetus Latina entspricht. Auch für die Katholischen Briefe ist eine einzige Urübersetzung anzunehmen, deren Zeit nicht näher bestimmbar ist. Der Text **K** ist wie in den Paulusbriefen vorhanden; er scheint aber gegenüber der Urübersetzung nicht viele Änderungen aufzuweisen. In 2 Petr und 3 Joh ist allerdings von **K** über-

---

[73] Weder die bekannten Arbeiten von A. v. Harnack sind überzeugend noch Hans von Soden, Der lateinische Paulustext bei Marcion und Tertullian, in: Festgabe für Adolf Jülicher zum 70. Geburtstag, Tübingen 1927, 229–281, weder G. Quispel noch T. P. O'Malley, Tertullian and the Bible, Nijmegen 1967 (= Latinitas Christianorum Primaeva 21), 7–63. Wie bei allen derartigen Kämpfen spielten auch in der Auseinandersetzung mit Marcion Streitschriften und nicht Bibelausgaben die Hauptrolle, vgl. J. Regul, Die antimarcionitischen Evangelienprologe, Freiburg 1969, 84–94. Siehe auch unten Anm. 88.

[74] Vgl. H. J. Frede, Altlateinische Paulus-Handschriften, Freiburg 1964, 168–178. K. Th. Schäfer, Marius Victorinus und die marcionitischen Prologe zu den Paulusbriefen, RBén 80 (1970), 7–16; Marcion und die ältesten Prologe zu den Paulusbriefen, in: Kyriakon. Festschrift Johannes Quasten, Münster 1970, 135–150, will beweisen, daß Marius Victorinus den von D. De Bruyne rekonstruierten Prolog zum Epheserbrief (= Laodizenerbrief bei Marcion) gekannt habe, womit die marcionitische Herkunft der Prologe gesichert sei. Die Rekonstruktion De Bruynes haben weder Adolf v. Harnack noch Peter Corssen und H. J. Frede angenommen, obwohl die letzten beiden die von Schäfer angeführte Stelle aus Marius Victorinus kennen; ihre andere Deutung ist vorzuziehen. Aber auch wenn die bisher nicht nachgewiesene Rekonstruktion De Bruynes tatsächlich existiert hätte, dann wäre damit noch nicht der marcionitische Ursprung der Prologe bewiesen; denn falsche Apostel (und Propheten), Judenpolemik und die Problematik der Kirche aus Juden und Heiden sind in den ersten Jahrhunderten allgegenwärtige Fragen. Und ungelöst blieben nach wie vor einige Schwierigkeiten, die De Bruyne mit allzu leichter Hand auf die Seite gewischt hat, siehe J. Regul, a. a. O. (siehe Anm. 73).

haupt nichts erhalten, in Jak blieben nur geringe Spuren. Auf unterschiedlichen, teilweise parallelen Wegen, die jeweils nur streckenweise in Texten wie **C**, **A**, **M**, **R** und **S** mit wechselnden Zeugen und Beziehungen sichtbar werden, entwickelt sich dieser afrikanische Text **K** zum europäischen Text **T**, der zwar an Einfluß und Verbreitung etwa dem Text **I** der Paulusbriefe entspricht, aber nicht in seiner Bezeugung. Ebenso läßt sich **T** der Katholischen Briefe mit dem **I** der Paulusbriefe im Wortschatz vergleichen, aber **T** ist schon mehr ans Griechische angeglichen als die Texte **D** und **I** der Paulusbriefe. Aus **T** entsteht die Vulgata **V**. In Jak sind die Unterschiede nicht groß; in den anderen Briefen ist die Revision, die **V** darstellt, deutlicher zu sehen. Sie entspricht der gleichen Revision in den Paulusbriefen und ist daher dem gleichen Autor zuzuweisen. Es gibt beachtliche Argumente dafür, diesen Autor mit Rufinus dem Syrer zu identifizieren.

Der Typ **F**, der nur in Jak erhalten ist, stellt eine Art Parallelentwicklung zu **V** aus dem Typ **T** dar, charakterisiert durch weitgehende Angleichung ans Griechische und die Bevorzugung eines speziellen Wortschatzes. Er ist kurz vor 400 in Italien anzusetzen, da ihn Papst Innocentius I. und Chromatius von Aquileja zu benutzen scheinen. Zwar hat er gelegentlich andere Texte beeinflußt, ist aber doch aufs Ganze gesehen ein kurzlebiger Seitentrieb der Entwicklung geblieben.

3. Apokalypse. Für die übrigen Teile des Neuen Testamentes sind die Fundamente nicht so sicher, weil uns die entsprechenden Ausgaben und Untersuchungen der Beuroner Vetus Latina noch fehlen. Bei der Apokalypse ist das Material dafür allerdings schon gesammelt und analysiert. So ist ein Überblick möglich, der wenigstens nicht ganz an der Oberfläche bleibt[75]. Die Schwierigkeiten bei der Ordnung der lateinischen Texte kommen einerseits davon, daß die Zitate außerhalb der Kommentare ziemlich selten sind, und andererseits aus dem Tyconius-Problem, wie dieser verlorene Kommentar aus seinen verschiedenen Benutzern rekonstruiert werden kann. Die Zitate bei Tertullian und bei Victorinus von Pettau lassen sich nicht in die übrige lateinische Überlieferung einordnen; bei Tertullian kennen wir das schon, und bei Victorinus dürfte der Fall ganz ähnlich liegen.

Im Gegensatz zu Heinrich Joseph Vogels ist doch wohl nur eine einzige ursprüngliche Übersetzung anzunehmen, nicht mehrere voneinander unabhängige. Am nächsten steht dieser Urübersetzung der afrikanische Text **K**, der uns in aufeinanderfolgenden, leicht unterschiedenen Entwicklungsstufen erhalten ist: Cyprian, Pseudo-Cyprian, h

---

[75] Vgl. H. J. Vogels, Untersuchungen zur Geschichte der lateinischen Apokalypseübersetzung, Düsseldorf 1920; K. Vogt, Untersuchungen zur Geschichte der lateinischen Apokalypse, ungedruckte Diss. Freiburg 1965.

(55), Lemma des Primasius-Kommentars, Augustinus und der neuen Hs 74[76], sowie weiteren afrikanischen Schriftstellern. Sowohl innerlateinisch-sprachlich wie durch Berührung mit dem griechischen Text entwickeln sich daraus die zwei Textformen **S** und **I**, die man als europäisch ansprechen muß, obwohl die Form **S** eher in Afrika entstanden ist. **S** ist der Text des verlorenen Tyconius-Kommentars, faßbar in seinen Plagiatoren (auch im Kommentartext des Primasius im Gegensatz zu dessen Lemma), einschließlich der sogenannten *Storia*[77] im Kommentar des Beatus. Der Text wirkt in Spanien nach, vor allem in den Lesungen der Liturgie[78], aber auch in altlateinischen Beimischungen der spanischen Vulgata-Hss. Einen eigenartigen Sondertext, der damit in Beziehung steht, aber durch Väterzitate überhaupt nicht belegt ist und daher kaum eingeordnet werden kann, findet sich im irischen Book of Armagh (61) und abgeschwächt in einigen Hss als Lemma des Beda-Kommentars[79]. Der Hauptzeuge des anderen europäischen Textes **I** ist g (51); dazu treten Ambrosius, Ambrosiaster und ein Überlieferungszweig des Hieronymus-Kommentars, ferner mit einer afrikanischen Beimischung auch Priscillian und das pseudoaugustinische *Speculum*. Der **I**-Text ist der normale, in Europa verbreitete Text und entspricht dem **I** der Paulusbriefe. Wahrscheinlich aus ihm ist dann durch eine Revision die Vulgata **V** entstanden, die allerdings in Apk weniger sorgfältig zu sein scheint als in den anderen Büchern, nichtsdestoweniger aber dem gleichen Autor zuzuschreiben ist.

4. Apostelgeschichte. Hier können wir nur kurz die Ansichten von Adolf Jülicher[80] referieren und teilweise ergänzen. Auch für dieses Buch ist nur eine einzige Urübersetzung anzunehmen. Am nächsten steht ihr der afrikanische Text, belegt bei Cyprian, Pseudo-Cyprian,

[76] Lesung Apk 20,11–21,7 auf fol. 1 der arabischen Handschrift 455 im Katharinenkloster auf dem Sinai, siehe E. A. Lowe und B. Fischer, RBén 74 (1964), 252–297. Der Text stimmt fast ganz mit Augustinus überein, siehe a. a. O. 295f.

[77] So heißen die kurzen Kapitel des Apk-Textes, die jeweils den Abschnitten des Kommentars vorausgehen.

[78] Natürlich genügt es nicht, nur die Hs t (56 bzw. τ^{56}) heranzuziehen, wie es gewöhnlich geschieht. Unzureichend ist auch die Ausgabe von 56 mit den weiteren Hss 68 69 70 (= $\tau^{68.69.70}$) durch J. Pérez de Urbel und A. González y Ruiz-Zorrilla, Liber Commicus I–II, Madrid 1950–1955 (= Monumenta Hispaniae Sacra, Serie litúrgica 2–3). 68 enthält keine Lesung aus Apk; dafür kommen jedoch zusätzlich folgende Hss mit Apk-Lesungen in Betracht: 72 bzw. τ^{72} = Toledo, Cabildo 35–4; 73 bzw. τ^{73} = London, British Museum Addit. 30846; 262 = Toledo, Cabildo 35–5; 271 bzw. τ^{271} = Toledo, Cabildo 35–6; London, British Museum Addit. 30844 und 30845.

[79] Siehe H. F. D. Sparks, A Celtic Text of the Latin Apocalypse Preserved in Two Durham Manuscripts of Bede's Commentary on the Apocalypse, JThS, N.S. 5 (1954), 227–231.

[80] A. Jülicher, Kritische Analyse der lateinischen Übersetzungen der Apostelgeschichte, ZNW 15 (1914), 163–188.

etwas weiter entwickelt in h (55), Augustinus und dem neuen Fragment 74[81], nicht näher eingeordnet in zwei Abschnitten der Hs 67[82]. Hier erkennen wir unseren Text **K** bzw. **C** wieder. Seine griechische Vorlage gehörte zum Westlichen Text. Ihm steht gegenüber ein europäischer Text, der durch die Abkehr vom Westlichen Text gekennzeichnet sein soll; er ist jedoch nicht direkt überliefert, sondern nur in vier Ableitungen, die nun jeweils wieder Westliche Lesarten und Zusätze aufgenommen haben sollen. Das ist eine komplizierte Konstruktion, die meines Erachtens noch nicht bewiesen ist, sondern im Gegenteil ziemlich unwahrscheinlich sein dürfte.

Die genannten vier Ableitungen des europäischen Textes sind die lateinischen Vorlagen der beiden Bilinguen d (5) und e (50), die Vulgata und schließlich g (51). Die Bilinguen sind gelehrte Arbeiten; für beide wurden lateinische Texte umgemodelt und an den griechischen Text angepaßt. Die Vorlage von d (5) scheint älter; die Westlichen Zusätze und Lesarten der griechischen Seite D wurden neu übersetzt. Die lateinische Vorlage von e (50) ist jünger und stand der Vulgata näher; der gelehrte Autor, den Jülicher erst ins 6. Jh. setzen möchte[83], erstrebte pedantisch wörtliche Wiedergabe des griechischen Textes und veränderte entsprechend oft seine lateinische Vorlage. Trotzdem bestehen sowohl in Dd wie in Ee Differenzen zwischen dem griechischen und lateinischen Text. Am weitesten verbreitet war aber der Text **I**, der uns in g (51) ziemlich treu erhalten ist, obwohl die Hs selber erst im 13. Jh. in Böhmen entstand. Der Text entspricht nämlich genau den Zitaten bei Lucifer von Cagliari und ist damit vor 350 anzusetzen. Verwandt damit sind g_2 (52), 57, Ambrosiaster und Pacian, sowie der Abschnitt Apg 8,27 - 11,13 in der Hs 67 samt dem hierzu gehörenden altlateinischen Bestandteil in den spanischen Lektionaren[84], während die Vulgatarezension in den spanischen Hss Cavensis und Toletanus andere Wege geht. Der vierte Abkömmling ist die Vulgata **V**, in der auch afrikanische Elemente weiterleben. Sie stammt aber nicht von Hieronymus, wie Jülicher noch annahm, sondern höchst wahrscheinlich vom gleichen Autor wie die übrigen nicht-evangelischen Teile des Neuen Testaments. Aber ähnlich wie in Apk ist die Revision nach dem Grie-

---

[81] Liturgische Lesungen (Apg 10,36–40; 13,14–16. 26–30) auf Blatt 4 der gleichen Hs, die in Anm. 76 genannt ist.

[82] Apg 15,6–12. 26–38; siehe B. Fischer, Ein neuer Zeuge zum Westlichen Text der Apostelgeschichte, in: Biblical and Patristic Studies in Memory of R. P. Casey, Freiburg 1963, 33–63, besonders 62f.

[83] Die Hs selber ist im 6.–7. Jh. in Sardinien entstanden, wurde dann von Beda († 735) in Jarrow benützt und kam noch im 8. Jh. über Hornbach nach Würzburg, von wo sie in den Besitz von Laud kam.

[84] Vgl. die in Anm. 82 angegebene Edition von 67 und für die in Frage kommenden spanischen Lesungen ebenda S. 54f mit Anm. 12–16; auch die Hs 60 gehört hierher.

chischen nicht so sorgfältig, sondern es sind auch stilistische Änderungen und sogar freiere Übersetzungen zu beobachten.

Eine eigene Rezension liegt in s (53) vor, die **I** und **V** voraussetzt und nach Jülicher auch den griechischen Text benützt, jedenfalls alle Westlichen Interpolationen ausmerzt. Nachdem uns schon in der Hs 67 im 7. Jh. ein abschnittweises Nebeneinander von **K**, **I** und **V** begegnet[85], dürfen wir uns nicht wundern, daß in p (54), einer Hs des 12. Jhs., Elemente aus allen bisher genannten Texten miteinander vermischt zu einem möglichst vollständigen, also „langen" Text redigiert sind. Damit ist keineswegs gesagt, daß dieser Mischtext nicht sogar bis ins 5. Jh. zurückreichen könnte[86].

5. *Evangelien.* Mit den Evangelien kommen wir zum kompliziertesten Teil des Neuen Testaments. Am liebsten würde ich nur auf die immer noch beste, leider aber fast vergessene Zusammenfassung von Francis Crawford Burkitt verweisen: Itala Problems, in: Miscellanea Amelli, Monte Cassino 1920, 25–41. Aber inzwischen ist ja die Ausgabe von Jülicher-Matzkow-Aland (siehe Anm. 7) erschienen; sie informiert zuverlässig und übersichtlich über die Lesarten der Hss[87], aber ihre intelligente, wissenschaftlich einwandfreie Benutzung setzt Kenntnisse voraus und ist schwieriger, als es zunächst den Anschein hat.

Zunächst hebt sich ohne Zweifel der afrikanische Text heraus, der uns in verschiedenen Entwicklungsstadien überliefert ist. Aus Tertullian ist allerdings weder für dessen eigenen lateinischen Text noch für ein lateinisches Lk-Evangelium des Marcion etwas Brauchbares zu

---

85 Auch in den Katholischen Briefen wechselt 67, allerdings nur zwischen verschiedenen altlateinischen Texten: Jak und 1 Petr gehören zum Texttyp **S**, 1–3 Joh zu **T**, wobei in 1 Joh der Text teilweise primitiver ist als derjenige der übrigen **T**-Zeugen. Die Paulusbriefe bieten verhältnismäßig reine Vulgata, also nicht die spanische Peregrinus-Ausgabe; ebenso verhält es sich bei den meisten Büchern des Alten Testaments.

86 H. J. Vogels, Handbuch der Textkritik des Neuen Testaments, Bonn 1955², 97, erwähnt noch die Hss w und x¹. Die letztere ist eine Vulgata-Hs, die bei Wordsworth-White als O kollationiert ist. Die erstere (= 58), früher Wernigerode Z. a. 81, geschrieben in Böhmen (vielleicht in Tepl) in der zweiten Hälfte des 14. Jhs., befindet sich jetzt (schon seit den dreißiger Jahren) in der evangelisch-theologischen Komenius-Fakultät zu Prag; sie war vielleicht die Vorlage für die deutsche Übersetzung in der Hs von Tepl, die noch gelegentlich in kritischen Apparaten genannt wird, und ist zuletzt behandelt worden von J. Andorf in einer ungedruckten Dissertation, Freiburg 1964; vgl. auch H. J. Frede, Vetus Latina 24/2, 288–290.

87 Bernhard Bischoff informierte mich freundlicherweise darüber, daß in der Bayerischen Staatsbibliothek in München ein neues altlateinisches Fragment des Mt aus dem 5. Jh. entdeckt wurde; jedoch ist es bei Abschluß dieses Artikels noch nicht veröffentlicht oder zugänglich. Ein anderes unediertes Blatt mit Lk 16,27 - 17,27 befindet sich vorläufig noch bei Bernard M. Rosenthal in San Francisco; wie die Schrift (8.–9. Jh. Irland) ist auch der Text von ganz ähnlicher Art wie r_2 (28) = Dublin, Trinity College 56.

entnehmen[88]. So ist die älteste Größe, an die wir uns halten können, die Hs k (1), wohl noch im 4. Jh. und wahrscheinlich in Afrika selber entstanden[89]. Der Text ist aber älter und repräsentiert etwa den Zustand von 230. Gegen Hans von Soden hat Donatien De Bruyne[90] gezeigt, daß k (1) diesen Text ohne Änderung bewahrt hat. Aber der afri-

---

88 Trotz M. C. Tenney, The Quotations from Luke in Tertullian as Related to the Texts of the Second and Third Centuries, Ph.D.Diss. Harvard 1944; nur eine kurze Zusammenfassung davon durch Tenney ist gedruckt in Harvard Studies in Classical Philology 56–57 (1947), 257–260. A. J. B. Higgins, The Latin Text of Luke in Marcion and Tertullian, VigChr 5 (1951), 1–42, geht methodisch nicht über Harnack hinaus. Die Zitierweise von Tertullian ist frei und nur gelegentlich abhängig von lateinischen Texten, und daher ist es nur normal, daß sein Text zwei verschiedene Formen aufweist, wenn er den gleichen Vers zweimal zitiert; das beweist nichts, da der Text bei dreimaligem Zitieren meist drei verschiedene Formen hat. Außerdem sind diese Unterschiede in allen Büchern des Alten und Neuen Testaments zu finden, so daß Marcion, der nur für Lk und Paulus in Frage kommt, von vornherein ausscheiden sollte. Ein Ansatzpunkt wäre nur dann gegeben, wenn man T. P. O'Malley (siehe Anm. 73) darin folgen könnte, daß Tertullian in seinen Schriften die Formulierungen seines jeweiligen Gegners aufgreift und wenigstens teilweise übernimmt, und wenn das auch für die Bibelzitate zuträfe. H. Tränkle, Q. S. F. Tertulliani Adversus Iudaeos, Wiesbaden 1964, hat in der Einleitung zu seiner Ausgabe dieser Schrift nicht genügend begriffen, wie sehr die Bibelzitate darin von Tertullians Art abweichen und im Gegensatz dazu mit den sonstigen altlateinischen Bibeltexten zusammengehen. Da er diese Frage kaum oberflächlich streift, kann sein Beweis für die Echtheit dieser Schrift nicht überzeugen. Die Schriftzitate in solcher Gestalt sind m. E. nicht vor der zweiten Hälfte des 3. Jhs. möglich und sind eher noch später anzusetzen. Das Problem der sogenannten antimarcionitischen Evangelien-Prologe dürfte durch J. Regul, Die antimarcionitischen Evangelienprologe, Freiburg 1969, in dem Sinne geklärt sein, daß man daraus auf kein lateinisches Evangelium Marcions und seinen Einfluß mehr schließen darf. Wenn H. J. Vogels, Evangelium Palatinum (siehe Anm. 94), 95–99, eine besondere Nähe von e (2) zu Marcion behauptete, so ist das durch E. C. Blackman, Marcion and his Influence, London 1948, 135–159, widerlegt.

89 Siehe B. Bischoff in: Settimane di studio del Centro italiano di studi sull'alto medioevo XI. Centri e vie di irradiazione della civiltà nell'alto medioevo, Spoleto 1964, 481; Bischoff stellt hier eine Gruppe von Hss zusammen, die paläographisch höchst wahrscheinlich aus Afrika stammen. Um Möglichkeiten aufzuweisen, wie die Handschrift nach Italien kommen konnte, braucht man nicht Vandalen und Goten zu bemühen wie G. W. S. Friedrichsen, NTS 11 (1964/65), 290; es gab im 4. Jh. genug Reisende (z. B. Marius Victorinus und Augustinus mit seiner Begleitung; Zeno wurde sogar Bischof in Verona) und im 5. Jh. auch genug Flüchtlinge aus Afrika (z. B. Quodvultdeus von Karthago oder Gaudiosus), im 6. Jh. die afrikanischen Bischöfe, die mit Fulgentius nach Sardinien verbannt waren. Um die legendäre Verbindung mit Kolumban († 615), dem Gründer von Bobbio, zu erklären, ist ein Aufenthalt der Hs in Irland nicht erforderlich. Ins Reich der absurden Phantasie gehört es, eine Entstehung der Hs in Irland selber anzunehmen. Ebenso unglaubwürdig und unbewiesen ist die Niederschrift durch einen Goten, die G. W. S. Friedrichsen, The Gothic Version of the Gospels, Oxford 1926, 190, vorgeschlagen hat.

90 D. De Bruyne, RBén 27 (1910), 440f, sagt, daß er keine Stelle finden könne, wo k gegenüber Cyprian oder e eine europäische Korrektur aufweise, während zwischen k und Cyprian sicher eine Revision anzusetzen sei.

kanische Text entwickelte sich schnell; schon zwischen k (1) und Cyprian ist eine Revision erfolgt[91], die u. a. den langen Mk-Schluß und vielleicht auch die Ehebrecherin-Perikope einsetzte. Die afrikanischen Summarien[92] bezeugen eine neu revidierte Ausgabe, wohl gegen Ende des 3. Jhs. oder durch Donatisten im 4. Jh. Erst danach ist der Text von e (2) anzusetzen[93]. Die Entwicklung ist eine Europäisierung im oben angedeuteten Sinn und schloß bewußte Revisionen ein. Vorläufig ist nicht klar, ob die Änderungen, die griechische Varianten widerspiegeln, einen direkten Rückgriff auf griechische Vorlagen beweisen oder durch den bloßen Einfluß europäischer Texte erklärbar sind, die ihrerseits auf anderen griechischen Vorlagen beruhten. Nur den angeblichen Einfluß eines lateinischen Tatian sollte man lieber nicht bemühen, bevor man nicht bessere Beweise beibringen kann, als das bisher geschehen ist, siehe Abschnitt V.

Der Text von e (2), geschrieben nicht in Afrika sondern in Oberitalien im 5. Jh., ist also das Resultat einer längeren Geschichte, die nicht mehr vollständig zu entwirren ist. Gewiß ist eine starke afrikanische Grundschicht vorhanden, die aber nicht gleichmäßig ist und außerdem eine größere Nähe zu Cyprian aufweist als zu k (1); das zeigen die direkten Vergleiche mit k (1) und Cyprian, wo diese möglich sind[94]. Aber sowohl diese direkten Vergleiche wie die weitere Untersuchung beweisen auch, daß man e (2) nicht mehr einfach als afrikanischen Text ansprechen kann, sondern daß sich über die afrikanische Grundschicht verschiedene Deckschichten gelegt haben. Am besten zitiere ich einen Abschnitt von Donatien De Bruyne[95]:

„Le texte de e est le terme d'une longue histoire qui mériterait une étude spéciale. Je n'en donnerai qu'une rapide esquisse en m'appuyant sur les observations faites dans la première partie de cette étude. A côté d'éléments primitifs (p. ex. Joh 16,2) on trouve des traces d'une ancienne recension, passablement maladroite, de quelque puriste (p. ex. Lk 9,7; 22,36); une nouvelle revision, plus profonde cette fois, introduisit beaucoup de variantes européennes, dont quelques-unes représentent un texte grec différent (parmi ces dernières j'indiquerai Mt 21,15; Lk 9,35; 10,1; Joh 7,28). Il est permis de croire que cette assimilation ne se fit pas en une fois; elle dut commencer très tôt,

[91] Vgl. Anm. 90 und D. De Bruyne, RBén 27 (1910), 306f. Zur Ehebrecherin-Perikope vgl. ebenda 318f und 442.

[92] D. De Bruyne, Quelques documents nouveaux pour l'histoire du texte africain des évangiles, RBén 27 (1910), 273–324. 433–446.

[93] Hierher gehören auch die Evangelien-Zitate in der Schrift *De physicis* des Pseudo-Marius Victorinus, vgl. H. J. Vogels, Der Bibeltext der Schrift „De physicis", RBén 37 (1925), 224–238.

[94] Siehe H. J. Vogels, Evangelium Palatinum, Münster 1926 (= Neutestamentliche Abhandlungen 12,3), 106–112; J. Mizzi, A Comparative Study of Some Portions of Cod. Palatinus and Cod. Bobiensis, RBén 75 (1965), 7–39; vgl. auch J. Mizzi, The African Element in the Latin Text of Mt. XXIV of Cod. Cantabrigiensis, RBén 78 (1968), 33–66. Demnach ist Mt 13,1–43 nicht so afrikanisch wie Mt 13,44–55 und die Stücke aus Mt 14 und 15.

[95] D. De Bruyne, RBén 27 (1910), 441.

puisque dès l'époque de S. Cyprien et dans son propre pays le texte africain cède lentement devant l'invasion irrésistible du texte européen, elle dut s'exercer surtout quand le manuscrit africain, l'ancêtre de e, fut porté en Europe, quand on lui imposa un sommaire européen et une division correspondante du texte. Les marges se couvrirent de nombreuses corrections et le copiste chargé de mettre au net les évangiles ainsi corrigés ne sut pas toujours se tirer d'embarras: les singularités et les déplacements qu'on remarque dans le manuscrit e trahissent soit des corrections mal comprises, soit des interpolations mal faites (voir Mt 24,42; Lk 11,28; Joh 10,40)."

G. W. S. Friedrichsen wollte die europäischen Züge in e (2) dadurch erklären, daß er den Text von einer gotisch-lateinischen Bilingue herleitete, die ihrerseits vielleicht auf einer vandalisch-lateinischen Bilingue beruht habe[96]. Abgesehen davon, daß dafür jeder Beweis fehlt, ist damit die Verschiedenheit der europäischen Schichten nicht erklärt; außerdem fehlt eine nähere Beziehung zu f (10) und wir kämen auf eine zu späte Zeit[97]. Francis Crawford Burkitt[98] sprach zwar von einer weitgehenden Korrektur der afrikanischen Grundlage, meist in Übereinstimmung mit b (4); er meinte aber folgendermaßen unterscheiden zu können: Wenn e (2) mit b (4) übereinstimme, dann handle es sich um europäischen Einfluß in e (2); wenn aber e (2) mit a (3) übereinstimme, dann seien das afrikanische Elemente in a (3). Heinrich Joseph Vogels hat demgegenüber klar bewiesen, daß e (2) in Joh vom europäischen a (3) beeinflußt ist[99], besonders in Kapitel 10[100] und in der Ehebrecherin-Perikope, in Lk dagegen vom europäischen ff_2 (8), vor allem in Lk 22,39 - 24,11[101]; in Mt und Mk lassen sich die europäischen Quellen nicht so genau bestimmen, obwohl sie sicher ihre Wirkung ausgeübt haben.

96 G. W. S. Friedrichsen, The Gothic Version of the Gospels, Oxford 1926, 169–186: The Palatinian Bilingual; *id.*, The Gothic Text of Luke in its Relation to the Codex Brixianus (f) and the Codex Palatinus (e), NTS 11 (1964/65), 281–290. Friedrichsen nimmt einen stärkeren Einfluß des Lateinischen auf das Gotische an als umgekehrt; jedoch beweist ein solcher Einfluß weder eine Bilingue noch, daß e (2) in einen derartigen Zusammenhang gehört, siehe auch Anm. 97.

97 G. W. S. Friedrichsen nimmt für die gotisch-lateinische Bilingue die Zeit um 450 bis 475 an. Aber e (2) selber kann gut auch schon in der ersten Hälfte des 5. Jhs. geschrieben sein; auf alle Fälle ist es eine Prachthandschrift mit Silberbuchstaben auf Purpurpergament, für die der Ansatz auf die Zeit des Theoderich im Gegensatz zu f (10) einfach zu spät ist und die in früherer Zeit in keinen Zusammenhang mit Goten paßt. Für gemeinsame Lesarten genügt als Erklärung die Entstehung der Hs in Oberitalien und der Einfluß des oberitalienischen Textes der Vetus Latina auf das Gotische, den man sich wohl kaum als Einfluß einer einzigen Hs, nämlich f (10) bzw. einer Bilingue, vorstellen kann. Sollten etwa Maximinus und andere lateinisch sprechende Arianer in den Donauprovinzen und Oberitalien keinen Einfluß auf die gotische Bibel gehabt haben, wo ihre Beziehungen zu den Goten doch nachweisbar sind?

98 F. C. Burkitt, Itala Problems, in: Miscellanea Amelli, Monte Cassino 1920, 27 und 33.

99 H. J. Vogels, a. a. O. (siehe Anm. 94) 20–24.

100 Siehe auch M.-É. Boismard, RB 71 (1964), 443, der dieses e (2) und a (3) gemeinsame Stück auf Joh 10–12 ausdehnt.

101 H. J. Vogels, a. a. O. (siehe Anm. 94) 44–54.

Um klarer zu sehen, müssen wir noch die Hs c (6) berücksichtigen. In ihr sind drei Schichten zu erkennen:

1. eine afrikanische Grundschicht, die vor allem in Lk von Kapitel 6 an immer stärker wird und zum Schluß dieses Evangeliums deutlich vorherrscht;

2. darüber ist eine europäische Schicht gelagert, die eindeutig mit ff_2 (8) verwandt ist, aber gewisse Korrekturen von ff_2 nach dem Griechischen noch nicht aufweist;

3. über alles breitet sich bald stärker (vor allem in Mt und Joh 1–6), bald schwächer (Lk und Mk) eine Überdeckung mit Vulgata[102].

Nun läßt sich die afrikanische Grundschicht verhältnismäßig leicht isolieren, indem man die Überlagerungen durch einen Vergleich mit ff_2 (8) und Vulgata abträgt. Damit erhält man ein weiteres Hilfsmittel zur Rekonstruktion des afrikanischen Evangelientextes, das weder Hans von Soden noch Adolf Jülicher benützt haben. Beide Versuche können daher nicht befriedigen; bei beiden liegt der Grund darin, daß sie zu mechanisch vorgegangen sind. Soden zieht zwar außer k (1) und e (2) auch die Zitate Cyprians heran; aber er nivelliert diese drei Entwicklungsstufen zu sehr und scheidet die europäischen Bestandteile von e (2) nicht aus. Jülicher beschränkt sich auf die bloße, getrennte Wiedergabe der beiden Hss; und die Folge davon ist, daß seine Afra-Zeile streckenweise einen europäischen Text führt, während die wirkliche Afra unter den Varianten zur sogenannten Itala-Zeile versteckt ist. Dabei hatte Heinrich Joseph Vogels schon 1926 für Lk 24 eine brauchbare Rekonstruktion des afrikanischen Textes aus e (2) und c (6) geliefert[103], und Francis Crawford Burkitt hatte bereits 1920 gesagt, daß c (6) wenigstens für Lk 22–24 als im Wesen afrikanisch zu betrachten sei[104]. Als Donatien De Bruyne 1923 das Lk-Fragment β (26) veröffentlichte, faßte er seine Untersuchung des neuen Textes dahin zusammen, daß ein afrikanischer Text hauptsächlich bis Lk 2,20 nach einem europäischen korrigiert worden sei, der r (14) glich, wozu noch einige Änderungen nach dem Griechischen gekommen seien[105]. Der Fall liegt ähnlich wie bei c (6), nur hat die Deckschicht eine andere Färbung, das eine Mal eher italienisch (ff_2= 8), das andere Mal mehr gallisch (r = 14).

Wir sollten daraus grundsätzlich die wichtige Einsicht gewinnen, daß die altlateinischen Texttypen nicht mechanisch rekonstruiert werden können, weil die meisten Hss nicht reine Vertreter eines Typs sind,

---

[102] H. J. Vogels, Evangelium Colbertinum I–II, Bonn 1953 (= Bonner Biblische Beiträge 4/5).

[103] H. J. Vogels, Evangelium Palatinum (siehe Anm. 94) 61–64.

[104] F. C. Burkitt, Itala Problems (siehe Anm. 98) 27f.

[105] D. De Bruyne, RBén 35 (1923), 67–72.

sondern Mischungen bieten, die wir erst mit kritischem Scharfsinn entwirren müssen. Die Beuroner Vetus Latina Ausgabe hat daraus die Konsequenzen gezogen[106].

Die schwereren Bedenken gegen die Ausgabe von Jülicher richten sich jedoch nicht auf seine Afra-Zeile sondern auf seine Rezension der sogenannten Itala-Zeile, also des europäischen Textes. Der Herausgeber Kurt Aland sagt im Vorwort zum Lk-Band, eine Begründung für diese Rekonstruktion könne nicht gegeben werden[107]. Aber wir müssen für die Grundhaltung Jülichers sagen, daß er hierin der richtigen Ansicht von Donatien De Bruyne und Francis Crawford Burkitt gefolgt ist. Der erstere hatte 1911 geschrieben: „Quand on aura une bonne édition de ce manuscrit b autour duquel se groupent tous les témoins qui ne sont pas africains, il sera temps de reconstruire le texte idéal dont b n'est que le meilleur représentant."[108]. Ähnlich betrachtete Burkitt b (4) als „the most characteristically european of all the manuscripts"[109]. Genau das ist die Grundlage der Rezension Jülichers. Er folgt b (4) wohl immer, wenn es mit ff_2 (8) übereinstimmt, meistens, wo es von

---

106 Einige handgreifliche Beispiele für die Textmischung in den Hss seien genannt. In 67 stehen einige Bücher im Vulgatatext; in den Katholischen Briefen sind einige Teile dem Texttyp **S**, andere dem Typ **T** zuzuweisen; in der Apostelgeschichte stehen, wie oben gesagt, abrupt dreierlei Texte nebeneinander. Die Handschrift 65 vom Anfang des 9. Jhs. ist in den Paulusbriefen Vulgata (Z bei Wordsworth–White, eng verwandt mit der Angilram-Bibel Metz 7), aber die letzten Kapitel von Hbr bieten den Text **I**; in den Katholischen Briefen sind Jak, 1 Petr 1,1–2,8 und 4,16 bis Schluß, 2 Petr, 1 Joh 3,15 bis Schluß und 2 Joh Vulgata, die übrigen Teile gehören zum altlateinischen Text **T**. Aber auch bei Vätern gibt es ähnliche Unterschiede; z. B. zitiert Patricius nur die Apostelgeschichte nach der Vulgata; Lucifer von Cagliari zitiert Lk in der Form von b (4), Joh in der Form von a (3), die Apostelgeschichte in der Form von g (51). Noch komplizierter wird es beim pseudo-augustinischen *Speculum* und bei den Zitaten von Augustinus. — Wenn man auf kritische Weise die altlateinischen Texttypen mit wechselnden Zeugen rezensiert, dann ist das vollauf berechtigt und beruht nicht auf Willkür; andererseits muß allerdings überall klar ersichtlich sein, wie die einzelnen Zeugen lesen. Ob die Editionstechnik des Jülicher dazu ausreicht, erscheint fraglich. Wenn man die patristischen Zitate hinzuzieht, die besonders für die Rekonstruktion des afrikanischen Textes unerläßlich sind, wird sie vollends unmöglich. Daher wurde sie in der Vetus Latina entsprechend weiterentwickelt.

107 A. Jülicher, Itala III. Lucas-Evangelium, Berlin 1954, Einführung S. 2 (ohne Paginierung): „Alleiniger Anteil Jülichers an der Itala ist die Recensio, welche jeweils in der oberen Hauptzeile abgedruckt ist. Eine Begründung für diese Recensio kann nicht gegeben werden. Es war weder W. Matzkow noch dem Unterzeichneten möglich, einwandfrei die Prinzipien zu ergründen, welche Jülicher bei dieser Recensio leiteten, offensichtlich hat ein stark subjektives Moment mitgespielt. Rechenschaft darüber hätte nur Jülicher selbst ablegen können, er ist in den letzten Jahren seines Lebens nicht mehr dazu in der Lage gewesen; auch in den Gesprächen mit ihm darüber hat Matzkow keine ausreichende Einsicht erhalten können."

108 D. De Bruyne, RBén 28 (1911), 80.

109 F. C. Burkitt, Itala Problems (siehe Anm. 98), 27.

einem zweiten Zeugen[110] begleitet wird, und seine singulären Lesarten beurteilt er, ob sie nur Fehler sind oder nicht. Wenn b (4) ausfällt, tritt dafür die nächstbeste Hs ff_2 (8) ein und als Entscheidungshilfe i (17). Als weiteres Kriterium scheint beachtet zu sein, daß gegen die afrikanische Lesart rezensiert wird, weil die Itala-Zeile ja den charakteristischen europäischen Text darstellen soll. Wenn gelegentlich Widersprüche zu diesen Prinzipien zu beobachten sind, dann ist wohl auch zu bedenken, daß Jülicher vielleicht bei einer endgültigen Überarbeitung nach Vorliegen der exakten Kollationen an einigen Stellen anders entschieden hätte[111].

Die Hss b (4) ff_2 (8) i (17) bilden wirklich die Kerngruppe des europäischen Textes, den fortschrittlichen italienischen Text um etwa 350–380. Er ist verwandt mit Ambrosius, Ambrosiaster, speziell in Lk mit Lucifer; er war die Vorlage, die Hieronymus bei der Herstellung der Vulgata zugrunde legte. Zum gleichen Text gehört auch t (19); etwas verwässert hält er sich in Verona bis ins 8. Jh., wie die Hs 41 zeigt[112]. An die Kerngruppe schließt sich einerseits die gallisch-irische Gruppe an, bestehend aus h (12), r (14)[113], ρ (24), p (20), der europäischen Schicht in β (26) und der altlateinischen Schicht in g_1 (7)[114]. Auf der anderen Seite hängen an dieser Kerngruppe q (13) und l (11). Die jüngere Hs l (11) gehört wohl nach Aquileja und ist schon stark nach der Vulgata überarbeitet. Die ältere q (13) führt nach Illyrien oder Pannonien, vielleicht direkt nach Sirmium, das jedoch zur Zeit des Entstehens der Hs schon zerstört war; ihr Text ist verwandt mit arianischen Schriftstellern um die Wende des 4. zum 5. Jh. und der unmittelbar folgenden Zeit wie Maximinus und dem Bearbeiter des lateinischen Mt-Kommentars des Origenes.

Nicht unverbunden, aber doch etwas abgehoben steht neben dieser dreigeteilten Gruppe um b (4) noch eine andere Gruppe, deren Haupt-

---

110 Der ausschließliche Konsens mit a (3) oder r (14) scheint allerdings öfters nicht berücksichtigt zu sein.

111 Hier könnte man anführen Mk 8,15 *eis*; 9,38 *prohibuimus eum*, wie überhaupt das gelegentliche Beibehalten des afrikanischen *ille* gegen das gut bezeugte europäische *is*; Lk 7,26 *et plus*; 7,42 *autem*; 8,53 *mortua esset*; Joh 8,13 *autem ei*; 11,42 *turbam quae circumstat*.

112 H. J. Vogels, Codex VII der Cathedralbibliothek von Verona (b^2), in: Colligere Fragmenta. Festschrift Alban Dold, Beuron 1952 (= Texte und Arbeiten, 2. Beiheft), 1–12.

113 Die Hs ist nicht in Oberitalien, sondern in Irland um 600 geschrieben. Ihr Text steht Hilarius sehr nahe; in Joh scheint seine Verbindung zu b (4) enger zu sein als in den übrigen Evangelien.

114 Der Text ist auch schon in Mt stark von Vulgata überlagert, deren Gestalt zur Amiatinus-Tradition gehört. Andererseits stehen nicht wenige altlateinische Lesarten noch in den übrigen Evangelien. Es geht jedenfalls nicht an, die Hs in Mt als reinen Altlateiner und in den andern Evangelien als bloßen Vulgatazeugen zu behandeln. Wir setzen sie für die Evangelien daher unter die Mischtexte.

zeuge a (3) ist. Eng damit verwandt sind n a_2 o (alle zusammen 16) und in etwas größerer Entfernung s (21). Wie Lucifer in Lk mit b (4) zusammengegangen war, so stimmt er in Joh mit a (3) überein. Hieronymus zitiert in einem Brief an Damasus ein Stück aus Lk 15 nach dem Text von a (3). Im allgemeinen dürfte dieser Text etwas altertümlicher sein als derjenige der anderen Gruppe; das zeigt sich in einer allgemeinen Verwandtschaft mit Novatian und in der größeren Anzahl von überlebenden Afrikanismen. Schließlich muß hier nochmals an e (2) erinnert werden mit seinen Einflüssen von a (3) und b (4) her; weil aber seine afrikanische Grundschicht immer wieder durchschlägt, ist im Oberitalien des 4. und 5. Jhs. noch mit diesem weiteren Texttyp zu rechnen, der seinem Erscheinungsbild nach sogar älter ist als die Gruppe um a (3). In der Entwicklungsgeschichte allerdings dürfte er später anzusetzen sein, da er das Bestehen der Gruppen um a (3) und b (4) voraussetzt.

Wir haben uns die Geschichte des altlateinischen Evangelientextes etwa so zu denken, daß eine Urübersetzung, der k (1) am nächsten steht, einerseits in Afrika noch lange weiterlebte und sich schrittweise fortentwickelte, andererseits schon im 3. Jh. europäisch umgeformt wurde und sich auch hieraus weiterbildete, wobei neben der afrikanischen Grundschicht in verschiedenen Entwicklungsstadien[115] die liturgische Lesung, die vielleicht schon vorher in einzelnen Perikopen mündlich oder schriftlich fixiert war, und der Einfluß des griechischen Textes, der möglicherweise auch noch längere Zeit in der Liturgie gelesen wurde, sich Geltung verschafften[116]. Klarer wird man erst sehen, wenn auch die Väterzitate vollständig herangezogen sind. Aber schon jetzt stellt sich angesichts der Ausgabe von Jülicher die Frage, wieviel und welche Etappen der mehrgleisigen Entwicklung man als Typen rezensieren will und ob man afrikanische Lesarten in sonst europäischen Texten außer in der Afra-Zeile auch noch als Varianten zur Itala-Zeile notieren darf oder soll.

Ungelöst bleibt vorläufig das Problem der Mischtexte, von denen ein Teil gewöhnlich als Vulgata-Hss mit altlateinischen Lesarten notiert wird, ein anderer Teil als altlateinische Hss mit Vulgata-Beimischung. Natürlich sind hier die Übergänge fließend. Ich nenne als Beispiele italienische Hss des 6. Jhs. f (10) wohl aus Ravenna[117], J aus Aquileja/

---

115 Afrikanische Reste gibt es nicht nur in a (3) und s (21), sondern auch, wie oben schon gesagt wurde, in c (6) und β (26), ferner auch in ff_1 (9) und in d (5), das sonst so eigene Wege geht.

116 Vgl. in diesem Sinne F. C. Burkitt, Itala Problems (siehe Anm. 98), 39f; D. De Bruyne, RBén 35 (1923), 77.

117 Diese Hs ist längst als der lateinische Teil einer gotisch-lateinischen Bilingue erkannt, deren Text fast Vulgata ist; vgl. G. W. S. Friedrichsen, The Gothic Version of the Gospels, Oxford 1926, 194–211: The Brixian Bilingual; auch oben Anm. 96;

Cividale und Z sowie das Burghard-Evangeliar in Würzburg[118]; aus dem 7. Jh. das Evangeliar in Split und den Ambrosianus I. 61 sup.; aus dem 8. Jh. l (11) aus Aquileja, den Beneventanus aus S. Vincenzo al Volturno und die nicht untersuchten Vaticanus lat. 7016 und Perugia 2. Von den spanischen Hss sind bisher nur der Cavensis (C) und der Toletanus (T) kollationiert und zwar ziemlich fehlerhaft[119]. Entgegen den Ansichten von Samuel Berger und Wordsworth–White (I, 672f. 707f.) kann weder der Beneventanus noch der Bigotianus (B) heute noch nach Frankreich lokalisiert werden; daher sind die älteren Hss aus diesem Gebiet schlecht erschlossen. So fehlen z. B. das Evangeliar des Gundohinus aus dem Jahr 754 und das von Flavigny[120]; hierher gehören allerdings ff_1 (9)[121] und g_1 (7, siehe Anm. 114), die schon genannt wurden. Aus der Bretagne[122] stammen gat (30) um 800, E aus der ersten Hälfte des 9. Jhs., Bern 85 aus der zweiten Hälfte des 9. Jhs., New York Public Library 115 vom Ende des 9. Jhs., sowie g_2 (29) aus dem 10. Jh.; wahrscheinlich auch Würzburg M. p. th. fol. 67 gegen 800. Aus Wales sind die Evangeliare von Llandaff bzw. Lichfield (L) und von MacRegol bzw. Rushworth (R) bei Wordsworth–White verglichen. Mischtexte aus Irland sind das Book of Kells (Q), das Book of Armagh (D), sowie um 800 das Book of Moling (mull bzw. $\mu = 35$)[123] und auch der Garland of Howth ($r_2 = 28$)[124]. In North-

siehe außerdem: Karl der Große. Werk und Wirkung, Ausstellungskatalog, Aachen 1965, Nr. 388 mit Literaturangabe.

118 Vgl. B. Fischer, Bibeltext und Bibelreform unter Karl dem Großen (siehe Anm. 4), 198f.

119 Über die sonst in Frage kommenden spanischen Handschriften vgl. B. Fischer, Bibelausgaben des frühen Mittelalters (siehe Anm. 4), 561–575. Außerdem müßten natürlich auch für die Evangelien wie für die übrigen Teile des Neuen Testaments die liturgischen Lesungen berücksichtigt werden.

120 Vgl. B. Fischer, a. a. O. (siehe Anm. 4), 169. Hier zu nennen ist auch Würzburg M.p.th.q. 1a, siehe B. Fischer, a. a. O. 199.

121 Mt ist in dieser Hs stark mit Vulgata überdeckt. Außerdem gehört zu ihr noch ein Quaternio mit dem Anfang von Mk in Vulgata, siehe E. A. Lowe, Codices Latini Antiquiores XI, Oxford 1966, Nr. 1623 und 1624 samt Literaturangabe.

122 Vgl. B. Fischer, Bibeltext und Bibelreform ... (siehe Anm. 4), 175 mit der wichtigsten Literatur.

123 G. G. Willis, Some Interesting Readings of the Book of Mulling, in: Studia Evangelica, Berlin 1959 (= TU 73), 811–813, phantasiert über direkte Korrekturen nach griechischen Hss, die in Irland gemacht worden seien; dabei ist er noch nicht einmal über die Datierung dieser Hs auf dem laufenden. Besser ist die Untersuchung dieses interessanten Mischtextes von Peter J. Doyle in seiner Dissertation unter der Leitung von Ludwig Bieler: A Study of the Text of St. Matthew's Gospel in the Book of Mulling and of the Palaeography of the whole Manuscript, Thesis presented for the degree of Ph. D., Dublin N.U.I. 1967 (nicht gedruckt).

124 Eng verwandt mit r_2 ist nach Text und Schrift das neu entdeckte Lk-Fragment, das oben in Anm. 87 erwähnt wurde. Daneben gibt es in Irland auch reinere Vulgatatexte wie das Book of Durrow, das allerdings eher in Northumbrien entstanden ist (siehe unten S. 57), und das Book of Dimma. Das Taschen-Evangeliar in Fulda,

umbrien ist die ältere Hs Durham A. II. 10 noch nicht untersucht; die jüngere, die wohl schon mit Willibrord nach Echternach kam, ist bei Wordsworth–White kollationiert, und sein aus einer Vorlage stammendes Kolophon ist eine der Grundlagen, auf die John Chapman seine phantasievollen Konstruktionen baute[125]. Nach Südengland kamen wohl mit der römischen Mission die beiden Hss O und X aus Italien; in Canterbury selber ist nach 750 der Aureus (aur = 15) geschrieben, in Südengland gegen Ende des 8. Jhs. der Bigotianus (B). Dann sind noch karolingische Mischtexte aus Amiens, Saint-Amand, Echternach und aus der Salzburger Gegend[126] zu erwähnen.

Vom 6. bis zum 10. Jh. gibt es also so ziemlich überall in Europa zahlreiche Abwandlungen eines Mischtextes aus Vulgata und Vetus Latina des europäischen Typs. Bisher stellt man gewöhnlich die bei Wordsworth–White verglichenen Hss DELQR zusammen und spricht von irischem Einfluß auf den Kontinent. Aber das ist keine Lösung, schon mit Rücksicht auf Z aus dem 6. Jh. und noch mehr wegen des Evangeliars in Split, das eine Brücke bildet zwischen Z und E. Die altlateinischen Bestandteile werden nur sehr schwer genau zu definieren sein, da die altlateinischen Gruppen b–ff_2–i, h–r–p usw. und q–l, aus denen sie stammen können, ja auch schon untereinander verwandt sind. Und wie weit wird ein ursächlicher Zusammenhang bewiesen, oder in welchem Maße können ähnliche Motive oder auch der Zufall der Grund sein, wenn an den gleichen Stellen die Vulgata-Lesart durch die gewohnte altlateinische ersetzt wird? Mit einzelnen Stichproben kommt man hier sicherlich nicht weiter, sondern nur mit systematischen und größeren Untersuchungen.

V. Der Codex Bezae und verwandte Probleme

Über die Bilingue Dd (5) ist schon sehr viel geschrieben worden; leider entspricht dieser Quantität keineswegs die Qualität der Arbeiten. Zu-

Landesbibliothek Bonifatianus 3, aus dem 8. Jh. und die beiden um 800 geschriebenen Hss in St. Gallen, Stiftsbibliothek 51 (alle vier Evangelien) und 60 (nur Joh), sind bisher überhaupt noch nicht auf ihren Text untersucht worden. Aus dem Mt-Text in Würzburg M.p.th. fol. 61 aus der Mitte des 8. Jhs. sind nur einige Lesarten notiert bei G. Schepss, Die ältesten Evangelienhandschriften der Würzburger Universitätsbibliothek, Würzburg 1887, 26–30. Ausführlicher ist er behandelt von K. Koeberlin, Eine Würzburger Evangelienhandschrift, Augsburg 1891 (= Programm der kgl. Studienanstalt bei St. Anna in Augsburg); demnach soll er mit den Hss DELQR verwandt sein, am nächsten mit R.

125 J. Chapman, Notes on the Early History of the Vulgate Gospels, Oxford 1908, 26–44. Vgl. auch unten S. 56f.

126 Vgl. B. Fischer, Bibeltext und Bibelreform ... (siehe Anm. 4), 188 über Amiens, 190 über Saint-Amand, 195 und 196f über Echternach, 207 über Bayern und 209 bis 211 über Salzburg und Mondsee. Siehe auch K. Matzel, Der lateinische Text des Matthäus-Evangeliums der Monseer Fragmente, Beiträge zur Geschichte der deutschen Sprache und Literatur 87 (Tübingen 1965), 289–363.

nächst ist erstaunlicherweise bisher nicht klar genug darauf hingewiesen worden, daß in der Geschichte dieser Hs drei Perioden deutlich voneinander abzugrenzen sind:

1. die doppelsprachige Periode, zu der die erste Niederschrift und die ersten doppelsprachigen Nachträge (Scriveners Korrektor G) sowie einige frühe Verbesserungen der lateinischen Übersetzung gehören;

2. die rein griechische Periode, in der nur griechische Einträge und keine lateinischen gemacht wurden; dazu gehören die Inhaltsangaben, die Losorakel[127], die liturgischen Vermerke nach dem byzantinischen Lektionssystem[128], die eusebianischen Sektionszahlen und alle Korrekturen, die sich auf die griechischen Seiten beschränken; die Datierungen der verschiedenen Korrektoren durch Frederick H. Scrivener[129] sind größtenteils zu spät, alle haben vor 800 gearbeitet;

3. die rein lateinische Periode, die um 800 beginnt. In dieser Zeit lag die Hs sicher in Lyon[130]; es erfolgen keinerlei griechische Eintragungen mehr und die lateinischen nehmen sich die Vulgata als Vorbild.

Fast sicher entsprechen diesen drei Perioden verschiedene Orte, an denen die Hs sich befand. Auf alle Fälle ist klar, daß keinerlei Indizien aus der zweiten und dritten Periode etwas über den Ursprung und die Heimat des Codex aussagen können; wir müssen uns vielmehr ausschließlich an die Dinge halten, die aus der ersten Periode stammen. Damit kommen wir kaum über die Grundtatsache hinaus, die uns schon die Doppelsprachigkeit zeigt: einige Punkte weisen mehr auf westliche Herkunft[131], andere mehr auf östliche[132]. Jedenfalls stammt

---

[127] Diese Orakel stehen auf den unteren Rändern zum Mk-Evangelium. Ursprünglich gehören sie aber zu Joh, wie die teils griechisch-koptischen Papyri P[55.59.60.63.79] und Pap. Barcinon. 83 zeigen. Am vollständigsten ist die Reihe in lateinischer Übersetzung erhalten auf den Rändern zu g_1 (7), von der Hand des ersten Schreibers, richtig beim Joh-Evangelium; vgl. B. Fischer, Bibelausgaben des frühen Mittelalters (siehe Anm. 4), 579f.

[128] Vgl. F. E. Brightman, On the Italian Origin of Codex Bezae. The Marginal Notes of Lections, JThS 1 (1900), 446–454. Natürlich können diese Eintragungen nichts über den Ursprung der Hs aussagen, sondern nur über ihren Verbleib in der zweiten Periode.

[129] F. H. Scrivener, Bezae Codex Cantabrigiensis, being an Exact Copy ..., Cambridge 1864. Überholt ist auch J. Rendel Harris, The Annotators of the Codex Bezae, London 1901.

[130] H. Quentin, RBén 23 (1906), 1–25; A. Wilmart, RB 31 (1922), 201 Anm. 2; E. A. Lowe, The Codex Bezae and Lyons, JThS 25 (1924), 270–274. Über die Nachträge mit Vulgatatext handelt J. Mizzi, SE 14 (1963), 149–163.

[131] So die Signaturen der einzelnen Lagen auf der letzten Seite, auch wenn sie in griechischen Zahlbuchstaben geschrieben sind; die Form der Kolophone; die abgekürzten Seitentitel; die im Osten unbekannte Abkürzung für *denariis* und δηναριων sowohl im griechischen wie im lateinischen Text von Mk 14,5; siehe G. Mercati, On the Non-Greek Origin of the Codex Bezae, JThS 15 (1914), 448–451 (wieder abgedruckt in Opere minori 3, Vatikan 1937 (= Studi e Testi 78), 332–335). Auch

die Hs aus keinem Zentrum, aus dem uns andere Erzeugnisse überliefert sind. Im übrigen aber kommen alle Gegenden des römischen Weltreiches in Betracht, wo wenigstens größere Teile des Volkes lateinisch sprachen und die Liturgiesprache griechisch war bzw. die Lesungen griechisch und lateinisch vorgetragen wurden. Die Entstehungszeit ist eher in das 4. Jh. als in das beginnende 5. zu setzen[133].

Der manchmal mit dem Codex Bezae in Beziehung gebrachte Codex Claromontanus Dd (75) der Paulusbriefe ist später und nicht nur in seinem Schriftcharakter anders, sondern auch in seinem lateinischen Text. Dieser lateinische Text **D** der Paulusbriefe hat auch unabhängig von der bilinguen Überlieferung existiert[134], vom lateinischen Text des Codex Bezae (5) kann man das keineswegs behaupten. Die angeblichen

---

die lateinische bd-Unziale bietet keinen Anlaß, an einen ungeübten Schreiber zu denken, vgl. über sie aufgrund meiner damaligen Notizen H. J. Frede, Altlateinische Paulus-Handschriften, Freiburg 1964, 17–23. Das Urteil von R. C. Stone, The Language of the Latin Text of Codex Bezae, Urbana 1946 (= Illinois Studies in Language and Literature 30, 2/3), 65, es handle sich hier um „a careless and ignorant scribe", ist falsch und offenbart nur die sinnlose Methode von Stone, der eine Hs dieser Zeit an den Regeln der klassischen Schulgrammatik messen will. Unregelmäßige und vulgäre Formen sind Zeugen für die Entwicklung der Sprache und für die Treue des Schreibers, aber nicht für seine Nachlässigkeit. In Wirklichkeit zeigt das Wortverzeichnis von Stone, daß die Orthographie des Schreibers relativ gut ist, insbesondere bei den griechischen Fremdwörtern und bei der Aspiration; er wird nur unsicher bei selteneren Wörtern; die Präpositionen in den Komposita sind meist nicht assimiliert.

132 So der Vorrang des Griechischen an sich; auch die griechische Schrift ist normal und paßt in die Entwicklung, während die lateinische bd-Unziale als Buchschrift archaisch ist und außerhalb der Entwicklung liegt; Pfeile als Auslassungszeichen kommen im Westen nur sehr selten vor. Die griechische Orthographie ist konstanter als etwa im P^{75} und ist für die Entstehungszeit archaisch oder archaisierend, siehe C. M. Martini, Il problema della recensionalità del codice B alla luce del papiro Bodmer XIV, Rom 1966 (= Analecta Biblica 26), 91–95. 99.

133 A. Wilmart, RB 31 (1922), 201 Anm. 2, sprach sich zuerst für einen so frühen Ansatz aus; er schlug sogar eher das 3. Jh. vor und nannte das 4. die äußerste Grenze des Möglichen. Dann schrieb J. Mallon, Paléographie Romaine, Madrid 1952 (= Scripturae 3), 186, die Hs dem 4. Jh. zu. Elias Avery Lowe gab in verschiedenen Veröffentlichungen das 5. Jh. als Entstehungszeit an; aber er gab im persönlichen Gespräch ebenso wie Bernhard Bischoff zu, daß man das 4. Jh. nicht ausschließen könne. Mit großer Verspätung, wenn man F. G. Kenyon, JThS 1 (1900), 293–299, ausnimmt, schlossen sich auch die griechischen Paläographen diesem Urteil an; G. Cavallo, Ricerche sulla maiuscola biblica, Florenz 1967 (= Studi e testi di papirologia 2), 74–76, sagt und beweist klar, daß auch von der Entwicklung der griechischen Schrift her gesehen, die Entstehung vor 450 liegen müsse. Wenn der gelegentliche Einfluß der Vulgata-Evangelien sicher nachgewiesen wäre, dann hätte man damit einen *terminus post quem* gewonnen, nämlich das Jahr 383. Wie die griechische Orthographie (vgl. Anm. 132) ist auch der griechische Text für die Entstehungszeit der Hs archaisch.

134 Siehe die Nachweise bei Hermann Josef Frede in den Einleitungen zu seinen Ausgaben in der Beuroner Vetus Latina und in seinen sonstigen Arbeiten, vgl. Anm. 8 und 9, kurz zusammengefaßt oben S. 25.

Beweise für seine Abstammung von einem lateinischen Diatessaron, die Heinrich Joseph Vogels[135] vorgelegt hat, sind von Donatien De Bruyne[136] sofort entkräftet worden. Der Tatbestand der fast durchgehenden Abhängigkeit vom danebenstehenden griechischen Text wird heute beinahe allgemein anerkannt[137], ob man nun formuliert, es sei eine lateinische Übersetzung so stark an den griechischen Text angeglichen worden, daß sie nur bei sonstiger lateinischer Bezeugung als lateinischer Zeuge gewertet werden dürfe, oder ob man sagt, das Lateinische sei eine sklavische Übertragung der griechischen Seite bzw. deren Vorgängerin in einer Bilingue unter Benutzung eines lateinischen Bibeltextes als Übersetzungshilfe oder unter Beeinflussung durch lateinische Texte in der Wortwahl[138]. Jedenfalls fällt der lateinische Text von d (5) aus dem Rahmen der sonstigen lateinischen Bibel heraus[139], wenn auch auf der anderen Seite Berührungen mit afrikanischen[140] und europäischen[141] Texten nicht geleugnet werden können,

[135] H. J. Vogels, Die Harmonistik im Evangelientext des Codex Cantabrigiensis, Leipzig 1910 (= TU 36, 1a).

[136] D. De Bruyne, RBén 28 (1911), 107f. Im übrigen steht der Abhängigkeit von einem lateinischen Diatessaron entgegen, daß die Berührungen mit den sonstigen Altlateinern in den verschiedenen Evangelien wechseln. Und die Apg?!

[137] Im Widerspruch zu den Tatsachen heißt es bei B. M. Metzger, The Text of the New Testament, Oxford 1964, 74: „The Latin side of the fifth- or sixth-century bilingual codex Bezae (D), though corrected here and there from the Greek side, preserves an ancient form of Old Latin text. Since d agrees occasionally with readings of k and of a when all other authorities differ, it witnesses to a text that was current no later than the first half of the third century, and may be earlier still." In den Spuren von J. Rendel Harris und Adolphine Bakker wird ein starker Einfluß des altlateinischen Textes d auf den griechischen D auch angenommen von H. Sahlin, Der Messias und das Gottesvolk, Uppsala 1945 (= Acta Seminarii Neotestamentici Upsaliensis 12), 373–379; aber die angeführten Beweise sind keineswegs stichhaltig, ja die ganze Methode der Beweisführung ist für einen Textkritiker unannehmbar.

[138] C. R. Gregory, Textkritik des Neuen Testamentes, Leipzig 1909, 43–47 und 601; F. C. Burkitt, Itala Problems (siehe Anm. 98), 27. Sogar James Hardy Ropes und Albert C. Clark, die sonst über den Text von D ganz entgegengesetzter Meinung sind, sind sich in diesem Punkte nahezu einig, siehe J. H. Ropes, The Text of Acts, London 1926 (= F. J. F. Jackson, K. Lake, The Beginnings of Christianity, Part I, Vol. 3), LXIX–LXXX und CXI; A. C. Clark, The Acts of the Apostles, Oxford 1933, XLIII–XLV und 180–220.

[139] Vgl. zuletzt W. Thiele, Die lateinischen Texte des 1. Petrusbriefes, Freiburg 1965, in vielen Einzelbeobachtungen 102 Anm. 2; 163 Anm. 1; 164 Anm. 3; 165 Anm. 2; 167; 172 Anm. 2; 174 Anm. 3; 176 Anm. 3; 190; 201; 204; 212 Anm. 3; 213 und zusammenfassend 220. Die Sonderstellung von d (5) gegenüber den andern Altlateinern ist beinahe mit der des Tertullian und des Victorin von Pettau zu vergleichen; so verstanden könnte man in der Beurteilung durch Bruce M. Metzger (siehe Anm. 137) ein Körnchen Wahrheit entdecken. Aber der Gesamtwortschatz von d (5) ist nicht so archaisch sondern entschieden zu jung, als daß er sich mit einem solch frühen Ansatz des lateinischen Textes vereinbaren ließe (vgl. auch Anm. 141); beim griechischen Text D ist das anders.

[140] Vgl. J. Mizzi, RBén 75 (1965), 29; The African Element in the Latin Text of Mt. XXIV of Cod. Cantabrigiensis, RBén 78 (1968), 33–66. Allerdings dürfen in einem

die in Mk und Apg häufiger zu werden scheinen. Alle Anzeichen deuten darauf hin, daß diese Hs bei ihrem Entstehen in irgendeinem Provinzwinkel textlich ein antiquiertes Überbleibsel aus einer Epoche darstellte, die in den Mittelpunkten des kulturellen und kirchlichen Lebens schon längst versunken war.

Im Anschluß an den Codex Bezae muß man wohl auf die Probleme Marcion, Tatian und Westlicher Text zu sprechen kommen. Aber ich kann mich kurz fassen, weil ich auf die beiden Überblicke von A. F. J. Klijn[142] verweisen und mich auf das lateinische Gebiet beschränken kann. Während zur östlichen Überlieferung des Diatessaron und zum griechischen Westlichen Text Neufunde, Publikationen und Studien intensiv weitergingen, ist es auf dem lateinischen Sektor wesentlich ruhiger geworden; aber die alten Positionen werden noch gegeneinander verteidigt. Die eine Partei setzt das Entstehen des Westlichen Textes früh an, um 150 oder schon um 100 wie z. B. Paolo Sacchi, und dieser Westliche Text werde benützt von Marcion, Justinus, Tatian, Irenäus und Thomasevangelium, von den lateinischen und syrischen Übersetzern, so z. B. Édouard Massaux und wohl auch A. F. J. Klijn selber. Von der andern Partei wird ein weitgehender Einfluß von Marcion und Tatian auf den Westlichen Text behauptet[143] und dementsprechend angenommen, daß die ersten lateinischen Übersetzungen Marcions Evangelium und Apostolos sowie Tatians Evangelienharmonie waren, denen katholische Ausgaben entgegengestellt wurden. Carl Nordenfalk wollte sogar den Bilderzyklus rekonstruieren, der zum Diatessaron im 2. Jh. gehört und im Westen wie im Osten Nachwirkungen gezeitigt habe[144]; aber um die vorgelegten Fakten zu erklären, genügt auch eine Illustration des 6. Jhs., z. B. in der Vorlage des Victor von Capua. In der Germanistik wird eifrig über das Nachleben des Diatessaron diskutiert, nicht nur im althochdeutschen Tatian, sondern auch im Heliand, bei Otfrid und noch im späten Saelden

---

solchen Fall z. B. Umstellungen, die dem griechischen Text D entsprechen, nicht als afrikanische Lesarten gezählt werden.

141 A. Wilmart, RB 31 (1922), 201, fand für Joh eine gewisse Verwandtschaft mit r (14) und ρ (24). In Mk ist eher b (4) und ff_2 (8) hervorzuheben; in der Apostelgeschichte g (51), vgl. oben S. 29 die Ansicht von Adolf Jülicher.

142 A. F. J. Klijn, A Survey of the Researches into the Western Text of the Gospels and Acts, Utrecht 1949; A Survey of the Researches into the Western Text of the Gospels and Acts, Part II (1949–1969), Leiden 1969 (= Supplements to Novum Testamentum 21). Meist ist im folgenden nur die Literatur genannt, die Klijn nicht berücksichtigt hat; andernfalls beschränke ich mich auf die Angabe der Namen.

143 H. J. Vogels, Der Einfluß Marcions und Tatians auf Text und Kanon des NT., in: Synoptische Studien. Festschrift A. Wikenhauser, München o. J. (1954), 278–289; H. von Campenhausen, Die Entstehung der christlichen Bibel, Tübingen 1968 (= Beiträge zur historischen Theologie 39).

144 C. Nordenfalk, An Illustrated Diatessaron, The Art Bulletin 50 (1968), 119–140.

Hort[145]. Der interessante Hinweis von Giovanni Mercati, daß uns vielleicht ein lateinisches Diatessaron-Fragment aus dem 5. Jh. in der Hs 23 erhalten sei[146], wurde bisher von der Textkritik noch kaum zur Kenntnis genommen.

Ich möchte in diesen komplizierten Fragen nicht den Richter spielen, sondern nur einige Bedenken zu Arbeitsmethoden und Voraussetzungen geltend machen, wie ich es teilweise schon anderswo getan habe. Beim Marcion-Problem sollte man die Apostelgeschichte nicht vergessen[147]. Daß Tertullian als Zeuge für Marcion überbewertet worden ist, wurde schon oben wiederholt gesagt, siehe die Anmerkungen 73, 74 und besonders 88. Ferner sollten doch wohl, wenn man die Marcion-Hypothese einmal als richtig unterstellt, größere Unterschiede zwischen Lk und den übrigen Evangelien sowie zwischen den von Marcion angenommenen und nicht angenommenen Paulusbriefen wahrzunehmen sein. Für all diese Dinge sind umfassende Untersuchungen als Beweis notwendig; kurze Sammlungen von herausgesuchten Einzelstellen genügen nicht, so verblüffend sie im Augenblick auch erscheinen, zumal dann nicht, wenn ihre Darstellung und Auswertung

---

[145] Hier sei nur einige Literatur genannt, ohne irgend einen Anspruch auf Vollständigkeit zu erheben: G. Baesecke, Die Überlieferung des althochdeutschen Tatian, Halle 1948 (= Hallische Monographien 4); A. Baumstark, Die Vorlage des althochdeutschen Tatian, Köln 1964 (= Niederdeutsche Studien 12); W. Henss, Das Verhältnis zwischen Diatessaron, christlicher Gnosis und „Western Text", Berlin 1967 (= ZNW, Beiheft 33); W. Henss, Zur Quellenfrage im Heliand und ahd. Tatian, Jahrbuch des Vereins für niederdeutsche Sprachforschung 77 (1954); J. Rathofer, Der Heliand. Theologischer Sinn als tektonische Form, Köln 1962 (= Niederdeutsche Studien 9); J. fon Weringha, Heliand and Diatessaron, Assen 1965 (= Studia Germanica 5); W. Henss, Tatians Diatessaron im Saelden Hort, ungedruckte Diss. Marburg 1953. Für die neuhochdeutsche Übersetzung der Apg in der Hs von Tepl siehe oben Anm. 86; die Westlichen Lesarten darin hängen ohne Zweifel mit späten Vulgata-Hss wie etwa 58 (früher Wernigerode, jetzt Prag) zusammen.

[146] G. Mercati in: Papiri Greci e Latini della Società Italiana ... 13, 1, Florenz 1949, 97–102 (Anhang zu Nr. 1306); vgl. R. Cavenaile, Corpus Papyrorum Latinarum, Wiesbaden 1958, 129f Nr. 52. Es hängt alles von der exakten Entzifferung und Deutung der Randzahlen ab und Mercati spricht selber nur von einer Möglichkeit. Die von ihm selber zugegebene Alternative, daß es sich um ein Johannesevangelium nach dem Vulgatatext handelt, erscheint mir viel wahrscheinlicher schon mit Rücksicht auf das außerordentlich kleine Format der Hs; vgl. dazu die Johannestexte Paris, Bibliothèque Nationale lat. 10439, und Stonyhurst s. n. Die kleinere Pariser Hs (7,2 × 5,6 cm) aus dem 5. Jh. zählt 263 Blätter, die größere in Stonyhurst (13,5 × 9,3 cm) aus dem Anfang des 8. Jhs. 90 Blätter; ein Diatessaron in solchem Format ist doch wohl unmöglich! Auf alle Fälle stimmt der erhaltene Wortlaut des Fragments vollständig mit der Vulgata überein.

[147] Ob man dieses Problem durch die Behauptung lösen kann, Marcion habe die Apostelgeschichte ebenfalls anerkannt, etwa als Rahmenerzählung zu seinem Apostel, das erscheint mir etwas fragwürdig. Außerdem kommt von der Vetus Latina her jetzt noch das Problem des Westlichen Textes auch in den Katholischen Briefen und in der Apk dazu, vgl. den Beitrag von Walter Thiele in diesem Band.

nicht in allen Einzelheiten richtig und überzeugend ist. Schließlich verstößt es schlicht gegen die Logik, wenn die erste lateinische Übersetzung des Evangeliums sowohl auf Marcion wie auf den späteren Tatian zurückgeführt wird. Und ebenso absurd ist es, wenn man als Vorlage für Tatian eine ältere Harmonie postuliert, um eine Abhängigkeit von ihr bei Irenäus, Justinus, ja sogar Marcion annehmen zu können. Dann ist es schon einfacher, eben das Entstehen des Westlichen Textes früher anzusetzen, wozu außerdem die Semitismen darin raten.

Wenn man das lateinische Diatessaron früh ansetzt und ihm entscheidenden Einfluß einräumt, ist die Entwicklung des lateinischen Evangelientextes nicht mehr zu erklären. Wie oben gesagt, ist nämlich aufgrund zahlreicher Indizien eine einzige Übersetzung für die lateinischen Evangelien anzunehmen und diesem Ursprung steht k (1) am nächsten. Aber dieser alte afrikanische Text enthält wesentlich weniger Lesarten, die man als Tatianismen deuten kann, als die jüngeren, europäisierten oder europäischen Texte. Diese Tatsachen lassen sich nur schwer mit der Annahme vereinbaren, daß Tatians Diatessaron schon vor den Einzelevangelien ins Lateinische übersetzt worden sei, im 2. Jh., während Tatian sich noch in Rom aufhielt[148]. Anton Baumstark durchhaut den Knoten statt ihn zu lösen, indem er neben und gegen die Afra, die aus dem Griechischen übersetzt und in k (1) rein erhalten sei, eine *Vetus Romana* stellt, „deren letzter Urgrund ein aus dem Syrischen übersetztes lateinisches Diatessaron war“[149]. Wenn man jedoch die unleugbaren Zusammenhänge zwischen sämtlichen altlateinischen Evangelientexten richtig würdigt und trotzdem mit Heinrich Joseph Vogels die Priorität eines lateinischen Diatessaron annimmt, muß man den afrikanischen Text, der weniger Tatianismen enthält, als eine frühe Seitenentwicklung ansehen, die wieder abgestorben ist, nachdem sie die europäische Übersetzung der Einzelevangelien, die mit dem Diatessaron enger zusammenhängt, teils stärker teils schwächer beeinflußt hatte. Aber diese Lösung scheitert daran, daß sie die Entwicklung von den afrikanischen zu den europäischen Textformen ablehnen muß, die wir in der gesamten lateinischen Bibel einschließlich der Evangelien beobachten können, siehe oben im Ab-

[148] Für diese Sicht der Dinge trat vor allem Heinrich Joseph Vogels in zahlreichen Veröffentlichungen ein. Aus angeblichen Tatianismen bei Novatian suchte das zu beweisen A. Baumstark, Die Evangelienzitate Novatians und das Diatessaron, OrChr 3. Serie, 5. Band (1930), 1–14; die vorgelegten Beweise sind unzureichend. D. van Damme, Pseudo-Cyprian Adversus Iudaeos. Gegen die Judenchristen, die älteste lateinische Predigt, Freiburg/Schweiz 1969 (= Paradosis 22), setzt diese Schrift noch vor 200 in Rom an und möchte S. 31–39 zeigen, daß darin das Diatessaron benützt wird; auch hier ist das Material zu dürftig, vgl. S. G. Hall, JThS, N.S. 21 (1970), 186f. Vgl. auch oben C. Nordenfalk (Anm. 144).

[149] A. Baumstark, OrChr 3. Serie, 5. Band (1930), 244.

schnitt II über die Forschungsmethode[150]. Schon ein Blick auf die Verhältnisse in den nicht-evangelischen Teilen des Neuen Testaments und noch mehr auf die Beziehungen zwischen altlateinischen Texten des Alten Testaments und lukianischen oder besser prälukianischen Formen der Septuaginta[151] beweist, wie unmöglich die Behauptung von Vogels ist: „Die Sonderlesarten des sogenannten lateinisch-syrischen Textes sind samt und sonders Tatianismen"[152]. Nicht unangebracht scheint noch der Hinweis, daß theologisch bedeutsame Varianten nicht unbedingt ihr Entstehen diesem Aspekt und einer entsprechenden Tendenz verdanken müssen. Auch alten Zeugnissen gegenüber ist hier Vorsicht geboten; Textverfälschung durch die Ketzer ist ein alter, sehr beliebter und zählebiger Vorwurf, der höchst selten bewiesen wurde. Wenn ein Lehrer eine Textvariante aufgegriffen hat, weil sie besser zu seinen Lehren paßte, dann braucht er sie noch lange nicht erfunden zu haben. Vielleicht ist gar nicht so viel Unterschied zu manchem modernen Exegeten, der sich „aus inneren Gründen" oder „eklektisch" für diese oder jene Lesart entscheidet; wenigstens lassen die einschlägigen Fußnoten in Kommentaren meist nicht allzu viel an wirklichen Kenntnissen in Textkritik und Überlieferungsgeschichte erkennen.

Schließlich darf hier nicht unerwähnt bleiben, daß man heute die Anfänge des syrisch sprechenden Christentums anders zu sehen beginnt[153]. Man hat es mit seinem Zentrum Edessa bisher wohl nicht genügend bewußt vom griechischen Christentum etwa um Antiochien unterschieden. Das syrische Christentum in Edessa beginnt sich erst im

---

150 Hier stoßen wir wohl auf den eigentlichen Grund, warum Heinrich Joseph Vogels gegenüber den Ausdrücken afrikanisch und europäisch so außerordentlich zurückhaltend ist, vgl. oben Anm. 36.

151 Vgl. z. B. für die Königsbücher B. Fischer, Lukian-Lesarten in der Vetus Latina der vier Königsbücher, in: Miscellanea biblica et orientalia R. P. Athanasio Miller ... oblata, Rom 1951 (= Studia Anselmiana 27/28), 169–177. Einen allgemeinen Überblick gibt B. M. Metzger, Chapters in the History of New Testament Textual Criticism, Leiden 1963 (= New Testament Tools and Studies 4), 1–41.

152 H. J. Vogels, Handbuch der Textkritik des Neuen Testaments, Bonn 1955², 150. Hermann von Soden ist etwa der gleichen Ansicht und meint, den Einfluß Tatians nicht nur allenthalben in den Evangelien, sondern auch im übrigen Neuen Testament spüren zu können, obwohl abgesehen vom Diatessaron nichts über irgendwelche Arbeit Tatians am Text des Neuen Testaments bezeugt ist.

153 Vgl. B. Ehlers, Kann das Thomasevangelium aus Edessa stammen? Ein Beitrag zur Frühgeschichte des Christentums in Edessa, Novum Testamentum 12 (1970), 284 bis 317; Bardesanes von Edessa — ein syrischer Gnostiker, ZKG 81 (1970), 334–351. Im textkritischen Seminar bei der Jahrestagung der SNTS Ende August 1971 in Nordwijkerhout wurde im Anschluß an ein Referat von T. Baarda auch die Frage laut, ob gewisse schwer erklärbare Differenzen in der Tatianüberlieferung, wie z. B. Vorhandensein oder Fehlen der Genealogie Jesu, enkratitische oder asketische Varianten nur an einigen Stellen u. dgl., nicht etwa mit verschiedenen Richtungen in den Anfängen des edessenischen Christentums zusammenhängen könnten, so daß sie nicht durch ein einfaches Entweder–Oder zu entscheiden wären.

letzten Viertel des 2. Jhs. zu entfalten. Das ist gerade die Zeit, da Tatian sein Diatessaron verfaßte und von Rom in seine östliche Heimat zurückkehrte. Wie absurd erscheint unter diesen Umständen die Annahme, er habe es in Rom in syrischer Sprache verfaßt und es habe einen weitgehenden Einfluß aufs Lateinische ausgeübt. Im Westen war die Mission schon alt, dagegen stand die Mission im syrischen Sprachgebiet in den ersten Anfängen. Daher konnte das Diatessaron „die eigentliche Missionsschrift der edessenischen Syrer" und ihr Evangelium werden, das später mühsam von den getrennten Evangelien verdrängt worden ist. Wir brauchten uns nicht zu wundern, wenn Tatian für sein Werk Hss benützt hätte, die auch im geographischen Sinn westlich gewesen wären, ob er es nun sofort auf Syrisch oder — was wahrscheinlicher ist — auf Griechisch verfaßt hat. Wie anders müssen unter solchen Voraussetzungen die Zusammenhänge zwischen lateinischen und syrischen Bibeltexten beurteilt werden! Sie werden dann zu Randzeugen für den griechischen Westlichen Text, der seinerseits mit irgendeinem Zentrum im Osten zusammenhängen mag, vielleicht mit Antiochien wegen der Textbeziehungen auch im Alten Testament.

Für die Arbeit des Victor von Capua am lateinischen Diatessaron und über sein Nachwirken verweise ich auf meine Darstellung von 1963[154]. Es sei dahingestellt, ob das Victor vorliegende altlateinische Diatessaron schon lange vor ihm aus dem Syrischen oder Griechischen übersetzt worden war oder erst kurz vorher; sicher hat erst Victor selber es in Vulgatatext umgesetzt[155]. Daß Victors Hs die Vorlage für den althochdeutschen Tatian war[156], sollte füglich niemand bezweifeln wollen, da schließlich seine Vorrede mitübersetzt ist und die Hs zu dieser Zeit in Fulda lag. Daran ändern eine Anzahl von Verschiedenheiten im Text gar nichts, weil jeder Übersetzer und Schreiber Fehler macht und man sich wohl auch einem nicht eigentlich kanonischen Text gegenüber freier fühlte. Bei der Weiterverbreitung des lateinischen Diatessaron des Victor und bei etwaigen weiteren Umsetzungen in Volkssprachen waren stets zusätzlich Angleichungen an lokale Evangelientexte möglich, die nie und nirgends reine Vulgata boten, sondern immer eine mehr oder weniger große Anzahl von altlateinischen Lesarten enthielten; auch wenn diese harmonistisch sind, stellen sie deswegen noch keine Tatianismen dar. Außerdem können exegetische und homiletische Traditionen und Absichten eingewirkt

---

154 B. Fischer, Bibelausgaben des frühen Mittelalters (siehe Anm. 4), 545–557.

155 Das Fragment 23 enthielt nur Joh und nicht ein Diatessaron in Vulgata, vgl. Anm. 146.

156 Selbstverständlich benötigte der Übersetzer ein Konzept; auch ist es fast ausgeschlossen, daß er etwa selber die zweispaltige Reinschrift angefertigt hätte, jetzt St. Gallen, Stiftsbibliothek 56.

haben[157], die ihrem Wesen entsprechend meistens Parallelstellen berücksichtigen. Solange wir nicht sehr viel mehr wissen über die mittelalterliche Textgeschichte der Vulgata und sehr viel mehr Material zur Verfügung haben als bisher, fehlen uns einfach die notwendigen Grundlagen, um wissenschaftlich über ein etwaiges Nachleben eines altlateinischen Diatessarons, unabhängig vom Codex Fuldensis des Victor und von der kontaminierten Vulgata-Überlieferung, diskutieren zu können[158]. Immer ist auch im Auge zu behalten, daß es all diese Jahrhunderte hindurch noch weitere Harmonistik gab, die nicht auf Tatian beruhte[159].

Um diesen Abschnitt abzuschließen, sei noch nachdrücklich darauf hingewiesen, daß Harmonistik in allen Teilen des Neuen Testaments, ja der ganzen Bibel, immer wieder die Ursache von Varianten speziell in patristischen Zitaten ist[160]; es wäre Kurzsichtigkeit und falsche Methode, hinter jeder harmonistischen Lesart der Evangelien Tatian wittern zu wollen. Daß die harmonisierenden Lesarten in den Evangelien häufiger sind als z. B. in den Paulusbriefen, liegt in ihrer Eigenart

---

157 Darauf bezieht sich der Übersetzer bzw. Verfasser des niederländischen Diatessarons von Lüttich ausdrücklich in seiner Vorrede, siehe C. C. de Bruin in der Einleitung S. XXXIX zur neuen Ausgabe: Corpus Sacrae Scripturae Neerlandicae Medii Aevi, Series minor, Tom. 1: Harmoniae Evangeliorum, vol. 1: Diatessaron Leodiense, Leiden 1970; der Text selber steht S. 4 oben in der Ausgabe.

158 Daraus ergeben sich schwerste Bedenken gegen die Art und Weise, wie vor allem das Lütticher Diatessaron gewöhnlich benützt wird und wie sie auch in der älteren, jetzt endlich vollendeten Ausgabe zum Ausdruck kommt: D. Plooij, C. A. Phillips, A. H. A. Bakker, The Liège Diatessaron I–VIII, in: Verhandelingen der Koninklijke Nederlandse Akademie van Wetenschappen, Afd. Letterkunde, Nieuwe Reeks Deel 29, 1 und 6, Deel 31, Amsterdam 1929–1970. Vgl. dagegen die vorsichtige Beurteilung von C. C. de Bruin, a. a. O. (siehe Anm. 157) XXf, XXVf, der hoffentlich bald seine diesbezüglichen Untersuchungen veröffentlicht. Zuvor will er allerdings die Texte edieren; allein 1970 sind von seinem *Corpus* (siehe Anm. 157) Tom. 1 vol. 1–4 und Tom. 2 vol. 1 erschienen.

159 Für das Mittelalter sei nur hingewiesen auf das *Unum ex quattuor* des Zacharias von Besançon († 1157), ediert PL 186, 11–620, vgl. F. Stegmüller, Repertorium Biblicum Medii Aevi V, Madrid 1955, 449–451 Nr. 8400, und D. van den Eynde, Antonianum 23 (1948), 3–32. 181–220; auf die *Historia evangelica* des Petrus Comestor, ediert PL 198, 1537–1644, vgl. F. Stegmüller, a. a. O. IV, Madrid 1954, 287 Nr. 6564; auf den nicht edierten Kommentar des Petrus Cantor († 1197), vgl. F. Stegmüller, a. a. O. IV, Madrid 1954, 267–269 Nr. 6504–6507; auf den ebenfalls unedierten Wazelin von Lüttich († 1158), vgl. F. Stegmüller, a. a. O. V, Madrid 1955, 432f Nr. 8338, und H. Silvestre, RBén 63 (1953), 310–325. Daß schließlich jeder Exeget und Prediger Harmonistik treibt, wenn man sich so ausdrücken will, sollte man ebenfalls nicht vergessen; und ebensowenig, daß es gar nicht so viele verschiedene Möglichkeiten vernünftiger Harmonistik gibt, als daß nicht durch Zufall oder exegetische Tradition Übereinstimmungen auftreten müßten.

160 Vgl. zu solchen Varianten in den Katholischen Briefen, die durch andere, manchmal parallele Bibelstellen verursacht sind, den Beitrag von Walter Thiele in diesem Band, speziell S. 103–106. Aber jeder Benutzer eines textkritischen Apparates kann unschwer in jedem biblischen Buch genügend Beispiele finden.

begründet; bei den nicht-evangelischen Büchern wird man als Erklärung jedenfalls nicht Tatian bemühen können und das sollte in den Evangelien selber mindestens zu größerer Vorsicht mahnen, als man sie bisher im allgemeinen walten ließ.

VI. Zur Vulgata des Neuen Testamentes

Über die Vulgata ist schon im Vorstehenden verschiedenes gesagt worden. Um ihre Bedeutung zu ermessen, sei nur darauf hingewiesen, daß sie die Vorlage für die ersten Übersetzungen in die europäischen Volkssprachen war. Voraussetzung ihrer richtigen Benützung wäre allerdings die Klärung ihrer Überlieferung, wovon wir noch weit entfernt sind. Wir müssen auch wieder an unsere zweite Vorbemerkung erinnern, daß hier keine Geschichte der Vulgata erwartet werden darf; zuviel ist noch im Fluß oder ganz unbekannt, wie jeder sehen kann, der die in Anm. 4, 8 und 9 genannten Arbeiten benützt. Wiederholt wurde darauf hingewiesen, daß nur die Evangelien eine Arbeit des Hieronymus sind, siehe vor allem Anm. 66, während die übrigen Teile des Neuen Testaments eine Revision darstellen, die gegen 400 in Rom vielleicht durch Rufinus den Syrer geschaffen worden ist. Diese Revision ist nicht stufenweise erfolgt, vgl. Anm. 65. Aber natürlich hatte die jeweilige altlateinische Vorlage schon eine lange Geschichte durchlaufen, siehe dazu den Abschnitt IV. Die beiden Bestandteile der Vulgata haben als gemeinsames Merkmal die entschiedene Abkehr vom Westlichen Text, der die Grundlage der Altlateiner gewesen war. Vielleicht wurden sie schon zu Beginn des 5. Jhs. miteinander vereinigt, und zwar wohl ebenfalls in Rom. Die Überlieferung lief jedoch nicht über Hss des ganzen Neuen Testaments oder gar der gesamten Bibel (sogenannte Pandekten), sondern vielmehr über Teilhandschriften, und das Hauptzentrum der Verbreitung war Italien[161]. Überall trifft die Vulgata auf schon vorhandene altlateinische Texte und geht mit ihnen Mischungen ein, weil man wenigstens teilweise das Althergebrachte retten wollte[162]. So halten sich gelegentlich lokale Traditionen erstaunlich lange. Im Hintergrund der Textgeschich-

[161] Vgl. B. Fischer, Bibelausgaben des frühen Mittelalters (siehe Anm. 4), über den Einfluß Italiens besonders S. 597–600.

[162] Diese Vermischung der Vulgata mit den vorhandenen altlateinischen Texten ist nicht etwa, wie viele meinen, eine spätere Degenerationserscheinung, sondern setzt unmittelbar mit dem Erscheinen bzw. der Einführung der Vulgata in den einzelnen Gegenden ein; kein Wunder also, daß die Vulgata vorwiegend in solch unreiner Gestalt sich verbreitet. Das läßt sich einerseits historisch beweisen; z. B. benützt Augustinus in *De consensu evangelistarum* um 400 schon einen veränderten Text der Evangelienrevision des Hieronymus von 383 oder verändert ihn selber. Andererseits führt ein wenig Überlegung zum gleichen Schluß: „Eine Mischung aus Alt und Neu entsteht nämlich in dem Moment, wo das Neue eingeführt wird oder bald danach,

te steht immer wieder, im einzelnen selten konkret greifbar, die Kirchengeschichte: die alten christlichen Gebiete in Afrika, Italien, Gallien und Spanien; das Frankenreich und der Anschluß der Westgoten an die Katholische Kirche; die Missionierung in Irland und von zwei Seiten her in England, schließlich in Deutschland und in den nordischen Ländern; Schulen und Schreibstuben an Bischofskirchen und in Klöstern; und immer aufs neue das Nachwirken des alten Reichsgebietes und seiner Kultur, vor allem wenn auch nicht ausschließlich Italiens und Roms.

Bevor wir dementsprechend die einzelnen Teile der Vulgata behandeln, ist die neue Stuttgarter Handausgabe (siehe Anm. 6) mit Wordsworth–White (siehe Anm. 5) zu vergleichen. Zuerst soll eine Tabelle zeigen, wie oft der Stuttgarter Text von der Oxforder Ausgabe abweicht[163]:

Mt	(96 Spalten):	88 Abweichungen	=	0,917 pro Spalte
Mk	(61 Spalten):	65 Abweichungen	=	1,066 pro Spalte
Lk	(105 Spalten):	76 Abweichungen	=	0,724 pro Spalte
Joh	(79 Spalten):	63 Abweichungen	=	0,797 pro Spalte
Evang.	(341 Spalten):	292 Abweichungen	=	0,856 pro Spalte
Röm	(40 Spalten):	34 Abweichungen	=	0,850 pro Spalte
1 Kor	(40 Spalten):	36 Abweichungen	=	0,900 pro Spalte
2 Kor	(26 Spalten):	13 Abweichungen	=	0,500 pro Spalte
Gal	(13 Spalten):	12 Abweichungen	=	0,923 pro Spalte
Eph	(13 Spalten):	8 Abweichungen	=	0,615 pro Spalte
Phil	(9 Spalten):	16 Abweichungen	=	1,778 pro Spalte

solange das Alte noch für Ohr und Mund vertraut ist und man es nicht oder wenigstens nicht ganz aufgeben will. Hat man sich erst an das Neue gewöhnt, dann ist das Alte bald vergessen und es bleibt kein Grund zu einer Mischung", siehe Vetus Latina Institut der Erzabtei Beuron, Bericht 1, Beuron 1967, 21f. Ebendort, S. 22, wird auch daran erinnert, daß man am Alten hauptsächlich dort festhielt, wo es nicht nur um Worte ging, sondern um sachliche Verschiedenheiten; das sind naturgemäß Unterschiede in der Auffassung der griechischen Vorlage oder in der Vorlage selber. Dies gilt um so mehr, als die Vulgata wesentlich eine Revision nach dem Griechischen ist, während sie im übrigen den Wortlaut ihrer lateinischen Vorlage weithin unverändert übernahm. Bei der Entstehung von Mischtexten ist also keineswegs ein Rückgriff auf griechische Texte anzunehmen, obwohl es sich vorwiegend um „readings" und nicht um „renderings" handelt.

[163] Gezählt sind alle wirklichen Abweichungen, die im Apparat der Stuttgarter Ausgabe angegeben sind; damit fallen nach den Prinzipien dieser Ausgabe alle bloß orthographischen Verschiedenheiten weg. Nicht mitgerechnet sind in den Evangelien die Unterschiede in den Angaben über die eusebianischen Kanones, da hier Wordsworth–White keine kritische Ausgabe liefern wollte, sondern Tischendorf nachgedruckt hat. Auch die Unterschiede in der Formulierung der Titel und Unterschriften zu den einzelnen Büchern sind nicht berücksichtigt.

Kol	(9 Spalten):	5 Abweichungen	= 0,556 pro Spalte
1 Thess	(8 Spalten):	12 Abweichungen	= 1,500 pro Spalte
2 Thess	(5 Spalten):	7 Abweichungen	= 1,400 pro Spalte
1 Tim	(10 Spalten):	8 Abweichungen	= 0,800 pro Spalte
2 Tim	(7 Spalten):	8 Abweichungen	= 1,143 pro Spalte
Tit	(5 Spalten):	9 Abweichungen	= 1,800 pro Spalte
Phlm	(2 Spalten):	3 Abweichungen	= 1,500 pro Spalte
Hebr	(29 Spalten):	29 Abweichungen	= 1,000 pro Spalte
Paulus	(216 Spalten):	200 Abweichungen	= 0,926 pro Spalte
Apg	(99 Spalten):	101 Abweichungen	= 1,020 pro Spalte
Jak	(11 Spalten):	21 Abweichungen	= 1,909 pro Spalte
1 Petr	(11 Spalten):	45 Abweichungen	= 4,091 pro Spalte
2 Petr	(7 Spalten):	8 Abweichungen	= 1,143 pro Spalte
1 Joh	(11 Spalten):	30 Abweichungen	= 2,727 pro Spalte
2 Joh	(1 Spalte):	1 Abweichung	= 1,000 pro Spalte
3 Joh	(1 Spalte):	1 Abweichung	= 1,000 pro Spalte
Jud	(3 Spalten):	6 Abweichungen	= 2,000 pro Spalte
Kath.	(45 Spalten):	112 Abweichungen	= 2,489 pro Spalte
Apk	(48 Spalten):	67 Abweichungen	= 1,396 pro Spalte
NT	(749 Spalten):	772 Abweichungen	= 1,031 pro Spalte

Die Anzahl der Stellen, an denen die Stuttgarter Vulgata von Wordsworth–White abweicht, scheint auf den ersten Blick überraschend groß zu sein. Aber es ist zu bedenken, daß Henry Julian White voraussetzte, Hieronymus sei für das ganze Neue Testament der Urheber der Vulgata, und daß er deshalb grammatische Unregelmäßigkeiten und überhaupt Vulgarismen auch bei sehr guter Bezeugung nicht gern in den Text aufnahm, weil er sie bei einem Autor wie Hieronymus für unmöglich hielt. Dazu kommt bei White eine gewisse Überschätzung des Amiatinus[164]; doch über die Hss, ihre Beziehungen und die Grundsätze der Textrezension ist für die einzelnen Teile des Neuen Testaments getrennt zu sprechen. Die schlechtere Qualität des Textes in den Paulusbriefen von Phil ab und in den ganzen Katholischen Briefen hat eine andere Ursache. Als die kleine Ausgabe von Henry Julian White[165] 1911 (genauer gesagt im Januar 1912) er-

[164] Wordsworth–White folgt A für Mt Lk Joh in etwa $^2/_3$, für Mk sogar in etwa $^3/_4$ der Differenzen mit der Stuttgarter Rezension.

[165] Nouum Testamentum Latine Secundum Editionem Sancti Hieronymi Ad Codicum Manuscriptorum Fidem Recensuerunt I. Wordsworth et H. I. White, Editio Minor Curante Henrico I. White, Oxford 1911 und viele Nachdrucke.

schien, lag die große Ausgabe für die Evangelien und die Apostelgeschichte schon vor, der Römerbrief befand sich im Druck (erschienen 1913); bei den nächsten Paulusbriefen nahm sich White durchaus die Freiheit, in der großen Ausgabe gelegentlich von seiner vorläufigen Rezension abzuweichen[166], aber vom Philipperbrief an stimmt der Text der großen Ausgabe vollständig mit der kleinen überein. Den Nachfolgern White's wurde nämlich nicht gestattet, von seiner vorläufigen Rezension abzuweichen, nicht einmal wo sie evident falsch war. In den restlichen Paulusbriefen machte sich das nicht so sehr bemerkbar, da die Verhältnisse sich nicht viel änderten; die Apk ist einigermaßen mit der Apg vergleichbar. Aber in den Katholischen Briefen hat White bei der etwas flüchtigen Vorbereitung seiner kleinen Ausgabe die schwierigen und wechselnden Beziehungen zwischen den Haupthandschriften nicht richtig erkannt; daher ist sein Text hier nicht sehr gut und mehrmals blieb sogar der Text der gedruckten Clementina stehen, obwohl keine Hs ihn stützte.

1. Evangelien. Bei den Evangelien gibt uns ein Prolog und ein Epilog Aufschluß über die Ansichten und Grundsätze, die für Wordsworth–White maßgebend waren[167]. John Wordsworth hatte mit der Absicht begonnen, aus dem unübersehbaren Bestand von Vulgata-Hss einige wichtige auszuwählen, möglichst aus verschiedenen Zeiten und Gegenden, und auf dieser Grundlage einen kritischen Text herzustellen, ohne auf die Textgeschichte einzugehen. Die Überlieferungsgeschichte sah er mehr oder weniger mit den Augen seines Freundes Samuel Berger, wonach die spanischen Texte, die über die Pyrenäen durch das Rhônetal nach dem Norden drangen, sich auf dem Gebiet des Frankenreiches mit den insularen Texten der irischen Missionare mischten, während Italien ausgeklammert blieb (siehe Anm. 4). Aber das war nicht mit dem Befund in den Hss in Einklang zu bringen, so daß eine gewisse Zwiespältigkeit offen zutage tritt.

Da ein Stammbaum unmöglich ist, werden die Hss nach ihrer Qualität in Klassen und weniger deutlich nach ihrem Text in Familien eingeteilt. Die Klassen sind:

1. die älteren, weniger interpolierten Hss: A Δ H* S Y; O X; J M P; F Epternacensis; Z;

2. regional bestimmte Texte; keltisch D E L Q R; gallisch B Beneventanus G; spanisch C T;

3. Rezensionen: Theodulf H^c Θ; Alkuin K V Martinianus; Hochmittelalter W.

Stillschweigend übergangen sind dabei I und U. Bei der Einteilung

---

[166] Die kleine Ausgabe von White wird daher von 1 Kor bis Eph im Apparat der Stuttgarter Ausgabe zitiert, wo sie von Wordsworth–White abweicht.

[167] Vgl. auch die Zusammenfassung bei B. Fischer, ZNW 46 (1955), 178–196.

nach Familien kommt eigentlich nur das klar zum Ausdruck, daß es im Grunde nicht mehr als zwei Familien gibt, die bessere unter der Leithandschrift A und die schlechtere unter Z, während die andern Hss sich teils eng diesen Führern anschließen, teils sich ihnen wenigstens zuneigen, teils zwischen ihnen hin- und herpendeln; hier werden die Widersprüche deutlicher. Eng hängen zusammen A S Y Δ X^2 sowie mit jeweils eigenem Wert H* und F. Auf der anderen Seite stehen Z J X* und dazu der Alkuintext V und der irisch-gallische B; aber andererseits wird von der Alkuinrezension (K V Martinianus) gesagt, sie beruhe auf northumbrischer Vorlage, weshalb sie oft mit A gehe, doch sei sie stärker irisch als northumbrisch (besonders der Martinianus) beeinflußt und daher komme die Verwandtschaft mit Z. Mehr nach A als nach Z neige P. M stehe zwischen A und Z; aber dann wird Z wieder der Gruppe A(FM)Y gegenübergestellt. Der Epternacensis folge mehr Z, besonders seine Randlesarten hätten deutlich Verbindung zu den keltischen Hss. Auch die spanischen Texte, unter denen C besser als T sei, stünden Z näher als A; jedoch seien auch Beziehungen zur Theodulfrezension und zu den keltischen Hss zu beobachten. Verwandt mit dieser Theodulfrezension H^c Θ ist O. Der eindeutig gallische Beneventanus mische A und Z. G schließlich wird nach Südgallien verwiesen, als irisch-gallischer Text deklariert und als eine eigene Rezension mit teilweise bemerkenswerten, sonst nicht überlieferten Lesarten gewertet; besonders wird der altlateinische Bestandteil hervorgehoben, aber es wird nichts darüber gesagt, wie G zu A oder Z steht. Und über diesen entscheidenden Punkt findet sich auch für die keltischen Hss D E L Q R keine klare Aussage. Man wird eine gewisse Verwirrung in diesen Angaben nicht leugnen können; dazu kommen nicht wenige Fehler in der Datierung und Lokalisierung der Hss sowie in der Charakterisierung ihrer Texte. Die heute noch weithin anerkannten Darstellungen durch Ernst von Dobschütz[168] und Heinrich Joseph Vogels[169] haben das Durcheinander eher verschlimmert. Versuchen wir also den Tatbestand zu klären, indem wir auf die unbewiesenen Theorien von Samuel Berger verzichten und dafür die neuere Handschriftenforschung und Überlieferungsgeschichte heranziehen. Dann ergibt sich in Umrissen folgendes Bild:

Die northumbrischen Hss, die bei Wordsworth–White benützt sind, gehen alle auf eine einzige Vorlage zurück, ein neapolitanisches Evangeliar des 6. Jhs., jedoch nicht auf Cassiodor[170]. In den zusammengehörigen Klöstern Wearmouth und Jarrow entstanden in typischer Un-

---

168 E. v. Dobschütz, Eberhard Nestle's Einführung in das Griechische Neue Testament, Göttingen 1923⁴, 105–109.

169 H. J. Vogels, Handbuch der Textkritik des Neuen Testaments, Bonn 1955², 101 bis 110, vor allem 107–110.

170 Siehe B. Fischer, BZ, N. F. 6 (1962), 74f.

zialschrift nach zwei anderen Pandekten etwa 710–715 A, gegen 720 S (nur Joh), U (nur Fragmente aus Mt und Joh erhalten) und Durham, Cathedral A. II. 17 (nur Fragmente erhalten); im nicht weit entfernten Lindisfarne in angelsächsischer Schrift kurz vor 700 oder erst gegen 720 Y, Δ (nur Joh) und etwas später das Evangeliar London, British Museum Royal I. B. 7[171]. Noch das northumbrische Evangeliar vom Ende des 8. Jhs., Leningrad F. v. I, 8, scheint wenigstens teilweise zu dieser Familie zu gehören[172]. Die Korrekturen X^2 gehören auch paläographisch in diesen Zusammenhang[173]. Die Restaurierung des Burghard-Evangeliars, Würzburg M. p. th. f. 68 (f. 1—21 und 95—96 sowie die liturgischen Lesevermerke auf den Rändern), ist wohl im Herbst 716 in Langres durch die Reisegesellschaft des Abtes Ceolfrid von Jarrow erfolgt[174]. All diese Hss sind daher als ein einziges Zeugnis zu werten; mit gewissen Änderungen an der Vorlage aus Neapel muß allerdings gerechnet werden[175].

Mit eigenem Wert treten zu dieser A-Überlieferung hinzu F aus Capua nicht weit von Neapel, bei dem man allerdings kritisch auf Paralleleinflüsse achten muß, weil es sich um eine Evangelienharmonie handelt[176], der ursprüngliche Wortlaut der Theodulfbibel H* (bzw. Θ^{H*})[177], dessen Herkunft wir nicht kennen (Gallien oder Italien), und die Vulgataschicht in G[178], in Saint-Germain-des-Prés zu Anfang des 9. Jhs. nach einem alten Pandekten aus Burgund oder Oberitalien geschrieben. Diese Hs enthält in wechselnder Stärke altlateinische Beimischungen (vgl. Anm. 114), die der altlateinischen Gruppe h–r bzw. der europäischen Hauptgruppe b–ff_2–i entstammen; dadurch erklären sich in ihrem Erscheinungsbild die Beziehungen zu italienischen Vulgata-Hss mit Mischtext und zur damit verwandten keltischen Gruppe D E L Q R, die zur falschen Beurteilung durch Berger und White führten. Ein weiterer wichtiger Zeuge für die A-Überlieferung ist M

171 Vgl. R. L. S. Bruce-Mitford im Kommentarband zur Facsimile-Ausgabe von Y: Evangeliorum Quattuor Codex Lindisfarnensis ..., Olten/Lausanne 1960; D. H. Wright, Some Notes on English Uncial, Traditio 17 (1961), 441–456; B. Fischer, Bibelausgaben des frühen Mittelalters (siehe Anm. 4), 560f.

172 Vgl. D. H. Wright, The Art Bulletin 43 (1961), 151f.

173 Siehe B. Bischoff, Gn 34 (1962), 608.

174 B. Fischer, Bibeltext und Bibelreform ... (siehe Anm. 4), 198 Anm. 43.

175 B. Fischer, Bibelausgaben des frühen Mittelalters (siehe Anm. 4), 560; vielleicht gehört hierher ein Teil der A-Lesarten in der unten gedruckten Tabelle.

176 Vgl. B. Fischer, Bibelausgaben des frühen Mittelalters (siehe Anm. 4), 545–557, besonders 549–553.

177 Über Theodulfs Bibelausgabe vgl. B. Fischer, Bibeltext und Bibelreform ... (siehe Anm. 4), 175–183, speziell den Evangelientext siehe 181. Leider sind in der noch etwas vor H geschriebenen Bibel, Stuttgart HB. II, 16, die Evangelien verlorengegangen.

178 Vgl. B. Fischer, Bibelausgaben des frühen Mittelalters (siehe Anm. 4), 576–586; für die schriftgeschichtliche Einordnung B. Bischoff in: Der Stuttgarter Bilderpsalter II. Untersuchungen, Stuttgart 1968, 22.

aus Oberitalien, wenn auch gelegentlich Berührungen mit anderen italienischen Hss zu beobachten sind. Schon etwas weiter von A entfernt stehen dann andere italienische Texte wie P, dessen Platz vielleicht durch eine Untersuchung des Evangeliars Perugia 2[179] zu klären wäre, sowie O mit dem jüngeren Theodulftext H^c (= Θ^{H^2}) Θ (= Θ^M). Damit sind wir aber schon mehr oder weniger bei der anderen großen Überlieferung, die White nach Z benennt.

Über den italienischen Ursprung von Z kann kein Zweifel bestehen, wie schon die A-Überlieferung uns auf Italien zurückgeführt hat und ebenso die Zwischenstufen dorthin wiesen. Zur Z-Überlieferung gehören eindeutig die italienischen Hss J und X*. Da O und X schon früh nach Südengland gekommen sind, ist es nicht verwunderlich, daß auch B zur Z-Überlieferung gehört; denn B ist nicht in Gallien, sondern in Südengland gegen Ende des 8. Jhs. geschrieben[180]. Auch der Beneventanus ist keineswegs gallisch, sondern kommt aus S. Vincenzo al Volturno, angefertigt für Abt Ato um die Mitte des 8. Jhs. Schließlich schlägt das ebenfalls italienische Evangeliar in Split (P in der Stuttgarter Vulgata, verschieden von P bei Wordsworth–White) textlich die Brücke von Z über E zur keltischen Gruppe D E L Q R. Auch die im 8. und 9. Jh. weit verbreiteten Mischtexte, die schon oben am Ende von Abschnitt IV aufgezählt worden sind, zählen zur Z-Überlieferung und sind nicht einseitig als irisch oder irisch beeinflußt zu betrachten. Innerhalb der Z-Überlieferung gibt es verschiedene Gruppen; um 800 sind außer den erwähnten Mischtypen vor allem der Alkuintext[181], die Theodulfrezension und der Text der Hofschule Karls des Großen zu nennen. Als unerkannter Vertreter der Hofschule fungiert bei Wordsworth–White die Hs I[182]. Daß der Evangelientext in Tours nicht unverändert tradiert wird, wurde oben in Abschnitt III, 1 gezeigt[183];

179 Vgl. B. Fischer, Bibeltext und Bibelreform ... (siehe Anm. 4), 215.

180 E. A. Lowe, English Uncial, Oxford 1960, Tafel 30–31.

181 Vgl. dazu B. Fischer, Bibeltext und Bibelreform ... (siehe Anm. 4), 169–175 (speziell über den Evangelientext 173f), sowie die Darlegungen in: Die Bibel von Moutier-Grandval (siehe Anm. 4). Über die von Wordsworth–White benützten Zeugen des Alkuintextes ist zu sagen: K ist die Bibel von Grandval, geschrieben 830–834, ausgeschmückt etwas später um 834–838. V, der Vallicellianus, galt Berger und White als der beste Alkuinzeuge, ist aber nicht in Tours, sondern bei Reims um die Mitte des 9. Jhs. entstanden; immerhin folgt der Text weithin einer frühen Alkuinbibel. Der Martinianus schließlich ist ebenfalls nicht in Tours geschrieben, eher in Fleury und erst im zweiten Viertel des 9. Jhs., siehe B. Fischer, Bibeltext und Bibelreform ... (siehe Anm. 4), 183, und B. Bischoff in: Karl der Große II. Das geistige Leben, Düsseldort 1965, 241 Anm. 53. Insgesamt ist also nur der alte turonische Text bei Wordsworth–White repräsentiert und auch dieser nicht durch seine besten und authentischen Zeugen; der jüngere Text fehlt.

182 In diesen Zusammenhang gestellt wurde die Hs von F. Mütherich in: Karl der Große III. Karolingische Kunst, Düsseldorf 1965, 25f. Vgl. auch B. Fischer, Bibeltext und Bibelreform ... (siehe Anm. 4), 193 und 198.

183 Weiteres darüber in der Ausgabe der Bibel von Moutier-Grandval (siehe Anm. 4).

ebenso entwickelte sich der Hofschultext[184] und breitete sich aus nach Metz, Trier, Reims, Nordfrankreich, Mainz, Fulda, Augsburg, Salzburg usw.[185]. Im 9. Jh. wurde an verschiedenen Orten, wie z. B. St. Gallen und Corbie, versucht, mit den vorhandenen Hilfsmitteln „kritische" Texte herzustellen[186]. Und noch im 11. Jh. ist in den Evangeliaren aus Echternach ein Wechsel im Text zu beobachten, wie Carl Nordenfalk in der Einleitung zur Ausgabe des Evangeliars von Goslar feststellt[168a]. Soweit man das beim heutigen Stand der Kenntnisse sagen kann, dürfte eine Mischung von Alkuin- und Hofschultext schließlich zum Text der Sorbonne, dem maßgebenden Text der Pariser Universität, geführt haben[187].

In Northumbrien ist außer der eigentlichen A-Familie auch der Epternacensis etwa um 690 geschrieben worden mit seinem Mischtext, von dem schon White sagt, daß er mehr Z zuneige als A. Bisher sah man darin eine an Ort und Stelle unter irischem Einfluß entstandene Mischung[188]; zu irgendeinem Bestandteil davon mußte dann das bekannte Kolophon aus dem Lucullanum bei Neapel vom Jahr 558 gehören: *Proemendavi ut potui secundum codicem de bibliotheca Eugipi praespiteri quem ferunt fuisse sancti Hieronimi indictione VI post consulatum Bassilii viri clarissimi anno septimo decimo.* Wenn wir uns jedoch das bisher Gesagte vor Augen halten, dann ist der Mischtext des

---

184 Wie schon Peter Corssen 1889 eindeutig festgestellt hat, ist der Alkuintext von dem der Hofschule verschieden. Zum Hofschultext vgl. W. Koehler, Die Hofschule Karls des Großen, Berlin 1958 (= Die Karolingischen Miniaturen 2). W. Koehler, Die Gruppe des Wiener Krönungs-Evangeliars, Berlin 1960 (= Die Karolingischen Miniaturen 3), 38–42, erklärt die Entwicklung des Hofschultextes aus dem Einfluß des Textes des Krönungsevangeliars in der Wiener Hofburg, und umgekehrt habe die Hofschule dann auf die jüngeren Verwandten des Krönungsevangeliars eingewirkt. Aber es ist wohl eher so, daß sich der Text der Hofschule gleichmäßig weiterbildete vom Evangeliar Arsenal 599 bis zum Lorscher Evangeliar (jetzt in Bukarest und Vatic. Pal. lat. 50); von der Zwischenstufe Abbeville, Bibliothèque Municipale 4 (aus Saint-Riquier), ist der Text des Krönungsevangeliars abzuleiten, von der Stufe Paris, Bibliothèque Nationale lat. 8850 (aus Soissons), der Text der jüngeren Verwandten des Krönungsevangeliars in Aachen, Brüssel und Brescia. Zur Hofschule vgl. auch B. Fischer, Bibeltext und Bibelreform ... (siehe Anm. 4), 193–195.

185 Vgl. B. Fischer, Bibeltext und Bibelreform ... (siehe Anm. 4), 195 und die Einzelnachweise in diesem ganzen Aufsatz.

186 Vgl. B. Fischer, Bibeltext und Bibelreform ... (siehe Anm. 4), 203–206 und 186–188.

186a C. Nordenfalk, Codex Caesareus Upsaliensis, Stockholm 1971, 53–56. 151–160.

187 Als Beispiel eines hochmittelalterlichen Textes wird bei Wordsworth–White W benützt. Es fehlen die maßgebenden Pariser Hss, die in der römischen Vulgata-Ausgabe des Alten Testaments herangezogen sind: Paris, Bibliothèque Mazarine 5 (vor 1231 geschrieben); der offizielle Text der Sorbonne: Paris, Bibliothèque Nationale lat. 15467 (um 1270); der korrigierte Text des Dominikaner-Kollegiums von Saint-Jacques: Paris, Bibliothèque Nationale lat. 16719–16722 (um 1250).

188 So noch B. Fischer, Bibeltext und Bibelreform ... (siehe Anm. 4), 196; zur Hs vgl. auch oben mit Anm. 125.

Epternacensis (nicht die insulare Hs selber) um 558 bei Neapel vielleicht gar nicht so fehl am Platz, wie man angenommen hat, besonders wenn man einige Änderungen anläßlich der Herstellung der vorliegenden Kopie in Rechnung stellt. Wir kennen ja das Nebeneinander verschiedener Texte in Italien. Ebenso kommt doch wohl eher aus Northumbrien um 675 als aus Irland noch eine weitere wichtige Hs mit einem verhältnismäßig reinen Text, nämlich das Book of Durrow[189], das bei Wordsworth-White fehlt, aber in der Stuttgarter Vulgata als D (nicht zu verwechseln mit D bei Wordsworth-White = Book of Armagh) berücksichtigt ist. Dieses Evangeliar war jedoch schon im 10. Jh. in Irland, so daß wir nicht nur in Northumbrien mit dem Nebeneinander der Texte des Amiatinus, Epternacensis und Durmachensis rechnen müssen, sondern auch in Irland mit dem Vorhandensein dieses ziemlich reinen Textes neben dem Mischtext der Evangeliare von Armagh und Kells (vgl. Anm. 124) und dem altlateinischen Text von r (14). Das Problem der spanischen Evangelientexte bleibt besser offen, bis mehr Hss kollationiert sind[190].

Noch wichtiger aber sind die beiden alten Hss aus dem 5. Jh., die bei Wordsworth-White fehlen, N und S in der Stuttgarter Vulgata. N[191] freilich hilft bei der Rezension des Textes nicht viel weiter; es ist eine selbständige, sehr frühe Mischung mit altlateinischen Formen, die leider noch nicht gründlich untersucht ist. Dagegen kommt S[192] die größte Bedeutung zu. Daran ändert nicht einmal sein fragmentarischer Zustand etwas, da in den Lücken s, eine Reichenauer Abschrift aus den

---

189 Facsimile-Ausgabe: Evangeliorum Quattuor Codex Durmachensis I–II, Olten/Lausanne/Freiburg 1960. Was im Erläuterungsband von G. O. Simms zum Text der Hs gesagt wird, ist allzu dürftig.

190 Eine Zusammenstellung der Hss bei B. Fischer, Bibelausgaben des frühen Mittelalters (siehe Anm. 4), 561–575; dazu müßten die liturgischen Lesungen berücksichtigt werden.

191 Palimpsest-Fragmente in Autun, Bibliothèque Municipale 21 (S. 24), und Paris, Bibliothèque Nationale nouv. acq. lat. 1628; ediert von A. Royet, RB 31 (1922), 518–551; 32 (1923), 39–58. 213–237. 372–382. Diese Edition ist in der Stuttgarter Ausgabe benützt, nur für die Blätter in Paris stand eine eigene Entzifferung von Alban Dold zur Verfügung.

192 Die Hauptmasse dieser Fragmente in Halbunziale ist heute gesammelt in St. Gallen, Stiftsbibliothek 1395/I (= pag. 7–327); dabei liegt auch ein aus St. Gallen, Stadtbibliothek 292, stammendes Fragment; dazu kommen Fragmente in St. Paul in Kärnten, Stiftsbibliothek 25. 4. 21a (25. d. 86 oder XXV. d. 65); Zürich, Staatsarchiv A.G. 19 Nr. II (fol. 2–5); Zürich, Zentralbibliothek C 79b (fol. 4–7), Z XIV 5 und Abklatsch im Deckel von C 43. Die damals bekannten Teile edierte C. H. Turner, The Oldest Manuscript of the Vulgate Gospels, Oxford 1931; weitere Teile fanden: P. Lehmann, Zentralblatt für Bibliothekswesen 50 (1933), 50–76; A. Dold, Zentralblatt für Bibliothekswesen 50 (1933), 709–717; A. Dold, Bibl 22 (1941), 105–146. Für die Stuttgarter Ausgabe wurden die Fragmente alle nach Photographien neu kollationiert. Ein Paläograph wie Elias Avery Lowe bejaht die Möglichkeit, daß diese Hs noch zu Lebzeiten des Hieronymus entstanden sein kann.

ersten Jahrzehnten des 9. Jhs.[193], an seine Stelle treten kann. Ohne Zweifel wird uns mit S nämlich der Text zugänglich, der die Grundlage der Rezension Z gebildet hat, die nicht nur altlateinische Lesarten aufnahm, sondern auch den Text grammatisch und stilistisch glättete. Weitere Forschungen werden zeigen müssen, wieviel in den Beziehungen von Z zu anderen Gruppen auf diese Grundlage zurückgeht, wieviel erst auf die eigentliche Z-Rezension, von der sicher Bestandteile in J und Split (P der Stuttgarter Ausgabe) zu finden sind. Wir beschränken uns hier darauf, das Verhältnis der drei Haupthandschriften S A Z näher zu bestimmen; dadurch wird zugleich ersichtlich, wie viel sicherer jetzt das Fundament für die Textherstellung der Vulgata ist.

In der Stuttgarter Vulgata sind als Hauptzeugen die Hss S (in Lücken tritt als Ersatz s ein) N A M Z aufgenommen; diese Auswahl ist nach dem bisher Gesagten wohl verständlich. Aus diesen Hauptzeugen werden alle Varianten genannt, die mit irgendeiner anderen bekannten Hs übereinstimmen, also nicht absolut singulär sind. Als Nebenhandschriften wurden zusätzlich kollationiert[194]: F, Split = P (nicht zu verwechseln mit P = Perugia 1 bei Wordsworth-White), G soweit Vulgata, Book of Durrow = D (zu unterscheiden von D = Book of Armagh bei Wordsworth-White), C, Φ = Alkuin. In der folgenden Tabelle sind sämtliche Abweichungen der Hss S A Z von der Stuttgarter Textrezension erfaßt, die nicht als singulär im Apparat der Ausgabe übergangen sind. Bei S (s) sind nur die Lesarten des Textes berücksichtigt, nicht die Alternativlesarten am Rand; andererseits sind aber aus S eine ganze Anzahl singulärer Lesarten in die Ausgabe und daher auch in die Tabelle aufgenommen worden, weil sie wichtig schienen.

	A	S(s)	Z	S(s)Z	AZ	AS(s)	AS(s)Z		
Mt	110	81	222	23	28	10	4	=	478
Mk	88	64	166	20	10	6	1	=	355
Lk	160	107	263	36	14	14	7	=	601
Joh	93	66	189	30	15	8	6	=	407
Evang.	451	318	840	109	67	38	18	=	1841

[193] Über diese zweibändige Bibel, einst im Dom von Konstanz, jetzt in Fulda, Landesbibliothek Aa. 10 und 11, vgl. B. Fischer, Bibeltext und Bibelreform ... (siehe Anm. 4), 202f. Den Zusammenhang mit S erkannte B. Bischoff, Bibl 22 (1941), 148–150. Bei der Vorbereitung der Stuttgarter Vulgata wurde s ganz kollationiert; in den mit S gemeinsamen Teilen ergaben sich nur sehr wenige Abweichungen, die offenbar sporadische Angleichungen an einen karolingischen Text darstellten. Freilich läßt sich nicht ausschließen, daß damals S schon Lücken aufwies und diese durch einen zeitgenössischen Text aufgefüllt wurden. Eine Spezialuntersuchung wäre bei der Wichtigkeit von S bzw. s erwünscht.

[194] Alle Hss wurden neu nach Photographien kollationiert.

Aus dieser Tabelle ist ohne weiteres ersichtlich:

1. S ist ein besserer Text als A;

2. Z beruht mehr auf S als auf A; aber besonders in Mt ist Z oder seine Vorlage mit A kontaminiert;

3. Z selber ist eine ziemlich tief greifende Revision; vielleicht ist ihr doch außer den obengenannten Eigentümlichkeiten auch eine Kontaminierung mit A zuzusprechen.

Aufschlußreich ist es, die wenigen Lesarten anzusehen, die allen drei Hss gemeinsam sind. Es zeigt sich nämlich, daß nur 2 SAZ betreffen, alle andern sAZ; wieviel von den letzteren sind wirklich für SAZ anzunehmen? Beachtlich ist die Anzahl der Verwechslungen von v/b und i/e, überhaupt der Quisquilien, die kaum einen historischen Zusammenhang der drei Hss begründen können. Die gemeinsamen Lesarten sind:

Mt	4,6	mandabit]	mandavit	sAZ	
	6,26	pluris]	plures	SAZ	
	23,29	quia]	qui	SAZ	(beachte die Reihe!)
	27,58	petiit]	petit	sAZ	(S las vielleicht petít mit Apex)
Mk	7,37	(fecit ...) facit]	fecit	sAZ	
Lk	6,29	aufert]	auferet	sAZ	
	6,30	aufert]	auferet	sAZ	
	10,30	suscipiens]	suspiciens	sAZ	
	11,5	(ibit ... et) dicit]	dicet	sAZ	
	11,8	+ et ille si perseveraverit pulsans		sAZ	
	15,8	everrit]	evertit	sAZ	ceteri (Fehler im Archetyp?)
	19,37	discentium]	descendentium	sAZ	
Joh	3,20	mala agit]	male agit	sAZ	
	6,23	gratias agente domino]	g. agentes d.	sAZ	
	7,34	quaeretis]	quaeritis	sAZ	
	10,16	unum ovile]	+ et	sAZ	
	11,4	per eam]	per eum	sAZ	
	21,12	discentium]	discumbentium	sAZ	

Stellen wir schließlich noch für die drei Hss jeweils die Gesamtanzahl der in der obigen Tabelle genannten Lesarten zusammen, also z. B. A + AS + AZ + ASZ, und setzen sie in Beziehung zur Länge des Textes, dann ergibt sich folgendes:

	S(s)		A		Z	
	gesamt	pro Spalte	gesamt	pro Spalte	gesamt	pro Spalte
Mt	118	1,2292	152	1,5833	277	2,8854
Joh	110	1,3924	122	1,5443	240	3,0380
Mk	91	1,4918	105	1,7213	197	3,2295
Lk	164	1,5619	195	1,8571	320	3,0476

Aus diesen Zahlen wird ersichtlich, daß Joh in A besser ist als die andern Evangelien; hier verringert sich der Unterschied im Fehlerquotienten gegenüber (Ss) auf 0,1519 gegen 0,3541 in Mt auf knapp die Hälfte. Aber wieso steigt der Fehlerquotient in beiden Hss für Mk und Lk an? Für Z entspricht das Zunehmen der Fehlerquote der altlateinischen Reihenfolge der Evangelien Mt Joh Lk Mk, und man ist versucht, das daraus zu erklären, daß eine altlateinische Grundlage nach der Vulgata korrigiert worden sei, wobei der Eifer allmählich nachgelassen habe und dementsprechend immer mehr alte Lesarten stehengeblieben seien. Aber diese Deutung wird durch den Befund in S und A sehr zweifelhaft, weil sie bei diesen ziemlich reinen Vulgata-Hss nicht zutreffen kann. Überraschend ist weiterhin, daß Mt als erstes Evangelium in allen drei Hss nicht stärker fremden Einflüssen unterlag[195], und schließlich, daß die Fehlerquote in den bekannteren Evangelien Mt und Joh geringer ist als in den weniger bekannten Lk und Mk. Eine genauere Analyse wäre notwendig, um zu zeigen, ob das auch für die in der Fehlerquote enthaltenen altlateinischen Lesarten zutrifft, was eigentlich der normalen Erwartung widerspräche.

Die Regeln für die Textrezension sind bei Wordsworth–White I, 725–732 dargelegt. Es sind vier:

1. Wenn die Hss verschiedene Lesarten bieten, dann ist die Lesart vorzuziehen, die nicht von Altlateinern bezeugt ist. Dazu wird die Mahnung gefügt, sich nicht von Vulgata-Beimischungen in den altlateinischen Hss irreführen zu lassen. Diese Regel ist ausgezeichnet. Nur sollte nicht ff_2 unter den Mischlingen angeführt werden, sondern außer c ff_1 g_1 l aur vor allem f und wohl auch q.

2. Vorzuziehen ist meist die Lesart, die mit den griechischen Hss ℵBL übereinstimmt; das ist bei der A-Überlieferung häufiger der Fall als bei der Z-Überlieferung. In dieser Formulierung ist die Regel überspitzt und beruht auf den falschen Voraussetzungen, daß man die richtige Vulgata-Lesart durch das Heranziehen anderer Werke des Hieronymus gewinnen könne[196] und daß f (10) die altlateinische Vorlage des Hieronymus bei seiner Revision gewesen sei[197]. Richtig und sehr wichtig ist die Regel dagegen in folgender Form: Vorzuziehen ist die Lesart, die mit dem nicht-Westlichen griechischen Text übereinstimmt. Besondere Bedeutung gewinnt diese Regel bei naheliegenden

[195] Abgesehen von der schon erwähnten A-Kontamination von Z in Mt.

[196] Wie wenig das angeht, zeigt schon der Brief 21 des Hieronymus an Damasus aus dem gleichen Jahr 383, in dem er die Evangelien revidierte. Darin wird ein längeres Stück aus Lk 15 zitiert, das a (3) sehr nahe steht, während die altlateinische Vorlage der Vulgata sicher davon abwich.

[197] Diese Voraussetzungen entgehen vielleicht dem flüchtigen Leser von Wordsworth–White, weil I, 726 als Beweis nur auf Seite 658–669 zurückverwiesen wird. Dort wird man jedoch vergeblich solide Argumente dafür suchen, daß Hieronymus wirklich bei Korrekturen an seiner altlateinischen Vorlage bevorzugt den griechischen Hss ℵBL gefolgt sei.

Versehen lateinischer Schreiber wie z. B. dem Wechsel von v/b oder e/i; als Muster kann die obige Liste der S(s)AZ gemeinsamen Fehler dienen, wo jeweils mit dem Griechischen rezensiert worden ist[198].

3. Bei Aufzählungen und Wiederholungen blieb die richtige Lesart in den Schlußgliedern erhalten. Die Regel wird zwar pompös formuliert, hat aber nach dem eigenen Geständnis von Wordsworth–White wenig praktischen Wert. In einer solch allgemeinen Formulierung ist sie auch gar nicht sicher, da Hieronymus lieber abgewechselt hat.

4. Vorzuziehen ist der nicht interpolierte Text, die *lectio brevior*. Das gibt meist den Ausschlag zugunsten der A-Überlieferung gegenüber der Z-Überlieferung, obwohl auch diese manchmal das Richtige bewahrt hat. Grundsätzlich ist diese Regel richtig, aber ihre Bedeutung ist gering, besonders nachdem jetzt S bzw. s zur Verfügung steht.

Zusätzlich ist noch die schon von Wordsworth–White I, 713 angeführte Regel zu nennen, daß normalerweise die gemeinsame Lesart von A und Z anzunehmen ist und in Zweifelsfällen A gegenüber Z bevorzugt wird. Für die Stuttgarter Handausgabe ergab sich die einfache Regel, daß gegen die Altlateiner, mit den nicht-Westlichen Griechen, mit A = S rezensiert wird, wobei naheliegende Schreiberversehen zu korrigieren sind. In der Praxis ist diese Regel allerdings nicht so leicht zu handhaben, weil die Entscheidung zwischen den beiden Hauptüberlieferungszweigen manchmal offen bleibt, zumal die Bedeutung der zusätzlichen Überlieferungen noch nicht geklärt ist, und weil Hieronymus bei seiner Revision nicht konsequent, sondern ziemlich willkürlich vorgegangen ist trotz der schönen Prinzipien, die er in seiner Widmung an Papst Damasus so klassisch formuliert hat.

Schon die Liste bei Wordsworth–White I, 661f mit Stellen, wo die Vulgata gegen die Altlateiner und die Griechen allein steht, zeigt eindeutig, daß Hieronymus sich nicht an seine Regel gehalten hat, nur dort zu ändern, wo das Griechische es erfordere; zum gleichen Ergebnis kommt Heinrich Joseph Vogels[199]. Hierin unterscheidet sich die Evangelienrevision des Hieronymus grundsätzlich von der Vulgata der übrigen Teile des Neuen Testaments; daher wird man für solche Sonderlesarten in den Evangelien keine griechische Vorlage postulieren können, wohl aber sie für die Vulgata der andern Teile jeweils ernstlich in Betracht ziehen müssen. Immerhin merzt Hieronymus

---

198 Vgl. auch unten die entsprechenden Listen für die übrigen Teile des Neuen Testaments, für die diese Regel ebenfalls zutrifft.

199 H. J. Vogels, Vulgatastudien. Die Evangelien der Vulgata untersucht auf ihre lateinische und griechische Vorlage, Münster 1928 (= Neutestamentliche Abhandlungen 14, 2–3), 71f. Vgl. auch bei Wordsworth–White I, 670f die Liste von Differenzen der Vulgata gegen die Altlateiner, wo diese mit dem Griechischen übereinstimmen. M.-J. Lagrange, Critique textuelle II. La critique rationelle, Paris 1935, 286, formuliert: „avec une certaine liberté, proche de la fantaisie“.

einigermaßen konsequent den Westlichen Text und Paralleleinflüsse aus; jedoch schlüpft ihm auch hier manches durch die Finger[200]. Viel mehr läßt sich zur Zeit über seine Tätigkeit noch nicht mit der nötigen Sicherheit aussagen. Schon über den Umfang der Revision besteht keine Klarheit. Heinrich Joseph Vogels[201] zählte in

Mt	813	Korrekturen =	8,47	pro Spalte der Stuttgarter Vulgata
Mk	873	Korrekturen =	14,31	pro Spalte der Stuttgarter Vulgata
Lk	1021	Korrekturen =	9,72	pro Spalte der Stuttgarter Vulgata
Joh	780	Korrekturen =	9,87	pro Spalte der Stuttgarter Vulgata
	3487	Korrekturen =	10,23	pro Spalte der Stuttgarter Vulgata

Vogels kommt zu diesen Zahlen, indem er die lateinische Vorlage des Hieronymus zu rekonstruieren versucht. Er stützt sich dabei in Mt auf a b ff_2 g_1 q, in Mk auf b ff_2 i t q, in Lk auf b ff_2 i q, in Joh auf ff_2 b r q. Daß die Vorlage des Hieronymus damit in den richtigen Zusammenhang gestellt ist, soll nicht bestritten werden. Aber wir haben oben gesehen, daß es damals in Italien noch andere altlateinische Texte gab, ja daß Hieronymus selber andere kannte; damit sind auch Mischungen wahrscheinlich. Man müßte wohl alle sicher vorhieronymianische Texte in Hss und Zitaten heranziehen, um ein klares Bild vom Ausmaß der Revisionstätigkeit des Hieronymus gewinnen zu können. Keinesfalls ging sie so tief und weit, wie Vogels meinte[202]; grob geschätzt, werden wir etwa die Hälfte annehmen können. Entsprechend dem Grundsatz, den Hieronymus in der Vorrede ausgesprochen hatte, hielt er sich im rein Sprachlichen zurück, so daß das Kleid der Vulgata in dieser Beziehung recht bunt ist[203]. Aber auch hier fehlt es nicht an Änderungen und andererseits an Übernahmen von weniger

---

200 Siehe schon die Liste bei Wordsworth–White I, 662–664: Lesarten der Vulgata mit den Altlateinern gegen die Griechen; außerdem H. J. Vogels, a. a. O. 60–67 und 72–75; W. Thiele, Deutsches Pfarrerblatt 66 (1966), 383f; vgl. auch A. Ronconi, Note a S. Girolamo revisore del testo latino dei vangeli, Rivista di cultura classica e medioevale 7 (1965), 962–971.

201 H. J. Vogels, a. a. O. 55; Handbuch der Textkritik des Neuen Testaments, Bonn 1955², 103, wo Vogels die Korrekturen des Hieronymus auf „wenigstens 3500" beziffert.

202 C. Charlier, RBén. Bulletin d'ancienne littérature chrétienne latine 2, Nr. 817 (1938), Seite [232]: „Voici nos conclusions d'une étude sur Jean 17. Vogels a exagéré sans doute le nombre des corrections hiéronymiennes en reconstituant le modèle de Vulg. sur une base trop étroite. Il regarde comme venues de Jérôme des leçons certainement antérieures (par ex. de *a* ou des Pères anciens) ..." Auch G. Q. A. Meershoek, Le latin biblique ... (siehe Anm. 50), 244 und öfters, kommt zur gleichen Ansicht, daß Hieronymus an seiner Vorlage weniger geändert hat, als Vogels meinte.

203 Vgl. H. J. Vogels, Vulgatastudien (siehe Anm. 199), 49–54; Handbuch der Textkritik (siehe Anm. 201), 104f, wo allerdings die Darstellung schief wird, weil das ganze Neue Testament als Revision des Hieronymus gewertet ist.

guten Formulierungen, ohne daß uns die Motive verständlich werden[204].

Ebenso schwierig ist die Frage nach der griechischen Vorlage des Hieronymus. Wordsworth-White fanden sie in אBL. Aber wie schon oben in der Anm. 197 gesagt wurde, fehlen ausreichende Beweise. Dazu kommt, daß die Liste S. 665 ungenügend ist, die Liste 666–669 nur f als lateinische Vorlage entgegen den Intentionen von Wordsworth und White disqualifiziert und die Liste 671f (Übereinstimmungen der Vulgata mit der griechischen Koine) fast nur Stellen anführt, wo schon die Altlateiner die gleiche Variante boten. Hermann von Soden[205] erkennt Hieronymus „mindestens in Mt Jo, bei Mk Lk[206] hat er it in viel höherem Maß beibehalten, als einen der verläßlichsten Zeugen für den *I-H-K*-Text" an. Und wenige Zeilen weiter heißt es: „Hätte (Hieronymus) bei seiner Ausgabe der lateinischen Evangelien die it-Lesarten, die von seinem griechischen Text abweichen, konsequent ausgemerzt, so böte er, an unsern bisherigen Ergebnissen gemessen, den besten zusammenhängenden Evv-Text, der uns aufbehalten ist." Heinrich Joseph Vogels[207] untersucht die drei letzten Kapitel von Lk eingehender und findet, daß die Korrekturen der Vulgata viel mehr dem *K*-Typ Sodens zustreben als den Hauptzeugen א und B seines *H*-Textes. Er fügt bei: „Ich habe das gesamte Material in der Weise untersucht, wie es oben für die Schlußkapitel des Lk-Evangeliums vorgelegt worden ist, und stoße überall auf das gleiche Ergebnis: der von Hieronymus benutzte griechische Kodex steht dem, was die Textkritik gegenwärtig als Koine bezeichnet, um vieles näher als dem Text unserer ältesten Großhandschriften δ 1 und δ 2" (= B und א). M.-J. Lagrange[208] wollte gegen Vogels die Ansicht von White verteidigen; aber die paar Beispiele, die er anführt, können eine solche Beweislast nicht tragen, und die Listen von Wordsworth-White, auf die er sich

---

204 Siehe G. Q. A. Meershoek, Le latin biblique (siehe Anm. 50), *passim*. Zu einem ähnlichen, ja verwirrenden Resultat für die Psalmen kommen J. Gribomont, A. Thibaut und H. de Sainte-Marie in ihren Beiträgen zu dem Sammelwerk: Richesses et déficiences des anciens psautiers latins, Rom 1959 (= Collectanea Biblica Latina 13).

205 H. v. Soden, Die Schriften des Neuen Testaments in ihrer ältesten erreichbaren Textgestalt hergestellt auf Grund ihrer Textgeschichte. I. Teil: Untersuchungen, II. Abteilung: Textformen, A. Die Evangelien, Göttingen 1911, 1524–1534; die angeführten Zitate stehen S. 1531.

206 Siehe oben die Tabelle, wonach Vogels gerade für Mk eine wesentlich höhere Anzahl von Korrekturen des Hieronymus annimmt. Diese Unstimmigkeit hat H. J. Vogels, Vulgatastudien (siehe Anm. 199), 56, zwar bemerkt; aber weil er keine Relation zur Länge der einzelnen Evangelien ausrechnet, meint er fälschlich, seine Zahlen ergäben für Joh eine geringere Anzahl von Korrekturen. Man kann nur an die Warnungen in unserem Abschnitt III, 3 erinnern.

207 H. J. Vogels, Vulgatastudien (siehe Anm. 199), 75–78; das angeführte Zitat steht S. 78.

208 M.-J. Lagrange, Critique textuelle II. La critique rationelle, Paris 1935, 288–291.

zusätzlich beruft, hat er offenbar nicht genau genug angesehen[209]. Célestin Charlier[210] schließt sich aufgrund seiner Analyse von Joh 17 dem Urteil von Vogels an. Auch hier zeigt sich also, daß man die Worte des Hieronymus in seiner Vorrede nicht auf die Goldwaage legen darf. Er hat im Gegensatz zu dem, was er dort sagt, keine besonders alten Hss zur Korrektur des Lateinischen benützt, sondern viel eher einen zeitgenössischen Text der frühantiochenischen Art, dem man vielleicht nach einer heute glücklicherweise wieder absterbenden Mode etwas cäsareensischen Einschlag zusprechen könnte[211].

Abschließend sei noch erwähnt, daß ein Kunsthistoriker[212] das Titelbild der Evangelien-Hs rekonstruieren wollte, die Hieronymus nach seiner Revision Papst Damasus überreicht hat. Abgesehen davon, daß Geschichte und Entstehung des Majestas-Bildes am Anfang der Evangeliare noch heute sehr umstritten sind[213], ist sicher die von A. M. Friend vorgeschlagene Rekonstruktion nach der Hs Brüssel, Königliche Bibliothek 18723, fol. 16v[214], nach den Forschungen von Wilhelm Koehler unhaltbar[215].

2. *Apostelgeschichte.* In der Einleitung zu Wordsworth–White hat Henry Julian White seine Ansichten zur Vulgata der Apg kürzer und doch klarer ausgesprochen als in der Einleitung und im Epilog zu den Evangelien. Nachdem er die benützten 17 Vulgata-Hss aufgeführt hat, untersucht er die griechische Vorlage der Vulgata anhand von 220 Stellen, wo die Vulgata-Hss einig sind, aber die griechischen Hss sich teilen. Das Resultat ist eine klare Bevorzugung der griechischen Gruppe ℵABC, jedoch nicht einzelner Hss dieser Gruppe. Es wäre natürlich besser gewesen, zwischen der lateinischen Vorlage der Vulgata und den Korrekturen zu unterscheiden, die für die Vulgata charakte-

---

209 Jedenfalls sah er nicht die Bedenken, die ich gegen diese Listen oben angeführt habe.

210 C. Charlier, a. a. O. (siehe Anm. 202) S. [232].

211 P. Sacchi, Ancora sul modello greco di S. Girolamo, Giornale Italiano di Filologia 6 (1953), 152–159, hat offenbar den nicht leicht lesbaren Vogels falsch verstanden, wenn er ihm den methodischen Fehler vorwirft, er habe zur Rekonstruktion der griechischen Vorlage den ganzen Text der Vulgata benützt anstatt nur die Korrekturen des Hieronymus. Sacchi untersucht dann Mk 1 genauer und will auf eine Verwandtschaft mit dem alexandrinischen Text und mit Cäsarea, aber nicht mit der Koine schließen. Bei näherer Betrachtung zeigt aber auch sein Material, daß die Korrekturen des Hieronymus öfters eindeutig mit der Koine gehen.

212 A. M. Friend jr., The Picture of the Second Advent, Frontispiece of St. Jerome's Vulgate Gospels, A. D. 384, American Journal of Archaeology 30 (1926), 88–89.

213 Vgl. z. B. F. van der Meer, Maiestas Domini. Théophanies de l'apocalypse dans l'art chrétien, Vatikan 1938 (= Studi di antichità cristiana 13), besonders 316–323, der offensichtlich für eine spätere Entstehung eintritt. Ins 4. Jh. wird wohl kaum ein Kunsthistoriker eine derartige Konstruktion zurückverlegen wollen.

214 Siehe W. Koehler, Die Karolingischen Miniaturen III. Erster Teil: Die Gruppe des Wiener Krönungs-Evangeliars, Berlin 1960, Tafelband Tafel 44 und 48b.

215 W. Koehler, a. a. O. Textband.

ristisch sind. Aber wie wir oben in Abschnitt IV, 4 schon gesehen haben, ist bis jetzt über diese lateinische Vorlage gar nichts Zuverlässiges bekannt. Wenn man die Geschichte der lateinischen Texte der Apg wie Adolf Jülicher darstellt, muß offenbleiben, ob diese Bevorzugung der genannten griechischen Textgruppe auf die Vorlage der Vulgata oder auf den Schöpfer der Vulgata selber zurückzuführen ist. Persönlich neige ich zur letzteren Ansicht, weil das den übrigen nicht-evangelischen Teilen des Neuen Testaments entspricht.

Dann teilt White aufgrund von 252 ausgewählten Lesarten die Hss, für die kein Stemma aufgestellt werden kann, nach ihrer Güte in vier Klassen (Hauptzeugen, abgeleitete Zeugen, Rezensionen des Theodulf und Alkuin, W als Beispiel eines mittelalterlichen Textes) und nach ihrer Verwandtschaft in drei Familien:

Zur ersten Familie gehören die Hauptzeugen G A D und die abgeleiteten Zeugen I M O. G ist die beste Hs und geht manchmal mit der zweiten Familie; sie spielt gleichsam den Schiedsrichter zwischen den beiden Familien. Jedoch zeigt G auch Spuren eines altlateinischen Einflusses und enthält Korrekturen nach dem Griechischen; der Hauptbeweis für diese Korrekturen nach dem Griechischen entfällt aber, da die von White zitierten angeblichen Randlesarten, die sie ausdrücklich bezeugen, in Wirklichkeit zu einer Randglossierung von G gehören, die teilweise und gerade in diesen Fällen sogar wörtlich vom Kommentar des Beda zur Apg abhängig ist[216]. D dagegen geht oft seine eigenen Wege (irische Sonderrezension, teilweise mit O) oder geht auch mit den Spaniern C T und/oder Theodulf zusammen.

Die zweite Familie wird angeführt vom Hauptzeugen F. Ihm folgen aus der zweiten Klasse die St. Galler Texte S U und aus der dritten Klasse teilweise Theodulf und ganz entschieden Alkuin (Hss K B V und mit einer altlateinischen Beimischung R). A und F sind im Unterschied zu den Evangelien, wo sie miteinander verwandt sind, in Apg Antipoden und etwa gleichwertig, da jeder in den 252 Probevarianten 140mal die richtige Lesart hat. Trotzdem gibt es einige wenige gemeinsame Fehler und Zusammentreffen in altlateinischen Lesarten in A F.

Die dritte, spanische Familie ist durch eine stärkere altlateinische Beimischung charakterisiert. Am besten wird sie vertreten von C, der zur ersten Klasse zählt; dazu tritt T aus der zweiten Klasse, öfters auch Theodulf aus der dritten und nicht selten auch noch der irische Text (D O).

Nachdem White so die Textfamilien beschrieben hat, stellt er fünf Regeln für die Textrezension auf:

1. Die Lesart ist vorzuziehen, die dem griechischen Text von ℵABC entspricht.

---

[216] Vgl. B. Fischer, Bibelausgaben des frühen Mittelalters (siehe Anm. 4), 580.

2. Altlateinische Lesarten sind abzulehnen.

3. Lesarten, die durch Fehler der Schreiber entstanden sind, müssen ausgeschieden werden.

4. In zweifelhaften Fällen ist bei der Familie zu bleiben, der man im betreffenden Zusammenhang nach Regel 1–3 gefolgt ist.

5. Die *lectio brevior* ist vorzuziehen.

Die Regeln 1–3 sind gut formuliert und man kann ihnen nur zustimmen; die Regeln 4–5 sind überflüssig. Dagegen ist die Einteilung in Familien in dieser Form unhaltbar. Denn G, F und A sind jeweils die führenden Hss von unabhängigen Familien, wie die folgende Zusammenstellung ihrer sämtlichen, nicht singulären Fehler (Abweichungen von der Stuttgarter Vulgata, siehe oben) zeigt:

	G	A	F	GA	GF	AF	GAF		
Apg	101	200	218	23	26	33	9	=	610

Die GAF gemeinsamen Fehler sind im Zusammenhang so naheliegend, daß sie nicht sicher eine gemeinsame Wurzel beweisen:

1,10	eunte illo	C]	euntem illum
2,26	requiescet	CΛΦ]	requiescit
4,21	deum	C]	*omittitur*
4,21			+ id quod factum (fu)erat *omnes*
9,2	petiit	CΛ]	petit (vielleicht ursprünglich petít mit Apex)
13,8	proconsulem	CΛ]	pro consule
19,40	non	IΛ]	*omittitur*
23,9	quod si	SΛ]	quid si
28,11	castorum	CΦ]	castrorum

G ist, wie White richtig gesagt hat, mit Abstand die beste Hs; sie gehört aber keineswegs zur gleichen Familie wie A. Die gemeinsamen Fehler GA in Höhe von 23 sind sogar etwas weniger als die gemeinsamen Fehler GF mit 26, noch höher ist die Zahl der gemeinsamen Fehler AF mit 33. Die Gesamtzahl der nichtsingulären Fehler beträgt pro Spalte der Stuttgarter Vulgata in

G 1,6061
A 2,6768
F 2,8889.

Folgerichtig sind diese drei Hss in der Stuttgarter Ausgabe als Hauptzeugen benützt worden. Als Nebenzeugen kamen hinzu I, das eine nicht zu verachtende Bedeutung hat, S als Gefolgsmann von F, sodann C, Λ und Alkuin (etwa 48% der F-Lesarten und 21% der A-Lesarten) sowie die alten Fragmente l (Spanien, 7. Jh.) und r (Italien, 6. Jh.)[217]. Die von White mit C T konstituierte spanische Familie hat einen zu anspruchsvollen Namen; schon die beiden weiteren, hier be-

[217] Alle Hss wurden für die Stuttgarter Ausgabe neu kollationiert.

nützten Texte aus Spanien gehören nicht zu dieser Familie[218]. Andererseits zeigt die Bezeugung in den gemeinsamen Fehlern von GAF (siehe die Liste oben), daß spanische Hss hier meistens das Richtige bewahrt haben. Daher könnte der Text durch das Heranziehen weiterer Hss vielleicht noch besser gesichert werden, aber er dürfte sich kaum beträchtlich ändern. Ein eigenes Problem bilden die Mischhandschriften, besonders in Spanien (67 und Lektionare, siehe Anm. 84), im Roussillon (54 und andere) wie überhaupt in Südfrankreich und in Böhmen (58 und die deutsche Übersetzung von Tepl und in der Mentelbibel[219]).

3. *Paulusbriefe.* Für alle übrigen Teile des Neuen Testaments fehlen bei Wordsworth–White die Einleitungen; auch sonst hat Henry Julian White, soweit ich weiß, nirgends seine Ansichten zur Textüberlieferung der Vulgata oder die Prinzipien seiner Textrezension geäußert. Andererseits stehen uns für die Vulgata der Paulusbriefe die überzeugenden Darlegungen von Hermann Josef Frede zur Verfügung: Vetus Latina 24/1, 35*–38*, und vor allem 24/2, 13f. 26–43. 277–290. Wenn die gedrängte Darstellung von Frede hier notwendigerweise noch stärker kondensiert wird, dann ist damit die Gefahr von Mißverständnissen, besonders von Simplifizierungen gegeben; jedoch muß sie in Kauf genommen werden.

Die Rezensionsgrundsätze von Frede und auch der Stuttgarter Vulgata sind im Grunde genommen die von White; nur sind sie auf das Wesentliche reduziert. Frede formuliert sie folgendermaßen[220]:

1. Die richtige Vulgata-Lesart ist im Zweifelsfalle diejenige, die dem Griechischen genauer entspricht.

2. Die richtige Vulgata-Lesart ist in den Fällen, in denen die Zeugen auseinandergehen, diejenige, die gegen die altlateinischen Formen steht.

Damit wird allerdings die möglichst vollständige Kenntnis der altlateinischen Bibeltexte zur Voraussetzung einer soliden Vulgata-Rezension, und diese Rezension wird unsicher, wenn uns entweder entsprechende altlateinische Zeugen fehlen oder wenn verschiedene, nicht-Westliche griechische Lesarten den lateinischen Varianten entsprechen. Gerade die Arbeiten von Hermann Josef Frede haben ja gezeigt, wie im Italien des 4. Jhs. die altlateinischen Texte **D** und **I** sich verschiedentlich mischten und seit der zweiten Hälfte dieses Jahrhunderts auch mehrere Ansätze zu einer Korrektur nach dem Griechischen gegen den Westlichen Text erkennbar sind. Zwar ist die Vulgata die radikalste dieser Revisionen, aber in manchen Fällen doch nicht ohne

---

[218] Vgl. B. Fischer, Ein neuer Zeuge ... (siehe Anm. 82), 56f; Bibelausgaben des frühen Mittelalters (siehe Anm. 4), 561–575.

[219] Zu den böhmischen Hss vgl. oben Anm. 86.

[220] Vetus Latina 24/2, 31.

weiteres von den anderen Versuchen zu unterscheiden, weil in Einzelfällen mit Lesarten des altlateinischen **I**-Typs auch solche sporadische Korrekturen nach dem Griechischen in Vulgata-Hss eingedrungen sein können, die der Autor der Vulgata weder in seiner lateinischen Vorlage fand noch einführte. Immerhin bleiben nur wenige wirklich strittige Fälle übrig, wenn man nur genügend Hss und patristisches Material heranzieht. Frede hat für seine Edition alles Wichtige bis in die karolingische Zeit hinein und teilweise darüber hinaus benützt. Beim Philipperbrief, den er eingehend untersucht, entsteht dadurch ein schiefer Eindruck, daß Wordsworth–White hier öfter falsch rezensiert hat als in den übrigen Paulusbriefen[221]. Ein wesentlich verschiedenes Bild ergibt sich jedoch auch aus Fredes Analyse von Kol 1,1—20 (Vetus Latina 24/2, 277–282) nicht.

Die Vulgata ist also eine Revision nach einem griechischen Text, der vorwiegend alexandrinisch war, aber doch auch einige Lesarten der Koine und des Westlichen Textes aufwies. Die lateinische Vorlage stand dem **D**-Typ nahe mit einer Beimischung aus der jüngeren Stufe des **I**-Typs (pseudo-augustinisches Speculum, 86 und vor allem 61). Am Wortschatz hat die Vulgata kaum etwas geändert; stilistische Korrekturen sind sehr selten[222], obwohl sie auch allzu sklavische Übersetzungen ablehnen kann[223]. Infolge dieser großen Zurückhaltung im Sprachlichen, die besser den Grundsätzen des Hieronymus entspricht als dessen eigene Praxis, ist das Ausmaß der Revision nicht allzu groß; man kann vielleicht schätzungsweise etwa 3–5 Eingriffe pro Spalte der Stuttgarter Vulgata annehmen.

Die Vulgata wird zuerst benützt von Pelagius und seinen Anhängern[224], bald darauf in Gallien von Cassian, Eucherius und Faustus von Riez. Nirgends tritt sie uns ganz rein entgegen. In allen Ländern gibt es nebeneinander gute und schlechte Texte. Aus einer guten italienischen Vorlage stammt A, aber auch K (Reichenau, Mitte des 9. Jhs., nicht bei Wordsworth–White) und Π^{W} (beneventanische Schrift des 10. Jhs., nicht bei Wordsworth–White). Gute italienische Texte sind I (= s in der Stuttgarter Ausgabe) und die enger verwandten J (= k in der Stuttgarter Ausgabe)[225] und R. Ihnen gegenüber stehen zwei Handschriftengruppen, die jeweils stark mit altlateinischen Lesarten des **I**-Typs durchsetzt sind, eine mailändische Gruppe (Γ- und μ-Hss, nicht bei Wordsworth–White), deren altlateinischer Anteil speziell mit 86 und Ambrosius zusammenhängt, und die Gruppe F S[226] (bzw. deren

221 Siehe die Tabelle oben S. 50f. zu Anfang dieses Abschnitts VI.

222 Einige Beispiele dafür siehe Vetus Latina 24/1, 35* unten.

223 Siehe die Tabelle III in Vetus Latina 24/2, 33f.

224 Über die diesbezügliche Kontroverse siehe Hermann Josef Frede in seinem Beitrag unten S. 475f.

225 Die Fragmente I und J stammen aus dem 6. Jh. und fehlen bei Wordsworth–White.

226 Verschieden von S bei Wordsworth–White, wo nur U = σ^{U} benützt ist. Der aus

gemeinsamer Archetyp) mit L und M[227]. Victor von Capua hat F nach einem engen Verwandten von R korrigiert, so daß F²R gewöhnlich übereinstimmen. In England finden wir neben dem reinen A die mehr kontaminierten E (= S bei Wordsworth–White) und V[228]. Noch mehr altlateinisch infiziert ist die irische Hs W (verschieden von W bei Wordsworth–White), die einen mit Sedulius Scottus verwandten Text bietet, während 61 als Altlateiner des jüngeren **I**-Typs anzusprechen ist. Die auf dem Kontinent geschriebenen angelsächsischen Hss N^{CW} zeigen fränkischen Einfluß; in N^{W} ist eine italienische Schicht mit M aus der erwähnten Mischrezension F S L M gemeinsam.

In Spanien gibt es die reinen Texte der Fragmente von León (l in der Stuttgarter Vulgata) und der Ausgabe des Florentius Λ, bei der allerdings gerade die gute Grundlage wohl aus Lyon kommt, wie eine Bibel aus dem Umkreis des Florus (jetzt Paris, Assemblée nationale 1) und der späte Demidovianus (= 59) zeigen. Vielleicht sind Λ und G weniger in einen Zusammenhang mit Burgund (Agaunum)[229] als mit der frühen Rezeption der Vulgata in der Provence zu bringen. Daneben aber stehen verschiedene Mischtexte: die Peregrinus-Ausgabe[230], die in den Hss C, Σ- und Δ-Familie überliefert ist und deren Vulgataschicht aus Italien stammt, wie Berührungen mit A zeigen[231], die weniger geschlossene Gruppe von X und der liturgischen Lesungen τ[232], die speziell zu 61 hinneigt, und die katalanische Rezension κ (nicht bei Wordsworth–White), in der sich schon mannigfache spanische und französische Einflüsse kreuzen.

Auf Gallien haben uns schon die spanische Λ-Familie und die angelsächsischen Hss verwiesen. In der Pariser Abtei Saint-Germain-des-Prés ist zu Anfang des 9. Jhs. G geschrieben, der Reinheit nach unsere beste Hs; sie stellt keineswegs eine Art Superrevision dar, wie Henry

---

Italien gekommene Text von S wird in St. Gallen im 9. Jh. schrittweise umgeformt, wie sich in der Handschriftengruppe σ verfolgen läßt, vgl. H. J. Frede, Altlateinische Paulus-Handschriften, Freiburg 1964, 55–59; Vetus Latina 24/1, 327f; 24/2, 24f und 30. Diese Tätigkeit in St. Gallen erstreckte sich auf die ganze Bibel, siehe B. Fischer, Bibeltext und Bibelreform (siehe Anm. 4), 203–206.

227 M scheint in den ersten Paulusbriefen eine andere Vorlage gehabt zu haben, die A wesentlich näher stand als F. D. De Bruyne, RBén 30 (1913), 345, schränkt die Verwandtschaft FM allerdings zu weit ein, nur auf 1 Thess bis Hebr. Eine Schwesterhandschrift von M ist München, Bayerische Staatsbibliothek Clm 4577.

228 Eine Abschrift von V ist O, das bei Wordsworth–White allein, in Vetus Latina 24/1 nur zum Epheserbrief neben V benützt ist; vgl. oben Anm. 71.

229 So vermutet H. J. Frede, in: Vetus Latina 24/2, 40.

230 Vgl. B. Fischer, Bibelausgaben des frühen Mittelalters (siehe Anm. 4), 532–540, speziell über die Paulus-Ausgabe 534–536; H. J. Frede, in: Vetus Latina 24/1, 37*. In der Vetus Latina-Ausgabe der Paulusbriefe sind die spezifischen altlateinischen Lesarten der Peregrinus-Ausgabe als **S** gekennzeichnet.

231 Wordsworth–White benützen daraus nur C und T (= Σ^{T}) in schlechten Kollationen.

232 Aus dieser Gruppe findet sich bei Wordsworth–White nur τ^{56} als t.

Julian White argwöhnte[233]. Die anderen fränkischen Hss sind mehr gemischt: das merovingische P, die Gruppe Z[234] und besonders Q (nicht bei Wordsworth–White). Theodulf hat seine Ausgabe auf italienische (Hss J) und spanische (Peregrinus-Ausgabe, wohl Σ-Familie) Grundlagen gestellt und sie nach gallischen Texten und schließlich der Alkuin-Bibel weiterentwickelt[235]. Alkuin fußt auf einem landläufigen Text, der mit der italienischen Rezension F S L M zusammenhing, und hat daran wenig geändert; in einigen Exemplaren seiner Ausgabe ist noch ein besonderer italienischer Einfluß anderer Art zu beobachten, je nach den Briefen in verschiedenen Hss verschieden stark[236].

In der Stuttgarter Handausgabe sind als Haupthandschriften GAR[237] benützt, als Nebenhandschriften FSKCΛΦksl. Für sie ergibt sich folgende Tabelle:

	G	A	R	GA	GR	AR	GAR		
Röm	34	47	119	8	14	25	5	=	252
*1 Kor	46	53	75	5	2	16	3	=	200
*2 Kor	12	26	40	4	2	3	1	=	88
Gal	11	17	29	4	3	3	0	=	67
Eph	16	22	35	0	5	5	0	=	83
Phil	10	12	22	0	2	9	1	=	56
*Kol	2	10	15	0	2	1	0	=	30
1 Thess	13	11	13	0	3	6	1	=	47
2 Thess	5	8	11	0	0	8	0	=	32
*1 Tim	2	5	19	0	1	2	0	=	29
2 Tim	9	11	25	1	2	4	0	=	52
Tit	5	6	20	1	4	2	0	=	38
Phlm	3	3	4	0	1	1	0	=	12
*Hebr	23	23	86	2	6	19	2	=	161
Paulus	191	254	513	25	47	104	13	=	1147

[233] Siehe H. J. Frede, in: Vetus Latina 24/2, 38–40; er weist auch auf das gleiche Resultat der Untersuchungen von Walter Thiele für die Katholischen Briefe hin.

[234] Der Paulustext von Z^{H} (= Z bei Wordsworth–White) stammt aus der gleichen Vorlage wie derjenige von Z^{M}, der Bibel des Angilram von Metz († 791); nur die letzten Kapitel von Hebr sind in Z^{H} (= 65) altlateinisch im Gegensatz zu Z^{M}. Neben dieser eigentlichen Z-Familie zieht H. J. Frede besonders in Kol gelegentlich noch andere fränkische Hss (Z^{LRCP}) heran, die nur lose mit ihr zusammenhängen.

[235] Vetus Latina 24/1, 21*; 24/2, 28. Zur Theodulf-Bibel überhaupt vgl. B. Fischer, Bibeltext und Bibelreform (siehe Anm. 4), 175–183. Wordsworth–White benützen nur zwei Hss und stehen unter dem Einfluß der jetzt überholten Anschauungen von Samuel Berger.

[236] Vetus Latina 24/2, 28–30; B. Fischer, Die Alkuin-Bibeln (siehe Anm. 4), 82f. Auch für Alkuin sind die Angaben bei Wordsworth–White ungenügend und beruhen auf veralteten Ansichten.

[237] R wurde statt F gewählt, weil sein Text die bessere der beiden Vorlagen des Victor darstellt und daher zur Rezension der Vulgata mehr beiträgt. So wurde auch vermieden, den Apparat dieser Handausgabe mit allen Lesarten der Mischausgabe FS(LM) zu belasten.

Angegeben ist die Anzahl der Fehler in den Haupthandschriften, aber nur für die Teile, die in allen drei erhalten sind; R weist in 1 Kor, 2 Kor, Kol, 1 Tim und Hebr Lücken auf, weshalb diese Briefe in der Tabelle mit * gekennzeichnet sind. Durch diese Berücksichtigung der Lücken in R werden auch die Angaben für G und A in den betreffenden Briefen unvollständig. Außerdem ist zu beachten, daß aus G einige Singulärlesarten in den Apparat der Ausgabe aufgenommen wurden und daher mitgezählt sind.

Wieder sind die gemeinsamen Fehler der Haupthandschriften GAR kaum beweiskräftig für einen ursächlichen Zusammenhang:

Röm 3,30	iustificabit]		iustificavit
8,32	donabit	KC]	donavit
8,33	accusabit	KC]	accusavit
9,10	ex uno concubitum]		ex uno concubitu *omnes*
9,19	queritur	SKCΛ]	quaeritur
1 Kor 1,10	sententia	KCΛ]	scientia
7,17	sic]		sicut *omnes*
15,51	resurgemus	CΛΦ]	resurgimus
2 Kor 8,24	in faciem	FCΛ]	in facie
Phil 4,16	et semel et bis	CΛk]	semel et bis
1 Thess 2,10	testes	FKCΛΦk]	testis
Hebr 1,5	in filium	FΛΦ]	in filio
9,14	emundabit]		emundavit

Es wäre irreführend, wenn man aus den Zahlen, die für die Haupthandschriften in der obigen Tabelle angegeben sind, direkt ihre Reinheit ablesen wollte, wo z. B. für Hebr bei G und A jeweils 23 Fehler stehen. Um ein richtiges Bild zu bekommen, müssen auch die gemeinsamen Fehler addiert werden. Dann ergibt sich die folgende Zusammenstellung, in die zugleich die Fehlerquotienten pro Spalte der Stuttgarter Vulgata bei den Briefen eingetragen ist, in denen der Text vollständig erfaßt wurde, weil R keine Lücken hat:

	G		A		R	
	gesamt	pro Spalte	gesamt	pro Spalte	gesamt	pro Spalte
Röm	61 =	1,5250	85 =	2,1250	163 =	4,0750
1 Kor	56		77		96	
2 Kor	19		34		46	
Gal	18 =	1,3846	24 =	1,8462	35 =	2,6923
Eph	21 =	1,6154	27 =	2,0769	45 =	3,4615
Phil	13 =	1,4444	22 =	2,4444	34 =	3,7778
Kol	4		11		18	
1 Thess	17 =	2,1250	18 =	2,2500	23 =	2,8750
2 Thess	5 =	1,0000	16 =	3,2000	19 =	3,8000
1 Tim	3		7		22	
2 Tim	12 =	1,7143	16 =	2,2857	31 =	4,4286
Tit	10 =	2,0000	9 =	1,8000	26 =	5,2000
Phlm	4 =	2,0000	4 =	2,0000	6 =	3,0000
Hebr	33		46		113	
Paulus	276		396		677	

Die beiden Tabellen sind nicht leicht zu interpretieren. Beim ersten Blick scheint nur klar zu sein, daß keine der drei Hss durch alle Briefe hindurch einen homogenen Text bietet und auch ihre Beziehungen sich ändern. Nur im Durchschnitt verhält sich ihre Reinheit wie 2:3:5, d. h. auf 2 Fehler in G kommen etwa 3 Fehler in A und etwa 5 in R; aber in Wirklichkeit verschiebt sich das Verhältnis in den einzelnen Briefen beträchtlich. Allerdings bleibt G, wenn man Tit und Phlm ausnimmt, immer die beste Hs; die Anzahl der Fehler entspricht etwa G in der Apostelgeschichte und A in den Evangelien. Wenn man die gemeinsamen Fehler GA und GR miteinander vergleicht, zeigt sich, daß G zuerst (Röm) näher bei R steht als bei A, in den folgenden Briefen (1 Kor–Gal) aber näher bei A, um sich dann (Eph–Hebr) radikal gegen A zu stellen. Ob man daraus drei Vorlagen für den Text in G erschließen kann, sei dahingestellt. Jedenfalls liegt der Wechsel bei G, weil die Anzahl der GA-Fehler stufenweise immer weiter sinkt[238]; und es wird deutlich, daß G in Tit wegen dieser mit R gemeinsamen Schicht seine Spitzenstellung an A verliert. Am besten nehmen wir wohl einen ungleichmäßigen, aufs Ganze gesehen nicht starken Einfluß eines italienischen Textes auf die Vorlage von G an, die sonst aus einer sehr guten und unabhängigen Quelle stammte.

A hat ohne Zweifel eine mit R gemeinsame Schicht und verrät auch dadurch seine italienische Vorlage[239]. A steht durchweg näher bei R als bei G, ausgenommen 2 Kor und Gal, wo also ein fremder Einfluß spürbar wird, vgl. Anm. 238. Aber von Eph an sind alle Beziehungen zu dieser Quelle wieder abgeschnitten und die gemeinsamen Fehler AG sind verschwunden. Wenn man die Zahlen der A-Fehler und der AR-Fehler miteinander vergleicht, fallen ebenfalls die großen Unterschiede in ihrem Verhältnis auf. Jedoch läßt sich vorerst nicht entscheiden, ob die Ursache des Wechsels bei A oder bei R oder in der gemeinsamen AR-Schicht zu suchen ist oder ob gar mehrere Ursachen zusammenwirken. Aufs Ganze gesehen bietet A in den Paulusbriefen einen schlechteren Text als in den Evangelien, jedoch einen besseren als in der Apostelgeschichte.

Am wenigsten homogen scheint R zu sein. In Kol und Tit steht R näher bei G als bei A; in Tit liegt die Ursache bei G, wie wir oben sahen, in Kol mögen die kleinen Zahlen die Aussage unsicher machen. Aber in Gal, Eph und Phlm steht R gerade in der Mitte zwischen A und

[238] Relativ steigt die Zahl in 2 Kor und Gal wieder an. Aber hier liegt die Ursache bei A, wie wir gleich sehen werden.

[239] A hat mit F gemeinsam die altlateinische Kapitelsreihe (A) und die darauf fußende pelagianische *Concordia epistularum*, für die S. Berger, Histoire de la vulgate, Paris 1893, 209, zu korrigieren ist nach D. De Bruyne, Une concordance biblique d'origine pélagienne, RB N.S. 5 (1908), 75–83. Diese Elemente könnten aus einer pelagianischen Ausgabe in der ersten Hälfte des 5. Jhs. stammen, vgl. B. Fischer, Bibelausgaben des frühen Mittelalters (siehe Anm. 4), 525.

G, also könnte auch Kol hierher gehören. In den übrigen Briefen ist die Beziehung zu A enger, teilweise viel enger wie z. B. in 1 Kor und 2 Thess.

Zur Vulgata der Paulusbriefe gehört auch der Prolog *Primum quaeritur*[240]. Er stammt vom Autor der Vulgata und nicht von Pelagius[241], der ihn schon in abgewandelter Form benützt. Damit ist der *terminus ante quem* der Vulgata gegeben[242]. Einen *terminus post quem* gibt die Benützung von Hieronymus, *De viris illustribus* 5, durch den Autor des Prologs in seinen Ausführungen über den Hebräerbrief. Demnach ist die Vulgata nach 393 entstanden und vor 404–410. Aus dem Prolog ergibt sich ferner, daß der Autor nicht Hieronymus ist, weil er über Hebr abweichende Ansichten vertritt. Außerdem ist zu erschließen, daß die Paulusbriefe zuerst revidiert wurden, wohl bewußt im Anschluß an die Evangelienrevision des Hieronymus, dann erst die übrigen Teile des Neuen Testaments, die keinen eigenen Prolog mehr erhielten. Auch die Stellung des Kolosserbriefes in der Vulgata wird durch den Prolog gesichert. Schließlich scheinen die Ausführungen über den Römerbrief nahezulegen, daß der Autor zwar in Rom gearbeitet hat, aber mit dem Zustand der dortigen Gemeinde nicht zufrieden war. Das alles läßt sich gut mit der schon ausgesprochenen Hypothese vereinbaren, daß Rufin der Syrer der Autor der Vulgata war.

4. Katholische Briefe. Für diesen Teil des Neuen Testaments liegen die wichtigen Untersuchungen von Walter Thiele in der Einleitung zu Vetus Latina 26/1 vor. Die Vulgata ist demnach eine nicht durchweg gleichmäßige Revision einer lateinischen Vorlage von der Art des Texttyps **T** anhand eines griechischen Textes, der in etwa dem Codex Alexandrinus entsprach[243]. Nach dem Griechischen wurde auch die Reihenfolge der Briefe geändert und Jak an die Spitze gestellt. Die Schwankungen der Revision zeigen sich vor allem darin, daß teilweise neue, manchmal übertrieben genaue Übersetzungen eingeführt wurden

---

240 Vgl. H. J. Frede, Altlateinische Paulus-Handschriften, Freiburg 1964, 162, und ders., in: Vetus Latina 24/2, 303f. Der Text des Prologs ist leicht zugänglich in der Stuttgarter Handausgabe der Vulgata.

241 Diese Ansicht vertrat nach Donatien De Bruyne und Alexander Souter zuletzt G. de Plinval, Revue des études augustiniennes 12 (1966), 247–253. Sie wurde widerlegt von Hermann Josef Frede, siehe Anm. 240.

242 Weil er Rufins Übersetzung der Origenes-Homilien zu Josue benützt, ist der Kommentar des Pelagius nach 404 und vor 410 in Rom entstanden.

243 Im Jakobusbrief ist die Grenze zwischen Vulgata und altlateinischen Texten fließend. Im 1. Petrusbrief war die lateinische Vorlage eher der gemeinsamen Grundlage von **ST** ähnlich als dem eigentlichen Typ **T**, da manche der besseren Übersetzungen von **T** in der Vulgata fehlen; und für die griechische Vorlage läßt sich in diesem Brief mindestens nicht beweisen, daß sie dem Alexandrinus nahestand, aber sie war weder Koine noch Vaticanus-Text.

(3 Joh, Jud), während an vielen anderen Stellen die Wortwahl der lateinischen Vorlage unberührt blieb (besonders 1–2 Joh); dadurch wurde ein Text, der infolge seiner reichen Entwicklung schon bunt genug war, noch scheckiger.

Die Prinzipien der Revision sind die gleichen wie in den Paulusbriefen, ebenso die ersten Zeugen des revidierten Textes: Pelagius, Caelestius, Rufin der Syrer, Cassian, Eucherius. Also wird man mit Recht den gleichen Urheber annehmen können; in Frage kommt Rufin der Syrer während seines römischen Aufenthaltes. Im Gegensatz zu den Paulusbriefen edierte er aber den zweiten Teil seiner Arbeit, der die Apostelgeschichte, die Katholischen Briefe und die Apokalypse wohl in dieser Reihenfolge[244] umfaßte, nicht mit einem Prolog, vielleicht weil er sein Werk gar nicht ganz abschließen konnte. Freilich gibt es für einen solchen Ansatz gewisse Schwierigkeiten. Zwar ist das Problem, das die Vulgatazitate aus Jak bei Augustinus, *De continentia*, darstellten, jetzt durch die Späterdatierung dieser Schrift gelöst[245]. Aber noch nicht erklärt sind die Vulgatazitate in einigen frühen Schriften des Hieronymus: im Kommentar zum Galaterbrief (386) aus Jud, in *De viris illustribus* (393) aus 1 Petr und 1–3 Joh, im zweiten Buch (nicht im ersten!) *Adversus Iovinianum* (393) aus Jak, 2 Petr und 1 Joh, in *Epistula* 52 (um 394) aus 1 Petr, in der Streitschrift gegen den Bischof Johannes von Jerusalem (398) aus 1 Petr. Auch die *Epistula* 46 (Paula und Eustochium an Marcella) ist nach Georg Grützmacher von Hieronymus verfaßt (wohl nach 389); darin sind die Zitate aus Jud Vulgata, aus Apk der Vulgata wenigstens ähnlich, aus Apg und Paulus dagegen verschieden. Andererseits ist der Paulusprolog zur Vulgata, wie oben gesagt, von *De viris illustribus* abhängig. Walter Thiele möchte eine Lösung dieser Schwierigkeiten in der Richtung suchen, daß er die Revision der Katholischen Briefe vor die der Paulusbriefe ansetzt. Er sieht aber selber das Dilemma mit dem Datum 399/400, das für die Ankunft Rufins des Syrers in Rom feststeht. Eher scheint es mir daher möglich anzunehmen, dieser Schüler des Hieronymus und „Vater des Pelagianismus" habe einen lateinischen Text der Katholischen Briefe von Bethlehem mitgebracht. Vielleicht hatte er schon in der dortigen griechisch-lateinischen Umgebung mit seinen Arbeiten begonnen. Sicher erfolgte die Herausgabe erst in Rom, und zwar erschienen wohl zunächst die Paulusbriefe, während vielleicht der andere Teil, wie schon angedeutet, gar nicht mehr endgültig fertiggestellt wurde.

---

244 Diese Reihenfolge halten innerhalb des ganzen Neuen Testamentes die Hss F G, die frühe Alkuin-Bibel und die Reichenauer Bibel (jetzt Fulda Aa. 11) ein; außerdem für diesen Teil des Neuen Testamentes die Hss I, Sessorianus 96, Einsiedeln 371 sowie der römische *Ordo legendi* samt den entsprechend geordneten Bibeln.

245 Vgl. Vetus Latina 26/1, 51*.

Zur Geschichte der Vulgata läßt sich wenig Konkretes sagen, das für alle Briefe in gleicher Weise gilt. Neben der reinen Überlieferung entstanden schon früh kontaminierte Texte, in denen sich besonders Lesarten des altlateinischen **T**-Typs mehr oder weniger breit machten; aber auch **C**- und **S**-Lesarten sind vor allem in den spanischen Δ-Hss zu beobachten. Von einer dieser Mischausgaben ist ein Prolog erhalten, der weit verbreitet, aber in den Hss sowohl mit gutem wie mit schlechtem Text verbunden ist[246]. Erwähnen wir noch den sehr guten Text einer Vulgata-Perikope auf den Rändern des altlateinischen Heptateuchs von Lyon (100), wobei man an das frühe Auftreten der Vulgata schon bei Eucherius denken kann[247], die guten gallischen Texte im Lektionar von Luxeuil (251 = L in der Stuttgarter Vulgata), L (Limoges), Düsseldorf A. 14 (Laon?) und B. 3 (Corbie). In Italien ist uns im Gegensatz zu den Paulusbriefen kein früher Zeuge des gemischten Textes erhalten geblieben, der S, Y und 251[A] zugrunde liegt, sondern nur spätere, abgemilderte Nachfahren in M und im Sessorianus 96. Wie kompliziert aber die Überlieferung ist, zeigen die folgenden Tabellen der Fehler in den Haupthandschriften der Stuttgarter Vulgata:

	G	F	A	GF	GA	FA	GFA		
Jak	35	27	42	6	4	8	2	=	124
1 Petr	32	19	56	3	5	11	4	=	130
2 Petr	11	21	35	0	0	2	0	=	69
1 Joh	16	29	40	2	5	13	2	=	107
2–3 Joh	6	13	9	1	1	0	0	=	30
Jud	4	12	6	0	1	1	0	=	24
Kath.	104	121	188	12	16	35	8	=	484

	G		F		A	
	gesamt	pro Spalte	gesamt	pro Spalte	gesamt	pro Spalte
Jak	47 =	4,2727	43 =	3,9091	56 =	5,0909
1 Petr	44 =	4,0000	37 =	3,3637	76 =	6,9091
2 Petr	11 =	1,5714	23 =	3,2857	37 =	5,2857
1 Joh	25 =	2,2727	46 =	4,1818	60 =	5,4545
2–3 Joh	8 =	4,0000	14 =	7,0000	10 =	5,0000
Jud	5 =	1,6667	13 =	4,3333	8 =	2,6667
Kath.	140 =	3,1111	176 =	3,9111	247 =	5,4889

246 Der Prolog steht in Italien vor den reinen Texten in F und I, vor den kontaminierten im Sessorianus 96 und in der Bibel von Biasca, in Spanien vor all den verschiedenen Texten CΣXΔΛ, weiter in den Bibeln des Theodulf und Alkuin und in der Reichenauer Bibel Fulda Aa. 11. Vgl. zu diesem Prolog B. Fischer, Bibelausgaben des frühen Mittelalters (siehe Anm. 4), 525–527; allerdings möchte ich heute nicht mehr daran festhalten, daß der Prolog nicht in Italien entstanden sei.

247 Vgl. W. Thiele, Die lateinischen Texte des 1. Petrusbriefes, Freiburg 1965, 139.

Aufs Ganze gesehen stimmt die Angabe von Walter Thiele, daß G die beste Hs sei, F nicht viel schlechter, während A dagegen abfalle. Aber im einzelnen wechselt die Rangfolge: In den ersten beiden Briefen ist sie F G A, in den nächsten beiden Briefen G F A, in den letzten Briefen G A F. F fällt also allmählich vom ersten auf den letzten Platz zurück. Der Text ist jedoch nicht nur in F ungleichmäßig, sondern in allen drei Hss. Die höchste Fehlerquote ist in jeder Hs mehr als doppelt so groß wie die niedrigste. Am meisten exzentrisch gebärdet sich G, da der gute Gesamtdurchschnitt[248] nur durch die ausgezeichneten Texte in 2 Petr und Jud[249] und den sehr guten in 1 Joh[250] erreicht wird. Sicher kein Zufall ist es, daß der ausgezeichnete Text von 2 Petr und Jud praktisch keinerlei Berührung mit den andern beiden Hss aufweist. Um so merkwürdiger ist es dann, daß das auch für den weniger guten Text in 2–3 Joh zutrifft, nicht hingegen für den doch guten Text von 1 Joh, wo immerhin 7 von 25, also 28% der Fehler von G mit A gemeinsam sind und 4 = 16% mit F. Von dem scharfen Einschnitt zwischen 1 und 2 Petr abgesehen, verläuft das Ab- und Zunehmen der Fehlerquote in G ungefähr so wie in F; sogar bei dem erwähnten Einschnitt sinkt in F die Quote ebenfalls, wenn auch nicht so radikal. Trotzdem steht G in Jak näher bei F, in 1 Petr und 1 Joh näher bei A. Die Hauptursache für die schlechtere Qualität von G in Jak liegt allerdings in der Kontamination mit lokalen gallischen Lesarten, die teilweise mit 53 und 32 gemeinsam sind und in der Vetus Latina-Ausgabe als **G**-Lesarten hervorgehoben werden.

In F entfallen die Fehler in Jak, besonders in den ersten drei Kapiteln, zum Teil auf altlateinische Lesarten aus dem **F**-Typ. Die sonstigen Fehler teilt F oft mit S; die gleiche Verbindung ist in Apg und Apk und wegen der größeren Anzahl der Fehler noch deutlicher in den Paulusbriefen zu sehen und erhebt die italienische Herkunft des St. Galler Textes über jeden Zweifel. Hier in den Katholischen Briefen stimmt S bis in Schreibversehen mit Y überein, das in Luxeuil geschrieben wurde. Besser als dieser ausgesprochene Mischtext, der in Italien abgeschwächt noch in M und im Sessorianus 96 erscheint, sind in Italien I, R und J (= r in der Stuttgarter Ausgabe), die als Nebenhandschriften auch in der Stuttgarter Vulgata herangezogen sind. Auf italienischen Einfluß geht sodann eine Nebenform des Alkuintextes zurück, die besser ist als der Alkuintext selber[251]. Aus Italien kommt

[248] Mit den Evangelien verglichen, kann man den Durchschnitt nicht als gut bezeichnen; er entspricht ziemlich genau Z, das dort als ausgesprochene Mischrezension gekennzeichnet ist.

[249] In diesen Briefen erreicht G die Qualität des Textes von A in den Evangelien und seine eigene in den Paulusbriefen und in der Apostelgeschichte.

[250] Die Qualität entspricht etwa A in den Paulusbriefen.

[251] Vgl. W. Thiele, in: Vetus Latina 26/1, 35*f; B. Fischer, Die Alkuin-Bibeln (siehe Anm. 4), 83.

schließlich auch eine Schicht in A; denn F steht durchweg näher bei A als bei G.

Wenn wir die Lage von A aus betrachten, könnte man allerdings zweifeln, ob diese Schicht in A die bessere ist; denn die engere Verwandtschaft von A mit F als mit G hört gerade in den letzten Briefen auf, wo A besser wird als F. Andererseits ist die schlechtere Qualität von A durch die Verbindung mit dem kontaminierten insularen Text verursacht, der uns in D und in verschiedenen irischen Schriftstellern erhalten ist und durch einen südenglischen Korrektor des 8. Jhs. (Bonifatius persönlich?) in F eingetragen wurde. Aber dieser irische Text hat auch Beziehungen zu Gallien (Λ, das dorther seine Vorlage hatte) und Spanien (X und τ); ist auch dahinter als ursprüngliche Quelle Italien zu suchen?

Insgesamt ist die Überlieferung in den Haupthandschriften in den Katholischen Briefen schlechter und verworrener als in sämtlichen anderen Teilen des Neuen Testaments[252]. Freilich besagen die gemeinsamen Fehler von GFA auch hier zunächst nicht allzu viel:

Jak 2,8	diliges	LΛΦ]	diligis
5,13	est]		et *omnes*
1 Petr 1,7	probatum ... pretiosius	IRL]	probatio ... pretiosior
2,6	in scriptura	I]	*om.* in
2,8	in quod	IRLΛΦ]	in quo
2,12	operibus	IS]	+ vos
1 Joh 2,27	manet	IR]	maneat
5,17	non	IL]	*om.*

Immerhin werfen die Stellen aus 1 Petr und 1 Joh die Frage auf, wie hoch die Nebenhandschriften der Stuttgarter Vulgata, besonders I, aber auch R, L und Λ bewertet werden sollen, wenn sie mit dem Griechischen übereinstimmen. Gewiß sind die beiden Rezensionsprinzipien für die Vulgata sowohl in der Beuroner Vetus Latina wie in der Stuttgarter Handausgabe die gleichen. Aber die Beuroner Rezension ist doch eher geneigt, in solchen Fällen den Nebenhandschriften zu folgen. Dieser konsequentere Standpunkt erscheint jetzt dadurch gerechtfertigt, daß die Textüberlieferung der Haupthandschriften sich als weniger gut erwiesen hat und deshalb mehr Mißtrauen verdient. Wir führen eine Reihe von solch unsicheren Stellen an, die teilweise von Walter Thiele in seiner Einleitung zu Vetus Latina 26/1 besprochen wurden; jedesmal steht zuerst der Stuttgarter Text, dann die Beuroner Rezension mit Angabe der Zeugen nach dem Stuttgarter Apparat:

---

252 Siehe die Tabelle am Ende dieses Abschnittes VI, S. 80.

Jak 1,6	fluctui qui]		tempestati quae Λ, vgl. I
4,11	de alterutrum	FG]	alterutrum AIRSΦ
1 Petr 2,8	offendunt verbo]		offendunt verbum GS
3,5	in deo]		in deum GI
1 Joh 2,14	scripsi[2]	I]	=
2,17	eius]		*om.* G
2,27	manet	IR]	= (siehe obige Liste)
2,29	scitis]		sciatis I
3,3	et[2]]		*om.* IΛ
3,7	et]		*om.* I
3,19	cognoscimus]		cognoscemus IS
5,10	in testimonio]		in testimonium IRS
5,15	et]		+ si I
5,17	non	IL]	= (siehe obige Liste)
3 Joh 8	veritatis]		veritati IS

5. Apokalypse. Hier liegen zwar die Ausgaben von Wordsworth-White und Stuttgart vor, dazu die Kollationen zahlreicher Hss für die noch nicht edierte Vetus Latina 26/2; aber es fehlen alle Untersuchungen zur Überlieferungsgeschichte der Vulgata. Als Haupthandschriften hat die Stuttgarter Ausgabe mit Recht GAF gewählt, als Nebenhandschriften ISCΛΦr. Beim bloßen Durchblättern des Apparates wird deutlich, daß FS auch hier enger miteinander verbunden sind. I scheint sich eher A anzuschließen und zeigt den italienischen Ursprung des Textes von A. Dieser ergibt sich auch daraus, daß A näher bei F steht als bei G, wie die folgende Tabelle der Fehler in den Haupthandschriften beweist:

	G	A	F	GA	GF	AF	GAF		
Apk	94	103	178	14	13	32	1	=	435

Schließen wir gleich die Tabelle mit den Gesamtzahlen der Fehler und den Fehlerquoten pro Spalte der Stuttgarter Vulgata an:

	G			A			F		
	gesamt		pro Spalte	gesamt		pro Spalte	gesamt		pro Spalte
Apk	122	=	2,5417	150	=	3,1250	224	=	4,6667

G ist also die beste Hs, ziemlich dicht gefolgt von A, in etwas größerem Abstand von F. Aber die Qualität von G ist nicht so gut wie in den Paulusbriefen und der Apostelgeschichte, sondern entspricht etwa der von A in jenen Büchern. Eine Kontamination aller drei Hss ist nicht vorhanden; denn die einzige Stelle 17,11 *vadit* IΛ] *vadet* GAF beweist nichts. Die Kontamination AF steht dagegen fest. Die Stuttgarter Rezension, die auf den gleichen beiden Prinzipien beruht wie in den übrigen Teilen des Neuen Testaments, weil auch der Charakter der Vulgata als Revision eines altlateinischen Textes vom Typ **I** nach dem Griechischen der gleiche ist, beruht also auf einer sehr sicheren Grundlage, obwohl die Qualität der Haupthandschriften nicht erstklassig ist. Wir können, um weiter zu kommen, höchstens die 13 GF- und 14 GA-Lesarten untersuchen, die oben als Fehler gezählt worden sind. Die Ausgabe entschied sich regelmäßig für die dem Griechischen genauer entsprechende Lesart.

		GF
3,12	quae descendit	quae descendet GFI
4,1	vox ... tamquam tubae loquentis	vox ... tamquam tuba loquentis GFS
5,13	super terram et sub terram	super terram GFS
6,6	animalium dicentem	animalium dicentium GFISΛr
9,4	in frontibus	+ suis GFSΦ
9,8	capillos sicut capillos	capillos GFS
13,5	quadraginta duos	quadraginta duo G; quadraginta et duo F
14,12	hic patientia sanctorum est	*om.* est GFS
16,11	prae doloribus et vulneribus suis	*om.* suis GF
16,19	venit in memoriam	venit in memoria GFISΦ
17,13	tradunt AI	tradent *ceteri*
18,21	hoc impetu	hoc impetum GFIS
	mittetur Babylon	mittitur Babylon GF

		GA
1,3	prophetiae	prophetiae huius GAΦ; huius prophetiae Λ
2,16	venio ... et pugnabo	veniam ... et pugnabo GAIΦ
9,20	ut non adorarent	ut non adorent GA
11,4	duae olivae	duo olivae GA
13,12	facit	fecit GAIΦ
13,12	inhabitantes	habitantes GA
14,16	supra nubem	super nubem GAI
16,6	digni sunt	ut digni sunt GAISΦ
16,9	habentis potestatem	habentes potestatem GAS
18,5	deus	dominus GAI
18,17	navigat	navigant GASΦ
19,1	salus et gloria	laus et gloria GASΦ
19,2	quia iudicavit FS	qui iudicavit *ceteri*
22,17	et qui sitit	*om.* et GAΦ

Aus dieser Liste ist wohl zu entnehmen, daß es keine GF-Fehler gibt, die sicher einen gemeinsamen Ursprung beweisen; wohl aber gibt es einige GA-Fehler dieser Art. Vielleicht sollte man 11,4 und 13,5 das nicht deklinierte *duo* in den Text setzen. Man kann für die Rezension der Vulgata in der Apokalypse noch eine dritte Regel aufstellen: Es ist GF zu folgen, wenn die Lesart nicht durch den Vergleich mit dem Griechischen als Fehler erwiesen ist.

Anhang zu Abschnitt VI
Fehlerquoten pro Spalte der Stuttgarter Vulgata

	S(s)	Z	A	G	F	R
Mt	1,2292	2,8854	1,5833			
Mk	1,4918	3,2295	1,7213			
Lk	1,5619	3,0476	1,8571			
Joh	1,3924	3,0380	1,5443			
Röm			2,1250	1,5250		4,0750
Gal			1,8462	1,3846		2,6923
Eph			2,0769	1,6154		3,4615
Phil			2,4444	1,4444		3,7778
1 Thess			2,2500	2,1250		2,8750
2 Thess			3,2000	1,0000		3,8000
2 Tim			2,2857	1,7143		4,4286
Tit			1,8000	2,0000		5,2000
Phlm			2,0000	2,0000		3,0000
Apg			2,6768	1,6061	2,8889	
Jak			5,0909	4,2727	3,9091	
1 Petr			6,9091	4,0000	3,3637	
2 Petr			5,2857	1,5714	3,2857	
1 Joh			5,4545	2,2727	4,1818	
2–3 Joh			5,0000	4,0000	7,0000	
Jud			2,6667	1,6667	4,3333	
Apk			3,1250	2,5417	4,6667	

VII. Die Bewertung für den griechischen Text

Aus dem bisher Gesagten ergibt sich, daß die Geschichte der lateinischen Bibelübersetzung noch keineswegs ganz geklärt ist. Und doch ist dies eigentlich die Voraussetzung, um ihr Zeugnis für den griechischen Text und seine Varianten richtig bewerten zu können. Es ist ohne weiteres einsichtig, daß hier alle innerlateinischen Verschiedenheiten keine Rolle spielen, sondern einzig und allein der jeweilige Kontakt, der mit einem griechischen Text stattgefunden hat. Daraus folgen drei Dinge:

1. Ein lateinischer Texttyp ist normalerweise 1 Zeuge für die griechische Vorlage, ganz unabhängig davon, wieviel lateinische Einzelzeugen den Texttyp vertreten. Also sind z. B. die Väter, die Vulgata zitieren, keine unabhängigen Zeugen fürs Griechische; r (64) und Augustinus sind zusammen nur 1 Zeuge in den Paulusbriefen, ebenso d (75) g (77) und Lucifer; ähnlich g (51) und Lucifer in Apg, k (1) und Cyprian in den Evangelien, usw. Das gilt auch, wenn die lateinischen Einzelzeugen zahlreich sind. Andererseits kann ein lateinischer Texttyp nicht ignoriert werden, wenn nur ein vereinzelter Zeuge vorhanden

ist[253]; dann würden wichtige Texttypen vernachlässigt wie z. B. **K**, wenn es nur durch k (1) oder e (2) oder Cyprian vertreten ist, oder **F** in Jak, zu dem gewöhnlich nur die Hs ff (66) vorhanden ist, usw. Freilich sind vereinzelt bleibende Zeugen strenger daraufhin zu prüfen, ob sie wirklich einen Texttyp darstellen oder einen individuellen Fehler aufweisen. Wenn man mehr Zeugen zur Verfügung hat, dann hat man auch größere Gewißheit über die Lesart des Texttyps. Nur unter diesem Gesichtspunkt läßt es sich einigermaßen rechtfertigen, im Apparat zu einem griechischen Text die lateinischen Einzelzeugen anzuführen; aber der Benutzer des Apparates geht irre, wenn er die genannten Zeugen als verschiedene Zeugnisse wertet anstatt nur als Anzeichen für den Grad der Sicherheit dafür, daß es sich um einen Texttyp handelt.

2. Das lateinische Zeugnis gilt für den Ort und die Zeit, wo der Kontakt mit dem Griechischen stattgefunden hat, nicht für Ort und Zeit des Einzelzeugen; normalerweise also für die Entstehung des lateinischen Texttyps oder einer vom Griechischen beeinflußten Variation innerhalb des Typs. Wenn Gregor der Große die Vulgata der Evangelien zitiert, dann bezeugt er die griechische Vorlage der Revision, die Hieronymus 383 in Rom vornahm; r (64) und Augustinus bezeugen keine griechische Vorlage in Nordafrika zur Zeit Augustins, sondern um 370 in Oberitalien. Ein Zeugnis für einen griechischen Text des 2. Jhs. liegt also im Lateinischen nur dann vor, wenn wir bis zur ursprünglichen Übersetzung zurückschließen können. Das altlateinische Zeugnis hat je nach seiner Art ein ganz verschiedenes Gewicht in einem griechischen Apparat, das nicht ohne weiteres an seinen Einzelzeugen abzulesen ist.

3. Die Entwicklung der lateinischen Übersetzung wurde immer wieder durch Kontakte mit griechischen Texten beeinflußt. Wenn ein anderer lateinischer Texttyp die gleiche griechische Vorlage voraussetzt, dann kann das dadurch verursacht sein, daß der griechische Text zu dieser Stelle nicht neu verglichen wurde; dann ist dieser Texttyp kein weiterer Zeuge fürs Griechische. Oder das Griechische wurde wirklich verglichen und die Übereinstimmung wurde festgestellt; dann haben wir einen zweiten unabhängigen Zeugen für den gleichen griechischen Text. Oder der Vergleich fand statt, war aber so oberflächlich, daß eine Abweichung übersehen oder aus irgendwelchen Gründen nicht berücksichtigt wurde; dann haben wir wieder kein neues Zeugnis fürs Griechische. Oft läßt sich nicht entscheiden, welcher dieser drei Fälle vorliegt. Wenn jedoch der lateinische Texttyp durch seine Wortwahl einen engeren Anschluß ans Griechische erreichen will, dann haben wir sicher den zweiten Fall, also ein zweites, unabhängiges Zeugnis für den

[253] Ein solcher Vorschlag wurde gemacht von E. C. Colwell, in: Studies in the History and Text of the New Testament in honor of K. W. Clark, Salt Lake City 1967 (= Studies and Documents 29), 8.

gleichen griechischen Text; siehe den Beitrag von Walter Thiele in diesem Band S. 113–119[254]. Ebenso ist dieser zweite Fall nachweisbar, wenn eine ursprüngliche Fehlübersetzung[255] im Verlauf der Entwicklung korrigiert worden ist; manchmal mag allerdings die Entscheidung schwer fallen, ob ein Mißverständnis des ursprünglichen Übersetzers vorliegt oder eine innerlateinische Verderbnis. Bei Namen ist besondere Sorgfalt geboten: *Caiphas* und *Scarioth* wurden nur durch Rückgriff aufs Griechische zu *Caiaphas* und *Iscariotes*, aber z. B. bei *Istrahel/Israhel* und *Isac/Isaac* ist weder die Schreibweise der Urübersetzung noch eine etwaige Einsichtnahme in einen griechischen Text durch einen Korrektor gesichert. Bei Hieronymus als Revisor der Evangelien muß auch damit gerechnet werden, daß er den lateinischen Text veränderte, ohne eine entsprechende griechische Vorlage zu haben.

Wie sehr die Wertung des lateinischen Zeugnisses von der Beurteilung der lateinischen Textgeschichte abhängt, zeigt uns eine Gegenüberstellung der oben skizzierten Ansichten von Adolf Jülicher über die Entwicklung in der Apostelgeschichte und von Walter Thiele über die Katholischen Briefe. Jülicher nimmt eine Urübersetzung nach dem Westlichen Text an, praktisch vertreten durch den afrikanischen Text, sodann eine totale Umformung nach dem normalen griechischen Text, erhalten nur in vier europäischen Ableitungen, die jeweils wieder Westliche Elemente aufgenommen haben. Soweit diese letzteren nicht auf innerlateinischen Kontaminationen beruhen oder direkte Neuübersetzungen der erhaltenen griechischen Hss D und E darstellen, hätten wir also für den Westlichen Text alle lateinischen Texttypen jeweils als voneinander unabhängige Zeugen aus verschiedenen Zeiten und Orten zu werten[256]. Ganz anders dagegen Thiele! Er nimmt eine innerlateinische Umformung der Westlichen Lesarten des afrikanischen Texttyps an. Dann sind alle erhaltenen Texttypen zusammen nur 1 Zeuge und zwar meist für die Urübersetzung, auch wo der afrikanische Text selber nicht erhalten ist, sondern nur eine innerlateinische, europäische Umformung davon.

---

[254] Vgl. auch das vorsichtige Urteil von H. J. Frede, Vetus Latina 24/2, 33. 34f (Liste V, 2) und 37f sowie 281f, über die griechische Vorlage der Vulgata, die sicher eine Revision nach dem Griechischen darstellt.

[255] „Primitive misreadings and misunderstandings" sagt A. V. Billen, The Old Latin Texts of the Heptateuch, Cambridge 1927, 47. 71. 161–165; dort werden auch Beispiele dafür gegeben, daß solche ursprüngliche Fehler einerseits schon bei Cyprian korrigiert sind, andererseits trotzdem noch lange nachleben.

[256] Man muß jedenfalls einen lateinischen Zeugen wie die Hs 67 zunächst in die lateinische Textgeschichte einordnen und kann ihn erst dann richtig als Zeugen des Westlichen Textes der Apg werten, nicht durch einen direkten Vergleich mit der griechischen, koptischen und syrischen Überlieferung, wobei natürlich für die koptischen und syrischen Zeugen das Gleiche gefordert werden muß wie fürs Lateinische. Das scheint E. J. Epp, JBL 84 (1965), 173, nicht genügend erfaßt zu haben.

Ferner sind auch noch durch die griechische und lateinische Sprache gewisse Grenzen gesetzt, die beachtet werden müssen, wenn man das Zeugnis der Lateiner richtig für ihre griechische Vorlage auswerten will. Vor allem müssen wir uns immer der Tatsache bewußt sein, daß das Verhältnis zwischen Schrift und Sprache in der alten Welt anders war als in unserer modernen Zeit (vgl. oben Anm. 44). Heute ist das genormte schriftliche Erscheinungsbild maßgebend; damals war es nur ein oft lässig gehandhabtes Hilfsmittel, Laute hervorzubringen, zu sprechen, die Hauptsache war das laut gesprochene Wort. Man interessierte sich allenfalls noch dafür, wie es korrekt gesprochen, aber nicht wie es geschrieben wurde. Das gilt sowohl fürs Lateinische wie fürs Griechische.

Ganz summarisch können wir daher sagen, daß für alle Besonderheiten und Varianten der Laut- und Formenlehre des griechischen Neuen Testaments, wie sie in den Paragraphen 8–126 des Blass-Debrunner[257] behandelt werden, aus den Übersetzungen nichts erschlossen werden kann. Das gilt auch für solche Fälle, in denen der griechische Text auf eine bestimmte Weise interpretiert wird, aber deshalb noch lange nicht so geschrieben gewesen sein muß, sondern eben in seiner schriftlichen Erscheinung ambivalent war: Worttrennung (vgl. Anm. 31), Interpunktion, Akzent (μένει/μενεῖ Joh 14,17), Spiritus (αὐτοῦ/αὑτοῦ), Formen mit und ohne Iota subscriptum (also eventuell Nominativ oder Dativ), Wechsel von αι und ε in Wörtern wie καινόν/κενόν (Joh 19,41) oder in bestimmten Formen wie ἀπέχεσθαι/ἀπέχεσθε (1 Petr 2,11) und ἀποθέσθαι/ἀπόθεσθε (Eph 4,22, siehe Vetus Latina zur Stelle), oder von ω und ο (Unterschied zwischen Indikativ/Konjunktiv und Praesens/Futurum).

So geeignet auch die lateinische Sprache sein mag, um in sie aus dem Griechischen zu übersetzen, so bleiben doch gewisse Dinge, die im Lateinischen nicht zum Ausdruck kommen können. Aorist und Perfekt können nicht unterschieden werden, also heißt sowohl ἐλάλησα wie λελάληκα lateinisch *locutus sum*[258]. Das Gleiche gilt von den verschiedenen Formen des Imperativs, z. B. αἰτεῖτε/αἰτήσασθε (Joh 16,24); dann von der doppelten Negation (οὐκ ἐρωτήσετε οὐδέν Joh 16,23), die im Lateinischen bei wörtlicher Übersetzung sich aufheben würde, wie überhaupt von den verschiedenen Formen der griechischen Negationspartikel οὐ, οὐκ, οὐχ, οὐχί, μή, οὐ μή, μὴ οὐ. Dabei ergibt sich im Zusammenhang mit der innerlateinischen Sprachentwicklung, daß

---

257 F. Blass, A. Debrunner, A Greek Grammar of the New Testament and Other Early Christian Literature. A Translation and Revision of the ninth–tenth German edition incorporating supplementary notes of A. Debrunner by R. W. Funk, Cambridge and Chicago 1961.

258 Speziell der afrikanische Text gibt außerdem auch noch das griechische Imperfekt gern mit dem lateinischen Perfekt wieder, siehe unten S. 87.

bloßes *non* auch anstelle von *nonne* für das fragende οὐχί gebraucht werden kann. In Jak 3,3 εἰ δέ/ἴδε/ἰδού kommt noch ein Iotazismus hinzu.

In der lateinischen Sprache fehlt sodann der Artikel. Wenn er im Griechischen gewisse syntaktische Funktionen hat, dann wirkt sein Weglassen im Lateinischen verwirrend und oft wird zu Behelfen gegriffen. Als Beispiele seien genannt Apg 24,25 τὸ νῦν ἔχον = *quod nunc adtinet* Vulgata, *nunc* g (51); 1 Petr 1,10 οἱ περὶ τῆς εἰς ὑμᾶς χάριτος προφητεύσαντες wird wiedergegeben als *qui de futura in vos gratia dei prophetaverunt* Texttyp **C**, *qui de futura in vobis gratia proph.* Vulgata, *qui futuram gratiam in vobis proph.* und *qui venturam in vobis gratiam proph.* in zwei Zitaten bei Pseudo-Vigilius; im folgenden Vers stehen sich für τὸ ἐν αὐτοῖς πνεῦμα die beiden Übersetzungen *qui in eis erat spiritus* des Texttyps **T** und bloßes *in eis spiritus* der Vulgata gegenüber. Wie die Beispiele zeigen, besteht der gewöhnliche Ausweg des Lateiners darin, den Artikel durch einen Relativsatz wiederzugeben; das kann auch dort geschehen, wo es wie in Kol 1,26 *quod absconditum fuit* nicht notwendig wäre[259]. Gelegentlich wird der Artikel mit dem Demonstrativpronomen wiedergegeben, wenn besondere Umstände dazutreten, vor allem in der Verbindung *hic mundus* bzw. *hoc saeculum*; dagegen scheint im Neuen Testament in dieser Rolle das in den Psalmüberschriften häufige *ipsi David* = τῷ Δαυίδ, um den Dativ des undeklinierbaren Eigennamens kenntlich zu machen, kaum vorzukommen[260].

Für die Substantive, die *Pluralia tantum* sind, fehlt ein eigentlicher Plural; andere Substantive bilden normalerweise keinen Plural (siehe

---

[259] In Kol 1,26 wird dadurch trotz anscheinend wörtlicher Übersetzung die harte Konstruktion des Griechen im Lateinischen verändert, weil jedermann das folgende Verbum finitum *nunc autem manifestatum est* als Fortführung des Relativsatzes auffaßt; die verschiedenen lateinischen Übersetzungen siehe unten bei Hermann Josef Frede S. 460f; ebendort als weiteres Beispiel die Wiedergaben von τοῖς ἔμπροσθεν Phil 3,13. Über die Komplikationen, die sich bei der Wiedergabe des Artikels mit *qui* und speziell in Verbindung mit dem Participium Praes. ergeben vgl. J. Svennung, Untersuchungen zu Palladius und zur lateinischen Fach- und Volkssprache, Uppsala 1935, 435f; S. Eklund, The Periphrastic, Completive and Finite Use of the Present Participle in Latin, Uppsala 1970 (= Acta Universitatis Upsaliensis, Studia Latina Upsaliensia 5), 144–153.

[260] Zu den Vorstufen und Anfängen des romanischen Artikels vgl. J. B. Hofmann, A. Szantyr, Lateinische Syntax und Stilistik, München 1963 bzw. 1965 (= Handbuch der Altertumswissenschaft, 2. Abt., 2. Teil, 2. Band), 191–194 (§ 106) mit reicher Literatur. Hinzugefügt sei wegen seiner besonderen Berücksichtigung der lateinischen Bibeltexte F. Abel, L'adjectif démonstratif dans la langue de la Bible latine, Étude sur la formation des systèmes déictiques et de l'article défini des langues romanes, Tübingen 1971 (= Beihefte zur Zeitschrift für Romanische Philologie 125); eine Zusammenfassung gibt F. Abel, Die Ausbildung des bestimmten Artikels und der deiktischen Systeme der romanischen Sprachen, untersucht an der Sprache der lateinischen Bibel, Glotta 48 (1970), 229–259.

unten d). Bei den Verben fehlt im Lateinischen ein Participium Act. Perf. und ein Participium Pass. Praes., bei den Deponentien fehlt das ganze Passiv, für alle Verben fehlt das Medium. Wenn also die griechische Partizipialkonstruktion beibehalten wird, dann muß oft die Zeitrelation geopfert werden; andernfalls muß man die Konstruktion ändern. Das geschieht auf die mannigfachste Weise, wie jeder leicht sehen kann, wenn er einmal einige Verse in der Vetus Latina-Ausgabe oder auch nur im griechisch-lateinischen Nestle–Aland durchsieht und dabei auf die Wiedergabe der Partizipien achtet[261]. Man kann deshalb in Apg 28,6 weder für das *convertentes se* der Vulgata noch für das *conversi* in g (51) sicher entscheiden, ob die Vorlage μεταβαλόμενοι oder μεταβαλλόμενοι gelautet hat. Besonders schwierig wird die Aufgabe des Übersetzers bei einem Participium wie ὤν, das es im Lateinischen überhaupt nicht gibt. Daher begegnen z. B. in Apg 27,2 verschiedene freie Übersetzungen für ὄντος σὺν ἡμῖν ᾿Αριστάρχου wie *erat autem cum nobis A.* s (53), *ascendit* . . . h (55), *navigabat* . . . g (51), *perseverante* . . . Vulgata. Oder in Jak 3,4 wird an der Übersetzung mit *esse* festgehalten und trotzdem haben wir für τηλικαῦτα ὄντα die Wiedergaben *quae tam inmensae sunt* Texttyp **S**, *tam magnae sunt* . . . *autem* **F** (das Partizip wird in einen koordinierten Hauptsatz aufgelöst), *cum magnae sint* Vulgata. Ähnliche Probleme entstehen für den lateinischen Übersetzer durch die griechischen Infinitive mit und ohne Artikel, mit und ohne Präpositionen; sie werden mit mehr oder weniger Geschick gelöst[262].

261 Die erste Möglichkeit ist, die Partizipien in koordinierte Hauptsätze umzuwandeln, am einfachsten mit *et* verbunden, z. B. 1 Petr 2,20 κολαφιζόμενοι (κολαζόμενοι) ὑπομενεῖτε ... πάσχοντες ὑπομενεῖτε *punimini et suffertis* ... *patimini et sustinetis* Texttyp **C** gegen *colaphizati suffertis* ... *patientes sustinetis* Vulgata, wo wohl die Partizipien anhand des Griechischen eingeführt werden, aber bei *colaphizati* das des Perfekts genommen werden muß. Komplizierter ist die Koordinierung von zwei Partizipien und der Anschluß des folgenden Hauptsatzes mit *autem* durch den Texttyp **F** in Jak 3,4 (siehe die Ausgabe zur Stelle). Natürlich kann man zur Koordinierung je nach dem Zusammenhang außer *et* und *autem* auch *atque, sed* oder andere Wörter benützen. — Die andere Möglichkeit ist die Umwandlung in verschiedenartige Nebensätze, etwa mit *cum* (Jak 1,12 Text **V**; 1 Petr 1,8 **C**), *dum* (Jak 1,12 **T**), *quia, qua, quando* (alle in verschiedenen Zeugen 1 Petr 4,3), und am häufigsten in Relativsätze, besonders aber nicht ausschließlich, wenn der Artikel dabeisteht; auch der Infinitiv kann eintreten (1 Petr 4,4 **T** und **A**). Übrigens bestehen auch im Gebrauch des in beiden Sprachen vorhandenen Participium Praes. Act. doch Unterschiede, die zu Schwierigkeiten führen können, vgl. das ganze Buch von Sten Eklund (siehe Anm. 259); dabei wird die Sache eventuell noch mehr kompliziert durch den Gebrauch gewisser Partikel, vgl. S. Eklund, a. a. O. 172–195, mit zahlreichen Beispielen aus der Vetus Latina.

262 Für den finalen Infinitiv liegt die Wiedergabe mit *ut* am nächsten, z. B. 1 Petr 2,15 **C** und **V**. Aber was es sonst noch an Möglichkeiten gibt, kann 1 Petr 2,5 zeigen, wo wir für ἀνενέγκαι folgende Übersetzungen finden: *offerre, afferre, offerentes, offerte, ad offerendas, ut offeratis*. Der Leser mag sich selber vor der Vetus Latina 26/1 zu 1 Petr 5,8 darüber den Kopf zerbrechen, welche der verschiedenen lateinischen Lesarten am Ende des Verses wirklich welche griechische Lesart voraus-

Wir begnügen uns hier zum Schluß mit einem kombinierten Beispiel aus Mt 5,13 εἰ μὴ βληθὲν ἔξω καταπατεῖσθαι heißt in der Vulgata *nisi ut mittatur foras et conculcetur*, vgl. auch Jülicher–Aland zur Stelle.

Schwierigkeiten gab es gewöhnlich beim Reziprokpronomen ἀλλήλων, die allerdings mehr von der komplizierten Entwicklung im Lateinischen herrühren[263]. Gewisse griechische Synonyme werden im Lateinischen nicht genau auseinandergehalten, z. B. καταγγέλλειν und ἀναγγέλλειν, οἰκεῖν und κατοικεῖν[264]; siehe auch Walter Thiele in vorliegendem Band S. 115, der diese Unsicherheit beim Wechsel von Simplex und Kompositum, von verschiedenen Komposita in griechischen Verben und überhaupt von Vokabeln, die sich in ihrer Bedeutung nur wenig unterscheiden, mit Beispielen aus den Katholischen Briefen belegt. Besonders groß ist die Unsicherheit bei Präpositionen wie ἐκ und ἀπό, ἀπό und ὑπό, ἐν und ἐπί, im Lateinischen z. B. *a, de, ex*[265]. Εἰς und ἐν fallen ja schon in der griechischen Koine weitgehend zusammen; die gleiche Entwicklung ergibt sich im vulgären und späten Latein durch die Bevorzugung des Akkusativs, besonders wo er vom Ablativ

---

setzt. — Fast noch bunter ist das Bild bei Infinitiven mit einer Präposition, z. B. Jak 4,15 ἀντὶ τοῦ λέγειν ὑμᾶς *et non dicitis* **S**, *propter quod dicere vos oportet* **F**, *pro eo ut dicatis* **V** (strebt nach möglichst genauer Wiedergabe!), *quam ut dicatis* Cassiodor, *pro eo quod debeatis dicere* Hieronymus. Nur zufällig einheitlicher ist Phil 1,7 διὰ τὸ ἔχειν με *eo quod habeam* **D I V**, *propterea quod habeam* **A**; vgl. noch Jak 4,2 *propter quod* auch für διὰ τό. Andererseits steht *ut* nicht nur gewöhnlich für den bloßen Infinitiv, sondern oft auch, wenn er mit den Präpositionen εἰς τό (Phil 1,10 *ut* und *in hoc ut*) oder πρὸς τό (Eph 6,11) verbunden ist, statt *ad* mit Gerundium bzw. Gerundivum. Bei gewissen Verben wie *esse* oder *posse* ist aus innerlateinischen Gründen eine andere Übersetzung kaum möglich, z. B. Eph 6,11 πρὸς τὸ δύνασθαι ὑμᾶς *ut possitis* (einzige Variante *ita ut possitis*) und natürlich genauso Eph 6,13 für ἵνα δυνηθῆτε. Wenn schon der Rückschluß auf die griechische Vorlage bei Präpositionen überhaupt unsicher ist, wie wir sehen werden, dann gilt das für Präpositionen vor einem Infinitiv in erhöhtem Maße nicht nur dafür, welche Präposition, sondern ob überhaupt eine in der Vorlage stand (z. B. Phil 1,23 εἰς).

263 Vgl. J. B. Hofmann, A. Szantyr, Lateinische Syntax und Stilistik (siehe Anm. 260), 176–178, und die dort angegebene Literatur.

264 Man kann weder aus *habitare* noch aus *inhabitare* auf eines der beiden griechischen Wörter schließen, vgl. H. J. Frede, Vetus Latina 24/2, 280.

265 H. v. Soden, Das lateinische Neue Testament in Afrika (siehe Anm. 22), 155, sagt mit Recht: „Sehr verschieden ist in zwei Sprachen der Geltungsbereich einer Präposition, und es ist undurchführbar dieselbe stets mit derselben zu übersetzen." Als einleuchtendes Beispiel sei ἐπί c.gen. angeführt, dessen natürliche Übersetzung *super* ist, das aber im temporalen Gebrauch vor Namen kaum anders als mit *sub* wiedergegeben werden kann (vgl. Mk 2,26; Lk 3,2; 4,27); und ἐπ' ἀληθείας wird natürlicherweise zu *in veritate*. Vgl. auch A. V. Billen, The Old Latin Texts of the Heptateuch, Cambridge 1927, 150–155. — Diese Unsicherheit in der Wiedergabe der Präpositionen ist um so bedauerlicher, als sie zu den häufigen, für Statistiken besonders geeigneten Wörtern zählen, siehe die Angaben für das Neue Testament bei R. Morgenthaler, Statistik des neutestamentlichen Wortschatzes, Zürich 1958, 160.

sich nur durch ein Schluß-m unterscheidet, und seine allmähliche Entwicklung zum Universalkasus, der in den romanischen Sprachen allein übrigblieb. Diese Unsicherheit bleibt nicht auf die Fälle beschränkt, wo im Griechischen tatsächlich entsprechende Varianten erhalten sind[266]; anderswo könnten sie ja im Strom der Überlieferung wieder untergegangen sein.

Im allgemeinen ist die Übersetzungsweise der lateinischen Bibel sehr wörtlich, siehe oben S. 14–16; aber trotzdem wahrt sie sich gewisse Freiheiten. Der Übersetzer hat das gleiche griechische Wort nicht immer mit einem gleichbleibenden lateinischen Wort wiedergegeben, wie wir schon oben im Abschnitt II gesagt haben, als die Begriffe „europäisch" und „afrikanisch" in ihrem Sinn für den biblischen Wortschatz erläutert worden sind. Aufs Ganze gesehen geht die Entwicklung im Lateinischen von der freieren Übersetzung zum immer strengeren Anschluß ans Griechische. Der alte afrikanische Texttyp bevorzugt z. B. *illius* usw. statt *eius* für αὐτοῦ usw. und *fuit* statt *erat* für ἦν. Vgl. auch die Beispiele im Beitrag von Walter Thiele, S. 96–115, der zugleich zeigt, zu welcher Unsicherheit das führen kann. Wenn wir versuchsweise die Freiheiten der Übersetzung klassifizieren, dann können wir unterscheiden:

a) die Wortstellung, vgl. die Beispiele bei Walter Thiele S. 97f und auch die Feststellung von Adolf Jülicher[267];

b) einige Partikeln; so wird δέ nicht nur mit *autem* oder *vero*, sondern auch mit *sed, et, -que, igitur, itaque, ergo, enim* wiedergegeben, τε καί mit bloßem *et*. Statt *sed* oder *at* kann auch adversatives *nam* für ἀλλά eintreten. *Enim* und *autem* werden im Lateinischen noch leichter vertauscht, so daß Rückschlüsse auf δέ oder γάρ sehr unsicher sind. Überhaupt sind in Gebrauch und Bedeutung der Partikel die mannigfachen Entwicklungen des Spätlateins zu beachten[268]. Auffallend oft stehen sich als innerlateinische Varianten *sed* und *sed et* sowie *sicut* und *sicut et* gegenüber;

c) einige Pronomina wie die schon erwähnten Formen von *ille* für αὐτός, die Verstärkungen der Personalpronomina wie *me, memet, me ipsum, memet ipsum* u. dgl. mehr; die Personalpronomina beim griechischen Infinitiv sind gewöhnlich schon in der lateinischen Verbalform ausgedrückt;

---

[266] Als Beispiele solcher Variation im Griechischen seien hier angeführt: ὑπέρ/περί c.gen. Joh. 1,30; περί c.gen./ἐπί c.dat. Joh 12,16; ἐπί c.dat./ἐν Joh 11,6; ἐπί c.acc./ἐν Joh 3,15; εἰς/ἐπί c.acc. Joh 21,4; πρός c.acc./εἰς Joh 11,32 und Jak 3,3; πρός c.dat./ἐν Joh 20,11; ἐκ/παρά c.gen. Joh 16,28 oder ἀπό Joh 6,38; usw.

[267] A. Jülicher, ZNW 15 (1914), 178: „... insbesondere die Wortstellung des Griechen wird zahllose Male, auch wohl ohne zureichenden Grund, verlassen".

[268] Siehe J. B. Hofmann, A. Szantyr, Lateinische Syntax und Stilistik (siehe Anm. 260), 473–515.

d) Gebrauch von Singular bzw. Plural bei einigen Wörtern wie *lignum*, *caro*[269], *aqua*, *ventus*[270], *sanitas* (Apg 4,30) und besonders *manus*; einige Neutra Pluralia wurden zu Feminina Singularia wie *gaudia* zu italienisch gioia, französisch joie, weshalb in Bibeltexten z. B. die innerlateinischen Varianten *opera/operam* oder *retia/retiam* nicht selten sind;

e) die Bevorzugung stärkerer Ausdrücke zeigt sich z. B. bei *eicere* für ἐξάγειν oder *pessimus* oder *nequam* für πονηρός, überhaupt kann der lateinische Superlativ für den griechischen Positiv stehen;

f) lateinische Konstruktionen, wie z. B. *intrare* (*ingredi*) mit und ohne *in* mit Akkusativ oder Ablativ, *egredi* mit und ohne *ex* oder *de*, *adire* (*ad*) usw.

g) schwierig wiederzugebende Wörter (z. B. μέλλειν) oder Stellen; z. B. heißt Apg 27,7 μὴ προσεῶντος ἡμᾶς τοῦ ἀνέμου *cum venti essent contrarii* in s (53), *et non admittente nos vento* in g (51), *prohibente nos vento* in der Vulgata; Apg 27,15 sagt die Vulgata *data nave flatibus* für ἐπιδόντες gegenüber dem einfachen *laxantes* in s (53);

h) stilistische Gestaltung, wie z. B. Apg 27,12 ἔθεντο βουλήν = *statuerunt consilium* Vulgata, *c. fecerunt* g (51), *habuerunt c.* s (53);

i) spezielle Wortbedeutungen im Spätlatein, z. B. *periculis* für θανάτων 2 Kor 1,10; vgl. auch e);

k) naheliegende kleine Zusätze, etwa des Hilfszeitwortes *esse*, oder eines Objekts, siehe die Beispiele bei Walter Thiele S. 98 sowie unten a) bei den Parallelerscheinungen im Griechischen und Lateinischen;

l) Auslassungen von einzelnen Wörtern, die im Lateinischen kaum wiederzugeben sind wie ἄν oder doch in ihrer häufigen Verwendung dem lateinischen Sprachempfinden widersprechen wie μέν, oder auch von anderen Wörtern besonders in schwierigen oder überladenen Konstruktionen, vgl. Walter Thiele S. 98f.

In derartigen Fällen darf aus dem Lateinischen natürlich nicht eine griechische Variante erschlossen oder rekonstruiert werden. Noch offenkundiger ist das, wenn es sich um innerlateinische Verderbnisse handelt, vgl. oben Anm. 32 sowie 1 Petr 4,6 *ut suscitentur* bei Cyprian statt *ut iudicentur* und 1 Petr 3,7 *et videte* bei Augustinus statt *et vitae*. Solche Verderbnisse geben meist im lateinischen Zusammenhang einen guten Sinn, der ihre Entstehung und Erhaltung begünstigt hat, wenn er auch weit vom ursprünglichen abweicht, z. B. *descendentium* Lk 19, 37 und *discumbentium* Jo 21,12 jeweils für *discentium* = *discipulorum*. Seltsam ist Jak 3,7; dort kann der Fehler sowohl im Griechischen (ἄλλων statt ἐναλίων) wie im Lateinischen (*ceterorum* statt *cetorum*)

---

[269] Vgl. A. V. Billen, The Old Latin Texts of the Heptateuch, Cambridge 1927, 146.

[270] Der Plural *venti* in s (53) Apg 27,7 könnte allerdings auch nur aus 27,4 herrühren, siehe das Beispiel zu g).

entstanden sein[271]. Nur summarisch sei auf Entwicklungen der Syntax im Spätlatein hingewiesen wie die erwähnte Bevorzugung des Akkusativs und auf den Bedeutungswandel verschiedener Wörter (vgl. oben i). Schließlich müssen hier noch einige Eigenheiten der Lautlehre und damit zusammenhängende Schreibergewohnheiten aufgeführt werden:

ae und offenes *e*, oft eigens als ę geschrieben, fallen lautlich zusammen; daher gibt es Verwechslungen zwischen *caedere* und *cedere*, *maerere* und *merere*, usw., auch im Auslaut *hebdomadae* und *hebdomade* oder Mt 25,11 *novissime* und *novissimae*. Zu beachten ist das besonders bei Namen, da eine ähnliche Erscheinung auch im Griechischen auftritt.

au und *o* zeigen zunächst verschiedenes sprachliches Niveau an; schon zur Zeit Ciceros wechselte der Patrizier Claudius seinen Namen in Clodius, als er Volkstribun werden wollte; daher stehen in der Stuttgarter Vulgata *claudus* und *clodus* nebeneinander.

b und *v* werden sehr oft verwechselt[272], nicht nur in Spanien, wo das bis heute üblich ist, sondern ebenso oft im Italien des 6. Jhs.; damit ergeben sich Unsicherheiten zwischen Perfekt und Futur in den Formen auf *-avit* oder *-abit*, *-evit* oder *-ebit*.

b und *p*: gewissermaßen etymologische Schreibweisen wie *scribtum* und *scribtura* sind auch in guten Hss nicht selten.

c und *ch* wechseln auch in rein lateinischen Wörtern (*mihi* und *michi*); man kann daher in Fremdwörtern wie *raca* daraus nicht auf die Orthographie der Vorlage schließen.

d und *t* wechseln besonders im Auslaut; *inquid* ist im Spätlatein eine legitime Schreibweise, ebenso *ad ubi*, das in *Scriptura continua* nicht von *adubi* zu unterscheiden ist, für *at ubi*.

Besonders das lange, geschlossene *e* wechselt oft mit *i*; das ergibt eine Unsicherheit zwischen Praesens und Futurum in den Verben der dritten Konjugation *dicit* und *dicet* u. dgl.

f und *ph* werden besonders in Fremdwörtern ganz unterschiedslos gebraucht.

g und *i* können zwischen zwei Vokalen gleich klingen; das macht Fehler wie *magis* statt *maius* möglich und umgekehrt.

h war in der Aussprache längst verschwunden, daher ist hier die Schrift besonders unsicher. Zwischen Vokalen, speziell *a* und *e*, wird es gerne eingeschoben, um die Aussprache als Diphthong *ae* zu verhindern, z. B. *Israhel*. Ist das bei *Iohannes* der alleinige Grund oder spielt hier eine Erinnerung über jüdische Gemeindeursprünge ans Hebräische mit? Jedenfalls wird dieses *h* in der deutschen Übernahme

---

[271] Vgl. auch Kol 2,7 *abundantes/ambulantes* und περισσεύοντες/περιπατοῦντες, auf alle Fälle wirkte Kol 2,6 nach.

[272] Genauer gesagt: *b* wird zwischen Vokalen wie *v* gesprochen, umgekehrt wird *v* im Anlaut und nach r und l als *b* ausgesprochen.

dieses Namens sowohl in der vollen Form Johannes wie in der gekürzten Form Hans wirklich ausgesprochen.

Für *i* ist zu bemerken, daß das lange *i* oder das doppelte *ii* nicht nur in Inschriften mit einem Apex geschrieben werden kann, sondern auch in einzelnen Hss des 5. Jhs. als *í* erscheint; damit ergibt sich das Zusammenfallen von Perfekt und Praesens in Formen wie *abit* und *abiit*, wie der Unterschied ja auch bei *venit* nur in der Aussprache des *e* besteht.

Bei *m* ist daran zu erinnern, daß es am Wortende praktisch stumm geworden war und auch in der Schrift oft mit einem Strich gekürzt wurde; dadurch wurde die Verwechslung von Akkusativ und Ablativ noch gefördert.

n machte sich nach Vokalen teilweise nur noch als Nasalierung des Vokals bemerkbar, was Verwechslungen von der Art *timens/times*, *ignorans/ignoras* und auch *ignorantes/ignoratis* begünstigte. Formen wie *praegnas* und *praegnans* sowie *formosus* und *formonsus* stehen daher nebeneinander in den lateinischen Bibeltexten.

Besonders das lange *o* wird auch als *u* geschrieben wie umgekehrt das kurze *u* als *o*. Nebeneinander stehen *epistula* und *epistola, parabula* und *parabola, diabolus* und *diabulus*. *Fulgur* (Blitz) und *fulgor* (Glanz) sind daher oft nicht zu unterscheiden trotz verschiedener griechischer Vorlage.

Das *p* in der Verbindung *-mpt-* ist unsicher. Gerade Hss des 4. und 5. Jhs. schreiben gerne *promtus* statt *promptus* oder *temtatio* statt *temptatio*. Über die Zwischenformen *volumtas* und *volumptas* wird daher der Unterschied zwischen *voluntas* und *voluptas* sehr oft verwischt.

Statt *ph* steht auch bloßes *p*, etwa in Namen wie *Iosep*; das wurde wirklich so gesprochen wie das italienische Giuseppe zeigt.

Bei *s* ist die Unsicherheit zwischen einfachem und doppeltem Konsonanten besonders häufig[273], da die Aussprache sich kaum unterschied, weil das Lateinische nur das scharfe, stimmlose *s* kennt; daher wird *abscisus* von *abscido* mit *abscissus* von *abscindo* identifiziert. Wenn *s* im Inlaut mit anderen Konsonanten zusammentrifft, wird etwa ein *t* eingeschoben, z. B. in der Form *Istrahel*. Bekannt ist ferner die Vokalprosthese vor *s* + Konsonant am Wortbeginn, die in den romanischen Sprachen weiterlebt, z. B. *Stephanus* wird Estienne (Étienne) und Esteban; umgekehrt wird aus Hyperurbanismus statt *(H)ispania* nur *Spania* geschrieben.

Die Verwechslung von *t* und *th* ist meist harmlos; nur kann man in Eigennamen nicht auf die Orthographie der Vorlage schließen.

Das einfache *u* tritt auch für das doppelte *uu* bzw. *ú* mit Apex ein; infolgedessen kann die Form *manum* auch als Genitiv Plural stehen.

---

[273] Nicht nur in irischen Hss, wenn auch deren besondere Anfälligkeit für diese Art von Fehlern nicht geleugnet werden soll.

x fiel in der Aussprache mit *s* zusammen; so begegnet z. B. die Schreibweise *milex* statt *miles*, und *res* kann auch *rex* bedeuten und umgekehrt.

z tritt selten für *s* ein und öfters für *di* vor Vokal in Formen wie *zabulus* statt *diabulus*, die dann zu Verwechslungen mit *Zabulon* führen können.

Manche Hss bezeichnen die Tausender durch einen Strich über den Zahlbuchstaben, andere unterscheiden mit einem gleichen Strich grundsätzlich alle Zahlbuchstaben[274]; daher bedeutet $\overline{\text{XII}}$ in Mt 26,53 je nach der Hs *duodecim* oder *duodecim milia*. Da auch im Griechischen der Unterschied nur in der verschiedenen Art des Striches besteht, kommen wir hier schon in die Nähe der Parallelentwicklungen, die gleich zur Sprache kommen werden. Ähnliches könnte man für die Haplographien und Dittographien von Buchstaben und Silben sagen, wobei an die *Scriptura continua* zu denken ist, weiter für das Angleichen von Wortendungen an das vorhergehende oder folgende Wort, vgl. Apk 6,6 *animalium dicentem* (*dicentium*) oder 4,1 *vox . . . tamquam tubae* (*tuba*) *loquentis*, siehe oben S. 79.

Nach den Unsicherheiten, die vom Griechischen und vom Lateinischen her verursacht sind, müssen schließlich noch solche aufgezählt werden, wo in beiden Sprachen bzw. Bibeltexten parallele Entwicklungen sich bemerkbar machen, so daß man nicht entscheiden kann, ob die Variante im Griechischen oder im Lateinischen oder in beiden Sprachen unabhängig voneinander entstanden ist. Diese Unsicherheit besteht, ob nun die entsprechende Variante im Griechischen tatsächlich bezeugt ist oder nicht. Der Fall des εἰς und ἐν wurde schon erwähnt. Außerdem ist hier anzuführen:

a) Auslassung oder Zusetzung des Hilfszeitwortes, vgl. § 127–128 bei Blaß–Debrunner und oben S. 88 unter k);

b) Auslassung oder Zusetzung des Pronomens als Subjekt, vgl. § 129–130 bei Blaß–Debrunner; der Sonderfall des Personalpronomens beim griechischen Infinitiv wurde schon oben erwähnt;

c) Ausgleich der Konstruktionen, was die Kongruenz in Genus und Numerus, besonders bei zwei und mehr Subjekten und Verben, die *Constructio ad sensum* und noch stärkere Inkongruenzen betrifft, vgl. § 131–137 bei Blaß–Debrunner;

d) Ausgleich der Tempora, z. B. Mk 7,37 πεποίηκεν . . . ποιεῖ (πεποίηκεν W) *fecit . . . fecit* Vetus Latina, aber die Vulgata in ge-

[274] Die normale Art der alten Hss ist, einen Punkt vor und nach der Zahl zu setzen, wie auch oft vor und nach Namen, um in solchen Fällen die Worttrennung trotz *Scriptura continua* anzudeuten. R. Marichal nennt das Überstreichen bei der Untersuchung eines lateinischen Fragments des 3.–4. Jhs. „en principe irrégulier, mais ancien et fréquent“, siehe G. G. Archi, M. David, E. Levy, R. Marichal, H. L. W. Nelson, Pauli Sententiarum Fragmentum Leidense, Leiden 1956 (= Studia Gaiana 4), 40.

nauer Beachtung des Griechischen *fecit . . . facit*, jedoch fallen die meisten Hss in die gleiche Form zurück, siehe oben S. 59;

e) Austausch von Nomen und Pronomen, vgl. Kol 1,18 in der Vetus Latina-Ausgabe;

f) Zusetzen bzw. Auffüllen von Titeln, besonders liturgischer Art, z. B. *Dominus noster Iesus Christus*. Ganz allgemein darf hier daran erinnert werden, daß Verwechslungen zwischen *Dominus* und *Deus* in allen Formen, die ja regelmäßig als Nomina Sacra gekürzt werden und sich daher im Schriftbild wenig unterscheiden, fast überall wenigstens in einigen Hss zu finden sind, wo immer diese Wörter in der Bibel stehen;

g) Einfluß von Parallelstellen, wenn man nicht aus dem abweichenden Wortlaut im Lateinischen auf einen griechischen Ursprung schließen kann, siehe den Beitrag von Walter Thiele S. 103–109. Besonders leicht tritt dieser Fall ein, wenn in den Hss die entsprechenden Stellen am Rand angegeben werden, wie es vielfach in den lateinischen Hss für die Parallelen in den Evangelien und für die alttestamentlichen Zitate im ganzen Neuen Testament üblich ist.

Am Schluß dieser Ausführungen angelangt, die schon allzu lang geraten sind, müssen wir feststellen, daß mehr Fragen offengeblieben als gelöst worden sind; manches wurde nur angedeutet oder sogar ganz übergangen. Immerhin kann man wohl aus dem Gesagten den gegenwärtigen Stand der Erforschung des lateinischen Neuen Testaments oder zumindest die heutigen Problemstellungen einigermaßen erkennen. Die Überlieferungsgeschichte der lateinischen Bibeltexte ist nicht einfach. Zu ihrer Klärung müssen alle vorhandenen Hilfsmittel eingesetzt werden; gerade das macht den Reiz der Arbeit auf diesem Feld aus und ihre methodische Bedeutung für die Textkritik überhaupt. Aber fast noch schwieriger als das Sammeln der Texte und ihre Einordnung in die Überlieferungsgeschichte ist die richtige Darstellung und die sachgemäße Auswertung des lateinischen Zeugnisses in einem Apparat zu einer kritischen Ausgabe des griechischen Urtextes. Auch in dieser Hinsicht ist die exemplarische Bedeutung für andere Übersetzungen offenkundig.

Zu S. 32: E. A. Lowe, Codices Latini Antiquiores. Supplement, Oxford 1971, bezeichnet Afrika als Schriftheimat von e (2); gewisse Unterschiede gegenüber den anderen, Afrika zugewiesenen Unzial-Hss sind aber auf seinen Tafeln unverkennbar.

Zu S. 47f: Die direkte Abhängigkeit des althochdeutschen Tatian, speziell St. Gallen 56, von Victors Hs beweist jetzt auch der Germanist J. Rathofer, Annali, Neapel 1971, und Festschrift für Fritz Tschirch, Köln 1972, 337-356.

WALTER THIELE

PROBLEME DER VERSIO LATINA IN DEN KATHOLISCHEN BRIEFEN

Die Abhandlung steht in unmittelbarem Zusammenhang mit den Ausführungen von Bonifatius Fischer über die Gesamtprobleme der lateinischen Bibel (in diesem Band S. 1–92; zitiert: Fischer). Die Texttypen der *Versio Latina*, die in den Katholischen Briefen wiedergewonnen werden können, sind bei Fischer 26 f genannt; eine Beschreibung der Texte und ihrer Zeugen ist in der Einleitung zur Beuroner Vetus Latina-Ausgabe der Katholischen Briefe gegeben: Walter Thiele, Epistulae Catholicae, Freiburg 1956–1969 (= Vetus Latina. Die Reste der altlateinischen Bibel nach Petrus Sabatier neu gesammelt und herausgegeben von der Erzabtei Beuron 26/1, zitiert: VL 26/1), 57*–101*. In dieser Edition ist das zugängliche Material vollständig vorgelegt und kritisch bearbeitet worden. Sie bildet die Grundlage für die folgende Darstellung und gestattet es, typische Beispiele herauszugreifen und in der Besprechung einzelner Stellen sich auf diejenigen Zeugen zu beschränken, die für den Zusammenhang wichtig sind. Die verwendeten Sigel sind die Sigel der Beuroner Vetus Latina-Ausgabe; für die lateinischen Hss siehe VL 26/1, 11*–50*, für die Kirchenschriftsteller und ihre Werke siehe Bonifatius Fischer, Verzeichnis der Sigel für Kirchenschriftsteller, Freiburg 1963² (= VL 1/1), dazu bis 1971 fünf Ergänzungslieferungen (1: 1964; 2: 1964; 3: 1965; 4: 1967; 5: 1970).

I.

Hss und Zitate bei Kirchenschriftstellern sind die Quellen, die die Kenntnis über die lateinischen Texte der Katholischen Briefe vermitteln. Sieht man von der Vulgata ab, so erfassen die Hss nur einen äußerst schmalen Ausschnitt aus der Überlieferung, und gerade für die ältesten Texte fehlen sie. Wesentlich breiter gestreut ist die Bezeugung in den Zitaten, doch bleibt auch dieses Material bruchstückhaft; es ist zudem entsprechend der unterschiedlichen Bedeutung der Briefe und einzelner Verse ungleichmäßig verteilt.

Die frühesten lateinischen Zitate, die eine textkritische Beurteilung erlauben, werden durch Tertullian zu 1 Petr und 1 Joh geboten[1]. Innerhalb der übrigen lateinischen Texte nehmen sie aber eine ausgesprochene Sonderstellung ein, die es verbietet, Tertullian als sicheren

---

[1] Tertullian wird im Zeugenapparat von VL 26/1 außerdem zu einigen Versen von Jak und Jud genannt, siehe Register 495/96. Die Stellen zu Jak sind zu allgemein, als daß man mit einer sicheren Bezugnahme Tertullians auf diesen Brief rechnen könnte, das gleiche gilt von Jud 25. Aus der Anspielung Tertullians auf Jud 14f läßt sich nichts für die Textgestalt entnehmen. — Vor Tertullian liegen die alte lateinische Übersetzung des 1. Clemensbriefes (CLE-R) und die *Versio Vulgata* des Hirten des Hermas (HER V). Die im Register von VL 26/1 nachgewiesenen Stellen reichen für weitergehende Schlüsse über den Text nicht aus.

Zeugen für die Gestalt lateinischer Bibeltexte dieser Briefe zu werten[2]. Festen Boden betreten wir vielmehr erst bei Cyprian. Es braucht nicht eigens betont zu werden, daß für seine Bibelzitate nicht mehr die alte Rezension Wilhelm Hartels gilt, obwohl dessen Gesamtausgabe Cyprians noch nicht ersetzt ist[3]. In der Beuroner Vetus Latina-Edition wird der alte, vor allem durch Cyprian vertretene Text von Karthago mit dem Sigel **K** bezeichnet. Für ihn lassen sich noch einige andere Zeugen, vor allem aus der pseudo-cyprianischen Literatur namhaft machen. In den Katholischen Briefen kommen in Betracht: Pseudo-Cyprian, *Ad Novatianum, De rebaptismate*[4], *Ad Vigilium episcopum de Iudaica incredulitate* sowie der an Cyprian gerichtete und in der Umgebung Cyprians übersetzte Brief Firmilians von Caesarea (Brief 75 in der cyprianischen Briefsammlung). Durch die genannten Zeugen werden Belege des Textes **K** in 1 Petr, 1 Joh, 2 Joh und Jud gewonnen; in Jak sind Spuren von **K** durch Lactantius überliefert[5].

Gegenüber der verhältnismäßig geschlossenen Gruppe der **K**-Zeugen ist das Bild, das die jüngere Bezeugung und das Verhältnis der Zeugen untereinander bietet, außerordentlich zersplittert und ändert sich oft von Brief zu Brief. Dieser Befund ist für die Katholischen Briefe durchaus typisch. Er ist nicht nur bedingt durch die Zufälligkeiten der erhaltenen Überlieferung, sondern spiegelt auch die wechselvolle Textgeschichte der *Versio Latina* wider, die in den einzelnen Briefen nicht

---

[2] Vgl. VL 26/1, 67*. 79*; auch Walter Thiele, Die lateinischen Texte des 1. Petrusbriefes, Freiburg 1965 (= Vetus Latina. Aus der Geschichte der lateinischen Bibel 5), 34–37. Für die Verhältnisse in den Paulusbriefen vgl. Hermann Josef Frede, Epistula ad Ephesios, Freiburg 1962–1964 (= VL 24/1), 30*; Epistulae ad Philippenses et ad Colossenses, Freiburg 1966–1971 (= VL 24/2), 9. 275, und durchgängig in der Textdarbietung von VL 24 die Unterschiede zwischen der Schemazeile **X** (Tertullian) und den anderen lateinischen Texten. Allgemein vgl. Fischer 11 Anm. 41; 26 Anm. 73; 31 Anm. 88.

[3] In VL 1/1 wird für mehrere Cyprianschriften auf neuere Ausgaben hingewiesen. Für die besonders wichtigen Werke CY te und CY Fo stand das Manuskript von Robert Weber für dessen Neuausgabe im *Corpus Christianorum* zur Verfügung. Im allgemeinen gelten für die Rezension des cyprianischen Bibeltextes die durch Hans von Soden gegebenen Regeln; siehe Hans von Soden, Das lateinische Neue Testament in Afrika zur Zeit Cyprians nach Bibelhandschriften und Väterzeugnissen, Leipzig 1909 (= TU 33).

[4] Im Hinblick auf den vorausgesetzten griechischen Text nimmt PS-CY reb eine wichtige Sonderstellung ein; siehe unten S. 112 f und VL 26/1, 80* sowie Fischer 12 und W. Thiele, Die lateinischen Texte des 1. Petrusbriefes (siehe Anm. 2), 17.

[5] Hans von Soden suchte in dem in Anm. 3 genannten, in vieler Hinsicht grundlegenden Werk zu erweisen, daß der Palimpsest von Fleury (55, h; 5. Jh.) ebenfalls ein — wenn auch abgeschwächter und in seinem Charakter etwa mit der Evangelien-Hs 2 (e) vergleichbarer — Zeuge von **K** ist (224–242). Soden gewinnt dadurch einen afrikanischen Text auch für 2 Petr, aber seine Beurteilung von 55 ist nicht haltbar; 55 gehört in den Katholischen Briefen vielmehr zu **T**. Die wichtigsten Daten zu 55 sind in VL 26/1, 14* genannt; der Text von 55 ist für die Katholischen Briefe von B. Fischer neu erarbeitet worden und ist aus VL 26/1 zu entnehmen.

gleichmäßig verlaufen ist. Für die Edition ergibt sich daraus die natürliche Folge, daß bestimmte Texttypen keineswegs alle sieben Briefe umfassen und verschiedene Zeugen bald bei diesem, bald bei jenem Typ erscheinen.

Vergleicht man den alten Text **K** mit den jüngeren Texten, so fallen auf den ersten Blick die zahlreichen Unterschiede auf. Sie betreffen sowohl die Wortwahl als auch das Verhältnis zum griechischen Text. Die seit den Anfängen der modernen Vetus Latina-Forschung gebräuchliche Klassifizierung der Varianten in „varieties of rendering" und „varieties of reading"[6] gilt auch für die Katholischen Briefe. Neben den Unterschieden sind die Zusammenhänge zwischen den Texten nicht so augenfällig. Die Analyse ergibt aber eine an Zahl und Gewicht gleich bedeutende Reihe von Stellen, an denen die Nachwirkungen des Textes **K** in der jüngeren Überlieferung hervortreten und auch in denjenigen Teilen erkennbar werden, in denen **K** nicht mehr erhalten ist[7]. Auch die Gemeinsamkeiten zwischen **K** und den jüngeren Texten verteilen sich auf Lesarten der Wortwahl und auf solche, die durch das Verhältnis zum Griechischen gegeben werden. Dem Tatbestand wird die Annahme einer gemeinsamen ursprünglichen Übersetzung für die sieben Briefe am ehesten gerecht; zumindest ergibt sich aus den Texten selbst kein ernstlicher Grund, der ihr im Wege stünde[8].

Ein wichtiges Glied in der Beweiskette für die Zusammenhänge zwischen **K** und den jüngeren Textformen ist Lucifers Text; allerdings bieten nur der 1. und 2. Johannesbrief genügend Vergleichsmaterial. Hier ist Lucifer der erste greifbare Zeuge für die „europäische Umformung", die der alte afrikanische Text offensichtlich sehr frühzeitig durch die Änderung des Wortschatzes und durch engeren Anschluß an die gültige griechische Vorlage erfahren hat[9].

---

[6] Vgl. William Sanday, Studia Biblica 1, 1885, 235, und ders., in: Old-Latin Biblical Texts 2, Oxford 1886, XLII. 95.

[7] Einige Hinweise auf die Zusammenhänge innerhalb der lateinischen Texte in VL 26/1, 66*. 73*. 78*. 86*.

[8] Die oft in die Diskussion gezogene Kanonfrage kann hier kein Gegenargument liefern. Die Tatsache allein, daß ein bestimmter Brief bei einem Schriftsteller nicht zitiert wird, ist auch noch kein sicherer Hinweis auf den Umfang des Kanons. In ihr kann sich ebenso ein persönliches Urteil oder auch nur eine persönliche Eigenart des Schriftstellers aussprechen. Cyprian selbst zitiert den 2. Johannesbrief nicht, wohl aber der afrikanische Bischof Aurelius von Chullabi auf der von Cyprian geleiteten karthagischen Synode von 256 (2 Joh 10f in CY sent 81). Der von Cyprian ebenfalls nicht angeführte Judasbrief wird nicht nur von Tertullian, sondern auch zur Zeit Cyprians in der pseudo-cyprianischen Schrift *Ad Novatianum* bezeugt (Jud 14f bei TE cul 1, 3, 3 und PS-CY Nov 16). Es scheint mir unmöglich, hier von festen, aber bei dem jeweiligen Zeugen wieder verschieden gezogenen Grenzen des Kanons zu sprechen.

[9] Vgl. W. Thiele, Wortschatzuntersuchungen zu den lateinischen Texten der Johannesbriefe, Freiburg 1958 (= Vetus Latina. Aus der Geschichte der lateinischen Bibel

II.

Die Wortwahl und das Verhältnis zum griechischen Text sind der gegebene Gegenstand zur Untersuchung der lateinischen Überlieferung[10]. Im Hinblick auf das Gesamtthema dieses Sammelbandes sollen anhand von Beispielen diejenigen Fragen in den Vordergrund gestellt werden, die das Verhältnis zum Griechischen betreffen[11].

Mit der Darstellung des vor allem durch Cyprian überlieferten Textes **K** kann sicher nicht der absolute Anfang der lateinischen Übersetzung wiedergewonnen werden. Selbstverständlich liegt auch vor **K** schon eine Textgeschichte, und gelegentliche innerlateinische Fehler[12] verraten die Entfernung vom Ursprung. Eine grundlegende Umformung des Textes scheint aber in den Katholischen Briefen nicht erfolgt zu sein[13]; jedenfalls findet man in **K** keine Kontaminationen und Dubletten[14], die das typische Zeichen von Textmischungen sind. Die kleineren Unregelmäßigkeiten in der Wortwahl von **K** sind dem alten Text wohl von seinem Ursprung her eigen.

---

2), 36f. 41f; VL 26/1, 82*f. 86*. 87*f. — Der Ausdruck „europäische Umformung des alten afrikanischen Textes", der den Sachverhalt gut trifft, ist entnommen aus Johannes Schildenberger, Die altlateinischen Texte des Proverbien-Buches, 1. Die alte afrikanische Textgestalt, Beuron 1941 (= Texte und Arbeiten 32/33); vgl. dort 169. Eigentlich ausgeführt ist die mit diesem Ausdruck verbundene These in dem zweiten, nicht gedruckten Teil der Dissertation, Rom 1934: Die altlateinischen Proverbien. Ein Beitrag zu ihrer Textgeschichte.

[10] Bei Hans von Soden, Das lateinische Neue Testament in Afrika (siehe Anm. 3), steht die Untersuchung des Vokabulars zu einseitig im Vordergrund. Hinzu kommt eine unterschiedliche Beurteilung seiner Hauptzeugen Cyprian und 55 (h; vgl. Anm. 5), je nachdem ob es sich um Vokabeldifferenzen handelt oder um Varianten, die mit der griechischen Vorlage zusammenhängen. Bei Abweichungen im Wortschatz wertet Soden mit Recht den Beleg bei Cyprian als alt, den bei 55 als jünger; aber bei Lesarten, die mit dem Griechischen zu tun haben, wird 55 oft dem angeblich „freien" Cyprianzitat vorgezogen. Durch das ganze Buch zieht sich eine starke Neigung, in Abweichungen gegenüber den belegten griechischen Texten eher eine „Freiheit" des Zitats als eine echte lateinische Lesart zu sehen, deren Zeugnis auch für die griechische Überlieferung in Betracht käme. Das Bild über den alten afrikanischen Text wird auf diese Weise zu sehr auf die charakteristischen Eigentümlichkeiten der Wortwahl beschränkt.

[11] Für Wortuntersuchungen zu den Katholischen Briefen vgl. W. Thiele, Wortschatzuntersuchungen zu den lateinischen Texten der Johannesbriefe (siehe Anm. 9); Die lateinischen Texte des 1. Petrusbriefes (siehe Anm. 2).

[12] 1 Petr 4,6 *ut suscitentur* statt *ut iudicentur* für ἵνα κριθῶσι. Eine eigentliche Verwilderung des Textes, wie man sie bei späteren Zeugen beobachten kann (vgl. unten Anm. 26), ist aber bei Cyprian nicht eingetreten.

[13] Für die schon durch die Quellenlage etwas anderen Verhältnisse in den Evangelien siehe Fischer 31f.

[14] Höchstens 1 Petr 4,13 *in revelatione facta* für ἐν τῇ ἀποκαλύψει könnte eine Kontamination zwischen *in revelatione* und *facta revelatione* sein. Zu 1 Petr 4,12 *nolite mirari* … *nec excidatis* siehe unten S. 107.

Der Text **K** ist keine sklavisch wörtliche Übersetzung seiner griechischen Vorlage. Er gestattet sich eine Reihe von kleineren Freiheiten, die im allgemeinen durch die Regeln der lateinischen Sprache oder aus stilistischen Gründen naheliegen.

In vielen Fällen handelt es sich um die Umstellung des Verbums; ich nenne 1 Petr 2, 21 ἔπαθεν ὑπὲρ ὑμῶν ὑμῖν ὑπολιμπάνων] ~ *passus est pro nobis relinquens vobis*; 2, 22 εὑρέθη δόλος] ~ *dolus inventus est*; 4, 15 πασχέτω ὡς φονεὺς ἢ κλέπτης] ~ *tamquam fur aut homicida patiatur*; 5, 8 περιπατεῖ ζητῶν τινα καταπιεῖν] ~ *aliquid devorare quaerens circuit*; 1 Joh 1, 9 πιστός ἐστιν καὶ δίκαιος] ~ *fidelis et iustus est*; 1, 9 ἀφῇ ἡμῖν τὰς ἁμαρτίας] ~ *nobis peccata dimittat*; 3, 15 ὁ μισῶν τὸν ἀδελφὸν αὐτοῦ] ~ *qui fratrem suum odit*; Jud 15 ὧν ἐλάλησαν κατ' αὐτοῦ] ~ *quae de deo locuti sunt*. Mit Ausnahme von 1 Petr 4, 15 und Jud 15 ist die Bezeugung nicht nur auf die eigentlichen Vertreter des Textes **K** beschränkt, sondern weist eine Reihe von jüngeren Zeugen auf. Stellen dieser Art erlauben aber weder einen Schluß auf Zusammenhänge innerhalb der lateinischen Bibel noch können sie etwas beitragen zur Charakterisierung der griechischen Vorlage von **K**.

Ähnliche Umstellungen von **K** sind aber auch teilweise in der griechischen Überlieferung belegt. In den folgenden drei Beispielen wird die von **K** gegebene Wortstellung auch von den führenden jüngeren Texttypen, dem Typ **T**[15] und der Vulgata (**V**), geboten; sie hat zugleich

---

15 **T** ist das Sigel für einen vor und neben der Vulgata weit verbreiteten Typ, der in den Katholischen Briefen als festgeprägte Größe deutlich hervortritt; in Jak wird er allerdings nur in einzelnen Lesarten greifbar. Einerseits gehört **T** mit zu den Quellen für die Vulgata, und andererseits sind die verschiedenen Zweige der Vulgataüberlieferung durch nachträglichen **T**-Einfluß kontaminiert. Besonders stark ist der Einfluß in den insularen und spanischen Vulgata-Hss, deren Lesarten deshalb Material zur Wiedergewinnung von **T** beitragen. Die Hauptzeugen für **T** sind die altlateinischen Hss 55 (h, Palimpsest von Fleury; 5. Jh.), 64 (r, Freisinger Fragmente; der Teil der Katholischen Briefe erste Hälfte des 7. Jhs.), für 1. 2 Petr und 1 Joh die Lesungen im Lektionar von Wolfenbüttel (32, Palimpsest; Anfang des 6. Jhs.), für 1–3 Joh 67 (Palimpsest von León; 7. Jh.; in 1 Joh teilweise älterer Text), für 1 Petr 2, 9 bis 4, 15 und 1 Joh 1, 1–3, 15 65 (z, Harleianus; um 800). 55 und 32 sind von B. Fischer neu, 67 erstmals für VL 26/1 entziffert worden. Dem Text **T** folgen mit unterschiedlicher Treue die Lemmata der drei aus dem Kreis Cassiodors stammenden Auslegungen der Katholischen Briefe CAr cpl; EP-SC en; CLE-A. Augustinus benutzt **T**, hat aber besonders in 1 Petr in der Mehrzahl seiner Zitate den älteren Text **C**, für den er allerdings oft der einzige Zeuge ist; sein Text wird dann mit **A** bezeichnet. Fulgentius von Ruspe, Ferrandus, Facundus sind gute **T**-Zeugen, haben aber auch Vulgata. Auch die genannten Hss wechseln zum Teil ihren Textcharakter: 32 in Jak **V**; 67 in Jak und 1 Petr **S**; 65 in den übrigen Abschnitten **V** (3 Joh und Jud fehlen). Viele Elemente von **T** sind schon vor der vollen Ausbildung des Typs belegt und erscheinen in wechselnder Weise bei früheren Zeugen wie Hilarius, Ambrosius, Chromatius, Rufinus, Hieronymus, ohne daß diese Väter in den Katholischen Briefen genügend charakteristisches Material bieten, um mit ihnen einen Texttyp darzustellen.

eine entsprechende griechische Variante mit stärkerer Bezeugung für sich. Es kann an diesen Stellen nicht mit Sicherheit gesagt werden, ob die lateinische Lesart die „abweichende" griechische Textlesart oder die „übereinstimmende" griechische Variante voraussetzt. 1 Joh 1, 8 ἡ ἀλήθεια οὐκ ἔστιν ἐν ἡμῖν] ~ *veritas in nobis non est*[16]: ἡ ἀλήθεια ἐν ἡμῖν οὐκ ἔστιν C A 33 *plur*; 1 Joh 2, 2 ἱλασμός ἐστιν] ~ *est (deprecatio)*: ἐστὶν ἱλασμός A 431 1852; 1 Joh 2, 19 εἰ γὰρ ἐξ ἡμῶν ἦσαν] ~ *(si enim) fuissent ex nobis*: εἰ γὰρ ἦσαν ἐξ ἡμῶν ℵ A 33 Koine *plur*.

Auf der gleichen Linie der natürlichen Freiheit liegt der Zusatz eines Hilfsverbums, auch wenn griechische Zeugen den gleichen Zusatz haben: 1 Petr 4, 14 μακάριοι] *beati estis*: + ἐστέ 1838 255.

Auch die Umsetzung des Verbums von der ersten in die dritte Person in 1 Joh 2, 4 und 4, 20 fordert nicht die Annahme einer vom griechischen Text abweichenden Vorlage, mag auch in 4, 20 die entsprechende griechische Variante belegt sein: 2, 4 ὁ λέγων ὅτι ἔγνωκα] *qui dicit quoniam cognovit;* 4, 20 ἐάν τις εἴπῃ ὅτι ἀγαπῶ] *si qui dixerit quoniam diligit*: ἀγαπᾷ 1518.

Naheliegend ist der Zusatz des Akkusativobjektes in 1 Petr 2, 23 und 1 Joh 3, 21, der nur in 1 Joh 3, 21 auch griechische Zeugen für sich hat: 1 Petr 2, 23 παρεδίδου δὲ τῷ κρίνοντι] *tradebat autem se iudicanti*[17]; 1 Joh 3, 21 ἐὰν ἡ καρδία μὴ καταγινώσκῃ] *si cor nostrum non nos reprehendit*: *cf* ἡ καρδία] + ἡμῶν ℵ C Koine *plur*; *cf* καταγινώσκῃ B C 442] + ἡμῶν *cett*[18].

Zuweilen sind in **K** einzelne Wörter des griechischen Textes nicht übersetzt. Diese Auslassungen sind nicht sehr häufig und begegnen vor allem in Sätzen, deren griechische Konstruktion etwas schwierig oder überladen ist. Auch die Form des Einzelzitats, durch das **K** in der Regel überliefert ist, kann in diesen Fällen eine Rolle gespielt haben, doch sind die Auslassungen meist auch außerhalb von **K** bezeugt.

---

[16] Eine Angleichung an die lateinische Wortstellung von 1 Joh 1, 8 ist 1 Joh 2, 4 *veritas in illo non est* **K** für ἐν τούτῳ ἡ ἀλήθεια οὐκ ἔστιν. Eine entsprechende griechische Variante ist in 1 Joh 2, 4 nur sehr schwach bezeugt.

[17] Mit Ausnahme von **T** und einem Augustinzitat hat die gesamte lateinische Überlieferung den Zusatz *se*; die Vulgata hat ihn nach *iudicanti*.

[18] Während in 1 Joh 3, 21 das Pronomen *nostrum* eine starke griechische Bezeugung für sich hat, bleibt in 2 Joh 10 *nolite eum admittere in domum vestram* **K** der Zusatz *vestram* ohne griechische Unterstützung. Dem Zusatz *vestra* zu 1 Petr 2, 12 *bona opera* **K** entspricht im Griechischen ein Zusatz ὑμῶν bei nur wenigen Zeugen. Im Gegensatz dazu steht die Auslassung des griechischen Pronomens 1 Petr 2, 12 τὴν ἀναστροφὴν ὑμῶν . . . ἔχοντες] *conversationem habentes*. Auch in 1 Petr 3, 18 περὶ ἁμαρτιῶν; 1 Joh 1, 9 τὰς ἁμαρτίας (2) hat **K** keinen Zusatz, während in der griechischen Überlieferung der Zusatz ἡμῶν, in anderen lateinischen Texten die Zusätze *nostris* oder *nostra* bezeugt sind. Eine ausgesprochene Vorliebe für den selbständigen Zusatz von Possessivpronomina läßt sich also in **K** nicht nachweisen, trotzdem wird man deshalb nicht überall eine griechische Vorlage fordern müssen, wo ein solches Pronomen in **K** auftritt.

In jedem Fall ist das Urteil schwierig, ob **K** eine entsprechende griechische Auslassung voraussetzt, die teilweise belegt, teilweise nicht belegt ist. Beispiele sind: 1 Petr 3, 21 — νῦν; 4, 14 — καὶ τό; 1 Joh 2, 6 — οὕτως; 2, 16 — ἐστίν (2); 3, 15 — αἰώνιον; 3, 17 — ἀπ' αὐτοῦ; 4, 3 — πᾶν πνεῦμα; — ἰησοῦν (χριστόν); — τοῦτο; 4,20 — ὃν ἑώρακεν. Von ihnen sind 1 Joh 2, 16; 4, 3. 20 ohne griechische Bezeugung; in allen Fällen außer 1 Joh 3, 17 und 4, 3 — τοῦτο hat die Auslassung außer **K** noch andere sichere Zeugen der lateinischen Bibel für sich.

Manchmal wird die schwierige Konstruktion des Griechischen in der Übersetzung erleichtert. 1 Petr 2, 12 ἐκ τῶν καλῶν ἔργων ἐποπτεύοντες] *bona opera vestra aspicientes*; die Änderung ist zugleich durch die Parallele Mt 5, 16 nahegelegt. In 1 Joh 2, 16 sind die Worte ἡ ἐπιθυμία τῆς σαρκὸς καὶ ἡ ἐπιθυμία τῶν ὀφθαλμῶν καὶ ἡ ἀλαζονεία τοῦ βίου Apposition zu πᾶν τὸ ἐν τῷ κόσμῳ. Der alte Text **K** und mit ihm fast die gesamte lateinische Überlieferung, die an dieser Stelle sehr breit vertreten ist, konstruieren anders. Durch Zusatz von *est* (in **KT** nach *carnis*, in **V** nach *oculorum*) werden die drei Substantive Prädikatsnomen, während die eigentliche Aussage des griechischen Satzes οὐκ ἔστιν ἐκ τοῦ πατρός . . . durch Einfügung eines Relativpronomens *quae* als Nebensatz angeschlossen wird[19].

Mit den angeführten Abweichungen, wenn sie überhaupt als Abweichungen angesprochen werden dürfen, verläßt **K** noch nicht die Grenzen einer guten Übersetzung. Das Urteil darüber, ob eine Abhängigkeit von einer — bezeugten oder nicht bezeugten — griechischen Lesart vorliegt, muß den an diesen Beispielen erläuterten Charakter der alten lateinischen Übersetzung, ihre Möglichkeiten und tatsächliche Durchführung berücksichtigen. Selbst bei starker mitgehender griechischer Bezeugung wird es nicht ohne Vorbehalt gefällt werden dürfen.

In den Apparaten der großen kritischen Ausgaben des griechischen Neuen Testaments von Tischendorf und Hermann von Soden werden die lateinischen Texte der in Abschnitt II besprochenen Stellen in der Regel nur dann genannt, wenn eine entsprechende griechische Lesart bezeugt ist. Für die Bewertung des lateinischen Beleges wird dem Benutzer keine Hilfe geboten, wenn die gleichartigen Stellen, für die lediglich keine griechische Variante vorliegt, nicht erwähnt werden. Bei Hermann von Soden soll freilich in den genannten Fällen nichts über die mögliche griechische Vorlage der Übersetzung ausgesagt sein, sondern umgekehrt für die Beurteilung der griechischen Variante ein Wink gegeben werden, daß diese wohl aus der Übersetzung „in die griechische Handschrift eingedrungen" ist (Einführung XXII). In der Praxis kann diese Deutung aber mindestens in denjenigen Fällen nicht aufrechterhalten werden, in denen die Variante zum zweiten Sodenschen Apparat gehört, und ganz allgemein wird der Benutzer an die Hypothese eines starken lateinischen Einflusses auf die griechischen

---

[19] Einen ähnlichen Anschluß mit dem Relativpronomen findet man in **K** 1 Petr 4, 14: *quod quidem secundum illos blasphematur* ...; ebenso Jak 5, 3 im Text **S**: *aurum vestrum et argentum vestrum quod reposuistis* ... Zu **S** in Jak siehe VL 26/1, 58*–60*.

Zeugen gebunden. In der Beuroner Vetus Latina-Ausgabe wird ausdrücklich hervorgehoben, daß mit der Erwähnung einer griechischen Lesart nicht zugleich die Abhängigkeit der lateinischen Lesart von dieser griechischen Variante behauptet werden soll; vgl. VL 24/1, 38*; 24/2, 43. 305; 26/1, 102*.

III.

Im Unterschied zu den bisher behandelten Stellen erlauben andere Abweichungen ein sicheres Urteil.

In 1 Petr 4, 14 hat **K** den Zusatz *quod quidem secundum illos blasphematur, secundum nos autem honoratur.* Er setzt den in der griechischen Überlieferung weit verbreiteten, vor allem in der Koine bezeugten Zusatz voraus: κατὰ μὲν αὐτοὺς βλασφημεῖται, κατὰ δὲ ὑμᾶς δοξάζεται. Das Beziehungswort, an das der **K**-Text mit dem Relativpronomen *quod*[20] anknüpft, lautet in **K** im Text von 1 Petr 4, 14 *nomen.* Eine entsprechende griechische Variante ὄνομα zur griechischen Textlesart πνεῦμα ist nur als Dublette ὄνομα καὶ πνεῦμα überliefert. Der ursprüngliche Zusammenhang einer Änderung, die πνεῦμα durch ὄνομα ersetzte und dazu den Zusatz κατὰ μὲν αὐτοὺς βλασφημεῖται ... brachte, ist in der erhaltenen griechischen Überlieferung auseinandergerissen, während er in **K** belegt ist. **K** sichert zugleich das Alter dieser Variante, durch die in 1 Petr 4, 14 eine Aussage eingetragen wird, die für ihren ersten Teil eine Parallele in Röm 2, 24 oder in Jes 52, 5 (der alttestamentlichen Quelle von Röm 2, 24) hat[21] und in ihrem zweiten Teil sich mit 1 Petr 4, 11 ἵνα ... δοξάζηται ὁ θεός und 4, 16 δοξαζέτω δὲ τὸν θεόν berührt. In der jüngeren lateinischen Überlieferung ist der alte Zusammenhang ebenfalls nicht festgehalten worden. Die Lesart *nomen* ist auf Cyprian allein beschränkt; der Zusatz selbst ist auch in **T** überliefert und hat hier die Form: *quod ab illis quidem blasphematur, a vobis autem honorificatur.* Das beibehaltene Relativpronomen *quod,* das nun nicht mehr zur Übersetzung der griechischen Textlesart πνεῦμα = *spiritus* paßt, verrät noch den ursprünglichen Zusammenhang innerhalb der lateinischen Texte[22].

In 1 Joh 3, 10 liest **K** mit einer Reihe jüngerer lateinischer Zeugen und mit der Vulgata *qui non est iustus.* Die zugrunde liegende griechische Lesart ist ὁ μὴ ὢν δίκαιος. Sie ist in der erhaltenen grie-

---

[20] Vgl. Anm. 19. — Auch die Syro-Heracleensis, die den ganzen Zusatz *sub asterisco* bietet, hat das Relativwort; doch kann daraus nichts geschlossen werden.

[21] Röm 2, 24 τὸ γὰρ ὄνομα τοῦ θεοῦ δι' ὑμᾶς βλασφημεῖται ἐν τοῖς ἔθνεσιν; Jes 52, 5 δι' ὑμᾶς ... τὸ ὄνομά μου βλασφημεῖται ἐν τοῖς ἔθνεσι. Zu ὄνομα selbst vgl. auch den Kontext 1 Petr 4, 14a εἰ ὀνειδίζεσθε ἐν ὀνόματι.

[22] Mehrere Zeugen für den **T**-Zusatz lassen *quod* aus; siehe VL 26/1 zur Stelle. Es läßt sich nicht entscheiden, ob diese Auslassung innerlateinisch erfolgt ist, um die Diskrepanz zwischen *spiritus* und *quod* zu beheben, oder ob sie auf den griechischen Zusatz zurückgeht, der ebenfalls kein Relativwort hat.

chischen Überlieferung nur noch durch Ψ[23] und ein Origeneszitat vertreten, wird aber auch im sahidischen Text und in der Randlesart der Syro-Heracleensis belegt.

Die gleiche griechische Handschrift Ψ hat als einziger bekannter griechischer Zeuge in 1 Joh 2, 5 nach ἐσμέν den Zusatz ἐὰν εἰς αὐτὸν τελειωθῶμεν. Diesen Zusatz belegen in verschiedener Formulierung[24] mehrere lateinische Texte, an ihrer Spitze Augustinus in seinen Predigten über den 1. Johannesbrief (AU 1 Jo). Diesen in der Osterwoche des Jahres 407 gehaltenen Predigten liegt ein älterer Bibeltext zugrunde, als ihn Augustinus in der Mehrzahl seiner Zitate nach 400 verwendet; siehe VL 26/1, 51*. 81*. Der Text **K** fehlt für 1 Joh 2, 5.

Überhaupt keine Unterstützung in der bisher zugänglichen griechischen Überlieferung findet der **K**-Zusatz 1 Joh 2, 17 *quomodo et ipse manet in aeternum*; er ist aber im sahidischen Text belegt. In der lateinischen Bibel wird er neben **K** mit geringen Varianten auch von zahlreichen jüngeren Zeugen vertreten. Seine formalen Parallelen findet er in ähnlichen, mit καθὼς ἐκεῖνος oder ὡς αὐτός eingeleiteten Nebensätzen im 1. Johannesbrief, vgl. 1 Joh 1, 7; 3, 3. 7; 4, 17.

Lucifer und das pseudo-augustinische Speculum sind im Judasbrief die Zeugen für den Text **D**; vgl. VL 26/1, 92*f. Sie lesen Jud 7 in der Aussage über die Städte Sodom und Gomorra für πρόκεινται: *cinis* (+ *factae* PS-AU) *propositae* (*praep.* LUC) *sunt* LUC con 15; PS-AU spe 33. Der Zusatz *cinis* ist im Griechischen nicht belegt, wohl aber in der Syro-Heracleensis. Im Inhalt ist der Zusatz durch die Parallele 2 Petr 2, 6 bestimmt.

Weder durch griechische Hss noch durch orientalische Übersetzungen, sondern nur durch ein frühes griechisches Zitat wird der Zusatz des gleichen Textes **D** *sanctorum angelorum* in Jud 6 bestätigt: δεσμοῖς ἀϊδίοις ὑπὸ ζόφον τετήρηκεν] *vinculis eos sanctorum angelorum sub tenebras servavit*: *cf* ὑπὸ ζόφον] + ἀγρίων ἀγγέλων Clemens Alexandrinus paed. 3, 44, 4. **K** fehlt für Jud 6 und 7.

Ebenfalls nur durch ein Zitat ist der in verschiedenen Formen, vor allem bei Ambrosius überlieferte Zusatz in 1 Petı 2, 23 *cum percuteretur, non repercussit* im Griechischen belegt: τυπτόμενος οὐκ ἀντέτυπτε Const. Apost. 8, 47, 27. **K** hat diesen Zusatz nicht; sein Alter in der griechischen Überlieferung darf man aber aus Irenaeus erschließen, dessen lateinische Übersetzung ihn in der Form *qui cum vapularet, non repercutiebat* bietet (IR 3, 16, 9).

[23] Ψ hat die gleiche Variante ὢν δίκαιος auch 1 Joh 3, 7 für ποιῶν τὴν δικαιοσύνην. Hermann von Soden führt im Untersuchungsteil die griechische Variante von 1 Joh 3, 7. 10 auf lateinischen Einfluß zurück (1856). Hans von Soden, Das lateinische Neue Testament in Afrika (siehe Anm. 3) 231, hält 1 Joh 3, 10 ὁ μὴ ὢν δίκαιος für original.

[24] *si in ipso perfecti fuerimus*; *si et in ipso consummati inveniamur*; *si in ipso consum⟨m⟩emur*; *si in eo consum⟨m⟩emur*; *(si in eo maneamus)*.

IV.

In den im Abschnitt III genannten Beispielen ist die Vorlage der lateinischen Lesart durch eine griechische Variante gesichert, die freilich in der erhaltenen Überlieferung sehr unterschiedlich bezeugt ist und teilweise nur in einer orientalischen Übersetzung oder in einem Väterzitat weiterlebt. Daneben weisen die lateinischen Texte noch eine erhebliche Anzahl von Lesarten auf, die sonst bisher überhaupt keine Unterstützung gefunden haben[25] und doch nicht als stilistische Eigenart und natürliche Freiheit (Abschnitt II) oder als Verwilderung[26] angesprochen werden können, vielmehr mit den Beispielen von Abschnitt III zu vergleichen sind. Gerade diese Beziehung, die sowohl für die Bezeugung als auch für die Art der Lesarten gilt, ist für die Beurteilung der folgenden Stellen von Abschnitt IV wichtig. Hinzukommt, daß eine innerlateinische Erklärung dieser Lesarten mehrfach auf Schwierigkeiten stößt. Während ferner die in Abschnitt III genannten griechischen Varianten eine sehr wechselnde Zeugenreihe, mitunter ohne jede griechische Hs, aufweisen, bilden im Gegensatz dazu die Lateiner insofern eine relativ geschlossene Einheit, als sie in der Regel (Ausnahme 1 Petr 2, 23) zu den jeweils älteren Überlieferungszweigen gehören. Bei diesem Befund ist es nicht aus der Luft gegriffen, wenn man mit einem Verlust von alten Varianten in der griechischen Überlieferung rechnet, die nur im Lateinischen weiterleben. Man vergesse auch nicht, daß in den Katholischen Briefen der griechische Text D des *Codex Bezae Cantabrigiensis* völlig fehlt[27], der in den Evangelien und in der Apostelgeschichte für viele „westliche" Lesarten den einzigen griechischen Beleg hat.

---

[25] Ihre Anzahl hat sich allerdings laufend verringert. Schon der Zuwachs an griechischen Lesarten, den Hermann von Sodens große Textausgabe gegenüber Tischendorf gebracht hat, ist auch unter diesem Gesichtspunkt eindrucksvoll. Die Veröffentlichung des Papyrus P^{72} hat wieder für mehrere lateinische Lesarten die entsprechende griechische Variante bekannt gemacht. Die vom Institut für Neutestamentliche Textforschung Münster durchgeführten Kollationen stellen neues Material zu Verfügung.

[26] In den Katholischen Briefen sind besonders die Texte Augustins zu 1 Petr (**C**/**A**) und des pseudo-augustinischen Speculum (**S**) zu 2 Petr durch eine erhebliche innerlateinische Verwilderung geprägt; vgl. 1 Petr 3, 7 συγκληρονόμοις χάριτος (καὶ) ζωῆς] *coheredibus gratiae et videte* AU conj 14; Jul 5, 40. Ein Beispiel für die Mischung von innerlateinischen Fehlern und von falsch verstandenen oder falsch überlieferten griechischen Lesarten ist 2 Petr 3, 11 ποταποὺς δεῖ ὑπάρχειν ὑμᾶς ἐν ἁγίαις ἀναστροφαῖς καὶ εὐσεβείαις] *qualia debent edere exsecrabilibus escis et impietatibus* PS-AU spe 26.

[27] Vom lateinischen Text 5 (d) ist nur das kurze Stück 3 Joh 11 *qui malefacit* — 15 *nominatim* und die anschließende Unterschrift *epistulae iohanis III / explicit* erhalten (fol. 415R). 5 ist in VL 26/1 die Grundlage für die **D**-Zeile von 3 Joh 11–15, vgl. dazu VL 26/1, 90*f. Zu den vielfältigen Problemen des Textes im *Codex Bezae* siehe Fischer 39–43.

Augenfälliger Ausdruck für Lesarten ohne mitgehende griechische Bezeugung sind die Zusätze in der lateinischen Überlieferung der Katholischen Briefe. Besonders die älteren Texte weisen Zusätze auf. Aber auch jüngere Texte halten gerade längere Zusätze, wenn auch in veränderter Formulierung, noch vielfach fest. Sie zeigen damit das gleiche Bild, das für die schon besprochenen Stellen 1 Petr 4, 14; 1 Joh 2, 5. 17 zutrifft. Nur in der Vulgata sind die Zusätze fast vollständig ausgeschieden worden. Durch den nachträglichen Einfluß der Vetus Latina spielen sie aber auch in Vulgatazeugen wieder eine Rolle und sind geradezu ein charakteristisches Merkmal der *Versio Latina* der Katholischen Briefe.

Bereits Tischendorf hat zahlreiche Zusätze der lateinischen Zeugen vermerkt, auch wenn er keine entsprechende griechische Lesart kannte. Die durch den Zuwachs an griechischen Varianten bei Hermann von Soden zu erwartende Vermehrung auch an lateinischen Angaben ist allerdings ausgeblieben; im Gegenteil ist bei ihm eine starke Verkürzung eingetreten. In seinem Apparat fehlen etwa die lateinischen Texte für die mit griechischen Zeugen genannten Zusätze 1 Petr 3, 15 καὶ πίστεως und 1 Joh 2, 5 ἐὰν εἰς αὐτὸν τελειωθῶμεν und der Zusatz 1 Joh 2, 17 *quomodo et ipse manet in aeternum*. Der Grund ist die starre Bindung an ein bestimmtes Bild über die Geschichte der lateinischen Überlieferung, das wesentlich durch die Abwertung der Väterzeugnisse gegenüber den Hss geprägt ist, wie dies auch für Hans von Soden bei fast allen Lesarten außerhalb der Wortwahl zutrifft, siehe Anm. 10. Bei den wenigen und meist nur fragmentarisch erhaltenen Vetus Latina-Hss der Katholischen Briefe muß daraus eine sehr schematische Vereinheitlichung folgen, die der Breite der Überlieferung durchaus nicht gerecht wird, zumal wenn nach dem Mehrheitsprinzip auch innerhalb der Hss noch „Sonderlesarten" einzelner Zeugen ausgeschieden werden. Hinzu kommt, daß die Hss nur jüngere Stadien der Textgeschichte bezeugen, Hermann von Soden mit Hans von Soden (siehe Anm. 5) aber die Hs 55 (h) als Vertreter des alten Textes wertet. Dadurch wird das Bild des alten Textes verzeichnet. Auch die Kritik, die Hans von Soden, Das lateinische Neue Testament in Afrika (siehe Anm. 3) 22 Anm. 1, zu Unrecht an der kritischen Ausgabe des pseudo-augustinischen Speculum durch F. Weihrich (CSEL 12; 1887) übte, hat Hermann von Soden wohl veranlaßt, auf diesen wichtigen Zeugen der lateinischen Bibel, den er im Untersuchungsteil (1885f) behandelt hat, in der Textausgabe „wegen der Unsicherheit des ursprünglichen Wortlauts" (Einführung XVIII) ganz zu verzichten. Im Endergebnis ist die gute Regel, die Hermann von Soden ausgesprochen hat, in den Katholischen Briefen auf dem lateinischen Gebiet bei ihm kaum zur Geltung gekommen: „Bei den Übersetzungen ... sind alle Varianten, die einen abweichenden griechischen Wortlaut repräsentieren, auch dann aufgenommen, wenn sie in keiner griechischen Handschrift nachgewiesen sind" (Einführung XXII). Hermann von Soden hat aber auch erkannt, daß die von ihm getroffene Beurteilung der *Versio Latina* der Katholischen Briefe nun „im Gegensatz zu den Beobachtungen in Ac" steht (Untersuchungsteil 1883).

1. Der Inhalt der Zusätze ist oft aus anderen Bibelstellen entnommen.

In 1 Petr 5, 14 hat der Typ **T**, der für diesen Vers der älteste erhaltene lateinische Text ist, vor εἰρήνη ὑμῖν πᾶσιν τοῖς ἐν χριστῷ (ἰησοῦ) = *pax vobis omnibus qui estis in christo iesu* den Zusatz *gratia domini cum his qui invocant iesum christum in perpetuitate*. Die Zeugen sind 55 (h), 64 (r) und Fulgentius. Der **T**-Text ist mit 55 gebildet; Varianten sind — *domini* 64?; FU; *his*] *omnibus* FU; *invocant*] *diligunt dominum* 64. Die Hauptquelle für den Zusatz ist Eph 6, 24 ἡ χάρις μετὰ πάντων τῶν ἀγαπώντων τὸν κύριον ἡμῶν ἰησοῦν χριστὸν ἐν ἀφθαρσίᾳ. Entscheidend für die Wertung ist die Feststellung, daß der Wortlaut des Zusatzes nicht durch die lateinischen Texte von Eph 6, 24 bestimmt ist. Dort wird ἀφθαρσία nicht mit *perpetuitas* übersetzt[28]. Es handelt sich also nicht um eine innerlateinische Parallele. Auch im Inhalt ist die Quelle leicht verändert; vor allem stammt das Verbum *invocare* nicht aus Eph 6, 24 ἀγαπᾶν, sondern setzt ἐπικαλεῖσθαι aus den ebenfalls verwandten Stellen 1 Kor 1, 2 und 2 Tim 2, 22 voraus[29]. Ebenso stimmt *cum his* nicht mit Eph 6, 24 μετὰ πάντων oder 1 Kor 1, 2 σὺν πᾶσιν, sondern nur mit 2 Tim 2, 22. Vor dem Haupttext *pax vobis omnibus qui estis in christo iesu* wirkt der Zusatz wie eine Dublette; es sei auch darauf hingewiesen, daß die Formulierung des eigentlichen Schlußgrußes mit εἰρήνη ὑμῖν in den Briefen des Neuen Testaments neben 1 Petr 5, 14 nur in 3 Joh 15 εἰρήνη σοι wiederkehrt. In den Paulusbriefen ist das Subjekt des Grußes dagegen regelmäßig χάρις, aber gerade der Epheserbrief hat vor dem Schlußvers 6, 24 auch einen Friedensgruß in 6, 23 εἰρήνη τοῖς ἀδελφοῖς. Muß man die sonst nicht bezeugte Auslassung des Friedensgrußes 1 Petr 5, 14 in P^{72} ebenfalls in diesem Zusammenhang sehen?

In der Regel kann freilich die Form der Zusätze, die aus Parallelen stammen, keine direkten Anhaltspunkte bieten, an denen die Frage entschieden werden könnte, ob sie innerlateinisch geschaffen wurden oder ob sie auf eine griechische Parallellesart zurückgehen. Besonders gilt das für kürzere Zusätze:

1 Petr 1, 7	χρυσίου] + et argento **S**: *cf* 1 Petr 1, 18
1, 13	νήφοντες] + in omnibus **S**: 2 Tim 4, 5
5, 2	προθύμως] + et sine reprehensione **S**: *cf* 1 Tim 3, 2; Tit 1, 6. 7
5, 3	ποιμνίου] + in operibus bonis in omni conversatione **S**: *cf* Tit 2, 7; (1 Tim 3, 1) + 1 Tim 4, 12; 1 Petr 1, 15
2 Petr 2, 22	παροιμίας] + sicut **S**: Spr 26, 11
Jud 11	ἐπορεύθησαν] + et redditioni lamech confiderunt **C**: *cf* Gen 4, 23f
24	τῷ δὲ δυναμένῳ] ei autem exhibete vos qui potest **S**: *cf* Kol 1, 22.

[28] Vgl. VL 24/1 zu Eph 6, 24. Neben *incorruptio* ist dort *aeternitas* belegt. Zu *perpetuitas* für ἀφθαρσία vgl. den alten Text Augustins in 1 Petr 3, 4 ἄνθρωπος ἐν τῷ ἀφθάρτῳ] *homo in illa perpetuitate*. Dieser Beleg für die Wortwahl *perpetuitas* ist ein zusätzlicher Hinweis auf das Alter des **T**-Zusatzes in 1 Petr 5, 14.

[29] In den Varianten von 64 und FU zeigt sich eine Angleichung an Eph 6, 24, die aber bei keinem Zeugen voll erreicht wird.

Im allgemeinen läßt aber die lateinische Überlieferung keine ausgesprochene Beeinflussung durch innerlateinische Parallelen erkennen. Während in den genannten Beispielen auch Stellen herangezogen sind, die nur entfernt verwandt sind, ist bei wirklichen Parallelen keine Angleichung erfolgt.

Die lateinischen Texttypen geben 1 Petr 3, 10 παύειν mit *abstinere* (**S**) und *cohercere* (**TV**) wieder, in der Quelle Ps 33, 14 heißt es dagegen *continere, cohibere, prohibere*. In 1 Petr 2, 24 hat nur die Vulgata für μώλωψ die in der Quelle Jes 53, 5 vorherrschende Übersetzung *livor*, die Altlateiner lesen dagegen *vulnus* (in Jes 53, 5 nur selten belegt) und *cicatrix* (nur Augustinus; in Jes 53, 5 nicht bezeugt). In 1 Petr 5, 7 ist *sollicitudo* die einheitliche Übersetzung der Texte **CSTV** für μέριμνα; in der Quelle Ps 54, 23 wird dagegen *cogitatus, cogitatio, cura* verwendet, während *sollicitudo* nur einmal bei Augustinus (AU Ad 4) belegt ist. Das Verbum ἐπιρρίπτειν wird in Ps 54, 23 von den Altlateinern und vom Gallicanum fast ausschließlich mit *iactare* übersetzt (AU Ad 4 *abicere*), in 1 Petr 5, 7 dagegen haben die Texttypen *mittere* (**C**) oder *proicere* (**STV**). Die fast gleichlautenden Verse von 2 Petr 2 und Jud weisen in der griechischen Überlieferung Varianten auf, in denen die Übereinstimmung noch stärker zum Ausdruck gebracht wird: 2 Petr 2, 12 βλασφημοῦντες] βλασφημοῦσιν = Jud 10; 2 Petr 2, 13 ἐν ταῖς ἀπάταις] ἐν ταῖς ἀγάπαις = Jud 12. In 2 Petr 2, 12 bezeugen der älteste erhaltene, in 2, 13 alle lateinischen Texte die griechischen Parallellesarten βλασφημοῦσιν und ἐν ταῖς ἀγάπαις, aber ihre Formulierung 2, 12 *execrantur*; 2, 13 *(in) conviviis* weicht von den lateinischen Texten in Jud 10 *blasphemant* und Jud 12 *caritatibus, dilectionibus, epulis* ab. Der schon erwähnte Parallelzusatz *cinis* in Jud 7 übernimmt nur die Sache, nicht die Formulierung aus der Parallele 2 Petr 2, 6. Der **K**-Text von 1 Petr 2, 12 *bona opera vestra aspicientes* (siehe S. 99) verzichtet auf eine genaue Angleichung an die Parallele Mt 5, 16.

Die für den Zusatz 1 Petr 5, 14 geltende Feststellung, daß die Quelle auch im Inhalt leicht verändert ist, trifft für andere Zusätze ebenfalls zu: Der Zusatz 1 Petr 5, 4 *rationem reddere de ovibus* **CT**[30] stammt aus Hebr 13, 17, aber dort lauten die entsprechenden Worte λόγον ἀποδιδόναι ὑπὲρ τῶν ψυχῶν = *rationem reddere pro animabus*. Die Zusätze des **K**-Textes in Jud 15 sind durch 1 Henoch 1, 9 bestimmt, doch wird in der **K**-Form von Jud 14f eine völlige Übereinstimmung mit 1 Henoch 1, 9 nicht vollzogen[31].

Gerade diese Art der Parallelenverwertung ist an anderer Stelle aber in der griechischen Überlieferung belegt. Eine Reihe griechischer Handschriften erweitert das in 1 Petr 3, 10–12 vorliegende Zitat aus

[30] Die Zeugen, die den Zusatz belegen oder voraussetzen, sind 55; AU; EP-L; PS-AU spe; zum Wortlaut im einzelnen siehe VL 26/1 zur Stelle.

[31] Jud 14f in **K** (belegt durch PS-CY Nov 16): *ecce venit cum multis milibus nuntiorum suorum facere iudicium de omnibus et perdere omnes impios et arguere omnem carnem de omnibus factis impiorum quae fecerunt impie et de re locuti* (textus corruptus) *sunt et de omnibus verbis impiis quae de deo locuti sunt peccatores*; 1 Henoch 1, 9 (H. B. Swete, The Old Testament in Greek according to the Septuagint 3, 790): ὅτι ἔρχεται σὺν ταῖς μυριάσιν αὐτοῦ καὶ τοῖς ἁγίοις αὐτοῦ, ποιῆσαι κρίσιν κατὰ πάντων, καὶ ἀπολέσει πάντας τοὺς ἀσεβεῖς, καὶ ἐλέγξει πᾶσαν σάρκα περὶ πάντων ἔργων τῆς ἀσεβείας αὐτῶν ὧν ἠσέβησαν καὶ σκληρῶν ὧν ἐλάλησαν λόγων, καὶ περὶ πάντων ὧν κατελάλησαν κατ᾽ αὐτοῦ ἁμαρτωλοὶ ἀσεβεῖς.

Ps 33, 13–17a um den Zusatz von Ps 33, 17b. Es wird aber an 1 Petr 3, 12 nicht der genaue Wortlaut des Psalmverses angefügt τοῦ ἐξολεθρεῦσαι ἐκ γῆς τὸ μνημόσυνον αὐτῶν, sondern die Aussage wird leicht verändert: τοῦ ἐξολοθρεῦσαι αὐτοὺς ἐκ γῆς[32]. Die gleichen griechischen Hss, die in 1 Petr 3, 12 diesen Zusatz haben, belegen zahlreiche Lesarten, die in der alten lateinischen Überlieferung bezeugt sind. Hermann von Soden führt diese griechischen Hss in seinen Gruppen I^b und I^c[33].

2. Zuweilen handelt es sich bei den Zusätzen um erläuternde Erweiterungen. Auch hier kann eine rein innerlateinische Erklärung dem Tatbestand nicht gerecht werden. Trotz verbleibender Unsicherheiten im einzelnen wird man auch in diesen Fällen auf eine griechische Vorlage geführt.

Am Ende von Jak 4, 1 fügt das pseudo-augustinische Speculum als Zeuge des Textes **S** nach *in membris vestris* an: *et sunt vobis suavissima* (PS-AU spe 101). Ein Hinweis auf das Alter des Zusatzes ist die Wahl des Superlativs *suavissima*. Seine Beziehung bleibt aber im Lateinischen unklar; der vorangehende, durch Priscillian und das Speculum belegte **S**-Text von Jak 4, 1b lautet für οὐκ ἐντεῦθεν, ἐκ τῶν ἡδονῶν ὑμῶν τῶν στρατευομένων ἐν τοῖς μέλεσιν ὑμῶν: *nonne de voluntatibus vestris quae militant in membris vestris* und bietet kein Neutrum Pluralis, auf das sich *suavissima* beziehen könnte. Verständlich wird der Zusatz dagegen bei der Annahme einer griechischen Lesart, die das griechische Textwort ἡδοναί durch ἡδύς, ἡδέα erläuterte und an falscher Stelle in den fortlaufenden Text eingedrungen ist.

---

32 Den gleichen Zusatz hat auch die Syro-Heracleensis. — Auch die lateinische Überlieferung kennt an dieser Stelle einen Zusatz aus Ps 33, 17b: die Vulgata-Hss YS, deren Text auf eine gemeinsame italienische Quelle zurückgeht (vgl. VL 26/1, 27*. 28*), fügen nach *mala* an: *ut perdat de terra memoriam eorum.* Dieser Wortlaut entspricht den lateinischen Psalterien, nicht aber dem Text der griechischen Variante zu 1 Petr 3, 12, so daß eine direkte Abhängigkeit von ihr nicht gegeben ist. Gleichwohl kann auch die Folgerung auf eine rein innerlateinische Entstehung dieser Parallele nicht mit letzter Sicherheit gezogen werden. Die Überlieferung des Zusatzes in 1 Petr 5, 14 ließ in einzelnen Zeugen eine, wenn auch nicht voll erzielte, Angleichung an den genauen Wortlaut der Quelle Eph 6, 24 erkennen, siehe Anm. 29. Auch im Zusatz von 1 Petr 3, 22 liegt in den jüngeren Zeugen eine größere, jedoch nicht vollständige Übereinstimmung mit der Quelle Tit 3, 7 vor, siehe Anm. 40. — YS sind mit einer nicht geringen Anzahl altlateinischer Lesarten kontaminiert. Ob diese Kontamination allerdings auch für den Zusatz in 1 Petr 3, 12 zutrifft, ist schwer zu entscheiden, da die Väterzitate hier selten ein sicheres Urteil erlauben, ob 1 Petr 3, 12 oder Ps 33, 17 zitiert wird, und auf diese Weise die greifbare altlateinische Überlieferung von 1 Petr 3, 12 beschränkt ist. So stellen sich einer eindeutigen Beurteilung des Zusatzes von YS erhebliche Schwierigkeiten entgegen.

33 Beispiele für alte Lesarten in den Gruppen I^b und I^c bei W. Thiele, Die lateinischen Texte des 1. Petrusbriefes (siehe Anm. 2), 32f. Hingewiesen sei auf die Bezeugung der Dublette 1 Petr 4, 14 ὄνομα καὶ πνεῦμα in den Zeugen dieser Gruppen und in der Syro-Heracleensis.

Der **K**-Text von 1 Petr 4, 12 (bezeugt durch CY Fo 9 und ep 58, 2) lautet: *carissimi nolite mirari ardorem accidentem vobis qui ad temptationem vestram fit nec excidatis tamquam novum vobis contingat* und bringt mit *nec excidatis* einen im Griechischen nicht belegten Zusatz. In seiner Bedeutung kann *nec excidatis* nur dem Verbum am Versanfang *nolite mirari* für μὴ ξενίζεσθε entsprechen. Der Zusatz ist nicht auf **K** beschränkt; der Text **T**, der μὴ ξενίζεσθε mit *nolite expavescere* übersetzt, hat ihn in der Form *nolite pavere*. Auch in einigen Vulgatazeugen (MΣ^{A2} 59) lebt der Zusatz in der Form *nolite trepidare* am Versende weiter. Sowohl *excidere* **K** als auch *pavere* **T** führen auf eine griechische Vorlage ἐξίστασθαι[34]. Sie erklärt sich gut als eine erläuternde Glosse zu μὴ ξενίζεσθε. Während nämlich der lateinische Text sowohl von **K** als auch von **T** keine Schwierigkeiten bietet, die durch einen Zusatz *nec excidatis* oder *nolite pavere* behoben werden müßten, ist das griechische Verbum ξενίζεσθαι in der Bedeutung „sich wundern" in der Bibel nur an dieser Stelle und in 1 Petr 4, 4[35] belegt.

Für 2 Petr 2, 13 ἡδονὴν ἡγούμενοι τὴν ἐν ἡμέρᾳ τρυφήν, σπίλοι καὶ μῶμοι lautet der durch PS-AU spe 110 vertretene **S**-Text: *dulcedinem aestimantes malignitatem, deliciis coinquinati et infamati*. Gegenüber dem Griechischen hat **S** den Zusatz *malignitatem* und die damit verbundene, ebenfalls nicht bezeugte Auslassung von ἐν ἡμέρᾳ. Die gleiche, aus Zusatz und Auslassung bestehende Variante bietet Hieronymus bei sonst völlig anderer Formulierung: *luxuriam qui putant delicias esse iniustitiam, sordes et maculas* (HI Jov 1, 39)[36]. Durch das doppelte Zeugnis in der lateinischen Überlieferung wird der Verdacht auf eine innerlateinische Verwilderung, die den **S**-Text für 2 Petr ohne Frage beeinflußt hat (siehe Anm. 26), abgewehrt und die Annahme einer griechischen Vorlage nahegelegt. In VL 26/1, 75* habe ich eine erklärende Glosse zu τὴν (ἐν ἡμέρᾳ) τρυφήν angenommen, da die mit dem Zusatz verknüpfte Auslassung von ἐν ἡμέρᾳ auf diese Weise gut verständlich wird. Denkbar ist aber auch eine griechische Variante τὴν ἐν ἡμέρᾳ] πονηρίαν, für die *malignitatem* **S** die gegebene Übersetzung ist.

Vielleicht gehört der schon oben S. 101 genannte Zusatz in Jud 6 *sanctorum angelorum* **D**, ἀγρίων ἀγγέλων Clemens Alexandrinus ebenfalls in diesen Zusammenhang. Während der Wechsel ἄγριος / ἅγιος (= *sanctus*) in der Verbindung mit ἄγγελος eine naheliegende innergriechische Variante ist, fällt der Zusatz als ganzer innerhalb des Zusammenhanges auf. Sowohl in **D** als auch bei Clemens, wo er an anderer Stelle als in **D** steht, fügt er sich nur schwierig in den fortlaufenden Text ein: *angelos quoque qui*

[34] Vgl. W. Thiele, Die lateinischen Texte des 1. Petrusbriefes (siehe Anm. 2), 30.

[35] In 1 Petr 4, 4 fehlt **K**; **T** liest *obstupescere*, Augustinus *stupescere*; **V** hat *pereginari* (so auch 1 Petr 4, 12); FARSDΦ und andere *admirari*. Die griechische Minuskel 614 hat die Variante θαυμάζουσιν.

[36] Zur Textgestalt der Hieronymus-Zitate zu 2 Petr im 1. Buch von *Adversus Iovinianum* vgl. VL 26/1, 77*f: Die Texte **X**.

non servaverunt ordinem suum sed dereliquerunt habitaculum suum in iudicium magni dei vinculis eos sanctorum angelorum sub tenebras servavit **D**; ἀγγέλους τε τοὺς μὴ τηρήσαντας τὴν ἑαυτῶν ἀρχήν, ἀλλὰ ἀπολιπόντας τὸ ἴδιον οἰκητήριον εἰς κρίσιν μεγάλης ἡμέρας δεσμοῖς ἀϊδίοις ὑπὸ ζόφον ἀγρίων ἀγγέλων τετήρηκεν Clemens. In **D** ist der Zusatz verbunden mit der Auslassung von ἀϊδίοις, die mit der Parallele 2 Petr 2, 4 übereinstimmt. Auch die Formulierung von 2 Petr 2, 4 ἀγγέλων ἁμαρτησάντων ist zu berücksichtigen. Man bleibt aber auf Vermutungen angewiesen und kommt kaum über die allerdings entscheidende Tatsache hinaus, daß der in griechischen Hss nicht belegte Zusatz des lateinischen Textes **D** eine griechische Vorlage hat.

3. Besonders auffallend sind die Zusätze dogmatischen Inhalts in der lateinischen Überlieferung der Katholischen Briefe. Bekannt ist das *Comma Iohanneum* 1 Joh 5, 7f, doch darf dieser Zusatz nicht als Einzeltext gewertet werden, sondern ist in die Reihe der anderen Zusätze ähnlicher Art einzuordnen[37]; z. B.:

1 Petr 1, 19 (ἰησοῦ) χριστοῦ] + *ipse ergo qui et praecognitus est ante constitutionem mundi et novissimo tempore natus et passus est ipse accepit gloriam quam deus verbum semper possedit sine initio manens in patre* **T**: teilweise Dublette zu 1 Petr 1, 20f, aber Zusatz ist *passus est* und *quam deus verbum semper possedit sine initio manens in patre*

1 Petr 3, 22 ὅς ἐστιν ἐν δεξιᾷ θεοῦ] + *qui degluttit a morte ut vitae heres esset* **C**; + *deglutiens mortem ut vitae aeternae heredes efficeremur* **T**: *cf* 1 Kor 15, 54 + Tit 3, 7

1 Joh 5, 9 περὶ τοῦ υἱοῦ αὐτοῦ] + *quem misit salvatorem super terram et filius testimonium perhibuit in terra scripturas perficiens et nos testimonium perhibemus quoniam vidimus eum et adnuntiamus vobis ut credatis et ideo* **S**: *cf* 1 Joh 4, 14 + 1 Joh 1, 1–3

1 Joh 5, 20 ὁ υἱὸς τοῦ θεοῦ ἥκει] + *et concarnatus est propter nos et passus est et resurgens de mortuis adsumpsit nos* **C**; + *et carnem induit nostri causa et passus est et resurrexit a mortuis adsumpsit nos* **S**

2 Joh 11 τοῖς ἔργοις αὐτοῦ τοῖς πονηροῖς] + *ecce praedixi vobis ne in diem domini condemnemini* **S**, mit geringen Varianten auch in der Vulgataüberlieferung (vor allem in der Theodulfausgabe); dort lautet das Verbum *confundamini.*

In mehrfacher Hinsicht fügen sich diese Zusätze in das bereits gewonnene Bild ein. Aus der Wortwahl ergeben sich Hinweise auf das textgeschichtliche Alter innerhalb der lateinischen Bibel[38]. Im Inhalt

[37] Vgl. W. Thiele, Beobachtungen zum Comma Iohanneum (I Joh 5, 7f.), ZNW 50 (1959), 61–73. An der dort gegebenen Wertung der umstrittenen Cyprianstelle, *De unitate* 6 als eines Zeugnisses für das Comma Iohanneum halte ich fest; sie kommt auch in VL 26/1 zum Ausdruck.

[38] Vgl. *testimonium perhibere* 1 Joh 5, 9, dazu W. Thiele, Wortschatzuntersuchungen zu den lateinischen Texten der Johannesbriefe (siehe Anm. 9), 26; vgl. *concarnatus est* 1 Joh 5, 20, dazu CY te 2, 2 (64, 5) *de sacramento concarnationis eius.*

sind die Zusätze wenigstens teilweise durch Aussagen anderer Bibelstellen bestimmt, wobei zuweilen mehrere solcher Stellen in einem Zusatz verbunden werden[39]. Für 1 Petr 3, 22 läßt sich zeigen, daß der Zusatz nicht auf die lateinische Formulierung der Quellen 1 Kor 15, 54 und Tit 3, 7 zurückgreift, denn *deglutire* ist als Übersetzung von καταπίνειν weder in 1 Kor 15, 54 noch in der alttestamentlichen Quelle Jes 25, 8 als sicherer Bibeltext belegt. Auch ist die Aussage von Tit 3, 7 im Zusatz nicht wörtlich übernommen[40]. Zu 1 Petr 3, 22 ist bei Westcott-Hort vermerkt: „apparently from a Greek original"[41]. Auch innerhalb der Zusätze selbst kann man Verbindungen ziehen. Sowohl im Zusatz zu 1 Petr 1, 19 als auch in 1 Joh 5, 20 erscheinen die Worte *natus et passus est* (1 Petr) oder *concarnatus est . . . et passus est et resurgens* (1 Joh) wie Erläuterungen (formal erinnernd an die unter IV, 2 genannten Beispiele) zu den entsprechenden Textworten φανερωθέντος oder ἥκει[42]. Das *Comma Iohanneum* bietet ebenfalls eine Glosse zu den Textworten von 1 Joh 5, 7f.

Aus der griechischen Überlieferung der Katholischen Briefe lassen sich ähnlich ausführliche Zusätze, die unmittelbar verglichen werden könnten, nicht beibringen. Dogmatische Änderungen von Gewicht sind ihr aber nicht fremd; erinnert sei an die Variante 1 Joh 4, 3 μὴ ὁμολογεῖ] λύει[43]. P^{72} hat in 1 Petr 2, 3 die Dublette ἐγεύσασθε ἐπιστεύ-

---

39 1 Petr 3, 22; 1 Joh 5, 9; vgl. 1 Petr 4, 14 **KT**; 1 Petr 5, 3 **S** (S. 100. 104).

40 Die von **C** abweichenden Lesarten des Zusatzes im jüngeren Text **T** nähern sich dem „genauen" Wortlaut von Tit 3, 7, ohne völlige Übereinstimmung zu erzielen; vgl. den entsprechenden Befund in den Zeugen von 1 Petr 5, 14 (siehe Anm. 29).

41 The New Testament in the Original Greek, Cambridge und London 1881, Notes on Select Readings. — Adolf von Harnack übernimmt dieses Urteil, geht aber noch weit darüber hinaus, wenn er seine Rückübersetzung καταπιὼν θάνατον, ἵνα ζωῆς αἰωνίου κληρονόμοι γενηθῶμεν für den griechischen Originaltext des 1. Petrusbriefes beansprucht: Beiträge zur Einleitung in das Neue Testament 7. Zur Revision der Prinzipien der neutestamentlichen Textkritik. Die Bedeutung der Vulgata für den Text der Katholischen Briefe und der Anteil des Hieronymus an dem Übersetzungswerk, Leipzig 1916, 83–86. Die Bezeugung des Zusatzes schließt Harnacks weitergehende, bei ihm lediglich aus inneren Argumenten abgeleitete Folgerung aus. Für die Zusätze 1 Joh 5, 9. 20; 2 Joh 11 hat Harnack ebenfalls eine griechische Vorlage angenommen: Zur Textkritik und Christologie der Schriften des Johannes, in: Sitzungsberichte der Preußischen Akademie der Wissenschaften Berlin, Philosophisch-Historische Klasse 1915, 570f. Er hält es auch nicht für unmöglich, daß das *Comma Iohanneum* in einem griechischen Exemplar stand, a. a. O. 573.

42 Für 1 Joh 5, 20 vgl. A. von Harnack, Zur Textkritik und Christologie der Schriften des Johannes (siehe Anm. 41), 571.

43 λύει erläutert, was die Textaussage μὴ ὁμολογεῖ τὸν Ἰησοῦν bedeutet. In der lateinischen Überlieferung wird λύει vorausgesetzt von den Texten **C** (*solvit et negat*: Dublette), **V** (*solvit*) und **R** (Sondertext von Lucifer; *destruit*). **K** hat dagegen *negat*; **T** *non confitetur* wie der griechische Text.

σατε[44]; ähnlich Jud 5 θεὸς χριστός. Vgl. auch 1 Petr 3, 15 (περὶ τῆς ...) ἐλπίδος] πίστεως Origenes und andere; ἐλπίδος καὶ πίστεως 2147 378; ἐλπίδος πίστεως Peschitta; *de fide et spe* **ST**.

Hss der Sodenschen Gruppen I^b und I^c, zu denen auch die eben genannten Zeugen für 1 Petr 3, 15 ἐλπίδος καὶ πίστεως gehören, bieten zusätzlich eine Reihe von Lesarten, die auf Glossen zurückgehen und teilweise dogmatischen Inhalt haben; z. B. 1 Joh 4, 17 ἵνα παρρησίαν ἔχωμεν ἐν τῇ ἡμέρᾳ τῆς κρίσεως] + πρὸς τὸν ἐνανθρωπήσαντα 1611 2138; καθὼς ἐκεῖνός ἐστιν] καθὼς ἐκεῖνος ἦν ἐν τῷ κόσμῳ ἄμωμος καὶ καθαρός, οὕτως 2138. Im Unterschied zu denjenigen Lesarten, die von altlateinischen oder syrischen Texten begleitet werden, finde ich diese Lesarten in den Ausführungen des „Oecumenius"-Kommentars (PG 119; 1 Joh 4, 17 Spalte 669 A. B.). Vor einer Klärung der Zusammenhänge und der Quellen des Kommentars müssen solche Fälle als Vergleichsmaterial zu den Zusätzen der Vetus Latina außer Betracht bleiben[45].

Zusätze christologischen Inhalts kennt auch die „westliche" Überlieferung der Apostelgeschichte, zum Beispiel Apg 2, 30 κατὰ σάρκα ἀναστῆσαι τὸν χριστόν; 8, 37 πιστεύω τὸν υἱὸν τοῦ θεοῦ εἶναι τὸν ἰησοῦν χριστόν; 18, 8 πιστεύοντες τῷ θεῷ διὰ τοῦ ὀνόματος τοῦ κυρίου ἡμῶν ἰησοῦ χριστοῦ; Zusatz zu Apg 28, 31: Dieser ist der (Christus) Jesus, der Sohn Gottes, durch den die ganze Welt gerichtet werden wird[46]. Ausgesprochen lehrhaften Charakter hat die Anfügung der „Goldenen Regel" in Apg 15, 20. 29.

Bei der Wertung der unter IV, 1–3 genannten Beispiele muß beachtet werden, daß an keiner Stelle, an der lateinische Texte längere Zusätze — sei es mit oder sei es ohne begleitende griechische Bezeugung — belegen, Zusätze völlig verschiedenen Inhalts nebeneinander stehen. Dieser Befund ist ein Hinweis auf den ursprünglichen Zusammenhang der Zusätze. Es fällt schwer, eine solche Schöpfung allein mit dem alten lateinischen Bibeltext zu verbinden, dessen Entstehung

[44] Vor der Veröffentlichung von P^{72} war die Lesart ἐπιστεύσατε nur durch *credidistis* in zwei Zitaten bei Hieronymus (HI Ez 9; 12) bekannt, der sie sicher von Origenes übernommen hat.

[45] Dies habe ich früher nicht beachtet, siehe W. Thiele, Die lateinischen Texte des 1. Petrusbriefes (siehe Anm. 2), 107.

[46] James Hardy Ropes, The Text of Acts, London 1926, 255 urteilt über diesen in lateinischen Zeugen und in der Syro-Heracleensis, nicht aber in griechischen Hss überlieferten Zusatz: "The gloss ist plainly of Greek origin ... and is evidently ancient". Er rechnet mit der Möglichkeit, daß der Zusatz ursprünglich die Textworte von Apg 28, 31 τὰ περὶ τοῦ κυρίου ἰησοῦ χριστοῦ μετὰ πάσης παρρησίας ἀκωλύτως ersetzen sollte. Dann ist es nur ein Schritt, hier eine ausgesprochen „dogmatische" Glosse zu diesen Textworten zu sehen. — Zu den Zeugen für den Zusatz gehört auch das pseudo-augustinische Speculum (PS-AU spe 2, p. 309, 6). Der Herausgeber F. Weihrich hat diesen Bezug nicht erkannt und eine Kombination von Apg 17, 3 und 17, 31 angenommen. Donatien De Bruyne hat den Sachverhalt richtiggestellt, RBén 24 (1907), 403f. Aber der falsche Hinweis Weihrichs nennt doch die Quellen, aus denen der Inhalt des Zusatzes geschöpft ist. Diese Beobachtungen rücken den Zusatz in vieler Hinsicht an die Seite der Zusätze in den lateinischen Texten der Katholischen Briefe.

nicht vor der zweiten Hälfte des 2. Jhs. und damit für textgeschichtliche Verhältnisse relativ spät anzusetzen ist. Auch aus der Bezeugung der Zusätze ergeben sich Einwände. Für die Verse 1 Petr 2, 23 und 2 Joh 11 ist **K** erhalten, aber **K** belegt nicht die bei Ambrosius zu 1 Petr 2, 23 (siehe S. 101) und im Typ **S** zu 2 Joh 11 (siehe S. 108) gebotenen Zusätze. **K** hat nicht den in 1 Petr 3, 3 von **C**/**A** bezeugten, aus der Parallele 1 Tim 2, 9 stammenden Zusatz *veste*] + *pretiosa* **C**, + *decora* **A**[47]. **K** bietet auch nicht in 1 Joh 4, 3 die von **CRV** vorausgesetzte Lesart λύει (siehe Anm. 43). Für die allgemeine Textgeschichte der Vetus Latina bringt dies nichts Auffallendes, da auch in den Evangelien der alte afrikanische Text an vereinzelten Stellen den griechischen Haupttext wiedergibt, während die europäische Überlieferung abweicht und dann oft mit D geht. In unserem Zusammenhang sprechen derartige Stellen dagegen, die Entstehung der Zusätze an die lateinische Bibel zu binden.

Als Ergebnis läßt sich festhalten: Die Summe der zahlreichen echten Abweichungen, die die lateinischen Texte der Katholischen Briefe, an ihrer Spitze der alte Text **K**, gegenüber der erhaltenen griechischen Überlieferung aufweisen und als deren charakteristische und besonders auffällige Beispiele die in IV, 1–3 behandelten Zusätze gelten können, läßt sich nicht auf rein innerlateinische Gründe zurückführen. Sie läßt vielmehr auf einen „westlichen" Text der Katholischen Briefe schließen, von dem in der griechischen Tradition nur Spuren in verstreuten Zeugen und teilweise erst in späten Hss erhalten sind. Die Bezeichnung „westlicher" Text erscheint nicht nur durch die Bezeugung gerechtfertigt, die vornehmlich in der altlateinischen Überlieferung liegt, sondern auch durch die Art der Varianten, die in mancher Hinsicht an den „westlichen" Text der Apostelgeschichte erinnern[48].

In der Überlieferung eines „westlichen" Textes liegt der wichtige Beitrag, den die *Versio Latina* zur Textgeschichte der Katholischen Briefe geben kann[49]. Der Charakter dieser „westlichen" Lesarten, die

---

47 Der Zusatz ist im Griechischen nicht belegt, dagegen im bohairischen Text, in der Peschitta und im Armenischen; in diesen Übersetzungen aber entsprechend der griechischen Textlesart ἱματίων im Plural. Die Wortwahl *decorus* **A** ist in der Quelle 1 Tim 2, 9 für πολυτελής nicht bezeugt.

48 An Zahl bietet die „westliche" Überlieferung der Apostelgeschichte allerdings bedeutend mehr Zusätze, doch liegt dieses Übergewicht vor allem in den erzählenden Teilen, für die die Katholischen Briefe keine Parallele bieten. In den eigentlichen Redeabschnitten ist das Bild nicht wesentlich von dem der Katholischen Briefe unterschieden.

49 Von einem „westlichen" Text der Katholischen Briefe, freilich völlig anderer Art, weil auf ganz andere Weise gewonnen, spricht auch Muriel M. Carder, A Caesarean Text in the Catholic Epistles ?, NTS 16 (1969/70), 252–270, und macht ihn geradezu zur Voraussetzung ihres Versuchs, einen „Caesarea"-Text der Katholischen Briefe aufzuspüren. „Since D is lacking in the Greek of the Catholic Epistles we used as pointers to the Western strand the witness of ℵ C Ψ (occasionally A), *where these are*

sich in vielen Fällen als erläuternde Zusätze zu erkennen geben, schließt dabei zugleich jeden Anspruch aus, für die Feststellung des Urtextes eine Rolle zu spielen.

Eine Rückübersetzung der „westlichen“ Lesarten in das Griechische ist mit zu vielen Schwierigkeiten belastet, als daß Gewißheit oder auch nur Wahrscheinlichkeit erzielt werden könnte, das Richtige zu treffen. Der alte lateinische Text ist durch kleinere Freiheiten geprägt, die ihn als Grundlage für eine Rückübersetzung ungeeignet machen. Selbst die parallelen Stellen, aus denen ein Zusatz kommt, können wenig Hilfe bieten, wenn es zur Eigenart der Zusätze gehört, die übernommenen Bibelstellen leicht abzuändern und mit anderen Stellen zu verbinden. Schließlich sind die Zusätze teilweise erst in solchen Zeugen greifbar, in denen sie möglicherweise schon eine Entwicklung durchlaufen haben.

Mehr für die Geschichte des griechischen als des lateinischen Textes ist es von Belang, daß Tertullians Zitate, die im wesentlichen auf eine eigene Übersetzung zurückgehen, nur wenig Berührungen mit diesem „westlichen“ Text haben, den die alten lateinischen Bibeltexte bezeugen. Insbesondere kennt Tertullian nicht die längeren Zusätze des Textes **K**. Auf diese Weise ist seine Sonderstellung in den Katholischen Briefen noch stärker ausgeprägt, als es schon durch die Wortwahl und den Stil seiner Zitate der Fall ist. Auch gegenüber den Evangelien und den Paulusbriefen besteht ein Unterschied, da Tertullian dort mit zu den Zeugen der „westlichen“ Überlieferung gehört.

Ebenfalls in einer auffallenden Entfernung vom „westlichen“ Text stehen die Zitate in der pseudo-cyprianischen Schrift *De rebaptismate* (PS-CY reb), die nach ihrer Wortwahl durchaus zu **K** gehören. Für dieses Werk gilt die Ablehnung des „westlichen“

---

clearly separated from the Alexandrian family and where they exhibit Western characteristics. We also used the witness of MSS 614 und 2412 which are Western in Acts, the Syriac version and Augustine“ (254f). Daß die genannten Zeugen der Hesych-Gruppe, die in anderen Büchern des Neuen Testaments „westliche“ Varianten aufweisen, diese Eigenschaft auch in den Katholischen Briefen besitzen, findet die Verfasserin darin bestätigt, daß die vom reinen alexandrinischen Text abweichenden Lesarten dieser Zeugen „westlichen“ Charakter hätten. Die hervorstechenden, gar nicht zu übersehenden Eigenschaften der „westlichen“ Lesarten in den Evangelien und in der Apostelgeschichte (ebenso augenfällig in den Paulusbriefen, wenn auch dort etwas anderer Art) sucht man aber vergebens in den bei Carder verwendeten sekundären Zeugen der Hesych-Gruppe, von einigen Sonderfällen in Ψ abgesehen. Es gibt keinen Grund, in diesen sekundären alexandrinischen Lesarten die kennzeichnenden Eigenschaften eines „westlichen“ Textes der Katholischen Briefe zu sehen; Carder deutet 254 Anm. 7 selbst an, daß dieser Text nichts bietet, was für einen wirklichen „Western text“ eigentlich typisch ist. Von der falschen Voraussetzung dieses „westlichen“ Textes ausgehend wird dann in der Minuskel 1243 (11. Jh.; bei Hermann von Soden für die Katholischen Briefe nicht verglichen) das Zeugnis eines „Caesarea“-Textes gesehen: „we find that … this medieval manuscript has a certain peculiar complexion: an almost equal ratio of Alexandrian and Western variants. There is only one form of text which presents this appearance. That is the Caesarean“ (262). Dieser Beweisgang, der einerseits die durchaus umstrittenen Thesen über Existenz und Gestalt eines „Caesarea“-Textes in den Evangelien als gesichert auf die Katholischen Briefe überträgt und andererseits nichts über die Textgeschichte der herangezogenen Zeugen sagt, kann nicht überzeugen. — Zur Auseinandersetzung mit Carder vgl. Kurt Aland, Bemerkungen zu den gegenwärtigen Möglichkeiten textkritischer Arbeit aus Anlaß einer Untersuchung zum Cäsarea-Text der Katholischen Briefe, NTS 17 (1970/71), 1–9.

Textes auch in den Zitaten zur Apostelgeschichte[50]. In den Katholischen Briefen wird die Bindung an den griechischen Normaltext besonders deutlich in 1 Joh 5, 6–8.

V.

Innerhalb der lateinischen Textgeschichte vollzieht sich eine schrittweise Abwendung vom alten Text **K**. Der nur fragmentarisch erhaltene Zeugenbestand erlaubt es nicht, alle Stadien im einzelnen zu verfolgen, zumal die greifbaren Textformen teilweise nur Ausläufer und Endpunkte, nicht die eigentlichen Träger der vielgleisig sich kreuzenden Entwicklung sind, die vom alten Text **K** zu den jüngeren Textformen geführt hat.

1. Mit der Abwendung von **K** ist auch ein anderes Verhältnis zum griechischen Text gegeben. Die kleinen Freiheiten des alten Textes müssen einer genaueren Wiedergabe weichen. Schon der schmale Ausschnitt der Beispiele von Abschnitt II bringt dafür Belege. Die dort genannten Stellen zur Wortstellung, Zufügung eines Hilfsverbums, Umsetzung der Person des Verbums, Einfügung eines Objektes werden hier wiederholt, soweit sie in Betracht kommen, und die Lesarten derjenigen jüngeren Texttypen genannt, die vom Text **K** zugunsten einer genaueren Übereinstimmung mit dem Griechischen abweichen: 1 Petr 2, 21 *passus est pro vobis vobis relinquens* **V**; 2, 22 *inventus est dolus* **CV**; 4, 15 *patiatur quasi homicida aut fur* **ATV**; 5, 8 *circuit quaerens quem (de)voret* **ASTV**; 1 Joh 1, 9 *fidelis est et iustus* **TV**; 1, 9 *remittat nobis peccata* **TV**; 3, 15 *qui odit fratrem suum* **TV**; Jud 15 *quae locuti sunt contra eum* **TV**; 1 Petr 4, 14 — *estis* **TV**; 1 Joh 4, 20 *diligo* **TV**; 1 Petr 2, 23 — *se* **T**; AU Jo.

2. Auch in der Wiedergabe einzelner Vokabeln will man dem griechischen Wort besser gerecht werden. Deshalb sind Lesarten älterer Texte oft durch „genauere“ (nicht immer bessere) Vokabeln ersetzt worden. Auch für die Beurteilung der „varieties of rendering“ (vgl. S. 95) muß der Rückgriff auf das Griechische als Möglichkeit berücksichtigt werden. Die folgende Liste der Beispiele nennt zuerst die Übersetzung der jeweils älteren Texte, dann die dem griechischen Wort genauer entsprechenden Wiedergaben der jüngeren Überlieferung.

1 Petr 1, 4	ἀμάραντος florens **A**; inmarcescibilis **STV**; *cf* 1 Petr 5, 4 ἀμαράντινος floridus et inmarcescibilis **ST**: Dublette; inmarcescibilis **V**
1 Petr 2, 2	ἀρτιγέννητος modo natus **C**; modo genitus **SV**
1 Petr 1, 4	ἄφθαρτος inmortalis **A**; incorruptibilis **STV**
Jak 5, 19f	ἐπιστρέφειν revocare **SF**; convertere (19), converti facere (20) **V**
1 Petr 4, 6	εὐαγγελίζεσθαι praedicare **K**; evangelizare **ATV**
Jak 3, 8	θανατηφόρος mortalis **S**; mortiferus **FV**

[50] Nachgewiesen von Albert C. Clark, The Acts of the Apostles, Oxford 1933, 254f.

Jak 5, 3 θησαυρίζειν reponere **S**; thesaurizare **FTV**
1 Petr 2, 12 κακοποιός malignus **K**; malefaciens **C**, malefactor **TV**
2 Petr 3, 11 λύεσθαι perire **ST**; dissolvi **V**
1 Joh 4, 9 μονογενής unicus **RT**; unigenitus **V**
1 Petr 5, 2; Jud 12 ποιμαίνειν regere **S** (1 Petr) **R** (Jud); pascere **TV**
2 Petr 3, 17 φυλάττεσθαι cavere **T**; custodire **V**
1 Joh 5, 21 φυλάττειν ἑαυτόν abstinere se **C**, cavere **A**; custodire se **STV**.

Zuweilen wird die Angleichung sehr rigoros vollzogen, und besonders die Vulgata bietet dafür Belege, wobei zum Teil das griechische Wort auch äußerlich nachgeahmt wird: Jud 7 ἀπελθοῦσαι ὀπίσω *abeuntes post* **V** gegen *cum . . . secutae essent* **D**; Jud 7 ἐκπορνεύειν *exfornicari* **V** gegen *adulterium facere* **D**, *fornicari* **T**; 1 Petr 3, 3 ἔνδυσις *indumentum* **V** gegen *habitus* **ST**; 3 Joh 2 εὐοδοῦσθαι (1) *prospere ingredi* **V** gegen *bene agere* **T**[51]; 1 Petr 4, 4. 12 ξενίζεσθαι *peregrinari* **V**[52] gegen *mirari* **K** (4, 12), *obstupescere* (4, 4) und *expavescere* (4, 12) **T**; Jud 6 οἰκητήριον *domicilium* **V** gegen *habitaculum* **DT**; 1 Petr 3, 20 ποτὲ ὅτε *aliquando quando* **V** gegen *aliquando cum* **T**; 2 Petr 2, 4 ταρταροῦν *detrahere in tartarum* **V** gegen *retrudere* **T**. Die Nachahmung führt so weit, daß 1 Petr 1, 24 *aruit* **S** durch *exaruit* **V** ersetzt wird, um ἐξηράνθη wiederzugeben.

Mit der geschilderten strengen Angleichung steht die Vulgata innerhalb der lateinischen Texte nicht allein; auch der Text **F** des Jakobusbriefes[53] bietet ähnlich auffallende Beispiele in der Wortwahl: Jak 3, 15

[51] Für das unmittelbar folgende zweite εὐοδοῦσθαι liest **T** wiederum *bene agere*, **V** hat *prospere agere*. Der Schöpfer der Vulgata, der den altlateinischen Text nach dem Griechischen revidierte, wird auch hier die gleiche Korrektur *prospere ingredi* beabsichtigt haben. Er hat aber diese Absicht offenbar nicht vollständig genug angegeben, so daß es in der Reinschrift (= dem Original) der Vulgata nur zu der halben Korrektur *bene*] *prospere* gekommen ist. Eine auf die gleiche Weise zu erklärende **V**-Lesart ist 1 Petr 3, 3 *quarum sit non extrinsecus capillaturae aut circumdatio auri aut indumenti vestimentorum cultus*. Hier zerstört der Nominativ *circumdatio auri* die Konstruktion. Gegenüber der altlateinischen Textform von **S** und **T** *capillorum inplicatus* (**S**; *inplicatio* **T**) *aut auri circumpositio aut habitus* (**S**; *in habitu* **T**) *vestimentorum et ornamenti* (**S**; *vestimentorum ornatus* **T**) sind die Genitive *capillaturae* und *indumenti* offenkundige Korrekturen der Vulgata entsprechend den griechischen Genitiven ἐμπλοκῆς τριχῶν und ἐνδύσεως. Für den dazwischen stehenden Genitiv περιθέσεως ist die Durchführung der Korrektur unterblieben. Weitere Hinweise auf ähnliche Fälle in den Evangelien und der Apostelgeschichte bei W. Thiele, Die lateinischen Texte des 1. Petrusbriefes (siehe Anm. 2), 113 Anm. 1.

[52] Nach A. von Harnack, Zur Revision der Prinzipien der neutestamentlichen Textkritik (siehe Anm. 41), 75, „ein böser Gräzismus". Gegen Harnack muß betont werden, daß *peregrinari* keineswegs eine übernommene alte Lesart, sondern die typische Korrektur der Vulgata ist.

[53] Der Text **F** liegt nur in Jak vor, siehe VL 26/1, 61*f. Der Hauptzeuge ist die bekannte Leningrader Hs Q.v. I, 39 (66, ff), die um 830 in Corbie geschrieben wurde; der Texttyp wird durch Zitate bei Papst Innocentius I. und bei Chromatius von Aquileia bezeugt. Auch Hieronymus kennt den Text **F**.

δαιμονιώδης *demonetica* gegen *diabolica* **V**; 4, 12 νομοθέτης *legum positor* gegen *legum dator* **S**, *legislator* **V**; 1, 22 παραλογιζόμενοι ἑαυτούς *aliter consiliantes* gegen *fallentes vosmetipsos* **V**; 2, 2 χρυσοδακτύλιος *anulos aureos in digitos habens* gegen *aureum anulum* (~ *an. aureum* **T**) *habens* **TV**.

Bei griechischen Vokabelvarianten, die sich in ihrer Bedeutung nicht oder nur wenig unterscheiden, können die lateinischen Wiedergaben nicht mit Sicherheit der einen oder der anderen griechischen Lesart zugeordnet werden; es genügt der Hinweis auf einige Beispiele: Jak 1, 17 καταβαίνειν / κατέρχεσθαι *descendere* **FV**; 1 Petr 4, 15 κακοποιός / κακοῦργος *maleficus* **KV** (daraus innerlateinisch *maledicus* **AT**); 2 Petr 1, 9 ἁμαρτία / ἁμάρτημα *delictum* **STV**; 1 Joh 3, 22 ἀπ' αὐτοῦ / παρ' αὐτοῦ *ab eo* **KTV**. Besonders beim Wechsel von Simplex und Kompositum oder bei verschiedenen Komposita geben die lateinischen Texte keine genauen Aufschlüsse über ihre Vorlage: Jak 1, 20 ἐργάζεσθαι / κατεργάζεσθαι *operari* **SFV**; Jak 4, 16 καυχᾶσθαι / κατακαυχᾶσθαι *gloriari* **F**, *exultari* **TV**; 1 Petr 4, 11 χορηγεῖν / ἐπιχορηγεῖν *administrare* **TV**, *subministrare* AU; 3 Joh 8 ὑπολαμβάνειν / ἀπολαμβάνειν *suscipere* **TV**; 3 Joh 10 ἐπιδέχεσθαι / ἀποδέχεσθαι / ὑποδέχεσθαι *recipere* **T**, *suscipere* **V**[54].

Auch in 1 Petr 4, 4 ξενίζεσθαι / θαυμάζειν (siehe Anm. 35) kann nur von einer vielleicht zutreffenden Möglichkeit gesprochen werden, daß *admirari* (FARSDΦ...) eine Lesart θαυμάζειν bezeugt, und diese Möglichkeit gilt auch nur unter der ebenfalls offen bleibenden Voraussetzung, daß in *admirari* noch eine alte Vetus Latina-Lesart greifbar wird und nicht nur eine angesichts der ungewöhnlichen **V**-Lesart *peregrinari* naheliegende Vulgatavariante. Aus 1 Petr 4, 12 ξενίζεσθαι *mirari* **K** eine nicht bezeugte griechische Vorlage θαυμάζειν zu erschließen, wäre gewagt; die oben S. 107 vorgeschlagene Interpretation von 1 Petr 4, 12 *nolite mirari* ... *nec excidatis* **K** spricht ausdrücklich dagegen.

3. Wenn im Fortgang der Textgeschichte kleine Freiheiten des alten Textes **K** ausgeschieden werden und auch in der Wortwahl ein erneuter Rückgriff auf die griechische Vorlage erkennbar wird, dann fällt um so mehr auf, daß Zusätze, die eine weit größere Abweichung vom Griechischen darstellen, auch von solchen Texttypen beibehalten werden, die in anderer Hinsicht einen recht genauen Anschluß an den griechischen Text erreicht haben. Dieser Befund hängt mit dem Aussagewert der Zusätze zusammen; viel stärker als eine Änderung in der Wortstellung oder in der Wortwahl verändert die Tilgung eines Zu-

[54] Lesarten und Varianten der griechischen Überlieferung, die im Lateinischen nicht oder nur ungenügend zum Ausdruck kommen können, erstrecken sich natürlich noch auf zahlreiche andere Gebiete; siehe dazu die Ausführungen Fischers 83–88.

satzes den Inhalt des betreffenden Verses und stellt einen viel empfindlicheren Eingriff dar. Deshalb erklärt es sich auch leicht, wenn die einzelnen Zweige der Vulgataüberlieferung gegen den ursprünglichen **V**-Text gerade „dogmatische“ Erweiterungen wie 1 Petr 3, 22; 1 Joh 5, 7f. 20; 2 Joh 11 wieder aufnehmen[55]. Der Prolog zu den Katholischen Briefen *Non ita ordo est*, in dem die in der Vulgata vollzogene Tilgung des *Comma Iohanneum* beklagt und seine nachträgliche Wiedereinführung verteidigt wird, bietet für diese Erscheinung einen literarischen Beleg aus dem 5. Jh.; siehe PROL cath zu 1 Joh 5, 7f im Zeugenapparat von VL 26/1[56].

VI.

Durch viele neue Lesarten, in denen eine strenge Angleichung an den griechischen Text vollzogen wird, erhält die Vulgata[57] einen durchaus eigenen Charakter. Durch die Konsequenz, in der gerade die Zusätze ausgeschieden werden, stellt sie auch eine wirkliche Zäsur in der lateinischen Textgeschichte dar. In dieser Hinsicht unterscheidet sie sich vom Text **F**, dessen typische Ausformung etwa in die gleiche Zeit fällt, denn dieser behält bei sonst starker Angleichung an das Griechische doch manche Zusätze und Parallellesarten bei[58]. Vielmehr ergibt sich hier eine gewisse Übereinstimmung mit der Evangelien-

[55] Die gleichen Gründe sind auch für die frühe Wiederaufnahme von „sachlichen“ Vetus Latina-Lesarten in den Pelagiustext des Corpus Paulinum von Bedeutung; vgl. H. J. Frede, in: VL 24/2, 42; Beispiele auch bei W. Thiele, ZKG 77 (1966), 369 Anm. 26; vgl. auch Fischer 25, 49 Anm. 162. Aus der Vulgataüberlieferung der Evangelien können die Zusätze Lk 9, 55b. 56; 11, 8; Joh 5, 4 genannt werden. Ähnliche Erwägungen spielen in der Bibelüberlieferung bis in die moderne Zeit ihre Rolle; vgl. in der Lutherrevision des Neuen Testaments (1956) die starke Angleichung an den alexandrinischen Text, aber im Gegensatz dazu die zögernde Haltung gegenüber Zusätzen wie Mt 6, 13; Lk 22, 43f; Joh 5, 3b. 4 oder der Perikope von der Ehebrecherin.

[56] Zu PROL cath siehe Fischer 75 Anm. 246.

[57] Die wesentlichen Fragen zur Vulgata des Neuen Testaments sind bei Fischer 49–80 behandelt; für die Katholischen Briefe siehe besonders 73–78, dort auch die Erörterung über die in VL 26/1 vorgelegte Neurezension der Vulgata.

[58] Neben seinem eigentlich charakteristischen jüngeren Eigengut bewahrt **F** nicht wenige Bestandteile aus älteren Texten. Dazu gehören Parallellesarten wie Jak 5, 9 *ne in iudicium incidatis* (*cf* 5, 12); 5, 16 *ut remittatur vobis* (*cf* 5, 15) mit dem sahidischen Text; der „dogmatische“ Zusatz 2, 14 *sola* zu *fides* (mit **S**); der Zusatz 2, 25 *ex XII tribubus filiorum israhel* zu der mit der Parallele Hebr 11, 31 übereinstimmenden und auch im Griechischen belegten Variante κατασκόπους=*exploratores*. Geht *exploratores ex XII tribubus filiorum israhel* ursprünglich auf eine erklärende Glosse zu der schwierigen Textlesart ἀγγέλους zurück? Diese reizt jedenfalls zu einer Erläuterung. Herrn Klaus Junack vom Institut für Neutestamentliche Textforschung Münster verdanke ich die freundliche Mitteilung, daß die Hss 61 326 1837 zu ἀγγέλους den Zusatz τοῦ ἰσραήλ, die Hss 996 1661 den Zusatz ἰησοῦ bieten. Die Syro-Heracleensis hat gegenüber ihrer Textlesart ἀγγέλους die Randlesart *exploratores iosuae*.

revision des Hieronymus, von der sie sonst durchaus zu unterscheiden ist[59]. Die ausgeprägte und keineswegs selbstverständliche Eigenstellung, die die Vulgata in den Katholischen Briefen (und im ganzen zweiten Teil des Neuen Testaments) durch die konsequente Ausscheidung „westlicher" Zusätze gewinnt, paßt gut zu der von Bonifatius Fischer vorgetragenen, vor allem durch die Entstehungsverhältnisse begründeten Annahme, den Autor der neutestamentlichen Vulgata abgesehen von den Evangelien in einem Schüler des Hieronymus zu sehen und an Rufin den Syrer zu denken, der sich freilich von Hieronymus getrennt hat, in Rom aber im Hause des Pammachius verkehrte und nach dem Zeugnis des Marius Mercator als der Vater des Pelagianismus im Abendland galt. Für die Katholischen Briefe sind Pelagius und seine Anhänger wie in den Paulusbriefen die frühesten Zeugen der Vulgata.

Trotz der Eigenständigkeit der Vulgata darf ihre Verflechtung mit der altlateinischen Überlieferung nicht außer acht gelassen werden. Das ist schon deshalb unerläßlich, weil es in der Durchführung der Revision auch Schwankungen gegeben hat. Folgerungen über ihre griechische Vorlage können deshalb keinesfalls aus einer Rückübersetzung des vollständigen Vulgatatextes gewonnen werden[60], sondern dürfen nur aus solchen Lesarten gezogen werden, die gegen die Altlateiner neu eingeführt worden sind. Übereinstimmungen mit der Vetus Latina können auf bewußter Beibehaltung des älteren Textes oder auf unbewußter Nachlässigkeit in der Durchführung der Revision beruhen.

Bei der bewußten Übernahme des älteren Textes kann natürlich auch die Rücksicht auf die griechische Überlieferung eine Rolle gespielt haben, wenn diese die alte Lesart bestätigt. Das kann für die S. 98 genannten Stellen 1 Joh 1, 8; 2, 2. 19 zutreffen, in denen die von der griechischen Textlesart abweichende, aber mit einer Variante übereinstimmende Wortstellung der Altlateiner **KT** *veritas in nobis non est*; *est (deprecatio)*; *fuissent ex nobis* auch in **V** belegt ist. Im Unterschied dazu teilt näm-

---

[59] Es fehlen die eigenwilligen Änderungen im Stil, die für Hieronymus typisch sind. Die Korrekturen nach dem Griechischen sind in den Katholischen Briefen auch in kleineren Lesarten viel konsequenter durchgeführt als in den Evangelien.

[60] Eine solche Rückübersetzung ist der Ausgangspunkt bei A. von Harnack, Zur Revision der Prinzipien der neutestamentlichen Textkritik (siehe Anm. 41). Harnack übernimmt die seinerzeit allgemeine These, daß die unleugbaren Unterschiede im Vulgatatext der Evangelien und der Katholischen Briefe nur dadurch erklärt werden können, daß Hieronymus im zweiten Teil des Neuen Testaments nicht viel an seiner altlateinischen Vorlage verbessert habe. Bei dieser Annahme verliert die Vulgata ihren eigenen Charakter; sie ist nach Harnack in den Katholischen Briefen der kaum veränderte Zeuge eines wesentlich älteren Textes und gibt eine „sehr alte lateinische Interlinear-Übersetzung des Grundtextes" wieder (130), der durch eine Rückübersetzung wiedergewonnen werden kann. Voraussetzungen und Folgerungen Harnacks sind nicht haltbar, und gerade die für die Bewertung der griechischen Vorlage wichtige Tatsache kommt nicht zur Geltung, daß die Vulgata im Unterschied zu den meisten altlateinischen Texttypen ein fest datierbarer Zeuge ist.

lich die Vulgata in anderen Fällen der Wortstellung die freie, unbezeugte Abweichung von **K** nicht, sondern bietet die dem griechischen Text entsprechende Lesart, hat dafür in der Regel allerdings schon Vorgänger in der jüngeren Vetus Latina-Überlieferung, siehe S. 113. Auch die griechische Bezeugung der drei genannten Varianten aus 1 Joh 1, 8; 2, 2. 19 schließt die Zeugen ein, die für die griechische Vorlage der Vulgata eine Rolle spielen, siehe unten. Mehr als eine gewisse Wahrscheinlichkeit kann aus diesen Beobachtungen aber nicht gefolgert werden.

Als Beispiel für die Verbindung von alten und von neu eingeführten Lesarten in der Vulgata seien aus 1 Joh 5, 20 die Lesarten der Texttypen genannt, die das Verhältnis zum Griechischen betreffen:

οἴδαμεν δέ] et scimus **STV**: καὶ οἴδαμεν A Ψ 33 *plur*
ἥκει] + Zusatz et concarnatus est . . . **C**, + Zusatz et carnem induit . . . **S** (siehe S. 108); ohne Zusatz **TV**
διάνοιαν] + Zusatz optimum **K**; ohne Zusatz **STV**
τὸν ἀληθινόν] (ipsum) verum **C**; potestatem **M** (Sondertext des Ambrosius); eum qui verus est **S**; quod est verum **T**: τὸ ἀληθινόν ℵ*; verum deum **V**: + θεόν A 33 *plur*
ἐσμὲν ἐν τῷ ἀληθινῷ] ∼ in vero simus **M**; simus in vero **STV**
ἐν τῷ ἀληθινῷ ἐν τῷ υἱῷ] in vero filio **STV**: — ἐν τῷ (2) *pauci*
ἰησοῦ χριστῷ] iesu christo **ST**; *om.* **V**: — ἰησοῦ χριστῷ A
ἐστίν] + Zusatz enim **C**; ohne Zusatz **STV**
θεός] *om.* **S**: — θεός 88 915; deus **TV**
ζωὴ αἰώνιος] + Zusatz et resurrectio nostra (in ipsum) **S**; ohne Zusatz **TV**.

Für die Erhebung der griechischen Vorlage der Vulgata kommen nur die Lesart *verum deum* und die Auslassung von *iesu christo* in Betracht. Die hier erkennbare Bevorzugung von Varianten, die in A (33) bezeugt sind, bestätigt sich auch an anderen Stellen:

Jak 4, 14 γάρ] enim **SF**; *om.* **V**: — γάρ A 33
2 Petr 2, 11 παρὰ κυρίῳ] domini **S**; a domino **T**: *cf* παρὰ κυρίου P^{72} 913 1765; *om.* **V**: — παρὰ κυρίῳ A Ψ 33 *plur*
3, 13 κατά] secundum **T**; et **V**: καί A
1 Joh 4, 19 ἡμεῖς] nos **T**; nos ergo **V**: + οὖν A 33 *alii*
4, 19 αὐτός] ipse **T**; deus **V**: ὁ θεός A 33 *alii*
5, 10 τῷ θεῷ] iesu christo **S**; (in) deo **T**; filio **V**: τῷ υἱῷ A 33 ? *plur*
2 Joh 9 τὸν πατέρα καὶ τὸν υἱόν] patrem et filium **T**; ∼ filium et patrem **V**: τὸν υἱὸν καὶ τὸν πατέρα A 33 *alii*
12 ἀλλὰ ἐλπίζω] spero autem **T**; spero enim **V**: ἐλπίζω γάρ A 33 *plur*

3 Joh 13	οὐ θέλω] nolo **DT**; nolui **V**: οὐκ ἐβουλήθην A (οὐκ ἤθελον 323)
Jud 12	(ἐν ταῖς ἀγάπαις) ὑμῶν] vestris **R**[61] **T**; suis **V**: αὐτῶν A
18	ἔσονται] erunt **R**; venient **V**: ἐλεύσονται A 33 *plur.*

Es sei darauf hingewiesen, daß sich in 1 Petr solche typischen Beispiele nicht finden; aber der Charakter der griechischen Vorlage ist nicht grundsätzlich verschieden.

Im Unterschied zur Vulgata sind im Text **F** Lesarten bevorzugt, die in B belegt sind:

Jak 1, 17	ἀποσκίασμα] obumbratio **V**; obumbrationis **F**: ἀποσκιάσματος P23 B ℵ* 614
2, 3	ἐπιβλέψητε δέ = B C *alii*] et intendatis **V**: καὶ ἐπιβλέψητε ℵ A 33 Koine *plur*; respiciatis autem **F**
2, 3	στῆθι ἐκεῖ ἢ κάθου] sta illic aut sede **V**; ∼ sta aut sede illo **F**: στῆθι ἢ κάθου ἐκεῖ B *pauci*
2, 4	οὐ] nonne **V**; *om.* **F**: — οὐ B* *pauci*
5, 20	ψυχὴν αὐτοῦ ἐκ θανάτου] animam eius a morte **V**; ∼ animam de morte sua **F**: ψυχὴν ἐκ θανάτου αὐτοῦ P74 B *alii.*

Das Zeugnis der Vulgata für Lesarten von A, des Textes **F** für solche von B läßt die zeitgenössische Konkurrenz dieser griechischen Überlieferungszweige erkennen. Ohne über das Alter und über die Güte ihrer Vorlage unmittelbar etwas aussagen zu können, zeigen die lateinischen Belege, wie ihre Schöpfer „zu den verschiedenen Gestalten des griechischen Textes standen“, und bieten „für das Ansehen der von ihnen bevorzugten Lesarten ein chronologisch festes Datum“[62].

---

[61] Mit **R** wird in Jud der durch Lucifer und das pseudo-augustinische Speculum vertretene Text **D** bezeichnet, wenn Lucifer der einzige erhaltene Zeuge ist; vgl. VL 26/1, 92*f.

[62] Hermann von Soden (Einführung XVII) zur Vulgata und Peschitta.

MATTHEW BLACK

THE SYRIAC VERSIONAL TRADITION

In a paper which I read at the 1950 meeting of *Studiorum Novi Testamenti Societas* in Worcester College, Oxford, published subsequently under the title 'The New Testament Peshitta and its Predecessors'[1], I drew attention to the peculiar difficulties and perplexities which beset the student of the Syriac Bible: 'Behind the Syriac New Testament, there looms, in a phrase of the late Dr. Rendel Harris, the spectral form of the lost Harmony or Diatessaron of Tatian, not to mention . . . the Old Syriac, both Gospels and Epistles, the latter in a still unrecovered version[2]'. In that study I was concerned with one aspect only of 'this undergrowth of obscure, and in places somewhat tangled, tradition', namely, the emergence out of it of the Peshitta or Syriac Vulgate. In this present communication which you have invited me to make, I shall endeavour to report on the present position in research on the main problems of the textual history of the Syriac New Testament, in all its classic forms, Diatessaron, Old Syriac, Peshitta, Philoxenian, Harclean, and Palestinian Syriac.

Some aspects of the Syriac versional problems are more spectral than others. Thus, there still remains some degree of uncertainty about the original language, Syriac or Greek, in which Tatian composed his famous Harmony. The discovery of one genuine Greek fragment has not brought the problem any nearer solution: indeed, if anything, its evidence seems to support a Syriac original[3]. Moreover, the Syriac version, whether original or not, need not have been all Tatian's composition, for there may have been a Syriac gospel before the Syriac Diatessaron[4]. What is quite certain is that Tatian's Diatessaron circulated in both Syriac and Greek forms[5].

---

[1] *SNTS Bulletin* 1, p. 51–62.

[2] *ibid.*

[3] Cf. P. Kahle, *Die Kairoer Genisa*, Berlin 1962, p. 311ff.

[4] Cf. Eusebius, H. E., IV. 22. 8. Hegesippus's *syriakon* could refer to a pre-Tatian Syriac gospel.

[5] For other 'Greek' claimants besides the genuine Dura fragment, see B. M. Metzger, *Chapters in the History of New Testament Textual Criticism*, Leiden 1963, Tatian's Diatessaron and a Persian Harmony of the Gospels, p. 97ff.

If I am concerned in this paper mainly with the central problems of the textual history of the Syriac versions, and seem to take little account of the vast secondary Tatianic tradition, this is not from any inclination to undervalue its importance or to ignore the important work, for instance, of Marmardji on the Arabic, Plooij and

The central problems of the early history of the Syriac versional tradition concern the inter-relationship of the Syriac Diatessaron, the Separate Gospels (Sinaiticus and Curetonianus) and the Peshitta. Before we turn, however, to these problems, mention must be made of the vast accumulation of work since 1939 on the recovery of the Syriac Diatessaron, not only by the reconstruction of its text from secondary sources, but in the collection of Syriac patristic quotations, and, above all, through the discovery of the original Syriac commentary of Ephraim. In this area Syriac scholars are especially indebted to the splendid work of Dom Louis Leloir[6]. Leloir's work has undoubtedly formed a basis for the *de luxe* edition of Tatian in the Spanish Polyglot[7]. In addition to the reconstructed Syriac text, with accompanying Spanish translation, the edition contains a very useful and up-to-date bibliography (page XI). It may be felt that the 'excerpting' of Tatian's Diatessaron from Oriental Fathers known to have used it may be a somewhat precarious procedure; it takes no account of the vagaries in the methods of the early Syriac writers in quoting Scripture; their frequent *ad hoc* translations from the Greek; their habit of abbreviation; and the possibility, to which Burkitt drew attention[8], that they were influenced at more than one point by non-Tatianic (Syriac?) tradition. Nevertheless, the work is a very useful source-book and a monument of Spanish erudition.

One would imagine that the immense labour which has been expended in the recovery of the Syriac Diatessaron would have yielded fresh light on the dark relationships of the early Syriac versions, and, it is true, theories of early Syriac textual history continue to flourish on the basis of accumulating knowledge. The most prolific writer in this connection is Arthur Vööbus; and we shall have occasion to examine

---

his collaborators on the Dutch, or Messina's edition of the Persian Harmony (see Metzger Chapters, *loc. cit.*).

This seems an appropriate point also to mention Professor Metzger's indispensable bibliography of the Syriac versions in *Studies and Documents*, volume 16, Copenhagen 1955, page 27f. covering the period 1914–1939.

[6] "Divergences entre l'original syriaque et la version arménienne du commentaire d'Éphrem sur le Diatessaron", in *Melanges Eugène Tisserant*, II Vatican City 1964, pp. 303–331. *S. Éphrem. Commentaire de l'Evangile Concordant. Version Armenienne.* (C.S.C.O. 13–45, Arm 1 + 2), Louvain 1953 and 1954. *Doctrines et methodes de S. Éphrem d'après son commentaire de l'évangile concordant (original syriaque et version arménienne)* (C.S.C.O. 220, Subsidia 18), Louvain 1961; *Le Témoignage d'Éphrem sur le Diatessaron* (C.S.C.O. 227, Subsidia 19), Louvain 1962; *Éphrem de Nisibe Commentaire de l'Évangile concordant au Diatessaron* (C.S.C.O. 180, Subsidia 12), Louvain 1958. *Saint Éphrem, Commentaire de l'Évangile concordant texte syriaque* (Manuscrit Chester Beatty 709) Dublin 1963.

[7] *Biblia Polyglotta Matritensia*, Series VI, *Vetus Evangelium Syrorum Diatessaron Tatiani editionem curavit Ortiz de Urbina*, S. I., Madrid 1967.

[8] *Evangelion da-Mepharreshe*, II, Cambridge 1904, p. 189ff.

some of his views in his numerous works in this field, brought conveniently together in his two most recent books on this subject, *Early Versions of the New Testament*[9] and *Studies in the History of the Gospel Text in Syriac*[10]. Both works contain extensive bibliographies, including the author's own writings.

The quotations in Ephraim's Syriac commentary on the Diatessaron have been taken, no doubt directly, from Ephraim's own copy. This by itself need not mean very much: Aphraates and the *Liber Graduum* no doubt similarly drew their quotations directly from their copies of the Diatessaron. But, since Ephraim is writing a commentary on the text of the Diatessaron, the succession of quotations together constitutes virtually a skeleton copy, or at least a torso of the original Syriac work. This proves, however, on closer investigation, to be a very fragmented copy; like his contemporaries, Ephraim appears to quote freely, with additions, omissions, and adaptations, and few of the quotations are extensive. The Oriental Fathers' attitude towards the text seems to have been a somewhat liberal one, concerned with its content rather than with precise quotation; quotations, e. g., are adapted to give a general application (Mt. V. 23, LG 496; Mt. xix. 28, LG 197; Mt. xxii. 37–39, LG 373)[11]. Mt. xix. 28, LG, the promise to the Twelve to sit on twelve thrones, is that they will judge, not the twelve tribes of Israel, but the 'families of mankind', clearly a generalising or universalising of the Matthaean quotation. There are similarly free, inner-Syriac interpretations of the text for a variety of motives. In general, free adaptation rather than precise quotation appears to have been the rule. Occasionally there is no obvious motive for an alteration as, e. g., in Ephraim's *Commentary*, in the otherwise verbally exact rendering at Mt. xii. 39–40, the story about Jonah, which reads: 'Just as Jonah was in the midst of the sea (ܒܓܘ ܝܡܐ) three days and three nights' instead of 'in the belly of the monster'. Some of these free adaptations could come from Tatian's own hand, but such a question is obviously one it may be impossible to answer.

Nevertheless, in spite of these limitations, the new Syriac commentary is an invaluable primary source for a knowledge and reconstruction of the Syriac Diatessaron. There is now first-hand evidence of the Diatessaron, in its original Syriac form, with which we can compare and evaluate the Armenian translation which has survived, and examine the relationship between the Syriac Diatessaron and the two Old Syriac manuscripts of the Gospels and the Peshitta.

---

[9] Stockholm 1954.

[10] C.S.C.O. 128, Subsidia 3, Louvain 1951.

[11] Cf. "The Nature of the Gospel Quotations in the Syriac *Liber Graduum*," by Fiona J. Parsons, unpublished thesis for the degree of Ph. D. of the University of Birmingham (1969), p. 187.

Reference was made above to my study of 'The New Testament Peshitta and its Predecessors'.[12] The main thesis of that paper, which was developed out of a critique of the work of Arthur Vööbus on the Syriac versions, was that, while the famous theory of F. C. Burkitt that Bishop Rabbula of Edessa (fl. c. 411 A. D.) was the 'author' of the Peshitta — a view rejected by Vööbus — is substantially correct, the text-type and translational form of Rabbula's Peshitta Gospels or, perhaps more accurately, his *pre-Peshitta* Gospels, was more closely akin to that of the Old Syriac Separate Gospels than to the final definitive text of the Syriac Vulgate which has reached us; the latter, I argued, was not achieved until the end of the fifth century rather than at its beginning. Athena may have sprung full-grown out of the head of Jupiter, but it was always seemed to me extremely doubtful that the Peshitta came perfectly formed from the head of Rabbula of Edessa.

This result of these earlier studies, I propose, so far as the present paper is concerned, simply to assume. It is open, of course, to discussion and challenge, and if I do not enter into this problem in detail now, it is solely in the interests of economy of space — the view I have argued has been discussed in full elsewhere[13] — and not from any tendency on my part to underestimate its importance; this theory of Peshitta origins introduces a quite new point of view and perspective for the assessment of the evidence; and, as will be seen, it represents a central pillar in the argument I shall now put before you about the origins and date of the Old Syriac Gospels.

Probably the least intractable of the problems of inter-relationship among Syriac versions is the relationship of Sinaiticus to Curetonianus. The best-known edition of S and C is that of F. C. Burkitt, *Evangelion da-Mepharreshe*, in which Burkitt collated the Sinaiticus palimpsest to the text of C, in spite of his own conviction that S was the older text. This was largely an accident: Burkitt took over a commission originally given to R. L. Bensly who had been asked to produce an edition of

---

[12] Cf. further, M. Black, „Zur Geschichte des syrischen Evangelientextes", *ThLZ* 77 (1952), pp. 705–710; "Rabbula of Edessa and the Peshitta", BJRL 33 (1951) pp. 203–210, "The Gospel Text of Jacob of Serug", *JThS*, NS 2 (1951), pp. 57–63.

[13] Vööbus's discussion (*Gospel Text in Syriac*, p. 65, n. 2) contains some curious arguments. Cf. also J. Kerschensteiner, *Der altsyrische Paulustext*, C. S. C. O., Sub. 37, Louvain, 1970. p. 184ff. Kerschensteiner is not convinced that Rabbula's Peshitta was a 'half-way house' before the final definitive Peshitta text and prefers to explain the 'mixed Peshitta-Old Syric' text-forms as most readily explained from their Greek *Vorlage* by an ingenuous use of familiar Syriac renderings. This explanation may well apply to quotations where there is a Greek *Vorlage*, but it cannot account for the 'mixed texts' in Jacob of Serug or in the Phillips Codex (see 'The New Testament Peshitta and its Predecessors', and 'The Gospel Text of Jacob of Serug').

Curetonianus *before* the Sinaitic palimpsest was discovered. The result was a far from uniform text, for where Curetonianus was lacking, the text was filled out by the Sinaitic manuscript. All this was later corrected in the 1910 edition of Mrs. Lewis who took Sinaiticus as collational base[14]. Objections have been raised to this procedure on the grounds that the two manuscripts represent quite independent translations of the Separate Gospels. In his *Cairo Geniza*[15], for instance, Paul Kahle argued that the result of this accident of editorial history was that differences between S and C tended to be obscured, although many of these had been recognised by Burkitt in his edition; the impression was certainly given that they were, in fact, two recensions of the same original, basic translation; they ought to have been edited, Kahle argued, on the same lines as Jülicher's *Itala*. There was substance in this criticism: C. C. Torrey had drawn attention to the linguistic peculiarities of Sinaiticus which showed evidence of having been composed by someone who was by no means perfect in Edessene Syriac; there were traces indeed of West Aramaic influence in Sinaiticus[16]. In spite of the suspicions which this criticism has aroused about the relationship of these two manuscripts, the view is still generally held that, in fact, they are closely related, and that Curetonianus is a recension of the earlier Sinaitic text. S is the older text, and was undoubtedly composed by a Syriac translator who was familiar with idioms other than those of pure Edessene Syriac. The edition of Mrs. Lewis in that case would be the right one; the Sinaitic manuscript to be made the base for the collation of Curetonianus, Peshitta, etc. Her further observation that the manuscript was originally produced in Antioch seems to me to be an insight which would account for the presence in it of non-Edessene idioms[17]. It may also be of importance when we come to discuss the history and further relationships of these ancient Syriac versions.

The main problem, however, with which we have to deal is still the relationship of this Sinaitic-Curetonian translation to the Diatessaron. Since Theodor Zahn, the view has been widely defended that priority belongs to the Separate Gospels and that Tatian derived his text from them. The view has found many followers. It was accepted by H. C. Hoskier[18], and it is the foundation of his theories. Hjelt agreed[19], and

---

[14] *The Old Syriac Gospels or Evangelion da-Mepharreshe*, edited by Agnes Smith Lewis, London 1910.

[15] ed. Berlin 1962, p. 302ff.

[16] *Documents of the Primitive Church*, New York 1942, p. 249ff.

[17] Cf. Kahle, *loc. cit.*

[18] *Concerning the Genesis of the Versions of the New Testament*, I, London 1910, p. 69ff., p. 365.

[19] *Die altsyrische Evangelienübersetzung und Tatian's Diatessaron*, Leipzig 1903, p. 162ff.

Mrs. Lewis[20], Alphonse Mingana[21] and C. C. Torrey[22] took the same position; in the first edition of my *Aramaic Approach* I was inclined to take a similar view, mainly on the grounds that there must have been some translation of the Gospels into Syriac before Tatian[23]. More recently, M. Meinertz has also defended this solution[24]. The position of Burkitt in this connection is peculiarly interesting. His earliest assessment appeared in an article on the Sinai palimpsest of the Old Syriac Gospels[25], when he wrote: 'The arguments for the priority of the Diatessaron, which were satisfactory enough against the Curetonianus break down when applied to Syrus Vetus represented by the Sinai palimpsest'[26]. But, as Paul Kahle has pointed out[27], ten years later, after he had edited the text, he had completely altered his opinion. In the second volume of his *Evangelion da-Mepharreshe*, p. 206f., Burkitt develops the theory that the Separate Gospels were introduced in Syria under the reforming Bishop Palut who flourished about 200 A.D. In his re-organisation of the church in Edessa — bringing it into closer union with the church of the west — Palut is credited by Burkitt with the introduction not only of the Separate Gospels and Acts but of the fourteen Pauline Epistles, together with a revised edition of the Old Testament[28]. Thus, the Sinaitic Separate Gospels took its origin subsequent to the Diatessaron, reflecting the Greek text current in Antioch about the year 200; it had, of course, been influenced at many points by the Diatessaron. Burkitt emphasised the connection which Palut had with Serapion of Antioch who was well-known as being especially active in promoting the use of the Four Gospels. 'It is difficult to believe that the origin of the *Evangelion da-Mepharreshe* is unconnected with the policy of Serapion and the mission of Palut'[28].

Unfortunately (as Burkitt was not unaware) the sources for his theory, the *Doctrine of Addai*, are the stuff of legend; and the fact that the Diatessaron continued to occupy an unchallenged canonical position in the Syriac Church for two more centuries makes the Addai tale seem more of a lie than a legend. W. Bauer is probably to be followed in his conclusion that the entire Addai story, including Palut, was a pious fabrication by the orthodox to give themselves stronger credentials[30].

---

20 *The Text of the Sinai Palimpsest* (Expositor VIII, 2), London 1911, p. 13.

21 *Expository Times* 26 (1914), p. 48.

22 *op. cit.*, p. 274. 23 3rd edit., p. 266ff. Cf. *supra*, p. 120 n. 4.

24 *Neue Funde zum Text des Neuen Testaments*, Münster 1949.

25 *The Guardian*, 31st October 1894.

26 *The Guardian*, 31st October 1894.

27 *op. cit.*, p. 306.

28 *Early Eastern Christianity*, London, 1904, p. 77.

29 *Ev. da-M.*, ii, p. 208.

30 *Rechtgläubigkeit und Ketzerei im ältesten Christentum*, 2nd ed., Tübingen 1964, pp. 6–48.

It is time, however, that we turned from this discarded theory to the new data which the reconstruction of the Syriac Diatessaron has provided. As Vööbus has rightly observed: 'one cannot say that this old controversy [the relationship of the Old Syriac to the Diatessaron] has come any closer to its clarification. There has been no development which might help to settle it finally in one way or the other, and the argument has moved along very general lines'[31]. Vööbus's own views are along the lines of Baethgen who had pointed to the many harmonistic readings in the Old Syriac text. He offers the opinion that the new material which has accumulated will lead us in the end to one logical conclusion 'that the Old Syriac text type depended on the rich heritage of the Diatessaron and that the priority of the Diatessaron is attested to by incontrovertible evidence'[32].

The main problem, therefore, is still open and unsolved, and the evidence which I am now presenting in the accompanying illustrations is a tentative and exploratory approach to a solution. It has in part been compiled by Drs. Tj. Baarda on the basis of material which was examined and discussed in a joint seminar with New College, Edinburgh, held in St. Andrews in session 1967–1968. The general conclusion which was reached in this connection was along the lines formulated by Vööbus. The basis of the study was the newly discovered Syriac Commentary of Ephraim on the Diatessaron, but this has been supplemented by longer extracts from Īšo'dâḏ of Merv and the Valdevielso fragment. For some this may seem like flogging a dead horse; I prefer to think of it as the interment of a dead hypothesis, the alleged priority of the Old Syriac to the Diatessaron.

The extent to which the Old Syriac Gospels have drawn on the rich heritage of the Diatessaron is evident from a glance at the first two examples. (See Appendix A, p. 143–144) At John x. 11, the Sinaitic Syriac is verbally identical with the Diatessaron text. Matthew xiii. 37f. shows the same high degree of verbal agreement, but with two highly characteristic features of this early versional tradition, namely, an abbreviation (the words 'and the field is the world' are omitted) and a 'moralising' addition, interestingly enough attested for Tatian independently by the text of Īšo'dâḏ: 'and how is it possible that the seed should be good and its sower bad?' Comparison of the Valdivielso fragment and T^{Earm} with S and C yielded similar results (notes, p. 145–149); in addition to a substantial element which all have in common there are eleven distinctive Tatianic readings in the Old Syriac of these five verses; examples below at Matthew i. 19, line 41, Matthew i. 20b, lines 31 and 32. The same feature of addition and omission noted

[31] *Early Versions of the New Testament Manuscript Studies*, p. 77.
[32] *The Gospel Text in Syriac*, p. 168.

above occurs in these excerpts: for example, at Matthew i. 20a, lines 22–30 in Valdivielso (notes, p. 148) are omitted in the Moesinger edition of the Armenian. It seems very probable, as Baarda has conjectured, that this is a genuine part of the original Tatian text and Ephraim's Commentary (see note on p. 148 to Matthew i. 20a)[33]. A similar addition occurs at Matthew i. 18, lines 20–22, but this time in the Armenian, the words being lacking in the Valdevielso fragment.

These omissions or abbreviations in the Tatianic versional tradition are of peculiar interest and importance. The reason for these Tatianic 'non-interpolations' was almost certainly the need to accommodate the four Gospels in a single Gospel book. The next example (notes, p. 151, Luke vii. 45, 47) is one such Tatianic 'non-interpolation'. It is, however, of interest to note that the Tatianic abbreviated text here makes singularly coherent sense; the omission of the clause λέγω σοι ὅτι ἠγάπησεν πολύ removes a notorious *crux interpretum.*

The next example, Mark xi. 20–23, Matthew xxi. 20–21, is a typical instance of the harmonised Diatessaron text; comparison with the Greek texts of Mark and Matthew, which it brings together, may show the extent of the abbreviating which has taken place in the composition of the original Harmony.

It is important to bear this central feature of Tatian's work in mind, since, while at times it is clear that the Old Syriac has taken over not only individual readings of the Syriac Diatessaron but turns of phrase, original locutions, even whole sentences, giving the impression, which is probably a correct one, that the basis of the Separate Gospels was in fact Tatian's work, nevertheless, if one is to form a proper estimate of the amount of new translation which the authors of the Separate Gospels had to undertake, one must bear prominently in mind the abridged character of their main source. The text which was inherited from Tatian had to be explanded in the light of the current Greek model. It is perhaps true to say that the authors of the Separate Gospels derived a great amount of their material — the stones, so to speak, with which they built — from Tatian's Harmony, but this does not alter the fact that, even though many of the stones were old stones, it was a new building which they erected, and incorporated a great deal of new Syriac translation work.

The next example (notes, p. 152), of John iv. 25, is a good illustration of this development or growth of a text where, as it happens, the Curetonian Syriac is almost identical with the Peshitta. The Sinaitic Syriac has the Tatianic reading in a slightly fuller form; the Curetonian

---

[33] It is further evidence for the inclusion of a 'Genealogie' in Tatian (cf. Leloir, *Le Témoignage*, p. 84ff.).

reading corresponds to our Greek text with the omission of the words ὁ λεγόμενος Χριστός (an omission found only in these two Syriac versions).

I have selected this reading of John iv. 25 as a test case for the whole problem of the relationship of the Separate Gospels to the Diatessaron. In the verdict of F. C. Burkitt which I have cited (notes, p. 152), there are two alternatives which, he points out, confront us on almost every page of the Separate Gospels. I leave aside at the moment the question of the date of the Separate Gospels; Burkitt seems to be in some slight doubt here as to whether, in fact, this could have been a translation made by Palut about 200 A. D.: but more on this problem shortly. The main issue here, as throughout the Gospels, is where – granted the reading of Sinaiticus is that of Tatian's Harmony, which Burkitt concedes – we are to look in S or C (= Peshitta), for the original text of the Separate Gospels. We may suppose (with Burkitt) that it is that of the Curetonian Syriac, while S is an assimilation by a later scribe to the text of the Diatessaron; or that the original Old Syriac version was the one which is based on the Diatessaron and that this has been faithfully preserved in Sinaiticus, whereas Curetonianus represents the work of a later reviser, at whatever period this revision took place, bringing the Sinaitic text into closer agreement with the Greek. Burkitt concluded that the first alternative was correct, that Curetonianus gave the original rendering of the *Evangelion da Mepharreshe* and that Sinaiticus was altered to agree with the Diatessaron. In the light of the examples which we have studied, it seems to me that it is the opposite which is in fact true, namely, that the original Syriac Separate Gospels is here represented by the Sinaitic palimpsest, in complete agreement with its Diatessaron source, and that Curetonianus is a later adaptation of it to a current Greek model. I have said that this is a test case; in effect, this conclusion means that, wherever the text of Tatian has been preserved, whether in Sinaiticus, in Curetonianus, or in the Peshitta, we are dealing with the original basic text of these Gospels.

There remains the historical question, namely, the time and place in the history of the Syrian church when the Separate Gospels were composed and introduced.

The most recent discussion of this problem is in Vööbus's *Early Versions* (p. 75ff.). Vööbus recalls Mrs. Lewis's optimistic dating of the Separate Gospels to the middle of the second century and Burkitt's 'more successful conjecture' that they are to be placed about the year 200 A. D. He rejects both theories, the latter on the grounds that Palut's rôle as a reformer is about as doubtful as his alleged ordination by Serapion of Antioch. Lagrange felt that Burkitt's dating was much too early, and that the origin of the version must have been much later, possibly in the beginning of the fourth century[34]. Vööbus's own view is that separate Gospels were, in fact, in existence in Syriac in the time of Bishop Aitallaha of Edessa (fl. 324–346 A. D.) as the official form of the Gospel in the Edessan church; and he concludes from this that we are justified in assuming that their origin is probably to be placed in the third century[35]. The evidence for Aitallaha's 'official use' of the Separate Gospels is contained in a letter preserved in an Armenian translation[36] which Vööbus claims shows that Aitallaha used a Tetraevangelium of an old Syriac type. How far the 'official use' of Separate Gospels throughout the whole Edessan church can be inferred from a single reference to individual Gospels in Syriac by a single Syrian bishop is open to question; at an earlier period, Ephraim can also refer to Separate Gospels[37]. The probability is that there was more than one individual effort at translating the Greek Gospels, translations made *ad hoc* by the Early Fathers in their exposition of the Gospel; there may even have been different attempts to introduce them into individual churches as lections in church services; but this hardly justifies the conclusion that such Separate Gospels were in widespread *official* use by the whole Syrian church at this early period. The reputed evidence of Eusebius[38] in this connection is unimpressive: his reference to the Diatessaron of Tatian suggest that he had never himself seen a copy, and his statement that it was still used by some — implying the use of Separate Gospels by others — hardly agrees with the Syriac translator of his History (writing about 350) that the Syriac Diatessaron was still in widespread use by many in his time[39]. The first attempt to produce Separate Gospels may well have begun in the third century, and it is no doubt possible to trace the archetype of S and C to these early efforts. Much of this, however, remains in the realm of conjecture. The important question, it seems to me, is not only to ask how soon in the history of the Syrian Church attempts were made to translate and introduce Separate Gospels to replace the Diatessaron, but at what period and under what circumstances complete copies of the Separate Gospels became the official and canonical form of the Gospel text; here, as we shall see, it was not until the time of Rabbula of Edessa (fl. c. 411) that the Edessan church officially rejected the Diatessaron in favour of 'Separate Gospels'.

The main problem about these early attempts at translation of the four Gospels into Syriac is whether we have to do with complete

[34] *Critique textuelle*, II, p. 205, 208. [35] *Early Versions*, p. 76.

[36] *Aithallae episcopi Edesseni epistola ad christianos in persarum regione de fide*, ed. J. Thorossian, Venetik 1942.

[37] Burkitt, *Ev. da-Mepharreshe*, II, p. 190; Vööbus, *Studies*, p. 39.

[38] H. E. IV. 29. 6.

[39] E. H. (Syr) ed. Wright and McLean, p. 242.

translations of all four Gospels for ecclesiastical or private use, or of a number of *ad hoc* efforts at translation of the separate Gospels and possibly even of portions of them. Vööbus takes the view, mainly based on the conjectures of Baumstark and Peters, that the early Syriac patristic quotations of the Gospels point to the existence of a great many different versions of the separate Gospels in Syriac comparable to the many old Latin versions in circulation in the early centuries. Baumstark had argued on a comparison of quotations in the work of Titus of Bosra and in the Syriac version of Eusebius' *Theophany* that underlying both was one of these Old Syriac Separate Gospels, quite independent of either S or C, but, like each of them, a single Old Syriac Gospel text[40]. C. Peters examined this evidence thoroughly and came to an opposite conclusion, namely, that the version of the Syriac Gospels cited by Titus of Bosra was quite independent of the version which had been utilised by the translator of the Syriac *Theophany*; and that the material which they undoubtedly had in common, in Syriac translation as well as in their textual variants, all derived from the dependence of both on the Syriac Diatessaron[41]. He did not, however, allow for the possibility that the quotations in both these works represent simply *ad hoc* translations of the Greek Gospels which had been influenced by the Diatessaron. Both Baumstark and Peters were, nevertheless, of the opinion that there were many Old Syriac Gospels in circulation similar to the Old Latin versions of the Gospels, in spite of the fact that two manuscripts only have survived. This is the position which Vööbus has inherited and which he seeks to defend. In the light of the evidence we possess, it can, I think, be said with some certainty that attempts to translate the Separate Gospels into Syriac were made by different Fathers in these early centuries. When this began it is impossible to say, but the evidence we do possess points to the existence of such attempts in the middle of the fourth century. The further conclusion, however, that there were many Old Syriac Gospels in circulation, comparable to the Old Latin, is not borne out by the evidence as we have it; that evidence consists entirely of patristic citations which, while reflecting unmistakable Diatessaron influence, cannot themselves prove the existence of separate Gospels; and the fact that two only of such Separate Gospel translations have survived strongly suggests that the Diatessaron held its own as the main canonical Gospel Book in Syriac down to the time of Rabbula of Edessa.

There are text-critical as well as historical reasons supporting this later dating of the Old Syriac. While the Greek text underlying it is no

[40] Titus von Bosra, p. 390. „Die syrische Übersetzung des Titus von Bosra und das Diatessaron", *Bibl* 16 (1935), pp. 257–299. See especially p. 290.

[41] *Das Diatessaron Tatian*, Rome 1939, p. 37ff.

doubt correctly regarded as by and large a 'Western' type of text (it was this large 'Western' element in the Diatessaron which led Burkitt to reverse his judgement about the priority of S) there is also, as Burkitt himself pointed out[42], some striking agreement with the B-Aleph text-type; S omits all and C more than half of the so-called Western 'interpolations'. So far as the Western 'non-interpolations' are concerned, the same pattern is observed; the Old Syriac is divided. If we take the seven passages recently examined by K. Aland from Luke xxiv[43], the Old Syriac supports four of the famous readings omitted in the Western text (Luke xxiv. 6, 12, 32, 51), passages which have all now been restored, on the basis of papyrus evidence *inter alia*, to the Nestle text. It cannot be without significance that this high proportion is to be found in the Sinaitic palimpsest: there has been here, as in the omission of the Western interpolations, a movement away from the purely Western text-type of the Diatessaron in the direction of the Alexandrian text-tradition. These coincidences with the Alexandrian text are not confined to a comparatively few and easily recognisable passages. As Burkitt wrote: 'All through the Gospels S and to a certain extent C also agrees with B-Aleph in omitting words and clauses found in most other manuscripts'. Mrs. Lewis drew attention to a striking coincidence of readings of S with the minuscule 565[44]. Besides all this, S shows unmistakable influence of the so-called Koine text, and here again Burkitt is his own witness, for he noted that while in general the Textus Receptus 'has but little affinity with the Old Syriac version' yet 'in a few cases, some of these of considerable importance, the Old Syriac does agree with the later Greek manuscripts against the early Western and Alexandrian influence[45]. While there can be no doubt that the Antiochene text, like the B-Aleph text, goes back at least in its roots several generations before Lucian, the question which is forced upon us is whether such substantial evidence of Alexandrian and Antiochene influence could have been exercised on a version produced earlier than the middle of the fourth century.

The question of the origin of the 'Western non-interpolations' is a much debated one, and he would be bold indeed to venture a fresh solution: nevertheless, it has seemed to me for some time that these 'Western non-interpolations', so far from proving that the texts which they have succeeded in ousting are spurious, are really as much evidence for their genuineness, since they are possibly nothing more, originally, than Tatianic excisions or 'non-interpolations', undertaken in the interests of an abridged Gospel book. These famous 'Western'

[42] *Evangelion da-Mepharreshe*, II, p. 226.
[43] *NTS* 12 (1965–1966), p. 195ff.
[44] *The Old Syriac Gospels*, London 1910, p. 333ff.
[45] *op. cit.* p. 224ff., cf. B. M. Metzger, *Chapters in the History of Textual Criticism*, p. 37.

omissions may have been simply due to the continuing influence of Tatian's 'bowdlerized' Gospel.

To return to the question of history and date: if we are moving in the realm of legend in the period of Palut, the situation is quite different when we move to the beginning of the fifth century. The situation then is well-known from the famous statement of Theodoret, Bishop of Cyrrhus, north-east of Antioch, from 423 to 457. Theodoret tells us that he discovered as many as two hundred copies of the Diatessaron in his diocese of eight hundred villages, incidentally, as Burkitt points out, a circumstance that proves the use of the Diatessaron far beyond the Oesrhoene area and Edessa. These two hundred books were suppressed by Theodoret and replaced by 'the Gospels of the four evangelists'. There seems little doubt that this reform in the Antioch area followed the same pattern as the reforms introduced in Edessa by Rabbula himself, the reputed author of the Peshitta. The famous reference in the Canons of Rabbula, comparable to St. Augustine's notice of the Itala, reads: 'He gave instructions that the priests and the deacons should "have a care that in all the churches a copy of the Evangelion da-Mepharreshe should be kept and read[46]".

Ever since Burkitt's pioneering work, and until the recent researches of Arthur Vööbus, it has been uncritically assumed that Rabbula is referring to his own new revised version, that is, the translation which we now call the Peshitta. As I have argued in my Worcester College paper, the reference is no doubt to a pre-Peshitta form of text of the Separate Gospels, but one almost certainly to be identified with the same text and translation type of Separate Gospels of which two copies have survived in S and C. We have no other texts which throw any light on the nature of this so-called pre-Peshitta text[47], but we have many quotations in the Syriac Fathers of the fifth century which suggest that a mixed form of text, Old Syriac and Peshitta, was in wide circulation during this period. The argument which I developed in that earlier paper was that it was not until the end of the fifth century that the final, definitive form of the Syriac Vulgate was achieved, but that in the fifth century it was the Separate Gospels, with the text-type of S and C, which were the first attempts at the introduction of the four Gospels into the Syriac church.

There seems to be general agreement that the earliest possible date for the copying of S and C was the beginning of the fifth century: they were presumably copied for use from an archetype which cannot have been so very much older, possibly dating from the middle of the fourth

[46] G. Burkitt, *op. cit.*, II, pp. 161ff., 176.

[47] Cf., however, my "The Text of the Peshitta Tetraevangelium", in the de Zwaan-Festschrift *Studia Paulina*, ed. E. F. Bohn, Haarlem 1953, p. 20ff., and Vööbus, *Syriac Versions*, p. 87ff.

century. Any second-century material they contain must be traced to the Syriac Diatessaron. My guess would be that the da-Mepharreshe, S and C, are the products of the School at Antioch, and that the pre-Peshitta, i. e., the Old Syriac basis of the Syriac Vulgate, was a parallel work undertaken by Rabbula in Edessa; but this is no more than an informed guess, whereas a fourth or even fifth century date for Sinaiticus and Curetonianus becomes a serious possibility.

In 1950, I wrote on the text of the Acts and the Epistles[48] along the following lines[49]. No Old Syriac text of the Acts or Epistles has ever been found, but studies by Zahn[50], J. H. Bernard[51], F. H. Woods[52], and J. A. Robinson[53] of the works of Aphraates and of an Armenian translation (with Latin rendering) of a Commentary of Ephraim on the Pauline Epistles[54] sought to establish that both Ephraim and Aphraates employed an Old Syriac version of the Apostle. Affinities with the Greek text current in Rome in the second century and a statement in Eusebius that Tatian had occupied himself with the Pauline Epistles as well as with the Gospels[55], led to the conjecture by Zahn that the Syrian Church owed its first translation of the Epistles of St. Paul, as it had its Gospels, to Tatian himself[56]. A detailed study by Zahn of Aphraates' text of Paul, in which a section was devoted to the Acts of the Apostles, showed the extent of its difference, not least in its Greek basis, from the Peshitta, but also the no less significant amount of common material, many of the freer, more colloquial expressions of the older version having been inherited by the Peshitta[57]. Similar observations were made by Rendel Harris[58] and Michael Kmosko[59]; and in Dr. Joseph Molitor's book, *Der Paulustext des heiligen Ephraim*[60], it is argued that the Peshitta revision of the Epistles

---

48 The section of the paper which follows, on the Acts and Epistles, was read, in a shorter form, to the Strassbourg Colloque on *La Bible et les Peres* on 3rd Oct., 1969.

49 *SNTS Bulletin* 1 (1950), p. 52.

50 *Geschichte des neutestamentlichen Kanons* I. 1, p. 423ff.; cf. *ThLBl* 14 (1893), col. 455, 463, 471.

51 *Guardian*, May 9th, 1894.

52 "An Examination of the New Testament Quotations of Ephrem Syrus", in *Studia Biblica et Ecclesiastica*, Oxford 1891, p. 105ff.

53 *Euthaliana, Texts and Studies*, III, 3 (1895), pp. 83, 91.

54 *S. Ephraim Syri Commentarii in Epistolas D. Pauli*, Venice, 1893; Armenian edit., Venice 1836.

55 *H. E.*, iv. 29. 6.

56 *Geschichte. loc. cit.*

57 *op. cit.*, II, Beil. VII, pp. 556–564.

58 "The Biblical Text used by Gregory of Cyprus", in *Oriental Studies presented to Paul Haupt*, Leipzig 1926, pp. 410–424; cf. *Expositor*, VIII, 6, London 1913, p. 464.

59 *Liber Graduum, Patrol. Syr.* I, *tom. tert.*, p. CLXIV.

60 *Monumenta Biblica et Ecclesiastica*, IV, Rome 1938.

has taken over the bulk of the older translation[61]; for the Greek originals of Ephraim's Old Syriac text, Molitor has noted unmistakable Marcion readings and frequent agreements with Tertullian, so far corroborating Zahn's conjecture.

The next significant contributions to the subject are in the work of Arthur Vööbus, A. Merk[62] and Josef Kerschensteiner[63]. Vööbus refers to the problem more than once in his numerous and widely scattered publications. In his larger work, *The Early Versions of the New Testament*, he revives the theory that the 'Old Syriac' text of the Apostolos, to be found in the fourth and fifth century patristic writings, had originally been composed by Tatian himself. This original 'metaphrase' of Tatian[64] had 'undergone a process of gradual accommodation, limiting and curtailing the "wild" elements'[65]. In his *Early Versions.* Vööbus refers to a study by himself entitled 'Das Problem der ältesten Apostolostextes im Syrischen' in *Orientalia Christiana Periodica*, 1955, and Alfred Wikenhauser cites the same article[66]. I have failed to trace this (obviously basic) study in the periodical cited, nor apparently has Josef Kerschensteiner[67]. Although these may be the latest studies of the subject, they are unlikely to be the last, for, as H. J. Vogels remarked in 1955, 'Nearly all the work (in his area of study) has still to be done'[68].

In his study of the 'Old Syriac' texts of Acts, where there are fewer quotations than in the Epistles, Kerschensteiner investigates Ephraim, the *Liber Graduum*, and Aphraates together, noting first of all the probably apocryphal addition in the accounts of Pentecost at Acts ii. 2, well established in the tradition of the Oriental Fathers: 'And there came the sweetness of the odour of the spirit, the Paraclete' (LG 553 = Ephr. Comm. Acts). Acts x. 19–20 (See Appendix B) illustrates the kind of 'Old Syriac' text which is to be found in these quotations. The

---

[61] p. 38*.

[62] „Der neuentdeckte Kommentar des hl. Ephrem zur Apostelgeschichte", *ZKTh.* 48 (1924).

[63] „Neues zum altsyrischen Paulustext", *Analecta Biblica*, 17/18 (1961); „Beobachtungen zum altsyrischen Actatext", *Bibl.* 45 (1964), p. 63f. *Der altsyrische Paulustext*. in C.S.C.O., Sub. 37, Louvain, 1970.

[64] The term is Vööbus's own, based on the description in Eusebius, *H. E.* IV. 29. 6, of the way in which Tatian handled the Pauline text: 'They say that he (Tatian) had the audacity to change some of the expressions of the Apostle (τοῦ δὲ ἀποστόλου φασὶ τολμῆσαι τινας αὐτὸν μεταφράσαι φωνάς) in the course of his improving the style'.

[65] Cf. Vööbus, *Investigations into the Text of the New Testament Used by Rabbula*, Pinneberg 1947, p. 33.

[66] *Einleitung in das Neue Testament*, 3rd ed., Freiburg 1959, p. 413.

[67] *Neues zum altsyrischen Paulustext*, p. 531, note 5.

[68] H. J. Vogels, *Handbuch der Textkritik des Neuen Testaments*, 2nd ed., p. 215.

verb, it will be noted, is freely rendered (Sy^{vg} has a more literal equivalent), and there are two additions in the text of the Fathers which have nothing at all corresponding in any other text or tradition; 'And came to him', 'and hesitate not'. This example alone is clear and unambigucus proof of the existence of a fixed form of pre-Peshitta 'Old Syriac' texts of Acts. Kerschensteiner concludes: 'It may be regarded as certain that the author of the *Liber Graduum* had used essentially the same 'Old Syriac' text of Acts as Ephraim; that Aphraates also used the same text, for this there is a certain degree of probability. Other patristic references prove to be too slight or too vague for any firm conclusions to be based on them'[69].

The question, however, is by no means closed, for, as Vööbus has pointed out, 'Old Syriac' forms of New Testament texts continue to be cited by later authors. Although the text of Acts does not appear to have been a favourite one for quotation, it may still be possible to recover, from other patristic sources, citations which will enlarge our knowledge of this 'Old Syriac' form of text. Meantime, the conclusion at any rate stands that an 'Old Syriac' text of Acts did once exist and is cited by Ephraim, the *Liber Graduum* and almost certainly also by Aphraates.

In his study of the text of the Epistles, Kerschensteiner maintained that it can quite convincingly be shown by many examples that Ephraim, the *Liber Graduum* and Aphraates all together quote substantially the same 'Old Syriac' text of St. Paul. This position had already been fairly convincingly argued by Zahn, Molitor, and others; Kerschensteiner simply adds to the accumulating evidence. In a dissertation which was submitted to the University of Leeds in 1951 by the Rev. Owen Evans[70], an exhaustive study was made of the quotations and allusions in these fourth and fifth century Oriental Fathers, and this study contributed some striking additional proof of the dependence of these Fathers on an 'Old Syriac' type of text; it was a free, paraphrastic and popular type of translation, where the authors had no hesitation at times in interpreting his text in the light of his own special presuppositions. Thus at Ephesians ii. 14f. (Appendix B), the τὰ ἀμφότερα is a neutral expression in the original: 'both (parties)', referring in general in this context to Jews and Gentiles. But this very neutrality leaves scope for freedom of interpretation, and the 'Old Syriac' translator here interprets of the 'two covenants' or 'testaments' which Christ 'unified'. The idea is undoubtedly reminiscent of Marcion, and this could well be a passage which one might explain as a 'metaphrase'. Certainly it is a paraphrase of the original Greek. It was

[69] *op. cit.*, p. 73.

[70] *Syriac New Testament Quotations in the Work of Aphraates and Contemporary Sources*, MA Dissertation, Leeds University, 1951.

possibly the 'Old Syriac' rendering of this verse which was replaced in the Peshitta by 'he made the two of them (feminine) one', since the feminine suffix may betray that the original referred to testaments '*diathekai*' (feminine).

Next in importance to the establishment of the existence of such an 'Old Syriac' text of the Epistles is the problem of the relationship of this text to the Peshitta, and in particular, the extent of the dependence on, or indebtedness of the Peshitta to, an 'Old Syriac' *Vorlage*. As II Cor. v. 10 clearly demonstrates (see Appendix B), where the evidence is present in the Oriental Fathers, the Peshitta does take over distinctive features in translation as well as in text which are traceable in 'Old Syriac' forms of text. Thus, (a) Aphr. and LG agree in their somewhat free rendering of φανερωθῆναι by 'to stand' and this is followed by the Peshitta: (b) note the passive rendering in Sy^{vg} = Sy^{vt} of ἃ ἔπραξεν, 'has been done by him'; (c) a Syriac tradition of interpretation takes ἃ ἔπραξεν, as predicate of κομίσηται; the usual understanding of this verse is that, for instance, of RSV, '[For we must all appear before the judgement seat of Christ], so that each one may receive good or evil, according to what he has done in the body.' Sy^{vg} = Sy^{vt} render: '[For we must all *stand* before the judgement seat of Christ], so that *each man should receive in his own body what has been done by him*'. The second example, I Cor. i. 27, the rendering of τὰ μωρά by a masculine, 'fools', might conceivably be traced to an original Greek variant, τοὺς μωρούς, but this seems unlikely, for there is no trace of such a Greek reading. It is more probably a free interpretation, but it is one which appears to have been in the Syriac tradition, since the 'Old Syriac' employs a synonymous word (ܗܕܝܘܛܐ = ܣܟܠܐ).

How are we to estimate the extent of the dependence of the Peshitta on its 'Old Syriac' basis? Zahn, followed by Molitor, argued that the bulk of the 'Old Syriac' original of the Acts and the Apostles had been taken over by the Peshitta. This was little more, of course, than a rough working theory and not a scientifically grounded hypothesis, so that clearly the question is one which calls for a more systematic treatment, so far as the material will allow. A beginning was made in the Leeds thesis of the Rev. Owen Evans. (see above, p. 135). Evans examined some fifty quotations in Aphraates, Ephraim, and the *Liber Graduum*, where two or more of these works cited the same passage. Thirteen cases proved to be allusions which were of no value for textual purposes. In the remaining thirty-seven passages, there were seventeen examples where Aphr. = LG against Sy^{vg}, nine (?ten) where Aphraates and/or LG disagreed with Sy^{vg}, i. e., twenty-six (?twenty-seven) examples of non-Peshitta Syriac readings. Of the ten/eleven passages left, eight examples of Peshitta readings were supported by one or other of the patristic witnesses. That is to say, about c. 73% of the quotations examined supported a different type of text from that of the Syriac Vulgate: 8/37, roughly 20% contained an 'Old Syriac' type of text which conformed with that of the Peshitta. No very exact scientific value can be attached to these figures in view of the inevitably small selection of the passages examined, but they are at least an indication of the situation. One can hardly say that the bulk of the 'Old Syriac' version was taken over by the Peshitta.

A more detailed impression of the nature of this 'Old Syriac' version may be obtained from a comparison of one of the most extensively quoted chapters in the Epistles, I Cor. xv, with the Peshitta. The following points are noteworthy, when Aphraates is collated with Ephraim's *Commentary on the Pauline Epistles* (Armenian) and the *Liber Graduum* where extant.

1. There is the same kind of evidence as examined above for the existence of a common 'Old Syriac' version or interpretation used by these fourth, fifth century Fathers. E. g., V 28 (*in omnibus*, in all men), 37 (a *single* naked grain), 38a (δίδωσιν. 'clothes' [it with a body]), 41 (note especially 'in its light'), 53, 54 (order of clauses, 'shall be fulfilled'), 55. On the other hand, E goes with Sy^vg^ against A in three passages, v. 28 (*et ipse Filius*), 38 ab, 44. In these cases *either* A is a free individualistic rendering (which is, however, the nature of the 'Old Syriac'), or E has been accommodated to the Armenian Vulgate = Sy^vg^. So v. 28 and 44. However explained, an 'Old Syriac' original requires to be postulated.

2. There is evidence of this 'Old Syriac' version having been the basis of the Sy^vg^; e. g., v. 37 (σῖτος. 'wheat' or 'barley'); the common texts at vv. 32b, 33, 35 cannot be adequately explained other than by inter-dependence (especially vv. 33, 35).

3. Nevertheless, this chapter also shows how freely interpretative these early Syriac Fathers handle their New Testament: v. 44 may be A's own interpretation, although clearly this free versional style is also common to A and E (e. g., v. 13).

A substantial portion of these quotations represent an 'Old Syriac' text, and at the same time, of course, an equally important 'Old Syriac' element has been incorporated in the Peshitta. No doubt a fair amount of the free translation of the 'Old Syriac', where there is no variant reading in the Greek, was taken over by the Peshitta translators. The relationship is probably much the same as that between the *C* and *S* and the Peshitta text of the Gospels.

The dependence of the Peshitta, however, on its 'Old Syriac' *Vorlage* and the 'Old Syriac' element in the Peshitta text of the Epistles makes the task of preparing a critical edition of the Peshitta New Testament, in particular, of the Epistles, an urgent one.

Finally, there remains the question of the textual value of this 'Old Syriac' material in the Oriental Fathers for the Acts and the Epistles, so far as this is securely recoverable from these sources. It must be emphasised at once that the situation is a totally different one from what we have in the Gospels, where we not only possess fragments of the original Syriac Diatessaron, but, what is even more important, two manuscripts of the 'Old Syriac' Gospels. All we have in the case of Acts and the Epistles are the reconstructed texts from patristic quotations, and these are only occasionally extensive quotations.[71]

The socalled 'Western' character of the text of the 'Old Syriac' Epistles is frequently emphasised; what Molitor claimed for the Pauline text of Ephraim, Kerschensteiner believes holds no less for the 'Old Syriac' text of Acts and the Epistles generally[72]. The two examples illustrate from the text of Acts, namely, Acts iii. 17 and x. 47. The material available, however, is so sparse it is difficult to reach any firm conclusions in this connection.

To these observations must be added the other results of Molitor's study of Ephraim's text of the Epistles. This proved not only to be a predominantly 'Western' type of text but one with unmistakable Marcionite readings, and to this aspect of the 'Old Syriac' text I shall return shortly. As Molitor has shown, the frequent support which the Ephraim text gave to G (Boernerianus) against D (Claromontanus) confirms the judgement of Vogels that 'with astonishing regularity the later pair F G over against D represent the oldest form of text[73].

The recognition of a predominantly Western element and the value of F and G are not the only notable features of the 'Old Syriac' text of the Epistles.

In the accompanying illustrations, a number of readings have been noted where the 'Old Syriac' text agrees with the oldest Egyptian type of text, in the group, for instance, represented by P 46, ℵ, B, C, 1739: Gal. iii. 17; I Cor. xv. 51 (at I Cor. xv. 37, Aphr. reads γεννησόμενον for γενησόμενον with P 46, G it, transposing 38ba), I Cor. xv. 55. Further investigation might reveal an even higher proportion of this text-type — the earliest known form of text here attested for a geographical area far removed from Egypt where this text has hitherto been held to be at home, namely, Syria and the Syriac-speaking regions of Asia Minor.

Molitor showed conclusively that the 'Old Syriac' text of Ephraim of the Pauline Epistles contained a substantial number of Marcionite readings[74]. Even more frequent agreement was established with Ter-

[71] Cf. Zahn, *op. cit.*, p. 556, note 2. [72] *op. cit.*, p. 538, note 1.

[73] "Der Codex Claromontanus", in the Rendel-Harris Festschrift, ed. H. G. Wood, London 1933, p. 299. Molitor, *op. cit.*, p. 43*.

[74] *op cit.*, pages 38–43.

tullian, the prime witness for the Marcionite text[75]. Kerschensteiner is inclined to think that the Marcionite element has been exaggerated. He notes that I and II Timothy and Titus and Hebrews which were rejected by Marcion are included in the 'Old Syriac' *corpus Paulinum*; that Gal. iv. 4, 'born of woman', a reading rejected by Marcion, is attested in the 'Old Syriac' text; and Marcionite readings found in the Syriac Vulgate and Armenian are not to be found in the 'Old Syriac', e. g., Rom. x. 14, I Cor. i. 29. In fact, the 'Old Syriac' Pauline text, so far as it can be reconstructed, seems to go as much against Marcion as with him. But there undoubtedly is a Marcionite element. Whether this connects the 'Old Syriac' text with Tatian is another question for which there is not likely to be any certain answer forthcoming.

In view especially of the pre-history of the Peshitta in an 'Old Syriac' *Vorlage* for the Acts and Epistles, the question of a critical edition of the Peshitta Acts and Epistles becomes an urgent one. Important manuscript materials were collected by the Rev. G. H. Gwilliam (continuing his work on the Gospels which appeared as his *Tetraevangelium Sanctum*, published by the Clarendon Press) and J. Pinkerton and utilised in the edition of the text published by the B. F. B. S. But there is no introduction to this edition; no grounds for choice of reading are given; and there is no *apparatus criticus*. (The Rev. J. Pinkerton who was to complete this work was killed in the First World War.) It seems very desirable that this work should be continued. The materials are, I understand, available in the British Museum and with the British and Foreign Bible Society. One of my purposes in reading this paper was, in fact, to try to stimulate interest in the continuation of this work; we urgently need a critical edition of the Peshitta Syriac for Acts and the Epistles.

Since the general character of the Philoxenian version has come to be known mainly through the revision of it undertaken by Thomas of Harkel in 616 A. D., we must look first at the Harclean Syriac revision; a 'pure' unrevised Philoxenian version was recognised by T. Gwynn in the four minor Catholic Epistles (II Peter, II and III John, and Jude)[76] and the 'Crawford Apocalypse'[77].

The one and only edition of the Harclean ever to appear has been that of J. White, published in two volumes, edited on the basis of 'three manuscripts'[78]. A considerable number of Harclean manuscripts

[75] Molitor, *loc. cit.*

[76] Known as the 'Pococke Epistles'. *Remnants of the Later Syriac Versions of the Bible*, London 1909.

[77] *Apocalypse of St. John*, in: *A Syriac Version Hitherto Unknown*, Dublin 1897.

[78] Vol. I. *Sacrorum evangeliorum versio syriaca Philoxeniana*, Oxford 1778.
Vol. II. *Actuum apostolorum et epistolarum .. versio Syriaca Philoxeniana*, Oxford 1799–1803. The White edition ended at Heb. xi. 27. The rest of Hebrews was pub-

is now known, including lectionaries[79], the oldest and most interesting being MS Vat Syr 268 (believed by A. Mai to be Thomas's own autograph) and Chester Beatty MS 3[80].

As his choice of title indicates, White believed that Thomas of Harkel had done little more than copy an earlier version, the so-called Philoxenian version, adding only his own marginalia. The Philoxenian version had itself been a revision of the Peshitta produced in 508 A.D. by a *chorepiscopos* called Polycarp for his bishop, Philoxenus of Mabbug. White's view — based on his interpretation of a somewhat ambiguous colophon in his sources — was challenged by A. H. Bernstein, who argued that Thomas's revision had extended to the entire text, not just the marginal notes; in that case the Philoxenian had not survived, except possibly in fragments and in the 'Pococke Epistles' and the Crawford Apocalypse[81]. Gwynn's identification of these Philoxenian remains led him to support Bernstein's view that the whole Harclean text was the work of Thomas of Harkel; and for a long period Gwynn's conclusions were regarded as definitive, and the name Harclean universally adopted to describe this 7th century Syriac version, originally intended to be a more nearly exact rendering than the Peshitta of the then currently authoritative Greek text.

The debate about the origins and 'authorship' of the version was reopened by A. C. Clark[82] and Mrs. S. New[83] who sought, independently, to reinstate what is virtually the White position; and this view again came to be widely accepted until recent years. It was challenged by the important study of Dr. G. Zuntz[84] who successfully identified the text cited by Philoxenus himself in his *de trinitate et incarnatione*[85] as the version of Polycarp, i. e., the 'Philoxenian version', now revealing to be a kind of half-way house between the Peshitta and the Harclean. The fact that we are dealing with a 'mixed text' of the Peshitta, with Old Syriac readings, does not in any way invalidate Zuntz's conclusions (cf. Vööbus, p. 110): it simply contributes fresh

lished by R. L. Bensly: *The Harclean Version of the Epistle to the Hebrews Chap. xi. 28–xiii. 25*, Cambridge 1889.

For work incomplete or in progress on a new edition, see B. M. Metzger, "The Evidence of the Versions for the Text of the New Testament", in M. M. Parvis and A. P. Wikgren, *New Testament Manuscript Studies*, Chicago 1950, p. 33.

79 Cf. A. Baumstark, *Geschichte der syrischen Literatur*, p. 188. Vööbus, *loc. cit.*

80 P. E. Kahle, 'The Chester Beatty Manuscript of the Harklean Gospels', in *Miscellanea Giovanni Mercati*, VI, *StT* 126, Citta del Vaticano 1946, p. 213.

81 See Vööbus, p. 106, n. 5.

82 Vööbus, p. 107ff. 'The Michigan Fragments of Acts', *JThS*, 29 (1928), p. 19. *Acts of the Apostles*, Oxford 1933, p. 320.

83 S. New, "The Harclean Version of the Gospels", *HThR* 21 (1928), p. 376ff.

84 *The Ancestry of the Harclean New Testament*, The British Academy Supplemental Papers, No. VII, London 1945.

85 ed. A. A. Vaschalde C.S.C.O. 9, Syr. 9, Louvain 1907.

evidence for the hypothesis that the Peshitta itself which was being revised, had a textual history. The evidence which Vööbus adduces for the 'solution of the problem', viz., from Philoxenus' Johannine commentary, falls into the same category as that adduced by Zuntz. The example, i. e., of John i. 14 (Vööbus, p. 112) shows the retention of an old Syriac rendering in Philoxenus' version. Polycarp was revising a 5th century Peshitta with a mixed text.

Zuntz is confident that Gwynn's theory has been vindicated. This does not mean, however, that by occupying this new position we solve all the problems connected with this fascinating and important version. Some estimate, for instance, has still to be formed of the extent of Thomas's revision of the Philoxenian; to judge from the examples cited by Zuntz and Vööbus, this hardly appears to have been a major operation. Most of the work of accommodating the Peshitta to the currently authoritative Greek text in Mabbug, as well as producing a more literal version, appears to have been done by Polycarp. At times Thomas does no more than 'touch up' the Philoxenian version (John i. 33, 34, Vööbus, p. 112). His main contribution appears still to have been his *marginalia* with his asterisks and obeli, and the examination of these additions of Thomas (including his marginal Greek *variae lectiones*) represents a task only less urgent than the preparation of a new edition[85a].

In his *Early Versions*, A. Vööbus' 'Survey of Extant Material of the Palestinian Syriac version'[86] does not go beyond a similar survey or 'inventory' of F. Rosenthal in *Die aramaistische Forschung*[87]. To this must now be added the discoveries at Khirbet Mird, which included fresh fragments of the Book of Joshua (xxii. 9–11), the Gospel of Luke (iii. 1, 3–4), the Acts of the Apostles (x. 36–42), and the Epistle to the Colossians (i. 16–18, 20ff.).[88] This new material is still unpublished, although the new fragments are written on parchment — some of them are palimpsests — 'in a beautiful script of a rather old type'[89].

The origin of the Palestinian Syriac Version is obscure. As the name 'Malkite' or 'imperialist', applied to the communities which used the version, designated the Palestinian adherents of the imperial decrees

---

[85a] My own conjecture is that Thomas's Syriac *marginalia* are his rejected Philoxenus text.

[86] pp. 121–123.

[87] Leiden 1939.

[88] See R. de Vaux, "Fouille an Khirbet Qumran", *RB* 60 (1953), p. 85f. and J. T. Milik "Une Inscription et une Lettre araméen christo-palestinien", *ibid.*, pp. 526–539. Milik supplements Rosenthal's survey by adding the fragments of Acts xii. 21–23, xiii. 5–7 published by H. Duensing in *ZNW* 37 (1938), p. 44f. and the texts published by myself in *A Christian Palestinian Syriac Horologion*, Texts and Studies, Cambridge 1954.

[89] Milik, *op. cit.*, p. 526.

of the Council of Chalcedon, the origins of both version and community are usually traced to Justinian's reforms in Palestine in the sixth century[90]. The oldest extant manuscripts come from the sixth century[91]. The newly discovered inscriptions (see the Milik article), together with earlier known inscriptional evidence and the widespread use of the language (e. g., in a service for the blessing of the Nile[92]) points to the existence of widely scattered communities in Transjordan, e. g., also at Jerash, as well as in or near Jerusalem, making use of this dialect of Aramaic. It seems probable that the version itself came into existence before the time of Justinian. Lagrange[93] and Margoliouth noted connections with the Peshitta (the text of Acts xvi. 10ff. is 'only a modified transcription of the Peshitta'[94]). The possibility of a connection between these sixth-century 'orthodox' Aramaic-speaking congregations and still earlier forms of Jewish Christianity in Palestine is not to be ruled out: Baumstark noted connections between their lectionary of the Pentateuch and the Targums[95].

So far as its textual basis (and value) are concerned, the Palestinian Syriac version offers, by and large, a Byzantine text-type. Sometimes, however, it retains a non-Byzantine reading, agreeing with the great uncial manuscripts, often with Codex Vaticanus[96]. Lagrange pointed out affinities with the text of Origen[97], and, for this reason, it has been hailed as an ally of the so-called 'Caesarean' text[98]. More important is its textual affinity with the Peshitta or with a pre-Peshitta form of text. Vööbus argues that the version was ultimately based on a pre-Peshitta or an 'Old Syriac' version[99]. The influence of the Diatessaron on the Lectionary is unmistakable[100]. The formation of the version, roughly at the same period as the demand arose for the Separate Gospels among Aramaic-speaking Christians elsewhere, i. e., in the fifth century, seems a reasonable hypothesis.

---

[90] See F. C. Burkitt, "Christian Palestinian Literature", *JThS*, 2 (1901), p. 181ff.; M. Black, *Rituale Melchitarum: A Christian Palestinian Euchologion* (*Bonner Orientalische Studien*, ed. P. Kahle and W. Kirfel, Heft 22), Stuttgart 1938.

[91] Cf. Vööbus, *op. cit.*, p. 125.

[92] Cf. G. Margoliouth, "The Liturgy of the Nile", *Journal of the Royal Asiatic Society* (October 1896), pp. 677–731.

[93] "L'origine de la version syro-palestinienne des Évangiles", *RB* 34 (1925), p. 497.

[94] Cf. G. Margoliouth, *Proceedings of the Society of Biblical Archaeology* 18 (1896), p. 232; 19 (1897), p. 51.

[95] „Neue orientalistische Probleme biblischer Textgeschichte", *ZDMG*, 89 (1935), p. 97.

[96] Cf. Vööbus, *op. cit.*, p. 128.

[97] *L'Origine*, p. 489ff.

[98] K. Lake, S. Lake, and S. New, "The Caesarean Text of the Gospel of Mark", *HThR* 21 (1928), p. 312ff.

[99] *Early Versions*, p. 129ff.

[100] See my "The Palestinian Syriac Gospels and the Diatessaron", *OrChr* 26 (1939), p. 101ff.

A: GOSPELS T^E xv: § 11 — 'Īšô'dâḏ of Merw

	T^E ARM. Moesinger p. 174.	T^E ARM. Leloir p. 152.	'Īšô'dâḏ text JR Harris, Fragm. p. 68	'Īšô'dâḏ transl. JR Harris, Fragm. p. 68	T^E SYR. Leloir p. 150	T^E SYR. transl.
1	Et quomodo	Et quomodo			ܘܐܝܟܢܐ	And why
2	renunciavit	renuntiaret			ܡܬܟܠܐ	(is) abstaining
3	huic nomini	nomini huic			ܡܢ ܫܡܐ ܗܢܐ	from this name
4	is qui . . . dixit	ille qui dixit		He said	ܗܘ ܕܐܡܪ	He who said:
5	de se ipso:	de seipso:	ܘܥܠ ܢܦܫܗ ܕܐܢܐ ܐܢܐ	of himself, that I am	ܥܠ ܢܦܫܗ	about himself:
6	Pastor bonus	Pastor fortis	ܪܥܝܐ ܛܒܐ	the good shepherd;	ܕܪܥܝܐ ܛܒܐ	the good shepherd
7	animam suam dat	dat animam suam			ܝܗܒ ܢܦܫܗ	(is)giving himself up
8	pro	pro			ܥܠ ܐܦ̈ܝ	for the sake
9	oribus suis?	gregibus suis.			ܥܢܗ	of his sheep.
10	. . . .	. . . .				. . . .

The Gospel Quotations in T^E (sy)

1. Jn. x. 11: ['Īšô'dâḏ no parallel]

a ܝܗܒ ܢܦܫܗ] = Sy^s Aphr (3 ×)
[δίδωσιν] [Aphr. 1 × ܐܫܠܡ ܢܦܫܗ]
{ Sy^p ܢܦܫܗ ܣܐܡ
{ [= τίθησιν . . .]

b ܥܠ ܐܦܝ] = Sy^s Aphr. (4 ×)
{ Sy^p ܚܠܦ
{ instead of

	T^E ARM. Moesinger p. 174	T^E ARM. Leloir p. 152.	ʾĪšôʿdâḏ text JR Harris, Fragm. p. 68	ʾĪšôʿdâḏ transl. JR Harris, Fragm. p. 68	T^E SYR. Leloir p. 150	T^E SYR. transl.
11	Porro:	Et iterum:	ܘ	And	ܘܬܘܒ	And again:
12	Qui seminavit	Qui seminabat	ܗܘ ܠܗ ܕܙܪܥ	he that sowed	ܕܙܪܘܥܗ	the sower
13	semen frumenti sancti.	semina tritici sanctitatis	ܙܪܥܐ ܛܒܐ	the good seed	ܕܙܪܥܐ ܛܒܐ	of the good seed
14	ipse est filius	ille ipse est Filius	ܐܝܬܘܗܝ	is	ܒܪܗ ܗܘ	he (is) the Son
15	hominis,	hominis,	ܒܪܗ ܕܐܢܫܐ	the Son of man,	ܕܐܢܫܐ	of man.
16	et semen bonorum	et semen bonorum			ܘܙܪܥܐ ܛܒܐ	And the good seed
17	filii sunt	(sunt) filii			ܒܢܘܗܝ	(are) the Sons
18	regni.	regni			ܕܡܠܟܘܬܐ	of the kingdom.
19	Quomodo	Et quomodo	ܘܐܝܟ	And how	ܘܐܝܟܢܐ	And how
20	potest semen	potest	ܡܫܟܚܐ	is it possible	ܡܫܟܚܐ	is it possible
21	esse	esse	ܕܙܪܥܐ	that the seed	ܕܢܗܘܐ	that there is
22	bonum,	semen bonum	ܢܗܘܐ ܛܒܐ	should be good	ܙܪܥܐ ܛܒܐ	good seed
23	et qui id seminat	et seminans	ܘܙܪܘܥܗ	and its sower	ܘܙܪܘܥܗ	and (that) its sower (is)
24	malus?	malus?	ܒܝܫܐ	bad?	ܒܝܫܐ	bad?

2. Mt. xiii. 37 f.

a ... ܙܪܘܥܗ ܕܙܪܥܐ] = Sy^sc 'the sower of the seed'
≠ Sy^p = ʾĪšôʿdâḏ

b ܗܘ ܕܙܪܥ ܙܪܥܐ 'he that sowed seed'
... ܒܪܗ ܗܘ] = Sy^sc he (is) the Son ...
≠ Sy^p = ʾĪšôʿdâḏ
... ܐܝܬܘܗܝ ܒܪܗ 'is the Son ...'

c ܘܙܪܥܐ ܛܒܐ] = Sy^sc *And* the good seed
≠ Sy^p ܙܪܥܐ ܕܝܢ ܛܒܐ 'the good seed then'

d —] ≠ Sy^sc ܗܠܝܢ ܐܢܘܢ 'those are'
≠ Sy^p (= e)

e ܒܢܘܗܝ ܕܡܠܟܘܬܐ connected] = Sy^sc
≠ Sy^p separates the words with
ܐܢܘܢ = 'are'

		Fragm. P. O. Valdivielso R⁰: A: 9—20	Translation	T^E Arm. Transl. Leloir [I: 32] p. 16
Lk i. 78	1	ܡܕܢܚܐ ܡܢ ܡܪܘܡܐ	Oriens ex excelsis	Ait etiam: Qua apparebit nobis
	2			sol ex excelsis [A: + ad illumi-
	3			nandas tenebras nostras (Lk I. 79)],
	4	ܥܠ ܟܘܟܒܐ ܕܡܓܘܫܐ	de stella Magorum	de stella magorum
Lk i. 79	5	ܘܕܐܠܝܢ ܕܝܬܒܝܢ	et quod (ait): eos qui sedebant	Ait etiam: Qui sedebant in tene-
	6	ܒܚܫܘܟܐ	(sedent ?) in tenebris,	bris et in umbris mortis;
	7	ܥܠܝܗܘܢ ܕܩܫܝܐ ܗܘܘ	de his, qui pertinaces erant	de his dixit, quia rebelles
	8	ܩܕܡ ܕܢܚܗ	ante ortum eius,	erant ante ortum istius,
	9	ܐܘ ܥܠ ܐܝܣܪܝܠ	aut de Israel,	vel de Israelitis dixit,
	10	ܕܒܚܫܘܟܐ ܗܘܘ	quia in tenebris erant:	quia in tenebris erant:
	11	ܡܓܘܫܐ ܗܘ ܓܝܪ ܢܗܪܘ ܐܢܘܢ	Magi (. . . ?) enim illuminaverunt eos.	nam Magi illuminarunt eos.
Lk i. 79	12	ܡܛܠ ܗܝ ܕܢܬܪܘܨ	Qua propter (ait): Ad dirigendos	Qua propter enim dicit: Ad
	13	ܪ̈ܓܠܝܢ ܒܐܘܪܚܐ ܕܫܠܡܐ	pedes nostros in viam pacis,	dirigendos pedes nostros in vias
Lk i. 79	14	ܘܠܕܒܛܠܠܐ ܝܬܒܝܢ	Et hoc quod (ait): in umbris sede-	pacis. Et: in umbris sedebant,
	15	ܥܠ ܐܘܡܢܘܬܐ ܕܟܠܕܝܐ	bant, de artificio Chaldaeorum,	de astrologia Chaldaeorum dixit,
	16	ܐܘ ܥܠ ܦܬܟܪܘܬܗܘܢ ܕܥܡ̈ܡܐ	vel de idololatria gentium	vel umbrae idololatriae gentium
				(designatae sunt).

Lk i. 78 1 ܡܕܢܚܐ 'Oriens, ortus' = Sy^s against ܕܢܚܐ 'ortus, oriens, epiphania' Sy^p
ܡܪܘܡܐ 'excelsa, altitudo' against Sy^{sp} ܪܘܡܐ 'altitudo etc' Sy^{sp}

Lk. i. 79 5 + ܝܬܒܝܢ 'sedebant (sedent)' against Sy^{sp}
12f. = Sy^{sp}
14 ܛܠܠܐ ? Cp. Sy^p ܒܛܠܠܐ Sy^s ܒܛܠܠܗ,

		Fragm. P. O. Valdivielso R⁰: A: 21—24	Translation	Tᴇ Arm. [II: 1], p. 17
Mt i. 18	17	ܝܠܕܗ ܠܡ ܕܡܫܝܚܐ	Generatio, ait, Christi	Generatio Iesu Christi, ait,
	18	ܗܟܢܐ ܗܘܐ	sic erat:	sic facta est:
	19	ܟܕ ܡܟܝܪܐ ܗܘܬ	cum desponsata esset	cum desponsata esset
	20	ܡܪܝܡ ܠܝܘܣܦ	Maria Iosepho	mater eius Maria Iosepho
	21			et antequam data esset viro,
	22	ܐܫܬܟܚܬ ܒܛܢܐ	inventa est gravida	inventa est gravida a Spiritu sancto

		R⁰: A: 34, B: 1—2		Tᴇ Arm [II: 1], p. 17
Mt i. 18	23	ܐܘܣܦ ܗܕܐ ...	... addidit hoc,	... addidit et hoc in sermone (suo)
	24	ܕܡܢ ܪܘܚܐ ܕܩܘܕܫܐ	quod a Spiritu sancto	(nempe) quod a Spiritu[B + sancto]
	25	ܒܛܝܢ	conceptus	inventa est gravida
	26	ܘܠܐ ܡܢ ܫܘܬܦܘܬܐ	et non a coniugio	et non a coniugio
	27	ܐܬܝܠܕ	paritus est.	peperit

Mt i. 18 17 — ܕܝܢ (sed ܠܡ) contra Sy^{csp}
ܡܫܝܚܐ ,,Christus'' = Sy^{cs} against Sy^{p} praem. ܝܫܘܥ 'Iesus'
20 ܡܪܝܡ 'Maria' against Sy^{csp} add: mater eius
21 omitt. fragm. — Arm. ≠ Sy^{p} ≠ Sy^{sc} (cp. 26 cum Sy^{p})
18. 19. 22 = Sy^{scp}, etiam 24

From another Fragment of Ephraem's
Commentary in Syriac [T^E: II, 2—4]

		Fragm. Valdivielso $T^{E\ sy}$ V⁰: A: 28 — B: 19	Translation	$T^{E\ arm}$ Leloir p. 18	$T^{E\ arm}$ Moesinger p. 22
	1	ܘܟܕ ܚܙܐ	et cum vidisset	cum vidisset	Quum Ioseph . . . videret
	2	ܕܒܪܘܡܗ ܓܠܐ	vultum eius apertum (esse)	vultum eius serenum esse	vultum eius hilarum
	3	ܘܟܪܣܗ ܒܛܝܢܐ	et uterum eius gravidum,	uterum vere eius tumidum	uterum vero tumidum,
Mt i. 19	4	ܠܐ ܨܒܐ ܕܢܦܪܣܝܗ	noluit traducere eam,		
cp.	5	ܐܝܟ ܙܕܝܩܐ	ut iustus,		
Mt i. 20b	6	ܘܠܐ ܕܢܣܒܝܗ	neque assumere eam		
	7	ܐܝܟ ܓܒܪܐ	ut vir		
	8	ܕܣܒܪ ܕܠܐܚܪܢܐ	qui putavit altero		
	9	ܐܫܬܘܬܦܬ :	eam coiisse,		
cp.	10	ܐܠܐ ܕܢ	sed iudicavit (putavit)	excogitavit	cogitabat
Mt i. 19	11	ܒܟܐܢܘܬܗ	in iustitia sua [-nium	pro iustitia sua	pro sua iustitia
	12	ܕܠܐ ܢܒܥܠܝܗ	ne duceret eam in matrimo-	ne traducerat eam	ut diffamationi et oppro-
	13	ܘܠܐ ܢܦܛܪܒܝܗ	neque calumniaretur eam	et ne calumniaretur eam.	briis non exponeret,
	14			clam dimittere eam	sed tacite dimitteret,
	15			quia non erat conscius	quia neque peccatum
	16			ille peccati eius,	eius noverat,
	17			neque unde conceptio	neque de conceptione eius
	18			eius esse cognoscebat.	unde esse certus factus erat.

		Fragm. Valdivielso $T^{E\,sy}$ V⁰: A: 28 — B: 19	Translation	$T^{E\,arm}$ Lelior p. 18	$T^{E\,arm}$ Moesinger p. 22
Mt i. 20[a]	19	ܡܛܠ ܗܢܐ ܐܬܚܙܝ	Propter hoc apparuit	Quapropter apparuit	Quapropter apparuit
	20	ܠܗ ܡܠܐܟܐ	ei angelus	ei angelus	ei angelus
	21	ܘܐܡܪ	et dixit:	et ait:	et dixit:
	22	ܝܘܣܦ ܒܪܗ ܕܕܘܝܕ	Ioseph fili Davidis		
	23	ܫܦܝܪ ܕܝܢ ܘܐܦ	bene autem etiam		
	24	ܒܪܗ ܕܕܘܝܕ ܩܪܝܗܝ	filius Davidis eum vocavit		
	25	ܕܐܙܗܪܗ ܠܪܫܐ	quia admonuit Davidem,		
	26	ܕܐܒܗܬܐ ܕܘܝܕ ܠܗܘ	capitem patrum, eum		
	27	ܕܐܠܗܐ ܐܫܬܘܕܝ ܠܗ	quo Deus pollicitus est		
	28	ܕܡܢ ܦܐܪܐ ܕܟܪܣܗ	quod e fructibus ventris		
	29	ܒܒܣܪ ܢܩܝܡܝܘܗܝ	sui in carne suscitaret		
	30	ܠܡܫܝܚܐ	Christum.		
Mt i. 20[b]	31	ܠܐ ܠܡ ܬܕܚܠ ܠܡܣܒ	Ne (ait) timueris assumere	Ne timueris	Ne timeas
	32	ܠܡܪܝܡ ܡܟܝܪܬܟ	Mariam sponsam tuam		
	33	ܡܛܠ ܕܡܕܡ ܕܐܝܬ	quia quod est		
Mt i. 20[c]	34	ܒܗ ܡܢ ܪܘܚܐ	in ea a Spiritu		
	35	ܗܘ ܕܩܘܕܫܐ	sancto est,		
	36	ܘܐܢ ܡܬܦܠܓ ܐܢܬ	et si dubitans es	sed si dubitas	Quod si dubitas
	37	ܥܠ ܒܛܢܗ ܕܒܬܘܠܬܐ	de conceptione virginis		
	38	ܕܗܘܐ ܕܠܐ ܙܘܘܓܐ	quod sine concubitu est		
	39	ܫܡܥܝܗ ܠܐܫܥܝܐ ...	audi Isaiam ...	audi tu Isaiam prophetam ...	Isaiam audi prophetam ...
Mt i. 19	40	ܝܘܣܦ ܠܡ ܡܛܠ	Ioseph (ait), quia	Ioseph (ait), quio	Ioseph,
B: 30—32	41	[illegible]	vir iustus erat	vir iustus erat	[illegible] iustus est

42 ܠܐ ܨܒܐ ܕܢܦܪܣܝܗ̇	noluit traducere (eam)	noluit traducere	noluit traducere
43 ܠܡܪܝܡ	Mariam . . .	Mariam . . .	Mariam

Mt. i. 19: Joseph (it is said), because he was an upright man was not willing to expose Mary. Fragm. col. 1: ll. 4. 11. 40–43: cp. $T^{E\,sy}$ ed. Leloir. p. 222 [ch. xxi: 20–22]

40: (it is said): ܠܡ 'Forsooth' a. o. has value of a quotation-mark; it always stands as second word in a phrase. Therefore ܕܝܢ (δέ), also always in second place, could not be maintained (as in Sy^{scp}).

40: $T^{E\,sy} = Sy^c$ in omitting ܒܥܠܗ̇ 'her husband' contra Sy^{sp}

41: because he was an upright man (ܡܛܠ ܕܓܒܪܐ ܗܘܐ ܟܐܢܐ) $T^{E\,sy} = Sy^c$ contra Sy^s: 'because he was upright(?)' (ܡܛܠ ܕܟܐܢ ܗܘܐ) and Sy^p 'was upright' (ܟܐܢܐ ܗܘܐ), making of it an independent sentence followed by 'and'.

42: ܠܐ ܨܒܐ = Sy^s contra Sy^{cp} which add ܗܘܐ. For $T^{E\,sp}$ see also line 4.

43: $T^{E\,sy} = Sy^{sc}$ + Mariam contra Sy^p only: eam. For $T^{E\,sy}$ see Leloir p. 222.

Mt. i. 20ᵃ: ܐܬܚܙܝ ܠܗ ܡܠܐܟܐ ܘܐܡܪ : . . . appeared to him an angel and said:
ܝܘܣܦ ܒܪܗ ܕܕܘܝܕ : Ioseph. son of David.

ll. 19–22; as to the first line (= ll. 19–21 in first column) there cannot be said anything certain. The omission ܠܝܘܣܦ 'to Joseph' = Sy^s (Sy^{cp} have it) may be accidental, as seems to be the omission of ܕܡܪܝܐ 'of the Lord' (contra Sy^{scp}), of the 'dream' (Sy^p) or (nightly Sy^c) 'vision' (Sy^{sc}), and of ܠܗ 'to him' after 'said'.
Most interesting is l. 22 (cp. 24) 'Ioseph, Son of David'. Did these words stand in the commentary? Leloir's French translation p. 66f. gives ll. 22–30 without comment. This requires some discussion. The text is in Sy^{scp}.

Mt. i. 20ᵇ: Don't be afraid to take Mary your bebrothed = $T^{E\,sy}$ (cp. $T^{E\,arm}$)

31: to take (ܠܡܣܒ) = Sy^{sp} (cp. l. 6) contra Sy^c: ܠܡܕܒܪ 'to lead, conduct: to take as wife'

32: your betrothed (ܡܟܝܪܬܟ) = Sy^c contra Sy^{sp}: ܐܢܬܬܟ 'your wife'

Mt. i. 20ᶜ: . . . it is from the holy Spirit ܡܢ ܪܘܚܐ ܗܘ ܕܩܘܕܫܐ [ܒܗ̇ ? „in her"]

34–35: the words are in Sy^{scp}

Sy^c adds ܒܗ̇ cp. fragm. Valdivielso [p. 146, ll. 24–25]

N. B. T$^{E\,arm}$ l. 10 + l. 14 excogitavit . . . . clam dimittere eam (Leloir p. 18: ll. 8–9) cp. . . . excogitavit ille ex iustitia clam dimittere eam (Leloir p. 18: ll. 29–30)

∓ T$^{E\,sy}$, = Sy^{p} ܘܐܬܪܥܝ ܗܘܐ ܕܢܫܪܝܗ̇ ܒܛܘܫܝܐ
and he thought that he should let go her secretly

(∓ Sy^{sc} ܘܐܬܪܥܝ ܗܘܐ ܕܢܒܣܠܝܗ̇ ܒܫܠܝܐ
and he thought that he should repudiate her quietly)

Result (taking into account all the major variants)

Besides elements of the text in which T$^{E\,sy}$ = S^{scp} we have:

T$^{E\,sy}$ = Sy^{sc} against Sy^{p}: 2 × (Mt. i. 10. 19)
T$^{E\,sy}$ = Sy$^{s(c)}$ against Sy^{p}: 1 × (Lk. i. 78)
T$^{E\,sy}$ = Sy^{s} against Sy^{cp}: 1 × (Mt. i. 19)
T$^{E\,sy}$ = Sy^{c} against Sy^{sp}: 3 × (Mt. i. 19. 20^{b})
T$^{E\,sy}$ = Sy^{sp} against Sy^{c}: 1 × (Mt. i. 20^{b})
T$^{E\,sy}$ = against Sy^{scp}: 2 × (Mt. i. 18)
T$^{E\,sy}$ = against Sy$^{s(c)p}$: 1 × (Lk. i. 78)

That makes in those texts where a variant reading is attested in any of the witnesses.

T$^{E\,sy}$ = Sy^{p} 1 (contra 10)
T$^{E\,sy}$ = Sy^{s} 6 (contra 6)
T$^{E\,sy}$ = Sy^{c} 5 (contra 4)

Luke vii. 45, 47

ܐܢܬ ܠܡ ܠܐ ܢܫܩܬܢܝ ܘܗܝ ܡܢ ܕܥܠܬ
ܠܐ ܫܠܝܬ ܪ̈ܓܠܝ ܠܡܢܫܩܘ
ܘܡܛܠ ܗܢܐ ܫܒܩܝܢ ܠܗ̇ ܚ̈ܛܗܝܗ̇
ܣܓܝܐܬܐ ܠܗܘ ܓܝܪ ܕܩܠܝܠ ܫܒܩ ܠܗ
ܙܥܘܪ ܡܚܒ

(Luke vii. 45, 47)
T^E Sy. Leloir, p. 45

Trans. Leloir	Tu non osculatus es me, et illa, ex quo ingressa est, non cessavit pedes meos osculari; et ideo dimittuntur ei peccata sua multa; ille enim, cui paulum dimittitur, modice diligit.
T^E Arm.	Osculum unum salutationis tu mihi non dedisti, illa vero, ex quo intravit, non cessavit osculari pedes meos et idcirco ei demissa sunt peccata sua multa quia vehementer dilexit quia is cui parum dimittitur parum diligit.

T^E om. v. 46 sed cf. Leloir, *L'Evangile d'Ephrem*, C.S.C.O. 12, p. 81 T^E 44, 46, 45(?)

45 ܘܗܝ Sy^c ܗܝ ܕܡܢ ∓ Sy^s = Sy^vg ܗܕܐ ܕܡܢ

(for ܥܠܬ = εἰσῆλθεν, cf. Pusey and Gwilliam *ad loc.* Aug. ingressa est)

47 ܘܡܛܠ ܗܢܐ = Sy^s c ∓ Sy^vg ܡܛܠ ܗܕܐ

T^E om. λέγω σοι, ὅτι ἠγάπησεν πολύ

Are these omissions (abbreviations) the work of Ephraim or Tatian?

47b ∓ Sy^sc [ܡܫܬܒܩ ܠܗ] ܡܢ ܕܩܠܝܠ ܓܝܪ ܐܫܬܒܩ ܠܗ

Sy^vg ܗܘ ܕܡܢ ܕܩܠܝܠ ܡܫܬܒܩ ܠܗ ܩܠܝܠ ܡܚܒ

Mark xi. 20–23; Matthew xxi. 20–21 T^E Leloir, p. 167

ܟܕ ܗܦܟܘ ܠܡ ܓܝܪ ܐܡܪܝܢ ܠܗ ܚܙܝ ܬܬܐ
ܗܝ ܕܠܛܬ ܐܝܟܢܐ ܒܪܫܥܬܗ ܝܒܫܬ ܐܡܪ
ܠܗܘܢ ܘܐܦ ܐܢܬܘܢ ܐܢ ܬܗܘܐ ܠܟܘܢ ܗܝܡܢܘܬܐ
ܘܠܐ ܬܬܦܠܓܘܢ ܬܐܡܪܘܢ ܠܛܘܪܐ ܘܢܫܢܐ

Trans. Leloir = T^E Arm.	Quando enim reversi sunt, dicunt ad eum: Vide, ficulnea illa, cui maledixisti, quomodo subito arefacta est! Dicit ad eos: Et vos si habueritis fidem, et non haesitaveritis, dicetis monti, et transferetur.

John iv. 25 Sy[s] ≈ T[E]Sy — Sy[c] = Sy[vg]
T[E] Leloir,
p. 92

ܗܐ ܡܫܝܚܐ ܐܬܐ	ܝܕܥܐ ܐܢܐ ܕܡܫܝܚܐ ܐܬܐ
ܘܡܐ ܕܐܬܐ	ܘܡܐ ܕܐܬܐ ܗܘ
ܟܠ ܡܕܡ ܢܬܠ	ܡܚܘܐ [ܡܠܦ Sy[vg]] ܠܢ ܟܠ ܡܕܡ

T[E] Sy

ܗܐ ܠܡ ܡܫܝܚܐ ܐܬܐ
ܘܟܠ ܡܕܡ ܠܢ ܢܬܠ

Burkitt, Evangelion Da-Mepharreshe II, pp. 214f.

If it were only asked which is the original rendering of Joh. iv 25 into Syriac, the answer is easy: without doubt the bold paraphrase attested by *S* and the Diatessaron is more primitive than the literal version found in *C*. But it is not so easy to decide which is the oiiginal reading of the *Evangelion da Mepharreshe*. Assuming that the paraphrase really belongs to Tatian's Harmony there are two possible explanations of what we find in *S* and *C*. We may suppose that *C* gives the translation made by Palûṭ (if it be he) about 200 AD, while *S* has been assimilated by some later scribe to the familiar text of the Diatessaron; or we may suppose that Palûṭ was content to accept the Diatessaron rendering in this verse as adequate, and that what he wrote has been faithfully preserved in *S*, but that *C* represents the work of a later reviser who has brought the text of the *Evangelion da-Mepharreshe* into closer agreement with the Greek.

In the particular instance of Joh. iv 25 I incline to think that the first alternative is correct, that *C* gives the original rendering of the *Evangelion da-Mepharreshe* and that *S* has been altered to agree with the Diatessaron. But this is not always the case, and the two alternatives that I have put forward challenge the judgement on almost every page of our MSS.

B. ACTS AND EPISTLES

Acts x. 19–20
LG 129

ܘܟܕ ܫܡܥܘܢ ܡܬܕܡܪ ܒܚܙܘܐ : ܘܗܐ
ܥܡ̈ܡܐ ܥܠܘ ܘܐܬܘ ܠܘܬܗ : ܐܡܪ ܠܗ ܪܘܚܐ
ܩܘܡ ܙܠ ܠܟ ܥܡܗܘܢ ܘܠܐ ܬܬܦܠܓ

(And while Simon[a)] *was marvelling* at the vision, behold Gentiles entered [b)] *and came to him*. The Spirit told him: Rise, go thou with them [c)] *and hesitate not* . . .

Ephr. Acts et dum *stupens erat* de visione ibi, et ecce viri *venerunt ad eum*.
Dicit ei Spiritus: Surge, vade *neque haesites* cum viris . . .

a) G τοῦ δὲ Πετροῦ διενθυμουμένου
Sy[vg] ܘܟܕ ܫܡܥܘܢ ܪܢܐ ܗܘܐ
b) LG = Ephr. *and came to him* ∓ Sy[vg]
c) LG = Ephr. *and hesitate not* ∓ Sy[vg]

(J. Kerschensteiner, *Biblica*, XLV, p. 67)

Ephes. ii. 14–15 ὁ ποιήσας τὰ ἀμφότερα ἕν

Aphr. 57 ܘܩܝܡ ܬܪ̈ܬܝܢ ܕܝ̈ܬܩܐ ܘܥܒܕ ܐܢܝܢ ܠܬܪ̈ܬܝܢ ܚܕܐ

(And he established *two testaments* and made them both one.)

LG 461–4, 681 ܥܒܕ ܐܢܝܢ ܠܕܝ̈ܬܩܐ ܥܬܝܩܬܐ ܘܚܕܬܐ ܚܕܐ ܕܝܬܩܐ

(he made them, *the Old and New Testaments, one Testament.*)

Ephr. Comm. Paul. Epp. quoniam fecit *utraque unum testamentum*

≠ Sy^{vg} ܥܒܕ ܬܪ̈ܬܝܗܘܢ ܚܕܐ

The 'Old Syriac' interpretation which has disappeared in Sy^{vg}, the *unification* of the Two Testaments, is an idea reminiscent of Marcion.

II Cor. v. 10

(a) τοὺς γὰρ πάντας ἡμᾶς φανερωθῆναι δεῖ

Sy^{vg} ܟܠܢ ܓܝܪ ܥܬܝܕܝܢ ܠܡܩܡ

(. . for we all are about *to stand*)

Aphr. 368 ii 4 ܟܠܢ ܠܡܩܡ ܠܢ

LG 197, 332

(. . we must all *stand*)

(b) ἵνα κομίσηται ἕκαστος τὰ διὰ τοῦ σώματος πρὸς ἃ ἔπραξεν.

Sy^{vg} ܕܢܬܦܪܥ ܐܢܫ ܐܢܫ ܒܦܓܪܗ ܡܕܡ ܕܥܒܕ ܠܗ

(. . . that each should receive in his own body what has been done by him.)

Aphr. 368, ii 4 add. *formerly* ܡܢ ܩܕܝܡ c. Arm. LG 332

Sy^{vg} = Sy^{vt}

I Cor. i. 27 τὰ μωρά

Sy^{vg} Aphr. 648 ܠܣܟܠܘܗܝ, τοὺς μωρούς(?)

LG 777 ܠܗܕܝܘܛܐ

Ephr. Comm. Paul. Epp. *indoctos*

Aphr. LG 11. cc. Ephr. add ܒܗܘܢ (δι' αὐτῶν) post καταισχύνῃ.

Exx. of Greek variants

Acts iii. 17 Ephr. = D ἐπιστάμεθα
Ephr. = Sy^{vg} ἐπράξατε τοῦτο(?)
x. 41 Ephr. ἐκ νεκρῶν + ἡμέρας τεσσαράκοντα c. D sa etc.

Gal. iii. 17	Aphr. ii 85 = Ephr. Comm. Paul. Epp. 132 om εἰς Χριστόν *P46* ℵ B C (Sy^vg c. TR)
I Cor. xv 51	Aphr. 308, 365–8, 396 οὐ πάντες δὲ ἀλλαγησόμεθα *P46* ℵ A 1739 etc. Ephr. Comm. Paul. Epp. omnes dormiemur . . omnes renovabimur. ('There is authority for putting the οὐ in either clause of the verse, but to omit it in both is amazing.' J. H. Bernard, *The Guardian*, May 9th, 1894, p. 700)
I Cor xv. 55	Aphr. 268, 1000, Ephr. Comm. Paul. Epp. 83 θάνατε bis c. *P46* B ℵ* 1739 (Sy^vg = TR) Aphr. = Ephr. reverse the clauses in 53, 54, at 54 with A. *P46* ℵ* omit the second clause. The reversing of the clauses in 53 is unattested elsewhere.

PATRISTIC QUOTATIONS FROM I COR. XV

Aphraates (Sy^vt)	*Sy^vg*
A 368	
¹³ܕܐܢ ܚܝܬ ܡܝ̈ܬܐ ܠܝܬ ܐܦ ܠܐ ܡܫܝܚܐ ܩܡ : ¹⁴ܘܐܢ ܡܫܝܚܐ ܠܐ ܩܡ ܒܛܠܐ ܗܝ ܗܝܡܢܘܬܟܘܢ ܘܟܪܘܙܘܬܢ : ¹⁵ܘܐܢ ܗܟܢܐ ܗܘ ܐܫܬܟܚܢ ܠܢ ܣܗ̈ܕܐ ܕܓܠܐ ܕܐܣܗܕܢ ܥܠ ܐܠܗܐ ܕܐܩܝܡ ܠܡܫܝܚܐ ܕܠܐ ܐܩܝܡ :	ܢ ܚܝܬ ܡܝܬܐ ܠܝܬ ܐܦܠܐ ܚܐ ܩܡ ¹⁴ܘܐܢ ܡܫܝܚܐ ܠܐ ܩܡ ܐ ܗܝ ܟܪܘܙܘܬܢ ܣܪܝܩܐ ܐܦ ܘܬܟܘܢ ¹⁵ܡܫܬܟܚܝܢ ܚܢ ܕܝܢ ܣܗ̈ܕܐ ܕܓܠܐ ܕܐܠܗܐ ܕܐܣܗܕܢ ܐܠܗܐ ܕܐܩܝܡ ܠܡܫܝܚܐ ܟܕ ܠܐ ܐܩܝܡ] :
A 368 ([13]*For* if there is no resurrection of the dead, Christ also is not risen [14]And if Christ is not risen, *vain is your faith and our preaching.* [15]And if *thus it is, we have been proved* false witnesses, for we witnessed about God that He raised up Christ *whom* He did not raise.)	(*And* if there is no resurrection of the dead, Christ also is not risen, [14]And if Christ is not risen, *empty is our preaching, empty also is your faith.* [15]*We are then proved also* false witnesses *to God*, for we witnessed about God that He raised up Christ *when* He did not raise [him]).

[13]Cf. E. (C. P. E.) 78 *si autem resurrectio non est . . . neque Christus resurrexit. Et inanis est fides vestra . . .* (cf. v. 17).

Notes V. 14 in A=E ≠ Sy^vg has been combined with v. 17.
This is an inner-Syriac variation, but possibly a firm 'Old Syriac' 'metaphrase'.

A 288, 368

27ܕܟܠܡܕܡ ܫܥܒܕ ܠܡܫܝܚܐ ܗܘ
ܡܢ ܐܒܘܗܝ، ܕܫܥܒܕ ܠܗ ܟܠ :
28ܘܡܐ ܕܐܫܬܥܒܕ ܠܗ ܟܠ ܡܢ
ܐܒܘܗܝ : ܗܝܕܝܢ ܫܬܥܒܕ ܐܦ
ܗܘ ܠܐܠܗܐ ܐܒܘܗܝ، ܕܫܥܒܕ
ܠܗ ܟܠ : ܘܗܘܐ ܐܠܗܐ ܟܠ
ܒܟܠ ܘܒܟܠ ܐܢܫ :
29ܕܡܢܐ ܥܒܕܘܢ ܗܢܘܢ ܕܡܥܡܕܝܢ
ܚܠܦ ܡܝ̈ܬܐ : ܐܢ ܡܝ̈ܬܐ ܓܝܪ
ܠܐ ܩܝܡܝܢ : ܗܢܘܢ ܠܡܢܐ
ܡܥܡܕܝܢ ܚܠܦܝܗܘܢ :

27ܕܟܠܡܕܡ ܡܫܥܒܕ ܠܗ ܝܕܝܥܐ ܕܠܒܪ
ܡܢ ܗܘ ܕܫܥܒܕ ܠܗ ܟܠ
28ܘܡܐ ܕܐܫܬܥܒܕ ܠܗ ܟܠ :
ܗܝܕܝܢ ܗܘ ܒܪܐ
ܢܫܬܥܒܕ ܠܗܘ ܕܫܥܒܕ
ܠܗ ܟܠ : ܕܢܗܘܐ ܐܠܗܐ ܟܠ
ܒܟܠ :
29ܘܐܠܐ ܡܢܐ ܢܥܒܕܘܢ ܗܢܘܢ ܕܡܥܡܕܝܢ
ܚܠܦ ܡܝ̈ܬܐ : ܐܢ ܡܝ̈ܬܐ
ܠܐ ܩܝܡܝܢ : ܡܢܐ
ܡܥܡܕܝܢ ܚܠܦ ܡܝ̈ܬܐ

A 288, 368

([27][When he says] that everything *has been subjected to Christ,* (this is) *apart from his Father* who subjected everything to him. [28]And when everything was made subject to him *by his Father,* then he also was made subject *to God his Father* who subjected everything to him. *And God was all in all and in everyman.* [29]Now why should those who receive baptism for the dead so do; for if the dead do not rise, why are they baptised *for them*?

([27][When he says] that everything *is subjected to him, it is clear that* it is apart *from him* who subjected everything to him. [28]And when everything was made subject to him, then he, *the Son,* was made subject *to Him* who subjected everything to him, that God might become all in all. [29]*Otherwise,* why should those who receive baptism for the dead so do; if the dead do not rise, why are they baptised *for the dead.*

[28]A ≠ E 80 = Sy^vg *cum subjecta fuerint illi omnia, tunc et ipsi Filius subjectus erit ei, qui subiecit sibi omnia . . . ut sit Deus omnia in omnibus.* [29]*Quid faciant, qui baptizantur pro mortuis, si mortui non resurgunt.* (E = A *Sermo de Domino nostro* VIII 3 ܫܥܒܕ ܠܗ)

Notes A in v. 27 is freely paraphrasing ('apart from his Father') and this paraphrase affects v. 28.
E ≠ A = Sy^vg. A = E in interpreting 'in every man' (*in omnibus,* in all men).

A 368

32bܢܐܟܘܠ ܡܕܝܢ ܘܢܫܬܐ ܕܡܚܪ
ܡܝܬܝܢ ܚܢܢ 33ܠܐ ܬܛܥܘܢ :
ܡܚܒܠܢ ܥܝ̈ܕܐ ܒܣܝܡ̈ܐ
ܫܘܥܝ̈ܬܐ ܒܝ̈ܫܬܐ :

32bܢܐܟܘܠ ܘܢܫܬܐ ܡܚܪ ܓܝܪ
ܡܝܬܝܢ: 33ܠܐ ܬܛܥܘܢ :
ܡܚܒܠܢ ܥܝ̈ܕܐ ܒܣܝܡ̈ܐ
ܫܘܥܝܬܐ ܒܝܫܬܐ

A 368

Sy^vt = Sy^vg

(32b Let us eat, *therefore,*
and drink. 33 Be not
deceived, evil communications
corrupt good manners.)

A = E *nolite seduci, corrumpunt mentes . . . mala colloquia.*

Note This proverbial *sententia* is firm in all these Syriac texts.

A 361–363

35 ܐܝܟܢܐ ܩܝܡܝܢ ܡܝ̈ܬܐ ܘܒܐܝܢܐ
ܦܓܪܐ ܐܬܝܢ ܂ 36 ܣܟܠܐ ܙܪܥܐ
ܕܙܪܥ ܐܢܬ ܐܠܐ ܡܐܬ ܠܐ ܚܝܐ
37 ܘܗܘ ܡܕܡ ܕܙܪܥ ܐܢܬ ܠܐ ܗܘܐ
ܐܝܟ ܗܘ ܕܥܬܝܕ ܒܡܣܒܗ ܂
ܐܠܐ ܦܪܕܬܐ ܚܕܐ ܥܪܛܠܝܬܐ
ܕܚܛ̈ܐ ܐܘ ܕܣܥܪ̈ܐ ܐܘ
ܕܫܪܟܐ ܕܙܪ̈ܥܘܢܐ ܂ ܘܠܚܕ ܚܕ
ܡܢ ܙܪ̈ܥܘܢܐ ܦܓܪܐ ܕܢܦܫܗ
ܡܬܝܗܒ ܠܗ ܂ 38 ܐܠܗܐ ܕܝܢ
ܡܠܒܫ ܠܗ ܠܙܪܥܗ ܦܓܪܗ
ܐܝܟܢܐ ܕܨܒܐ ܂

ܐܝܟܢܐ ܩܝܡܝܢ ܡܝ̈ܬܐ ܘܒܐܝܢܐ
ܦܓܪܐ ܐܬܝܢ ܂ 36 ܣܟܠܐ ܙܪܥܐ
ܕܙܪܥ ܐܢܬ ܐܢ ܠܐ ܡܐܬ ܠܐ ܚܝܐ ܂
37 ܘܗܘ ܡܕܡ ܕܙܪܥ ܐܢܬ ܠܐ ܗܘܐ
ܦܓܪܐ ܕܥܬܝܕ ܠܡܗܘܐ ܙܪܥ ܐܢܬ
ܐܠܐ ܦܪܕܬܐ ܥܪܛܠܝܬܐ
ܕܚܛ̈ܐ ܐܘ ܕܣܥܪ̈ܐ ܐܘ
ܕܫܪܟܐ ܕܙܪ̈ܥܘܢܐ ܂ 38 ܐܠܗܐ ܕܝܢ
ܝܗܒ ܠܗ ܦܓܪܐ ܐܝܟܢܐ ܕܨܒܐ
ܘܠܚܕ ܚܕ ܡܢ ܙܪ̈ܥܘܢܐ ܦܓܪܐ
ܕܢܦܫܗ ܂

A 361–363

35 How do the dead arise and with
what body *do they come.* 36 Simpleton, the seed which thou sowest,
unless it dies, does not live.
37 And what thou sowest, it is not
like that which is to be produced

How do the dead arise and with
what body *are they coming.*
36 Simpleton, the seed which thou
sowest, unless it dies does not
live. 37 And whatsoever thou sowest, it is not *the body which is to be*

35 A = E = Sy^vg *quomodo resurgunt mortui? qualive corpore venient?*
37 A = E ≠ Sy^vg *granum unum nudum seminas*
A γεννησόμενον c. *P46* G it., σίτου could be either 'wheat' or 'barley'
and is made *both* in Sy^vt = Sy^vg, evidence of a common original.

Notes All versions have a common text to v. 35. In 37 and 38 A = E bis *(unum, induit)*, supporting a common Old Syriac original, but E = Sy^vg in the order and translation of the clauses in v. 38. (Has E been accommodated to Arm.^vg? Is A original?) A reads with *P46* at v. 37. The double rendering of σῖτος in Sy^vt = Sy^vg is evidence of a common 'Old Syriac' original.

(γεννησόμενον) *in its (full) growth*, but *a single*, naked grain of wheat or of barley or other plants. [38b]*And to each of the plants its own body is given* [38a]*God then clothes thy seed with its body as He wills.*

(γενησόμενον) *thou art sowing*, but a naked grain, of wheat or barley or other plants. [38a]God then gives to it a body as He wills, [38b]and to each of the plants a body *of its own nature*.

[38]E *Deus autem induit semini tuo corpus sicut vult . . . unicuique seminum dat proprium corpus*. E = Sy[vg] ≠ A except *induit* (Sy[vg] 'gives') A 'clothes'.

LG 412 A 365—368

40ܕܐܚܪܢܐ ܗܘ ܫܘܒܚܐ
[A ܦܓܪܐ] ܕܒܫܡܝܐ ܘܐܚܪܢܐ
ܕܒܐܪܥܐ : ܘܐܚܪܢܐ41 ܕܫܡܫܐ
ܘܐܚܪܢܐ ܕܣܗܪܐ : ܘܐܚܪܢܐ
ܕܟܘܟ̈ܒܐ ܘܟܘܟܒܐ ܡܢ
ܟܘܟܒܐ ܡܝܬܪ ܒܢܘܗܪܗ :
42aܗܟܢܐ ܒܚܝܬ ܡ̈ܝܬܐ

40ܐܠܐ ܐܚܪܢ ܗܘ ܫܘܒܚܐ
ܕܫ̈ܡܝܢܐ : ܘܐܚܪܢ
ܕܐܪ̈ܥܢܐ :41 ܐܚܪܢ ܗܘ ܫܘܒܚܐ
ܕܫܡܫܐ ܘܐܚܪܢ ܫܘܒܚܐ ܕܣܗܪܐ :
ܘܐܚܪܢ ܫܘܒܚܐ ܕܟܘܟ̈ܒܐ. ܘܟܘܟܒܐ
ܡܢ ܟܘܟܒܐ ܝܬܝܪ ܗܘ ܒܫܘܒܚܐ :
42aܗܟܢܐ ܐܦ ܚܝܬ ܡ̈ܝܬܐ

LG 412 A 365—368

([40]*For* one is the glory (A. *body*) *which is in heaven*; another *is that on earth* [41]And one of the sun, and another of the moon, and another of the stars; and star surpasses star *in its light*. [42a]Thus it is in the resurrection of the dead...)

([40]*But* one is the glory *of heavenly things*; another of earthly things. [41]And one *is the glory* of the sun, and another of the moon, and another *is the glory* of the stars; and star surpasses star *in glory*. [42a]*Thus also is* the resurrection of the dead . . .)

[40]A = E 82 ≠ Sy[vg] *aliud corpus est celestium*
A = LG 412 which is in heaven, that on earth
[41]A = E 82 *sicut stella stellam superat lumine suo*

Notes The agreement of A = E (bis), A = LG supports a common 'Old Syriac' version. But it is probably, however, *a free interpretation*; it is unlikely that any Greek text read σῶμα at v. 40, or ἐν φωτὶ αὐτοῦ (though stylistically better) at v. 41.

A 293, 381, 305—308

44ܡܬܩܒܪ ܦܓܪܐ ܢܦܫܢܐܝܬ ܘܩܐ
ܪܘܚܢܐܝܬ : ܕܐܝܬ ܦܓܪܐ ܕܢܦܫ
ܘܐܝܬ ܦܓܪܐ ܕܪܘܚ :45 ܗܟܢܐ ܟܬܝ
ܕܗܘܐ ܐܕܡ ܡܕܡܝܐ ܒܢܦܫ ܚܝܐ :

44ܡܙܕܪܥ ܒ ܦܓܪܐ ܢܦܫܢܝܐ ܘܩܐܡ
ܦܓܪܐ ܪܘܚܢܝܐ : ܐܝܬ ܓܝܪ ܦܓܪܐ ܕܢܦܫ
ܘܐܝܬ ܦܓܪܐ ܕܪܘܚ :45 ܗܟܢܐ ܐܦ ܟܬܝܒ
ܗܘܐ ܐܕܡ ܒܪܢܫܐ ܩܕܡܝܐ ܠܢܦܫ ܚܝܐ :

ܘܕܬܪ̈ܝܢ ܐܕܡ ܪܘܚܐ ܡܚܝܢܝܬܐ :
⁴⁹ܕܐܝܟ ܕܠܒܫܢ ܨܘܪܬܐ ܕܗܘ ܐܕܡ
ܕܡܢ ܐܪܥܐ ܗܟܢܐ ܢܠܒܫ ܨܘܪܬܐ
ܕܗܘ ܐܕܡ ܕܡܢ ܫܡܝܐ :

A 293, 381, 305—308

([44]*Hidden away* is the body *physically* and rises *spiritually*; for there is a physical body and there is a spiritual body. [45]As it is written: *the first Adam* (cf. Ephr. *Sog.* 1, 5, 13) became a living being, and *the second Adam* a lifegiving spirit . . . [49]for just as we wore *the likeness* of that Adam (cf. Ephr. *Hymn* vii. 5) who was of the earth, thus we shall wear the *likeness* of *that Adam* who is from heaven.)

ܕܡ ܐܚܪܝܐ ܠܪܘܚܐ ܡܚܝܢܝܬܐ :
ܐܝܟ ܕܠܒܫܢ ܕܡܘܬܐ ܕܗܘ ܕܡܢ
ܪܐ : ܗܟܢܐ ܢܠܒܫ ܕܡܘܬܐ
ܘ ܕܡܢ ܫܡܝܐ :

([44]It is sown a physical body; it rises a spiritual one. For there is a physical body, and there is a spiritual body. [45]Thus *also* it is written: *Adam, the first man* was a living being; and the last Adam a lifegiving spirit . . . [49]and just as we wore *the image* of him who was of *dust*, thus we shall wear the *image* of him who is from heaven.

[44]E = Sy^{vg} + A *seminatur corpus animale, et surget corpus spiritale*
[49]E *sicut portavimus . . . imaginem terreni* (*parati sumus portare*) *imaginem coelestis*

Notes A v. 44 is again *a free rendering* contra E = Sy^{vg} but repeated, 294, 381.

A 308—309, 368, 396, 1000

⁵¹ܕܟܠܢ ܢܕܡܟ ܐܠܐ ܒܡܫܬܐ ܠܐ ܟܠܢ
ܢܬܚܠܦ : ⁵²ܕܚܪܦܐܝܬ ܐܝܟ
ܪܦܦ ܥܝܢܐ ܢܩܘܡܘܢ ܡܝ̈ܬܐ
ܒܕ ܠܐ ܡܚܒܠܝܢ : ܘܚܢܢ
ܢܬܚܠܦ : ⁵³ܕܟܬܝܒ. ܗܘ
ܗܢܐ ܕܡܐܬ ܕܢܠܒܫ ܠܕܠܐ

ܡܐܬ ܘܗܢܐ ܕܡܬܚܒܠ ܠܕܠܐ
ܡܬܚܒܠ : ⁵⁴ܘܡܐ ܕܠܒܫ ܕܝܢ
ܗܢܐ ܕܡܐܬ ܠܕܠܐ ܡܐܬ
ܘܗܢܐ ܕܡܬܚܒܠ ܠܕܠܐ
ܡܬܚܒܠ : ܗܝܕܝܢ ܫܠܡܐ
ܡܠܬܐ ܗܝ ܕܟܬܝܒܐ : ܕܐܬܒܠܥ
ܡܘܬܐ ܒܙܟܘܬܐ : ⁵⁵ܕܐܝܟܐ
ܗܝ ܙܟܘܬܟ ܡܘܬܐ

ܘ ܟܠܢ ܢܕܡܟ ܟܠܢ ܕܝܢ
ܚܠܦ : ⁵²ܚܪܦܐܝܬ ܐܝܟ
ܦ ܥܝܢܐ [ܒܩܪܢܐ ܐܚܪܝܬܐ ܟܕ ܬܩܪܐ]
ܢܩܘܡܘܢ ܡܝ̈ܬܐ ܕܠܐ ܚܒܠܐ : ܘܚܢܢ
ܬܚܠܦ : ⁵³ܥܬܝܕ ܗܘ
ܓܝܪ ܗܢܐ ܕܡܬܚܒܠ ܕܢܠܒܫ ܠܐ
ܡܬܚܒܠܢܘܬܐ]
ܗܢܐ ܕܡܐܬ ܕܢܠܒܫ ܠܐ
ܡܝܘܬܘܬܐ : ⁵⁴ܡܐ ܕܠܒܫ
ܐ ܗܢܐ ܕܡܬܚܒܠ ܠܐ ܡܬܚܒܠܢܘܬܐ
ܗܢܐ ܕܡܐܬ ܠܐ ܡܝܘܬܘܬܐ :
ܗܝܕܝܢ ܬܗܘܐ
ܡܠܬܐ ܗܝ ܕܟܬܝܒܐ : ܕܐܬܒܠܥ
ܡܘܬܐ ܒܙܟܘܬܐ
ܐܝܟܘ ܥܘܩܣܟ ܡܘܬܐ :

A 308—309, 368, 396, 1000

(51*For we shall all fall asleep, but we shall not all be changed*; 52for in a moment, as in the twinkling of an eye, the dead shall arise incorruptible, and we shall be changed. 53*For that which is mortal shall put on that which is immortal, and that which is corruptible what is incorruptible.* 54*And when what is mortal puts on what is immortal, and what is corruptible that which is incorruptible, then shall be fulfilled the word that is written* that death is swallowed up *by* victory. 55*For where is thy victory, O death.*)

(51*We shall not all fall asleep, but we shall all be changed*; 52in a moment, as in the twinkling of an eye, [at the last trumpet when it sounds] *and* the dead shall arise without corruption, and we shall be changed. 53*For that which is incorruptible shall put on incorruption, and that which is mortal shall put on immortality.* 54*When that which is corruptible puts on incorruption, and that which is mortal immortality, then shall the word be that is written* that death is swallowed up *in* victory. 55*Where is thy sting, O death.*)

51E 83 ≠ A Sy^{vg} *omnes dormiemus, omnes renovabimur*

52E = A Sy^{vg} *resurgent mortui incorrupti, et nos immutabimur*

53A = E ≠ Sy^{vg} *oportet enim mortale* hoc corpus *induere* vitam *immortalitatis*; et hoc corpus *corruptibile* induere gloriam *incorruptionis*

54A = E ≠ Sy^{vg} *Cum autem mortale hoc* et incorruptibile *induerit immortalitatem* et incorruptionem *perficietur* per id *sermo qui* de hoc *scriptus est*: *Absorpta est mors in victoria* resurrectionis. (Also E, *Carmen*, liii. 24)

55A = E ≠ Sy^{vg} *ubi est mors victoria tua, ubi est mors stimulus tuus.*

Notes Here there is notable agreement between A and E in vv. 53, 54, 55 ≠ Sy^{vg}. For the Greek variants, see above.

GERD MINK

DIE KOPTISCHEN VERSIONEN DES NEUEN TESTAMENTS

Die sprachlichen Probleme bei ihrer Bewertung für die griechische Textgeschichte

*Der Stand der Forschung**

1. Die Evangelien. Allgemeines

Eine Untersuchung der koptischen Evangelienüberlieferung gibt es bislang noch nicht, obgleich es sich hier um den ältesten Teil der koptischen Bibel handeln dürfte und ihre Hochschätzung bei den Kopten selbst aus der reichlichen Überlieferung und der Ausstattung der bohairischen Manuskripte hervorgeht[1] wie aus dem Umstand, daß sich der Gebrauch des Evangeliums in koptischer Sprache im Gottesdienst am längsten erhalten hat[2]. Aber gerade der Umfang des Materials wie die Kompliziertheit einer Überlieferung, in der ständig mit Paralleleinflüssen gerechnet werden muß, haben wohl bisher die Evangelien noch nicht zum Gegenstand intensiver Forschung werden lassen. Hinzu kommt, daß besonders hier der Stand der Hornerschen Edition, soweit sie das Sahidische betrifft, unbefriedigend ist.

---

* Unter Forschungsstand soll hier wirklich Forschungsstand und nicht Forschungsgeschichte verstanden sein. Diese findet man bei A. Vööbus bis zum Anfang der fünfziger Jahre beschrieben: Early Versions of the New Testament, Papers of the Estonian Theological Society in Exile (eesti usuteadlaste selts paguluses toimetused) 6, Stockholm 1954, 212–241. Vgl. auch B. M. Metzger, A Survey of Recent Research on the Ancient Versions of the New Testament, NTS 2 (1955/56), 1–16, dort 10f. Für Detailfragen sei auf die einschlägigen Abschnitte in Bibliographien (Kammerer, Simon u. a.) verwiesen. Für den allein historisch Interessierten geben ältere Handbücher (z. B. Kenyon) über die Bemühungen vergangener Jahrhunderte Auskunft. In den Abschnitten 1–11 beschränke ich mich auf die Frage nach dem Textcharakter der in den koptischen Dialekten überlieferten Schriften. Es werden Untersuchungen behandelt, die aufgrund von Material und Methode zu für die Textkritik relevanten Ergebnissen kommen. Für die Bilinguen sei auf K. Treu verwiesen: Griechisch-koptische Bilinguen des Neuen Testaments, in: Koptologische Studien in der DDR, zusammengest. und hg. vom Institut für Byzantinistik der Martin-Luther-Universität Halle-Wittenberg, Wissenschaftliche Zeitschrift der Martin-Luther-Universität Halle-Wittenberg, Sonderheft, Halle 1965, 95–123. Die Lektionare und ihr System sind einer umfassenden Untersuchung wert.

[1] Vgl. die Beschreibung der Hss in Horners Edition des bohairischen NT (Bd. I, XXXVII–CXXVI).

[2] Vgl. dazu schon W. E. Crum: „Mancher Ausdruck, namentlich die Ausrufe des Diakons, sind noch griechisch, ein guter Teil (Psalmen, Gebete) koptisch, die Lektionen dagegen, mit Ausnahme des Evangeliums, jetzt fast überall arabisch. In den nitrischen Klöstern wurde, wenigstens früher, das Arabische beim Gottesdienst vermieden". (Koptische Kirche, RE³XII, 801–815; das Zitat: 811.)

2. Die sahidischen Evangelien

Die umfangreichste Zusammenstellung hat bisher immer noch von Soden[3] geliefert. Aber auch Horner[4] hat am Ende seiner Edition der sahidischen Evangelien einiges über deren Text gesagt. Beide erkennen die besondere Schwierigkeit, die in der Bruchstückhaftigkeit der sahidischen Überlieferung besteht. „Daß diese Fragmente verschiedener Codd aus verschiedenen Zeiten von sehr verschiedenem Wert sind, ist natürlich. Daß man nur mit allem denkbaren Vorbehalt sie als Urkunden des Originals der sahidischen Übersetzung verwerten darf, bedarf keines Nachweises"[5]. Hinzukommt noch, „the fragments are seldom long enough to determine satisfactory the real character of the entire document, and the longest are naturally the more recent"[6].

Horner schlüsselt die Varianten zunächst danach auf, ob das Sahidische mit der Mehrheit der späteren Zeugen oder mit einer Gruppierung früher Zeugen geht, die auf jeden Fall ℵ B enthält, oder ob es allein mit D, Altlateinern, ℵ, B, C oder L erscheint. Im Ergebnis kommt er zu einer Einschätzung der Version „as agreeing with the Bohairic in its Neutral tendency"[7]. Seine Werte „also reduce the evidence for Western influence, though the marked preponderance of D readings in all the Gospels maintains that influence, of which the most prominent instance in Sahidic is the description of the stone, rolled to the door of the sepulchre in the narrative of Luke"[8]. „No other peculiar addition of D or other Western document is found, and D readings which are not Sahidic occur in great abundance. The advantage of readings of ℵ over B points in the same Western direction, while the absence of peculiar L readings removes any idea of Late Alexandrian tendency, although the probable Sahidic ending of Mark given by 108 makes a conspicuous exception in favour of L"[9]. Bei den knappen Ausführungen Horners ist nicht leicht zu verfolgen, wie er zu solchen Ergebnissen kommt.

Eindeutiger ist seine Bewertung der häufigen Übereinstimmung der Kopten mit ℵB. Diese läßt sich durchgehend beobachten und kenn-

[3] H. von Soden, Die Schriften des Neuen Testaments in ihrer ältesten erreichbaren Textgestalt hergestellt aufgrund ihrer Textgeschichte, I. Teil: Untersuchungen, Göttingen 1911, S. 1478–1492.

[4] Horner, G. (Hg.), The Coptic Version of the New Testament in the Southern Dialect, Bd. I–VII, Oxford 1911–1924; The Coptic Version of the New Testament in the Northern Dialect, Bd. I–IV, Oxford 1898–1905. Horners Aussagen über den Text: NT (Southern Dialect), III, 386–390.

[5] von Soden a. a. O. 1480.

[6] Horner a. a. O. III, 390.

[7] Ebenda 387.

[8] Ebenda.

[9] Ebenda.

zeichnet seiner Meinung den früh-alexandrinischen Charakter beider Versionen. Er präzisiert, die Übereinstimmungen seien in Mk am meisten anzutreffen, in Joh am seltensten, und führt dieses auf die Popularität des Johannesevangeliums zurück, die ein Grund zur Textassimilation sei. Weiterhin nimmt Horner eine Bewertung der selected readings (nach Westcott und Hort)[10] vor und kommt zu dem Ergebnis:

„From thus investigation of these selected readings the same result as before is obtained. The Western readings have a decided but slight superiority of number over other variants, while the main stream is Neutral, and this, now regarded as the early Alexandrian form, exhibited by the Bohairic, maintains itself even more firmly in the Sahidic. Further, the large numbers of Western readings given in those selected by Westcott and Hort make the case more significant even though those authors have omitted the description of the stone of the sepulchre, sufficiently remarkable among the twelve greater Western interpolations“[11].

In der Methode ist Horner vollkommen von Westcott und Hort abhängig. Sein Ergebnis ist trotz der Variantenauszählung im Grunde nur eine Bestätigung dessen, was diese auch schon wußten[12]. Die Variantenauszählung ist in ihrer Richtigkeit nicht zu überprüfen, und das Zustandekommen mancher Zahlen absolut unklar. Wenn auch das Ergebnis, soweit es die Tendenz der Kopten zum „neutralen" Text betrifft, bislang nicht in Zweifel gezogen worden ist, so ist doch der Widerspruch im Detail verblüffend. So sagt Horner, die „gross figure of Bohairic agreement with the Neutral readings" sei „larger than that of the Sahidic"[13]. In den „seperate figures" findet er plötzlich heraus, daß es in Mt und Joh „a large superiority for agreement of Sahidic with ℵB"[14] gibt. Und schließlich heißt es: „and this (d. h. der neutrale Hauptstrom) ... maintains itself even more firmly in the Sahidic"[15].

Das unterschiedliche Ergebnis beruht darauf, daß einmal die Varianten wahllos ausgewertet werden, einmal nur der Zirkel der selected readings betrachtet wird. Beides trügt im Detail. Die superiority der Western readings kommt ja mehr durch die selected readings als durch die tatsächlichen Verhältnisse zustande. Bei der Gesamtauswertung der Varianten ist hauptsächlich einzuwenden, daß — offensichtlich — nur der exklusive Konsensus mit Vertretern jeweils des „westlichen", „alexandrinischen" und „neutralen", jedenfalls „präsyrischen" Textes überprüft wird. Seine later groups können ja kaum den „syrischen" Text meinen, sondern müssen, da sie so häufig auftreten, die „prä-

---

[10] Dort heißen sie „select readings". Vgl. The New Testament in the Original Greek, Cambridge and London 1882, Appendix 1–6.

[11] Horner a. a. O. 389.

[12] Vgl. Westcott-Hort a. a. O., Introduction 157f.

[13] Horner a. a. O. 388.

[14] Ebenda.

[15] Ebenda 399.

syrischen“ Zeugen umfassen, soweit sie mit „syrischen“ übereinstimmen.

Damit geht in der Auswertung vom Ansatz her die Zahl der Varianten verloren, in denen der koptische Text mit keinem der nicht-„syrischen“ Zeugen übereinstimmt, obwohl er keine Sonderlesart bietet. Der Fehler ist zufällig nicht folgenreich. Ich bediene mich hier bewußt der Terminologie von Westcott und Hort. Denn Horner hat diese zur Basis, und diese Tatsache ist ihm schwerlich anzulasten. Eine Kritik an den Kategorien würde nicht ihn treffen.

Während Horner offenbar das Verhältnis der koptischen Überlieferung zu seinem „syrischen“ Text nicht in Betracht zog, entgeht von Soden diesem Fehler, indem er grundsätzlich das Verhältnis zu seinen Textgruppen *H, I, K* beachtet. Allerdings unterzieht er den *K*-Einfluß keiner besonderen Untersuchung, weil sich seine Bedeutung für das Sahidische zumindest als äußerst gering erwiesen hat. *K*-Lesarten finden sich in den erhaltenen sahidischen Hss „selten und dann fast ausnahmslos im Gegensatz zu bo“[16]. Darum betrachtet er sie als spätere Eindringlinge. Unausgesprochen setzt von Soden damit voraus, daß das Bohairische im Sahidischen vorhandene *K*-Lesarten benutzt haben müßte, ein Problem, das er eigentlich um so mehr umgehen müßte, als er auf eine Untersuchung des Verhältnisses der Versionen zueinander ausdrücklich verzichtet[17]. Auch können nur Bedenken angebracht werden, wenn von Soden Sätze prägt wie „daß diese *K*-Lesart nicht im Original der sahidischen Übersetzung stand“[18]. Ehe man eine solche Formulierung wagen kann, sind sehr viele Fragen der innerkoptischen Textkritik zu lösen, die von Soden nicht einmal anschneidet und auch in Anbetracht des fragmentarischen sahidischen Textes für das Sahidische nicht anschneiden kann. Wo eine Stelle oft nur einen Zeugen hat, wird die tatsächliche Differenzierung zwischen Original und Traditionsprodukt zur Farce. Auch wenn zwei sahidische Hss vorhanden sind, wird man schwerlich eine als Zeuge für „Ur-sa“[19] in Anspruch nehmen können, zumal es dann ja auch „Ur-sa“ gegeben haben müßte.

Ausführlich belegt von Soden das Verhältnis der Kopten zu *I* und *H*. Obgleich nach Kollationen von Leipoldt zusammengestellt, sind die Belege weithin sowenig stichhaltig wie die Notationen seines Apparates. Die selbst aufgestellten philologischen Vorbehalte[20] gegenüber den koptischen Texten werden hier wie da souverän mißachtet, und

---

[16] von Soden a. a. O. 1486.
[17] Vgl. ebenda 1481.
[18] Ebenda.
[19] Ebenda.
[20] Vgl. ebenda 1480f.

die Fälle sind zahlreich, in denen der Kopte nur aufgrund seiner Sprache Wortlaut oder -folge mit einer griechischen Überlieferung teilt und von Soden dennoch eine Einordnung nach *H* oder *I* vornimmt.

Auch werden manche griechische Lesarten nur einer koptischen Version zugeteilt, obwohl beide den gleichen Text lesen, ja dieses sogar dann, wenn der koptische Text aus sprachlichen Gründen nur eine Möglichkeit bietet und folglich das Sahidische und Bohairische nicht auseinandergehen können. Allerdings ist das von Sodensche Material so groß, daß es eine gewisse Fehlerquote verträgt, ohne damit zu völlig falschen Ergebnissen zu kommen. Von Soden kann immer noch überzeugend die Kopten als Vertreter des *H*-Textes bezeichnen.

Indem er eine Nähe zu δ1 und δ2 sieht, unterscheidet er sich in diesem Ergebnis nicht von Horner, der die „neutrale Tendenz" der koptischen Überlieferung beobachtet[21]. Allerdings nimmt er nicht wie dieser eine spezielle Zuordnung zur „alexandrinischen" Gruppe vor. In Grenzen wird von Sodens Einordnung durch *H*-Sonderlesarten gestützt. In Grenzen deshalb, weil seine diesbezüglichen Belege nur überaus dürftigen Beweischarakter haben. Itazistische und überhaupt orthographische Varianten stellen einen großen Anteil[22]. Es hätte von Soden zu denken geben müssen, daß in den meisten Fällen, die er anführt, Zeugen aus seiner *I*-Gruppe δ1 δ2 begleiten, Zeugen der *H*-Gruppe jedoch selten erscheinen. Für die Übereinstimmung zwischen koptischen und griechischen Hss zieht von Soden[23] dreierlei Erklärungen in Erwägung: Ein gemeinsamer griechischer Ahne könnte verantwortlich sein, oder aber der koptische Text hat auf die griechischen Manuskripte eingewirkt, vielleicht auch nur ein ägyptischer Schreiber „koptische Varianten" verursacht. Bei δ1 δ2 rechnet von Soden nicht mit der letzten Möglichkeit. Sie hätte konsequenter ihre Spuren hinterlassen müssen. Die erste Möglichkeit nimmt von Soden auch nicht an, weil er es für unwahrscheinlich hält, daß eine griechische Textform, die so verstreut auf die Überlieferung eingewirkt hat, trotz ihrer Verbreitung untergegangen ist. So rechnet er also mit der Einflußnahme der Übersetzung und glaubt, daß nicht nur *H*-Handschriften, sondern auch δ5 und H^r häufig Lesarten der koptischen Überlieferung aufgenommen haben[24].

Mag man eine Beeinflussung der *H*-Texte noch gern annehmen, so stößt die Anwendung einer solchen Erklärung bei δ5 und mehr noch bei H^r auf Schwierigkeiten. Zu verstehen ist das alles nur auf dem Hintergrund der Behauptung, daß außer *H* keine Rezension auf die

[21] Horner a. a. O. 387.

[22] Vgl. dazu die Liste von Sodens a. a. O. 904f.

[23] Vgl. ebenda 903.

[24] Vgl. ebenda 904.

sahidische Urübersetzung eingewirkt habe[25]. „Sicher sind alle *I*-Einwirkungen sekundär"[26]. Fraglich ist, ob von Soden aufgrund der Annahme von Rezensionen überhaupt zu anderen Ergebnissen kommen konnte. Er sieht selbst, daß die Anzeichen für Spezialbeziehungen der Kopten zu H^r oder J „ganz problematisch" sind[27].

Kann er bei H^r noch eine ägyptische Herkunft vermuten, so ist doch die süditalische von J ganz unzweifelhaft[28]. Die Gruppe I^a ist ihm dabei die Brücke zu dieser späten Überlieferung, und δ5 spielt die Hauptrolle, aber auch gemeinsame Einflüsse von Ωρ, Itala und anderen werden konzediert. Immerhin wird die Schlüsselstellung des Koptischen, namentlich des Sahidischen, soweit behauptet, daß an einer Stelle gar I^{a050r} für von Soden in Verdacht stehen, „durch sa beeinflußt zu sein"[29], an einer Stelle, die keine Beweiskraft hat[30]. Aber abgesehen davon, ist diese Bemerkung zu der Koridethi-Hs symptomatisch für die unbesorgte Weise, mit der von Soden Verknüpfungen anstellt, ohne auf deren Sitz im Leben zu achten.

3. Die bohairischen Evangelien

Horner hat dazu nur ganz gelegentlich Stellung genommen, und seine widersprüchlichen Aussagen wurden oben bereits angeführt[31]. Von Soden hat den bohairischen Text zusammen mit dem sahidischen abgehandelt. Besonders die koptische Hs B hält er für wertvoll, da sie sich entweder vor den mehr oder weniger starken *K*-Invasionen in die bohairische Überlieferung bewahrt oder aber diese wieder durch Korrekturen nach griechischen Hss getilgt habe. Mit gewissem Recht erfährt der von Horner abgedruckte Kodex A als an zu vielen Stellen nach *K* korrigiert Kritik[32].

Doch ob ursprünglich oder korrigiert, das geht weit hinein in die innerkoptische Textkritik. Zwar kann man für wahrscheinlich halten, daß späte Korrekturen sich auch an einer späten Textform orientieren. Aber man darf die Neigung des Kopten, noch nach der Kanonisierung des bohairischen Textes Korrekturen nach dem Griechischen anzubringen, nur sehr gering veranschlagen. Der griechische Text ist ja

---

25 Vgl. ebenda 1486.

26 Ebenda 1487.

27 Ebenda.

28 „Certainly all the extant Ferrar mss, except 69, were written in S. Italy" (K. und S. Lake, Family 13 [The Ferrar Group]. The Text according to Mark with a Collation of Codex 28 of the Gospels, London-Philadelphia PA., 1941 (= Studies and Documents 11), 58f.

29 von Soden a. a. O. 1490.

30 Mk 15, 31. Für sa nimmt von Soden Paralleleinfluß an. Warum nicht auch für Θ 700?

31 Vgl. oben 161–163.

32 Vgl. von Soden a. a. O. 1480.

keine Autorität mehr. Davon legen die arabischen Glossen Zeugnis ab, in denen sich zeigt, daß die Kenntnis der abweichenden Lesart im Griechischen nicht die mindeste Folge für die koptische Überlieferung haben muß[33].

Aber immerhin kann man von Soden zustimmen, wenn er auch den Einfluß seiner *K*-Gruppe auf das Bohairische als gering ansieht. Jedenfalls kann er sogar sagen: „In bo dagegen mag *K* schon im Original gelegentlich berücksichtigt sein, aber nicht in höherem Maße, als in $H^{\delta 1}$ oder wenigstens in $H^{\delta 2}$"[34]. Zu dem Begriff „Original" braucht nichts gesagt zu werden. Festzuhalten ist nur das verschwindend geringe Vorkommen ausgesprochener *K*-Lesarten. Im Unterschied zum Sahidischen nimmt von Soden für das Bohairische an, daß es teilweise Lesarten aus I^{a} bezogen habe. Im übrigen macht er zum Bohairischen die gleichen Aussagen wie zum Sahidischen. Er unterzieht es der gleichen Methode, und die gleiche Kritik wäre anzubringen.

4. Das protobohairische Johannesevangelium

In seinem Buch „L'évangile selon Saint Jean et les versions coptes de la Bible"[35] hat Rodolphe Kasser eine Untersuchung des von ihm edierten Papyrus Bodmer III[36] vorgenommen. Indes unterläßt er es, Überlegungen zur Einordnung in die griechische Textgeschichte anzustellen. Wohl bietet er eine „Liste des variantes ou équivalences grecques insolites attestées par les versions coptes de l'évangile de Jean"[37]. Sie ist aber für unsere Zwecke kaum von Wert. Nicht nur, daß er die koptischen Versionen zu griechischen Lesarten anführt, ohne deren Zeugen zu nennen, so daß eine Übersicht gänzlich unmöglich wird, auch sind

[33] Die bohairischen Hss sind großenteils bohairisch-arabische Bilinguen. Der arabische Text wird dabei zuweilen mit Glossen versehen. In der Regel wird sowohl das Koptische als auch das Arabische getreu abgeschrieben. Etwaige Diskrepanzen rufen dann Glossen hervor. Nicht selten werden aber auch griechische abweichende Lesarten vermerkt. Der Kopte sieht sich aber dadurch nicht veranlaßt, seinen bohairischen Text etwa abzuändern. Besonders eindrücklich ist eine Marginalie, die wir in der Hs H_2 aus dem Jahre 1308 finden (vgl. Horner, NT [Northern Dialect] I, XCIX). Dort wird uns berichtet, daß man (die Kollationatoren werden genannt) das Koptische gegen zwei koptische Hss verglichen habe. Man habe dann die richtigen Lesarten ausgewählt. Man glaubte, so eine typisch koptische Hs zu erhalten, und äußert sich abfällig über andere, die nur Lesarten enthalten, die aus dem Griechischen, Syrischen oder anderen Sprachen stammen. Die Geringschätzung des Griechischen kann uns optimistisch stimmen; denn ihr dürfte es zu verdanken sein, daß die Koine nur einen geringen Einfluß auf die koptischen Hss gewann.

[34] von Soden a. a. O. 1486.

[35] Neuchâtel 1966. Zuvor hatte er sich schon zum Thema geäußert: Le Papyrus Bodmer III et les versions bibliques coptes, Muséon 74 (1961), 423–433.

[36] Papyrus Bodmer III, Évangile de Jean et Genèse I–IV, 2 en bohaïrique, Louvain 1958, (= CSCO 177).

[37] L'évangile selon Saint Jean, 181–236.

die Angaben in bezug auf die Abweichungen so unzuverlässig, daß Überprüfungen im einzelnen stets notwendig sind. Peter Weigandt[38] hat dafür den Beweis angetreten und auch eine Reihe von Fehlern korrigiert. Auch in dieser Passage der Kasserschen Untersuchung hat der Mangel an methodologischen Überlegungen seine Folgen.

5. Das fajjumische Johannesevangelium

Die bruchstückhafte Überlieferung des fajjumischen Neuen Testaments ist bisher noch nicht zusammenhängend untersucht worden. Ein größeres, sich über mehrere Kapitel erstreckendes Fragment liegt lediglich in der Michigan-Hs 3521 von Elinor M. Husselman[39] ediert vor. Allerdings ist seine Sprache nur unter Vorbehalten dem fajjumischen Bereich zuzuweisen. Die Edition enthält bedauerlicherweise keine Untersuchung des Verhältnisses zur griechischen Überlieferung. Auch wurden keine Kollationen gegen den griechischen Text unternommen. „What the relationship of 3521 is to the original Greek may be left to scholars more versed in critical Biblical studies“[40].

6. Das achmimische Johannesevangelium

Ein größeres Stück ist in P^6 erhalten und von Friedrich Rösch[41] ediert. Doch auch hier fehlt noch eine Untersuchung des Textcharakters, und die sporadischen Vergleiche im Apparat der Edition ermöglichen noch keinen Überblick.

7. Das subachmimische Johannesevangelium

Der Qau-Papyrus enthält fast das gesamte Johannesevangelium. Der Editor, Herbert Thompson[42], hat in einem Kapitel über die Version eine Reihe von Varianten zusammengestellt[43], zu denen er die griechische Bezeugung anführt. Nicht immer sind die Stellen überzeugend, dennoch sei das Ergebnis referiert. Thompson rechnet die Version den Zeugen der hesychianischen Rezension zu. Er tut dieses bereits vor einer Untersuchung des Verhältnisses der Hs zum griechischen Text, da er den Qau-Papyrus für ein Beispiel der Sahidischen

---

38 In: Zur Geschichte der koptischen Bibelübersetzungen, Bibl 50 (1969), 80–95.

39 The Gospel of John in Fayumic Coptic (P. Mich. Inv. 3521), = The University of Michigan. Kelsey Museum of Archaeology Studies 2, Ann Arbor 1962.

40 Ebenda 18.

41 Bruchstücke des ersten Clemensbriefes nach dem achmimischen Papyrus der Straßburger Universitäts- und Landesbibliothek mit biblischen Texten derselben Handschrift, Straßburg 1910.

42 The Gospel of St. John according to the Earliest Coptic Manuscript, London 1924.

43 Ebenda XXI–XXVIII.

Version hält[44]. „Q belongs, as had been said more than once to the Sahidic version, and therefore is allied to the group of Greek MSS headed by the uncials ℵBLW"[45]. Er stellt dabei fest, daß das Subachmimische doppelt so oft mit B und W geht wie mit ℵ. An 459 untersuchten Stellen folge es 263mal B gegen ℵ, aber nur 137mal ℵ gegen B. 262mal erscheine es in Begleitung von W, davon 202mal mit B, 60mal mit ℵ. Nur 59mal weiche der Text sowohl von ℵ als auch von B ab, 6mal mit Unterstützung von W. Diese 59 Lesarten hält Thompson für vorhesychianisch[46]. Eine Erklärung für seine Annahme bleibt er schuldig. Wohl führt er die 59 Stellen an, und es wird deutlich, daß sich unter ihnen eine Reihe befinden, an denen sich die Reduktion des Subachmimischen auf einen bestimmten griechischen Text nicht mit Sicherheit vornehmen läßt. Auch machen die Lesarten weithin nicht den Eindruck größerer Ursprünglichkeit als die von ℵB. Die Forscher jedoch, die die hesychianische Rezension annahmen, waren genötigt, die Textgeschichte auf den Kopf zu stellen. So muß auch Thompson bei einem Zeugen, den er etwa in der Zeit des Vaticanus ansiedelt[47], alle abweichenden Lesarten für älter als die von B halten. Trennt man sich von dem Gedanken der Rezension, so sind viele Varianten kaum noch eindeutig zu beurteilen, doch ist die gelegentliche Partizipation des Subachmimischen an alten Auslassungen zu bemerken.

Ein interessantes Ergebnis ist noch Thompsons Feststellung einer Reihe von Lesarten, die in den Versionen ihre Hauptzeugen finden, gelegentlich von D, ℵ oder W begleitet, „the Greek codices most frequently given to ‚Version' readings"[48]. Doch viele Lesarten variieren von ihren Alternativen nur äußerst unerheblich. Weiterhin konstatiert Thompson in den meisten Fällen einer Abweichung des Subachmimischen sowohl von der sahidischen als auch von der bohairischen Überlieferung nur eine Unterstützung durch Versionen, die allenfalls von ℵ, D oder beiden begleitet werden[49]. Alle Ergebnisse Thompsons müssen kritisch überprüft werden, weil er häufig zu sorglos den subachmimischen Text auf einen bestimmten griechischen zurückführt.

8. Die Apostelgeschichte

Anton Joussen hat in seiner Dissertation über „Die koptischen Versionen der Apostelgeschichte (Kritik und Wertung)"[50] die bislang gründlichste Arbeit über ein Teilgebiet des koptischen NT vorgelegt.

[44] Vgl. ebenda XXI. [45] Ebenda XXVI. [46] Ebenda.
[47] Vgl. ebenda XIII. [48] Ebenda XXVII. [49] Vgl. ebenda XXV.
[50] Eine Bonner Dissertation, deren Maschinenschrift vervielfältigt aus dem Jahre 1963 ursprünglich vorliegt. Sie erschien nun auch, von der Maschinenschrift durch veränderte Seitenzahlen und viele Druckfehler im Koptischen unterschieden, als Bd. 34 der BBB (Bonn 1969). Hiernach werden die Seiten angegeben.

Sie hat darüber hinaus methodologischen Wert für den gesamten Forschungsbereich[51], so daß P. Weigandt mit Recht beklagt, daß Kasser diese Arbeit ignoriert[52]. Soweit Joussen konnte, hat er das Material der sahidischen, bohairischen und fajjumischen Version zusammengetragen und untersucht. Das koptische Material, das Joussen bietet, läßt daher von Sodens Betrachtungen[53] als überholt erscheinen, so daß es der Auseinandersetzung mit diesen nicht mehr bedarf.

Indes ist etwa P^{41} zwar Joussen bekannt[54], aber kaum berücksichtigt. Offensichtlich unbekannt sind ihm das textkritisch umstrittene Glazier-Fragment 68 der Pierpont Morgan Library (G 68) und die umfangreiche Berliner Acta-Hs P. 15926. Joussens Kollationen[55], mit denen er die Textgestalt der koptischen Versionen der Apostelgeschichte demonstrieren will, müssen also von daher eine Ergänzung erfahren. Der griechische Teil der Kollationen weist deutliche Lücken auf. Das Material hält sich in nicht ganz einsehbaren Grenzen. Hier benutzte Joussen nach eigener Angabe „Tischendorfs Octava maior, v. Sodens und Ropes' textkritische Apparate"[56]. Die Folge ist, daß man sämtliche Papyri vermißt. Er berücksichtigt diese nicht, obwohl er sie anführt[57]: $P^{8.\ 29.\ 33.\ 38.\ 41.\ 45.\ 48.\ 50.\ 56.\ 57.\ 58}$. P^{53}, ein kleines Fragment, vergaß er, und P^{74} war ihm überhaupt nicht bekannt. Immerhin sind zumindest P^{8} und P^{45}, vor allem aber $P^{29.\ 38.\ 41.\ 48}$ von erheblichem Interesse, zumal in Anbetracht der Diskussion um den „westlichen" Text und sein Verhältnis zu den koptischen Versionen. Ohne diese mit den genannten Papyri verglichen zu haben, kann man nur mit Vorbehalten, wenn überhaupt, ein Urteil über den textgeschichtlichen Ort der koptischen Lesarten treffen.

Nun war dieses auch nicht Joussens Absicht und muß nach seinen Worten einer besonderen Studie vorbehalten bleiben[58]. So stellen seine Kollationen nicht mehr und nicht weniger dar als eine Zuordnung der koptischen Texte zu griechischen unter Nennung einiger Zeugen. Darin und auch in der Substanz bedeutet Joussens Arbeit, obgleich früher erschienen, einen Fortschritt gegenüber Kassers Untersuchung von Papyrus Bodmer III[59]. Das Material ist beschränkt. Doch tauchen neben einigen der wichtigsten Unzialen, darunter D, mit der ausgiebig

---

[51] Wenn auch 68 Verse als Grundlage der grammatikalischen Untersuchung kein „beachtlicher Umfang" sind, wie Joussen glaubt (ebenda 84).

[52] A. a. O. 85.

[53] A. a. O. 1676–1681.

[54] Vgl. a. a. O. 14.

[55] Ebenda 131–183.

[56] Ebenda 130.

[57] Vgl. ebenda 198.

[58] Vgl. ebenda 200.

[59] Vgl. oben 166f.

zitierten altlateinischen und der syrischen Version auch Hauptvertreter des „westlichen" Textes auf. Auf dieser Basis wagt Joussen in einem Schlußwort über die Bedeutung des sahidischen und bohairischen Textes (letztem ordnet er den fajjumischen bei) für die Textgeschichte der Apostelgeschichte folgendes Urteil:

„1. Der von sa und bo (fa) vorausgesetzte griechische Text gehört seiner Grundschicht nach zu jenem Typus, den vor allem der Sinaiticus und Vaticanus vertreten.

2. Beide Versionen setzen einen griechischen Wortlaut voraus, der eine Fülle „westlicher" Lesarten enthalten haben muß. Wenn es auch zutrifft, daß sa nur wenige der umfangreichen Texterweiterungen des Kodex D bietet, bo sogar mit nur zwei Hss (Γ K) einen einzigen größeren Zusatz aufweist, und fa mit der Lesart des Cantabrigiensis in 7, 24 allein dasteht, so begegnet uns das „westliche" Textelement doch auf Schritt und Tritt. Dabei gilt für sa, daß der älteste Zeuge dieser Version „westliche" Lesarten aufbewahrt hat, die sich in der jüngeren Überlieferung nicht finden. Doch ist auch der umgekehrte Sachverhalt zu verzeichnen.

Daß bo tatsächlich ein so wertvoller Repräsentant des sogenannten neutralen Textes ist, wie es immer wieder herausgestellt wird, läßt sich zum mindesten nicht aufgrund der bohairischen Apostelgeschichte uneingeschränkt behaupten. Obwohl ihre handschriftliche Bezeugung sehr jung ist, muß auch diese Übersetzung auf eine Vorlage zurückgehen, in der nicht etwa nur vereinzelt westliche Lesarten vorhanden waren. Auch bo darf nicht schlechthin als einheitliche Größe bewertet werden.

3. Die Behauptung, daß sa und auch bo eine nicht geringe Anzahl von Lesarten aufweisen, die nur bei den Lateinern und Syrern vorkommen, deutet darauf hin, daß diese Übersetzungen einen nicht unbedeutenden Einfluß auf den griechischen Text ausgeübt haben, dem die koptischen Versionen folgen"[60].

In Punkt 1 befindet sich Joussen in Übereinstimmung mit von Soden[61]. In Punkt 2 geht freilich Joussen weit über von Soden hinaus, in dessen Blickfeld die gemeinsamen Lesarten der Kopten und seiner Gruppe *I* in der Apostelgeschichte nur in geringem Ausmaße getreten waren. In der Einschätzung des Bohairischen muß Joussen sogar von Soden widersprechen. Dieser fand nämlich, daß sich „bo in einer in der Textgeschichte fast einzigartigen Weise mit *H*"[62] decke. Zwar umfaßt *H* nicht nur den sogenannten „neutralen" Text, sondern auch die „Spätalexandriner", aber Joussens Beobachtung will sich doch schlecht damit vertragen. Von Soden gelangt sogar zu dem Ergebnis, der bohairische und letztlich auch der sahidische Text zeigten die Herrschaft des *H*-Textes in Ägypten[63].

Natürlich sind die koptischen Versionen *H*-Zeugen. Auch verwundert die Präponderanz von *H*-Lesarten nicht. Aber in den *H*-Text sind aufs stärkste andere Elemente gemischt, und nicht die Herrschaft des *H*-Textes, sondern gerade die Anfechtung seiner Herrschaft ist das eigentlich Bedeutsame an der Überlieferung der Apostelgeschichte.

---

[60] Joussen a. a. O. 199f.

[61] Vgl. von Soden a. a. O. 1674.

[62] Ebenda 1676.

[63] Ebenda 1680f.

Von Soden führt sogar eindeutig den bohairischen Text hinter B, den sahidischen hinter D überlieferungsgeschichtlich zurück[64]. In beiden Unzialen sollen sich Sonderlesarten der beiden Versionen befinden, die nicht Originallesarten von *H* sein könnten. Die *H*-Hypothese erklärt hier nicht die Wirklichkeit, sondern schafft sie erst.

In bezug auf Rezensionshypothesen überhaupt hat unsere Kenntnis der Papyri eine neue Situation geschaffen, die Joussen auch mit Rücksicht auf die koptische Überlieferung treffend beschreibt: „Wenn nun diese in Ägypten beheimateten Papyri mit aller Deutlichkeit zeigen, daß die ‚neutrale' und die ‚westliche' Textform dort nebeneinander bestehen und sich gegenseitig durchdringen, steht zu erwarten, daß die koptischen Versionen der Apostelgeschichte einen griechischen Text als Vorlage gehabt haben, der diesen Tatbestand widerspiegelt"[65].

Wie recht Joussen hat, zeigt sich[66] bei P^{41} und der jüngst von Fritz Hintze und Hans-Martin Schenke bearbeiteten und herausgegebenen Berliner Handschrift der Sahidischen Apostelgeschichte (P. 15926)[67], vor allem aber in der Glazier-Hs G 68. Theodore C. Petersen hat über sie einen Bericht vorgelegt, in dem er den Text dieser Hs als frühestes vollständig erhaltenes und unverfälschtes Zeugnis der „westlichen" Rezension ansieht, das noch nicht der alexandrinischen Rezension unterzogen worden sei[68]. Die kühne These hat in einer Arbeit von Ernst Haenchen und Peter Weigandt[69] teils Widerspruch, teils Einschränkungen erfahren. Dort wird u. a. dargelegt, daß es sich nicht um ein unverfälschtes Zeugnis, vielmehr um einen Mischtext handele, der darum auch nicht früh sei.

Doch gibt es für die frühe Durchdringung der angenommenen Textgruppen gerade in der Apostelgeschichte genügend Hinweise. Die Verfasser haben sich da doch ein wenig vom Rezensionsdenken dessen gängeln lassen, den sie kritisieren. G 68 ist bislang nicht ediert. Nach einer Edition wird man das Phänomen dieser Hs im einzelnen genauer beurteilen müssen. Auch zwischen G 68 und P.15926 gibt es Beziehungen[70]. Insgesamt macht aber die sahidische Actaüberlieferung wie die

---

64 Vgl. ebenda 1681.

65 Joussen a. a. O. 199.

66 Vgl. P. Weigandt, Zwei griechisch-sahidische Acta-Handschriften: P^{41} und 0236, in: Materialien zur neutestamentlichen Handschriftenkunde I, Berlin 1969 (= Arbeiten zur Neutestamentlichen Textforschung 3), 54–95.

67 Die Berliner Handschrift der sahidischen Apostelgeschichte (P. 15926), Berlin 1970 (= TU 109).

68 Vgl. An Early Coptic Manuscript of Acts: An Unrevised Version of the Ancient So-called Western Text, CBQ 26 (1964), 225–241. Vgl. auch E. J. Epp, Coptic Manuscript G 67 (!) and the Rôle of Codex Bezae as a Western Witness in Acts, JBL 85 (1966), 197–212.

69 The Original Text of Acts, NTS 14 (1968), 469–481.

70 Vgl. Hintze-Schenke a. a. O. 30f.

Tradition in den Papyri deutlich, wie wichtig es ist, erneut zu überlegen, was der „westliche" Text nun eigentlich sei.

Zuletzt sei aber etwas zu Joussens dritter These gesagt. Inwieweit die Lesarten von Itala, Syrern und Kopten tatsächlich übereinstimmen und sich nicht ein großer Teil nach einer Beleuchtung der Strukturen, die den Übersetzungsvorgängen zugrunde liegen, in nichts auflöst, bedarf noch der eingehenden Prüfung. Ein Rest wird vermutlich bleiben. Doch wie ist die Kongruenz zu erklären? Beim Beispiel des Syrischen müßte man nach Joussen annehmen, das indogermanische Griechisch sei ins semitische Syrisch, dieses partiell wieder ins indogermanische Griechisch und das zuletzt in das ägyptische[71] Koptisch übertragen worden. Das alles muß obendrein noch mit beträchtlicher Geschwindigkeit geschehen sein. Wo sind die historischen Indizien, die einen solchen Vorgang wahrscheinlich machen? Wie erheblich muß eine Variante sein, daß man sie nach einer solchen Überlieferungsgeschichte noch identifizieren kann? Joussen argumentiert doch selbst mit den Papyri, die uns über die frühe Textgeschichte in ihrer Vielfalt belehren. Warum soll nicht von vornherein auch der Schlüssel zu den „Versionslesarten" in dem relativ ungebundenen griechischen Text des 2. Jhs. liegen? Jedenfalls lassen sich, wie so oft, auch hier die Entwicklungen fast umgekehrt sehen, wenn man nicht für das eine oder andere historische Indizien anzuführen weiß. Solange man das nicht kann, sollte man sich nicht für die komplizierteste Konstruktion entscheiden.

9. Die Paulusbriefe

Die Paulinen unter Einschluß des Hebräerbriefes sind, soweit in sahidischer und bohairischer Sprache überliefert, von Jan Leuning Koole[72] bearbeitet worden. Die Zeugenbasis ist auch in dieser Untersuchung schmal, und mit seinen Kollationen ist in der Regel nichts anzufangen. Grundsätzlich stellt Koole fest, daß die Kopten ägyptische Zeugen sind. Er prüft dieses an ihrem Verhalten gegenüber Sonderlesarten der Gruppe ℵABC. Ob es zweckmäßig war, C in gleicher Weise zu bewerten wie ℵ A B, ist zu bezweifeln. Ihr Charakter ist nicht gerade eindeutig alexandrinisch. Über das Bohairische urteilt Koole so: „Bo zeigt eine nahe Verwandtschaft mit der Hesych-Rezension, stammt vielleicht sogar aus einer Handschrift dieser Rezension. Daneben werden Reminiszenzen eines alten volkstümlichen Textes offenbar,

[71] „Ägyptisch" als Oberbegriff zu „Koptisch" wie „Indogermanisch" zu „Griechisch". Vgl. 188 Anm. 154.

[72] Studien zum koptischen Bibeltext, Kollationen und Untersuchungen zum Text der Paulusbriefe in der unter- und oberägyptischen Überlieferung, Berlin 1936 (= BZNW 17).

dem wir auch in dem westlichen und alten Koinê-Text begegnen"[73]. Er mißt also den von א ABC abweichenden Lesarten, vermutlich mit Recht, keine große Bedeutung zu.

Anders steht es mit der sahidischen Übersetzung. „Sa hat mehr Abweichungen vom SABC-Text als bo. Aber auch das hat nicht viel zu bedeuten: die Stellen, an denen der ganze sa-Textbestand von den Alexandrinern abweicht, machen nicht mehr als etwa ein Sechstel der typisch alexandrinischen Lesarten aus. Also handelt es sich um eine kleine Minderheit. Man kann auch in bezug auf sa sagen, daß sein Text im großen ganzen mit SABC nahe verwandt ist, obwohl der Zusammenhang mit diesen Handschriften lockerer ist als bei bo"[74]. Die Abweichungen der sahidischen Version von א ABC seien im einzelnen zwar auch unwichtig, ihre Häufung gegenüber dem Bohairischen sei aber bemerkenswert. Diese Abweichungen ließen sich alle auf einen „Typus DGvg latt-𝔎" zurückführen. Koole spricht von einer „abendländisch-syrisch-byzantinischen Farbe"[75].

Was geschieht nun, wenn die Gruppe אABC sich spaltet? Koole kommt zu dem Ergebnis, „daß in der Tat bo und in einer Mehrheit von Stellen auch sa beim Auseinandergehen von SABC einen zuverlässigen, gut-ägyptischen Text haben"[76]. Das Bohairische trete an einer großen Mehrheit der Stellen an die Seite von אAC, wenn B von diesem abweicht[77]. Die Verbindung der sahidischen Übersetzung zu der Gruppe אABC sei nun lockerer als die der bohairischen[78]. Wenn die Gruppe auseinandergehe, habe das Sahidische viel seltener den ägyptischen Text bewahrt[79]. Die Eigenheiten des א seien ihm fremd, und es teile seine Lesarten nur ausnahmsweise, wenn auch א einen abendländischen Text vertrete[80]. Zum Teil seien auch die Lesarten westlich, die B und der sahidische Text in großer Zahl gemeinsam brächten[81]. Nun schließt Koole, „daß bo dem ägyptischen Normaltypus näher steht, sa aber einer bestimmten Richtung innerhalb dieser Gruppe folgt, und zwar derselben Richtung wie unsere griechische Handschrift B"[82].

Kooles Anschauungen unterscheiden sich in der Hauptsache wenig von denen von Sodens, der das Sahidische und das Bohairische als

---

[73] Ebenda 48.
[74] Ebenda.
[75] Vgl. ebenda 49.
[76] Ebenda.
[77] Vgl. ebenda 61.
[78] Vgl. ebenda 74.
[79] Vgl. ebenda 85.
[80] Ebenda.
[81] Vgl. ebenda 86.
[82] Ebenda.

Repräsentanten des *H*-Textes bezeichnet[83]. Von Soden hat allerdings eine Untersuchung nicht für lohnend gehalten. Doch während von Soden glaubt, *K* sei selten in das Bohairische eingedrungen[84], ist dieses für Koole noch fraglich[85]. Von Soden meint, daß *I*-Sonderlesarten in der bohairischen Übersetzung ganz fehlen[86]; Kooles Ausführungen decken das nicht völlig[87].

Allerdings ist es dem Leser völlig unmöglich, hier Partei zu ergreifen. Für ihn haben Kooles Darlegungen nur den Charakter einer Meinung, deren Berechtigung aufgrund der Kollationen Kooles nicht nachprüfbar ist. Wir sind hier bei einer Schwäche der Untersuchung angelangt, die die gesamte Studie letztlich wertlos macht. Die Hauptkollation[88] ist nach völlig undurchsichtigen Gesichtspunkten zusammengestellt. Sie soll offenbar u. a. dazu dienen, die koptischen Lesarten vier Textgruppen (aeg, west, 𝔎, S) zuzuordnen. In einer Vorbemerkung verspricht Koole zwar, dann nicht zuzuordnen, wenn die Zugehörigkeit zu einer der Gruppen sich nicht feststellen läßt oder zweifelhaft bleibt[89]. In der Tat aber wird fast immer zugeordnet, und das, so muß man aufgrund des vorliegenden Materials sagen, obwohl die Zugehörigkeit fast immer mindestens zweifelhaft bleibt. Eine Ratio ist schwer zu erkennen. Zum Beispiel kann so verfahren werden:

Röm 8,2 A C sa Clem D vg 𝔎: keine Zuordnung[90],
Röm 12,14 ℵ A bo sa Clem D Mcion 𝔎: aeg[91],
1 Kor 6,10 B bo sa D vg 𝔎 sy^{p}: west/𝔎[92].

Die Reihe ließe sich beliebig fortsetzen. Auch in der Untersuchung selbst wird aus den vier Zeugen ℵ A B C, wenn diese auseinandergehen, ziemlich schematisch der ägyptische Text herausgelesen. Man kann sich des Eindrucks nicht erwehren, es gelte hier, den Urtext der ägyptischen Revision zu gewinnen. Die Hypothese wird zum Ergebnis: Was am Ende der Untersuchung steht, findet sich auch schon an deren Anfang. Ist schon die Hauptkollation unzureichend (ägyptische Zeugen sind zuweilen nicht aufgeführt) und für eine der zwei koptischen Versionen meist mit den Nachteilen des Negativapparates belastet, so daß deren Gruppenzuordnung vollends unkontrollierbar wird, so sind die

[83] Vgl. von Soden a. a. O. 1955.
[84] Vgl. ebenda.
[85] Koole a. a. O. 70.
[86] Vgl. von Soden a. a. O. 1955.
[87] Vgl. Koole a. a. O. 64–67.
[88] Ebenda 9–43.
[89] Vgl. ebenda 7.
[90] Ebenda 11.
[91] Ebenda 12.
[92] Ebenda 16.

Spezialzeugenlisten zu den Einzeluntersuchungen völlig unbrauchbar. Es werden jeweils nur die Verse und nie die Varianten angeführt. Häufig sucht man die Stellen in den Hauptkollationen vergeblich oder findet, wenn sie vorhanden sind, eine andere Bezeugung, als in der Untersuchung angegeben. Dort erweisen sich zuweilen Details als ziemlich haltlos. So werden einmal zwei Stellen angeführt, an denen bo gegen seine Gewohnheit mit B gegen ℵAC liest[93]. Bei genauerer Betrachtung erweist sich dann, daß die Kopten in Röm 15,11 λέγει nicht auslassen können bzw. zufügen müssen, weil nur so der Satz nach den Regeln ihrer Sprache vollständig ist. In Röm 15,32 wird gar bo zur Auflösung eines Partizips notiert. Was denn sonst hätte der Kopte machen sollen, wenn er kein Partizip hat? So lösen sich die zwei einzigen Belegstellen in nichts auf. Die sprachlichen Fehler, die in diesem Zusammenhang gemacht wurden, sind zahlreich.

In seiner Einleitung[94] bringt Koole zum Ausdruck, daß er von seinem Leser sprachliches Sachverständnis erwartet. Dagegen ist nichts zu sagen. Aber auch der Autor hätte bei der Verwertung seiner Kollationen mehr Sachverständnis walten lassen sollen, besser noch wäre es schon bei den Kollationen selbst angebracht gewesen. So stellen Kooles „Ergebnisse" eben nur eine Meinung dar, die man sogar übersehen darf. Sein Werk ist für den Benutzer schon deshalb wertlos, weil er aus ihm nichts ohne Prüfung übernehmen kann. Den Nachweis im einzelnen für diese Kritik zu führen, die sich auf jeder zufällig aufgeschlagenen Seite als berechtigt erweist, hieße, diese Untersuchung neu schreiben.

10. Die Katholischen Briefe

Von Soden sah in ihrer Überlieferung eine Bestätigung für den *H*-Text als ägyptischen Landestext. Er wiederholt in diesem Zusammenhang auch seine These vom Einfluß des ägyptischen Textes auf ℵB[95]. Von Soden konstatiert zwar *K*-Einwirkungen auf die sahidischen und bohairischen Zeugen, doch bezweifelt er, daß beide gemeinsam von diesen Einwirkungen betroffen worden seien, die bei den bohairischen Zeugen deutlicher seien als im Sahidischen[96]. Nun liegt uns bislang die sahidische Version nur bruchstückhaft vor. In die sahidische Überlieferung wird vielleicht die Edition und Untersuchung der Pierpont-Morgan-Hs M 572 (mit nahezu vollständigem Text der Katholischen Briefe) Licht bringen. Karlheinz Schüssler hat diese Arbeit unternommen, und ihr Erscheinen wird in nächster Zeit erhofft[97].

---

[93] Ebenda 61. [94] Ebenda 4.

[95] Vgl. von Soden a. a. O. 1867. [96] Vgl. ebenda 1864 und 1867.

[97] Die von P. Weigandt (Koptologische Arbeitsvorhaben des Instituts für Neutestamentliche Textforschung der Universität Münster Westf. und der Arbeitsstelle Münster Westf. der Patristischen Kommission der Akademien der Wissenschaften zu

11. Die Apokalypse

Hier hat H. C. Hoskier zum Zwecke der textgeschichtlichen Einordnung in seinem Buch „Concerning the Date of the Bohairic Version"[98] Kollationen vorgelegt. Dabei werden auch die Lateiner und Syrer stark berücksichtigt. Ihre Gemeinsamkeiten fielen auf und machten eine Klärung des Verhältnisses zu den griechischen Zeugen notwendig. Dabei wird vor allem א als ältester Zeuge der Apokalypse zum Bezugspunkt — auch chronologisch. Ein Ausgangspunkt der Untersuchung ist zunächst: „The differences between the 34 group (ägyptische Gruppe) and copt might indicate a late date for coptic Apoc., yet (1) when we consider that Horner's codices agree among themselves, and (2) that frequently gig and syr S support copt (often with sah) in strange places, we are forced to conclude that copt ranges with the earliest Syriac and Latin has weight"[99].

Nach umfänglichen Kollationen und dem Postulat einer griechisch-syrisch-lateinischen Trilingue ordnet er das Koptische, wie folgt, ein:

„Having gone thus far, we go further, and note from the character of the witness of the group 34–35–68–87, where we again find perfect familiarity with the old Syriac and considerable acquaintance with the old Latin, that the text flowed to Egypt in the same form of Greek-Syriac-Latin, and hence we reach the conclusion, now taking into consideration the coptic influence visible in א, that a great quadrilingual polyglot existed before א was written, which last named MS. was probably penned circa 350 —400"[100].

Eine Diskussion von Ergebnis und Lösungsweg erübrigt sich. Vor weiteren Einsichten wird man das vom bohairischen Apokalypsentext halten müssen, was schon von Soden formuliert: ein *H*-Text, in dem sich nach seinen Angaben nur selten *Aν*-Lesarten, nie *K*-Lesarten finden sollen[101].

12. Ergebnis

Der Forschungsstand ist im Bereich des Verhältnisses der griechischen und koptischen Überlieferung gegenüber dem Materialstand erheblich zurückgeblieben. Trotz dieser und jener Untersuchung ist man über die Erkenntnisse, die von Soden hatte, noch nicht wesentlich hinausgekommen, obgleich diesem ja nicht einmal das sahidische

---

Göttingen, Heidelberg, Mainz, München, in: Probleme der koptischen Literatur, hg. vom Institut für Byzantinistik der Martin-Luther-Universität Halle-Wittenberg, bearb. von Peter Nagel, Halle 1968 [= Wissenschaftliche Beiträge der Martin-Luther-Universität Halle-Wittenberg 1968/1 (K 2)], 233–235, dort 234) angekündigte Untersuchung Schüsslers wurde im Dezember 1969 von der Philosophischen Fakultät der Universität Münster als Dissertation angenommen.

[98] London 1911.

[99] Hoskier a. a. O. 13.

[100] Ebenda 110.

[101] Vgl. von Soden a. a. O. 2072.

NT Horners vorlag[102]. Bei der Lektüre der wenigen Monographien kommt der Textkritiker zum wenigsten auf seine Kosten. Das Fehlen verwertbarer Ergebnisse ist nicht nur dadurch begründet, daß ein Teil der Forscher mit Hypothesen arbeitete, denen wir heute mit Skepsis begegnen. Das ist forschungsgeschichtlich zu erklären und kann den Autoren nicht allein angelastet werden. Vielmehr läßt den Textkritiker unbefriedigt, daß das reichhaltige griechische Handschriftenmaterial fast nirgends hinreichend herangezogen wurde. Dabei wird man in Zukunft vor allem die Papyri ausgiebig benutzen müssen. Peter Weigandt hat auf ihre Bedeutung im Rahmen der Feststellung des Textwertes der koptischen Versionen in einem Aufsatz hingewiesen[103]. Doch bevor es überhaupt möglich ist, koptische Lesarten zuverlässig griechischen zuzuordnen und damit auch alle Möglichkeiten des heutigen Materialstandes auszuschöpfen, sind Überlegungen darüber nötig, was beim Übersetzen eines griechischen Textes in einen koptischen Dialekt geschieht und wieweit jener in diesem noch zu erkennen ist. Daß dieses primum der gesamten Arbeit in fast allen Fällen vermißt wird, ist das Bedauerlichste. Nur Joussen macht hier eine Ausnahme. Doch untersucht er weniger die Möglichkeiten der Sprache als die faktische Übersetzung der Kopten. Die Sicherheit in der Bewertung der koptischen Lesarten ist die Basis aller weiteren Arbeit.

13. Die Abhängigkeit der Versionen untereinander

Das Problem der Abhängigkeit bedarf noch zahlreicher Untersuchungen. Es klingt hier und da in der Literatur an, muß jedoch völlig neu bedacht werden, wenn das Material der kleineren Versionen, also der Übersetzungen ins Fajjumische, Achmimische und Subachmimische, in größerem Umfange vorliegt. Eigentlich ist es uns bis jetzt gar nicht möglich, bei diesen Dialekten überhaupt von Versionen im Sinne von literarisch gesicherten Überlieferungszweigen zu sprechen. Denn in der Regel handelt es sich nur um eine Hs in einem dieser Dialekte, die als solche nur Vertreter einer Version ist und möglicherweise auch ein schlechter Vertreter. Wir besitzen also den jeweiligen Überlieferungszweig nur in einem Repräsentanten. Aber dieser Vorbehalt gilt nicht nur für die kleinen Dialekte. Auch das Sahidische ist stellenweise so dürftig vertreten wie einer dieser Dialekte. Horners Edition des sahidischen NT ist ein Konglomerat der verschiedenartigsten Fragmente, deren Alter und Wert sehr unterschiedlich ist, die aber mangels anderen Materials zu einem Text zusammengesetzt werden mußten.

[102] Dieses erschien erst 1911–1924.

[103] Zum Text von Joh X_7, Ein Beitrag zum Problem der koptischen Bibelübersetzung, NovTest 9 (1967), 43–51.

Es ist uns heute möglich, in einigen Fällen bessere Hss zu benutzen, die uns dann wenigstens für einen Teil des NT einen fast lückenlosen Text bieten. In Editionen zugänglich ist allerdings bisher nur der Text für Acta und Paulinen[104]. Für die Katholischen Briefe wird dann Schüssler eine neue Basis bieten[105]. Will man Versionen als literarische Einheiten betrachten, so ist es unerläßlich, daß man wenigstens über einen halbwegs gesicherten Text verfügt.

So ist zum gegenwärtigen Zeitpunkt noch nicht klar, ob sich hinter der sahidischen Version nicht in Wirklichkeit mehrere Übersetzungen verbergen. Wieviele Zeugen befinden sich unter den Fragmenten, die einer Standardisierung, die sich bei besserer Überlieferungssituation hier und da feststellen läßt, entgangen sind? Das bohairische NT hingegen bietet sich uns in einem Zustand an, der Untersuchungen am Text voll ermöglicht. Jede Stelle des NT ist hinreichend bezeugt, so daß Einheitlichkeit oder Uneinheitlichkeit der Überlieferung durchaus beurteilt werden können. Horners bohairischer Text stellt eine Version mit reichhaltiger Überlieferung dar. Natürlich gibt es auch innerhalb dieser Version verschiedene Zweige. Aber sie rechtfertigen nicht Zweifel an der Einheit der Übersetzung, obgleich gerade das für koptische Texte besonders kennzeichnende Phänomen der Additionen und Omissionen[106], die Gruppen bildend wirken, zum Teil Reminiszenzen an frühe Textstadien darstellt, die entweder vor der Übersetzung liegen, die sich durchgesetzt hat, oder noch in die griechische Textgeschichte hineingehören. Jedenfalls läßt sich eine außerordentliche Verzahnung der relativ wenig unterschiedenen Texttypen im Bohairischen feststellen. Das ist nur wenig verwunderlich. In ihrer Mehrheit gehören die Hss nur einem Jh. an[107].

Dieses geringe Alter darf uns wenig stören, wenn wir die große Überlieferungstreue heiliger Texte im Orient bedenken. Im Bohairischen können wir diese Erscheinung immerhin bis heute verfolgen, handschriftlich bis ins 19. Jh.[108], und es ist wahrscheinlich, daß sie auch noch beträchtlich vor das 13. Jh. zurückreicht.

---

[104] H. Thompson (Hg.), The Coptic Version of the Acts of the Apostles and the Pauline Epistles in the Sahidic Dialect, Cambridge 1932, und Hintze – Schenke a. a. O.

[105] Vgl. oben 175.

[106] Vgl. für die Evangelien die Liste bei Horner, NT (Northern Dialect) I, CXXVI bis CXXX.

[107] Nämlich die Evangelienhandschriften dem 13. Jh.: C_2 (?), D_1 (1205), E_1 (1208), F_1 (1216), G_1 (1229), H_1 (1250), ϛ (1257), Hunt 26 (1265), Θ (1272), F_2 (1291), Hunt 18 (1298), Δ_1, E_2, G_2, G_3, J_1 (?), D_2 (?), D_3 (?). Apostoloshandschriften sind bedeutend seltener. Das 14. Jh. ist dort am meisten vertreten. Mit der Apokalypse verhält es sich ebenso. Apostolos: B (?), A_1 (1307), F (1338), G (1357), C, J_1, K, L. Apokalypse: A (1320), G (1375), C, D, E, F. Vgl. Horners Handschriftenbeschreibungen.

[108] z. B. β (1811), S (1812), E_3 (1816–1818), X (1842/43) für die Evangelien, Z (1834) für die Apokalypse. Besonders bemerkenswert ist die Übereinstimmung von E_3 (1816–1818) mit E_1 (1208).

Dennoch, am Anfang müssen mehrere Übersetzungen aus dem Griechischen gestanden haben, die einander Konkurrenz boten, sich aber auch beeinflußten. Peter Weigandt[109] hat einige Belege dafür angeführt, daß zumindest in den Dialekten jeweils einzelne Stücke gesondert und ohne Abhängigkeit von einer anderen schon vorhandenen Version aus dem Griechischen übersetzt worden sein müssen, so die von Lefort edierten achmimischen Lukas-Fragmente[110], die durch Paralleleinwirkung eine bisher unbekannte Textgestalt produziert haben. Das Manuskript 68 der Glazier-Collection ist ebenfalls ein Beispiel für eine eigenwillige Tradition. Den koptischen Teil der Bilingue 0239 führt Weigandt allerdings nicht mit großer Berechtigung an. Es sind nur drei Verse, die nicht einmal zur Hälfte lesbar sind[111], selbst die Klassifikation „fajjumisch" hat zu wenig Anhaltspunkte. Überhaupt sollte man grundsätzlich darauf verzichten, aus Kleinstfragmenten etwas herzuleiten. Ein weiteres Beispiel ist die protobohairische Übersetzung, die ebenfalls von Eigenständigkeit zeugt. Während man so eine Reihe von Beispielen anführen kann, die von der Eigenständigkeit der Versionen Zeugnis ablegen, gibt es auch viele Fälle, in denen man geneigt ist, Übersetzungen einem Typus zuzuordnen[112]. So etwa kann Joussen den von ihm verwerteten fajjumischen Text der Apostelgeschichte einfach als Trabanten des Bohairischen auffassen[113]. Freilich klärt er nicht die Frage, ob das Fajjumische eine Übersetzung aus dem Griechischen unter sehr starker Abhängigkeit von einer bohairischen Übersetzungshilfe ist oder aber aus dem Bohairischen selbst übertragen wurde, eine Frage, die den mit dem griechischen Text beschäftigten Textkritiker interessieren muß. Liegt hier also ein Zeuge der griechischen oder der bohairischen Überlieferung vor? Für das Johannesevangelium hat Kasser mit scheinbarer Präzision[114] den Versuch unternommen, die bekannten Texte der kleinen Dialekte als Zeugen der sahidischen oder bohairischen Version zu klassifizieren. Lediglich der protobohairischen Version wird eine Sonderrolle zugestanden[115]. So weist er den achmimischen Teil des P^6 sowie im Gefolge von

---

[109] Zum Text von Joh X_7, NovTest 9 (1967), 46f.

[110] L. Th. Lefort, Fragments bibliques en dialecte akhmîmique, Muséon 66 (1952), 1–30.

[111] Vgl. die Edition H. L. Hellers (Ein griechisch-koptisches Lukasfragment [0239/fa 742], in: Materialien zur neutestamentlichen Handschriftenkunde I, Berlin 1969 [= Arbeiten zur neutestamentlichen Textforschung 3], 199–208).

[112] Zur bohairischen Version in frühen fajjumischen Hss vgl. P. E. Kahle, *Bala'izah*, London 1954, 279–290.

[113] Joussen a. a. O. 128, 199.

[114] Die Prozentzahlen weisen nur scheinbar auf Präzision hin. Es wurde nicht methodisch sichergestellt, daß nur vergleichbare Einheiten gleich bewertet werden. Das geschah bislang nirgends. So hätte auch Kasser deutlich machen müssen, daß alle numerischen Angaben fragwürdig sind.

[115] L'Évangile selon Saint Jean, 38–41.

Thompson[116] den subachmimischen Qau-Papyrus der sahidischen Version als „témoins non sahidiques" zu[117]. Die Denkmäler des fajjumisch-mittelägyptischen Bereichs teilen sich in Zeugen der sahidischen und bohairischen Version[118]. Das Verfahren ist äußerst problematisch. Ohne Detailfragen der Dialektlokalisation zu berühren, kann man behaupten, daß Kasser sowohl für die sahidische Version als auch für die bohairische Hss als Zeugen namhaft gemacht hat, deren Dialekt in einer gewissen geographischen Nachbarschaft zum sahidischen bzw. bohairischen Sprachgebiet anzusiedeln ist. Es gibt nach Kasser so im Grunde eine Version des Niltales und eine des Deltas. Der fajjumisch-mittelägyptische Bereich liegt in einer Pufferzone. Das alles würde Kassers Betrachtungsweise stützen, da ja der kulturelle Austausch in geographisch benachbarten Gebieten am ehesten zu erwarten ist.

Aber man kann es auch anders sehen. Die Niltaldialekte bilden nämlich gegenüber dem Dialekt des Westdelta auch linguistisch eine Gruppe von engerer Verwandtschaft. Wiederum nimmt das Fajjumische eine Sonderstellung ein, indem es manche Besonderheit mit dem Dialekt des Delta, manche mit einem oder mehreren Dialekten des Niltales teilt. Zwar erleichtert diese sprachliche Verwandtschaft die Fluktuation zwischen den Texten, und sie mag auch manche Übernahme ermöglicht haben; denn der achmimisch sprechende Kopte wird ja nichts aus einem bohairischen Text übernommen haben, weil dieser ihm ziemlich unverständlich gewesen sein dürfte, schon wegen des unterschiedlichen Wortschatzes. Jedoch wird durch die Sprachverwandtschaft Kassers These von der Zugehörigkeit der Versionen der kleinen Dialekte zu der sahidischen und bohairischen Überlieferungsgeschichte total in Frage gestellt. Denn eben diese sprachliche Verwandtschaft benachbarter Dialekte kann nun ebensogut für eine gleichartige Übersetzung aus dem Griechischen verantwortlich gemacht werden.

So bedeutet Kassers These nur eine Möglichkeit. Ihm fehlen die methodischen Mittel, ihre Richtigkeit nachzuweisen. Eine eigene Übersetzung aus dem Griechischen hat man bisher nur dann nachweisen können, wenn der Textbestand sich so von der sahidischen oder bohairischen Parallele abhob, daß man einen anderen griechischen Text für übersetzt ansehen mußte, als er dieser vorlag. Aber wie sollten Dialekte von engerer Verwandtschaft etwa gleichartige griechische Texte unabhängig voneinander übersetzen, ohne daß auch ihre Übersetzungen Verwandtschaft zeigten? So ist es möglich, daß Kassers mühevolle Untersuchung weniger die Abhängigkeit der Versionen als die engere Verwandtschaft gewisser Dialekte zeigt. Diese war aber

[116] Vgl. The Gospel of John, XXI.

[117] Kasser a. a. O. 36f.

[118] Ebenda 37f., 43.

auch schon vorher bekannt. Die Ambivalenz des Fajjumischen und Mittelägyptischen paßt durchaus in dieses Bild hinein.

Kasser konnte keine Methode entwickeln, die diesen Zirkel vermeidet, weil die sprachwissenschaftliche Erforschung der Dialekte zur Klärung dieser Frage noch nicht hinreichend fortgeschritten ist. Erforscht ist im Grunde genommen lediglich die Phonetik der Dialekte und ein kleiner Teil der Grammatik. Das gilt zumindest für die kleinen Dialekte. Tills Dialektgrammatik[119] ist im ganzen ein Beispiel dafür. Wir sind heute in der Lage, phonetische Subachmimismen o. ä. zu erkennen, können jedoch noch nicht bei allen grammatischen und gar nicht bei stilistischen Phänomenen sagen, ob diese in den Text eines Dialektes integriert sind oder den Einfluß eines fremden Dialektes zeigen. In Fragen der Gebräuchlichkeit des nicht dialektspezifischen Wortschatzes liegt es ähnlich. Bei einiger Erfahrung kann man allenfalls leichte Fälle entscheiden. Normen wird man nicht erwarten dürfen, aber immerhin sind alle Dialekte zumindest zeitweilig Literatursprachen gewesen. Die weitere Erforschung der Grammatik und die Beschäftigung mit stilistischen Fragen ist darum ein Desiderat. Vom philologischen Fortschritt gerade auch in der Dialektfrage hängt nicht nur das Gedeihen der Koptologie ab, sondern auch die Beantwortung mancher die Textkritiker vom Koptischen her bewegenden Frage. Doch nicht nur in den kleinen Dialekten tun grammatische Forschungen not. Auch das Sahidische bedarf der weiteren Untersuchung. Nur die bohairische Grammatik ist nicht durch das Auffinden neuer Texte angefochten worden, befindet sich aber trotzdem in einem desolaten Zustand[120]. Das Problem der Dialekte stellt sich erneut im Zusammenhang der Entstehung und Geschichte des koptischen Bibeltextes.

14. Das Alter und die Geschichte der koptischen Versionen

Die Situation in den Hss läßt sich schnell kennzeichnen. Bereits ein Blick in Kahles Zusammenstellung früher Manuskripte zeigt[121], daß wir im 4. Jh. Übersetzungen neutestamentlicher Schriften in allen Sprachbereichen haben. Im Sahidischen läßt sich die Übersetzung fast

---

[119] W. C. Till, Koptische Dialektgrammatik, 2. neugest. Auflage, München 1961.

[120] Vgl. dazu H. J. Polotsky, Zur Neugestaltung der koptischen Grammatik, OLZ 54 (1959), 453–460. Leider schließt sich H. P. Houghtons Untersuchung (The Coptic Verb, Leiden 1959) eng an Mallon an. In allen Grammatiken vermißt man im übrigen Vorbehalte gegenüber Paradigmen aus koptischen Texten, die aus dem Griechischen übersetzt worden sind. Sie waren natürlich auch griechischen Einflüssen ausgesetzt. Nun lassen sich solche Paradigmen nicht vermeiden. Dennoch muß das Problem auch für das Koptische bewußt gemacht werden. Es ist in anderen Sprachen der antiken Randkulturen ebenso vorhanden. Vgl. etwa H. Jensen, Altarmenische Grammatik, Heidelberg 1959, 3.

[121] P. E. Kahle, *Bala'izah*, London 1954, 269–274.

des ganzen NT schon um diese Zeit vermuten. Lediglich die Apokalypse kann man mit einiger Sicherheit ausschließen. Aber auch die Übersetzung des Markus-Evangeliums ist zweifelhaft. Doch die handschriftlichen Belege führen ansonsten im 4. Jh. bereits weit durch das sahidische NT: Mt, eventuell auch Lk (semiachmimisch), Joh, die Paulinen und Katholischen Briefe. Die Apostelgeschichte taucht nicht auf. Aber Joussen wußte schon ihre Existenz durch ein Pachom-Zitat wahrscheinlich zu machen. Die letzten Zweifel räumt jedoch die Berliner Acta-Hs aus. Daß die Herausgeber eine Verwandtschaft der Schrift mit der des Codex III von *Nag' Hammâdî* konstatieren, sagt genug[122]. In den kleinen Dialekten liegt naturgemäß weniger an Manuskripten und damit auch an neutestamentlichen Hss vor. Im Achmimischen weist Kahles Liste immerhin Mt, Lk und Jak für das 4. Jh. aus, aber auch das Johannesevangelium in P6 hätte er eher ansetzen dürfen. Ob auch der Galaterbrief noch aus dem 4. Jh. überliefert ist, bleibt zweifelhaft. Das Subachmimische, das uns ja ohnehin in der Hauptsache nur Gnostisches und Manichäisches bietet, hat lediglich Joh. Joh und Apg aus dem mittelägyptisch-fajjumischen Bereich datiert Kahle ins 4. oder 5. Jh. In diese Zeit setzt er auch den semibohairischen Philipperbrief. Der Papyrus Bodmer III hat darüber hinaus gezeigt, daß im 4. Jh. das Johannesevangelium im Delta übersetzt war. Daß sich dort am wenigsten Altes erhalten hat, dürfte dem Klima zuzuschreiben sein.

Zusammenfassend kann man sagen: Die Übersetzung einzelner biblischer Schriften ist insgesamt für das 4. Jh. belegt, ja für das Sahidische kann man bereits von einer fast vollständigen Bibelübersetzung reden. Davon zeugen nicht zuletzt die Schriften Schenutes. Sie scheinen sogar einen Abschluß der sahidischen Bibelübersetzung zu zeigen, wie auch Joussen im Gefolge von Leipoldt meint[123]. Die Frage ist nun, wieweit im Einzelfall das Alter der Übersetzungen hinter das 4. Jh. zurückreicht. Die vorhandenen Hss sind so ziemlich das einzige Faktum, das einen terminus ante setzt. Zudem ergibt sich natürlich noch die Frage, wie alt das bohairische NT ist. Die älteste Hs, eine Katene, gehört ins 9. Jh.[124], und die semibohairischen Texte können hier natürlich nicht unmittelbar herangezogen werden.

Eine besondere Untersuchung über den Ursprung der koptischen Versionen, die zwangsläufig eine Bearbeitung der ältesten ägyptischen

---

122 Vgl. F. Hintze und H.-M. Schenke, Die Berliner Handschrift der sahidischen Apostelgeschichte (P. 15926), Berlin 1970 (= TU 109), 6.

123 Vgl. Joussen a. a. O. 194, der sich J. Leipoldt, Geschichte der koptischen Literatur, 139 anschließt.

124 Die Evangelienhandschrift ℵ aus dem Jahre 889 (A. D.). Die älteste Evangelientexthandschrift ist A aus dem Jahre 1174. Aus dieser Zeit mag auch die Apostoloshandschrift Γ stammen. Die älteste Apokalypsenhandschrift (B) ist 1200 geschrieben.

Kirchengeschichte bedeuten würde, gibt es bis heute nicht. Dennoch oder darum ist die Fülle der Meinungen zum Thema groß. Arthur Vööbus hat zusammengestellt, was die Forschung bis 1954 vom Alter insbesondere der sahidischen und bohairischen Version hielt[125]. Hyvernat, Horner, Thompson und Hedley wiesen die sahidische Bibelübersetzung noch dem 2. Jh. zu, während Schubart sie um 200 ansetzte. Hingegen hielten Burkitt, Lagrange und Hatch erst das 3. Jh. für wahrscheinlich. Guidi, Leipoldt und Baumstark nehmen gar das 4. Jh. an. Das scheint aber in Anbetracht der handschriftlichen Situation zu spät. Noch größer ist die Uneinigkeit in bezug auf das bohairische NT. Während man zunächst auch dafür das 2. Jh. als Entstehungszeit annahm, gelangten unter dem Einfluß Guidis Burkitt, Leipoldt und andere zu der Ansicht, die bohairische Version führe nicht hinter das 8. oder 7. Jh. zurück. Hyvernat, Kenyon und Thompson möchten jedoch die Entstehung der bohairischen Version nicht zu sehr von der der sahidischen entfernen. Hoskier versucht sogar, mit abenteuerlichen Mitteln die Zeit um 250 wahrscheinlich oder sogar sicher zu machen[126].

Der Erwähnung wert ist noch, daß Kasser versucht hat, einen Gesamtaufriß der Geschichte der koptischen Bibelübersetzung zu konstruieren[127]. Dabei teilt er die Zeit von 150 bis heute in sieben Stadien ein, deren Abgrenzung nur als ungefähr zu verstehen ist. Am Anfang, etwa 150—200, steht dabei ein „stade liminaire“[128], über das natürlich nur spekuliert werden kann. Doch darf man sicher für diese Zeit eine „version improvisée“[129] als mindestes annehmen. Warum Kasser aber dabei das Sahidische schon so in den Vordergrund schiebt, bleibt unerfindlich.

Hinter seiner Meinung, es sei „le plus répandu“, kann nur die Theorie vom neutralen Dialekt stehen, wie sie einst Kahle formulierte[130]. Eine solche Theorie schafft jedoch Vorurteile in bezug auf Alter und Verbreitung sahidischer Texte. Anzunehmen ist vielmehr, daß die mündliche Übersetzung jeweils im ortsüblichen Idiom erfolgt ist. Allerdings hält Kasser, wiederum im Gefolge von Kahle[131], das Sahidische für die Sprache Alexandriens oder überhaupt des Delta. Dafür spricht nichts, und man wird am ehesten vor genauerer Kenntnis der Vorgeschichte des Koptischen anzunehmen haben, daß die dialektische

[125] Vgl. zum folgenden A. Vööbus, Early Versions, 219–223, 231–234.

[126] Vgl. oben 176.

[127] Vgl. zum folgenden R. Kasser, L'Évangile selon Saint Jean, 14–27. (Die dortigen Thesen vertrat er bereits in: Les dialects coptes bibliques, Bibl 46 [1965], 287–310.)

[128] Ebenda 16f.

[129] Ebenda.

[130] Vgl. a. a. O. 233–242.

[131] Vgl. ebenda 256f, Kasser a. a. O. 11.

Zersplitterung des uns bekannten Koptischen in ähnlicher geographischer Abgrenzung in das Vorkoptische zurückreicht. „Koptisch" bezeichnet ja nicht eine neue Sprache. Vielmehr unterscheidet es sich vom Vorkoptischen dadurch, daß es geschrieben wurde. Durch das Niederschreiben wurde es eine Schriftsprache mit einer natürlich vom Vorkoptischen abweichenden Normierung. Das Altkoptische zeigt uns ein Übergangsstadium. Das uns unbekannte—weil nicht niedergeschriebene—Vorkoptische stellt ja die eigentliche Vermittlung zum Neuägyptischen dar[132].

Bis 250 wird dann der „stade pré-sahidique classique"[133] angesetzt. Hier wird mit der mehrfachen Übertragung einzelner Bücher ins Sahidische gerechnet. Aber auch die protobohairische Übersetzung soll aus dieser Zeit stammen. Die Übersetzung dient der Mission, während der griechische Text allein „texte sacré" bleibt[134]. Das Sahidische müßte also, dem Niltal folgend, von Norden nach Süden die Evangelisation begleitet haben. Währenddessen habe es die lokalen Dialekte verdrängt. Soweit Kasser.

Tatsache ist hingegen, daß uns aus dieser Zeit keine Überlieferung bekannt ist, uns also die Möglichkeit fehlt, zu beurteilen, ob es über die uns bekannten hinaus weitere lokale Dialekte gegeben und das Sahidische diese verdrängt hat. Ist das Sahidische jedoch nie im Norden zuhause gewesen, fällt die gesamte Vorstellung von der Bedeutung des Sahidischen für die Anfänge der koptischen Kirche in sich zusammen. Wie gesagt, ist das Sahidische als Dialekt des Nordens nicht gerade wahrscheinlich. Auch Kahle versah seine These mit einem Fragezeichen[135], und Kasser formulierte noch „a pu être"[136]. Nur läßt er im Abschnitt, der hier zur Diskussion steht, alle Vorsicht beiseite.

Bis 300 dauert der „stade sahidique classique"[137]. Hier sei durch die Kirche der Versuch unternommen worden, die verschiedenen, in den Gemeinden gebräuchlichen Übersetzungen zu vereinheitlichen. Das Sahidische muß hier wieder den „facteur d'unité"[138] abgeben. Es kommt zu einer „version officielle" und: „Cette version officielle sera évidement en sahidique, puisque ce dialecte (véhiculaire et neutralisé depuis longtemps) est susceptible d'être compris, à ce moment-là, dans l'ensemble du pays"[139].

---

[132] Vgl. das Schema am Ende der Darstellung von K. Sethe, Das Verhältnis zwischen Demotisch und Koptisch und seine Lehren für die Geschichte der ägyptischen Sprache, ZDMG 79, NF 4 (1925), 290–316.

[133] Kasser a. a. O. 17f.

[134] Ebenda.

[135] Vgl. a. a. O. 256.

[136] A. a. O. 11.

[137] Ebenda 18–20.

[138] Ebenda 18.

[139] Ebenda 19.

Dazu ist zu sagen, daß von einem offiziellen oder kanonischen sahidischen Text nichts bekannt ist. Die Kopten brauchten auch keinen, solange der griechische Text „texte sacré" war, und das war er ziemlich lange. Warum sollten, nachdem nun ein Einheitstext entstanden ist, überhaupt noch Übersetzungen in andere Dialekte vorgenommen werden, zumal das Sahidische „véhiculaire et neutralisé" sein soll? Wenn es dieses aber nicht ist, hat auch ein Einheitstext keinen Sitz im Leben.

Die eigentlich gar nicht mehr verständliche Übersetzung in die kleineren Dialekte erfolgt nun im „stade pré-bohairique classique" (300 bis 500)[140]. Ursache sei das sicher anzunehmende Vordringen des Christentums in der Konstantinischen Ära und später. Basis der Mission sei das sahidische NT. Die Übersetzungen in die kleineren Dialekte erfolge aus dem Sahidischen. An anderer Stelle wurde bereits dargelegt, daß diese Anschauung vermutlich Ergebnis eines Zirkelschlusses ist[141].

In den „stade bohairique classique" (500—650)[142] fällt nun nach Kasser die Schöpfung der bis heute gültigen bohairischen Standardversion[143]. Die kleineren Dialekte außer dem Fajjumischen geben ihre Existenz auf. Im „stade sahidique final" (650—1000)[144] liegt das letzte Stadium sowohl des Sahidischen als auch des Fajjumischen vor. Nach 1000 (stade bohairique final")[145] herrscht das bohairische NT uneingeschränkt.

Während die Hss uns zeigen, daß die kleineren Dialekte relativ früh dem Sahidischen wichen und das Sahidische und Fajjumische gegen Ende des ersten Jahrtausends ihre Geltung an das Bohairische abgaben, ist alles andere Spekulation. Das Sahidische hat möglicherweise schon allein dadurch die kleineren Dialekte des Niltales als Literatursprachen verdrängen können, weil es die Muttersprache des bedeutendsten orthodoxen koptischen Schriftstellers war: Schenute. Für das Mönchtum überhaupt dürfte das Sahidische von größter Bedeutung gewesen sein. Das Subachmimische hat hingegen seine Blüte im

---

140 Ebenda 20.

141 Vgl. oben 180f.

142 Kasser a. a. O. 20f.

143 Die Frage, was vorher im bohairischen Sprachbereich benutzt wurde, bleibt offen. War es der protobohairische Text? Oder ist dieser überhaupt nicht orthodox? Papyrus Bodmer III enthält Joh und Gen 1–4. Immerhin lassen sich dort und anderswo bohairische, nicht-sahidische Lesarten weit zurückverfolgen. Aufgrund des Fehlens der Apokalypse wollte F. W. Griffith, The Date of the Old Coptic Texts and their Relation to Christian Coptic, ZÄS 39 (1901), 78–82 die bohairische Version vor Ende des 3. Jh. entstehen lassen (81), weil das Fehlen der Apokalypse nach dem Einfluß Clemens' und Origenes' nicht denkbar sei. Warum eigentlich nicht? Vgl. Dionysius!

144 Kasser a. a. O. 21.

145 Ebenda 21f.

häretischen und vor allem im manichäischen Schrifttum[146] erreicht. Das Sahidische, vermutlich Dialekt der ersten und einzigen im Niltal geschaffenen ägyptischen Vollbibel, war Sprache der sich durchsetzenden Orthodoxie und damit der sich durchsetzenden Literatur und Kultur. Das freilich würde heißen, daß es seine Bedeutung erst im 4. Jh. erlangte, und in der Tat geben ja auch keine älteren Quellen Hinweise. Allerdings finden wir sahidische Hss im 4. Jh. vielerorts, aber wo sind sie entstanden? Daß sprachlich uneinheitliche Texte an einem Ort liegen können, zeigt gerade in dieser Zeit die Bibliothek von Chenoboskion. Die Bedeutung eines Dialektes scheint mir nicht ohne Berücksichtigung seiner jeweiligen Literatur erklärbar zu sein. Das Bohairische konnte nur das Sahidische überwinden, indem es dessen Literatur adaptierte[147], und seine Geltung als Sprache der Mönche des *Wâdî 'n-Natrûn* und des dort ansässigen Patriarchen kam hinzu. Dieser konnte sein Amt erst nach Verlegung des Patriarchats nach Kairo wieder richtig ausüben. Dazu gehörte die Einführung des Bohairischen als einheitlicher Kirchensprache. Doch sind über die Frühzeit und die ursprüngliche Bedeutung des Sahidischen nur Vermutungen möglich.

Kassers Ausgangspunkt ist aber nun in der Übernahme der Kahleschen These vom Sahidischen als Dialekt Alexandrias zu sehen[148]. Die Belege, die für eine universale Geltung des Sahidischen sprechen, reichen jedoch alle nicht so weit zurück, daß sie etwas über dessen Ursprung aussagen könnten. Fundort und Entstehungsort sind zudem zweierlei. Kahles und Kassers Beurteilung des Sahidischen als neutralen Dialekt ist eine Frage des Standorts oder Vergleichspunkts. Dieser Vergleichspunkt ist für Kahle das Sahidische gewesen. Daher sind seine Ergebnisse nicht verwunderlich. Daß es Besonderheiten aller „Subdialekte"[149] aufweist, mag doch nicht unbedingt durch seine Neutralität begründet werden, sondern aus dem Umstand, daß es mit

---

146 Vgl. dazu auch S. Morenz, Zum Problem einer koptischen Literaturgeschichte, in: Probleme der koptischen Literatur, hg. vom Institut für Byzantinistik der Martin-Luther-Universität, Halle-Wittenberg, bearb. v. P. Nagel, Halle 1968 (= Wissenschaftliche Beiträge der Martin-Luther-Universität Halle-Wittenberg (1968/1 [K 2]), 11–16; dort 15f. Das Ende von Gnosis und Manichäismus fällt mit dem Ende der subachmimischen Sprache und Literatur zusammen.

147 Vgl. zu diesem Problemkreis L. Th. Lefort, Littérature bohaïrique, Muséon 44 (1931), 115–135.

148 Zur Dialektlokalisation vgl. vor allem J. Vergote, Les dialectes dans le domaine égyptien, Chr. d'Ég. 36 (1961), 237–249. Die Geschichte der Dialektforschung ist in ihren wichtigsten Zügen dort referiert (237f). Die wichtigsten Standpunkte (Worrel, Kahle, Vergote) in der Lokalisationsfrage sind in Vergleichskarten festgehalten (242).

149 So Kahle, etwa a. a. O. 242.

diesen gemeinsame Vorfahren besitzt[150]. Zudem wird man davon ablassen müssen, die Dialektologie mit phonetischen Maßstäben allein zu betreiben. Macht man dieses konsequent, so wird sich die Anzahl der Dialekte stets vergrößern[151]. Zudem mag oft, was man für den phonetischen Einfluß eines anderen Dialekts hält, nur eine Abweichung in der Orthographie sein[152]. Derlei Sprach- und/oder Schreibdifferenzen sind nicht einmal unbedingt eine Frage des geographischen Orts eines Schreibers, sondern auch seines gesellschaftlichen, ein Gesichtspunkt, der nie berücksichtigt wird. Eine eingehende methodologische Auseinandersetzung mit Kahle wäre nötig. Doch soll es hier mit der Feststellung sein Bewenden haben, daß zumindest die Vorstellung schwierig ist, daß das Sahidische vom Delta bis Oberägypten gewandert ist und überhaupt noch Dialekte, die am Wege lagen, überleben ließ, und außer dem Fajjumischen lagen alle am Wege. Ägypten ist nun einmal eine schmale Flußoase.

Was nun das historische Problem der Anfänge der koptischen Kirche angeht, so liegt bisher dort fast alles vor 300 im Dunkel. Die Nachrichten, die wir besitzen, betreffen meist nur die griechische Kirche Alexandriens. Was freilich aus ihnen noch gewonnen werden kann, wird erst eine eingehende Untersuchung zeigen.

Soweit einige Anmerkungen zu Kassers Darstellung. Weigandt hat über sie geurteilt: „Diese Hypothesen bestechen, weil es Kasser gelingt, eine glatte, geschlossene Konzeption zu entwickeln und diese im Ablauf der ägyptischen (Kirchen-)geschichte nach 150 zu verankern“[153]. Ich möchte genau das Gegenteil behaupten.

---

150 Die „Neutralität“ wurde so etwa von S. Morenz (Das Koptische, HO I, 1, 1, 90–104, dort 102) zum Anlaß genommen, das Sahidische in Hermopolis anzusiedeln. Das Argument ist also nicht einseitig verwendbar.

151 Vgl. Kasser a. a. O. 12–14. Wie wird es erst, wenn man die Vulgärsprache einbezieht?

152 Der Zusammenhang von Phonetik und Orthographie muß methodisch eingehender berücksichtigt werden. Sonst ist auch das Heranziehen nicht koptischer oder nicht koptisch geschriebener Texte für das Bohairische etwa sinnlos. Vgl. M. Cramer, Vat. copt. 18 und die Aussprache des Koptischen, OrChr 45 (1961), 78–94. Dort werden nämlich die Buchstaben des lateinisch geschriebenen koptischen Textes als Lautwerte mißverstanden. Zu arabisch geschriebenem Koptisch und koptisch geschriebenem Arabisch vgl. W. M. Worrell, Coptic Sounds, Ann Arbor 1934 (= University of Michigan Studies, Humanistic Series Bd. 26), 122ff, 134ff.

153 Zur Geschichte der koptischen Bibelübersetzungen, Bibl 50 (1969), 80–95, dort 81.

Grammatische Bedingungen der textkritischen Bewertung koptischer Lesarten[154]

1. Das Alphabet

Bekanntlich benutzten die Ägypter neben je nach Dialekt (der Dialekt P darf in diesem Zusammenhang vernachlässigt werden) sechs

---

[154] Vorausgeschickt sei, daß in diesem Rahmen nur ein Überblick nach Maßgabe der erfahrungsgemäß wichtigsten Phänomene möglich ist. Die Basis für eine solche Untersuchung müßte eigentlich in einer ägyptisch-indogermanischen Sprachvergleichung liegen. Der Versuch nur der Anwendung der Ergebnisse linguistischer Forschung an europäischen Sprachen ist selten unternommen worden. Vgl. aber W. Schenkel, Grundformen mittelägyptischer Sätze anhand der Sinuhe-Erzählung, Berlin 1965 (= MÄS 7). Für einen umfassenden Vergleich muß noch alles getan werden. Seine Bedeutung gerade für unser Thema kann gar nicht überschätzt werden. Das Koptische gehört bekanntlich einer anderen Sprachfamilie an als das Griechische. Eine diesbezügliche sprachwissenschaftliche Klassifizierung der Sprache Ägyptens steht noch aus. Sie scheint eine dritte Position neben dem Semitischen und der sehr inhomogenen hamitischen Gruppe einzunehmen. Das Ägyptische weist Elemente beider Familien auf, unterscheidet sich aber ebenso sehr von beiden in sehr grundsätzlichen Dingen. Das Ägyptische ist vorerst als sui generis zu betrachten. „Ägyptisch" hat so den Wert eines Oberbegriffs zu den koptischen Dialekten. W. Schenkel (Die Konversion, ein Epiphänomen der kemischen [ägyptisch-koptischen] Sprachgeschichte, MDAIK 21 [1966], 123–132) führt die Bezeichnung „Kemisch" ein. Das heißt allerdings auch nichts weiter als „Ägyptisch". Eine Bezeichnung als „mixed language" wählt C. D. G. Müller (ⲠⲢⲈⲦⲈ = praedari ?, Muséon 77 [1963], 195f.) für das Koptische in Anbetracht der Beeinflussung durch das Griechische. Er sieht eine Parallele zum Maltesischen, das sich dem arabischen Einfluß trotz Antiarabismus nicht entziehen konnte. Ebenso kann man von einer Bereicherung des koptischen Wortschatzes durch das Griechische trotz antibyzantinischer Haltung der Kopten sprechen. Zu den Lehnwörtern vgl. u. a. die Literatur, die unten 189 Anm. 159 angegeben ist. Der Übernahme von Wörtern aus fremden Sprachen kommt im Koptischen der Umstand sehr entgegen, daß es im Gegensatz zum Semitischen nicht bestimmte Wortstrukturen verlangt. Griechische Wörter werden nicht nur in der Übersetzungsliteratur verwendet, ja dort zuweilen seltener als in der Originalliteratur (vgl. etwa A. Böhlig, Zur Ursprache des Evangelium Veritatis, Muséon 77 [1966], 317–333). Häufig wird gesagt, Ägypten sei ein zweisprachiges Land gewesen. Daraus darf man aber auf gar keinen Fall folgern, auch die Bewohner seien zweisprachig gewesen. Vielmehr dürfte das nur für eine dünne Beamtenschicht zugetroffen haben, die zwischen den Behörden und der Bevölkerung zu vermitteln hatte, sowie für Kaufleute usw. Die Masse dürfte aber außer dem ortsüblichen Dialekt nichts verstanden haben.

Dieses Kapitel über die grammatischen Bedingungen gewinnt an Bedeutung in Anbetracht der zahllosen Zuordnungsfehler, die in allen neutestamentlichen Ausgaben und auch bei Horner gemacht werden. Darüber hinaus sind die hier angestellten Überlegungen allgemein für das Verhältnis von koptischen zu griechischen Texten von Belang. Daß hier beträchtliche Unsicherheit herrscht, zeigt sich immer wieder. Vgl. etwa W. Schrages Monographie über das Verhältnis des Thomasevangeliums zur synoptischen Tradition in der Kritik H. Queckes (Muséon 78 [1965], 234–239), der jenem eine Reihe grammatikalischer Fehler nachweist. Bei den in diesem Kapitel angeführten Beispielen wurden die Varianten nur insoweit angeführt, wie sie das jeweilige Thema betreffen. Die Bezeugung der Lesarten ist nur oder sieben[155] demotischen Buchstaben die griechischen Unzialen, um die letzte Stufe ihrer damals schon über 3000 Jahre alten Sprache zu fixieren[156]. Dabei entsprachen die im griechischen Lautsystem bewährten Buchstaben natürlich nicht vollauf den Phonemen[157], die ihre Sprache in der Vielfalt ihrer Dialekte enthielt[158]. Über mannigfaltige lautliche Unsicherheiten nicht nur in der eigenen Sprache, sondern auch dem Griechischen gegenüber, wie uns Lehnwörter[159] und Pa-

---

dann angegeben, wenn dadurch der überlieferungsgeschichtliche Ort der koptischen Versionen beschrieben werden kann. Die koptischen Paradigmen entstammen nur dem Sahidischen und Bohairischen, weil sich nur in diesem Bereich genügend Beispiele finden lassen und in anderen Dialekten die Grammatik, besonders bei Grenzfragen zwischen Syntax und Stilistik, zu unsicher ist. Zitiert wird, wenn nicht anders angegeben, nach Horner; dabei wurde aus praktischen Gründen seine Worttrennung nicht übernommen. Ich schließe mich der modernen Tills an, die sich fast überall durchgesetzt hat. Vgl. W. C. Till, Zur Worttrennung im Koptischen, ZÄS 77 (1941), 48–52 und ders., La séparation des mots en copte, BIFAO 60 (1960), 151–170. Hier läßt sich augenblicklich nur pragmatisch argumentieren. Vgl. A. Böhlig, Zur Anlage koptischer Textausgaben, MDAIK 21 (1966), 193. Im folgenden wird als Abkürzung gebraucht: Steindorff für G. Steindorff, Lehrbuch der koptischen Grammatik, Chicago 1951; Mallon für A. Mallon, Grammaire copte, 4. Aufl. rev. von M. Malinine, Beyrouth 1956; Till für W. C. Till, Koptische Grammatik (saïdischer Dialekt), Leipzig 1961² (= Lehrbücher für das Studium der orientalischen Sprachen Bd. I); Dialektgrammatik für W. C. Till, Koptische Dialektgrammatik, 2. neugest. Aufl., München 1961.

155 Das Altkoptische benutzte noch mehr.

156 Ob ¯ Murmelvokal oder voller Vokal ist, ist umstritten. Vgl. Steindorff § 45f, Till § 66. Im Altkoptischen und Altnubischen, das die Suprapunktion benutzt (E. Zyhlarz, Grundzüge der nubischen Grammatik im christlichen Frühmittelalter [Altnubisch], Leipzig 1928 [= Abhandlungen für die Kunde des Morgenlandes Bd. XVIII, 1], § 3), bedeutet es ein „i". Vgl. Till § 25 Anm. 8. W. H. Worrell hält ¯ für das Zeichen des silbischen Konsonanten (Syllabic Consonants in Sahidic Coptic, ZÄS 69 [1933], 130f.). W. C. Till sieht in ihm jedoch einen echten Vokal (Der Murmelvokal, ZÄS 68 [1932] 121f.). Daran äußert H. J. Polotsky Kritik (Zur koptischen Lautlehre II, ZÄS 69 [1933], 125–129). Mit dem Bezeichnungsvorschlag „Murmelkonsonant" kommt R. Kasser wieder in die Nähe Worrells. Vgl. R. Kasser, Murmelvokal, Vokalstrich, Silbenakzent ... ou surligne ?, BSAC 18 (1965/66), 97–107.

157 So verzichtete das Sahidische etwa auf einen Ausdruck für die Laryngale. Vgl. Till § 31, W. H. Worrell, Coptic Sounds, Ann Arbor 1934 (= University of Michigan Studies, Humanistic Series XXVI), 3.

158 Vgl. dazu hauptsächlich Worrell a. a. O. Siehe auch A. Smieszek, Some Hypotheses Concerning the Prehistory of the Coptic Vowels, Kraków 1936 (= Polska Akademja Umiejętności, Prace Komisji orjentalistycznej 23).

159 Vgl. vor allem A. Böhlig, Die griechischen Lehnwörter im sahidischen und bohairischen Neuen Testament, München 1958² (= Studien zur Erforschung des christlichen Ägypten, hg. von A. Böhlig, Heft 2), 35–44. 91–116. Eine Zusammenstellung der Phonetica und Orthographica bietet auch M. Parysky, A Study of Greek Loan-Words in the Sahidic and Bohairic Dialects of the Coptic Language, Ann Arbor 1941. Besondere Aufmerksamkeit widmete diesen Problemen auch W. A. Girgis (Abba Pakhomius al-Muḥarraḳî), Greek Loan Words in Coptic (Forts.), BSAC 18 (1965/66), 71–96.

pyri[160] lehren, braucht in diesem Zusammenhang nichts gesagt zu werden. Mehr als beim Griechen aber darf bei dem Ägypter noch vorausgesetzt werden, daß er Ξ, Ψ[161] sowie, falls nicht das Bohairische seine Muttersprache war[162], Θ, Φ und X bewußt als Monogramme für jeweils zwei Laute aufgefaßt hatte, Monogramme, an denen auch das Hieroglyphische und seine Ableitungen schon reich waren und von denen nur das ϯ in die koptische Schrift mit aufgenommen wurde und die oft, wenn nicht immer, wie dieses silbisch waren. In seiner eigenen Sprache gaben sie nur distrahiert einen Sinn, weil sie nur dann die sinntragenden Radikale freigaben. Wieweit der Umstand, daß der Ägypter diese Zeichen auch in einem griechischen Text als Monogramm distrahieren konnte, zu Mißverständnissen führte, ist nicht zu übersehen.

Als Beispiel für diese Möglichkeit sei Apg 27,39 angeführt: Dort nämlich weichen B* C 88 von der übrigen ἐξῶσαι lesenden Überlieferung ab, indem sie ἐκσῶσαι bieten. Das Sahidische und Bohairische sind dazuzurechnen. Es heißt dort im Sahidischen ЄNЄCЄNAϢ̄TOYϪЄ oder CЄNAϢϬM̄ϬOM ЄTOYϪЄ und im Bohairischen CЄNAϢ NOϨЄM. Das würde zwar ἐκσῶσαι entsprechen; da aber KC und Ξ wie etwa in ΞOYP oder KCOYP unterschiedslos gebraucht werden können, wäre ein mißverstandenes ἐξῶσαι als Vorlage ohne weiteres denkbar. Nicht denkbar hingegen ist ἐξεῶσαι, die Lesart von 046. Natürlich wäre ἐκσῶσαι auch als Abschreibefehler eines griechische Manuskripte vervielfältigenden Ägypters möglich, und nicht zuletzt kann es sich in den griechischen Hss auch um einen phonetisch bedingten Fehler handeln. Die eindeutige Notation der Kopten im UBS-Apparat ist anfechtbar.

2. Numerus des Nomen

Die koptischen Substantive und Adjektive[163] flektieren keine Kasus[164]. Pluralformen bilden die Substantive nur gelegentlich und die

[160] Vgl. die Einleitungen zu den Ausgaben, etwa zu P^{72}: Papyrus Bodmer VII–IX, Publié par M. Testuz, Cologny-Genève, 1959, 32. Ein Wort wie OINOΦPYKЄIAIΣ enthält gleich zwei typisch ägyptische Fehler: Λ und P, K und Γ wurden verwechselt.

[161] Zu den Monogrammen vgl. Steindorff § 11, Till § 14. 17. 20 (vgl. auch § 90), Dialektgrammatik § 6.

[162] Vgl. Dialektgrammatik § 19, Mallon § 5f. Zur Aspiration vgl. auch W. Vycichl, Primäre und sekundäre Aspiration im Bohairisch-Koptischen, Muséon 73 (1960), 419–424 und ders., Zur Phonetik des Bohairisch-Koptischen, Muséon 67 (1954), 187–189.

[163] Abgesehen wurde von einer näheren Betrachtung der Adjektive. Erwähnt sei aber, daß, abweichend vom Griechischen, ihre morphologische Steigerung nicht möglich ist (vgl. Till § 151, Mallon § 170–174). Überdies werden griechische Adjektive sehr häufig nicht mit koptischen wiedergegeben, da diese sehr selten sind. Vgl. dazu Joussen a. a. O. 107.

[164] Es ist darum sinnlos, bei ihnen wie auch analog bei Pronomina Kasus unterscheiden zu wollen. Man findet diesen Fehler hin und wieder, z. B. Mallon § 66, Joussen

Adjektive ganz selten[165]. Der Numerus des Nomen geht normalerweise aus dem Artikel hervor. In allen Fällen jedoch, in denen das Koptische Artikellosigkeit verlangt[166], ist dieses Unterscheidungsmerkmal nicht vorhanden. Ist das fragliche Nomen Subjekt eines Verbalsatzes, so kann die Form des Verbalpräfixes über den Numerus Auskunft geben, jedoch nur dann, wenn das Subjekt in einer betonenden proleptischen Stellung oder einer N̄ϬΙ-Konstruktion steht. Zum Beispiel:

1 Kor 12,25	griechisch:	ἵνα μὴ ᾖ σχίσμα
	oder:	ἵνα μὴ ᾖ σχίσματα
	sahidisch:	ϪЄΚΑϹ N̄NЄΠⲰΡϪ̄ ϢⲰΠЄ
	bohairisch:	ϨΙΝΑ N̄ΤЄϢΤЄΜΦⲰΡϪ ϢⲰΠΙ

Unglücklicherweise trifft hier zweierlei zusammen: Der Satz hat einen negativen Sinn, der zudem durch Negatives Futur III im Sahidischen und Negativen Konjunktiv im Bohairischen in das Tempuspräfix integriert ist, und das Subjekt steht in seiner normalen Position. Ob ΠⲰΡϪ̄ oder ΦⲰΡϪ Singular oder Plural ist, ist nicht zu entscheiden. Beide griechischen Vorlagen sind möglich.

3. Genus des Nomen

Das Koptische kennt nur zwei Genera des Nomen. Das Neutrum ist ihm nicht bekannt. Die Genera sind zwar von Fall zu Fall an der Endung des Wortes zu erkennen, jedoch nicht immer, da die ursprüngliche Endung — eine solche hat es für das Femininum sicher gegeben — in jedem Fall nicht mehr vorhanden ist[167]. Auf einem solchen Abfall beruhen häufig die Nominalauslaute. Der eigentliche Ausdruck des Geschlechts erfolgt jedoch nur durch den Artikel. Freilich ist das nur bei einem determinierten Nomen möglich, und auch dort nur im Singular, da der bestimmte Artikel Maskulinum und Femininum im Plural nicht unterscheidet.

---

a. a. O. 106. Auch wenn man vom Genetiv redet, tut man gut daran, darunter nur syntaktisch, nicht morphologisch die Form des Rectum bei nominalem Regens zu verstehen.

[165] Zu den Überresten von Pluralbildungen vgl. Steindorff § 125–127, § 132f (Steindorffs Aufstellung ist sehr ausführlich), Till § 84–86, Mallon § 146–148, Dialektgrammatik § 59–61. Die Pluralbildung mit -*w* hat sogar auf griechische Lehnwörter übergegriffen, soweit diese auf -Η enden. Vgl. zu den Endungen -Η und -ΟΟΥЄ W. Vycichl, Zwei ägyptische Nominalbildungen, Typ *hbsō* und Typ *rmjö*, ZÄS 85 (1960), 70–76. Alle diese Plurale werden mit Endungen gebildet. Daneben gibt es auch noch Wörter, die einen inneren Plural bilden. Vgl. die Zusammenstellungen Steindorff § 130f, Till § 84. Beispiele anomaler Pluralbildung finden sich bei Steindorff § 129, § 134, Till § 84.

[166] Zu den Regeln der Artikellosigkeit vgl. Steindorff § 142f, Till § 103–108, Mallon § 50–57, Dialektgrammatik § 73.

[167] Zur Femininendung -t vgl. Steindorff § 92 (Anm.), Till § 39, § 75, Dialektgrammatik § 8, § 55. Siehe auch P. Lacau, Sur la chute du 𓏏 final, marque du féminin, Révue 9 (1952), 81–90, zum Koptischen 82.

So können Schwierigkeiten entstehen, zum Beispiel:

Jak 4,4 griechisch: μοιχαλίδες
oder: μοιχοὶ καὶ μοιχαλίδες
sahidisch: Ⲛ̄ⲚⲞⲈⲒⲔ
bohairisch: ⲚⲒⲚⲰⲒⲔ

Zwar ist das Nomen hier als Vokativ determiniert, aber es steht im Plural. Von Hause aus ist es zudem ein Maskulinum, so daß es also allenfalls μοιχοί, aber nicht μοιχαλίδες wiedergäbe. Aus einem solchen Maskulinum läßt sich jedoch vielfach leicht ein Femininum machen, entweder durch bloßen Vorsatz des entsprechenden Artikels, dessen Geschlecht hier aus besagtem Grunde nicht zu erkennen ist, oder durch Zusatz von Ⲛ̄ⲤϨⲒⲘⲈ oder Entsprechung. Das Regens des Zusatzes hätte allerdings im Falle von μοιχοὶ καὶ μοιχαλίδες wiederholt werden müssen und hätte zu einem unbeholfenen Ausdruck geführt. Die koptische Übersetzung kann, da sie neutral in bezug auf das Genus des Nomens ist und wohl auch sein muß, beide griechische Lesarten als Vorlage gehabt haben, und das Notat im UBS-Apparat ist irreführend.

4. Numerus des Verbum bei neutralem Subjekt im Griechischen

Die Möglichkeit, im Falle eines im Neutrum des Plurals stehenden Subjekts das Verbum dennoch in den Singular zu setzen, ist spezifisch griechisch. Sie kann bei einer Übersetzung nicht berücksichtigt, ja nicht einmal simuliert werden. Ein Beispiel mag dazu genügen:

Mt 6,28 griechisch: τὰ κρίνα ... πῶς αὐξάνουσιν· οὐ κοπιῶσιν οὐδὲ νήθουσιν
oder: τὰ κρίνα ... πῶς ξένουσιν οὐδὲ νήθουσιν οὐδὲ κοπιῶσιν
oder: τὰ κρίνα ... πῶς αὐξάνει οὐ κοπιᾷ οὐδὲ νήθει
oder: τὰ κρίνα ... πῶς αὐξάνουσιν οὐ νήθουσιν οὐδὲ κοπιῶσιν
oder: τὰ κρίνα ... πῶς αὐξάνει καὶ οὐδὲ νήθει
oder: τὰ κρίνα ... πῶς αὔξανεν
sahidisch: ⲈⲚⲈⲔⲢⲒⲚⲞⲚ ... Ⲛ̄ⲐⲈ ⲈⲦⲞⲨⲀⲨⲜⲀⲚⲈ Ⲙ̄ⲘⲞⲤ. ϪⲈ Ⲛ̄ⲤⲈϨⲒⲤⲈ ⲀⲚ ⲞⲨⲆⲈ Ⲛ̄ⲤⲈⲢ̄ⲈⲒⲞⲠⲈ ⲀⲚ
bohairisch: Ⲛ̄ⲚⲒϨⲢⲎⲢⲒ ... ϪⲈ ⲠⲰⲤ ⲤⲈⲀⲒⲀⲒ Ⲛ̄ⲤⲈϬⲞⲤⲒ ⲀⲚ ⲞⲨⲆⲈ Ⲛ̄ⲤⲈⲈⲢⲒⲞⲠⲎ ⲀⲚ

Das Koptische kann außer den Lesarten von א* vid, Θ sy[c], 1646 und 1009 alles gelesen haben. Die Notation im UBS-Apparat ist falsch.

5. Numerus beim Imperativ

Der Imperativ bildet im Koptischen nur noch selten eigene Formen[168]. Normalerweise fungiert der Infinitiv als solcher[169]. Die zweite Person des Singulars oder des Plurals sind dann nicht mehr zu unterscheiden. Die dritte Person des Imperativs, die das Griechische bildet, ist den Kopten unbekannt. Sie wählen statt dessen, nunmehr wieder mit Unterschied des Numerus, den Optativ[170]. So wird griechisch ἀγαπάτω zu sahidisch ⲘⲀⲢⲈϤⲘⲈⲢⲈ und bohairisch ⲘⲀⲢⲈϤⲈⲢⲀⲄⲀⲠⲀⲚ (Eph 5,33).

6. Aktiv und Passiv

Da alle koptischen Dialekte die Passivbildung aufgegeben haben, unterscheidet das Ägyptische in dieser Sprachstufe in der Regel keine Genera verbi[171]. Nur die Verben der alten Suffixkonjugation sind in ihrem aktiven oder neutralen Genus unzweideutig[172]. Die Nominalverben[173] lassen die Frage nach dem Genus erst gar nicht aufkommen. Bei den meisten Zeitwörtern wird jedoch das bedeutungstragende Wort selbst überhaupt nicht mehr flektiert[174], sondern nur noch das dem Subjekt vorangestellte Tempuspräfix, das mit Hilfszeitwörtern gebildet wird und im Pseudoverbalsatz[175] überhaupt fehlt. So erscheint in der Regel der verbale Sinnträger in der Form des Objekt-Infinitivs, der, da er kein Genus besitzt[176], den Sinn in einfachen, nur aus Subjekt und Prädikat bestehenden Verbalsätzen und Adverbial-

---

168 Zu Präfiximperativen und alten Imperativen vgl. die Aufstellungen bei Steindorff § 288–292, Till § 298, Mallon § 254. 2–6, Dialektgrammatik § 232–242.

169 Vgl. dazu Steindorff § 287, Till § 297, Mallon § 254. 1. Dialektgrammatik § 231.

170 H. J. Polotsky (Modes grecs en copte?, in: Coptic Studies in Honor of Walter Ewing Crum, Washington 1950, 73–90) faßt diesen mit Recht als kausativen Imperativ auf (80–84).

171 Eine Passivbildung ist nur noch altkoptisch belegt. Vgl. Steindorff § 294.

172 Vgl. ihre Bedeutungen (Steindorff § 295, Till § 281–296, Mallon § 292f., Dialektgrammatik § 219–230).

173 Heute meist Eigenschaftsverben genannt (vgl. Till § 284, Dialektgrammatik § 221). Dieser Ausdruck bezeichnet aber bei Steindorff (§ 239–241) etwas anderes. Er führt statt dessen den Begriff der Nominal- oder Adjektivverben (§ 297). Ähnlich auch Mallon § 292–299 („verbes adjectifs").

174 Tills Ausdruck von der Konjugation des Infinitivs (§ 335) ist nicht treffend, sieht man vom kausativen Infinitiv ab.

175 Die Distinktion „Pseudoverbalsatz" kommt zunächst einmal aus der historischen Grammatik (vgl. z. B. Steindorff § 311a, Till § 251). In einer synchron verfahrenden Grammatik ist es schwierig, ihn weiterhin als Adverbialsatz ansehen zu wollen. Vgl. zum Problem H. J. Polotskys Rezension der Tillschen Grammatik, OLZ 52 (1957), 219–234, dort 226–228. Er zieht eine Beschreibung als „bipartite conjugation pattern" vor (The Coptic Conjugation System, Or 29 [1960], 392–422). Er lehnt in diesem Zusammenhang (394f) die Kategorie „Adverbialsatz" ab. Dennoch unterscheidet er sich von den Verbalsätzen zunächst doch auffällig. Wir wollen bis auf weiteres bei der geläufigen Nomenklatur bleiben.

176 Vgl. zur Koinzidenz der Genera Till § 255.

sätzen[177], soweit diese Pseudoverbalsätze sind, zweideutig sein läßt, falls er nicht aus dem Kontext schon hervorgeht[178]. Erst wenn ein Objekt zum Verbum hinzutritt oder durch eine präpositionale Wendung ein logisches Subjekt eingeführt wird, verliert der Satz seine Ambivalenz. Schwierigkeiten ergeben sich aber in folgendem Fall:

Hebr 11,4 griechisch: λαλεῖ
oder: λαλεῖται
oder: μαρτυρεῖται
sahidisch: ϤϢⲀϪⲈ (Thompson)
bohairisch: ϤⲤⲀϪⲒ

Das Koptische hat einen einfachen Pseudoverbalsatz, das Genus ist nicht feststellbar. Die dritte griechische Lesart, der Text von 257, ist nicht möglich. Jedoch

Apg 9,19 griechisch: καὶ λαβὼν τροφὴν ἐνίσχυσεν
oder: καὶ λαβὼν τροφὴν ἐνισχύθη
sahidisch: ⲀⲨⲰ Ⲛ̄ⲦⲈⲢⲈϤⲞⲨⲰⲘ ⲀϤϬⲘ̄ϬⲞⲘ
bohairisch: ⲈⲦⲀϤϬⲒ Ⲛ̄ⲞⲨϦⲢⲈ ⲀϤϪⲈⲘϪⲞⲘ

Der zusatzlose Verbalsatz gibt an sich keine Auskunft über das Genus des Verbum. Aber das sahidische Verbum enthält den status nominalis von ϬⲒⲚⲈ, das Bohairische den von ϪⲒⲘⲒ, so daß also ursprünglich ein Satz mit Objekt vorliegt und dadurch das Aktiv erkennbar wird. Dennoch muß das Koptische nicht das Aktiv zum Vorbilde gehabt haben, denn ἐνισχύθη hätte es in gleicher Weise übersetzt.

Betroffen werden auch die Varianten, die auf einem Wechsel von persönlicher, aktiver und unpersönlicher, passiver Ausdrucksweise beruhen. So etwa:

1 Tim 5,16 griechisch: ἐπαρκείτω αὐταῖς
oder: ἐπαρκείσθω αὐταῖς
sahidisch: ⲘⲀⲢⲈⲤⲢⲰϢⲈ ⲈⲢⲞⲞⲨ
oder: ⲘⲀⲢⲈⲤϢⲰⲠⲈ ⲈⲢⲞⲞⲨ

[177] „Adverbialsatz" ist verstanden als vereinfachter Ausdruck für sonst auch gebräuchliches „adverbialer Nominalsatz". Vgl. gegen Steindorff § 310–312 Till § 241, § 249–252.

[178] Auch Begriffe der griechischen Grammatik wie „transitiv" und „intransitiv" sind schwerlich an das koptische Verbum heranzutragen. Sie stammen (bei Steindorff § 222, bei Joussen etwa a. a. O. 113) aus der Übersetzungssprache. Der direkte Objektanschluß ist ja schon deshalb als Kriterium untauglich, weil er von noch anderen formalen Elementen abhängig ist (vgl. Steindorff § 392f, Till § 259). Vgl. auch W. C. Tills Rezension von Steindorffs Lehrbuch in Or 23 (1954), 152–169, dort 160. Zu formal ist m. E. auch H. J. Polotskys Unterscheidung der Verben mit und ohne status pronominalis (in seiner Rezension der Tillschen Grammatik, OLZ 52 [1957], 219–234, dort 228f). Muß diese Differenzierung eine logische Bedeutung haben?

bohairisch: ⲘⲀⲢⲈϹⲢⲰⲞⲨϢ ⲈⲢⲰⲞⲨ
oder: ⲘⲀⲢⲈϹⲢⲰϢⲒ ⲈⲢⲰⲞⲨ

Eine solche Variante wird dadurch kompliziert, daß zwar einerseits ein Objekt vorhanden ist, aber, weil dieses einem persönlichen wie einem unpersönlichen Ausdruck in gleicher Weise folgen kann, sich die Variante nicht mehr auf den ganzen Satzbau erstreckt, sondern sich nur die Verbform verändert, wobei einmal (ἐπαρκείτω) das logische Subjekt mit dem syntaktischen übereinstimmt, einmal (ἐπαρκείσθω) gar nicht genannt wird. Da im Koptischen kein Genuselement zu verändern ist, bliebe im Prinzip nur dieser Subjektwechsel zu vollziehen. Allerdings wären das logische Objekt — das Koptische liest zuvor πιστή und nicht πιστὸς ἢ πιστή — und das syntaktische Subjekt des unpersönlichen Ausdrucks beide Femininum Singular. Dieses und auch gelegentlich das Maskulinum werden nämlich dazu benutzt, das fehlende griechische Neutrum auszudrücken[179]. Es unterliegt allerdings keinem Zweifel, daß der Kopte sein Verbum, wie es naheliegt, in diesem Fall aktivisch verstand. Doch sollte er versucht haben, ἐπαρκείσθω zu übersetzen, so wäre eventuell der gleiche Text entstanden, wahrscheinlich aber ein pluralisches Subjekt.

So ist nur Klarheit zu erlangen, wenn die Person des Subjekts deutlich wechselt wie in diesem Beispiel:

Phil 2,5 griechisch: τοῦτο φρονεῖτε
oder: τοῦτο φρονείσθω
sahidisch: ⲠⲀⲒ ⲘⲈⲨⲈ ⲈⲢⲞϤ
bohairisch: ⲘⲀⲢⲈϤⲘⲈⲨⲒ ⲈⲪⲀⲒ

Ob φρονείσθω wirklich als Passiv aufzufassen ist, hängt von der Interpunktion des Satzes ab. Das von ℵ*ABCD gelesene φρονεῖτε wird im Sahidischen vorausgesetzt, das φρονείσθω des Mehrheitstextes im Bohairischen. Durch den Wechsel der Person ist es ersichtlich. Die Diskussion, wo der Satz abgeteilt wird und ob Passiv oder Medium, wäre müßig.

Das Passiv tritt neben das Aktiv in einigen Varianten, in denen neben einer einfachen Infinitivkonstruktion ein A. c. I. überliefert ist. Zum Beispiel:

Mk 6,27 griechisch: ἐπέταξεν ἐνέγκαι τὴν κεφαλὴν αὐτοῦ
oder: ἐπέταξεν ἐνεχθῆναι τὴν κεφαλὴν αὐτοῦ
sahidisch: ⲀϤⲞⲨⲈϨⲤⲀϨⲚⲈ ⲈⲦⲢⲈϤⲈⲒⲚⲈ Ⲛ̄ⲦⲈϤⲀⲠⲈ
oder: ⲀϤⲞⲨⲈϨⲤⲀϨⲚⲈ ⲈⲦⲢⲈⲨⲈⲒⲚⲈ Ⲛ̄ⲦⲈϤⲀⲠⲈ
bohairisch: ⲀϤⲞⲨⲀϨⲤⲀϨⲚⲒ Ⲛ̄ⲦⲈϤⲒⲚⲒ Ⲛ̄ⲦⲈϤⲀⲪⲈ

179 Vgl. Till § 184.

Die Kopten hätten zwar die bloße Infinitivkonstruktion mit Ⲉ- anschließen können, aber sie führen den Satz lieber mit einem finiten Verbum fort, das Sahidische unter Verwendung des zum Inhalt gut passenden kausativen Infinitivs. Dadurch kommen die Kopten zu einer freieren Übersetzung, die auch das logische Subjekt, als das sie den σπεκουλάτωρ auffaßt, nennt. Einen Hinweis auf den griechischen Text geben sie nicht. Eine Ausnahme macht die zweite sahidische Lesart, die auf das Passiv weist.

Häufig bemerkten die Kopten auch den Mangel des Passivs in ihrer Sprache und suchten so bei passiver Vorlage in ihrer Übersetzung den entsprechenden aktiven Ausdruck, und wenn sie dazu auch die 3.P.Pl. als indefinites logisches Subjekt gebrauchen mußten[180]. Daher möchte man annehmen, daß einige sahidische Manuskripte, welche ⲈⲦⲢⲈⲨⲈⲒⲚⲈ lesen, darin das von DΘ und dem Mehrheitstext gebotene Passiv umschreiben wollen. Diese Form der Umschreibung eines Passivs kann gelegentlich mit einer abweichenden griechischen Lesart identisch sein, so daß der koptische Text sowohl das Aktiv wörtlich wiedergegeben wie auch das Passiv umschrieben haben kann. Zum Beispiel:

Mt 12,22	griechisch:	προσηνέχθη ... δαιμονιζόμενος
	oder:	προσήνεγκαν ... δαιμονιζόμενον
	sahidisch:	ⲀⲨⲈⲒⲚⲈ ... ⲈⲢⲈⲞⲨⲆⲀⲒⲘⲞⲚⲒⲞⲚ ϨⲒⲰⲰϤ
	bohairisch:	ⲀⲨⲒⲚⲒ ... ⲈⲞⲨⲞⲚ ⲞⲨⲆⲈⲘⲰⲚ ⲚⲈⲘⲀϤ

7. Aktiv und Medium

Unterscheidet das Koptische schon nicht Aktiv und Passiv durch besondere Formen, so ist ihm die Spezialität des griechischen Verbalsystems, das Medium, völlig unzugänglich. Davon nicht betroffen werden die Fälle, wo das Medium eine lexikalisch distinkte, nicht mehr nur aus seiner Form ableitbare Bedeutung hat. Da, wo es gegenüber dem Aktiv nur eine Nuance bietet, verschwindet es in der koptischen Übersetzung ganz. Zum Beispiel:

Apg 2,12	griechisch:	ἐξίσταντο δὲ πάντες καὶ διηπόρουν
	oder:	ἐξίσταντο δὲ πάντες καὶ διηποροῦντο
	sahidisch:	ⲀⲨⲠⲰϢⲤ̄ ⲦⲎⲢⲞⲨ ⲀⲨⲰ ⲀⲨⲀⲠⲞⲢⲈⲒ
	bohairisch:	ⲚⲀⲨⲦⲰⲘⲚ̄Ⲧ ⲆⲈ ⲦⲎⲢⲞⲨ ⲠⲈ ⲈⲨⲒⲞⲢⲈⲘ

[180] Zu den Möglichkeiten des Passivausdrucks vgl. Steindorff § 404, Till § 278, § 326, Mallon § 276, Dialektgrammatik § 278–280. Allerdings muß man wohl gegen Steindorff § 404. 2 sagen, daß das Qualitativ eigentlich nicht hierhingehört. Vgl. auch W. C. Tills Rezension des Steindorffschen Lehrbuchs, Or 23 (1954), 152–169, dort 165. Zur Tenazität dieser Art der Passivumschreibung vgl. Samir Kussaim, Contribution à l'étude du moyen arabe des coptes (Forts.), Muséon 81 (1968), 5–77, dort 39.

8. Medium und Passiv

Da die Nuancierung, die das Medium bietet, nicht in das Koptische umzusetzen ist, wird der Kopte seine Bedeutung bald in der Nähe des Aktivs, bald in der Nähe des Passivs suchen, das er in günstigen Fällen umschreibt. Als Beispiel läßt sich dafür anführen:

1 Kor 10,2	griechisch:	ἐβαπτίσαντο
	oder:	ἐβαπτίζοντο
	oder:	ἐβαπτίσθησαν
	sahidisch:	ⲀⲨⲂⲀⲠⲦⲒⲌⲈ
	bohairisch:	ⲀⲨϬⲒⲰⲘⲤ

Das Sahidische kann das Medium mehr zum Aktiven, aber auch mehr zum Passiven hin interpretiert oder das Passiv gelesen haben. Die dort gebotene Form läßt jegliche Deutung zu. Das Bohairische hingegen schließt eine Aktiv-Interpretation aus, da es das Verbum ϬⲒ — ebenfalls eine Möglichkeit der Passivumschreibung[181] — verwendet. Das besagt aber noch nicht, daß es griechisches Passiv las. Es kann ebenso auf diese Weise das Medium interpretieren. Es kann Zeuge aller Lesarten sein. Das Notat des UBS-Apparates ist unverständlich.

9. Grundsätzliches zu den Tempora

Das Koptische unterscheidet, soweit es sich nicht der Suffixkonjugation[182] bedient, wesentlich mehr „Tempora" als das Griechische. Jedoch darf der Begriff „Tempus" nicht in gleicher Bedeutung auf beide Sprachbereiche angewandt werden[183]. Während man im Griechischen durch Tempus und Modus jede Verbalform sozusagen in ein Koordinatensystem einordnen kann, haben die koptischen Tempora einen teils schwächeren, teils stärkeren modalen Aspekt[184], der sich nicht wie im Griechischen durch ein vom Tempusstamm unabhängiges Bildungselement ergibt. Oder anders gesagt: Während das Griechische

---

181 Vgl. oben 196 Anm. 180. Dabei ist ϬⲒ vom Sinn her natürlich ein aktiver Ausdruck, weil ein Objektinfinitiv folgt.

182 Vgl. Steindorff § 294–297, Till § 281–296, Mallon § 292–302, Dialektgrammatik § 219 -230.

183 Steindorff (§ 293) gibt eine starke Anlehnung gerade in bezug auf das Tempussystem an die lateinische Grammatik zu. Das ist aber nicht zu rechtfertigen. Auch ist die Anschauung nicht haltbar, die Kopten hätten sich in Konfrontation mit dem Griechischen überhaupt an ein wirkliches Tempussystem gewöhnt. Dann nämlich hätten sie ihr System stark vereinfachen können, und die Vielzahl der „Tempora" hätte sich nicht erhalten. Vielmehr birgt das koptische System eine Menge Unterscheidungen, die unsere Sprache nicht trifft und die wir auch zum Teil noch nicht zu interpretieren wissen. Vgl. auch H. J. Polotskys Kritik an Mallon (Zur Neugestaltung der koptischen Grammatik, OLZ 54 [1959], 453–460.

184 Zu Tempus und Modus vgl. auch Till § 302.

eine Veränderung des — logischen oder syntaktischen — Aspektes durch Veränderung eines Bildungselements zeigen kann, bildet der Ägypter völlig neue Formen, die alle als ,,Tempora" bezeichnet werden, obgleich sie zum Teil nicht einmal eine absolute Zeitlage haben. Zwar wird der Kopte angesichts griechischer Texte natürlich bevorzugt den temporalen Aspekt zu übertragen haben, jedoch ist er häufig zu einer Interpretation im Sinne seines Tempussystems gezwungen; denn zu jedem griechischen Tempus (ausgenommen das Plusquamperfekt) stehen ihm mehrere eigene zur Verfügung, unter denen er nach Maßgabe der Syntax oder des Sinns wählen muß[185]. An seinem Tempussystem gemessen, ergeben sich für den Kopten häufig Überschneidungen in den Bedeutungen der griechischen Tempora. Wie er diese im einzelnen übersetzt, wäre in bezug auf die Semantik des koptichen Systems sehr interessant. Es würde Erkenntnisse, aber keine Regeln vermitteln.

10. Präsens und Aorist im Indikativ

Präsens und Aorist konkurrieren im Indikativ nur in relativ wenigen Fällen, da dieser der eigentliche Tempusträger ist. Die Verstärkung des modalen Aspektes führt jedoch in griechischen Texten gelegentlich zu Varianten. Meist handelt es sich darum, daß statt des Aorist das Präsens (bzw. umgekehrt) als tempus historicum benutzt wird, etwa:

Mt 4,5	griechisch:	παραλαμβάνει αὐτόν ... ἔστησεν αὐτόν
	oder:	παραλαμβάνει αὐτόν ... ἵστησιν αὐτόν
	sahidisch:	ⲀϤϪⲒⲦϤ ... ⲀϤⲦⲀϨⲞϤ
	bohairisch:	ⲀϤⲞⲖϤ ... ⲀϤⲦⲀϨⲞϤ

Der Kopte benutzt als tempora historica gemeinhin die beiden Perfekte[186], unter Umständen auch das Imperfekt[187]. Daher geht er in

[185] Vgl. dazu etwa die Studie von M. R. Wilson, Coptic Future Tenses: Syntactical Studies in Sahidic, Den Haag–Paris 1970 (= Janua Linguarum, Series Practica 64). Diese Untersuchung ist reich an neutestamentlichen Beispielen. Allerdings wurde an eine textkritische Absicherung der Beispiele nicht gedacht. Diese Arbeit zeigt im übrigen par exellence, wie viele griechische Tempora mit den koptischen Futuren wiedergegeben werden.

[186] Der Unterschied zwischen Perfekt I und II läßt sich nicht wie bei Steindorff (§ 340) angeben. Die Erfahrung spricht dagegen, vgl. etwa Till § 316. Vgl. aber zur Syntax der ersten und zweiten Tempora Steindorff § 347–349. Das Perfekt II ist immerhin der Bildung nach ein Relativsatz. Über die Funktion des ,,Relative Converter" als ,,morpheme" für das zweite Tempus vgl. H. J. Polotsky, The Coptic Conjugation System, Or 29 (1960), 392–422, dort 408. Vgl. zu den zweiten Tempora überhaupt ders., Étude de syntaxe copte, Kairo 1944, 21–96. Die Konfusion in bezug auf relatives Perfekt I zeigt R. Kasser, Un nouveau préfixe verbal copte?, Muséon 80 (1967), 427–429.

[187] Vgl. aber zum Unterschied von Perfekt I und Imperfekt Steindorff § 335–337, § 331, Till § 313, § 317.

unserem Beispiel auf die Verbform, die als Präsens sicher vorlag, erst gar nicht ein und übersetzt durchgehend mit Perfekt I. Der Variante gegenüber verhält er sich neutral.

Ein besonderer Fall ergibt sich bei dem relativ häufigen Tempuswechsel bei λέγειν.

Mt 4,9 griechisch: εἶπεν
oder: λέγει
sahidisch: ПЕХАЧ
bohairisch: ПЕХАЧ

Der Ausdruck für „er sagte" wird nämlich häufig mit diesem Wort der Suffixkonjugation übertragen, eines Konjugationstypus, der kein Tempuselement in die Verbalform integriert und nur gelegentlich, jedoch wohl nie bei ПЕХЕ-[188], Tempora mit Hilfe von Р̄(ЕР) auszudrücken sucht[189]. ПЕХЕ-, ПЕХА= kommt jedoch meistens in Erzählungen vor.

Weiterhin konkurrieren Präsens und Aorist als gnomische Tempora. In dieser Eigenschaft hat der Aorist im neutestamentlichen Griechisch allerdings kaum noch Bedeutung[190], und es ist fraglich, ob das Koptische, das das Gnomische sehr wohl durch das Tempus consuetudinis[191] ausdrücken kann, solche Feinheiten der griechischen Sprache stets berücksichtigte; nehmen wir zum Beispiel:

Mk 11,24 griechisch: πιστεύετε ὅτι ἐλάβετε
oder: πιστεύετε ὅτι λαμβάνετε
oder: πιστεύετε ὅτι λήμψεσθε
sahidisch: ПІСТЕУЕ ХЕ АТЕТН̄ХІТОУ
oder: ПІСТЕУЕ ХЕ ТЕТН̄ХІ
oder: ПІСТЕУЕ ХЕ ТЕТНАХІТОУ
bohairisch: НАϨϯ ХЕ АТЕТЕНϬІ
oder: НАϨϯ ХЕ АРЕТЕНϬІ
oder: НАϨϯ ХЕ ТЕТЕННАϬІТОУ

---

188 ПЕХЕ- unterscheidet sich von anderen Verben der Suffixkonjugation dadurch, daß es bereits in Form des ПЕ das Subjekt eines Nominalsatzes in den Verbalbegriff integriert hat (vgl. Steindorff § 294, Till § 282). Daher wohl auch keine Periphrase.

189 Vgl. ϨНА= (Till § 283).

190 Vgl. Blass-Debrunner § 333.

191 So stets im folgenden genannt. Der Ausdruck „Praesens consuetudinis" ist unerträglich, weil es sich weder der Bedeutung noch der Bildung nach um ein Präsens handelt. Daß der Gebrauch zumindest präsentisch und futurisch sein kann, hat bereits Steindorff (§ 343) unterschieden. Zutreffend bezeichnet D. W. Young (On Shenute's Use of Present I, JNES 20 [1961], 115–119) das *šafsōtm* als „atemporal" (118). Er wählt die Bezeichnung „Tense of Habitude" (119). H. J. Polotskys (Zur Neugestaltung der koptischen Grammatik, OLZ 54 [1959], 453–460) Vorschlag „Aorist" ist nicht besonders gut. „Aorist" heißt nämlich eigentlich gar nichts und ist zu sehr mit griechischen Assoziationen verbunden. Wilsons (a. a. O. 101f) Bezeichnung *šafsōtm* ist zwar sehr korrekt, aber nur formal.

Eine Interpretation im Sinne eines gnomischen Tempus hat das Koptische offensichtlich nirgendwo vorgenommen[192]. Deshalb spiegelt sich in der Überlieferung noch deutlich, was es auch an griechischen Varianten gibt, sieht man von der Lesart des *l*[70] ab. Das je erste sahidische und bohairische Beispiel vertritt so fraglos die Lesart von ℵ B C L W Δ Ψ. Das zweite bohairische und sahidische Beispiel zeigt an, daß der von A K X Π f[13] gebotene Text gelesen wurde. Das dritte sahidische und bohairische, die Lesart von Hunt 18, setzt den Text von D Θ f[1] 565. 700 voraus.

11. Präsens und Aorist beim Imperativ

Falls überhaupt im Koptischen ein Imperativ gebildet wird, so gibt es nur einen. Ansonsten ist der als Imperativ dienende bloße Infinitiv nicht in das Tempussystem integriert[193]. Er ist auch nicht konjugierbar. Die Funktion des konjugierten Imperativs übernimmt der Optativ. Das Fortsetzungstempus des Imperativs ist der Konjunktiv. Eine Möglichkeit der Unterscheidung der verschiedenen griechischen Imperative ergibt sich demnach nicht. So verhält sich das Koptische in diesem Beispiel indifferent:

Mt 13,30 griechisch: συνάγετε
oder: συναγάγετε
sahidisch: N̄ΤЄΤN̄ϹΟΟΥϨϤ
bohairisch: ΘΟΥⲰΤϤ

Der Wechsel von Imperativ und Konjunktiv hat auch in folgendem Beispiel nichts zu bedeuten: Das Sahidische neigt vor allem dazu.

Apg 16,15 griechisch: εἰσελθόντες εἰς τὸν οἶκον μου μένετε
oder: εἰσελθόντες εἰς τὸν οἶκον μου μείνατε
sahidisch: ΑΜΗΙΤN̄ ЄϨΟΥΝ N̄ΤЄΤN̄ϢⲰΠЄ ϨM̄ ΠΑΗΙ
bohairisch: ΑΜⲰΙΝΙ ЄϦΟΥΝ ЄΠΑΗΙ ϢⲰΠΙ

Ebensowenig gibt es hier einen Unterschied:

Röm 16,17 griechisch: ἐκκλίνετε
oder: ἐκκλίνατε
sahidisch: N̄ΤЄΤN̄ϹΑϨЄΤΗΥΤN̄
bohairisch: ΡЄΚ ΘΗΝΟΥ

---

192 Allerdings ist das Präsens (I oder II) bei Schenute als solches nachgewiesen. Vgl. Young a. a. O. 118: „Present I (or II) . . . alongside . . . praesens consuetudinis . . . with no apparent difference in meaning".

193 Das gilt auch für die nicht infinitivischen Imperative. Sie stellen im koptischen System praktisch schon ein defizientes Tempus dar.

Der Konjunktiv fungiert nicht nur als Fortsetzungstempus, sondern auch als selbständige Einheit mit stark modalem futurischen Aspekt. Er hat im Griechischen keine direkten Funktionsparallelen.

12. Präsens und Aorist beim Infinitiv

Im Bereich des Infinitivs wechseln Präsens und Aorist besonders häufig. Das Koptische bildet zwar bis zu drei Infinitive, den kausativen eingerechnet. Die durch Vokalisation unterschiedenen ersten und zweiten Infinitive haben bereits lexikalisch distinkte Bedeutungen[194]. Mit den aus den Tempora heraus gebildeten griechischen Infinitiven haben sie nichts gemein. Auch werden die Infinitive des Präsens und Aorists häufig ohne ersichtlichen Unterschied gebraucht, so daß es sich für die Ägypter auch nicht nahelegte, einen temporalen Aspekt durch Änderung der Konstruktion transparent zu machen:

Mt 12,10 griechisch: εἰ ἔξεστιν ... θεραπεῦσαι
oder: εἰ ἔξεστιν ... θεραπεύειν
sahidisch: ⲈⲚⲈ ⲈⲜⲈⲤⲦⲒ ⲈⲢ̄ⲠⲀϨⲢⲈ
bohairisch: ⲀⲚ ⲤϢⲈ Ⲛ̄ⲈⲢⲪⲀϦⲢⲒ

Eine etwaige ingressive Bedeutung des Aorists, falls diese überhaupt begriffen wurde, wäre nicht leicht klarzumachen gewesen, allenfalls durch Umschreibungen. So ist in den folgenden zwei Beispielen die Übersetzung indifferent:

Gal 4,9 griechisch: δουλεῦσαι θέλετε
oder: δουλεύειν θέλετε
sahidisch: ⲈⲦⲈⲦⲚ̄ⲞⲨⲈϢ Ⲣ̄ϨⲘ̄ϨⲀⲖ
bohairisch: ⲈⲦⲈⲦⲈⲚⲞⲨⲰϢ ⲈⲈⲢⲂⲰⲔ

1 Kor 14,35 griechisch: εἰ δέ τι μαθεῖν θέλουσιν
oder: εἰ δέ τι μανθάνειν θέλουσιν
sahidisch: ⲈϢⲰⲠⲈ ⲆⲈ ⲤⲈⲞⲨⲈϢ ⲤⲞⲨⲚ̄ ⲞⲨϢⲀϪⲈ
bohairisch: ⲒⲤϪⲈ ⲆⲈ ⲤⲈⲞⲨⲰϢ ⲈⲈⲘⲒ ⲈⲞⲨϨⲰⲂ

In den letzten beiden Beispielen waren die Kopten genötigt, Infinitive zu gebrauchen. In anderen Fällen, wie etwa Mt 12,10, hätten sie auch den Konjunktiv benutzen können. Er ist freilich ebensowenig in der Lage, den griechischen Text präziser wiederzugeben, wie etwa hier, wo die Tatsache, daß die Kopten sich in der Übersetzung scheiden, für den griechischen Text nichts zu bedeuten hat:

---

194 Die Bedeutung der Infinitive wird von Till, Sethe, Steindorff und Crum kontrovers beurteilt, vgl. Steindorff § 222 Anm. und oben 194 Anm. 178. H. P. Houghton, The Coptic Infinitive, Aegyptus 35 (1955), 275–291, bringt nichts neues.

Mt 23,23	griechisch:	ἔδει ποιεῖν κἀκεῖνα μὴ ἀφιέναι
	oder:	ἔδει ποιῆσαι κἀκεῖνα μὴ ἀφεῖναι
	oder:	ἔδει ποιῆσαι κἀκεῖνα μὴ ἀφιέναι
	sahidisch:	ΝΕϢϢΕ ΕΡΩΤΝ̄ ΕΑΑΥ ΑΥΩ Ν̄ΚΟΟΥΕ ΕΤΜ̄ΚΑΑΥ Ν̄ΣΑΘΗΥΤΝ̄
	bohairisch:	ΝΑΣΜ̄ΠϢΑ Ν̄ΤΕΤΕΝΑΙΤΟΥ ΝΙΚΕΧΩΟΥΝΙ ΔΕ Ν̄ΤΕΤΕΝϢΤΕΜΧΑΥ Ν̄ΣΑ ΘΗΝΟΥ

13. Präsens und Aorist beim Partizip

Da beim Partizip in der Regel der temporale Aspekt wieder eine größere Rolle spielt, wird es in den meisten Fällen keine Schwierigkeit bereiten, die dem Koptischen zugrundeliegenden griechischen Texte herauszufinden[195]. Das ist am ehesten möglich, wenn sich die Partizipien im Sinne der Gleichzeitigkeit oder Vorzeitigkeit interpretieren lassen, etwa:

2 Kor 8,16	griechisch:	τῷ διδόντι
	oder:	τῷ δόντι
	sahidisch:	ΠΑΙ ΕΤϯ
	bohairisch:	ΦΑΙ ΕΤΑϤϯ

Man wird hier das Sahidische auf der Seite der meisten griechischen Zeugen sehen müssen, das Bohairische hingegen als Vertreter der Lesart von P[46] DGL, also des Aorists, ansehen dürfen. Oder

1 Thess 4,8	griechisch:	τὸν διδόντα
	oder:	τὸν δόντα
	sahidisch:	ΠΑΙ ΟΝ Ν̄ΤΑϤϯ
	bohairisch:	ΦΗ ΕΤΑϤϯ

Hier begleiten das Sahidische und Bohairische mit Sicherheit den Mehrheitstext, der mit A liest. Drücken Präsens und Aorist im Griechischen hauptsächlich Aktionsarten aus, so ist ihre Spur nur dann im Koptischen zu verfolgen, wenn der Ausdruck des relativen Zeitverhältnisses vom Griechischen her impliziert ist:

Apg 2,44	griechisch:	πιστεύσαντες
	oder:	πιστεύοντες
	sahidisch:	Ν̄ΤΑΥΠΙΣΤΕΥΕ
	bohairisch:	ΕΤΑΥΝΑϨϯ

[195] Zum Zwang, griechische Partizipien aufzulösen, vgl. unten 210.

Die Kopten lesen sicher mit א B gegen den Mehrheitstext und D πιστεύσαντες. Wird jedoch der temporale Aspekt im Sinne des relativen Zeitverhältnisses aufgegeben, wird man in der Regel das griechische Tempus im Koptischen nicht mehr erkennen können. Das kann zum Beispiel geschehen, wenn der Grieche das Präsens um des durativen Aspektes willen setzt:

Apg 14,21	griechisch:	εὐαγγελιζόμενοι ... καὶ μαθητεύσαντες
	oder:	εὐαγγελισάμενοι ... καὶ μαθητεύσαντες
	sahidisch:	ⲚⲦⲈⲢⲞⲨⲦⲀϢⲈⲞⲈⲒϢ ... ⲀⲨⲰ ⲀⲨϮⲤⲂⲰ
	bohairisch:	ⲈⲦⲀⲨϨⲒϢⲈⲚⲚⲞⲨϤⲒ ... ⲞⲨⲞϨ ⲈⲦⲀⲨϮⲤⲂⲰ

Die Kopten übersetzen dem (temporalen) Sinn nach richtig. Das Sahidische verwendet den noch nicht Vorzeitigkeit präjudizierenden Temporalis, das Bohairische ordnet mit Perfekt II gleich oder mit relativem Perfekt I unter[196]. Beide können beide griechische Vorlagen gehabt haben. Unklar sind Fälle wie:

Hebr 13,9	griechisch:	οἱ περιπατοῦντες
	oder:	οἱ περιπατήσαντες
	sahidisch:	ⲚⲈⲦⲘⲞⲞϢⲈ
	bohairisch:	ⲚⲎ ⲈⲐⲘⲞϢⲒ

Hier wird man sicher die Kopten zu der auch vom ägyptischen Text gebotenen Lesart περιπατοῦντες notieren. Doch läßt sich mit Sicherheit sagen, daß nicht doch einer der Kopten mit C und dem Mehrheitstext περιπατήσαντες las? Die Interpretation des Aorists ist hier nicht gerade eindeutig.

14. Imperfekt und Aorist

Der Unterschied zwischen diesen beiden griechischen Tempora ist zwar nicht identisch mit dem zwischen koptischem Imperfekt und den Perfekten, ihm aber doch verwandt[197].

Apg 14,9	griechisch:	ἤκουεν
	oder:	ἤκουσεν
	sahidisch:	ⲚⲈϤⲤⲰⲦⲘ̄
	bohairisch:	ⲀϤⲤⲰⲦⲈⲘ
	oder:	ⲈⲦⲀϤⲤⲰⲦⲈⲘ

---

[196] Formal besteht keine Variante zum Sahidischen. Das Bohairische kennt den Temporalis nicht. Er wird dort regelmäßig durch Perfekt II ersetzt.

[197] Vgl. die Bedeutungsunterschiede zwischen Imperfekt und Perfekt: Steindorff § 335–337, § 331, Till § 313, § 317.

Auf jeden Fall muß das Sahidische zur ersten Lesart von BCP, das Bohairische zur zweiten von P[74] ℵ AD und Mehrheitstext verzeichnet werden. Dabei liegt immer noch nicht im Bereich des Unmöglichen, daß auch das Bohairische den Text von BCD zur Vorlage hatte. Ähnlich sieht es aus bei:

Mt 15,31	griechisch:	ἐδόξασαν
	oder:	ἐδόξαζον
	sahidisch:	ⲀⲨϮⲈⲞⲞⲨ
	bohairisch:	ⲚⲀⲨϮⲰⲞⲨ

Diesmal läse das Bohairische mit ℵ gegen fast alle anderen griechischen Zeugen.

15. Aorist und Perfekt

Ein Tempus im Sinne des griechischen Perfekts kennt das Koptische nicht[198]. Der Ausdruck des Perfektiven könnte zwar durch Umschreibung voll gegeben werden[199], doch sind die Perfekte ausreichend. Sie sind daher gewöhnlich gewählt, gleich ob das Griechische Perfekt oder Aorist bot.

2 Kor 12,17	griechisch:	τινα ὧν ἀπέσταλκα
	oder:	τινα ὧν ἀπέστειλα
	oder:	τινα ὧν ἔπεμψα
	sahidisch:	ⲖⲀⲀⲨ Ⲛ̄ⲚⲈⲚⲦⲀⲒⲦⲚ̄ⲚⲞⲞⲨⲤⲈ
	bohairisch:	ⲈⲞⲨⲀⲒ ⲈⲂⲞⲖ ϦⲈⲚ ⲚⲎ ⲈⲦⲀⲒⲞⲨⲞⲢⲠⲞⲨ

2 Kor 12,18	griechisch:	συναπέστειλα τὸν ἀδελφόν
	oder:	συναπέσταλκα τὸν ἀδελφόν
	sahidisch:	ⲀⲒⲦⲚ̄ⲚⲈⲨ ⲠⲤⲞⲚ ⲚⲘ̄ⲘⲀϤ
	bohairisch:	ⲀⲒⲞⲨⲰⲢⲠ Ⲙ̄ⲠⲒⲔⲈⲤⲞⲚ ⲚⲈⲘⲀϤ

Wie zu erwarten, findet man in beiden Fällen koptisches Perfekt I.

---

[198] Wohl gibt es eine Bildung mit ϨⲀ, ⲀϨ (vgl. Steindorff § 313. 2c), welche auch als Perfekt III verstanden wird (Steindorff § 355f). Etymologisch könnte man auf ein Perfekt (im griechischen Sinne) schließen. Ein echter Bedeutungsunterschied zu den anderen Perfekten ist aber noch nicht nachgewiesen. Zur Entstehung vgl. A. Volten, Der Ursprung des demotischen Plusquamperfektums (Perfektums), ZÄS 74 (1938), 142–146. Wegen seiner syntaktisch gleichen Funktion mit dem Perfekt I lehnt W. C. Till (in seiner Rezension des Steindorffschen Lehrbuchs, Or 23 [1954], 152–169, dort 164) ab, es Perfekt III zu nennen.

[199] Etwa mit ϨⲰ.

Nicht anders ist es in folgendem Beispiel:

1 Kor 7,17 griechisch: ὡς μεμέρικεν ὁ κύριος
oder: ὡς ἐμέρισεν ὁ κύριος
oder: ὡς ἐμέρισεν ὁ θεός
sahidisch Ⲛ̄ⲐⲈ Ⲛ̄ⲦⲀⲠϪⲞⲈⲒⲤ ⲦⲈϢ
bohairisch Ⲙ̄ⲪⲢⲎϮ ⲈⲦⲀⲠϬ̄Ⲥ̄ ⲐⲀϢϤ

Wieder wurde Perfekt I im Relativsatz gewählt. Insgesamt gibt der koptische Text jedoch nicht das dritte griechische Beispiel wieder, die Lesart des Mehrheitstextes. Daraus aber irgendeinen Hinweis gewinnen zu wollen, hieße vorschnell urteilen, da die beiden im Beispiel vorhandenen Varianten keinen logischen Zusammenhang besitzen.

Entsprechend dem bislang Gesagten, wird im Koptischen bei der Übertragung von im Perfekt oder Aorist stehenden Sätzen mit negativem Sinn negatives Perfekt I benutzt, daher:

2 Kor 7,5 griechisch: οὐδεμίαν ἔσχηκεν ἄνεσιν ἡ σὰρξ ἡμῶν
oder: οὐδεμίαν ἔσχεν ἄνεσιν ἡ σὰρξ ἡμῶν
sahidisch: Ⲙ̄ⲠⲈⲦⲈⲚⲤⲀⲢⲜ ϪⲒ ⲖⲀⲀⲨ Ⲙ̄ⲘⲞⲦⲚⲈⲤ
bohairisch: Ⲙ̄ⲠⲈⲦⲈⲚⲤⲀⲢⲜ ϬⲒ ϨⲖⲒ Ⲛ̄Ⲙ̄ⲦⲞⲚ

Hebr 7,13 griechisch: μετέσχηκεν ἀφ' ἧς οὐδεὶς προσέσχηκεν
oder: μετέσχεν ἀφ' ἧς οὐδεὶς προσέσχεν
oder: μετέσχηκεν ἀφ' ἧς οὐδεὶς προσέσχεν
oder: μετέσχηκεν ἀφ' ἧς οὐδεὶς μετέσχεν
oder: μετέσχηκεν ἀφ' ἧς οὐδεὶς μετέσχηκεν
sahidisch: Ⲛ̄ⲦⲀϤⲘⲈⲦⲈⲬⲈ ... ⲦⲀⲒ ⲈⲦⲈⲘ̄ⲠⲈⲖⲀⲀⲨ ... ⲠⲢⲞⲤⲈⲬⲈ
bohairisch: ⲀϤϬⲒ ... ⲐⲀⲒ ⲈⲦⲈⲘ̄ⲠⲈϨⲖⲒ ... ϮϨⲐⲎϤ

Das sahidische Beispiel ist zu den ersten drei griechischen Beispielen notierbar (aufgrund seiner Wortwahl), das bohairische Beispiel hingegen steht diesen Beispielen zwar näher, schließt die letzten beiden vom Wortlaut her aber nicht sicher aus. An die Stelle des Perfekts kann natürlich im Koptischen gegebenenfalls ein im temporalen Sinn entsprechendes, dem Griechischen gegenüber aber ebenso unentschiedenes subjunktives Tempus treten:

Mk 11,2 griechisch: ἐφ' ὃν οὐδεὶς οὔπω ἄνθρωπον ἐκάθισεν
oder: ἐφ' ὃν οὐδεὶς οὔπω ἄνθρωπον κεκάθικεν
sahidisch: Ⲙ̄ⲠⲀⲦⲈⲖⲀⲀⲨ Ⲛ̄ⲢⲰⲘⲈ ϨⲘⲞⲞⲤ ϨⲒϪⲰϤ
bohairisch: ⲈⲦⲈⲘⲠⲀⲦⲈϨⲖⲒ Ⲛ̄ⲢⲰⲘⲒ ⲀⲖⲎⲒ ⲈⲢⲞϤ

Ein Sonderfall tritt lediglich dann ein, wenn der koptische Text ein Imperfekt bietet, bzw. ein Verbum der Suffixkonjugation, wie hier:

Apk 7,14 griechisch: εἴρηκα
oder: εἶπον
sahidisch: ⲠⲈϪⲀⲒ
bohairisch: ⲠⲈϪⲎⲒ

Das Koptische geht hier vermutlich nicht auf ein griechisches Perfekt, sondern den Mehrheitstext zurück. Die Suffixkonjugation ist zwar der Perfektbildung nicht fähig. Indes hätte man ein griechisches Perfekt mit Hilfe der Präfixkonjugation treffend ausdrücken können.

16. Die übrigen Tempora

Vom Sinn her sind griechisches Perfekt und Imperfekt einander entgegengesetzt. Vermutlich werden sie im Koptischen daher fast immer verschieden wiedergegeben. Auch sonst scheint der Übertragung der Indikative der Tempora nichts im Wege zu stehen. Das Koptische kann sowohl das Plusquamperfekt[200] als auch ein Futur der Vergangenheit bilden[201], allerdings kein Futurum exactum. Schlecht möglich ist es, die Tempuswechsel in den nicht indikativischen Modi im Koptischen weiter zu verfolgen. Konjunktiv und Optativ ermangeln zu sehr des temporalen Charakters, als daß hier noch unterschieden werden dürfte.

17. Imperativ und Infinitiv

Imperativ und Infinitiv sind nur dann zu unterscheiden, wenn sich im Koptischen der alte Imperativ eines Verbums erhalten hat oder, da sonst Imperativ und bloßer Infinitiv formgleich sind, der Infinitiv durch seinen Anschluß, etwa mit Ⲉ-, syntaktisch die imperativische Bedeutung ausschließt[202]. Mit letztem muß aber nicht gerechnet werden, weil an den Stellen, wo sich entsprechende Varianten gebildet haben, auch der griechische Infinitiv in der Regel isoliert für den Imperativ stehen dürfte. Eine Entscheidung ist auch dann nicht möglich, wenn die Kopten, wie in folgendem Fall, den Konjunktiv wählen:

Röm 12,1.2 griechisch: παρακαλῶ ... παραστῆσαι ... καὶ μὴ συσχηματίζεσθε ... ἀλλὰ μεταμορφοῦσθε
oder: παρακαλῶ ... παραστῆσαι ... καὶ μὴ συσχηματίζεσθαι ... ἀλλὰ μεταμορφοῦσθαι
oder: παρακαλῶ ... παραστῆσαι ... καὶ μὴ συσχηματίζεσθε ... ἀλλὰ μεταμορφοῦσθαι

---

[200] Als Präteritum des Perfekts.

[201] Das Griechische kennt ein solches nicht.

[202] Zu den Imperativen vgl. oben 193 Anm. 168.

sahidisch: ⲧⲡⲁⲣⲁⲕⲁⲗⲉⲓ ... ⲉⲡⲁⲣϩⲓⲥⲧⲁ ... ⲛ̄ⲧⲉⲧⲛ̄ⲧⲙ̄ϫⲓϩⲣⲃ ... ⲁⲗⲗⲁ ⲛ̄ⲧⲉⲧⲛ̄ϫⲓ ⲙ̄ⲡϩⲣ̄ⲃ
oder: ⲧⲡⲁⲣⲁⲕⲁⲗⲉⲓ ... ⲉⲡⲁⲣϩⲓⲥⲧⲁ ... ϫⲓϩⲣ̄ⲃ ... ⲁⲗⲗⲁ ϫⲓ ⲙ̄ⲡϩⲣ̄ⲃ
bohairisch: ϯϯϩⲟ ... ⲉⲑⲣⲉⲧⲉⲛⲧⲁϩⲉ ... ⲟⲩⲟϩ ⲛ̄ⲧⲉⲧⲉⲛϣⲧⲉⲙⲉⲣϣⲫⲏⲣ ... ⲁⲗⲗⲁ ⲛ̄ⲧⲉⲧⲉⲛϣⲉⲃⲧ

Das Wahrscheinlichere ist zwar, daß mit ADG der Infinitiv durch Konjunktiv fortgesetzt wird, aber der Konjunktiv könnte auch absolut im prohibitiven bzw. adhortativen Sinn gebraucht worden sein. Sollte das der Fall sein, könnten die Kopten aber immer noch den Infinitiv gelesen haben, bei dem unklar ist, ob er auf einer Ebene mit dem aus Röm 1,1 steht oder, nicht mehr von παρακαλῶ abhängig, imperativischen Sinn besitzt. Aus ℵ stammt das dritte griechische Beispiel. Natürlich ist in diesem Beispiel die Lage noch dadurch kompliziert, daß sich für den Griechen beide Formen phonetisch und daher auch im Schriftbild gleichen. Nur bei zwei sahidischen Hss, die das zweite sahidische Beispiel bieten, wird man die Notierung wagen können. Sie dürften den Imperativ interpretiert haben. Der Infinitiv wäre unwahrscheinlich, weil er in diesem Fall im Koptischen eines Anschlusses bedurft hätte, nachdem noch καί ausgelassen wird. Der Konjunktiv würde zwar den zweiten Imperativ ausdrücken können, aber auch er wird durch Imperativ übersetzt, was die Lesart von ℵ mit einschließt.

Wenn zum Ausdruck des negativen Imperativs[203] ⲙ̄ⲡⲣ̄- benutzt worden ist, ist zumindest die Interpretation des Kopten eindeutig:

Mk 6,9 griechisch: μὴ ἐνδύσησθε
oder: μὴ ἐνδύσεσθε
oder: μὴ ἐνδύσασθε
oder: μὴ ἐνδύσασθαι
oder: μὴ ἐνδέδυσθαι
sahidisch: ⲟⲩⲇⲉ ⲛ̄ⲥⲉⲧⲙ̄ϯϣⲧⲏⲛ
bohairisch: ⲙ̄ⲡⲉⲣϯϣⲑⲏⲛ

Das Bohairische bietet also sicher einen Imperativ, doch welchen griechischen Text er zur Vorlage hatte, weiß ich nicht zu sagen. Das Sahidische ist allenfalls zum vierten oder fünften griechischen Beispiel zu notieren. Es setzt mit Konjunktiv den vorangehenden Vers fort, was aus der Person des Präfixes ersichtlich ist. Es hätte den Infinitiv

[203] Oder auch Vetativ. Vgl. Steindorff § 291f, Till § 300, Mallon § 254. 6, Dialektgrammatik § 244.

dann als inkongruente Fortsetzung des ἵνα-Satzes begriffen und folgte der Lesart von B[2]. Die ersten beiden griechischen Möglichkeiten schließt es aus. Die lukanische Parallelstelle ist weniger durch Verwechslungsmöglichkeiten belastet:

Lk 9,3 griechisch: μήτε ... ἔχετε
oder: μήτε ... ἔχειν
sahidisch: ΟΥΤΕ ΕΡΕϢΤΗΝ ... ϨΙϢΤΤΗΥΤΝ̄
bohairisch: ΜΠΕΡΧΑ ϢΘΗΝ

Das Bohairische kann auf beide Lesarten zurückgehen. Das Sahidische gibt beide nicht wieder, setzt aber am ehesten den Infinitiv voraus, den es in seinem syntaktischen Zusammenhang nicht verstand. Unklare Verhältnisse im griechischen Text findet man hier:

Mk 1,44 griechisch: ὕπαγε σεαυτὸν δεῖξον τῷ ἱερεῖ καὶ προσένεγκε
oder: ὕπαγε σεαυτὸν δεῖξον τῷ ἱερεῖ καὶ προσενέγκαι
sahidisch: ΒΩΚ ΝΓ̄ΤΟΥΟΚ ΕΠΟΥΗΗΒ ΝΓ̄ΤΑΛΟ
bohairisch: ΜΑϢΕ ΝΑΚ ΜΑΤΑΜΕ ΠΙΟΥΗΒ ΕΡΟΚ ΟΥΟϨ ΑΝΙΟΥΙ

Die griechischen Lesarten sind zwar verwechselbar, spiegeln sich aber nicht in der koptischen Überlieferung.

18. Infinitiv und Finalsatz

Diese Problematik berührte schon das Beispiel Mk 6,9. Der finale Infinitiv ist auch dem Kopten geläufig, ihm aber unter Ausnahme des kausativen Infinitivs dann nur zu gebrauchen möglich, wenn das Subjekt nicht genannt werden muß. Andernfalls entsteht zwangsläufig ein untergeordneter Satz, es sei denn, das logische Subjekt kann proleptisch untergebracht werden. Zum Beispiel:

Apg 14,15 griechisch: εὐαγγελιζόμενοι ὑμᾶς ... ἐπιστρέφειν
oder: εὐαγγελιζόμενοι ὑμῖν τὸν θεὸν ὅπως ... ἐπιστρέψητε
sahidisch: ΕΝΤΑϢΕΟΕΙϢ ΝΗΤΝ̄ ΕСΑϨΕΤΗΥΤΝ̄ ... ΕΚΕΤΤΗΥΤΝ̄
bohairisch: ΕΝϨΙϢΕΝΝΟΥϤΙ ΝΩΤΕΝ ΕϨΕΝΘΗΝΟΥ ... ΕΚΕΤΘΗΝΟΥ

Die Kopten hatten gewiß nicht den Text von D, das zweite griechische Beispiel, zur Vorlage. Der finale Infinitiv wird stets eingeleitet wie in diesem Text. Eine etwaige Einführung des griechischen Infinitivs durch Präposition wäre nicht zu verdeutlichen[204].

19. Infinitiv und Objektsatz

In diesen Fällen, in denen die Infinitivkonstruktion des Griechen das logische Objekt des regierenden Verbums angibt, erfordert das Koptische den Objektsatz[205]. Als Anlaß zur Variantenbildung im Griechischen spielen solche Fälle anscheinend keine Rolle, obgleich auch im Koptischen infinitivische Konstruktionen den Objektsatz gelegentlich vertreten können.

20. Indikativ und Konjunktiv

Soweit der Konjunktiv Modus von Hauptsätzen ist, war er auch dem Griechen häufig gegen den Indikativ des Futurs austauschbar, wenn der Satz mit οὐ μή eingeleitet wurde oder der Sinn des Konjunktivs deliberativ war. So entstehen in diesem Bereich nicht wenige Varianten. In jedem Fall aber wird eine solche Bedeutung des Konjunktivs durch ein koptisches Futur, meistens Futur II, gedeckt, so:

Röm 10,14	griechisch:	πῶς δὲ ἀκούσωσιν
	oder:	πῶς δὲ ἀκούσονται
	oder:	πῶς δὲ ἀκούσουσιν
	sahidisch:	Ν̄ΑϢ ΔΕ Ν̄ϨΕ ΕΥΝΑCωΤΜ̄
	bohairisch:	ΠωC ΔΕ CΕΝΑCωΤΕΜ

Generell ist eine Entscheidung bei Verben der Suffixkonjugation nicht möglich.

Röm 5,1	griechisch:	ἔχομεν
	oder:	ἔχωμεν
	sahidisch:	ΟΥΝ̄ΤΑΝ
	bohairisch:	ΜΑΡΕΝΙΡΙ

Das Sahidische entspricht zwar ἔχομεν, kann aber ἔχωμεν nicht adäquat wiedergeben. Setzt man letztes voraus, so kann man auf den optativischen Aspekt verzichten, oder man übersetzt wie das Bohairische das Verbum nicht korrekt. Welche Schwierigkeiten die Modalisierung eines Begriffes bringt, der richtig nur mit einem Wort des Suffixkonjugation übersetzt werden kann, zeigt Jak 1, 4. Das Bohairische wechselt wieder den Begriff, das Sahidische findet eine gute Lösung: Das sinntragende Verb kommt in einen Umstandssatz, der Modus wird einem neutralen ϢωΠΕ im Hauptsatz präfigiert. Üblich ist eine solche Konstruktion ansonsten nicht, und man wird sie nicht erwarten dürfen.

---

[204] Zu koptischen Infinitiven nach Präpositionen vgl. G. Rudnitzky, Zum Sprachgebrauch Schenutes I, ZÄS 81 (1956), 48–58.

[205] Zu Objektsätzen im Koptischen vgl. Till § 413–420.

21. Konjunktiv und Optativ

Der Optativ als Modus im Hauptsatz hat im Koptischen seine Entsprechung[206]. Eine Überschneidung mit dem Konjunktiv weist er jedoch als tempus obliquum auf. Diese Distinktion hat aber im Koptischen keine Parallele[207]. Also

1 Kor 15,24	griechisch:	ὅταν παραδιδοῖ
	oder:	ὅταν παραδιδῷ
	oder:	ὅταν παραδῷ
	sahidisch:	ⲉϥϣⲁⲛϯ
	bohairisch:	ϩⲟⲧⲁⲛ ⲁϥϣⲁⲛϯ

Der Konditionalis steht jenseits der griechischen Varianten.

22. Indikativ und Partizipialkonstruktion

Das Koptische bildet kein selbständiges Partizipium mehr. Das Partizipium der alten Sprache verwendet es nur noch in Nominalkomposita[208]. Auch sind manche Nomina Partizipialformen. Das hat aber keine Bedeutung im Hinblick auf die hier anliegende Fragestellung. Die Konsequenz ist, daß jedes Partizipium, das im griechischen Text erscheint, in der koptischen Übersetzung irgendwie aufgelöst werden muß. Wenn eine Form der Auflösung identisch ist mit einer von griechischen Zeugen gebotenen, kann kein Aufschluß mehr über den vorausgesetzten Text erwartet werden. Dieses geschieht am ehesten bei parataktischer Auflösung. Das sieht im einfachsten Fall so aus:

Mt 14,9	griechisch:	λυπηθεὶς ὁ βασιλεύς
	oder:	ἐλυπήθη ὁ βασιλεύς
	sahidisch:	ⲁϥⲗⲩⲡⲉⲓ ⲛ̄ϭⲓ ⲡⲣ̄ⲣⲟ
	bohairisch:	ⲁⲡϩⲏⲧ ⲙ̄ⲡⲟⲩⲣⲟ ⲙ̄ⲕⲁϩ

Daß bei der Auflösung sich im Griechischen der Anschluß des nächsten Satzes verändert, kann außer Betracht bleiben, da das für das Koptische nichts bedeuten muß; denn der Anschluß mit ⲇⲉ im Kop-

---

[206] Allerdings nur begrenzt im gleichnamigen koptischen Tempus, das man auch als kausativen Imperativ auffassen kann. Vgl. H. J. Polotsky, Modes grecs en copte?, in: Coptic Studies in Honor of Walter Ewing Crum, Washington 1950, 73–90. Der Optativ sei eine der Funktionen des Futur III (81–83).

[207] Dort kann wohl der Konjunktiv einen Optativ fortsetzen.

[208] Participium coniunctum genannt, wegen der ständigen Verbindung meist nicht wie im Griechischen mit seinem Subjekt, sondern seinem Objekt. Vgl. Steindorff § 286, Till § 80 (auch § 125). Außerdem gibt es noch erstarrte Partizipialformen als Substantive und Adjektive. Vgl. die Belege bei W. Vycichl, Ein neues koptisches Partizip im Papyrus Bodmer VI, Muséon 76 (1963), 441 f und ders., Die durative Form zweiradikaliger Verben im Ägyptischen und in den Berbersprachen, ZÄS 88 (1963), 148–150, dort 150.

tischen könnte auch dort Folge der Auflösung des Partizips sein — auch wenn die Auflösung gegen die griechische Vorlage erzwungen ist. Beide Kopten wählen Perfekt I, das beim Bohairischen allerdings nur wegen des sich in normaler Stellung befindlichen nominalen Subjekts erkannt werden kann[209]. Wörtlich entspricht die Übersetzung der zweiten griechischen Möglichkeit. Man darf sie aber nicht dazu notieren, weil sie eine ebenso korrekte Übersetzung des Partizips darstellt. Zu Unrecht will der UBS-Apparat glauben machen, die Kopten seien Zeuge der Lesart von ℵ usw. Eine Notierung zum Partizip wird man nur dann vornehmen dürfen, wenn der koptische Text dieses hypotaktisch auflöst, die griechische Überlieferung hingegen neben der Partizipialkonstruktion nur die Parataxe kennt, allenfalls eine heterogene Hypotaxe. Ausnahme:

2 Kor 12,15	griechisch:	εἰ ... ἀγαπῶν
	oder:	εἰ ... ἀγαπῶ
	sahidisch:	ⲈϢϪⲈ ϯⲘⲈ
	bohairisch:	ⲒⲤϪⲈ ϯⲘⲈⲒ

Die Kopten lassen sich durch das εἰ leiten und haben das Verbum so stets in Hypotaxe. Eine erneute hypotaktische Auflösung des Partizips kommt daher nicht in Frage. Der koptische Text ist nicht genetisch zu beurteilen, und das Notat im UBS-Apparat ist daher nicht gesichert. Sehr differenziert sind alle Fälle zu betrachten, in denen die koptische Konstruktion zweideutig ist. Etwa:

1 Kor 4,14	griechisch:	νουθετῶν
	oder:	νουθετῶ
	sahidisch:	ⲈⲒϯⲤⲂⲰ
	bohairisch:	ⲈⲒϯⲤⲂⲰ

Hier ist nämlich das Sahidische aus beiden griechischen Lesarten ableitbar, das Bohairische aber weist auf das griechische Partizip hin. Es bietet nämlich einen Umstandssatz des Präsens und bringt damit ein Aussageelement, das wesentlichen Aspekten des Partizipium Präsens gerecht wird[210]. Das Bohairische schließt sich also der Lesart an, die im großen und ganzen vom ägyptischen Text geboten wird, und es folgt nicht P[46] BDG und dem Mehrheitstext. Das Sahidische allerdings bietet vielleicht einen Umstandssatz, jedoch sieht dieser genauso aus wie Präsens II. Damit ist die Möglichkeit des Indikativs eingeschlossen. Ebenso ist in folgendem Fall zu differenzieren:

---

[209] Sonst und bei nicht-nominalem Subjekt wäre es mit Präsens II verwechselbar. E_2 hat hier sicher ebenso indifferentes Perfekt II.

[210] Vgl. zur relativen Zeitlage in Nebensätzen Till § 412.

Apg 5,19 griechisch: ἤνοιξε
oder: ἀνοίξας
sahidisch: ⲀϤⲞⲨⲰⲚ
bohairisch: ⲀϤⲞⲨⲰⲚ

Nun hat das Sahidische einen Hauptsatz, der sowohl aus einem entsprechenden griechischen als auch aus der Auflösung des Partizips herleitbar ist. Für das Bohairische gilt zunächst dasselbe. Jedoch könnte es auch eine Variante gegenüber dem Sahidischen sein, da das Verbum zwar wie dort im Perfekt I stehen kann, aber auch abweichend vom Griechischen als Präsens II deutbar ist. In bezug auf die griechische Vorlage bleiben die Kopten jedoch indifferent.

Einen gewissen Raum nehmen im Griechischen die Varianten ein, in denen das Prädikat zum participium conjunctum und dieses zum Prädikat wird. Eine solche Vertauschung nimmt das Koptische allerdings zuweilen auch ohne erkennbaren griechischen Hintergrund vor, namentlich dann, wenn der Grieche die Haupthandlung partizipial ausgedrückt hat; etwa:

1 Kor 4,14 griechisch: οὐκ ἐντρέπων ὑμᾶς γράφω
sahidisch: ⲚⲚⲈⲒϯϢⲒⲠⲈ ⲚⲎⲦⲚ ⲀⲚ ⲈⲒⲤϨⲀⲒ
bohairisch: ⲚⲀⲒϪⲪⲒⲞ ⲘⲘⲰⲦⲈⲚ ⲀⲚ ⲈⲒⲤϦⲀⲒ

Ansonsten ist auch in solchen Fällen die Vorlage bei Parataxe nicht zu erkennen. Hypotaxe in Form eines Relativsatzes hilft nur weiter, wenn dieser nicht mit einem Tempus zu verwechseln ist, also in folgendem Beispiel nicht:

Mt 15,35.36 griechisch: παραγγείλας ... ἔλαβεν ...
oder: ἐκέλευσε ... καὶ λαβών
sahidisch: ⲀϤⲠⲀⲢⲀⲄⲄⲈⲒⲖⲈ ... ⲀϤϪⲒ
bohairisch: ⲀϤϨⲞⲚϨⲈⲚ ... ⲀϤϬⲒ
oder: ⲈⲦⲀϤϨⲞⲚϨⲈⲚ ... ⲀϤϬⲒ

Das καί in der zweiten griechischen Möglichkeit, das das Partizip zum Verbum finitum von V. 36 zieht, macht auf den Kopten keinen Eindruck. Er wählt hier so oder so die Asyndese. Das Sahidische und die erste bohairische Lesart vielleicht arbeiten mit Perfekt I parataktisch. Das Bohairische könnte in dieser Lesart allerdings auch λαβών mit einem Präsens II (als durativem Tempus) aufgelöst haben. Eine Auflösung des παραγγείλας könnte die zweite bohairische Lesart mit Hilfe eines Relativsatzes des Perfekts unternommen haben. Allerdings sieht dieser wie ein Perfekt II aus, das hier ebenfalls parataktisch zu einem darauf für gewöhnlich folgenden Perfekt I benutzt worden sein kann.

Ein Relativsatz kann daher hier nicht mit Sicherheit angenommen werden. Die Lage sähe anders aus, wenn Perfekt I voranstünde und mit einer Fortsetzung durch Perfekt II nicht gerechnet zu werden braucht[211].

Kein Licht ist auch in Fälle folgender Struktur zu bringen:

Apg 18,21	griechisch:	ἀποταξάμενος καὶ εἰπών ... ἀνήχθη
	oder:	ἀπετάξετο αὐτοῖς εἰπών ... ἀνήχθη
	sahidisch:	ΑϤΑΠΟΤΑССЄ ΝΑΥ ЄϤϪѠ ⲘⲘΟС ... ΑϤΒѠΚ
	bohairisch:	ΑϤЄΡΑΠΟΔΑΖЄСΘЄ ΝѠΟΥ ЄΑϤϪΟС ... ΑϤЄΡϨѠΤ

Das Griechische variiert an dieser Stelle noch erheblich mehr. Die angeführten Lesarten stellen nur die Pole dar, an denen sich das Problem hinreichend demonstrieren läßt. Die Parataxe ist bei den Kopten eindeutig. Die drei Verbalformen im Bohairischen sind wohl als Perfekte zu interpretieren. Ohnehin müssen die Kopten schon das Partizip εἰπών hypotaktisch wiedergeben, das Bohairische drückt sogar noch, was sinnlos ist, den als vorzeitig mißinterpretierten Aorist im Umstandssatz des Perfekts aus. Wegen dieser Hypotaxe hat sich im übrigen die Parataxe nahegelegt. Daß das Koptische der zweiten griechischen Lesart, der des Mehrheitstextes, bis auf das αὐτοῖς gleicht, beeindruckt wenig. Die Ergänzung logischer Objekte ist vom Sprachgefühl gefordert.

23. Partizip und Konjunktiv oder Imperativ

Varianten, in denen Partizipien zu Konjunktiven oder Imperativen aufgelöst werden, sind solchen strukturell gleich, in denen zum Indikativ aufgelöst wird. Auch hier sind bei parataktischer Auflösung keine Möglichkeiten gegeben, im koptischen Text die griechische Vorlage zu erkennen; zum Beispiel:

Lk 15,23	griechisch:	καὶ φαγόντες εὐφρανθῶμεν
	oder:	καὶ φάγωμεν καὶ εὐφρανθῶμεν
	sahidisch:	ⲚΤⲚΟΥѠΜ ⲚΤⲚЄΥΦΡΑΝЄ
	bohairisch:	ΟΥΟϨ ⲚΤЄΝΟΥѠΜ ΟΥΟϨ ⲚΤЄΝΟΥΝΟϤ ⲘΜΟΝ

Die Auflösung erfolgt im Sahidischen parataktisch in Konjunktiven, die sich ihrerseits über weitere Konjunktive an einen Imperativ an-

[211] Zu Perfekt I als Fortsetzung von Perfekt II vgl. Till § 314.

schließen. Im Bohairischen schließen die Konjunktive direkt an einen Imperativ an. Der Imperativ ist also in jedem Fall das zeitlich den Satz determinierende Element. Der Konjunktiv hat in Fortsetzung des Imperativs die Bedeutung des Optativs. Gewiß entspricht das Bohairische, im Gegensatz zum Sahidischen, der zweiten griechischen Lesart wörtlich. Indes arbeitet das Sahidische an dieser Stelle überhaupt asyndetisch. Diese Tatsache hat in bezug auf die Vorlage nichts zu bedeuten. Das bohairische ОΥΟϨ ist zwar in Anbetracht des Konjunktivs durchaus überflüssig, wird aber so regellos gesetzt, daß es keinerlei Einfluß verrät.

24. Partizip und Infinitiv

Der Wechsel von Partizip und Infinitiv vollzieht sich gern bei finalen Ausdrücken. Hier übersetzt der Kopte nach Maßgabe des Sinns. Zum Beispiel:

Mt 27,49	griechisch:	ἄφες ἴδωμεν εἰ ἔρχεται Ἠλίας σώσων αὐτόν
	oder:	ἄφες ἴδωμεν εἰ ἔρχεται Ἠλίας σῶσαι αὐτόν
	oder:	ἄφες ἴδωμεν εἰ ἔρχεται Ἠλίας καὶ σώσει αὐτόν
	sahidisch:	ϬⲰ Ⲛ̄ⲦⲚ̄ⲚⲀⲨ ϪⲈ ϨⲎⲖⲒⲀⲤ ⲚⲎⲨ ⲈⲚⲞⲨϨⲘ̄ Ⲙ̄ⲘⲞϤ
	oder:	ϬⲰ Ⲛ̄ⲦⲚ̄ⲚⲀⲨ ϪⲈ ϨⲎⲖⲒⲀⲤ ⲚⲎⲨ ⲚϤ̄ⲚⲞⲨϨⲘ̄ Ⲙ̄ⲘⲞϤ
	bohairisch:	ⲬⲀⲤ Ⲛ̄ⲦⲈⲚⲚⲀⲨ ϪⲈ ϤⲚⲎⲞⲨ Ⲛ̄ϪⲈ ⲎⲖⲒⲀⲤ Ⲛ̄ⲦⲈϤⲚⲀϨⲘⲈϤ

Das Sahidische bietet in seiner ersten Lesart finalen Infinitiv und damit wörtlich den Text der zweiten griechischen Lesart, kann aber ebenso das finale futurische Partizip aufgelöst haben. Es schließt die Vorlage des dritten Textes, den D liest, aus. Das Bohairische hingegen bietet an dieser Stelle den Konjunktiv wie die zweite sahidische Lesart. Es könnte sogar die Lesart von D implizieren, vorausgesetzt, daß der Konjunktiv den Adverbialsatz fortsetzt. Das ist zwar möglich, aber das Wahrscheinlichere ist doch, daß der Konjunktiv die gleichen griechischen Textmöglichkeiten wie die erste sahidische Lesart wiedergibt, indem man den Subjunktiv in finalem Sinn gebraucht[212].

25. Partizip und Temporalsatz

Bietet das Koptische einen Temporalsatz, dann kann dieser sowohl auf einen entsprechenden griechischen wie auch auf ein Partizip zu-

---

[212] Zur subjunktiven Bedeutung des Konjunktivs vgl. Till § 323.

rückgehen. Wählt es aber eine andere, griechisch nicht belegte Form der Hypotaxe oder eine ebenfalls griechisch nicht belegte Parataxe, so ist nur griechisches Partizip vorauszusetzen. Dabei ist es gleichgültig, wie das Partizipium in den Satz einkonstruiert ist. Dazu folgendes Beispiel:

Mt 17,25 griechisch: ἐλθόντα εἰς τὴν οἰκίαν
oder: εἰσελθόντι εἰς τὴν οἰκίαν
oder: εἰσελθόντα εἰς τὴν οἰκίαν
oder: εἰσελθόντων εἰς τὴν οἰκίαν
oder: ἐλθόντων αὐτῶν εἰς τὴν οἰκίαν
oder: ὅτε εἰσῆλθεν εἰς τὴν οἰκίαν
oder: ὅτε εἰσῆλθον εἰς τὴν οἰκίαν
oder: ὅτε ἦλθον εἰς τὴν οἰκίαν
sahidisch: ⲚⲦⲈⲢⲈϤⲈⲒ ⲆⲈ ⲈϨⲢⲀⲒ ⲈⲠⲎⲒ
bohairisch: ⲈⲦⲀϤⲒ ⲈϨⲞⲨⲚ ⲈⲠⲎⲒ

Das Sahidische übersetzt mit Temporalis, und es läßt daher die erste, zweite, dritte und sechste griechische Lesart zu. Das Bohairische löst das Partizip in einer Weise auf, die im Griechischen keine Parallele hat, muß daher zum Partizip notiert werden ,also zu der ersten, zweiten und dritten Lesart der Griechen. Von beiden Kopten wird freilich jede Lesart ausgeschlossen, die den Plural bietet. Das Sahidische kann also mit א*, D oder B oder dem Mehrheitstext gehen, soweit er nicht εἰσῆλθον las. Das Bohairische hat dieselbe Möglichkeit unter Ausschluß des Mehrheitstextes, sieht man von B (ⲈⲦⲀⲨⲒ) ab.

26. Partizip und Relativsatz

Das Partizip, das attributiven oder qualifizierenden Charakter hat, wechselt im Griechischen leicht mit dem Relativsatz. Dieser ist dann auch im Koptischen das geeignete Übersetzungsmittel.

Apg 10,5 griechisch: μετάπεμψαι Σίμωνά τινα ὃς ἐπικαλεῖται Πέτρος
oder: μετάπεμψαι Σίμωνα τὸν ἐπικαλούμενον Πέτρον
sahidisch: ⲚⲄⲦⲚ̄ⲚⲞⲞⲨ Ⲛ̄ⲤⲀ ⲤⲒⲘⲰⲚ ⲠⲈⲦⲈϢⲀⲨⲘⲞⲨⲦⲈ ⲈⲢⲞϤ ϪⲈ ⲠⲈⲦⲢⲞⲤ
bohairisch: ⲘⲀⲢⲞⲨⲘⲞⲨϯ ⲈⲞⲨⲀⲒ ϪⲈ ⲤⲒⲘⲰⲚ ⲪⲎ ⲈⲦⲞⲨⲘⲞⲨϯ ⲈⲢⲞϤ ϪⲈ ⲠⲈⲦⲢⲞⲤ

Faßt man die zweite griechische Lesart als Variante zur ersten im Bereich von τινά bis Πέτρος auf, dann wäre das Sahidische dazu zu notieren; jedoch wird τινά auch unabhängig von der syntaktischen Variante weggelassen (ℵ). Der Relativsatz selbst gibt wie im Bohairischen keinen Aufschluß über die Vorlage; seine Substantivierung geht nicht unbedingt auf determiniertes Partizip zurück. Sicherheit ist im allgemeinen erst dann zu gewinnen, wenn der Relativsatz gegenüber dem Partizip im Griechischen einen erweiterten Begriff darstellt. Etwa:

Mt 25,41	griechisch:	τὸ ἡτοιμασμένον
	oder:	ὃ ἡτοίμασεν ὁ πατήρ μου
	sahidisch:	ⲦⲀⲒ ⲚⲦⲀⲨⲤⲂⲦⲰⲦⲤ
	bohairisch:	ⲪⲎ ⲈⲦⲤⲈⲂⲦⲰⲦ

Das bohairische Qualitativ gibt das qualifizierende Partizip am besten wieder. Jedoch sind beide Lesarten der Kopten unzweifelhaft wegen des mangelnden Zusatzes im Relativsatz, der von D f^1 22 geboten wird, auf das Partizipium zurückzuführen.

Im Falle eines verschränkten Relativsatzes hängt die Übersetzung des Kopten, da er diese stilistische Möglichkeit nicht besitzt, einzig von der Interpretation ab. Zum Beispiel:

2 Petr 2,12	griechisch:	ἐν οἷς ἀγνοοῦσιν βλασφημοῦντες
	oder:	ἐν οἷς ἀγνοοῦντες βλασφημοῦσιν
	sahidisch:	ⲈⲨϪⲒⲞⲨⲀ ⲈⲚⲈⲦⲚⲤⲈⲤⲞⲞⲨⲚ ⲘⲘⲞⲞⲨ ⲀⲚ
	bohairisch:	ⲈⲨϪⲈⲞⲨⲀ ϦⲈⲚ ⲚⲀⲒ ⲈⲦⲈⲚⲤⲈⲈⲘⲒ ⲈⲢⲰⲞⲨ ⲀⲚ

Es ist nur gewiß, daß die Kopten βλασφημεῖν in den übergeordneten Satz ziehen, ἀγνοεῖν aber im Relativsatz belassen. ἐν οἷς ἀγνοοῦσιν wird also zum Objekt. Das ist eine mögliche Interpretation beider griechischer Lesarten.

27. Grundsätzliches zum Artikel[213]

Der bestimmte Artikel und das Demonstrativpronomen sind nicht in gleicher Weise distinkt wie im Griechischen. Vielmehr gibt es im Koptischen eine Skala von Determinationsmöglichkeiten, die vom

[213] Auf die Probleme der Determination soll hier besonders eingegangen werden, da Joussen diesen Bereich völlig vernachlässigt und ihn in wenigen Zeilen abhandelt (a. a. O. 107f), obgleich Artikelvarianten doch in erheblichen Mengen auftreten. Aus den besonderen Determinationsbräuchen der Kopten folgert Joussen falsch, die Versionen könnten bei Artikelvarianten nicht herangezogen werden. Es verhält sich aber genau umgekehrt: Regellosigkeit würde die Versionen nutzlos machen. Die Beachtung von Regeln aber macht es uns möglich zu differenzieren.

sogenannten Artikel bis zum Demonstrativum reicht[214]. Dabei ist die demonstrative Komponente der Kurzform des Demonstrativum, die man Artikel nennt, unerheblich, da diese schon seit dem Neuen Reich faktisch nur die Bedeutung der bloßen, nicht hinweisenden Determination hat[215]. Da aber besonders im mittleren Bereich der Skala weniger klar ist, ob die determinierende oder demonstrative Komponente von größerem Gewicht ist, können sich Schwierigkeiten ergeben, wenn nach dem hinter dem koptischen stehenden griechischen Text gefragt wird. Es darf vorausgesetzt werden, daß der schwache Artikel niemals auf ein griechisches Demonstrativum zurückgeht. Indes können besonders im Bohairischen und Fajjumischen auch stärkere Determinatoren auf den griechischen Artikel rekurrieren[216]. Das gilt vor allem für den starken Artikel, wie ihn in abgeschwächter Demonstrativität nur das Bohairische und Fajjumische kennen, und der anderswo normalerweise als reines Demonstrativum fungiert. Er pflegt den Grad der Determination anzugeben. Die syntaktische Funktion eines Artikels scheint ihm aber sonst, etwa im Sahidischen, nicht zuzukommen. Denn diese scheint vielmehr (wie gelegentlich im Bohairischen auch) hier nur vom ⲁ-Anlaut des Determinanden abhängig zu sein[217].

28. Phonetische Bedingungen

Sie ergeben leicht dann besondere Verhältnisse, wenn der Anlaut des Nomen mit der ihm zugehörigen Artikelform gleichlautend ist. Daß hier die Haplographie und sicher seltener auch die Dittographie zu Unklarheiten führen kann, bedarf nicht der Ausführung. Interessant ist es jedoch, daß es in der Regelsprache durchaus zu parallelen grammatischen Erscheinungen durch tatsächliche Haplophonie oder Dittophonie kommen kann, Haplophonie nämlich dann, wenn aufgrund des dem Anlaut gleichklingenden Artikels der ursprüngliche Anlaut stets, wie etwa in ⲠⲢ̄ⲢⲞ, oder fakultativ verlorengehen kann[218]. Der Dittographie entsprechen all jene Fälle, in denen Begriffe ihren Artikel so integriert haben, daß der Bestandteil Artikel schon als zum Begriff gehörig verstanden wird und beide zusammen abermals determiniert werden[219]. In letztem Fall handelt es sich natürlich im Grie-

---

[214] Zum Verhältnis Artikel–Demonstrativum vgl. Steindorff § 136 (Anm.), Till § 87, § 202, Dialektgrammatik § 62. Vgl. auch H. J. Polotskys Rezension der Tillschen Grammatik, OLZ 52 (1957), 219–234, dort 229f.

[215] Vgl. W. Spiegelbergs Koptisches Handwörterbuch, Heidelberg 1921, 90.

[216] Vgl. Steindorff § 136, Mallon § 41–43, Dialektgrammatik § 64.

[217] Vgl. Steindorff § 136, Mallon § 43.

[218] Vgl. Till § 98.

[219] Vgl. Steindorff § 478.

chischen um eine einfache Determination. Die griechische Indetermination hingegen kann auf diese Weise im Koptischen formal determiniert erscheinen. Betroffen sind von solchen Erscheinungen einige Relativsätze, deren Prädikat ein Eigenschaftsverbum ist.

Für den ersten Fall ergibt sich folgendes Beispiel:

Mt 17,27	griechisch:	εἰς τὴν θάλασσαν
	oder:	εἰς θάλασσαν
	sahidisch:	ⲈⲐⲀⲖⲀⲤⲤⲀ
	bohairisch:	ⲈⲪⲒⲞⲘ

Das Sahidische hat das griechische Fremdwort ⲐⲀⲖⲀⲤⲤⲀ[220]. Da Ⲑ im Sahidischen ein Doppelkonsonant ist[221], darf es jederzeit in Ⲧ und Ϩ distrahiert werden. Es ergibt sich ein Gleichklang von Artikel und Wortanlaut. Dieser geht verloren. Übrig bleibt ϨⲀⲖⲀⲤⲤⲀ. Läse man den Text als Ⲉ-ⲐⲀⲖⲀⲤⲤⲀ, so läge keine Determination vor. Es spricht nun vieles dafür, daß Ⲉ-Ⲧ-ϨⲀⲖⲀⲤⲤⲀ gemeint ist. Da an eine bestimmte (Ⲧ)ϨⲀⲖⲀⲤⲤⲀ gedacht ist, liegt die Verwendung der Determination, wie sie im Bohairischen eindeutig ist, nahe. Aber sie muß nicht auf einen griechischen Text zurückgehen. Denn eine wörtliche Übersetzung der griechischen Artikellosigkeit wäre dem Kopten nur unter zwei Bedingungen möglich. Entweder muß er dann nämlich das Nomen artikellos lassen. Dann beginge er einen Fehler gegen die Grammatik, die die Artikellosigkeit nur in wenigen Fällen erlaubt[222]. Oder er setzt den unbestimmten Artikel, der zwar grammatisch möglich wäre, aber den Sinn verfälschte[223]. Die Frage nach der griechischen Vorlage ist so also nicht zu klären. Klar ist ja nicht einmal das Verständnis von ⲐⲀⲖⲀⲤⲤⲀ. Denn obendrein ist nicht auszuschließen, daß der Kopte selbst um den Preis eines Fehlers hier den (undeterminierten) griechischen Begriff wiedergibt. Klarheit ist bei diesem Wort nur dann zu gewinnen, wenn es in einer Aufzählung begegnet.

Apk 7,1 sahidisch: ⲈϪⲘ̄ ⲠⲔⲀϨ Ⲏ̄ ⲈϪⲚ̄ ⲐⲀⲖⲀⲤⲤⲀ

Hier muß fraglos determiniertes ϨⲀⲖⲀⲤⲤⲀ gelesen werden.

29. Determination[224] durch Genetiv

Wo im Griechischen bereits das Anhängen eines Genetivs zur genaueren Bestimmung des Regens genügt, und dieses durch den Ge-

[220] Speziell zu ⲐⲀⲖⲀⲤⲤⲀ vgl. Steindorff § 143. 6, Till § 98, Dialektgrammatik § 72.

[221] Abweichend vom Bohairischen (Mallon § 6). Vgl. oben 190 Anm. 162.

[222] Zu den Bedingungen der Artikellosigkeit vgl. Steindorff § 142f, Till § 103–108, Mallon § 50–57, Dialektgrammatik § 73.

[223] Zum Gebrauch des unbestimmten Artikels vgl. Till § 94–102, Steindorff § 141.

[224] Im folgenden nicht nur als grammatischer, sondern vor allem als logischer Begriff gebraucht. Zum Gebrauch des bestimmten Artikels im Koptischen vgl. Steindorff § 139, Till § 94–102, Mallon § 46–48, Dialektgrammatik § 67–72.

netiv gleichsam determiniert ist[225], bemüht sich der Kopte regelmäßig, dieser Determination syntaktischen Ausdruck zu verleihen. Eine Abgrenzung zu den Begriffen im Griechischen, die auch aus Regens und Genetiv bestehen und als ganze bereits semantisch determiniert sind, ist nicht zu machen[226]. Ihre Übertragungen ins Koptische tragen die gleichen Symptome. Dennoch seien zur Genetivdetermination einige Beispiele angeführt:

Mt 13,39	griechisch:	συντέλεια τοῦ αἰῶνος
	sahidisch:	ⲦⲤⲨⲚⲦⲈⲖⲈⲒⲀ ⲘⲠⲀⲒⲰⲚ
	bohairisch:	ⲦϧⲀⲎ ⲚⲦⲈ ⲠⲀⲒⲈⲚⲈϩ

Ob der Grieche in einem anderen Zusammenhang die συντέλεια determiniert hätte, kann man nicht sagen. Der Umstand, daß es sich hier um ein Prädikatsnomen handelt, mag ihn bewogen oder bestärkt haben, keinen Artikel zu setzen. Da dem Ägypter durch den Genetiv aber angezeigt war, um welches Ende es geht, hat er es auch syntaktisch determiniert. Das ist um so einleuchtender, als es nur ein Ende der Äonen gibt. Die Einzigartigkeit von Dingen oder Ereignissen ist so häufig ein Merkmal der betroffenen Ausdrücke:

Apg 4,4	griechisch:	ὁ ἀριθμὸς τῶν ἀνδρῶν
	oder:	ἀριθμὸς τῶν ἀνδρῶν
	sahidisch:	ⲦⲈⲨⲎⲠⲈ
	bohairisch:	ⲦⲎⲠⲒ ⲚⲚⲒⲢⲰⲘⲒ

Die Männer haben natürlich nur eine Anzahl. ἀριθμός ist darum zu determinieren, auch dann, wenn wie hier im Sahidischen anders konstruiert wurde, so daß dem Regens des Griechischen kein Genetiv folgt. Dieser wird hier sogar proleptisch durch den Possessivartikel zur Geltung gebracht.

Mt 13,30	griechisch:	ἐν τῷ καιρῷ τοῦ θερισμοῦ
	oder:	ἐν καιρῷ τοῦ θερισμοῦ
	sahidisch:	ϩⲢⲀⲒ ϩⲘ ⲠⲈⲞⲨⲞⲈⲒϢ ⲘⲠⲰϩⲤ
	bohairisch:	ϧⲈⲚ ⲠⲤⲎⲞⲨ ⲘⲠⲰⲤϧ

---

[225] Vgl. zur Artikellosigkeit trotz Determination im Griechischen E. Schwyzer, Griechische Grammatik (= Hdb. der Altertumswissenschaft 2. Abt. I), Bd. 2., München 1959, 24.

[226] Vgl. dazu unten 223f.

Ein determinierter θερισμός kann auch nur einen determinierten καιρός haben. Das ist die Logik, die der Übersetzung zugrundeliegt. Diese Interpretation liegt beim explikativen Genetiv besonders nahe. Häufig ist jedoch nur ausschlaggebend, daß der Zusammenhang eine Determination erfordert:

Apg 12,3 griechisch: ἦσαν δὲ ἡμέραι τῶν ἀζύμων
oder: ἦσαν δὲ αἱ ἡμέραι τῶν ἀζύμων
sahidisch: ΝЄ ΝЄϨΟΟΥ ΔЄ Ν̄ΑΘΑΒ ΝЄ
bohairisch: ΝЄ ΝΙЄϨΟΟΥ ΔЄ ΝЄ Ν̄ΤЄ ΝΙΑΤΚⲰΒ

Ist ein Regens durch seinen Genetiv als einzigartig ausgewiesen, während es ohne diesen auch anders gedeutet werden könnte, wird durch Artikel determiniert, ohne Rücksicht auf die griechische Vorlage.

Apg 17,13 griechisch: κατηγγέλη ὑπὸ τοῦ Παύλου ὁ λόγος τοῦ θεοῦ
oder: κατηγγέλη ὑπὸ τοῦ Παύλου λόγος τοῦ θεοῦ
sahidisch: ΑΥΤΑϢЄΟЄΙϢ ... Μ̄ΠϢΑϪЄ Μ̄ΠΝΟΥΤЄ
bohairisch: ΑΠΑΥΛΟϹ ϨΙⲰΙϢ ... Μ̄ΠΙϹΑϪΙ Ν̄ΤЄ Φϯ

Taucht im koptischen Text jedoch unerwartet eine Indetermination auf, so wird man dort mit Recht den Einfluß des griechischen Textes sehen dürfen, wie zum Beispiel hier:

Mt 3,16 griechisch: τὸ πνεῦμα τοῦ θεοῦ
oder: πνεῦμα θεοῦ
sahidisch: ΠΠ̄Ν̄Ᾱ Μ̄ΠΝΟΥΤЄ
bohairisch: ΟΥΠ̄Ν̄Ᾱ Ν̄ΤЄ Φϯ

Das Sahidische, das wie die bohairische Hs E_1 liest, ist auf beide griechische Lesarten zurückführbar. Das Bohairische hingegen ist nicht von der ersten Lesart ableitbar, könnte jedoch auch eine Mischlesart πνεῦμα τοῦ θεοῦ voraussetzen. Es wird, davon abgesehen, im Nestle mit Recht zu ℵ B notiert.

Unumgänglich ist die Determination in diesem Fall:

1 Thess 5,2 griechisch: ἡμέρα κυρίου
oder: ἡ ἡμέρα κυρίου
sahidisch: ΠЄϨΟΟΥ Μ̄ΠϪΟЄΙϹ
bohairisch: ΠЄϨΟΟΥ Μ̄Π̄Ϭ̄Ϲ̄

Der Artikel darf nicht fehlen, weil der Begriff dem Sinn nach eben nicht indeterminiert ist. Seinen Sinn bekommt er durch den angehängten Genetiv.

Eine vorhandene griechische Determination vor dem Regens kann, da das Rectum in keinem Fall attributiv stehen darf, nicht vor diesem wiederholt werden. Zum Beispiel:

Lk 20,4	griechisch:	τὸ βάπτισμα Ἰωάννου
	oder:	τὸ βάπτισμα τὸ Ἰωάννου
	sahidisch:	ⲠⲂⲀⲠⲦⲒⲤⲘⲀ Ⲛ̄ⲒⲰϨⲀⲚⲚⲎⲤ
	bohairisch:	ⲠⲒⲰⲘⲤ Ⲛ̄ⲦⲈ ⲒⲰⲀⲚⲚⲎⲤ

Wollte der Kopte die zweite griechische Lesart nachahmen, so würde ihm die Kombination von Artikel und Genetiv zum Possessivpräfix geraten, der Sinn wäre verschoben, der Satzbau auch; denn das griechische Attribut wäre zur koptischen Apposition geworden.

30. Determination durch explizites Possessivverhältnis

Vom griechischen Standpunkt gesehen, ist die Determination durch einen Possessivausdruck meistens nur ein Spezialfall der Genetivdetermination, da es sich hier häufig um den possessiven Genetiv handelt, dort fast immer. Dennoch ergibt sich im Blick auf das Koptische eine besondere Situation. Denn bei possessiv als einzigartig ausgewiesenen Nomina bleibt ihm gar nichts anderes übrig als zu determinieren. Die Sprache hat, der Logik folgend, Demonstrativum und Suffixpronomen zum Possessivartikel verschmolzen[227]. Ausgenommen sind davon Wörter, die ein Suffixpronomen am Wortende verlangen[228]. Bei possessiv bestimmten Indeterminata muß der Kopte den Besitzer umständlich in einer präpositionalen Wendung zum Ausdruck bringen[229]. Diese Ausdrucksweise bleibt daher in der Regel auf den entsprechenden Fall beschränkt, in dem im übrigen die Artikellosigkeit in der griechischen Überlieferung unumstritten sein dürfte. Im anderen Fall jedoch, dem der durch Possessivausdruck dem Sinn nach determinierten Nomina, bildet das Griechische häufig Varianten dieser Art:

---

227 Joussens Possessivadjektiv (a. a. O. 108) gibt es nicht. Der Ausdruck ist Steindorff § 85 entnommen und unzutreffend. Mallon § 74ff hat ebenfalls die Benennung „adjectifs possessifs“, obgleich er dazu anmerkt, sie seien „en réalité“ etwas anderes.

228 Vgl. Mallon § 81–83, die betroffenen Wörter Till § 188, Dialektgrammatik § 119.

229 Vgl. Till § 207.

Mt 22,37 griechisch: ἐν ὅλῃ τῇ καρδίᾳ σου
oder: ἐν ὅλῃ καρδίᾳ σου
sahidisch: ϩⲘ̄ ⲠⲈⲔϨⲎⲦ ⲦⲎⲢϤ̄
bohairisch: ϦⲈⲚ ⲠⲈⲔϨⲎⲦ ⲦⲎⲢϤ

Die zweite Möglichkeit ist dem Kopten so auszudrücken unmöglich. Bei Abstrakta gilt entsprechendes:

Eph 4,27 griechisch: ἐπὶ παροργισμῷ ὑμῶν
oder: ἐπὶ τῷ παροργισμῷ ὑμῶν
sahidisch: ⲈⲠⲈⲦⲚ̄ⲚⲞⲨϬⲤ̄
bohairisch: ⲈϪⲈⲚ ⲠⲈⲦⲈⲚⲘ̄ⲂⲞⲚ

In beiden Fällen ist es gleichgültig, ob nun das Griechische den Artikel bringt oder nicht. Der Begriff ist durch das σου oder ὑμῶν dem Sinn nach nicht mehr indeterminiert, und dem trägt der Kopte Rechnung.

31. Determination durch implizites Possessivverhältnis

Das alles gilt auch dann, wenn der Grieche auf den Ausdruck des Possessiven völlig verzichtet, weil er unnötig wäre, der Kopte jedoch auch hier die possessive Relation zum Ausdruck bringen möchte oder muß.

Mt 12,10 griechisch: τὴν χεῖρα ἔχων ξηράν
oder: χεῖρα ἔχων ξηράν
sahidisch: ⲈⲢⲈⲦⲈϤϬⲒϪ ϢⲞⲨⲰⲞⲨ
bohairisch: ⲈⲢⲈⲦⲈϤϪⲒϪ ϢⲞⲨⲰⲞⲨ

Da die Zugehörigkeit der Hand eindeutig ist, kann der Grieche auf eine nähere Bestimmung verzichten, der Kopte aber determiniert sie mit dem Possessivartikel. Davon kann er jedoch absehen, wenn ein terminus technicus oder eine idiomatische Wendung vorliegt, die das Nomen unmittelbar vom Verbum abhängig macht:

Apg 19,6 griechisch: ἐπιθέντος αὐτοῖς τοῦ Παύλου χεῖρας
oder: ἐπιθέντος αὐτοῖς τοῦ Παύλου τὰς χεῖρας
sahidisch: Ⲛ̄ⲦⲈⲢⲈⲠⲀⲨⲖⲞⲤ ⲔⲀϬⲒϪ ⲈϪⲰⲞⲨ
bohairisch: ⲈⲦⲀⲠⲀⲨⲖⲞⲤ ⲬⲀϪⲒϪ ⲈϪⲰⲞⲨ

Wörtlich geben die Kopten die erste griechische Lesart wieder, dem Sinn nach richtig aber auch die zweite. Die Betonung liegt auf dem Akt; nicht daß es des Paulus Hand ist, interessiert den Übersetzer. Anders ist das etwa bei der Handauflegung des Hananias.

Apg 9,12	griechisch:	ἐπιθέντα ... χεῖρας
	oder:	ἐπιθέντα ... τὰς χεῖρας
	sahidisch:	ΑϤΤΑΛΕ ΤΟΟΤϤ̄
	bohairisch:	ΑϤΧΑ ΝΕϤϪΙϪ

Hier drücken die Kopten beide den im Griechischen nur implizierten possessiven Aspekt aus. Das führt im Bohairischen zur Anwendung des Possessivartikels. Das Sahidische aber benutzt ein mit Suffix zu gebrauchendes Nomen, das, weil an sich schon determiniert, nicht mehr mit Artikel versehen werden kann. Formal ist das Fazit, daß das Sahidische im Gegensatz zum Bohairischen keinen Artikel bietet. Aber Artikel und Artikellosigkeit sind in beiden Fällen durch innersprachliche Gründe motiviert. Mit der griechischen Vorlage haben sie also nichts zu tun.

32. Determination durch semantische Eindeutigkeit

Über das bislang Angeführte hinaus lassen einige Begriffe, obgleich im Griechischen häufig artikellos gebraucht, keinen Zweifel an ihrer Determiniertheit. Diese kommt ihnen vielmehr aufgrund ihres Inhalts zu. Sie verfügen nicht über attributive oder genetivische Zusätze und müssen es im Griechischen auch nicht, denn ihre Bedeutung ist ohne diese klar. Man kann in solchen Fällen von einer Determination durch die Semantik des Wortes sprechen. Das Wort beinhaltet etwa in folgenden Fällen bereits Einzigartigkeit:

Mt 6,1	griechisch:	τῷ ἐν τοῖς οὐρανοῖς
	oder:	τῷ ἐν οὐρανοῖς
	bohairisch:	ΕΤϦΕΝ ΝΙΦΗΟΥΙ
Mt 6,10	griechisch:	ὡς ἐν οὐρανῷ καὶ ἐπὶ γῆς
	oder:	ὡς ἐν οὐρανῷ καὶ ἐπὶ τῆς γῆς
	sahidisch:	Ν̄ΘΕ ΕΤϤ̄ϨΝ̄ ΤΠΕ Ν̄ϤϢⲰΠΕ ΟΝ ϨΙϪΜ̄ ΠΚΑϨ
	bohairisch:	Μ̄ΦΡΗϯ ϦΕΝ ΤΦΕ ΝΕΜ ϨΙϪΕΝ ΠΙΚΑϨΙ

Auch bei einer Reihe von theologischen Begriffen, vorzüglich in den Paulusbriefen, unterläßt der Grieche häufig die Setzung des Artikels, so daß es zu Varianten kommen kann. Zum Beispiel heißt es von der δικαιοσύνη:

Röm 10,5	griechisch:	τὴν ἐκ νόμου
	oder:	τὴν ἐκ τοῦ νόμου
	sahidisch:	ΤΕΒΟΛ ϨΜ̄ ΠΝΟΜΟϹ
	bohairisch:	ϯΕΒΟΛ ϦΕΝ ΦΝΟΜΟϹ

Natürlich ist das Gesetz Mosis gemeint und nicht irgendein unbestimmtes. Oder:

Tit 1,10 griechisch: οἱ ἐκ τῆς περιτομῆς
oder: οἱ ἐκ περιτομῆς
sahidisch: ΝΕΒΟΛ ϨΜ̄ ΠϹΒ̄ΒΕ
bohairisch: ΝΙΕΒΟΛ ϦΕΝ ΠϹΕΒΙ

Im Plural gebrauchte Konkreta, die in ihrer Gesamtheit angesprochen sind, werden sinngemäß auch syntaktisch determiniert:

Apg 26,4 griechisch: πάντες ᾿Ιουδαῖοι
oder: πάντες οἱ ᾿Ιουδαῖοι
sahidisch: Ν̄ΙΟΥΔ[ΑΙ] ΤΗΡΟΥ
bohairisch: ΝΙΙΟΥΔΑΙ ΤΗΡΟΥ

Unter die semantisch determinierten Einheiten könnte man auch eine Reihe der zur Genetivdetermination[230] angeführten Begriffe rechnen, falls man dort Regens und Rectum als bereits unzertrennlich ansehen möchte. Allen diesen Begriffen ist gemein, daß das Setzen des unbestimmten Artikels im Koptischen zu einem unerträglichen Sinn führen müßte.

33. Determination bei gezählten Nomina

Wie im Deutschen, so haben auch im Koptischen die Ordinalia einen gewissen Einfluß auf die Determination des Gezählten. Sie erfolgt im allgemeinen, da in den meisten Fällen die Zählung bereits die Indeterminiertheit des Gezählten ausschließt.

Phil 1,5 griechisch: ἀπὸ τῆς πρώτης ἡμέρας
oder: ἀπὸ πρώτης ἡμέρας
sahidisch: ϪΙΝ ΠϢΟΡΠ Ν̄ϨΟΟΥ
bohairisch: ΙϹϪΕΝ ΠΙΕϨΟΟΥ Ν̄ϨΟΥΙΤ

Auch im Deutschen ergäbe es keinen Sinn in diesem Zusammenhang, von „einem" ersten Tag zu reden. Analog verhält es sich in fast allen Fällen. Zuweilen determiniert der Kopte auch dann, wenn es vom Sinn her nicht nötig erscheint und auch kein griechischer Zeuge die Determination gefordert hat. Zum Beispiel:

Lk 20,12 griechisch: προσέθετο τρίτον πέμψαι
sahidisch: ΑϤΟΥΩϨ ΕΤΟΟΤϤ ΕϪΟΟΥ Μ̄ΠΜΕϨϢΟΜΝ̄Τ
bohairisch: ΑϤΟΥΑϨΤΟΤϤ ΟΝ ΕΟΥΩΡΠ Μ̄ΠΙΜΑϨΓ

[230] Vgl. oben 218–221.

34. Determination bei aufgezählten Nomina

Während sich im Griechischen der Artikel im zweiten oder weiteren Glied einer Aufzählung erübrigt, wiederholt ihn der Kopte. Diesbezügliche Varianten der griechischen Überlieferung sind daher nicht zu entscheiden. Zum Beispiel:

Mk 14,43	griechisch:	τῶν γραμματέων καὶ τῶν πρεσβυτέρων
	oder:	τῶν γραμματέων καὶ πρεσβυτέρων
	sahidisch:	ⲚⲈⲄⲢⲀⲘⲘⲀⲦⲈⲨⲤ ⲘⲚ̄ ⲚⲈⲠⲢⲈⲤⲂⲨⲦⲈⲢⲞⲤ
	bohairisch:	ⲚⲒⲠⲢⲈⲤⲂⲨⲦⲈⲢⲞⲤ ⲚⲈⲘ ⲚⲒⲤⲀϦ
Gal 1,21	griechisch:	τῆς Συρίας καὶ τῆς Κιλικίας
	oder:	τῆς Συρίας καὶ Κιλικίας
	sahidisch:	Ⲛ̄ⲦⲤⲨⲢⲒⲀ ⲘⲚ̄ ⲦⲔⲒⲖⲒⲔⲒⲀ
	bohairisch:	Ⲛ̄ⲦⲈ ϯⲤⲨⲢⲒⲀ ⲚⲈⲘ ϯⲔⲨⲖⲒⲔⲒⲀ

35. Determination in der Apposition

Die Apposition ist im Koptischen ohne Rücksicht auf die griechische Überlieferung mit einigen Ausnahmen stets determiniert[231]. Daher muß übersetzt werden:

Apg 8,27	griechisch:	Κανδάκης τῆς βασιλίσσης
	oder:	Κανδάκης βασιλίσσης
	oder:	Κανδάκης βασιλίσσης τινός
	sahidisch:	Ⲛ̄ⲦⲈ ⲔⲀⲚⲆⲀⲔⲎ ⲦⲢ̄ⲢⲞ
	bohairisch:	Ⲛ̄ⲔⲀⲚⲆⲀⲔⲎⲤ Ⲛ̄ⲦⲈ ϯⲞⲨⲢⲰ
Apg 17,34	griechisch:	Διονύσιος ὁ Ἀρεοπαγίτης
	oder:	Διονύσιος Ἀρεοπαγίτης
	oder:	Διονύσιός τις Ἀρεοπαγίτης
	sahidisch:	ⲆⲒⲞⲚⲨⲤⲒⲞⲤ ⲠⲀⲢⲒⲞⲠⲀⲄⲒⲦⲎⲤ
	bohairisch:	ⲆⲒⲞⲚⲎⲤⲒⲞⲤ ... ⲠⲒⲀⲢⲒⲞⲠⲀⲄⲒⲦⲎⲤ

Beim letzten Beispiel ist nur die dritte Lesart der griechischen Überlieferung nicht als Vorlage der Kopten möglich. Sonst sind in beiden Fällen griechischer Artikel oder Artikellosigkeit nicht im koptischen

---

231 Stets determiniert nach Steindorff § 144. Nach Till (§ 110) und Mallon (§ 152) ist sie nur stets mit Artikel versehen. Doch scheint der unbestimmte Artikel in der Apposition die Ausnahme zu sein. Die zwei Typen „identifizierende" und nicht identifizierende („Badal-") Apposition, die J. Spiegel (Zum Gebrauch der Apposition im Ägyptischen und Arabischen, ZÄS 71 [1935], 56–81) benennt, sind zur Unterscheidung der koptischen Appositionsarten leider nicht zu gebrauchen. Es handelt sich hier fast immer um identifizierende und deshalb determinierte Apposition.

Text erkennbar. Beim ersten Beispiel wäre hingegen zwar auch die dritte griechische Lesart als Vorlage möglich. Doch ist diese so „unkoptisch", daß mit ihrer Übersetzung nicht gerechnet werden darf.

36. Determination in Zeitangaben

Hier neigt der Kopte in vielen Fällen zur Determination. So heißt:

2 Thess 3,8 griechisch: νυκτὸς καὶ ἡμέρας
sahidisch: N̄ΤΕΥϢΗ ΜN̄ ΠΕϨΟΟΥ
bohairisch: M̄ΠΙΕϨΟΟΥ ΝΕΜ ΠΙΕϪΩΡϨ

Entsprechend darf auch in dem folgenden Fall die Determination nicht auf die griechische Überlieferung zurückgeführt werden.

Apg 16,9 griechisch: διὰ τοῦ νυκτός
oder: διὰ νυκτός
sahidisch: N̄ΤΕΥϢΗ
bohairisch: M̄ΠΙΕϪΩΡϨ

37. Determination bei Personennamen

Personennamen sind im Koptischen eo ipso hinreichend determiniert und erhalten niemals den Artikel[232]. Gerade vor Personennamen produziert die griechische Überlieferung eine große Anzahl von Artikelvarianten. Sie alle sind im Koptischen nicht weiterzuverfolgen. So ergeben Ἰησοῦς und ὁ Ἰησοῦς in gleicher Weise ΙΗCΟΥC bzw. Ī(H̄)C̄. Diese Fälle sind so häufig, daß sich Beispiele anzuführen erübrigt.

38. Determination bei Ortsnamen

Bei topographischen Bezeichnungen kann je nach Gebrauch der bestimmte Artikel gesetzt werden. Das geschieht meistens bei den dem Ägypter fremden Namen[233].

Mt 10,23 griechisch: τὰς πόλεις Ἰσραήλ
oder: τὰς πόλεις τοῦ Ἰσραήλ
sahidisch: N̄ΜΠΟΛΙC M̄ΠΙΗΛ̄
bohairisch: ΝΙΒΑΚΙ N̄ΤΕ ΠΙC̄Λ̄

Da „Israel" mit Artikel zu gebrauchen, geläufig ist, sind keine Schlüsse erlaubt. Der jeweilige Gebrauch ist, soweit ihn nicht schon die Grammatiken festlegen, von Fall zu Fall festzustellen.

[232] Vgl. Till § 94.
[233] Vgl. Dialektgrammatik § 71.

39. Determination bei Appellativa

Einige Wörter werden im Koptischen nicht, wie man erwarten würde, als Namen empfunden, sondern als Appellativa. Die Appellativa erscheinen im Falle ihrer logischen Determiniertheit stets determiniert. Daher:

Apg 9,34 griechisch: Ἰησοῦς Χριστός
oder: Ἰησοῦς ὁ Χριστός
sahidisch: ⲒⲤ ⲠⲬⲤ
bohairisch: ⲠⲈⲬⲤ ⲒⲎⲤ

Mt 22,32 griechisch: θεός
oder: ὁ θεός
sahidisch: ⲠⲚⲞⲨⲦⲈ
bohairisch: Ⲫϯ

Das Bohairische und Fajjumische benutzen Ⲫϯ als nomen sacrum und zeigen darin, daß sie den Artikel bereits völlig zum Begriff geschlagen haben. Das Fajjumische ignoriert dabei sogar, daß der integrierte Artikel bohairisch ist. Ein weiteres Beispiel ist:

Mt 1,22 griechisch: τὸ ῥηθὲν ὑπὸ κυρίου
oder: τὸ ῥηθὲν ὑπὸ τοῦ κυρίου
sahidisch: ⲠⲈⲚⲦⲀⲠϪⲞⲈⲒⲤ ϪⲞⲞϤ
bohairisch: ⲪⲎ ⲈⲦⲀⲠϬⲤ ϪⲞϤ

Bei ⲠⲚⲈⲨⲘⲀ ist das Verhalten nicht einheitlich.

40. Determination bei Partizipien

Da das Koptische keine den griechischen vergleichbaren Partizipien kennt und diese stets auflösen muß[234], hängt die Determinierbarkeit von der Art der Auflösung ab. Sie sind nämlich nur determinierbar, wenn ihre Auflösung ein substantivierbarer Ausdruck ist. Das ist in aller Regel der Relativsatz. Von seiner Substantivierung macht der Kopte häufig Gebrauch[235]. Er pflegt ihn dann mit dem bestimmten Artikel zu versehen und ihn, falls ein explizites logisches Regens vorhanden ist, diesem als Apposition nachzustellen[236], so daß der Artikel zum syntaktischen Regens wird. Zum Beispiel:

---

234 Vgl. oben 210.

235 Vgl. Steindorff § 476–478.

236 Vgl. oben 225, bes. Anm. 231. Zum Unterschied von spezifizierendem attributiven und charakterisierendem appositionellen Gebrauch vgl. W. Schenkel, Adversarien zu Attribut, Apposition und Genetiv-Relation im Ägyptischen, MDAIK 22 (1967), 74–83.

Apg 15,17f.	griechisch:	κύριος ποιῶν ... γνωστά
	oder:	κύριος ὁ ποιῶν ... γνωστά
	sahidisch:	ΠϪΟΕΙC ΠΕΤΟΥⲰΝϨ̄ ΕΒΟΛ
	bohairisch:	Π̄ϬC̄ ΦΗ ΕΤΘΡΟ Ν̄ΝΑΙ ΟΥΟΝϨ ΕΒΟΛ

Da der Kopte in solchen Fällen zur Determination neigt, wird man nicht auf den griechischen Text schließen dürfen. Gerade die partizipiale Bestimmung eines Beziehungswortes scheint für ihn häufig demonstrativen Charakter zu tragen. So greift er, wenn der griechische Text den Artikel bietet, zuweilen sogar zu noch stärkeren Determinatoren[237]:

2 Kor 8,16	griechisch:	τῷ (δι)δόντι
	sahidisch:	ΠΑΙ ΕΤϮ
	bohairisch:	ΦΑΙ ΕΤΑϤϮ
1 Thess 4,8	griechisch:	τὸν (δι)δόντα
	sahidisch:	ΠΑΙ ΟΝ Ν̄ΤΑϤϮ
	aber bohairisch:	ΦΗ ΕΤΑϤϮ

Das Bohairische ΦΗ ist nicht wesentlich stärker als der Artikel. Der Drang zu determinieren ist manchmal sogar so stark, daß, wie im folgenden Beispiel im Sahidischen, der Parallelismus zerbricht:

Röm 3,11	griechisch:	ὁ συνίων ... ὁ ἐκζητῶν
	oder:	συνίων ... ἐκζητῶν
	oder:	συνίων ... ὁ ἐκζητῶν
	sahidisch:	ΟΥΡΜ̄Ν̄ϨΗΤ ... ΠΕΤϢΙΝΕ
	bohairisch:	ΠΕΤΚΑϮ ... ΠΕΤϢΙΝΙ

Im Bohairischen bietet sich kein außergewöhnliches Bild: zwei determinierte Relativsätze. Das Sahidische jedoch löst nur das zweite Partizip so auf und überträgt das erste mit einem Nominalkompositum, welches es undeterminiert läßt. So entsteht eine unparallele Ausdrucksweise, wie sie die dritte griechische Lesart, der Text von A, bietet. Dennoch weist das Sahidische nicht mit Sicherheit auf den Text von A. Die Lesart von BG ist nicht auszuschließen, da ΠΕΤϢΙΝΕ auch auf ἐκζητῶν zurückgehen kann. So gehen hier möglicherweise das Sahidische und Bohairische von der gleichen griechischen Textform aus. Aber während das Bohairische auch ὁ συνίων gelesen haben kann, ist dieses für das Sahidische nicht anzunehmen. Überhaupt ist dann beim griechischen Partizip nicht mit dem Artikel zu rechnen, wenn

[237] Zum Demonstrativum als Bezugswort des Relativsatzes vgl. Till § 476–481, vgl. für das Bohairische die relatifs démonstratifs bei Mallon § 97–99.

ein substantivierbarer Ausdruck im Koptischen nicht determiniert wird, also die Auflösung in einen einfachen Relativsatz vorliegt.

Eph 6,16	griechisch:	τὰ πεπυρωμένα
	oder:	πεπυρωμένα
	sahidisch:	ЄТⲬЄРО
	bohairisch:	ЄΘΜЄϨ N̄ΧΡⲰΜ

Hier wäre die zweite griechische Lesart, der Text von P[46] BD* G, vorauszusetzen. Nur durch den griechischen Text motiviert, kann der Kopte auf den Artikel verzichtet haben; wie auch hier:

Apg 17,19	griechisch:	τίς ἡ καινὴ αὕτη ἡ ὑπό σου λαλουμένη διδαχή
	oder:	τίς ἡ καινὴ αὕτη ὑπό σου λαλουμένη διδαχή
	sahidisch:	ΟΥ ΤЄ ΤЄΙϹΒⲰ N̄ΒP̄PЄ ЄΤЄΚⲬⲰ M̄ΜΟϹ
	bohairisch:	ΤΑΙϹΒⲰ M̄ΒЄΡΙ ΟΥ ΤЄ ЄΤЄΚϹΑⲬΙ M̄ΜΟϹ

Die Artikellosigkeit ist in diesem Fall zu der Lesart von BD zu notieren. Keinerlei Notierung ist möglich, wenn die Kopten das Partizip in parataktischer oder nicht relativ-hypotaktischer Weise auflösen:

Apg 11,21	griechisch:	πολύς τε ἀριθμὸς πιστεύσας ἐπέστρεψεν
	oder:	πολύς τε ἀριθμὸς ὁ πιστεύσας ἐπέστρεψεν
	sahidisch:	ΟΥΝΟϬ ΔЄ M̄ΜΗΗϢЄ ΑΥΠΙϹΤЄΥЄ ΑΥⲰ ΑΥΚΟΤΟΥ
	bohairisch:	ΟΥΝΙϢϯ ΔЄ M̄ΜΗϢ ΑΥΝΑϨϯ ΟΥΟϨ ΑΥΚΟΤΟΥ

2 Kor 4,6	griechisch:	ὁ θεὸς εἰπών
	oder:	ὁ θεὸς ὁ εἰπών
	sahidisch:	ΠΝΟΥΤ[Є ΠЄΝ]ΤΑϤⲬΟΟϹ
	bohairisch:	Φϯ ΑϤⲬΟϹ

In diesem Fall ist kein Notat zu machen. Das ist bei Auflösungen von Partizipien nur in günstigen Fällen möglich, die von der Struktur her neutral sind.

2 Kor 1,22	griechisch:	καὶ σφραγισάμενος
	oder:	ὁ καὶ σφραγισάμενος
	sahidisch:	ΠΑΙ N̄ΤΑϤϹΦΡΑΓΙΖЄ
	bohairisch:	ΟΥΟϨ ΑϤЄΡϹΦΡΑΓΙΖΙΝ

Hier ist die wechselnde Bedeutung des καί der Schlüssel. Das Sahidische ist nichtssagend, weil es das καί nicht übersetzt. Das Bohairische hat es jedoch im Sinn der ersten griechischen Lesart verstanden. Es setzt daher den Text voraus, den die ägyptische Gruppe (außer P^{46} B) und K lesen. Auf jeden Fall kann dann notiert werden, wenn sich durch eine Artikelvariante eine Sinnverschiebung ergibt:

Hebr 11,8 griechisch: πίστει καλούμενος 'Αβραάμ
oder: πίστει ὁ καλούμενος 'Αβραάμ
sahidisch: ϩⲚ ⲞⲨⲠⲒⲤⲦⲒⲤ ⲠⲈϢⲀⲨⲘⲞⲨⲦⲈ ⲈⲢⲞϤ ϪⲈ ⲀⲂⲢⲀϨⲀⲘ
bohairisch: ϦⲈⲚ ⲞⲨⲚⲀϨϯ ⲪⲎ ⲈⲦⲞⲨⲘⲞⲨϯ ⲈⲢⲞϤ ϪⲈ ⲀⲂⲢⲀⲀⲘ

Hier bekommt καλούμενος mit dem Artikel eine neue Bedeutung. Es wird so zu der bekannten Redewendung ὁ καλούμενος N.N. So haben es auch dann die Kopten aufgefaßt. Zu einer solchen Lesung müssen sie wie P^{46} A D* 33 notiert werden. Über die Genealogie der Lesart ist damit natürlich noch nichts gesagt. Es scheint doch so, als ob irgendwo in der Überlieferung — möglicherweise des öfteren — καλούμενος mißverstanden wurde.

41. Determination von Infinitiven

Die Determination von Infinitiven bereitet im Koptischen keinerlei Schwierigkeiten[238]. Allerdings benutzt der Grieche den Artikel ja nicht nur zur Determination, sondern auch zur Deklination des Infinitivs, so daß der Infinitiv einen kasusspezifischen Aspekt bekommt. Ihm diesen zu verleihen, ist wiederum dem Kopten mit Hilfe des Artikels unmöglich. Im Griechischen handelt es sich normalerweise um einen finalen Genetiv. Hier kann der Kopte zwar die Form nicht nachahmen, aber den Sinn doch voll erfassen, etwa so:

Mk 4,3 griechisch: τοῦ σπεῖραι
oder: σπεῖραι
sahidisch: ⲈϪⲞ
bohairisch: ⲈⲤⲒϯ

Nur ein Teil der bohairischen Überlieferung bietet diesen Ausdruck, die anderen Manuskripte haben hier mit D eine Auslassung. In den angeführten koptischen Beispielen ist der finale Sinn erfaßt. Nicht feststellbar aber ist, ob sie den finalen Genetiv oder den finalen bloßen Infinitiv übersetzen.

---

238 Vgl. Till § 348.

42. Indetermination bei generischen Begriffen

Das Koptische versieht generische Begriffe in der Regel abweichend vom Griechischen mit dem unbestimmten Artikel[239]. Trotzdem findet man:

Eph 5,26 griechisch: τῷ λούτρῳ τοῦ ὕδατος
sahidisch: ПϪωКⲘ̄ Ⲙ̄ПМООУ
bohairisch: ПIωMC ⲚⲦЄ ПIMωOY

Mt 17,15 griechisch: τὸ πῦρ ... τὸ ὕδωρ
sahidisch: ПКωϨⲦ̄ ... ПМООУ
bohairisch: ПIXPωM ... ΦMωOY

Im ersten Fall würde man vielleicht Artikellosigkeit erwarten, im zweiten den unbestimmten Artikel. Unter dem Eindruck des Griechischen kann richtiger und falscher Artikelgebrauch dicht nebeneinander liegen.

1 Joh 5,6 griechisch: δι' ὕδατος ... ἐν τῷ ὕδατι
sahidisch: ϨIⲦⲚ̄ OYMOOY ... ϨⲘ̄ ПМООУ
bohairisch: ϦЄN OYMωOY ... ϦЄN ПIMωOY

Varianten ergeben sich nicht allzu häufig in der griechischen Überlieferung. Sie zu stützen, ist nur dann vom Koptischen her möglich, wenn der Kopte gegen seine Grammatik determiniert. Im folgenden Fall etwa verhält sich das Koptische indifferent:

Joh 1,31 griechisch: ἐν ὕδατι
oder: ἐν τῷ ὕδατι
sahidisch: ϨⲚ̄ OYMOOY
bohairisch: ϦЄN OYMωOY

Der Kopte folgte hier aus gutem Grunde nicht der griechischen Determination, falls er sie las.

43. Indetermination durch τις, εἷς

Im Gegensatz zum Koptischen unterscheidet das Griechische eigentlich nicht zwischen unbestimmtem Artikel und Artikellosigkeit[240].

[239] Vgl. Steindorff § 141, Till § 101f, Mallon § 49. 2, Dialektgrammatik § 73. Abstracta sind wie generische Begriffe zu betrachten.

[240] Dennoch ist ja dort Indetermination und Artikellosigkeit nicht identisch. Die in den vorigen Kapiteln aufgezeigten Beispiele erwiesen oft, daß ein griechisches artikelloses Nomen gleichwohl logisch determiniert sein kann. Daß wiederum trifft bei der

Jedoch vertreten das Indefinitpronomen und εἷς zuweilen den unbestimmten Artikel und verlieren die Prägnanz ihrer ursprünglichen Bedeutung. Weil das so ist, werden sie dann auch leicht austauschbar. Da der Sinn so oder so der des unbestimmten Artikels ist, verliert sich der Wortlaut des Griechischen im Koptischen.

Mk 5,25	griechisch:	γυνή
	oder:	γυνή τις
	sahidisch:	ΟΥϹϨΙΜϾ
	bohairisch:	ΟΥϹϨΙΜΙ

Das Indefinite der Artikellosigkeit und des τις würden gleichermaßen ΟΥ lauten[241]. Ebenso bei εἷς:

1 Kor 12,26	griechisch:	μέλος
	oder:	ἓν μέλος
	sahidisch:	ΟΥΜϾΛΟϹ
	bohairisch:	ΟΥΜϾΛΟϹ

Hier ist natürlich durch ἓν auch auf die „Ein“-heit abgehoben. Aber auch der koptische unbestimmte Artikel ist ja nichts weiter als die druckarme Form des Zahlwortes[242].

Mt 9,18	griechisch:	ἄρχων τις
	oder:	ἄρχων εἷς
	sahidisch:	ΟΥΑΡΧΩΝ
	bohairisch:	ΟΥΑΡΧΩΝ

Da sich εἷς und τις im Koptischen verwischen, kann hier kein Notat zu einer Lesart erfolgen. Der Unterschied ergibt sich ja nicht einmal beim substantivischen Gebrauch von εἷς und τις.

Mk 14,47	griechisch:	εἷς δὲ τῶν παρεστηκότων
	oder:	εἷς δέ τις τῶν παρεστηκότων
	sahidisch:	ΟΥΑ ΔϾ Ν̄ΝϾΤΑϨϾΡΑΤΟΥ
	bohairisch:	ΟΥΑΙ ΔϾ Ν̄ΤϾ ΝΗ ϾΤΟϨΙ ϾΡΑΤΟΥ

---

koptischen Artikellosigkeit nicht zu (außer bei Eigennamen und Nomina mit Suffixen). Diese steht vielmehr jenseits der Alternative von Determination und Indetermination. Ein passender Ausdruck für eine solche logische Bedeutung der Artikellosigkeit ist bislang nicht gefunden. Er ist auch nicht in der Bezeichnung „adeterminiert“ (vgl. W. Vycichl, Der Ursprung der diptotischen Flexion im klassischen Arabischen, Muséon 82 [1969], 207–212, dort 212) zu sehen.

241 Noch deutlicher wäre das im Plural. ϨϾΝ ist ja letztlich nur die enttonte Form von ϨΟϾΙΝϾ (= τινες). ϨΟϾΙΝϾ und ΟΥΑ erfordern einen Anschluß durch Ν̄. Vgl. zu ΟΥΑ als Indefinitpronomen Till § 225f. Für das Bohairische gilt Entsprechendes.

242 Vgl. Steindorff § 140, § 166, Till § 92, Mallon § 45.

Der doppelte Gebrauch von εἷς und τις ist hier so wenig auszudrücken wie in folgendem Beispiel:

Mk 14,51	griechisch:	νεανίσκος τις
	oder:	εἷς τις νεανίσκος
	sahidisch:	ⲟⲩϩⲣ̄ϣⲓⲣⲉ
	bohairisch:	ⲟⲩϧⲉⲗϣⲓⲣⲓ

Daß, mit diesem Begriff eng verknüpft, der konjunktionelle Anschluß an den Vorsatz im Griechischen wie im Koptischen variiert, wäre als Hinweis zu wenig, da gerade bei Satzverbindungen relativ willkürlich verfahren wird.

44. Der Ausdruck possessiven Verhältnisses

Grundsätzliches[243]

Wie die Kopten in der Regel die Determination syntaktisch zum Ausdruck bringen, wenn sie dem Sinn nach vorhanden ist, so zeigen sie auch die Beziehung eines Nomen zu einer Person an. Das geschieht fast immer dann, wenn der Sinn eines Textes es nahelegt. Gerade in diesem Fall kann aber der Grieche darauf verzichten. Etwa:

Apg 4,30	griechisch:	τὴν χεῖρα
	oder:	τὴν χεῖρά σου
	sahidisch:	ⲛ̄ⲧⲉⲕϭⲓϫ
	bohairisch:	ⲧⲉⲕϫⲓϫ
	oder:	ⲧⲉⲛϫⲓϫ

Der Grieche ist hier frei im Gebrauch des Personalpronomens, denn daß die Hand des Angeredeten gemeint ist, liegt nahe. Er kann die Zugehörigkeit der Hand ausdrücken, muß es aber nicht. Die Übersetzung der Kopten ist idiomatisch typisch und kann so auf beide Vorlagen zurückgehen. Nur bohairisch ⲧⲉⲛϫⲓϫ geht wahrscheinlich auf τὴν χεῖρα (B) zurück. Die Zugehörigkeit von Körperteilen wird im allgemeinen ausgedrückt, zumal eine Reihe der Bezeichnungen durch Wörter wiedergegeben wird, die stets diese Zugehörigkeit durch obligates Suffixpronomen mitübersetzen[244]. (Es gibt bestimmte Ausnahmen, etwa ⲕⲁϭⲓϫ und ähnliches.) Weitere Beispiele:

---

[243] Auch in bezug auf die Possessiva verkennt Joussen (a. a. O. 108) die Möglichkeiten. Er will sie generell nicht berücksichtigen. Sie sind aber stets dann zu berücksichtigen, wenn der Kopte mit einer wörtlichen Übersetzung gegen seine Sprachgebräuche verstößt.

[244] Eine Aufstellung der Begriffe bei Till § 188.

Mt 13,16 griechisch: τὰ ὦτα
oder: τὰ ὦτα ὑμῶν
sahidisch: ⲚⲈⲦⲚ̄ⲘⲀⲀϪⲈ
bohairisch: ⲚⲈⲦⲈⲚⲘⲀϢϪ

Mt 5,39 griechisch: εἰς τὴν δεξιὰν σιαγόνα
oder: εἰς τὴν δεξιὰν σιαγόνα σου
bohairisch: ϦⲈⲚ ⲦⲈⲔⲞⲨⲞϪⲒ Ⲛ̄ⲞⲨⲒⲚⲀⲘ

Das Sahidische hat bei Horner an dieser Stelle eine Lücke. Die Reihe der Beispiele ließe sich beliebig fortführen. Aber nicht nur Namen für Körperteile sind betroffen, sondern auch Nomina, die ein Verwandtschaftsverhältnis bezeichnen.

2 Thess 1,2 griechisch: πατρός
oder: πατρὸς ἡμῶν
sahidisch: ⲠⲈⲚⲈⲒⲰⲦ
bohairisch: ⲠⲈⲚⲒⲰⲦ

1 Kor 14,39 griechisch: ἀδελφοί
oder: ἀδελφοί μου
sahidisch: ⲚⲀⲤⲚⲎⲨ
bohairisch: ⲚⲀⲤⲚⲎⲞⲨ

Mk 3,35 griechisch: ἀδελφός μου καὶ ἀδελφὴ καὶ μήτηρ
oder: ἀδελφός μου καὶ ἀδελφή μου καὶ μήτηρ
oder: ἀδελφός μου καὶ ἀδελφή μου καὶ μήτηρ μου
sahidisch: ⲠⲀⲤⲞⲚ ⲀⲨⲰ ⲦⲀⲤⲰⲚⲈ ⲀⲨⲰ ⲦⲀⲘⲀⲀⲨ
bohairisch: ⲠⲀⲤⲞⲚ ⲚⲈⲘ ⲦⲀⲤⲰⲚⲒ ⲚⲈⲘ ⲦⲀⲘⲀⲨ

In all diesen Fällen nimmt das Koptische nicht Partei für eine der griechischen Lesarten. Der Possessivartikel wird nicht nur gern gebraucht bei Bezeichnungen für Verwandtschaftsgrade, sondern überhaupt bei Wörtern, die personelle Beziehungen implizieren. Folgende Beispiele mögen das verdeutlichen:

Mt 18,25 griechisch: ὁ κύριος
oder: ὁ κύριος αὐτοῦ
sahidisch: ⲠⲈϤϪⲞⲈⲒⲤ
bohairisch: ⲠⲈϤϬ̅Ⲥ̅

Auf das nomen sacrum trifft diese Regelung nicht zu, da es mehr Titel als Bezeichnung ist[245].

[245] Vgl. oben 227.

Röm 16,21	griechisch:	ὁ σύνεργος
	oder:	ὁ σύνεργός μου
	sahidisch:	ΠΑϢΒΡ̄Ρ̄ϨΩΒ
	bohairisch:	ΠΑϢΦΗΡ Ν̄ΡΕϤΕΡϨΩΒ

Einen besonders engen Bezug hat eine Person zu ihrem Namen. Deshalb findet auch hier der Possessivartikel Anwendung.

Mk 9,41	griechisch:	ἐν ὀνόματι
	oder:	ἐν ὀνόματί μου
	oder:	ἐν τῷ ὀνόματί μου
	sahidisch:	ϨΜ̄ ΠΑΡΑΝ
	bohairisch:	ϦΕΝ ΠΑΡΑΝ

Die dritte griechische Lesart ist wegen der Koinzidenz von Determination und Possessivum nicht distinktiv. Wo eine Person Bezugspunkt ist, muß sie auch genannt werden:

Mt 20,21	griechisch:	εἷς ἐκ δεξιῶν
	oder:	εἷς ἐκ δεξιῶν σου
	sahidisch:	ΟΥΑ ϨΙΟΥΝΑΜ Μ̄ΜΟΚ
	bohairisch:	Ν̄ΤΕ ΟΥΑΙ Μ̄ΜΩΟΥ ϨΕΜϹΙ ϹΑΤΕΚΟΥΙ-ΝΑΜ

Den Ausdruck des Possessivum nach dem letzten Glied einer Aufzählung, beziehbar auf die gesamte Aufzählung, wie es im Griechischen (etwa Mt 20,21) möglich ist, läßt die Struktur des koptischen Ausdrucks nicht zu. In manchen Fällen ist jedoch die Bezogenheit auf eine Person der Interpretation überlassen, etwa bei „Schwäche“ und „Kraft“. Das Schwanken in der Interpretation verdeutlichen einige Beispiele:

1 Kor 7,5	griechisch:	διὰ τὴν ἀκρασίαν
	oder:	διὰ τὴν ἀκρασίαν ὑμῶν
	sahidisch:	ΕΤΒΕ ΤΕΤΝ̄[Μ]Ν̄ΤΑΤΑΜΑϨΤΕ
	bohairisch:	ΕΘΒΕ ΤΕΤΕΝΜΕΤΑΤΘΩΤ Ν̄ϨΗΤ
2 Kor 11,30	griechisch:	τῆς ἀσθενείας
	oder:	τῆς ἀσθενείας
	sahidisch:	ϨΝ̄ ΝΑΑϹΘΕΝΕΙΑ
	bohairisch:	ϦΕΝ ΝΑΜΕΤϪΩΒ

Im ersten Fall interpretiert der Kopte ἀκρασία als die der Angeredeten. Das kann er unabhängig davon tun, ob nun seine griechische

Vorlage ὑμῶν setzte oder nicht. Im zweiten Fall übersetzt er ohnehin nicht wörtlich. Statt des griechischen Singulars wählt er den Plural, wohl in Anlehnung an andere vergleichbare Stellen. Daß es um die Schwäche des Paulus geht, ist eindeutig und wird entsprechend ausgedrückt. Eindeutig ist das allerdings auch hier:

2 Kor 12,5.9	griechisch:	ἐν ταῖς ἀσθενείαις
	oder:	ἐν ταῖς ἀσθενείαις μου
2 Kor 12,5	sahidisch:	ϨN̄ M̄MN̄TATϬⲰB
	bohairisch:	ϦEN NIϢⲰNI
	oder:	ϦEN NAϢⲰNI
2 Kor 12,9	sahidisch:	ϨN̄ NIACΘENEIA
	oder:	ϨN̄ NAACΘENEIA
	bohairisch:	ϦEN NIϢⲰNI
	oder:	ϦEN ϨANϢⲰNI

Hier können es nun kaum Schwankungen in der Interpretation sein. Ob μου oder nicht, der Sinn wird dadurch nicht geändert. So wird man die koptischen Lesarten ohne Possessivpräfix zu der griechischen ohne μου notieren müssen. In V. 5 vertritt die sahidische und die erste bohairische Lesart den Text von P[46] B D* 33, in V. 9 gehen das Bohairische und das Sahidische in seiner ersten Lesart mit B. Die zweite sahidische Lesart bringt den Plural mit Possessivum, während keine Lesart des Sahidischen und Bohairischen einen undeterminierten Singular setzt. Er wäre gerade auf das Fehlen des μου zurückzuführen gewesen, welches eine abstrakte Auffassung des Begriffs nahelegt. Dieser abstrakten Auffassung ist mit einem determinierten Plural am wenigsten Ausdruck verliehen. In dieser Richtung mag wohl auch die Indetermination der zweiten bohairischen Lesart zu verstehen sein. Fazit ist, daß hier von vier koptischen Möglichkeiten zwar drei relativ sicher zur Lesart von B zu notieren sind, aber nur zwei diese genau wiedergeben. Vom Inhalt her ist folgende Stelle komplizierter:

2 Kor 12,9	griechisch:	ἡ γὰρ δύναμις
	oder:	ἡ γὰρ δύναμίς μου
	sahidisch:	TϬOM
	bohairisch:	TAϪOM
	oder:	ϮϪOM

Hier kann interpretiert werden, daß sich der Satz auf Paulus bezieht, aber auch daß er eine allgemeine Gültigkeit besitzt. Wie der

Mehrheitstext bezieht ihn auch die erste bohairische Lesart auf Paulus. Von den übrigen Bohairen und den Sahiden wird aber ἡ γὰρ δύναμις sicher vorausgesetzt.

Hat ein Substantiv eine Tätigkeit zum Inhalt, so hat es einen Bezug zum Subjekt oder Objekt dieser Tätigkeit. Wo der Grieche auf den Ausdruck dieses Bezugs verzichten kann, wird jedoch der Kopte wieder den Possessivartikel benutzen oder im Falle der Auflösung des Substantivs zu einem verbalen Ausdruck nach anderen Möglichkeiten suchen. Zum Beispiel:

Apg 4,28	griechisch:	ἡ χείρ σου καὶ ἡ βουλή
	oder:	ἡ χείρ σου καὶ ἡ βουλή σου
	sahidisch:	ⲦⲈⲔϬⲒⲬ ⲀⲨⲰ ⲠⲈⲔϢⲞⲬⲚⲈ
	bohairisch:	ⲦⲈⲔⲬⲒⲬ ⲚⲈⲘ ⲦⲈⲔⲤⲞϬⲚⲒ

In diesem Fall eines griechischen genetivus subjectivus verhält sich das Koptische indifferent. Das logische Subjekt der βουλή ist hier völlig klar. Es ist unschwer als derselbe zu erkennen, zu dem auch die Hand gehört. Das tatsächliche Vorhandensein des genetivus subjectivus dürfte den Kopten dabei wenig gekümmert haben. Im Falle des genetivus objectivus sieht es ganz analog aus:

Mt 25,6	griechisch:	εἰς ἀπάντησιν
	oder:	εἰς ἀπάντησιν αὐτοῦ
	oder:	εἰς ἀπάντησιν αὐτῷ
	sahidisch:	ⲈⲦⲰⲘⲚ̄Ⲧ ⲈⲢⲞϤ
	bohairisch:	ⲈϨⲢⲀϤ

Das Objekt ist natürlich der νυμφίος. Also drückt es das Sahidische auch aus, das den präpositionellen Begriff in einen finalen Infinitiv verwandelt. Ja, im Grunde ist im Griechischen die Auslassung des Genetivs eine starke Ellipse; denn die ἀπάντησις ist ja nicht das Entscheidende, sondern eigentlich erst ihr Objekt. Entsprechend kürzt das Bohairische den Ausdruck in freier Übersetzung.

45. Possessiv- und Personalpronomen

Treten beide Pronomina im Griechischen in gleicher Funktion auf, so sind sie für den Kopten in der Übersetzung nicht zu unterscheiden, so daß in folgendem Fall kein Notat möglich ist.

1 Kor 16,17	griechisch:	τὸ ὑμῶν ὑστέρημα
	oder:	τὸ ὑμέτερον ὑστέρημα
	sahidisch:	ⲠⲈⲦⲚ̄ϢⲰ[Ⲱ]Ⲱ[Ⲧ]
	bohairisch:	ⲠⲈⲦⲈⲚϬⲢⲞϨ

46. ἴδιος

Dieses Wort dient als Verstärkung des Possessivpronomen, jedoch hat es auch zuweilen kaum mehr Bedeutung als das Possessivpronomen. Als Verstärkung läßt es sich in jedem Fall ausdrücken[246].

Apg 1,19	griechisch:	τῇ διαλέκτῳ αὐτῶν
	oder:	τῇ ἰδίᾳ διαλέκτῳ αὐτῶν
	sahidisch:	ϩⲚ ⲦⲈⲨⲀⲤⲠⲈ
	bohairisch:	ϧⲈⲚ ⲦⲞⲨⲀⲤⲠⲒ

Hier ist daher für das Koptische der erste griechische Text anzunehmen, den auch ℵ B* D bieten. Ersetzt das ἴδιος das Possessivpronomen und behält dabei seine typische stark reflexive Bedeutung, so wird es auch im Koptischen ausgedrückt:

2 Tim 4,3	griechisch:	κατὰ τὰς ἰδίας ἐπιθυμίας
	sahidisch:	ⲔⲀⲦⲀ ⲚⲈⲨⲞⲨⲰϢ ⲘⲘⲒⲚ ⲘⲘⲞⲞⲨ
	bohairisch:	ⲔⲀⲦⲀ ⲚⲞⲨⲈⲠⲒⲐⲨⲘⲒⲀ ⲘⲘⲀⲨⲀⲦⲞⲨ

Es ist dabei unerläßlich, daß im Koptischen das Possessive und dessen Verstärkung gesondert ausgedrückt werden. So ist nicht zu unterscheiden, ob die griechische Vorlage auch das Possessive anzeigte.

Mt 13,57	griechisch:	ἐν τῇ πατρίδι
	oder:	ἐν τῇ ἰδίᾳ πατρίδι
	oder:	ἐν τῇ πατρίδι αὐτοῦ
	oder:	ἐν τῇ ἰδίᾳ πατρίδι αὐτοῦ
	sahidisch:	ϩⲘ ⲠⲈϤϯⲘⲈ ⲘⲘⲒⲚ ⲘⲘⲞϤ
	bohairisch:	ϧⲈⲚ ⲦⲈϤⲂⲀⲔⲒ

Für das Sahidische, das der vierten griechischen Lesart, dem Text von C, am meisten entspricht, wird man demnach darüber hinaus auch die andere ἴδιος enthaltende Lesart von ℵ als Vorlage in Betracht ziehen müssen. Für das Bohairische jedoch, das am meisten der dritten griechischen Lesart, dem Mehrheitstext, entspricht, kann auch der Text von B D Θ als Vorlage gedient haben, der auf den Ausdruck des possessiven Verhältnisses verzichtet.

47. Neutra von Pronomina

Das Koptische kennt kein Neutrum. Beim Demonstrativpronomen kann es das unpersönliche griechische Neutrum durch den Singular

[246] Zum Ausdruck des betonten Possessivverhältnisses vgl. außerdem Steindorff § 86.

und den Plural des Maskulinum ausdrücken[247]. In der Regel besteht so die Möglichkeit, auf Singular oder Plural im griechischen Text einzugehen.

Lk 23,46 griechisch: τοῦτο δὲ εἰπών
oder: καὶ τοῦτο εἰπών
oder: καὶ ταῦτα εἰπών
sahidisch: ⲚⲦⲈⲢⲈϤϪⲈ ⲠⲀⲒ
bohairisch: ⲞⲨⲞϨ ⲪⲀⲒ ⲈⲦⲀϤϪⲞϤ
oder: ⲪⲀⲒ ⲆⲈ ⲈⲦⲀϤϪⲞϤ

Die erste griechische Lesart, der Text von ℵ B C* D, entspricht der zweiten bohairischen am meisten, der ersten bohairischen aber der Text von K M P Π. Doch wie auch das Sahidische zeigt, geben Konjunktionen nur wenig Hinweise.

Joh 15,6 griechisch: συνάγουσιν αὐτά
oder: συνάγουσιν αὐτό
sahidisch: ⲤⲈⲚⲀⲤⲞⲞⲨϨⲞⲨ
bohairisch: ϢⲀⲨⲐⲞⲨⲰⲦⲞⲨ

Das Koptische benutzt ein pluralisches Suffix und entspricht damit genau dem Text von P[66vid] B Θ und dem Mehrheitstext. Allerdings kann man in beiden Fällen noch zweifeln, ob der Kopte nicht einfach bei der Übersetzung des ihm ungewohnten Neutrum den Numerus vernachlässigte. Solche Zweifel sind nicht möglich, wenn der Numeruswechsel den Sinn veränderte. Das kann geschehen, wenn durch einen Numerus das Neutrum nicht mehr unpersönlich ist, sondern einen syntaktischen Bezug bekommt.

Röm 14,18 griechisch: ὁ γὰρ ἐν τούτῳ δουλεύων
oder: ὁ γὰρ ἐν τούτοις δουλεύων
sahidisch: ⲠⲈⲦϨⲘ̄ ⲠⲀⲒ ⲄⲀⲢ ⲈϤⲞ Ⲛ̄ϨⲘ̄ϨⲀⲖ
bohairisch: ⲈⲦⲞⲒ Ⲙ̄ⲂⲰⲔ ϦⲈⲚ ⲚⲀⲒ

Der Singular wäre nicht unpersönlich gewesen. Er hätte sich auf ⲠⲚⲈⲨⲘⲀ bezogen. Man kann daher vermuten, daß der Sahide ihn auch als solchen übersetzt hat. So setzt der Bohaire[247a] vermutlich die Lesart des Mehrheitstextes voraus. Der Einfluß des griechischen Textes ist ferner dann zu beobachten, wenn der Kopte ihm gewohnte Ausdrucksweisen durchbricht.

---

[247] Vgl. Till § 184.
[247a] Einige Hss lesen allerdings auch ⲪⲀⲒ.

Lk 13,17 griechisch: ταῦτα λέγοντος αὐτοῦ
sahidisch: ЄϤϪⲰ ⲆЄ ⲚⲚⲀⲒ
bohairisch: ⲚⲀⲒ ЄϤϪⲰ ⲘⲘⲰⲞⲨ

Das Verbum ϪⲰ pflegt das Koptische gemeinhin mit dem Singular des Pronomens zu ergänzen. Das geschieht auch, wenn im Griechischen kein Pronomen steht. Der Plural ist auf ταῦτα zurückzuführen, dessen Stellung das Bohairische sogar durch Prolepsis zu imitieren sucht.

48. Possessivum und Demonstrativum

Possessivartikel und Demonstrativartikel schließen sich im Koptischen aus. Die Möglichkeit der Kombination von Possessivum und Demonstrativum scheint dann auch eher eine Eigenheit griechischer Texte zu sein. Dennoch, Varianten bezüglich des Vorhandenseins eines Demonstrativum sind auch von koptischen Texten her zu betrachten; denn diese können den demonstrativen Aspekt wiedergeben, sei es mit Hilfe eines appositionellen Demonstrativpronomen, sei es durch einen Relativsatz demonstrativen Inhalts.

Mt 7,24 griechisch: μου τοὺς λόγους τούτους
oder: μου τοὺς λόγους
sahidisch: ЄⲚⲀϢⲀϪЄ ЄⲦЄ ⲚⲀⲒ ⲚЄ
bohairisch: ЄⲚⲀⲤⲀϪⲒ ⲚⲀⲒ
oder: ЄⲚⲀⲤⲀϪⲒ

Die Kopten haben das Demonstrativum gelesen. Nur die bohairische Hs B gibt es nicht wieder. Geht sie darum auf eine griechische Tradition zurück, die B* bezeugt?

49. Das Reflexivum

Das unbetonte Reflexivum wird im Koptischen nie ausgedrückt.

Mt 18,16 griechisch: μετά σου
oder: μετὰ σεαυτοῦ
sahidisch: ⲚⲘⲘⲀⲔ
bohairisch: ⲚЄⲘⲀⲔ

Daher ist in solchen Fällen die Vorlage nicht festzustellen. Auch beim Possessivum wird nur das betonte Reflexivum wiedergegeben. Das setzt wiederum griechisches ἴδιος voraus.

Mt 25,1	griechisch:	τὰς λαμπάδας ἑαυτῶν
	oder:	τὰς λαμπάδας αὐτῶν
	oder:	τὰς λαμπάδας αὑτῶν
	sahidisch:	N̄NЄYΛAMΠAC
	bohairisch:	N̄NOYΛAMΠAC

Ob das Griechische hier eine echte Variante hat, ist schon sehr problematisch. Das Koptische ist aber so oder so nicht notierbar.

50. Die Aufzählung

Die Glieder einer Aufzählung werden im Sahidischen mit der Partikel AYⲰ oder der Präposition MN̄, im Bohairischen mit der Partikel OYOϨ oder der Präposition NЄM verbunden. In negativen Sätzen kommen auch unterschiedslos die Lehnwörter OYΔЄ oder OYTЄ vor. Die koptischen Wörter, die in der Aufzählung gebraucht werden, können nicht griechisches korrespondierendes καί und Äquivalente wiedergeben. Varianten, die sich in diesem Zusammenhang ergeben, können zwangsläufig nicht in der koptischen Überlieferung weiter verfolgt werden.

Mt 12,50	griechisch:	αὐτός μου καὶ ἀδελφὸς καὶ ἀδελφὴ καὶ μήτηρ ἐστίν
	oder:	αὐτός μου ἀδελφὸς καὶ ἀδελφὴ καὶ μήτηρ ἐστίν
	sahidisch:	ΠAI ΠЄ ΠACON AYⲰ TACⲰNЄ AYⲰ TAMAAY
	bohairisch:	N̄ΘOϤ ΠЄ ΠACON NЄM TACⲰNI NЄM TAMAY

AYⲰ und NЄM dürfen nicht auch vor dem ersten Aufzählungsglied stehen.

51. Die Verneinung

In der griechischen Überlieferung ergeben sich häufig Varianten, die zwischen einfacher und verstärkter, doppelter Verneinung differieren. Das Koptische verneint in der Regel einfach. Dieses geschieht mit (N̄)-AN[248]. Nach Möglichkeit wird die Negation in das Konjugationspräfix gezogen[249].

248 In den zweiten Tempora und bei nichtverbalen Begriffen. Vgl. auch H. J. Polotsky, The Coptic Conjugation System, Or 29 (1960), 392–422, dort 404.

249 In Basic tenses und clause conjugations, vgl. H. J. Polotsky, ebenda 404. Siehe auch J. Černý, Bohairic verbal prefix ANNЄϤ-, ZÄS 90 (1963), 13–16.

Mt 21,19	griechisch:	οὐ μηκέτι ... καρπὸς γένηται
	oder:	μηκέτι ... καρπὸς γένηται
	sahidisch:	N̄NEKAPΠOC ϢΩΠE
	bohairisch:	N̄NEOYTAϨ I
1 Kor 9,15	griechisch:	οὐ κέχρημαι οὐδενί
	oder:	οὐδενὶ ἐχρησάμην
	sahidisch:	M̄ΠIXPΩ N̄ΛAAY
	bohairisch:	M̄ΠIEPXPACΘE N̄OYON

Im letzten Beispiel kann das Objekt nur positiv wiedergegeben werden; denn die Negation steht ja schon im Verbalpräfix. Im ersten wie im zweiten Beispiel würden beide griechische Texte den gleichen koptischen ergeben. Doch gibt es auch Fälle — scheinbarer — doppelter Verneinung im Koptischen.

Mt 25,9	griechisch:	οὐ μὴ ἀρκέσῃ
	oder:	οὐκ ἀρκέσῃ
	sahidisch:	MHΠOTE N̄ϤTM̄PΩϢE
	bohairisch:	MHΠOTE N̄TEϤϢTEMPAϢTEN

Griechische Lehnwörter mit ursprünglich negativem Sinn haben diesen nämlich weithin im Koptischen verloren, und übrig blieb dann nur, daß man sie in Sätzen mit negativer Bedeutung verwendete. Wie nun gerade MHΠOTE hier in die koptischen Texte gelangt ist, bleibt unklar. Mit der in Frage stehenden Variante dürfte es kaum etwas zu tun haben.

52. Sonstiges zu den Partikeln

Das Koptische ist von Haus aus an Partikeln bei weitem nicht so reich wie das Griechische. Jedoch hat es eine ganze Reihe von diesem als Lehnwörter übernommen und benutzt diese nun ziemlich wahllos. Auf der einen Seite ist auf die Übernahme im griechischen Text vorhandener Partikeln in die koptische Übersetzung kein Verlaß, andererseits werden häufig ohne erkennbaren griechischen Hintergrund vom Kopten satzverbindende Partikeln eingeschoben, obgleich er auch häufig Neigung zum asyndetischen Anschluß zeigt. Dieser Neigung folgend, verliert er oft in der Übersetzung griechisches καί. Jedoch wird eben zuweilen auch überraschend mit AYΩ oder OYOϨ angeschlossen.

53. Die adverbielle Zeitangabe

Hier sind im Koptischen die entsprechenden idiomatischen Ausdrücke obligatorisch. Schwankungen gar zwischen Genetiv und Akkusativ im Griechischen sind unmöglich zu berücksichtigen.

2 Thess 3,8	griechisch:	νυκτὸς καὶ ἡμέρας
	oder:	νύκτα καὶ ἡμέραν
	sahidisch:	Ⲛ̄ⲦⲈⲨϢⲎ Ⲙ̄Ⲛ̄ ⲠⲈϨⲞⲞⲨ
	bohairisch:	Ⲙ̄ⲠⲒⲈϨⲞⲞⲨ ⲚⲈⲘ ⲠⲒⲈϪⲰⲢϨ

54. Die Zeitangabe im Nebensatz

Hier wird der Kopte zunächst darauf achten, den Sinn richtig wiederzugeben. Im Falle einer Zeitangabe, die durch einen Relativsatz präzisiert wird, entstehen ihm große Schwierigkeiten.

Röm 2,16	griechisch:	ἐν ᾗ ἡμέρᾳ κρινεῖ ὁ θεός
	oder:	ἐν ἡμέρᾳ ὅτε κρινεῖ ὁ θεός
	sahidisch:	ϨⲘ̄ ⲠⲈϨⲞⲞⲨ ⲈⲦⲈⲢⲈⲠⲚⲞⲨⲦⲈ ⲚⲀⲔⲢⲒⲚⲈ
	bohairisch:	ϦⲈⲚ ⲠⲒⲈϨⲞⲞⲨ Ⲛ̄ⲦⲈⲪϯ ⲚⲀϯϨⲀⲠ

Die koptischen Texte stehen dem Relativsatz der ersten griechischen Lesart zwar näher, da sie keine Konjunktion gebrauchen. Sie können allerdings nicht wie der Grieche das Beziehungswort mit in den Relativsatz hineinnehmen. Aber eine Übersetzung der zweiten griechischen Lesart würde vermutlich kaum anders ausfallen.

55. Die attractio relativi

Ob der Kopte in seiner Vorlage eine attractio gelesen hat, läßt sich nie feststellen. Er kann sie nämlich nicht ausdrücken.

Joh 2,22	griechisch:	τῷ λόγῳ ὃν εἶπεν ὁ Ἰησοῦς
	oder:	τῷ λόγῳ ᾧ εἶπεν ὁ Ἰησοῦς
	sahidisch:	ⲠϢⲀϪⲈ Ⲛ̄ⲦⲀⲒ̄Ⲥ̄ ϪⲞⲞϤ
	bohairisch:	ⲠⲒⲤⲀϪⲒ ⲈⲦⲀϤϪⲞϤ Ⲛ̄ϪⲈ ⲒⲎ̄Ⲥ̄

Hier ist darum der koptische Text zu keiner griechischen Lesart zu notieren.

56. Die Inkongruenz

In Fällen von Inkongruenz im Griechischen handelt es sich häufig darum, daß auf eine an sich zu benennende Person ein unpersönliches

Neutrum bezogen wird oder, wie im folgenden Beispiel, ad sensum das Relativpronomen gegenüber seinem syntaktischen Beziehungswort sein Geschlecht ändert. Die Imitation einer solchen Konstruktion ist in vielen Fällen dem Kopten schon dadurch verwehrt, daß er das Unpersönliche nicht durch ein drittes Genus ausdrücken kann. Das Relativpronomen selbst ist zudem geschlechtslos.

Kol 1,27	griechisch:	ὅς ἐστιν Χριστός
	oder:	ὅ ἐστιν Χριστός
	sahidisch:	ϵΤϵ ΠΑΙ Πϵ ΠϵΧ̅Ϲ̅
	bohairisch:	ϵΤϵ ΠΧ̅Ϲ̅ Πϵ

Trotz des geschlechtslosen Relativpronomens ist sein logisches Genus im sahidischen Beispiel zu entnehmen. Im Sahidischen geht es aus dem Demonstrativpronomen hervor, im Bohairischen ist die Kopula ohne Aussagekraft, deren Geschlecht sich logisch auf das Vorangegangene bezieht, welches in diesem Fall das Prädikatnomen ist. Ob das koptische Maskulinum auf ὅς oder ὅ zurückgeht, ist nicht zu entscheiden. Während es sich in diesem Beispiel um ein syntaktisch noch beziehbares Neutrum handelte, ist das folgende ὅ nur logisch beziehbar.

Mt 12,4	griechisch:	ὃ οὐκ ἐξὸν ἦν αὐτῷ φαγεῖν
	oder:	οὓς οὐκ ἐξὸν ἦν αὐτῷ φαγεῖν
	sahidisch:	ΝΑΙ ϵΤϵ Μϵϣϣϵ ϵΡΟϤ ϵΟΥΟΜΟΥ
	bohairisch:	ΝΗ ϵΤϵ ΝΑϹΜ̅Πϣ̅Α ΝΑϤ ΑΝ Πϵ ϵΟΥωΜ ϵΒΟΛ Ν̅ϦΗΤΟΥ

Der Plural des Pronomen kann für das griechische Neutrum stehen. Aber so, wie der koptische Text aussieht, wird man ihn natürlich auf die Brote beziehen. Aus anderem Grunde ist folgender Fall nicht eindeutig:

Kol 3,14	griechisch:	τὴν ἀγάπην ὅ ἐστιν σύνδεσμος
	oder:	τὴν ἀγάπην ὅς ἐστιν σύνδεσμος
	oder:	τὴν ἀγάπην ἥτις ἐστὶν σύνδεσμος
	sahidisch:	ΤΑΓΑΠΗ ϵΤϵ ΤΑΙ Τϵ ΤΜ̅Ρ̅Ρϵ
	bohairisch:	ϯΑΓΑΠΗ ϵΤϵ ΠΙΜΟΥΡ Πϵ

Das Bohairische ist indifferent, das Sahidische entspricht wörtlich der dritten griechischen Lesart, dem Mehrheitstext. Aber wie anders hätte es sich klarer ausdrücken können? ΤΑΙ kann sich auf ΑΓΑΠΗ und Μ̅Ρ̅Ρϵ beziehen.

57. Der genetivus absolutus

Wie alle Partizipialkonstruktionen — um eine solche handelt es sich stets dabei — muß auch diese im Koptischen aufgelöst werden[250]. Beliebt ist dabei im Sahidischen der Temporalis, im Bohairischen in Ermangelung des Temporalis das Perfekt II, in jedem Fall aber eine Form, die die Nennung des Subjekts unvermeidlich macht. In folgenden Beispielen bringt der Kopte es zwangsläufig.

Apg 21,10	griechisch:	ἐπιμενόντων δέ
	oder:	ἐπιμενόντων δὲ ἡμῶν
	sahidisch:	Ⲛ̄ⲦⲈⲢⲈⲚϬⲰ
	bohairisch:	ⲈⲦⲀⲚϢⲰⲠⲒ

Apg 25,17	griechisch:	συνελθόντων οὖν ἐνθάδε
	oder:	συνελθόντων οὖν αὐτῶν ἐνθάδε
	sahidisch:	Ⲛ̄ⲦⲈⲢⲞⲨⲈⲒ ⲆⲈ ⲈⲠⲈⲒⲘⲀ
	bohairisch:	ⲈⲦⲀⲨⲒ ⲞⲨⲚ ⲚⲈⲘⲎⲒ ⲈⲠⲀⲒⲘⲀ

Beide Beispiele sind gleich strukturiert. Wenn die Kopten die griechische Lesart als Vorlage gehabt haben, die das Subjekt der Partizipalkonstruktion nicht zum Ausdruck brachte, so mußten sie sich dieses aus dem Zusammenhang ergänzen. Das läßt sich um so leichter machen, als das logische Subjekt in jedem Fall so auf der Hand liegt, daß es der griechische Text auch weglassen konnte, ohne einen uneindeutigen Sinn dabei riskieren zu müssen. Allerdings hat der Kopte nicht mehr den grammatischen Zwang, das syntaktische Subjekt des griechischen Partizips zu benennen, wenn das Partizip im Passiv steht und er es dergestalt ins Aktiv umsetzt, daß das syntaktische Subjekt des Griechen in seinem Satz zum Objekt wird. Der Pflicht, dem Verbum ein Subjekt zu geben, wird dann durch die Einführung eines unpersönlichen Ausdrucks genügt.

Apg 24,2	griechisch:	κληθέντες δὲ αὐτοῦ
	oder:	κληθέντες δέ
	sahidisch:	Ⲛ̄ⲦⲈⲢⲞⲨⲘⲞⲨⲦⲈ ⲆⲈ ⲈⲢⲞϤ
	bohairisch:	ⲈⲦⲀⲨⲘⲞⲨϮ ⲆⲈ ⲈⲢⲞϤ

Doch wird man aus der koptischen Übersetzung immer noch nicht auf ein Vorhandensein des αὐτοῦ in der Vorlage schließen; denn während das bloße Partizip im Griechischen, das Subjekt implizierend, ausreichende Information gibt, gäbe die koptische Übersetzung ohne

---

[250] Vgl. oben 210.

ЄΡΟϤ keinen erträglichen Sinn. Unter solchen Umständen läßt sich die Vorlage also nicht erkennen.

58. AcI

Liegt in der Überlieferung nicht nur ein Wechsel vor zwischen AcI und einfacher Infinitivkonstruktion, sondern zwischen vollem AcI und AcI, bei dem das Subjekt elliptisch ist, so kann nicht damit gerechnet werden, daß auch der Kopte auf jeden Fall bei der Ellipse bleibt. Was zum elliptischen Subjekt beim genetivus absolutus gesagt worden ist, gilt hier analog.

Apg 9,43 griechisch: ἐγένετο δὲ μεῖναι
oder: ἐγένετο δὲ αὐτὸν μεῖναι
sahidisch: ΑϹϢΩΠЄ ΔЄ ЄΤΡЄϤϬΩ
bohairisch: ΑϤϢΩΠΙ ΔЄ

Mit dem Einsetzen des logischen Subjekts muß gerechnet werden, wenn der griechische Text es nicht schon bot. Auch in folgendem Beispiel ist das unausweichlich so:

Röm 7,6 griechisch: ὥστε δουλεύειν
oder: ὥστε δουλεύειν ἡμᾶς
sahidisch: ϨΩϹΤЄ ЄΤΡЄΝΡ̄ϨΜ̄ϨΑΛ
bohairisch: ϨΩϹΤЄ Ν̄ΤЄΝЄΡΒΩΚ

59. Kasuswechsel beim Partizipium

Im wesentlichen ist hier der Wechsel von genetivus absolutus und participium conjunctum angesprochen, eine Variante, die vorkommt, weil der genetivus absolutus auch in Sätzen gebraucht wird, in denen das Partizip einkonstruierbar wäre. Da aber das Partizip stets im Koptischen aufgelöst wird, geht die nur am Kasus erkennbare griechische Konstruktion, die vorlag, verloren:

Mt 8,1 griechisch: καταβάντος δὲ αὐτοῦ
oder: καταβάντι δὲ αὐτῷ
bohairisch: ЄΤΑϤΙ ΔЄ ЄΠЄϹΗΤ

60. Kasuswechsel in Infinitivkonstruktionen

Der Kasuswechsel betrifft das logische Subjekt des Infinitivs. Dieses wird entweder als Akkusativ zum Infinitiv gesetzt oder als Objekt zu dem Verbum gezogen, das die Infinitivkonstruktion regiert. Doch die Neigung des Kopten ist groß, den Ausdruck möglichst vollständig zu gestalten. Das kann diese Folge haben:

Apg 10,48	griechisch:	προσέταξεν δὲ αὐτοῖς ... βαπτισθῆναι
	oder:	προσέταξεν δὲ αὐτούς ... βαπτισθῆναι
	sahidisch:	ΑϤΟΥΕϨϹΑϨΝΕ ΝΑΥ ЄΤΡΕΥϪΙ ΒΑΠΤΙϹΜΑ
	bohairisch:	ΑϤΟΥΑϨϹΑϨΝΙ ΔΕ ΝΩΟΥ ЄΘΡΟΥΟΜϹΟΥ

Die Kopten haben beide griechische Lesarten kombiniert. Was aber soll die Vorlage gewesen sein? Es ist vor allem dann keine Entscheidung zu treffen, wenn der fragliche Begriff nicht in gleicher Weise und Funktion in den koptischen Satz einkonstruiert ist wie in den griechischen. Zum Beispiel:

Mk 2,26	griechisch:	οὓς οὐκ ἔξεστιν φαγεῖν εἰ μὴ τοὺς ἱερεῖς
	oder:	οὓς οὐκ ἔξεστιν φαγεῖν εἰ μὴ τοῖς ἱερέσιν
	sahidisch:	ЄΟΥΚ ЄΞЄϹΤΙ ΝΑϤ ЄΟΥΟΜΟΥ ЄΙΜΗΤΙ ΝΟΥΗΗΒ
	bohairisch:	ΝЄΤЄΝϹϢЄ ΝΑϤ ΑΝ ЄΟΥΟΜΟΥ ЄΒΗΛ ЄΝΙΟΥΗΒ

61. Das logische Objekt als grammatisches Objekt nach Verben

Das logische Objekt wird, wenn irgend möglich, im Koptischen ergänzt[251].

Mt 5,28	griechisch:	πρὸς τὸ ἐπιθυμῆσαι
	oder:	πρὸς τὸ ἐπιθυμῆσαι αὐτήν
	sahidisch:	ЄЄΠΙΘΥΜЄΙ ЄΡΟϹ
	bohairisch:	ЄΠϪΙΝЄΡЄΠΙΘΥΜΙΝ ЄΡΟϹ

Es ist dabei gleichgültig, ob es sich um ein nahes oder entferntes Objekt handelt[252].

1 Kor 11,15	griechisch:	δέδοται
	oder:	δέδοται αὐτῇ
	sahidisch:	ΝΤΑΥΤΑΑϤ ΝΑϹ
	bohairisch:	ЄΤΑΥϯ ... ΝΑϹ

---

[251] Zum Objekt etwa nach ϪΩ vgl. Till § 265.

[252] Die Ergänzung eines Objekts hat mit der Transitivität eines Verbs, wie Joussen (a. a. O. 113) meint, nichts zu tun. Diese Distinktion trifft auch nicht das koptische Prädikat-Objekt-Verhältnis. Vgl. oben 194 Anm. 178.

Wenn nicht schon die griechische Vorlage die Objekte bot, so dürfte sie der Kopte ergänzt haben. Die Fälle, in denen er die Ellipse anwendet, sind anders gelagert[253]. Hätte der Kopte in den zitierten Beispielen die Objekte weggelassen, so müßte man ihn zu der entsprechenden griechischen Lesart anführen. Entscheidbar sind auch solche Fälle, in denen der Kopte von einer Ergänzungsmöglichkeit Gebrauch macht, die die griechische Überlieferung nicht kennt — es sei denn, man will hinter dem koptischen Text eine uns unbekannte griechische Vorlage vermuten.

Mt 19,7	griechisch:	ἀπολῦσαι
	oder:	ἀπολῦσαι αὐτήν
	sahidisch:	ЄΝΟϪΟΥ ЄΒΟΛ
	bohairisch:	ЄϨΙΤΟΥ ЄΒΟΛ

Demnach hat das Koptische wahrscheinlich den ergänzungslosen Text von ℵ D Θ vor sich gehabt. Es folgte seiner Neigung, das Objekt zu ergänzen, er ergänzte aber anders als B C und der Mehrheitstext. Zumindest kann man sagen, daß diese auf keinen Fall die Vorlage abgaben, es sei denn für D_4 (ЄϨΙΤϹ).

62. Das logische Objekt im genetivus objectivus

Bei griechischem genetivus objectivus gilt Entsprechendes. Fehlt er im Griechischen, während der koptische Satz einen entsprechenden Funktionsträger braucht, so wird dieser ergänzt.

63. Das logische Objekt als Objektsatz

Ist ein ganzer Satz logisches Objekt, so wird dieser nicht asyndetisch angeschlossen, sondern als Objektsatz gekennzeichnet. Dieser pflegt, wenn überhaupt, im Griechischen mit ὅτι angeschlossen zu werden. Das ὅτι ist jedoch äußerst häufig in der Überlieferung umstritten. Seine Entsprechung im Koptischen steht aber stets dort, wo ὅτι in dieser Funktion möglich wäre. Ein Beispiel möge für alle genügen.

Mt 6,5	griechisch:	λέγω ὑμῖν
	oder:	λέγω ὑμῖν ὅτι
	sahidisch:	ϮϪⲰ Μ̄ΜΟϹ ΝΗΤΝ̄ ϪЄ
	bohairisch:	ϮϪⲰ Μ̄ΜΟϹ ΝⲰΤЄΝ ϪЄ

In allen diesen Fällen ist nie zu entscheiden, welche griechische Vorlage vorausgesetzt werden darf. Das Fehlen von ϪЄ in Γ* ist distinktiv.

[253] Vgl. Steindorff § 395, Till § 395.

64. Direkte und indirekte Rede und Frage

Sie werden im Koptischen gleich konstruiert, und darin besteht zum neutestamentlichen Griechisch kein Unterschied. Man hat lediglich den Eindruck, daß der Kopte zur direkten Rede tendiert. Doch kann er beides, direkte und indirekte Frage und Rede, gut ausdrücken. Ob direkt oder nicht, ist wie im Griechischen aus dem Zusammenhang zu erschließen. Varianten ergeben sich dann, wenn mit dem Wechsel des Redemodus auch ein Wechsel der beteiligten Person oder Personen zu vermerken ist.

Joh 4,51	griechisch:	ὅτι ὁ παὶς αὐτοῦ ζῇ
	oder:	ὅτι ὁ παίς σου ζῇ
	sahidisch:	ϪЄ ΠЄΚϢΗΡЄ ΟΝϨ̄
	bohairisch:	ϪЄ ϤΟΝϧ ̄ΝϪЄ ΠЄΚϢΗΡΙ

Die koptischen Übersetzungen sind zunächst zur griechischen Lesart von P[66c] D Θ und Mehrheitstext zu notieren, welche die direkte Rede bieten.

Apg 11,3	griechisch:	λέγοντες ὅτι εἰσῆλθες
	oder:	λέγοντες ὅτι εἰσῆλθεν
	sahidisch:	ЄΥϪΩ ̄ΜΜΟϹ ϪЄ ΑΚΒΩΚ
	bohairisch:	ЄΥϪΩ ̄ΜΜΟϹ ϪЄ ΑΚϢЄ

Hier ist ebenso zu verfahren. Der Text der Kopten entspricht dem von P[45] B 33.614. Die indirekte Rede ist aber in beiden Fällen als Vorlage nicht ausgeschlossen.

65. Die hypothetischen Fälle[254]

Griechischer Realis und Irrealis in allen Schattierungen stellen für den Kopten kein Problem dar. Der Potentialis ist ihm allerdings unbekannt. Freilich ist diesem die Bedeutung des koptischen Eventualis[255] durchaus verwandt, wenn dieser auch in der Nähe des futurischen Realis steht. Eine weitergehende Behandlung des Themas kann aber hier unterbleiben, da der Potentialis im NT an Bedeutung verloren hat und ein Wechsel des hypothetischen Falles in Varianten ohnehin keine große Rolle spielt.

---

[254] Zu den Bedingungssätzen vgl. Steindorff § 483–499, Till § 447–460, Mallon § 387–393, Dialektgrammatik § 333–345, D. W. Young, *Ešōpe* and the Conditional Conjugation, JNES 21 (1962), 175–185. Vgl. auch R. Kasser, A propos des différentes formes du conditionnel copte, Muséon 76 (1963), 267–270. Er zieht dort die Verbindung zu den Umstandstempora.

[255] Speziell zum Eventualis vgl. Steindorff § 492–496, Dialektgrammatik § 334–336.

66. Sätze mit Kopula

Da die griechische Kopula häufig weggelassen wird, entstehen in diesem Zusammenhang oft Varianten. Nach den Regeln seiner Sprache kann der Kopte seine Kopula nur selten beliebig verwenden oder nicht[256]. Zudem hat die koptische Kopula nur begrenzt eine ähnliche Funktion im Satz wie das griechische εἶναι; denn sie ist ja nicht wie dieses ein Verbum, sondern eine Form des Demonstrativpronomen[257]. Entspricht nun der griechische Satz in der koptischen Übersetzung einem Nominalsatz[258], so ist dort die Kopula unerläßlich:

1 Kor 15,17	griechisch:	ματαία ἡ πίστις ὑμῶν
	oder:	ματαία ἡ πίστις ὑμῶν ἐστιν
	sahidisch:	ϹϢΟΥЄΙΤ Ⲛ̄ϬΙ ΤЄΤⲚ̄ΠΙϹΤΙϹ
	bohairisch:	ΟΥЄΦΛΗΟΥ ΠЄ ΠЄΤЄΝΝΑϨϮ

Einen solchen Nominalsatz bietet in diesem Beispiel das Bohairische. Folgerichtig setzt es die Kopula. Das Sahidische jedoch kann keine Kopula bieten, weil es auch keinen Nominalsatz bringt, sondern einen Pseudoverbalsatz, der wie alle Adverbialsätze keine Kopula enthält[259]. Dabei ist der Adverbialsatz häufig nötig, um das Griechische wiederzugeben.

Mt 12,11	griechisch:	τὶς ἔσται ἐξ ὑμῶν ἄνθρωπος
	oder:	τίς ἐστιν ἐξ ὑμῶν ἄνθρωπος
	oder:	τίς ἐξ ὑμῶν ἄνθρωπος
	sahidisch:	ΝΙΜ Ⲛ̄ΡⲰΜЄ ЄΒΟΛ Ⲛ̄ϨΗΤΤΗΥΤⲚ̄
	bohairisch:	ΝΙΜ Ⲛ̄ΡⲰΜΙ ЄΤϦЄΝ ΘΗΝΟΥ

Daß im Koptischen kein Futur ausgedrückt ist, gibt keinen Hinweis; es folgt ja im eigentlich den Inhalt tragenden Satz. Wir finden hier im Sahidischen ebenfalls einen Adverbialsatz, der es unmöglich machen würde, die griechische Kopula anzuzeigen. Im Bohairischen jedoch vertritt in einem Nominalsatz ein Relativsatz das Prädikat. Dort kann, aber muß nicht die Kopula gesetzt werden. Das Bohairische neigt dabei häufig zur Auslassung[260].

---

[256] Zur Kopula im Koptischen vgl. Till § 246f.

[257] Schon M. Chaîne erkannte, daß die koptische Kopula etwas anderes sei als die griechische. Steindorff (§ 302 Anm.) hält sie desungeachtet weiter für Äquivalente.

[258] „Nominalsatz" wird nur im Sinne des sonst auch gebräuchlichen „nominaler Nominalsatz" gebraucht (wie bei Till § 241–248 gegen Steindorff). Der Adverbialsatz ist dabei aus dem Bereich des Nominalsatzes ausgegliedert. Vgl. oben 194 Anm. 177.

[259] Doch auch davon gibt es Ausnahmen. Vgl. zu Adverbialsätzen mit Kopula: G. Rudnitzky, Zum Sprachgebrauch Schenutes II, ZÄS 81 (1956), 129–139, dort 134f.

[260] Das Bohairische läßt in präsentischen Nominalsätzen, deren Prädikat ein Relativsatz ist, meist die Kopula weg. Vgl. Steindorff § 480.

Hebr 12,7	griechisch:	τὶς γάρ ἐστιν υἱὸς ὅν ...
	oder:	τὶς γὰρ υἱὸς ὅν ...
	sahidisch:	ΝΙΜ ΓΑΡ Ⲛ̄ϢΗΡⲈ ΠⲈΤⲈ ...
	bohairisch:	ΝΙΜ ΓΑΡ Ⲛ̄ϢΗΡΙ ⲈΤⲈ ...

Oft dürfte diese Lage eintreten, wenn das griechische Prädikatsnomen ein Partizip ist.

2 Kor 2,2	griechisch:	τὶς ὁ εὐφραίνων
	oder:	τίς ἐστιν ὁ εὐφραίνων
	sahidisch:	ⲈΙⲈ ΝΙΜ ΠⲈΤΝΑⲈΥΦ[ΡΑ]ΝⲈ
	bohairisch:	ΝΙΜ ⲈΤΘΡΟ Ⲙ̄ΜΟΙ ⲈΡΑϢΙ

Es ist eher anzunehmen, daß das Bohairische die Kopula hier nach eigenem Sprachempfinden ausläßt, als daß ein griechischer Text dahinterstünde[261]. Bei manchen Ausdrücken, die aus dem Griechischen übernommen worden sind, wird keine Kopula gesetzt, weil der Ausdruck schon in sich vollständig ist und sich auch keinem koptischen Satzschema einfügt.

Mt 18,7	griechisch:	ἀνάγκη γάρ
	oder:	ἀνάγκη γάρ ἐστιν
	sahidisch:	ΑΝΑΓΚΗ ΓΑΡ
	bohairisch:	ΑΝΑΓΚΗ ΓΑΡ

Wie in Adverbialsätzen ist auch in nicht präteritalen Verbalsätzen[262] die griechische Kopula nicht wiederzufinden. Zuweilen entstehen aus griechischen Sätzen mit εἶναι Verbalsätze.

Mk 1,45	griechisch:	ἔξω ἐπ' ἐρήμοις τόποις ἦν
	oder:	ἔξω ἐπ' ἐρήμοις τόποις
	sahidisch:	ⲈϤϨⲚ̄ ϨⲈΝΜΑ Ⲛ̄ϪΑΙⲈ
	bohairisch:	ΝΑϤϢΟΠ ΠⲈ ϦⲈΝ ϨΑΝΜϢΙΤ Ⲛ̄ϢΑϤⲈ

[261] Beim Sahidischen ist umstritten, ob ein Satz mit Kopula vorliegt. Vielleicht hat sie vor dem Relativsatz die Form des bestimmten Artikels angenommen, dem sie ja auch verwandt ist. Aber man könnte Sätze der Struktur ΠΡⲰΜⲈ ΠⲈΤⲤⲰΤⲘ̄ auch als zweigliedrige Nominalsätze interpretieren (wie Steindorff § 482). Till hingegen läßt nur Sätze mit pronominalem Subjekt als zweigliedrige Nominalsätze zu. Besteht ein Satz nur aus zwei Nomina, so hält er die Kopula für irrtümlich ausgelassen (vgl. § 242). Vgl. auch P. du Bourguet, Quelques dérogations aux „règles" de la grammaire copte, BSAC 17 (1963/64), 13–21, er argumentiert ähnlich. Grundlegend ist jedoch die Unterscheidung von qualifizierendem Nominalsatz und identifizierendem cleft sentence nach H. J. Polotsky, Nominalsatz und cleft sentence im Koptischen, Or 31 (1962), 413–430.

[262] Allerdings hat die Funktion der Kopula im präteritalen Verbalsatz nichts mit der im Nominalsatz zu tun. Vgl. Till § 327.

Die Kopula im Bohairischen ist nicht durch den griechischen Text, sondern den präteritalen Sinn des Satzes motiviert. Dieser Sinn setzt nicht unbedingt die griechische Kopula voraus. Er ist auch ohne sie aus der Erzählung zu erschließen. Das Sahidische hingegen bedient sich eines Adverbialsatzes als Umstandssatz, der nicht ins Präteritum zu setzen ist. Er wird aber durch den Umstandssatz vom Vorangehenden zeitlich abhängig gemacht.

67. Grundsätzliches zur Wortstellung[263]

Da das Koptische kaum noch flektiert, also keine Kasus bildet und in der Präfixkonjugation letztlich nur eine periphrastische Flexionsmöglichkeit besitzt, kann es mit morphologischen Mitteln allein die syntaktische Funktion eines Wortes normalerweise nicht anzeigen. Vielmehr muß es diese Funktion durch die Stellung eines Wortes eindeutig machen. Da es so zu einem funktionalen Satzbau kommt, ist die Wortstellung nicht beliebig. Das Koptische steht darin in einem schroffen Gegensatz zum Griechischen. Weil dort, zum Teil ohne nennenswerte Veränderung des Sinns, der Satzbau insgesamt oder in einzelnen Satzteilen leicht verändert werden kann, ist die Überlieferung reich an Umstellungsvarianten. Im folgenden werden deren verschiedene Typen unterschieden. Jedesmal lautet die Frage, ob der Kopte unter dem Eindruck des griechischen Textes wirklich so oder so formulieren konnte. Im allgemeinen wird man nur dann eine Entscheidung treffen können, wenn zwei oder mehr Möglichkeiten der griechischen Wortstellung ähnlichen Modifikationsmöglichkeiten im Koptischen entsprechen[264].

68. Die Stellung von Subjekt und Prädikat

Im Verbalsatz mit Verben der Präfixkonjugation ist das normal gestellte Subjekt ein Infix des verbalen Gesamtbegriffs; es steht

[263] Vgl. außerdem Steindorff § 405–416, Till § 242–249, § 281, § 301, § 378–392, Mallon § 232, § 347–363, Dialektgrammatik § 174–183, § 305–313. H. P. Houghton, The Coptic Sentence, Aegyptus 37 (1957), 226–242 (nichts neues), H. J. Polotsky, Zur koptischen Wortstellung, Or 30 (1961), 294–313 (für einige Besonderheiten wie ϩⲱⲱ=, ⲧⲏⲣ=, absolutes Personalpronomen wichtig), Joussen a. a. O. 64–67. Auch Joussen untersucht die Wortfolge in den Versionen, allerdings rein phänomenologisch, um das Verhalten der verschiedenen Dialekte zum griechischen Text wie zueinander erfassen zu können (a. a. O. 37–83). Eine grammatische Theoretisierung erfolgte nicht. Mit Recht fordert aber Joussen ein differenziertes Heranziehen der koptischen Texte zur Bezeugung der Wortfolge im Griechischen.

[264] Eindrücklich sind dabei die Fälle, in denen die wörtliche Wiedergabe des Griechischen den Sinn verschiebt. Vgl. dazu Joussen a. a. O. 38–40, 52f.

zwischen Hilfsverb und Vollverb (Infinitiv oder Qualitativ)[265]. Davon unberührt ist jedoch die Möglichkeit der Emphase[266]. Man kann also das Subjekt auch exponiert am Satzanfang nennen. Dann aber erscheint es desungeachtet nochmals in der gewohnten Stellung nach dem Hilfsverbum. Das trifft auch bei der ⲚϬⲒ-Konstruktion zu[267]. Diese Konstruktion scheint erst unter dem Eindruck des Griechischen entstanden zu sein und ermöglicht es, das Subjekt auch noch nach dem Vollverb zu nennen. Sie hat, besonders im Bohairischen, eine außerordentliche Verbreitung gewonnen[268]. Auch hier ist die vorherige Anführung in Gestalt eines Pronomen Pflicht. Im Prinzip hat also der Verbalsatz die Elemente Hilfsverb, Subjekt und Vollverb immer in dieser Reihenfolge.

Apg 2,36	griechisch:	καὶ κύριον αὐτὸν καὶ χριστὸν ἐποίησεν ὁ θεός
	oder:	καὶ κύριον αὐτὸν καὶ χριστὸν ὁ θεὸς ἐποίησεν
	sahidisch:	ⲀⲠⲚⲞⲨⲦⲈ ⲀⲀϤ ⲚϪⲞⲈⲒⲤ ⲀⲨⲰ ⲚⲬⲤ
	bohairisch:	ⲀϤⲀⲒϤ ⲚϬⲤ ⲞⲨⲞϨ ⲀϤⲀⲒϤ ⲚⲬⲤ ⲚϪⲈ Ⲫϯ

Das Sahidische hat die normale koptische Wortstellung. Sie weist auf keine der griechischen Lesarten hin. Das Bohairische hingegen bedient sich der ⲚϪⲈ-Konstruktion und ahmt damit die Wortstellung

265 Joussens (ebenda 37) Regelwortstellung (1. Subjekt, 2. Prädikat, 3. näheres Objekt, 4. entfernteres Objekt, 5. adverbiale Bestimmung) ist nicht ganz richtig. Sie trifft nur für Pseudoverbalsätze zu, jedoch nicht für Verbalsätze.

266 Auch für das Koptische gelten die Regeln, die W. Schenkel (Syntagmen mit infiniten Verbalformen als Transformate von Sätzen MDAIK 23 [1968], 167–181) für die Möglichkeit der Emphase oder Antizipation eines nominalen Elements aufstellte (171). ,,(1) Jedes nominale Element im Gerippekernsatz kann durch eine Umstellungstransformation vor das verbum finitum an die Spitze des Satzes gebracht werden. Jeder Satz kann aber nur ein einziges antizipiertes nominales Element haben.

(2) An der ursprünglichen Stelle im Satz wird das antizipierte nominale Element im allgemeinen durch einen Stellvertreter, ein resumptives Element, repräsentiert. Der Stellvertreter ist zur Kennzeichnung der syntaktischen Funktion des antizipierten Elements notwendig, wenn sich seine Funktion nicht aus ihm selbst nach semantischen Kriterien ergibt; formal ist am antizipierten Element die syntaktische Funktion nicht angezeigt.

(3) Alle Satelliten des antizipierten nominalen Elements bleiben bei ihrem Nukleus und werden mit ihm antizipiert.''

Zum Gebrauch der Antizipation vgl. auch G. Rudnitzky, Zum Sprachgebrauch Schenutes III, ZÄS 82[2] (1958), 143–151.

267 Vgl. auch S. Morenz, Die ⲚϬⲒ-Konstruktion als sprachliche und stilistische Erscheinung im Koptischen, ASAE 52 (1952), 1–15. Er untersucht ihre Funktion in Mt und kommt zu dem Ergebnis, daß sie dort hauptsächlich der genauen Wiedergabe des Bibeltextes diene (ebenda 8–11).

268 Vgl. auch Joussen, ebenda 57.

der ersten Lesart nach, des Textes von ℵ B. Eine Emphase zieht niemand in Betracht, weil diese dem griechischen Text überhaupt nicht gerecht würde. In gewissen Fällen ist eine emphatische Stellung fast unmöglich, nämlich wenn es sich um einen untergeordneten Satz handelt und dieser nicht zu Beginn der Periode steht[269]. Im folgenden etwa ist der Anschluß des perfektischen Präfixes an das Relativum unerläßlich, so daß das Subjekt frühestens nach dem Präfix genannt werden kann.

Apg 3,25	griechisch:	ἧς ὁ θεὸς διέθετο
	oder:	ἧς διέθετο ὁ θεός
	sahidisch:	ΤΑΙ ⲚⲦⲀⲠⲚⲞⲨⲦⲈ ⲤⲘⲚ̄ⲦⲤ̄
	bohairisch:	ⲈⲦⲀⲪϯ ⲤⲈⲘⲚⲎⲦⲤ

Das Sahidische und Bohairische wählen die koptische Normalstellung des Subjekts. Eine besondere Lage ergibt sich, wenn das Subjekt ein Personalpronomen ist. Als solches wird es ja schon ohnehin nach dem Hilfsverb genannt, und die Ⲛ̄ϬⲒ-Konstruktion ist unanwendbar. Wohl ist eine Wiederholung des Pronomen nach dem Vollverb möglich. Sie bedeutet aber auch, im Gegensatz zur Ⲛ̄ϬⲒ-Konstruktion, eine Verstärkung[270].

Eph 6,21	griechisch:	ἵνα δὲ εἴδητε καὶ ὑμεῖς
	oder:	ἵνα δὲ καὶ ὑμεῖς εἴδητε
	sahidisch:	ϪⲈⲔⲀⲤ ⲈⲦⲈⲦⲚⲈⲈⲒⲘⲈ ϨⲰⲦⲦⲎⲨⲦⲚ̄
	bohairisch:	ϨⲒⲚⲀ ⲆⲈ Ⲛ̄ⲦⲈⲦⲈⲚⲈⲘⲒ ϨⲰⲦⲈⲚ

Das hervorhebende καί wird am Satzende übersetzt, das Hervorgehobene selbst wird dort jedoch nicht noch einmal als Bezugswort vorangestellt. Man wird die koptischen Übersetzungen schwerlich einem griechischen Text zuordnen dürfen.

In allen Fällen, in denen Verben der Suffixkonjugation benutzt werden, folgt das Subjekt dem Verbum[271]:

---

[269] Antizipation vor Nebensätzen und Ⲉ wird zwar bei G. Rudnitzky (a. a. O. 147–150) angeführt, aber sie steht in seinen Beispielen auch nicht als Trenner zwischen Haupt- und Nebensatz, sondern stets am Phrasenanfang. Joussens (a. a. O. 67) Analyse „Subjekt-Prädikat-Objekt" für den Temporalsatz ist falsch.

[270] Hier ist eine verstärkende Bedeutung natürlich nicht grundsätzlich ausgeschlossen. Vgl. für Schenute S. Morenz, Die Ⲛ̄ϬⲒ-Konstruktion als sprachliche und stilistische Erscheinung im Koptischen, ASAE 52 (1952), 1–15, dort 5f.

[271] Joussen hätte die Wortstellungsmöglichkeiten, die sich aufgrund der Anwendung verschiedener Konjugationsmöglichkeiten ergeben, grundsätzlicher beurteilen sollen. Außerdem hat er in seinem Kapitel über die Abänderung der griechischen Wortfolge aus stilistischen Gründen (a. a. O. 67ff) Grammatisches und Stilistisches vermischt.

Apg 7,7 griechisch: ὁ θεὸς εἶπεν
oder: εἶπεν ὁ θεός
sahidisch: ⲠⲈϪⲀϤ Ⲛ̄ϬⲒ ⲠⲚⲞⲨⲦⲈ
bohairisch: ⲠⲈϪⲈ Ⲫϯ

Warum auch noch bei der Suffixkonjugation die Ⲛ̄ϬⲒ-Konstruktion angewandt wird, ist unerfindlich.

69. Die Stellung des näheren Objekts

Da es im Koptischen keine Kasus gibt, soll hier die Unterscheidung der Objekte auch nicht vom Standpunkt der Morphologie aus vorgenommen werden. Vielmehr scheint die Anwendung der sprachlogischen Kategorien vom näheren und entfernteren Objekt geeignet zu sein. Zwar unterscheidet das Koptische auch hier nicht immer und nicht konsequent. Doch ist diese Sprachregelung anwendbar und läßt sich in den meisten Fällen auf den koptischen wie auf den griechischen Text beziehen.

Hebr 1,2 griechisch: δι᾽ οὗ καὶ ἐποίησεν τοὺς αἰῶνας
oder: δι᾽ οὗ καὶ τοὺς αἰῶνας ἐποίησεν
sahidisch: Ⲛ̄ⲦⲀϤⲠⲞⲒⲈⲒ Ⲛ̄ⲚⲀⲒⲰⲚ ⲈⲂⲞⲖ ϨⲒⲦⲞⲞⲦϤ̄
bohairisch: ⲞⲨⲞϨ ⲈⲂⲞⲖ ϨⲒⲦⲞⲦϤ ⲀϤⲐⲀⲘⲒⲈ Ⲛ̄ⲚⲒⲈⲚⲈϨ

Das nähere Objekt muß wie hier nach dem Verbum erscheinen. Auch wenn es schon in der Emphase genannt ist, muß es sich nach dem Verbum pronominal wiederholen. Durch die Umstellung im Griechischen kann der Bezug des καί wechseln. Die Wiedergabe dieses Bezuges könnte demnach eine Hilfe im koptischen Text sein, die auf die griechische Vorlage wiese. Aber die Kopten lassen καί entweder mit P[46] aus oder ignorieren es. Ist das Objekt ein Pronomen, so wird nicht anders verfahren.

Apg 4,7 griechisch: ἐν ποίῳ ὀνόματι ἐποιήσατε τοῦτο ὑμεῖς
oder: ἐν ποίῳ ὀνόματι τοῦτο ἐποιήσατε ὑμεῖς
sahidisch: Ⲛ̄ⲦⲀⲦⲚ̄Ⲣ̄ ⲠⲀⲒ ... ϨⲚ̄ ⲀϢ Ⲛ̄ⲢⲀⲚ
bohairisch: ϦⲈⲚ ⲀϢ Ⲛ̄ⲢⲀⲚ ⲀⲢⲈⲦⲈⲚⲒⲢⲒ ⲘⲪⲀⲒ Ⲛ̄ⲐⲰⲦⲈⲚ

Das Sahidische übersetzt freier, wie die im Koptischen nicht unübliche Stellung der in Frage gestellten adverbialen Bestimmung an das Satzende und die unterbliebene Betonung des Subjektes zeigen. Das Bohairische ahmt in diesen Punkten das Griechische nach. Indes haben beide Kopten das Objekt in der Normalstellung. Ob mit oder ohne Einfluß des griechischen Textes, ist nicht zu entscheiden. Die direkte Anknüpfung des Objektes an das Verbum ist im Sahidischen besonders eindrücklich. Die Verbindung beider ist noch enger, wenn nicht wie hier der status nominalis des Verbums angewandt wird, sondern das Objekt ein Personalpronomen ist.

Mk 7,15	griechisch:	ὃ δύναται κοινῶσαι αὐτόν
	oder:	ὃ δύναται αὐτὸν κοινῶσαι
	sahidisch:	ⲈϤⲚⲀϢϪⲀϨⲘⲈϤ
	bohairisch:	ⲈⲞⲨⲞⲚ ϢϪⲞⲘ ⲘⲘⲞϤ ⲈⲤⲞϤϤ

Verbum und Objekt bilden eine Einheit. Speziell an dieser Stelle wäre auch keine andere Wortstellung möglich. Zieht das Verbum abweichend vom Griechischen keine direkten Objekte nach sich, sondern bedarf es eines präpositionalen Anschlusses, so verändert sich die Situation im Prinzip nicht. Die Präposition folgt mit dem logischen Objekt dem Verbum, mit dem es zusammen den Sinn des griechischen Verbums erst ausmacht.

Mk 1,37	griechisch:	ζητοῦσίν σε
	oder:	σε ζητοῦσιν
	sahidisch:	ⲤⲈϢⲒⲚⲈ ⲚⲤⲰⲔ
	bohairisch:	ⲤⲈⲔⲰϯ ⲚⲤⲰⲔ

Auch hier verhält sich das Koptische gegenüber dem Griechischen neutral.

70. Die Stellung des entfernteren Objekts

Im Prinzip gilt für seine Stellung dasselbe wie für das nähere Objekt. Es hat auch dem Prädikat zu folgen und kann nur auf dem Wege der emphatischen Ausdrucksweise vor das Subjekt und das Prädikat gestellt werden.

Mt 18,26	griechisch:	ἀποδώσω σοι
	oder:	σοι ἀποδώσω
	sahidisch:	ⲦⲀⲦⲀⲀⲨ ⲚⲀⲔ
	bohairisch:	ϯⲚⲀⲦⲞⲂⲞⲨ ⲚⲀⲔ

Das Koptische wahrt hier seine dem Griechischen gegenüber indifferente Normalstellung. Da der griechische Text, der das Dativ-Objekt vor das Prädikat setzt, damit keine Betonung bezwecken will, würde sich eine Emphase des entfernteren Objektes im Koptischen nicht sinnentsprechend auswirken. Die Emphase ist auch dann unmöglich, wenn bereits ein anderer Satzteil sie wahrnimmt.

Mt 13,28	griechisch:	οἱ δὲ δοῦλοι αὐτῷ λέγουσιν
	oder:	οἱ δὲ δοῦλοι λέγουσιν αὐτῷ
	oder:	οἱ δὲ αὐτῷ λέγουσιν
	sahidisch:	ⲚⲦⲞⲞⲨ ⲆⲈ ⲠⲈϪⲀⲨ ⲚⲀϤ
	bohairisch:	ⲚⲐⲰⲞⲨ ⲆⲈ ⲠⲈϪⲰⲞⲨ ⲚⲀϤ

Unabhängig davon, ob hier eine Emphase überhaupt sinnvoll wäre, kann gesagt werden, daß sie schon grammatisch nicht möglich ist. In der entsprechenden Stellung steht bereits das Subjekt. Mit B lassen die Kopten δοῦλοι aus. Hätte ihre Vorlage auch den weiteren Text mit B gemein, indem sie das Dativ-Objekt vor das Prädikat zieht, so wäre es dem Kopten unmöglich gewesen, dieses auszudrücken. Aus der Auslassung des δοῦλοι kann man jedoch nicht auf einen Zusammenhang mit der B-Lesart in der Umstellungsvariante schließen. Beide Varianten hängen weder logisch noch, wie etwa C zeigt, in der Überlieferung zusammen. Weiterhin ist die Emphase auszuschließen bei Relativsätzen, Umstandssätzen usw., also einer Reihe von Möglichkeiten zur Partizipialauflösung.

Apg 14,17	griechisch:	ὑετοὺς διδούς
	oder:	διδοὺς ὑετούς
	sahidisch:	ⲈϤϯ ⲚϨⲈⲚϨⲰⲞⲨ
	bohairisch:	ⲀϤϯ ⲚⲰⲞⲨ ⲚϨⲀⲚⲘⲞⲨⲚϨⲰⲞⲨ

Wird das entferntere Objekt des griechischen Textes zum näheren des koptischen, wie es im folgenden Beispiel im Bohairischen der Fall ist, so verändert sich die Situation nicht, da beide ihre Normalstellung nach dem Verbum haben.

Eph 6,21	griechisch:	πάντα γνωρίσει ὑμῖν
	oder:	πάντα ὑμῖν γνωρίσει
	oder:	πάντα γνωρίσει
	sahidisch:	ϤⲚⲀⲞⲨⲰⲚϨ ϨⲰⲂ ⲚⲒⲘ ⲈⲢⲰⲦⲚ
	bohairisch:	ⲈϤⲈⲦⲀⲘⲰⲦⲈⲚ ⲚϨⲰⲂ ⲚⲒⲂⲈⲚ

Theoretisch ist sogar die Auslassung von ὑμῖν wie in P^{46} als Vorlage möglich. Bei Abhängigkeit des Objektes von einem Verbaladjektiv im Griechischen gilt Entsprechendes, da dieser Ausdruck im Koptischen zu einem Satz umgewandelt wird, etwa Relativsatz oder unechtem Relativsatz. Das folgende Beispiel zeigt im Koptischen den Umstandssatz.

Röm 12,1 griechisch: τῷ θεῷ εὐάρεστον
oder: εὐάρεστον τῷ θεῷ
sahidisch: ⲈⲤⲢ̄ⲀⲚⲀϤ ⲘⲠⲚⲞⲨⲦⲈ
bohairisch: ⲈϤⲢⲀⲚⲀϤ ⲘⲪϮ

Bei diesem Typus untergeordneter Sätze sind Objekt und Prädikat nicht umzustellen. Stets dann läßt sich mit Sicherheit eine Aussage über die griechische Vorlage machen, wenn durch eine Umstellung des Objektes dessen Regens wechselt oder wechseln kann, freilich auch oft nur eine negative Aussage.

Mt 14,28 griechisch: ἀποκριθεὶς δὲ αὐτῷ ὁ Πέτρος εἶπεν
oder: ἀποκριθεὶς δὲ ὁ Πέτρος εἶπεν αὐτῷ
sahidisch: ⲀϤⲞⲨⲰϢⲂ̄ ⲆⲈ ⲚⲀϤ Ⲛ̄ϬⲒ ⲠⲈⲦⲢⲞⲤ ⲈϤϪⲰ Ⲙ̄ⲘⲞⲤ
bohairisch: ⲀϤⲈⲢⲞⲨⲰ ⲆⲈ Ⲛ̄ϪⲈ ⲠⲈⲦⲢⲞⲤ ⲠⲈϪⲀϤ ⲚⲀϤ

Das Sahidische schließt die zweite Lesart, den Text von B, aus. Das Bohairische hingegen ist eindeutig auf B's Lesart zu beziehen. Zwar könnte es theoretisch auch das αὐτῷ vor ὁ Πέτρος von εἶπεν regiert sein lassen, aber ⲠⲈⲦⲢⲞⲤ wird eindeutig als Subjekt zu ἀποκριθείς gezogen, und so scheidet diese Möglichkeit aus. Wieder einmal zeigt sich die Neigung des bohairischen Textes, die griechische Wortstellung genau wiederzugeben.

71. Die Stellung von Subjekt und Objekt

Da in griechischen Texten sehr häufig das Subjekt dem Prädikat folgt, steht es dann auch oft direkt neben dem Objekt. Den gleichen Effekt hat auch das Vorziehen des Objektes vor das Prädikat, wenn auch das Subjekt dort steht. So betreffen einige Umstellungsvarianten den Positionswechsel von Subjekt und Objekt.

Apg 23,1 griechisch: ἀτενίσας δὲ ὁ Παῦλος τῷ συνεδρίῳ
oder: ἀτενίσας δὲ Παῦλος τῷ συνεδρίῳ
oder: ἀτενίσας δὲ τῷ συνεδρίῳ ὁ Παῦλος
sahidisch: ⲠⲀⲨⲖⲞⲤ ⲀϤⲈⲒⲰⲢⲘ̄ ⲈϨⲞⲨⲚ ⲈⲠⲤⲨⲚϨⲈⲆⲢⲒⲞⲚ
bohairisch: ⲈⲦⲀϤⲤⲞⲘⲤ ⲆⲈ Ⲛ̄ϪⲈ ⲠⲀⲨⲖⲞⲤ ⲈⲠⲒⲘⲀ Ⲛ̄ϮϨⲀⲠ

Das vorangestellte Subjekt im Sahidischen ist auf die Subjektgleichheit mit dem Folgenden zurückzuführen. Auf eine der griechischen Lesarten gibt das Sahidische keinen Hinweis. Die Wortstellung des

Bohairischen imitiert jedoch die der ersten beiden griechischen Lesarten, also sowohl des Mehrheitstextes als auch von B 614. Die Variante zwischen den beiden Zeugengruppen ist dabei unerheblich.

72. Die Stellung des näheren und entfernteren Objekts[272]

Im Koptischen folgt normalerweise das entferntere Objekt dem näheren. Das ist schon deshalb wichtig, weil sie formgleich sein können. Wird das entferntere Objekt mit einem Pronomen ausgedrückt, steht es wiederum hinter dem Verbum oder wird sogar an dieses angeschlossen. Man vergleiche das Beispiel von Eph 6,21. Aber diese Reihenfolge ist nicht obligatorisch, denn das nähere Objekt kann trotz pronominalen entfernteren Objekts an den status nominalis des Verbums angeschlossen werden, so daß hier eine Möglichkeit besteht, der Wortfolge des griechischen Textes zu entsprechen.

Apg 13,22	griechisch:	ἤγειρεν τὸν Δαυὶδ αὐτοῖς
	oder:	ἤγειρεν αὐτοῖς τὸν Δαυίδ
	sahidisch:	ⲀϤⲦⲞⲨⲚⲈⲤ ⲆⲀⲨⲈⲒⲆ ⲚⲀⲨ
	bohairisch:	ⲀϤⲦⲞⲨⲚⲞⲤ ⲆⲀⲨⲈⲒⲆ ⲚⲰⲞⲨ

Die Kopten folgen in der Stellung der Satzteile der ersten Lesart, dem Text von P[74] ℵ A B. Das Sahidische ist darin aber vorsichtiger zu beurteilen als das Bohairische, da dieses oft bei einer Imitation der griechischen Wortfolge zu beobachten ist, jenes aber häufig frei übersetzt. Geht es um eine Umstellung der Objekte über das Verbum hinweg, so gilt ebenfalls das bislang Gesagte.

Mk 12,14	griechisch:	δοῦναι κῆνσον Καίσαρι
	oder:	κῆνσον Καίσαρι δοῦναι
	sahidisch:	ⲈϮ ⲔⲎⲚⲤⲞⲚ Ⲙ̅Ⲡ̅Ⲣ̅ⲢⲞ
	bohairisch:	Ⲛ̅Ϯ ϨⲰϮ Ⲙ̅ⲠⲞⲨⲢⲞ
Lk 20,22	griechisch:	Καίσαρι φόρον δοῦναι

Die lukanische Parallelstelle zu Markus verändert dabei in ihrer wichtigsten Überlieferung, die auch eine Variante zu Mk 12,14 beeinflußt hat, noch die Reihenfolge der Objekte. Die koptische Übersetzung dazu anzuführen erübrigt sich, denn sie entspricht in der Wortfolge der des markinischen Beispiels. Sie muß ihr entsprechen. Zwar

---

272 Meistens wird das entferntere Objekt mit einer Präposition (vor allem Ⲛ̅- bzw. ⲚⲀ=) eingeführt. Daß solche Ausdrücke besonders gern in die Nähe des Verbums gerückt werden, darauf hat auch H. J. Polotsky (Zur koptischen Wortstellung, Or 30 [1961], 294–313, dort 313) hingewiesen.

bleibt trotz der Regel der Wortfolge bei Prädikat und mehreren Objekten die Möglichkeit der betonenden Voranstellung der Objektbegriffe. Aber auch sie kann hier nicht angeführt werden, da der Infinitiv bereits präpositional angeschlossen ist. Hier sind Umstellungen so wenig möglich wie in bestimmten Nebensätzen. Wäre im lukanischen Beispiel das entferntere Objekt durch ein Personalpronomen vertreten, dürfte in diesem Falle nicht damit gerechnet werden, daß die Kopten das entferntere Objekt, wie sonst möglich, vorziehen, da Verbum und näheres Objekt schon so nah zusammenhängen, daß sie eine untrennbare Sinneinheit bedeuten. Das würde auch gelten für ΚΑϬΙϪ u. ä. termini technici.

73. Die Stellung adverbialer Ausdrücke bei finiten Verben

Zwar läßt das Koptische adverbiale Bestimmungen bevorzugt nach dem Objekt erscheinen, aber ihre Stellung ist doch relativ frei. Zumal wenn es sich um präpositionale Wendungen handelt, die sinngemäß nahe zum Verbum gehören, ja den Sinn des Verbums ergänzen — bestimmte Verben verändern ja je nach folgender Präposition völlig ihren Sinn —, kann es die adverbiale Bestimmung durchaus direkt dem Verbum folgen lassen. Wenn die Umstellung im Bereich des logischen Subjekts und der adverbialen Bestimmung erfolgt, kann man sogar zweifeln, ob der Kopte nicht lieber die das Verbum ergänzende adverbiale Bestimmung zum Verbum zieht, wenn er mit N̄ϬΙ konstruiert. Zum Beispiel:

Mt 21,32	griechisch:	ἦλθεν γὰρ Ἰωάννης πρὸς ὑμᾶς
	oder:	ἦλθεν γὰρ πρὸς ὑμᾶς Ἰωάννης
	sahidisch:	ΑϤΕΙ ΓΑΡ ϢΑΡΩΤΝ̄ N̄ϬΙ ΙΩϨΑΝΝΗϹ
	bohairisch:	ΑϤΙ ΓΑΡ ϨΑΡΩΤΕΝ N̄ϪΕ ΙΩΑΝΝΗϹ

Eine Zuordnung der koptischen Übersetzung zu einer der griechischen Lesarten erfolgt besser nicht. Steht das Subjekt im koptischen Satz in seiner Normalstellung, so kann ohnehin kein Positionswechsel der adverbialen Bestimmung erfolgen, selbst die Vorlage des griechischen Textes, der einen solchen Wechsel hätte ermöglichen können, ist dann meistens nicht mehr sichtbar.

Apg 18,12	griechisch:	κατεπέστησαν ὁμοθυμαδὸν οἱ Ἰουδαῖοι τῷ Παύλῳ
	oder:	κατεπέστησαν οἱ Ἰουδαῖοι ὁμοθυμαδὸν τῷ Παύλῳ
	sahidisch:	ΑN̄ΙΟΥΔΑΙ ΤΩΟΥN̄ ΕϪM̄ ΠΑΥΛΟϹ ϨΙΟΥϹΟΠ
	bohairisch:	ΑΥΙ N̄ϪΕ ΝΙΙΟΥΔΑΙ ΕΥϹΟΠ ΕϨΡΗΙ ΕϪΕΝ ΠΑΥΛΟϹ

Das Sahidische zeigt eine typische Wortstellung. Der modale adverbiale Ausdruck erscheint am Satzende. Die Wortfolge hat nicht die mindeste Parallele im Griechischen. Das Bohairische hingegen hat eine mit B genau übereinstimmende Wortstellung. Relativ frei wird auch bei der Vertauschung von Objekt und adverbialer Bestimmung verfahren.

2 Kor 8,18	griechisch:	συνεπέμψαμεν δὲ μετ᾽ αὐτοῦ τὸν ἀδελφόν
	oder:	συνεπέμψαμεν δὲ τὸν ἀδελφὸν μετ᾽ αὐτοῦ
	sahidisch:	ΑΝΤΝ̄ΝΟΟΥ ΔΕ ΝΜ̄ΜΑϤ Μ̄ΠϹΟΝ
	bohairisch:	ΑΝΟΥⲰΡΠ Μ̄ΠΙΚΕϹΟΝ ΝΕΜΑϤ

Das Sahidische entspricht dem Text von א² B C D usw., das Bohairische hat die Normalstellung, die aber bei der stets zu beobachtenden Treue zum griechischen Text der zweiten Lesart, dem Text von א* P, zuzuordnen ist. Sichere Entscheidungen lassen sich natürlich vor allem dann treffen, wenn durch einen Stellungswechsel der adverbialen Bestimmung auch das Verbum ein anderes wird, auf das es sich bezieht.

Mt 24,1	griechisch:	καὶ ἐξελθὼν ὁ ᾿Ιησοῦς ἀπὸ τοῦ ἱεροῦ ἐπορεύετο
	oder:	καὶ ἐξελθὼν ὁ ᾿Ιησοῦς ἐπορεύετο ἀπὸ τοῦ ἱεροῦ
	sahidisch:	ῙϹ̄ ΔΕ ΑϤΕΙ ΕΒΟΛ ϨΜ̄ ΠΕΡΠΕ ΑϤΒⲰΚ
	bohairisch:	ΟΥΟϨ ΕΤΑϤΙ Ν̄ϪΕ ῙΗ̄Ϲ̄ ΕΒΟΛ ϦΕΝ ΠΙΕΡΦΕΙ ΝΑϤΜΟϢΙ ΠΕ

Das Sahidische übersetzt auch hier wesentlich freier als das Bohairische. Aber beide schließen mit Sicherheit die zweite Lesart, den Mehrheitstext, aus. Eine Stellung des Adverbs vor dem Verbum ist nicht sehr beliebt, aber prinzipiell nicht unmöglich, und wird am ehesten bei Adverbien mit temporaler oder modaler Bedeutung angewandt, die also einen wichtigen Begleitumstand des gesamten Satzes anzeigen.

1 Kor 15,12	griechisch:	ὅτι ἐκ νεκρῶν ἐγήγερται
	oder:	ὅτι ἐγήγερται ἐκ νεκρῶν
	sahidisch:	ΑϤΤⲰΟΥΝ̄ ΕΒΟΛ ϨΝ̄ ΝΕΤΜΟΟΥΤ
	bohairisch:	ΑϤΤⲰΝϤ ΕΒΟΛ ϦΕΝ ΝΗ ΕΘΜⲰΟΥΤ

In diesem Fall unterläßt man es besser, die koptischen Übersetzungen den griechischen Lesarten zuzuordnen. Einmal steht das Adverb in der Normalstellung. Zum zweiten ist die enge Verbindung zwischen Verb und Adverb mehr als einleuchtend.

74. Die Stellung adverbialer Ausdrücke bei Partizipien

Da alle Partizipien des Griechischen im Koptischen aufgelöst werden müssen, ist nach den Arten der Auflösung zu differenzieren. In Hauptsätzen, die durch Gleichordnung entstehen, kann dabei theoretisch das Adverb auch nach vorn gezogen werden. Doch ist es nur bei bestimmten Adverbien gebräuchlich. In folgenden Beispielen ist es nicht möglich, weil die Kopten in Satzarten auflösen, bei denen das Verbum auf jeden Fall vor dem Adverb steht.

Mt 17,3	griechisch:	συλλαλοῦντες μετ' αὐτοῦ
	oder:	μετ' αὐτοῦ συλλαλοῦντες
	sahidisch:	ⲈⲨϢⲀϪⲈ Ⲛⲙ̄ⲘⲀϤ
	bohairisch:	ⲈⲨⲤⲀϪⲒ ⲚⲈⲘⲀϤ

Der Umstandssatz hat auf jeden Fall die Wortfolge: Ⲉ, Subjekt, Prädikat, Adverb. Ähnlich ist es im Fall des Relativsatzes.

Hebr 12,23	griechisch:	ἀπογεγραμμένων ἐν οὐρανοῖς
	oder:	ἐν οὐρανοῖς ἀπογεγραμμένων
	sahidisch:	ⲈⲦⲤⲎϨ Ϩⲛ̄ ⲙ̄ⲠⲎⲨⲈ
	bohairisch:	ⲈⲤⲤϦⲎⲞⲨⲦ ϦⲈⲚ ⲚⲒⲪⲎⲞⲨⲒ

Das Bohairische wählt den unechten Relativsatz bzw. den Umstandsatz. Im sahidischen Relativsatz ist die Wortfolge ebenso zwingend.

75. Die Stellung adverbialer Ausdrücke bei Infinitiven

Auch hier besteht generell nicht die Möglichkeit, eine etwaige Stellung der adverbialen Bestimmung vor dem Infinitiv zu berücksichtigen. Der griechische Infinitiv wird im Koptischen häufig mit der Präposition Ⲉ angeschlossen, die nach sich nur den direkten Infinitiv duldet.

2 Tim 3,12	griechisch:	ζῆν εὐσεβῶς
	oder:	εὐσεβῶς ζῆν
	sahidisch:	ⲈⲰⲚϨ̄ Ϩⲛ̄ ⲞⲨⲘⲛ̄ⲦⲈⲨⲤⲈⲂⲎⲤ
	bohairisch:	ⲈⲰⲚϦ ϦⲈⲚ ⲞⲨⲘⲈⲦⲈⲨⲤⲈⲂⲎⲤ

Bei Verwendung des kausativen Infinitivs bleibt die Situation gleich.

Mt 14,28	griechisch:	ἐλθεῖν πρός σέ
	oder:	πρός σέ ἐλθεῖν
	sahidisch:	ⲈⲦⲢⲀⲈⲒ ϢⲀⲢⲞⲔ
	bohairisch:	ⲛ̄ⲦⲀⲒ ϨⲀⲢⲞⲔ

Im Gegensatz zum sahidischen kausativen Infinitiv drückt im Bohairischen ein Konjunktiv den finalen griechischen Infinitiv aus. Auch er duldet als subjunktives Tempus keine Prolepsis der ihm folgenden Satzglieder.

76. Die Umstellung von adverbialen Ausdrücken und nicht verbalen Satzteilen

Solche Umstellungen kommen für das Koptische nicht in Betracht, soweit diese Satzteile nicht adverbiell wiedergegeben sind. So kann das Adverb nicht das Objekt vom Verbum trennen, es sei denn, es bildet mit dem Verbum einen Begriff. Auch das sich stets in seiner Normalstellung befindliche syntaktische Subjekt kann von solchen griechischen Umstellungen nicht betroffen werden. Von dieser Regelung werden emphatisch genannte Satzteile außerhalb des Regelsatzes und in N̄ϬI-Konstruktion wiederaufgenommene Subjekte nicht berührt.

77. Die Stellung des Prädikativum

Griechische Prädikative werden häufig mit dem N̄ der Identität angeschlossen. Sie müssen dabei stets dem Beziehungswort folgen. Ist das griechische Prädikativum eine notwendige Ergänzung zum Verbum, so liegt in einer Übersetzung die Verwendung eines das Prädikativum umfassenden Verbum nahe. Das Prädikativum findet dann keinen entsprechenden Satzteil mehr. Die Frage nach der Vorlage ist nicht mehr zu stellen, wie dieses Beispiel zeigt:

Apg 7,19	griechisch:	τοῦ ποιεῖν τὰ βρέφη ἔκθετα
	oder:	τοῦ ποιεῖν ἔκθετα τὰ βρέφη
	sahidisch:	ЄТРЄΥΝΟΥϪЄ ЄΒΟΛ N̄NЄΥϢΗΡЄ
	bohairisch:	ЄΘΡΟΥϨΙΟΥΙ N̄ΝΟΥΚΟΥϪΙ N̄ΑΛΩΟΥΙ ЄΒΟΛ

78. Die Stellung des Attributes

Grundsätzlich gilt im Koptischen, daß das Rectum dem Regens folgt. Jede Art von Attribut wird demnach nachgestellt[273]. Das betrifft das Genetivattribut durchweg. Das adjektivische Attribut muß etwas differenzierter betrachtet werden. Es sind nämlich die Adjektiva

[273] Vgl. auch Joussen a. a. O. 64f; H. P. Houghton, Coptic Substantive Relationship, Aegyptus 36 (1956), 153–177.

im Koptischen eine vergleichsweise seltene Wortart. Wird das griechische Adjektiv mit einem koptischen wiedergegeben, so steht dieses nach, ausgenommen, es handelt sich um einen Quantitätsbegriff. Adjektive, die eine Quantität angeben, werden nämlich im Koptischen zum Regens, das Beziehungswort zum Rectum. Über die Stellung von Adjektiven, die nur Lehnwörter sind, ist keine zuverlässige Aussage zu machen.

Apg 19,27 griechisch: καὶ τὸ τῆς μεγάλης θεᾶς 'Αρτεμίδος ἱερὸν
oder: καὶ τὸ τῆς μεγάλης θεᾶς ἱερὸν 'Αρτεμίδος
sahidisch: ⲠⲔⲈⲢ̄ⲠⲈ Ⲛ̄ⲦⲚⲞϬ Ⲛ̄ⲀⲢⲦⲈⲘⲒⲤ
bohairisch: ⲠⲒⲔⲈⲈⲢⲪⲈⲒ Ⲛ̄ⲦⲈ ϯⲚⲒϢϯ ⲚⲚⲞⲨϯ ϯⲀⲢⲦⲈ-ⲘⲒⲤ

Das Beispiel zeigt zweierlei: Das Genetivattribut wird ohne Rücksicht auf die griechische Vorlage nachgestellt. Die Voranstellung des Adjektivs wiederum hat nichts mit der Wortfolge der griechischen Vorlage zu tun und stimmt nur zufällig mit ihr überein. Da nun Adjektive im Koptischen selten sind, werden sie häufig zu anderen Redewendungen aufgelöst, doch stets so, daß auch diese nachstehen müssen. So etwa der Relativsatz. Das sahidische ⲠⲠ̄Ⲛ̄Ⲁ̄ ⲈⲦⲞⲨⲀⲀⲂ gibt τὸ ἅγιον πνεῦμα, τὸ πνεῦμα τὸ ἅγιον und τὸ πνεῦμα ἅγιον wieder.

Die Wiedergabe attributiv gebrauchter Adverbien oder präpositionaler Wendungen bereitet dem Kopten keine Schwierigkeiten. Sie können leicht appositional angeschlossen werden. Kann ein solcher Ausdruck jedoch durch Umstellung im Griechischen seinen attributiven Charakter verlieren, so ist es unter Umständen möglich, die griechische Vorlage des koptischen Textes zu erkennen.

Eph 6,5 griechisch: τοῖς κατὰ σάρκα κυρίοις
oder: τοῖς κυρίοις κατὰ σάρκα
sahidisch: Ⲛ̄ⲤⲀ ⲚⲈⲦⲚ̄Ⲭ̄ⲒⲤⲞⲞⲨⲈ ⲔⲀⲦⲀ ⲤⲀⲢⲜ
bohairisch: Ⲛ̄ⲤⲀ ⲚⲈⲦⲈⲚϬⲒⲤⲈⲨ ⲔⲀⲦⲀ ⲤⲀⲢⲜ

Die beiden griechischen Lesarten müssen nicht etwas Verschiedenes bedeuten, aber die zweite Lesart, der Text von P[46] D G und den Mehrheitszeugen, macht es auch möglich, die präpositionale Wendung als Adverb aufzufassen. Ebenso machen es die Kopten. Zu dieser Interpretation des griechischen Textes wären sie schwerlich bei eindeutig attributiver Stellung des Ausdruckes gelangt.

79. Die Stellung des Zahlwortes

Wie Quantitätsadjektive wurden im Koptischen Kardinalzahlen als Regens betrachtet[274]. Sie stehen daher dem gezählten Begriff ohne Rücksicht auf die Wortfolge des griechischen Textes voran.

[274] Zur Konstruktion von Mengenbezeichnung vgl. Till § 118f.

Mt 4,2 griechisch: τεσσαράκοντα νύκτας
oder: νύκτας τεσσαράκοντας
sahidisch: ϨⲘⲈ Ⲛ̄ⲞⲨϢⲎ
bohairisch: Ⲙ̄ Ⲛ̄ⲈϪⲰⲢϨ

Gal 1,18 griechisch: μετὰ τρία ἔτη
oder: μετὰ ἔτη τρία
sahidisch: ⲘⲚ̄Ⲛ̄ⲤⲀ ϢⲞⲘⲦⲈ ⲆⲈ Ⲛ̄ⲢⲞⲘⲠⲈ
bohairisch: ⲘⲈⲚⲈⲚⲤⲀ Ⲅ̄ Ⲛ̄ⲢⲞⲘⲠⲒ

Eine Ausnahme bildet nur das Wort für „zwei". Es wird dem Gezählten nachgestellt und nur in vulgärer Sprache wie die übrigen Zahlwörter konstruiert[275]. Die Ordinalia, abgesehen von „der erste", sind nichts weiter als einem alten Partizipium angefügte Kardinalzahlen. Sie werden also genauso konstruiert[276]. Jedoch ging das Bewußtsein verloren, daß es sich hier um partizipiale Begriffe handelt, und Ausnahmen von der Regel sind nicht ausgeschlossen. Besonders im Bohairischen haben diese Ausnahmen ein weites Feld gewonnen.

Joh 2,1 griechisch: τῇ ἡμέρᾳ τῇ τρίτῃ
oder: τῇ τρίτῃ ἡμέρᾳ
sahidisch: ϨⲘ̄ ⲠⲘⲈϨϢⲞⲘⲚ̄Ⲧ Ⲛ̄ϨⲞⲞⲨ
bohairisch: Ⲛ̄ϦⲢⲎⲒ ϦⲈⲚ ⲠⲒⲈϨⲞⲞⲨ Ⲙ̄ⲘⲀϨⲄ̄

Das Sahidische ist neutral, da es die Normalstellung bietet. Es kann den Text von B Θ, aber auch den der ägyptischen Zeugen außer B gelesen haben. Letztes kann man für das Bohairische annehmen.

80. Die Stellung des Demonstrativum

Kommt das Demonstrativum in Verbindung mit einem Nomen vor, so wird es im Koptischen vor dieses gesetzt[277]. Die ursprüngliche griechische Wortstellung ist dann nicht mehr erkennbar.

---

[275] Das Zahlwort für 2 nimmt seit jeher eine besondere Stellung ein (vgl. Steindorff § 167). Es mag eine verbale Ableitung sein. Vgl. W. Vycichl, Koptisch *son*, pl. *snēw* und *snau* „zwei", Muséon 79 (1966), 501–506. W. Schenkel will allerdings die Nachstellung von „zwei" durch seine ursprüngliche Überflüssigkeit (wegen des Dual) erklären. Vgl. Die Numeri des Substantivs und die Konstruktion der Zahlwörter im Ägyptischen, Or 35 (1966), 423–425.

Zur Konstruktion der Kardinalia vgl. ansonsten Steindorff § 168, Till § 163, Mallon § 180, Dialektgrammatik § 99.

[276] Vgl. Steindorff § 170, Till § 170–173, Mallon § 183, Dialektgrammatik § 107.

[277] Die appositionelle Stellung ist zwar möglich, aber nicht naheliegend.

Apg 7,60	griechisch:	ταύτην τὴν ἁμαρτίαν
	oder:	τὴν ἁμαρτίαν ταύτην
	sahidisch:	M̄ΠЄΙΝΟΒЄ
	bohairisch:	ΠΑΙΝΟΒΙ

81. Die Stellung der possessiven Ausdrücke

Darunter ist dreierlei zusammengefaßt: der genetivus possessivus des Personalpronomen, das Possessivpronomen und ἴδιος in der Funktion des Possessivpronomen. Zwar kann der Kopte das Possessive durch vorgestellten Possessivartikel und auch nachgestellt in einer präpositionalen Wendung ausdrücken[278]. Doch ist letztes nur möglich, wenn das erste nicht möglich ist. Die Stellung des possessiven Ausdrucks taugt im Koptischen daher nicht dazu, die Wortstellung der griechischen Vorlage zu erweisen. Der Normalfall sieht daher so aus:

Apg 2,26	griechisch:	μου ἡ καρδία
	oder:	ἡ καρδία μου
	sahidisch:	ΠΑϨΗΤ
	bohairisch:	ΠΑϨΗΤ

Steht ἴδιος für ein Possessivpronomen, sieht es nicht anders aus.

Tit 2,9	griechisch:	ἰδίοις δεσπόταις
	oder:	δεσπόταις ἰδίοις
	sahidisch:	M̄ΠЄΥΧΙCOOYЄ(!)
	bohairisch:	N̄NOYϬICЄY

Auch wenn im folgenden Fall die Wortstellung der zweiten griechischen Lesart genau dem Aufbau des koptischen Satzes entspricht, so ist dennoch damit zwischen beiden keine Verbindung gegeben.

Mt 6,4	griechisch:	ὅπως ᾖ σου ἡ ἐλεημοσύνη
	oder:	ὅπως ἡ σοῦ ἐλεημοσύνη ᾖ
	oder:	ὅπως ἡ ἐλεημοσύνη σου ᾖ
	oder:	ὅπως ᾖ ἡ ἐλεημοσύνη σου
	sahidisch:	ϪЄΚΑC ЄΡЄΤЄΚΜN̄ΤΝΑ ϢωΠЄ
	bohairisch:	ϨΙΝΑ N̄ΤЄΤЄΚΜЄΘΝΑΗΤ ϢωΠΙ

82. Die Stellung des Indefinitum

Begriffe wie NIM und THP=[279] im Sahidischen und ihre Entsprechungen im Bohairischen stehen nach. Das einfache attributiv gebrauchte

[278] Vgl. die Bedingung Till § 207.

[279] Vgl. aber H. J. Polotsky, Zur koptischen Wortstellung, Or 30 (1961), 294–313, dort vor allem 308–310.

griechische Indefinitpronomen kann im Koptischen zum unbestimmten Artikel werden und tritt dann vor das Nomen[280].

Apg 17,5 griechisch: ἄνδρας τινας
oder: τινας ἄνδρας
sahidisch: N̄ϨЄNPⲰMЄ
bohairisch: N̄ϨANPⲰMI

ΛAAY tritt gewöhnlich vor das Nomen, jedoch ist es immerhin möglich, es nachzustellen. In der folgenden feststehenden Redewendung ist allerdings nicht damit zu rechnen.

Lk 11,36 griechisch: μὴ ἔχον μέρος τι
oder: μὴ ἔχον μέρος
oder: μὴ ἔχον τι μέρος
sahidisch: M̄MN̄ ΛAAY M̄MЄPOC
bohairisch: M̄MON TOI

Das Bohairische verzichtet hier auf die Übersetzung des Indefinitpronomens, wenn es nicht den Text von CΘ las. Es fällt überhaupt leicht aus, wenn der Sinn auch anders gewährleistet ist, so daß sich die Frage der Wortstellung erübrigt.

Apg 23,23 griechisch: τινας δύο
oder: δύο
oder: δύο τινας
sahidisch: ЄCNAY
bohairisch: ЄB̄

Freilich kann auch der Text von P[74] hier wörtlich übersetzt sein.

83. Die Stellung der Verneinung

Wird nur ein Wort oder eine Passage verneint, so wird das Verneinte im Koptischen von der Negation umschlossen, deren erster Teil fehlen kann. Nach Möglichkeit wird jedoch der negative Sinn des Satzes durch das Tempus auszudrücken versucht[281], wie im folgenden Beispiel durch negatives Perfekt I. In beiden Fällen ist der Ort der Negation nicht beliebig und die griechische Vorlage daher nicht zu erkennen.

Mk 6,5 griechisch: ποιῆσαι οὐδεμίαν δύναμιν
oder: οὐδεμίαν ποιῆσαι δύναμιν
sahidisch: M̄ПЄϤP̄ ΛAAY ΔЄ N̄ϬOM
bohairisch: M̄ПЄϤϢϪЄMϪOM

---

[280] Das geschieht aber ohnehin auch bei der Verwendung nominaler Indefinita (OYA u. ä.).

[281] Vgl. dazu H. J. Polotsky, The Coptic Conjugation System, Or 29 (1960), 392–422. Basic tenses haben counterparts mit built in negative elements (404), clause conjugations verneinen mit Infix (ebenda). Vgl. auch J. Černý, Bohairic verbal prefix ANNЄϤ, ZÄS 90 (1963), 13–16.

84. Die Stellung von Partizipien und Nebensätzen[282]

Vom Standpunkt des Kopten aus gesehen, sind sie gleich zu behandeln. Das Subjekt wird, wenn es für Hauptsatz und Nebensatz gleich ist, gewöhnlich in dem Satz genannt, der an erster Stelle steht. Steht zum Beispiel ein Nebensatz vor dem Hauptsatz und hat er mit diesem ein gleichlautendes Subjekt, so steht es wahrscheinlich im Nebensatz, muß aber nicht dort stehen und kann auch vor der Periode genannt werden. Es wird dann in Form von Suffixen an den üblichen Positionen des Subjekts erneut genannt.

Mt 14,26 griechisch: οἱ δὲ μαθηταὶ ἰδόντες αὐτόν
oder: καὶ ἰδόντες αὐτὸν οἱ μαθηταί
oder: ἰδόντες δὲ αὐτόν
sahidisch: ⲚⲦⲈⲢⲞⲨⲚⲀⲨ ⲆⲈ ⲈⲢⲞϤ
bohairisch: ⲞⲨⲞϨ ⲈⲦⲀⲨⲚⲀⲨ ⲈⲢⲞϤ
oder: ⲈⲦⲀⲨⲚⲀⲨ ⲈⲢⲞϤ
oder: ⲞⲨⲞϨ ⲈⲦⲀⲨⲚⲀⲨ ⲈⲢⲞϤ ⲚϪⲈ ⲚⲒⲘⲀⲐⲎⲦⲎⲤ
oder: ⲞⲨⲞϨ ⲈⲦⲀⲨⲚⲀⲨ ⲈⲢⲞϤ ⲚϪⲈ ⲚⲈϤⲘⲀⲐⲎⲦⲎⲤ

Das Sahidische stellt keinerlei Probleme. Es nennt das volle Subjekt überhaupt nicht und vertritt damit dieselbe Überlieferung wie א* Θ. Wie diese bietet es auch δέ und nicht καί. Die bohairische Überlieferung geht auseinander. Die beiden letzten bohairischen Lesarten beruhen auf nur einem griechischen Text. Sie werden von den bohairischen Hss J_3 sowie H_1^c Θ $J_{1.2}$ O geboten. Der Text mit nachgestelltem vollen Subjekt entspricht dem Text von C und den Mehrheitszeugen. Der Text der übrigen bohairischen Zeugen beruht auf der gleichen Überlieferung wie die sahidische Lesart. Die Wiedergabe der Anschlußpartikeln ist unzuverlässig.

85. Die Stellung der Partikeln

Da ihre Wiedergabe unzuverlässig ist und anscheinend die koptischen Texte bald eine griechische Partikel auslassen, bald nach eigenem Gutdünken zufügen oder Vorhandenes verändern, wird man bei Übereinstimmungen mit dem griechischen Text schlecht abschätzen können, ob diese nicht oft auf einem Zufall beruhen. Über die Position von Partikeln ist auf jeden Fall oftmals eine Entscheidung unmöglich, wenn das Griechische diese an die zweite Stelle im Satz rückt. Das kann nämlich die Position nach dem ersten Wort, aber auch nach der ersten

[282] Vgl. überhaupt zur logischen Position untergeordneter Verben auch Joussen a. a. O. 68f.

Wortgruppe bedeuten. Diese Alternative läßt das Koptische bei Wortgruppen, die eine Toneinheit bilden, nicht zu[283].

2 Kor 10,10	griechisch:	αἱ ἐπιστολαὶ μέν
	oder:	αἱ μὲν ἐπιστολαί
	sahidisch:	ΝΕΠΙCΤΟΛΗ ΜΕΝ
	bohairisch:	ΝΙΕΠΙCΤΟΛΗ ΜΕΝ

Eine andere Stellung des ΜΕΝ ist nicht denkbar, und daher ist wie in folgendem Beispiel eine Zuordnung zur griechischen Überlieferung unmöglich.

1 Kor 10,4	griechisch:	ἡ πέτρα δέ
	oder:	ἡ δὲ πέτρα
	sahidisch:	ΤΠΕΤΡΑ ΔΕ
	bohairisch:	ϮΠΕΤΡΑ ΔΕ

Die Frage nach der Wortstellung in der griechischen Vorlage erübrigt sich, wenn das Koptische die Partikel nicht wiedergeben kann.

86. Die Wortstellung bei Tempusbildung mit Hilfsverbum

In geringem Umfang ist bereits die Konjugation mit Hilfsverbum in das neutestamentliche Griechisch eingedrungen[284]. Das Verwenden zweier verbaler Elemente im Satz rückt diese Methode in die Nähe der koptischen Präfixkonjugation. Steht im Griechischen das Hilfsverbum vor dem Subjekt, so sollte man annehmen, daß eine solche Wortstellung dem typisch koptischen Satzbau sehr entgegenkommt. Wird das Subjekt dann an die erste Stelle gegen die koptische Gewohnheit gerückt, so kann man dieses leicht als Folge einer ebenso verfahrenden griechischen Überlieferung interpretieren.

Mk 1,33	griechisch:	ἦν ὅλη ἡ πόλις ἐπισυνηγμένη πρὸς τὴν θύραν
	oder:	ἡ πόλις ὅλη συνηγμένη ἦν πρὸς τὰς θύρας
	sahidisch:	ΤΠΟΛΙC ΤΗΡC̄ ΑCCΩΟΥϨ ϨΙΡΜ̄ ΠΡΟ
	bohairisch:	ϮΒΑΚΙ ΤΗΡC ΑCΘΩΟΥϮ ϨΙΡΕΝ ΠΙΡΟ

Die Wortstellung weist in diesem Fall bis in Einzelheiten (Stellung von ὅλη) die Merkmale des Textes von W auf. Jedoch ist die koptische Entsprechung zu ὅλη nicht anders zu setzen. Die verschiedene Wahl der Komposita für das griechische Partizip kann keine Folgen für die koptische Übersetzung haben. Das Vorziehen des Subjekts bleibt also

[283] Für Verbalsätze ist speziell H. J. Polotsky zu beachten: „particles requiring the second place in the sentence . . . come after the nominal actor, but after the whole complex if the second position is filled by a suffix" (The Coptic Conjugation System, Or 29 [1960], 392–422, dort 393).

[284] Vgl. Blass–Debrunner §§ 352–356.

zunächst einmal das für das Koptische Auffällige. Freilich kann die betonende Vorziehung des Subjekts auch lediglich nach Maßgabe des Sinns und nicht infolge der griechischen Überlieferung vollzogen worden sein. Im Koptischen werden Hilfs- und Vollverb nur durch das Subjekt getrennt. Eine etwaige Trennung durch ein anderes Satzteil kommt nicht in Betracht. Findet sich diese in einem griechischen Text, so kann sie nicht wiedergegeben werden.

Apg 25,10	griechisch:	ἑστὼς ἐπὶ τοῦ βήματος Καίσαρός εἰμι
	oder:	ἐπὶ τοῦ βήματος Καίσαρος ἑστὼς εἰμι
	sahidisch:	ЄΙ[ΑϨЄΡ]ΑΤ ϨΙ ΠΒΗΜΑ [ΜΠ̄Π]Ρ̄ΡΟ
	bohairisch:	ϮΟϨΙ ЄΡΑΤ ϨΙϪЄΝ ΠΙΒΗΜΑ Ν̄ΤЄ ΠΟΥΡΟ

Danach verhält sich hier das Koptische dem Griechischen gegenüber indifferent.

87. Die Wortstellung in Sätzen mit Kopula

In diesem Zusammenhang muß betont werden, daß die griechische und die koptische Kopula lediglich die Funktion gemeinsam haben, Subjekt und Prädikatsnomen zu verbinden. Die koptische Kopula bringt im Gegensatz zur griechischen kein verbales Element in den Satz, da sie eine Form des Demonstrativum ist[285]. Sieht man von den präteritalen[286] Sätzen ab, so findet sich die Kopula nur in Nominalsätzen bzw. cleft sentences. Dort ist ihre Stellung im Gegensatz zum griechischen Umgang mit εἶναι nicht völlig frei[287]. So kommt etwa eine Stellung am Satzanfang völlig außer Betracht. Im dreigliedrigen Nominalsatz, der einem griechischen Satz mit explizitem Subjekt entspricht, steht gewöhnlich die Kopula zwischen Subjekt und Prädikat. Davon ausgenommen sind Sätze mit undeterminiertem Prädikat. Dort nämlich folgt die Kopula dem Prädikat, gleich wo es steht[288]. In diesem Zusammenhang hat es nichts zu bedeuten, daß die griechischen Prädikatsnomina nur ausnahmsweise determiniert werden. Entscheidend ist die Determination des koptischen Prädikats, und häufig genug erzwingen die Gesetze der Sprache eine solche Determination gegen den griechischen Text. Zwei Beispiele zeigen, wie aus dem indeterminierten griechischen Prädikatsnomen ein determiniertes koptisches Prädikat wird und sich dadurch die Wortstellung des Satzes ergibt. Darüber

[285] Vgl. oben 250.

[286] Vgl. oben 251f.

[287] Zur Kopula vgl. Till § 246f.

[288] Ist das Subjekt ein Personalpronomen, so ist seine Stellung im Nominalsatz wie speziell im cleft sentence fest. Vgl. Steindorff § 299, § 308. Zur Eindeutigkeit der Wortfolge im cleft sentence vgl. H. J. Polotsky, Nominalsatz und cleft sentence im Koptischen, Or 31 (1962), 413–430.

hinaus verdeutlichen sie, daß der häufig zu beobachtende Einbruch der griechischen Kopula in den Bereich des Prädikatsnomen von den Kopten nicht nachgeahmt wird.

Gal 3,7 griechisch: οὗτοι υἱοί εἰσιν Ἀβραάμ
oder: οὗτοί εἰσιν υἱοὶ Ἀβραάμ
sahidisch: ΝΑΙ ΝΕ Ν̄ϢΗΡΕ Ν̄ΑΒΡΑϨΑΜ
bohairisch: ΝΑΙ ΝΕ Ν̄ϢΗΡΙ Ν̄ΤΕ ΑΒΡΑΑΜ

Der Begriff „Söhne Abrahams“ ist vom Kontext her determiniert, was sich im koptischen Text grammatisch niederschlagen muß, im griechischen jedoch bei strenger Befolgung der Grammatik nicht auszudrücken ist. Die Kopula steht demnach zwischen Subjekt und Prädikat. Darin gleicht der koptische Text der zweiten griechischen Lesart. Dennoch ist er nicht aus ihr zu erklären. Die erste hätte man ebenso übersetzt, da erstens die Kopula nicht anders stehen kann und zweitens ohnehin die Trennung von Regens und Rectum im Prädikat nur selten bei außerordentlicher Betonung des Regens oder des Rectums möglich ist.

Röm 8,14 griechisch: οὗτοι υἱοί εἰσιν θεοῦ
oder: οὗτοι υἱοὶ θεοῦ εἰσιν
oder: οὗτοί εἰσιν υἱοὶ θεοῦ
sahidisch: ΝΑΙ ΝΕ Ν̄ϢΗΡΕ Μ̄ΠΝΟΥΤΕ
bohairisch: ΝΑΙ ΝΕ Ν̄ϢΗΡΙ Ν̄ΤΕ Φϯ

Im Prinzip gilt das, was schon zum vorigen Beispiel gesagt wurde. Demnach würden die erste und dritte Lesart, die von BG und des Mehrheitstextes, ins Koptische übersetzt, unbedingt so lauten. Jedoch bei der zweiten Lesart müßte man differenzieren. Ihre Wortstellung nämlich wäre für den Kopten durchaus nachzuahmen gewesen. Das hätte dann zu einer Betonung des Subjekts geführt, was ja hier nicht unpassend gewesen wäre. Um jedoch beurteilen zu können, ob der koptische Text wirklich die Lesart fast aller ägyptischer Zeugen ausschließt, müßte man mehr und Präziseres über die Treue der Übersetzung in solchen Fällen wissen. Manchmal hat die koptische Überlieferung auch eine Wortstellung, die man nicht in den griechischen Texten findet.

Mt 15,14 griechisch: ὁδηγοί εἰσιν τυφλοί
oder: ὁδηγοί εἰσιν τυφλοὶ τυφλῶν
oder: τυφλοί εἰσιν ὁδηγοὶ τυφλῶν
oder: τυφλοί εἰσιν ὁδηγοί
sahidisch: ϨΕΝΧΑΥΜΟΕΙΤ Ν̄ΒΛ̄ΛΕ ΝΕ
bohairisch: ϨΑΝϬΑΥΜѠΙΤ Μ̄ΒΕΛΛΕ ΝΕ
oder: ϨΑΝΒΕΛΛΕΥ Ν̄ϬΑΥΜѠΙΤ ΕϨΑΝΒΕΛΛΕΥ

Von der zweiten bohairischen Lesart abgesehen, folgen die Kopten zunächst einmal der Lesart von א* oder B D. Mit diesen gemeinsam lassen sie nämlich τυφλῶν aus. Welche Wortstellung aber der Kopte in seiner griechischen Vorlage fand, das läßt sich nicht sagen. Das Schema des anscheinend hier vorliegenden zweigliedrigen Nominalsatzes ist in bezug auf die möglichen griechischen Wortfolgen indifferent. Weist ein Satz einen modalen Aspekt auf, der sich nur durch ein Tempus ausdrücken läßt, so wird an die Stelle des Nominalsatzes ein Verbalsatz gesetzt.

Mt 6,4	griechisch:	ὅπως ᾖ σου ἡ ἐλεημοσύνη
	oder:	ὅπως ἡ σοῦ ἐλεημοσύνη ᾖ
	oder:	ὅπως ἡ ἐλεημοσύνη σου ᾖ
	oder:	ὅπως ᾖ ἡ ἐλεημοσύνη σου
	sahidisch:	ϪЄΚΑϹ ЄΡЄΤЄΚΜΝ̄ΤΝΑ ϢⲰⲠЄ
	bohairisch:	ϨΙΝΑ Ν̄ΤЄΤЄΚΜЄΘΝΑΗΤ ϢⲰⲠΙ

Daß über die Position des Personalpronomens in der Vorlage nichts gesagt werden kann, wurde bereits anderenorts dargelegt. Indes gibt die Verwendung eines Verbalsatzes größeren Spielraum in der Wortstellung als die eines Nominalsatzes. Das explizite Subjekt kann hier ja durchaus vor oder hinter den Infinitiv treten, der von der Bedeutung her die griechische Kopula vertritt. So kann man in diesem Fall feststellen, daß das Subjekt in seiner Normalstellung steht und zumindest nicht versucht wurde, seine Nachstellung, falls sie in der Vorlage gelesen wurde, zu imitieren. Verbalsätze treten auch dann auf, wenn sich Prädikatsnomen und Kopula im Koptischen durch ein Wort wiedergeben lassen. Entsteht ein Adverbialsatz, so ist über die Stellung der griechischen Kopula in diesem keine Auskunft zu finden.

88. Die Präpositionen[289]

Präpositionsvarianten sind nicht als einfacher Wortwechsel abzutun. Nicht umsonst werden Präpositionen in der Grammatik gewöhnlich unter ,,Syntax" abgehandelt. Ihre Syntax ist der der Kasus verwandt und ihre selbständige Bedeutung als Sinnträger in einer nicht deklinierenden Sprache um so größer. Es war ursprünglich beabsichtigt, auch über diesen Bereich einen Überblick zu geben, zumal man durch die Präpositionen einen sehr unmittelbaren Zugang in die Denkkategorien einer Sprache gewinnen kann. Es erwies sich aber als unmöglich, im Rahmen dieser Abhandlung auch nur irgendeinen Fingerzeig zu

[289] Zutreffendes über den Gebrauch der Präpositionen, besonders in Aufzählungen, sagt Joussen a. a. O. 108–113. Aber man möchte noch mehr wissen.

geben. Eine umfangreiche Zusammenstellung von Entsprechungsmöglichkeiten griechischer und koptischer Präpositionen brachte mehr Dunkel als Licht in das Problem, welches nur in einer Spezialuntersuchung über die Präpositionen (vielleicht) zu bewältigen ist. Eine Arbeit über die koptischen Präpositionen fehlt bislang. Nicht einmal eine Aussage lexikalischer Art, nämlich über die spezifische Bedeutungsdifferenz, ist bei den meisten möglich. Da zumindest erkennbar ist, daß koptisches und griechisches Präpositionssystem nichts miteinander gemein haben, verwundert es nicht, daß nur eine koptische Präposition sich häufig als Übersetzung von einem Dutzend und mehr griechischen nachweisen läßt. Umgekehrt haben die meisten griechischen Präpositionen ein Entsprechungsspektrum, das nicht selten über die Hälfte der koptischen Präpositionen umfaßt. Aber es ist ja auch schon a priori nicht zu erwarten, daß auch nur eine koptische Präposition Äquivalent einer griechischen wäre. Und wenn sich in ihr nicht schon, was oft genug vorkommt, griechische Präpositionen von entgegengesetzter Bedeutung treffen, so dann eben solche, die auch für den Griechen eine verwandte Bedeutung hatten, so nah verwandt, daß seine Überlieferung hier leicht Varianten produzieren konnte. Zuverlässige Hilfsmittel gibt es nicht, und Wilmets[290] Konkordanz zeigt nur die Konfusion. Von ihrem Gebrauch zum Zwecke präziserer Äquivalenzforschungen ist überdies abzuraten. Ihre Äquivalente sind teils falsch, immer aber dem Nestle entnommen, den die Kopten wiederum mit Sicherheit nicht kannten. Die Präpositionen führen in allen Sprachen weit in die Idiomatik hinein. Ihre Bedeutung und ihr Gebrauch hängen eng zusammen. In diese Richtung muß eine zukünftige Untersuchung gehen. Bei vielen Verben gibt das Dictionary[291] darüber Auskunft, welche Präpositionen ihnen zu folgen pflegen und der Bedeutung des Verbums eine andere, für unser Verständnis oft völlig neue Richtung geben[292]. In all diesen Fällen läßt sich sagen, daß die Wahl der Präposition stärker (wenn nicht ausschließlich) vom Verbum abhängt und nicht vom griechischen Text. Im Koptischen sind Präpositionen im Gegensatz zum Griechischen nie Bestandteil von Verbal- oder Nominalkomposita. Die Nuancen, die der Grieche hier bringen kann, entfallen beim Kopten, es sei denn, die unterschiedliche Präposition führt zu einer lexikalisch klar distinkten Bedeutung.

---

[290] M. Wilmet, Concordance de Nouveau Testament sahidique, II. Les mots autochtones, Louvain 1957–1959 (= CSCO 173, 183, 185).

[291] W. E. Crum, A Coptic Dictionary, Oxford 1939.

[292] Zur Veränderung der Verbalbedeutung durch Zusatz von Präpositionen vgl. Till § 279, Dialektgrammatik § 186. Auch kann die Präposition im griechischen Verbum eine koptische hervorrufen. Jedoch können dabei auch andere Übersetzungsmöglichkeiten herangezogen werden. Vgl. H. Quecke, Eine mißbräuchliche Verwendung des Qualitativs im Koptischen, Muséon 75 (1962), 291–300.

Die Probleme einer Textanalyse, aufgezeigt an Joh 10, 1–18[293]

1. Ein Vergleich der koptischen Texte

10,1 Alle Kopten fügen nach λέγω ein Objekt ein, und zwar die 3.p.fem.sg. des Personalpronomen, die hier wie unser Neutrum gebraucht wird. Das Verbum ϪⲰ bzw. ϪⲞⲨ (ach) erfordert stilistisch ein direktes Objekt. Ein ebensolches Erfordernis stellte die Einfügung eines ϪⲈ nach diesem Verbum dar. Beide Varianten sind gemeinkoptisch und gehen nicht auf eine gegenüber dem uns bekannten Text veränderte griechische Vorlage zurück. Selbst wenn man in einem griechischen Text ein ὅτι fände, wäre der Rückgang auf den Urtext an solcher Stelle nicht möglich.

Der Partizipialausdruck ὁ μὴ εἰσερχόμενος wird nun in sa ach ach_2 fa als substantivierter Relativsatz, in pbo bo als auf das demonstrative ⲪⲎ bezogener Relativsatz wiedergegeben, wobei sa ach_2 fa pbo bo überflüssigerweise im Relativsatz die Person durch das Präfixpronomen wiederholen. ach hingegen — bei dem schlechten Zustand von ach läßt es sich nicht genau sagen — scheint das Qualitativ im Relativsatz nicht zu konjugieren, sondern negiert es direkt, wie es scheint, mit Ⲛ̄ - ⲈⲚ. Die Stellung des ⲀⲚ variiert bo wiederum, um ⲈϦⲞⲨⲚ von ⲈⲂⲞⲖ zu trennen.

---

[293] Aus Gründen der Einfachheit wurden für das Folgende diese Sigla benutzt: sa = sahidische Version (Horner, NT [Southern Dialect], Bd. 3); ach = achmimische Version (Rösch, Bruchstücke des ersten Clemensbriefes); ach_2 = subachmimische Version (Thompson, The Gospel of John); fa = fajjumische Version (Husselman, The Gospel of John); pbo = protobohairische Version (Kasser, Évangile de Jean); bo = bohairische Version (Horner, NT [Northern Dialect], Bd. 2).

Zitiert wird der Text der Ausgaben. Horners Apparat bringt für diesen Zweck keine neuen Aspekte. Nur gelegentlich gewinnt man durch den Apparat neue Parallelen der Versionen untereinander. Da es hier aber nicht um eine vollständige Erfassung des Materials geht, sondern um eine Demonstration der Probleme des Textvergleichs, genügt das Vergleichen der in den Ausgaben abgedruckten Repräsentanten. Nur für das Sahidische liegt dabei ein rezensierter Text vor. Für unsere Stelle stimmt er jedoch mit dem Fragment 20 überein (Ausnahme: V. 15 ⲠⲀⲈⲒⲰⲦ). An anderer Stelle mag die Überlieferung innerhalb der Version von größerer Bedeutung sein. Für diese Perikope ist sie jedoch unerheblich. Namentlich im Bohairischen sind eine Menge geringfügiger Abweichungen, die aber heranzuziehen weder den Gang noch das Ergebnis der Untersuchung verändern würde. Über die gelegentliche Übereinstimmung einzelner sahidischer Hss mit dem Bohairischen bzw. einzelnen bohairischen Hss vgl. Horners Apparat zum sahidischen Text. Die Übereinstimmungen sind sporadisch und großenteils sicher zufällig. Für das Griechische wurden die Kollationen des Instituts für neutestamentliche Textforschung, Münster i. W. benutzt. Diese Perikope wurde gewählt, weil sie von sechs Versionen bezeugt wird. Ihr Motiv ist auch der ägyptischen Literatur geläufig. Vgl. D. Müller, Der gute Hirte, ZÄS 86 (1961), 126–144. Die Belege für das Hirtenbild reichen von den Pyramidentexten bis zum Triadon. Im Neuen Reich ist die Rede vom *mnju nfr*, in unserer Perikope vom ⲘⲀⲚⲈⲤⲰⲞⲨ ⲈⲦⲚⲀⲚⲞⲨϤ.

Eine Schwierigkeit entsteht dem Kopten durch das εἰσ- in εἰσερχόμενος sowie durch die Präposition εἰς. Die Richtung muß durch ⲈϨⲞⲨⲚ (sa) und Äquivalente ausgedrückt werden. Aber es kann so nur einma εἰς wiedergeben. Während ach auf den Ausdruck der Richtung verzichtet, übersetzen sa ach$_2$ εἰς, fa pbo bo εἰσερχόμενος korrekt. διά wird annähernd korrekt wiedergegeben von allen außer pbo, das sich mit ϨⲒⲦⲈⲚ begnügt. ach$_2$ hat wohl nur ⲀⲂⲀⲖ vergessen (vgl. V. 2). Für θύρα setzt pbo das weniger gebräuchliche ⲤⲂⲈ während die übrigen ein geläufiges ⲢⲞ setzen, bo unter Verwendung des stärkeren Artikels, den pbo vor ⲤⲂⲈ schon wegen anlautender Doppelkonsonanz setzt. fa übersetzt interessanterweise ⲢⲀ, was Crum sonst als Fajjumismus im Sahidischen belegt. αὐλή wird von ach fa pbo bo übernommen, sa setzt autochthones ⲞϨⲈ, während ach$_2$ anscheinend oder scheinbar im Griechischen nicht nachweisbares εἰς τὰ πρόβατα voraussetzt.

ach$_2$ variiert auch in der Übersetzung des ἀλλά mit ⲀⲨⲰ. Zu ἀναβαίνων ist ach leider nicht zu vergleichen, es werden aber zwei Gruppen deutlich. sa ach$_2$ fa übersetzen mit ⲞⲨⲰⲦⲂ̄, wobei fa Futur II gebraucht, pbo mit ⲚⲀ, bo mit ⲚⲎⲞⲨ. pbo und bo gehören aber zusammen, da beide Wörter sich von ägyptisch *n'j* ableiten[294]. ἀνα- wird nur zutreffend von pbo bo wiedergegeben mit ⲈϨⲢⲎ⟨Ⲓ⟩ bzw. ⲈⲠϢⲰⲒ. sa ach$_2$ fa geben es nicht wieder. ach bietet ein unerklärliches Ⲁⳕ]ⲞⲨⲚ. ἀλλαχόθεν wird von sa ach ach$_2$ fa einerseits und bo andererseits verschieden wiedergegeben. pbo zeigt eine pleonastische Mischlesart.

ἐκεῖνος wird wieder in den Gruppen sa [ach] ach$_2$ und wohl auch fa sowie in pbo bo verschieden übersetzt. Wie am Satzanfang finden wir in der ersten den substantivierten, in der zweiten den auf ein Demonstrativum bezogenen Relativsatz. Bis zum Versende setzt nun fa aus. sa ach ach$_2$ bo bieten denselben Text, sieht man davon ab, daß ach$_2$ für κλέπτης der ⲢⲈϤ- eine ⲤⲀ-Bildung vorzieht und ach die Kopula mit hoher Wahrscheinlichkeit nur nach λῃστής setzt. Interessant ist die Lesart von pbo, die κλέπτης und λῃστής vertauscht.

10,2 Der Beginn des Verses bis θύρας wird positiv aus V. 1 aufgenommen. Die Kopten übersetzen hier analog. ach$_2$ bringt hier jetzt auch ⲀⲂⲀⲖ ϨⲒⲦⲚ̄. Zu erwähnen bleibt, daß das ⲆⲈ in sa ach$_2$, vielleicht auch in ach, durch Ⲛ̄ⲦⲞϤ bzw. Ⲛ̄ⲦⲀϤ verstärkt wird. ach macht als einzige den Relativsatz mit ⲠⲈ zum Prädikat eines zweigliedrigen Nominalsatzes. Sie hat damit das Partizip parataktisch aufgelöst.

ποιμήν ... προβάτων wird in sa ach$_2$, wohl auch in ach fa gleich geboten. pbo bo wählen statt des Personalpronomen ein Demonstrativum, um den Relativsatz wieder aufzunehmen. Ein solches Verfahren ist im Koptischen üblich, und man wird nicht sa bo (wie bei von Soden) zur Variante οὗτος zitieren dürfen. Der Relativsatz ⲈⲦⲈ ⲘⲘⲀ, der

[294] Beide sind wahrscheinlich dessen Qualitativ. Vgl. Wolfhart Westendorf, Koptisches Handwörterbuch, Heidelberg 1965–1967, 116.

in pbo dem Demonstrativum angefügt wird, kommt allerdings einem ἐκεῖνος schon sehr nahe. pbo bo verhalten sich ansonsten hier nicht anders als sa ach ach_2 fa. Da sie für ϢⲰⲤ ⲘⲀⲚⲈⲤⲰⲞⲨ benutzen müssen, was schon an sich Schafhirte heißt, ist hier bo, die nochmal ⲚⲦⲈ ⲚⲒⲈⲤⲰⲞⲨ hinzufügt, überkorrekt. Wie üblich, verwenden auch hier pbo und bo vor dem Rectum wieder den stärkeren Artikel.

10,3 ἀνοίγω erhält als Tempus in sa fa pbo Tempus consuetudinis II, in ach ach_2 bo Tempus consuetudinis I, wobei ⲈϢⲀⲢⲈ- in fa anstelle von ⲚϢⲀⲖⲈ- sahidisch oder bohairisch beeinflußt ist. Fortgeführt wird der Satz aber von allen mit Tempus consuetudinis I bis φωνεῖ, wobei pbo vor diesem Teil des Satzes καί nicht übersetzt, da sie auch kein Bindeglied benötigt. Das letzte καί wird nur noch von bo geboten, pbo bo und wohl auch fa fahren im gleichen Tempus fort. sa [ach] ach_2 wählen eleganter den Konjunktiv. Allerdings sind in ach Konjunktiv und Präsens I formgleich. Zu ὄνομα setzen alle Kopten den Possessivartikel. Das kennzeichnet keine Variante, sondern ist stilistisch erwünscht. κατ' ὄνομα wird von sa ach fa bo pluralisch, von ach_2 pbo singularisch aufgefaßt. Der Plural ist dabei lediglich eine nahe sinnentsprechende Änderung.

10,4 ὅταν wird direkt von sa ach ach_2 fa übernommen, bo wählt ⲈϢⲰⲠ und schließt mit ⲆⲈ an, pbo fehlt hier wegen eines Homoioteleuton. ἐκ- aus ἐκβάλῃ erscheint in sa ach ach_2 nach dem Verbum, in bo am Ende des Nebensatzes. fa fehlt zur Stelle.

τὰ ἴδια wird durch substantivierten Relativsatz in sa [ach] ach_2, durch Demonstrativum und Relativsatz in bo wiedergegeben. In [ach] ach_2 wird der Relativsatz mit Kopula angeschlossen. Neben fa fehlt ab jetzt auch ach. Die Wortwahl für ἔμπροσθεν αὐτῶν ist in sa ach_2 und bo verschieden. ἀκολουθεῖ wird korrekt von sa ach_2 pbo geboten. bo übersetzt farblos ⲘⲞϢⲒ. Der Sinn bleibt aber durch den präpositionalen Anschluß gewahrt. bo verstärkt dann ϪⲈ mit ⲞⲨⲎⲒ. pbo drückt ⲤⲘⲎ durch ϦⲢⲰⲞⲨ aus.

10,5 Die Stellung des ἀλλοτρίῳ wird simuliert in pbo bo. Es bleibt in sa ach_2 [fa] undeterminiert, wird in pbo mit dem indefiniten ⲔⲈ versehen und in bo determiniert. δέ bleibt in ach_2 fa unübersetzt und wird in sa durch ⲚⲦⲞϤ verstärkt. Für μὴ ἀκολουθήσουσιν wählen sa fa negatives Futur III, ach_2 pbo bo negatives Tempus consuetudinis I. Nunmehr bieten bo pbo ⲘⲞϢⲒ. φεύξονται wird in sa ach_2 fa mit Futur I, in pbo mit Tempus consuetudinis I, in bo mit Futur III wiedergegeben. Für ἀπ' αὐτοῦ setzt bo statt ⲈⲂⲞⲖ ⲘⲘⲞϤ ⲈⲂⲞⲖ ϨⲀⲢⲞϤ (pbo: ⲤⲀⲂⲞⲖ ⲘⲘⲞϤ). οἴδασιν wird in sa fa pbo und in ach_2 bo gleich verneint. Doch ist fehlendes Ⲛ unbedeutend. τῶν ἀλλοτρίων lesen sa [fa] pbo, bo liest τοῦ ἀλλοτρίου. ach_2 gibt ἀλλοτρίαν wieder.

10,6 παροιμία wird von pbo nicht übernommen, sie liest ⲒⲚⲒ und gestaltet auch syntaktisch anders. Für ἐκεῖνοι lesen pbo bo ⲚⲐⲰⲞⲨ gegen sa [ach] ach_2 fa (NH bzw. NEÏ). Den Objektsatz zu ἔγνωσαν schließen alle außer pbo mit ϪЄ an. pbo benutzt Є-. Dabei entfällt die indirekte Frage, die ach_2 unverschränkt und bo als περὶ ἃ ἐλάλει σὺν αὐτοῖς wiedergibt, wobei sie einer Omission von ἦν ἅ sehr nahe kommt. σὺν αὐτοῖς ist nur in bo wörtlich wiedergegeben.

10,7 Die Stellung von εἶπεν wird von fa bo nicht beibehalten. Eine Entsprechung für αὐτοῖς fügen alle aus stilistischen Gründen ein. οὖν wird von fa pbo bo ausgelassen. Ob die übrigen οὖν oder δέ gelesen haben, ist nicht auszumachen. πάλιν wird von fa bo direkt, aber in anderer Stellung übernommen, mit pleonastischem ON bei bo. θύρα wird von ach_2 (PO) und pbo bo (CBЄ) geboten. sa ach fa lesen ϢѠC (ποιμήν).

10,8 πάντες wird von sa ach_2 ach bo mit OYON NIM und Äquivalenten wiedergegeben. fa pbo setzen THPOY. ὅσοι ergibt in sa ach_2 ach pbo bo die Relativierung des Perfekts, fa wählt wahrscheinlich den substantivierten Relativsatz. πρὸ ἐμοῦ wird nur von ach (ⳉATAЄϨI) und bo (ϦAϪѠI) geboten.

fa fehlt allerdings nun wieder. κλέπται und λῃσταί werden von pbo bo umgestellt. pbo zeigte schon in V. 1 eine entsprechende Veränderung. pbo übersetzt κλέπτης mit PЄϤKѠΛΠ und nicht wie bo mit PЄϤϬIOYI. Die Stellung von ἤκουσαν wird nur von bo imitiert (gegen sa ach_2 ach pbo). CѠT(Є)M konstruieren pbo bo mit N̄CѠ=, sa ach_2 ach mit ЄPO= bzw. APA=.

10,9 θύρα ist in pbo bo mit CBЄ (sa ach_2 ach: PO) wiedergegeben. ach fügt N̄[ЄCAY], N̄TЄ NIЄCѠOY fügen pbo bo vielleicht hinzu. Der Konditionalsatz wird in pbo bo zum (bei bo futurischen) Relativsatz (sa [ach] ach_2: Konditionalis). τις wird darin zum Relativpronomen. sa [ach] ach_2 übersetzen wörtlich. In der Wahl des Verbums differieren einerseits ach (ЄI) bo (I) und pbo (Qual. von NA) von sa ach_2 (BѠK).

Gegen pbo bo verstärken sa ach_2 ach ϨITOOT= nicht durch ЄBOΛ und Äquivalente. ach_2 liest abweichend ϨITOOTϤ, sc. ΠPO. sa ach_2 ach geben σῴζειν durch OYϪAI und Äquivalente wieder, pbo bo durch NOYϨЄM bzw. NOϨЄM. bo übersetzt mit Futur III gegen Futur I. Das folgende καί wird nur in sa ach_2 bo gebracht.

Während im folgenden neben sa ach_2 auch ach vielleicht BѠK liest, übersetzen pbo bo mit I. Gleichzeitig werden verschiedene Tempora gewählt. Die erste Gruppe (sa ach_2 ach) entscheidet sich für Futur I, die zweite (pbo bo) für das Futur III. pbo, die hin und wieder sahidisierend ЄI statt I schreibt, könnte so auch den Umstandssatz des Präsens gelesen haben[295]. Die verschiedene Tempuswahl könnte dann bei pbo syntaktische Konsequenzen mit sich bringen. sa ach_2 können ohne weiteres die beiden Futura mit AYѠ verbinden, bo verbindet mit OYOϨ. Auf diese Verbindung verzichten ach (mit hoher

[295] Bei Mallon § 238 Präsens III.

Wahrscheinlichkeit) und pbo. Die Motive könnten verschieden sein: ach bevorzugt das koptisch geläufige Asyndeton, während pbo vielleicht die Unterordnung wählt, nämlich die enge Verbindung des Umstandssatzes, dem ja nur eine relative Zeitlage zukommt. Aber vermutlich ist hier doch Futur III zu lesen.

Den vorletzten Teil des Verses schließt nur bo gegen sa ach_2 ach pbo mit ΟΥΟϩ an. Dasselbe wiederholt sich vor dem letzten Versteil. In beiden Versteilen setzen sa ach_2 ach das Verbum in den Konjunktiv, was die asyndetische Konstruktion nahelegt. Bei ach ist allerdings die Konjunktivform von der entsprechenden des Präsens I nicht zu unterscheiden, syntaktisch jedoch gefordert. pbo bo hingegen fahren im vorletzten Versteil mit dem Futur III (pbo vielleicht mit dem Umstandssatz des Präsens) fort. Im letzten Versteil gelangt nun auch pbo zum Konjunktiv, während bo sich des energetischen Futurs (Futur III) bedient. So setzt pbo hier das Futur I von ϤΝΑΝΟΥϩΕΜ fort, wenn es zweimaliges ΕϤΕΙ (εἰσ- bzw. ἐξελεύσεται) unterordnet. Sonst setzt es das letzte ΕϤΕΙ fort. In der Wortwahl für εὑρήσει steht sa (ϩΕ) gegen alle anderen (ϬΙΝΕ: ach_2 ach bzw. ϪΙΜΙ: pbo bo). Dreifaches Ν in pbo vor ΟΥΜΑ ist sinnlos.

10,10 Der verbale Bestandteil von κλέπτης wird mit ϪΙΟΥΕ bzw. ϬΙΟΥΙ in sa ach ach_2 fa bo, mit ΚΩΛΠ in pbo wiedergegeben. Das nomen agentis wird gegen alle anderen (ΡΕϤ-, auch mischdialektisch in fa) von ach_2 mit CΑΝ- gebildet, pbo bo versehen das Substantiv mit einer stärkeren Form des Artikels. Folgendes ΔΕ fehlt in sa ach_2. ach bo verstärken nun das Subjekt des negativen Tempus consuetudinis durch Vorsatz des Personalpronomen. Die Kopten interpretieren die Stellung des griechischen Subjekts richtig als dessen Betonung, die ach bo so noch verstärken.

Die Partie εἰ μὴ ἵνα führt ihrer Schwierigkeit wegen zu Differenzen. sa ach_2 [fa] übersetzen ΕΤΒΕ ΛΑΑΥ (bzw. ΛΑΥΕ) ΕΙΜΗΤΙ ϪΕΚΑC (sa; ϪΕΚΑCΕ ach_2; ϪΕΚΕC fa; ϪΕ in ϪΑϤΝΑ- ach). In ach und fa kann man den Zusammenhang nur erschließen. pbo bo begnügen sich mit einer Ableitung von ΒΩΛ (ΕΒΟΛ: pbo, ΕΒΗΛ: bo). bo fügt ΑΡΗΥ hinzu. pbo bo lassen den Konjunktiv folgen. Nach ϪΕΚΑC und Entsprechungen in sa ach_2 fa steht erwartungsgemäß Futur III. ach verwendet einzig Futur II. κλέπτειν wird mit ϪΙΟΥΕ bzw. ϬΙΟΥΙ in ach ach_2 fa bo und wieder mit ΚΩΛΠ in pbo übersetzt. sa verwendet ϩΩϤΤ̄. fa pbo fahren gegen sa ach_2 bo asyndetisch fort.

Das nächste Glied ἀπολέσῃ schließen nur noch fa pbo ohne Verbindungswort an, welches in beiden Fällen wegen des Konjunktivs überflüssig ist. Das Verbum selbst ist gleich wiedergegeben. Ob in ach_2 ΤCΕΚΟ ein Schreibfehler ist, wie Thompson annimmt, oder das sonst nicht belegte Wort eine Mischung aus älterer ś- und jüngerer t-Kausativbildung darstellt, sei dahingestellt. Der Druckvokal o deutet auf t-Bildung, während die gewohnte Vokalisation von ś-Kausativen zweiradikaliger Wurzeln nicht wiederzufinden ist.

Der Aorist ἦλθον wird von sa ach bo in ein Perfekt II umgesetzt. ach_2 bietet die Form des Konjunktivs, könnte aber auch Perfekt II verschrieben haben (ⲚⲦⲀⲈⲒ statt ⲚⲦⲀⲒⲈⲒ). fa pbo lesen Perfekt I, wobei sich allerdings bei der Bildung fa eines anderen, typisch mittelägyptischen Hilfszeitwortes bedient, das bo nicht kennt.

Folgendes ἵνα wird von bo (ϨⲒⲚⲀ) übernommen und wie das ϪⲈ bei pbo mit dem Konjunktiv konstruiert, während sa ach_2 fa ϪⲈⲔⲀⲤ und Äquivalente mit Futur III setzen. Dem verwandt ist [ⲔⲀⲀⲤ] Ϫ(Ⲉ) mit Futur I bei ach, wenn die Rekonstruktion Röschs richtig ist. Der Finalsatz wird dabei verschieden aufgebaut. ἔχωσιν bereitet zweimal Schwierigkeiten. sa ach ach_2 fa pbo übersetzen es mit ϪⲒ, was eher einem λάβωσιν entspricht, während bo sich eines völlig anderen Ausdrucks bedient: ⲚⲦⲈⲞⲨⲰⲚϦ ϢⲰⲠⲒ ⲚⲰⲞⲨ ⲞⲨⲞϨ ⲚⲦⲈⲞⲨϨⲞⲨⲞ ϢⲰⲠⲒ ⲚⲰⲞⲨ. ⲞⲨⲰⲚϦ in pbo mag auf einem Fehler, die Pluralform auf Dittographie beruhen. Die zweite Hälfte des ἵνα-Satzes reiht pbo asyndetisch an. Das folgende ϪⲒ wird in ach ach_2 gegen sa fa pbo als status nominalis verwendet. Die Verbindung von Prädikat und Objekt gestaltet sich dabei in ach besonders eng, so daß das Objekt artikellos bleibt: Ϫ̣[Ⲓ] Ϩ̣ⲞⲨ̣[Ⲟ]. pbo überträgt gegen alle anderen περισσόν mit dem griechischen Lehnwort: ⲚⲞⲨⲠⲈⲢⲒⲤⲞⲚ

10,11 ποιμήν wird in pbo bo mit ⲘⲀⲚⲈⲤⲰⲞⲨ wiedergegeben (was ϢⲰⲤ in sa [ach] ach_2 fa entspricht) und mit einem stärkeren Artikel versehen. pbo hat jedoch nur einmal ⲠⲒⲘⲀⲚⲈⲤⲰⲞⲨ ⲈⲦⲚⲀⲚⲈϤ. τίθησιν wird in pbo bo weniger wörtlich mit ϯ geboten, während die übrigen ⲔⲰ und Äquivalente gebrauchen. ach konstruiert dabei abweichend im status absolutus, wie auch pbo bo, ὑπέρ findet sich in sa [ach] ach_2 [fa] als ϨⲀ gegen pbo bo (ⲈϪⲈⲚ, in bo durch vorgesetztes ⲈϨⲢⲎⲒ verstärkt).

10,12 Das μισθωτός ruft Substantivbildungen unterschiedlichen Typus hervor. Während pbo bo das Nominalpräfix ⲢⲈⲘ- benutzen, bildet der Rest das Substantiv mit dem alten Partizip des Verbums ϪⲒ. ach fa bo heben das Subjekt durch seine Wiederholung in Form eines Personalpronomen oder durch verstärkendes ⲚⲦⲀϤ bzw. ⲚⲐⲞϤ hervor[296]. Die griechische Partizipialkonstruktion wird überall durch einen Relativsatz wiedergegeben. bo schließt ihn mit ⲞⲨⲞϨ parallel als zweiten Subjektbestandteil dem Griechischen entsprechend an. Für die Wortwahl für ποιμήν gilt oben Gesagtes. Der Satz wird in [ach] ach_2 durch einfaches ⲀⲚ verneint. Der griechische Relativsatz, abhängig von μισθωτός, erscheint im Koptischen als zweiter Relativsatz, ab-

[296] Das Personalpronomen ist in der 3. m. sg. mit der Partikel gleichlautend, die ihrerseits etymologisch mit jenem identisch ist. Vgl. W. Vycichl, Ägyptisch *swt*, koptisch *ntof*, berberisch *netta* „er" und „aber". Muséon 76 (1963), 211–214.

hängig von einem auf μισθωτός bezogenen Demonstrativum, dessen verschiedene Formen sa [ach] ach_2 einerseits und pbo bo andererseits benutzen. Im Bereich des Relativsatzes hat bo eine Umstellung.

pbo läßt ihm den Einschub folgen: ΦΑΙ ΜΠΑϤΤΗΪϤ ЄϨΡΗΪ ЄϪЄΝΝΙЄⲤⲰΟΥ ΑΛΛΑ gegen sa ach ach_2 bo. Die Formen 1. θεωρεῖ, 2. ἀφίησιν, 3. φύγει geben sa [ach] ach_2 wieder mit 1. Tempus consuetudinis I, 2. Konjunktiv (oder in gleicher Form Präsens I in [ach]) 3. Konjunktiv (entsprechend), und wir finden in pbo bo die Tempusfolge: 1. Konditionalis, 2. Tempus consuetudinis I, 3. Tempus consuetudinis I, wobei bo die Glieder 2 und 3 umstellt. Die Verbindung zwischen den Gliedern 1 und 2 erfolgt in sa ach_2 [ach] gegen pbo bo konjunktionell. Die Glieder 2 und 3 verknüpft nur bo durch ΟΥΟϨ. Die Wortwahl in diesem Passus ist übereinstimmend, lediglich die Übersetzung für ἀφίησιν wird in bo gegen sa ach_2 [ach] bo als status absolutus konstruiert. Sowohl bo als auch pbo versehen das Objekt mit stärkerem Artikel.

Der letzte Teil des Verses (καὶ ὁ λύκος) wird nur von pbo asyndetisch angefügt. Für das Verbum ΤⲰΡΠ setzt das Bohairische ϨⲰΛЄΜ, was in keinem anderen Dialekt belegt ist. Das zweite Verbum wird asyndetisch im Konjunktiv angehängt. Nur bo läßt durch ΟΥΟϨ das Tempus consuetudinis folgen.

10,13 Zur Übersetzung von μισθωτός gilt das zu V. 12 Gesagte. Der zweite Teil des Verses wird von sa ach ach_2 als Nominalsatz, von pbo bo als Pseudoverbalsatz gestaltet. pbo bo ahmen mit Hilfe eines Lehnwortes das griechische μέλει αὐτῷ nach. Jedoch ist die verschiedene Konstruktion seitens sa ach ach_2, die hier sehr frei übersetzen, nicht durch die differierende Wortwahl verursacht; denn ΡΟΟΥϢ und Äquivalente haben eigentlich verbale Bedeutung und sind mit dem abgeleiteten Substantiv gleichlautend. Der adverbiale Bestandteil des Satzes wird in sa [ach] ach_2 bo mit dem status nominalis ϨΑ / ϦΑ, in pbo jedoch mit status absolutus ϨΑΤϨΗ eingeleitet, denen in pbo bo stärkerer Artikel folgt.

10,14 ποιμήν wird mit dem üblichen Unterschied in Vokabular und Artikel geboten. An den Nominalsatz schließen pbo bo asyndetisch an gegen sa [ach] ach_2. τὰ ἐμά wird mit dem Possessivpronomen wiedergegeben. Dabei liegt wohl in sa nur eine Verschreibung vor, wo das Possessivpronomen der 2.p.f.sg. geboten wird. Das zweite ἐμά erscheint korrekt. Jedoch steht das Possessivpronomen nur in sa ach ach_2 als Rectum des Verbums. In pbo bo ist es vielmehr Prädikatsnomen eines Relativsatzes, der in pbo substantiviert als Rectum des Verbums erscheint, jedoch in bo von einem als Objekt fungierenden Demonstrativum abhängig gemacht wird. Es wird in beiden Fällen von τὰ ἐμά so verfahren. Der Satz καὶ γινώσκουσίν με τὰ ἐμά wird von pbo asyndetisch angeschlossen (gegen sa ach ach_2 bo). Das Verbum erscheint mit im Präfix wiederholtem Subjekt.

10,15 καθώς wird in sa ach ach_2 pbo mit Hilfe von ΘЄ und Äquivalenten wiedergegeben, während bo das typisch bohairische ΦΡΗϮ wählt. Daran wird in jedem Fall ein Relativsatz angeschlossen, in sa ach ach_2 ohne, in pbo bo mit Ν̄ϪЄ-Konstruktion. Als Tempus des Relativsatzes wählen sa ach_2 ach deutlich Präsens I oder II (Im Relativsatz, in dem das Relativwort nicht Subjekt ist, ist beides formgleich). In bo ist die entsprechende Form des Präsens II identisch mit der des Perfekt I. Die Form in pbo gibt eindeutig den Relativsatz des Präsens I wieder. Das Subjekt bekommt in sa den einfachen Artikel, in ach ach_2 pbo bo den Possessivartikel. Der Unterschied muß nicht auf das Griechische zurückgehen. Die Verwendung des Possessivartikels liegt in diesem Fall dem Koptischen näher.

Den Satz κἀγώ usw. schließen sa ach pbo bo gegen ach_2 asyndetisch an. Das Subjekt, allgemein durch selbständiges und Präfixpronomen dargestellt, wird wiederum von sa ach pbo bo gegen ach_2 durch ϨΩ bzw. ϨΟΥΟΥΤ verstärkt. Das Objekt, welches das Subjekt des Vorsatzes ist, wird auch wieder teils mit Artikel, teils mit Possessivartikel versehen. Doch gruppieren sich hier nicht wie oben sa gegen ach ach_2 pbo bo, sondern sa ach pbo bo gegen ach_2. τίθημι wird mit ΚΩ und Äquivalenten übersetzt von sa ach ach_2 und auch von bo, welches noch in V. 11 Ϯ bot, das nun nur noch von pbo gelesen wird. pbo differiert auch im Tempus. Es bildet Präsens I, sa ach ach_2 bo hingegen Futur I. Für ὑπέρ bringen pbo bo wie in V. 11 ЄϪЄΝ gegen sa ach ach_2 (ϨΑ).

10,16 Die Übersetzung von ἔχω bereitet wiederum Schwierigkeiten. Im Prinzip arbeiten nun alle Versionen gleich, und zwar mit ΟΥΝ̄ΤΑ= und Äquivalenten. bo unterscheidet sich hier nur insofern, als es die gleiche Konstruktion in einer älteren, nur noch im Bohairischen möglichen Form verwendet. ΟΥΝ̄ΤΑΙ und Äquivalenten folgendes ΔЄ anstelle von ΟΝ, das bei bo fehlt, wird nur von ach_2 pbo geboten. Μ̄ΜΑΥ, das dieser Konstruktion gern hinzugefügt wird, befindet sich in sa [ach] ach_2 pbo und bo andererseits an verschiedenen Stellen des Satzes.

Der Relativsatz ἃ οὐκ usw. wird im allgemeinen durch einen Umstandssatz wiedergegeben. Auf diese Verknüpfung kann ach allerdings verzichtet haben. Im Umstandssatz variieren sa ach ach_2 und pbo bo in der Wortstellung. Dabei vertauschen die zweite Hälfte der Negation, deren erste ach_2 bo auslassen, und die Kopula einerseits und der adverbiale Bestandteil des Subjekts andererseits ihre Position. pbo bo geben dabei αὐλή mit Lehnwort wieder. sa bietet ΟϨЄ, ach_2 präzisiert ΑϨЄCΑΥ und verwendet eine andere Präposition, während ach zur Stelle nicht zu vernehmen ist. Der Anschluß κἀκεῖνα wird in pbo bo asyndetisch gestaltet.

δεῖ wird sehr verschieden wiedergegeben, am adäquatesten in sa ach mit ϨΑΠC / ϨЄΠC und mit Є / Α angeschlossenem kausativen Infinitiv.

bo übersetzt δεῖ mit ϩⲱϯ, dem es, da es mit ⲉ den einfachen Infinitiv verwendet, dessen logisches Subjekt durch ⲉⲣⲟⲓ proleptisch zufügen muß. pbo hilft sich mit ⲀⲚⲀⲄⲔⲎ und folgendem Konjunktiv. ach_2 entfernt sich am weitesten vom Griechischen, indem es δεῖ überhaupt nur indirekt durch ein Futurum wiedergibt.

Zur Übersetzung von (συν)αγαγεῖν leiten sa ach ach_2 ihre Verben von ⲤⲞⲞⲨϨ ab, pbo bo wählen ⲒⲚⲒ, wobei bo mit dem status nominalis, pbo mit dem status absolutus konstruiert. sa ach ach_2 verwenden den status pronominalis, um lediglich das Objekt zu wiederholen, das sie in Imitation der Stellung von κἀκεῖνα an den Anfang des Satzes gestellt haben und dort zumindest von sa ach ach_2 durch ⲞⲚ hervorgehoben und von der folgenden Konstruktion abgegrenzt ist. In der Übersetzung von ἐκεῖνα ergeben sich Differenzen. sa [ach] ach_2 wählen einen substantivierten Relativsatz (ⲚⲈⲦⲘ̄ⲘⲀⲨ und Entsprechungen), während die unterägyptischen Texte ⲚⲒⳬⲰⲞⲨⲚⲒ (pbo) bzw. modifiziert ⲚⲒⲔⲈⳬⲰⲞⲨⲚⲒ (bo) wählen.

Die Folgesätze mit den Verben ἀκούσουσιν und γενήσεται werden von ach pbo durchweg asyndetisch angeschlossen, in beiden Fällen gegen bo, im ersten auch gegen sa ach (ach setzt im zweiten Fall aus). Drei Möglichkeiten der Tempusfolge ergeben sich: 1. Futur I-Konjunktiv (sa); 2. Konjunktiv-Konjunktiv (ach_2 pbo); 3. Futur III-Futur III (bo). Daher kommt wohl auch das ⲞⲨⲞϨ vor dem zweiten Futur III. pbo verstärkt das Subjekt in Ⲛ̄ⲦⲞⲨⲤⲰⲦⲈⲘ noch durch nachgestelltes ϨⲰⲞⲨ. Für φωνή nehmen sa ach ach_2 bo ⲤⲘⲎ und Äquivalente, pbo ⳓⲢⲰⲞⲨ. ποίμνη wird mit ⲞϨⲈ / ⲞϨⲒ in sa bo, dem präziseren ⲀϨⲈⲤⲀⲨ in ach_2 und dem völlig freien ⲘⲀ in pbo übersetzt. Zur Identitätsanzeige fungieren in sa ach_2 pbo und bo verschiedene Präpositionen. sa pbo bo schließen daran mit dem unbestimmten Artikel an, den ach_2 zur Kardinalzahl verstärkt, obgleich μία hinreichend durch Ⲛ̄ⲞⲨⲰⲦ ausgedrückt ist. ⲚⲚⲞⲨⲰⲦ in pbo ist Ergebnis einer dialektbedingten Orthographie. Die differierende Übersetzung von ποιμήν erfolgt wie gewohnt.

10,17 Im Hauptsatz konstruiert bo gegen sa ach_2 pbo mit Ⲛ̄ϪⲈ. Das Subjekt erhält in Anlehnung an das Griechische in pbo nur den einfachen Artikel anstatt des Possessivartikels (sa ach_2 bo). Auf eine prononcierte Wiedergabe des ἐγώ im ὅτι-Satz verzichtet ach_2 gänzlich. Während pbo bo ein ⲀⲚⲞⲔ dem präfigierten Personalpronomen voraussetzen, fügt sa ein solches erst nach dem Verbum ein, das sa ach_2 im Futur I bieten, pbo bo jedoch im Präsens I. Die Wortwahl differiert zwischen ⲔⲰ und Äquivalenten (sa ach_2 bo) und ϯ (pbo). Man vergleiche dazu V. 15, wo bo jedoch das gleiche Tempus wie die oberägyptischen Dialekte aufweist. Der Finalsatz wird in pbo bo (bei bo wie in V. 10) mit ϨⲒⲚⲀ eingeleitet und mit dem Konjunktiv fortgesetzt.

sa ach_2 nehmen auch hier ϪⲈⲔⲀⲤ bzw. ϪⲈⲔⲀⲤⲈ, wobei sa das Verbum ins Futur III setzt, ach_2 jedoch ins Futur II.

10,18 ἦρεν bzw. αἴρει setzt pbo in ein negatives Tempus consuetudinis, während sa ach_2 und bo eine (Ⲙ̄)ⲘⲚ̄- bzw. Ⲙ̄ⲘⲞⲚ-Konstruktion bevorzugen. αἴρειν wird dabei in sa ach_2 nicht durch ungeläufiges ⲰⲖ, sondern durch ϤⲒ wiedergegeben. pbo bo wählen ⲰⲖⲒ. Den status absolutus haben dabei sa ach_2 bo übereinstimmend unter Hinzufügung des logischen Objekts in Form eines präpositionalen Ausdrucks, während es pbo an den status pronominalis anhängt.

ἀπ' ἐμαυτοῦ wird im nächsten Satz anders als im Vorsatz ἀπ' ἐμοῦ gebracht. Letztes wird übereinstimmend mit Ⲛ̄ⲦⲞⲞⲦ (sa ach_2) oder Ⲛ̄ⲦⲞⲦ (pbo bo), ἀπ' ἐμαυτοῦ jedoch divergierend in den Gruppen sa ach_2 (ϨⲀⲢⲞⲒ) und fa pbo bo (ⲈⲂⲀⲖ ϨⲒⲦⲀⲦ und Äquivalent, wobei bo noch ⲈϦⲢⲎⲒ vorwegsetzt) geboten. Den Unterschied von ἐμοῦ und ἐμαυτοῦ verdeutlichen nur sa ach_2 bo durch Einsatz von ⲘⲀⲨⲀⲀⲦ und Äquivalent. fa pbo verzichten darauf.

Im folgenden wird ἐξουσία beim ersten Mal in der Gruppierung sa ach_2 fa (fa ohne Artikel) mit Lehnwort, in pbo bo mit bohairischem ebenfalls artikellosem Wort wiedergegeben. pbo bo ergänzen ⲞⲨⲞⲚϯ entsprechendes Ⲙ̄ⲘⲀ(Ⲩ), wobei pbo noch ein ⲄⲀⲢ zufügt. Das zweite ἐξουσία wird aber nun von sa ach_2 fa und pbo mit Lehnwort übersetzt, und bo formuliert wie beim ersten Mal. Der Artikel fehlt wieder bei fa pbo bo. Von der gleichen Gruppierung wird die zweite Satzhälfte asyndetisch angeschlossen. fa unterläßt auch zusammen mit ach_2 gegen sa pbo bo die Übersetzung von πάλιν. sa und pbo bo haben es jedoch an verschiedener Stelle des Satzes. Das Verbum der zweiten Satzhälfte ist in sa ach_2 fa bo ϪⲒ bzw. ϬⲒ (bo), in pbo jedoch ⲰⲖⲒ.

Der Schlußsatz ist in pbo bo grundsätzlich anders gestaltet als in sa ach_2. Statt des Demonstrativartikels (sa fa) verwenden ach_2 pbo bo stärkeren Artikel, und zwar pbo bo aus dem Grunde, weil sie das Demonstrativum zum Subjekt und die ⲈⲚⲦⲞⲖⲎ zum Prädikatsnomen eines dreigliedrigen Nominalsatzes machen und den Hauptinhalt des Satzes in einen an ⲈⲚⲦⲞⲖⲎ angeschlossenen Relativsatz verlegen. Das Verbum erhält so in pbo bo eine sa ach_2 entsprechende Form, doch während es sich hier um Perfekt II handelt (wobei freilich relatives Perfekt I nicht mit Sicherheit auszuschließen ist), gibt die Form dort Relativanschluß und Perfekt I an. Der Relativanschluß kann in einer Lücke von fa gestanden haben, so daß wahrscheinlich fa noch im Prinzip zur Gruppe pbo bo zu zählen ist. Allerdings wäre hier der Hauptsatz nur ein zweigliedriger Nominalsatz, was auch das Verbleiben des Demonstrativartikels vor ⲈⲚⲦⲞⲖⲎ erklären würde. Das παρά wird von sa ach ach_2 fa und pbo bo verschieden wiedergegeben.

2. Probleme der Auswertung

Die detaillierte Analyse der Perikope zeigt, daß die Differenzen zwischen den Versionen eine recht komplizierte Struktur haben. Überdies sind die Gruppen vielfältig, zu denen sich jeweils die Versionen in der Übereinstimmung bezüglich einer Lesart bzw. eines Übersetzungsmodus vereinigen. Inwiefern die interversionalen Varianten auf verschiedenen griechischen Text zurückgehen, muß noch behandelt werden. Alle Abweichungen seien zunächst einmal als Varianten lediglich der Versionen untereinander begriffen.

Es ist nun zu fragen, welche Lehre die Detailanalyse für das Verhältnis der Versionen untereinander erteilt. Dabei ist es methodisch anscheinend unmöglich, eine präzise Quantifikation der Unterschiede, sei es in absoluten Zahlen oder Prozenten, zu bieten. Zuviele Ermessensfragen machen schon ein einheitliches Zählen von Varianten unmöglich. Die Abgrenzung von Varianten und Untervarianten ist schwierig, und oft sind zwei distinkte Lesungen gegenüber einer davon erheblich unterschiedenen als statistisch eine zu werten, um das Gesamtbild nicht durch bloße Formalismen bedeutenden Störungen auszusetzen. Die Reduktion der Sinneinheiten auf die kleinsten sinntragenden Elemente ist für den Sprachvergleich unerläßlich, eignet sich aber ebensowenig für eine Quantifikation: Veränderungen über größere Passagen, manchmal nur durch Modifikation der Konstruktion verursacht, erhielten auf diese Weise ein ungebührliches Gewicht.

Ein Kompromiß der Art, die Varianten als Notate zu einzelnen Wörtern zu zählen, ist gerade im Koptischen nicht anwendbar. Die Wortabgrenzung ist zwar als editionstechnisches Problem gelöst[297], jedoch nicht in einer philologisch so zwingenden Weise, daß hier nach ihr verfahren werden dürfte. Die meisten „Wörter" bestehen immer noch aus leicht unabhängig modifizierbaren Bestandteilen, die wiederum selbst als Wörter aufzufassen teils erlaubt sein mag, sich weithin aber aus Gründen der Toneinheit und entsprechender Veränderung im Lautbestand verbietet. Freilich wird eben diese Veränderung im Bereich der verbalen status im Schriftbild nur selten als Anzeichen für eine größere, sei es semantische oder Akzenteinheit, interpretiert. Dieses geschieht in der Regel nur bei artikellosen Objekten. Natürlich ist eine Methodisierung der Quantifikation sprachlicher Phänomene in den koptischen Dialekten ein Desiderat, vor allem wenn es um die Auswertung größerer Datenmengen geht. Vorerst wird in diesem Punkte jedoch die Analyse im Ungefähren bleiben müssen. Die quantitative Beurteilung kann also nur Richtwerte anführen.

Je nach Zählung variieren die sechs Versionen in unserer Perikope an rund 180 Stellen. Das sind pro Vers zehn, also erheblich mehr als

[297] Vgl. oben 188f. Anm. 154.

man in der handschriftlichen Überlieferung innerhalb einer Version erwarten dürfte. Zwei bis drei Lesarten werden dabei pro Stelle geboten, vier sind es ganz selten und fünf fast nie. Schon das läßt vermuten, daß die Unterschiede zwischen nur zwei Hss, die je eine Version vertreten, beträchtlicher sind als die zweier eine Version vertretender Hss. Andererseits kann mit einer völligen Diffusität der Hss verschiedener Versionen kaum gerechnet werden. Im Gegenteil, man darf signifikante Gruppierungen erwarten. Zu einem Überblick können zunächst nur die Stellen, an denen keine Version fehlt, herangezogen werden.

3. Die sahidische Version

sa bietet wie fa nur sehr selten Sonderlesarten. An allen Stellen gehen dabei die übrigen Versionen auseinander. Es steht also niemals sa der geschlossenen Gruppe ach ach_2 fa pbo bo gegenüber. Zu sa gesellen sich am häufigsten ach, ach_2 und fa, alle drei in je über einem Dreiviertel der Fälle. Hierin ist eine erweiterte Gruppenbildung dieser Versionen präjudiziert. Eine Zweiergruppe mit einer der drei Versionen wird allerdings nur selten gebildet, wie sa überhaupt nur relativ selten (in einem guten Viertel der Fälle) einen Text bezeugt, den weniger als vier Versionen, inklusive sa, bieten, aber immerhin mehr als alle anderen Versionen in Dreiergruppen zu finden ist. Im Grunde bietet sa ebensowenig gemeinsame exklusive Lesarten mit einem der ober- und mittelägyptischen Texte wie mit bo. Bilden sich Dreiergruppen aus den mittel- und oberägyptischen Texten, so ist sa darin am seltensten ausgeschlossen.

Für Vierergruppen gilt entsprechendes. Die einzig relevante, weil am wenigsten zufällige Kombination ist sa ach ach_2 fa. Sie tritt bei einem knappen Drittel der Varianten auf, ja bei ungefähr der Hälfte, rechnet man die etwa gleich zahlreichen Fälle hinzu, in denen bo oder pbo etwas sa ach ach_2 fa entsprechendes lesen. Allerdings handelt es sich hier nur um die Fälle, in denen bo oder pbo aus dem Gesamtverband des Koptischen ausscheren. Ein Drittel der Varianten — das erscheint als wenig, ist aber viel, wenn man bedenkt, daß es sich dabei schon um eine Kumulation von zwei Dritteln der Versionen handelt. Berücksichtigt man nur deren Hälfte, so ergeben sich für die Häufigkeit des Auftretens von sa ach ach_2, sa ach_2 fa und sa ach fa Zahlen, die deutlich die Hälfte der Fälle überschreiten.

Ein deutliches Verhältnis zwischen sa, ach, ach_2 und fa ist ersichtlich, der Abstand zu bo und pbo ist groß. sa widerspricht in etwa drei Vierteln der Fälle der Übersetzung von bo, mit pbo geht sa nur dann, wenn pbo's Lesart auch von bo geboten wird oder einer Vierergruppe angehört. Den Konsensus von pbo bo teilt sa nur in einem Viertel seines Vorkommens, pbo bo haben also die Übersetzung, die am meisten von sa divergiert.

4. Die achmimische Version

ach hat öfter eine singuläre Übersetzung als sa, aber weit weniger als pbo oder auch bo. Zweiergruppen haben ach fast nie zum Bestandteil. Das oben Dargelegte weist ach der Gruppe sa ach ach_2 fa zu. Die meisten Übereinstimmungen hat es mit sa. Die Zahl übersteigt drei Viertel der Fälle. Es folgen Übereinstimmungen mit ach_2 in knapp zwei Dritteln der Stellen, fast immer nur dann, wenn auch sa und ach_2 übereinstimmen. Fast genauso oft zeigen ach und fa einen Konsensus, jedoch auch stets unter Begleitung weiterer Versionen, meist von sa, etwas seltener von ach_2, mit Abstand, aber noch relativ häufig, an einem Fünftel der Stellen, von bo, wobei schon zwei Drittel der Übereinstimmungen von fa und bo überhaupt damit betroffen sind. Mit bo stimmt ach ansonsten nur in Begleitung von sa überein, und zwar in fast allen Fällen, in denen bo mit sa zusammen übersetzt. ach findet sich niemals zusammen mit pbo in einer Dreiergruppe. ach stimmt nur mit pbo überein, wenn bo mit pbo läuft oder bo bzw. bo und fa sich aus dem Gesamtverband der Kopten lösen.

Insgesamt stellt also auch die Gruppierung sa ach ach_2 fa hier eine wichtige Verbindung dar, und es gilt das zu sa Gesagte. Die Untergruppierungen sa ach ach_2 und sa ach fa sind entsprechend stark vertreten. Etwas seltener, etwa an der Hälfte der Stellen, übersetzen ach ach_2 fa gleich. Jedoch treten sa ach ach_2, sa ach fa und ach ach_2 fa nur in geringer Zahl als Dreiergruppierung auf. Mit nur wenigen Ausnahmen gehen sie in der Gruppe sa ach ach_2 fa auf. ach steht eindeutig auf der Seite der südlichen Übersetzungsgruppe, und weicht von der nördlichen (pbo bo) in eben der Stärke wie sa ab.

5. Die subachmimische Version

ach_2 hat einen ähnlichen Anteil an Sonderübersetzungen wie ach. Die Neigung, Zweier- oder Dreiergruppen zu bilden, ist hier ebenfalls relativ gering. ach_2 verbindet sich ansonsten in der Hauptsache mit sa, dabei treten ach oder fa oder beide hinzu. Mit ach und fa zusammen übersetzt ach_2 nur selten und ausnahmsweise, wenn sa eine andere Version bietet. In diesem Fall bilden sie eine Dreiergruppe. Die Übereinstimmung mit ach oder fa ist gleich groß, steht aber hinter der mit sa deutlich zurück. Mit bo oder pbo stimmt ach_2 noch seltener überein als sa oder ach.

Fast nie gruppiert sich ach_2 mit bo oder pbo, wenn nicht auch sa die Übersetzung von ach_2 repräsentiert. Es gibt dafür nur selten eine Ausnahme, wo dann auch ach_2 pbo und ach_2 bo eine Zweiergruppe bilden. Mit pbo geht ach_2 ansonsten sogar nur dann, wenn entweder sa ach genauso übersetzen oder ohnehin nur eine Version von allen anderen abweicht, was bedeutet, daß im Falle eines Fehlens von ach in der Gruppierung der Konsensus mit fa pbo bo gegeben ist.

Insgesamt ist ach_2 von bo und pbo etwa gleich weit entfernt und gesellt sich gerade dann am wenigsten zu ihnen, wenn diese einen Konsensus bilden. ach_2 tritt darin in Gegensatz zu ach, das wie sa zwar nur selten, aber gleich häufig, zum Konsensus von pbo bo hinzukommt. ach_2 stellt so die Version dar, die zu bo und pbo die größte Entfernung hat.

6. Die mittelägyptisch-fajjumische Version

Wie sa verfügt fa kaum über Sonderübersetzungen. Solche bietet es ausnahmsweise mit allen anderen Versionen außer ach. In Dreiergruppen befindet fa wie sa sich häufiger als die anderen Versionen. Wie sa und ach ist es in Vierergruppen und Fünfergruppen in der Regel vertreten. Es fehlt dort nur, wenn ach und ach_2 bzw. bo und pbo übereinstimmen. Am meisten stimmt fa mit sa überein, insbesondere und überwiegend dann, wenn auch ach oder ach_2 und zumeist beide mit sa übersetzen. Damit ist gleichzeitig umrissen, wie sich fa zu ach und ach_2 verhält.

Die Gruppe sa ach ach_2 fa wird auch hier wieder deutlich. Tritt dabei an die Stelle einer dieser Versionen bo oder pbo, und zwar in Übereinstimmung mit fa, so fehlt in der Gruppe fast regelmäßig ach_2, fast nie aber ach, sa zuweilen. Nicht zuletzt daran liegt es, daß fa mit den nordägyptischen Versionen auffallend viele Übereinstimmungen aufweist. Eine echte Zwischenposition kann es jedoch noch immer nicht einnehmen, da es sich dabei trotz allem nicht einmal um ein Drittel der Fälle handelt. Aus der Gruppe sa ach ach_2 fa hat es immerhin die meisten Übereinstimmungen sowohl mit bo als auch mit pbo. Besonders in bezug auf bo übertrifft fa, allerdings nur knapp, sa. Entscheidend scheint, daß fa immerhin zuweilen mit einer oder beiden nordägyptischen Versionen eine exklusive Gruppe bilden kann, was sonst kaum vorkommt. fa's erstaunlich starke Tendenz zu den oberägyptischen Übersetzungen ist erklärlich, da es sich schon von der Sprache her kaum um einen typisch fajjumischen Text bezüglich der Überlieferung handeln dürfte.

7. Die protobohairische Version

pbo übertrifft alle anderen koptischen Versionen an Sonderübersetzungen. pbo erscheint dabei ebenso oft allein, wie sich die oberägyptische Gruppe sa ach ach_2 fa überhaupt bildet. Häufig bieten sa ach ach_2 fa bo im Falle einer Sonderübersetzung von pbo einen einheitlichen abweichenden Text. pbo neigt im Gegensatz zu den mittel- und oberägyptischen Versionen sehr stark zur Bildung einer Zweiergruppe, deren Bestandteil pbo in etwa zwei Dritteln der Zweiergruppen ist, also fast einem Drittel der Stellen überhaupt. Fast immer geben dann pbo und bo gleiche Übersetzungen. Überhaupt weist pbo mit bo weitaus die meisten Übereinstimmungen auf, was aber nicht übersehen lassen darf, daß beide Versionen so immer noch in über der Hälfte der Stellen voneinander abweichen, allerdings meistens dann, wenn auch die südlichen Texte keine Geschlossenheit aufweisen.

Dreiergruppen bildet pbo relativ selten, am ehesten mit bo und fa. Es produziert sie in einer Häufigkeit, die dem Umstand entspricht, daß erstens die südlichen Texte eine größere Kumulationsmöglichkeit aufgrund ihrer Anzahl haben und zweitens bei einer hohen Anzahl an Sonderübersetzungen der Möglichkeit exklusiver Übersetzung mit ein oder zwei südlichen Texten nur eine geringe Wahrscheinlichkeit eingeräumt werden darf. So kann eine Dreiergruppe auch nur unter Zustimmung von bo gebildet werden. Dieses gilt nicht mehr bei der Bildung eines größeren Verbandes, da ja bei dem häufigen Zusammenhalt der südlichen Texte beim Anwachsen einer Gruppe die Wahrscheinlichkeit einer Sonderübersetzung von bo oder pbo steigt. Die größte Entfernung zeigt pbo nicht vom Kern der südlichen Gruppe, sa, sondern von ach und ach_2.

8. Die bohairische Version

bo bringt ähnlich oft wie pbo Sonderübersetzungen und überträgt in einer ebenso hohen Zahl, wie es solche bietet, exklusiv mit pbo. bo nimmt ebenso viele Möglichkeiten zur Zweierkumulation wahr wie pbo, und auch ebenso oft, übertrifft pbo jedoch bei den Dreierkumulationen, die zu bilden es zwar halb soviel wie sa beiträgt; aber bo findet zusammen mit sa die meisten Möglichkeiten in der Konstellation.

Da bo seinerseits auch mit pbo die meisten Übereinstimmungen aufweist und sich ähnlich stark von den südlichen Texten absondert, verwundert ein entsprechend seltenes Vorkommen in Vierergruppen nicht. Es ist hier noch weniger zu finden als pbo. Beide vertreten eine Anzahl möglicher Gruppen nur selten. Mit beiden ist in Vierergruppen ach fa meistens und ach immer vertreten. Bringt bo einen Text in einer Fünfergruppe, so normalerweise gegen pbo. Auch daran ist ersichtlich, daß ein großer Teil der Sonderübersetzungen von bo und pbo gegen die Gesamtheit der übrigen Versionen erfolgt. Von sa ach ach_2 fa steht bo den Versionen ach_2 und ach am fernsten und teilt seine Übersetzung am ehesten mit fa.

9. Die Gruppen

Wiederholt wurde von einer nördlichen (pbo bo) und einer südlichen Gruppe (sa ach ach_2 fa) gesprochen. Das geschah jedoch auf dem Wege der bloßen Deskription, und über Ursachen und Hintergründe war damit noch nichts gesagt. Ob man nach genetischer Betrachtung der Texte, also nach der Beantwortung der Frage, wann und woraus im einzelnen die Versionen entstanden sind, bei der Bezeichnung als Gruppe wird bleiben können, ist ungewiß. Unabhängig von der Ortung der Dialekte, lassen sich die an unserer Stelle vorhandenen Versionen jedenfalls deutlich geographisch anordnen. Ober- und mittelägyptische Texte grenzen sich klar von den unterägyptischen ab.

Gegen die Annahme oben genannter Gruppen mag freilich eingewendet werden, die Ausnahmen, in denen eine Hs aus der Gruppe ausschert, seien doch zu zahlreich, ja überstiegen in jedem Falle die Hälfte der Stellen. Das ist besonders bei sa ach ach_2 fa deutlich. Es muß jedoch bedacht werden, daß immerhin noch jede Version mit einer anderen dieser Gruppe mehr Übereinstimmung aufweist als bo und pbo untereinander. Insgesamt produzieren bo und pbo untereinander mehr Varianten als die vier südlichen Versionen zusammen. Würde man nur diese zum Vergleich heranziehen, so verringerte sich die Anzahl der Varianten hier um über ein Drittel und ergäbe eine Summe, die insgesamt immer noch beträchtlich wäre.

10. Probleme der Feststellung des Ortes in der griechischen Überlieferung

Bisher wurden die sechs hier zu Rate gezogenen Hss als Denkmäler ausschließlich der koptischen Versionen, die sie vertreten, begriffen. In dieser Eigenschaft stehen sie bereits in einer koptischen, nach Dialekten verschiedenen Überlieferung. Ihre Vergleichung trug rein deskriptiven Charakter. Um diese Vergleichung abzurunden, ist es nötig, zu sehen, wie im einzelnen wiederum die Vorlagen im weiteren Sinne sich zum griechischen Text verhalten, also nicht die für uns nicht rekonstruierbaren Urtexte der Versionen, sondern ihr Überlieferungszustand in den vorliegenden Hss.

Hier setzt auch die Prüfung ein, ob und wieweit einem uns bekannten griechischen Text Folge geleistet wird und inwiefern Unterschiede, die oben in den Texten festgestellt wurden, bereits auf die griechische Vorlage des Urtextes einer Dialektübersetzung zurückzuführen sind. Dabei ist nicht auszuschließen, aber auch nicht überprüfbar, ob bereits innerhalb der Überlieferung nach einem griechischen Text korrigiert wurde. Andererseits besteht auch die Möglichkeit, daß die Überlieferung gegenüber einer treueren Übersetzung durch sprachliche Korrekturen Varianten schuf. Unter günstigen Bedingungen können in diesen Fragen Entscheidungen getroffen werden, jedoch schien es mir an keiner Stelle der Perikope möglich. Wie vor jedem überlieferungsgeschichtlichen Schluß, muß es auch hier die deskriptive Analyse am Anfang stehen.

10,1 Ob die Kopten in 10,1 ὑμῖν λέγω oder λέγω ὑμῖν gelesen haben, ist nicht auszumachen. Alle übersetzen gleich in einer für sie zwingenden Wortstellung. In gleicher Weise müssen alle das Objekt zu λέγω ergänzen. Darin ist keine Variante zum griechischen Text zu erblicken. Auch die Reihenfolge von ἀλλαχόθεν und ἀναβαίνων in der griechischen Vorlage ist aus syntaktischen Gründen nicht feststellbar. Eine etwaige Omission von ἐκεῖνος, die natürlich äußerst unwahrscheinlich ist, könnte kaum überprüft werden, da eine Auslassung von ПЄТМ̄МАУ oder ähnlichem für den Kopten unter keinen Umständen in Frage käme; der Nominalsatz würde dann nämlich subjektlos. Erst die Umstellung von λῃστής und κλέπτης durch pbo zeigt gegenüber dem uns geläufigen griechischen Text eine eindeutige Veränderung, für die kein griechischer Zeuge angeführt werden kann, und die Annahme eines solchen ist auch nicht dadurch zwingend, daß sy$^{s[c]}$ die gleiche Umstellung bieten.

10,2 Der Text von sa ach$_2$ würde wörtlich zurückübersetzt zwar nur ἐρχόμενος und nicht εἰσερχόμενος bieten. Doch ist es nicht geraten, hieraus von vornherein Schlüsse zu ziehen. Der Text kann nämlich in jedem Fall als auch für εἰσερχόμενος stehend interpretiert werden. Anderenfalls müßte man auch in V. 1 für sa ach ach$_2$ griechisches ἐρχόμενος voraussetzen, eine Lesart, die eines jeglichen griechischen Zeugen entbehrt. Eine genauere Übersetzung von εἰσερχόμενος wäre zwar möglich, wovon fa pbo bo ein Beispiel geben, ist jedoch nicht zwingend. fa pbo bo handeln sich ja in V. 1 noch zudem den Nachteil ein, dem Aspekt der Richtung in εἰς τὴν αὐλήν aus stilistischen Gründen nicht erneut Nachdruck geben zu können. Dafür sind sa ach$_2$ hier deutlicher. Irgendwo ist also die Richtung in V. 1 immer zum Ausdruck gebracht, nur eben nicht zweimal wie im Griechischen. V. 2 bietet doch nun nur die Negation des Verbum, nicht aber der Richtung. In der griechischen Überlieferung enthielt aber gemeinhin schon das Verbum die Richtung, in der koptischen nie. Entsprechend wird im Griechischen in V. 2 eben das Verbum mit Richtungsangabe, im Koptischen auch ohne wiederholt. Eine Verbindung zu dem von P^{75} 053 vertretenen Text ist durch keinerlei tragfähige Argumentation ad hoc herzustellen. Man könnte einen Zusammenhang nur behaupten, wenn insgesamt P^{75} in sa ach_2 nachzuweisen wäre. So kann zwar alles vermutet, aber nichts bewiesen werden.

Ganz ähnliche Schwierigkeiten bietet das Prädikat des Satzes. Lautet es einfach ποιμήν ἐστιν τῶν προβάτων oder ist ihm noch ein αὐτός oder ἐκεῖνος vorgesetzt, so daß αὐτός (ἐκεῖνός) ἐστιν ὁ ποιμήν entsteht? Jedenfalls bieten alle Kopten nach der Übersetzung des griechischen Partizipium durch einen Relativsatz das Subjekt des Nominalsatzes, und zwar sa ach ach_2 fa in Gestalt des Personalpronomen, pbo bo durch das Demonstrativpronomen, das bei pbo sogar mit ⲈⲦⲈⲘⲘⲀ verstärkt wird. Nun würde zwar der Relativsatz als Subjekt des Nominalsatzes ausreichen, jedoch ist die Reprise eines voranstehenden Relativsatzes durch ein Pronomen im Koptischen und besonders dort im Bohairischen durchaus üblich, so daß ein solches Verfahren allein noch keinen Hinweis auf die Textvorlage ergäbe. Allerdings ist es auffällig, daß sa ach ach_2 fa das Äquivalent von αὐτός bieten, pbo aber eine für ἐκεῖνος gewohnte Übersetzung bringt. Die Divergenz in den Versionen scheint eine Differenz der griechischen Überlieferung zu spiegeln. Aber haben sa ach ach_2 bo wirklich den Text von D it, pbo wirklich den von W? Die griechische Vorlage ist möglich, aber zur Erklärung des koptischen Textes bedarf es ihrer nicht.

An welcher Stelle des Satzes τῶν προβάτων gestanden hat, ist nicht ersichtlich. Die Stellung der Kopula kann darüber keine Auskunft geben. Nur bo versucht durch sie, den griechischen Text zu imitieren, den die Mehrheit der Hss bietet. Alle anderen haben sie dort, wo W D it ihre Kopula setzen. Das könnte zwar als weiteres Argument für die Beziehung der Kopten zu deren Text gewertet werden. Aber immerhin müßte man bo an dieser Stelle dann anders erklären. In diese Frage ist so keine Klarheit zu bringen. Koptische und griechische Kopula sind im übrigen keine Äquivalente.

10,3 Ob es τὰ ἴδια πρόβατα, τὰ ἴδια προβάτια oder τὰ πρόβατα τὰ ἴδια in der Vorlage der Kopten heißt, ist nicht zu entscheiden. Die Kopten geben eigentlich nur τὰ πρόβατα ἑαυτοῦ wieder. Aber mehr heißt τὰ ἴδια πρόβατα wohl auch nicht. Die Spaltung der Überlieferung bezüglich καλεῖ und φωνεῖ spiegelt sich im Koptischen nicht. Die Übersetzung bleibt hier indifferent.

Eine interessante Beobachtung läßt sich bei der Übertragung von ὄνομα machen, einer Stelle, die in der griechischen Überlieferung eindeutig ist. Die Kopten verstehen insgesamt κατ' ὄνομα als untrennbare Redewendung, was sich daran zeigt, daß sie ὄνομα allemal mit dem Possessivartikel versehen. sa ach fa bo setzen es obendrein in den Plural, was in Anbetracht der πρόβατα auch dem Sinn entspricht. ach_2 pbo bleiben hingegen beim Singular und damit dem Griechischen näher.

10,4 Hier stellt sich zunächst die Frage, ob die Zufügung von δέ in bo in irgendeinem Zusammenhang steht mit der gleichlautenden Lesart von K Π, die auch ein Teil der Itala vertritt. Ein Konnex läßt sich nicht sicher machen, da man mit diesen schwachen satzanschließenden Partikeln im allgemeinen recht frei umgehen darf.

τὰ ἴδια und πάντα müssen im Koptischen hintereinander wiedergegeben werden, daher ist nicht feststellbar, ob die Vorlage πάντα ἐκβάλῃ umgestellt hat. Ganz sicher ist aber, daß alle Kopten in ihrer Vorlage πάντα und nicht πρόβατα lasen. Darin folgt man ℵ B C D L W X Z Θ Ψ 33. 565. 1170 f^1, aber auch Afra, a und Armenier lesen so. Sie alle stehen gegen den Mehrheitstext mit A f^{13}.

Es kann im folgenden nicht gesagt werden, ob die Kopten αὐτοῦ τὴν φωνήν oder τὴν φωνὴν αὐτοῦ lasen. Gegenüber der Variante οἶδε / οἴδασιν verhalten sie sich genauso indifferent. Die Möglichkeit des Singulars ist ihnen hier gar nicht gegeben.

10,5 Die Variante ἀκολουθήσουσιν / -ωσιν wird man besser nicht mit der Divergenz im Koptischen zwischen negativem Futur III und negativem Tempus consuetudinis zusammenbringen. Weder aus der griechischen noch aus der koptischen Variante wird man einen ernsthaften Bedeutungsunterschied konstruieren dürfen. Zur Vertauschbarkeit vom Indikativ des Futurs und Konjunktiv des Aorist im Griechischen ist nichts zu sagen. Futur III im Koptischen kann wie deutsches Futur durchaus die Bedeutung eines Tempus consuetudinis haben.

Bei fester Wortstellung bleibt der koptische Text der Umstellung von τῶν ἀλλοτρίων τὴν φωνήν gegenüber indifferent. Allerdings geben nur sa ach_2 fa pbo τῶν ἀλλοτρίων wieder, bo jedoch τοῦ ἀλλοτρίου, was, soweit ersichtlich, kein griechischer Zeuge bietet, wohl aber q und sy[c]. Die Lesart von bo ist aber leicht aus dem Singular zu Beginn des Satzes erklärlich. Die Lesart von pbo könnte etwas mit der von G zu tun haben.

10,6 sa ach ach_2 fa bo können τίνα oder τί übersetzt haben. Bei pbo ist jedoch auch τί oder τίνα vorauszusetzen, da der Plural des Demonstrativum sehr wohl ein im Koptischen nicht vorhandenes Neutrum, sei es Singular oder Plural, wiedergibt. τί haben im Griechischen P^{66} 1170. Sie lassen mit lat sy^p ἦν ἅ aus. Dieses bleibt auch in pbo bo unübersetzt. Das kann freilich auch auf einer freieren Übertragung beruhen, deren sich bo an dieser Stelle ganz sicher bedient: ЄΘΒЄΟΥ. λαλεῖ wird offensichtlich in sa ach ach_2 fa pbo vorausgesetzt. Ob bo aber λαλεῖ, entsprechend 477* af a q ἐλάλησεν oder entsprechend V λελάληκεν übersetzt, muß dahingestellt bleiben, da die entsprechenden Tempora, Präsens II und Perfekt I, im Bohairischen gleichlautend sind.

10,7 Ob sa ach ach₂ οὖν voraussetzen, ist schwer zu sagen. ϬⲈ könnte auch ohne griechisches οὖν als Satzverbindung aufzufassen sein, auch könnte es möglicherweise auf ein δέ zurückzuführen sein, das von Soden durch r sy[p] pa übersetzt glaubt. Keine Partikel bieten jedenfalls fa pbo bo, und ihr Text ist darin dem von P[66*] af sy[s[c]] gleich. fa bo bringen gemeinsam πάλιν vor εἶπεν und gleichen darin wiederum sy[s[c]]. Ob 'Ιησοῦς in der Vorlage mit Artikel versehen war, kann im Koptischen nicht festgestellt werden. Ebensowenig ist eine Umstellung von λέγω ὑμῖν zu beurteilen wie die Frage, ob diesem ein ὅτι folgte oder nicht.

Entscheidend und entscheidbar ist hier lediglich die Variante ἡ θύρα / ὁ ποιμήν. sa ach fa bezeugen eindeutig ὁ ποιμήν, während ach₂ pbo bo mit P[66.45] ℵ A B D K L W Γ Δ Ψ f[1] f[13] 565. 700 ἡ θύρα vertreten. Um das Entstehen der Lesart ὁ ποιμήν zu erklären, bedarf es wohl nicht allzu tiefsinniger Theorien: Vom ποιμήν ist schließlich fortwährend die Rede. Immerhin sind nun vier Zeugen aus dem gleichen geographischen Raum für diese Lesart anzuführen, und es führt kein Weg daran vorbei, anzuerkennen, daß dieses kein zufälliges Faktum sei. Wie will man sich aber den Zusammenhang denken? Liegt den drei Varianten der gleiche griechische Text zugrunde? Oder ist nur sa, möglicherweise als von P[75] unabhängiger Urheber einer zufällig gleichlautenden Variante, von ach fa benutzt worden? Die einfachste Hypothese ist die einer sa ach fa gemeinsamen griechischen Tradition, als deren einziger Vertreter P[75] auf uns gekommen ist.

10,8 πάντες ist in allen Versionen enthalten. Sie folgen darin P[45.66.75] ℵ A B K L W Γ Δ Θ Ψ f[1] f[13] 565. 700 it. πρὸ ἐμοῦ lassen sa ach pbo mit P[45 vid. 75] ℵ* Δ it sy[s. p.] aus. ach bo bringen es mit P[66] A B D K L W Θ Ψ f[1] f[13] 565. 700. Ob sie es vor ἦλθον oder danach lasen, steht nicht fest. Ebensowenig kann gesagt werden, ob die Kopten ἤκουσαν oder ἤκουσεν lesen.

10,9 ach pbo bo ergänzen nach θύρα ein naheliegendes τῶν προβάτων mit 118. 209. 1170 sy[s[c]].

10,10 Nach κλέπτης lesen ach fa pbo bo wahrscheinlich ohne griechische Vorlage ein δέ. καὶ περισσὸν ἔχωσιν wird von den Kopten nicht ausgelassen. Damit haben sie den Text von P[44.45.66c.75] ℵ A D K L W Γ Δ Θ Ψ f[1] f[13] 33. 565. 700 it als Vorlage. Ob sie auch gemäß P[44.75] Γ X περισσότερον dort lasen, ist unsicher, da ihnen einen isolierten Komparativ auszudrücken nicht möglich war. Daß pbo wie W ⲠⲈⲢⲒⲤⲞⲚ hat, mag unbedeutend sein. bo entfernt sich in der Übersetzung des Finalsatzes ziemlich vom Griechischen.

10,11 pbo läßt — ohne Parallele im Griechischen — das zweite ὁ ποιμὴν ὁ καλός aus, was weder Sinn noch Syntax gefährdet. Ob hier das Koptische oder schon das Griechische wegen des Homoioteleuton irrte, ist nicht zu klären. Daß αὐτοῦ wie in Θ nach dem Verbum gestanden hat, ist nicht auszuschließen, aber auch nicht wahrscheinlich. Interessant ist die Variante δίδωσιν / τίθησιν. Erstes scheinen pbo bo zu übersetzen. Es ist der Text von P[45] ℵ* D c ff[2] sy[s]. Letztes bezeugen sa ach ach_2 fa mit P[66.75] ℵ[2] A B K L W Γ Δ Θ Ψ f[1] f[13] 33. 565. 700 it. bo, vielleicht auch pbo, scheinen sogar ἐπιδίδωσιν zu lesen, wofür von Soden Klemens anzuführen weiß.

10,12 Die Kopten schließen übereinstimmend mit ΔЄ an. Falls dieses aus der griechischen Vorlage stammt, so bot diese entweder den Text von P[66] ℵ D Δ Θ Ψ Φ (δὲ μισθωτός) oder A K (μισθωτὸς δέ). καί vor οὐκ ist für alle Versionen unübersetzbar. Im Relativsatz kann das Koptische sowohl εἰσίν als auch ἐστίν wiedergeben. pbo hat hinter ἴδια eine größere Zufügung, für die sich bislang im Griechischen und Koptischen keine Parallele findet: ΦΑΙ ⲘⲠⲀϤⲦⲎⲒϤ ЄϨⲢⲎΪ ЄⲬЄⲚ ⲚΙЄС-ⲰⲞΥ ⲀⲖⲖⲀ. Möglicherweise handelt es sich ursprünglich um eine aus V. 11 oder 15 abgeleitete Glosse, die später in den Text hineingeriet und mit Hilfe des ⲀⲖⲖⲀ in den Kontext eingepaßt wurde. Die Umstellung von ἀφίησιν τὰ πρόβατα und φεύγει hat allein bo, und zwar, ohne daß uns eine griechische Parallele bekannt wäre. τὰ πρόβατα wird am Ende des Satzes nicht wiederholt, so daß alle Kopten, sieht man von der stilistisch erforderlichen Wiederholung des αὐτά hinter σκορπίζει ab, den gleichen Text bieten wie P[44 vid. 45.66.75] ℵ B D L W f[1] 33. 565.

10,13 ὁ δὲ μισθωτὸς φεύγει wird zu Anfang von keiner Version eingeführt. Sie alle halten sich an den Text, wie ihn P[44 vid. 45.66.75] ℵ B D L W f[1] 33. 565 bieten. Die Bezeugung zeigt, daß offensichtlich die hier anstehende Variante mit der Zufügung am Ende von V. 12 als eine einzige zu begreifen ist.

10,14 Gegenüber der Umstellungsvariante ὁ ποιμὴν ὁ καλός / ὁ καλὸς ποιμήν verhalten sich die Kopten indifferent. γινώσκουσί με τὰ ἐμά geben sie zwar wörtlich wieder, aber γινώσκομαι ὑπὸ τῶν ἐμῶν würde vermutlich genauso übersetzt.

10,15 Die Kopten haben am Anfang des Satzes kein καί wiedergegeben. Damit ist nicht unbedingt vorausgesetzt, daß es dazu des Textes von P[66.75] ℵ B D L W it bedarf. Das letzte καί in V. 14 wird etwa auch von pbo, das folgende in κἀγώ von sa ach pbo bo gegen ach_2 weggelassen, und zwar ohne griechischen Hintergrund. sa ach pbo bo haben nach πατέρα kein μου übersetzt, was bedeutet, daß dort auch keins war. In bezug auf ach_2 ist keine Sicherheit zu gewinnen. μου nach ψυχήν ist ebenfalls nicht sicher. Für δίδωμι entscheidet sich zuvor nur pbo mit P[45.66] ℵ* D W. Die übrigen sa ach ach_2 übersetzen den Text, den auch ℵ[2] A B K M Δ Θ Ψ f[1] f[13] 33. 565. 700 haben. pbo geht also hier wie in V. 11 mit P[45] ℵ* D. Ob nach προβάτων μου oder τῶν ἐμῶν oder überhaupt etwas zugefügt wird, ist aufgrund des weiten

Anwendungsbereiches des Possessivartikels nicht zu sagen. Von Sodens Notat ist inkorrekt.

10,16 Wie 346 sy[p] haben ach_2 pbo bei oberflächlicher Betrachtung ein δέ, aber kein καί. Nun ist ungewiß, warum nicht mit einer Entsprechung von καί angeschlossen wurde und ob nicht überhaupt ON und Äquivalente schon auf griechisches μέν oder δέ zurückgehen oder gar ein πάλιν voraussetzen, zumal die Dialekte es gemeinsam bieten. So gesehen, mag der durch δέ verstärkte Anschluß in ach_2 bo auf eine auch von P^{66} D gebotene Lesung zurückgehen.

Zur Reihenfolge von δεῖ με, zu den Varianten ἀκούσουσιν / -σωσιν (der Konjunktiv in ach_2 pbo hat damit nichts zu tun) und γενήσεται / -σονται sind keine Aufschlüsse zu gewinnen. Von Interesse ist jedoch die Variante ἀγαγεῖν / συναγαγεῖν. Erstes setzen pbo bo voraus und folgen damit dem Text von P^{45} ℵ A B D K L W Γ Δ Θ Ψ f^1 f^{13} 33. 565. 700, während sa ach ach_2 συναγαγεῖν wiedergeben, eine seltene Lesart von P^{66}, für die auch Klemens angegeben wird und deren sekundärer Charakter evident ist.

10,17 Eine Umstellung von με ὁ πατήρ würde sich im Koptischen nicht niederschlagen. Statt τίθημι hat pbo wiederum die Übersetzung von δίδωμι, dieses Mal jedoch ohne eine bekannte griechische Parallele. Das Tempus im Finalsatz ist natürlich im Koptischen nicht mehr festzustellen.

10,18 Die Versionen setzen αἴρει voraus, was die meisten griechischen Hss bieten (P^{66} ℵ* A D K L W Γ Δ Θ Ψ f^1 f^{13} 565. 700), und dem sich auch it anschließt. Statt ἐμοῦ kann im Fall von fa pbo auch ἐμαυτοῦ (oder umgekehrt) vorausgesetzt sein. sa ach_2 pbo hingegen suchen das ἐμαυτοῦ der zweiten Satzhälfte auszudrücken. Sie folgen darin dem Mehrheitstext. Der Artikel vor ἐξουσία, im Griechischen in beiden Fällen nicht belegt, ist bei sa ach_2 bemerkenswert, da man das Subjekt in einem ΟΥΝ̄-Satz gern artikellos läßt. Die Einfügung von ΓΑΡ läßt pbo mit sy[c] übereinstimmen. fa pbo bo lassen καί ohne Entsprechung in der griechischen Überlieferung weg. πάλιν vor ἐξουσία scheinen nicht nur sa, sondern nach von Soden auch Origenes und (zum Teil) Euseb gelesen zu haben, und ausgelassen wird es nicht nur von ach_2 fa, sondern auch von e ff^2 und auch von, wiederum nach von Soden, Chrysostomus, Hilarius und Euseb (zum Teil). Jedenfalls übersetzt es bo an der Stelle, an der es auch die griechischen Hss haben.

Der Unterschied von λαβεῖν und ἆραι ist gewiß nicht groß. Aber pbo nimmt hier das Wort wieder auf, mit dem es schon αἴρει übertrug. Sollte es auch hier wieder ἆραι bedeuten, so wäre es der Text von D. Ob im folgenden τήν vor ἐντολήν und μου nach πατρός gelesen wurden, kann nicht entschieden werden.

11. Ergebnisse

Ein Vergleich der sechs Hss, die die koptischen Versionen vertreten, mit den griechischen Manuskripten verdeutlicht auf den ersten Blick, daß das Anhaltspunkte für eine Einordnung bietende Material auf einen Bruchteil dessen schrumpft, das uns noch zur Beurteilung des Verhältnisses der Kopten untereinander zur Verfügung stand. Von den rund 180 Varianten zwischen den Versionen haben nur neun oder zehn eine solche Parallele in der griechischen Überlieferung, daß man sie zu ihr notieren dürfte. Diese Stellen sind:

10,2 αὐτός / ἐκεῖνος
10,7 οὖν
10,7 ὁ ποιμήν / ἡ θύρα
10,8 πρὸ ἐμοῦ
10,9 θύρα τῶν προβάτων
10,11 δίδωμι / τίθημι
10,15 δίδωμι / τίθημι
[10,16 δέ]
10,16 ἀγαγεῖν / συναγαγεῖν
10,18 λαβεῖν / ἆραι

Fünf Abweichungen innerhalb der koptischen Versionen lassen sich zudem als parallel zu anderen Übersetzungen notieren:

10,1 Umstellung von κλέπτης / λῃστής
10,5 τοῦ ἀλλοτρίου
10,7 πάλιν vor εἶπεν
10,18 γάρ
10.18 Auslassung von πάλιν

Überdies lassen sich natürlich die Kopten auch noch zu einigen griechischen Varianten an Stellen, wo sie nicht auseinandergehen, zitieren:

10,4 πάντα
10,8 πάντες
10,10 καὶ περισσὸν ἔχωσιν
10,12 Auslassung von τὰ πρόβατα
10,13 Auslassung von ὁ δὲ μισθωτὸς φεύγει

An den letztgenannten Stellen steht die koptische Bezeugung insgesamt zwingend mit der griechischen in Verbindung; denn die Lesarten dürften nicht unabhängig voneinander entstanden sein. Das kann in der Regel an den Stellen, an denen sich zwischen den Versionen Varianten gebildet haben, nicht behauptet werden. Bei der Variante δίδωμι / τίθημι (V. 11.15) sind äußerste Zweifel erlaubt, denn unklar ist im Einzelfall, von welchem Vers, d. h. von einer wie bezeugten Lesart aus ein dann nicht mehr auf eine Überlieferung zu beziehender Paralleleinfluß ausgeht. Daß hier mit großer Wahrscheinlichkeit mit einem solchen zu rechnen ist, wird am deutlichsten am Beispiel pbo; dort wird auch noch in V. 17 das Äquivalent von δίδωμι geboten, wo es nun keine griechische Hs, soweit bekannt, bringt. Stichhaltiger scheint der Wechsel von ὁ ποιμήν / ἡ θύρα (V. 7) Auskunft über die Verbindung zum Griechischen zu geben, ebenso das Vorhandensein oder Fehlen von πρὸ ἐμοῦ in V. 8. Bei allen anderen Stellen kann die Parallelität der Lesart auf einem Zufall beruhen.

Bei der nur geringen sich ergebenden Materialmenge sind natürlich hier nur Aussagen über die unsere Perikope betreffenden Verhältnisse möglich, und darüber hinauszugehen, ist nicht erlaubt. Die Gruppenbildung, die oben unter den Versionen anhand der Varianten, die sie untereinander bilden, festgestellt wurde, läßt sich in dieser Perikope im Verhalten zur griechischen Überlieferung nicht bestätigen. Hier ergibt sich nur, daß die unterägyptischen Versionen, vor allem pbo, stärker dazu neigen, sich sowohl gegen die Mehrheit der koptischen Versionen, was ja dem oben bereits Eruierten entspricht, als auch der (griechischen) ägyptischen Zeugen, zuweilen sogar gegen alle, zu stellen. Die übrigen Versionen verhalten sich ohne Regelmäßigkeit bald so, bald so. Häufig treten Syrer, gelegentlich Lateiner hinzu, was zeigt, daß wohl eine Reihe von Varianten typisch für eine sekundäre Überlieferung sind.

Wenn aber alle Kopten die gleiche griechische Lesart vertreten, so wenden sie sich dabei niemals gegen den ägyptischen Text. Jedoch darf nicht verschwiegen werden, daß dann in der Regel auch der ägyptische Text mit den wichtigsten Vertretern des Mehrheitstextes übereinstimmt. Eine Ausnahme bildet nur die große Omission zwischen V. 12 und V. 13. Die im ganzen unregelmäßige Gruppierung der Kopten in bezug auf die griechische Tradition läßt eine getrennte Übersetzung eines jeweils eigenen griechischen Textes als das Wahrscheinlichste erscheinen. Eine Erklärung der Gruppenbildung in den übrigen Variantenbezeugungen ist noch nicht abzugeben. Die Versionen können, diese Annahme darf im Prinzip gemacht werden, sich gegenseitig durch Benutzung beeinflußt haben, aber die Gruppenbildung kann auch auf rein sprachlichen Faktoren beruhen. Beide Möglichkeiten schließen sich nicht aus. Hier aber konkretere Angaben zu machen, würde differenzierte Untersuchungen der Dialekte im Bereich der Stilistik, zum Teil auch der Grammatik, voraussetzen.

Schlußbemerkung

Die Erforschung der koptischen Dialekte kann längst nicht als abgeschlossen gelten. In dieser Untersuchung sind viele Themen der Grammatik berührt worden, bei denen deutlich wurde, daß sie noch der Einzelbetrachtung wert sind. Zu oft kann nur eine Information über bestimmte Phänomene gegeben werden, ohne daß man bereits auf Untersuchungen in der Sekundärliteratur verweisen könnte. Zuviel ist noch der individuellen Erfahrung mit den Texten anheimgestellt.

Deutlich wurde, daß in den meisten Fällen kaum davon gesprochen werden konnte, der koptische Text sei grundsätzlich zum griechischen einzutragen oder nicht. Vielmehr waren meistens eine Reihe von Faktoren zu berücksichtigen. Dabei erwiesen sich die Bedingungen als äußerst zahlreich, ja als fast das Bild bestimmend, die eine Notierung zum griechischen Text nicht eindeutig ermöglichen, soweit die Varianten nicht unbestreitbar als Zufügungen oder Auslassungen einen Text auch in den koptischen Dialekten verändert haben müssen.

Will man eine Aussage über den Textcharakter der koptischen Übersetzungen machen, so ist man darauf angewiesen, möglichst alle nur bewertbaren Lesarten der Kopten heranzuziehen. Das kann nur mit der notwendigen Differenzierung geschehen, die teilweise die Literatur vermissen läßt, die uns heute noch zur Meinungsbildung dienen muß. Die Differenzierung müßte auch Konsequenzen für die textkritischen Apparate mit sich bringen. Zwar wird hier und da schon ein Fragezeichen benutzt, um ein uneindeutiges Zeugnis der Kopten anzuzeigen. Doch geschieht das bei weitem nicht oft genug. Zu häufig fehlt jedoch auch das Koptische in der Zeugenliste von Lesarten, die es möglicherweise voraussetzt. Der Benutzer der textkritischen Apparate kann hier falsch *e silentio* schließen. Es wurde darauf verzichtet, auf die Fehler bei jeder Gelegenheit hinzuweisen. Joussen tat es öfter. In diesem Bereich läßt sich nichts mehr mit einzelnen Korrekturen machen, es hilft nur noch eine konsequente Überarbeitung der Apparate.

Wie mag sich eine angemessene Beurteilung der koptischen Lesarten auf die Beantwortung der Frage nach der Bedeutung der koptischen Versionen für die griechische Textgeschichte auswirken? Das hängt ganz von der Art der Varianten ab, von denen man ausgeht. Nehmen wir die Varianten des Typs, der im UBS-Apparat bestimmend ist, also Varianten, die ein gewisses Ausmaß haben oder sinnändernd sind, so dürfte das Koptische fast immer zu diesem oder jenem Überlieferungszweig zu notieren sein, wenn keine Untervarianten vorhanden sind. Untervarianten dürfen jedoch nicht dazu führen, daß die Kopten in scheinbarer Sicherheit nur zu einer Untervariante notiert werden, während sie auch noch andere bezeugen können, oder daß sie in falscher Vorsicht nirgends notiert werden. Dennoch enthält der UBS-Apparat die meisten entscheidbaren Fälle.

Beim Nestle-Apparat sinkt die Quote ganz erheblich. Zu fast jeder zweiten Stelle der Katholischen Briefe ist von den Kopten her kein eindeutiges Zeugnis möglich. Eine zusätzliche Schwierigkeit bei der Notation macht sich bei Taschenausgaben besonders bemerkbar: Da dort nur die wichtigsten Lesarten zur Stelle genannt werden, wäre ein Notat der Kopten zu einer Variante oftmals mißverständlich, weil diese nicht immer deren Zeugen unbedingt folgen müssen, sondern möglicherweise eine Untervariante bezeugen können, die der Apparat einer kleinen Ausgabe gar nicht aufgenommen hat.

Ist schon die Möglichkeit, die Kopten eindeutig zu Varianten, wie sie Nestle bietet, heranzuziehen, äußerst pessimistisch zu beurteilen, so ist bei einer Ausgabe von Sodenschen Typs ihre Verwendbarkeit noch wesentlich geringer. Man kann also sagen, daß die Möglichkeiten, durch den koptischen Text etwas über den griechischen, gar den „Urtext" zu erfahren, stark eingeschränkt sind. Unter Berücksichtigung dessen, daß sich die Kopten den meisten Varianten gegenüber indifferent verhalten, wird man doch größere Schwierigkeiten in der Texttypbestimmung erwarten dürfen. Die Literatur hat zumindest in Anbetracht dessen noch keine Notwendigkeit einer diesbezüglichen methodologischen Besinnung gesehen.

Vom Material her wird die Editio maior neue Perspektiven eröffnen: Die Versionen werden in einem größeren Ausmaß als je zuvor zu den bekannten griechischen Lesarten herangezogen werden. Bei den Kollationen wird systematisch der Sicherheitsgrad einer Zuordnung vermerkt. Damit wird ein Material zur Verfügung stehen, das eine differenzierte Bewertung der Versionen ermöglicht.

Dieser Beitrag wollte anhand einiger Beispiele eine Übersicht über die sprachlichen Vorbehalte geben, die bei der textkritischen Bewertung nicht nur des koptischen NT, sondern überhaupt der zahlreichen auf griechische Vorlagen zurückzuführenden Literatur von Bedeutung sind. Dabei wird sicherlich manches vermißt, weil es entweder im NT nicht oder ganz selten vorkommt oder aber den Beschränkungen, denen eine Übersicht natürlicherweise unterliegt, zum Opfer fiel. Anderes wird gerade dem Kenner zu ausführlich scheinen. Aber der Beitrag richtet sich nicht zuletzt an die Nicht-Koptologen unter den Textkritikern. Die notwendigen Detailuntersuchungen werden sicher vieles präzisieren oder modifizieren und manches korrigieren können. Nur eine umsichtige Arbeitsweise wird den Textkritikern ein Maximum an wertvollen Informationen sichern.

LOUIS LELOIR

LA VERSION ARMÉNIENNE DU NOUVEAU TESTAMENT

L'étude que le P. Stanislas Lyonnet a consacrée jadis à la version arménienne, à la demande du P. Lagrange, et pour prendre place dans l'ouvrage de celui-ci sur la *Critique Rationnelle* (Paris, 1935, p. 342–375) demeure un travail fondamental, auquel, même après 35 ans, il faut se référer si l'on veut avoir une vue sérieuse des problèmes relatifs à cette version. C'est sur la base de cet aperçu du P. Lyonnet et de ce que j'ai écrit moi-même, soit en 1960, dans le *Supplément au Dictionnaire de la Bible*[1], soit, à d'autres moments, dans mes études sur le Diatessaron[2], que je voudrais situer nos recherches actuelles.

I. Origine de la première version arménienne de la Bible

Les sources historiques arméniennes attribuent la traduction arménienne de la Bible au prêtre Maštocʻ (Mesrop, Mesrob), né vers 361, mort le 17 février 439, et au patriarche Sahak, né vers 350, et mort le 7 septembre 439. Un des principaux buts de la création d'un alphabet arménien par Maštocʻ[3], soit vers 407/08, soit, selon d'autres, dès 391/92, avait été précisément de doter les Arméniens d'exemplaires de la sainte Écriture, écrits dans leur propre langue. Le premier livre de la sainte Écriture traduit en arménien fut le livre des Proverbes; bientôt le Nouveau Testament, puis, peu à peu, le reste de la Bible étaient traduits; dès 414, le travail était, sinon achevé, du moins près de l'être. Maštocʻ et Sahak y avaient pris part importante; l'intervention de collaborateurs, dont les normes de traduction n'ont peut-être pas été toujours identiques, paraît probable.

Selon de sérieux indices, cette première version a été faite, sinon pour tous les livres de la sainte Écriture, au moins pour la plupart, soit selon un modèle syriaque, soit, d'après le P. Lyonnet (*art. cité*, p. 361),

---

[1] *Orientales de la Bible (Versions)*. II. *Versions Arméniennes*, col. 810–818.

[2] *Doctrines et Méthodes de S. Éphrem d'après son commentaire de l'évangile concordant (original syriaque et version arménienne)* CSCO 220 / Subsidia 18, Louvain, 1961; *Le Témoignage d'Éphrem sur le Diatessaron*, CSCO 227 / Subsidia 19, Louvain, 1962; *Divergences entre l'original syriaque et la version arménienne du commentaire d'Éphrem sur le Diatessaron*, dans *Mélanges Eugène Tisserant*, vol. 2 Città del Vaticano, 1964 (= *Studi e Testi*, 232), p. 303–331.

[3] Cfr A. Hovhannissian, *L'alphabet arménien et son action historique*, dans la *Revue des Études Arméniennes*, Nouvelle Série, tome II, Paris 1965, p. 361–373; A. Kanalanian, *Mesrop Mastoc dans la tradition arménienne*, dans *idem*, tome III, p. 359–367.

selon un modèle grec, mais avec des recours fréquents au syriaque. J'avoue que je suis porté à plus insister sur l'influence syriaque que ne l'a fait le P. Lyonnet dans sa contribution au livre du P. Lagrange sur la critique textuelle. Ceci surtout après l'examen des citations bibliques de plusieurs témoins, — auteurs ou traducteurs —, de la première version arménienne de la Bible; je songe notamment ici à la version arménienne du commentaire d'Éphrem sur le Diatessaron, que j'ai eu à éditer. Je pense d'ailleurs que le P. Lyonnet lui-même a été amené à reconnaître plus ample qu'il ne l'avait cru tout d'abord la part de l'influence syriaque. Dans le Nouveau Testament, en tout cas, et notamment pour les évangiles, l'origine syriaque paraît certaine[4]. La première version arménienne des évangiles semble être fondée sur un texte vieille syriaque, de forme syro-curetonienne et syro-sinaïtique[5], ou de type parallèle. Cette réserve «ou de type parallèle» est importante; nous n'avons probablement pas le droit rattacher *arm* 1 à un type déterminé de vieille syriaque.

Le P. Lyonnet croit que la première version arménienne des évangiles a été un Diatessaron, mais A. Vööbus a contesté cette conclusion. En vue d'éclairer le débat, et de permettre les nuances nécessaires, je cite ce que m'a écrit, en date du 23 Avril 1956, le docte et regretté P. Nersès Akinian: „In Beantwortung Ihres w. Schreibens v. 30. März teile ich Ihnen mit, daß ich viele Handschriften in den verschiedensten Handschriftensammlungen durchgesehen und studiert habe, aber es ist mir kein einziges Exemplar von Diatessaron unter die Augen gekommen. Ob überhaupt das Diatessaron schriftlich ins Armenische übersetzt ist, haben wir kein einziges Zeugnis. Das aber dasselbe bei den Armeniern im Gebrauch gewesen ist, bestätigen jene Spuren die wir in der armenischen Literatur des 5. Jhs. finden. Um dies erklären zu können muß man, glaube ich, die Periode von 220–407 des christlichen Armeniens in Betracht ziehen. Damals hatten die Armenier noch kein Alphabet, folglich auch keine Literatur. Man mußte aber dem Volk die Lehre des Evangeliums verkünden; um dies tun zu können, hatte man wahrscheinlich das Diatessaron aus dem syrischen (oder vielleicht aus dem griechischen) Text mündlich übersetzt und auch mündlich dem Volk vorgetragen, etwa 200 Jahre hindurch. Parpetzi um 490 bezeugt, daß seine Lehrer von den Schülern forderten die Hl. Schrift (allerdings Teile davon) auswendig zu lernen. Dies wurde am meisten verlangt für die Periode, wo noch kein Schrifttum bestand.

---

[4] Cfr St. Lyonnet, *Les origines de la version arménienne et le Diatessaron*, Rome 1950 (= *Biblica et Orientalia*, 13), p. 51–54, 270–274.

[5] Cfr L. Leloir, «La Bible syriaque», dans *Bible et Terre Sainte*, n° 119 (mars 1970), p. 8–10.

Als im 5. Jh. (408) das Alphabet gefunden wurde und viele Übersetzungen und selbständige Publikationen stattgefunden haben, haben die Übersetzer die Stellen aus den 4 Evangelien bestimmt ins Armenische übertragen aus dem Gedächtnis nach dem Text von Diatessaron. So dürfte es auch gewesen sein. Es bleibt uns nichts übrig, als solche Stellen als Beleg zu suchen, in der Literatur seien es Übersetzungen und selbständige Arbeiten."

Selon le P. Ortiz De Urbina, le Diatessaron s'est présenté d'abord sous forme de lectionnaire, destiné à l'usage liturgique et à l'instruction catéchétique des fidèles[6]. Or c'est précisément dans les lectionnaires de Jérusalem, au début du cinquième siècle, qu'apparaissent les premières citations arméniennes des évangiles. Y aurait-il ici un argument en faveur de l'existence d'un Diatessaron arménien écrit, vite perdu ? Il ne semble pas, car l'ordre adopté dans les lectionnaires arméniens n'est pas celui du Diatessaron, si bien que nous sommes ramenés aux conclusions modestes du P. Akinian: les premières citations écrites des évangiles en arménien ont certainement subi l'influence d'une traduction arménienne du Diatessaron, mais cette traduction pourrait n'avoir été qu'orale; selon le P. Akinian, il serait peutêtre vain de chercher à retrouver à partir de l'arménien la forme et l'ordre du Diatessaron, mais nous aurions de nombreuses traces de son texte.

Sans doute donc est-il plus prudent, plus objectif et plus scientifique de ne rien affirmer de plus que ce que j'ai écrit en 1961: «il est possible que la première version arménienne ait eu forme de Diatessaron, mais possible également (c'est le minimum à affirmer) qu'elle dépende seulement, sous forme d'évangile séparé, de la tradition dont Tatien est le représentant le plus marquant»[7].

L'existence d'une première version arménienne des Actes des Apôtres, basée sur le syriaque, paraît solidement établie, et les citations arméniennes des Actes que j'ai recueillies m'ont convaincu de sa réalité.

Je n'oserais être aussi affirmatif pour les épîtres, en raison de l'insuffisance du matériel de citations accumulé; il ne permet pas encore l'étude comparative méticuleuse, qui serait indispensable pour trancher la question avec certitude. Remarquons au moins que la présence, dans la première version arménienne, d'une troisième épître aux Corinthiens, inconnue de la Bible grecque, mais reçue dans l'ancienne église syriaque, et attestée parallèlement dans les vieilles latines[8], plaide en faveur de l'origine syriaque de la première version arménienne du *corpus* paulinien. L'église arménienne était d'ailleurs, dans ses débuts,

---

[6] «Trama e Carattere del Diatessaron di Taziano», dans OrChrP 25 (1959), p. 326–357.

[7] *Doctrines et Méthodes* (cfr note 2), p. 22.

[8] Cfr A. Carrière et S. Berger, *La correspondance apocryphe de S. Paul et des Corinthiens*, Paris 1891; P. Vetter, *Der apocryphe dritte Korintherbrief*, Wien 1894; RBén 25 (1908), p. 431–434; *Bibl* 6 (1925), p. 84–89.

en rapports étroits avec l'église syriaque; sa liturgie, ses institutions monastiques, son vocabulaire chrétien sont marqués par l'influence syriaque.

Pouvons-nous étendre cette présomption aux épîtres catholiques majeures: l'épître de Jacques, la première de Pierre, la première de Jean? Probablement oui. Nous savons, par exemple, que le *s^eyomē*, signe du pluriel, a souvent été omis dans les manuscrits syriaques; les pluriels étaient plus fréquents dans les anciens manuscrits qu'ils ne le sont dans les récents. Les pluriels que nous rencontrons en arménien, contre le singulier en grec, pourraient donc être dûs à une influence vieille syriaque. Or, en fait, nous rencontrons à diverses reprises des pluriels arméniens là où le grec a le singulier:

I, 6: ὁ γὰρ διακρινόμενος ἔοικεν κλύδωνι θαλάσσης ἀνεμιζομένῳ καὶ ῥιπιζομένῳ,
arm.: ,,qui enim haesitans (+n) est, similis est vento-circumlatis et commotis fluctibus maris"[9]. La syp a également le pluriel.

I, 17: πᾶσα δόσις ἀγαθὴ καὶ πᾶν δώρημα τέλειον ἄνωθέν ἐστιν καταβαῖνον . . . ,
arm.: ,,omnia data bona, et omnia dona perfecta desursum sunt, descendentia . . .".

II, 2—3: ἐν ἐσθῆτι λαμπρᾷ, . . . ἐν ῥυπαρᾷ ἐσθῆτι, . . . τὴν ἐσθῆτα τὴν λαμπρὰν,
arm.: ,,et vestes candidas, . . . in vestibus sordidis, . . . vestes candidas". Encore ici, la syp a le pluriel.

II, 6: ὑμεῖς δὲ ἠτιμάσατε τὸν πτωχόν,
arm.: ,,Et vos exhonorastis pauperes".

III, 10: εὐλογία καὶ κατάρα,
arm.: ,,benedictiones et maledictiones" (= syp).

III, 16: καὶ πᾶν φαῦλον πρᾶγμα,
arm.: ,,et omnes res pravae".

V, 4: ἰδοὺ ὁ μισθὸς,
arm.: ,,Ecce mercedes".

V, 10: τῆς κακοπαθίας καὶ τῆς μακροθυμίας,
arm.: ,,afflictionum et patientiae" (syp: ,,ad patientiam afflictionum vestrarum").

[9] (+n) signale la présence de l'article à la suite du mot en arménien; un trait entre deux mots de la traduction (vento-circumlatis) indique qu'il n'y a qu'un seul mot en arménien pour deux en latin. La traduction latine à laquelle je me réfère est celle que j'ai donnée dans *Le Muséon*, 83 (1970), p. 201–208.

On peut certes opposer à ces cas d'emploi de pluriel au lieu du singulier l'accident contraire. Ainsi:

II, 6: „trahunt vos ad iudicium" (datastan), pour le κριτήρια grec; mais la syp, ainsi que la version philoxénienne, ont aussi le singulier; l'argument est donc sans valeur.

III, 3: „equo frena in ore ponimus", pour τῶν ἵππων τοὺς χαλινοὺς εἰς τὰ στόματα βάλλομεν, mais le contexte («ad consentire illorum nobis») montre que le singulier a ici valeur collective. En outre, plusieurs manuscrits arméniens ont les pluriels «equis» (jioc') et «oribus» (berans), si bien que le texte cité ne peut fournir aucun argument. Le syr (syp et syh) a d'ailleurs le singulier pour le second mot: «in os equorum», et l'apparat de l'édition de Beuron cite plusieurs manuscrits en faveur du singulier «os»; nous savons que vieilles syriaques, première version arménienne, vieilles latines, ont des affinités profondes.

IV, 16: „in superbia vestra", au lieu du pluriel en grec, ἐν ταῖς ἀλαζονείαις ὑμῶν. Mais la version syriaque (syp et syh), à nouveau ici, a le singulier, de même que le texte F dans la vieille latine.

V, 2: „vestimentum vestrum"; plusieurs manuscrits arméniens ont pourtant ici le pluriel: «Vestimenta vestra», si bien qu'on ne peut rien conclure.

Somme toute, l'emploi, parfois et plus rarement, du singulier au lieu du pluriel, ou bien ne fournit aucun argument, en raison de la diversité des variantes, ou bien et plus souvent, plaide plutôt en faveur de l'influence syriaque. Comme nous savons, d'autre part, que le texte arménien actuel de nos éditions est fondé sur le grec, nous devons conclure que ces syriacismes sont des restes de la première version, faite sur le syriaque.

Nous avons d'ailleurs d'autres indices encore d'influence syriaque dans le texte arménien de l'épître de Jacques:

Ainsi, dans I, 15 et 18, le grec a: ἡ ἐπιθυμία . . . τίκτει ἁμαρτίαν, ἡ δὲ ἁμαρτία . . . ἀποκύει θάνατον (v. 15) . . . βουληθεὶς ἀπεκύησεν ἡμᾶς λόγῳ ἀληθείας (v. 18).

L'emploi de deux verbes différents dans le grec (τίκτειν *semel*, ἀποκυεῖν *bis*) appellerait normalement l'alternance de deux verbes différents dans l'arménien. Or le même verbe est employé dans les trois cas (cnani, cnanin, cnaw), tout comme dans la syp, qui a deux fois yoldo' au v. 15, puis yaldan au v. 18.

I, 21: σῶσαι est rendu en arménien par «vivificare» (kec' uc'anel), ce qui est un syriacisme évident; cfr syp: dtaḥe', ut-vivificet.

II. Origine et éditions de la deuxième version arménienne.

La première traduction arménienne de la Bible, faite sur le syriaque, avait été hâtive; elle réclamait diverses retouches, en vue de la rendre plus fidèle et plus littéraire. Une deuxième version fut donc entreprise, dès avant le milieu du cinquième siècle. Cette deuxième traduction est plus une révision de la première version d'après des manuscrits grecs venus peu auparavant à la connaissance des Arméniens qu'une nouvelle version à proprement parler, et le passage d'*arm.* 1 à *arm.* 2 s'est sans doute opéré graduellement; ceci explique la subsistance, dans *arm.* 2, d'assez nombreux vestiges d'*arm.* 1.

La première édition de la Bible arménienne est celle d'Oskan, parue à Amsterdam en 1666, en deux volumes in —4°; le Nouveau Testament couvre les p. 429 à 718 du t. II. Par malheur, au lieu de reproduire fidèlement son manuscrit (Etchmiadzin 157), Oskan en modifie facilement le texte, en vue notamment de le conformer à la Vulgate latine. Souvent cependant, Oskan a conservé des anciennes leçons; il y a donc intérêt à recourir à lui. Le texte d'Oskan a été réédité à Constantinople en 1705.

L'abbé Mékhitar, fondateur du monastère S. Lazare à Venise, fit en 1773 une édition nettement meilleure. Son travail fut cependant surpassé par celui de J. Zohrab dont l'édition, parue pour toute la Bible en 1805, repose sur une base plus large. Zohrab se réfère surtout à un manuscrit, une Bible de 1319, conservée à Venise et qui reproduit un manuscrit ancien relativement correct. Outre ce manuscrit, Zohrab en utilise, pour l'Ancien Testament, 7 autres de la Bible entière, dont celui d'Oskan; pour le Nouveau Testament, il y ajoute 30 manuscrits des évangiles et 4 lectionnaires, 14 manuscrits des Actes et des épîtres de S. Paul (cfr Lyonnet, *art. cité*, p. 347). L'édition est bonne, mais l'apparat est rédigé de manière défectueuse. Au lieu, en effet, d'y indiquer, avec les variantes, les manuscrits qui les représentent, Zohrab se contente de vagues indications: «le manuscrit» (*yawrinakin* = la Bible de 1319), «un manuscrit» *(awrinak mi)*, plusieurs *(omank')*, beaucoup *(bazumk')*; la référence exacte des manuscrits est laissée dans le mystère; l'apparat est ainsi apocalyptique, et l'édition est, dès lors, plutôt demi-critique que proprement critique. Elle est pourtant un instrument de travail sérieusement établi et, vu qu'il n'y a jusqu'ici rien de mieux, indispensable.

Un prêtre arménien, de nationalité polonaise, et qui vit en Amérique, à Indianapolis, le P. Casimir Roszko, prépare en ce moment une édition critique des premiers manuscrits arméniens des évangiles; elle pourra peut-être, si elle est satisfaisante, remplacer, pour les évangiles, l'édition trop peu critique de Zohrab.

En outre, sous la dynamique impulsion de Mgr Sahé Ajenian et en union avec les trois centres de Erivan, Venise et Vienne, le patriarcat arménien orthodoxe de S. Jacques à Jérusalem prépare en ce moment une édition nouvelle de toute la Bible arménienne. L'oeuvre est conçue selon des critères scientifiques excellents; il semble que l'on puisse espérer de cet effort les meilleurs fruits.

III. Les caractéristiques de la deuxième version arménienne du Nouveau Testament

Notre édition du Nouveau Testament doit commencer par l'épître de Jacques. C'est donc à partir de sa traduction arménienne qu'il me paraît indiqué de chercher à établir les particularités de la version arménienne, afin que mon étude ait une portée directement pratique, dans le moment présent. Je pense que, sans donner au principe «ab uno disce omnes» une valeur absolue, nous pouvons du moins lui donner une valeur relative: dans d'autres écrits du Nouveau Testament, il nous arrivera, soit de relever des particularités supplémentaires, soit de ne pas retrouver quelques-unes de celles que nous aurons constatées dans l'épître de Jacques, et surtout de les retrouver à un degré différent et selon des modalités variées; pourtant, selon toute vraisemblance, la plupart des différences ne seront que légères, et il est possible, voire même probable, que nous serons frappés par l'homogénéité des procédés, pour autant du moins que l'on puisse parler d'homogénéité dans une oeuvre à laquelle diverses mains ont travaillé. Ce que nous aurons constaté pour l'épître de Jacques nous permettra de dégager, dès maintenant, quelques normes générales.

Je ne chercherai donc pas ici à établir quel genre de lien rattache la version arménienne à telle ou telle famille de manuscrits grecs. D'autres que moi pourront tirer ces conclusions à partir de ma traduction latine de la version arménienne de l'épître de Jacques, et des collations que Mademoiselle Ehlers, le P. Renoux et moi-même avons faites de cette version. Je voudrais plutôt chercher à découvrir et exposer quelques procédés constants ou fréquents dans la manière de traduire, et ainsi déceler le génie de la traduction. Dans la mesure où j'y parviendrai, il deviendra plus aisé de discerner ce qui est variante réelle de ce qui est phénomène littéraire, ce qui fait partie de la transmission du texte et ce qui constitue son interprétation, ce qui est critique textuelle et ce qui est exégèse, voire théologie. Car il ne faut pas craindre d'employer ici ces mots d' «exégèse» et de «théologie»; il y a parfois interprétation du traducteur, et selon une orientation exégétique ou même théologique bien précise. Ceci a été fort bien mis en relief en 1968 par le Dr. Joseph Molitor dans une brochure excellente, intitulée: „*Grundbegriffe der Jesusüberlieferung im Lichte ihrer orientalischen Sprachgeschichte*" (Patmos-Verlag, Düsseldorf) ; l'auteur y insiste, avec beaucoup de finesse et de pénétration, sur l'intention théologique qui est sous-jacente à divers mots du vocabulaire néo-testamentaire dans les versions syriaque, arménienne et géorgienne. Nous en avons eu un clair exemple au cours de la première partie de cet exposé: l'emploi, et en syriaque, et en arménien, d'un verbe qui signifie «vivifier», alors que le grec σῶσαι demandait simplement «sauver», marque une intention de dépasser le sens du grec; car «sauver» est évidemment beaucoup moins positif que «vivifier»; le terme sémitiques est nettement plus dynamique. Il faut en dire autant pour le terme «accomplir» qui, dans *arm 1* surtout, mais aussi parfois dans *arm 2*, en raison de la permanence de l'influence syriaque, remplace «finir»; ainsi, dans Jacques II, 23: καὶ ἐπληρώθη ἡ γραφὴ est traduit en arménien par: «Et perfecta est *(katarecʻ aw)* Scriptura (+ n); *arm 2*, influencé par le grec, emploie plus souvent *lnul*, qui n'a pas la nuance d'achèvement complet des termes du syriaque et *d'arm 1*. Ceux-ci, comme l'a fort bien écrit le Dr. Molitor (*op. cit.*, p. 108) signifient «gleichzeitig Erfüllung, Wiederherstellung und Neugestaltung!»

Déjà, en 1935, G. Cuendet, voulant caractériser l'aspect littéraire de la version arménienne, écrivait dans *Handes Amsorya*: «Exactitude et adresse». Les traducteurs «étaient des théologiens avertis, soucieux de reproduire les moindres détails de l'original; ils en respectent le sens plus encore que la forme, tout pénétrés qu'ils étaient de la primauté de l'esprit sur la lettre»; ils «bannissent tout procédé mécanique» (col. 563/64). A une traduction servile, ils ont donc ordinairement préféré une traduction fidèle, respectueuse du génie de la langue et des nuances qu' impose le contexte à la signification des mots. Σπέρμα sera rendu par *sermn* quand il signifie la semence, mais par *zawak*, s'il signifie la postérité; παῖς par *manuk* ou *caray*, selon qu'il se réfère à un enfant ou à un serviteur, etc. (*ibidem*, 564–568). C'est en raison de cette fidélité intelligente, autant que pour l'ensemble de ses qualités littéraires, que la version arménienne a été appelée «la reine des versions».

Or il est possible de préciser ce phénomène de fidélité souple selon quelques tendances bien définies:

a) *Le traducteur, devant un mot ou une formule grecque de signification ambiguë, ne craint pas de rompre l'équivoque et de se compromettre en faveur d'un sens déterminé.*

Un des cas les plus intéressants du Nouveau Testament, en dehors de l'épître de Jacques, est peut-être Luc I, 28, où le grec fait dire à Marie, par l'ange Gabriel: χαῖρε, κεχαριτωμένη, que la Vulgate latine traduit: «Ave, gratia plena». χαῖρε peut, de fait, signifier: «Ave», «salut», mais il peut signifier aussi: «gaude», «réjouis-toi». Le traducteur arménien opte résolument pour ce second sens: *urax ler, berkereald*, «sois joyeuse, [toi], la réjouie». Or une telle traduction a une résonnance messianique profonde, que le P. Lyonnet a très bien mise en relief dans un article paru dans *Biblica*, en 1939[10]. «Salut», c'est une traduction banale, simple formule de politesse. «Sois joyeuse, réjouis-toi», renforcé par cette traduction curieuse de κεχαριτωμένη «[toi], la réjouie», c'est le lien établi avec *Soph.*, III, 14–18; *Joël*, II, 21–27; *Zach.*, IX, 9: «Pousse des cris de joie, fille de Sion! une clameur d'allégresse, Israël! Réjouis-toi, triomphe de tout ton coeur, fille de Jérusalem! Yahvé a levé la sentence qui pesait sur toi; il a détourné ton ennemi. Yahvé est roi d'Israël au milieu de toi. Tu n'as plus de malheur à craindre. Ce jour-là, on dira à Jérusalem: Sois sans crainte, Sion! ne laisse pas défaillir tes mains! Yahvé ton Dieu est au milieu de toi, guerrier vainqueur! Il exultera pour toi de joie, il te renouvellera par son amour; il dansera pour toi avec des cris de joie, comme aux jours de fête» (*Soph.*, III, 14–18). *Joël* II, 21–27 traite le même thème, mis en rapport, ici encore, avec l'installation de Dieu au milieu de son peuple: «Fils de Sion, tressaillez d'allégresse, réjouissez-vous en Yahvé votre Dieu! ... vous louerez le nom de Yahvé votre Dieu, qui aura accompli pour vous des merveilles. Et vous saurez que je suis au milieu d'Israël, moi, que je suis Yahvé, votre Dieu, et sans égal! Mon peuple ne connaîtra plus la honte, jamais!» Et nous avons tous entendu souvent le texte de *Zach.*, IX, 9: «Exulte de toutes tes forces, fille de Sion! Pousse des cris de joie, fille de Jérusalem! Voici que ton roi vient à toi: il est juste et victorieux, humble et monté sur un âne, sur un ânon, petit d'une ânesse».

Dans cette perspective, la traduction adoptée par l'arménien a une portée théologique considérable: χαῖρε κεχαριτωμένη, c'est un rappel à Marie des promesses des prophètes, et une invitation à la joie exubérante de la venue très prochaine, et absolument certaine, de Yahvé au milieu de son peuple. La Vierge Marie est, en outre, mise ainsi d'emblée au service de cette joie messianique, à un titre suréminent.

Ce que l'épître de Jacques nous offre est plus modeste, mais a pourtant son prix.

A I, 23, l'arménien traduit: «Si enim quis auditor tantum sit verbi (+ n), et non factor, similis est ille homini qui stupefactus aspiciet in vultum suum repraesentatum (*litt.*: quem genuerunt) in speculo». «stupefactus aspiciet» correspond à un unique mot grec: κατανοοῦντι; «stupefactus» est une glose. Que ce mot ait ou non un appui textuel chez d'autres témoins, il a une signification; cette addition est une finesse du traducteur, et une correction opportune de l'imprécision de la phrase grecque. Car il n'est pas exact que tous ceux qui ont vu leur image reflétée dans un miroir oublient aussitôt, et volontiers, ce qu'ils

---

[10] ΧΑΙΡΕ ΚΕΧΑΡΙΤΩΜΕΝΗ, p. 131–141. Cfr J.-Pl. Audet, «L'Annonce à Marie», dans RB 63 (1956), p. 346–374.

ont perçu. De ceux qui s'y voient jeunes et beaux, il conviendrait de dire qu'ils en sont non «stupefacti», mais «satisfacti», et qu'ils se gardent bien d'oublier l'impression ressentie; le plaisir a été réel, et on continue à le savourer. Lorsque, au contraire, un homme et surtout une femme de plus de 50 ans se contemplent dans un miroir, ils en sont «stupefactus» et «stupefacta», et ils préfèrent oublier le plus tôt possible ce que le miroir leur a révélé de leur décrépitude inaugurée, voire même très avancée[11].

En fait, la tradition patristique, qui a considéré la Bible comme le miroir dans lequel devraient nous apparaître nos fautes et nos défauts, a plutôt insisté, comme les textes grec et arménien, sur l'aspect «stupefactus», que sur celui «satisfactus»; on se regarde dans la Bible et devant Dieu, non pour se complaire en soi, mais pour constater combien on est loin de ce que l'on devrait être. La glose «stupefactus», rectification de l'ambiguïté du grec, pourrait donc être l'expression d'une interprétation moralisante: le hommes oublient trop vite ce que la parole et les exemples de la Bible leur reflètent de leur déchéance spirituelle.

A II, 11, le précepte de ne pas tuer est, contrairement au grec, mentionné avant celui de ne pas commettre d'adultère. Il y a d'autres témoins de cette inversion, et l'arménien peut dépendre d'eux, mais son traducteur peut aussi obéir à la préoccupation d'insister sur l'importance majeure du crime d'homicide, et son effet définitif: celui qui a commis une fois l'adultère, a la possibilité de recommencer, mais aussi de se convertir; si, par contre, on le tue, il est immobilisé définitivement. Benito Mussolini a été, durant sa vie, infidèle à sa femme un nombre incalculable de fois, mais lorsque, le samedi 28 avril 1945, Audiso Valerio le tue à bout pourtant, pour abattre ensuite sa maîtresse, Clara Petacci[12], c'en est, pour cette terre du moins, définitivement fini de tous les deux.

A II, 13, κατακαυχᾶται ἔλεος κρίσεως est rendu par «erecta (*litt.*: capite - alto) gloriatur misericordia ad iudicium (+ n)»: «erecta» appuie sur le sentiment de confiance et de sérénité; «ad» précise la valeur du génitif κρίσεως; l'article ajouté à «iudicium» nous transporte au jugement par excellence, celui de Dieu. Encore ici, nous trouvons ce même refus du vague, ce même désir de netteté, déjà constaté.

A II, 15, γυμνοὶ ὑπάρχωσιν καὶ λειπόμενοι τῆς ἐφημέρου τροφῆς est rendu en arménien par «sint nudi, vel indigentes victu diei (+ n)».

---

[11] Cette interprétation n'est cependant valable que si pšucʿeal a vraiment le sens de «stupefactus», pour lequel j'ai opté, suivant le dictionnaire de Miskgian (il traduit pšucʿanem, «stupefacio»). Psucʿeal hayel pourrait signifier simplement «regarder fixement».

[12] Cfr Georges-Roux, *Mussolini*, Paris 1960, p. 483/84.

L'arménien est donc plus exigeant que le grec. D'après celui-ci, si quelqu'un est simplement sans vêtements, ce qui, en Orient, du moins en été, n'est pas particulièrement incommode, il n'est pas indispensable qu'on s'occupe de lui. Pour qu'on fasse attention à lui, il faut qu'il ait en outre faim (καὶ). L'arménien demande, lui, qu'on exerce la charité dès qu'une des deux conditions est remplie, soit la nudité, soit la faim: il demande donc une charité doublement coûteuse. «victus diei (+ n) » dit d'ailleurs plus que ἐφημέρου τροφῆς. Quelqu'un pourrait avoir à manger habituellement, mais manquer de nourriture occasionnellement; le grec ne semble pas, en toute rigueur du moins, demander qu'on s'intéresse alors à lui, car il ne manque pas du pain quotidien; il ne manque que du pain d'un jour. L'arménien, en parlant de la nourriture du jour (avec l'article), veut, au contraire que, même dans ce cas, pourtant tolérable, on ait pitié de lui.

b) *L'arménien est paraphrastique*; *il étale, détaille et précise.*

Dès I, 2, ἡγήσασθε devient en arménien «dignum existimate» (2 mots au lieu d'un), et πειρασμοῖς περιπέσητε ποικίλοις devient «in variis tentationibus in medium incideritis», ce que j'ai simplifié dans ma traduction par «in medio variarum tentationum incideritis».

A I, 3, τὸ δοκίμιον devient «probatio confecta» (*vel* «concinnata»), précision d'ailleurs utile, car toute épreuve ne rend pas plus patient; il en est qui s'aigrissent et se révoltent devant la souffrance, et que l'épreuve ne purifie nullement: «Souffrir ne suffit pas», a écrit Gustave Thibon[13]. «Il est des douleurs stériles, et il est des douleurs qui diminuent. Le feu purifie, il peut aussi dessécher et raccornir. Souffrir compte peu; ce qui importe, c'est la qualité de notre douleur, c'est surtout l'accueil que nous faisons à l'épreuve. Il est un 'Ars dolendi' plus précieux que la souffrance». Si donc certaines répétitions et insistances de l'arménien sont superflues et redondantes, d'autres sont fort utiles.

A II, 10, dans le deuxième membre, πταίσῃ δὲ ἐν ἑνί devient en arménien «et uno aliquo quodammodo offendat», formule nettement développée, dont le rôle est de souligner qu'il n'y a rien de petit dans le service de Dieu, et que les moindres préceptes y réclament obéissance jusque dans leurs détails infimes. Dans le troisième membre, le vague πάντων est remplacé par le très précis «totius legis (+ n)».

A II, 18, ἀλλ' ἐρεῖ τις se voit substitué: «Sed forsitan dicet quis», et ce «forsitan» introduit une nuance opportune; il souligne que le principe, mentionné à II, 17: «fides, si opera non habeat, mortua est ex semetipsa» allait de soi, et s'imposait. Il y a pourtant partout des

[13] *L'Échelle de Jacob*, Lyon 1945, p. 72.

esprits obstinés et contestataires, sans cesse prêts à contredire les vérités les plus évidentes. Il faut prévoir leurs objections: «Sed forsitan dicet quis». L'addition d'un adverbe répond donc parfois, sinon souvent, en arménien, à un désir d'explicitation.

A II, 21, le traducteur ne se contente pas de dire: «evehens in altare filium (+ n) suum»; il ajoute «hostiam», mettant ainsi en relief plus accusé l'abnégation et l'esprit de religion d'Abraham.

A III, 4, ὅπου ἡ ὁρμὴ devient «in quod latus et mens». La précision est double: un simple «ὅπου», «quo», est explicité: «dans quelle direction»; ἡ ὁρμή, qui signifie «la poussée («Drang», selon Preuschen–Bauer), est changé en «mitkʿ», l'esprit, l'intention, ce qui modifie heureusement le sens de la phrase, et correspond mieux à la réalité ordinaire. Une «poussée» peut être aveugle et capricieuse. Celui qu'on sait capable d'y céder n'est pas le pilote auquel on confie sa vie et la direction d'un navire; on ne remet celle-ci qu'à celui qui obéit prudemment et rationnellement à son expérience des mers et aux lois de la navigation.

A IV, 3, «ut statim in concupiscentiis vestris insumatis» insiste, par «statim», sur la mauvaise intention qui viciait d'emblée la prière. Le pécheur qui, après avoir reçu l'absolution, fait un loyal effort pour ne pas retomber dans les fautes accusées, montre par là qu'il méritait son pardon, même s'il a, dans la suite, des rechutes de faiblesse. Mais celui qui ne fait nul effort de fidélité à la grâce de l'absolution, et retombe immédiatement dans les mêmes fautes qu'il avait accusées, prouve ainsi qu'il n'en avait ni regret, ni vraie contrition, et que sa confession n'était qu'une comédie. Celui qui, de manière plus générale, n'attend un bienfait qu'en vue de l'utiliser aussitôt de manière malhonnête, manifeste, de manière évidente, son mépris des dons de Dieu.

A V, 4, le texte arménien ajoute, au sujet des ouvriers agricoles frustrés de leur salaire, que la fraude des patrons a obtenu le résultat espéré; le salaire est bien passé, en fait, aux mains des employeurs: «apud vos sunt». La circonstance est aggravante; les maîtres détiennent le dû à leurs employés; ils appartiennent ainsi, plus nettement encore, à la catégorie de ceux qui «écrasent la tête des petites gens» (*Amos*, II, 7).

A V, 6, «qui non resistebat vobis» appuie de même sur le comportement criminel des assassins. Le grec note simplement: οὐκ ἀντιτάσσεται ὑμῖν, il ne vous résiste pas; les deux attitudes, l'une de cruauté, l'autre de douceur héroïque, sont opposées l'une à l'autre, sans plus. L'addition de *or*, «qui», introduit une nuance supplémentaire d'abus de la patience du juste; c'est en voyant bien que le juste ne leur résistait pas, que ses adversaires, exploitant sa grandeur d'âme, s'attaquent à lui.

Ce sont là tous cas isolés d'explicitation. Il s'y ajoute quelques phénomènes généraux, notamment:

-la substitution au participe d'une périphrase (ordinairement introduite par *or,* qui) avec le verbe à un temps défini:

I, 1: ταῖς ἐν τῇ διασπορᾷ. Arm.: „tribubus (+d) quae in dispersionem (+d) estis".

I, 6: ὁ γὰρ διακρινόμενος. Arm.: „qui enim haesitans (+n) est".

I, 13: πειραζόμενος. Arm.: „qui in tentatione erit".

I, 21: τὸν δυνάμενον. Arm.: „quod potens (+n) est"

I, 26: μὴ χαλιναγωγῶν. Arm.: „nec refrenaverit".

II, 2: τῆς δόξης. Arm.: „qui Dominus (+n) est gloriae" etc.

– les additions d'adverbes ou de pronoms sans autre rôle que celui d'un renforcement ou même d'une simple redondance.

I, 4: ἐν μηδενὶ λειπόμενοι. Arm.: „et nequaquam aliquo indigentes".

I, 15: εἶτα. Arm.: „Tunc deinceps".

I, 24: ὁποῖος. Arm.: „quia qualis quidam".

II, 2: πτωχὸς. Arm.: „pauper quidam".

II, 25: οὐκ; Arm.: „Nonne profecto?"

III, 12: μὴ δὺναται; Arm.: „Numquid possibile aliquo - modo erit?"

– la fréquence du *et'e* récitatif, nettement plus utilisé que le ὅτι récitatif grec. Cfr II, 3 (rien en grec; *et'e* deux fois en arm.); II, 8; II, 11 *(bis)*; II, 18.

c) L'arménien, outre la paraphrase, a d'autres moyens encore d'aboutir à une précision plus grande:

– la souplesse et la richesse des articles: *na* (= ille); *da* (= iste); *sa* (= hic). *Na* est l'article de loin le plus employé. *Anti* est une autre forme encore d'article; employé parfois avec un mot à l'ablatif, il appuie sur la nuance de séparation.

– Lorsque l'arménien emploie l'accusatif au lieu de l'ablatif, il n'y a pas toujours lieu d'y attacher importance. Mais, d'autres fois, il y a vraiment motif d'y prêter attention. Dans I, 1: «duodecim tribubus quae in dispersionem estis», l'accusatif a une signification: il s'agit d'une dispersion qui se continue, et dont il n'y a aucune raison de croire qu'elle va cesser. A I, 9 et 10: «Glorietur frater humilis in exaltationem suam, et qui dives (+ n) erit in humilitatem suam» est une invitation en arménien, par l'accusatif, à approfondir le sens de la situation; que chacun la rumine et s'y plonge; qu'en remuant sans cesse sa dignité chétienne, le frère d'humble situation soit réconforté;

qu'en songeant constamment à la fragilité des richesses, l'homme riche retrouve la pauvreté d'esprit.

– L'arménien remplace parfois un terme moins net par un autre qui rend de manière plus précise, ou plus exacte, ou plus expressive, la situation à dépeindre; la littéralité stricte est dépassée. Ainsi

A I, 7, οἰέσθω («cogitet», *vel* «aestimet») devient en arménien «exspectet», ce qui correspond mieux à l'état d'âme à signaler; celui qui hésite n'a plus rien à attendre de la prière; le manque de foi enlève à celle-ci toute efficacité.

A I, 17, παρ' ᾧ, «apud quem», est rendu en arménien par «in quo». Παρα, «apud», a une portée générale: l'ambiance divine est une ambiance d'immutabilité; «in» s'arrête à celui dont il est question dans l'incise, et le seul qui nous intéresse ici, Dieu le «Père des lumières».

I, 26, δοκεῖ, «putat», est remplacé en arménien par «velit»; le sens est modifié; il s'agit d'une résolution, non d'une estimation.

III, 5, ἰδοὺ ἡλίκον πῦρ ἡλίκην ὕλην ἀνάπτει n'indique pas si l'incendie est provoqué par une allumette ou une fournaise. On peut supposer que le feu est initialement minime, mais le grec le dit d'autant moins qu'il emploie le même mot ἡλίκον . . . ἡλίκην pour le feu et la forêt. L'arménien supprime toute équivoque: «Ecce et minimus quidam ignis quales silvas incendit!»

III, 12, ἐλαίας ποιῆσαι. Le mot passe-partout ποιῆσαι est remplacé, en arménien, par le mot propre: «olivam ferre»

V, 6, ἐν ἡμέρᾳ σφαγῆς devient, en arménien, «diei occisionis», «pour le jour du massacre», ce qui donne un sens bien clair: vivre dans la jouissance, c'est se préparer de terribles représailles divines.

d) D'autres caractéristiques, d'importance mineure, peuvent encore être signalées:

– l'emploi très fréquent, au lieu de l'indicatif présent, du subjonctif présent ou aoriste au sens, tantôt de subjonctif proprement dit, tantôt d'indicatif futur,

– la suppression fréquente du δὲ, tantôt simplement omis dans la traduction arménienne, tantôt remplacé par le καὶ paratactique, à la manière sémitique.

D'autres traits pourraient encore être relevés. J'ai préféré me limiter aux plus saillants, tels qu'ils apparaissent notamment dans l'épître de Jacques. Je souhaite que cette modeste introduction au génie des traductions arméniennes de la Bible permette d'en mieux saisir l'art et la finesse.

JOSEPH MOLITOR

DAS NEUE TESTAMENT IN GEORGISCHER SPRACHE

Der gegenwärtige Stand seiner Erforschung und seine Bedeutung für die Gewinnung des griechischen Urtextes

I. Die vorliegenden Ausgaben des altgeorgischen Neuen Testaments und ihr Wert

Die älteste gedruckte georgische Vollbibel ist 1743 in Moskau erschienen unter der Redaktion der emigrierten Söhne Vachtangs VI. Vachušt und Bakar, und zwar in eckiger Kirchenschrift (nusχuri). Ihr wissenschaftlich unverwendbarer Text fußt auf einer im Ivironkloster auf dem Athos durch Euthymios († 1038) und Georgios († 1065) vorgenommenen Revision nach dem Griechischen und wurde zudem nach der russisch-kirchenslavischen Bibel von 1663 korrigiert. Sie ist bis heute noch in liturgischem Gebrauch[1].

a) Evangelien

Erst zu Anfang des 20. Jhs. begann man mit wirklich textkritischen Editionen „vorathonitischer" Hss des altgeorgischen Neuen Testaments. Waren doch zuerst die vier Evangelien, die Paulusbriefe und die Psalmen („Davidsschriften") nach dem Zeugnis des „Martyrium der hl. Šušanik" († 14. 4. 475) ins Georgische übertragen worden[2]. So lenkten auch vor allem die Tetraevangelien den Blick der Textforscher auf sich. Wladimir Beneševič wollte eine Ausgabe unter dem Titel: Quattuor Evangeliorum versio georgica vetus veranstalten. Es blieb aber nur bei Fasc. 1: Evangelium sec. Matthaeum (St. Petersburg 1909) und Fasc. 2: Evangelium sec. Marcum (St. Petersburg 1911). Grundlage seiner Edition war ein 995 geschriebenes Tetraevangelium aus Tbethi in Šavšethien (südlich von Gurien im Distrikt von Batum)[3]. Im Apparat findet man die Varianten des Opiza-Tetraevangeliums von 913 aus dem gleichnamigen Kloster Opiza in der georgisch-armenischen Grenzlandschaft Tao-Klardjethien (Südwest-Georgien). Wo beide Hss Lücken aufweisen, zog Beneševič zur Auffüllung den sogenannten Urbnisi-Codex (10. Jh.)[4] heran, dessen Text mit dem der

[1] Neues Testament unseres Herrn Jesus Christus (georg.), hg. von Patriarch Ephräm II, Tiflis 1963.

[2] Vgl. Martyrium der hl. Šušanik, Edition von Ilia Abuladze, Tiflis 1938, 35. Zwar stammt die benutzte Hs erst aus dem 11. Jh.; ihr Text weist aber trotz Überarbeitung archaischen Sprachgebrauch auf, so daß wir hier wirklich das älteste Zeugnis der georgischen Literatur vor uns haben.

[3] Jetzt Nr. 212 der öffentlichen Bibliothek zu Leningrad.

[4] Aus der Stephanskirche des Dorfes Urbnisi, jetzt in Tiflis.

Tbethi-Hs sehr nahe verwandt ist. Alle drei Hss gehören zur jüngeren Schicht der vorathonitischen altgeorgischen Überlieferung (= geo²), die durch beginnende Gräzisierung des Bibeltextes gekennzeichnet ist.

1916 schenkte uns endlich E. Takaïšvili eine erste vollständige phototypische Ausgabe der vier Evangelien in ihrer ältesten Textform (= geo¹) in dem sogenannten Adysh-Tetraevangelium[5], betitelt: Die Adyš-Evangelien auf 200 Tafeln (Materialien zur Archäologie des Kaukasus XIV [russisch], Moskau 1916). Es handelt sich um einen ebenfalls in Tao-Klardjethien 897 im Kloster zu Šatberd angefertigten Codex in runder Majuskelschrift (mrglovani χucuri). Dann folgte, durch den zweiten Weltkrieg unterbrochen, die textkritische Ausgabe von Robert Pierpont Blake (und Maurice Brière): The Old Georgian Version of the Gospels from the Adysh Gospels with the Variants of the Opiza und Tbet Gospels, edited with a Latin Translation, in der „Patrologia Orientalis", Paris 1928–1955[6]. Hier werden wie auch in sämtlichen weiteren Publikationen der neutestamentlichen Schriften alle Texte in der heute üblichen Minuskelschrift, genannt mχedruli („Kriegerschrift" in Gegensatz zu der älteren Majuskelschrift, der „Priesterschrift") wiedergegeben.

In den 1944 in Tiflis begonnenen „Monumenta (dzeglebi) der altgeorgischen Sprache" erschien 1945 als Band II, zunächst noch dem Westen schwer erreichbar, von A. Šanidze eine zweite textkritische Edition des Adysh-Tetraevangeliums in Verbindung mit einer Vollausgabe zweier geo²-Texte: Two old Recensions of the Georgian Gospels according to three Shatberd manuscripts. Sie bringt neben dem geo¹-Text der Adysh-Hss den geo²-Text des ebenfalls in Šatberd niedergeschriebenen Džruči-Tetraevangeliums[7] von 936 und des Parxali-Tetraevangeliums[8] von 973, für den Šanidze den Terminus „Protovulgata-Text" verwendet.

---

[5] So benannt nach dem abgelegenen Dorf Haděš in Swanethien, in dessen Kirche es seit etwa der 2. Hälfte des 16. Jhs. eine sichere Zufluchtsstätte vor den Türken gefunden hatte. Die georgische Bezeichnung für Tetraevangelium heißt Ot'χ-t'avi „Vierkapitel", weil die vierfache Darstellung der Evangelisten nur Ausdruck einer einzigen Frohbotschaft ist und somit jedes für sich allein nur ein Kapitel des gesamten Evangeliums darstellt.

[6] Markus ed. Blake, PO 20,3 (1929); Matthäus ed. Blake, PO 24,1 (1938); Johannes ed. Blake–Brière, PO 26,4 (1950); Lukas ed. Brière, PO 27,3 (1955) mit wertvollen Textemendationen zu Mt, Mk und Jo im Anhang. Die jeweils als untere Texthälfte beigegebene lateinische Übersetzung ist leider nicht exakt genug; vgl. meine Übertragung in „Oriens Christianus" 37ff (1953ff) unter Beifügung der Varianten aus den Chanmeti- und Haemetifragmenten.

[7] Aufgefunden im Kloster von Džruči in Imerithien, seit 1920 mit der Signierung H 1660 in Tiflis.

[8] Ebenfalls in Šatberd niedergeschrieben für die Kirche des Klosters von Parxali in Tao-Kladjethien, heute unter Nr. A 1453 in der Universitätsbibliothek Tiflis.

Seit 1923 wurden im „Bulletin“ (moambe) der Universität Tiflis Palimpsestfragmente veröffentlicht, die fast alle nur Bruchstücke aus den Evangelien sowie aus Röm 15 und Gal 6 enthalten, die sogenannten Chanmetitexte[9]. „χanmeti“, ein von den Vertretern des klassischen Altgeorgisch (10./11. Jh.) geprägter grammatischer Ausdruck besagt, daß (etwa vom 5.–8. Jh.) Verben und ganz selten ein Komparativ als Präfix ein „χan“ tragen, das als überflüssig (-meti) verworfen wurde. Das umfangreichste Chanmetifragment, das Grazer Sinailektionar von 983[10] ist in einer Majuskelschrift geschrieben, die der ältesten datierten georgischen Inschrift (493/94) an der Sionskathedrale in Bolnisi sehr ähnlich ist. Trotzdem weist es in Vergleich mit seinen Gefährten keineswegs den besten Text auf. Die Textgestalt der Chanmetifragmente ist eben nicht einheitlich, teils gleicht sie geo[1] (Adysh-Tetraevangelium), teils entspricht sie geo[2]. Aber einen Vorzug hat das Grazer Sinai-Lektionar: Dank der guten Lichtdruckwiedergabe können wir aus seinem Textbild erkennen, daß im Laufe der Zeit öfters die Chanmetipräfixe ausradiert wurden, während sie an anderen Stellen stehenblieben[11]. Um 800 verschwinden dann auch die Chanmetipräfixe und werden teilweise abgeschwächt zu Haemetipräfixen[12]. Statt einzelner Haemetiformen bei jüngeren Chanmetifragmenten gibt es auch zusammenhängende Haemetitexte, die samt und sonders zu geo[2] gehören. Bisher ist lediglich eine einzige Haemeti-Palimpsest-Hs 1329 der Tifliser Universitätsbibliothek bekanntgeworden, die nur Evangelientexte enthält[13]. Anderseits bringt der Kronzeuge vor geo[1], das Adysh-Tetraevangelium, gelegentlich noch Chanmeti- und selbst Haemetiformen, ein Beweis dafür, daß sein Archetyp ein Chanmetitext war, der wiederholt abgeschrieben und revidiert wurde[14].

---

[9] Am leichtesten erreichbar sind die Chanmetitexte mit beigegebener lateinischer Übersetzung bei J. Molitor, Monumenta Iberica Antiquiora, Louvain 1956, 5–39 (= CSCO 166).

[10] In ausgezeichneter photographischer Reproduktion herausgegeben von A. Šanidze in den Monumenta Band I (Tiflis 1945) unter dem Titel: The Georgian Khanmet Lectionary.

[11] χan halb ausradiert: Mt 28,11; Lk 24, 1. 8. 10. 19. 26; Jo 20, 4. 8. 22. 23. 25; ganz ausradiert: Mt 28, 18; Lk 24, 4. 11. 12 usw.

[12] haë = h wurde als Präfix von den Grammatikern ebenso überflüssig empfunden wie das gutturale χan.

[13] Herausgegeben von A. Šanidze im „Bulletin“ der Universität Tiflis Band III (1923/24), 366–388; mit lateinischer Übersetzung bei J. Molitor, Monumenta Iberica Antiquiora, Louvain 1956, 40–64 (= CSCO 166).

[14] Im Adysh-Tetraevangelium wird z. B. Mt 7, 9 χiqos erit = ἐστίν statt χ(olo) iqos erit autem zu lesen sein nach dem Zeugnis des Chanmeti-Palimpsestfragments 844 an der gleichen Stelle. Ein Haemetipräfix zeigt sich allein bei Adysh Mk 6,19 hemtera mas inimicus-factus-est (Subjekt Herodes, nicht Herodias!) illi = ἐνεῖχεν αὐτῷ.

b) Apostelgeschichte

Georgische Mönchskommunitäten in und bei Jerusalem sowie im Katharinenkloster auf dem Sinai haben schon frühzeitig altgeorgische Bibelhandschriften angefertigt[15]. So konnte Gérard Garitte auf der Basis von sin georg 58–31–60[16] von 977 und sin georg 39 von 974 (beide in Majuskel!), die einen einheitlichen Text liefern[17], eine mustergültige Ausgabe mit exakter lateinischer Übersetzung herausbringen: L'ancienne version géorgienne des Actes des Apôtres d'après deux manuscrits du Sinai, Louvain 1955 (= Bibliothèque du Muséon 38). Dem Westen zunächst nicht zugänglich hatte Ilia Abuladze schon 1950 in Tiflis als Band VII der Monumenta die „Apostelgeschichte nach alten Handschriften" (georg.)[18] veröffentlicht; ihm blieben die Sinaihandschriften unerreichbar. Die Ausgabe von Garitte ist naturgemäß die bessere; aber auch ihr Textgut hat vorwiegend geo²-Charakter.

c) Katholische Briefe

Die erste textkritische Edition erfolgte 1956 durch Frau K'et'evan Lort'k'ip'anidze als IX. Band der Monumenta: Die georgischen Versionen der Katholischen Briefe nach Handschriften des 10.–14. Jhs. (georg.). Sie wollte ursprünglich vier Hss aus dieser Zeitspanne bringen. Die beiden ersten sind Textfragmente von S 407, Tiflis (10. Jh.), von ihr mit dem Siglum A versehen (S. 3–12), sowie (S. 15–31) Fragmente aus dem Lektionar aus Kala in Svanethien (Siglum B; 10. Jh.). Zwei weitere (S. 35–103) jeweils von mehreren Hss getragenen jüngeren Rezensionen von Georg dem Hagioriten († 1065; Siglum C) und von Ephrem dem Jüngeren (um 1091 Abt des Klosters Kastana auf dem Schwarzen Berge bei Antiochien) gehören natürlich nicht zur altgeorgischen Überlieferung (geo¹ und geo²) und scheiden hier aus. Das Werk war schon zum Teil gedruckt, als das Tifliser Museum aus Washington die Mikrofilme der altgeorgischen Sinaihandschriften er-

---

15 Vgl. G. Garitte, Catalogue des manuscrits géorgiens littéraires du mont Sinai, Louvain 1956 (= CSCO 165). Eine amerikanisch-ägyptische Expedition, an der auch Garitte sich beteiligte, nahm sämtliche georgischen Hss des Sinaiklosters auf Mikrofilm auf (jetzt in der Kongreßbibliothek zu Washington).

16 Praxapostolos (Paulusbriefe, Apostelgeschichte; nur teilweise erhaltener Jak mit dem Titel: Iacobi catholica, also ursprünglich wohl ein vollständiges Corpus Catholicum); heute ist die Hs dreigeteilt.

17 Die wenigen Varianten werden unter den Sigla A (sin georg 31) und B (sin georg 39) gewissenhaft abgewogen und gebucht.

18 Es sind im ganzen 9 Hss, von denen man im Westen nur von zweien wenige Blätter zu Gesicht bekommen hatte, die aber alle aus dem 10.–14. Jh. stammen. In der Ausgabe sind S 407 aus Tiflis (10. Jh.) und 176 aus dem Museum zu Kutais (11. Jh., nur Bruchstücke) in Kolumnen ausgedruckt mit Varianten aus den anderen Zeugen in parallelen Kolumnen.

hielt. Sie wurden mit Recht in der Tifliser Ausgabe auf S. 011–033 den übrigen vorangestellt, und zwar Nr. 39 (Siglum M) als Volltext und die Varianten von Nr. 31 (Siglum N)[19] im Apparat[20].

d) Apokalypse

Unter der Redaktion des Altmeisters A. Šanidze gab Ilia Imnaišvili 1961 als 7. Band der Arbeiten des Lehrstuhls der altgeorgischen Sprache die bisher vollendetste Textausgabe aus der Sowjetunion heraus, betitelt: Die Johannesapokalypse und ihr Kommentar (mit 6 Photokopien). Freilich haben wir entsprechend der späten Aufnahme der Apokalypse in den neutestamentlichen Kanon der östlichen Kirchen mit einem verhältnismäßig jungen Text zu rechnen. Der syrische Einfluß kann nur aus der Philoxeniana herkommen, ist aber trotz aller Übersetzungsfreiheiten noch sehr spürbar. Die Grundlage der uns hier erhaltenen euthymianischen Übertragung bildet die vollständig erhaltene Hs H 1346 Tiflis (aus Šio-Mgvime), 978 von einem Mönch Saba auf dem hl. Berg Olympos in Bithynien kopiert (Siglum A). Im Apparat finden wir die Varianten der lückenhaften Hs A 397 Tiflis (10. Jh.; Siglum B), und — erst mit 5,5 beginnend — sin georg 85 (12. Jh.; Siglum C)[21].

e) Paulusbriefe

Eine von A. Šanidze schon seit Jahren in Vorbereitung befindliche Ausgabe der gesamten Paulusbriefe ist jetzt im Druck.

II. Charakteristische Züge des altgeorgischen Sprachgeistes anhand einer Textanalyse des Jakobusbriefes

Es ist ein weiter Weg von der Übertragung der altgeorgischen Evangelien mit ihren Tatianismen bis zur Übersetzung der altgeorgischen Jakobusepistel, die als erster Faszikel der Editio maior critica erscheinen wird. Aber wesentliche Wandlungen in ihrer Ausdrucksweise hat die altgeorgische Sprache in dieser letzten Zeit vor der athonitischen Bibelrevision nicht erfahren. Im folgenden gehen wir nur soweit auf die sprachlichen Eigenheiten ein, wie sie zum Textverständnis des Jakobusbriefes nötig sind und uns helfen können, Übersetzungsfreiheiten von wirklichen Varianten zu unterscheiden.

---

[19] sin georg 31 enthält von dem Text der Katholischen Briefe nur Jak 1, 1–2, 14.

[20] Vgl. J. Molitor, Die altgeorgische Version der Katholischen Briefe ins Lateinische übertragen: Jakobusbrief, 1. und 2. Petrusbrief, OrChr 49 (1965), 1–17; 1., 2., 3. Johannesbrief und Judasbrief, OrChr 50 (1966), 37–45.

[21] Vgl. J. Molitor, Die georgische Version der Apokalypse (vor 978) ins Lateinische übertragen, OrChr 50 (1966), 1–12; OrChr 51 (1967), 13–20; OrChr 52 (1968), 1–9.

a) Was die Deklination der Nomina angeht, nennen wir deshalb nur folgende Kasus: 1. den Prädikativ, die Grundform des Nomens, weil ohne Kasusendung, 2. der Instrumentalis, 3. den Dativ (Lokativ), 4. den Ablativ und 5. den Terminal, der das Ziel einer Handlung angibt. Nominativ, Vokativ und Genitiv weisen keine Besonderheiten auf. Eigenartig ist wohl 6. der Numeruswechsel (vom Plural in den Singular und umgekehrt). Einen Artikel besitzt das Georgische bis auf den heutigen Tag nicht, wenn wir von dem Ersatz durch das nachgestellte Pronomen igi (= ille, is) absehen. Eine Determination ist trotzdem möglich durch die sogenannte Einschachtelung (zusätzliche Anfügung der Kasusendung des unmittelbar vorangehenden regierenden Substantivs an den darauffolgenden Genitiv (vgl. ὁ υἱὸς ὁ τοῦ βασιλέως) oder einen anderen Kasus[22].

b) Das *Reflexivpronomen* wird ersetzt durch die Umschreibung „mein (dein, sein usw.) Haupt"; aus in sich, bei sich wird im Georgischen: „in seinem Herzen", „in ihren Herzen" usw.

c) Wichtig für das Textverständnis ist der vom Griechischen abweichende Gebrauch der *Präpositionen* und *Postpositionen*, von denen ebenfalls eine Reihe Textproben gebracht werden.

d) Auf dem Gebiete des *Verbums* gibt es eine Menge zu sagen. Man unterscheidet in dieser kaukasischen Sprache wie im indogermanischen Griechischen und Armenischen einen Präsens- und einen Aoriststamm, sowie ein nur passivisch gebrauchtes unpersönliches Perfekt, bei dem das Subjekt im Dativ und das Objekt im Nominativ steht. Die zahlreichen Präverbien (Richtungspräfixe, oft zu zwei oder drei miteinander verbunden) sind manchmal unübersetzbar und können dann den Zustand der Vollendung bezeichnen. Hinsichtlich der Übersetzungstechnik muß folgendes hervorgehoben werden: 1. Der Infinitiv wird öfters durch finite Formen ersetzt. 2. Das aktive Partizip (nomen agentis) ist vorherrschend Substantiv und wird meist ersetzt durch parataktische Hauptsätze oder untergeordneten Nebensatz. 3. Der Imperativ (statt Infinitiv und Partizip) wird manchmal, wohl im Interesse einer lebendigen Darstellung, im Schrifttext verwendet. Weil der georgische Übersetzer gezwungen war, die Verse seiner Vorlage erst in seine eigene Denk- und Sprechweise zu transponieren, werden wir zudem eine Reihe von 4. Ungenauigkeiten (bzw. Übergenauigkeiten!) finden, ferner 5. Wortumstellungen, 6. Auslassungen und 7. erklärende Zusätze.

---

[22] Ein anderes Mittel der Determination ist vielleicht die Verwendung einer pleonastischen (betonten) Interjektion wie z. B. ἰδοὺ ὁ = aha esera: ecce en M Jak 5, 4; 5, 7; 5, 9.

a) Deklination der Nomina

1. Prädikativ:

1, 4 τέλειοι ... ὁλόκληροι ... λειπόμενοι: perfectus (= perfecti) ... omnino vivax (= vivaces) ... indigens (= indigentes) MNAB[23].

2. Instrumentalis[24]:

1, 4 ἐν μηδενί: nihilo MNAB.
1, 23 ἐν ἐσόπτρῳ: speculo MNAB.
2, 2 ἐν ῥυπαρᾷ ἐσθῆτι: veste sordida MNB.
3, 2 ἐν λόγῳ: verbo MB.
3, 13 ἐν πραΰτητι: mansuetudine MB.
4, 16 ἐν ταῖς ἀλαζονείαις ὑμῶν: iactatione vestra (iactationibus vestris) M[24].
5, 10 ἐν τῷ ὀνόματι: nomine M.

3. Dativ = Lokativ (auf die Frage wo? und wohin?)

1, 10 ἐν τῇ ταπεινώσει αὐτοῦ: in-humiliatione (*verb.*[25] humiliationi) sua MNAB.
3, 14 εν ταις καρδιαις[26]: in-cordibus (*verb.* cordibus) M.
5, 4 εἰς τὰ ὦτα: in-aures (*verb.* auribus) M.
5, 12 εις υποκρισιν[26]: in-hypocrisim (*verb.* hypocrisi) M.
5, 12 τὸν οὐρανὸν ... τὴν γῆν: (per-) caelum (*verb.* caelo) ... (per-terram) (*verb.* terrae). M: Der Dativ scheint hier lediglich Objektskasus zu sein im transitiven Sinne (den Himmel) „beschwören".

5. Terminal:

5, 3 εἰς μαρτύριον ὑμῖν: ad-testificationem vestram M.
5, 5 ἐν ἡμέρᾳ = ad-diem M.
5, 10 ὑπόδειγμα = ad-notam (= ut-exemplum) M.

6. Numeruswechsel:

α) Plural statt Singular[27]:

1, 6 κλύδωνι: undae MNB; undis A.

β) Singular statt Plural:

1, 2 πειρασμοῖς ποικίλοις = in-tentationem variam MNAB[28].
1, 11 ἐν ταῖς πορείαις: in ambulatione MNB; in ambulationibus A.
3, 3 τῶν ἵππων: equo (= equis) MB[29].

---

[23] Sigla: M (sin georg 39 v. 974: Jak 1, 1–5, 20); N (sin georg 31 v. 977: Jak 1, 1–2, 14); A (S 407 Tiflis saec. X: Jak 1, 1–25); B (Kala-Lektionar saec. X: Jak 1, 1–3. 13; 4, 1–3. 5–10).

[24] Der Instrumentalis hat im Singular und Plural die gleiche Endung.

[25] *verb.* = verbaliter (wörtlich).

[26] Griechische Variante, deshalb ohne Akzente!

[27] Das Plurale tantum z. B. carnes für corpus wird hier nicht zitiert.

[28] Georg. pirad-pirad-i varius (doppelter, distributiver Terminal) ist Kollektivbegriff (*verb.* „je Mund").

[29] Der freie verbale Ausdruck setzt sich aus einem Pluralobjekt und einem Verb im Iterativ (*it.* = Aorist-Stammform zur Bezeichnung eines wiederholten Geschehens) zusammen: equo frena apponimus statt: τῶν ἵππων τοὺς χαλινοὺς εἰς τὰ στόματα βάλλομεν.

3, 3 πᾶν τὸ σῶμα αὐτῶν μετάγομεν: omne (= totum) corpus eius convertimus (*it.*) MB.
5, 12 πρὸ πάντων: ante omne.

b) Reflexivpronomen.

1, 24 ἑαυτόν: caput suum (= semetipsum) MNA.
2, 4 ἐν ἑαυτοῖς: cordibus B; cordibus vestris MN.

c) Präpositionen und Postpositionen.

2, 6 εἰς c. acc.: coram *c. abl.* (*praep.*) = ante c. acc. MNB.
1, 5 ὑμῶν: ⟨qui⟩ ex (*postpos. c. gen.*) vobis MNAB.
1, 7 παρά c. gen.: ex (*postp. c. gen.*) = a c. abl. MNAB.
1, 14 ὑπό c. gen.: ex (*postp. c. gen.*) = a c. abl. MAB; = bloßer Instrumentalis: sua concupiscentia N.
1, 27 παρά c. dat.: per (*postp. c. gen.*) c. acc. MN; ad⟨versus⟩ (*postp. c. gen.*) c. acc. B.
2, 9 ὑπό c. gen.: ex (*postp. c. gen.*) = a c. abl. MN.
3, 12 ἐν ὑμῖν: inter (*postp. c. gen.*) vos MB; ebenso 4, 1.
3, 14 κατά c. gen.: propter (*postp. c. gen.*) = contra c. acc. M.
4, 5 ἐν ἡμῖν nobiscum (*postp. c. gen.*) NB.
4, 15 ἀντὶ ιοῦ λέγειν ὑμᾶς: pro (*postp. c. gen.*) hoc quod⟨-id⟩ vobis-dignum-est dicere M.
5, 1 ἐπί c. dat.: propter (*postp. c. gen.*) c. acc. M.
5, 14 ἐπί c. acc.: propter (*postp. c. gen.*) c. acc. M.
5, 17 ἐπί c. gen.: super (*postp. c. dat.*) c. acc. M.

d) Verbum

1. Infinitiv:

1, 18 εἰς τὸ εἶναι ἡμᾶς: ut simus nos MNAB.
4, 2 διὰ τὸ μὴ αἰτεῖσθαι: quia non petitis MB.
4, 6 μείζονα δὲ δίδωσιν χάριν: magis (= maiorem) dare gratiae (= gratiam) MB.

2. Partizip:

1, 5 παρὰ τοῦ διδόντος: ex (= ab) illo qui dat (is-qui dat AB) MNAB.
1, 5 καὶ μὴ ὀνειδίζοντος: et improperat neminem MN; et neminem improperat AB.
1, 6 ὁ γὰρ διακρινόμενος: is-qui autem[30] (!) dubitabit MNAB.
1, 12 ὅτι δόκιμος γενόμενος: quia tentatus fit et MNAB.
1, 14 ἐξελκόμενος καὶ δελεαζόμενος: attrahitur et cogitur MNAB.
1, 15 συλλαβοῦσα τίκτει: concipit et gignit (= parit) MNAB.
1, 15 ἀποτελεσθεῖσα ἀποκύει: profectum fit et progignit (gignit ei B) MNAB.
1, 18 βουληθείς = voluntate MN; voluntate sua B; ille (is) voluit A.
1, 21 ἀποθέμενοι: seiungite MNA; deleatur ex (= a) vobis B.
1, 21 τὸν δυνάμενον: quod (Relativum!) praevalens est MNA.
1, 25 ὁ δὲ παρακύψας: qui autem[30] respexit MNAB.
1, 26 μὴ χαλιναγωγῶν: et non frenum-ponet (= refrenabit) MNB.
2, 3 τὸν φοροῦντα: illum ([eum] B) qui vestitus-erit MNB.
2, 5 τοῖς ἀγαπῶσιν αὐτόν: diligentibus eius M; diligentibus suis NB[31].

---

[30] χōlō autem wird im Georgischen immer vorangestellt: aber ...
[31] In beiden Fällen ist hier das Partizip nicht umschrieben, wie auch nicht 5, 1 und 5, 4.

2, 7 τὸ ἐπικληθὲν ἐφ' ὑμᾶς: quod invocatum est super vos MNB.
2, 9 ἐλεγχόμενοι ὑπὸ τοῦ νόμου: convincimini ex (= a) lege MN; convincit vos lex B.
2, 13 τῷ μὴ ποιήσαντι: propter illum qui non faciet MN; propter illos qui non facient B.
2, 21 ἀνενέγκας: quia sacrificavit MB.
2, 23 ἡ λέγουσα: quod loquitur M; in-quo loquitur B.
2, 25 ὑποδεξαμένη: quia excepit MB.
2, 25 ἐκβαλοῦσα: iter-facere-iussit illos (eos) M; semisit illos (eos) B.
3, 2 δυνατός (δυναμενος)[26]: praevalens est (= potest) ille MB.
3, 6 ἡ σπιλοῦσα: quae inquinat MB.
3, 9 τοὺς . . . γεγονότας: qui . . . confecti (= facti) sunt MB.
4, 1 τῶν στρατευομένων: qui pugnantes sunt MB.
4, 12 ὁ κρινῶν: qui scrutaris (= iudicas) M.
4, 13 οἱ λέγοντες: isti-qui loquimini M.
4, 14 ἡ . . . φαινομένη ἔπειτα και ἀφανιζομένη: qui paret et deinde evanescit M.
5, 1 ἐπὶ ταῖς ταλαιπωρίαις ὑμῶν ταῖς ἐπερχομέναις: propter miserias illas super vos venientes M[31].
5, 4 τῶν ἀμησάντων τὰς χώρας: qui demessuerunt fundum (= terram) M.
5, 4 ὁ ἀφυστερημένος: deminuta illa M[31].
5, 7 μακροθυμῶν: longanimis est M.
5, 15 τὸν κάμνοντα: aegrotum illum M.
5, 16 ἐνεργουμένη: et adiutrix M.
5, 20 ὁ ἐπιστρέψας: qui convertit M.

3. Imperativ statt Infinitiv und Partizip:

1, 1 χαίρειν: gaudete MNAB.
1, 3 γινώσκοντες: scitote MNAB.
3, 1 εἰδότες: scitote MB.

4. Übersetzungsfreiheiten (Ungenauigkeiten und Übergenauigkeiten):

1, 1 φυλαῖς: generationibus MNAB.
1, 5 εἰ δέ: si-igitur MNAB.
1, 5 λείπεται: indigens est MNAB.
1, 5 ἁπλῶς: gratis MNAB.
1, 6 γάρ: autem MNAB.
1, 15 εἶτα: et deinde MNA; deinde B.
1, 15 ἡ δὲ ἁμαρτία: et peccatum illud MNAB.
1, 17 τροπῆς ἀποσκίασμα: versionis umbrae-offensio (= vicissitudinis obumbratio!) MNAB.
1, 20 ἀνδρός: hominis (= viri).
1, 21 τὸν ἔμφυτον λόγον: plantationem illam verbi illius MNAB.
1, 21 τὰς ψυχὰς ὑμῶν: spiritus vestros MNA; propter spiritus vestros B.
1, 23 ὅτι εἰ: si-igitur[32].
1, 23 ἀνδρί: homini illi (*gen.*) MNAB.
1, 23 πρόσωπον: os, ris (= vultum) MNA.
1, 26 εἴ τις δοκεῖ θρησκὸς εἶναι: qui cogitabit (= putabit) semetipsum Dei ministrum MN; si-igitur . . . (Lücke!) volet Dei ministerium B.
1, 26 ἀλλὰ ἀπατῶν καρδίαν ἑαυτοῦ: sed decipiet cor suum MN; ille mentiri-facit caput suum (= semetipsum) B.
1, 26 τούτου μάταιος ἡ θρησκεία: huius vanum est ministerium MN; et vanum est ministerium eius B.

[32] Vgl. 1, 5.

2, 1 ἐν προσωπολημψίαις: cum-oculorum-acceptione (*abl.*) MNB.
2, 1 τῆς δόξης: gloriae M; glorificati (*gen.*) NB.
2, 2 ἐάν γάρ: si-igitur MNA[32].
2, 2 ἐν ἐσθῆτι λαμπρᾷ: veste splendida (*instr.*) MN; et vestitus-erit veste splendida B.
2, 4 διαλογισμῶν: verborum MN; verbis (*instr.*) B[33].
2, 6 εἰς κριτήρια: coram iudice (= ante iudicem) MNB.
2, 8 κατὰ τὴν γραφήν: secundum[34]: secundum scriptum illud MN; sicut scriptum est B.
2, 8 ποιεῖτε: facitis M; facietis NB.
2, 9 (vgl. 2, 1) προσωπολημπτεῖτε: oculos-[pate]facitis (= personas accipitis) MNB.
2, 9 ἁμαρτίαν ἐργάζεσθε: peccatum operamini (= facitis) MN; peccatis B.
2, 11 μὴ φονεύσῃς: ne hominem-neces MN; vgl. 4, 2.
2, 16 τοῦ σώματος = carnium MB[35].
2, 19 ποιεῖς agis M; agnovisti B.
2, 23 ἡ γραφὴ ἡ λέγουσα: scriptum illud quod loquitur M; scriptum illud in-quo loquitur B.
2, 24 ἐκ πίστεως μόνον: solum fide M; fide solum B.
2, 25 ὁμοίως δὲ καί: isto-eodem[-modo] M; isto-eodem-modo B.
2, 26 τὸ σῶμα . . . ἐστίν: carnes[35] . . . sunt M; corpus . . . est B.
3, 2 εἴ τις: qui M; qui autem B.
3, 3 εἴ δε: si-igitur MB; vgl. 1, 5.
3, 5 μεγάλα: magnopere MB.
3, 5 ὕλην: silvam M; materiam (georg. nivtʻi: armenisch nivtʻ) B.
3, 7 ἐναλίων: = natatorum MB.
3, 7 τῇ ἀνθρωπίνῃ = hominum MB.
3, 3 θανατηφόρου: mortali (*instr.*) MB.
3, 9 τοὺς καθ' ὁμοίωσιν θεοῦ: qui similiter Deo (*gen.*) MB.
3, 14 εἰ δέ: si-igitur B[32].
3, 14 ζῆλον: invidiam M.
3, 14 ψεύδεσθε κατὰ τῆς ἀληθείας: loquamini propter (= contra) veritatem M.
3, 15 ψυχική = animata (= animalis) M.
3, 16 φαῦλον = inutile M.
3, 17 ἁγνή ἐστιν, ἔπειτα εἰρηνική, ἐπιεικής, εὐπειθής: sanctitas est, deinde pax, benignitas, obtemperantia M.
3, 18 καρπὸς δὲ δικαιοσύνης ἐν εἰρήνῃ σπείρεται τοῖς ποιοῦσιν εἰρήνην: fructus iustitiae [qui] pacis cum-pace iis-disseminatur qui faciunt pacem M.
4, 4 ἡ φιλία: caritas (= dilectio) M[36].
4, 5 ἡ γραφὴ λέγει: loquitur liber (= scriptura) MB[37].
4, 7 διό: propter hoc MB.
4, 11 καταλαλεῖτε: malignum loquamini (= maledicatis) M.
4, 11 ὁ καταλαλῶν ἀδελφοῦ: qui malignum loquetur propter (= contra)[38] fratrem M.
4, 11 κρινῶν . . . καταλαλεῖ: scrutabitur . . . scrutatur M.

---

33 = διὰ λόγων!
34 Georg. msgavsad: *verb.* similiter.
35 Schon im Adysh-Tetraevangelium carnes Mt 6, 22. 23. 25 —, aber georg. guami corpus Jak 3, 2. 3. 6.
36 caritas (georg. siquaruli) steht Mt 24, 12 für ἀγάπη.
37 Aber 2, 23 ἡ γραφή = scriptum.
38 Vgl. 3, 14.

4, 11 εἰ δέ: si-igitur M; vgl. 3, 3.
4, 11 κριτής: scrutator (= iudex) M.
4, 12 κριτής: scrutator (= iudex) M.
4, 13 ἄγε νῦν: nunc vos-quoque M.
4, 13 εἰς τήνδε τὴν πόλιν: in-quandam civitatem M.
4, 13 κερδήσομεν: [nobis-] adiciemus M.
4, 14 ποία (+γαρ): quanta-ne igitur M.
4, 14 πρὸς ὀλίγον: paucum tempus M.
5, 2 τὰ ἱμάτια ὑμῶν σητόβρωτα γέγονεν: vestem vestram tineae comederunt M.
5, 9 κατ' ἀλλήλων: invicem M.
5, 11 πολύσπλαγχνος: perquam misericors M.
5, 13 εὐθυμεῖ τις: si tolerabilis (= iucundus) est M.
5, 15 σώσει: vivificabit M[39].
5, 16 πολὺ ἰσχύει: perquam praevalens est M; vgl. 5, 11.
5, 17 ὁμοιοπαθής: similis (!) M.
5, 17 ἐνιαυτοὺς τρεῖς καὶ μῆνας ἕξ: tres annos (*sg.*) et sex menses (*sg.*) M[40].
5, 18 καὶ πάλιν: et deinde (= rursum) M.
5, 19 καὶ ἐπιστρέψῃ τις: et si aliquis converterit M; vgl. 5, 13.
5, 20 σώσει ψυχήν: salvabit spiritum (= animam) M; gegen 5, 15!

5. Wortumstellungen:

1, 7 ὅτι λήμψεταί τι: quoniam quiddam-recipiet[41] MNA; recipere quiddam B.
1, 19 ἔστω δέ: nunc igitur sit MNAB.
1, 23 οὐ ποιητής: factor non AB; non factor MN.
1, 25 ἐν τῇ ποιήσει αὐτοῦ ἔσται: est in-faciendo illo eius MN; erit faciendo illo B.
2, 16 καὶ εἴπῃ τις αὐτοῖς ἐξ ὑμῶν: et dicet (= dicat) aliquis illis ex vobis M; et ⟨eis-⟩dicet (= dicat) aliquis ex vobis ille B.
3, 4 ἡ ὁρμὴ τοῦ εὐθύνοντος βούλεται: ire dirigens ille vult (*praes. consuetudinis*) M; vult (*praes.*) ire dirigens ille B.
3, 8 οὐδεὶς δαμάσαι δύναται ἀνθρώπων: nemo domare potest hominum M; hominum nemo potest domare B.
3, 12 μὴ δύναται: esse-potest-num quid M; esse-potest-num-ne B.
4, 4a τοῦ κόσμου (του κοσμου τουτου): huius mundi M.
4, 4b τοῦ κόσμου: huius (!) mundi M.
4, 6 ὁ θεὸς ὑπερηφάνοις ἀντιτάσσεται: superbos confringit Deus M; superbos confringit B.
4, 11 ἀλλήλων, ἀδελφοί: fratres mei (*voc.*) invicem M.
5, 3 ἐν ἐσχάταις ἡμέραις: in diebus illis postremis M.

6. Auslassungen:

von δέ autem zu Satzbeginn, z. B. 1, 9 MNAB; 2, 25 MNB.
von γάρ enim zu Satzbeginn 1, 11 MNB.
von εἰς στόματα (vgl. Anm. 29); es genügt: equo frena apponimus 3, 3 MB.

7. Zusätze:

2, 22 βλέπεις: spectas-ne (verdeutlichende Fragepartikel zu Satzbeginn!) MB; ebenso:

---

[39] Auch 4, 12 steht vivificare statt σῶσαι.
[40] Vgl. unser „drei Mark und sechs Pfennig".
[41] quiddam (= aliquid) ist hier Infix bei recipere (re-aliquid-cipere) und muß deshalb vorangestellt werden.

2, 24 ὁρᾶτε: nunc spectatis-ne M; spectatis-ne B (Satzbeginn!).
2, 25 τοὺς ἀγγέλους: speculatores illos B; speculatores illos + cum-pace (vgl. 2, 16: ἐν εἰρήνῃ) M.
3, 5 ἰδοῦ (Satzbeginn!): ecce en + rursum M; ecce + rursum B.
3, 9 ἐν αὐτῇ (Satzbeginn!): quia cum-illa (= eā) MB.
4, 3 αἰτεῖτε (Satzbeginn!): vos petitis M.
4, 10 καὶ ὑψώσει ὑμᾶς (Beginn der 2. Vershälfte): et ille exaltabit vos MB.

III. Der textkritische Wert der altgeorgischen Übersetzung des Neuen Testamentes insbesondere des Jakobusbriefes

Schon mein verehrter Lehrer Heinrich Goussen († 1927) hatte 1906 in einem Aufsatz im „Oriens Christianus“[42], betitelt: Zur georgischen Bibelübersetzung, feststellen können: „Wie die armenische Übertragung ist daher auch die georgische einem Gewebe zu vergleichen, dessen Kette syrisch und dessen Einschlag griechisch ist, nur daß die Reste(!)[43] der alten georgischen Übersetzung an manchen Stellen mehr Altertümliches bewahrt haben als die bis jetzt bekannte armenische“ (a. a. O. 309).

a) Kritische Auswertung des altgeorgischen Evangelientextes

Seit 1957 wurden vom Verfasser die neutestamentlichen *Chanmetifragmente* untersucht und mit dem Adysh-Tetraevangelium (= geo^1) und den Tetraevangelien von Opiza und Tbethi (= geo^2) verglichen[44]. Ihr Textcharakter ist uneinheitlich; teils entspricht er geo^1, teils geo^2. Schon bei den Matthäustexten stellt sich heraus, daß das Adysh-Tetraevangelium gegenüber diesen Fragmenten den stärkeren syrischen Einschlag aufweist. Doch stehen wegen ihrer altsyrischen und altarmenischen Elemente die drei in Frage kommenden Chanmetifragmente mit Matthäustext (844, 999, Sin) in verschiedenem Grade

[42] OrChr 6 (1906), 300–318.

[43] Er hatte damals nur das Opiza-Tetraevangelium (von 913) aus dem Iwironkloster in die Hand bekommen (= geo^2). Den Markustext (er schließt mit Mk 16, 8!) schrieb er selbst ab und photographierte einige Blätter (vgl. Anfang und Schluß des Opiza-Markusevangeliums a. a. O. zwischen S. 300 u. 301). Bei den übrigen Evangelien stellte er 1846 Abweichungen fest bei einem Vergleich mit der gedruckten Moskauer Ausgabe von 1743, und zwar 545 bei Matthäus, 694 bei Lukas und 607 bei Johannes; bei letzterem fehlt die Perikope von der Ehebrecherin (Jo 7, 53–8, 11). Aber er hatte damit nur einen geo^2-Text untersuchen können. Erst gegen Ende seines Lebens erwarb er die phototypische Ausgabe des Adysh-Tetraevangeliums v. E. Takaïšvili (= geo^1).

[44] J. Molitor, Chanmetifragmente. Ein Beitrag zur Textgeschichte der altgeorgischen Bibelübersetzung: 1. Die Matthäustexte, OrChr 41 (1957), 22–34. — 2. Die Markustexte, OrChr 43 (1959), 17–23. — 3. Die Lukastexte, OrChr 44 (1960), 17–24; OrChr 45 (1961), 115–126; OrChr 46 (1962), 19–24. — 4. Die Johannestexte, OrChr 49 (1965), 38–56.

geo[1] näher als geo[2]: 844 ist in seiner Textqualität 999 überlegen und erst recht dem Grazer Sinailektionar; haben doch die von 844 und 999 aus der Bergpredigt gebrachten Stücke (Mt 6, 31–7, 16) einen besseren Textcharakter als die nur durch Sin bekanntgewordenen Chanmetifragmente aus Mt 24, 29–35 bzw. Mt 28, 7–20. — Die beiden kurzen Markusfragmente, nämlich Mk 9, 43 + 45 + 47–50 (844) und der kleine Markusschluß 16, 2–8 (Sin) können keinen reichlichen Ertrag bringen. Das Adysh-Tetraevangelium weist wieder den größten altsyrischen Einfluß auf. Im Vergleich mit den Matthäusstellen sinken die Chanmetifragmente hier in ihrem Wert beträchtlich ab. — Die Lukastexte (Fragmente von 89, 844, 999, Sin) versprechen schon wegen ihres größeren Umfangs eine reiche Ausbeute. Den Reigen eröffnet ein kleiner Abschnitt Lk 2, 18–24 (844) aus der Kindheitsgeschichte. Wieder ist gegenüber dem Adysh-Tetraevangelium 844 der Unterliegende. Das winzige Tifliser Fragment 89 mit nicht einmal drei vollständigen Versen (Lk 6, 31 + 32a + 34) kann nicht besonders viel aussagen und erst recht nicht gegen das Adysh-Tetraevangelium auftreten. Lk 11, 42–44 (844) und Lk 12, 32–35 (Sin) halten sich Adysh-Codex und die jeweiligen Chanmetifragmente in ihrem Textwert die Waage, während Lk 15, 22–29 das Fragment 844 gegenüber dem Adysh-Tetraevangelium erheblich an Bedeutung verliert. Um so überraschender ist Lk 19, 1–8 der Textbefund bei 999, wo das Tetraevangelium zum ersten und einzigen Mal vom Chanmetifragment überspielt wird. Wir dürfen aber nicht vergessen, daß jede Hs etwas lebendig Gewordenes ist und eine eigene Entwicklungsgeschichte hat. Nach dem Zeugnis von S. Kakabadze und I. Imnaïšvili[45] ist der Adysh-Lukastext in den Partien 3, 9–15, 17 und 17, 25–23, 2 gründlich revidiert worden. Neben dem wechselnden Verhältnis zu den Chanmetifragmenten ist auch der altsyrische Einfluß dafür ein Kriterium, der um so stärker zu spüren ist, je ursprünglicher der Adyshtext ist. So stellen wir in der umfangreichen Lukasperikope 24, 1–35 (Sin) beim Adysh-Codex in 12 Fällen eine singuläre Färbung fest, während das Sinailektionar weitgehend mit der sekundären Überlieferung des Opiza- und Tbethi-Tetraevangeliums (= geo[2]) übereinstimmt. — Die Johannesabschnitte zeigen erneut die Überlegenheit des Adysh-Tetraevangeliums gegenüber 844 (Jo 21, 7–17) und erst recht gegenüber Sin (Jo 20, 1–31). Nicht weniger als 44 Stellen bezeugen hier die altsyrische Vorlage der altgeorgischen Evangelien, und nicht nur bei geo[1] (Adysh), sondern, wenn auch in geringerem Maße, bei geo[2], namentlich im Tbethi-Tetraevangelium, und den beiden Chanmetifragmenten.

Reichen die Chanmetifragmente bis ins 6./7. Jh. zurück, so die spärlichen *Haemetitexte* immerhin noch in die Zeit um 800 (= geo[2]). Schon

[45] Vgl. A. Šanidze, Two old Recensions of the Georgian Gospel according to three Shatberd manuscripts, Tiflis 1945, S. 062.

in jüngeren Chanmetitexten, besonders im Sinailektionar, tauchten die von χ (Chan) zu h (Hae) abgeschwächten Präfixe ab und zu auf. Nur die noch aus 52 Blättern bestehende Tifliser Palimpsesthandschrift 1329[46] bringt 6 Fragmente aus Matthäus, 7 aus Markus, 6 aus Lukas und 4 aus Johannes. Bei einer Textuntersuchung[47] ergab sich 298 mal eine Übereinstimmung mit geo² (Opiza- und Tbethi-Tetraevangelium) und nur 24 mal mit dem Adysh-Codex (= geo¹) allein. Von den 64 Sonderlesarten erwiesen sich 80 als Angleichungen an den griechischen Text.

Freilich wäre es nach all dem Gesagten völlig verfehlt, überhaupt von einer „allerältesten Übersetzung"[48] zu sprechen. An allen uns überkommenden Texten ist gearbeitet worden im Sinne einer fortschreitenden Angleichung an den griechischen Schrifttext. So kann also die altgeorgische Version höchstens indirekt als Trägerin altsyrischen Erbes der Gewinnung des griechischen Urtextes dienen. Überall ist, mit dem nicht mehr vorliegenden Archetyp des heutigen Adysh-Tetraevangeliums beginnend, wiederholt revidiert, gesäubert und verschlimmbessert worden.

In der Auswertung der *Evangelienzitate,* wie sie die altgeorgische patristische Literatur beibringt, bleibt noch manches zu tun. Die Untersuchung[49] eines von A. Šanidze veröffentlichten Palimpsest-Väterfragmentes[50], georg. Mravalthavi „Vielkapitel" genannt[51], hatte folgendes Resultat: Die Zitate unseres Chanmeti-Palimpsests schließen sich mehr der jüngeren geo²-Überlieferung an als dem Adysh-Tetraevangelium (= geo¹). Aber einmal wird sogar eine ausgesprochene Tatianlesart (gegen Adysh!) allein vom Väterfragment gebracht[52]. — Das von A. Šanidze 1959 herausgegebene Sinai-Mravalthavi von 864[53] enthält freilich keine Chanmetilesarten mehr, bringt aber eine Fülle von Evangelienzitaten (96 aus Mt, 10 aus Mk, 86 aus Lk und 78 aus

46 Vgl. Anm. 13. — Der abgeschabte Majuskeltext stammt aus einem Kanonarion höchstwahrscheinlich des Jerusalemer Typs.

47 J. Molitor, Das Haemeti-Palimpsest 1329 und sein Verhältnis zum altgeorgischen Evangelientext, in: Neutestamentliche Aufsätze, Festschrift für Prof. Jos. Schmid, Regensburg 1963, 175–184.

48 M. Tarchnišvili, Geschichte der kirchlichen georgischen Literatur (nach K. Kekelidze), Roma 1955 (= Studi e Testi 185), 314.

49 J. Molitor, Evangelienzitate in einem altgeorgischen Väterfragment, OrChr 40 (1956), 16–21; Text mit lateinischer Übersetzung in: Monumenta Iberica Antiquiora, Louvain 1956 (= CSCO 166), 65–90.

50 Vgl. Bulletin de l'Université de Tiflis 7 (1927), 125–152.

51 Im Unterschied zum τετρακέφαλος, dem „Vierkapitel" des Tetraevangeliums (vgl. Anm. 5) versteht man unter dem πολυκέφαλος ein Lektionar für ausgewählte Väterlesungen.

52 Monumenta Iberica Antiquiora S. 39 (Nr. 11, 7); vgl. Evangelienzitate, OrChr 40 (1956), S. 18 u.

53 *Sinai-Mravalthavi von 864,* Tiflis 1959 (= Arbeiten des Lehrstuhls für Altgeorgisch V).

Jo). Nur die 29 synoptischen Zitate wurden untersucht[54]. Und das Ergebnis lautete: An 14 Stellen geht dieses älteste datierte georgische Manuskript von 864 — die Adysh-Hs mit ihrem älteren(!) Textgut wurde erst 897 kopiert — mit geo²! An weiteren 11 Stellen finden wir einen Mischtext aus geo¹ und geo². 4 Zitate sind wegen ihres ungenauen Wortlauts textkritisch nicht zu verwerten. Aber bei einem der 14 synoptischen Stellen mit geo²-Text (Mt 19, 5 = Mk 10, 7–8) haben wir sogar eine ältere Textform vor uns als sie uns das Adysh-Tetraevangelium bietet! Viermal kann man zudem von einem Harmonismus sprechen, der durch alle vier Evangelien (Mt + Mk + Lk + Jo) geht und dreimal von einem bloß synoptischen (Mt + Mk + Lk).

Damit kommen wir zu einer neuen Aufgabe für die Zukunft, dem Studium der Harmonismen und insbesondere der Tatianismen in den altgeorgischen Evangelien[55]. Es kann kein Zufall sein, daß die ältesten armenischen wie georgischen Evangelien die Form von Tetraevangelien haben. Sollte die Bezeichnung unserer altgeorgischen „Vierkapitel"-Evangelien nicht eine Reminiszenz sein an jene echte Evangelienharmonie, die einen ähnlichen Namen führte, nämlich Tatians Diatessaron (διὰ τεσσάρων)? Hat doch A. Strobel[56] den Nachweis erbracht, daß die Bezeichnung „vierkapiteliges Evangelium" erstmals bereits 363 in der armenisch überlieferten Erklärung der Wiederkunftsrede Pseudo-Ephräms vorkommt. Das war doch zu der Zeit, wo das Diatessaron in Ostsyrien, wo die pseudo-ephrämische Schrift entstanden ist, noch durchaus seine beherrschende Stellung behauptete.

b) Beginnende textkritische Durchforschung der übrigen neutestamentlichen Schriften

Was die *Apostelgeschichte* angeht, so glaubt G. Garitte in der Introduction seiner Ausgabe[57] über die beiden seiner Edition zugrundeliegenden Sinaihandschriften (A = sin georg 58–31–60 und B = sin georg 39)[58] aussagen zu können, daß die altgeorgische Version der Apostelgeschichte aus einer altarmenischen Vorlage übersetzt worden

[54] J. Molitor, Synoptische Evangelienzitate im Sinai-Mravalthavi von 864, OrChr 48 (1964), 180–190.

[55] J. Molitor, Zur Harmonistik des altgeorgischen Evangelientextes (Analyse von Markus 1), BZ N.F. 1 (1957), 289–296; J. Molitor, Synopsis Latina Evangeliorum Ibericorum Antiquissimorum, Louvain 1965 (-CSCO 256).

[56] A. Strobel, Der Begriff des „vierkapiteligen" Evangeliums in Pseudo-Ephräm, ZKG (1959), 112–120.

[57] L'ancienne version géorgienne des Actes des Apôtres, 18–20.

[58] Im Anhang seiner Ausgabe (175–183) bringt Garitte die Kollation des von F. C. Conybeare, ZNW 12 (1911), 131–140 veröffentlichten Fragments I (Apg 5, 37–8, 20) sowie des von I. Abuladze im Paläographischen Album (Tiflis 1949) Tafel 37 edierten Lektionarfragments sin georg 37 (Apg 1, 1–8, 15–23).

sei, die nicht identisch sein kann mit der armenischen Vulgata der Zohrabbibel. Sie geht nach ihm vielmehr auf eine altsyrische Fassung zurück, die von der Peschitta verschieden ist. Nach seinen Beobachtungen hat auch die altgeorgische Version der Apostelgeschichte verschiedene Revisionen erfahren zwecks immer größerer Angleichung an den griechischen Text. Für eine ähnliche Entwicklung des altgeorgischen Evangelientextes nennt er Lyonnet[59] als Kronzeugen.

Von den *Paulusbriefen* sind bisher abgesehen von Väterzitaten als zusammenhängende Texte nur Chanmetifragmente aus dem Römerbrief (Rm 15, 25–29) und dem Galaterbrief (Gal) 6, 14–18) bekannt[60]. In den kurzen Stücken wird einmal im Abschnitt aus dem Römerbrief (15, 29 benedictione Christi statt εὐλογίας Χριστοῦ: armenische Zohrabbibel „manche") und zweimal in der Lektion aus dem Galaterbrief (6, 14 mundus mihi statt ἐμοὶ κόσμος und 6, 17 Domini Iesu statt τοῦ Ἰησοῦ) syrischer Einfluß spürbar. Und was die sehnlichst erwartete Tifliser Ausgabe der altgeorgischen Version der gesamten Paulusbriefe angeht, so spricht doch für sich, daß die Mitarbeiter des großen Altmeisters A. Šanidze sich für die Herausgabe der Texte auch durch intensives syrisches Sprachstudium vorbereitet haben!

Bei den *Katholischen Briefen* wird, wie uns die Analyse des Jakobusbriefes zeigen wird, das Endergebnis des Textbefundes nicht anders ausfallen. Beim Übertragen ins Lateinische[61] fielen schon gleich einige typisch syrische Wendungen auf wie vita für σωτηρία 1 Petr 1, 5; 2, 2 und vivificator für σωτήρ 2 Petr 1, 11; 2, 20; 3, 18.

Was nun die *Apokalypse* anbelangt, so müssen wir vorerst sagen, daß sie strenggenommen nicht zur vorathonitischen, altgeorgischen Version gerechnet werden kann. Ist sie doch als letzte Schrift des Neuen Testamentes erst in der byzantinischen Periode in den Kanon aufgenommen und vom hl. Euthymius († 1028) vor 978 ins Georgische übersetzt worden. Und doch zeigt uns eine Kollation des Textes[62] anhand der Philoxeniana[63] und der armenischen Vulgata[64], daß sich insgesamt 29 Fälle mit syrischem Einfluß und 19 Fälle mit syrisch-armenischem Einfluß feststellen lassen, also 48 mal eine syrische Tradition greifbar wird. Ihnen stehen nur 19 Fälle anscheinend rein armenischen Charakters gegenüber, doch auch von ihnen sind lediglich 7 ohne jede Spur

---

[59] St. Lyonnet, Les origines de la version arménienne et le Diatessaron, Rom 1950, (= Biblica et Orientalia 13), 144–165: Deuxième Partie, Les sources de la première version arménienne, chap. IV La version géorgienne.

[60] Aus dem Grazer Sinailektionar; Text und lateinische Übersetzung in Monumenta Iberica Antiquiora, 38/39.

[61] Vgl. Anm. 20.

[62] OrChr 51 (1967), 1–13. 20–28 und OrChr 52 (1968), 9–21.

[63] Ediert von John Gwynn, The Apocalypse of St. John, Dublin 1970.

[64] Ausgabe von Johann Zohrab, Die Hl. Schrift (armenisch) IV (Neues Testament), Venedig 1805.

semitischer Beeinflussung. Alles sieht so aus, als ob die ohnehin recht freie georgische Apokalypsenübersetzung des Euthymius keine direkte Originalübertragung aus dem Griechischen wäre. In die gleiche Richtung weist auch die Schreibung der 45 in der Apokalypse vorkommenden Eigennamen[65], wobei 16 Namen semitischer Herkunft sich als ziemlich immun gegen sprachliche Veränderungen erweisen. Unter griechischem Einfluß (vor allem griechische Ortsnamen!) stehen 10 Namen, in 12 Fällen wird eine innere georgische Tradition sichtbar, in 6 vielleicht eine armenische und in einem einzigen Fall (Akp 16, 16 magedon) eine syrische Überlieferung. Freilich ist bei den Eigennamen der altgeorgischen Evangelien und der Apostelgeschichte der semitisch-syrische Einfluß so stark, daß letzthin die armenischen und fast alle griechischen Namensformen aus ihm herzuleiten sind[66].

c) Die Textgestalt des altgeorgischen Jakobusbriefes

Es ist selbstverständlich, daß eine Untersuchung über den Textcharakter des Jakobusbriefes sich jetzt von neuem lohnt, da der Jakobusbrief als erster Faszikel der Editio maior critica erscheinen wird. So wurde die im Oriens Christianus vor 3 Jahren erschienene Untersuchung[67] erweitert und vollständig umgearbeitet. Für diesen Brief stehen uns nämlich zwei syrische Versionen zur Verfügung, die Peschitta[68] (= syp) und die Philoxeniana[69] (= syph) und außerdem die armenische Vulgata[70] (= arm). Wieder beginnen wir mit einer Kollation aller textkritisch bedeutsamen Lesarten:

1, 1a ταῖς ἐν τῇ διασπορᾷ: passim-perseminatis MNB; passim-exseminatis A = dispersis lat[71] (spanischer lat. Text). Vgl. syp: quae seminatur in Gentibus gegen arm: quae in dispersione estis.

1, 1b χαίρειν: gaudete MNAB; gegen syp: pacem, syph: ad gaudendum und arm+lat: salutem.

---

[65] J. Molitor, Die Eigennamen in der Johannes-Apokalypse des Euthymius, Bedi Kartlisa (Revue de Kartvélologie) 17–18 (1964), 127–131.

[66] J. Molitor, Die Eigennamen in der altgeorgischen Übersetzung der Evangelien und der Apostelgeschichte und ihre textkritische Bedeutung, Bamberg 1962 (Rektoratsrede).

[67] J. Molitor, Zum Textcharakter der altgeorgischen Katholischen Briefe: 1. Der altgeorgische Jakobusbrief, OrChr 51 (1967), 51–66.

[68] Ausgabe von G. H. Gwilliam, London 1905.

[69] Ausgabe von J. White, Actuum apostolorum et epistolarum tam catholicorum quam Paulinorum versia syriaca Philoxeniana, Oxford 1797–1803.

[70] Die sog. Zohrabbibel (vgl. Anm. 64) kennt leider nur ungenau bezeichnete Variantengruppen, nämlich „manche" mit meist wertvollen Lesarten, „viele" (d. h. mehr als die Hälfte der Hss), „die anderen" (d. h. „alle" Hss außer der Minuskel-Vollbibelhandschrift von 1319, auf der die Zohrabausgabe beruht).

[71] lat = altlateinische Überlieferung; vg = Vulgata.

1, 2 πειρασμοῖς περιπέσητε ποικίλοις: in-tentationem incideritis variam (Kollektivbegriff!) MNAB; vgl. arm „manche" in medio variae tentationis incideritis gegen syp: cum intrabitis in tentationes varias et multas.

1, 3 γινώσκοντες: scitote = arm: scitote gegen syp: scitis und syph: cum scitis (= scientes).

1, 4a ἵνα: et ut MNA gegen B, syp+arm: ut.

1, 4b ὁλόκληροι: omnino vivaces MNAB gegen syp: completi und arm: integri (et perfecti).

1, 4c ἐν μηδενί: et nihilo MNAB = syp + arm.

1, 5 a παρὰ τοῦ διδόντος θεοῦ πᾶσιν ἁπλῶς: ex (= ab) illo, qui dat omnibus, Deus, gratis MN; ex (= ab) illo is-qui dat omnibus Deus gratis AB. Vgl. syp: ex (=a) Deo (+ ille syph) qui dat omnibus simpliciter und arm: a Deo qui dat omni abundanter.

1, 5b καὶ μὴ ὀνειδίζοντος: et neminem improperat AB; et improperat neminem MN gegen syp + arm: et non exprobrat.

1, 5c καὶ δοθήσεται αὐτῷ: et dabit[72] illi MNAB gegen syp + arm: et dabitur illi.

1, 6a μηδὲν διακρινόμενος: et ne cum-dubitatione (= dubitando) MNAB; vgl. arm: et ne (=nec) dubitet gegen syp: dum nihil dubitat.

1, 6b ὁ γὰρ διακρινόμενος: is-qui autem dubitabit MNAB; vgl. syp: qui enim dubitat (*verb.* dubitans) und arm: quia qui dubitans est („manche": dubitans!). — In autem statt γάρ haben die Georgier in einigen Altlateinern einen Bundesgenossen.

1, 6c κλύδωνι θαλάσσης ἀνεμιζομένῳ καὶ ῥυπιζομένῳ: undae (*dat. sg.*) maris ventis concitatae et passim-raptae MNA; undis maris ventis concitatis et passimraptis B. Vgl. syp: fluctibus maris quos agitat ventus (*om*[73] καὶ ῥυπιζομένῳ) und arm: vento-circumlatis et commotis fluctibus maris. — Der Singular undae findet sich in der altspanischen lateinischen Überlieferung.

1, 7a μὴ γάρ: ne igitur MNA; vgl. non ergo lat. — ne (*om* γάρ) B = arm: ne gegen syp: et non.

1, 7b ὅτι λήμψεταί τι: quoniam quiddam (= aliquid)-recipiet[41] MNA; recipere quiddam (= aliquid) B = arm: accipere quiddam (= aliquid) gegen syp: quod accipiet quiddam.

1, 8 ἀκατάστατος: impermanens (= inconstans) est MNAB = lat (gallische Sonderlesart + vg); vgl. arm: sine firmitate est und syph: non ordinatus est gegen syp: turbatus.

1, 10a χόρτου: campi MN; herbae AB = syp: herbae gegen arm: faeni.

1, 10b παρελεύσεται: hoc-modo (= ita) transibit MNAB = syp + lat (spanisch-gallisch-irische Vulgataüberlieferung) gegen arm: transibit.

1, 11a ἀνέτειλεν: effulsit MNAB = arm (cagem für φαίνω Apk 21, 23); vgl. syp: apparuit (= exortus-est) und lat: exortus est.

1, 11b *om* γάρ MNAB gegen syp, syph, arm und lat.

1, 11c τὸ ἄνθος αὐτοῦ: flos ille MNAB (*om* αυτου) gegen syp: flos eius und arm: flos illius.

1, 11d ἐν ταῖς πορείαις: in ambulatione (= in ambulando) MNAB gegen syp: in conversationibus und arm: cum lucris.

1, 12a μακάριος: beatus est = syp + arm: beatus est.

1, 12b ὃς ὑπομένει: qui sufferet (= ὑπομενεῖ) MNAB = syp: qui suffert (*part.* auch = *fut.* sufferet (und arm: sufferat (suffert „manche").

1, 12c δόκιμος γινόμενος λήμψεται: tentatus fit (*it.*) et recipiet M; tentatus fit et recipiet (*it.*) NAB gegen syp: quum probatus-est recipit (*part.* = recipiet) und gegen arm: si probatus quoque inventus-erit, accipiet.

---

[72] Hier erscheint das Aktiv statt des Passivs, weil Deus zum Subjekt geworden ist.

[73] *om* = omittit, omittunt.

1, 12d ἐπηγγείλατο: promisit Deus MNAB = syp: promisit Deus (syph: promisit Dominus!) und vg: promisit Deus (lat auch Dominus!); vgl. arm: promisit ... Dominus.

1, 13a μηδεὶς πειραζόμενος λεγέτω: nemo ille qui tentabitur loquatur (= dicat) MN; vgl. arm: nemo qui in tentatione sit dicat und lat: nemo qui temptatur dicat gegen syp: ne dicat quis cum tentatur. — nemo autem ille-qui tentabitur loquatur (= dicat) A; vgl. lat (selten): nemo autem qui temptatur dicat. — ille qui tentabitur ne loquatur (= dicat) B gegen syp + arm (Ausnahmsweise weicht das Kala-Lektionar (B) hier am meisten vom textus receptus ab).

1, 13b πειράζομαι: tentor MAB = syp + arm; tentatur N = temptatur lat (altspanische Überlieferung).

1, 13c ἀπείραστός ἐστιν κακῶν: intentator est malo (*instr.* = malis?[24]) MAB; vgl. syp: est non tentator in malis (= malis). — intentator est propter malum (= de malo) N; vgl. arm: non-tentator (= intentator) est malorum (a malis „manche").

1, 13d πειράζει δὲ αὐτὸς οὐδένα: et neminem tentat (téntat B) ille (= ipse) MNAB; vgl. syp: et ille quemquam non (= neminem) tentat gegen arm: tentat ille et non (= nec) quemquam.

1, 14a ἕκαστος δέ: sed unusquisque MNAB = syp: sed unusquisque gegen arm: unusquisque (aber 2 Hss: sed unusquisque).

1, 14b ἐξελκόμενος καὶ δελεαζόμενος: transportatur (= attrahitur) et cogitur MNAB; vgl. syp: et oblectatur (*part. pass.*) et trahitur (*part. pass.*) und lat (selten!) abducitur et eliditur gegen arm: abstractus et illectus und auch vg (lat): abstractus et inlectus.

1, 15a εἶτα ἡ ἐπιθυμία συλλαβοῦσα: *et* deinde concupiscentia illa concipit *et* MNAB; vgl. syp: et haec concupiscentia concipit (*part.*) *et* gegen arm: Tunc deinceps (abhinc) concupiscentia concipiens und gegen lat (altspanischer Text): deinde concupiscentia concipit et.

1, 15b ἡ δὲ ἁμαρτία ἀποτελεσθεῖσα ἀποκύει: *et* peccatum illud perfectum fit (*it.*) *et* progignit (*it.*) (gignit κυει B) MNAB; vgl. arm: et peccatum consummatum mortem parit gegen syp + syph: peccatum autem quum perfectum-est (consummatum-est syph) gignit (*part.*).

1, 17a δόσις: datum MNAB = vg (lat); vgl. arm: data gegen syp: donum.

1, 17b ἄνωθέν ἐστιν καταβαῖνον: desursum-descendens est MNAB; vgl. syp: desursum-descendens (*part.* = descendit) gegen arm: desursum sunt descendentia.

1, 17c φώτων: luminis MNAB = arm + lat (selten!): luminis gegen syp + syph: luminum.

1, 17d τροπῆς ἀποσκίασμα: versionis umbrae-offensio (= vicissitudinis obumbratio); vgl. arm: vicissitudinis umbra gegen syp + syph: umbra mutationis.

1, 18a βουληθείς: voluntate (+ sua B) MNB; ille volebat et A = syp: ipse voluit *et* gegen arm: volens.

1, 18b εἰς τὸ εἶναι ἡμᾶς: ut simus nos MNAB = syp: ut simus gegen arm: esse *nos*.

1, 18c ἀπαρχήν τινα τῶν αὐτοῦ κτισμάτων: initium quoddam eius creaturae (*verb.* creatorum *pl. t.*) MNB gegen arm: fructus quidam possessionum eius und syp: initium creaturae (*pl. t.*) eius. — initium quoddam cum illo (eo) creatum A gegen syp + arm.

1, 19 ἔστω δὲ πᾶς ἄνθρωπος: nunc igitur sit omnis homo MNAB gegen syp: omnis homo sit und arm: sit omnis homo.

1, 20 ἀνδρός: hominis MNAB = arm: hominis gegen syp: viri.

1, 21a ἀποθέμενοι: seiungite MNA; deleatur ex (= a) vobis B. Vgl. syp: elongate ex vobis gegen arm: abicientes („manche": abicere, 1 Hs: abiciamus).

1, 21b περισσείαν κακίας: supervacaneum illud (= abundantiam illam) malitiae MNAB (Übersetzungsfreiheit!) gegen syp: multitudinem malitiae und arm: abundantiam malitiae

1, 21c ἐν πραΰτητι: cum-mansuetudine (*abl.*) MNAB = arm: cum-mansuetudine (*instr.*); vgl. syp: in (= cum) mansuetudine.

1, 21d τὸν ἔμφυτον λόγον: plantationen illam verbi illius MNAB gegen syp: verbum quod plantatum-est in natura nostra(!) und arm: verbum insitum.

1, 21e τὸ δυνάμενον σῶσαι: quod praevalens est vivum-facere (= vivificare) = arm: quod potens est vivificare und syp: illud quod potens [est] vivificare; vgl. lat + vg: quod potest salvare.

1, 21f τὰς ψυχὰς ἡμῶν: spiritus vestros (= animas vestras) MNA; propter spiritus vestros (= animas vestras) B. Vgl. arm: spiritus vestros gegen syp: animas vestras.

1, 22a γίνεσθε δέ: et estote MAB; estote N. Vgl. arm: estote gegen syp: estote autem.

1, 22b καὶ μὴ ἀκροαταὶ μόνον: et ne (= non) auditores (*om* μόνον) MN; et ne solum auditores A; et ne auditores solum B. Vgl. syp: et non auditores solum und arm: nec auditores tantum.

1, 22c παραλογιζόμενοι: et contemnentes MNAB; vgl. syp: et ne decipiatis gegen arm: putate.

1, 23a ὅτι εἴ τις ἀκροατὴς λόγου ἐστίν: si-igitur aliquis (= quis) auditor solum (*om* μόνον 1, 22!) erit verbi MNAB; vgl. arm: si enim quis auditor tantum sit verbi und syp: si quis enim erit auditor verbi.

1, 23b οὗτος ἔοικεν ἀνδρί: talis (*verb.* huiusmodi) similis est homini illi MNAB; vgl. lat (selten!): iste similis est homini gegen syp: hic similis [est] illi und arm: similis est ille homini.

1, 23c κατανοοῦντι τὸ πρόσωπον τῆς γενέσεως αὐτοῦ: qui experitur os (= vultum) generationis suae MNA; qui experitur generationem suam B; vgl. arm: qui stupefactus aspiciet („manche“: aspicit) in vultum suum repraesentatum gegen syp: qui vidit faciem suam (*om* τῆς γενέσεως).

1, 24a κατενόησεν γὰρ ἑαυτόν: quia expertus-est semetipsum (*verb.* caput suum) MN; qui experitur (*it.*) semetipsum (*verb.* caput suum) A; *om* B! Vgl. syp: vidit enim seipsum (*verb.* animam suam; syph: conspexit enim ipse ipsum, arm: aspiciens enim vidit seipsum.

1, 24b καὶ ἀπελήλυθεν: et abiit MN = syp + arm: et transivit. — et abit (*it.*) A; et cum abit (*it.*) B gegen syp + arm.

1, 24c ἐπελάθετο ὁποῖος ἦν: obliviscitur (*it.*) qualis-quid (qualis A) est (= sit) MNA; obliviscitur (*it.*) quomodo est (= sit) B. Vgl. syp: oblitus-est quomodo fuit und arm: oblitus-est quoniam qualis quidam erat (= esset).

1, 25a ὁ δὲ παρακύψας: qui autem respexit MNAB; vgl. syp: omnis autem qui aspexit gegen arm: qui autem considerans (+ et „manche“).

1, 25b καὶ παραμείνας: et permansit in ea MNAB; vgl. syp: et permanet (*part.*) in ea und arm: et in eadem steterit.

1, 25c οὐκ ἀκροάτης ἐπιλησμονῆς γενόμενος: et non obliviosus (*om* ἀκροατής!) factus-est MNAB; vgl. syp: non factus-est auditor auditionis quae oblivioni-traditur und arm: non factus-est ille auditor oblivii.

1, 25d ποιητὴς ἔργου: factor operis illius (huius M) MNB; vgl. arm: factor operis illius (*om* illius „manche“) gegen syp: factor operum.

1, 25e οὗτος μακάριος ἐν τῇ ποιήσει αὐτοῦ ἔσται: hic beatus est (erit B) in-faciendo illo eius MNB; vgl. arm: ille in faciendo suo erit beatus und syp: et hic beatus erit in opere suo.

1, 26a εἴ τις δοκεῖ: qui putabit semetipsum MN; si-igitur ... (Lücke!) volet B; gegen arm: si quis velit (= *fut.*?) und syp: et si quis putat (*part.* = *fut.*?).

1, 26b θρησκὸς εἶναι: semetipsum (*verb.* caput suum) Dei-ministrum MN; Dei-ministerium B. Vgl. syp: quia ministrans (= ministrat) Deo gegen arm: religiosum esse.

1, 26c μὴ χαλιναγωγῶν: et non refrenabit MNB = arm: et non (= nec) refrenabit; vgl. syp + syph: et non tenet (domat syph).

1, 26d ἀλλὰ ἀπατῶν καρδίαν ἑαυτοῦ: sed decipiet cor suum MN; ille mentiri-facit caput suum (= semetipsum) B. Vgl. arm: sed dissipabit cor suum und syp: sed seducet ⟨sibi⟩ cor suum.

1, 26e τούτου μάταιος ἡ θρησκεία: huius vanum est ministerium MN; et vanum est ministerium eius B. Vgl. syp: huius vanum est ministerium eius gegen arm: talis vana est religio.

1, 27a θρησκεία καθαρά: ministerium sanctum MN; sed ministerium sanctum B. Vgl. syp: ministerium autem mundum gegen arm: religio munda.

1, 27b καὶ ἀμίαντος παρὰ τῷ θεῷ: non-inquinatum (= immaculatum) (*om* και) per Deum MN; et integrum ad⟨versus⟩ Deum B. Vgl. syp: et sancta coram Deo (syph: et immaculata apud Deum) und arm: et non-inquinate custodire semetipsum (*verb.* caput suum) ex (= a) mundo MN; et non-inquinate conservare semetipsum ex (= a) hoc mundo B. Vgl. syp: et custodire quis animam suam (= semetipsum) ex (= a) saeculo (= mundo) sine ruga (!) und arm: custodire seipsum (*verb.* animam) a saeculo.

2, 1a μὴ ἐν προσωπολημψίαις ἔχετε: ne cum-oculorum-acceptione (cum-oculor[um]-acceptione N) habeatis MNB; vgl. syp: ne in (= cum) acceptione faciei (*pl. t.*) sitis tenentes und syph: ne in acceptione personae (προσωπον) exsistat (= sit) vobis gegen arm: ne personarum acceptione habeatis.

2, 1b τὴν πίστιν τοῦ κυρίου ἡμῶν Ἰησοῦ Χριστοῦ τῆς δόξης: fidem illam Domini nostri Iesu Christi gloriae (glorificati [*gen.*] NB) MNB; gegen syp: fidem gloriae Domini nostri Iesu Christi und arm: fidem Domini nostri Iesu Christi qui Dominus est gloriae.

2, 2a ἐὰν γὰρ εἰσέλθῃ εἰς συναγωγὴν ὑμῶν ἀνήρ: si-igitur quis-intrabit (aliquis intrabit B) in-synagogam vestram homo MNB; vgl. syp: si enim intrabit in synagogam vestram (ali)quis (*verb.* homo) gegen arm: si introibit (= introeat) in conventum (*verb.* populum) vestrum vir.

2, 2b χρυσοδακτύλιος: cui fixus-erit anulus [qui] auri (= aureus) (aurum=auri N) MNB; vgl. arm: qui habeat anulum aurum (= aureum) und syp: cuius anulus auri.

2, 2c ἐν ἐσθῆτι λαμπρᾷ: veste splendida MN; et vestitus-erit veste splendida B. Vgl. syp: cuius vestimenta pulchra und arm: et vestes candidas.

2, 2d εἰσέλθῃ δὲ καὶ πτωχὸς ἐν ῥυπαρᾷ ἐσθῆτι: *et* intrabit pauper quoque veste sordida MNB; vgl. syp: *et* intrabit pauper (*om* quoque) in vestimentis sordidis und arm: introeat (= introibit) illic et (et illic ,,manche") pauper quidam in vestimentis sordidis.

2, 3a ἐπιβλέψητε δὲ ἐπὶ τὸν φοροῦντα τὴν ἐσθῆτα τὴν λαμπρὰν καὶ εἴπητε: et (*om* et B) respicietis (+ vos B) illum ([eum] B) qui vestitus-erit veste splendida et ei-dixeritis MNB = syp: et respicietis illum (*verb.* in illo) qui vestitus [est] (*part. pass.*) vestibus pulchris et dicetis ei; vgl. arm: respiciatis (= *fut.*) illum (*verb.* in illum) qui habeat vestimenta candida et dicatis (= *fut.*).

2, 3b καὶ τῷ πτωχῷ: et pauperi illi MN; pauperi autem illi B: gegen syp + arm: et pauperi.

2, 3c ὑπὸ ὑποπόδιόν μου: subter pedibus meis (nostris N) MNB; vgl. syp: ante scabellum pedum nostrorum und arm: ad scabellum meum (nostrum 1 Hs).

2, 4a οὐ διεκρίθητε ἐν ἑαυτοῖς: perdubitabitis (*om* ου) cordibus (*instr.* + vestris MN) MN B; vgl. syp: non perdubitabitis in animabus vestris und arm: non(ne) diiudicatis in [vobis]metipsis (*verb.* in animabus).

2, 4b διαλογισμῶν πονηρῶν: verborum malorum MN; verbis[33] malis B. Vgl. syp: cogitationum malarum und arm: malarum cogitationum.

2, 5a οὐχ ὁ θεὸς ἐξελέξατο τοὺς πτωχοὺς τῷ κόσμῳ πλουσίως ἐν πίστει: nonne pauperes mundi (ex mundo B) selegit Deus, divites autem fide MNB. Vgl. syp: Nonne pauperes mundi, divites autem in fide, elegit Deus gegen arm: Nonne Deus elegit pauperes mundi, qui sunt divites in fide.

2, 5b ἧς ἐπηγγείλατο: quod pollicitus-est Deus (+ ὁ θεος) = syp gegen arm.

2, 6 καὶ αὐτοὶ ἕλκουσιν ὑμᾶς εἰς κριτήρια: et illi vos-trahunt (iidem trahunt vos B) coram iudice (= ante iudicem) MNB; vgl. syp: et illi trahunt vos in domum iudicii (= ad tribunal) und arm: et illi trahunt vos ad iudicem.

2, 7 τὸ ἐπικληθὲν ἐφ' ὑμᾶς: quod invocatum est super vos = syp + arm.

2, 8 κατὰ τὴν γραφήν: secundum scriptum illud (*verb.* similiter scripto illi) quoniam MN; sicut scriptum est B. Vgl. syp: sicut scriptum est quod gegen arm: secundum scripturas quod.

2, 9a (vgl. 2, 1a) προσωπολημπτεῖτε: oculos-[pate]facitis (= accipitis) MNB; vgl. syp: faciem (*pl. t.*) accipitis, syph: personam (προσωπον) accipitis und arm: personas acceperitis (= accipiatis).

2, 9b ἁμαρτίαν ἐργάζεσθε: peccatum operamini MN; peccatis (*praes.*) B. Vgl. syp: peccatum facitis und arm: peccatum operamini.

2, 9c ἐλεγχόμενοι ὑπὸ τοῦ νόμου: convincimini ex (= a) lege MN; convincit vos lex B. Vgl. syp: et redarguti vos ex (= a) lege und arm: redarguti a lege.

2, 9d παραβάται: legis transgressores MN; transgressores B. Vgl. syp: transgredientes super legem und arm: transgressores legis.

2, 10a τηρήσῃ: consummabit (τελεσει) MNB = syph perficiet; gegen syp + arm: servabit.

2, 10b πταίσῃ δὲ ἐν ἑνί: et decipietur (= offendet) uno MN; et in-uno illo decipietur (= offendet) B. Vgl. syp: et in uno decidit [*part.* [*praes.*] = *fut.*) und arm: et in uno aliquo offendet.

2, 10c γέγονεν πάντων ἔνοχος: factus-est omnis (*gen.*) debitor MNB; vgl. syp: omni legi debitor-factus-est und arm: factus-est omnis legis debitor.

2, 11 εἰ δὲ οὐ μοιχεύεις φονεύεις δέ: si-igitur moechaberis non et hominem-necaveris MN; si-igitur non moechaberis et non hominem-necaveris + et caritatem non habebis (vgl. 1 Kor 13, 1) B. Vgl. syp: si autem non moecharis sed occidis und arm: quia si occideris non, at moechaberis.

2, 12 μέλλοντες κρίνεσθαι: iudicaturi (= iudicandi) estis MNB; vgl. arm: sitis iudicaturi (= iudicandi) und syp: futuri (= parati) [estis] vos (*part.*) adiudicandum.

2, 13a ἡ γὰρ κρίσις ἀνέλεος τῷ μὴ ποιήσαντι ἔλεος: iudicium (*om* γαρ) immisericors est propter illum qui non faciet misericordiam MN; querela (= iudicium) immisericors est [propter illos] qui non facient misericordiam B. Vgl. syp: iudicium enim est (*part.*) sine misericordia super illum qui non facit misericordiam gegen arm: immisericors enim iudicium futurum est ei qui non fecerit misericordiam.

2, 13b κατακαυχᾶται ἔλεος κρίσεως: sed gloriamini (κατακαυχασθε: *imp.*) [de] misericordia (*dat.*) iudicii (querelae B) MNB. Vgl. syp: extollitis (*verb.* extollentes vos) in misericordia super iudicium gegen arm: nam erecta (= superbe) gloriatur misericordia ad iudicium.

2, 14a τί τὸ ὄφελος: quid (quidnam N) utile est MNB. Vgl. syp: quid (= quae) utilitas est und arm: quae utilitas sit (= est).

2, 14b ἐὰν πίστιν λέγῃ τις ἔχειν: si-igitur aliquis (= quis) dicet (= dicat): fidem habeo (ego fidem habeo B) MB; vgl. syp: si quis dicit: habeo fidem gegen arm: si dicat quis fiden habere.

2, 14c ἔργα δὲ μὴ ἔχῃ: et opus *si* nihil (= nequaquam) habeat M; et opera non habeat B. Vgl. syp: et opera non habet und arm: et opera non habeat.

2, 14d μὴ δύναται ἡ πίστις σῶσαι αὐτόν: non (= num?) potest fides solum (= sola) illa vivum-facere eum MB; vgl. syp: num potest fides eius, ut vivificet eum gegen arm: numquid poterit fides salvare illum.

2, 15a ὑπάρχωσιν: erunt MB = syp (syph: sunt) gegen arm: sint.

2, 15b τῆς ἐφημέρου τροφῆς: ⟨ex⟩ diurna esca M; diei esca B. Vgl. syp: victu diei und arm: victu (victibus ,,manche'').

2, 16a εἴπῃ δέ τις αὐτοῖς ἐξ ὑμῖν: et ⟨eis-⟩dicet (= dicat) aliquis illis ex vobis-ille M; et eis dicet aliquis ex vobis-ille B. Vgl. syp: et dicet vobis (ali)quis ex vobis und arm: dicat (et dicat ,,manche'') quis ex vobis ad illos (ad illos ex vobis ,,manche'').

2, 16b ὑπάγετε ἐν εἰρήνῃ: abite cum-pace MB; vgl. syp: abite in (= cum) pace und arm: ite cum pace (in pace 1 Hs).

2, 16c θερμαίνεσθε καὶ χορτάζεσθε: saturamini et calefacimini MB gegen syp: calefacimini et saturamini und arm: calescite et saturamini.

2, 16d μὴ δῶτε δὲ αὐτοῖς τὰ ἐπιτήδεια τοῦ σώματος: et nihil (= μή) (et non=nec B) (= detis) usuale (= necessarium) illud carnium (= corporis) MB; vgl. syp: et non dabitis (= detis) illis necessitatem corporis und arm: et dederitis (= detis) non illis necessaria corporis.

2, 16e τί τὸ ὄφελος: quidnam (quid B) utile est MB; vgl. syp: quae utilitas und arm: quae utilitas sit (= est).

2, 17a ἐὰν μὴ ἔχῃ ἔργα: si-igitur opera non ei-exsistunt (= habet) MB; vgl. arm: si opera non habeat (= habet) gegen syp: sine operibus.

2, 17b νεκρά ἐστιν καθ' ἑαυτήν: mortua est illa solum (= sola) NB = syp: mortua est solum (= sola) gegen arm: mortua est ex semetipsa.

2, 18 ἀλλ' ἐρεῖ τις: sed si dicat (ali)quis M; si-igitur (ali)quis dicat B. Vgl. arm: sed forsan dicat quis gegen syp: dicit (= dicat) enim (ali)quis.

2, 19a καλῶς ποιεῖς bene agis M; bene (ag)novisti B. Vgl. syp + arm: bene facis.

2, 19b φρίσσουσιν: tremunt + propter illum M; tremunt + ex illo (= ab eo), voluntatem autem eius non faciunt B gegen syp + arm: tremunt.

2, 20a θέλεις δὲ γνῶναι: vis (*om* δε) novisse MB = arm: vis scire gegen syp: vis autem scire.

2, 20b ἀργή: vana M; mortua (νεκρα) B. Vgl. arm: vacua und syp: mortua.

2, 21a οὐκ ἐξ ἔργων: ex operibus (*om* οὐκ) M; non(ne) ex operibus B. Vgl. syp: non ex operibus und arm: non(ne) profecto ex operibus.

2, 21b ἀνενέγκας: quia sacrificavit MB; vgl. syp: qui obtulit gegen arm: evehens (= auferens).

2, 22 ἐτελειώθη: perfecta-facta-est MB; vgl. syp + arm: perfecta-est.

2, 23 ἐπληρώθη ἡ γραφὴ ἡ λέγουσα: consummatum-est scriptum (= scriptura) quod (in-quo B) loquitur MB = syp: consummatum-est scriptum (= scriptura) quod dicit und arm: consummata-est scriptio quae dicit.

2, 24a ὁρᾶτε: nunc (*om* B) spectatisne MB gegen syp: vides; vgl. arm: videtis (,,manche'' vides).

2, 24b καὶ οὐκ ἐκ πίστεως μόνον: et non solum fide (fide solum B) MB gegen syp: et non fuit (factum-est) ex fide solum und arm: et non ex fide solum.

2, 25a ὁμοίως δὲ καί: isto-eodem [-modo] (*om* δε και) M; isto-eodem-modo (*om* δε και) B. Vgl. *om* δε = syp + arm; *om* και gegen syp + arm: sic etiam (syp) und similiter et (arm).

2, 25b οὐκ ἐξ ἔργων: ex operibus (*om* οὐκ) M; ex operibus-ne B. Vgl. syp: nonne ex operibus und arm: non(ne) profecto ex operibus.

2, 25c ὑποδεξαμένη τοὺς ἀγγέλους: quia excepit speculatores (κατασκοπους) MB; vgl. syp: quae excepit exploratores gegen arm: excipiens exploratores.

2, 25d ἐκβαλοῦσα: iter-facere-iussit (semisit B) + eos MB; vgl. syp: egredi-fecit eos gegen arm: emisit.

2, 26 ὥσπερ γὰρ τὸ σῶμα: sicut (*om* γαρ) carnes (= corpus; corpus B) MB; vgl. syp: sicut corpus und arm: quemadmodum corpus.
3, 1a εἰδότες: scitote MB = arm scitote gegen syp: sed sitis scientes (= scitote).
3, 1b λημψόμεθα: accipietis (λημψεσθε) MB gegen syp: debemus und arm: suscepturi sumus.
3, 2a εἴ τις ἐν λόγῳ: qui (+ autem B) verbo MB; vgl. syp: omnis qui in verbo gegen arm: si quis verbo.
3, 2b οὗτος: ille MB = arm: ille gegen syp: hic.
3, 2c ἀνήρ: homo est MB; vgl. syp: est vir und arm: est homo.
3, 2d δυνατός (δυναμενος): praevalens est ille MB gegen syp: qui potest und arm: qui potens est.
3, 2e τὸ σῶμα: corpus eius (= suum) MB = syp + arm: corpus suum.
3, 3a εἰ δὲ τῶν ἵππων τοὺς χαλινοὺς εἰς τὰ στόματα βάλλομεν: si-igitur equo frena [ap]ponimus (*om* εἰς τὰ στόματα) MB gegen syp: ecce enim frena in os equorum mittimus und arm: vide quia equo (equis ,,manche") in ore (in oribus ,,manche") ponimus.
3, 3b εἰς τὸ πείθεσθαι αὐτοὺς ἡμῖν: ad-subdendum (*om* αὐτούς) nobis MB; vgl. arm: ad consentiendos illos nobis gegen syp: ut subdantur nobis.
3, 3c καὶ ὅλον: omne (*om* καί) MB gegen syp + arm.
3, 4a ἰδοὺ καὶ τὰ πλοῖα τηλικαῦτα ὄντα: ecce en naves quoque tantae (*om* ὄντα) M; et ecce en naves (*coll.*) quoque illae permagnae (*om* οντα) B. Vgl. syp: etiam naves robustae (= per magnae) (*om* ὄντα) und arm: ecce et naves qualescumque sunt.
3, 4b καὶ ὑπὸ ἀνέμων σκληρῶν ἐλαυνόμενα: et ex (= a) duris ventis passim-abreptis (passim-abreptae B) MB; vgl. arm: et a validis ventis agitantur gegen syp: dum agunt eos venti robusti (= permagni).
3, 4c μετάγεται ὑπὸ ἐλαχίστου πηδαλίου: convertuntur ex (= a) pusillo gubernaculo MB; vgl. syp: ex (= a) ligno pusillo attractuntur und arm: et modico gubernaculo (modicis gubernaculis ,,manche") circumferuntur.
3, 4d ὅπου ἂν ἡ ὁρμὴ τοῦ εὐθύνοντος βούλεται: quocumque ire dirigens ille vult M; quocumque vult ire dirigens ille B. Vgl. syp: in locum quo respicit (= attendit) voluntas illius qui dirigit (= gubernat) und arm: in quod latus et mens dirigentis voluerit.
3, 5a μεγάλα αὐχεῖ: magnopere exaltat MB; vgl. arm: permagna clamat gegen syp: se-effert (*om* μεγάλα).
3, 5b ἰδού: ecce en + rursum MB; vgl. syp: etiam (*om* ἰδού) und arm: ecce et.
3, 5c ἡλίκον πῦρ ἡλίκην ὕλην: pusillus (ολιγον) ignis quantam silvam (materiam B[74]) MB; vgl. syp: ignis pusillus silvas multas und arm: paucas (= minimus) quidam (unus ,,manche") ignis quales silvas.
3, 6a καὶ ἡ γλῶσσα: et lingua + ita[75] (*verb.* isto-eoden modo) MB; gegen syp + arm: et lingua.
3, 6b πῦρ: ignis + est MB = syp gegen arm: ignis.
3, 6c κόσμος: ornatus MB = arm: ornamentum (+ est ,,manche") gegen syp: mundus (saeculum).
3, 6d ἡ γλῶσσα καθίσταται: et lingua permanens (⟨per⟩habitans B) est MB; vgl. syp: et ipsa lingua dum exsistit (= est) und arm: lingua constituta est (*om* est ,,manche").
3, 6e ἡ σπιλοῦσα ὅλον τὸ σῶμα: quae inquinat omne corpus MB = syp: quae inquinat ⟨sibi⟩ omne (= totum) corpus; vgl. arm: quae omne corpus inquinat.
3, 6f καὶ φλογίζουσα τὸν τροχὸν τῆς γενέσεως: et succendit carri-birotalis-oculum illum (= carri-rotam illam)[76] confectionis (= creationis) nostrae MB; vgl. syp:

---

74 materiam findet sich auch in altlateinischen gallischen Sonderlesarten.
75 *ita* et lingua liest lat (altspan. Überlieferung); vgl. 3, 5 οὕτως καὶ ἡ γλῶσσα.
76 ,,eines zweirädrigen Karrens Rad".

et inflammat series generationum nostrarum quae currunt (= fluunt) sicut rotae und arm: et inflammat rotam nativitatis.

3, 6g καὶ φλογιζομένη ὑπὸ τῆς γεέννης: et succensa est ex (= a) gehenna MB; vgl. arm: et accensa aduritur a gehenna gegen syp: et accenditur etiam ea (=ipsa) in igne.

3, 7a ἑρπετῶν τε καὶ ἐναλίων: et serpentium et natatorum MB; vgl. arm: et serpentium et qui in mari sunt und syp: et reptile maris et aridae [terrae].

3, 7b δαμάζεται καὶ δεδάμασται τῇ φύσει τῇ ἀνθρωπίνῃ: domatur et domita-est subter natura hominum MB; vgl. arm: subdita est et subditur humanae naturae und syp: se-subicit (*om* καὶ δεδάμασται) naturae humanitatis.

3, 8a ἀκατάστατον κακόν: indomitum (ακατασχετον) malum MB gegen syp: malum hoc quod nos obiurgatur und arm: malam et inordinatam (scil. linguam).

3, 8b ἰοῦ θανατηφόρου: veneno mortali MB; vgl. syp: veneno mortis gegen arm: veneno mortifero.

3, 9a ἐν αὐτῇ: qui illā MB; vgl. arm: illā et syp: in illa (= illā).

3, 9b τὸν κύριον: Deum (θεον) M (schwer lesbar: Deum B) MB gegen syp+arm: Dominum.

3, 9c καὶ ἐν αὐτῇ: et eādem M; et illā B. Vgl. syp: et in ea (= eā) und arm: et eā (eādem „manche").

3, 9d τοὺς καθ' ὁμοίωσιν θεοῦ γεγονότας: qui similiter Deo confecti (= facti) sunt MB; vgl. syp: qui in similitudine Dei facti [sunt] und arm: qui secundum similitudinem Dei facti-sunt.

3, 10 ταῦτα οὕτως: hoc (*om* οὕτως) M; hoc ita B. Vgl. syp: haec ita; arm: hoc ita.

3, 11 μήτι ἡ πηγὴ ἐκ τῆς αὐτῆς ὀπῆς βρύει: numquid-igitur e fonte ex eodem oculo[77] (= foramine) profluit MB; vgl. syp: num potest ut ex uno fonte (= scaturigine) exeat und arm: numquid fons (aghbevr) inde ex uno oculo (= fonte)[77] producat (producit „manche").

3, 12a μὴ δύναται: esse-potest num quid M; esse-potest num-ne B. Vgl. syp: aut num potest (*part.*) und arm: numquid possibile quid (= aliquo modo) erit (sit).

3, 12b συκῆ ἐλαίας ποιῆσαι: quomodo-forte ficus olivam[78] protulerit MB; vgl. syp: ficus ut olivam faciat gegen arm: ficui olivam facere.

3, 12c ἢ ἄμπελος σῦκα: vel (sive B) vinea ficum MB; vgl. syp: aut vinea ficus und arm: vel viti ficum.

3, 12d οὔτε ἁλυκὸν γλυκὺ ποιῆσαι ὕδωρ: nec salsa aqua dulcem [aquam] facere MB; vgl. arm: nec salso loco aquam dulcem facere gegen syp: ita etiam non aqua salsa potest (*part.*) ut fiat dulcis.

3, 13a τίς: quis + est = syp + arm.

3, 13b ἐκ τῆς καλῆς ἀναστροφῆς: ex bonis ambulationibus (= ex bona conversatione) MB; vgl. syp: in conversionibus bonis und arm: ex bona conversatione sua (*om* sua „viele").

3, 13c τὰ ἔργα αὐτοῦ: opus suum MB gegen syp + arm: opera sua: einige altlateinischen Texte lesen: operationem (operam) suam.

3, 14a εἰ δέ: si-igitur M gegen syp + arm: si autem.

3, 14b ἔχετε: habebitis M gegen syp: exsistit (= est) in vobis; vgl. arm: habueritis (habeatis).

3, 14c ἐν τῇ καρδίᾳ ὑμῶν: in cordibus vestris (εν ταις καρδιαις υμων) M = syp + arm: in cordibus vestris.

3, 14d μὴ κατακαυχᾶσθε καὶ ψεύδεσθε κατὰ τῆς ἀληθείας: ne gloriemini et loquamini propter (= contra?) veritatem M; vgl. syp: ne vos-iactetis super veritatem et mentiamini und arm: ne gloriemini mendacem facere veritatem.

---

[77] Im Syrischen hat das hier nicht gebrauchte ʿainā die Doppelbedeutung: a) oculus und b) fons genau wie das hier erscheinende armenische akn.

[78] *verb.* olei-bacam.

3, 16 ἀποκαταστασία: et turba⟨tio⟩ M; vgl. arm: et perturbatio gegen syp: perturbatio.

3, 17a πρῶτον μὲν ἁγνή ἐστιν, ἔπειτα εἰρηνική, ἐπιεικής, εὐπειθής: primum (*om* μεν) sanctitas est, deinde pax, benignitas, obtemperantia M gegen syp: (*om* primum) munda est et plena pace, et humilis et oboediens; vgl. arm: primum quidem pura est, et deinde pacifica, modesta, suadibilis.

3, 17b καὶ καρπῶν ἀγαθῶν: et fructibus operum (+ εργων) bonorum M gegen syp + arm: fructibus bonis.

3, 18a καρπὸς δέ: fructus (*om* δε) M = arm gegen syp: fructus (*pl.*) autem.

3, 18b δικαιοσύνης: iustitiae + [qui] pacis M gegen syp + arm: iustitiae.

3, 18c ἐν εἰρήνῃ σπείρεται τοῖς ποιοῦσιν εἰρήνην: cum-pace iis-disseminantur qui faciunt pacem M; vgl. arm: pace seminantur illis qui faciunt pacem und syp: in prosperitate (= pace) seminantur illis qui faciunt pacem.

4, 1a πόθεν πόλεμοι καὶ πόθεν μάχαι ἐν ὑμῖν: unde sunt bella inter vos aut (*om* ποθεν) obiurgationes M; unde sunt bella et (*om* ποθεν) obiurgationes inter vos B. Vgl. syp: unde sunt in vobis bella *et* contentiones und arm: unde bella et unde lites in vobis (unde bella in vobis et unde lites ,,manche").

4, 1b τῶν στρατευομένων: quae pugnantes sunt M = arm: quae pugnantes sunt; vgl. syp: quae pugnant (*part.*).

4, 2 οὐκ ἔχετε διὰ τὸ μὴ αἰτεῖσθαι ὑμᾶς: *et* non habetis quia non (nihil = non B) petitis MB = syp: et non habetis quia non petitis und arm: et non habetis propter quod non quaeritis.

4, 3 αἰτεῖτε καὶ οὐ λαμβάνετε: vos (*om* vos B) petitis et non accipitis MB; vgl. syp: petentes vos (= petitis) et non accipientes vos (= accipitis) und arm: quaeritis et non accipitis.

4, 4a τοῦ κόσμου: huius mundi (του κοσμου τουτου) M; vgl. syp: mundi huius und arm: mundi huius (*om* huius ,,manche").

4, 4b τοῦ θεοῦ ἐστιν: est Dei M = syp: est Dei; vgl. arm: est ad Deum (in Deum ,,manche").

4, 4c φίλος εἶναι τοῦ κόσμου: amicus esse huius mundi M; vgl. syp: ut sit amicus huius mundi gegen arm: amare mundum.

4, 4d ἐχθρὸς τοῦ θεοῦ καθίσταται: ut-inimicus Deo contrasurgit M; vgl. syp: inimicus est (*part.*) Deo und arm: inimicum facit semetipsum Dei.

4, 5a ἢ δοκεῖτε ὅτι κενῶς ἡ γραφὴ λέγει: aut (= an) cogitatis (cogitatisne B) quoniam frustra loquitur (= dicit) liber (= scriptura) MB; vgl. syp: num frustra cogitatis quod dixit liber (= scriptum, scriptura) und arm: aut quod frustra cogitetis quod (quod ,,manche") dicit liber (= scriptura).

4, 5b ὃ κατῴκισεν ἐν ἡμῖν: qui perhabitans est (= habitat) nobiscum (= apud nos) MB = syp: qui habitans est (= habitat) in nobis; vgl. arm: qui habitavit (habitabit ,,manche") in nobis.

4, 6a μείζονα δὲ δίδωσιν χάριν: maiorem (*om* δε) commodare (= dare) gratiam MB; vgl. arm: dare ampliorem gratiam gegen syp: gratiam autem ampliorem dedit nobis Dominus noster.

4, 6b διό: propter hoc MB = syp: propter hoc gegen arm: propter quod.

4, 6c ὁ θεὸς ὑπερηφάνοις ἀντιτάσσεται: superbos confringit Deus (*om* Deus B) MB gegen syp: Deus deprimit (= humiliat) altos (= excelsos) und arm: Dominus superbis resistit.

4, 7a ὑποτάγητε οὖν τῷ θεῷ: subditi-estote (*om* ουν) Deo MB gegen syp + arm: oboedite ergo Deo.

4, 7b ἀντίστητε δέ: et resistite = syp + arm: et resistite.

4, 8a χεῖρας: manus (+ vestras B) MB; vgl. syp: manus vestras et arm: manus (+ vestras ,,manche").

4, 8b ἁγνίσατε: dirigite (= recta-facite) M; integra facite B; vgl. arm: recta facite gegen syp: sanctificate.

4, 9a ταλαιπωρήσατε: humiliamini MB = syp humiliamini gegen arm: miseriestote.

4, 9b πενθήσατε καὶ κλαύσατε: et flete (*om* καὶ πενθήσατε) M; et lugete et flete B. Vgl. syp: et lugete (*om* καὶ κλαύσατε) und arm: lugete et flete.

4, 9c ἡ χαρά: gaudium vestrum = syp + arm: gaudium vestrum.

4, 9d εἰς κατήφειαν: ad-tristitiam MB; vgl. syp: in-tristitiam und arm: in moerorem (= tristitiam).

4, 10a ταπεινώθατε: sed humiliamini (= +ουν?) M gegen B (*om* sed!) + syp + arm: humiliamini.

4, 10b καὶ ὑψώσει: et ille exaltabit MB gegen syp + arm: et exaltabit.

4, 11a μὴ καταλαλεῖτε ἀλλήλων ἀδελφοί: ne malignum loquamini (= maledicatis) fratres mei (+ μου) invicem M; vgl. syp: ne sitis loquentes (= loquamini) super invicem fratres mei gegen arm: ne detrahatis invicem fratres.

4, 11b ὁ καταλαλῶν ἀδελφοῦ ἢ κρίνων: qui malignum loquetur propter (= contra; vgl. 3, 14) fratrem vel scrutabitur (= iudicabit) M; vgl. syp: ille enim qui loquitur (*part.* = *fut.*) super fratrem suum vel iudicat (*part.* = *fut.*) gegen arm: qui detrahit fratrem suum vel iudicat.

4, 11a καταλαλεῖ νόμου: scrutatur (= iudicat) legem M gegen syp: loquitur (*part.*) super legem und arm: legem iudicat.

4, 11b εἰ δέ: si-igitur M; vgl. syp: et si gegen arm: si autem.

4, 12 ὁ δυνάμενος σῶσαι: qui praevalens est (= potest) vivificare M; vgl. syp: is qui potens [est] (*part.*) ut vivificet gegen arm: qui potens est salvare.

4, 13 ἄγε νῦν οἱ λέγοντες: nunc vos quoque qui loquimini M gegen syp: quid autem dicemus etiam super eos qui dicunt und arm: ecce en sunt qui dicunt.

4, 14a οἵτινες: qui = arm: qui gegen syp: et.

4, 14b ποία γὰρ ἡ ζωὴ ὑμῶν: quanta-ne igitur est vita vestra M; vgl. arm: qualis ulla sit (= est) vita vestra gegen syp: quid est vita nostra (ημων).

4, 14c ἀτμὶς γάρ ἐστε: sicut (*om* γαρ) fumus (*pl. t.*) estis M; vgl. arm: sicut enim (quoniam sicut ,,manche") vapor estis gegen syp: sed si fumus.

4, 14d ἡ πρὸς ὀλίγον φαινομένη: qui paucum tempus paret M; vgl. syp: qui paulum (= paulisper) apparet (*part.*) und arm: qui ad paucum parens (= paret).

4, 14e ἔπειτα καὶ ἀφανιζομένη: et deinde evanescit M; vgl. arm: et (+ deinde ,,manche") corrupta und syp: et (*om* επειτα) deficiens et evanescens.

4, 15 ἀντὶ τοῦ λέγειν ὑμᾶς: pro hoc quod vobis-dignum-est dicere M gegen syp: pro eo ut dicant (dicatis syph) und arm: pro eo ut diceretis.

4, 16 καυχᾶσθε ἐν ταῖς ἀλαζονείαις ὑμῶν: gloriamini iactatione vestra M; vgl. arm: gloriamini in superbia vestra und syp: gloriantur (*part.*) in superbia sua.

4, 17a εἰδότι οὖν: qui noverit (*om* οὖν) M; vgl. syp: et ille-qui novit und arm: quicumque sciverit.

4, 17b καὶ μὴ ποιοῦντι: et non operabitur M; vgl. syp: et non facit (*part.* = *fut.*) id und arm: et non (= nec) faciat (= facit).

4, 17c ἁμαρτία αὐτῷ ἐστίν: peccatum est ad-eum (= ei); vgl. arm: peccatum est ei und syp: peccatum est (*part.*) ei.

5, 1a ἄγε νῦν οἱ πλούσιοι: nunc vos quoque (vgl. 4, 13) divites M gegen syp: o divites (*om* ἄγε νῦν) und arm: iam abhinc (= nunc igitur) divites.

5, 1b ὀλολύζοντες: *et* lamentate = syp + arm.

5, 1c ἐπὶ ταῖς ταλαιπωρίαις ὑμῶν ταῖς ἐπερχομέναις: propter miserias illas super vos venientes M; vgl. syp: super miserias quae veniunt (*part.* = *fut.*) super vos und arm: super miserias quae venturae sunt super vos.

5, 2 καὶ τὰ ἱμάτια ὑμῶν σητόβρωτα γέγονεν: et vestem vestram tineae comederunt M; vgl. syp: et vestimenta vestra comesta-sunt ex (= a) tinea gegen arm: et vestimentum vestrum (vestimenta vestra ,,manche") esca tineae.

5, 3a ὁ χρυσὸς ὑμῶν καὶ ὁ ἄργυρος: aurum vestrum et argentum vestrum M = syp: et aurum vestrum et argentum vestrum; vgl. arm: et argentum vestrum et aurum (et argentum et aurum vestrum „manche").

5, 3b ἐν ἐσχάταις ἡμέραις: in diebus illis postremis (εν ταις ημεραις εσχαταις) M; vgl. syp: ad (= in) dies postremos und arm: in diebus postremis.

5, 4a τῶν ἀμησάντων τὰς χώρας ὑμῶν: qui demessuerunt fundum vestrum M; vgl. syp: qui messuerunt terras vestras[79] und arm: qui operantur campos vestros[80].

5, 4b αἱ βοαὶ . . . εἰσεληλύθασιν: clamor . . . [per]venit M = syp: mugitus (= clamor) . . . intravit und arm: accusatio (= lamentatio) . . . [per]venit.

5, 4c κυρίου σαβαώθ: Domini omne-prehendentis (= omnipotentis)[81] M; vgl. arm: Domini virtutum (= exercituum) gegen syp: Domini Sabaoth.

5, 5a ἐτρυφήσατε: delectabamini[82] M; vgl. syp: gavisi-estis gegen arm: epulati-estis.

5, 5b ἐσπαταλήσατε: gaudebatis M; vgl. syp: gulae-indulsistis (*verb.* gavisi-estis[83]) und arm: oblectati-estis.

5, 5c τὰς καρδίας ὑμῶν ἐν ἡμέρᾳ: carnes (σαρκας) vestras sicut (+ως) ad-diem M; vgl. syp: corpora vestra sicut in diem gegen arm: corda vestra sicut [ad] diem (*verb.* diei).

5, 6a οὐκ: et (+και) non M = syp gegen arm: qui non.

5, 6b ἀντιτάσσεται ὑμῖν: ⟨vobis-⟩restitit (= αντιτασσοντα?) vobis M; vgl. syp: stetit contra vos gegen arm: stabat vobis contra (= resistebat vobis).

5, 7a μακροθυμήσατε οὖν ἀδελφοί: longanimes estote (*verb.* fiatis) (*om* ουν) fratres M; = arm: longanimes estote, fratres mei gegen syp: vos autem, fratres mei, prolongate spiritum vestrum (= perseverate).

5, 7b μακροθυμῶν: et longanimis est M; vgl. syp: et prolongat spiritum suum und arm: longanimis ens.

5, 7c λάβῃ πρόϊμον: recipiat fructum (+ καρπον) maturum M; vgl. syp: [ac]cipiat pluviam praecocem und arm: accipiat praecocem.

5, 8a μακροθυμήσατε: longanimes estote (*verb.* fiatis) M = arm: longanimes estote gegen syp: prolongate spiritum vestrum.

5, 8b ἡ παρουσία τοῦ κυρίου: adventus (*om* τοῦ κυρίου) M gegen syp: adventus Domini nostri und arm: adventus Domini.

5, 9a ἀδελφοί: fratres mei (+ μου) M = syp: fratres mei gegen arm: fratres.

5, 9b πρὸ τῶν θυρῶν: in-ianuis M; vgl. syp: ante ianuam und arm: ad ianuam.

5, 10a ὑπόδειγμα λάβετε, ἀδελφοί, τῆς κακοπαθίας καὶ τῆς μακροθυμίας τοὺς προφήτας: ad-notam (= exemplum) maligni-visus (= κακοπτασίας?) et longanimitatis mementote, fratres mei (+μου), prophetarum M; vgl. syp: similitudinem (= exemplum) prophetas [ac]cipite vobis, fratres mei, in (= ad) longanimitatem tribulationum vestrarum und arm: exemplum accipite, fratres, afflictionum et patientiae prophetas.

[5, 10b ἐλάλησαν: loquebantur[84] M gegen syp + arm: locuti-sunt.]

---

79 Übersehen der syrischen diakritischen Pluralpunkte durch M?

80 M konnte vielleicht auch arm als Singular lesen: campum vestrum + deiktischem -s (-hunc).

81 Vgl. (georg.) Apk 1, 8; 4, 8: omne-prehendens = παντοκράτωρ.

82 Das mit dem georg. Verb übereinstimmende Substantiv delectatio steht Lk 21, 34 für κραιπάλη crapula.

83 Ein anderes syrisches Verb!

84 Keine Variante: georg. loqui hat nur Präsensstamm (loquebantur), keinen Aorist (locuti-sunt).

5, 11a τὸ τέλος: consummationem M = arm: consummationem gegen syp: finem.

5, 11b πολύσπλαγχνος: perquam misericors M; vgl. arm: multum misericors gegen syp: misericors.

5, 12 ὑπὸ κρίσιν: in-hypocrisim (εις υποκρισιν) M; vgl. arm: in hypocrisim quandam gegen syp: sub iudicium.

5, 13a κακοπαθεῖ τις ἐν ὑμῖν: si tribulatur aliquis ex vobis M; vgl. syp: et si (ali)quis ex vobis erit in tribulatione und arm: tribulabitur aliquis ex vobis.

5, 13b εὐθυμεῖ τις ψαλλέτω: si tolerabilis (= iucundus) est, cantet (= hymnum dicat M); vgl. syp: et si laetatur, sit psallens und arm: aequo-animo erit quis, psalmum dicat.

5, 14a ἀσθενεῖ τις ἐν ὑμῖν: si infirmus aliquis est (*om* ἐν ὑμῖν) M; vgl. syp: et si infirmus (*om* τις ἐν ὑμῖν) gegen arm: infirmabitur quis ex vobis.

5, 14b προσευξάσθωσαν ἐπ' αὐτὸν ἀλείψαντες αὐτὸν ἐλαίῳ: orabit (= oret) propter illum et unget illum oleo (*verb.* illi oleum) M; vgl. syp: et orabunt super eum et ungent eum oleo und arm: facient super eum orationem (+ et ,,manche") ungent oleo.

5, 15a σώσει: vivificabit (vgl. 4, 12) M gegen syp: sanat (*part.* = *fut.*) und arm: salvabit.

5, 15b κἂν ἁμαρτίας ᾖ πεποικὼς ἀφεθήσεται αὐτῷ: et-si peccatum quoddam operabitur (re)mittentur (αφεθησονται) illi (*dat.*); vgl. arm: et si peccata quaedam sit operatus remittentur (remittetur ,,manche") ei und syp: et si peccata facta sunt ab eo remittuntur (*part.* = *fut.*) ei.

5, 16a ἐξομολογεῖσθε οὖν ἀλλήλοις: confitemini (*om* ουν) invicem M = arm: confitemini invicem gegen syp: sitis autem confitentes unus uni (= alteri).

5, 16b ὑπὲρ ἀλλήλων: unus uni(!) M; vgl. syp: unus super unum (= alterum) gegen arm: super invicem.

5, 16c πολὺ ἰσχύει δέησις δικαίου ἐνεργουμένη: perquam praevalens est (= potest) precatio iusti et adiut(rix); vgl. arm: valde enim potens est oratio iustorum (iusti ,,manche") in adiutorium und syp: multum est virtus orationis quam iustus orat.

5, 17a ὁμοιοπαθὴς ἡμῖν: similis nobis M gegen syp: passibilis sicut nos und arm: sicut nos passibilis.

5, 17b προσευχῇ προσηύξατο: orationem oravit M gegen syp + arm: oravit (*om* προσευχῇ).

5, 17c τοῦ μὴ βρέξαι: ut non plueret; vgl. syp: *ut* non descenderet pluvia gegen arm: *om* ut non plueret.

5, 17d ἐνιαυτοὺς τρεῖς καὶ μῆνας ἕξ: tres annos (*sg.*) et sex menses (*sg.*) = syp+arm: tres annos (*pl.*) et sex menses (*pl.*).

5, 18 ἐβλάστησεν: germinare-fecit M; vgl. arm: protulit gegen syp: dedit.

5, 19a ἐν ὑμῖν πλανηθῇ ἀπὸ τῆς ἀληθείας: inter vos erraverit ex (=a) via (+της οδου) veritatis M; vgl. syp: ex vobis errabit ex (=a) via veritatis und arm: ex vobis erraverit (erret ,,manche") a via veritatis.

5, 19b καὶ ἐπιστρέψῃ τις αὐτόν: et si aliquis converterit illum M gegen syp: et converterit eum (ali)quis und arm: et converterit (convertat ,,manche") illum.

5, 20a γινώσκετε: sciat (γινωσκετω) = syp + arm: sciat.

5, 20b ὅτι ὁ ἐπιστρέψας ἁμαρτωλὸν ἐκ πλάνης ὁδοῦ αὐτοῦ: quia qui converterit peccatorem ex (= a) via deceptionis (= erroris)[85]; vgl. syp: convertit (*part. praes.* = *fut.*) peccatorem ex errore viae suae und arm: converterit (convertit [*praes.*] ,,manche") peccatorem ex (= ab) erroris via sua.

---

[85] ex (= a) via ex (= a) deceptione (= errore) eius im Manuskript.

5, 20c σώσει ψυχὴν αὐτοῦ: salvabit[86] spiritum (= animam) (*om* αυτου) M; vgl. arm: salvabit spiritum suum gegen syp: vivificat (*part.* = *fut.*) animam suam.

Wir haben insgesamt rund 260 Lesarten ermitteln können, die wir nun in drei Gruppen einordnen:

a) Innergeorgische Übersetzungsfreiheiten **1**, 1b; 4a; 4b; 5a; 5b; 5c; 8; 10a (nur MN); 11b; 11c; 11d; 12c; 13a; 17a; 17d; 18a (nur MNB); 18c (MNB und anders A); 19; 21b; 21d; 22b; 23b; 24a; 24b (nur A + B); 26a. **2**, 1a; 1b; 2a; 2b; 2c; 3c; 4a; 4b; 6; 9a; 9b (nur B); 9c; 10b; 10c; 11 sogar B; 12; 13a; 14c (nur M); 15b; 16c; 16d; 16e; 19a (nur B!); 19b; 21a; 21b; 22; 24a; 24b; 25a; 25b (nur M); 25c. **3**, 16; 2d; 3a; 3c; 4a; 4b; 4c; 4d; 5a; 5b; 5c; 6a; 6f; 6g; 7a; 7b; 8a; 8b; 9a; 9b; 9c; 9d; 10 (nur M); 11; 12a; 12b; 12c; 12d; 13c; 14a; 14d; 17a; 17b; 18b. **4**, 1a; 4d; 5a; 6c; 7a; 9b; 10a (nur M); 10b; 11a; 11b; 11c; 11d; 13; 14c; 14d; 15. **5**, 1a; 1c; 2; 4a; 4c; 5a; 5b; 5c; 7b; 7c; 8b; 9b; 10a; 13a; 13b; 14a; 14b; 15a; 15b; 16b; 16c; 17a; 17b; 17c; 17d; 18; 19a; 19b; 20b; 20d.

Diese Kategorie bringt naturgemäß einen Unsicherheitsfaktor in unsere Aufstellung hinein. Wir wissen im einzelnen nicht, ob nicht doch auch hier irgendeine Vorlage auf den Wortlaut des Textes eingewirkt hat. Georgische freie Übersetzung braucht nicht immer sprachlich bedingt zu sein; wie oben einzelne Beispiele zeigen, mag auch eine syrische oder armenische Vorlage auf sie eingewirkt haben. Auf jeden Fall ließen sich 137 Fälle ermitteln.

b) Was die syrische Textfärbung angeht, so müssen wir unterscheiden α) zwischen syrischem Einfluß im Gegensatz zur armenischen Version und β) gemischtem syrisch-armenischem Einfluß:

α) **1**, 1a; 6c (nur B); 10a (nur AB); 10b; 12b; 12d; 13c; 13d; 14a; 14b; 15a; 17b; 18a (nur A); 18b; 21a (MNA, anders B); 22c; 25a; 25b; 26b; 26e; 27a. **2**, 3a; 3b; 3c; 5a; 5b; 8; 10a (syph!); 13b; 14b; 14d; 15a; 16a; 17b; 23, 25d. **3**, 2a; 6b; 6d; 6e. **4**, 4b; 4c; 5b; 6b; 9a; 12. **5**, 3a; 6a; 6b; 9, a = 50 mal syp(h) gegen arm!

β) **1**, 4c; 6b; 10a (nur AB); 12a; 12d; 13b; 21c; 21e; 23a; 24b (MN); 24c; 25c; 26d. **2**, 2d; 5b; 7; 9d; 14a; 14c; 16b; 20b; 26. **3**, 2e; 13a; 13b; 14c. **4**, 2; 3; 4a; 7b; 8a; 9c; 9d; 17a; 17b; 17c. **5**, 1b; 3b; 4b; 20a = 30 mal syrisch-armenisch beeinflußte Lesarten. Das Gesamtresultat lautet also: 80 syrisch gefärbte Stellen!

c) Am schlechtesten schneidet die letzte Gruppe ab mit insgesamt nur 44 Armenismen; davon sind α) 17 Fälle mit wörtlicher Überein-

---

[86] Also im Widerspruch zu 5, 15 und 4, 12!

stimmung mit dem armenischen Text (manchmal nur 1 Wort!): **1**, 3; 7b (nur B); 11a; 17c; 20; 26c. **2**, 20a. **3**, 1a; 2b; 6c. **4**, 1b; 14a. **5**, 7a; 8a; 11a; 16a; 20c.

β) 27 mal ist armenischer Einfluß möglich, aber nicht gewiß. **1**, 2; 6a; 7a (nur B); 8; 15b; 21f; 22a; 23c; 25d; 25e; 27b. **2**, 17a; 18. **3**, 2c; 3b; 14b; 16; 18a; 18c. **4**, 6a; 8b; 14b; 14e; 16. **5**, 11b; 12; 20c.

Zusammenfassend läßt sich sagen, daß bei aller georgischen Übersetzungsfreiheit sich der syrische Einfluß stärker bemerkbar macht als der armenische; bei der armenischen Version ist oft die von Zohrab ungenau als „manche" gekennzeichnete Handschriftengruppe die wertvollere. Manchmal sind auch griechische Varianten, durch Weglassung der Akzente gekennzeichnet, bei unserer Textanalyse mit im Spiel. In 6 (1, 25c; 2, 11; 2, 19b; 5, 4; 5, 8b; 5, 10a) von den 260 Fällen freier georgischer Übertragung können wir sogar von einer altgeorgischen Sonderlesart sprechen, deren Herkunft uns vorerst noch dunkel bleibt.

JOSEF HOFMANN

DAS NEUE TESTAMENT IN ÄTHIOPISCHER SPRACHE

Probleme der Übersetzung und Stand der Forschung

L. Goldschmidt hat das Vorwort zu seiner Bibliotheca Aethiopica, erschienen 1893, mit dem Satz begonnen: „Die äthiopischen Studien haben in jüngster Vergangenheit einen Aufschwung genommen, der zu der schönen Hoffnung berechtigt, daß auch diese ... Sprache die ihr gebührende Stellung in der Wissenschaft sich erringen wird"[1]. Das Interesse an der äthiopischen Kultur im allgemeinen und an der äthiopischen Sprache und Literatur im besonderen ist seitdem tatsächlich nicht mehr abgerissen. E. Hammerschmidt[2] hat in neuester Zeit den Versuch unternommen, die Beteiligung der deutschen Gelehrten an der Äthiopistik und ihre Leistungen darzustellen. Es ist eine stattliche Anzahl von Namen, die er in seiner Abhandlung „Äthiopistik an deutschen Universitäten" zusammengetragen hat. Allerdings ist hier das ganze Gebiet der Äthiopistik erfaßt, also Philologie, Literatur (biblisch und außerbiblisch), Geschichte usw. Wenn man nun die Gelehrten heraussucht, die sich mit der Übersetzung der Bibel bis jetzt beschäftigt haben, dann ergibt das natürlich eine stark reduzierte Namenliste. Trotzdem kann man erfreulicherweise konstatieren, daß in neuester Zeit das Äthiopische im Rahmen der biblischen Textkritik an Interesse gewonnen hat. So ist auch K. Aland durchaus nicht abgeneigt, in der von ihm geplanten Editio maior critica des Neuen Testaments äthiopische Lesarten anzuführen, wenn sich herausstellt, daß sie für den griechischen Text von Bedeutung sind. Um das aber herauszufinden, bedarf es freilich noch einer gründlichen Durchforschung des vorliegenden Hss-Materials. Bisher ist nämlich dieses Gebiet noch sehr wenig bearbeitet worden. Ich will jetzt ausschließlich vom Neuen Testament sprechen. Im Alten Testament liegen die Dinge etwas besser, da sich eine verhältnismäßig große Zahl von Gelehrten bereits mit Teilen des Alten Testaments und mit den dazugehörenden Apokryphen befaßt hat[3].

---

[1] L. Goldschmidt, Bibliotheca Aethiopica, Leipzig 1893.

[2] E. Hammerschmidt, Äthiopistik an deutschen Universitäten, Wiesbaden 1968.

[3] z. B. A. Dillmann (Octateuchus, Libri Regum, Paralipomenon, Esdras, Esther, Henoch, Libri apocryphi, Baruch, Epistola Jeremiae, Tobith Judith, Ecclesiasticus, Sapientia, Esdrae Apocalypsis, Esdrae graecus, Ascensio Isaiae, Liber Jubilaeorum); J. Bachmann (Dodekapropheton: Obadiah, Malachi, Klagelieder Jeremiae, Jesaia); F. O. Kramer (Zacharias); H. Reckendorf (Pentateuch); S. Euringer (Hohes Lied);

Dem äthiopischen Neuen Testament wurde bisher weit weniger Aufmerksamkeit gewidmet: L. Hackspill[4] hat seine Untersuchungen auf die ersten 10 Kapitel des Mt-Evangeliums gestützt, J. A. Montgomery[5] hat sich die Apg näher angesehen, und ich selber habe mich mit der Apokalypse beschäftigt[6]. Dazu kommen noch einige Abhandlungen über textkritische Vorfragen: über die Zeit und die Vorlage der Übersetzung, über Revisionen u. ä. Hier sind besonders die Aufsätze von A. Dillmann[7], C. Conti Rossini[8], I. Guidi[9], und A. Vööbus[10] zu nennen. Andere wie A. Baumstark, J. Gildemeister, H. Goussen, E. Cerulli sind nur gelegentlich auf die äthiopische Bibelübersetzung eingegangen.

Wenn Textkritiker Lesarten des äthiopischen Neuen Testaments zitieren wollten, dann konnten sie eigentlich nur auf zwei Texte zurückgreifen:

1. Auf den römischen Text[11], der von äthiopischen Mönchen unter Leitung des Äthiopiers Tasfa Ṣeyon in Rom 1548/49 herausgebracht wurde. Diese Ausgabe enthält viele Druckfehler, da die Setzer nicht äthiopisch verstanden. Der Text beruht auf Hss, die von den Mönchen selbst aus Äthiopien mitgebracht wurden. So ist z. B. für die Apk die Hs A (Vat. 96) die Vorlage gewesen. Der Text wurde 1657 in der Waltonschen Polyglotte[12] abgedruckt und von Dudley Luftus und E. Castell mit einer lateinischen Übersetzung versehen. Bei der Übernahme in die Polyglotte schlichen zusätzliche Fehler in den Text ein, und die lateinische Übersetzung ist auch nicht fehlerfrei, so daß man

---

J. Schäfers (Jeremias); F. M. E. Pereira (Ezra, Nehemiah, Esther, Job, Amos); S. Grébaut (Chronik); O. Löfgren (Daniel, 12 Propheten); H. Appel (Henoch); H. C. Gleave (Lied der Lieder); H. F. Fuhs (Micha); E. Ullendorff (Henoch); u. a.

[4] L. Hackspill, Die äthiopische Evangelienübersetzung, ZA 11 (1896), 117ff., 367ff.

[5] J. A. Montgomery, The Ethiopic text of Acts of the Apostles, HThR 27 (1934), 169ff.

[6] J. Hofmann, Die äthiopische Übersetzung der Johannes-Apokalypse, Louvain 1967 bis 1969 (= CSCO 281, 282, 297).

[7] A. Dillmann, Die äthiopische Bibelübersetzung, in: Protestantische Realenzyklopädie, I. Leipzig 1877², 203ff;
derselbe, Zur Geschichte des Axumitischen Reiches, Berlin 1880 (= AAB).

[8] C. Conti Rossini, Sulla versione e sulla revisione delle sacre scritture in etiopico, ZA 10 (1895), 236ff.

[9] I. Guidi, Le traduzioni degli Evangelii in arabo e in etiopico, Roma 1888 (= Atti della R. Academia dei Lincei);
derselbe, Le traduzioni dal Copto, Göttingen 1889 (= NGG 3).

[10] A. Vööbus, Die Spuren eines älteren äthiopischen Evangelientextes im Lichte der literarischen Monumente, Stockholm 1951 (= Papers of the Esthonian Theological Society in Exile 2);
derselbe, Early Versions of the New Testament, Stockholm 1954.

[11] Petrus Aethiops, Testamentum Novum cum epistola Pauli ad Hebraeos, Rom 1548; derselbe, Epistolae XIII divi Pauli, Rom 1549.

[12] Biblia sacra Polyglotta, ed. B. Waltonius, London 1657.

sich hüten muß, den äthiopischen Text nach der lateinischen Parallelübersetzung zu zitieren.

2. Auf den Text der British and Foreign Bible Society[13]. Die Ausgabe wurde von Th. Pell Platt hergestellt. Sie erschien in zwei Teilen: der 1. Teil umfaßt die Evangelien (1826), der 2. Teil die übrigen Bücher des Neuen Testaments (1830). Die Vorlage dazu war der Text der Waltonschen Polyglotte, also letztlich auch wieder der römische Text. Allerdings wurden vom Herausgeber noch zusätzlich Hss hinzugezogen. Unklar ist nur, um welche Hss es sich dabei gehandelt hat[14]. Die Ausgabe enthält zum Text weder Anmerkungen noch irgendwelche wissenschaftliche Erklärungen.

Es gibt noch ein paar andere äthiopische Bibelausgaben, die aber für die Textkritik vollständig uninteressant sind. Die bekannteste davon ist vielleicht die Ausgabe für die katholische Mission in Äthiopien; sie wurde von dem Franziskaner F. da Basano in Asmara herausgebracht[15]. Das Neue Testament erschien 1920 in einem Band und das Alte Testament 1923–1926 in vier Bänden. O. Löfgren[16] meint, daß es sich beim Neuen Testament um den korrigierten und revidierten Text der Ausgabe von Th. Pell Platt handele, und vom Alten Testament sagt er, daß der Text wenig Bedeutung für das Studium des äthiopischen Alten Testaments habe. Es ist klar, daß die Textkritik von diesen unwissenschaftlichen Werken nicht allzu viel Nutzen ziehen konnte. So mußte das Äthiopische für die Textkritik des Neuen Testaments das Stiefkind bleiben. Das kann sich erst ändern, wenn einmal von allen Teilen des Neuen Testaments wissenschaftlich fundierte und auf Hss basierende Ausgaben vorliegen.

Um die äthiopische Übersetzung des Neuen Testaments kreisen noch viele ungelöste Probleme. Zuerst ist wichtig zu wissen, wann die christliche Mission in Äthiopien eingesetzt hat und wann die Christianisierung so weit fortgeschritten war, daß man ohne das geschriebene Bibelwort nicht mehr auskommen konnte. Als historisch gesichert gilt heute die Meinung, daß im 4. Jh. die Kirche festen Fuß in Äthiopien gefaßt hat. Die Missionierung wurde nach den Aussagen verschiedener Kirchenschriftsteller des 5. Jhs., deren Schilderung untereinander und mit dem äthiopischen Synaxar im wesentlichen übereinstimmt, durch die beiden christlichen Jünglinge Frumentius und Aedesius begonnen[17].

---

[13] Evangelia sacra Aethiopice, ed. T. Pell Platt, London 1826; Novum Testamentum Domini nostri et Salvatoris Iesu Christi Aethiopice, ed. T. Pell Platt, London 1830.

[14] Siehe J. Hofmann, Die äthiop. Jh-Apk, CSCO 281, XI.

[15] Novum Testamentum Aethiopice, ed. F. da Basano, Asmara 1920 und 1934.

[16] O. Löfgren, Die äthiopische Übersetzung der katholischen Mission, MO 23 (1929), 174–180.

[17] E. Hammerschmidt, Äthiopien, christliches Reich zwischen Gestern und Morgen, Wiesbaden 1967, 39ff.

Sie kamen als Sklaven nach Äthiopien, wurden vor den König von Aksum gebracht, durften am Königshof bleiben und stiegen schließlich zu Hofbeamten und Prinzenerziehern auf. In dieser Stellung dürften sie schon eifrig für das Christentum geworben haben. Als ihre Erziehertätigkeit beendet war, konnten sie das Land verlassen. Aedesius ging nach Tyrus, Frumentius wandte sich nach Alexandrien. Der damalige Patriarch Athanasius weihte Frumentius zum Bischof und schickte ihn als Missionar wieder nach Äthiopien zurück. Hierfür ist das Zeugnis des Athanasius wichtig, der in seiner Apologia ad Constantium imperatorem[18] erwähnt, daß Frumentius Bischof von Aksum ist. In die Zeit seiner Tätigkeit als Bischof (Mitte des 4. Jhs.) fällt dann wahrscheinlich die Bekehrung der königlichen Brüder Aizanas und Sazanas. Aizanas (ʿĒzānā) weist sich durch seine Inschriften als Christ aus. Es ist anzunehmen, daß die durch Frumentius propagierte christliche Lehre nur einen kleinen Personenkreis erfaßt hat. Das Christentum blieb wohl vorerst auf den Hof mit seinen Beamten und auf christliche Kaufleute beschränkt. Die Frage nach dem ungefähren Zeitpunkt der Christianisierung gilt heute als gelöst: er fällt in die 2. Hälfte des 4. Jhs.

Ungelöst ist bis heute noch die Frage, wann mit der Bibelübersetzung begonnen wurde. Hier gehen die Ansichten immer noch auseinander. Die äthiopische Tradition schreibt dem Frumentius die Übersetzung der Bibel zu. Aber diese Überlieferung ist eine reine Legende. Es ist eben äthiopische Sitte, daß man wichtige Werke mit berühmten Männern in Verbindung bringt. C. Conti Rossini[19] hat die äthiopische Meinung widerlegt und nachgewiesen, daß es sich dabei um eine Namensverwechslung handeln muß. Frumentius wird bei den Äthiopiern Abbā Salāmā genannt. In den Jahren 1372–1382 amtierte ein berühmter Patriarch, der ebenfalls Abbā Salāmā hieß. Dieser hatte sich um die Bibel verdient gemacht und wahrscheinlich Revisionen durchgeführt oder durchführen lassen. Man übertrug dann aber später seine Arbeit an der Bibel auf seinen noch berühmteren Vorgänger Frumentius, alias Abbā Salāmā, und schrieb diesem die erste Übersetzung der Bibel zu. Unter Frumentius war jedoch der Boden für ein so großes Werk wie die Bibelübersetzung noch nicht genügend bereitet. Das dauerte noch ungefähr 100 Jahre. A. Dillmann[20] allerdings vertritt die Ansicht, daß in dieser ersten Periode, als Äthiopien noch unter griechischem Einfluß stand, schon die Bibel übersetzt wurde, „da bei keinem Volk das Christentum auf die Dauer Wurzel fassen kann, wenn ihm nicht auch zugleich seine Nahrungsquellen, das geschriebene Wort, mitgegeben werden". Er sieht die Bibel als das älteste Denkmal der äthio-

[18] Apologia ad Constantium Imperatorem, in: Migne, PG XXV, 636.

[19] C. Conti Rossini, Sulla versione, 273ff.

[20] A. Dillmann, Die äthiopische Bibelübersetzung, 168ff.

pischen Literatur an. Heute aber gibt man I. Guidi[21] recht, der meint, daß damals die Notwendigkeit zu einer Bibelübersetzung ins Äthiopische noch nicht gegeben war. Dazu bedurfte es erst eines neuen missionarischen Anstoßes.

In der 2. Hälfte des 5. Jhs. kamen syrische Mönche nach Äthiopien, unter ihnen die sogenannten Neun Heiligen. Sie brachten neuen Schwung in die Missionstätigkeit. Nun begann das Christentum sich auszubreiten und zu blühen. Es kann als sicher gelten, daß in dieser Zeit der syrischen Mission die Bibelübersetzung in Angriff genommen wurde. Ob sie gerade von den Neun Heiligen durchgeführt wurde oder von anderen syrischen Mönchen, ist nicht mehr festzustellen. Die Reihenfolge, nach der die Hl. Bücher ins Äthiopische übertragen wurden, hat sich wahrscheinlich am Bedarf orientiert: Es dürften zuerst die Teile der Hl. Schrift übersetzt worden sein, die für die Katechese und das mönchische Leben wichtig waren, wie die Evangelien, die Genesis, die Psalmen, und dann erst die anderen Teile des Alten und Neuen Testamentes. Man kann annehmen, daß knapp vor 500 mit der Arbeit begonnen wurde, die sich dann weit über ein Jahrhundert hingezogen hat. Nach einer äthiopischen Überlieferung soll die Übertragung des Alten Testaments im Jahre 678 mit dem Buch Jesus Sirach beendet worden sein.

Wenn die Übersetzung etappenweise erfolgt ist, dann ist sicher, daß sowohl der Übersetzer als auch die Vorlage gewechselt haben. Nicht ausgeschlossen ist, daß man nach Diktat gearbeitet hat; denn so erklärt sich am leichtesten der Fehler in Apk 1, 5. 6, wo durchwegs die 2. Pers. Plur. statt der 1. Pers. Plur. verwendet wird: τῷ ἀγαπῶντι ὑμᾶς (statt ἡμᾶς) καὶ λύσαντι ὑμᾶς (statt ἡμᾶς) ἐκ τῶν ἁμαρτιῶν ὑμῶν (statt ἡμῶν) .... καὶ ἐποίησεν ὑμᾶς (statt ἡμᾶς) .... Das kann nur ein Hörfehler sein, da ja nach itazistischer Aussprache η und υ gleich klangen.

Das Hauptproblem ist die Sprache der Übersetzungsvorlage. Die Frage, aus welcher Sprache die Bibel ins Äthiopische übertragen wurde, ist immer noch nicht befriedigend beantwortet. Für das Alte Testament wird heute allgemein ein griechischer Septuagintatext angenommen. Nur das Henochbuch beruht möglicherweise auf einer aramäischen Vorlage[22]. Beim Neuen Testament muß die Frage nach der Übersetzungsvorlage eigentlich für jedes Buch, bzw. für jeden Buchkomplex gesondert gestellt werden; denn die Vorlage für die Evangelien muß nicht unbedingt auch die Vorlage für die Apostel-

---

[21] I. Guidi, Storia della letteratura etiopica, Rom 1932, 13;
E. Cerulli, Storia della letteratura etiopica, Rom 1967[3], 24;
E. Hammerschmidt, Äthiopien, 103.

[22] E. Ullendorff, An Aramaic "Vorlage" of the Ethiopic Text of Enoch? Rom 1959, S. 259ff. (= Atti del convegno internazionale di studi etiopici).

geschichte oder für die Paulusbriefe gewesen sein. Hier stehen die Voruntersuchungen noch aus. Erschwerend wirkt sich der Mangel an alten Hss aus. Die älteste neutestamentliche Hs (13. Jh.) ist Par. Nat. Aeth. Zotenberg 32 (Gregory 60), die aber nur die vier Evangelien enthält. Die aus dem 14. Jh. stammende Hs Par. Nat. Aeth. Zotenberg 40 (Gregory 68) bringt nur das Lk-Evangelium (leider mit großen Lücken). Bruchstücke von Mt und Mk sind in einem Lektionar aus dem 14. Jh. enthalten (Ms. Littmann 2)[23]. Die älteste Hs mit Paulusbriefen stammt aus dem Jahre 1378 (Par. Nat. Aeth. Zotenberg 45 / Gregory 73), und die ältesten uns erhaltenen Hss der Apg, der Katholischen Briefe und der Apk sind erst im 15. Jh. entstanden. Das bedeutet, daß zwischen der Übersetzung und der Abfassung der auf uns gekommenen Hss ein Zeitraum von etwa 7 Jahrhunderten liegt. Welche Einflüsse in dieser langen Zeit auf den äthiopischen Text eingewirkt haben, läßt sich kaum mehr feststellen. Über Alexandrien hatte Äthiopien Beziehungen zum griechischen Kulturkreis, und die ersten Anfänge des Christentums unter Frumentius standen daher sicher unter griechischem Einfluß. Die syrischen Mönche (5./6. Jh.) bezeugen syrischen Einfluß. Über Ägypten bestanden aber auch Beziehungen zur koptischen Welt. Und schließlich hinterließ auch das Arabische seine Spuren in der äthiopischen Literatur. Alle diese verschiedenartigen Beziehungen spiegeln sich auf irgendeine Weise im äthiopischen Bibeltext wider. Es kann daher nicht überraschen, daß als Übersetzungsvorlage bald ein griechischer, bald ein syrischer, sa'idischer, bohairischer oder arabischer Text angesehen wurde. So bezeichnet P. de Lagarde[24] die äthiopische Bibel als wertlos für die Textkritik, da sie erst sehr spät (14. Jh.) aus arabischen oder koptischen Quellen übertragen wurde. Aber eine arabische Vorlage kommt schon aus zeitlichen Gründen nicht in Frage; denn das Arabische gewann in Äthiopien in einer Zeit an Einfluß auf die Literatur, als die Bibel schon längst übersetzt war. H. Goussen[25] vertrat noch die Ansicht, daß die Apk einen sa'idischen Text zur Vorlage hatte. Sie ist jedoch ohne Zweifel aus einem griechischen Text übersetzt[26]. L. Hackspill[27] und I. Guidi[28] sprechen sich mit guten

[23] M. Kamil, Die abessinischen Hss der Sammlung Littmann in Tübingen, Leipzig 1936, 11 (= AKM 21).

[24] P. de Lagarde, Gesammelte Abhandlungen, Leipzig 1866, 61. 113.

[25] H. Goussen, Apocalypsis S. Johannis apostoli, Versio Sahidica, Leipzig 1895, III.

[26] J. Hofmann, Die äthiop. Jh-Apk, CSCO 297, 19ff.

[27] L. Hackspill, Evangelienübersetzung, 131.

[28] I. Guidi, Le traduzioni dal Copto, 51ff. „... è chiaro che le opere in geez non potevano essere tradotte dal copto; perche durante il primo periodo della letteratura geez, il copto bohairico cominciava appena, per mio credere, a divenire lingua letteraria; quando poi principiò il secondo periodo della letteratura geez, il copto era già morto. Quest' ultimo essendo fiorito nell' intervallo fra i due periodi della letteratura geez, non ha su questa esercitato un' influenza diretta."

Gründen gegen eine koptische Übersetzungsvorlage für die Evangelien aus.

Für das lateinische, syrische, saʿidische, bohairische Neue Testament ist die Frage nach der Sprache der Vorlage längst entschieden: für diese Versionen kommt nur ein griechischer Text in Betracht. Nicht so beim äthiopischen Neuen Testament; denn da ist die Frage noch offen, ob alle seine Teile aus dem Griechischen übersetzt wurden oder ob vielleicht die Evangelien aus dem Syrischen übertragen wurden. Es muß ja, wie schon gesagt, jeder Buchkomplex gesondert untersucht werden. Die Apk bildet auf jeden Fall eine Einheit für sich. Was also für die Apk gilt, muß nicht automatisch auch schon für die anderen Teile des Neuen Testaments gelten. Auch die Evangelien sind aller Wahrscheinlichkeit nach eine gesonderte Einheit.

I. *Die Evangelien.* A. Dillmann und C. R. Gregory[29] sind von der griechischen Vorlage der Evangelien überzeugt. A. Dillmann weist darauf hin, daß die Wortfolge des äthiopischen Textes genau mit der griechischen übereinstimmt. Allerdings seien auch Korrekturen nach anderen Vorlagen angebracht worden. Der Text sei später, vielleicht im 14. Jh., nach arabischen Texten überarbeitet worden. Ähnliche Ansichten vertritt auch L. Hackspill[30], der die ersten 10 Kapitel des Mt-Evangeliums untersucht hat. Um zu zeigen, daß er nicht allein mit seiner Theorie ist, zitiert er aus den Prolegomena zur Waltonschen Polyglotte[31], daß nur ein griechischer und kein syrischer Text die Vorlage zu den Evangelien abgab. Als Gewährsleute für seine Ansicht erwähnt er unter anderen auch H. Ludolf[32] und I. Guidi. Dieser plädiert nämlich ebenfalls für eine griechische Vorlage zu den Evangelien[33]; er führt zwar die Bibelübersetzung auf den missionarischen Eifer der Syrer zurück, meint aber, daß das in Äthiopien bereits existierende Christentum religiös von Alexandrien abhängig war, wo immer noch das Griechische als Kirchensprache diente; außerdem machten die monophysitischen Syrer den weitesten Gebrauch vom grieschichen Text der Bibel. L. Hackspill übernimmt diese Theorie und versucht sie mit neuen Gründen zu untermauern. Er stützt sich dabei auf den Text der ältesten Evangelien-Hs (Par. Nat. Aeth. 32), der in mancher Hinsicht vom Text der späteren Hss abweicht; diese bieten fast alle einen rezensierten Text. Hier besteht wieder Uneinigkeit unter den Gelehrten

---

29 C. R. Gregory, Textkritik des Neuen Testamentes, Leipzig 1909, 553ff.

30 L. Hackspill, Evangelienübersetzung, 126ff., 159ff.

31 Biblica sacra Polyglotta, Prolegomena, XV, De lingua Aethiopica et scripturae versione Aethiopica, 98ff. „,... Quod ad NT attinet, mihi videtur ex Graeco codice exspressum esse, non ex Syro ...".

32 H. Ludolf, Historia Aethiopica, Frankfurt 1681, lib. III, cap. IV. „(Habessini) ... Novum Testamentum ex textu Graeco authentico versum quidem habent."

33 I. Guidi, Le traduzioni degli evangelii, § II.

darüber, nach welcher Grundlage die Rezension durchgeführt wurde. A. Dillmann und C. R. Gregory[34] nehmen einen koptischen oder arabischen Text an, I. Guidi[35] einen arabischen Text der alexandrinischen Vulgata, die selbst wieder das Produkt einer auswählenden Tätigkeit ist, indem bei ihrer Herstellung im Patriarchat von Alexandrien im 13. Jh. arabische Übersetzungen nach griechischen, bohairischen und syrischen Vorlagen berücksichtigt wurden. L. Hackspill stützt seine These von der ursprünglich griechischen Vorlage von Par. 32 mit folgenden Argumenten:

a) Die Eigennamen sind in Par. 32 nach griechischen (nicht syrischen) Vorbildern transkribiert; z. B.

Πέτρος — ጴጥሮስ ፡
Ζεβεδαῖος — ዘብዴዎስ ፡
'Ησαΐας — ኢሳይያስ ፡

b) Griechische Wörter, die dem Übersetzer unverständlich waren, wurden nicht übersetzt, sondern transkribiert, und zwar oft in dem Kasus, den der griechische Text aufweist; z. B.

Mt 13,31 σίναπι — ሰናፔ ፡
Mt 27,33 κρανίου — ቀራንዮ ፡
Mt 27,48 σπόγγος — ሰፍንግ ፡
Mk 14,3 νάρδου — ናርዱ ፡

c) Griechische Lesarten werden mißverstanden und daher falsch übersetzt; z. B.

Lk 1,5 ἐξ ἐφημερίας 'Αβία
በመዋዕለ ፡ አብያ ፡ = ἐν ἡμέραις 'Αβία
Lk 9,31 ἔξοδον αὐτοῦ
ስብሐቲሁ ፡ = δόξαν αὐτοῦ

Daraus schließt L. Hackspill, daß man sich nicht mehr mit dem Syrischen oder Koptischen als Sprache der Vorlage zu beschäftigen brauche; denn die griechische Vorlage sei evident. L. Hackspill geht noch einen Schritt weiter: er nimmt an, daß die griechische Vorlage für die äthiopische Übersetzung ein Text der syro-okzidentalen Familie sei. Er meint damit eine Kombination von Lukians antiochenischem Text mit dem westlichen Text[36].

---

[34] C. R. Gregory, Textkritik, 554.

[35] I. Guidi, Le traduzioni degli evangelii, 18ff.

[36] E. Hammerschmidt, Äthiopien, 104.

Wie L. Hackspill so erachtet es C. Conti Rossini[37] als außer jeder Diskussion stehend, daß die Evangelien aus dem Griechischen übersetzt wurden: „Griechisch war die Amtssprache des Ostreiches, allgemein im Gebrauch in den Kirchen von Syrien, Kleinasien und Ägypten, und war von daher auch im allgemeinen Gebrauch im Königreich von Aksum. In Griechisch ließen die Könige die Inschriften ihrer Monumente einmeißeln und griechisch waren die Aufschriften ihrer Münzen". Auch E. Cerulli[38] nimmt als selbstverständlich an, daß die Bibel aus dem Griechischen übertragen wurde.

Obwohl der äthiopische Text auf den ersten Blick einen griechischen Eindruck macht, blieb die These von der griechischen Übersetzungsvorlage nicht unwidersprochen. So meldete schon J. Gildemeister in einem Brief an A. Dillmann (20. 4. 1882) seine Bedenken an[39]. Er tritt darin zwar nicht direkt für eine syrische Vorlage ein, er stellt sich nur gegen die frühe Datierung der Übersetzung (noch zwischen Frumentius und dem Auftreten der syrischen Mönche). Nach seiner Ansicht waren Syrer die ersten christlichen Lehrer der Äthiopier und die Schöpfer der äthiopischen Kirchensprache; denn gewisse christliche Grundbegriffe sind nicht äthiopisch oder griechisch, sondern syrisch; z. B. ሃይማኖት ፡. „Glaube" = syrisch ܗܝܡܢܘܬܐ u. a.[40]. J. Gildemeister schreibt: „Daraus folgt, daß ... jene Ausdrücke schon eingebürgert waren, als die Übersetzung aus dem Griechischen gemacht ward". Er kann also noch nicht als Befürworter einer syrischen Vorlage angesehen werden, aber er hat wenigstens schon auf gewisse Schwierigkeiten bei der Annahme einer griechischen Vorlage hingewiesen[41]. Als klare Verteidiger der These von der syrischen Vorlage sind F. C. Burkitt[42] und A. Vööbus[43] zu nennen. A. Vööbus übernimmt das Argument J. Gildemeisters, daß gewisse christliche Grundbegriffe mit syrischen Worten ausgedrückt werden. Auch die Beobachtung I. Guidis,

---

[37] C. Conti Rossini, Storia d'Etiopia, Bergamo 1928, 155. „... in oltre, è indiscutibile che le Sacre Scritture furono volte in etiopico dal greco ...".

[38] E. Cerulli, Storia della letteratura etiopica, 23.

[39] C. R. Gregory, Textkritik, 554.

[40] C. Conti Rossini, Storia d'Etiopia, 155. Er führt eine lange Liste der Wörter an, die in der liturgischen Benützung der äthiopischen Kirche heimisch geworden sind.

[41] Lehnwörter wie ምጽዋት ፡ „Almosen", ጣዖት ፡ „Götze", ሲኦል ፡ „Unterwelt", ገሃነም ፡ „Hölle" sind kein Beweis für die syrische Vorlage zum äthiop. Neuen Testament; sie sind wahrscheinlich schon in der vorchristlichen Zeit aus dem Aramäischen in das Geez übernommen worden. Nach H. J. Polotsky könnte dazu auch ሃይማኖት ፡ „Glaube" gerechnet werden, das nicht unbedingt erst durch christliche Lehrer in den äthiopischen Wortschatz eingegangen sein muß. H. J. Polotsky, Aramaic, Syriac, Ge'ez, JSS 9 (1964), 1ff.

[42] F. C. Burkitt, Texts and Versions, in: Encyclopedia Biblica IV, London 1903, Kol. 5012.

[43] A. Vööbus, Early Versions, 249ff.

daß das System der Transliteration syrisch ist, dient ihm als Stütze[44]. A. Vööbus behauptet weiter, daß es gute Beispiele in den Evangelien und in der Apg gebe, wo der syrische Text hilft, eine Erklärung für Fehler im äthiopischen Text zu finden. Leider nennt er keine solchen Beispiele. A. Vööbus kommt zu dem Schluß, daß vom Syrischen ein Einfluß auf die äthiopische Version ausgegangen sein müsse, und daß die ursprüngliche Färbung noch erkennbar sei[45]. Er setzt sich dann mit der Theorie L. Hackspills auseinander, daß die syrischen Missionare die Evangelien nach einem griechischen Text ins Äthiopische übersetzt hätten. L. Hackspill[46] vertritt folgende Ansicht, die mir aber etwas weit hergeholt zu sein scheint: „. . . viele syrisch-monophysitische Mönche waren des Griechischen kundig, legten aber — wie es ja überhaupt bei religiösen Spaltungen der Fall ist — sehr großes Gewicht auf die Kenntnis des griechischen Urtextes. So hätten sie dann aus Syrien den dort befindlichen griechischen Text mitgebracht; auf diese Weise würde sich auch erklären, weshalb die Hierarchie, Disziplin und Liturgik, nicht aber die Evangelien, aus Alexandrien herstammten." Er schließt seine Ausführungen mit dem Satz: „. . . historische und kritische Zeugnisse lassen es als wahrscheinlich annehmen, daß die Evangelienübersetzung um das Jahr 500 aufgrund eines griechischen aus Syrien (über Yemen ?) kommenden Textes angefertigt wurde; absolute Sicherheit über die Frage ist . . . bis jetzt noch nicht möglich." Auch A. Kammerer[47] teilt die Ansicht, daß syrische Mönche griechische Manuskripte bei sich trugen und sie ins Äthiopische übersetzten. Aber gerade diese Hypothese, daß syrische Mönche griechische Texte als ihr Vademecum betrachteten, bestreitet A. Vööbus[48] auf das entschiedenste und nennt sie "a pure fiction". Er erwähnt die griechisch-syrische Übersetzungsliteratur: Die Schreiber hatten Texte in beiden Sprachen vor sich, und gaben doch beim Kopieren der syrischen Überlieferung den Vorzug; den griechischen Text ignorierten sie einfach.

---

[44] I. Guidi, Le traduzioni degli evangelii, 34 unten. „L'antica trascrizione dei nomi proprii in etiopico segue la regola aramea: ቀ = κ, ከ = χ, ጠ = τ, ተ = θ."

[45] A. Vööbus, Early Versions, 253. "All this means that something from Syriac textual traditions has made an imprint on the pages of the Ethiopic version and this original coloring is still perceptible beneath accumulated layers which have covered the earliest form of the text."

[46] L. Hackspill, Evangelienübersetzung, 156.

[47] A. Kammerer, Essai sur l'histoire antique d'Abyssinie, Paris 1926, 104. «Bien que se rattachant à la croyance d'Alexandrie ce ne sont pas les livres saints alexandrins qu'ils apportèrent et traduisirent en geez, mais les évangiles grecs syriens en usage à Antioche.»

[48] A. Vööbus, Early Versions, 253ff;
derselbe, Spuren, 18ff;
derselbe, The Old Syriac Version in a New Light, in: Apophoreta Tartuensia, Stockholm 1949, 150ff.

Die ganze Handschriftentradition beweist die große Vorliebe der Syrer, besonders unter den Mönchen, für ihre eigene Textüberlieferung. A. Vööbus[49] kommt also zu dem Resultat, daß die syrischen Übersetzer für die Evangelien nur einen syrischen Text vor sich gehabt haben konnten.

Eines steht fest: Der äthiopische Text der Evangelien hat ein griechisches Gesicht. Die Stellen, die L. Hackspill dafür anführt[50], sind sicher beweiskräftig. Aber das griechische Gepräge könnte nach A. Vööbus das Resultat einer späteren umfassenden Revisionstätigkeit sein, wobei unter der griechischen Oberfläche noch so manche Lesart aus dem syrischen Substrat erhalten blieb. Um das zu beweisen, zitiert er einige Stellen, die er der altsyrischen Grundlage zuordnet:

Mt 3,16 gr: ἐρχόμενον ἐπ' αὐτόν (= sy^p: ܘܐܬܬ ܥܠܘܗܝ)
aeth: ወኀበረ ፡ ላዕሌሁ ፡ (= sy^{sin, cur}: ܘܒܘܬ ܥܠܘܗܝ)
Mt 10,28 gr: ψυχὴν καὶ σῶμα (= sy^p: ܕܠܦܓܪܐ ܘܠܢܦܫܐ)
(aeth: add ኅቡረ ፡
sy (Väterzitat): add ܘܬܪܝܗܘܢ (∼ aeth)

Allerdings genügt hier nicht der Text der Waltonschen Polyglotte (Wp) oder der Bibelgesellschaft (Bg); da müßten die Hss zur Untersuchung herangezogen werden. A Vööbus führt aus der Hs Cambr. Add. 1165 die Stelle Mt 4, 8. 9 an. Sie bringt einen von Bg abweichenden Text, der nach seiner Meinung nichts mit dem griechischen und nichts mit dem arabischen Text der Alexandrinischen Vulgata zu tun habe, wohl aber zu altsyrischen Texten passe. Auch die Hs Par. Nat. 35 (Gregory 63) und 38 (Gregory 66) weisen altsyrische Varianten auf. Am interessantesten ist in diesem Zusammenhang vielleicht die Stelle Mt 1, 8, die in Par. 35 genau so wiedergegeben ist wie in sy^cur: Im textkritischen Apparat von Nestles Neuen Testament ist vor τὸν 'Οζίαν ein Einschub von sy^cur vermerkt:

'Ιωρὰμ δὲ ἐγέννησεν [add τὸν 'Οχοζίαν, 'Οχοζίας δὲ ἐγέννησεν τὸν 'Ιωάς, 'Ιωὰς δὲ ἐγέννησεν τὸν 'Αμασίαν, 'Αμασίας δὲ ἐγέννησεν] τὸν 'Οζίαν

Par. 35: ወኢዮራምኒ ፡ ወለደ ፡ አካዝያስሃ ፡
ወአካዝያስኒ ፡ ወለደ ፡ ኢዮአስሃ ፡
ወኢዮአስኒ ፡ ወለደ ፡ አሚስያስሃ ፡
ወአሚስያስኒ ፡ ወለደ ፡ ዓዝያሃ ፡

aeth Bg = gr (ohne Einschub).

---

[49] A. Vööbus, Early Versions, 255. "The Syrians loved their own texts; and when the Syrian monks travelled, we can be sure what kind of codex was in their bosom or sack — not a Greek, but a Syriac, codex."

[50] L. Hackspill, Evangelienübersetzung, 129ff.

syᶜᵘʳ: ܝܘܪܡ ܐܘܠܕ: ܠܐܚܙܝܐ
ܐܚܙܝܐ ܐܘܠܕ: ܠܝܘܐܫ
ܝܘܐܫ ܐܘܠܕ: ܠܐܡܘܨܝܐ
ܐܡܘܨܝܐ ܐܘܠܕ: ܠܥܘܙܝܐ

syᵖ = gr (ohne Einschub).

Für A. Vööbus ist diese Stelle ein zwingender Beweis für den Einfluß der altsyrischen Übersetzung auf den äthiopischen Text. Ich möchte aber dagegen einwenden, daß diese Namen hier zwar in der syrischen Reihenfolge, nicht aber in der syrischen Form geschrieben wurden. **አካዝያስ ፡** — Ὀχοζίας und **አሜስያስ ፡** — Ἀμασίας haben die griechische Nominativendung. Die Wiedergabe der Vokale ist wie üblich unzuverlässig, die Konsonanten jedoch entsprechen der griechischen und nicht der syrischen Schreibweise:

አካዝያስ ፡] **ካ** = χ (sy hat ܚ, das im Äthiopischen durch **ኀ** wiedergegeben würde).

አሜስያስ ፡] **ስ** = σ (sy hat ܨ, für das man **ጸ** erwarten müßte).

ኢዮአስ ፡] **ኢ** = ι (als echter Vokal behandelt. **ኢ** würde nach der syrischen Schreibung wegfallen). Wenn also auch syᶜᵘʳ und Par. 35 in dem Einschub übereinstimmen, so ist damit noch nicht bewiesen, daß die äthiopische Lesart auch unbedingt direkt aus dem syrischen Text kommt. Mir scheint es trotzdem wahrscheinlicher zu sein, daß der Einschub in aeth auf einen griechischen Text zurückgeht[51].

A. Vööbus widmet seine Aufmerksamkeit auch der außerbiblischen Literatur[52]. Besonders in den Viten berühmter Männer, die von Mönchen geschrieben wurden, glaubt er Zitate nach einem älteren, von einer altsyrischen Vorlage herrührenden äthiopischen Evangelien-Text zu finden. Man sieht, wieviel hier noch getan werden muß, um nur die eine Grundfrage, nämlich die nach der Vorlage der äthiopischen Evangelien beantwortet zu bekommen. A. Vööbus jedenfalls zieht aus seinen Vergleichen und Beobachtungen den Schluß, daß einmal ein syrisches Substrat vorhanden war, wobei mir, wie schon angedeutet, die von ihm zitierten Stellen nicht überzeugend genug erscheinen. Er hat aber sicher recht mit der Feststellung, daß der jetzt so griechisch anmutende Evangelien-Text nicht homogen ist, sondern im Laufe der Jahrhunderte durch mancherlei Revisionen nach griechischen Texten

---

[51] Kodex D hat diese Namen im Stammbaum Lk 3,23ff. Leider aber fehlt in D der Stammbaum Mt 1,1–20. In Lk stehen die Namen im Genitiv; in Mt aber müßten sie im Nominativ und Akkusativ angeführt sein, Formen, in denen die Namen in der äthiop. Hs Par. 35 transkribiert sind. Vielleicht hatte D oder eine verwandte Hs die Namen in Mt. Von da aus könnten sie möglicherweise ins Äthiopische übernommen worden sein.

[52] A. Vööbus Spuren, 22ff.

und Bearbeitungen entstellt wurde. So ist er ein Konglomerat geworden, wo grundverschiedene Elemente friedlich nebeneinander stehen[53].

Vielleicht sollte man sich mit den Eigennamen in den Evangelien näher befassen. Nach meiner Meinung ist da besonders die Behandlung der Kehllaute und der Zischlaute bei den semitischen Eigennamen interessant. Sie werden im Griechischen gar nicht oder anders geschrieben. Man muß sich doch fragen, wie in ein äthiopisches Wort ein Kehllaut, der im griechischen Text nicht steht, hineinkommt, wenn die Evangelien aus dem Griechischen übertragen wurden; z. B. Ἰσαάκ — ይስሐቅ ፡ oder Ἰωάννης — ዮሐንስ ፡ u. a. Diese eingeschobenen Kehllaute sind keine Hiatustilger; denn 1. scheut das Äthiopische den Hiatus nicht allzu sehr (z. B. አአምር ፡ „ich weiß") und 2. fungieren als Hiatustilger die Halbvokale y und w (z. B. ኢየአምር ፡ „ich weiß nicht"). Die äthiopische Art der Transkription ist ohne Zweifel semitisch, nicht griechisch:

gr: Ἰσαάκ aeth: ይስሐቅ ፡
sy: ܐܝܣܚܩ
hebr: יִצְחָק

Das äthiopische Wort paßt teils zum syrischen, teils zum hebräischen. Griechisch und syrisch ist der Zischlaut (σ = ܣ = ስ); das hebräische צ würde einem ጸ entsprechen. Nur hebräisch ist der Wortbeginn mit ይ, der nach dem griechischen und syrischen Text ኢ lauten müßte. Der Kehllaut ሐ entspricht sowohl dem syrischen ܚ als auch dem hebräischen ח.

gr: Ἰακώβ aeth: ያዕቆብ ፡ sy: ܝܥܩܘܒ hebr: יַעֲקֹב

Aeth entspricht genau der syrischen und hebräischen Wortform. Ebenso

gr: Ναούμ aeth: ናሆም ፡ sy: ܢܚܘܡ hebr: נַחוּם
gr: Νῶε aeth: ኖኅ ፡ sy: ܢܘܚ hebr: נֹחַ
gr: Βόες aeth: ቦዔዝ ፡ sy: ܒܥܙ hebr: בֹּעַז

Die Konsonanten sind genau die gleichen wie bei sy und hebr; die Vokale passen allerdings besser zu gr.

gr: Ἀμώς aeth: አሞጽ ፡ sy: ܥܡܘܨ hebr: עָמוֹס

Nach gr und hebr müßte der Schlußkonsonant ስ sein; es steht aber wie im Syrischen ጽ.

[53] A. Vööbus, Early Versions, 269.

Natürlich gibt es auch Gegenbeispiele, wo der Name genau wie im Griechischen geschrieben ist:

gr: Ἀαρών aeth: አሮን ፡ sy: ܐܗܪܘܢ hebr: אַהֲרֹן
gr: Γόμορρα aeth: ገሞራ ፡ sy: ܥܡܘܪܐ hebr: עֲמֹרָה
gr: Ναασσών aeth: ነአሶን ፡ sy: ܢܚܫܘܢ hebr: unbekannt

Nach sy müßte man im letzten Beispiel ኀ statt አ erwarten.

gr: Ῥοβοάμ aeth: ሮብዓም ፡ sy: ܪܚܒܥܡ hebr: רְחַבְעָם

Der Guttural ܚ, bzw. ח wurde nicht ausgedrückt, wohl aber das ע.

Andere Namen wieder passen in der Schreibung weder zu gr noch zu sy oder hebr:

gr: Ἐνώς aeth: ሄኖስ ፡ sy: ܐܢܘܫ hebr: אֱנוֹשׁ
gr: Ἀδδί aeth: ሐዲ ፡ sy: ܐܕܝ hebr: unbekannt
gr: Θαμάρ aeth: ትእማር ፡ sy: ܬܡܪ hebr: תָּמָר

Der Guttural scheint eine Eigenmächtigkeit von aeth zu sein.

gr: Βαριωνά aeth: ወልደ ፡ ዮና ፡ sy: ܒܪ ܝܘܢܐ

An diesem Namen ist merkwürdig, daß er übersetzt ist. Andere mit Βαρ- zusammengesetzte Namen werden als Einheit behandelt:

gr: Βαρτιμαῖος aeth: በርጢሜዎስ ፡ sy: ܒܪ ܛܝܡܝ
gr: Βαρθολομαῖος aeth: በርተሎሜዎስ ፡ sy: ܒܪ ܬܘܠܡܝ

Diese beiden Namen sind genau nach dem Griechischen transkribiert. Sie sind nach griechischem Muster als *ein* Wort behandelt, im Gegensatz zu Βαριωνά. Auffallend ist ja, daß nur bei diesem Namen im Syrischen die Genitivpartikel ܕ steht. Sollte das für die Übersetzung des Namens in aeth maßgebend gewesen sein?

Die Namen bieten also ein verwirrendes Bild. Es kann nicht ausgeschlossen werden, daß für die äthiopische Schreibweise ein semitisches Vorbild die Mitverantwortung trägt. Das Hebräische kommt da wohl kaum in Betracht; denn 1. kommen nicht alle semitischen Namen des Neuen Testaments im Alten Testament vor und 2. müßte ja in diesem Fall das Alte Testament eher als die Evangelien übersetzt worden sein, und zwar nach einem hebräischen Text. Das aber ist ausgeschlossen. So bleibt als mögliche Vorlage für die Transkription vieler Eigennamen ein syrischer Text, nach dem die Evangelien entweder übersetzt oder revidiert wurden.

Der griechische Einfluß ist überhaupt nicht zu übersehen. Er zeigt sich klar bei den griechischen, bzw. gräzisierten Eigennamen. Sie sind, wie L. Hackspill schon erwähnt[54], genau nach dem Griechischen transkribiert, gewöhnlich sogar in dem Kasus, in dem das Wort bei seinem ersten Auftreten steht. Diese Form bleibt dann auch da erhalten, wo die griechische Konstruktion einen anderen Kasus fordert:

Mt 14,3	Ἡρῳδιάδα	= ሄሮድያዳ ፡	
Mt 14,6	Ἡρῳδιάδος	= Mt 14,3	
Mt 27,16	Βαραββᾶν	= በርባን ፡	
Mt 27,57	Ἀριμαθαίας	= አርማትያስ ፡	
Mk 5,1	Γεργεσηνῶν (LΘ 33 sy^{sin})	= ጌርጌሴኖን ፡	u. a.

L. Hackspill und andere Befürworter einer griechischen Grundlage für die äthiopischen Evangelien sehen durch solche Übereinstimmungen ihre These bestätigt. Es besteht darüber kein Zweifel, daß diese Formen der Eigennamen nur aus dem Griechischen stammen können. Die Frage ist nur, ob sie die griechische Form nicht erst nachträglich durch spätere Revisionen nach einem griechischen Vorbild erhalten haben. Es gibt ein paar Beispiele, die auf eine solche spätere Gräzisierung ursprünglich semitischer Formen hindeuten:

gr: Ἰωάννης aeth: ዮሐንስ ፡ sy: ܝܘܚܢܢ

Der Name hat im Äthiopischen eine griechische Endung, paßt aber sonst genau zum Syrischen: ι wird nicht als Vokal gewertet, andernfalls müßte das äthiopische Wort mit ኢ beginnen; es wird wie im Syrischen als Konsonant angesehen. Zwischen den Vokalen ist im äthiopischen wie im syrischen Wort der Guttural erhalten geblieben. Das spricht dafür, daß die ursprünglich semitische Namensform später nach einem griechischen Muster durch Anfügung einer griechischen Endung gräzisiert wurde.

gr: Ἰερεμίας aeth: ኤርምያስ ፡ sy: ܐܪܡܝܐ

Auch hier stimmt der Wortanfang nicht mit der griechischen, sondern mit der syrischen Schreibweise überein. Nur die Endung ist griechisch; sie könnte leicht nachträglich angefügt worden sein.

Die Frage nach der Vorlage der äthiopischen Evangelien ist also noch offen und wird es wohl für lange Zeit bleiben. Man wird erst dann auf eine befriedigende Antwort hoffen können, wenn die vorhandenen Hss gründlich untersucht sind und wenn vielleicht einmal ältere Evangelien-Hss gefunden werden, die dann ein bißchen mehr Licht in die Geschichte der äthiopischen Evangelien bringen. Auch A. Vööbus[55]

---

[54] L. Hackspill, Evangelienübersetzung, 129.
[55] A. Vööbus, Spuren, 8.

gibt zu, daß wir in einer Situation sind, wo es nicht weiterführt, einfach die der äthiopischen Version eigentümlichen Varianten zu sammeln. Auf sie berufen sich sowohl die Verfechter der griechischen Grundlage als auch die Befürworter einer syrischen Grundlage. Denn einerseits folgt der äthiopische Text fast sklavisch dem griechischen, so daß die Übersetzung als nicht vom Syrischen hergeleitet angesehen werden kann, anderseits gibt es wieder Lesarten, die eine syrische Grundlage für nicht ausgeschlossen erscheinen lassen.

Schon H. Ludolf[56] hat das Problem erkannt. Er rechnete mit mehreren Übersetzungen ins Äthiopische. Seine Ansicht fand allerdings keine Anerkennung. Aber vielleicht zeigt es sich doch einmal, daß zwei Übersetzungen vorhanden waren: eine nach einem syrischen Text und eine andere (spätere) nach einem griechischen Text. Der Text nach der griechischen Vorlage konnte sich durchsetzen, der Text nach sy aber wurde nicht einfach beiseite geschoben, sondern hat in manchen Lesarten, die nach äthiopischer Art in den neuen Text hineinkompiliert wurden, weitergelebt. Ein glänzendes Beispiel für diese Arbeitsmethode bietet die aus dem 17. Jh. stammende Apk-Hs W (Brit. Mus. Or. 532). Zuerst stand auf dem Pergament ein nach einer arabischen Vorlage revidierter Text. Aber ein späterer Benutzer war mit dieser Textform nicht einverstanden und hat nun Korrekturen nach dem bisher üblichen Text angebracht. Die zu löschenden Teile des ursprünglichen Textes wurden durch Strichlein über und unter der Zeile angezeigt, blieben also, wo nicht radiert wurde, noch sichtbar. Aber auch da, wo radiert wurde, waren Buchstaben oder ganze Wörter manchmal noch erkennbar. Der neue Text wurde dann zwischen die Zeilen oder an den Rand oder in die Lücken hineingeschrieben. Als Beispiel bringe ich aus der Hs W die Stelle Apk 9, 20:

$\mathrm{W^c}$: **ወእለ ፡ ተርፉ ፡ ሰብእ ፡ ወድኅኑ ፡ እምውእቱ ፡**
መቅሠፍት ፡ [ወቦ ፡ እለ ፡ ተኰነኑ ፡
. . . በአምልኮ ፡ . . .] ግብረ ፡
እደዊሆሙ ፡ [እስመ ፡ ኢነስሑ ፡ እለ ፡ አቅነዩ ፡
ርእሶሙ ፡ እንዘ ፡ ይሰግዱ ፡]
ለአጋንንት ፡

Die neu eingesetzten Teile stehen in Klammern [ ].

Der übliche Text (Vg), der wieder hergestellt werden sollte, lautet:

Vg: **ወዘተርፈ ፡ ሰብእ ፡ ድኅነ ፡ እምነ ፡ ውእቱ ፡ መቅሠፍት ፡ ወቦ ፡ እለ ፡ ተኰነኑ ፡ በአምልኮ ፡ ግብረ ፡ እደዊሆሙ ፡ እስመ ፡ ኢነስሑ ፡ እለ ፡ አቅነዩ ፡ ርእሶሙ ፡ እንዘ ፡ ይሰግዱ ፡ ለአጋንንት ፡ . . .**

[56] H. Ludolf, Commentarius ad Historiam Aethiopicam, Frankfurt 1691, 297. „Postremo non negamus diversas Bibliorum versiones in Aethiopia fuisse".

Der ursprüngliche, nach arab revidierte Text der Hs (R_2) lautete:

R_2: ወእለ ፡ ተርፉ ፡ ሰብእ ፡ ወድኅኑ ፡ እምውእቱ ፡ መቅሠፍት ፡ ወኢነስሑ ፡ እምነ ፡ ግብረ ፡ እደዊሆሙ ፡ ወኢኅደጉ ፡ ሰጊደ ፡ ለአጋንንት ፡ . . .

R_2 hat Plurale (ወእለ ፡ ተርፉ ፡ . . . ድኅኑ ፡), Vg hat Singulare (ወዘተርፈ ፡ ሰብእ ፡ ድኅነ ፡). Diese Differenz schien dem Korrektor unerheblich; er ließ deshalb die R_2-Lesart stehen. Statt ወኢነስሑ ፡ እምነ ፡, das er löschte, schob er die Vg-Lesart ወቦ ፡ እለ ፡ ተኰነኑ ፡ በአምልኮ ፡ ein. Ebenso löschte er die R_2-Lesart ወኢኅደጉ ፡ ሰጊደ ፡ und ersetzte sie durch die Vg-Lesart እስመ ፡ ኢነስሑ ፡ እለ ፡ አቅነዩ ፡ ርእሶሙ ፡ እንዘ ፡ ይሰግዱ ፡

Bei einer solchen Methode ist es fast selbstverständlich, daß die zu tilgenden Lesarten die Korrektur überlebten und in späteren Hss wieder auftauchen können. Ein Kopist, der eine so präparierte Hs abzuschreiben hatte, stand vor einer fast unlösbaren Aufgabe. Es war beinahe unvermeidlich, daß Lesarten des ursprünglichen Textes und Lesarten des Revisionstextes zusammengebracht wurden. Die Methode der Korrektur, die ich hier an einer Hs des 17. Jhs. demonstriert habe, ist doch sicher auch schon früher angewendet worden. Es wäre also denkbar, daß auf ähnliche Weise ein nach sy übersetzter Evangelien-Text durch einen nach gr übersetzten Text verdrängt wurde. Dabei wären nicht alle ursprünglichen Lesarten getilgt worden; sie könnten im jetzigen Evangelien-Text, der so klar aus gr zu stammen scheint, weiterleben.

L. Hackspill befaßt sich im 2. Teil seiner Abhandlung mit dem arabischen Einfluß auf den äthiopischen Evangelien-Text[57]. Er sieht den Text der Hs Par. 32 als ursprünglich, primitiv, an, allerdings entstellt durch einen „targumischen Anstrich“ (Umstellung der Satzglieder, Bevorzugung des Aktivs, Umschreibungen, Hinzufügen von Ausdrücken, um eine größere Klarheit zu erreichen, usw.). Die von ihm untersuchten späteren Hss bieten ein anderes Bild. Jeder Targumismus ist verschwunden. Es liegt aber nicht eine neue Übersetzung vor, sondern nur eine jüngere Rezension nach arabischen Texten der Alexandrinischen Vulgata. Aus der Fülle der gebotenen Beispiele führe ich vier an:

Mt 1,6 gr: ἐκ τῆς τοῦ Οὐρίου
Par. 32: እምነ ፡ እንተ ፡ ኦርዮ ፡
arab: من امراة اوريا
aeth: እምነ ፡ ብእሲተ ፡ ኦርዮ ፡

[57] L. Hackspill, Evangelienübersetzung, 159ff.

Mt 1,22 gr: ἵνα πληρωθῇ τὸ ῥηθὲν ὑπὸ κυρίου
Par. 32: ከመ ፡ ይትፈጸም ፡ ቃለ ፡ እግዚአብሔር ፡
arab: لكى يتم ما قيل قبل الرب
aeth: ከመ ፡ ይትፈጸም ፡ ዘተብህለ ፡ እምኀበ ፡ እግዚአብሔር ፡

Mt 3,4 gr: αὐτὸς δὲ Ἰωάννης εἶχε τὸ ἔνδυμα αὐτοῦ ἀπὸ τριχῶν καμήλου
Par. 32: ወውእቱ ፡ ዮሐንስ ፡ ልብሱ ፡ ዘይለብስ ፡ ዘጸጕረ ፡ ገመል ፡
arab: وكان لباس يوحنا من وبر الابل
aeth: ወልብሱ ፡ ለዮሐንስ ፡ ኮነ ፡ እምጸጕረ ፡ ገመል ፡

Mt 8,4 gr: τὸ δῶρον ὃ προσέταξε
Par. 32: መባእከ ፡ ዘአዘዘከ ፡
arab: قربانا كما اوصى
aeth: ቍርባነ ፡ በከመ ፡ አዘዘ ፡

Die neuen arabischen Varianten setzten sich nicht gleichmäßig durch. Es wurde auch nach dieser Revision der alte Text weiter abgeschrieben, so daß der alte und der neue Text sich immer wieder gegenseitig beeinflussen konnten. L. Hackspill gliedert die Hss in zwei Klassen: 1. in solche mit Doppellesarten (Kompilationsmethode: alte Lesarten stehen neben neuen) und 2. in solche mit überwiegend neuen Lesarten (Substitutionsmethode: die alten Lesarten werden durch die neuen ersetzt). Zur 2. Klasse gehören auch die gedruckten Texte. Natürlich ist eine reinliche Scheidung zwischen den beiden Klassen unmöglich, was auch bei der Kopier- und Korrigiermethode der Äthiopier nicht zu erwarten ist.

II. *Die Apostelgeschichte.* Mit der äthiopischen Übersetzung der Apg hat sich J. A. Montgomery[58] beschäftigt. Er stützt sich in seiner Abhandlung "The Ethiopic text of Acts of the Apostles" auf drei Zeugen: 1. auf die Hs Par. 42 (Par. Nat. Aeth. Zotenberg 42 / Gregory 70) aus dem 15. Jh., 2. auf den Text der Polyglotte (Wp) und 3. auf den Text der British and Foreign Bible Society (Bg). Die drei haben nach seiner Ansicht eine gemeinsame Basis. Der Wp-Text und der Bg-Text gehen auf einen alten Text zurück; sie weichen vom Par. 42-Text ab. Die Differenzen sind nicht das Resultat einer neuen Übersetzung, sondern beruhen auf einer späteren Revision.

J. A. Montgomery behandelt zuerst den Par. 42-Text und konstatiert auch für die Apg auf der einen Seite eine große Treue zur griechischen Vorlage, auf der anderen Seite aber auch eine große Freiheit

[58] J. A. Montgomery, The Ethiopic text of Acts of the Apostles, HThR 27 (1934), 169 ff.

in der Übersetzung (Umstellungen, Vereinfachungen, gelegentliche Zusätze). Der Übersetzer ignoriert oder bügelt die Schwierigkeiten des griechischen Originals aus. Die Apg hat ebenfalls "a targumic flower": man wollte eben alles leichter verständlich machen. J. A. Montgomery urteilt sehr hart über die Arbeit des Übersetzers, der nach seiner Meinung nirgends, weder in den erzählenden noch in den rhetorischen Partien, den Schwierigkeiten des Apg-Textes gewachsen war[59]. Er meint, der Übersetzer hätte leicht Hilfe haben können, wenn er koptische oder syrische Texte, die in seiner Reichweite gewesen wären, zu Rate gezogen hätte. Ich könnte mir aber denken, daß ihm das Koptische oder das Syrische noch weniger geläufig waren als das Griechische.

J. A. Montgomery geht dann näher auf den Text der Polyglotte ein, der aus der römischen Ausgabe von 1548/49 übernommen worden war. Wp beruht auf derselben Basis wie Par. 42, nur ist in Wp der Text nach der lateinischen Vulgata revidiert. Lücken, die in der Vorlage waren, wurden nach der lateinischen Vulgata ergänzt. Allerdings bestreitet J. A. Montgomery die Meinung Gregorys[60], daß die beiden großen Lücken 9, 29–10, 32 und 26, 8–28, 31 ausschließlich nach der lateinischen Vulgata ausgefüllt wurden. Denn da sind Lesarten zu finden, die nicht mit dem lateinischen Text übereinstimmen. Der Text von Wp ist nach seiner Ansicht eine jüngere Revision des Textes von Par. 42, ist aber noch nicht so weit geändert wie der Text von Bg. Wp ist noch frei von Arabismen, Bg hingegen weist Varianten der arabischen „Vulgata" auf. J. A. Montgomery faßt seine Beobachtungen in dem Satz zusammen: „Wir besitzen in den drei untersuchten Texten ebenso viele verschiedene Strata von Übersetzung und Revision: Im Pariser Text eine verstümmelte Form von primitivem Text, in Wp einen Text, der noch frei ist von Arabismen, der aber zu einem späteren Zeitpunkt nach dem Lateinischen revidiert wurde, und in Bg einen arabisierenden Text, der zur Kategorie der meisten äthiopischen Bibelhandschriften gehört".

Für J. A. Montgomery steht außer Zweifel, daß die Apg nach einem griechischen Text schlecht und recht übersetzt wurde. Das beweisen auch die vielen transkribierten griechischen und lateinischen Eigennamen, die einfach in der Kasusform übernommen wurden, die im griechischen Text steht; z. B.

---

[59] J. A. Montgomery, The Ethiopic text, 179. "Where the text is not immediately clear even to a good scholar, if there was possibility of ambiguity, he cut the Gordian knot by giving some kind of translation like a schoolboy in his early days of Greek, and went happily on with his task ... until at last he falls hopelessly down in the final chapters ... where he flounders in the depth like Paul's own ship, and must content himself with most absurd phrases."

[60] C. R. Gregory, Textkritik, 557.

14,6 gr: Δέρβην aeth: ዴርቤን ፡
14,12 gr: Δία aeth: ድያ ፡
14,13 gr: Διός aeth: ድያስ ፡ (wahrscheinlich statt ድዮስ ፡)
20,2 gr: Ἑλλάδα aeth: ኤለዳ ፡
20,13 gr: Ἄσσον aeth: አሶን ፡
20,15 gr: Σάμον aeth: ሰሞን ፡
gr: ἄντικρυς Χίου aeth: አንጢቅክስኪዮ ፡

(Die Präposition wurde als Bestandteil des Eigennamens angesehen). Von einer syrischen Vorlage ist überhaupt nicht mehr die Rede.

III. *Die Paulinischen Briefe.* In den Paulusbriefen ist die gleiche Transkriptionsmethode angewandt wie in der Apg. Daraus kann man schließen, daß auch dieser Buchkomplex nach einer griechischen Vorlage ins Äthiopische übertragen wurde.

Röm 16,7 gr: Ἀνδρόνικον aeth: አንድሮኒቆን ፡
16,8 gr: Ἀμπλιᾶτον aeth: አንጵልያጦን ፡
16,10 gr: Ἀπελλῆν aeth: ኤጴሌን ፡
2 Kor 11,32 gr: Δαμασκῷ aeth: ደመስቆ ፡ u. v. a.

Die Paulusbriefe sind noch weniger bearbeitet als die Apg. Nur C. H. Hoskier[61] hat sich in einem Artikel mit ihnen befaßt. Er hat überraschenderweise festgestellt, daß an die 50 Lesarten des äthiopischen Paulustextes mit dem griechischen Text des Chester Beatty-Papyrus 46 übereinstimmt.

IV. *Die Katholischen Briefe.* Über die Katholischen Briefe ist überhaupt noch nichts veröffentlicht. Ich selbst habe einige Hss mit dem Jak-Brief kollationiert. Mir standen dazu folgende Hss und Texte zur Verfügung:

Text der British and Foreign Bible Society (Bg),
Text der Waltonschen Polyglotte (Wp) = römische Ausgabe,
Hss des Britischen Museums: aeth 496, 526, 527, 529, 531,
Hs aus Oxford, Bodleian Ms. Bruce 80,
Hs aus Paris, Bibl. Nat. d'Abbadie 9 und 164,
Fragment aus dem Vatikan Hs 21 (nur Jak 4, 7–12).

Die Hs Brit. Mus. 496 ist eine Besonderheit: Sie bringt eher eine Paraphrase als eine Übersetzung. Zwischen kurzen Stücken des Jak-Textes stehen Erklärungen. Dabei ergeben die zitierten Jak-Stellen nicht den vollständigen Text des Briefes.

---

[61] C. H. Hoskier, Appendix to an Article on the Chester-Beatty Papyrus of the Pauline Epistles known as P 46, Oxford 1937, 5.

Die Textausgaben und die Hss unterscheiden sich untereinander nur durch ganz unwesentliche Abweichungen. Sie bieten alle den gleichen Text, der also auf einen gemeinsamen Grundtext zurückgeht. Die Vorlage dazu war nach meiner Meinung griechisch; denn es gibt eine ganze Reihe von Stellen, an denen der äthiopische Text sehr genau mit dem griechischen geht. Solche Passagen findet man im 1. Kapitel in den Versen 4, 5, 10, 12–15, 17, 19, 20; z. B.

Jak 1,4 gr: ἡ δὲ ὑπομονὴ ἔργον τέλειον ἐχέτω ἵνα ἦτε
aeth: ትዕግሥትሰ ፡ ግብር ፡ ፍጹም ፡ ባቲ ፡ ከመ ፡ ትኩኑ ፡
τέλειοι καὶ ὁλόκληροι
ፍጹማን ፡ ወጥዑያን ፡

Es läßt sich nicht feststellen, zu welcher Textfamilie die griechische Vorlage gehört. Da bieten die fünf Kapitel des Jak-Briefes zu wenig Vergleichsmaterial. Auch müßten die differierenden Varianten im Äthiopischen besser zu erkennen sein. Die meisten verschwinden in der Übersetzung; z. B.

Jak 1,12	aeth:	ብእሲ ፡	gr:	ἀνήρ	oder	ἄνθρωπος
1,12	aeth:	Suffix 3. Pers. Sing.	gr:	αὐτοῦ	oder	ἑαυτοῦ
2,25	aeth:	ከማሁ ፡	gr:	ὁμοίως	oder	οὕτως
3,2	aeth:	ወይክል ፡	gr:	δυνατὸς	oder	δυνάμενος
3,5	aeth:	ከማሁ ፡	gr:	οὕτως	oder	ὡσαύτως
3,9	aeth:	እግዚአብሔር ፡	gr:	κύριον	oder	θεόν
4,12	aeth:	ዘትግእዞ ፡	gr:	ὁ κρίνων	oder	ὅς κρίνεις

Aus dem Äthiopischen, das keinen Artikel hat, ist nicht zu ersehen, ob im Griechischen ein Artikel steht oder nicht. Ähnlich verhält es sich mit καί; denn die äthiopischen Übersetzer gehen mit ወ nicht gerade sparsam um. Auch die Possessiva sind keine verläßlichen Kriterien; sie werden im Äthiopischen gewöhnlich durch Suffixe ausgedrückt und können leicht eigenmächtig hinzugefügt werden. Ein Beispiel für die Unzuverlässigkeit der Possessivsuffixe bietet die Anrede: So heißt es im Jak-Brief immer አኅዊነ ፡ für ἀδελφοί oder ἀδελφοί μου (So auch in 2 Petr 1, 10 und 1 Joh 3, 13, wo አኅዊነ ፡ für ἀδελφοί steht. In den Paulusbriefen lautet die Anrede teils አኅውየ ፡, teils አኅዊነ ፡). Was an erkennbaren Varianten übrig bleibt, ist zu unbedeutend, um daraus Schlüsse über die griechische Textfamilie der Jak-Vorlage ziehen zu können. Erst wenn einmal alle Katholischen Briefe untersucht sind und wenn, was ich sehr vermute, alle eine gemeinsame Vorlage haben, dann kann mehr darüber gesagt werden, weil dann eine größere Anzahl von vergleichbaren Varianten zur Verfügung steht.

Der äthiopische Jak-Brief weist nur unwesentliche Übereinstimmungen mit anderen Versionen auf; sie sind wahrscheinlich nur Zufallstreffer; so z. B. in

Jak 1,2 gr: καὶ πᾶσαν χαρὰν ἡγήσασθε aeth: ኵነ ፡ በኵሉ ፡ ፍሥሓ ፡
= bo: ϢⲰⲠⲒ ϦⲈⲚ ⲢⲀϢⲒ ⲚⲒⲂⲈⲚ

1,12 gr: ὃν ἐπηγγείλατο aeth: add እግዚአብሔር ፡
= sy^{p}: add ܐܠܗܐ

Eindeutige sa'idische Varianten sind überhaupt nicht zu finden. Wo sa von gr abweicht, da geht der äthiopische Text mit dem griechischen gegen sa; z. B.

Jak 1,5 gr: καὶ δοθήσεται αὐτῷ = ወይትወሀብ ፡ ሎቱ ፡ (Pass.)
≠ sa: ⲀⲨⲰ ϤⲚⲀϮ ⲚⲀϤ (Akt.)

1,26 gr: εἴ τις δοκεῖ = aeth: ወእመቦ ፡ ዘይመስሎ ፡
≠ sa: ⲠⲈⲦϪⲰ Ⲙ̄ⲘⲞⲤ ⲈⲢⲞϤ

2,14 gr: σῶσαι = aeth: አድኅኖቶ ፡
≠ sa: add ⲀϪ̄Ⲛ ⲚⲈϨⲂⲎⲨⲈ

Wo aber aeth von gr abweicht, da stimmt der sa'idische Text mit dem griechischen überein; z. B.

Jak 1,8 gr: ἐν πάσαις ταῖς ὁδοῖς αὐτοῦ = sa: ϨⲚ̄ ⲚⲈϤϨⲒⲞⲞⲨⲈ ⲦⲎⲢⲞⲨ (Plur.)
≠ aeth: በኵሉ ፡ ፍኖቱ ፡ (Sing.)

1,22 gr: ποιηταὶ λόγου = sa: Ⲛ̄ⲢⲈϤⲈⲒⲢⲈ Ⲙ̄ⲠϢⲀϪⲈ
≠ aeth: ገባርያኒሃ ፡ ለሕግ ፡

1,23 gr: τὸ πρόσωπον τῆς γενέσεως αὐτοῦ = sa: ⲈⲠϨⲞ Ⲛ̄ⲦⲀⲨϪⲠⲞϤ
≠ aeth: ፍጥረተ ፡ ገጹ ፡

Von einer sa'idischen Beeinflussung ist also im Jak-Brief nichts zu merken. Die gleiche Feststellung kann man auch in bezug auf das Bohairische und das Syrische machen. Aeth hat andere Varianten als bo oder sy; z. B.

Jak 1,1 gr: ἐν τῇ διασπορᾷ = aeth: ድዮስ ፡ ጶራ ፡ (Fremdwort)
≠ bo: ϦⲈⲚ ⲠⲒϪⲰⲢ ⲈⲂⲞⲖ (Übersetz.)
≠ sy^{p}: ܕܒܙܪܝܢ ܒܥܡܡܐ (Übersetz.)

2,14 gr: σῶσαι = aeth: አድኅኖቶ ፡
≠ bo: add ⲀϬⲚⲈ ⲚⲒϨⲂⲎⲞⲨⲒ

Jak 3,6	gr: ὁ κόσμος	=	aeth: ለዓለም ፡
		≠	bo: ⲠⲤⲞⲖⲤⲈⲖ
1,12	gr: πειρασμός	=	bo: ⲞⲨⲠⲒⲢⲀⲤⲘⲞⲤ
		~	sy: ܢܣܝܘܢܐ (Plur.)
		≠	aeth: ለእኪት ፡
1,21	gr: διό	=	bo: ⲈⲐⲂⲈ ⲪⲀⲒ
		≠	aeth: ወይእዜኒ ፡
2,7	gr: τὸ καλὸν ὄνομα	=	bo: ⲈⲠⲒⲢⲀⲚ ⲈⲐⲚⲀⲚⲈϤ
		≠	aeth: ስሙ ፡ ዐቢይ ፡
2,10	gr: τηρήσῃ	=	bo: ⲈⲐⲚⲀⲀⲢⲈϨ
		≠	aeth: ይገብር ፡
2,14. 18	gr: ἔργα δέ	=	sy: ܘܥܒܕܐ
		≠	aeth: ወምግባረ ፡ ሠናይ ፡
3,6	gr: ἡ γλῶσσα	=	sy: ܘܠܫܢܐ
		≠	aeth: ወናሁ ፡ ልሳንኒ ፡ ንስቲት ፡
1,3	gr: τὸ δοκίμιον ὑμῶν τῆς πίστεως	=	aeth: መከራሃ ፡ ለሃይማኖትክሙ ፡
		≠	sy: (om ὑμῶν) ܒܘܩܝܐ ܕܗܝܡܢܘܬܐ
2,9	gr: παραβάται	~	aeth: ከሓዲ ፡
		≠	syᵖ: add ܥܠ ܢܡܘܣܐ

Über eine Beeinflussung durch arabische Texte kann ich nichts sagen, da ich darüber noch keine Untersuchungen angestellt habe. Ich halte es nicht für unmöglich, daß solche arabische Texte, die aus gr oder sy übersetzt wurden, auf aeth eingewirkt haben. Aber arabische Texte, die aus dem Bohairischen übertragen wurden, haben (im Gegensatz zur Apk) keinen Einfluß auf den Jak-Brief ausgeübt. Das kann aus zwei Gründen behauptet werden: 1. In diesem Fall hätten die Übereinstimmungen mit bo deutlicher sein müssen. 2. Die Hss Brit. Mus. Or. 529 (= Apk-Hs V), d'Abbadie 9 (= Apk-Hs Y) und d'Abbadie 164 (= Apk-Hs Z) enthalten den Text der Apk in einer stark arabisierten Form; er ist nach einer von bo abhängigen arabischen Vorlage revidiert worden[62]. Die Hss VYZ bringen aber auch den Jak-Text, der jedoch genau zum üblichen Text paßt. Es wurde also zwar die Apk nach arab (übersetzt aus bo) revidiert, nicht aber der Jak-Brief und die anderen Katholischen Briefe.

---

[62] J. Hofmann, Der arabische Einfluß in der äthiopischen Übersetzung der Jh-Apk, OrChr 43 (1959), 24ff., 44 (1960), 25ff.;
derselbe, Die äthiop. Jh-Apk, CSCO 297, 106ff.

V. *Die Apokalypse.* Die äthiopische Apk ist ein Sonderfall; ihr Text hat seine eigene Geschichte. Die Apk ist von mir textkritisch untersucht worden[63]. Nach meiner Überzeugung geht sie auf eine griechische Vorlage zurück. Beweise dafür sind:

1. Nachahmung der griechischen Wortstellung und Konstruktion; z. B.

Apk 22,1 gr: τὸν ποταμὸν ὕδατος ζωῆς λαμπρόν
aeth: ፈለገ ፡ ዘማየ ፡ ሕይወት ፡ ጸዓዳ ፡

Das Adjektiv ጸዓዳ ፡ würde normalerweise bei ፈለገ ፡ stehen.

2. Genaue Wiedergabe der griechischen Ausdrücke mit gleicher oder ähnlicher Bedeutung; z. B.

12,4. 5 τέκνον — ሕፃን ፡
υἱός — ወልድ ፡

Die Kopten haben für beide Ausdrücke nur ϢΗΡЄ (bzw. ϢΗΡΙ), sie machen also den Wechsel im Ausdruck nicht mit.

3. Fehllesungen; z. B.

14,19 gr: καὶ ἔβαλεν
aeth: ወነሥአ ፡ . . . ወአውረደ ፡

ወነሥአ ፡ heißt auf griechisch καὶ ἔλαβεν (Fehllesung für καὶ ἔβαλεν, die durch den Zusatz ወአውረደ ፡ korrigiert werden sollte).

4. Übermäßiger Gebrauch des Demonstrativs, um dadurch den griechischen bestimmten Artikel auszudrücken; z. B.

5,8 gr: καὶ ὅτε ἔλαβεν τὸ (1) βιβλίον τὰ (2) τέσσερα ζῷα καὶ οἱ (3) εἴκοσι τέσσαρες πρεσβύτεροι ἔπεσαν ἐνώπιον τοῦ (4) ἀρνίου.
ወሶበ ፡ ተመጠዎ ፡ ለይእቲ (1)፡ መጽሐፍ ፡ ሰገዱ ፡ ሎቱ ፡ ቅድሜሁ ፡ ለውእቱ (4)፡ በግዕ ፡ እልክቱ (3)፡ ፳ወ፬ ሊቃናት ፡ ወእልክቱኒ (2)፡ ፬ እንስሳሁ ፡

5. Die Behandlung der Fremdwörter und Eigennamen, die genau nach dem griechischen Text transkribiert sind; z. B.

18,13 ῥεδῶν — ሬዶነ ፡

Der transkribierte Genitiv wird nach dem syntaktischen Zusammenhang in den Akkusativ gesetzt.

21,20 gr ℵ*: ἀμεθύστινος — አሜቴስጢኖስ ፡

---

[63] J. Hofmann, Die äthiop. Jh-Apk, CSCO 297.

Damit, so glaube ich, ist hinreichend bewiesen, daß die Apk nach einem griechischen Text übersetzt wurde. Die Apk verrät aber auch, zu welcher Textfamilie die Vorlage gehört. J. Schmid[64] teilt den Apk-Text in 4 Hauptstämme und einige Mischgruppen auf:

1. Codex Alexandrinus (A) und Codex Ephraemi rescriptus (C),
2. Codex Sinaniticus (א) und Papyrus Par. 47,
3. Koine (𝔎),
4. Apk-Text des Andreaskommentars (Aν).

Der Vergleich ergibt[65], daß die griechische Vorlage zu aeth nicht zur Gruppe 𝔎 und Aν gehört, daß er vielmehr mit der Gruppe AC sehr nahe verwandt ist. Weiter konnte ich feststellen, daß aeth oft gerade dann mit AC geht, wenn diese den Urtext repräsentieren. Allerdings wird das schöne Bild durch Übernahme von Fehlern und Korrekturen, wie sie besonders א aufweist, getrübt; z. B.

Apk 16,3 aeth: ነፍስ ፡ ሕይወት ፡
= gr AC: ψυχὴ ζωῆς (Urtext),
≠ gr Par. 47 א Aν: ψυχὴ ζῶσα
≠ gr 𝔎: om
21,20 aeth: አሜቴስጢኖስ ፡
= gr א*: ἀμεθύστινος

Der Stil der Apk unterscheidet sich in mancher Hinsicht von dem der anderen neutestamentlichen Bücher. Der Übersetzer hält sich noch genauer an die griechische Vorlage; er verwendet sehr stark die Demonstrativa; er gebraucht nicht ein einziges Mal das Gerundium, das sonst gern zur prägnanten Wiedergabe von Temporalsätzen und Partizipialkonstruktionen benutzt wird. Er wählt andere Vokabeln, als z. B. in den Evangelien zu finden sind (für μύρον steht in den Evangelien ዕፍረት ፡, in der Apk das Fremdwort ሜሮን ፡). Daraus ist zu schließen, daß die Apk nicht vom selben Übersetzer angefertigt wurde wie die Evangelien. Ob die Apk auch die gleiche Vorlage hatte wie die Evangelien oder die anderen Bücher des Neuen Testaments, das kann erst entschieden werden, wenn die Frage nach der Vorlage auch für die anderen neutestamentlichen Schriften geklärt ist. Über die Übersetzungszeit kann ebenfalls noch nichts Definitives ausgesagt werden. Als sicher kann angesehen werden, daß die Apk später als die Evangelien übertragen wurde; sie war ja auch für die Missionierung nicht so wichtig wie die Evangelien.

---

[64] J. Schmid, Studien zur Geschichte des griechischen Apk-Textes, II. Die alten Stämme, München 1955.

[65] J. Hofmann, Die äthiop. Jh-Apk, CSCO 297, S. 38ff.

Leider ist der Urtext der äthiopischen Apk nicht rein erhalten geblieben. Er ist im Laufe der Zeit durch viele andere Einflüsse stark entstellt worden. Am tiefsten haben die nach bo übersetzten arabischen Texte auf die Apk eingewirkt. Zweimal wurde die Apk nach solchen arabischen Vorlagen revidiert[66]. Von der 1. Revision (R_1) wurden Hss aus dem 15./16. Jh. erfaßt; sie könnte also im 14. oder am Anfang des 15. Jhs. stattgefunden haben. Die Auswirkungen der 2. Revision (R_2) zeigen sich in Hss des 17. Jhs. Sie wurde also wahrscheinlich noch im 16. Jh. durchgeführt. Es handelt sich in beiden Fällen nur um Revisionen, nicht um Neuübersetzungen; denn der Grundcharakter des Textes blieb jedesmal unberührt. Es wurde nur geändert, was allzusehr vom arabischen Text abwich und was leicht zwischen den Zeilen unterzubringen war. Die Korrekturen wurden in den ersten Kapiteln gründlicher durchgeführt; später erlahmte der Eifer, und die letzten Kapitel sind dann fast frei von arabischen Lesarten. Die beiden Revisionen sind unabhängig voneinander erfolgt; denn R_1 hat andere Korrekturen als R_2; z. B.

Apk 11,13 gr: τὸ δέκατον
= aeth Vg: ዓሥርተ ፡ እዴሃ ፡ R_1: ሣልስተ ፡ እዴሃ ፡
= arab: وثلث
= bo: ⲞⲨⲞϨ ⲪⲢⲈⲄ̅

R_2 bleibt bei der griechischen Lesart.

13,1 gr: δέκα διαδήματα
= aeth Vg (= R_2): ዐሠርቱ ፡ ቀጸላ ፡ = R_1: ወ ፬ ቀጸላ ፡
= arab: اربعة اكاليل
= bo: ⲈⲞⲨⲞⲚ Ⲇ̅ Ⲛ̅ⲬⲖⲞⲘ

1,8 gr: τὸ ἄλφα καὶ τὸ ὦ
= aeth Vg: አልፋ ፡ ወኦ ፡ R_1: add ጥንት ፡ ወማኅለቅት ፡
= arab B: add البداية والنهاية
R_2: add ቀዳማዊ ፡ ወደኃራዊ ፡
= arab C: add الاول والاخر
= bo: add ϮⲀⲢⲬⲎ ⲚⲈⲘ ⲠⲒϪⲰⲔ ⲈⲂⲞⲖ

5,6 gr: κέρατα ἑπτά
= aeth Vg (= R_1): ፯ አቅርንት ፡ R_2: add ዲበ ፡ ርእሱ ፡
= arab: add موضوعة على راسه
= bo: add ⲈⲨⲬⲎ ϨⲒϪⲰϤ

---

[66] J. Hofmann, Der arabische Einfluß, OrChr 43, 38ff.; 44, 25ff.

Die revidierten Texte haben sich nicht durchgesetzt. Man hat versucht, die neuen Lesarten in den Hss wieder auszumerzen, so in den Hss S (Vat. 93) und W (Brit. Mus. Or. 532). (Siehe Beispiel S. 360).

Ob die bohairische Übersetzung einen direkten Einfluß auf die äthiopische Apk ausgeübt hat, ist sehr schwer nachzuweisen, eben weil die arabische Revisionsvorlage aus dem Bohairischen übersetzt war. Man kann also nicht sehen, ob eine Lesart direkt aus bo oder indirekt über arab aus bo übernommen wurde. In 18, 11 scheint es sich um eine rein bohairische Variante zu handeln. Dort steht der unsinnige Zusatz ምስለ ፡ ዐውሎ ፡, der sich gut aus bo erklären läßt. Übersetzt man nämlich die bohairische Lesart (ⲀⲨⲈⲢⲈⲚϢⲀϢⲒ) Ⲙ̄ⲪⲢⲎϮ Ⲛ̄ⲞⲨⲀⲖⲖⲞⲎ ins Äthiopische, dann erhält man [በ]ምስለ ፡ ዐልቀ ፡. Daraus konnte leicht durch Unaufmerksamkeit die äthiopische Variante ምስለ ፡ ዐውሎ ፡ entstanden sein (gr. εἰς ἀψίνθιον, arab: مثل الصبر).

Die saʿidische Übersetzung scheint mir auf aeth einen gewissen Einfluß ausgeübt zu haben[67]. Doch sind die saʿidischen Lesarten nur zu vermuten, nicht zu beweisen; z. B.

Apk 14,8 und 18,3 gr: τοῦ θυμοῦ τῆς πορνείας αὐτῆς
aeth: ሕምዘ ፡ (om 14,8) መንሱተ ፡ ዝሙታ ፡
sa: Ⲙ̄ⲠϬⲰⲚ̄Ⲧ Ⲛ̄ⲦⲈⲤⲠⲞⲢⲚⲈⲒⲀ

Hier ist also መንሱተ ፡ „Versuchung“ in den Text gekommen: in 14, 8 als Ersatz für τοῦ θυμοῦ und in 18, 3 in einer Doppellesart neben ሕምዘ ፡ (= τοῦ θυμοῦ). Der Zusatz könnte auf einer Verwechslung beruhen, die aus dem Saʿidischen erklärbar ist: Nach meiner Meinung wurde hier ϪⲰⲚ̄Ⲧ „Versuchung“ statt ϬⲰⲚ̄Ⲧ „Zorn“ gelesen. Aus bo (Ⲛ̄ⲦⲈ ⲠⲈⲘⲂⲞⲚ Ⲛ̄ⲦⲈ ⲦⲈⲤⲠⲞⲢⲚⲒⲀ) oder arab حنق زناها ist die äthiopische Variante nicht zu erklären.

Auch für die merkwürdige Variante in 2, 25 könnte ein saʿidischer Text verantwortlich sein:

2,25 gr: ἄχρις οὗ ἂν ἥξω
aeth: እስከ ፡ አመ ፡ እሣህል ፡
sa: ϢⲀⲚϮⲈⲒ bo: ϢⲀϮⲒ arab: حتى اجى

Stünde hier im saʿidischen Text ϢⲀⲚϮⲚⲀ (statt ϢⲀⲚϮⲈⲒ), das auch „bis ich kommen werde“ hieße, dann wäre die Verwechslung verständlich. Denn ⲚⲀ ($\sqrt{\text{nʿj}}$) heißt „kommen“ und ⲚⲀ ($\sqrt{\text{nʿj}}$) heißt „sich erbarmen“. Vielleicht findet sich einmal eine saʿidische Hs mit der Lesart ϢⲀⲚϮⲚⲀ, dann wäre das Rätsel um diese Stelle gelöst.

---

[67] J. Hofmann, Beziehungen der saʿidischen zur äthiopischen Übersetzung der Jh.Apk, in: Neutestamentliche Aufsätze, Festschrift für Prof. Jos. Schmid, Regensburg 1963, 115–124;
derselbe, Die äthiop. Jh-Apk, CSCO 297, 119ff.

Es gibt noch ein paar andere Stellen, an denen aeth mit sa übereinstimmt. Da aber die Mehrzahl dieser sa'idischen Varianten auch in arabischen Texten vorkommt, sind sie als Beweis für einen direkten Einfluß des Sa'idischen unbrauchbar; z. B.

1,4 gr: Ἰωάννης
aeth: ጸሐፊ ፡ ዮሐንስ ፡ = sa: ⲒⲰⲀⲚⲚⲎⲤ ⲈϤⲤϨⲀⲒ
= arab: يوحنا يكتب

Auf keinen Fall sind die sa'idischen Varianten so bedeutend, daß man daraus auf einen sa'idischen Text als Übersetzungsvorlage schließen könnte, wie dies H. Goussen[68] getan hat. Als Übersetzungsvorlage für die äthiopische Apk kommt nur ein griechischer Text in Frage.

Wenn man nun den Text der Apk mit dem des Jak-Briefes vergleicht, dann kann man folgendes feststellen:

1. Die Übersetzungstechnik ist in beiden Texten verschieden.

a) Der Übersetzer der Apk hat sich enger an den griechischen Text angeschlossen. Der Jak-Brief ist freier übersetzt; die Übersetzung klebt nicht so stark am griechischen Original.

b) Wie schon gesagt, fällt in der Apk der übermäßige Gebrauch des Demonstrativpronomens auf. In Jak ist er normal.

c) Der Vokabelschatz ist im Jak-Brief leider zu klein und vom Thema her auch zu verschieden von dem der Apk, als daß man daraus weittragende Schlüsse ziehen könnte. Trotzdem gibt es einige Ausdrücke, die in Jak anders wiedergegeben sind als in der Apk; z. B.

μοιχεύειν	Apk 2,22	ዘመወ ፡
	Jak 2,11	ሖረ ፡ ኀበ ፡ ብእሲት ፡ ብእሲ ፡ (= Mk 10,19)
ἀπαρχή	Apk 14,4	ቀደመ ፡ (verbal)
	Jak 1,18	ቀደምት ፡ (nominal)
θλῖψις	Apk 1,9 u. a.	ሕማም ፡
	Jak 1,27	ተጽናስ ፡
μισθός	Apk 11, 18; 22, 12	ዕሴት ፡
	Jak 5,4	ዐስብ ፡ (= Evv).

Der Vergleich läßt es als sicher erscheinen, daß jede der beiden Schriften von einem anderen Übersetzer ins Äthiopische übertragen wurde. Ferner ist anzunehmen, daß die Vorlage zu Jak einer anderen griechischen Textfamilie angehört als die Vorlage zu Apk.

---

[68] H. Goussen, Apocalypsis S. Johannis Apostoli, S. III.

2. Im Apk-Text machen sich sehr viele fremde Einflüsse, besonders von arabischer Seite her, bemerkbar. Der Text des Jak-Briefes stimmt nur in unwesentlichen Varianten mit anderen Versionen überein. Darüber kann aber erst Endgültiges ausgesagt werden, wenn auch die übrigen Katholischen Briefe textkritisch genau untersucht sind.

Textkritische Wertung

Aus dem Gesagten geht klar hervor, daß es noch zu früh ist, ein Werturteil über die äthiopische Übersetzung des Neuen Testaments abzugeben. Sie ist allerdings für ein Werk wie K. Alands Editio maior critica wertlos, solange man sich nur auf die beiden gedruckten Ausgaben beziehen kann; denn das sind zweifelhafte Zeugen, die man besser aus dem Spiel läßt. Der Wert des äthiopischen Neuen Testaments liegt darin, daß es sich um eine primäre Übersetzung handelt; das gilt mit größter Wahrscheinlichkeit auch von den Evangelien. Das Schlimme ist nur, daß noch kein textkritisch brauchbares äthiopisches Neues Testament greifbar ist. Man müßte jetzt von allen Teilen des Neuen Testaments die Hss sammeln, sie klassifizieren, diejenigen heraussuchen, die den Text am reinsten bieten; müßte die fremden Einflüsse, besonders von arabischer Seite, herausfiltern und die griechische Textfamilie der Vorlagen feststellen, mit einem Wort: man müßte eine textkritisch einwandfreie Ausgabe des äthiopischen Neuen Testaments schaffen. Dann würde sich zeigen, davon bin ich überzeugt, daß auch das äthiopische Neue Testament einen günstigeren Platz einnehmen könnte, als dies bisher der Fall war. Dann würden die äthiopischen Varianten sicher auch für die Editio maior critica von Wert sein. Schon vor mehr als 60 Jahren hat C. R. Gregory die auffordernde Frage gestellt: „Wer will daran gehen und einen guten Text schaffen?"[69]. Sie besteht heute noch zu Recht.

Das große Manko, unter dem die Arbeit am äthiopischen Text zu leiden hat, besteht darin, daß der Forschung nur verhältnismäßig junge Hss zur Verfügung stehen. Es ist nur zu hoffen, daß E. Hammerschmidt auf seiner Expedition nach Äthiopien Glück hatte und auch alte Hss aus der Zeit vor dem Mohammedanersturm unter Mohammed Grân (16. Jh.) fotografieren konnte. Ihr Text könnte uns der Lösung des einen oder anderen äthiopischen Problems einen Schritt näherbringen.

---

[69] C. R. Gregory, Textkritik, 558.

ELFRIEDE STUTZ

DAS NEUE TESTAMENT IN GOTISCHER SPRACHE

I. Die Überlieferung

Das gotische Neue Testament ist in umfangreichen Bruchstücken erhalten, die Evangelien zu etwas mehr als der Hälfte, die paulinischen Briefe[1] zu rund zwei Dritteln. Was die übrigen Schriften des Neuen Testaments betrifft, so ist nicht auszumachen, ob sie verlorengegangen sind oder niemals übersetzt waren. Vom Alten Testament liegen nur Fragmente aus Nehemia vor.

Die Evangelienfragmente sind hauptsächlich im Codex Argenteus zu Uppsala bewahrt, einem kalligraphischen Evangeliar auf Purpurpergament; über kleinere Evangelien-Reste siehe die Hss-Tabelle. Die Paulusbriefe sind durchweg in Palimpsesten überliefert, nämlich den Mailänder Fragmenten (Codices Ambrosiani) und dem zweisprachigen Wolfenbütteler Römerbrieffragment (Codex Carolinus siehe S. 382). Während der Codex Argenteus schon der humanistischen Gelehrtenwelt bekannt war, sind die paulinischen Briefe erst im Zuge der Palimpsestforschung ans Licht getreten (siehe Tabelle). Die Forschung sieht in den gotischen Bruchstücken seit jeher Nachkommen und Dokumente jener Bibelübersetzung, die nach Auskunft der Geschichtsschreibung der westgotische Bischof Wulfila (Οὐλφίλας) in der Mitte des 4. Jhs. in Niedermösien hergestellt hat[2].

Ort und Zeit der Niederschrift sind für keinen der Codices anzugeben. Nahe liegt die Vermutung und verbreitet ist die Behauptung, sie seien alle (außer Cod. Giss.) in Italien während des Ostgotenreiches entstanden; seltener wird Südfrankreich oder werden die Donauprovinzen in Betracht gezogen. Ein Prachtevangeliar wie der Cod. Arg. setzt einen fürstlichen Auftraggeber voraus, man denkt daher gern an das Ravenna Theoderichs, auch seitens der Kunst- und Buchgeschichte[3], aber ausreichend bewiesen ist der Zusammenhang nicht. Die Ambrosianischen Hss lagen in Bobbio, ihre obere Schrift scheint indes

---

[1] Ohne Hebr.

[2] Die gegenwärtig beste Wulfila-Biographie ist die von Adolf Lippold, Ulfila, in Paulys Realenc. d. class. Altertumswissenschaft, Neue Bearb. 2. Reihe Bd. IX A/I, 1961, Sp. 512–531. Siehe auch E. Stutz, Gotische Literaturdenkmäler, Stuttgart 1966, 9–15.

[3] Siehe Carl Nordenfalk, Die spätantiken Kanontafeln, Göteborg 1938, Textbd. 268. Ders. auch in: Die großen Jahrhunderte der Malerei, Das frühe Mittelalter, Zürich 1957, 98.

Codices (Pergament)	Ort der Aufbewahrung	Entdeckung	Hauptmerkmal	Äußerer Umfang
Codex Argenteus (C. A.)	Uppsala Univ.-Bibliothek seit 1669	in Kloster Werden a. d. Ruhr Mitte 16. Jh. durch Cassander	Purpur-Pergament Silberschrift	187 Blätter ehemals 336
Schlußblatt	Speyer	1970 durch Franz Haffner		1 Blatt
Codex Gissensis (Giss.)	[Gießen Univ.-Bibliothek, vernichtet 1945]	bei Antinoë in Ägypten 1907 erworben, erkannt in Gießen	gotisch-lateinische Bilinguen	Bruchstück eines Doppelblattes = 4 halbe Seiten (124 Buchstaben u. -Reste got.)
Codex Carolinus (Car.)	Wolfenbüttel Herzogl. Bibliothek seit 1690, früher Weißenburg	untere Schrift 1756 in Wolfenbüttel durch F. A. Knittel		4 Blätter
Codices Ambrosiani: Cod. Ambr. A (dazu Cod. Taur. s. unten)	Mailand Biblioteca Ambrosiana seit 1606, vorher Kloster Bobbio	untere Schrift 1817 in Mailand durch Angelo Mai		102 Blätter: 190 lesbare, 2 unlesbare, 12 leere } Sei
Cod. Ambr. B				77 Blätter
Cod. Ambr. C			Palimpseste	2 Blätter
Cod. Ambr. D				3 Blätter
Cod. Ambr. E				5 Blätter
Codex Taurinensis (Taur.) (zu Ambr. A)	Turin Univ.-Bibliothek	in Turin 1866		4 Blätter
Codex Vaticanus Latinus 5750 (zu Ambr. E)	Rom Biblioteca Vaticana	in Rom gegen 1823		3 Blätter

Tabelle aus Stutz. Got. Literaturdenkmäler. 16–19 (modifiziert)

R GOTISCHEN BIBEL

alt (stets fragmentarisch)	Schriftgliederung	Reproduktion
ıngelien in der Folge Jh. Lk. Mk.	scriptura continua	Codex Argenteus Upsaliensis Jussu Senatus Universitatis phototypice editus, Uppsala 1927. Hg. Otto von Friesen u. Anders Grape
ıige Wörter und Wort-Enden ı Zeilen-Ende Lk. 23–24	Sinnzeilen	ZNW 11 (1910) nach S. 8
a 40 Verse aus Röm. 11–15	Sinnzeilen	Hans Henning, Der Wulfila der Bibliotheca Augusta zu Wolfenbüttel (Codex Carolinus), 1913.
ıchstücke aller Paulus-Briefe ne Hebr.) in der Folge: Röm. :or. 2 Kor. Eph. Gal. Phil. Kol. hess. 2 Thess. 1 Tim. 2 Tim. Tit. lemon. — Kalender.	Sinnzeilen bis 1 Kor. 4, 12. ab 1 Kor. 5, 4 fortlaufende Schrift	Wulfilae codices Ambrosiani rescripti epistularum evangelicarum textum goticum exhibentes phototypice editi et prooemio instructi a Jano de Vries I. Textus II. Cod. A et Taurinensis III. Cod. B. C. D. Turin–Florenz 1936
ıchstücke folgender Paulus-Briefe: :or. 2 Kor. vollständig. Eph. Gal. l. Kol. 1 Thess. 2 Thess. 1 Tim. im. Tit.	scriptura continua	
a 20 Verse aus Mt. 25–27		
a 50 Verse aus Neh. 5–7		
ıchstücke der ,Skeireins' hannes-Kommentar)		Facsimile aller ,Skeireins'-Blätter bei Massmann, Ed. 1834. Zwei Seiten und 56 Schrift-Photographien bei William H. Bennett, The Gothic Commentary on the Gospel of John, New York 1960.
rliche Reste aus Gal. u. Kol.		s. o. Ambr. A
ıchstücke der ,Skeireins'		s. o. Ambr. E. — Ferner: M. Cornelii Frontonis aliorumque reliquiae quae codice vaticano 5750 rescripto continentur, Mailand 1906, 57–62 (= Codices e Vaticanis selecti phototypice expressi VII).

nicht aus Bobbio zu stammen, und für die Herkunft der unteren fehlen sichere Anhaltspunkte[4].

Als Zeit der Niederschrift wird allgemein das 6. Jh., erste Hälfte, angenommen, nur die beiden Bilinguen (Cod. Car. und Cod. Giss.) wurden auch schon — nicht ohne Widerspruch — ins fünfte gesetzt. Auf alle Fälle liegt zwischen der Entstehung der Version im 4. Jh. und der Entstehung unserer Hss eine beträchtliche Zeitspanne, und der ursprüngliche Wortlaut hat auf dieser für uns unsichtbaren Strecke der Überlieferung, also in rund 150 Jahren, Verderbnisse und Veränderungen erlitten. Ausmaß und Charakter der Änderungen sind umstritten.

Alle Texte sind in einer eigenen gotischen Schrift überliefert. Nach Angabe der Kirchengeschichtsschreiber und des Jordanes hat Wulfila sie zum Zwecke der Bibelübersetzung erfunden. Im Codex Argenteus hat sie den Charakter der senkrechten Unziale; in Teilen der Codd. Ambr. liegt ein älterer Schrifttyp vor: nach rechts geneigte, halbkursive Buchstaben. Das gotische Alphabet hat 27 Zeichen, davon sind zwei Drittel aus griechischen entwickelt, der Rest aus lateinischen Buchstaben und (wahrscheinlich) germanischen Runen. Nicht alle Einzelheiten sind geklärt, aber die griechische Grundlage ist deutlich. Entsprechend den griechischen Buchstaben haben auch die gotischen Buchstaben Zahlenwert, wie durch die vielen Sektionszahlen im Cod. Arg. reich belegt wird und woraus sich die Reihenfolge des gotischen Alphabetes ergibt. Also *a, b, g . . . l, m, n* = 1, 2, 3 . . . 30, 40, 50. Griechischer Schreibgebrauch zeigt sich darin, daß ŋ als *gg* geschrieben wird: got. *aggilus* entgegen lat. *angelus*. got. *laggs, drigkan* gegenüber ahd. *lang, trinkan*. Nur für Fremdwörter, vor allem für Χριστός wird das *chi*-Zeichen gebraucht: got. *Xristus* (immer abgekürzt $\overline{xus}$ neben $\overline{xs}$, Gen. $\overline{xaus}$; mit gotischen Kasusendungen).

In der Frühzeit der Forschung druckte man mit gotischen Lettern, vereinzelt noch im 19. Jh. Nach und nach wurde Transkription üblich. Heute arbeitet die gesamte Fachliteratur nur noch mit transkribiertem Gotisch in Editionen, Wörterbüchern usw. So kann sich auch dieser Bericht nicht der Schrift des Originals, sondern muß sich der lat. Transkription bedienen[5].

Die gotischen Hss kennen keine Worttrennung, sie setzen das Kolon ab. Die beiden Bilinguen und der Anfang von Cod. A sind in Sinnzeilen geschrieben; alle übrigen Hss zeigen scriptio continua, wobei das Kolon durch einen Punkt oder auch durch Spatium ohne Punkt abgeschlossen wird. Die fortlaufende Schreibweise, wie aus Cod. Arg.

---

[4] Michiel van den Hout, Gothic Palimpsests of Bobbio, Scriptorium 6 (1952), 91–93. James W. Marchand, Notes on Gothic Manuscripts, JEGPh 56 (1957), 213–224.

[5] Sidney Fairbanks und Francis P. Magoun, On Writing and Printing Gothic, Speculum 15 (1940), 313–330; 16 (1941), 122; 22 (1947), 621–625 (hier nur Magoun).

bekannt, scheint ein jüngerer, die Sinnzeilen-Anordnung der ältere Brauch zu sein. Da alle gotischen Texte — so oder so — per cola gegliedert sind, ist zu vermuten, daß die kolometrische Einrichtung auf Wulfila zurückgeht.

Text-Einteilung wird am Rande markiert. In den Evangelienfragmenten sind Eusebianische Sektionen angezeigt. Im Cod. Arg. fällt der Sektionsbeginn außer durch die Randzeichen und -Ziffern auch durch Goldschrift im Text ins Auge, er hebt sich aus dem sonst silbernen Schriftband ab. Daneben bestehen noch andere, ungedeutete Gliederungszeichen. Die Paulustexte zeigen Spuren eines differenzierten Einteilungs-Apparates. In Cod. B steht 44 mal am Rande *laiktjo* (aus lat. *lectio*). Die vielfältige anderweitige Signatur, aus Zahlbuchstaben und (Paragraphen ? –) Zeichen bestehend, ist weithin unerklärt, obwohl schon seit langem zur Kenntnis gegeben[6].

Der untere Rand im Codex Argenteus dient der Synopse. Parallelstellen werden, durch Sektionsziffern bezeichnet, in Bögen eingetragen. Wie eine solche Konkordanz-Arkade eingerichtet ist, mag das folgende Schema zeigen; zugrunde liegt der Rand von S. 14 (nach der Paginierung der Reproduktion Uppsala 1927, worin das Erhaltene nach Seiten durchgezählt ist). Die Seite hat den Text Mt 7, 17 (Ende) — 23, demgemäß am linken Rand die Sektionszahlen *nþ* = 59 und *j* = 60 und am unteren Rand diese Eintragungen:

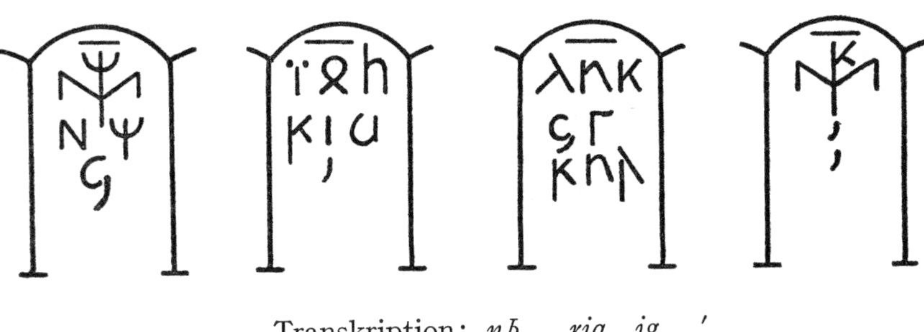

Transkription:	*nþ*	*riq*	*jg*	'
	j	'	*rua*	'
Auflösung:	59	116	63	'
	60	'	171	'

---

[6] Vor Jahrzehnten hat Wilhelm Braun das Zahlen- und Zeichenmaterial, wie er es an Ort und Stelle in Mailand gelesen hat, vorgelegt, „um eine Grundlage für weitere Forschungen zu schaffen", ZfdPh 30 (1898), 433–448 (Die Lese- und Einteilungszeichen in den gotischen Hss der Ambrosiana in Mailand).
Eine neue Aufforderung zur Erforschung der Zusammenhänge erging von James W. Marchand, The Gothic Evidence for "Euthalian Matter", HThR 49 (1956), 159 bis 167. — Für den Nichteingeweihten ist die Geschichte der Einteilungs-Praktiken ein Buch mit sieben Siegeln.

Die Reihenfolge der Evangelien ist die „westliche". In Monogrammform stehen die Namen Matthäus (*m* mit *þ*) und Markus (*m* mit *r*), abgekürzt per suspensionem sind Johannes *(ioh)* und Lukas *(luk)*. Die Arkaden sind denen des Codex Brixianus, mit dem der Cod. Arg. in mehr als einer Hinsicht verwandt scheint, ähnlich, nur daß dort die Sektionen mit römischen Ziffern bezeichnet werden. So trägt der Cod. Arg., wiewohl im Westen entstanden, auch in seinem Äußern noch eine Spur an sich von der griechischen Abkunft des Textes: Sektionszahlen in Buchstaben.

Alles in allem haben die Fragmente weitaus mehr verbindende als unterscheidende Merkmale, sie vertreten ein und dieselbe Textfassung. Sie können auf eine gemeinsame Grundlage zurückgeführt werden, wiewohl sie nicht im geschlossenen Verband überliefert vorliegen. Es hat technische Vorteile (für die Kollation), daß die gotische Version nur aus dieser relativ einheitlichen und schmalen Überlieferung bekannt ist, aber grundsätzlich fordert es zur Skepsis heraus, weil zu wenig Kontrollmöglichkeiten bestehen. Das gilt besonders für die Evangelien, deren Kenntnis so gut wie ganz auf dem Codex Argenteus ruht; nur ein paar Verse sind anderwärts überkommen, diese allerdings bestätigen den Cod. Arg.[7]. Besser steht es mit den Paulusbriefen, weil die Hälfte des Erhaltenen doppelt überliefert ist. Wie sich aus gemeinsamen Fehlern, Interpolationen usw. ergibt, gehen alle Paulusfragmente (über Mittelglieder) auf e i n e Paulushandschrift zurück. Was die Codices (A, B, Car) unterscheidet, ist nicht eigentlich der Text, sondern die Einrichtung: Schrift, Einzelheiten der Kolometrie, Tituli, Inskriptionen und Subskriptionen, vor allem Marginalien[8].

---

[7] Es besteht der Verdacht, daß auch die im Cod.Arg. vereinigten Evangelien nicht durchweg gemeinsam tradiert worden sind. Er beruht teils auf handfesten Tatsachen, wie orthographischen Eigentümlichkeiten, teils auf unsicheren Faktoren wie lexikalischen Differenzen und mutmaßlichen Einflüssen von außen (kurz: auf anscheinend abweichenden renderings und readings). Die Fragen des Wortgebrauchs sind außerordentlich heikel. Erwiesenermaßen vermeidet der Gote gerne Wortwiederholungen auf kurzer Strecke und variiert häufig gegen das Griechische, z. B.

Mt 6, 19f. κλέπτουσιν — / *(furantur)* \ — *hlifand* — *stiland*

1 Kor 15, 49 τὴν εἰκόνα — / *(imaginem)* \ — *manleikan* — *frisaht*

Das ist eine stilistische Erscheinung. Wie nun aber, wenn variierende Wort-Übersetzung bei größerem Abstand vorkommt und wenn sie in den einzelnen Evangelien unterschiedlich vorliegt? Ist das stilistisch oder textgeschichtlich zu deuten? Friedrichsen meinte, mit Hilfe seiner sehr diffizilen Untersuchungen über dual renderings eine differenzierende Text- und Überlieferungsgeschichte entwerfen zu können (The Gothic Version of the Gospels, London 1926, 83ff.). Darüber hier eigens zu berichten, erübrigt sich, da ja bei der Kollation die Synonymenfrage außer Betracht bleiben soll.

[8] Ein ausführlicher Vergleich aller dieser Kennzeichen bei Friedrichsen, The Gothic Version of the Epistles, London 1939.

Eine geringe Anzahl gotischer Varianten ist in Randglossen zu finden. In Cod. A stehen 53, im Cod. Arg. 15 Randglossen, dazu kommen noch einige interpolierte Glossen. Es handelt sich meistens um sinnverwandte oder umschreibende Ausdrücke, seltener um andre Lesarten. In Eph 1, 19 beispielsweise lesen A und B im Text *in uns* (= εἰς ἡμᾶς), dazu schreibt A am Rande *in izwis* (= εἰς ὑμᾶς). Aufschlußreich ist die Randglosse zu Lk 9, 34 im Cod. Arg. Der Text entspricht (bei sprachbedingten syntaktischen Modifikationen) dem griechischen:

ἐφοβήθησαν	δὲ	ἐν τῷ	ἐκείνους	εἰσελθεῖν	εἰς τὴν	νεφέλην
faurhtidedun	þan	in þammei	jainai	qemun	in þamma	milhmin

dazu am Rande: jah at im in milhmam atgaggandam
„und bei ihnen in Wolken(?) hineingehenden"

Diese Lesart findet sich bei Lateinern, wo der Zusammenhang lautet: *(timuerunt) et intrantibus illis in nubem (vox facta est)*. Anstelle eines absoluten Partizips setzt das Gotische gerne den präpositionalen Ausdruck (*at* mit Part.). Unbefriedigend und vielleicht zu verbessern (mit Streitberg) ist *milhmam* Dat. Pl., nämlich in *milhman* Akk. Sg. Jedenfalls geht es hier nicht um Ausdrucks-Variation, sondern um eine Textvariante, und die Glosse ist ein kleines Dokument für gotisches Textstudium[9].

Daß der gotischen Version eine griechische Quelle zugrunde liegt, ist evident und nie bezweifelt worden. Es ist eine gräzisierende Wort-für-Wort-Übersetzung. Die griechische Vorlage macht sich auch in der Schreibung und Deklination von Fremdwörtern und fremden Namen bemerkbar. Es gibt alle Grade der Angleichung zwischen mechanischer Transliterierung und vollkommener Germanisierung, man findet nicht selten gotisch-griechisch gemischte Schemata und auch willkürlichen Wechsel zwischen den Kasusendungen der beiden Sprachen. Wörter, die nur selten und nur im biblischen Kontext begegnen, zeigen am ehesten griechische Relikte, während geläufige und auch außerhalb der Bibel genannte Namen ihre sprachliche Herkunft nicht immer verraten; zum Beispiel könnte der Name *Paitrus*, wie ein rein gotischer u-Stamm behandelt, auch aus dem Lateinischen kommen. Bei bibelgebundenen Wörtern spiegelt sich also mit der Schreibung zugleich die griechische Buchvorlage[10].

---

[9] Zur Stelle hat sich auch Burkitt geäußert, JThS 28 (1927), 95f.

[10] Nicht alle theologischen und kirchlichen Termini sind erst durch die Bibelübersetzung entstanden, einige waren schon vor Wulfila im gotischen Wortschatz vorhanden. Sie sind stark germanisiert und können ebensowohl von griechisch sprechenden wie von lateinisch sprechenden Missionaren eingeführt worden sein, die Herkunft ist unkenntlich. Hierher gehören u. a. *aggilus, aikklesjo, aiwaggeljo, diab(a)ulus, praufetja, aipiskaupus, apaust(a)ulus, satana(s)*. — Im ganzen hat die lateinische Bibel mehr Fremdwörter aus dem Griechischen übernommen als die gotische, die in Übersetzungen oder Nachbildungen griechischer Wörter etwas weiter geht. — Darüber eine Liste bei Friedrichsen, The Gothic Version of the Gospels, 35–37.

II. Der Problemkreis der Bilinguen

Zwei gotisch-lateinische Bilinguen sind aus Überresten bekannt: Codex Carolinus und Codex Gissensis. Eine dritte wird aus Indizien erschlossen: der mutmaßliche Vorläufer des Codex Brixianus[11].

Codex Carolinus. Der Text des zweispaltig eingerichteten Römerbrief-Fragments ist per cola et commata gegliedert. Skizziert, transkribiert und mit Worttrennung sieht der Anfang von Fol. 256 v etwa so aus (Röm 12, 17f.)[12]:

	in andwairþja g̅þ̅s̅		coram dō
	ak jah in andwairþja		sed etiam cora*m*
→	manne allaize	→	hominibus
J	abai magi wairþan	Si	fieri potest
	uz izwis		quod ex uobis est
	miþ allaim mannam		cum omnib. hominib.
	gawairþi habandans		pacem habentes

g̅þ̅s̅ ist Genitiv von *guþ* „Gott", nach Art der nomina sacra abgekürzt. Eine vertikale Lineatur regelt in der Hs den Zeilenanfang und auch das Zeilenende. In der ersten Kolumne stehen die großen Buchstaben, mit denen, wie man meint, Capita angezeigt werden; an der zweiten Senkrechten beginnt die Sinnzeile, an der dritten deren Fortsetzung, falls sie umgebrochen werden muß. In der dritten Zeile (oben) ist ein Einteilungszeichen zu sehen (nach Kauffmann vielleicht ein Paragraphoszeichen). Links außerhalb der ersten Vertikalen ist der Platz für Zahlen (Zahlbuchstaben); sie sind infolge der Beschneidung des Pergaments nur teilweise erhalten.

Textlich sind die beiden Spalten nicht ganz aufeinander abgestimmt. Von den insgesamt 22 Textdifferenzen[13] des Cod. Car. finden sich zwei im obigen Beispiel. Über *hominibus* (Vers 17) siehe Anhang Beispiel 3. Weder zum Lateinischen noch zum Griechischen (τὸ ἐξ ὑμῶν) stimmt *us izwis* „ex vobis" ganz genau. — In der kolometrischen Anordnung folgt der Latinus dem Goticus, er gerät daher manchmal in die Enge und muß sich einschränken.

Der *Codex Gissensis* war ein Pergament-Doppelblatt, der dürftige Überrest einer Evangelienbilingue. Das Fragment stammte aus Ägyp-

[11] Friedrichsens *'Palatinian Bilingual'* bleibt als eine nicht akzeptierte Konstruktion hier außer Betracht. Hypothese: The Gothic Version of the Gospels, S. 169ff. und The Gothic Text of Luke in its Relation to the Codex Brixianus (f) and the Codex Palatinus (e), NTS 11 (1964/65), 281–290.

[12] Der Textskizze liegen zugrunde: Photographien des Vetus Latina Instituts Beuron, die Ausgabe der lateinischen Spalte durch Alban Dold (Zentralbl. f. Bibliothekswesen, Beih. 75, Leipzig 1950, 13–29) sowie die Studien von Friedrich Kauffmann (Der Codex Carolinus, ZfdPh 43 (1911), 401–428) und Marchand (s. o. S. 379 Anm. 6).

[13] Verzeichnis bei Friedrichsen, The Gothic Version of the Epistles, 56f.

ten, wo es — in der Nähe von Antinoë — im Rahmen eines Papyruskaufes erworben worden war, kam dann an die Universitätsbibliothek in Gießen und wurde dort identifiziert durch Glaue und Helm[14]. Das Pergament ist im Safe, wo es vor Bomben sicher sein sollte, durch Wasser verdorben, der Schaden wurde Anfang 1946 — zu spät — wahrgenommen. Im Unterschied zum Cod. Car. nahm hier der gotische Text die ganze Versoseite für sich ein, der lateinische die Seite gegenüber. Da die Ränder fehlen, sind auf der gotischen Seite die Zeilenenden, auf der lateinischen die Zeilenanfänge erhalten. Wie im Cod. Arg. waren Eusebianische Sektionen angegeben; über den unteren Rand ist nichts zu sagen. Im Gegensatz zum Cod. Arg. war der Text in Sinnzeilen geschrieben[15].

Nicht das minimale Sprachmaterial macht den Wert des Fundes aus, es sind nur Splitter aus Lk 23 und 24. Aber er ist ein Dokument für die Wirkungs- und Textgeschichte des gotischen Neuen Testamentes. Seine Rätsel sind noch nicht gelöst, und leider müssen ja nun Materialuntersuchungen zum Zwecke der Altersbestimmung entfallen. Die bisherigen Schätzungen schwanken zwischen Anfang des 5. und Anfang des 6. Jhs. Mit der Altersfrage ist die Herkunftsfrage gekoppelt. Wie kam einst der Codex nach Ägypten? Vielleicht mit der Truppe — aber mit welcher? und woher? und wann? Glaue und Burkitt meinten zu erkennen, daß der lateinische Text Merkmale von f zeige[16].

Die Praefatio des Codex Brixianus[17]. Zusammen mit dem lateinischen Codex ist eine vielerörterte Praefatio überkommen, die sich aber nicht auf diesen selbst beziehen kann. Mit ihren unbeholfenen Formulierungen hat sie schon viel Kopfzerbrechen und einige ebenso unbeholfene Übersetzungen hervorgerufen.

Sie beginnt mit einem vermeintlichen Petrus-Zitat, nämlich einem Passus aus dem 8. Buch der pseudoclementinischen Recognitionen des Rufinus. Petrus spricht über das Verhältnis von Verkündigung und Sprache, er mahnt: man muß sich streng an die Tradition halten, *eloquentia sermonis* darf angewandt, aber nichts Eigenes dazu-

[14] Beider Rechenschaft, Untersuchung und Edition mit Photographie ZNW 11 (1910), 1–38.

[15] Das Blatt war das äußerste eines Quaternio, daher decken sich die lateinischen und gotischen Stellen nicht. Seite 2 und 16 waren gotisch, S. 1 und 15 lateinisch beschriftet, und zwar mit Resten aus Lk 23, 11–14 und 24, 13–17, dagegen lateinisch Lk 23, 3–6 u. 24, 5–9.

[16] Burkitt, JThS 11 (1910), 611ff.

[17] Hg. von Friedrich Kauffmann, Beitr. zur Quellenkritik der gotischen Bibelübersetzung 5, Der Codex Brixianus, ZfdPh 32 (1900), 305ff. Mit Übersetzung. Text abgedruckt in Streitbergs Ausgabe der Gotischen Bibel, Einleitung. — Eine kritische Herstellung versuchte Johannes Dräseke, Der Goten Sunja und Frithila Praefatio zum Codex Brixianus, ZWTh 50 (1908), 107–117. Der Titel ist irreführend, er beruht auf einer überholten Vermutung. — Text mit englischer und deutscher Übersetzung bei Michael Metlen, A Natural Translation of the Praefatio attached to the Codex Brixianus, JEGPh 37 (1938), 355–366.

getan werden. — Sodann gibt die Praefatio Anweisungen für die Benutzung des Buches. Der Leser solle nicht meinen *aliud in Graeca lingua, aliud in Latina uel Gotica designata esse*, vielmehr soll er bedenken, daß es auf einen Sinn hinauslaufe, auch wo sich Unterschiede zeigen infolge der Eigengesetzlichkeit der Sprache *(pro disciplina linguae)*. Er brauche nicht darüber im Zweifel zu sein, was die *ipsa auctoritas* sagte. Manche Leute verfälschten Gesetz und Evangelium *per interpretationem propriam*. Hier sei gebracht, was sich in den Schriften der Griechen als die alte Überlieferung des Gesetzes finde. — Dann wörtlich: *et ipsas etymologias linguarum conuenienter sibi conscribtas ad unum sensum concurrere demonstratur*. Damit dürfte gemeint sein: Bedeutungen der Wörter *(etymologias)*, die als Äquivalente *(conuenienter sibi)* miteinander aufgeschrieben sind *(conscribtas)*, stimmen in den verschiedenen Versionen *(linguarum)* überein, wie gezeigt wird. Dann folgt eine korrupte Überleitung zur Hauptsache.

In ihrem wichtigsten und schwierigsten Abschnitt macht die Praefatio auf *uulthres* (normalisiert *wulthres*) Pl. aufmerksam. Das ist ein sonst unbelegtes Wort, anscheinend ein Fachausdruck für Übersetzer oder Textkritiker. Die Bedeutung wird mit lat. *adnotatio* erläutert. Es heißt:

Text nach Kauffmann a. a. O. S. 310f.	Übersetzung von Metlen a. a. O. S. 357
ubi littera .gr. super uulthre inuenitur, sciat qui legit quod in ipso uulthre secundum quod Graecus continet scribtum est.	where the symbol .gr. is found on top of a wulthre, the reader may know that the corresponding wulthre is a [literal] rendering of the Greek text.
ubi uero littera .la. super uulthre inuenitur, secundum latina*m* lingua*m* in uulthre ostensum est.	Where, on the other hand, the symbol .la. is found above a wulthre, the latter exhibits the Latin form.
et ideo ista instructio demonstrata *i*ta est, ne legentes ipsos uulthres non perciperent, pro qua ratione positi sint.	The foregoing explanation has been given lest those who read these wulthres fail to understand the reason for the same.

Jede Übersetzung dieser Stelle wird sogleich zur Interpretation, weil die Praefatio sachgemäßer Terminologie ermangelt. Auch Metlen legt aus, wenn er — sicher mit Recht — den Begriff literal rendering einsetzt. Da nirgendwo *wulthres* mit den genannten Kennzeichen gefunden worden sind, läßt sich etwas ganz Authentisches über ihren Charakter und ihre Funktion allerdings nicht aussagen. Dienen sie der Rechtfertigung oder der Unterweisung? Beziehen sie sich auf Lesarten (aus griechischen oder lateinischen Quellen) oder auf Wortwahl und Ausdrucksweise (nach griechischem oder lateinischem Muster)?

Burkitt denkt an readings[18], Friedrichsen an renderings[19]. Sicherlich ist Friedrichsen (auch Metlen) der Wahrheit näher, wovon seine sorgfältige Untersuchung überzeugt. Einen mittleren Standpunkt nahm Kauffmann ein[20], indem er glaubte, daß mit *wulthre* nicht der rein textkritische Begriff der varia lectio, sondern eine sprachlich zu verstehende „gute Lesart" gemeint sei. Vielleicht wird eine solche vermittelnde Sicht der praktischen Lage des Goten am ehesten gerecht, dem sich ja die Bibeltexte zunächst nicht als Komposition aus Lesarten darbieten, sondern als geheiligte Überlieferung, aber formuliert in zwei verschiedenen Idiomen.

Wenn der Praefatio etwas zu entnehmen ist, dann dies: auch Goten standen aufmerksam im Überlieferungsprozeß und hatten Entscheidungen zu treffen. Außerdem standen sie zwischen den überliefernden Sprachen. In der Praefatio bekundet sich der Wille, in den Strömungen der Textgeschichte standfest zu bleiben, das Richtige zu bringen und darüber Rechenschaft zu geben. So erklärt sich der scheinbare Widerspruch, daß sich die Praefatio entschieden zur Autorität der griechischen Bibel bekennt und gleichzeitig auf Stellen vorbereitet, die ans Lateinische angelehnt sind. Die Frage nach der richtigen Tradition überschneidet sich mit der nach der richtigen Formulierung. Auch die Randglossen in Cod. A und Cod. Arg. sind unter verschiedenen Gesichtspunkten zustande gekommen, selten unter textkritischen, meist unter semantischen.

Leider hat Kauffmann, der die Praefatio verdienstvollerweise neu herausgegeben hat, sie falsch interpretiert und überstrapaziert, und er hat mit seinen Hypothesen die Forschung vorübergehend stark beeinflußt. Erstens meinte er eine Polemik gegen Hieronymus zu erkennen[21]; Praefatio und *wulthres* wollten das Prinzip *verbum e verbo* verteidigen gegen einen neuen, freien Übersetzungsstil, also Wulfilas Erbe gegen Hieronymus. Zweitens schreibt Kauffmann die Praefatio samt der darin erörterten Anmerkungspraxis den beiden Goten Sunnia und Fretela zu, an welche sich Epistula 106 des Hieronymus wendet. Das alles gibt aber die Praefatio nicht her; auch ist chronologisch kaum angängig, sie mit Zeitgenossen des Hieronymus zusammenzubringen. Es war Jülicher, der 1910 mit dem „Traumbild der Sunnia-Fretela-Recension" nach seinen eigenen Worten „gründlich aufgeräumt hat"[22].

[18] JThS 1 (1900), 131.

[19] The Gothic Version of the Gospels, 199–211.

[20] A. a. O. 314f.

[21] Ähnlich auch Lietzmann, Die Vorlage der gotischen Bibel, ZfdA 56 (1919), 265f.

[22] Adolf Jülicher, Die griechische Vorlage der gotischen Bibel, ZfdA 52 (1910), 365 bis 387, Zitat 380. — Damit sind Sunnia und Fretela aus der Praefatio verschwunden, aber nicht aus der Forschung, wo sie noch immer auf ihre Identifizierung warten. Darüber hier zu berichten, erübrigt sich. Die Fragen der Goten, denen Hieronymus

Von andrer Seite aber wurde der Praefatio ein Platz in der Textgeschichte zugewiesen in einer Hypothese, mit der nicht so leicht „aufzuräumen" ist; F. C. Burkitt nämlich hat eine Beziehung gesehen zwischen der Praefatio und — nicht dem bestehenden Codex Brixianus, sondern — einem zweisprachigen Vorläufer von Cod. Brix.

Codex Brixianus (f) und das Gotische. Der Codex Brixianus weist eine erhebliche Anzahl von Lesarten auf, die nur zum Gotischen stimmen. Auf diese (*got* = f)-Lesarten[23] wird in Apparaten und Untersuchungen vielfach hingewiesen, aber leider sind sie noch niemals vollständig und systematisch verzeichnet worden[24]. Anfangs hatte man in f ebenso wie in andern Itala-Texten den einwirkenden Partner gesehen. Daß aber umgekehrt f unterm Einfluß eines Goticus stehe, hat erst Burkitt vermutet[25]:

"... the only Latin MS which leaves the Latin ranks and sides singly with the Gothic is *f*: is it not therefore reasonable to regard *f* as having borrowed from the Gothic and not the Gothic from *f*? Moreover, the readings where *f* and Goth. agree are usually those that support the ordinary Greek text: the hypothesis of Gothic influence will explain why *f*, above all known texts, is full of 'Antiochian' readings."

Die Praefatio — so Burkitt ebenda — könnte gedient haben "as the introduction to a bilingual Latino-Gothic codex . . . Our Codex Brixianus might be a copy of this bilingual, with the Gothic left out." Burkitt hat somit 10 Jahre vor dem Bekanntwerden des Codex Gissensis eine lateinisch-gotische Evangelienbilingue postuliert, der Fund hat ihn bestätigt im Grundsätzlichen, und fortan formulierte er seine These nicht mehr als Vermutung, sondern als sichere Behauptung[26]. Sie wurde auf germanistischer Seite sofort aufgegriffen, kam sie doch dem Bedürfnis entgegen, endlich ein Zeugnis für die Wirkungsgeschichte der gotischen Bibel zu sehen. Aber auch auf theologischer Seite ist sie angenommen worden.

---

antwortet, betreffen den Psalter, und niemand weiß, ob überhaupt einen gotischen Psalter. — Kurzbericht und wichtigste Literatur bei Stutz, Gotische Literaturdenkmäler, 43–45 u. 47.

[23] *got* = *Versio Gotica.*

[24] Sie listenmäßig zu erfassen, wäre eine wichtige Aufgabe; Vorarbeiten dazu bei Kauffmann, Der Cod. Brix. (s. Anm. 17), Odefey (Diss. 1908) u. Linke (Diss. 1920).

[25] Er kommt darauf zu sprechen in seiner Kritik der Vulgata-Ausgabe von Wordsworth–White unterm Titel "The Vulgate Gospels and the Codex Brixianus", JThS 1 (1900), 129–134, Zitat 133.

[26] "The immediate ancestor of *f* was a bilingual Latino-Gothic codex, so that the text of *f* is often assimilated to agree with the Gothic." So in Itala Problems, in: Miscellanea Amelli, Montecassino 1920, 29. "That the Gothic text we have contains elements derived from the Latin is certain; that the Latin Codex Brixianus has been influenced by the Gothic text which stood opposite its immediate ancestor is equally certain." So JThS 28 (1927), 95 (Besprechung von Friedrichsen, The Gothic Version of the Gospels).

Die Forschung hat mittlerweise noch manches beigebracht, um die These zu erhärten, daß f von einer Bilingue abstamme. Nicht die Autorität eines einzelnen, sondern die Sachverhalte selbst stützen die Annahme. Dafür ein Beispiel, eine Lesart aus Mk 4, 24:

καὶ	προστεθήσεται	ὑμῖν	*add*: *(K)*	τοῖς	ἀκούουσιν	
jah	biaukada	izwis	*got*	þaim	galaubjandam	*got* = f
et	adiicitur	vobis	f		credentibus	

dazu Bernhardt (Apparat): „galaubjandam nach f credentibus"

dazu Streitberg (Apparat): „galaubjandam] statt ἀκούουσιν vielleicht in Erinnerung an Mt 21, 22 f ist nach got korrigiert"..

Die bestmögliche, um nicht zu sagen die einzig richtige Erklärung für diese Verderbnis fand Friedrichsen[27]. Er führte diese Sonderlesart auf einen "plain scribal error" gotischerseits zurück. Nur in zwei Buchstaben unterscheiden sich die Wörter

got. ga{l}au{b}jandam „credentibus"
got. ga{h}au{s}jandam „audientibus"

und zwar solchen Buchstaben, die relativ leicht in der hier eingeschlagenen Richtung verlesen werden konnten. Der Fehler entstand aus gotischen Voraussetzungen und ist von da aus ins Lateinische übertragen worden und steht nun in f. Die Folgerung Friedrichsens: "The reading *credentibus* of f shows that the corruption goes back to the Brixian Bilingual." Burkitt hatte für seine erste grundlegende Äußerung über die *got* = f-Lesarten 8 Beispiele ausgewählt, mit denen f weder zur Itala noch zur Vulgata, sondern allein zum Gotischen stimmt, und er hat sie in der Reihenfolge ihrer Beweiskraft ohne weitere Erläuterung aufgeführt. Der besprochenen Lesart gab er den letzten Platz. Hätte er Friedrichsens Erklärung schon gekannt, stünde dieses Beispiel ganz vorne.

Die Lesart got. *galaubjandam* — (f) *credentibus* bezeugt also ἀκούουσιν, obwohl sie nicht die Bedeutung von ἀκούουσιν hat. Noch in der Entstellung ist die griechische (Koine-)Lesart zu erkennen[28].

Das Verhältnis von *got* und f ist nicht auf einen Nenner zu bringen. Bekanntlich weist jeder der beiden Texte eine nur ihm eigentümliche Mischung auf. Es gibt alle denkbaren Kombinationen, nicht zuletzt kommt vor, daß *got* zur gesamten Itala stimmt, während f mit vg geht. Nur ein Beispiel (Lk 1, 29):

---

[27] The Gothic Version of the Gospels, 136.

[28] Heinrich Vogels, Handbuch der Textkritik des Neuen Testaments, Bonn 1955^{2}, 133 reiht diese Lesart *(credentibus)* unter die „abendländischen" ein. Das ist falsch, wenn auch ein naheliegender Irrtum. Was *got* mit f verbindet, ist anders zu beurteilen als was *got* mit it im allgemeinen verbindet.

	ἐπὶ τῷ λόγῳ	αὐτοῦ		*got*	bi	innatgahtai	is
f	in verbo	eius	gegenüber	it	in	introitu	eius
vg	in sermone	eius		s	ad	introitum	eius

Nach dieser Trennung gehen *got* und f sogleich wieder miteinander gegen die Itala (außer g¹). Die altlateinischen Texte lesen entweder *qualis esset haec salutatio* oder *quod sic benedixisset eam.* Dagegen fügen *got,* f und g¹ beide Nebensätze aneinander:

got	ƕeleika	wesi	so	goleins		þatei	swa	þiuþida	izai
f	qualis	esset	haec	salutatio		quod	sic	benedixisset	eam
g¹	qualis	esset	ista	salutatio	et	quod	sic	benedixisset	eam

So ändern sich die Verhältnisse von einem Satzteil zum nächsten in dauerndem Wechsel. Doch gibt der heterogene Brixianus seinen gotischen Einschlag ausreichend klar zu erkennen, der — wenn nicht alles täuscht — von jenem verlorenen Gotico-Latinus herrührt, den Burkitt erschlossen hat und zu welchem die Praefatio gehört haben könnte. Der Brixianus steht also zum gotischen Evangelientext in einer prinzipiell andersartigen Beziehung als die übrigen altlateinischen Texte. Er ist nicht Quelle, sondern Zeugnis.

III. Die Frage der griechischen Vorlage

Der gotische Text gilt als ein Koine-Zeuge, der mit vorbyzantinischen und ,,westlichen" Lesarten durchsetzt ist. In der Zuweisung zum byzantinischen Texttyp ist sich die neutestamentliche Textforschung, an deren Urteil sich der Germanist ja halten muß, einig[29], und der Befund läßt sich gut mit dem kirchengeschichtlichen Sachverhalt vereinbaren: die Wohnsitze jener gotischen Christen, die mit Wulfila Zuflucht im Reichsgebiet gesucht haben, lagen in Mösien bei Nikopolis am Fuße des Haemus. Nach bisherigen Ermittlungen gibt es zum gotischen Text keinen gleicherweise gemischten griechischen Partner, wiewohl doch die Übersetzungsvorlage eine griechische gewesen sein muß. Ob sich das einstweilen gewonnene Bild nach der Neu-Kollation verschieben wird, bleibt abzuwarten.

Die Frage ist: Kann man unbekümmert um textgeschichtliche Lehrmeinungen an die Arbeit des Vergleichens gehen? Ja und nein. Gewiß

[29] J. L. Hug, Einleitung ..., 1808, 426: konstantinopolitanische Recension; Westcott-Hort (Introduction, 1881, 158): "largely Syrian and largely Western with a small admixture of ancient Non-Western readings"; Gregory (II 1902, 730): ,,scheint antiochenisch .. mit vielen westlichen Lesarten und mit einigen alten nicht-westlichen"; von Soden (II 1913, X): K-Text mit I-Lesarten, auch Einfluß aus altlateinischen Übers. u. Tatian (siehe auch I, 2 1907, 1469f.); Vogels (Handbuch, 1955, 132): ,,... Text, wie er bei den Kappadoziern und bei Chrysostomus bezeugt ist" ... auch sog. abendländische Lesarten.

erübrigen sich für den Bearbeiter des Gotischen Gesichtspunkte wie byzantinisch oder vorbyzantinisch. Schlechthin unmöglich ist es aber, den sogenannten westlichen Einschlag ganz voraussetzungslos zu prüfen. Er bereitet schwere methodische Verlegenheiten. Es bedarf sowohl grundsätzlicher wie jeweils besonderer Erwägungen, wenn eine westliche Lesart auf ihre Brauchbarkeit oder Unbrauchbarkeit für die Bestimmung der griechischen Vorlage eingeschätzt werden soll. Niemand weiß mit Sicherheit, ob sie aus der Übersetzungsvorlage stammt oder erst im Laufe der Jahre in den gotischen Text eingedrungen ist, nachdem West- und Ostgoten den griechischen Osten geräumt und sich im lateinischen Westen niedergelassen hatten. Der abendländische Einschlag ist das Hauptproblem der gotischen Textforschung, er hat im Widerstreit der Meinungen gestanden und noch keine endgültige Beurteilung gefunden. Es ist daher ein Blick auf die Forschungsgeschichte geboten, das heißt auf die Überlegungen derjenigen Gelehrten, die sich mit dem Verhältnis des vorliegenden gotischen Textes zu seiner mutmaßlichen griechischen Quelle befaßt haben.

Seitdem es eine Beschäftigung mit dem gotischen Neuen Testament gibt, wird in zahllosen Hinweisen, in Untersuchungen und Apparaten auf die Lesarten aufmerksam gemacht, die vom griechischen Text abweichen, also auf die nachmals „westlich" genannten. Sie fallen auf, ob man nun vom Textus receptus oder vom Nestle-Text ausgeht. So konnten von der Gabelentz und Loebe, die Editoren des „Ulfilas" von 1843 (der später von Tischendorf benutzt wurde), schon auf manche Erörterungen zurückblicken, als sie sich in ihren Prolegomena für einen nachträglichen Einfluß aus der lateinischen Bibel aussprachen (S. XVIIff.):

„*Et loca quidem esse, e quibus cognoscatur, versioni nostrae plurima et verba et versiculos in libris latinis solummodo exstantia admixta esse, eamque lectiones habere, quae a graecis discedentes cum latinis consentiant, non nisi caeci aut rixosi negabunt. ... Viri eruditi igitur quum in Ulfilae versione aliquot locis latinorum codicum lectiones reperissent, alii eum libros utriusque sermonis consuluisse, alii versionem gothicam posteriore aetate ab aliis theologis ad latinos libros reformatam esse censuerunt.* (Zurückweisung der ersten Meinung, dann:) *Multo autem probabilior est altera sententia, qua versio in Moesia ex libris graecis confecta postea in Italia ab aliis theologis gothicis ad tenorem et normam latinorum librorum mutata et interpolata esse existimatur.*" (Sperrung durch Vfn.)

Als Argument dient u. a. eine Randglosse aus den damals noch nicht lange zugänglichen Paulusbriefen. In Eph 2, 3 bietet der Text in beiden Codd. richtig *wiljans* für θελήματα, aber in margine in A steht *lustuns*. Die Hg. sehen darin einen Niederschlag der lateinischen Konfusion von *voluntates (= wiljans)* und *voluptates* (= *lustuns* Akk.); eine Deutung, die sich behauptet hat. Dem gotischen Text von Gabelentz–Loebe ist kein griechischer beigegeben, nur eine lateinische Übersetzung (nicht Quelle), wodurch die Ausgabe auch für Nichtgermanisten benutzbar wurde.

Neue Lesungen aller gotischen Codices (durch den Schweden Andreas Uppström) führten zu neuen Ausgaben[30]. Ernst Bernhardt (Gymnasiallehrer) brachte nach vorausgehenden Textstudien erstmals einen „Vulfila mit dem entsprechenden griechischen Text" heraus (1875). Dieser stimmt, weil eklektisch, weitaus besser zum gotischen Wortlaut als Streitbergs nachmalige „Vorlage", er konnte darum später von Jülicher gegen Streitberg ins Feld geführt werden (siehe u. S. 392). Bernhardt schreibt über sein Verfahren (Einl. S., LXVI):

„Der griechische text gibt stets diejenige lesart der älteren bei Tischendorf mit großen buchstaben bezeichneten uncialhandschriften, welche dem gotischen text zu entsprechen schien, und zwar auch dann, wenn etwa nur eine oder wenige griechische handschriften sie boten und ihr ursprung aus der Itala wahrscheinlich schien. Stimmten dagegen nur jüngere griechische handschriften oder citate der kirchenväter zu der gotischen lesart, so habe ich dies in den anmerkungen angegeben, in den text die lesart der gewöhnlich mit Vulfila übereinstimmenden handschriften aufgenommen."

Ganz abseits steht Bernhardt mit seiner auf Markus-Studien beruhenden Annahme, daß Wulfilas Evangelien-Vorlage dem Codex Alexandrinus nahe verwandt gewesen sein müsse; dieser seiner Überzeugung widersprachen Kauffmann und Streitberg. Die Paulus-Vorlage stand nach Bernhardts Beurteilung „der italischen classe zunächst". Für nachwulfilanische Textänderungen nennt er (außer Verschreibungen) drei Ursachen. 1. Parallelstellen-Einfluß, 2. Interpolation von Randglossen, 3. Itala-Einfluß. Was die altlateinischen Lesarten betrifft, war er einerseits überzeugt, daß Wulfila „die lateinische Version" gleich beim Übersetzen zu Rate gezogen habe, besonders für die Episteln, rechnete aber andererseits auch mit nachträglichen Einwirkungen.

Bernhardts „kritischer und erklärender Commentar" ist bemerkenswert reichhaltig und stichhaltig. Er registriert nicht nur die wechselnden Zeugen und Zeugengruppen — selbstverständlich in einer bedingten Auswahl —, sondern erläutert auch Auslassungen, Zusätze, Abweichungen so sorgfältig, daß seine Erklärungen vielfach von Streitberg und Friedrichsen aufgegriffen worden sind. Bernhardt hat auch schon die enge Verwandtschaft des lateinischen Textes f mit dem gotischen wahrgenommen und reichlich belegt, wobei er freilich noch in f die Quelle für die gemeinsamen Lesarten sah.

---

[30] H. F. Massmann hat 1857 einen „Ulfilas ... mit gegenüberstehendem griechischem und lateinischem Texte" herausgegeben. Diese liebevolle und mit reichhaltiger Einleitung versehene Ausgabe kann hier übergangen werden, da der griechische Text nicht kritisch auf den gotischen bezogen ist (manchmal ein Wort eingeklammert). Der oft aufgelegte „Ulfilas" von Stamm(–Heyne–Wrede) 1858(–1920) bietet nur den gotischen Text (sehr gut).

In einer Serie von „Beiträgen zur Quellenkritik der gotischen Bibelübersetzung“[31] hat Friedrich Kauffmann die Textforschung um einige Schritte weitergebracht. Der Wert von Kauffmanns Arbeiten liegt im Detail. Er war in seinem Übereifer manchmal etwas zu kategorisch, neigte auch zu Konstruktionen, schuf Begriffe, die sich in Nichts aufgelöst haben (Sunnia-Fretela-Rezension, Schule des Wulfila). Aber er hat auch die Technik sachgemäßer Untersuchung beherrscht. Im vorliegenden Zusammenhang interessiert vor allem, daß er Chrysostomus herangezogen hat, zwar unter Berufung auf Lagarde und im Glauben an die „Lucianische recension“, nichtsdestoweniger mit Gewinn. Dafür nur ein Beispiel. Anstelle von ἀποστάσιον Mt 5, 31 liest *got afstassais bokos* „der Scheidung Brief“. Bernhardt hatte für den zweigliedrigen Ausdruck nur auf f vg *libellum repudii* verweisen können. Nun fand Kauffmann bei seiner umsichtigen Vergleichung der Matthäuszitate des Chrysostomus βιβλίον ἀποστασίου und machte damit die Erklärung aus dem Lateinischen überflüssig[32]. Er war überhaupt zurückhaltend in der Hinzuziehung lateinischer Lesarten. Freilich hat Streitberg diese Chrysostomus-Lesart (und andere) nicht in seine Vorlage aufgenommen, sondern in den Apparat gesetzt, während im Text nach wie vor ἀποστάσιον steht. — Das genannte Beispiel ist besonders deswegen der Mitteilung wert, weil sich der Vorgang ja prinzipiell bei der Kollation wiederholen kann. Vielleicht werden für gotische Lesarten, die man bisher nur aus dem Lateinischen zu erklären vermochte, griechische Parallelen sichtbar.

Wenn sich inzwischen die Lehrmeinung ausgebreitet hat, daß Wulfila und Chrysostomus — jeder für seine Zwecke — einen höchst ähnlichen Evangelientext benutzt haben, wenn ferner, zu Recht oder zu Unrecht und mindestens unter Laien, die Vorstellung herrscht, *got* und Chrys miteinander seien die ergiebigen Zeugen für die griechische Bibel des 4. Jhs., so beruht das auf Kauffmanns Vergleichung.

Nach wiederum neuen Lesungen (der Ambrosianischen Codices) durch Wilhelm Braun, Mailand, gab Wilhelm Streitberg „Die gotische Bibel“ 1908 neu heraus. Was er geben wollte, sagt der Titel des Textbandes: Der gotische Text und seine griechische Vorlage mit Einleitung, Lesarten und Quellennachweisen. Sein gotischer Text ist bis heute, von Kleinigkeiten abgesehen, maßgebend, der einzige, der immer wieder nachgedruckt wird[33]. Seine Vorlage ist im Unterschied zu Bernhardts A-orientiertem griechischem Text, den Kauffmann stark in Zweifel gezogen hatte, an Hermann von Sodens *K* angelehnt. Zwar war

[31] Zwischen 1897 und 1911 in ZfdPh. Über Verwandtschaft zwischen *got* und Chrys in Bd. 30 (1898), 148–183 (Matthäus) und Bd. 31 (1899), 181–194 (Johannes). — Im selben Sinne Paul Odefey, Das gotische Lukasevangelium, Diss. Kiel 1908.

[32] ZfdPh 30, 179.

[33] Verbesserte Aufl. 1919² noch von Streitberg; unverändert 1950³, 1960⁴; durchgesehen 1965⁵ (durch Ernst A. Ebbinghaus), 1971⁶. Die Erscheinungsdaten des zugehörigen Wörterbuches sind andere.

Sodens Textband noch nicht erschienen, aber Streitberg baute auf dessen gleichzeitig voranschreitende Untersuchungen. Streitberg glaubte an die Möglichkeit einer „streng systematischen Herstellung des griechischen Textes", und er meinte die beiden Unbekannten in der Rechnung fassen zu können: erstens die Quelle der Übersetzung, zweitens Ursachen und Quellen der nachwulfilanischen Änderungen. Der Charakter des griechischen Originals schien ihm (laut Vorwort) „durch die Forschungen de Lagardes, Kauffmanns und v. Sodens ... in allen wesentlichen Zügen bestimmt". Die Verderbnisse führte er auf zwei Ursachen zurück: „auf den Einfluß fremder Bibeltexte, in der Regel der altlateinischen Übersetzung, und auf die Einwirkung der Parallelstellen". Über die Gesichtspunkte, von denen er sich bei der Rekonstruktion der Vorlage leiten ließ, auch über seine Bindung an die Theorie von Sodens gibt Streitberg in der Einleitung Rechenschaft:

S. XXXVII: „So wertvoll daher der Text des Chrysostomus zur Kontrolle ist, so wird er doch nicht die einzige Grundlage ... bilden dürfen, vielmehr sind die Vertreter der *K- und *I-Typen systematisch heranzuziehen."

S. XLV: „Im einzelnen Fall ist nicht immer mit voller Sicherheit zu bestimmen, ob die Abweichung des gotischen Textes von *K erst auf der Einwirkung von it beruht oder ob das *K fremde Element schon in die griechische Vorlage eingedrungen ist: die Wahrscheinlichkeit spricht meist für die erste Annahme, besonders in dem Fall, wenn dem Text von it nur reine *H-Hss zur Seite stehn."

Dazu Anm.: „Überall dort, wo griechische Hss, deren Lesarten auch sonst mitunter im gotischen Texte nachweisbar sind, den Wortlaut von it bieten, ist dieser Wortlaut in den griechischen Evangelientext der Ausgabe aufgenommen worden: es soll damit nur angedeutet werden, daß in diesen Fällen die Möglichkeit einer Beeinflussung der griechischen Vorlage besteht. Der Apparat gibt hier stets einen genauen Überblick über den Stand der Dinge und gestattet so, die Bedeutung der einzelnen Faktoren gegeneinander abzuwägen."

Daß in Streitbergs Ausgabe erhebliche Differenzen bestehen zwischen dem gotischen Text und der griechischen Vorlage, ist nur konsequent im Sinne seiner textgeschichtlichen Überzeugung, und er hat diese grundsätzlich entschieden verteidigt gegen die scharfen Einwendungen Jülichers und Lietzmanns. Zu gewissen Änderungen wäre er bei der zweiten Auflage bereit gewesen, hätte er „freie Hand gehabt" (Vorwort).

Die Vorlage wurde nämlich — und mit ihr Streitbergs Prämissen — radikal verworfen von Adolf Jülicher (1910 und 1912) und Hans Lietzmann (1919)[34]. Jülicher wollte verhüten, daß Streitbergs griechischer

[34] Jülicher, Die griechische Vorlage der gotischen Bibel, ZfdA 52 (1910), 365–387 und ZfdA 53 (1912), 369–381; Lietzmann, Die Vorlage der gotischen Bibel, ZfdA 56 (1919), 249–278, auch Kleine Schriften II, 1958, 191–219.

Dazwischen Kauffmann gegen Jülicher, ZfdPh 43 (1911), 118–132 (Zur Textgeschichte d. gotischen Bibel). Eine allzu gereizte Reaktion auf Jülichers schroffen Ton. Jülicher war in Goticis beraten durch den Germanisten Ferdinand Wrede, den Hg. des Stamm–Heyne'schen „Ulfilas", welcher selbst ebenfalls scharf gegen Streitberg Stellung nahm im Vorwort zur 12. Aufl. 1913.

Text sich als gotischer in die Apparate des Neuen Testamentes einschleiche. Beide Theologen hielten es für ein Unding, daß Streitbergs beide Spalten an Hunderten von Stellen nicht zusammen paßten, und sie stellten als oberste methodische Regel auf, daß der überlieferte gotische Text, so wie er lautet, als Zeugnis für die griechische Vorlage genommen werden müsse.

Jülicher S. 372: „... in der Vorarbeitsperiode der biblischen Textkritik in der wir heute noch stehn, darf eine systematische ‚Reconstruction' der griechischen Vorlage überhaupt für keine Übersetzung unternommen werden, weil kein ‚System' sich fest genug begründen läßt. Damit wir später ein System gewinnen, müssen wir vorläufig von dem Einzelnen statt vom Ganzen ausgehn. Die Vorlage des Ulfilas ist durch möglichst getreue Rückübersetzung des Gotischen ins Griechische mit Hilfe der griechischen Bibelausgabe und ihres Variantenapparats zurückzuerobern, nicht durch eine Angleichung des Goten an einen in Wahrheit gar nicht bestimmbaren K- oder Chrysostomus-Text."

Jülicher S. 379: „Für mich unterliegt es keinem Zweifel, daß die griechische Vorlage des Ulfilas dem jetzt gotisch überlieferten Texte viel ähnlicher gesehen hat, als sie es bei Streitberg tut."

Lietzmann S. 264: „Die Koine hat gar wild gewuchert, und neben tausend verschollenen ist der gotische Text einer der wenigen erhaltenen dieser so wandlungsfähigen Zeugen. Angesichts dieser Tatsache ist als erste methodische Regel aufzustellen, daß jede Lesart des Goten als seiner griechischen Vorlage angehörig anzusehen ist, welche uns sonst noch in einem Zeugen der alten Koine begegnet ..."

Lietzmann S. 277: „... (ergibt sich) ... die Forderung, daß der gotische Text so treu wie möglich nachzubilden ist, da wir angesichts unserer kümmerlichen Kenntnis der alten Koine die Möglichkeit, daß eine zur Zeit noch unbezeugte Variante doch dem Original angehört, stets in Rechnung stellen müssen"[35].

Was die abendländischen Lesarten betrifft, so rechnen Jülicher und Lietzmann damit, daß Wulfila selbst sie in seiner Quelle schon angetroffen habe, von Einzelfällen abgesehen. Beide weisen darauf hin, daß gerade in Mösien, wo Wulfila wirkte, leicht ein „latinisierender K-Text" (Jülicher) bzw. „eine stark mit abendländischen Lesarten durchsetzte Koinespielart" existiert haben könnte[36]. Aus ihrem größeren Blickwinkel belehren sie darüber, daß nicht alles, was nach Itala und Latein aussieht, darum abendländisch sei; daß abendländische Lesarten auch im Morgenland lateinlos auftreten; daß die Sicht zu eng ist, die nur die Alternative kennt: hier griechisch — dort Itala[37].

Die Kontroverse um Streitbergs Vorlage ist von unmittelbarem Interesse. Soll man den methodischen Regeln Jülichers und Lietzmanns folgen? Das brächte Erleichterung, man wäre von belastenden Zweifeln, ob Wulfila wirklich so gelesen habe, befreit und von der Pflicht,

---

[35] Die Zitate von Jülicher und Lietzmann sind orthographisch modifiziert.

[36] Lietzmann S. 275, vgl. Westcott–Hort, Introd. § 218.

[37] Vgl. James W. Marchand, Language 33 (1957), 234 über "Streitbergs fanciful reconstruction" ... "the same readings in Syriac, Armenian and Old Church Slavic versions make Streitberg's assumption of Latin influence unnecessary and unlikely".

die Vetus Latina zu vergleichen, entbunden. Man dürfte wieder so verfahren wie einst Bernhardt, dessen eklektischen griechischen Text Jülicher für richtiger hielt als den Streitbergs.

Man vergleiche die beiden Rekonstruktionen an einer winzigen Auswahl von sechs Lesarten, verschieden gelagerten und verschieden gewichtigen Fällen, einem Durchschnitt :

	got		Bernhardt	Streitberg
Lk 7, 40	*du Paitrau*[38] „zu Petrus"		πρὸς αὐτόν	
Lk 10, 14	*in daga stauos* „am Tage des Gerichts"		ἐν τῇ κρίσει	
Mk 8, 22	*Beþaniin*	=	Βηθανίαν	Βηθσαϊδάν
Mt 11, 8	*hnasqjaim wastjom*	=	μαλακοῖς ἱματίοις	ἐν μαλ. ἱμ.
Lk 6, 29	*galewi imma*	=	πάρεχε αὐτῷ	πάρεχε
Phil 4, 7	*leika*	=	σώματα	νοήματα

Besonders die letztgenannte Lesart stellt einen Musterfall dar für die Ungleichartigkeit des Urteils. Got. *leika* (Pl.) scheint problemlos für σώματα zu stehen. Aber so sicher sich *leika* mit σώματα deckt, so wenig läßt sich das Naheliegende beweisen, nämlich daß es von Anfang an im gotischen Text stand. Streitbergs Vorlage und sein Apparat lassen erkennen, daß er *leika*, weil es durch F^{gr} G d e g m repräsentiert ist, für westlich und nachträglich hielt, weswegen er nicht σώματα sondern, sich auf *K* stützend, νοήματα in den Vorlage-Text aufnahm.

Wie hat man sich in solchem Falle bei der Kollation zu entscheiden? Unbefangen ist man nach alledem nicht mehr. Da aber das vorurteilslose Verfahren ausdrücklich gefordert wird, ist es erlaubt, im Sinne Jülichers und Lietzmanns zu handeln und *leika* als Zeugen für σώματα zu registrieren. Sich mit Streitberg von textgeschichtlichen Prämissen abhängig zu machen, das hieße die Einsicht verbauen in vielleicht verborgene Zusammenhänge. Man wird sich von Streitberg distanzieren müssen, ohne andrerseits mit Jülicher und Lietzmann immer und unter allen Umständen jede gotische Lesart für eine griechische zu nehmen. Das hieße die Augen verschließen vor den sicheren Anzeichen gotisch-lateinischer Textberührung.

Gesetzt, man vermöchte die ganze überkommene Textforschung zu ignorieren, gesetzt, die Kollation ergäbe, daß das vormals als westlich geltende Lesarten-Material (D it, F G it in Streitbergs Apparat) in

[38] Zur Stelle Walter Henss, Das Verhältnis zwischen Diatessaron, christlicher Gnosis und „Western Text", 1967, (= ZNW Beih. 33), S. 29f.

orientalischen Versionen und in noch ungenützten griechischen Zeugnissen reichlich vorläge, gesetzt, es erwiesen sich alle bisherigen Theorien als Hirngespinste — so können sich doch gewisse Fakten nicht in Luft auflösen. Ein Faktum ist beispielsweise der Latinismus *laiktjo* am Rande von Cod. B. Dokumente sind die lateinisch-gotischen Bilinguen. Jülicher und Lietzmann hatten den weiteren Horizont, aber nicht die Detailkenntnisse. Für Jülicher, der an den breiten Strömen der Überlieferung saß, war der Codex Gissensis nur ein Pergamentfetzen, er konnte nicht ermessen, was dieser Fund für den Germanisten bedeuten mußte.

Wovon Jülicher und Lietzmann noch nichts wissen konnten, das sind die hernach und ihren Auffassungen zum Trotz erschienenen Untersuchungen von George W. S. Friedrichsen, dem besten lebenden (heute hochbetagten) Kenner des gotischen Neuen Testamentes. Friedrichsen entwarf sowohl für The Gothic Version of the Gospels (1926) wie auch für The Gothic Version of the Epistles (1939) eine nachwulfilanische Textgeschichte und setzte damit die alte, besonders von Streitberg vertretene Forschungsrichtung fort. In manchem geht Friedrichsen gewiß zu weit: in der Annahme einer basic norm für Wulfilas Diktion, von wo aus spätere Eingriffe in den Text zu erhellen seien, auch bei der Rekonstruktion von Assimilationsprozessen zwischen bestimmten Itala-Codices einerseits und den gotischen Evangelien und Briefen andrerseits, ferner in der Konstruktion eines Palatinian Bilingual der Evangelien. Sehen wir aber von den Hypothesen ab, dann bleibt eine wertbeständige textphilologische Materialsammlung, die noch nicht ausgeschöpft ist: Vergleiche, Analysen, Wortstudien, Listen von sprachlichen oder textlichen Fakten. Seinen Lists of passages zufolge bringt er 1800 Stellen zur Sprache, worunter selbstverständlich nicht 1800 readings zu verstehen sind; Friedrichsen widmet auch den renderings ausgiebige Studien. Seine Meinung einzuholen lohnt auch dann, wenn man zu einem abweichenden Resultat kommt. Oft genug wird man ihm zustimmen (z. B. oben S. 387 und S. 401).

Friedrichsen bedient sich der überkommenen Kategorien der neutestamentlichen Textforschung, er spricht von Textfamilien und Hss, aber noch mehr als die Textforschung selbst interessiert ihn der geschichtliche Vorgang, den er zu erkennen glaubt, interessiert ihn die Latinisierung der gotischen Bibel als ein Dokument der gotischen Geschichte, als ein Schritt auf dem Wege der Romanisierung. Latinisierung, das meint: eine Annäherung an die Lesarten der Vetus Latina. In seinem Paulusbuch ist Friedrichsen zurückhaltender mit Konstruktionen und bündiger als im ersten. Er bekräftigt, was schon ein paarmal gesagt worden war: daß die Paulusbriefe mehr Itala-Einfluß zeigen als die Evangelien, er findet auch einen Niederschlag des Ambrosiaster, oder vorsichtiger: er stellt fest, daß die Goten auch lateinische Kommentare konsultiert haben[39].

Die Textforschung der letzten hundert Jahre ist an die Namen Bernhardt, Kauffmann, Streitberg und Friedrichsen geknüpft. Sie alle verbindet die Überzeugung, daß der überlieferte gotische Text vom ursprünglichen Wortlaut der Übersetzung und mithin von der griechischen Vorlage abweiche. Sie alle wollten Ursachen und Ausmaß der Abweichung ermitteln, wobei sie in Einzelheiten zu unterschiedlichen Ergebnissen gelangt sind. Sie wollten die Geschichte des gotischen Textes erkennen und meinten außerdem, daß von der gotischen Bibel aus ein Licht auf die griechische des 4. Jhs. fallen könnte.

Sie alle waren abhängig von den zugänglichen Quellenwerken und Variantenapparaten — keinem stand schon Jülicher-Matzkow zur Verfügung —, und sie waren abhängig von vergänglichen Texttheorien und Terminologien. Das Wichtige an ihren Arbeiten ist, was übrigbleibt, wenn wir ihre Prämissen und ihre Thesen ausklammern, das ist die Riesensumme von Kleinarbeit, die Fülle sorgfältiger und liebevoller Observation. Die Früchte ihrer Arbeit sind noch nicht eingebracht.

IV. Beispiele

In einem Anhang folgen nun fünf Beispiele für die Untersuchung gotischer Stellen im Hinblick auf ihren Zeugenwert. Oft häufen sich die Probleme auf einer Lesart, oft scheinen die Fäden der Überlieferung miteinander verflochten oder verfilzt. Die Beispiele mögen demonstrieren, was der Bearbeiter des Gotischen bei der Kollation bedenken muß und was er verantworten kann. Er wird gegebenenfalls versichern können, daß ein gotisches Wort nach Form und Bedeutung mit dem vorgelegten griechischen Wort übereinstimmt. Je nach Umständen darf er auch dann noch Übereinstimmung konstatieren, wenn nicht das Einzelwort, sondern die Konstruktion zu vergleichen ist und also die Eigengesetzlichkeit der gotischen Sprache in Rechnung gestellt werden muß. Manchmal aber wird er eine nur notdürftige oder überhaupt keine Entsprechung vorfinden. Unter günstigen Bedingungen kann

[39] "If there is one fact in connexion with the origins of the Gothic Epistles that may be affirmed without hesitation, it is that they were done into Gothic from the Byzantine text represented by KLP and Chrysostom. The readings which agree with the text of D*EFG defg alone are secondary, and belong to the later history of the Gothic text west of Constantinople.
The hypothesis of an original of mixed type, recovered by retranslating the existing Gothic into Greek, of the kind postulated by A. Jülicher and, more recently, by H. Lietzmann, is unsupported by any existing evidence, and confuted by the facts and arguments presented in the preceding pages." (The Gothic Version of the Epistles, 257); Arthur Vööbus lehnt sich an Friedrichsen an bei seiner Darstellung der gotischen Version, Early Versions of the New Testament, Stockholm 1954.

er die Ursachen der Divergenz erkennen, nicht selten wird er auch resignieren.

Wiewohl der Grundbestand des gotischen Textes zum Griechischen, d. h. zu griechischen Lesarten stimmt, kann sich der Bearbeiter des Gotischen nicht dafür verbürgen, daß jede passende griechische Lesart auch tatsächlich in Wulfilas Vorlage vertreten war. Nachwulfilanische Textänderungen, auch wenn sie nur in geringem Umfang eingetreten sind, können Ursachen von Fehlurteilen werden. Doch ist die Menge des Vergleichsmaterials so groß, daß einige unvermeidliche Fehlschlüsse den Erfolg der Arbeit nicht ernstlich gefährden können. Aufs Ganze gesehen wird doch von der Wahrheit, die es zu erkennen gilt, ein gutes Stück in Sicht kommen.

Jedes der fünf Beispiele stellt nur ein Körnlein vom Ganzen dar, aber jedes ist kennzeichnend für das Textgefüge des gotischen Neuen Testamentes mit seiner griechischen Basis, seinen geringfügigen eigenen Zutaten und seinem potentiellen lateinischen Einschlag.

Beispiel 1: aus Mk 3, 10-11

	(καὶ)	ὅσοι	εἶχον	μάστιγας	καὶ
Vg		quotquot	habebant	plagas	et
f	et	quodquod	habebant	plagas	et
got	jah	swa managai swe	habaidedun	wundufnjos	jah

	τὰ	πνεύματα	τὰ	ἀκάθαρτα		ὅταν	αὐτὸν	ἐθεώρουν
Vg		spiritus		immundi		cum	illum	videbant
f		spiritus		{ immundos		cum	viderent	illum
e		spiritos		immundos		cum	eum	viderent
got		ahmans		unhrainjans	} þaih	þan	ina	gaseƕun
				(Akk.Pl.)				

Bemerkungen:

a) Die Plurale πνεύματα = *spiritus* = got. *ahmans* sind als Kasusformen zweideutig, können also zu folgendem *sie fielen* (als Subjekt) oder zu vorausliegendem *sie hatten* (als Objekt) gezogen werden.

b) Die Plurale *immundos* = got. *unhrainjans* sind klare Akkusative, wer diese Lesart vertritt, versteht die unreinen Geister als Objekt.

c) Der Gote setzt das deiktische Demonstrativum *þaih* (zu *sah*) ein, dessen Funktion es ist, auf die Übereinstimmung mit dem Bezugswort aufmerksam zu machen. Es knüpft hier am satzeröffnenden Pronomen an:

swa managai swe ... → *þaih*
„so viele wie“ ... → „eben diese“, „diese jedenfalls“

d) Der Einsatz mit *et* = got. *jah* bestätigt die Satzgliederung, wie sie sich aus der Auffassung von πνεύματα als Objekt ergibt. (Über Vorkommen von καὶ$_1$ liegen mir unzulängliche Angaben vor.)

Die Konstruktionsänderung wird in der Literatur nur von Bernhardt erörtert, der auch „die merkwürdige Übereinstimmung mit f" erwähnt. Streitberg und Friedrichsen schweigen darüber. Dieser befaßt sich nur mit got. *wundufnjos* und meint — nicht überzeugend — daß es semantisch dem lat. *plagas* entspreche, nicht aber μάστιγας wiedergebe.

Resultat:

Unter sprachlichen Gesichtspunkten ist nicht zu entscheiden, ob der gotische Akkusativ auf der zweideutigen griechischen oder auf der partiell eindeutigen lateinischen Form beruht. Jedenfalls verrät die gotische Sonderlesart, daß der Gote die Formulierung präzisieren wollte.

Beispiel 2: aus Mk 3, 21

	καὶ		ἀκούσαντες	οἱ	παρ'	αὐτοῦ					
got	jah		hausjandans		fram	imma		bokarjos	jah		anþarai
D	καὶ	ὅτε	ἤκουσαν		περὶ	αὐτοῦ	οἱ	γραμματεῖς	καὶ	οἱ	λοιποὶ
it	et	cum	audissent		de	illo		scribae	et		ceteri
						eo					

Bemerkungen:

a) Das Gotische liest mit D it, aber typischerweise nicht in allen Stücken.

b) got. *hausjandans* stimmt gegen D it zu ἀκούσαντες (nach gotischer Grammatik Part.Präs. „audientes").

c) Für das übrige entfallen sprachliche Kriterien, es stimmt zum griechischen (D) so gut wie zum lateinischen Wortlaut.

d) got. *fram* hat für eine etwaige Textentwicklung keine Beweiskraft, da es παρά und περί wiedergeben kann.

Bernhardt urteilt: „eine nach der Itala interpolirte Stelle", während Streitberg zurückhaltender nur vergleichend auf die Zeugengruppe hinweist. Friedrichsen verwendet die Stelle nicht für seine Latinisierungstheorie. Vogels führt sie unter seinen Beispielen für den „abendländischen" Einschlag (Handbuch, 133) an.

Resultat:

Erstens gibt es keinen Anhaltspunkt für die sprachliche Grundlage dieser Interpolation. Zweitens ist keine Mutmaßung darüber möglich, zu welchem Zeitpunkt diese „westliche" Lesart in die gotische Version aufgenommen wurde, ob sie wulfilanisch oder nachwulfilanisch ist.

Beispiel 3: aus Röm 12, 17

	προνοούμενοι	καλὰ	(*add*	οὐ	μόνον
Vg it	providentes	bona		non	tantum
got (A)	bisaiƕandans	godis		ni	þatainei

	ἐνώπιον	τοῦ	θεοῦ	ἀλλὰ	καὶ)	ἐνώπιον
Vg = gue (it)	coram		deo	sed	etiam	coram
got (A Car)	in andwairþja		gudis	ak	jah	in andwairþja

	πάντων	ἀνθρώπων
Vg	omnibus	hominibus
gue (it)	h o m i n i b u s	
got (A Car)	manne	allaize

Bemerkungen

a) Das zweisprachige Wolfenbütteler Fragment Cod.Car. setzt hier mit (dem ersten) *coram* ein; von da an besteht gotische Parallelüberlieferung.

b) Car stimmt mit *manne allaize* (Genetiv „hominum omnium", abhängig von *in andwairþja* „in Gegenwart", „im Angesicht") zu A und steht im Gegensatz zu seinem lateinischen Nachbarn gue.

c) Mit der Nachstellung von *allaize* geht *got* fast allein, sie wird entweder innergotisch motiviert oder mit Chrysostomus zusammengebracht.

d) *bisaihvandans* ist ein Kompositum von *saihvan* „videre". Da es seinem lateinischen Pendant ähnlicher sieht als dem griechischen und da 2 Kor 8, 21 προνοούμενοι durch *garedandans* „bedacht seiende" übersetzt ist, was dem Griechischen näher steht, rechnet Friedrichsen hier mit lateinischen Einfluß. Demgegenüber scheint mir die vorbildlose Genetiv-Rektion (*godis* „boni") zu erweisen, daß es sich um einen dem gotischen Idiom vertrauten Wortgebrauch handelt.

e) Für die Herkunft der Interpolation (οὐ μόνον ... nach 2 Kor 8, 21) fehlen sprachliche Indizien.

Resultat:

In Car hat sich (übrigens mehrmals) eine griechische Lesart gegen den Text der lateinischen Spalte erhalten. Das reicht zwar nicht aus, um den Einfluß der Itala grundsätzlich zu bezweifeln, aber es mahnt zur Zurückhaltung.

Beispiel 4: aus Phil 3, 16

		(τὸ αὐτὸ	φρονεῖν)		
Vg, Amst	ut	idem	sapiamus		
got AB	ei	samo	hugjaima	jah samo	fraþjaima
	„daß	dasselbe	wir meinen	und dasselbe	wir denken"

			τῷ αὐτῷ	στοιχεῖν	(κανόνι)
Vg	et	in	eadem	permaneamus	regula
Amst	et	in	eo	ambulemus	
got A			samon	gaggan	garaideinai
		„[in]	derselben	[zu] gehen	Regel"

Bemerkungen:

a) Das Schema läßt unberücksichtigt, daß für die Koine die Reihenfolge στοιχεῖν–φρονεῖν angesetzt wird. Dazu Lietzmann a. a. O. 271f. oder Kl. Schr. 212f.

b) Das Gotische hat zwei Varianten: A ist um ein Glied länger als B, nur A spiegelt die zweigliedrige Lesart φρονεῖν + στοιχεῖν.

c) Anstelle von φρονεῖν bzw. *sapiamus* zeigen beide gotischen Hss ein Synonymen-Binom: *hugjan jah fraþjan* ist stilistisch vergleichbar mit nhd. „sinnen und trachten" u. ä. Das ist eine innergotische Erweiterung. Der Zwillingsausdruck dürfte durch Hereinnahme einer Randglosse entstanden sein, vielleicht auch aus dem allgemeinen Sprachgebrauch kommen. Er muß aus einem Vorläufer von A und B stammen und mag den Verantwortlichen für B dahingehend irregeleitet haben, daß er das ursprüngliche zweite Glied στοιχεῖν als erledigt fallen ließ.

d) Der gotische Infinitiv *gaggan* (nur A) bezeugt zuverlässig στοιχεῖν, und zwar gegen die lateinische (*ut* + Konjunktiv) Fügung.

e) Der konjunktivische gotische Finalsatz *ei hugjaima jah fraþjaima* entspricht syntaktisch und semantisch dem lateinischen *ut*-Satz, aber nur semantisch dem griechischen φρονεῖν. Also bezeugt er φρονεῖν nur der Bedeutung nach.

f) Friedrichsen sieht in der gotischen Folge (φρονεῖν–στοιχεῖν) das Ergebnis lateinischen Einflusses.

Resultat:

Die Stelle zeigt erstens die Spur des griechischen Ursprungs, zweitens eine gotische Besonderheit (Zwillingsausdruck) und drittens — vielleicht? — die Spur lateinischer Einwirkung (*ut*-Satz).

Beispiel 5: ταπεινοφροσύνη + (νοός)

Durch eine Gunst der Überlieferung liegen alle fünf Paulusstellen gotisch vor, an denen ταπεινοφροσύνη wiederzugeben war. Die folgende Übersicht zeigt den entsprechenden gotischen Ausdruck in seiner Abwandlung, außerdem den des Ambrosiaster-Textes (nach Ed. Vogels 1957), weil hier regelmäßig der gleich zu erörternde Zusatz steht.

			ταπεινοφροσύνη	Genetiv
Eph 4, 2		μετὰ πάσης	ταπεινοφροσύνης	—
	got	miþ allai	hauneinai	—
	Amst	cum omni	humilitate	animi
Phil 2, 3		τῇ	ταπεινοφροσύνῃ	—
	got	in allai	hauneinai	gahugdais
	Amst	in	humilitatem humilitate	mentis
Kol 2, 18		ἐν	ταπεινοφροσύνῃ	—
	got	in	hauneinai	—
	Amst	in	humilitate	animi
Kol 2, 23		ἐν	ταπεινοφροσύνῃ	(τοῦ νοός)
	got	in ...	hauneinai	hairtins
	Amst		humilitate	animi cordis
Kol 3, 12			ταπεινοφροσύνην	—
	got		haunein	ahins
	Amst		humilitatem	sensus

Allemal setzt Ambrosiaster, dreimal setzt der Gote ein Genetivattribut zu *humilitas* = *hauneins*. Hier wie überhaupt ist deutlich, daß im gotischen Text gleichartige Fälle nicht gleichartig behandelt sein müssen. Einerseits fand zwischen Eph 4, 2 und Phil 2, 3 durch die Übernahme von *allai* (anscheinend nur gotisch) eine leichte Angleichung statt, andrerseits weichen dieselben beiden Stellen bezüglich des Hauptbegriffes voneinander ab.

Der semantische Sachverhalt ist klar. Während das Griechische zwischen ταπείνωσις und ταπεινοφροσύνη unterscheidet, steht im Lateinischen und im Gotischen nur jeweils e i n Wort zur Verfügung: dort *humilitas*, hier *hauneins* „Erniedrigung" und „Niedrigkeit" (zur Wortfamilie von *Hohn* gehörig). Dieser lexikalische Mangel dürfte in beiden (Kirchen-)Sprachen als solcher empfunden worden sein. Jedenfalls präzisieren die attributiven Genetive *animi, cordis, mentis, sensus*, got. *ahins* („*mentis, sensus*"), *gahugdais* („*mentis*"), *hairtins* („*cordis*") den Begriff der *humilitas* bzw. *hauneins* im Sinne von ταπεινοφροσύνη.

Weniger durchsichtig ist der textgeschichtliche Sachverhalt. Woher nimmt der Gote die Genetive? Nichts spricht (bis jetzt) für eine Herleitung aus dem Griechischen. Die Apparate von Nestle und Tischendorf geben lediglich zu Kol 2, 23 τοῦ νοός an (FG!), und gerade an dieser Stelle liest das Gotische *hairtins* (= *cordis*), während νοῦς regulär durch got. *aha* (wovon Gen. *ahins* Kol 3, 12) wiedergegeben wird.

Für eine Herleitung aus dem Lateinischen spricht die Parallelität der Variation. Soweit man bei Bezeichnungen für das Innere des Menschen von Äquivalenz sprechen darf, ist sie hier gegeben:

hairtins = *cordis*
gahugdais = *mentis*
ahins ~ *sensus*

Daher halte ich (bis jetzt) mit Friedrichsen[40] dafür, daß die gotischen Genetive einer lateinischen Quelle, vielleicht Ambrosiaster, entstammen.

Je nach dem Angebot von griechischen Lesarten bei der Kollation wird die Sachlage anders zu beurteilen sein — oder auch nicht. Einstweilen steht dahin, ob eine letzte Entscheidung über den Zeugenwert der drei gotischen Genetive im Bereich des Möglichen liegt.

Bibliographie

Reproduktionen oben S. 377.

Bibliographia Gotica. (Bis jetzt vier Teile)

Mossé, Fernand, Bibliographia Gotica. A Bibliography of Writings on the Gothic Language to the End of 1949, MS 12 (1950), 237–324.

First Supplement, Corrections and Additions to the Middle of 1953, MS 15 (1953), 169–183.

Second Supplement, Corrections and Additions to the Middle of 1957, MS 19 (1957), 174–196. (Besorgt von James W. Marchand).

Third Supplement, Additions to the End of 1965, MS 29 (1967), 328–343. (Besorgt von Ernst A. Ebbinghaus).

Bennett, William Holmes, The Gothic Commentary on the Gospel of John: skeireins aiwaggeljons þairh iohannen. A Decipherment, Edition, and Translation, New York 1960 (=The Modern Language Association of America, Monograph Series XXI), Reprint New York 1966.

Bernhardt, Ernst, Vulfila oder Die gotische Bibel mit dem entsprechenden griechischen Text und mit kritischem und erklärendem Commentar ... hg. von E.B., Halle 1875.

Braun, Wilhelm, Die Lese- und Einteilungszeichen in den gotischen Handschriften der Ambrosiana in Mailand, ZfdPh 30 (1898), 433–448.

Burkitt, F. Crawford, The Vulgate Gospels and the Codex Brixianus, JThS 1 (1900), 129–134.

Ders., Itala Problems, in: Miscellanea Amelli, Montecassino 1920, 25–41, speziell 29.

Dold, Alban, Die Provenienz der altlateinischen Römerbrieftexte in den gotisch-lateinischen Fragmenten des Codex Carolinus von Wolfenbüttel, Zentralblatt für Bibliothekswesen, Beih. 75 (1950), 13–29.

Dräseke, Johannes, Der Goten Sunja und Frithila Praefatio zum Codex Brixianus, ZWTh 50 (1908), 107–117. (Der Titel beruht auf einem Irrtum.)

---

[40] The Gothic Version of the Epistles, 179.

Friedrichsen, George W. S., The Gothic Version of the Gospels. A Study of its Style and Textual History, London 1926. — Theologische Rezensionen: F. C. Burkitt, JThS 28 (1927), 90–97; André Wilmart, RB 36 (1927), 46–61; Heinrich Vogels, ThRv 1928, col. 17f.

Ders., The Gothic Version of the Fourth Century Byzantine Text, JThS 39 (1938), 42–44.

Ders., The Gothic Version of the Epistles. A Study of its Style and Textual History, London 1939. — Rezension: A. Souter, JThS 41 (1940), 303–305.

Ders., Gothic Studies, Oxford 1961 (= Medium Aevum Monographs VI). — Rezension: J. N. Birdsall, JThS 13 (1962), 396–399.

Ders., The Gothic Text of Luke in its Relation to the Codex Brixianus (f) and the Codex Palatinus (e), NTS 11 (1965), 281–290.

von Friesen, Otto, Om läsningen av codices gotici Ambrosiani, Uppsala/Leipzig 1927.

von Friesen, Otto und Grape, Anders, Om Codex argenteus, dess tid, hem och öden, Uppsala 1928. (Entspricht etwa der latein. Praefatio der Reproduktion von 1927.)

Glaue, Paul und Helm, Karl, Das gotisch-lateinische Bibelfragment der Großherzogl. Universitätsbibliothek Gießen, ZNW 11 (1910), 1–38.

Haffner, Franz, Fragment der Ulfilas-Bibel in Speyer, Pfälzer Heimat 22 (1971), 1–5.

van den Hout, Michiel, Gothic Palimpsests of Bobbio, Scriptorium 6 (1952), 91–93.

Jülicher, Adolf, Die griechische Vorlage der gotischen Bibel, ZfdA 52 (1910), 365–387. ZfdA 53 (1912), 369–381.

Kauffmann, Friedrich, Beiträge zur Quellenkritik der gotischen Bibelübersetzung. II. Das Neue Testament. 1. Über den Codex Alexandrinus (und) 2. Die griechische Vorlage des gotischen Matthäusevangeliums, ZfdPh 30 (1898), 145–183. — 3. Das gotische Matthäusevangelium und die Itala, ebda. 31 (1899), 178–180. — 4. Die griechische Vorlage des gotischen Johannesevangeliums, ebda., 181–194. — 5. Der Codex Brixianus, ebda. 32 (1900), 305–335. — 6. Die Corintherbriefe, ebda. 35 (1903), 433–463. — 7. Der Codex Carolinus, ebda. 43 (1911), 401–428.

Ders., Zur Textgeschichte der gotischen Bibel, ebda. 43 (1911), 118–132 (gegen Jülicher).

Lietzmann, Hans, Die Vorlage der gotischen Bibel, ZfdA 56 (1919), 249–278. Auch in Kleine Schriften II, Berlin 1958, 191–219.

Linke, Walter, Das gotische Markusevangelium, Diss. Kiel 1920

Lippold, Adolf, Ulfila. In: Paulys Realenc. d. class. Altertumswiss., Neue Bearb. 2. Reihe Bd. IX A/I, 1961, Sp. 512–531.

Marchand, James W., The Gothic Evidence for "Euthalian Matter", HThR 49 (1956), 159–167.

Ders., Notes on Gothic Manuscripts, JEGPh 56 (1957), 213–224.

Metlen, Michael, A Natural Translation of the Praefatio attached to the Codex Brixianus, JEGPh 37 (1938), 355–366.

Odefey, Paul, Das gotische Lucas-Evangelium, Diss. Kiel 1908.

Scardigli, Piergiuseppe, Lingua e Storia dei Goti. Firenze 1964. Darin Capitolo X, 271 bis 275: „Vulfila letto da Cirillo?".

Streitberg, Wilhelm, Die gotische Bibel. 1. Teil: Der gotische Text und seine griechische Vorlage mit Einleitung, Lesarten u. Quellennachweisen sowie den kleineren Denkmälern als Anhang, Heidelberg 1908, verb. Aufl. 1919^2, unveränderte Aufl. 1950^3, 1960^4, durchgesehene Aufl. 1965^5, 1971^6. — 2. Teil: Gotisch–griechisch–deutsches Wörterbuch 1910, 1928^2, 1960^3, $1965^{4.5}$ (unverändert).

Stutz, Elfriede, Gotische Literaturdenkmäler, Stuttgart 1966.

Dies., Ein gotisches Evangelienfragment in Speyer, Zeitschrift für vergleichende Sprachforschung 85 (1971), 85-95.

Vööbus, Arthur, Early Versions of the New Testament, Stockholm 1954.

CHRISTIAN HANNICK

DAS NEUE TESTAMENT IN ALTKIRCHENSLAVISCHER SPRACHE

Der gegenwärtige Stand seiner Erforschung und seine Bedeutung für die griechische Textgeschichte

Einleitung

Die Erfindung des glagolitischen Alphabets und die Erhebung eines altslavischen Dialekts zur Schriftsprache entsprangen vorwiegend missionarischen Zwecken. Daher ist es nicht verwunderlich, daß unter den acht größeren ältesten Codices, auf denen unsere Kenntnis der altkirchenslavischen bzw. altbulgarischen Sprache beruht, vier neutestamentliche Hss zu finden sind. Das Christentum und die Niederschrift seiner Offenbarung, das Neue Testament, gehören zum Grundstein der historischen slavischen Kultur. Deshalb stößt die wissenschaftliche Beschäftigung mit dieser Kultur fortwährend auf biblische Texte oder von ihnen beeinflußte literarische Erzeugnisse.

Damit sei die Frage der Priorität des kyrillischen Alphabets und die sich daraus ergebende Problemstellung, ob es vor Kyrill und Method eine historische slavische Kultur gab, aus unserer Untersuchung ausgeschaltet[1]. Das Altkirchenslavische als älteste slavische Schriftsprache taucht nicht vor 863 auf.

Als Kyrill und Method zum Fürsten Rostislav von Mähren kamen, um den Slaven die christliche Lehre „in ihrer Sprache" zu verkündigen, war das Ende der urslavischen Spracheinheit bereits angebrochen. Die ein Jahrhundert später entstandenen aksl. Hss tragen bereits in der Wiedergabe der Phoneme und im Wortschatz eindeutige Spuren einer sprachlichen Differenzierung. Die weitere Abspaltung der Slavia bis zu den heutigen elf Schriftsprachen spiegelt sich in den aus dem aksl. Kanon[2] ausgeschiedenen späteren kirchenslavischen Denkmälern wider. Es wäre aber falsch zu glauben, daß diese sprachliche Einteilung einen regulativen Einfluß auf die Textüberlieferung ausgeübt hätte. Die chronologisch und geographisch ver-

---

1 Der bulgarische Professor Emil Georgiev ist heute der Hauptvertreter der Ansicht, die Kirillica sei das älteste slavische Alphabet. Vgl. u. a. Slavjanskaja pis'mennost' do Kirilla i Mefodija, Sofia 1952, oder ders., Pis'mennost' Rossov, in: Cyrillo-Methodiana, Köln–Graz 1964 (= Slavist. Forschungen 6), 372–381.

2 Unter „altkirchenslavischem Kanon" versteht man die in der altkirchenslavischen Zeit entstandenen Hss, die noch nicht den dialektischen Färbungen des Kirchenslavischen unterworfen sind.

schiedenen Sprachstufen wurden von den Schreibenden und Sprechenden als Glieder einer einzigen Sprache empfunden, die sie alle als *slověnьskyi językъ*[3] bezeichneten. Man spricht wohl von einer galizisch-wolhynischen Handschriftengruppe im 13. Jh., von einer bosnischen Gruppe im 15. Jh., weil für diese Perioden mehrere Hss aus einem einzigen oder aus eng verwandten Skriptorien erhalten sind. Man darf aber keineswegs vergessen, daß die größere Zahl der ksl. Hss bei genauerer sprachlicher und orthographischer Analyse eine Vorgeschichte aufweist, die sich sowohl über die heutigen als auch damaligen nationalen Grenzen erstreckt[4]. Allein der mittelbulgarische Wechsel der Nasalvokale ǫ/ę hat oft genug bei der Abschrift in nichtbulgarischen Gebieten Fehllesarten verursacht[5]; ebenso eröffnen uns die Transkriptionsschwierigkeiten der Glagolica in die Kirillica oft einen Blick in die Abhängigkeitsverhältnisse der Hss.

Es ist nicht notwendig, auf die kulturellen Beziehungen der Slaven im Mittelalter untereinander ausführlicher einzugehen, um die sprachliche und historische Grundlage zu skizzieren, auf welcher die handschriftliche Überlieferung des Neuen Testaments aufgewachsen ist. Es sei nur noch erwähnt, daß die Eroberung Serbiens durch die Osmanen (Kosovo Polje 1389) eine bedeutsame Emigration serbischer Gelehrter nach Rußland eingeleitet hat, die eine wesentliche Etappe in der mittelalterlichen slavischen Textüberlieferung darstellt[6].

Denkmäler des altkirchenslavischen Neuen Testaments

Die ältesten erhaltenen Hss reichen bis ins 10. oder 11. Jh. und enthalten den Text der Evangelien sowohl in der Form eines Lektionars[7] (Assemanianus, Savvina kniga) als auch in der des Tetraevangeliums

[3] Über die ursprüngliche Bedeutung, vgl. z. B. R. Trautmann, Die altrussische Nestorchronik *Povest' vremennych let*, Leipzig 1931, 6ff.

[4] Vgl. I. Dujčev, Centry vizantijsko-slavjanskogo obščenija i sotrudničestva, Trudy Otd. Drevne-Russk. Lit. 19 (1963), 107–129.

[5] z. B. im Evangelium Vukans, Mt 12, 24 wurde *nę* = *eos* mit *nǫ* = *nisi* verwechselt. Vgl. O. Nedeljković, Vukanovo jevandjelje i problem punog aprakosa, Slovo 18–19 (1969), 75.

[6] Vgl. D. S. Lichačev, Nekotorye zadači izučenija vtorojužnoslavjanskogo vlijanija v Rossii, in: Issl. po slav. literaturoved. i fol'kl. Doklady sovetskich učenych na IV Mežd. s'ezde Slav., Moskau 1960, 95–151.

[7] In der slavistischen Literatur wird der Begriff „Lektionar" (sowohl Evangelistarium als auch Epistolarium) durch „aprakos" wiedergegeben. Diese Bezeichnung (vom griech. ἄπρακτοι ἡμέραι) ist schon in altrussischen Urkunden belegt: aprakosъ – oprakosъ (vgl. Sreznevskij, Materijaly ... I 26–27). Ein Wort *Lekcionar* ist im Slavischen unbekannt oder wird nur im Zusammenhang mit westlichen liturgischen Büchern gebraucht, vgl. etwa M. Rešetar, Primorski lekcionari xv vijeka, Zagreb 1898. Im folgenden wird Aprakos (in dieser Form hier auch im Plural) als Synonym zu Lektionar oder Evangeliar verwendet. Gegen diesen Gebrauch, vgl. Voskresenskij, Bogoslovskij Věstnik 7 (1898)/Febr., 302, Anm. 3.

(Zographensis, Marianus)[8]. Das Sava-Evangeliar ist kyrillisch, der Assemanianus hingegen glagolitisch geschrieben. Ein Lektionar der russischen Redaktion[9], das berühmte Ostromir-Evangelium, stellt die älteste datierte slavische Hs (1056/57) dar. Also besteht zwischen der Urübersetzung von Kyrill und Method und den ältesten Abschriften, die im bulgarisch-makedonischen Gebiet entstanden sind, eine Zeitspanne von etwa 120 Jahren. Trotz dieser relativ kurzen Zeit scheitern alle Versuche, den Urtext zu rekonstruieren, angesichts der Mannigfaltigkeit der Quellen.

Der Apostolos kann nicht auf so alte Überlieferungszeugen zurückgreifen, obwohl die Übersetzung einer ersten Perikopenauswahl in die Zeit der Slavenapostel anzusetzen ist. Bis vor wenigen Jahren boten die Codices von Slepče, Ohrid, Christinopol und Strumica aus dem 12. Jh. die ältesten umfangreichen Texte, abgesehen von einem Folium aus den Kiever Blättern (11. Jh.), das die Perikope Röm 13, 11–14, 4 enthält. Durch die Entdeckung eines verstümmelten kyrillischen Codex (39 Bl.) im Jahre 1963 in Enina, einem bulgarischen Dorf[10], wo schon 3 kirchenslavische Hss aufgefunden wurden, wurde der älteste Apostolos bulgarischer Rezension gewonnen, den man dem „moravischen" Text der Kiever Blätter gegenüberstellen kann. Die Datierung des Eninski Apostol ins 11. Jh. ist nicht von allen slavischen Paläographen angenommen worden, er ist aber wohl sicher der älteste der bis jetzt bekannten umfangreichen Codices. Trotz seines fragmentarischen Zustandes enthält das Lektionar von Enina noch Bruchstücke aus beiden Teilen des Apostolos: Apostelgeschichte und Katholische Briefe, Paulusbriefe. Aus den Texthandschriften, wie z. B. der Praxapostolos von Christinopol, erfährt man, daß der Hebräerbrief, genau wie in einigen griechischen Hss, nach 2 Thess eingeordnet werden konnte.

Die Apokalypse[11] wurde im byzantinischen Ritus nie ein in der Liturgie verwendetes Buch; aus diesem Grunde ist sie bei den Slaven so

[8] Über die aksl. Hss, vgl. V. Jagić, Entstehungsgeschichte der kirchenslavischen Sprache, Berlin 1913², und N. van Wijk, Geschichte der altkirchenslavischen Sprache I, Berlin 1931. Aus den ältesten Fragmenten seien nur erwähnt: die Ohrider Blätter (hg. v. Il'inskij), die Blätter von Undol'skij (hg. v. Karskij) für das Evangelium, die Fragmente von Gršković und von Mihanović (hg. v. Jagić) für den Apostolos. Vgl. dazu P. Diels, Altkirchenslavische Grammatik, Heidelberg 1963², 5–15, und Slovník jazyka staroslov. Fasz. 2 (Úvod), Praha 1959, lxii–lxiv.

[9] Unter Redaktion versteht man die sprachliche Untergliederung des Kirchenslavischen ohne Bezug auf die Überlieferungsgeschichte.

[10] Vgl. N. Demirčeva-Chafuzova, Beležki po otkrivaneto na starobŭlg. pismen pametnik „Eninski apostol" ot xi vek, Bŭlg. Ezik 14 (1964), 527–533. Die Edition des Codex erschien im darauffolgenden Jahr: K. Mirčev und Chr. Kodov, Eninski Apostol, starobŭlgarski pametnik ot xi vek, Sofia 1965.

[11] Vgl. V. Oblak, Die kirchenslavische Übersetzung der Apokalypse, Archiv f. Slav. Phil. 13 (1891), 321–361, und J. Hamm, Apokalipsa bosanskih krstjana, Slovo 9–10 (1960), 43–104.

selten und so spät erhalten. Der bis jetzt älteste Zeuge dieser Schrift, ein Codex aus der Rumjancev-Sammlung, stammt aus dem 14. Jh. und wurde von dem Archimandriten Amfilochij herausgegeben[12].

Das südslavische glagolitische Schrifttum

Durch die kirchenpolitische Entwicklung wurde die slavische Welt zwischen Rom und Byzanz geteilt. Die an der dalmatinischen Küste und in Kroatien lebenden Nachfolger der Schüler Kyrills und Methods behielten unter römischer Jurisdiktion das glagolitische Alphabet und die slavische Sprache in der Liturgie. Woher aber stammen die biblischen Perikopen der prunkvollen glagolitischen Breviare ab dem 13. Jh.? Jagić[13] führt sie eindeutig auf die älteren glagolitischen Hss zurück, die mit den Slavenaposteln entstanden. Für die Apokalypse — die im römischen Ritus als Perikope in der Liturgie gelesen wird — vertritt Oblak[14] dieselbe Meinung. Den Grundstock der Übersetzung liefert das alte textliche Erbe, das aber unter lateinischem Einfluß verbessert wurde. Man kann freilich diesen Zweig der slavischen Überlieferung bei der Erforschung aksl. Texte kaum benutzen, da die textlichen Probleme der kroatisch-glagolitischen Denkmäler bis jetzt wenig behandelt wurden.

Aus der Analyse der Perikope Mt 25, 1–13 in einem glagolitischen Missalfragment aus dem 12.–13. Jh. zeigte allerdings V. Štefanić[15], daß die dort erhaltenen Lesarten Aufmerksamkeit verdienen. Eine gute Anzahl der Varianten geht mit den ältesten aksl. Hss und mit den späteren bosnischen Denkmälern zusammen, andere lassen sich kaum erklären[16], wie z. B. in Mt 25, 12 die Erweiterung *otkudê este* (woher ihr seid), die nur im bosnischen Tetraevangelium von Hval (14. Jh.) übernommen wurde (vgl. Lk 13, 27).

Biblische Zitate aus der patristischen Literatur

Innerhalb einer umfangreichen kirchlichen Literatur stellen jedoch die biblischen Hss nicht unsere einzige Quelle für die Erforschung des biblischen Textes dar. Aufmerksamkeit verdienen auch die zahlreichen Zitate in den homiletischen, hagiographischen und dogmatischen

---

[12] Amfilochij, Apokalipsis xiv věka Rumjancevskago muzeja, Moskau 1886.

[13] V. Jagić, Quattuor Evangeliorum Codex Glagoliticus olim Zographensis nunc Petropolitanus ..., Berlin 1879, xxxiv.

[14] Oblak, a. a. O. 358.

[15] Vjekoslav Štefanić, Splitski odlomak glagoljskog misala starije redakcije, Slovo 6–8 (1957), 54–133, bes. 77–80.

[16] N. Molnár, The Calques of Greek Origin in the most ancient Old Slavic Gospel Texts, Studia Slavica (Budapest) 10 (1964), 99–146, sieht in den glagolitischen Denkmälern und in den bosnischen Hss Zeugen der byz. (nach v. Soden) *I*-Rezension (S. 107).

Schriften. Gleichzeitig mit den ältesten biblischen Hss entstanden zwei slavische Homiliare, die uns erhalten sind, der Codex Suprasliensis und der Codex Clozianus. Ihr Wert für die Kritik des griechischen Textes gilt längst als anerkannt: Der Suprasliensis z. B. enthält die slavische Version der 8. Homilie des Photios, die sonst nur in griechischen Hss aus dem 16. Jh. überliefert ist. Im Suprasl. ist sogar die allererste slavische Homilie erhalten. Eine im Griechischen nicht identifizierbare Homilie wurde von A. Vaillant[17] als ein Werk Methods erklärt.

Als erster hat K. Horálek[18] auf die Wichtigkeit der biblischen Zitate in den Homiliaren hingewiesen, ohne aber selber diesen Quellen die gebührende Untersuchung widmen zu können. Kurz danach[19] erschien eine sorgfältig zusammengestellte Liste der alt- und neutestamentlichen Zitate in den beiden Hss Suprasl. und Cloz. Mit der gleichgestalteten Arbeit von H. Rösel[20] über das Mihanović-Homiliar (13. Jh.) ist alles erschöpft, was in dieser Richtung geleistet wurde. Die Bezugnahme zum neutestamentlichen Text, wie sie V. Kyas[21] für das Alte Testament auf Grund der Vitae Cyrilli et Methodii vorgenommen hat, bleibt noch eine künftige Aufgabe.

Trotz der Reserven Horáleks über die Zweckmäßigkeit einer solchen Untersuchung würde es sich lohnen, die parallelen Zitate in Suprasl. und Cloz. zu vergleichen. Der Clozianus ist glagolitisch, der Suprasliensis kyrillisch geschrieben: Ließe sich ein dementsprechender Unterschied in den biblischen Quellen feststellen? Als Beispiel führe ich hier — aus den ersten Kapiteln von Matthäus — drei Zitate an, die ich nur mit dem Zographensis vergleiche. Ich bezwecke damit nicht, eine Theorie über die Beziehung des glagolitischen Homiliars mit dem glagolitischen Tetra aufzubauen, da eine solche These erst auf Grund einer Gesamtuntersuchung möglich wäre. Es sei lediglich auf die Brauchbarkeit der Homiliare hingewiesen.

Der Cod. Suprasl. (S) wird nach Sever'janov[22], der Clozianus (C) nach Dostál[23], der Zographensis (Z) nach Jagić[24] zitiert.

---

17 A. Vaillant, Une homélie de Méthode, Rev. Études Slaves 23 (1947), 34–47.

18 K. Horálek, Evangeliáře a Čtveroevangelia, Praha 1954, 13; vgl. auch S. Stanojević-D. Glumac, Sv. Pismo u našim starim spomenicima, Belgrad 1932 (= Posebna izd. Srp. Kr. Akad. 89).

19 A. Vaillant, Les citations des Écritures dans le Suprasliensis et le Clozianus, Slavistična Revija 10 (1957), 34–40.

20 H. Rösel, Die Bibelzitate im Mihanović-Homiliar, in: Slaw. Studien z. V. Int. Slaw. Kongreß 1963, Göttingen 1963 (= Opera slavica 4), 285–294.

21 V. Kyas, Starozákonní citáty v Životě Konstantinově a Metodějově ve srovnání se staroslověnským parimejníkem, Slavia 32 (1963), 367–374.

22 S. Sever'janov, Suprasl'skaja rukopis', Petersburg 1904 (= Pamjatn. starosl. jaz. II/1).

23 A. Dostál, Clozianus Codex Palaeoslovenicus Glagoliticus Tridentinus et Oenipontanus, Praha 1959.

24 Vgl. Anm. 13.

Mt 3, 15: S 416, 18–20
sice bo lěpo jestъ namъ ispraviti vьsǫ pravьdǫ
C 6a, 34–35
tako bo estъ namъ lěpo sъkonьčati vьsěko pravъdǫ
Z 2, 16–17
tako bo podobьno namъ estъ sъkončati vsěkǫ pravъdǫ

πληρῶσαι: S ispraviti / C Z sъkonьčati

Mt 5, 39: S 411, 9–10
ašte tę kto zaušitъ o desnǫjǫ lanitǫ
C 4a, 32–34
ašte kto tę udaritъ vъ desnǫjǫ lanitǫ
Z 7b, 11–12
ašte kъto tę udaritъ vъ desnǫjǫ lanitǫ

S zaušitъ / C Z udaritъ: beide Verba sind perfektiv und setzen die griech. Lesart ῥαπίσει voraus. Vgl. A. Dostál, Studie o vidovém systému v staroslověnštině (Praha 1954), S. 408 (1600), 434 (1810–11)

Mt 10, 9: S 411, 4–6
ne pritężite zlata ni sьrebra
C 4a, 28–29
ne sъtężite zlata ni sъrebra
Z 19b, 20–21
ne sъtężite zlata ni sъrebra

κτήσησθε: S pritężite / C Z sъtężite

Außer im Falle der Homilie Methods, auf die ich noch zurückkommen werde, erweisen sich diese Zitate aus griechischen Kirchenvätern wohl als sekundäre Zeugen des slavischen Bibeltextes, wichtiger sind daneben die originalen, altslavischen Werke, wie das Hexaemeron des Ioann Exarch oder die altrussischen Chroniken und Heiligenviten. Dieses Gebiet harrt noch einer eingehenden Bearbeitung.

Ist z. B. in Apg 16, 17 aus Hexaemeron[25]:

sii člověci rabi sǫtъ syna božija vyšьněago

syna (des Sohnes) aus einem liturgischen Embolismus übernommen oder entspricht es einem griechischen bzw. slavischen Überlieferungszweig? Keine bis jetzt bekannte griechische Hs bezeugt diese Lesart.

Die Hauptprobleme im Spiegel der Forschung

Die Beschäftigung mit der slavischen Übersetzung des Neuen Testaments beginnt in der Regel mit dem Begründer der Slavistik, Josef Dobrovský (1753–1829), der das slavische Vergleichsmaterial bei der 2. Ausgabe von Griesbach beisteuerte. Auf seine über jeden Zweifel erhabenen Verdienste und diejenigen von Ch.-Fr. Matthaei will ich

[25] R. Aitzetmüller, Das Hexaemeron des Exarchen Johannes V, Graz 1968, 235 (199b).

hier nicht ausführlich eingehen, da Bruce M. Metzger[26] vor wenigen Jahren die gesamte Periode der Anfänge von seiten der neutestamentlichen Textkritik behandelt hat.

Der ersten Generation der Slavisten, Kopitar, Šafařík, Vostokov, Sreznevskij und ihrem großartigen Sammeleifer verdanken wir Handschriftenbeschreibungen und noch heute brauchbare Editionen. Diese Gelehrten waren allerdings in erster Linie mit anderen Aspekten der kyrillomethodianischen Mission beschäftigt; abgesehen davon kannten sie die ältesten Textzeugen kaum oder gar nicht. Ich werde deshalb erst mit der zweiten Hälfte des vorigen Jahrhunderts beginnen, als die großen Hss entdeckt und veröffentlicht wurden, die heute als Grundstein der Slavistik gelten.

Der Wiener Professor Franz Miklošič (Miklosich) zog bei der Kompilation seines noch immer nicht ersetzten aksl. Wörterbuches[27] neben den damals in geringer Zahl vorhandenen Ausgaben eine erstaunliche Menge von Hss heran, die heute wegen der knappen Angaben und nach den Bibliotheksumwälzungen der jüngeren Vergangenheit oft schwer zu identifizieren sind. Es ist die erste und für lange Zeit einzige Handschriftenliste des slavischen Neuen Testamentes. Das — lateinisch geschriebene — große Werk blieb nur den Slavisten bekannt und wurde von Gregory[28] nicht benutzt. Miklošič hat neben lexikographischen und grammatikalischen Studien auch den Apostolos von Šišatovac (A. D. 1324) herausgegeben[29].

Bei der Durchsicht der umfangreichen Handschriftenbestände von Moskau kamen die russischen Gelehrten zu einer ersten und wichtigen Fragestellung, nämlich der der Verwandtschaft, Abhängigkeit und Filiation der zahlreichen überlieferten Hss des Neuen Testamentes.

---

26 B. M. Metzger, The Old Slavonic Version, in: Chapters in the History of New Testament Textual Criticism, Leiden 1963 (= New Test. Tools and Studies IV), 73–96. Dieses Kapitel ist nur eine ergänzte Fassung des von G. Bonfante und B. M. Metzger verfaßten Aufsatzes: The Old Slavic Version of the Gospel according to Luke, JBL 73 (1954), 217–236. Vom Standpunkt der Textkritik stellt dieser Beitrag die beste Zusammenfassung dar. Da sowohl das Buch wie der Aufsatz in der Hand jedes neutestamentlichen Textkritikers sind, setze ich die dort vorgebrachten Materialien und einen Teil der Bibliographie voraus. Eine allgemeine Einleitung in das slavische Neue Testament gibt es noch nicht. Aus der neueren Literatur sind folgende Überblicke erwähnenswert: K. Horálek, La traduction vieux-slave de l'Évangile. Sa version originale et son développement ultérieur, Byzantinoslavica 20 (1959), 267–284; ders., Zum heutigen Stand der textkritischen Erforschung d. aksl. Evangeliums, Zeitschr. f. Slav. Phil. 27 (1959), 255–274; N. Molnár (siehe Anm. 16). I. Kwilecka, Pismo święte u Słowian. Słownik Staroż. Słow. 4 (1970) 118—122. Eine umfangreiche, aber bei weitem nicht vollständige Bibliographie bringt K. Horálek, Význam Savviny Knigy po rekonstrukci stsl. překladu evangelia, Věstník Král. Č. Spol. Nauk, Tř. fil.-hist.-filol. Ročn. 1946/iii, Praha 1948, 119–123.

27 Fr. Miklosich, Lexicon palaeoslovenico-graeco-latinum, Wien 1865².

28 C. R. Gregory, Textkritik des Neuen Testaments II, Leipzig 1902, 736–743.

29 Fr. Miklosich, Apostolus e Codice Monasterii Šišatovac palaeoslovenice, Wien 1853.

Gorskij und Nevostruev, denen wir den mehrbändigen Katalog der slavischen Hss der Sinodal'naja Biblioteka (heute im Historischen Museum) verdanken, versuchten auch die Textgeschichte des Evangeliums zu klären[30]. Bei einem Vergleich der beiden Typen Aprakos und Tetraevangelium setzten sie den ersten als den älteren an, und erklärten die mannigfaltigen Rezensionen des gesamten Typus durch die für den liturgischen Gebrauch angefertigten häufigeren Abschriften. G. N. Voskresenskij ging weiter und wollte die verschiedenen Redaktionen feststellen, zu denen die russischen Hss gehören. Auf Grund des Evangeliums nach Markus und nach Durchsicht von 112 Hss des 11. bis 16. Jh. skizzierte er für die Evangelien 4 Stufen der Entwicklung[31]. Dabei legte er nur Wert auf die Lesarten, nicht aber auf die Gattung der Hss, wie es die neuere Forschung betreibt. Schon früher hatte er die Geschichte des Apostolos erforscht[32] und eine Edition des Römerbriefes mit Lesarten aus 51 Hss veröffentlicht[33]. Voskresenskij war wohl noch ein Variantensammler, hat aber versucht, diese Varianten in ein System einzubauen und dadurch eine erste Gruppierung des Materials getroffen. Für das Evangelium wurde seine Einteilung einer Kritik unterzogen (Jagić, Speranskij, Weingart), während seine Arbeit über den Apostolos bis heute die einzige Gesamtdarstellung bleibt. Auf Grund der später bekannt gewordenen südslavischen Apostoloi konnte Kul'bakin[34] die Einteilung Voskresenskijs präzisieren und ergänzen.

Es wäre ungerecht, hier den Namen des Archimandriten Amfilochij (des späteren Bischofs von Rostov) zu verschweigen[35]. Während ein anderer russischer Archimandrit, Porfirij Uspenskij, die Klosterbibliotheken des Athos und Sinai durchforschte, hat Amfilochij seine Sammlertätigkeit in Moskau ausgeübt. Neben zahlreichen und umfangreichen Handschriftennotizen in den damaligen russischen Zeitschriften hat er die dem Alter nach wichtigen biblischen und liturgischen Codices zum Druck gebracht. Sicher wurden seine Ausgaben mehr mit Fleiß und Bewunderung für die russischen Altertümer als mit philo-

---

[30] K. I. Nevostruev, Zapiska o perevodě evangelija na slavjanskij jazyk, sdělannom sv. Kirillom i Mefodiem, in: Kirillo-Mefodiev. Sbornik, Moskau 1865, 209–234.

[31] G. A. Voskresenskij, Charakterističeskie čerty četyrech redakcij slav. perevoda Evang. ot Marka, po sto dvěnadcati ruk. ev. XI–XVI vv., Moskau 1896. Wiedergabe seiner Klassifikation bei Horálek, La traduction vieux-slave ..., 282–283.

[32] G. A. Voskresenskij, Drevnij slav. perevod Apostola i ego sud'by do XV v., Moskau 1879.

[33] G. A. Voskresenskij, Poslanija sv. apostola Pavla s raznočtenijami iz pjatidesjati odnoj ruk. Apostola xii–xvi vv. I: Posl. k Rimljanom, Moskau 1892.

[34] S. Kul'bakin, Ochridskaja ruk. apostola konca XII věka, Sofia 1907 (= Bŭlg. Starini 3).

[35] Bio- und Bibliographie in: Kratkoe žizneopisanie i učenye trudy archimandrita Amfilochija, Moskau 1887.

logischer Akribie hergestellt[36], man darf aber nicht vergessen, daß die slavische Paläographie damals noch in den Anfängen stand. Bei der Kompilation seines altslavisch-griechisch-russischen Wörterbuches zu den ältesten russischen Evangeliaren[37] hat er wahrscheinlich nicht an die Wichtigkeit der lexikalischen Varianten für die Herstellung einer Typologie der Hss gedacht; trotzdem bleibt sein Werk mehr als nur ein Hilfsmittel zur Lektüre der alten Denkmäler[38].

Neben den Bemerkungen in seinen Ausgaben bosnischer Tetraevangelien (Manojlo, Srećković) wies M. Speranskij in seiner ausführlichen Rezension zu den Arbeiten von Voskresenskij[39] und in einer gesonderten Abhandlung[40] auf die Verschiedenheit der griechischen Grundlagen hin, die die Übersetzer des Aprakos und des Tetraevangeliums vor sich hatten. Diese Theorie wurde aber erst durch Vajs und vor allem durch Horálek weiter entwickelt.

Mit den siebziger Jahren des vorigen Jahrhunderts eröffnete sich für die Kritik des slavischen Neuen Testaments eine neue Epoche. Die zwei ältesten glagolitischen Tetraevangelien Marianus[41] und Zographensis[42] aus dem 10.–11. Jh., die kurz zuvor nach Rußland gebracht worden waren, wurden von Vatroslav Jagić in kyrillischer Transkription herausgegeben. Neben diesen beiden monumentalen Ausgaben brachte der Wiener Slavist auch jüngere kirchenslavische Evangelien (Dobromir, Bucovina) zum Druck, wobei er ausführliche grammatikalische und lexikographische Untersuchungen anschloß. Sein Hauptverdienst liegt jedoch in der Wertung des Wortschatzes des Altkirchenslavischen, eine Lehrmeinung, die er in seinem Meisterwerk „Entstehungsgeschichte der kirchenslavischen Sprache“[43] dargelegt hat. Seine Ansichten über den slavischen Evangelientext bleiben, obwohl er oft auf das Griechische zurückgreift, noch innerhalb der slavischen Textgeschichte. Für ihn stellt das Tetraevangelium einen ergänzten Aprakos dar. Da die glagolitischen Tetra älter sind als das älteste glagolitische Lektionar (Assem.), und da die Evangeliare, wie Gorskij es richtig gesehen hat, durch die häufigeren Abschriften eine vielgestaltigere Textform angenommen haben, stehen die glagolitischen Tetra

---

36 Vgl. M. Weingart, Listy filologické 42 (1915), 64.

37 Amfilochij, Drevne-slavjano-greko-russkij slovar' iz Jur'evskago evangelija 1118–1128 goda sličennyj s evangelijami XI v., XII v. i 1270 goda, Moskau 1877.

38 Für den praktischen Gebrauch diente sein Novo-zavětnyj drevle-slavjano-greko-russkij slovar', Moskau 1888.

39 M. Speranskij, Zapiski imp. Akad. Nauk, ser. 8/3 N. 5, Petersburg 1899, 27–151.

40 M. Speranskij, K istorii slav. perevoda evangelija, Russk. Filol. Věstnik 41 (1899), 198–219; 43 (1900), 9–42.

41 V. Jagić, Quattuor Evangeliorum versionis palaeoslovenicae Codex Marianus glagoliticus, Berlin-Petersburg 1883.

42 Vgl. Anm. 13.

43 Vgl. Anm. 8.

der Urübersetzung von Kyrill und Method am nächsten, und nicht umgekehrt, wie Gorskij und Nevostruev meinten.

Die Wertschätzung, die Jagić den kurz zuvor durch Dj. Daničić herausgegebenen bosnisch-bogomilischen Tetraevangelien[44] wegen des hohen Alters ihres Textes erwies, deutet den Anfang des Ruhmes dieser Hss an, die später bei Vajs eine so wichtige Rolle bei der Rekonstruktion der ersten slavischen Übersetzung spielen werden.

Das universelle Interesse von Jagić am altslavischen Schrifttum führte ihn auch zur Untersuchung des Apostolos[45]. Hier lag die Problematik anders. Da keine Hs aus der altkirchenslavischen Zeit überliefert war, gab es kein erreichbares kyrillomethodianisches Erbe zu retten. Die älteste Textgestalt festzustellen und zu zeigen, wie die späteren Hss sich in verschiedenen Redaktionen entwickeln, war schon das Anliegen von Voskresenskij gewesen. Seine Ansichten darüber wurden bis heute nicht erschüttert. Jagić konnte nun versuchen, die Abhängigkeit des slavischen Textes vom griechischen zu präzisieren: „Bis auf zwei, drei Fälle (Apg 20, 8; 23, 9; 27, 29) sonst folgt die slawische Übersetzung ⟨der Apostelgeschichte⟩ in voller Übereinstimmung aller älteren Texte der sogenannten byzantinischen Redaktion des griechischen Textes“[46]. — „Die beigebrachten Belege reichen wohl hin, um die Tatsache festzustellen, daß die griechische Vorlage der slawischen Übersetzung des Apostolus der sogenannten byzantinischen Redaktion, die bei Tischendorf mit ϛ bezeichnet ist, oder einer anderen Gruppe von Texten, die von Tischendorf nicht zu den ältesten Überlieferungen gezählt werden und darum nicht in seinem kritischen Text Aufnahme fanden, angehört hat, ganz entsprechend dem gleichen Verhältnisse bei dem Evangelientexte“[47]. Dieses Ergebnis befriedigt uns wenig, ebenso wie ähnliche Äußerungen über den Evangelientext, die die Forschungen von Vajs ein Jahrzehnt später angeregt haben. Obwohl die drei Teile der Untersuchung von Jagić über den Apostolos 1919/20 erschienen, stützte er sich immer noch bei der Bearbeitung des griechischen Textes auf die Editio octava (1872) von Tischendorf. Die Schichtung des Koinetextes, die von Soden vorgeschlagen hatte, blieb ihm unbekannt. Das Werk von Jagić läßt auch andere negative Einwirkungen der Kriegszeit, in der es entstanden ist, offenbar werden. Den Ansatz lieferte eine serbische Hs aus dem 13.–14. Jh., die Matica-Apostolus genannt wird. Das Vergleichsmaterial stammt lediglich aus den Büchern von Voskresenskij[48] und aus drei Ausgaben von Miklošič[49]

---

[44] Dj. Daničić, Nikoljsko evandjelje, Beograd 1864.

[45] V. Jagić, Zum altkirchenslawischen Apostolus I–III, Sitzungsber. KAW Phil.-Hist. Kl. 191/1. 193/1. 197/1, Wien 1919/20. Vgl. dazu M. Weingart, Slavia 1 (1922/23), 411—420.

[46] V. Jagić a. a. O. I 51.

[47] V. Jagić a. a. O. I 70.

[48] Vgl. Anm. 32. 33.

[49] Vgl. Anm. 29.

(Šišatovacki), Kałužniacki[50] (Christinopolski) und Daničić[51] (Hvalski). Die Edition des Slepčenskij Apostol (12. Jh.) durch Il'inskij 1912[52], und auch die des Ochridskij Apostol (12. Jh.) durch Kul'bakin 1907[53] blieben unberücksichtigt. Der bleibende Beitrag von Jagić für die Textkritik des slavischen Neuen Testamentes liegt neben seinen verdienstvollen Ausgaben im Erkennen der zwei Schichten im Tetraevangelium[54], eine Theorie, die auf Grund lexikalischer Beobachtungen bis heute ihre Geltung behält.

Wie Jagić, arbeitete Václav Vondrák[55] lediglich mit Hilfe des lexikographischen Materials. Er teilte die Meinung von Jagić, nach welcher das Tetraevangelium einen ergänzten Aprakos darstellt, wollte aber in diesen Ergänzungen das Werk mehrerer Personen erkennen, während andere Forscher (wie Weingart) den Traditionen treu blieben, die die Ergänzung des Lektionars zum Tetraevangelium nach dem Tode Kyrills Method zuschreiben.

Dem bulgarischen Sprachforscher B. Conev gebührt eine besondere Hervorhebung unter den Editoren ksl. Hss am Anfang dieses Jahrhunderts. Er hat nicht nur drei wichtige mittelbulgarische Hss aus dem 13. Jh. (Dobrejšovo, Vračansko, Kjustendilsko) ediert und versucht, ihren Platz innerhalb der älteren bekannten Evangelien festzustellen, sondern auch ihr Verhältnis zu den griechischen Vorlagen angedeutet[56]. Der Typ des Tetraevangeliums mit Perikopenangaben, zu dem das Dobrejšovo-Evangelium gehört, ist seiner Ansicht nach, ebenso wie die Evangeliare, jeweils aus „fertigen“ (Conev S. 233) griechischen Hss entstanden, so daß sich das Perikopensystem — ein für die gegenwärtige Forschung wichtiges Kriterium bei der Gruppierung der Hss — unmittelbar auf das griechische stützen muß. Er ließ es jedoch bei dieser Hypothese bewenden, und es ist bedauerlich, daß auch die spätere Forschung diesem Gedanken so wenig nachgegangen ist.

Josef Vajs war nicht nur der beste Kenner des glagolitischen Schrifttums, vor dem zweiten Weltkrieg war er auch die unbestrittene Autorität in der Erforschung der altkirchenslavischen Evangelienübersetzung. Auf Anregung von A. Meillet (1929), eine kritische Edi-

---

50 E. Kałužniacki, Actus epistolaeque apostolorum palaeoslovenice. Ad fidem cod. christinopolitani ed. E. K., Wien 1896. Vgl. Rez. v. G. A. Voskresenskij, Bogoslovskij Věstnik 6 (1897)/Jan., 198–208

51 Dj. Daničić, Starine 3 (1871).

52 G. A. Il'inskij, Slěpčenskij apostol xii věka, Moskau 1912.

53 Vgl. Anm. 34.

54 So wird z. B. ποτήριον im kurzen Lektionar durch *čaša*, im langen Aprakos und in dem „ergänzten“ Tetraevangelium durch *stьklьnica* übersetzt. Vgl. Jagić, Zum aksl. Apostolus II, 55.

55 V. Vondrák, O csl. překladu evangelia v jeho dvou různých částech a jak se nám zachoval v hlavnějších rukopisech, in: Daničićev Zbornik, Beograd 1925, 9–27.

56 B. Conev, Dobrějšovo četveroevangele. Srednobŭlgarski pametnik ot XIII vek, Sofia 1906 (= Bŭlg. Starini 1), 232/233.

tion der slavischen Evangelien herzustellen, die einen der Urübersetzung von Kyrill und Method so nahe wie möglich stehenden Text herauskristallisieren sollte, gab Vajs in den Jahren 1935/36 die vier Faszikel des „Text rekonstruovaný" heraus. Das Evangelium nach Markus mit einer ausführlichen Einleitung über die Methodik der Rekonstruktion war schon 8 Jahre zuvor erschienen. Vajs macht sich die Theorie von Jagić zu eigen, nach welcher das Tetraevangelium ein ergänztes Evangeliar darstellt, nimmt aber nicht dessen korrelative Wertung des Tetra und des Aprakos an. Deshalb mißt er den Lesarten des Evangeliars von Assemani ein so großes Gewicht bei. Die beiden bosnischen kyrillischen Tetraevangelien von Nikolja (N^a, N^b), werden trotz ihres jüngeren Alters (14. Jh.) oft den glagolitischen Tetraevangelien vorgezogen, da sie nach Vajs in einem direkten Abhängigkeitsverhältnis zu dem ursprünglichen, glagolitischen Aprakos stehen. Man könnte sagen, um die Worte von Blaže Koneski zu wiederholen: Die bogomilischen Hss sind aus der Ohrider Schule hervorgegangen, die das unverfälschte Erbe von Kyrill und Method erhalten wollte, während die zwei glagolitischen Tetra Zogr. und Mar. in der Preslaver Schule abgeschrieben wurden, wo die alten Codices eine erneute Verbesserung nach den griechischen Texten erfuhren und der bulgarischen Orthographie angepaßt wurden[57].

Nach eingehender Analyse der slavischen Lesarten kommt Vajs zur Feststellung, daß die griechischen Vorlagen der aksl. Übersetzung Hss der K^1 oder K^a-Gruppe bzw. verwandter Gruppen nach der Soden'schen Klassifikation waren, d. h. byzantinische Hss mit westlichen Lesarten. Die "tentative suggestion" von R. P. Casey und S. Lake, in I^π die Quelle der slavischen Version zu suchen, zog Vajs in seinen späteren Arbeiten in Betracht. B. M. Metzger[58] hat ausführlich die Ergebnisse von Vajs dargestellt, so daß es sich erübrigt, diesen Teil der Tätigkeit des tschechischen Forschers ausführlicher zu behandeln.

Die Vermutung von A. Snoj[59], daß die slavische Version wesentliche Züge der hesychianischen Rezension beibehalten habe, konnte der Kritik von Vajs nicht standhalten.

Auch wenn die Suche nach bestimmten griechischen Hss, die Kyrill und Method bei ihrer Übersetzung hätten benutzen können, bis jetzt erfolglos war[60], bleiben die Ergebnisse von Vajs — von einigen Ergänzungen durch Horálek abgesehen — allgemein anerkannt. Seine

---

[57] B. Koneski, Ohridska književna škola, Slovo 6–8 (1957), 177–194.

[58] B. M. Metzger, The Old Slav. Version, 81–85, wo auch die wichtigste Literatur zu J. Vajs vermerkt ist.

[59] A. Snoj, Grška predloga staroslovenskih evangelijev, Bogosl. Vest. 14 (1934), 190–196.

[60] Nach M. Weingart wären die Hss N, Σ, 1, 13, 565, 33 dem slav. Text nahestehend. Vgl. Molnár, The Calques, 107.

Textrekonstruktion hingegen, die leider in nicht-slavistischen Kreisen den bunten Wortlaut der Hss ersetzt, hat scharfe Kritik hervorgerufen.

Als geschulter Theologe hat J. Vajs seine Aufmerksamkeit auf kritische Stellen des Neuen Testamentes gerichtet. In dieser Richtung erschienen in der von ihm jahrelang redigierten Zeitschrift Časopis Katolického Duchovenstva Aufsätze über das Comma Joanneum[61], über die Perikope der Moichalis[62] und über den Judasbrief[63]. Der fachmännische Editor zahlreicher glagolitischer Texte hat es auch nicht versäumt, die Verhältnisse der kroatischen Breviare zu der kyrillomethodianischen Übersetzung hervorzuheben[64].

Scharfe Kritik an der von Vajs vorgenommenen Rekonstruktion übte Karel Horálek. Horáleks enge Beziehung zur Prager philologischen Schule und seine tiefe Vertrautheit mit den tschechischen Forschungsergebnissen erlauben es, an dieser Stelle auch die Tätigkeit von M. Weingart und J. Kurz in diese Besprechung einzubeziehen. Einerseits ist das Handbuch von Weingart[65], das bis in die heutige Generation das Fundament des Unterrichtes für das Altkirchenslavische in der Tschechoslowakei geblieben ist, wesentlich mehr als ein Lehrbuch. Es behandelt auch ausführlich die Quellen der altkirchenslavischen Sprache. Andererseits gibt es derzeit kaum einen tschechischen Forscher des Altkirchenslavischen, der nicht an dem von J. Kurz initiierten Slovník jazyka staroslověnského mitgewirkt und die Kurz'sche Einteilung der aksl. Hss nicht angenommen hat[66]. Horálek eröffnete seine Beschäftigung mit dem slavischen Evangelientext durch eine Monographie über das Sava-Lektionar und dessen Verhältnis zu den übrigen aksl. Hss[67]. Einige Jahre später erschien das bis jetzt unübertroffene Buch Evangeliáře a Čtveroevangelia[68], wo Horálek — in der unmittelbaren Nachfolgerschaft von Voskresenskij und Speranskij und auf die Materialiensammlung von Polívka[69] gestützt — die Entste-

---

61 J. Vajs, Comma Ioanneum v kodexech staroslověnských, ČKD 59 [84] (1918), 76–79.

62 J. Vajs, Úryvek evangelia sv. Jana 7,53–8,11 „de muliere adultera" v kodexech staroslověnských, ČKD 69 [94] (1928), 644–648.

63 J. Vajs, Epištola sv. Judy apoštola v překladu stslov., ČKD 59 [84] (1918), 189–196. 437–440.

64 J. Vajs, Bis zu welchem Maße bestätigen die kroatisch-glagol. Breviare die Annahme einer vollständigen Übersetzung der hl. Schrift durch den hl. Methodius, Arch. f. Slav. Phil. 35 (1914), 12–44.

65 M. Weingart, Rukověť jazyka staroslověnského, Praha 1938. Da der tschechische Sprachforscher 1939 starb, gilt dieses Werk als die Summe seiner zu früh beendeten Tätigkeit.

66 Vgl. J. Kurz, Můj návrh na pokračovaní v přípravných pracích o staroslověnském slovníku, in: Pocta Fr. Trávníčkovi a F. Wollmanovi, Brno 1948, 286–309.

67 Vgl. Anm. 26 sub fine.

68 K. Horálek, Evangeliáře a Čtveroevangelia. Příspěvky k textové kritice a k dějinám staroslověnského překladu evangelia, Praha 1954.

69 J. Polívka, Starine 19 (1887), 194–250; 29 (1898), 95–254.

hungsgeschichte der Übersetzung des Evangelientextes darstellt. Die Hauptthesen dieses lehrreichen Buches lassen sich folgendermaßen zusammenfassen: Konstantin-Kyrill hat das kurze Lektionar in einem Stil übersetzt, der mehr den Sinn als den griechischen Wortlaut wiedergibt. Die späteren Abschreiber haben diesen Text (vor allem den Evangeliartext) dem Griechischen immer mehr angepaßt. Die griechischen Lehnwörter erscheinen erst in den nach dem Tod Kyrills korrigierten Hss. Das Tetraevangelium hingegen (Zogr., Mar.), das durch verschiedene Hände (Vondrák) auf mährischem Boden entstand und nicht vom Lektionar her mechanisch, wie Jagić es behauptete, sondern mit Rücksicht auf den griechischen Text ergänzt wurde, bewahrt das kyrillische Erbe in höherem Maße als die zeitgenössischen Lektionare (Ass., Ostr.). Wo das Sava-Lektionar von den anderen Lektionaren abweicht, geht es oft mit den Tetra zusammen. Die Rekonstruktion von Vajs gibt deshalb einen falschen Eindruck des Urtextes, weil sie sich vorwiegend auf das Lektionar von Assemani stützt und den nicht-byzantinischen Lesarten ,,automatisch" den Vorrang gibt. Während Vajs das Alter der Hss nach der Zahl der nicht-lukianischen Lesarten feststellt, versucht Horálek, die innere Entwicklung der slavischen Übersetzung zu verfolgen: Aus der mehr dem Sinn nach durchgeführten Übertragung Kyrills entstanden im bulgarischen Gebiet gräzisierte Rezensionen, die sich allmählich durch Abschaffung der dialektischen Züge einander anglichen (um das 12. Jh.).

Die bisherige Forschung hatte vorwiegend die ältesten slavischen Denkmäler zum Gegenstand ihrer Untersuchung gemacht und die späteren kirchenslavischen Hss nur als Vergleichsmaterial herangezogen. Die gegenwärtige Generation durchbricht den Rahmen der ,,kanonischen" Hss und versucht, die Kontinuität bis in die kirchenslavische Zeit zu verfolgen. Das Hauptaugenmerk wird dem Aprakos-Evangelium gewidmet, seiner Struktur, seiner inneren slavischen Entwicklung, und zwar ohne jeglichen Bezug auf die verschiedenen Typen des griechischen Lektionars.

Kurz nach dem Erscheinen des Hauptwerkes von Horálek kündigte Josip Vrana eine völlig andere Theorie an[70]. Horálek kannte wohl zwei Typen des Aprakos, hatte aber nur den Gegensatz Aprakos (kurz oder lang) — Tetraevangelium herausgearbeitet. Vrana versuchte jetzt, die Entstehung des langen Aprakos darzustellen. Nach seiner Theorie

[70] J. Vrana, O tipovima, redakcijama a medjusobnom odnosu stsl. evandjelja: Evandjelistari, Slavia 26 (1957), 321–336; Četveroevandjelja, Slavia 29 (1960), 552–571. Vgl. die deutsche Kurzfassung: J. Vrana, Über das vergleichende Sprach- und Textstudium aksl. Evangelien, Welt d. Slaven 5 (1960), 418–428. Unter anderen Schriften siehe auch: J. Vrana, L'évangéliaire de Miroslav. Contribution à l'étude de son origine, s'Gravenhage, 1961. Eine Würdigung der Arbeiten von Vrana und Žukovskaja (vgl. unten 418 ff) findet sich bei E. Bláhová — K. Horálek, Nové Práce o vývoji stsl. evangeliářů, Slavia 37 (1968), 378–382.

haben Kyrill und Method beide Typen verfaßt, das kurze Lektionar noch in Konstantinopel, das lange in Mähren auf Grund eines verbesserten und moravisierten Textes des kurzen Lektionars. Gegen Jagić nimmt Vrana gelegentlich auch das Tetraevangelium als Quelle des ergänzten Lektionars an (vielleicht im Falle des Miroslav-Evangeliums). In den Tetraevangelien mit oder ohne Perikopenangaben (meist nur *začęlo-konъcъ*) sieht er zwei verschiedene Typen. Das Tetra mit Angabe der Lesungen wird aus dem langen Lektionar entwickelt, ist aber zeitlich nach dem Tetra ohne Lesungsangaben entstanden. Daraus erklärt sich die Übereinstimmung des Lektionars von Assemani mit den nicht in Perikopen unterteilten bosnischen Tetraevangelien von Nikolja (14. Jh.) Die Chronologie der Entstehung dieser 4 Typen läßt sich durch die Polarität Mähren-Bulgarien erklären. In Mähren, wo der westliche Ritus vor Konstantin und Method zu Hause war, entwickelte sich das kurze Lektionar und das von ihm abhängige Tetra ohne Lesungen (Ass., Nik.); in Bulgarien und Makedonien, wo der byzantinische Einfluß vorherrschte, brachte das lange Lektionar das Tetra mit Lesungen hervor. Daß diese Theorie eine reine Konstruktion darstellt, sieht man am deutlichsten im Falle der Lektionare: Die zeitliche Entstehung und die geographische Verbreitung lassen sich nicht in Übereinstimmung bringen. Um seine Thesen auszubauen, stützt sich Vrana vor allem auf den Text des Vaterunsers, auf die Menologien und die syntaktisch-lexikalischen Varianten.

Diese Theorien wurden von mehreren Seiten angegriffen. Der polnische Forscher Leszek Moszyński, der sich seit Jahren mit dem Codex Zographensis beschäftigt, versuchte in diesem Zusammenhang, eine Antwort auf das umstrittene Problem der Entstehung des langen Aprakos zu geben. Auf Grund lexikalischer Untersuchungen kam er vor kurzem zu einer sehr anschaulichen Erklärung, die er in einer Tabelle darstellte[71].

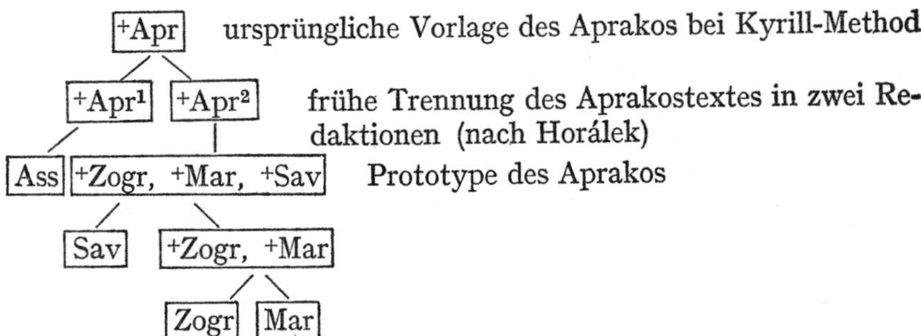

[71] L. Moszyński, Pokrewieństwo najstarszych staro-cerkiewno-słowiańskich tekstów ewangelijnych w świetle statystyki słownikowej, Slavia Occid. 27 (1968), 157.

Moszyński schlägt diesen Entstehungsprozeß ohne chronologische oder geographische Angaben vor. Deshalb bedeuten die verschiedenen Stufen keineswegs Altersunterschiede, sondern lediglich Überlieferungsschichten. Die Stellung der beiden Lektionare wird hier klar definiert. Die Rekonstruktion der Entstehung von Zogr. und Mar. stützt sich auf das Schema von J. Kurz[72], das auch K. Horálek annahm. Aus dieser Tabelle ersieht man, daß Moszyński dem langen Aprakos keinen Platz innerhalb der kyrillomethodianischen Zeit einräumt. Die einzigen Quellen des langen Aprakos — wenn man nicht auf die griechische Überlieferung zurückgreifen will — stellen die Tetraevangelien mit Perikopenangaben dar.

Seit der Veröffentlichung der Tetraevangelien von Nikolja und Hval durch Daničić[73] wurden die bosnischen bogomilischen Hss trotz ihres relativ jüngeren Alters sehr hoch eingeschätzt. Ihre Sonderstellung erlaubt oft einen Vergleich mit dem ältesten glagolitischen Lektionar (Assemanianus). Anläßlich der Entdeckung eines neuen bosnischen Tetraevangeliums im Jahre 1960[74] hat I. Grickat der ganzen Gruppe eine ausführliche Untersuchung gewidmet[75]. Es wurde schon erwähnt, daß die bosnischen Tetra keine Perikopenangaben enthalten. Die Erklärung liegt darin, daß jener Kreis, bei dem diese Hss in Verwendung waren, am Rande der offiziellen Kirche stand und die Liturgie kaum zelebrierte. Aus der bosnischen Schule sind bis jetzt 19 Hss aus der Zeit vom 12. bis zum 15. Jh. bekannt geworden. Die nach Grickat älteste Gruppe zählt zwei Zeugen: Miroslav (12. Jh.) und die Fragmente von Grigorovič (13. Jh.). Beide sind Aprakos von großem Format, in zwei Kolumnen geschrieben. Die zweite Gruppe, die Grickat „Zwischentyp" nennt, wird durch die Entdeckung des Evangeliums von Divoš wesentlich bereichert. Neben die 32 Folien des Manojlo-Evangeliums tritt jetzt eine volle Hs, die noch 186 Folien enthält. Obwohl beide Hss aus dem Anfang des 14. Jh. stammen, kennen sie den serbischen Lautwandel ь> a, ě> i (ikavisch) noch nicht. Bei der Einordnung des Divoševo-Evangeliums zollt Grickat den Sektionen des Ammonius große Aufmerksamkeit und versucht, auf diese Weise eine Chronologie der bosnischen Hss aufzustellen.

Die russische Paläographin Ljudmila Petrovna Žukovskaja hat sich die riesige Aufgabe gestellt, die ostslavischen Evangelien zu klassifizieren. Während Vrana einerseits vorwiegend äußere Merkmale, wie den Aufbau des Menologions, zur Gruppierung der Hss heranzieht,

---

[72] J. Kurz, K Zografskému evangeliu, Slavia 11 (1932/33), 423.

[73] Vgl. Anm. 44. 51.

[74] Vgl. J. Djurić–R. Ivanišević, Jevandjelje Divoša Tihoradića, Zbornik Rad. Viz. Inst. 7 (1961), 153–160.

[75] I. Grickat, Divoševo jevandjelje (Filološka analiza), Južnosl. Filolog 25 (1961/62), 227–293.

Moszyński andererseits lexikalische Untersuchungen betreibt, versucht Žukovskaja, aus dem Gesamtbild der Hss Kriterien für ihre Anordnung zu gewinnen. Bei den Lektionaren ist sie die erste, die auf die Perikopeneinteilung großen Wert legt. Sie vergißt dabei auch nicht die Orthographie, das Menologion und die Einleitungsformeln (*anaforičeskij oborot*) zu berücksichtigen. Als Illustration dieser Methode kann ihre Untersuchung über das Lektionar von Jur'ev gelten[76].

Auf die Fragen von L. Moszyński aus dem Jahre 1957, „durch wen, wo und wann entstand der lange Aprakos"[77] gab Žukovskaja 1965 eine Antwort[78]. Die beiden altkirchenslavischen Lektionare Ass. und Sav. gehören der kurzen Redaktion an, ebenso die zwei ältesten russischen Aprakos Ostromir (1056/57) und Archangel'sk (1092). Erst mit dem Mstislav-Evangelium (1115–17), dem Jur'ev-Evangelium (1118–1128), dem Dobrilo-Evangelium (1164) und dem Miroslav-Evangelium (um 1200) erscheint der lange Aprakos. Die bisherige Forschung hatte schon auf Grund der Orthographie eine südwestrussische Gruppe langer Aprakos aus dem 12.–13. Jh. herausgearbeitet, die man als galizisch-wolhynische Gruppe bezeichnet. Sie ist innerhalb dieser Art von Lektionaren die homogenste Gruppe. Gegen Sobolevskij (1907), der den Ursprung des Jur'ev-Evangeliums in Kiev suchen wollte, äußert Žukovskaja die Vermutung, daß auch das Jur'ev-Evangelium der galizisch-wolhynischen Gruppe angehört und sieht dann in dieser westlichen Provinz die Heimat des langen Aprakos. Ihre Untersuchung basierte bereits auf einer beträchtlichen Anzahl von Hss. Kurz danach unternahm Žukovskaja eine Bestandsaufnahme und Klassifikation sämtlicher Evangelientexte bis zum Ende des 15. Jh. aus den Bibliotheken der Sowjetunion und Bulgariens. Auf diese Art wurden 506 Hss verzeichnet[79]. Es lassen sich nunmehr drei Klassen der Lektionare feststellen, die mit den Sigeln der Kurzgefaßten Liste von K. Aland gekennzeichnet werden:

1. Sonntagslektionare: Es sind dies die σαββατοκυριακαί mit Lesungen für die Karwoche (*l*sk).
2. Kurzes Lektionar: derselbe Inhalt + Lesungen für alle Tage des Pentekostarions (Ostern bis Pfingsten) (*l*esk).

[76] L. P. Žukovskaja, Jur'evskoe evangelie v krugu rodstvennych pamjatnikov, in: Issled. istočn. po ist. russk. jaz. i pis'm., Moskau 1966, 44–76.

[77] L. Moszyński, Staro-cerkiewno-słowiański aprakos, Warszawa 1957 (= Studia z fil. polskiej i słow. 2), 374.

[78] L. P. Žukovskaja, O vozmožnom rodstve Jur'evskogo evangelija i galicko-volynskich polnych aprakosov XII–XIII vv., in: Problemy sovr. filol. (Festschrift Vinogradov), Moskau 1965, 136–141.

[79] L. P. Žukovskaja, Tipologija rukopisej drevnerusskogo polnogo aprakosa XI–XIV vv. v svjazi s lingvističeskim izučeniem ich, in: Pamjatn. dr.-russk. pis'm., Moskau 1968, 199–332.

3. langes Lektionar: für alle Tage des Jahres außer der Fastenzeit (*le*).

Bekanntlich wurden in den altkirchenslavischen Tetraevangelien Perikopenangaben nachgetragen. Diese Marginalia, die sich oft auf *zač(ęlo)* — *ko(nъ)c(ь)* beschränken, werden nur für die Perikopen angegeben, die das kurze Lektionar enthält. Im Marianus stammen sie aus dem Ende des 13. Jh., im Zographensis, wie Moszyński bewiesen hat[80], aus dem Ende des 12. Jh. Also war um diese Zeit in Bulgarien-Makedonien, wo diese Tetraevangelien abgeschrieben wurden, das System des langen Aprakos noch unbekannt.

Nach dem Umfang der Lesungen kann man die langen Aprakos in zwei Typen einteilen. Zum ersten Typ, der durch längere Perikopen charakterisiert ist, gehört neben sehr wenigen anderen Zeugen das südslavische Miroslav-Evangelium. Der zweite Typ ist bei weitem zahlreicher belegt und wird von Žukovskaja als „Mstislav-Typ" bezeichnet.

Mit Hilfe der Perikopen für die 17. Woche nach Pfingsten läßt sich der Mstislav-Typ weiter unterteilen und ergibt das folgende Schema:

a) Jur'ev-Evangelium (1118–1128): die 17. Woche fehlt, wie im griechischen Lektionar.

b) Milatynskij-Evangelium (1188): eine Woche wird zwischen der 4. und der 5. Woche nach Pfingsten eingeschoben.

c) Mstislav-Evangelium (1115–1117): eine Woche wird nach der 16. Woche eingeschoben, wobei die Perikopen von anderswo entnommen werden:

   1. aus der 15. Woche von Lukas (= ἑβδ. λβ')
   2. aus der 16. Woche von Lukas (Pharisäerwoche: ἑβδ. λγ')
      aus der 17. Woche von Lukas (Ἀσώτου: ἑβδ. λδ').
   4. aus der 17. Woche nach Lukas mit abweichender Perikope für Mittwoch: anstatt Mk 13, 24–31 wird Mt 24, 29–35 gelesen.

Die heutige russisch-orthodoxe Kirche gibt ebenfalls Perikopen für diese 17. Woche nach Pfingsten an. Sie werden der 15. Woche von Lukas (= 32. Woche nach Pfingsten) entnommen. Vollständige Tabellen findet man u. a. in der letzten Ausgabe der russischen Bibel bei den Editionen des Moskauer Patriarchats (Moskau 1956) S. 1255–1271. Vgl. auch P. Uržumcev, Godičnyj krug evangel'skich čtenij, Žurnal Moskovskoj Patriarchii 1963/9, 65–71.

Ein anderes Kriterium liefert die Bezeichnung der Wochentage. Ohne Varianten in der Wahl der Perikopen beginnt die Woche am Sonntag,

[80] L. Moszyński, Ze studiów nad rękopisem Kodeksu Zografskiego, Ossolineum 1961 (= Monogr. Slaw. 3), 18.

am Samstag oder sogar am Montag. Die Kombination dieser Kriterien ergibt theoretisch 21 Gruppen, die in der Tat fast alle belegt sind. Lediglich 4 Untertypen sind in den von Žukovskaja untersuchten Hss noch nicht vorgekommen.

Man kann nicht nachdrücklich genug auf die Wichtigkeit dieses Typenschemas der russischen Forscherin hinweisen. Da ihre Theorie ausschließlich auf einer breiten Basis von Tatsachen und nicht, wie bei Vrana, auf unbeweisbaren historischen und überlieferungsgeschichtlichen Konstruktionen beruht, erfordern ihre Ergebnisse keine weitere Prüfung. L. Moszyński hat in jüngster Zeit auf Grund dieses Systems versucht, die noch unedierten Marginalien des Zogr. und Mar. in einen Typ einzubauen[81].

Andererseits konnte die jugoslavische Slavistin Olga Nedeljković, gestützt auf die Arbeiten von Žukovskaja, ihre Kritik an der Ausgabe des Vukan-Evangeliums (um 1200) durch Vrana[82] um manches klarer gestalten[83]. Wenn die Gestalt des langen Aprakos in Südrußland an der Wende des 11. zum 12. Jh. entstand — Nedeljković nimmt als „mögliche Hypothese"[84] die Vermutung von Voskresenskij an, daß die Entwicklung am Hof des Jaroslav Mudryj (1015–1054) stattfand —, ordnen sich die sprachlichen Merkmale, die für eine Abschrift aus einem russischen langen Aprakos sprechen, in einen historischen Zusammenhang ein.

Anläßlich des Symposions „1100-Godišnina od smrtta na Kiril Solunski", das in Skopje im Mai 1969 stattfand, hielt O. Nedeljković ein noch unveröffentlichtes Referat über „Die Redaktionen des altslavischen Evangeliums und die altslavische Synonymik"[85].

Soweit zur Entstehung und den inneren Beziehungen der altkirchenslavischen neutestamentlichen Hss. Eine weitere Frage bleibt, ob der slavische Text auch unter nichtgriechischen Einflüssen stand.

Die nichtgriechischen Einflüsse auf die altkirchenslavische Übersetzung der Evangelien

Daß die Grundlage für die Übersetzung des slavischen Neuen Testamentes das Griechische war, steht außer Zweifel. Ob allerdings Kyrill und Method — angesichts der bereits vor ihnen begonnenen Christianisierung Mährens von seiten der bayerischen Bischöfe — nicht auch auf

[81] L. Moszyński, Studia L. P. Żukowskiej nad cerkiewnosłowiańskimi ewangeliarzami, Rocznik Slaw. 31 (1970), 89–97.

[82] J. Vrana, Vukanovo evandjelje. Beograd 1967 (= Posebna izd. SANU 154). Vgl. dazu L. Moszyński, Rocznik Slaw. 30 (1969), 91–94.

[83] O. Nedeljković, Vukanovo jevandjelje i problem punog aprakosa, Slovo 18–19 (1969), 41–90. Siehe auch dies., Ze studiów nad słownictwem staro-cerkiewno-słowiańskim, Rocznik Slaw. 30 (1969), 71–91.

[84] Dies., Vukanovo ..., 48.

[85] Vgl. Slovo 18–19 (1969), 442 und Slavia 39 (1970), 300–301.

lateinische Gewohnheiten Rücksicht genommen haben[86], läßt sich nicht apodiktisch ablehnen.

K. Horálek hat vor kurzem eingehend die Vorgeschichte dieser Problematik behandelt[87], so daß ich hier lediglich die Marksteine der Fragestellung hervorheben will. Daß die Psalmen unleugbar Lesarten enthalten, die sich nur aus der Vulgata erklären lassen, hatte bereits Jagić erkannt[88]. Von dessen eher gemäßigter Ansicht entfernte sich aber Pogorělov, als er 1925 die Evangelien auf lateinische Einflüsse hin untersuchte[89]. Es hat A. Meillet und J. Vajs viel Mühe gekostet, dieses Material kritisch zu prüfen. In einer 1929 erschienenen Abhandlung sah Vajs nur 2 bzw. 4 Stellen, die sich am ehesten durch lateinischen Einfluß erklären lassen, und zwar Mt 23, 4; Joh 6, 23; Mt 6, 11. Van Wijk warf 1931 im Anschluß an D. Plooy eine weitere Stelle in die Diskussion (Mt 13, 47–48). Die neueste Forschung konzentriert sich auf den Text des Vaterunsers.

In Beantwortung der These von A. V. Isačenko[90], der die erste Übersetzung der Perikope Mt 6, 9–13 erst in Mähren und unter westlichem Einfluß ansetzt, versucht D. G. Huntley[91], über die verbale Übereinstimmung zum semantischen Inhalt zu gelangen, und sieht im inkriminierten *ne vъvedi nasъ* „an excellent idiomatic translation from the Greek μὴ εἰσενέγκῃς ἡμᾶς"[92].

Die vierte Bitte des Herrengebets (Mt 6, 11; Lk 11, 3) steht ebenfalls seit Jahrzehnten im Rahmen dieser Diskussion. In beiden Evangelien liest das Griechische ἐπιούσιος; dem entsprechen in den beiden glagolitischen Tetraevangelien Zogr. und Mar. drei verschiedene Übersetzungen. Der Ausdruck *nasǫštьnyj*, der sich in den späteren Texten allein durchgesetzt hat, wurde durch das lateinische *supersubstantialis* erklärt. Heinz Wissemann[93] weist zunächst darauf hin, daß ἐπιούσιος außerhalb des Neuen Testaments nur einmal auf Papyrus belegt ist[94]

[86] So z. B. Jagić, Entstehungsgeschichte ..., 249–250.

[87] K. Horálek, Zur Frage der lateinischen Einflüsse in der altkirchenslavischen Bibelübersetzung, in: Cyrillo-Methodianische Fragen, Slavische Philologie und Altertumskunde, Wiesbaden 1968 (= Annales Inst. Slav. I/4), 29–42.

[88] Letzter Stand der Forschung bei J. Lépissier, La traduction vieux-slave du Psautier, Rev. Études Slaves 43 (1964), 58–72.

[89] Für die Literaturangaben bis 1931 siehe B. M. Metzger, Old Slav. Version, 86-87.

[90] A. V. Isačenko, K voprosu ob Irlandskoj missii u pannonskich i moravskich Slavjan, Vopr. Slav. Jazykozn. 7 (1963), 47–72.

[91] D. G. Huntley, Is Old Church Slavonic „Lead us not into temptation ..." a Latinism?, Slavia 35 (1966), 431–435.

[92] A. a. O. 435.

[93] H. Wissemann, Die aksl. Versionen der vierten Bitte des Vaterunsers, Welt d. Slaven 14 (1969), 393–405.

[94] Vgl. J. Cibulka, Epiusios-nasǫštьnyj-quotidianus-vezdejší, Slavia 25 (1956), 406–415; B. M. Metzger, How many times does ἐπιούσιος occur outside the Lord's prayer?, in: Historical and Lit. Stud. Chapt. VI, Leiden 1968 (= N. T. Tools & Stud. 8), 64–66.

und von der Wortbildung her zweideutig bleibt, (ἐφ-ίημι, ἔπ-ειμι); daher auch die verschiedenen slavischen Wiedergaben. Der Einfluß des Lateinischen läßt sich weder beweisen noch widerlegen. Vor kurzem kam Horálek wieder auf dieses Problem zurück; er bringt jedoch keine neuen Argumente, sondern äußert sich viel unentschiedener als früher: „Ich halte es aber doch für wahrscheinlich, daß Konstantin beim Übersetzen (es handelt sich hauptsächlich um das Evangelistarium) einen lateinischen Hilfstext benützt hatte. Die lateinische Vulgata konnte aber auch bei der Wahl der griechischen Vorlage respektiert werden. Es wurde eine archaische griechische Vorlage gewählt, die näher den lateinischen Hss stand als die damals in Konstantinopel benützten. Es ist nicht ausgeschlossen, daß Konstantin auch die syrische Übersetzung als Hilfsmittel benützte"[95]. Diese Ansicht Horáleks scheint mir — ohne den literarischen Scharfsinn des Photios und seines Kreises abwerten zu wollen — ein philologisches Bewußtsein vorauszusetzen, das erst im 19. Jh. entstand. Außerdem wirft sie die Frage nach den griechischen Vorlagen wieder in das Labyrinth der hypothetischen Rezensionen, die N. Molnár so prägnant (!) durch I (W) $>$K bezeichnet[96].

Die wiederholten Kongresse und Symposia, die anläßlich des 1100. Jubiläums der Slavenapostel[97] in verschiedenen Ländern stattfanden, trugen nicht wenig dazu bei, die Persönlichkeit Konstantins zu verherrlichen, und zwar mit einer (je nach kirchlicher und nationaler Zugehörigkeit) merklichen Tendenz, in ihm Ansätze der heutigen Ideale zu erkennen. Da man heute über die konfessionellen Grenzen hinaus denkt, mußte also bereits Konstantin — Freund des Patriarchen Photios — ein ökumenisch gesinnter Byzantinoslave sein. Ich habe schon an anderer Stelle Zweifel hinsichtlich des Gebrauchs einer westlichen Liturgie oder sogar einer birituellen Liturgie in der kyrillomethodianischen Zeit geäußert[98]. Dieselben Zweifel hege ich gegenüber den lateinischen Einflüssen in der kyrillomethodianischen Übersetzung. Eine Notwendigkeit zu angeblichen Konzessionen der Slavenapostel gegenüber dem Missionswerk der bayerischen Bischöfe in Mähren, nämlich römische Riten beizubehalten und die Bibelübersetzung dem Vulgatatext anzugleichen, war nicht vorhanden. Für Konstantin wie für uns war das Griechische die Sprache der ursprünglichen Niederschrift des Neuen Testaments. Hie und da einen Blick in die Vulgata zu werfen, konnte keiner „wissenschaftlichen" Tendenz entsprechen.

---

95 K. Horálek, Zur Frage der latein. Einflüsse ..., 40.

96 N. Molnár, The Calques ..., 108–115.

97 Vgl. den sehr interessanten Bericht von I. Petrović, Literatura o Ćirilu i Metodiju prilikom 1100. Jubileja slavenske pismenosti, Slovo 17 (1967), 136–188; 18–19 (1969), 233–382.

98 Th. Hannick, Cyrillo-Methodiana, Irénikon 41 (1968), 101–104.

Die spätere Geschichte der kirchenslavischen Literatur beweist tausendfach, daß inhaltlich größere Änderungen in biblischen und liturgischen Texten nicht mit einem Volksaufstand verbunden waren — sonst wäre die Textüberlieferung für uns manches Mal leichter zu klären.

Die Frage der lateinischen Einflüsse auf die slavische Übersetzung möchte ich hier nicht länger behandeln. Es gibt wohl bei der ersten Lektüre der altslavischen Denkmäler merkwürdige Stellen, die den Anschein erwecken, der Vulgata näher zu stehen als einer griechischen Vorlage. Freilich kennt man die Textgestalt der mit unseren slavischen Zeugen zeitgleichen griechischen Hss des 9. bis 12. Jh. zu wenig. Können ferner vermutete Anlehnungen an das Latein nicht einfach selbständige parallele Bildungen sein? Scheinbare Übereinstimmungen konnten mehrmals auf Grund der so gepriesenen kritischen Selbständigkeit der slavischen Übersetzer entstehen. Schließlich darf man nie vergessen, daß die Niederschrift des Altkirchenslavischen in einer Zeit stattfand, als die Slaven in Mähren und in Bulgarien schon lange mit einer christlichen Kultur in Berührung standen, die im Falle Bulgariens von Byzanz ausgestrahlt wurde, in Mähren durch die fränkischen Bischöfe von Rom her beeinflußt war. Wie A. Meillet treffend formuliert hat[99], bedeutet eine sprachliche Einwirkung nicht unbedingt auch einen textlichen Einfluß.

Die Untersuchung des altslavischen Wortschatzes zeigt eine unleugbare Einwirkung des Gotischen, die sich historisch durch die lange Ansässigkeit der Goten am Schwarzen Meer erklären läßt. Diese Tatsache hat einige Forscher dazu geführt, nach den Spuren gotischer Einflüsse in der slavischen Bibelübersetzung zu suchen. Die von Josip Hamm[100] vertretene Theorie wurde sofort und heftig von J. Janko und J. Vajs bestritten. Da dieser Streit in slavischen Sprachen geführt wurde, blieb er den Germanisten unbekannt, so daß die Auseinandersetzung aus Mangel an fachkundiger Widerlegung in der Literatur immer wieder aufflackerte. Der Brünner Germanist Leopold Zatočil hat vor wenigen Jahren[101] unter dieses Problem hoffentlich einen Schlußstrich gezogen. Nach eingehender Analyse der ersten fünf Kapitel des Markusevangeliums beweist er die Unabhängigkeit der zwei Versionen.

Wenn somit die „gotische Frage“ gelöst ist, hat die Ansicht einer syrischen Einwirkung immer noch Anhänger. In der langen, unfruchtbaren und bis heute nicht abgeschlossenen Auseinandersetzung über den Ursprung der Glagolica haben die Slavisten mit allen Kräften nach Vorlagen für die Buchstabenformen gesucht. Nachdem die west-

---

99 A. Meillet, Rev. Études Slaves 6 (1926), 39.

100 Für die Literaturangaben bis 1953 siehe B. M. Metzger, Old Slav. Version, 87—88.

101 L. Zatočil, Zum Problem der vermeintlichen Einwirkung der gotischen Bibelübersetzung auf die aksl., Sborník Prací fil. Fak. Brn. Univ. 13 [A 12] (1964), 81–95.

lichen Alphabete ausgeschöpft waren, wurden der Reihe nach sämtliche Schrifttypen des christlichen und nichtchristlichen Orients[102] zur Diskussion gestellt. „Konstantin der Philosoph", Professor an der Universität zu Konstantinopel, mußte ein fachkundiger Exeget und Orientalist gewesen sein. Warum hätte er nicht bei seiner Übersetzung einen Blick in die Pešitta werfen sollen?

Diese vom slovenischen Meister der kyrillomethodianischen Fragen Fran Grivec aufgebaute Theorie[103] wurde sofort von R. Jakobson angenommen und erweitert[104]. Die zuletzt über das Problem geäußerte Meinung von K. Horálek[105] zeigt eher Reserviertheit, schließt sie aber als Möglichkeit nicht aus. In der Übersetzung Mt 16, 18: *na semъ Petrě* in Ass. und Nikol. sieht Grivec[106] einen Bezug auf das syrische *kēfā* um das Maskulinum *semъ* zu erklären.

Überzeugender erweisen sich die Ausführungen von Grivec über die Einflüsse der frühslavischen Homiletik auf den Bibeltext[107]. Nachdem A. Vaillant eine anonyme Homilie aus dem Clozianus Method selbst zugewiesen hatte[108], steht nunmehr Vergleichsmaterial zur Verfügung. Mit Hilfe der „Diktion" dieser Homilie und ähnlicher Texte versucht Grivec, die ziemlich freie Wiedergabe des griechischen Textes in den ältesten Evangeliaren Ass. und Sav. zu erklären.

Der heutige Stand der Forschung

Man kann mit einem gewissen Recht behaupten, daß die Suche nach der Rekonstruktion des kyrillomethodianischen Textes der Evangelien die Forschung in eine Sackgasse geführt hatte. Die Denkmäler wurden nach dem Grad ihrer archaischen Züge bewertet und nicht um ihrer selbst willen untersucht. Wenn auch die intensive Beschäftigung mit den späteren kirchenslavischen Hss heute zu Umwegen führen kann, wie es bei Vrana der Fall sein dürfte, bedeuten die Arbeiten der letzten 15 Jahre (nach dem epochemachenden Buch von K. Horálek) doch einen enormen Fortschritt.

Zunächst haben die verschiedenen slavischen Länder vorzügliche Editionen der alten Denkmäler herausgegeben, die neben der nur langsam fortschreitenden Katalogisierung der Handschriftenbestände einen größeren Zugang zu den Quellen ermöglichen. Andererseits bieten die

---

[102] Siehe den Überblick über das Problem und eine sehr ansprechende Lösung bei Th. Eckhardt, Theorien über den Ursprung der Glagolica, Slovo 13 (1963), 87–118.

[103] Fr. Grivec, Dikcija Assemanijevega glagolskega evangeliarja, Slovo 3 (1953), 5–34.

[104] R. Jakobson, Minor Native Sources for the Early History of the Slavic Church, Harvard Slav. Stud. 2 (1954), 39–73, bes. 68–70.

[105] Siehe oben S. 423.

[106] Fr. Grivec, Na semь Petrě, Slovo 4–5 (1955), 24–46.

[107] Fr. Grivec, O svobodnih prevodih v staroslov. evangelijih, Slavia 25 (1956), 194–197.

[108] Vgl. Anm. 17.

begonnenen Enzyklopädien und Lexika eine wesentliche Hilfe. Hier seien nur für das Altkirchenslavische der schon erwähnte Slovník jazyka staroslověnského[109], das geplante Wörterbuch der kirchenslavischen Sprache[110] und der vorzügliche Słownik starożytności słowiańskich[111] genannt.

Die größte Aufmerksamkeit wurde auf das Gebiet der Evangelien gelenkt. Die Klassifikation von Žukovskaja bietet den Beginn einer vollständigen und systematischen Liste der slavischen Evangelienhandschriften nach den heutigen Signaturen und Aufbewahrungsorten. Die Frage nach den griechischen Vorlagen blieb auf dem gleichen Stand stehen, auf den sie Horálek geführt hatte. Die Kenntnis des Wortschatzes der altslavischen Evangelien wird durch die angekündigte[112] Veröffentlichung von L. Moszyński, Indeks ekwiwalentnych par słownikowych najstarszych staro-cerkiewno-słowiańskich tekstów ewangelijnych, wesentlich erweitert werden.

Neben zahlreichen sprachlichen und paläographischen Untersuchungen über die einzelnen Hss, deren Liste hier überflüssig wäre, hat die Forschung auf dem Gebiet der Textkritik des Apostolos wenig geleistet. Für die Apostelgeschichte wird lediglich das Quellenmaterial von Pechuška[113] durch die Ausgabe des Apostolos von Vranešnice (13. Jh.) ergänzt, dessen Fragmente nur die Acta enthalten[114]. Auch der so wichtige Apostolos von Enina wurde bis jetzt nur sprachlich untersucht. Auf dem bereits erwähnten Symposion von Skopje im Mai 1969 hat neuerdings R. Ugrinova-Skalovska dieses Denkmal mit den anderen Apostoloi verglichen[115]. Der Text ihres Referats ist noch ungedruckt.

Sonst scheint die Erforschung des Apostolos die Slavisten wenig zu interessieren. Ein so wichtiger Text wie der Strumicki-Apostolos, den Polívka vor 80 Jahren einer ausführlichen sprachlichen und textkritischen Behandlung unterzogen hat[116], blieb immer noch unediert. Eine annähernd vollständige Liste der bekannten Hss liegt noch im Bereich der Träume. Immerhin gab F. V. Mareš eine nützliche Liste der bisher edierten oder gründlich behandelten Apostoloi heraus[117];

[109] Erscheint in Prag seit 1958.

[110] Vgl. den Arbeitsbericht von A. Nazor, Slovo 18–19 (1969), 439–441.

[111] Erscheint in Warschau seit 1961.

[112] Slavia Occid. 27 (1968), 157 Anm. 6.

[113] Fr. Pechuška, Makedonský praxapoštol a Skutky apoštolské a jejich poměr k řecké předloze, Diss. (ungedruckt) Praha 1933; ders., Řecká předloha stsl. textu Skutků apoštolských, in: Slovanské Studie ... J. Vajsovi, Praha 1948, 60–65.

[114] Bl. Koneski, Vranešnički apostol, Skopje 1956 (= Inst. za mak. jaz. Stari tekstovi 2); ders., Nekolku beležki za jazikot na južnoslovenskite apostoli od prvata redakcija, in: Beogr. Medj. Slav. Sastanak, Beograd 1957, 595–598.

[115] Vgl. Slovo 18-19 (1969), 443.

[116] J. Polívka, Palaeographische, gramm., und kritische Eigenthümlichkeiten in dem Maked. Praxapostolus, Arch. f. Slav. Phil. 10 (1887), 106–132. 417–483.

[117] F. V. Mareš, Rokycanský rukopis csl. Apoštola, Slavia 26 (1957), 180–191.

diese Liste kann durch den Artikel von Radojčić[118] und die Aufzählung der bulgarischen Sprachdenkmäler von Conev[119] ergänzt werden.

Größere Bedeutung als im griechischen Bereich — außer natürlich bei den Papyri — kommt bei den Slaven den laufend neuen Entdeckungen mittelalterlicher Hss zu. Hier sei nur aus der neueren Literatur auf das serbische Evangelium von Mokropolje (14. Jh.)[120] und die in den USA aufbewahrten Fragmente aus dem 13. Jh.[121] hingewiesen. Schließlich konzentriert sich ein Teil der sprachwissenschaftlichen Studien auf das Verhältnis der altkirchenslavischen Übersetzung zu ihrer griechischen Vorlage. Wenn auch diesen Arbeiten eine nuancierte Kenntnis der griechischen Überlieferung oft fehlt[122] — die heutigen kritischen Ausgaben des griechischen Neuen Testaments stellen nicht den Textzustand dar, den Kyrill und Method vor sich hatten — bleibt ihr Beitrag zur Erforschung der Syntax[123] oder des Wortschatzes[124] des Altkirchenslavischen eine unumgängliche Hilfe.

Analyse der Perikope Röm 13, 11–14, 4

Da die neutestamentliche Textkritik bis jetzt im Anschluß an die Untersuchungen von J. Vajs und K. Horálek ausschließlich die slavischen Evangelien der griechischen Überlieferung gegenüberstellte, möchte ich hier eine Perikope aus dem Apostolos exemplarisch darlegen. Ihre Auswahl wurde mit Rücksicht auf den Quellenbestand, nicht wegen ihrer textkritischen Relevanz getroffen. Vielleicht hätten die von Jagić vermerkten Stellen[125], die vom „Koinetext" abweichen, eine größere demonstratorische Wirkung ausgeübt. Diese Perikope aus dem Römerbrief wurde gewählt, da sie im ältesten Fragment des altkirchenslavischen Apostolos überliefert ist und bis jetzt meines Wissens nie gebührend untersucht wurde.

Die Kiever Blätter[126], jenes Sprachdenkmal aus dem 10.–11. Jh., stellen Fragmente eines römischen Sakramentars dar, das trotz seiner

---

[118] Dj. S. Radojčić, Apostoli, in: Enciklop. Jugosl. I, Zagreb 1955, 139.

[119] B. Conev, Istorija na bŭlg. ezik I, Sofia 1940².

[120] M. Radeka, Mokropoljsko jevandjelje, Starinar n. s. 7/8 (1956/57) [1958], 209–212.

[121] J. B. Rudnyćkyj, A 13th Century Cyrillic Gospel Fragment, Winnipeg 1965 (= Readings in Slav. Lit. 5).

[122] Vgl. meine Rezension zu Růžička, Irénikon 38 (1965), 569/570.

[123] Vgl. u. a. I. Duridanov, Beležki vŭrchu starobŭlgarskija prevod na evangelieto s ogled na vlijanieto na grŭckija sintaksis, in: Ezikov. izsled. ... Mladenov, Sofia 1957, 225–233; R. Růžička, Das syntaktische System der altslavischen Partizipien und sein Verhältnis zum Griechischen, Berlin 1963.

[124] L. S. Kovtun, Russkaja leksikografija èpochi Srednovekov'ja, Moskau–Leningrad 1963 (S. 268–310: Wortschatz des Apostolos); C. A. Mastrelli, La traduzione di λευκός nei vangeli slavi in confronto con le traduzioni latine e germaniche, Ricerche Slav. 2 (1953), 92–100.

[125] V. Jagić, Zum aksl. Apostolus I, 63–70.

[126] Hg. von V. Jagić in den Denkschiiften KAW Wien 38/2 (1890), 44–58, und von C. Mohlberg, Il messale glagolitico di Kiew, Rom 1928.

eindeutig moravischen Züge zur altkirchenslavischen Literatur gehört. Das erste Blatt enthält die Perikope Röm 13, 11–14, 4.

Glücklicherweise blieb dieselbe Perikope in den Fragmenten des Eninski Apostol erhalten. Ihre Verlesung am Sonntag der Tyrophagie stimmt mit dem byzantinischen Lektionssystem überein. Der schlechte Zustand der Hs macht die volle Entzifferung von neun Stellen unmöglich, was sich jedoch erfreulicherweise für die Feststellung des Texttypes als belanglos erweist. Es wurde schon erwähnt[127], daß der Apostolos von Enina nach dem Fragment aus den Kiever Blättern den ältesten altslavischen Apostolos darstellt (11. Jh.). Er gehört zur bulgarischen Rezension des Kirchenslavischen. Als dritter Codex wurde der Praxapostolos von Christinopol, eine gut erhaltene Texthandschrift aus dem 12. Jh., die der südwestrussischen Redaktion angehört, zu diesem Vergleich herangezogen.

Dem Alter der slavischen Denkmäler entsprechend wurden einige griechische Hss vom 9. bis zum 12. Jh. kollationiert. Hier wurde die Auswahl auf Grund der im Institut für Neutestamentliche Textforschung/Münster leicht benutzbaren, in Photographien vorliegenden Hss getroffen. Als Vergleichsmaterial kommen folgende Hss in Frage: 010, 012, 020, 025, 044, 049, 056, 0142, 0150, 0151, 88, 181, 319, 378, 436, 459, 623, 808, 945, 1243, 1424, 1448, 1505, 1611, 1735, 1739, 1837, 1891, 1962, 2127, 2138, 2541, *l* 60, *l* 156, *l* 590, *l* 617, *l* 2024[128].

Die Kiever Blätter (K) sind nach der Anthologie von Weingart–Kurz[129], der Apostolos von Enina (E) nach Mirčev–Kodov[130], der Apostolos von Christinopol (C) nach Kałužniacki[131] zitiert. Gelegentlich werden auch Angaben aus den Arbeiten von Polívka[132] und K. Mirčev[133] herangezogen.

Röm 13, 11: K E Bratiě nyně bliže (bližne E) Νῦν γὰρ ἐγγύτερον
C Nyně bo bliže

Die Auslassung von *bo* (γάρ) in beiden Lektionaren K E wird durch 459, 917, 1505, 1837, 1962, 2127 gestützt, ist aber am Anfang der Perikope irrelevant.

Röm 13, 12: K otъvrъ⟨zěmъ⟩ ubo ἀποθώμεθα οὖν
C otvьrzěmъ
E otvrъzěte

---

[127] Siehe oben S. 405.

[128] Einen Einblick in seine Kollationen der Lektionare hat mir freundlicherweise Herr P. D. Losada erlaubt, wofür ich ihm an dieser Stelle danken möchte.

[129] M. Weingart–J. Kurz, Texty ke studiu jazyka a písemnictví staroslověnského, Praha 1949², 138.

[130] Vgl. Anm. 10. Behandelte Perikope f⁰ 5^{a-b}, S. 25–27.

[131] Vgl. Anm. 50. Behandelte Perikope S. 131–132.

[132] Vgl. Anm. 116.

[133] K. Mirčev, Kŭm ezikovata charakteristika na Ochridskija apostol ot XII v., in: Kliment Ochridski Sbornik, Sofia 1966, 107–120.

Die erste Person Plural in K C stimmt mit allen griech. Zeugen überein. Die zweite Person Plural in E ist auch im Strumicki Apostol belegt[134]. Hier muß man, wie in 13, 11 (ἐπιστώσατε bei *l* 156, *l* 617), mit liturgischen Einflüssen rechnen.

Die Auslassung von *ubo* (οὖν) in E C bleibt unerklärlich.

Röm 13, 12: K C i oblěcěmъ sę
E oblěcamъ že sę

K C = καὶ ἐνδυσώμεθα 012; E = ἐνδυσώμεθα δέ 025, 436, 1739.

Röm 13, 13: K ne kozъlogr⟨a...⟩iimi* i pъěnъstvimi i ljubo⟨děni⟩mi i studoděniimi
E ne kozloglasovanii piěnъstvii ljubodějanii studoděěnii
C ne kozьloglasovaniimi ni pijanьstviimi ne ljubodějaniimi

K i rъven⟨iimi⟩ i zavistъmi
E ne revnostiǫ ....tiemъ
C ne rьvьnьjemь ni zavistiju

Die Lücke in E ist wohl mit *(zavis)tiemŏ* zu ergänzen.

Zunächst gilt für die 3 Hss die Bemerkung, daß die griechische Überlieferung in der Einsetzung der Konjunktionen μή bzw. καί einheitlich ist. Die Schwankung in den slavischen Denkmälern erweist sich dann als eine innerslavische Entwicklung. Gegenüber den Dativ Plural des Griech. κώμοις, μέθαις, κοίταις, ἀσελγείαις setzen K C den entsprechenden Instr. Pl., E hingegen den Instr. Sg. Der Verlust von *studodějaniimi* in C ist durch das Homoioteleuton verursacht worden; er hat keine griech. Entsprechung[135]. Wichtiger ist in K der Instr. Pl. auch in *rŏven⟨iimi⟩ i zavistŏmi*. Die gesamte griech. Überlieferung setzt hier den Sing., B allein liest ερισι και ζηλοισ.

Röm 13, 14: K ⟨gmь i⟩schrmъ τὸν Κύριον Ἰησοῦν Χριστόν
E .mъ ischmъ
C gmь našimь ischmь

Der Instr. Sing. ist durch die slavische Syntax bedingt. K E gehen mit den meisten griech. Hss zusammen. C allein fügt *našimь* (ἡμῶν) hinzu, was in 1962 an dieser Stelle belegt ist[136].

Röm 14, 1: K v⟨ěrojǫ⟩ / E C vъ věrě τῇ πίστει
Innere slavische Schwankung zwischen Instr. und Lokativ.

K vъ sǫmъněniě / E vъ (s)ǫmněnie / C vъ sumъněnija

Der Akkusativ Sing. in E gegen den Akk. Pl. in K C läßt sich durch die phonologische Wiedergabe von ě in den bulg. Denkmälern erklären. Ohne griech. Entsprechung.

Röm 14, 2: K E C da ěstъ

Der slavische „Injunktiv" mit *da* setzt die griech. Lesart ἐσθιέτω voraus, die neben älteren Zeugen in 010, 012 belegt ist.

Röm 14, 3: K ě⟨dy n⟩e / E ědy že ne / C ědy ne ὁ ἐσθίων τὸν μή

Die Hinzufügung von že (δέ) in E ist im Griech. nicht belegt.

---

134 Vgl. Polívka, 478. In Röm 13,14 setzt Strum. umgekehrt die erste Person anstatt der zweiten (Polívka, 478).

* Korrupt für kozъloglasovaniimi. Vgl. Weingart, Čas. pro mod. Fil. 24 (1938), 242 Anm. 35; Jagić, Zum aksl. Apostolus III, 56.

135 Vgl. die unterbrochene Alternation *ne–ni.*

136 Vgl. Ohr. *oblěcěte sę g̃demŏ našimŏ* (Mirčev, 110) und Jagić, Zum aksl. Apostolus I, 66.

Röm 14, 3: K da ne osǫžda<etъ> da ne u<karě>etъ
E da ne u...ěetъ
C da ne ukarędjetь

K setzt einen griech. Text μὴ κρινέτω, μὴ ἐξουθενείτω voraus, der bis jetzt nicht belegt ist. Diese Verdoppelung läßt sich wohl als Antizipation des folgenden μὴ κρινέτω erklären, ist aber vielleicht mehr als ein Versehen des Schreibers. An der Stelle liest A μὴ κρινέτω. Die Entstehung von K aus einer durch A kontaminierten Lesart ist nicht ausgeschlossen.

Röm 14, 4: K ty kъto / E ty že kto / C a ty kto σὺ τίς
Vgl. σὺ δὲ τίς *l* 60.

Röm 14, 4: K silenъ bo gъ postavitъ i i.
E silъnъ že bъ postavitъ i.
C silenъ že jestь gь postaviti i

K setzt voraus: δυνατὸς γὰρ ὁ Κύριος 025
E setzt voraus: δυνατὸς γὰρ ὁ Θεός 044, 1505, 1611, 1735, 1739, 1962, 2127.
C setzt voraus: δυνατὸς γάρ ἐστιν ὁ Κύριος *l* 590, *l* 2024

Gewiß lassen sich aus einer einzigen Perikope schwer klare Hinweise über die Beschaffenheit der jeweiligen Hss entnehmen. Ich möchte trotzdem dieser Analyse einige vorläufige Bemerkungen beifügen.

Nach dem Schema der inneren Entwicklung der slavischen Version, wie Horálek es dargelegt hat[137], kann man E als primär ansehen. Verschiedene Lesarten, die vom Griechischen abweichen, scheinen dem altslavischen Sprachgebrauch besser zu entsprechen. Im Röm 13, 11 liest E *bližne,* Neutrum von *bližьnь,* was schon in den ältesten Denkmälern belegt ist, während K C den Komparativ des Adverbs *blizь* verwenden[138]: *bliže* wurde zweifellos dem griech. ἐγγύτερον nachgebildet, *bližne* steht als regulär dekliniertes Prädikat zum Neutrum *sъpasenie* (σωτηρία).

In Röm 13, 13 stehen in E die Abstrakta auf *-ie* im Singular und in einer asyndetischen Folge. Statt dessen setzt K überall den Plural ein und wiederholt die Konjunktion *i* (καί) fünfmal. C als letzte Stufe der Entwicklung führt die Alternation *ne – ni* ein.

Gleicherweise wurde in Röm 14, 1 die gute slavische Übersetzung *vъ věrě* in E in Anlehnung an den griechischen Dativ τῇ πίστει in K zum Instrumental *verojǫ* umgewandelt. C hat den Lokativ wiederhergestellt. Daß die Wiedergabe durch Präposition stilistisch besser ist, beweisen die modernen Übersetzungen: russ. *v vere,* poln. *w wierze,* tsch. *u víře,* serbokr. *u vjeri.*

Diese innere Entwicklung E > K > C läßt aber andere Lesarten im Dunkeln. Wenn K eine Revision eines Prototypes von E darstellt,

[137] Siehe oben S. 416.

[138] Nach Miklosich, Lexicon ..., 31 *s. v.* ist der Komparativ in den Památky von Šafařík (nicht im Assemanianus, sondern in späteren Denkmälern) und im Apostolos von Šišatovac an dieser Stelle belegt.

woher stammen dann die Kontaminationen, die an B (Röm 13, 13) oder an A (Rm 14, 3) erinnern? Man muß dann für K zwei verschiedene Texttraditionen voraussetzen: Die eine stellt eine gräzisierte Bearbeitung der Vorlage von E dar, die andere einen Überlieferungszweig, der in E keinen Nachklang gefunden hat und der noch alte Lesarten der ℌ-Gruppe enthielt.

Bis jetzt sprach man nur von Umarbeitungen der Urübersetzung. Wo liegt im heutigen Zustand der Quellen der Unterschied zwischen Umarbeitung und neuer Übersetzung auf Grund anderer oder verwandter Vorlagen? L. Sadnik[139] hat gezeigt, daß den Slaven die wiederholte Übersetzung desselben Textes bekannt war. K. Horálek selbst gibt zu, daß man im 11. Jh. in Bulgarien einige Bücher des Alten Testaments neu übersetzt hat[140]. Ob man einen Text als Umarbeitung oder als Neuübersetzung ansieht, bleibt gleichgültig, solang dieser eine Text den einzigen Gegenstand der Forschung darstellt. Eine Entscheidung für diese oder jene Ansicht wird aber wichtig, wenn das Schriftstück textgeschichtlich behandelt wird. Das Postulat eines einzigen Archetypus für einige Abkömmlinge, die verschiedene griechische Überlieferungszweige widerspiegeln, läßt sich meiner Meinung nach kaum halten. Es scheint mir nicht nur einfacher, sondern auch der Wirklichkeit näher, von der Urübersetzung als einzigem Ausgangspunkt der Überlieferung abzukommen und in jeder älteren slavischen Hs mindestens die Möglichkeit doppelter, gleichwertiger Überlieferungswege zu erwägen: die unmittelbare slavische Filiation oder Beeinflussung, und die kaum weiter entfernt liegende griechische Textgruppe.

Die oben analysierte Perikope war sicherlich nicht das beste Beispiel, um diese Theorie zu bestätigen. Vielleicht gewinnen aber gerade dadurch die wenig markanten Ansätze, die ich hervorgehoben habe, an Beweiskraft.

Die Bedeutung der altkirchenslavischen Übersetzung für die griechische Textgeschichte

Wenn man von der Möglichkeit, die K. Horálek in Betracht gezogen hat[141], absieht, nach welcher Konstantin ältere, im Konstantinopel des 9. Jh. nicht mehr gebrauchte Vorlagen für seine Übersetzung benutzt hätte, gibt die slavische Überlieferung den Stand der griechischen Hss ab dem 9. Jh. wieder. Eine Bewertung der slavischen Hss für die Gewinnung des griechischen Urtextes ist daher ausge-

[139] L. Sadnik, Eine zweite südslawische Übersetzung des Johannes Damascenus, in: Slaw. Studien z. V. Int. Slaw. Kongreß 1963, Göttingen 1963 (= Opera Slavica 4), 281–284.

[140] K. Horálek, La traduction ..., 267 Anm. 1.

[141] Siehe oben S. 423.

schlossen, solange die dem Urtext am nächsten liegende Form in den ältesten Unzialhandschriften der hesychianischen Gruppe (א, B) gesucht wird.

Die russisch-orthodoxe Exegese vertritt in der Tat die gegenteilige Meinung. Anläßlich der 21. Auflage des Griechischen Neuen Testaments von Nestle (1952) hat A. Ivanov, Professor an der Moskauer Geistlichen Akademie, die traditionelle Stellung der russisch-orthodoxen Kirche zum biblischen Text in der offiziellen Zeitschrift des Moskauer Patriarchats ausführlich dargelegt[142]. Die Skepsis, mit welcher Robert P. Casey dieser Verteidigung des Textus receptus begegnete[143], veranlaßte Ivanov (1957), seine Ansichten nochmals in gedrängter Form zusammenzufassen[144]. Eine spätere Anzeige der Veröffentlichung des Pap. Bodmer II bringt kein neues Material in die Diskussion[145].

Da die Argumente des russischen Professors sich nicht nur auf die prinzipiellen Fragen der Rezensionen des griechischen Textes beziehen, sondern auch den Wert der slavischen Übersetzung hervorheben wollen, scheint es angebracht, die markanten Punkte seiner Ausführungen an dieser Stelle zusammenzufassen. Es sei von vornherein vermerkt, daß Ivanov sich lediglich auf die Ergebnisse der Gegenangriffe von Burgon und Miller und in geringerem Maße auf eine einzige russische Arbeit von Glubokovskij[146] stützt, um die traditionelle Position der russischen Orthodoxie zu verteidigen. Seine Argumentation verliert deshalb an Beweiskraft, da der Anglikaner Burgon, wenn er sich auf die Autorität der Kirche beruft, eine andere Ekklesiologie als die der Orthodoxie vertritt.

Das Hauptgewicht seiner Äußerungen legt Ivanov auf die Würdigung der Textrezensionen des griechischen Neuen Testaments und beginnt mit dem byzantinischen Mehrheitstext, den er A-Text (Antiochenisch) nennt. Er übernimmt die Verteidigung von Burgon, der konstantinopolitanische Text sei der von der offiziellen kirchlichen Hierarchie überwachte und kanonisierte Text, sei der älteste und der

[142] A. Ivanov, K voprosu o vosstanovlenii pervonačal'nogo grečeskogo teksta Novogo Zaveta, Žurnal Moskovskoj Patriarchii 1954/3, 38–50; ders., Novoe kritičeskoe izdanie grečeskogo teksta Novogo Zaveta, Žurnal Mosk. Patr. 1956/3, 49–58; /4, 49–58; /5, 43–52.

[143] Robert P. Casey, A Russian Orthodox view of NT textual criticism, Theology 60 (1957), 50–54.

[144] A. Ivanov, K voprosu o novozavetnom tekste (Otvet Prof. Robertu P. Kejsi), Žurnal Mosk. Patr. 195/79, 60–64.

[145] A. Ivanov, O novootkrytnom pamjatnike svjaščennoj novozavetnoj pis'mennosti (Pap. Bodmer II. Ein erster Bericht, Von K. Aland, „Theol. Lit. Zeitung" 1957, N. 3), Žurnal Mosk. Patr. 1959–8, 79/80.

[146] N. Glubokovskij, Grečeskij rukopisnyj Evangelistarij iz sobranija Prof. I. E. Troickago (nyně b-ki Spb. Duch. Akademii N⁰ B 1/7), Sankt-Peterburg 1897; Rez. von G. A. Voskresenskij, Bogoslovskij Věstnik 7 (1898)/Febr., 301–309.

vollständigste in bezug auf seine Einheitlichkeit und die größere Anzahl der ihn unterstützenden Zeugen. Die Partei der „Unzialophilen" sieht in dem Märtyrer Lukianos († 312) den Redaktor des im byzantinischen Bereich dominierenden Textes. „Die Namen der Redaktoren der Septuaginta und der Vulgata sind wohl bekannt und es wäre verwunderlich, wenn die Historiker und die kirchlichen Schriftsteller alle wie nach Abmachung über ein solches Ereignis wie eine vorbedachte Revision des griechischen Originals des Neuen Testaments geschwiegen hätten"[147].

Eine zweite Gruppe wird durch B und ℵ gebildet, die Ivanov B-Text nennt und gegen die er seinen Hauptangriff richtet. Die isolierte Stellung dieser beiden Hss, die in der späteren Textüberlieferung kaum Nachwirkung ausgeübt haben, wird nach Burgon auf den Einfluß des Origenes und auf die in ihnen enthaltenen arianischen Züge zurückgeführt. Eine Analyse der Auslassungen von B und ℵ im Vergleich mit dem traditionellen Text läßt erkennen, daß sie aus der Hand unsorgfältiger Schreiber hervorgegangen sind (vgl. z. B. Mt 16, 2–3).

In der caesareensischen Rezension (C-Typ), die durch Θ, W, Fam. 1, Fam. 13, P^{37}, P^{45} am besten vertreten ist, sieht Ivanov lediglich einen Zweig des A-Textes. Die vom konstantinopolitanischen Text abweichenden Lesarten entstanden unter Einfluß des westlichen Textes oder der Revision des Origenes und seiner Schule.

Die zahlreichen Lesarten der Hss bzw. Versionen, die unter die allgemeine Benennung West-Text fallen (D, altlat., syr. Cureton, altarmen.) und die hier als D-Text gekennzeichnet werden, sind nach Ivanov vielmehr ein „*congeries* verschiedener Varianten, die nicht aus einem einzigen Archetypus stammen"[148] als die Frucht einer Rezension. Die Hss dieser Gruppe weisen Zeichen einer freien Revision auf und können deshalb kaum zum Urtext zurückführen.

Die von Hort „Alexandrian" und hier G-Text benannte Gruppe ist lediglich eine Abzweigung des B-Textes und noch weniger glaubwürdig als die Unzialhandschriften ℵ und B.

Der Versuch von Sodens, über die Rezensionen *I–H–K* zum Urtext zu gelangen, wird von Ivanov gewürdigt, da v. Soden erstmalig die Superiorität einer Rezension wenigstens nominell verwirft. Andererseits gibt die Theorie der 3 Rezensionen in ihrem allzu systematischen Aufbau Anlaß zur Kritik: Ihr Grundprinzip, das vorgegebene Vorhandensein der 3 großen Rezensionen, erweise sich als ziemlich unsicher; das handschriftliche Material unterstütze noch weniger die gegenseitige Unabhängigkeit der 3 Typen; der Vorrang des *H*-Typus schließlich sei in den meisten Fällen eine subjektive Entscheidung des Herausgebers.

---

147 Ivanov, Žurnal Mosk. Patr. 1956/3, 55/56.

148 Ivanov, Žurnal Mosk. Patr. 1956/4, 53.

So ergibt sich aus der Betrachtung der verschiedenen Texttypen, nach Meinung Ivanovs, daß nicht nur der A-Text die negativen Eigenschaften der anderen Rezensionen nicht teilt, sondern unter der strengen Kontrolle der orthodoxen Hierarchie weitertradiert wurde.

Bei der Erforschung dieses Texttypus wurde bis jetzt zu wenig auf die Lektionare geachtet, die den offiziellen liturgischen Wortlaut des Neuen Testaments enthalten. Der Beitrag der slavischen Version darf auch nicht unterschätzt werden: Einerseits spiegelt die Übersetzung von Kyrill und Method die Textgestalt der konstantinopolitanischen Hss vom IV. bis zum X. Jh. wider; andererseits stützt sich die russisch-kirchenslavische Redaktion des Metropoliten von Moskau Aleksij im XIV. Jh., die als Autograph in der Bibliothek des Čudov-Klosters erhalten ist, auf die griechischen Hss, die während des Aufenthaltes des Metropoliten in Byzanz dort in Gebrauch waren.

Die Missionierung der Slaven in Mähren und von dort her in Bulgarien und Makedonien erfolgte durch eine konstantinopolitanische Gesandtschaft. Dagegen fanden außerkirchliche Tendenzen, die man mit dem allgemeinen Namen „Bogomilentum" kennzeichnet, in Bosnien eine relativ ruhige und abgesonderte Entwicklungsstätte. Den bosnischen Hss wurde große Aufmerksamkeit gewidmet, da ihr Text, um den Ausdruck von J. Vajs zu wiederholen, mehr nichtlukianische Lesarten enthält als die „orthodoxen" Hss. Darin liegt vielleicht für die Textkritik des griechischen Neuen Testaments ein lehrreiches Material. Die Festsetzung einer Textform, die in Byzanz wahrscheinlich nicht allzuviele offene Widerstände zu bekämpfen hatte, trifft bei den Slaven nur für einen Teil (gewiß den umfangreicheren) der Überlieferung zu. Diese allmähliche Durchsetzung des Mehrheitstextes ließ selbstverständlich Lesarten weitertradieren, die wir bei der heutigen dürftigen Kenntnis der griechischen Hss um die Jahrtausendwende zu den ältesten Zeugen der hesychianischen Gruppe zählen. Man darf sich aber dadurch nicht täuschen lassen. Da die Hoffnung sehr gering ist, bestimmte griechische Hss als Vorlage für die slavische(n) Übersetzung(en) bzw. Umarbeitungen ausfindig zu machen, ist man gezwungen, Eigenarten bekannter älterer Hss hervorzuheben, die keineswegs auf eine unmittelbare Beziehung hinweisen.

Wenn auch die textliche Untersuchung der slavischen Überlieferung zur Kenntnis des griechischen Textes nicht sehr viel beiträgt, hat sich doch die slavische Forschung auf dem Gebiet der Struktur des Lektionars unbestreitbare Verdienste erworben. Ich will nicht behaupten, daß die Untergliederung der slavischen Aprakostypen eine genaue Entsprechung im griechischen Bereich finden wird, aber die methodologische Bewältigung dieses dornigen Problems kann auf alle Fälle als Beispiel gelten.

Zu der Frage der fremden Einflüsse auf die altkirchenslavische Übersetzung habe ich bereits im Forschungsbericht meine Zweifel geäußert. Hier sei nur auf die Wichtigkeit einer Erweiterung der Forschung auf die gesamte Bibel hingewiesen.

Daß sich die Septuaginta-Forschung und die neutestamentliche Textkritik in gesonderte Fächer getrennt haben, liegt in der Überlieferungsgeschichte dieser Schriften. Die Slaven hingegen empfingen von Byzanz die Heilige Schrift als ein Ganzes, und die Viten der Slavenapostel setzen die Übersetzung sämtlicher Teile der Bibel — außer der der Makkabäerbücher — in die kyrillomethodianische Zeit[149]. Die Behauptungen, das Buch Ruth stehe unter alexandrinischen Einflüssen[150], die Psalmen hingegen weisen deutliche Spuren der Vulgata auf[151], zeigen in ihrer Einseitigkeit deutlich, daß die abgesonderte textgeschichtliche Studie eines biblischen Buches nur zu Widersprüchen führen kann. Eine Theorie der auswechselbaren Vorlagen ist unhaltbar, da sie sich weder durch Zufall noch durch Zweckmäßigkeit erklären läßt.

Nicht unmittelbar zur Textkritik, sondern vielmehr zur Exegese des Neuen Testaments liefert die slavische Version durch die gelegentlich feinen Unterschiede in der Wiedergabe mehrdeutiger griechischer Redewendungen bzw. Satzteile ihren Beitrag. Hier sei nur auf die Ausführungen von Horálek[152] und auf die eingehende lexikalische Untersuchung des Apostolos durch Jagić[153] hingewiesen.

Der Kuriosität halber erwähne ich noch zum Schluß die Notiz von P. Vyskočil[154], in der er zeigt, daß allein das Ostromir-Evangelium (1056/57) innerhalb der griechischen[155] und lateinischen Überlieferungen den hebräischen Wortlaut des Ps. 22, 2 in Mt 27, 46 beibehalten hat: עֲזַבְתָּנִי wird durch АЗАВ'ТАНИИ wiedergegeben. Judaisierende Chasaren in Südrußland, Einfluß des *surъskymi pisъmeny* geschriebenen Evangeliums[156], das Konstantin auf der Krim gezeigt wurde? Ewige Rätsel der kyrillomethodianischen Mission.

---

149 Constantinus et Methodius Thessalonicenses. Fontes rec. Fr. Grivec et Fr. Tomšič, Zagreb 1960 (= Radovi Starosl. Inst. 4), 164 (VM XV, 1).

150 K. Horálek, La traduction ..., 280.

151 Vgl. die eingehende Untersuchung von J. Laurenčík, Nelukianovská čtení v Sinajském žaltáři, in: Slovanské Studie ... Vajsovi, Praha 1948, 66–83.

152 K. Horálek, La traduction ..., 274.

153 Vgl. Anm. 45.

154 P. Vyskočil, „АЗАВ'ТАНИИ" (Mt 27, 46) v Ostromírově evangeliáři, Slavia 32 (1963), 394–397.

155 Vgl. aber die Lesart von D λαμα ζαφθανει, — lama zapthani (andere lateinische Zeugen bei Wordsworth-White, I, 166). Dagegen syr. šabaqtanī (vgl. A. Merx, Die vier kanonischen Evangelien, II/1, Berlin 1902, 423f.), got. sibakþani.

156 Vgl. B. M. Metzger, The Old Slav. Version ..., 75.

PIERRE PRIGENT

LES CITATIONS DES PÈRES GRECS ET LA CRITIQUE TEXTUELLE DU NOUVEAU TESTAMENT

Dans quelles conditions les citations du NT chez les Pères Grecs peuvent-elles servir à la recherche du texte scripturaire primitif[1] ?

I. Rapide historique

L'importance du témoignage patristique sur le texte du NT est universellement reconnu et depuis fort longtemps puisque, après le timide essai de l'*Editio Complutensis* en 1514, Erasme accordait une place honorable aux citations de quelques Pères grecs judicieusement choisis, dans son édition du NT.

Sans vouloir faire une revue historique exhaustive des éditions critiques du NT qui utilisent les témoignages patristiques, il faut cependant mentionner l'oeuvre remarquable de Franciscus Lucas qui faisait suivre son édition du texte des évangiles[2] de *Notae ad varias lectiones editionis graecae evangeliorum* consacrées aux leçons des versions et des Pères[3].

Passons rapidement sur les siècles ultérieurs et les positions des éditeurs et des critiques qui s'opposèrent sur l'importance et la valeur des citations patristiques, pour arriver à l'époque qu'on peut bien appeler l'âge d'or de la critique textuelle néotestamentaire. Nous trouvons chez H. von Soden cette appréciation singulièrement restrictive: les citations des Pères ne peuvent intervenir dans la démarche critique qu' après l'élucidation des problèmes de l'histoire du texte et la réunion

[1] Il conviendrait de commencer cette réflexion par une détermination des limites de l'enquête documentaire: répartition géographique et limites chronologiques certes, mais aussi définitions formelles et littéraires car le terme de Pères doit être pris dans son acception la plus large et englober les auteurs hérétiques ou païens aussi bien que les orthodoxes; de même la littérature patristique comprendra aussi bien les documents liturgiques ou canoniques que les oeuvres individuelles de Pères connus ou non. Mais le sujet réclamerait une étude quelque peu approfondie et le cadre de cet exposé m'oblige à n'en parler que pour mémoire.

[2] Anvers, 1606.

[3] Répertoriées dans l'ordre des versets du texte évangélique. Pour donner une idée de l'importance de cet apparat critique disons seulement que 9 pages in folio sont réservées à Matthieu.

des leçons attestées par les manuscrits, ces seuls témoins directs et complets du texte néotestamentaire. On ne doit d'ailleurs pas attendre de ces citations un enrichissement notable du nombre des variantes, „sondern sie schaffen feste örtliche und zeitliche Daten für die Existenz und den Gebrauch der aus den Texthandschriften nachgewiesenen Texttypen“[4].

Certes ce n'est là que la position d'un homme. Mais si von Soden fut immédiatement contesté ce ne fut pas sur ce point. De fait, il ne faisait là qu'exprimer un point de vue assez universellement admis: le témoignage patristique n'a qu'une valeur seconde, ou même secondaire, pour la recherche du texte original du NT. Il ne peut qu'appuyer les témoignages directs des manuscrits. Cependant il n'est pas sans utilité puisqu'il peut servir à localiser dans le temps et l'espace les leçons offertes par la tradition manuscrite.

Cette stricte limitation à un rôle ancillaire se justifiait par la suspicion que les caractéristiques des citations patristiques faisaient peser sur la valeur du texte qu'elles offraient: éditions patristiques encore très approximatives, textes bibliques corrigés par les copistes ultérieurs, et surtout l'éternel argument: les Pères citent librement, de mémoire, surtout jusqu' à Origène. Dans ces phrases imprécises, adaptées aux besoins du moment, mélangeant joyeusement des textes parallèles ou voisins, comment serait-il possible de retrouver les contours exacts des formulations bibliques qui les sous-tendent?

Pourtant on savait fort bien depuis longtemps que les MS du NT eux-mêmes n'échappaient pas entièrement à ces reproches. Dès le début du siècle F. C. Conybeare attirait l'attention sur les altérations que les positions doctrinales des docteurs et des scribes avaient introduites dans les MS[5]. Cette constatation l'amenait à revendiquer pour certaines citations patristiques un traitement tout à fait parallèle à celui qu'on reservait au texte des seuls MS. Il allait même jusqu' à proposer des exemples dans lesquels le témoignage unanime des MS ne nous offre qu'un texte à son avis manifestement secondaire et utilisait les Pères pour retrouver les traces d'un texte primitif[6].

---

[4] *Die Schriften des Neuen Testaments*, II Text, Göttingen 1913, p. XI.

[5] Pour ne pas parler des variantes grammaticales, stylistiques ou harmonisantes dont on était conscient depuis les débuts de la critique textuelle.

[6] " The Eusebian Form of the Texte Matth. 28,19", *ZNW* 2 (1901), p. 275–288; " Three Early Doctrinal Modifications of the Text of the Gospels" *Hibbert Journal* 1 (1902/03), p. 96–113, dont voici la conclusion: " It may confidently be predicted that when the Greek and Latin Fathers who wrote before 400 have been more carefully edited than hitherto from the best codices, scores of old readings will be restored in the text of the NT of which no trace remains in any Greek MS.".

C'était l'amorce d'un mouvement de réaction qui n'a fait que s'amplifier depuis, sans qu'on puisse pourtant y reconnaître aujourd'hui la tendance générale[7]. Cette réaction allait être indirectement appuyée par les résultats d'études menées dans deux domaines tout à fait différents mais qui s'épaulent et s'éclairent réciproquement:

1. La remise en question des catégories traditionnelles de la critique textuelle néotestamentaire que les nouvelles découvertes de MS et surtout de papyri venaient faire chanceler sur leurs bases[8]. L'apport considérable de nouveaux témoins remet en cause les contours et la réalité même des familles de MS. Les papyri obligent d'une part à réviser l'appréciation que l'on portait jusqu'ici sur le texte des grands témoins égyptiens que l'on affirmait résulter d'un processus recensionnel, d'autre part ils présentent des caractéristiques textuelles que les schémas classiques conseilleraient de classer comme «mixed» textes, ce qui serait un singulier anachronisme pour des représentants de ce qu'on peut appeler le texte ancien[9].

2. Les nombreuses études consacrées au texte biblique de certains Pères. Il ne peut être question d'énumérer ici tous ces travaux, même en se limitant aux auteurs des quatre premiers siècles. Dans son Manuel de critique textuelle néotestamentaire (que j'ai pu consulter sur manuscrit grâce à l'extrême amabilité de l'auteur), J. Duplacy consacre de longues pages, et combien riches, à faire le point de la question. On ne peut donc que souhaiter la prochaine publication de cet important travail. Mais ce que nous pouvons faire ici c'est de signaler certains des résultats obtenus par quelques études récentes.

M. Mees[10] et G. Zaphiris[11] étudiant les citations néotestamentaires dans l'oeuvre de Clément d'Alexandrie, M. J. Suggs[11a] se livrant à la

---

[7] Ainsi B. H. Streeter, *The Four Gospels*, 5ème éd., London, 1961, s'en tient encore pratiquement à l'ancienne appréciation. Cf. par exemple son utilisation des citations patristiques dans le chapitre où il tente de cerner les contours du texte césaréen, p. 79–107.

[8] Cf. l'excellent résumé de l'état de la question par K. Aland, «Novi Testamenti Graeci Editio Maior Critica», *NTS* 16 (1970), p. 167/68.

[9] Cf. encore M. J. Suggs, "The Use of Patristic Evidence in the Search for a Primitive New Testament Text", *NTS* 4 (1958), p. 145.

[10] *Die Zitate aus dem Neuen Testament bei Clemens von Alexandrien*, Universita di Bari, 1970.

[11] *Le texte de l'Evangile selon saint Matthieu d'après les citations de Clément d'Alexandrie comparées aux citations des Pères et des théologiens grecs du IIe au XVe siècle*, Thèse présentée à la Faculté de Théologie catholique de l'Université de Strasbourg en Février 1970 — La publication de ce travail est imminente.

[11a] *The New Testament Text of Eusebius of Caesarea*, Dissertation non publiée, Duke University, 1954; "'Eusebius' Text of John in the 'Writings against Marcellus'", *JBL* 75 (1956), p. 137–142; "The Eusebian Text of Matthew", *Nov. Test.* 1 (1956), p. 233–245.

même enquête chez Eusèbe, sont conduits à des conclusions dont la convergence est d'autant plus remarquable que les travaux concernent des auteurs fort éloignés dans le temps. Les textes attestés par ces Pères ne peuvent être simplement classés dans les catégories traditionnelles de la critique textuelle néotestamentaire. Leurs caractéristiques les rapprochent des papyri. Il s'agit donc de véritables témoins d'un texte ancien qui doivent être pris en considération et expliqués pour eux-mêmes et non seulement en fonction de textes transmis par les MS.

Ayant ainsi rappelé d'une manière très schématique et incomplète quelques uns des mouvements qui agitent depuis peu la critique textuelle du NT, nous sommes mieux en mesure d'apprécier l'insistance de quelques savants à réclamer qu'on accorde une importance nouvelle aux citations des Pères dans la recherche du texte primitif du NT.

Au terme d'analyses très érudites, le P. M. E. Boismard[12] demande à la critique textuelle d'opérer une certaine conversion dans son appréciation et donc dans son utilisation des citations patristiques. Prenant un certain nombre d'exemples dans l'évangile de Jean, il aboutit à la conclusion que ce qu'il appelle la tradition patristique peut parfaitement, à condition de présenter certaines garanties (nombreuses attestations par des Pères de dates différentes et venant d'horizons variés), être considérée non seulement comme le dépositaire de formes anciennes de textes, mais encore comme le témoin de leçons primitives, même si les MS n'en ont gardé aucune trace. Et le P. Boismard se trouve ainsi amené à induire que «la tradition manuscrite que suivaient les Pères au 2–3ème siècle s'est trouvée supplantée par une autre tradition manuscrite, dont le Vaticanus serait un assez bon représentant, et qui s'est imposée au point de ne plus laisser subsister parfois que des bribes de l'ancien texte»[13]. Ce qui se traduit sur le plan méthodologique: «Peut-être nos éditions critiques modernes ont-elles le tort de négliger le témoignage des versions et des Pères; ou plus exactement, de n'accorder une attention au témoignage des versions et des Pères que dans la mesure où ceux-ci viennent corroborer le témoignage des manuscrits. C'est admettre à priori le principe que toute leçon qui n'est pas attestée au moins par quelques manuscrits grecs doit être rejetée. Peut-être la critique textuelle pourrait-elle se dégager de l'impasse où elle semble arrêtée en ce moment si elle arrivait à se libérer de ce préjugé»[14].

Nous n'allons évidemment pas discuter ici du bien fondé de tel ou tel jugement critique énoncé par le P. Boismard, ni même de la théorie

---

[12] «A propos de Jean V, 39. Essai de critique textuelle», *RB* (1948), p. 1–34; «Critique textuelle et citations patristiques», *RB* (1950), p. 388–408; «Lectio Brevior, Potior», *RB* (1951), p. 161–168.

[13] *RB* (1950), p. 399.

[14] *RB* (1951), p. 168.

historique qu'il avance pour expliquer la possibilité et la valeur d'un témoignage rendu par la seule tradition patristique. Le seul point qui nous intéresse directement est de savoir quel écho a rencontré son plaidoyer pour une prise au sérieux du témoignage patristique.

J. N. Birdsall[15] apporte aux analyses du P. Boismard des confirmations trouvées dans les citations bibliques d'un auteur aussi tardif que Photius et se réjouit de voir le flambeau des Lake, Casey, Vogels et Vööbus soutenu par une nouvelle main.

M. J. Suggs[16], tout en faisant des réserves de détails, se déclare persuadé que s'il est un moyen d'essayer de sortir des catégories traditionnelles, mais peu satisfaisantes, c'est bien à la tradition patristique qu'il faut le demander: dans l'état actuel de nos connaissances, il y a là un témoignage capital qu'on doit prendre au sérieux et qui seul peut apporter des éléments nouveaux susceptibles de faire franchir à la critique le mur du 4ème siècle dans la direction du texte primitif.

On peut donc aujourd'hui parler à tout le moins d'une certaine sensibilisation au problème de l'importance et de l'utilisation des citations patristiques (surtout celles des Pères des 2 et 3èmes siècles) dans la recherche du texte primitif du NT.

II. Réflexions méthodologiques sur les critères qui permettent de considérer une citation/allusion néotestamentaire faite par un Père comme une authentique attestation d'un texte réel.

Il convient maintenant d'aborder un aspect plus technique de la question. Je propose de restreindre l'ampleur du sujet, ce que conseillent à la fois la logique et la limitation de mes compétences. La première limitation sera chronologique, les auteurs des 2 et 3èmes siècles nous fournissant la plus grande part des matériaux sur lesquels nous allons travailler. Ceci écartera du même coup un certain nombre de problèmes qui se posent avec plus d'acuité pour les siècles suivants.

La deuxième limitation sera d'une tout autre portée: elle consiste à transporter la question des citations patristiques sur un premier plan, strictement méthodologique. Il ne s'agira donc pas d'une recherche de critique textuelle néotestamentaire; on ne se posera pas la question du texte primitif, mais seulement cette question première: à partir de quels critères doit-on reconnaître à une citation ou allusion la dignité de témoin authentique d'un texte réel? Autrement dit, je me bornerai dans tous les exemples qui vont suivre à essayer de me prononcer sur la *réalité* des textes et non sur leur *valeur*.

Et c'est bien la première question à poser: Etant admis le postulat que le témoignage des Pères peut avoir une importance capitale pour l'établissement du texte du NT, il n'en devient que plus urgent de dé-

---

15 "Photius and the Text of the Fourth Gospel", *NTS* 4 (1957), p. 61–63.

16 *NTS* 4 (1958), p. 144s.; *JBL* 75 (1956), p. 142.

finir, aussi précisément que possible, les conditions dans lesquelles ce témoignage peut être reçu.

Le premier cas à envisager est évidemment la référence explicite d'un auteur à des leçons différentes qu'il trouve dans divers MS. Ainsi Origène précise-t-il dans son commentaire sur Mt 16, 20 que certains MS lisent διεστείλατο mais que d'autres ont ἐπετίμησεν. Il est évident que de semblables précisions, malheureusement trop rares, méritent une attention particulière comme E. Nestle le faisait déjà valoir dans son *Einführung in das griechische Neue Testament*[17]. Nous pouvons passer rapidement sur ce cas en nous contentant de renvoyer à l'étude de B. M. Metzger[18]. On peut relever ici un cas un peu semblable, quoique de moindre portée: celui d'un auteur qui mentionne expressément une leçon retenue par un de ses contemporains ou devanciers[19].

Disons simplement que dans une vue synthétique ceci signifie que le contexte patristique est capital pour l'appréciation de la réalité du texte allégué.

Venons en à des choses moins évidentes: Pour les citations explicites, il y a toujours le risque que le texte en ait été modifié par les copistes. Le danger est certainement moins grand en ce qui concerne les allusions. On aurait donc grand tort de ne pas accorder *a priori* une sérieuse attention à ces réminiscences à condition d'y pouvoir déceler des traces suffisamment nettes du texte allégué. Le problème de l'utilisation des allusions en matière de critique textuelle est évidemment une *crux* pour les éditeurs du NT: quels sont les critères selon lesquels on peut, avec quelque sécurité, considérer une allusion comme témoin a) d'un texte réel, b) du texte lu par le Père dans sa Bible ?

Plusieurs critères ont été invoqués:

— L'ampleur de l'allusion. Mais il faut bien reconnaître que ce critère est d'une imprécision et d'une subjectivité redoutables.

— L'accord avec une partie appréciable de la tradition manuscrite. Certes la question doit être posée de savoir si ces MS ne sont pas tout simplement influencés par la lecture du Père. Mais il n'en demeure pas moins que nous avons là un premier critère, même si plus bas nous devrons dire qu'il est loin d'être sans inconvénient et que ce n'est sans doute pas le plus important.

---

17 3ème éd., Göttingen, 1909, p. 165–167.

18 "Explicit References in the Work of Origen to Variant Readings in New Testament Manuscripts", *Biblical and Patristic Studies in Memory of R. P. Casey*, Freiburg 1963, p. 78–95.

19 Ainsi Eusèbe, commentant Rom. 1, 1–4 dans son *Contra Marcellum* 11, 23, précise-t-il que Marcellus altérait le texte en lisant προορισθέντος à la place de ὁρισθέντος.

En voici un exemple:

Origène écrit, dans son commentaire de Matthieu (Klostermann 72, 21ss.)

ἐπερωτηθεὶς περὶ σημείου ἑνός . . .
ἀποκρίνεται καὶ λέγει·
γενὲα πονηρὰ καὶ μοιχαλὶς . . .

La citation proprement dire ne commence qu' à la troisième ligne (Mt. 16, 4). Les phrases introductives résument les versets précédents. Mais ce résumé offre une caractéristique intéressante puisqu'il suppose que la réponse de Jésus commence avec les mots: «Race mauvaise . . .» ce qui correspond à un texte du type Mt. 16, 1–2a. 4 avec omission de la majeure partie du v. 2 et de la totalité du v. 3. Certes une semblable allusion ne peut valoir à elle seule comme une preuve, mais si l'on y ajoute a) que le commentaire ne mentionne pas les versets 2b–3 b) que la tradition manuscrite comporte de nombreuses attestations de l'absence de ces versets, on conclura que cette timide allusion doit être prise au sérieux et que le témoignage d'Origène doit être retenu dans ce cas.

Mais prenons le problème là où il se pose de la manière la plus difficile: Chez les auteurs du 2ème siècle. Une réponse de principe est traditionnellement donnée: les allusions de ces Pères sont en règle générale inutilisables pour l'établissement du texte du NT. Leur seul intérêt est d'apporter une importante contribution à l'histoire du canon[20].

Et pourtant, malgré ces affirmations massives, les mêmes critiques ont souvent eu recours à ces allusions tant décriées. Ils avaient donc conscience de pouvoir trouver là de précieux matériaux. Toute la question est de savoir dans quelles conditions on peut en faire usage.

Nous prendrons un exemple qui nous montrera déjà que si l'accord avec une tradition manuscrite est important, cela ne peut être le seul critère.

Jn 1, 13

Justin (Dial. 63, 2) cite Es. 53, 8 comme prophétie de la naissance miraculeuse du Christ dont le sang οὐκ ἐξ ἀνθρωπείου σπέρματος γεγεννημένου ἀλλ' ἐκ θελήματος θεοῦ.

Plus loin (Dial. 135, 6), sur le thème des deux peuples, il commente Es. 2, 5—6: il y a deux postérités de Juda, deux races, deux maisons de Jacob τὸν μὲν ἐξ αἵματος καὶ σαρκός, τὸν δὲ ἐκ πίστεως καὶ πνεύματος γεγεννημένον.

On peut difficilement rêver allusions plus furtives. C'est bien la raison pour laquelle les apparats critiques du NT n'en tiennent aucun

---

[20] Ainsi C. Tischendorf, *Novum Testamentum Graece*, 8ème éd., vol. III Prolegomena, C. R. Gregory, Leipzig 1894. p. 1143. et E. Nestle, *Einführung*, p. 160.

compte. Et pourtant, s'agit-il simplement de libres réminiscences où les mots n'ont aucune importance ? La décision dépendra de la réponse que l'on pourra donner à cette autre question: Sommes-nous devant une forme purement fortuite, ou bien ne retrouve-t-on pas des choses semblables ?

Voici l'état de la tradition textuelle de cette partie de Jn. 1, 13[21]

— Les MS B, 17, appuyés par une vingtaine de Pères de toute date et origine, ainsi que par certains MS de la version éthiopienne, omettent «ni de la volonté de l'homme».

— D'autres MS appuyés par plusieurs Pères omettent «ni de la volonté de la chair».

Nous avons donc deux textes courts et un texte long. Le premier texte court (qui correspond à l'omission de la phrase «ni de la volonté de l'homme») se présente sous plusieurs formes dont voici l'une: οὐκ ἐξ' αἵματος οὐδὲ ἐκ σαρκός. Ce texte est attesté chez les Grecs[22], chez les Syriens[23], chez les Latins par de nombreux Pères et enfin par plusieurs MS de la version éthiopienne.

Du coup la furtive allusion de Justin (Dial. 135, 6) a bien l'air de se ranger parmi ces témoins. Elle ne doit donc pas être simplement négligée.

Reste la fameuse variante ἐγεννήθησαν / ἐγεννήθη. Le singulier est très peu attesté dans la tradition manuscrite, mais il l'est fortement dans la tradition patristique: Irénée, Tertullien, Epistula Apostolorum, Hippolyte, Méthode etc. . . . Dans ces conditions comment faut-il traiter les deux allusions de Justin ? Dans les deux cas il emploie le verbe (participe) au singulier. En Dial. 135, 6 il y a hésitation: il s'agit du peuple (= les croyants ? ou, le Christ ?). En Dial 63, 2 tout est clair: c'est le Christ. Et dès lors cette première allusion, pourtant la plus imprécise possible, ne doit-elle pas être également retenue[24] ?

L'accord avec certains manuscrits était ici un signe important de la réalité et de la présence dans des exemplaires bibliques des quelques formes de textes relevés. Mais l'argument décisif a été fourni par le témoignage imposant de la tradition patristique.

---

[21] Cf. Boismard, *RB* (1950), p. 403ss. et J. Galot «‚Etre né de Dieu'. Jean 1, 13». *Analecta Biblica* 37 (1969).

[22] Par exemple par Epiphane: οἳ οὐκ ἐξ' αἱμάτων καὶ σαρκὸς, ἀλλ' ἐκ θεοῦ ἐγεννήθησαν (Pan. 51, 12; 87, 2. GSC 31, 265; 37, 130).

[23] Babaï, Uni. 4, 12. CSCO II, 61, 125. Acta Archelaï 5. GCS 16, 7: ἐξ' αἵματος καὶ σαρκὸς . . . γεγενῆσθαι. Sans doute par Tatien d'après comparaison entre plusieurs versions du Diatessaron.

[24] Puis-je rappeler pour la dernière fois que je renonce délibérément à prononcer un jugement critique sur la qualité des variantes. On peut seulement ajouter que pour le Père Boismard ce n'est pas un jeu gratuit puisqu'il opte en faveur de cette dernière leçon.

Dans cet exemple le témoignage de la tradition manuscrite permettait de répondre aux deux aspects de la question posée plus haut: quels sont les critères qui permettent d'identifer un texte réel, et un texte lu par le Père dans sa Bible. Il faut maintenant en venir à des cas moins faciles à analyser: des citations et surtout des allusions dont les caractéristiques textuelles ne sont appuyées par aucun MS. La difficulté devient encore plus grande si l'on envisage les auteurs des 2 et 3èmes siècles qui, on nous le répète assez, citent avec une si parfaite liberté. Il est absolument nécessaire de pratiquer ici une rigoureuse dissociation entre le jugement critique (qui se bornera à énoncer une conclusion sur la réalité du texte allégué) et l'appréciation de la valeur intrinsèque de ce texte dont l'histoire littéraire peut souvent sembler à ce point évidente que la tentation sera proche de cataloguer le texte identifié parmi les productions secondaires et de nul intérêt pour la recherche du texte primitif du NT. Or, cette deuxième démarche dont la légitimité est indéniable, puisque tel est le but dernier de l'entreprise, doit être réservée à un deuxième temps, postérieur à l'établissement de l'apparat critique qui photographie les divers états du texte et permet seul au critique de se former un jugement final. En d'autres mots, je voudrais rompre une lance en faveur d'une place plus importante réservée aux citations/allusions des premiers Pères dans la masse des documents retenus par l'apparat. Pourtant il n'est pas question de tout conserver. Là encore il faut préciser les critères.

Voici quelques exemples dans lesquels, malgré le silence total de la tradition manuscrite, le témoignage des Pères nous oblige à admettre la réalité de l'existence du texte en question.

Mt. 10, 38

Dans son commentaire de Matthieu, Origène cite la parole: ὃς οὐκ αἴρει τὸν σταυρὸν αὐτοῦ καὶ ἀκολουθεῖ ὀπίσω μου, οὐκ ἔστι μου ἄξιος. (Klostermann 118, 21). Il s'agit de Mt. 10, 38, mais avec changement du premier verbe (Mt: λαμβάνει; Lc 17, 24 βαστάζει mais dans une phrase assez différente). S'agit-il du texte biblique lu par Origène? On sera d'abord tenté de répondre non. En effet notre auteur commente Mt. 16, 23 ὕπαγε ὀπίσω μου, σατανᾶ et, comparant Mt. 4, 10 ὕπαγε σατανᾶ, il conclut que ὀπίσω μου est à entendre en bonne part comme en Mt. 4,19 et 10, 38. Puis il va passer à Mt. 16, 24: εἴ τις θέλει ὀπίσω μου ἐλθεῖν, ἀπαρνησάσθω ἑαυτὸν καὶ ἀράτω τὸν σταυρὸν αὐτοῦ, καὶ ἀκολουθείτω μοι.

On pourrait donc penser qu'il s'agit d'une contamination plus ou moins inconsciente de Mt. 10, 38 par Mt. 16, 24 et donc refuser à la citation d'Origène la dignité de témoin d'un véritable texte. Sans doute est-ce là une des raisons pour lesquelles aucune édition critique du NT ne note la variante, absente d'ailleurs de la tradition manuscrite.

Mais il faut apporter de nouvelles pièces au dossier. Dans le même commentaire, et cette fois dans un contexte tout différent, Origène cite la parole: ὃς ἂν μὴ ἄρῃ τὸν σταυρὸν αὐτοῦ καὶ ἀκολουθήσῃ ὀπίσω μου, οὐκ ἔστι μου ἄξιος εἶναι μαθητής. (Klostermann 416, 14). Les verbes ont passé au subjonctif, les deux derniers mots témoignent sans doute d'une influence de Lc. 14, 27 (caractéristique d'ailleurs attestée dans les deux traditions manuscrite et patristique). Il n'en demeure pas moins que nous avons maintenant deux témoignages pour αἴρει (ἄρῃ) chez Origène.

Or on lit dans les Extraits de Théodote (42, 3): ὃς οὐκ αἴρει τὸν σταυρὸν αὐτοῦ καὶ ἀκολουθεῖ μοι, οὐκ ἔστιν μου ἀδελφός. Laissons de côté la variante finale pour ne retenir que celle qui nous occupe maintenant: voici une nouvelle attestation, chez un deuxième auteur.

On peut en invoquer un troisième. Hippolyte cite, dans son commentaire sur Daniel (II, 21, 3) cette parole du Roi et Maître: ὃς ἂν μὴ ἄρῃ τὸν σταυρὸν αὐτοῦ καὶ ἀκολουθήσῃ ὀπίσω μου, οὐκ ἔστιν μου ἄξιος, c'est à dire le même texte (moins les deux derniers mots qui d'ailleurs faisaient problème) que chez Origène.

Sans doute convient-il d'invoquer ici le logion 55 de l'Evangile de Thomas: «Celui qui . . . (ne) portera (pas) sa croix comme moi ne sera pas digne de moi».

Mentionnons enfin un texte de Cyprien (Epist. 31, 4. CSEL III, 2, 559/60): «. . . et qui non tollit crucem suam . . .»[25].

Mon enquête n'a porté que sur un nombre très limité de Pères, elle n'est donc pas exhaustive. Néanmoins elle suffit à montrer que la variante suspecte doit être considérée comme une leçon empruntée à un texte réel, malgré le silence de la tradition manuscrite.

Mt. 19, 17

Partons d'une citation de Justin (Dial. 101, 2): «Pourquoi m'appelles-tu bon? Un seul est bon, mon Père qui est dans les cieux».

Voilà un exemple-type de ces textes évangéliques harmonisés qui ont fait si souvent reculer les critiques: n'est-ce pas une harmonie, au caractère secondaire évident, un mélange fait de mémoire et sans le moindre intérêt pour la critique textuelle? Du reste aucun MS n'appuie ce texte.

De fait, la question de Jésus vient de Mc. Lc., les mots suivants de Mt., la fin est une addition.

Or, une rapide étude a tôt fait de montrer a) que le mélange des textes évangéliques de ce verset n'est pas du au seul hasard de la mémoire: il y un nombre très restreint d'interractions typiques qui traversent la tradition manuscrite comme la tradition patristique; b) que l'addition de la finale est, elle aussi, fortement attestée par la tradition patristique.

---

[25] A noter que dans Test. III, 18. CSEL III, 1, 133 on lit: «... et qui non accipit crucem suam ...» De même en Ad Fortunatum 6. CSEL III, 1, 327.

Commençons par cette finale.

Certes les éditions critiques du NT la notent (d'ailleurs très partiellement) dans leurs apparats. Mais elles suggèrent en fait qu'il s'agit là d'une variante qui vient s'ajouter au texte traditionnel de Mt. 19, 17. Ceci correspond à la réalité dans plusieurs cas, il faut s'empresser de le dire. Ainsi de nombreux auteurs lisent (avec des variantes infimes): «Un seul est bon, mon Père qui est dans les cieux». Par exemple: Justin, Dial 101, 2; Evangile des Naassènes (Elenchos V, 7, 26); Ps. Clém. Hom. 18, 1, 3; 18, 3, 4; Irénée, Adv. Haer. I, 20, 2. Mais dans tous ces cas la question de Jésus n'a pas la forme matthéenne.

Plusieurs témoins ajoutent la finale à un texte apparenté à celui de Mc. Lc. en lisant à peu près: «Personne n'est bon, si ce n'est mon Père qui est dans les cieux». Ainsi Clément Péd. I, 72, 2; Tatien selon Ephrem[25a]; Justin, Ap. I, 16, 7 (témoignage indirect seulement vraisemblable: «sinon le seul Dieu qui a fait toutes choses»); Ps. Clém. Hom. 2, 40, 3 (même remarque).

Revenons maintenant au phénomène d'harmonisation interévangélique. Nos éditions citent pieusement la leçon offerte en Mt. par C 𝔎 W Δ etc. . . . et qui reproduit tout simplement la leçon commune à Mc. et Lc.: «Pourquoi m'appelles-tu bon? Personne n'est bon sinon Dieu seul». Leçon qu'on n'étaye par aucune référence patristique sinon Irénée relevé, bien à tort d'ailleurs, par Nestle. Mais, à de très rares exceptions près, on n'a pas pris la peine de noter un autre type d'harmonisation, évidemment parce qu'il n'était attesté que par la tradition patristique. C'est le type de texte rencontré plus haut à l'occasion de l'étude sur la finale. Il se présente à peu près ainsi: «Pourquoi m'appelles-tu bon? Un seul est bon ($\pm$ finale)». C'est le type attesté par Justin, Dial 101, 2, l'Evangile des Naassènes, Ps. Clém. Hom. 3, 57; 17, 4, 2; 18, 1, 3; 18, 3, 4; Irénée; Arius (in Epiphane, Pan. 69, 27); Marcion (in Epiphane, Pan. 42).

On pourrait poursuivre le procès des apparats critiques à propos du même verset: l'addition dans le texte de Mt. du seul mot πατήρ est attestée par le MS e et l'on ajoute Clément *partim*. Effectivement le mot se trouve dans Péd. I, 74, 1 (mais la proximité de I, 72, 2 conseille d'y voir le même texte, arrêté ici avant sa finale!). Strom. II, 114, 6; V, 63, 8; VII, 58, 5 l'attestent, mais dans des textes dont les caractéristiques seraient précieuses à l'utilisateur. De même de Ptolémée, Lettre à Flora 7, 5. Chez Origène, De Princ. II, 5, 4 l'addition est faite à la phrase commune à Mc. Lc. et chez Marcion à un texte harmonisé.

Il est temps de conclure: Les apparats les mieux faits manifestent une suspicion envers les variantes patristiques lorsque celles-ci ne sont pas appuyées par des MS. Cette méfiance est seulement renforcée par

---

[25a] Cf. L. Leloir, *Le Témoignage d'Ephrem sur le Diatessaron*, CSCO Subs 19, p. 47, 187.

le fait qu'il s'agit ici d'une citation évangélique dans un texte que son premier témoin, Justin, fait tout naturellement regarder comme production secondaire et sans valeur. Le résultat est qu'il est difficile, et c'est un euphémisme, de se faire une idée des caractères propres (à plus forte raison des parentés et de la diffusion) des leçons attestées par les Pères. On répondra peut-être: Qu'importe, ce sont des textes secondairement harmonisés et qui témoignent de modifications trop explicables. Mais ne peut-on pas en dire autant de telles leçons des MS ? Et pourtant on les note scrupuleusement bien que chacun en juge *in petto* le texte décidément secondaire.

Aussi, sans prononcer de jugement sur la valeur du texte de ces citations patristiques, je réclame seulement qu'elles soient traitées avec un plus grand sérieux et que la méthode appliquée soit plus conséquente.

Les citations doivent donc bénéficier d'un *a priori* favorable qu'elles soient ou non appuyées par des MS. On ne doit les négliger que lorsqu'on peut distinguer dans le contexte une raison de penser à une modification, intentionnelle ou non, du Père. Dès lors en effet il y a des chances pour qu'on ne soit plus en face du texte lu par le Père, mais bien forgé par lui.

Qu'en est-il dans le cas présent ? Deux des passages envisagés suggèrent une explication à la présence de la finale:

Ps. Clém. Hom 3, 57 où la citation en question est suivie d'un deuxième texte: Lc 6, 36 + Mt 5, 45.

L'Evangile des Naassènes combine notre texte avec Mt 5, 45 où se lisent les mots: «votre Père qui est dans les cieux».

Mais rien ne permet d'affirmer que nous sommes dans ces deux cas devant l'intervention créatrice qui modifie le texte pour des raisons précises sinon personnelles. Tout au plus assistons-nous là à l'évolution d'un phénomène littéraire qui aboutira à la naissance d'une variante.

Le fait que la finale soit fréquemment attestée chez des hérétiques plus ou moins gnostiques devrait-elle alors nous inviter à y reconnaître leur oeuvre ? Irénée précise en effet que les Marcosiens comprenaient «les cieux» comme «les éons». Cependant aucun signe de refus ne se trouvant chez les hérésiologues, la finale n'est certainement pas une addition gnostique, mais a simplement été utilisée par les hérétiques.

Aucune raison ne militant donc contre la réalité du texte des citations patristiques de Mt 19, 17, la critique néotestamentaire doit tenir compte de ces leçons.

Lc 12, 48

Justin (Ap. I, 17, 4) cite cette parole du Christ:

ᾧ πλέον ἔδωκεν ὁ θεός,
πλέον καὶ ἀπαιτηθήσεται ἀπ' αὐτοῦ.

On rapproche évidemment Lc 12, 48

παντὶ δὲ ᾧ ἐδόθη πολύ,
πολὺ ζητηθήσεται παρ' αὐτοῦ,
καὶ ᾧ παρέθεντο πολύ,
περισσότερον αἰτήσουσιν αὐτόν.

ce que le codex D lit:

παντὶ δὲ ᾧ ἔδωκεν πολύ,
ζητήσουσιν ἀπ' αὐτοῦ περισσότερον,
καὶ ᾧ παρέθεντο πολύ,
πλέον ἀπαιτήσουσιν αὐτόν.

Il s'agit donc d'une forme brève correspondant à tout le verset 48 dont le début et la fin sont utilisés.

Or Clément (Strom. II, 147, 4) cite cette formule dont l'origine n'est pas précisée:

ᾧ πλεῖον ἐδόθη
οὗτος καὶ ἀπαιτηθήσεται.

Cette structure, évidemment très proche du texte de Justin, se retrouve encore chez Epiphane, Ancoratus 26, 8:

ᾧ δίδοται περισσότερον,
περισσότερον ἀπαιτήσουσιν αὐτόν.

Il convient de ne pas confondre cette forme brève avec les citations de la seule deuxième moitié du v. 48: Cf. par exemple Const. Ap. II, 18, 3:

ᾧ γάρ, φησί, παρέθεντο πολύ,
περισσότερον ἀπαιτήσουσιν παρ' αὐτοῦ.

De telles citations peuvent être fort simplement intégrées à l'apparat critique d'une édition du NT.

Il n'en va pas de même de la forme abrégée dont la structure doit apparaître et qui nécessite donc un deuxième apparat comme celui auquel Tischendorf réservait en pratique la fin de ses notes critiques, ou comme celui que l'on voit si heureusement apparaître dans les synopses (à peine amorcé dans la synopse de Huck–Lietzmann et beaucoup plus riche dans celle de K. Aland). Mais doit-elle y apparaître? En effet les appréciations des critiques sont assez sévères[26]: il s'agit sans doute d'une formulation postévangélique dont l'allure de proverbe trahit le caractère populaire, catéchétique et donc secondaire. Toutefois ceci est la conclusion d'une étude qu'il faut seulement faciliter aux critiques. Le seul critère qui doit jouer ici est le suivant: il s'agit d'un texte réel attesté par plusieurs Pères; on ne peut donc l'écarter. D'autant que, même comme formulations secondaires ces textes peuvent apporter leur contribution de détail à l'histoire, sinon à l'établissement, du texte (Cf. l'emploi du composé ἀπαιτεῖν).

2 Cor 5, 10

Nous lisons dans le commentaire de Matthieu d'Origène (Klostermann 267, 1 dont je reproduis exactement la typographie): καὶ γὰρ εἴπερ δεῖ »τοὺς πάντας ἡμᾶς« παραστῆναι »ἔμπροσθεν τοῦ βήματος τοῦ Χριστοῦ, ἵνα κομίσηται ἕκαστος τὰ . . . φαῦλον«. Nous aurions donc une allusion libre au début du v. 10 suivie d'une citation littérale qui seule pourrait intéresser le critique. Or nous lisons plus haut (Klostermann 135, 20) ce logion apostolique: τοὺς γὰρ πάντας ἡμᾶς παραστῆναι δεῖ ἔμπροσθεν τ. β. . . . et encore (Ibid. 295, 19): τοὺς πάντας ἡμᾶς παραστῆναι δεῖ ἔμπρ. τ. β. . . . Il devient donc clair que dans le premier cas δεῖ et παραστῆναι font partie de la citation dont cette dernière leçon est alors trois fois attestée dans le seul Commentaire de Matthieu. Il n'y a donc aucune raison de dénier à ce texte une existence réelle, indépendante d'Origène.

Cependant dans son Traité sur la Prière, le même auteur (GCS 3, 378, 11) écrit: ὅτε πάντες παραστησόμεθα τῷ βήματι τοῦ Χριστοῦ, ἵνα κομίσηται ἕκαστος τὰ . . . Nous sommes là devant une combinaison de Rom 14, 10 avec 2 Cor 5, 10. N'aurions-nous pas à y déceler l'origine de la variante παραστῆναι dans le texte origénien de 2 Cor 5, 10? C'est en effet vraisemblable. Reste pourtant la question de savoir si Origène est le responsable de cette fusion et donc l'inventeur de la variante. En cas de réponse positive, il ne faudrait évidemment pas tenir compte de la leçon décidément trop origénienne.

Mais nous lisons dans l'Epître de Polycarpe aux Philippiens (6, 2):

> πάντας δεῖ παραστῆναι τῷ βήματι τοῦ Χριστοῦ
> καὶ ἕκαστον ὑπὲρ αὑτοῦ λόγον δοῦναι.

Le début (première ligne) de ce texte vient de 2 Cor 5, 10 (avec la leçon παραστῆναι) et joue dans la citation le même rôle que Rom 14, 10. La fin (deuxième ligne) vient de Rom 14, 12.

Il est certain que le parallélisme des deux passages pauliniens a influé sur la transmission de leur texte. La tradition manuscrite en con-

---

26 Cf. A. J. Bellinzoni, *The Sayings of Jesus in the Writings of Justin Martyr*, Leiden 1967, p. 73ss; M. Mees, op. cit. p. 202.

serve d'ailleurs d'autres traces. Mais, sans chercher à tenter une reconstitution du processus, une conclusion me semble claire: Origène n'est pas ici un novateur, un inventeur, mais un héritier. Il est donc témoin d'un texte réel dont il faut tenir compte[26a].

L. E. Wright énumère dans son étude sur les *Alterations of the Words of Jesus as quoted in the Literature of the Second Century*[27], les divers motifs qui ont occasionné des modifications textuelles: à côté des exigences stylistiques, il faut encore admettre que le souci de rendre les textes plus clairs et précis (influences morales, dogmatiques, applicatives et explicatives) a souvent pu susciter des leçons variantes. Le fait est bien établi. Mais il importe avant tout de poser à propos de chaque citation/allusion suspecte la même question: la variante intentionnelle est-elle l'oeuvre du Père ou bien remonte-t-elle à un texte dont il hérite et dont la réalité est par là prouvée?

Mt 6, 21

Justin (Ap. I, 15, 16) cite cette parole du Christ

ὅπου γὰρ ὁ θησαυρός ἐστιν,
ἐκεῖ καὶ ὁ νοῦς τοῦ ἀνθρώπου.

Mt 6, 21 et Lc 12, 34 s'accordent pour lire καρδία.

Mais Clément connait la même leçon que Justin:

Strom. VII, 12, 77: ὅπου γὰρ ὁ νοῦς τινὸς, φησὶν,
ἐκεῖ καὶ ὁ θησαυρὸς αὐτοῦ.

Quis div. salv. 17, 1: ὅπου γὰρ ὁ νοῦς τοῦ ἀνθρώπου,
ἐκεὶ καὶ ὁ θησαυρὸς αὐτοῦ.

On peut encore citer Ps. Macaire, Hom. 43, 3 (PG 34, 773 A)

ὅπου ὁ νοῦς σου,
ἐκεῖ καὶ ὁ θησαυρός σου.

et l'Evangile selon Marie (TU 60, 69, 15):

„Denn dort, wo der Verstand (νοῦς) ist, da ist dein Antlitz“ Mais, dans une note, W. Till remarque que si la traduction „Antlitz“ lui paraît la meilleure, la traduction „Schatz“ n'est pas exclue.

Rien de semblable dans la tradition manuscrite. Les attestations patristiques révèlent cependant une tradition certaine que Tischendorf notait, mais en se limitant au seul texte de Justin.

[26a] Je suis heureux de remercier Monsieur M. Black qui m'a signalé une autre attestation de la variante en question. En effet Aphraate cite par deux fois I Cor 5,10 dans un texte qui suppose la même leçon παραστῆναι (Dém. 8,4; 23,2. Patrologia Syriaca, Pars Prima, t. I, col. 367; t. II, col. 3).

[27] Cambridge, Mass., 1952, p. 14.

La leçon «esprit» répond à un impératif qui permet sans doute de la regarder comme secondaire. E. Massaux[28] et L. E. Wright[29] s'accordent pour remarquer que le mot «esprit» est infiniment plus accessible à un public païen, plus ou moins frotté de culture populaire hellénistique, que ne l'est le mot «coeur» qui reste très dépendant de la mentalité sémitique. M. Mees[30] renchérit en invoquant Strom. IV, 31, 5 où Clément paraphrase le texte en ces mots: «notre trésor est là où est la συγγένεια τοῦ νοῦ», ce qui s'harmonise parfaitement avec toute la théologie de Clément.

L'origine de la leçon est donc certainement à trouver dans un souci catéchétique ou missionnaire. C'est une traduction de l'évangile pour un milieu païen. En conséquence la variante se présente comme nettement secondaire, tout en remontant à une tradition textuelle ancienne. Dans ces conditions que faut-il en faire? Si l'apparat critique d'un NT est destiné à être l'instrument qui permet à l'éditeur de justifier son jugement, tel qu'il aboutit à établir un texte regardé comme primitif, une telle variante n'a rien à y faire. Si, par contre, l'apparat doit offrir un panorama aussi complet que possible (mais rigoureux dans ses critères de sélection des textes patristiques retenus) des diverses formes prises par le texte, alors une telle variante, dont la diffusion quoique assez localisée est assurée, doit être retenue.

Il est maintenant temps de montrer par quelques exemples dans quels cas une leçon patristique doit être refusée. Il est clair que cela doit être la seule conclusion possible lorsque, pour une raison ou pour une autre, les modifications du texte biblique sont imputables au Père qui le cite. Il s'agira donc généralement de citations dont les caractéristiques ne se retrouvent plus dans la tradition patristique et sont ignorées des MS. Mais ces seuls critères négatifs ne peuvent suffire à emporter la décision. Il faut encore apporter positivement la preuve, ou à tout le moins faire valoir la vraisemblance de l'intervention du Père dans le texte biblique.

Mt 13, 35

Dans son Commentaire de Matthieu, Origène cite cette parole du Seigneur:

ἀνοίξω ἐν παραβολαῖς τὸ στόμα μου
φθέγξομαι προβλήματα ἀπ' ἀρχῆς
καὶ ἐρεύξομαι κεκρυμμένα ἀπὸ καταβολῆς

(Klostermann 435, 28)

---

[28] *Influence de l'Evangile de saint Matthieu sur la Littérature chrétienne avant Irénée*, Louvain 1950, p. 437.

[29] Op. cit. p. 31.

[30] Op. cit. p. 192s.

A la première ligne Origène reproduit Mt 13, 35a, identique à Ψ 77, 2a. Puis il poursuit avec la deuxième ligne que sa mémoire restitue d'après Ψ 77, 2b. Enfin il donne la même phrase dans la version de Mt 13, 35b.

Ce type de texte qu'on ne retrouve plus nulle part ailleurs, à ma connaissance, n'a guère de chances de témoigner d'autre chose que des connaissance bibliques d'Origène.

C'est généralement l'étude du contexte qui fournira les indices les plus sûrs en révélant, par exemple, l'influence d'une autre citation précédemment alléguée.

Mt 16, 24

Nous lisons, toujours dans le même commentaire d'Origène le *lemme* suivant: ... εἴ τις θέλει ὀπίσω μου ἀκολουθεῖν (Klostermann 122, 24). Que la traduction latine ait un texte moins surprenant n'a rien d'extraordinaire. Ce n'est pas un argument contre la réalité de la leçon grecque. Mais ce qui en fait sérieusement douter, c'est la forme d'une *allusion* ultérieure: ... θέλειν ὀπίσω τοῦ Ἰησοῦ ἐλθεῖν καὶ ἀκολουθεῖν αὐτῷ (Klostermann 123, 11).

Comme il n'y a pas, à ma connaissance, d'autre support pour la première leçon, la conclusion est proche: ὀπίσω μου ἀκολουθεῖν est une variante due à l'auteur. Elle s'explique par l'influence de Mt 10, 38, précédemment cité.

Tischendorf ne la retenait pas et à mon sens il avait raison.

Parfois le contexte permet de déceler une modification délibérément apportée pour des raisons exégétiques ou théologiques.

Mt 14, 25ss.

Origène écrit (Commentaire de Matthieu, Klostermann 42, 25ss.) ἦλθε πρὸς αὐτοὺς περιπατῶν ἐπὶ τὴν θάλασσαν ... οὐ γέγραπται ἦλθε πρὸς αὐτοὺς περιπατῶν ἐπὶ τὰ κύματα, ἀλλ' ἐπὶ τὰ ὕδατα. Ὁ δὲ Πέτρος εἶπε· κέλευσόν με ἐλθεῖν πρός σε, οὐκ ἐπὶ τὰ κύματα, ἀλλ' ἐπὶ τὰ ὕδατα· ὅστις κατὰ τὰς ἀρχὰς (εἰπόντος αὐτῷ τοῦ Ἰησοῦ ἐλθέ) καταβὰς ἀπὸ τοῦ πλοίου περιεπάτησεν, οὐκ ἐπὶ τὰ κύματα, ἀλλ' ἐπὶ τὰ ὕδατα, ἐλθεῖν πρὸς τὸν Ἰησοῦν ... Pour le v. 25 nous avons donc une citation qui lit ἐπὶ τὴν θάλασσαν comme toute la tradition manuscrite (les variantes n'affectent que le cas du substantif). Puis Origène revient sur ce texte en précisant sa lecture et en affirmant qu'elle est bien ἐπὶ τὰ ὕδατα leçon qui, à ma connaissance, serait unique. Tischendorf la retient comme authentique variante, évidemment à cause de l'insistance d'Origène: il est écrit ... non ceci, mais cela. Mais a-t-il raison de le faire? Je ne le crois pas.

En effet prenons la suite de ce passage: au v. 28 la tradition manuscrite unanime lit ἐπὶ τὰ ὕδατα comme Origène. De même au v. 29: Pierre marche ἐπὶ τὰ ὕδατα. Mais ce qu'il faut bien voir c'est la pointe de toute l'interprétation origénienne de la péricope: Jésus oblige les disciples à s'embarquer dans la barque des épreuves (εἰς τὸ πλοῖον τῶν πειρασμῶν); c'est là le sens des vagues suscitées par le vent contraire (v. 24). Et Jésus montre la seule issue possible en ordonnant à Pierre de sortir de la barque battue par les épreuves, par le moyen de la foi: en marchant sur les eaux, comme lui, Jésus, marche sur les eaux (et non sur les vagues = les épreuves). Telle est, à mon sens, la raison de la double précision aux versets 28 et 29: sur les eaux et non sur les vagues. Et c'est aussi l'explication de la prétendue variante du v. 25. C'est une variante théologique et non textuelle. Origène n'a jamais lu ce verset que dans la forme qu'il cite en premier. La précision corrective qui suit n'est due qu'à la contamination du texte par l'interprétation. Il ne faut pas en tenir compte.

Ceci n'est vrai que pour les mots ἐπὶ τὰ ὕδατα au v. 25. Par ailleurs la citation offre une intéressante moisson de leçons textuelles.

La conclusion est simple: pour apprécier la réalité du texte dans une citation patristique, il faut accorder la plus extrême attention au contexte du passage. Les seuls critères applicables relèvent ici de l'intelligence. Le point qui me semble le plus important à relever est que, pour écarter une citation, une allusion, ou simplement une variante, la preuve doit être à la charge de l'accusation. Autrement dit une citation sera présumée attester un texte réel tant qu'on ne pourra apporter de preuves, ou de fortes probabilités, qu'il s'agit d'une invention du Père qui cite. Sans doute faut-il aller encore plus loin et dire que, contrairement au précepte donné par le proverbe, dans le doute il ne convient pas de s'abstenir.

1 Tim 6, 5

Origene allègue le verset sous cette forme: ... νομίζειν πορισμὸν εἶναι τὴν ἑτέρων εὐσέβειαν (Commentaire de Matthieu, Klostermann 49, 20). On sera d'abord tenté de refuser de tenir cette variante pour antérieure à notre auteur: ne vient-elle pas trop bien s'harmoniser avec le contexte? Origène y commente la péricope de Mt 15, 1–9: le refus, légalement motivé, de venir en aide aux parents. De là il passe tout naturellement au devoir d'assistance envers les pauvres et se réfère alors au texte en question. Le silence total de la tradition manuscrite et l'absence de la variante chez d'autres Pères recommandent la même conclusion négative. Mais, en un tout autre contexte (Ibid. 546, 21), Origène confirme la même lecture. Dans ces conditions ne sera-t-il pas plus sage de considérer, malgré le doute, que la variante témoigne d'un texte réel?

Conclusion

Les récents travaux de critique textuelle nous invitent à accorder aux citations/allusions néotestamentaires des Pères une attention plus grande que par le passé. En conséquence il importe de ne rien laisser perdre des caractères textuels de ces citations pour autant qu'on ne peut acquérir la conviction qu'ils sont dus à une intervention personnelle du Père.

Chaque fois qu'une leçon patristique est étayée par la tradition manuscrite, mais aussi chaque fois qu'elle se retrouve attestée chez plusieurs autres Pères, ou même parfois dans plusieurs citations/allusions indépendantes dans l'oeuvre du seul et même Père, on sera conduit à induire l'existence réelle d'un texte qui peut apporter quelque lumière sur l'histoire de la transmission et de la diffusion textuelle du NT. (Théoriquement on peut d'ailleurs imaginer une leçon unique dans l'univers des MS et des Pères, et qui pourtant garderait fidèlement le souvenir d'un texte réel. En fait on accordera qu'il y a fort peu de chances pour que ce cas se rencontre souvent.)

Reste ensuite à apprécier les leçons attestées comme susceptibles ou non de conserver la trace d'un état ancien, voire même primitif, du texte. Mais ceci dépasse le but limité que je m'étais assigné ici.

HERMANN JOSEF FREDE

DIE ZITATE DES NEUEN TESTAMENTS BEI DEN LATEINISCHEN KIRCHENVÄTERN

Der gegenwärtige Stand ihrer Erforschung und ihre Bedeutung für die griechische Textgeschichte

Nur zum geringen Teil kommt den Zitaten aus dem Neuen Testament, die die lateinischen Kirchenväter in ihre Werke einflechten, unmittelbare Bedeutung für die Überlieferung des griechischen Urtextes zu. Mit gewissen Einschränkungen, die noch zu erörtern sind[1], ist das der Fall, wenn es sich um Übersetzungen oder um die Benutzung griechisch verfaßter Werke durch lateinische Autoren handelt. Irgendwann und irgendwo sind alle lateinischen Zitate den engen Weg durch das Nadelöhr der Übersetzung gegangen; sie haben ihren ganz bestimmten Ort innerhalb der lateinischen Textgeschichte. Fürs Griechische sind sie deshalb wie jede Übersetzung nur von sekundärer Bedeutung, und für die Gewinnung oder die Rezension des Urtextes scheinen sie im allgemeinen durchaus entbehrlich zu sein[2]. In unseren Handausgaben ist ihnen meist die Rolle schmückenden Beiwerks zugedacht, das allerdings mehr blendet als Einsicht und Klarheit schafft.

Der lateinische Kirchenvater nimmt nur selten direkten Einblick in den griechischen Bibeltext und stellt, etwa durch Vergleich mit seiner lateinischen Lesart, diesen für uns sicher. Gewöhnlich folgt er in seinen Zitaten seinem lateinischen Bibeltext. Will man daher die lateinische Textgeschichte erforschen und darstellen, ist es unerläßlich, die Zitate heranzuziehen. Sie ergänzen oder bereichern die Bezeugung lateinischer Lesarten durch Hss und erweitern unsere Kenntnis der verschiedenen Textformen wesentlich. Sie geben unmittelbar Antwort auf die Fragen nach Ort und Zeit der Benutzung eines bestimmten Bibeltextes und ermöglichen damit erst die Erforschung der lateinischen Textgeschichte. In deren Rahmen hat Bonifatius Fischer die Bedeutung der Zitate in seinem Referat[3] behandelt. Meine Ausführungen be-

---

1 Siehe unten S. 467f.

2 Die lateinischen Kirchenväterzitate bleiben daher in der Zeugenliste für die einzelnen Lesarten weitgehend unberücksichtigt bei B. F. Westcott–F. J. A. Hort, The New Testament in the Original Greek, Cambridge 1881, und bei Hermann von Soden, Die Schriften des Neuen Testamentes in ihrer ältesten erreichbaren Textgestalt, Göttingen 1902–1913.

3 Vgl. oben S. 7ff.

schäftigen sich daher vornehmlich mit Problemen, die sich bei der Erhebung und Auswertung der Zitate stellen.

Direkte und indirekte Überlieferung

Die Gründe für den geringen Umfang des überkommenen handschriftlichen Erbes sind vielfältig. Das empfindliche Material des Beschreibstoffs litt unter häufigem Gebrauch und machte die Hss auf die Dauer unbenutzbar. Katastrophen aller Art, zuweilen auch aktive Vernichtung vorhandener Hss und Verhinderung der Neuanfertigung in Zeiten der Verfolgung verminderten unablässig ihren Bestand. Unvermeidlich tritt im Laufe der Zeit ein Schwund ein, den man als natürlichen Abnutzungsverlust auf dem Wege der Überlieferung buchen muß.

Aber die Überlieferung ist nicht allein solchen Zufällen ausgesetzt. Änderungen der Schreibgewohnheiten lassen Hss allmählich veralten und machen sie unpraktisch zur normalen Benutzung. Hier wirken sich besonders der Übergang von der scriptio continua zur Worttrennung, das Aufkommen von Satzzeichen, der Wechsel der Schrift von der Unziale und Halbunziale zur Minuskel in ihren verschiedenen Ausprägungen, und die einschneidenden Wandlungen aus, die die Minuskelschrift vor allem durch die karolingische Schriftreform erfahren hat.

Noch schwerer wiegende Folgen für die handschriftliche Überlieferung verursachten die tiefgreifenden Veränderungen, die der lateinische Bibeltext selbst in den ersten Jahrhunderten erfuhr; damit ist zugleich ein wesentlicher Unterschied gegenüber der griechischen Textüberlieferung hervorgehoben. Der lateinische Bibeltext wandelt sich fortwährend in seinem Wortschatz, weil er der allgemeinen Sprachentwicklung und besonders der fortschreitenden Ausbildung der theologisch-kirchlichen Terminologie gerecht zu werden sucht. Daneben ist er bestrebt, den griechischen Text möglichst getreu wiederzugeben. Dieser Text aber, der im 4. Jh. zunehmend als Norm empfunden wird, unterscheidet sich beträchtlich von der Vorlage der ursprünglichen lateinischen Übersetzung. Ein entsprechend revidierter lateinischer Text, der diesen Idealen näher kommt, mußte sich mehr und mehr vor anderen empfehlen, die man nun als veraltet oder gar als unrichtig und von Ketzern entstellt ansah. In der Schaffung der Vulgata findet diese Entwicklung ihren Höhepunkt und, von vereinzelten späteren Korrekturen abgesehen, ihr Ziel. Mit diesem Datum werden die altlateinischen Texte weiterer handschriftlicher Überlieferung unwert, wenn sie auch gelegentlich und meist als mit Vulgata vermischte Texte noch Jahrhunderte überleben. Erhalten bleibt im allgemeinen nur, wofür ein praktischer Bedarf vorliegt und worum man sich deshalb kümmert; anderenfalls reißt die Überlieferungskette ab, und das handschriftliche Traditionsgut geht unter. In diesen grob umrissenen Sachverhalten liegen die Ursachen für die spärliche Erhaltung von altlateinischen Hss; um so wichtiger werden die indirekten Überlieferungslinien in den Zitaten der Kirchenväter.

Stellung der christlichen Autoren zum Zitat

Die Voraussetzungen für ihre Rolle als Träger der Überlieferung des Bibeltextes sind außerordentlich günstig. Das Christentum weiß sich im Besitz einer religiös verbindlichen Hl. Schrift. Sie ist der Text, den alle übrige christliche Literatur im Grunde nur interpretiert und kommentiert[4]. Die Bibel ist letzte Autorität, die die eigenen Darlegungen stützt, die Ansichten der Gegner richtet. Sie ist in ihrem genauen Wortlaut maßgebend und verpflichtend. Das wirkt sich unmittelbar auf die Stellung der christlichen Autoren zum Zitat aus. In der antiken Literatur ist bekanntlich die Einheitlichkeit Stilprinzip. Was ein Autor sagt, das sagt er mit seinen eigenen Worten. Wenn er Material aus Quellen übernimmt oder sich beispielsweise auf Gesetzestexte beruft, so formt er sie um. Er arbeitet nicht mit dem wörtlichen Zitat, sondern mit Anklang und Anspielung, mit Worten und Wendungen, die in den eigenen Sprachstil in freier Weise umgesetzt werden. Oft wird das einzelne Wort zum eigentlichen Sitz des Gedankeninhalts eines ganzen Abschnitts, und der Wortstellung, der „compositio verborum“, kommt entscheidende Bedeutung für den Sinngehalt zu[5]. Über das einzelne Wort und seinen Sinnzusammenhang sucht man zum Gehalt der Texte vorzudringen und ihn mit formvollendetem Ausdruck und geschliffener Schärfe der eigenen Gedanken darzulegen. Die frühen christlichen Schriftsteller stehen, besonders wenn sie in Grammatik und Rhetorik entsprechend geschult sind, noch stark in dieser Tradition. Bei der Wertung ihrer biblischen Anspielungen und Zitate muß man diese Sachlage im Auge behalten. Aber schon bald gewinnt bei den Vätern, die den Gehalt der Schrift entfalten und in ihr nach Lösungen für die Probleme der jeweiligen Gegenwart suchen, das direkte Zitat, und zwar in seinem genauen Wortlaut, vorrangiges Gewicht. Gerade deshalb sind ihre Schriften eine so wertvolle Fundgrube für Gestalt und Entwicklung der altlateinischen Bibel.

---

[4] Vgl. K. Treu, Patristische Fragen, SEÅ 34 (1969), 178. 182.

[5] Vgl. besonders die Arbeiten aus der Schule von Bari: A. Quacquarelli, Indirizzi e Metodi nella Scuola Antenicena, Brescia 1962; M. Mees, Die Zitate aus dem Neuen Testament bei Clemens von Alexandrien, Bari 1970 (= Quaderni di „Vetera Christianorum“ 2), 4–7; ferner H. I. Marrou, Histoire de l'éducation dans l'Antiquité, Paris 1948; H. Lausberg, Handbuch der literarischen Rhetorik, München 1960; E. G. Turner, L'érudition alexandrine et les papyrus, Chr d'Ég 37 (1962), 275–303.

Unter diesem Gesichtspunkt können Pamphlete wie die Schriften des Bischofs Lucifer von Cagliari mit ihren zuweilen seitenlangen Zitaten wichtiger sein als sorgfältig ausgearbeitete theologische Abhandlungen; nicht-orthodoxe Autoren wie Priszillian oder Pelagius, die Donatisten oder die Manichäer, verdienen die gleiche Aufmerksamkeit wie etwa Ambrosius oder Augustinus. Auch Märtyrerakten, Heiligenleben, Kirchenordnungen, Konzilsakten, Inschriften, liturgische Gebete und Gesänge (Orationen, Antiphonen), Prologe und Summarien in biblischen Hss bieten viel Material, das aller Beachtung wert ist[6].

Grundsätzliche Schwächen der Zitate

Dabei darf man die grundsätzlichen Schwächen, die den überaus zahlreichen und weit zerstreuten Zitaten anhaften, nicht übersehen. Sie liegen vor allem in ihrer Lückenhaftigkeit, aber auch in der Ungewißheit darüber, ob es sich um ein gedächtnismäßiges oder ein Zitat handelt, das der Autor seiner Bibelhandschrift entnommen hat.

1. Hss überliefern, sofern sie unbeschädigt erhalten sind, den nebensächlichen Vers ebenso getreu wie den theologisch bedeutsamen. Stellen, die zum Zitieren ungeeignet sind — man denke etwa an die Grußlisten der Paulusbriefe —, behandeln die Editoren und Schreiber mit derselben Sorgfalt wie solche, die sich fast bei jedwedem Thema wie ein Schlagwort anbieten. Den Hss nahe kommen die alten Kommentare, die gewöhnlich von fortlaufendem Schrifttext begleitet sind; ihre kritisch gesicherten Ausgaben haben als Text der betreffenden Erklärer zu gelten. Die Kommentare machen jedoch nur einen sehr geringen Bruchteil der patristischen Literatur aus, und längst nicht von jedem Buch der Hl. Schrift besitzen wir einen Kommentar oder gar mehrere. Von ihnen abgesehen, könnten wir den vollständigen Text auch nur eines einzigen neutestamentlichen Buches nicht einmal aus den Schriften der fruchtbarsten Kirchenväter erheben[7]. Das ist selbstverständlich; denn nicht aus jedem Vers des Neuen Testaments leuchtet die gleiche Tiefe der Gedanken, und nicht jeder Abschnitt ist

[6] Sämtliche Werke der lateinischen Literatur, die Bibelzitate enthalten, sind mit den jeweils besten Ausgaben verzeichnet bei B. Fischer, Verzeichnis der Sigel für Kirchenschriftsteller, Freiburg 1963[2] (= Vetus Latina 1/1), und bisher 5 Ergänzungslieferungen (1964–1970); vgl. dazu E. Dekkers, Clavis Patrum Latinorum, Steenbrugge 1961[2], der die Übersetzungsliteratur nicht berücksichtigt, andererseits aber auch die lateinischen Schriften anführt, die keine Bibelzitate enthalten. Vgl. auch H. J. Frede, Bibelzitate bei Kirchenvätern. Beobachtungen bei der Herausgabe der Vetus Latina, in: La Bible et les Pères. Colloque de Strasbourg (1er–3 octobre 1969), Paris 1971, 79–96.

[7] Vgl. die Indices in der Vetus Latina Ausgabe; bisher liegen außer zur Genesis die Indices zum Epheserbrief, Vetus Latina 24/1 (1964), zum Philipper- und Kolosserbrief, Vetus Latina 24/2 (1971), und zu den Katholischen Briefen, Vetus Latina 26/1 (1967), vor.

gleichermaßen beredt in seiner theologischen Aussage. Die klassische Stelle der Christologie Phil 2, 6–7 wird von jeweils mehr als 1200 Zitaten und Anspielungen belegt, während für andere Verse nur geringe oder keine patristische Bezeugung vorliegt. Ein Atlas der Zitate, wie ihn die Vetus Latina-Ausgabe zeichnet, weist Schattierungen unterschiedlichster Dichte auf, aber auch weiße Flecke.

Lücken in den Zitaten eines bestimmten Schriftstellers lassen sich gelegentlich durch erhaltene altlateinische Hss ergänzen. So findet sich der Text Lucifers in der Apg fast wortwörtlich wieder im Codex Gigas[8], sein Lukastext ist nahezu identisch mit dem des Veronensis[9], im Johannesevangelium steht er dem Vercellensis[10], in den Paulusbriefen dem Claromontanus nahe[11]. Augustins Paulustext bieten die Freisinger Fragmente[12], den des Ambrosius weitgehend die Hs Monza i-2/9[13]. Bei solchen Textidentifizierungen müssen allerdings zuvor die Geschichte der einzelnen Hss erforscht und daraus resultierende Textänderungen berücksichtigt werden. Die Übereinstimmungen mit Hss sind zugleich eine willkommene Kontrolle für Genauigkeit und Wörtlichkeit der Zitate. Fast gänzlich vernachlässigt wurden lange Zeit die Anführungen in zahlreichen kürzeren Schriften und Fragmenten meist unbekannter Autoren, die vielfach wegen ihres hohen Alters bedeutsam sind.

2. Den genauen Wortlaut des Textes bieten vor allem solche Werke, die nur biblische Florilegien sein wollen. Darum sind Cyprians *Testimonia* der sichere Ausgangspunkt für eine sachgerechte Erforschung der Textgeschichte[14]. Das pseudo-augustinische Speculum (*Liber de divinis scripturis*) hat man sogar wie eine Bibelhandschrift mit einem Sigel (m) bezeichnet[15], eine entsprechende Auszeichnung aber den ähnlichen Schriften *Contra Varimadum Arianum* des Pseudo-Vigilius oder dem *Liber promissionum et praedictorum Dei* des Quodvultdeus

---

[8] Vgl. P. Corssen, Der cyprianische Text der Acta apostolorum, Berlin 1892, 5; A. Jülicher, Kritische Analyse der lateinischen Übersetzungen der Apostelgeschichte, ZNW 15 (1914), 169.

[9] Vgl. H. J. Vogels, Die Lukaszitate bei Lucifer von Calaris, ThQ 103 (1922), 23–37.

[10] Vgl. H. J. Vogels, Die Johanneszitate bei Lucifer von Calaris, ThQ 103 (1922), 183–200.

[11] Vgl. A. Souter, The Original Home of Codex Claromontanus (D^{paul}), JThSt 6 (1905), 240–243.

[12] Vgl. L. Ziegler, Die lateinischen Bibelübersetzungen vor Hieronymus und die Itala des Augustinus, München 1879.

[13] Vgl. H. J. Frede, Altlateinische Paulus-Handschriften, Freiburg 1964 (= Vetus Latina. Aus der Geschichte der lateinischen Bibel 4), 144–149.

[14] Die Ansicht Hans von Sodens, Das lateinische Neue Testament in Afrika zur Zeit Cyprians, Leipzig 1909 (= TU 33), 15, die Zitate Cyprians in den Testimonien seien gedächtnismäßig, hat alle Wahrscheinlichkeit gegen sich.

[15] Das Sigel m ist vom Namen des Entdeckers und Herausgebers A. Mai abgeleitet; Erstausgabe nach der einzigen ihm bekannten Hs im Spicilegium Romanum, tom.

versagt. Offenkundig sind solche Texte aus einem Bibelkodex abgeschrieben. Dasselbe gilt von den Zitaten-Sammlungen, die Marius Victorinus in *Adversus Arium* zur Christologie, Lucifer zum Thema „Untaten und ihre Bestrafung in der Bibel" zusammenstellen. Der Lemmatext der Kommentare ist natürlich einer Bibelhandschrift entnommen. So benutzt Augustinus in seinem Johannes-Kommentar ohne Zweifel die Vulgata, bei gelegentlichen Zitaten innerhalb der Erörterung dagegen abweichende Fassungen des Evangelientextes; hier verläßt er sich auf sein Gedächtnis, dem andere, ältere Formen vertraut und geläufig sind. Die Frage, ob seine Zitate wörtlich sind, ist für den einzelnen Schriftsteller und beinahe für jedes Zitat sorgfältig zu prüfen. Fehlt eine Einführungsformel, die das Zitat kenntlich macht, ist die Wahrscheinlichkeit gering, daß er wörtlich zitiert; wird ausdrücklich das Buch namhaft gemacht, dem die Stelle entnommen ist, oder handelt es sich um eine längere Anführung, kann man gewöhnlich damit rechnen, daß ein wörtliches Zitat vorliegt.

Zitate aus dem Gedächtnis begegnen nicht nur in Predigten, Briefen oder Schriften erbaulichen Inhalts, sondern auch in wissenschaftlichen Abhandlungen. Ein freies Zitat kann sich wie ein wörtliches im Gedächtnis so festsetzen, daß es mehrfach im gleichen Wortlaut wiederkehrt; man darf daraus nicht folgern, der Autor habe diesen Wortlaut in seiner Bibel gelesen. Bei Anspielungen auf synoptische oder auch andere inhaltlich verwandte Bibelstellen läßt sich oft nicht entscheiden, welche Stelle der Schriftsteller im Auge hat. Die Sprache eines Paulinus von Nola oder des Iren Patrick ist ganz durchtränkt von biblischen Wörtern und Redewendungen, die sich oft nicht mit bestimmten Bibelstellen identifizieren lassen. Besondere Vorsicht ist bei der Wertung von Kürzungen oder Zusätzen in Zitaten geboten; hier handelt es sich meist nicht um Spuren „Westlichen" Textes, sondern um bloße Gedächtnisfehler, die Verwandtes aus verschiedenen Stellen miteinander verbinden.

Welche Vielfalt gedächtnismäßige Zitate aufweisen können, mögen ein paar Beispiele zeigen. Kol 1, 26 sind folgende Übersetzungen von τὸ ἀποκεκρυμμένον belegt[16]:

quod fuit absconditum; quod absconditum fuerat; quod fuerat absconditum; quod erat absconditum; absconditum; occultum; quod fuit occultum; quod fuerat occultum; occultatum; quod occultatum fuit; quod

IX, 2, Rom 1852, abermals veröffentlicht in Nova Patrum Bibliotheca I, 2, Rom 1882; unter Verwendung von fünf weiteren Hss hg. von F. Weihrich, CSEL 12, Wien 1887, 287–700; drei weitere Hss mit Bruchstücken bei D. De Bruyne, RBén 43 (1931), 125–127; 45 (1933), 119–141.

[16] Die Beispiele sind der Vetus Latina Ausgabe entnommen, siehe Band 24/2 zur Stelle; die Anordnung der Varianten entspricht der dort gebotenen Reihenfolge im kritischen Apparat.

fuerat occultatum; absconsum; quod fuit absconsum; reconditum; quod ignotum fuit; quod ignotum erat; quod erat ignotum; ignoratum; quod fuerat ignoratum; quod incognitum fuit; quod incognitum erat; quod fuit incognitum; repositum; secretum; incertum; quod latuit.

Alle diese Wiedergaben sind frei; als Bibeltext haben nur die Formen *quod absconditum fuit* und *quod absconditum est* zu gelten.

Auch die Übersetzungen von τοῖς ἔμπροσθεν in Phil 3, 13 zeigen Schwierigkeiten und Möglichkeiten lateinischer Wiedergabe:

in priora; ad priora; priora; in ea quae in priore sunt; ad ea quae in priore sunt; ad ea quae in priores sunt; his quae in priore sunt; in his quae in priore sunt; his quae in priora sunt; ad ea quae in priora sunt; ad ea quae sunt in priora; in ea quae sunt in priora; ea quae in priora; ad ea quae priora sunt; in ea quae priora sunt; in his quae priora sunt; ea quae sunt priora; quae sunt priora; ad ea quae sunt priora; in ea quae sunt priora; in ea quae in primo sunt; ad ea quae in primo sunt; in primo quae sunt; quae futura sunt in primo id est in his quae ante nos prima sunt; ad ea quae ante me sunt; in ea quae ante sunt; ad ea quae ante sunt; ea quae ante sunt; illis quae ante sunt; in his quae ante sunt; ad ea quae sunt ante; in ea quae sunt ante; in ea quae ante; ad ea quae in ante sunt; ad ea quae in ante me sunt; ad illa quae in ante sunt; in ea quae in ante sunt futura; ad ea quae in antea sunt; in antea; in ea quae anteriora sunt; ad ea quae anteriora sunt; in ea quae sunt anteriora; in quae anteriora; ad anteriora; in anteriora; anteriora; in ea quae sunt futura; ad ea quae sunt futura; ad ea quae futura; in futura; ad futura; futura; in futurum; ad ea quae a fronte sunt; ad potiora; potiora; meliora; ea quae superiora sunt; quae sunt superiora; ad superiora; superiora; ad superna; ad altiora; ad excelsa; ad excelsiora; ad ulteriora; ad maiora et perfectiora.

Je zahlreicher die patristischen Belege für eine bestimmte Bibelstelle sind, um so deutlicher tritt der Reichtum der Variationsmöglichkeiten in der Wiedergabe zutage, um so zuverlässiger ist auch der wirkliche Bibeltext in seinen verschiedenen Texttypen, zumal mit Hilfe von Kommentaren, Florilegien und Hss, feststellbar. Je spärlicher andererseits die Zitate eine Stelle belegen, um so schwieriger wird es, den echten Bibeltext zu erheben, um so problematischer, einzelne Texttypen zu konstituieren.

Schon die Zitate eines einzelnen Schriftstellers bergen in sich eine Fülle von Unsicherheiten. Treffend hat Adolf Jülicher[17] formuliert, wie die Zitate des Hieronymus zu bewerten sind: „Das sollte man wissen, daß Hieronymus wenigstens von der Zeit an, wo er schriftstellerisch fruchtbar wird, so reichlich er mit Bibelstellen um sich wirft, ebenso-

[17] Kritische Analyse der lateinischen Übersetzungen der Apostelgeschichte, ZNW 15 (1914), 167.

wenig Gewicht auf Genauigkeit des Wortlauts legt. Ihm laufen nicht bloß wie anderen, z. B. dem Augustinus auch, die Gedächtnisfehler unter, die namentlich Umstellungen, Auslassungen, aber auch die Wahl bloß sinnverwandter Worte herbeiführen, sondern er hat in seinem Gedächtnis nebeneinander mindestens zwei Texte, einen griechischen und einen lateinischen, den letzteren, den er ja umgearbeitet hat, weniger sicher als den Urtext; zudem schätzt er den Urtext weit höher ein, als es wenigstens de facto die übrigen tun: und so laufen unter der Etikette ,,Hieronymus" in den Itala-Apparaten eine Menge von Lesarten, die niemals in einer Itala-Hs, nicht wenige auch, die überhaupt in keiner lateinischen Bibelhandschrift gestanden haben: im Augenblick von Hieronymus unternommene Versuche, den ihm vorschwebenden Textgedanken kraftvoll und unmißverständlich in seiner Muttersprache wiederzugeben." Nun wäre es gewiß zuviel verlangt, daß der Wortlaut der Zitate immer genau mit der Bibel des Verfassers übereinstimmen sollte. Tatsächlich zitieren die lateinischen Kirchenschriftsteller den Bibeltext mit bemerkenswerter Treue, genauer als die Griechen; Tertullian[18] und Hieronymus sind mit ihrer freien Zitationsweise Ausnahmen. Im allgemeinen läßt sich, liegt nur genügend Material vor, ziemlich sicher feststellen, was echter Bibeltext ist und was auf das Konto freien oder gedächtnismäßigen Zitierens geht.

Einzelprobleme der Wertung von Zitaten

Die Bewertung der Zitate für die Feststellung des Bibeltextes und die Aufhellung seiner Geschichte stößt auf eine Anzahl von Problemen, von denen einige hier behandelt werden sollen.

1. Ausdrücke und Übersetzungsarten, die bei dem einen Autor nur in freierem Zitat oder in dem erklärenden Kontext in Kommentaren belegt werden, sind bei dem anderen unzweifelhaft Bibeltext. Wenn ein Schriftsteller eine Bibelstelle mit eigenen Worten variiert, diese Worte aber bei anderen Autoren im direkten Zitat erscheinen, hat dann der erste die Bibel des zweiten gekannt oder nicht? Nur aufgrund eines zusammenfassenden Überblicks über alle vorhandenen und in Frage kommenden Lesarten an der betreffenden Stelle läßt sich darauf eine Antwort finden, und auch dann nicht immer. Nur sehr selten bespricht ein alter Schriftsteller eine Lesart und vergleicht sie vielleicht mit anderen, die ihm bekannt sind[19].

---

[18] Zur Bewertung von Tertullians Zitaten, auch aus Marcion, vgl. das Referat von B. Fischer, oben S. 44.

[19] Eine große Anzahl solcher Stellen verzeichnet C. Tischendorf in seiner Editio octava critica maior; eine Zusammenstellung bei E. Nestle, Einführung in das griechische Neue Testament, Göttingen 1903[3], 165–166. Vgl. auch A. Souter, Pelagius's Exposi-

Untersuchungen zum Problem der Modifizierung des Bibeltextes durch einen Schriftsteller liegen vor allem zu Cyprian vor. Hans von Soden[20] wertet sie als persönliches Sondergut des Afrikaners. Die Änderungen, die er vornimmt, entsprechen dem Verlauf, den die Entwicklung des lateinischen Textes tatsächlich nimmt, nämlich in Richtung auf eine fortschreitende „Europäisierung" des Wortschatzes und, weniger ausgeprägt, der Übersetzungsart. Ob Cyprian, wie Soden versichert, selbst an dieser Entwicklung beteiligt ist und sie fördert, oder ob er sie nur bezeugt, ist umstritten. Anders als Soden, dessen Interesse vielleicht zu einseitig auf die Rekonstruktion eines „ursprünglichen" afrikanischen Textes gerichtet ist, wertet Heinrich Joseph Vogels das differenzierte Bild als Mischung anfänglich reinerer Textformen; sein Leitmotiv ist die Überzeugung, eine Übersetzung hätte bei ihrem Entstehen einheitliche Wortwahl bevorzugt und, wo immer möglich, durchgehalten. Dem widersprechen Johannes Schildenberger[21] und ihm folgend Walter Thiele[22]. Nach Thiele ist es für alte Texte charakteristisch, daß sie sich nicht streng an eine bestimmte Übersetzung binden; die Unregelmäßigkeiten seien vielmehr dem alten afrikanischen Text von seinem Ursprung her eigen und dürften nicht als Ergebnis einer Entwicklung aufgefaßt werden. Gewiß können wir davon ausgehen, daß der afrikanische Texttyp, den Cyprian bezeugt, wie alle anderen Texttypen auch, eine bestimmte Variationsbreite aufweist. Darin liegt ja der Grund, weshalb die statistische Methode allein ungeeignet ist, den Wortschatz eines Texttyps zu erfassen und zu beschreiben. Aber das Problem liegt nicht so sehr in der unterschiedlichen Wiedergabe desselben griechischen Wortes an verschiedenen Stellen — insofern sind Schildenberger und Thiele gegen Soden im Recht, wenn sie die Variationsbreite hervorheben —, sondern in der unterschiedlichen Wiedergabe des gleichen Wortes in den Mehrfach-Belegen Cyprians. Die darin feststellbaren Textänderungen brechen aus der zugestandenen Variationsbreite aus und streben die Überwindung des typisch afrikanischen Wortschatzes an. Aus dem Vergleich der frühen, aus einer Bibelhandschrift exzerpierten Testimonien mit den freieren Zitaten in seinen späteren Schriften scheint mir hervorzugehen, daß Cyprian nicht lediglich aus ihm bekannten „europäischen" Texten schöpft, also das Vorhandensein solcher Texte und die von ihnen repräsentierte

tions of Thirteen Epistles of St. Paul. I. Introduction, Cambridge 1922 (= Texts and Studies 9, 1), 120–122 (Pelagius); H. J. Vogels, Das Corpus Paulinum des Ambrosiaster, Bonn 1957 (= Bonner biblische Beiträge 13), 15 (Ambrosiaster).

[20] Das lateinische Neue Testament in Afrika zur Zeit Cyprians, Leipzig 1909 (= TU 33), 66–67.

[21] Die altlateinischen Texte des Proverbien-Buches. 1. Die alte afrikanische Textgestalt, Beuron 1941 (= Texte und Arbeiten 32/33) 6–8 *et passim*.

[22] Die lateinischen Texte des 1. Petrusbriefes, Freiburg 1965 (= Vetus Latina. Aus der Geschichte der lateinischen Bibel 5), 18 Anmerkung 1. 185. 215.

Entwicklung bezeugt, sondern eben diese selbst aktiv fördert, weil es ihm die stilistischen Anforderungen oder der Sprachgebrauch der Gegenwart zu fordern scheinen. Insofern behalten Soden und Schildenberger mit ihrer Annahme eines persönlichen Anteils Cyprians Recht[23].

Noch wenig untersucht ist die Frage, inwieweit afrikanische Lesarten in jüngeren, auch europäischen Texten auf Cyprian, vor allem auf seine Florilegien, zurückgehen. Der Kreis derer, die ihn direkt oder indirekt zitieren, ist groß und reicht von Laktanz und Lucifer über Zeno, Hieronymus, Augustinus, Maximinus bis zu Commodian und dem gallischen Mönch Evagrius. Lesarten des afrikanischen Texttyps sind im gesamten lateinischen Sprachgebiet verbreitet und nicht hinreichend mit Verbindungen zu Afrika oder speziell zu Cyprian zu erklären. Sie finden sich bei Ambrosiaster und Ambrosius ebenso wie bei Hilarius, sowie im irischen und spanischen Paulustext. Ganz anders zu beurteilen sind dagegen Lesarten, die in Wortschatzlisten gewöhnlich als „afrikanisch" erfaßt werden, tatsächlich aber auf erneute semantische Überlegungen bei Revisionen nach dem Griechischen zurückgehen, etwa die Übersetzung *claritas* für δόξα an wenigen bestimmten Stellen in der Vulgata und schon ihrer Vorlage[24].

Was schon bei Cyprian erkennbar wird, wiederholt sich immer wieder in der Geschichte des lateinischen Bibeltextes. Von den bedeutenderen Vätern und besonders von ihren exegetischen Werken gehen entscheidende Impulse zur Verbesserung des Bibeltextes aus. Erwähnt seien nur Ambrosius, Augustinus und Hieronymus; ihre Les-

---

[23] Natürlich darf man diesen persönlichen Anteil Cyprians nicht sehr hoch veranschlagen, und die Vorstellung von einem Revisor der Bibel darf weder bei Cyprian noch bei den weiter unten erwähnten Kirchenvätern aufkommen. Es sind immer nur einzelne Stellen, die das besondere Interesse weckten und zur Korrektur Anstoß gaben. Gewiß ist Cyprian weithin nur Zeuge für eine schon vor ihm einsetzende und zu seiner Zeit im Gang befindliche Entwicklung; aber weder für ihn noch für andere bedeutende Schriftsteller möchte ich den hier vorgetragenen Gedanken an einen persönlichen Beitrag zur Textentwicklung aufgeben, ihn vielmehr herausstellen und der weiteren Beachtung empfehlen. Neue Untersuchungen, die auch den außerbiblischen Wortschatz Cyprians einbeziehen, könnten vielleicht weiterführen. Es ist jedenfalls bemerkenswert, wie häufig Cyprian außerhalb von Bibelzitaten etwa das „europäische" *caritas* gegenüber den afrikanischen *agape*, *dilectio* bevorzugt; ähnlich scheint es sich mit *gloria* gegenüber *claritas* zu verhalten. Cyprian scheint also im Grunde in der Tradition zu stehen, die — in ganz anderen Dimensionen — sein großer Landsmann Tertullian begründete; dessen zahlreiche „Europäismen" sind bekanntlich nicht allein auf Übernahme aus europäischen Texten zurückzuführen.

[24] Vgl. meine Einleitung zum Kolosserbrief in Vetus Latina 24/2 (1969), 280f.; A. J. Vermeulen, The semantic development of Gloria in early-Christian Latin, Nijmegen 1956 (= Latinitas Christianorum Primaeva 12), 25–26; G. Q. A. Meershoek, Le latin biblique d'après saint Jérôme. Aspects linguistiques de la rencontre entre la bible et le monde classique, Nijmegen–Utrecht 1966 (= Latinitas Christianorum Primaeva 20), 86–113. W. Thiele, Die lateinischen Texte des 1. Petrusbriefes 181, vermutet hier bloße Überbleibsel älterer Texte.

arten und Erklärungen inspirieren die Schöpfer von Textrevisionen und erscheinen, zunächst oft als Glossen, im Text von Hss[25]. Sie sind es auch, die zunehmend die Kenntnis griechischer Textformen, die von der ursprünglichen „westlichen" Vorlage der lateinischen Übersetzung weit abweichen, vermitteln. Vor allem die Auseinandersetzung mit dem Arianismus bringt diesen Austausch in Gang. Die Verbannung führender Kirchenmänner des Westens in den Osten, leitender Köpfe des Ostens in den Westen, das Aufblühen der patristischen Literatur der Griechen und ihre fruchtbare Ausstrahlungskraft auf die Lateiner, sowie die Bekanntschaft mit dem östlichen Mönchtum wecken und schärfen eine kritische Einstellung gegenüber dem bis dahin im lateinischen Sprachgebiet herrschenden sogenannten Westlichen Text. Besonders solche Schriftsteller im Westen, die die östliche Literatur benützen oder durch Übersetzungen zugänglich machen wie Hilarius, Ambrosius, Rufin und Hieronymus geben den Anstoß zur Bearbeitung und Revision der Texte nach dem Griechischen[26]. Es ist kein Zufall, daß gerade aufgeschlossene Männer wie Augustinus oder Pelagius und sein Kreis moderne gute Texte benutzen und noch zu verbessern trachten[27], während ein so tüchtiger und in mancher Hinsicht

---

[25] Ich denke hier weniger an die textkritische Arbeit in St. Gallen im 9. Jh., wo patristische Lesarten zunächst mit Quellenangabe in St. Gallen, Stiftsbibliothek 64, eingetragen und dann im Boernerianus ohne Herkunftsangabe ausgiebig verwendet werden, siehe Frede, Altlateinische Paulus-Handschriften 60; dabei handelt es sich um wissenschaftliche Bemühung. Viel aufschlußreicher zeigen andere Beispiele den Einfluß, den diese Väter mit ihren Lesarten ausüben. Ambrosius ersetzt Eph 5,14 die von der Vulgata-Vorlage und von ihr selbst gebrauchte Wendung *inluminabit tibi Christus,* die er zu Anfang seiner schriftstellerischen Tätigkeit in *De excessu fratris Satyri* selbst noch verwendet, durch *inlucescet tibi Christus,* eine für ihn und seine Theologie sehr charakteristische Nuance; diese Lesart bietet auch die Hs 86 (= Monza i-2/9). Andere Ambrosius-Lesarten in derselben Hs sind Eph 4,8 *data*; 4,16 *ministrationis*; 4,18 *obscurati corde,* usw., vgl. Frede, a. a. O. 144–146; K. Schenkl, Sancti Ambrosii opera IV. Expositio Evangelii secundum Lucan, Wien 1902 (= CSEL 32), p. XXXVIII–XXXVIIII; M. Marzola, Ricostruzione teologico-critica degli Atti degli Apostoli, Epistole paoline della cattività, I e II ai Tessalonicesi e Apocalisse nel testo latino usato da Sant' Ambrogio, in: Analecta Ferrariensia, Ferrara 1958, 143–272, besonders den Abschnitt Citazioni proprie di Ambrogio 210f.; in der Vetus Latina Ausgabe sind solche Lesarten durch das Sigel **M** hervorgehoben. 1 Thess 3,7 erscheint der von Augustinus festgestellte Vocativ *o fratres* in spanischen Hss (vgl. Anmerkung 27), 1 Petr 3,19 wird gar Augustins Erklärung *in carcere = in carne* zum eigentlichen Text einer Reihe von Hss, usw.

[26] Vgl. Frede, a. a. O. (Anmerkung 25) 98.

[27] Interessant ist in dieser Hinsicht Augustins Bemerkung zu 1 Thess 3,7 in *De doctrina Christiana* 3, 8, wo ihm die sowohl vom Texttyp **D** wie von der Vulgata gebotene Fassung *consolati sumus fratres in vobis* vorliegt: *dubium est enim, utrum 'o fratres' an 'hos fratres'. neutrum autem horum est contra fidem; sed Graeca lingua hos casus pares non habet et ideo illa inspecta renuntiatur vocativus, id est 'o fratres'. quod si voluisset interpres dicere 'propterea consolationem habuimus fratres in vobis', minus servitum esset verbis, sed minus de sententia dubitaretur, aut certe adderetur 'nostri';*

so interessanter Mann wie Ambrosiaster gegen solche Bestrebungen protestiert und energisch für Recht und Vorrang der lateinischen Überlieferung, als deren Träger er bezeichnenderweise Cyprian, Tertullian und Victorin nennt, gegen die abweichende griechische eintritt[28]. Und doch legt er seinem Kommentar, freilich ohne sich darüber im klaren zu sein, einen Text zugrunde, der sich durch eine große Anzahl von Lesarten auszeichnet, die dem frühen alexandrinischen Text entsprechen und bis dahin der lateinischen Überlieferung fremd waren[29]. Von dem Sonderfall des Hieronymus und seinem großen Vorgänger Origenes abgesehen, sind die bedeutenden Exegeten nicht zugleich auch die bahnbrechenden Textgestalter und diejenigen, die die eigentliche textkritische Arbeit tragen. Das Bild, das Donatien De Bruyne von Augustinus als „reviseur de la bible" gezeichnet hat, ist verblaßt und widerlegt[30]. Die Schöpfer der verschiedenen lateinischen Texttypen bleiben unbekannt.

---

nemo enim fere ambigeret vocativum casum esse cum audiret: propterea consolati sumus fratres nostri in vobis. sed iam hoc periculosius permittitur... Dem Exegeten Augustinus fällt eben nur die Rolle des Anregers und Inspirators zu, nicht die des Textgestalters. Im Text des Ambrosiaster ist die Schwierigkeit mit der Formulierung behoben: *consolationem sumus adepti fratres.* Vgl. auch die Korrekturen, die die Pelagius-Anhänger, nicht Pelagius selbst, gegen die Vulgata vorbringen, Vetus Latina 24/1 (1962), 36*.

[28] Vgl. Ambrosiaster zu Rm 5,14.

[29] Vgl. meine Einleitung zum Kolosserbrief in Vetus Latina 24/2 (1969), 276. 281.

[30] Die These D. De Bruynes, verfochten in Saint Augustin reviseur de la bible, in: Miscellanea Agostiniana 2, Rom 1931, 521–606, besonders 524–544, und schon vorbereitet in Les Fragments de Freising (épîtres de S. Paul et épîtres catholiques), Rom 1921 (= Collectanea Biblica Latina 5), wurde für die Psalmen widerlegt von A. Vaccari, I salteri di s. Girolamo e di s. Agostino, in: Scritti di Erudizione e di Filologia 1, Rom 1952, 207–255, besonders 238–255; Saint Augustin, Saint Ambroise et Aquila, in: Augustinus Magister 3 (1954), 471–482, ebenso in: Scritti ... 2, Rom 1958, 229–243, für die Paulusbriefe von mir zurückgewiesen in der Einleitung zum Epheserbrief in Vetus Latina 24/1 (1962), 34*–35*; Altlateinische Paulus-Handschriften 106–112. 148; vgl. auch Vetus Latina 24/2 (1969), 276. Augustins Text im Hebräerbrief beurteilte K. Th. Schäfer, Untersuchungen zur Geschichte der lateinischen Übersetzung des Hebräerbriefs, Freiburg 1929 (= Römische Quartalschrift, 23. Supplementheft), 97, in Abhängigkeit von De Bruyne. Bezüglich der Katholischen Briefe pflichtete W. Thiele zuerst der Ansicht De Bruynes bei, vgl. Augustinus zum lateinischen Text des Jakobusbriefes, ZNW 46 (1955), 255–258; Wortschatzuntersuchungen zu den lateinischen Texten der Johannesbriefe, Freiburg 1958 (= Vetus Latina. Aus der Geschichte der lateinischen Bibel 2), 39–41; Vetus Latina 26/1 (1956), 6, änderte aber dann seine Meinung, vgl. Die lateinischen Texte des 1. Petrusbriefes, Freiburg 1965 (= Vetus Latina. Aus der Geschichte der lateinischen Bibel 5), 39; Einleitung zur Textausgabe der Katholischen Briefe in Vetus Latina 26/1 (1969), 65*. 69*–70*. 75*–76*. 88*. 90*. 94*. — Viel Aufmerksamkeit erfuhr in jüngerer Zeit der Text des Ambrosius: G. M. Rolando, Ricostruzione teologico-critica del testo latino del Vangelo di S. Luca usato da S. Ambrogio (Dissert. Gregoriana 1944, teilweise gedruckt in) Biblica 26 (1945), 238–376. 321–335; 27 (1946), 3–17; T. Caragliano, Restitutio critica textus latini Evangelii secundum Iohannem ex scriptis S. Ambrosii (Dissert.

2. Ein nicht ganz unbeträchtlicher Teil der lateinischen patristischen Literatur besteht aus Übersetzungen griechischer Werke. In diesen Übersetzungen sind die Bibelzitate mitübersetzt und stammen nicht aus einer lateinischen Bibel; man kann nicht erwarten, daß der Übersetzer etwa des Irenäus die Stellen in seiner Bibel nachgeschlagen hätte[31]. Trotzdem hat deren Sprache und die Erinnerung an ihre Formulierung bei der Übersetzung gelegentlich den Wortlaut bewußt oder unbewußt mitbeeinflußt[32]. In der lateinischen Übersetzung des Pauluskommentars von Theodor von Mopsuestia, die im Kreis um Julian von Eclanum entstand, ist sogar das Lemma nach der Vorlage wiedergegeben, wenn auch nicht ohne ziemlich starken Einfluß seitens der Vulgata. Ihm ist es zuzuschreiben, daß man die wirklichen Lesarten Theodors häufig nicht aus dem Lemma, sondern nur aus dem erklärenden Kontext erschließen kann[33]. Andererseits erspart sich Rufin die Mühe, den kommentierten fortlaufenden Text neu zu übersetzen; er nimmt etwa für den Römerbrief-Kommentar des Origenes seinen eigenen altlateinischen Text, hier lohnte sich das Aufschlagen seiner Bibelhandschrift[34]. Zwischen diesen Extremen steht etwa der Barnabasbrief, dessen Zitate deutlich von einer lateinischen Bibel abhängen, ohne sie in allem getreu wiederzugeben. Die Wertung der Zitate in Übersetzungen bringt demnach große Schwierigkeiten mit sich. Von Fall zu Fall ist zu prüfen, ob der lateinische Text genau oder weniger genau übersetzt wurde oder ob er direkt aus einer lateinischen Bibel stammt; eine sichere Entscheidung ist oft nur möglich, wenn auch die griechische Vorlage erhalten ist oder wenn das Zitat mit der gesamten lateinischen Überlieferung an dieser Stelle verglichen werden und entsprechend seinen textgeschichtlichen Ort zugewiesen bekommen kann.

Gregoriana 1942, teils gedruckt in) Biblica 27 (1946), 30–64. 210–240; R. W. Muncey, The New Testament Text of Saint Ambrose, Cambridge 1959 (= TS N.S. 4), zur Kritik vgl. etwa G. G. Willis in: JThS N.S. 11 (1960), 172–176; M. Marzola, Bibbia Ambrosiana Neotestamentaria. Ricostruzione teologico-critica I. und II., Ferrara 1965 und 1971; diese Arbeit mit irreführendem Titel (die Evangelien werden nicht behandelt, Act erscheint nur in den Tabellen im 2. Band) kennt in den Paulusbriefen nicht die Hs 86 und meine Untersuchungen über ihr Verhältnis zu Ambrosius.

31 Vgl. K. Th. Schäfer, Die Zitate in der lateinischen Irenaeusübersetzung und ihr Wert für die Textgeschichte des Neuen Testaments, in: Vom Wort des Lebens. Festschrift M. Meinertz, Münster 1950 (= Neutestamentliche Abhandlungen, 1. Ergänzungsband), 50–59.

32 So wird etwa Eph 1,13–14 nach dem Texttyp **I** zitiert, vgl. Vetus Latina 24/1, 27.

33 Allein der Kontext, nicht das Lemma, belegt z. B. in 1 Thess 2,6 den Zusatz τινων, den sonst nur der Codex Ephraem bezeugt.

34 Die Benutzung einer lateinischen Bibelhandschrift erkannte schon Westcott im Jahre 1887, vgl. dazu besonders auch G. Bardy, Le texte de l'épître aux Romains dans le commentaire d'Origène-Rufin, RB 17 (1920), 229–241, und H. Chadwick, Rufinus and the Tura-Papyrus, JThS N.S. 10 (1959), 10–42.

3. Hier stoßen wir auf ein Problem, das sich speziell bei lateinischen Vätern stellt: Inwieweit sind ihre Zitate originell, inwieweit sind sie abhängig vom Griechischen, und zwar nicht direkt vom griechischen Bibeltext, sondern von der benutzten griechischen Literatur? Die Frage nach der Originalität stellt sich also nicht nur bei Werken, die bloße Übersetzungen griechischer Autoren sind, sondern in weitem Umfang auch in genuin lateinischen Schriften, die aber mehr oder weniger stark griechische Autoren benützen. Ein Beispiel: Ein neutestamentliches Zitat, das Hilarius in seinem Psalmenkommentar anführt, kann genuin hilarianisch sein und somit seinen gallischen Bibeltext bezeugen; es kann aber auch lediglich Übersetzung eines Zitats sein, das sein Gewährsmann Origenes an dieser Stelle in seine Erklärung einflicht[35]. In diesem Fall wäre es Beleg für dessen Text — vorausgesetzt, daß Hilarius genau übersetzt! Und vielleicht vermischt sich noch die Erinnerung an den Wortlaut der eigenen Bibel unwillkürlich mit den Lesarten seiner Quelle! Hilarius ist kein Einzelfall; denken wir an Ambrosius und seine Abhängigkeit von Basilius oder an Hieronymus, dessen Kommentare weitgehend auf griechischen Quellen beruhen[36]! Man muß wohl feststellen, daß dieses Problem beim Erstellen der kritischen Apparate in unseren bisherigen Ausgaben praktisch nicht gesehen und nicht berücksichtigt wurde. Nur detaillierte Kenntnis der lateinischen Textgeschichte ermöglicht in diesen Fällen eine sachgerechte Beurteilung[37].

Der Gesichtspunkt der Abhängigkeit von einem anderen Schriftsteller muß natürlich auch bei den Autoren beachtet werden, die nicht griechische, wohl aber lateinische Quellen benutzen. Zitate können mit und ohne Kontext den jeweiligen Gewährsmännern entnommen sein. Manchmal gibt der zitierende Autor seine Quellen ausdrücklich an, häufig verschweigt er sie oder nennt sie nur summarisch in der Vorrede zu seinem Werk. Ob der Abhängige den Bibeltext der Quelle genau ausschreibt oder ob er durch sie zwar zu einem bestimmten Zitat veranlaßt wird, dessen Bibeltext aber ganz oder teilweise durch seinen eigenen ersetzt, muß jeweils geklärt werden. Ohne die scharfe Unterscheidung zwischen dem Bibeltext des zitierenden und zitierten Autors, die auch in unseren neuesten Ausgaben des griechischen Neuen Testaments nicht vollzogen ist, muß sich ein falsches Bild ergeben. Ein Zitat hat einen ganz anderen Stellenwert, je nachdem ob der Autor

[35] Vgl. É. Goffinet, L'Utilisation d'Origène dans le commentaire des Psaumes de saint Hilaire de Poitiers, Löwen 1965 (= Studia Hellenistica 14).

[36] Vgl. etwa zu seinem Zachariaskommentar den in Tura aufgefundenen Didymustext bei L. Doutreleau, Sources chrétiennes 83–85, Paris 1962.

[37] Ein Beispiel: Kol 1,20 zitiert Hilarius mehrfach in dem Wortlaut, der für alle Lateiner charakteristisch ist: sie übergehen mit den Griechen BD*GI al. das zweite δι' αὐτοῦ. Wenn ein paarmal dessen Übersetzung bei Hilarius erscheint, ist das Indiz dafür, daß er an diesen Stellen von einer griechischen Quelle abhängig ist.

es im eigenen Bibeltext oder im Wortlaut seiner Quelle anführt. Wenn z. B. Cassiodor in seiner Psalmenerklärung wörtlich aus Hilarius zitiert, handelt es sich um Bibeltext des 4. Jhs. aus Gallien und nicht um einen süditalienischen des 6. Jhs. Bekanntlich ist die klare Scheidung der Quellen eine unumgängliche Voraussetzung für eine gültige Darstellung der Überlieferung des lateinischen Apk-Textes bis hin zu Beda und Beatus. Wenn J. Chapman mit seiner Meinung recht hätte, Sedulius Scottus habe den Lemmatext seines Collectaneum stückweise der jeweiligen Quelle entnommen[38], wäre Sedulius bald Zeuge für den Vulgatatext des Pelagius, bald für die altlateinischen Texte des Hieronymus, Augustinus, Ambrosiaster usw.; tatsächlich legt er einen Vulgata-Mischtext des 9. Jhs. zugrunde, der mit dem Paulustext im Book of Armagh eng verwandt ist[39].

Ihrer Form nach können die übernommenen Zitate Lesefrüchte aus Büchern sein; eine Formulierung, die aus einer Quelle im Gedächtnis haften blieb, wird in das Zitat eingesetzt, weil nur sie die gegenwärtige Argumentation stützt[40]. Zuweilen wird auch ein Wortlaut zitiert, der aus der Liturgie vertraut ist und nicht direkt aus der Hl. Schrift. Auch bei uns ist noch die Rede von dem *panis cottidianus* der 4. Vaterunserbitte und nicht von dem *panis supersubstantialis*, wie die Vulgata sagt, und Lk 2, 14 zitieren wir *gloria in excelsis deo* statt *in altissimis*.

4. Nicht selten wurden die Bibelzitate in den patristischen Hss von Lesern und Korrektoren nach der ihnen geläufigen Fassung abgeändert. Sie wollten vielleicht nur einen vermeintlich fehlerhaften Text verbessern, oder sie notierten ihren eigenen Wortlaut zunächst zum Vergleich. Bei späteren Abschriften gelangten solche Änderungen in den Text, und dazu floß dem Abschreiber gelegentlich auch noch unwillkürlich der Wortlaut seiner eigenen Bibel in die Feder. Gewöhnlich wird die patristische Überlieferung an die Vulgata angeglichen, aber natürlich ist es nicht ein reiner, kritischer Vulgatatext, sondern einer, wie er den Korrektoren und Abschreibern zur Verfügung stand, also ein Vulgatatext mit Fehlern und kontaminiert mit mehr oder we-

---

38 Pélage et le texte de S. Paul, RHE 18 (1922), 471: «Quand il donne une note de S. Jérôme, il donne aussi le texte de S. Paul d'après S. Jérôme. De même, quand il cite un passage de Pélage, c'est bien le texte commenté par Pélage qui accompagne son explication.»

39 Vgl. H. J. Frede, Pelagius, der irische Paulustext, Sedulius Scottus, Freiburg 1961 (= Vetus Latina. Aus der Geschichte der lateinischen Bibel 3), 91–95.

40 So zitiert Augustinus in seinem Johanneskommentar 9,7 eine Lesefrucht aus Damasus mit einem Zitat von 1 Joh 2,15 in der vom eigenen Text mit *dilectio patris* oder *caritas patris* völlig abweichenden Fassung *spiritus patris*; allein diese Formulierung, eine „Westliche" Lesart aus Rom, motiviert die Übernahme aus der Quelle, denn sie muß ihm als Hauptbegründung für die vorausgehenden Überlegungen über das Verhältnis von Vater und Geist dienen, vgl. Vetus Latina 24/2 (1969), 297f., gegen Thiele, Die lateinischen Texte des 1. Petrusbriefes, 52 Anmerkung 5.

niger altlateinischen Lesarten[41]. Man kann also nicht einfach die Lesart als echt annehmen, die von der modernen kritischen Vulgata-Ausgabe abweicht, wie es Souter in seiner Pelagius-Ausgabe tat. Aber auch an altlateinische Texte ist die Überlieferung häufig angeglichen worden. So bezeugt z. B. der Codex Sessorianus des Cyprian einen späteren italischen Text, der auch sonst gut belegt ist; er ist mit dem von derselben Hs gebotenen Text des pseudo-augustinischen Speculum eng verwandt. Mit dem Nachweis der Benutzung des Speculum durch Papst Anastasius II. (496) in der Textform, die der Sessorianus (*S* bei Weihrich) bietet[42], ist die Kontroverse um seinen echten und ursprünglichen Text beendet[43]. Die Handschriftengruppe *MVLC* belegt einen anderen altlateinischen Mischtext, der nachträglich eingeführt wurde. In der Hs *B* des Pelagiuskommentars finden wir einen Text vor, der zunächst anläßlich der Bearbeitung durch Pelagianer (Pseudo-Hieronymus) Änderungen nach einem anderen Vulgatatext, als ihn Pelagius benutzte, erfuhr, und danach tiefgreifend nach einem oberitalienischen Vetus-Latina-Text revidiert wurde, allerdings ohne dadurch seine Identität als Pelagiustext gänzlich zu verlieren. Ein Zweig der Ambrosiaster-Überlieferung wurde nach einem anderen oberitalienischen Text umgearbeitet, der dem von Rufin benutzten nahesteht[44]. Die Beispiele ließen sich mühelos vermehren. Für den Herausgeber eines patristischen Werkes sind das alles Verderbnisse der Überlieferung, und er verbannt diese Varianten mit Recht in den Apparat. Für die Erforschung der altlateinischen Bibel aber stellen sie wertvolle Zeugen dar, die unbedingt beachtet werden müssen.

Freilich, längst nicht alle modernen Herausgeber von Väterschriften waren den Schwierigkeiten gewachsen, die sich aus der Bearbeitung gerade des Bibeltextes im Verlauf der handschriftlichen Überlieferung ergeben. Oft haben sie diese nicht richtig beurteilt und die falsche Lesart in den Text gesetzt. Bekannte Beispiele dafür sind die Augustinus-Ausgaben von Zycha, der Cyprian von Hartel und der Pelagius von Souter. Die Veranstalter der römischen Ausgabe des Ambrosiaster-

---

[41] Aufschlußreich in dieser Hinsicht ist die textkritische Arbeit im 9. Jh. in St. Gallen; dort hat man u. a. eine Pelagius-Hs und eine des augustinischen Speculum nach dem kurz vorher geschaffenen Lokaltext korrigiert, vgl. Frede, Altlateinische Paulus-Handschriften, 58f.

[42] Siehe Vetus Latina 24/2 (1966), 13.

[43] Vgl. zu dieser Kontroverse H. Linke, Studien zur Itala, in: Gymnasial-Programm von St. Elisabeth, Breslau 1889, 16. 24ff; H. von Soden, Das lateinische Neue Testament in Afrika zur Zeit Cyprians, Leipzig 1909, 22 Anmerkung; Der lateinische Paulustext bei Marcion und Tertullian, in: Festschrift A. Jülicher, Tübingen 1927, 264; H. J. Vogels, Untersuchungen zur Geschichte der lateinischen Apokalypseübersetzung, Düsseldorf 1920, 141; D. De Bruyne, Étude sur le Liber de divinis scripturis, RBén 43 (1931), 124–141; 45 (1933), 119–141.

[44] Vgl. H. J. Vogels, Untersuchungen zum Text paulinischer Briefe bei Rufin und Ambrosiaster, Bonn 1955, (= Bonner biblische Beiträge 9).

Kommentars (1579–1587) hielten sich sogar für berechtigt, den überlieferten Text gegen alle Hss nach dem von Ambrosius verwendeten zu ändern, weil sie ihn als Verfasser ansahen. Die neue Ausgabe des Matthaeuskommentars von Hieronymus[45] überrascht dadurch, daß die Lemmata viel kürzer als in Vallarsis Ausgabe sind; zahlreiche Angaben von Hieronymus-Lesarten aus diesem Kommentar, die unsere bisherigen Ausgaben anführen, sind damit hinfällig. Vallarsi hatte die Lemmata, wohl aufgrund von einigen Hss, nach der Vulgata vervollständigt; es gibt aber auch ein paar Hss, die die Lemmata mit altlateinischem Text erweitern[46].

Als bewundernswertes Alterswerk hat uns H. J. Vogels die kritische Ausgabe des umfangreichen Ambrosiaster-Kommentars zu den Paulusbriefen beschert[46a], um die sich zahlreiche frühere Forscher bemüht haben, ohne ihr Ziel zu erreichen. Die Bedeutung dieses Paulustextes ist nicht nur deshalb offenkundig, weil es sich um den frühesten Volltext zu den dreizehn Briefen handelt, der erhalten ist; er zeichnet sich auch durch manche Eigentümlichkeiten aus, die ihn von einem breiten Überlieferungsstrom ähnlicher Texte abheben. Daß sich die Drucklegung seines Manuskriptes verzögerte, hat Vogels nicht zu verantworten; infolge Krankheit und seines hohen Alters reichten seine Kräfte nun nicht mehr aus, die Korrektur des ganzen Werkes zu lesen. Dadurch konnten sich im 3. Band in den Apparat zum Bibeltext vielfach Fehler und Ungenauigkeiten einschleichen, wie man bei einem Vergleich mit der Voraus-Ausgabe leicht feststellen kann. Häufig fehlen bibeltextliche Varianten auch ganz, wohl weil die Wiener Bearbeiter auf die verzweigte biblische Überlieferung weniger Wert legten. Wenn der Kodex Z = Florenz Laur. Ashb. 60 nach Vogels Meinung auch die einzige Hs ist, die die erste Auflage des Kommentars zu Gal–Phlm überliefert, darf man Gleiches nicht auch von seinem übrigens nur auszugsweise gebotenem Bibeltext annehmen, zumal Vogels die Frage, ob der Autor auch diesen bei der Überarbeitung verändert habe,

---

[45] D. Hurst, M. Adriaen, CChr 77 (1969).

[46] Ediert von A. Souter, Portions of an Old-Latin Text of St. Matthew's Gospel, in: Quantulacumque. Studies presented to Kirsopp Lake, London 1937, 349–354 (Vetus Latina 1 (1949) Nrn. 37 und 38); vgl. auch C. Charlier, RBén. Bulletin d'ancienne littérature chrétienne latine 3 (1939), [46]–[47].

[46a] Ambrosiastri qui dicitur commentarius in epistulas Paulinas, Wien 1966—1969, (= CSEL 81, 1—3). Mehrere Arbeiten gingen dieser Ausgabe voran: Untersuchungen zum Text paulinischer Briefe bei Rufin und Ambrosiaster, Bonn 1955, (= Bonner biblische Beiträge 9); Ambrosiaster und Hieronymus, RBén 66 (1956), 14—19; Das Corpus Paulinum des Ambrosiaster, Bonn 1957, (= Bonner biblische Beiträge 13), eine Voraus-Ausgabe, die nur den Paulustext bietet; Die Überlieferung des Ambrosiasterkommentars zu den Paulinischen Briefen: Nachrichten der Akademie der Wissenschaften in Göttingen, Philol.-hist. Klasse 7 (1959), 107—142. Die Kritik an CSEL 81, 3 gründet sich auf meine Untersuchungen zu 1 Thess, wo der Paulustext 22 Differenzen gegenüber der Voraus-Ausgabe von Vogels aufweist.

ausdrücklich verneint. Trotzdem haben die Wiener Bearbeiter mit Hilfe von Z einen Bibeltext „*recensionis prioris*“ fingiert, bei dem es sich tatsächlich um einen Mischtext aus Vulgata und einem norditalienischen Altlateiner von der Art des Rufintextes handelt, und die echten Ambrosiaster-Lesarten durch Einklammerung als sekundär hingestellt. Selbst dabei verfuhr man nicht konsequent: während etliche Z-Lesarten als die ursprünglichen des Autors ausgewiesen werden, stehen gleichartige im Apparat (etwa 1 Thess 2,2 *libere egimus* Z) oder fehlen ganz (etwa 1 Thess 4,14 *cum illo* Z). Wer sich mit dem Bibeltext des Ambrosiaster beschäftigen will, muß weiterhin zur Voraus-Ausgabe von Vogels greifen. Es bleibt zu bedauern, daß die Wiener Bearbeiter den klaren Willen des Herausgebers nicht respektiert und durch ihre sachlich in keiner Weise fundierten Eigenmächtigkeiten eine Fehlleistung erbracht haben, die dem Ansehen der von der Österreichischen Akademie der Wissenschaften getragenen Ausgaben nicht entspricht.

Daß die Herausgeber vielfach nur einen Teil der Zitate und Anspielungen als solche erkennen, sei noch nebenbei erwähnt; so stolpert E. Kroymann in seiner Ausgabe von Tertullians *De praescriptione haereticorum*[47] über die Stelle: *nondum in via nationum ire mandarat*, und bekennt: *quid sit nescio; ego genitivum nationum interpretamentum ratus ex sequentibus compositum rescribere velim*: *in via⟨s⟩ ire mandarat*, obwohl Mt 10, 5 wörtlich zitiert ist, allerdings mit dem von Tertullian bevorzugten *nationum* statt *gentium*, wie die Vulgata liest[48].

Bedeutung für die griechische Textgeschichte

So groß die Schwierigkeiten, so vielfältig die Probleme sind, die bei einer sachgerechten Erhebung und Benutzung der Zitate bewältigt werden müssen, auf das in den patristischen Werken gespeicherte Material kann nicht verzichtet werden. In den Zitaten sprudelt ja nicht nur die weitaus ergiebigste Quelle für unsere Kenntnis der altlateinischen Bibel, sie sind zugleich auch die unentbehrlichen Werkzeuge für die Errichtung des Gebäudes der lateinischen Textgeschichte, die folgerichtig mit dem Vergleich zwischen direkter und indirekter Überlieferung begann. Damit ist ein wesentlicher Unterschied im Stellenwert original lateinischer Zitate gegenüber den Zitaten griechischer Kirchenväter angesprochen.

Wenn Chrysostomus einen bestimmten Text zitiert, dann ist er Zeuge für den griechischen Text, den er persönlich benutzt oder den man an seiner Kirche in Antiochien oder Konstantinopel verwendet.

---

[47] CSEL 70, Wien 1942, 12, Zeile 31.

[48] Zur Behandlung der Bibelzitate durch die Herausgeber vgl. J. Ziegler, Jeremias-Zitate in Väterschriften, in: Theologie aus dem Geist der Geschichte. Festschrift B. Altaner, München–Freiburg 1958, 347–357.

Der Wortlaut seines Zitats gibt unmittelbar Einblick in die Gestalt seines Textes und ist darum wertvoller als der Text, den eine nicht lokalisierte und undatierte Hs bietet. Wenn dagegen Augustinus seinen Paulustext zitiert, dann ist er zwar genauso Zeuge für den lateinischen Text, den er persönlich benutzt oder den man an seiner Kirche in Hippo — oder auch in Karthago, wenn er dort predigt; tatsächlich sind selbst solch feine Textdifferenzen in seinen Zitaten erkennbar — verwendet. Sein Zeugnis ist jedoch ebenso wenig wie das der mehr als hundert Jahre später entstandenen Freisinger Fragmente (*r*) mit dem gleichen Text ein Beleg für einen griechischen Text in Afrika und zur Zeit Augustins, sondern gilt für einen griechischen Text, der im letzten Drittel des 4. Jhs. in Norditalien zur Revision eines lateinischen Textes benützt wurde. Ähnlich verhält es sich mit den Zitaten etwa des Marius Victorinus, Lucifers oder des pseudo-augustinischen Speculum; sie sind Belege für lateinische Texte, deren Benutzung örtlich und zeitlich genau bestimmbar ist, deren verschiedene griechische Vorlagen aber man vielleicht beträchtlich früher ansetzen muß und deren Kontaktstellen mit dem Griechischen man anderswo zu suchen hat.

Jede lateinische Lesart hat ihren Ursprung, ihren „Sitz", an einem ganz bestimmten Punkt der lateinischen Textgeschichte. Ihr Zeugenwert für den Urtext hängt nicht von dem Schriftsteller oder der Hs ab, die sie belegen, sondern ergibt sich aus diesem ihrem Sitz innerhalb der Textgeschichte. Darum ist es auch ganz gleichgültig, ob sie von einem oder mehreren Zeugen belegt wird, sofern ihre Texte dem gleichen Texttyp angehören und deshalb alle an derselben Stelle, sei es bei der ursprünglichen Übersetzung ins Lateinische, sei es bei einer Revision, mit dem Urtext in Kontakt gekommen sind. Auch bei erst spät bezeugten Lesarten muß man mit frühem Ursprung rechnen, wenn es sich nicht um vereinzelte Vergleiche mit dem Griechischen oder um Konjekturen handelt, die praktisch jederzeit vorgenommen sein können. Es darf nicht darum gehen, weiterhin nur die verschiedenartigsten Lesarten zu sammeln und in einen Topf zu werfen. Die bloße Sammlung von Material war eine Stufe der textkritischen Arbeit, über die das vorige Jahrhundert und leider auch die Apparate in unseren Textausgaben kaum hinausgekommen sind. Heute muß als Ziel im Vordergrund stehen, dieses Material geschichtlich transparent zu ordnen, die Einzellesarten und Einzeltexte aus der Entwicklung der Textgeschichte abzuleiten und zu erklären und dadurch ihren textgeschichtlichen Ort festzustellen. Dabei spielen allerdings die Väterzitate ihre hervorragende Rolle. Erst wenn die Textgeschichte hinreichend erforscht, wenn es gelungen ist, den Ursprung der verschiedenen Texttypen räumlich und zeitlich möglichst genau zu bestimmen, läßt sich das Zeugnis der lateinischen Übersetzung insgesamt und ihrer Einzelbelege für den Urtext sachgerecht werten. Einen Sonderfall stellen Zitate dar, die nicht original lateinisch sind; für die lateinische Textgeschichte haben sie nur geringe Bedeutung, sollten aber um so gewissenhafter bei der Aufgabe, die griechische Textüberlieferung zu klären, berücksichtigt werden.

Von einer lückenlosen Darstellung der Geschichte des lateinischen Textes sind wir allerdings noch weit entfernt. Sie läßt sich vielleicht nicht einmal in allen Punkten und für alle Schriften des Neuen Testaments gleichermaßen befriedigend erreichen. Mit Fehleinschätzungen muß gerechnet werden. Das bruchstückhafte Material, das zur Verfügung steht, ist ja nicht katalogisiert wie die Steine bei der Verlegung der Tempel von Abu Simbel. Es wäre falsch, wollte jemand Klarheit und Sicherheit demonstrieren, wo auch andere Beurteilung möglich ist. Auch wenn man sich auf die jeweils gesicherten Ergebnisse stützt, bleibt eine gewisse Relativität, die aber durchaus positiv zu werten ist und hingenommen werden kann; sie ist nicht größer als jene, die bei möglichen neuen Funden aufkommen kann. Schließlich braucht man Prinzipien auch nicht übermäßig zu strapazieren.

In den Paulusbriefen lassen sich die Texttypen **K** (afrikanischer Text zur Zeit Cyprians) und **D** (europäischer Text, der vornehmlich von den bilinguen Hss *d e f g*, großenteils auch von Vätern bezeugt wird) eindeutig beschreiben und rezensieren. Das gleiche gilt natürlich auch von der Vulgata. Der wichtigste Texttyp **I** jedoch wird von zahlreichen Einzelzeugen, Vätern wie Hss, belegt, die alle eine gewisse Eigenständigkeit an den Tag legen und unterschiedliche Einzelzüge der Textentwicklung hervorkehren. Gerade ihr Verhältnis zum Griechischen ist sehr differenziert. Neben in dieser Hinsicht recht alten Texten, wie sie Marius Victorinus[49] und das pseudo-augustinische Speculum bezeugen, treffen wir bei Ambrosiaster, Ambrosius mit Monza i–2/9, Augustinus mit *r*, und dem Book of Armagh auf jüngere Formen, die nach zeitgenössischen griechischen Texten revidiert wurden. Trotzdem handelt es sich bei diesen Texten nicht um besondere Texttypen; Wortschatz, Übersetzungsart und allgemeine Richtung der Textgestaltung sind allen diesen Einzeltexten gemeinsam[50].

---

[49] Vgl. Vetus Latina 24/1, 33*–35*; 24/2, 13. 276/77.

[50] Aus diesem Grunde habe ich bewußt auf eine weitere Aufgliederung des Texttyps **I** in den Paulusbriefen verzichtet und diese Position mehrfach begründet, vgl. außer den Einleitungen in der Vetus Latina Ausgabe (siehe Anmerkung 49) besonders Altlateinische Paulus-Hss, 137–150. E. Nellessen, Untersuchungen zur altlateinischen Überlieferung des ersten Thessalonicherbriefes, Bonn 1965 (= Bonner biblische Beiträge 22), 262–286, glaubt, in den Texten der Hs Monza i–2/9, des Book of Armagh und der Balliol-Hs des Pelagiuskommentars eine weitere besondere Textform erkennen zu können, und verficht diesen Standpunkt unter Verwendung des gleichen Materials abermals in dem Aufsatz: Der lateinische Paulustext im Codex Baliolensis des Pelagiuskommentars, ZNW 59 (1968), 210–230. Eine bloße Sammlung gemeinsamer Lesarten bleibt im Vorfeld der Textkritik; ihre eigentliche Aufgabe ist es, den komplexen Befund in Einzeltexten historisch zu interpretieren und da-

Ein aktuelles Beispiel für Notwendigkeit und Vorrang textgeschichtlicher Überlegungen beim Aufbau eines kritischen Apparates der lateinischen Bezeugung in einer griechischen Ausgabe des Neuen Testaments ist die Kontroverse um den Paulustext des Pelagius, die nunmehr abgeschlossen scheint[51]. Auf allen Seiten besteht Einigkeit darüber, daß man die Textrezension Souters, der hauptsächlich der Hs *B* (= Oxford, Balliol College 157) folgte, weil sie häufig gegen die Vulgata liest, verwerfen muß und statt dessen im wesentlichen die Hs *A* (= Karlsruhe, Badische Landesbibliothek Aug. perg. 119) zu bevorzugen ist. Strittig ist allein die Beurteilung der zehn oder zwanzig oder auch dreißig altlateinischen Lesarten in jedem Paulusbrief, mit denen Pelagius von der Vulgata abweicht. Beweisen diese Differenzen, daß der Pelagiustext zwar der Vulgata schon sehr nahekommt, aber eben noch nicht die definitive Vulgata darstellt, die angeblich erst in mehreren Etappen und erst nach Pelagius erreicht wurde? In diesem Falle wäre der Pelagiustext ein sehr wichtiger und selbständiger Zeuge für einen Vergleich des lateinischen mit dem griechischen Text, der gegenüber allen früheren altlateinischen Texten entscheidende Fortschritte in Richtung auf die Eliminierung des „Westlichen" Textes und die Harmonisierung mit dem griechischen alexandrinischer Prägung gebracht hätte. In Konsequenz einer solchen Beurteilung wären alle seine Lesarten „mit griechischem Hintergrund" im Apparat einer griechischen Ausgabe ebenso zu berücksichtigen wie die anderen Zeu-

---

durch zu Ergebnissen zu kommen, die für die Textgeschichte bedeutsam sind; vgl. gegen Nellessen meine Stellungnahme in Vetus Latina 24/2 (1969), 283–284 und W. Thiele, Zum lateinischen Paulustext. Textkritik und Überlieferungsgeschichte, ZNW 60 (1969), 264–273. Zur etwas zersplittert wirkenden, weil in zahlreiche Typen aufgeteilten, Darstellung der Textgeschichte der Katholischen Briefe vgl. Vetus Latina 26/1 (1969), 98*.

[51] Die Kontroverse entstand im Anschluß an Frede, Pelagius, der irische Paulustext, Sedulius Scottus, Freiburg 1961 (= Vetus Latina. Aus der Geschichte der lateinischen Bibel 3). Vgl. dazu K. Th. Schäfer, Der Paulustext des Pelagius, in: Analecta Biblica 17–18. Studiorum Paulinorum Congressus Internationalis Catholicus 1961. Vol. II, Rom 1963, 453–460; Pelagius und die Vulgata, NTS 9 (1963), 361–366; F. H. Tinnefeld, Untersuchungen zur altlateinischen Überlieferung des I. Timotheusbriefes, Wiesbaden 1963 (= Klassisch-Philologische Studien 26), 71–115; H. J. Frede, Eine neue Handschrift des Pauluskommentars von Pelagius, RBén 73 (1963), 307 bis 311; G. de Plinval, Le problème des versions pélagiennes du texte de S. Paul, RHE 59 (1964), 845–853; H. J. Frede, Der Paulustext des Pelagius, SE 16 (1965), 165–183; E. Nellessen, Untersuchungen zur altlateinischen Überlieferung des ersten Thessalonischerbriefes, Bonn 1965 (= Bonner biblische Beiträge 22), 206–261; U. Borse, Der Kolosserbrieftext des Pelagius, Bonn 1966; H. J. Frede, Vetus Latina 24/2 (1966), 31–43; G. de Plinval, Précisions sur l'authenticité d'un prologue de Pélage: *Primum quaeritur*, REA 12 (1966), 247–253; vgl. dazu den Abschnitt: Zum Prolog *Primum quaeritur* in meiner Einleitung zum Kolosserbrief in Vetus Latina 24/2 (1969), 303/04; von den zahlreichen Rezensionen, die sich an der Diskussion beteiligten, sei die von W. Thiele, ZKG 77 (1966), 363–373 genannt.

gen der zahlreichen Versuche in der zweiten Hälfte des 4. Jhs., den lateinischen Text nach dem Griechischen zu korrigieren. Wenn es sich aber, wie ich meine, um einen schon wieder verwilderten und mit eingedrungenen altlateinischen Lesarten infizierten Vulgatatext handelt, dann ist der Pelagiustext zwar eine wertvolle Urkunde für Zeit und Ort der Entstehung der Vulgata der Paulusbriefe und ihr frühester Zeuge, hat aber ebenso wenig wie alle anderen Väter, die die Vulgata zitieren, und wie die einzelnen Vulgata-Hss Anspruch auf separate Wertung neben der Vulgata.

Zum gegenwärtigen Stand der Forschung

Es mag hier genügen, an die wichtigsten Namen zu erinnern, die mit der Erforschung der lateinischen Väterzitate verbunden sind. Nach unzulänglichen Versuchen des Flaminio Nobili im 16. und des Kardinals Tommasi im 17. Jh. sammelte der französische Benediktiner Pierre Sabatier die zu seiner Zeit bekannten altlateinischen Texte aus Hss und Vätern in drei Folio-Bänden, deren letzter erst nach seinem 1742 erfolgten Tod 1749 in Reims gedruckt wurde. Einen neuen Aufschwung brachte das 19. Jh. mit der Entdeckung zahlreicher verschollener Werke, der größten Sammlung patristischer Schriften im Patrologiae cursus completus von J. P. Migne († 1875) und vor allem neuen Editionen, in denen der philologische Gesichtspunkt vorherrscht, wie dem Corpus Scriptorum Ecclesiasticorum Latinorum der Wiener Akademie (seit 1866), der Berliner Sammlung Die griechischen christlichen Schriftsteller der ersten drei Jahrhunderte (seit 1897), die auch die alten lateinischen Übersetzungen dieser Autoren bietet, und den Monumenta Germaniae historica (begründet 1819, die Auctores antiquissimi erschienen 1877–1898). Damit waren gute Grundlagen für die weitere Arbeit gelegt. Sie suchte sich in drei Etappen ihren Weg zu bahnen. Zunächst galt es, das Material zu sichten und bereitzustellen, das die einzelnen Schriftsteller hergeben. P. de Lagarde († 1897) sammelte nahezu 30000 neutestamentliche Zitate aus den Schriften Augustins, die in der Universitätsbibliothek Göttingen ruhen, J. W. Burgon zahlreiche Zitate altchristlicher Schriftsteller, die im Britischen Museum aufbewahrt werden; leider wurde dieses Material nicht für die weitere Forschung fruchtbar gemacht. Als ein Beispiel für eine fast erschöpfende Sammlung der Zitate eines einzelnen Schriftstellers mag H. Rönschs Arbeit genannt sein[52]. Der bayerische Pfarrer Joseph Denk (1849–1927) faßte auf Anregung Eduard von Wölfflins, des Begründers des Thesaurus Linguae La-

[52] H. Rönsch, Das Neue Testament Tertullians, Leipzig 1871.

tinae, den Plan, einen „Neuen Sabatier" zu schaffen[53]. Ein Leben lang sammelte er mit zähem Fleiß das weit zerstreute Material. Die rund 500000 Zettel mit mehr als 700000 Zitaten, die allerdings auch das Alte Testament umfassen, wurden seit 1920 in der Erzabtei Beuron bewahrt und vermehrt. Bei Gründung des Vetus Latina Instituts wurden sie dessen Basismaterial, das laufend vervollständigt und auf dem neuesten Stand gehalten wird. Dazu zwingen schon die zahlreichen neuen und größtenteils besseren Ausgaben patristischer Werke, die in den letzten Jahrzehnten erschienen sind, vor allem im Corpus Christianorum (seit 1954), in den Sources chrétiennes und in den Patristic Studies.

Gegen Ende des vorigen Jahrhunderts begann die zweite Etappe der Forschung, die die Zitate der einzelnen Schriftsteller mit den Texten in Beziehung setzt und vergleicht, die in den altlateinischen Hss auf uns gekommen sind. Von den zahlreichen Männern, die sich um die Bausteine der Textgeschichte verdient gemacht haben, seien Donatien De Bruyne und, an unserem Tagungsort Bonn, besonders auch Heinrich Joseph Vogels genannt[54]. Vogels leitete die dritte Etappe dadurch ein, daß er als erster in der neueren Forschung ein ganzes Buch des Neuen Testaments, die Apokalypse, auf ihre lateinische Textgeschichte hin untersucht und die einzelnen Quellen vorgelegt hat[55]. Die Untersuchung der Überlieferungsgeschichte der lateinischen Paulusbriefe förderte sein Schüler Karl Theodor Schäfer mit eigenen Arbeiten zum Hebräer-[56] und Galaterbrief[57] und vor allem durch die Anregung, die er seinen zahlreichen Schülern, zu denen auch ich mich in Dankbarkeit zählen darf, zur Arbeit in diesem Bereich gab[58].

---

53 Vgl. seine Arbeiten J. Denk, Wie ich mir einen neuen Sabatier vorstelle, BZ 6 (1908), 337–344; Dom Petrus Sabatier, sein Itala-Sammelwerk und dessen Neubearbeitung, ThGl 1 (1909), 787–791 (eine Ankündigung, die den Druck des Neuen Sabatier für 1915 verspricht); C. Weyman, Eine Neuausgabe der altlateinischen Bibel, HPBl 144 (1909), 897–905; J. Denk, Der Neue Sabatier und sein wissenschaftliches Programm, Leipzig 1914; Die altlateinische Bibel in ihrem Gesamtbestand vom 1.–9. Jh., Leipzig 1914 (Probeheft für die Subskription mit den Büchern Ruth und Judas); vgl. auch H. Haffter, Der Italaforscher Joseph Denk und der Thesaurus linguae Latinae, ZNW 58 (1967), 139–144.

54 Vgl. dazu die bei H. J. Vogels, Handbuch der Textkritik des Neuen Testaments, Bonn 1955², 139, verzeichnete Literatur.

55 Untersuchungen zur Geschichte der lateinischen Apokalypseübersetzung, Düsseldorf 1920.

56 Untersuchungen zur Geschichte der lateinischen Übersetzung des Hebräerbriefs, Freiburg 1929 (= Römische Quartalschrift, 23. Supplementheft).

57 Der griechisch-lateinische Text des Galaterbriefes in der Handschriftengruppe D E F G, in: Scientia Sacra. Theologische Festgabe für Kardinal Schulte, Düsseldorf 1934, 41–70; Die Überlieferung des altlateinischen Galaterbriefes, in: Programm Braunsberg 1939.

58 Vgl. die schon (Anmerkung 51) genannten Arbeiten von Tinnefeld (1 Tim), Nellessen (1 Thess) und Borse (Kol), außerdem H. J. Frede, Untersuchungen zur Geschichte

In der Vetus Latina-Ausgabe, die alle einschlägigen Untersuchungen berücksichtigt, liegen vom Neuen Testament bisher die Katholischen Briefe, von Walter Thiele herausgegeben, abgeschlossen vor[59], vom Corpus Paulinum die Briefe an die Epheser[60], Philipper und Kolosser[61]. In Vorbereitung sind die Briefe an die Thessalonicher, Timotheus, Titus und Philemon, sowie die Apokalypse. Ausführliche Einleitungen zu den einzelnen Teilbänden der Ausgabe und eine begleitende Schriftenreihe Aus der Geschichte der lateinischen Bibel (bisher 6 Hefte) behandeln die Probleme der Überlieferung und dienen der Klärung von Einzelfragen der Textgeschichte. Einen Begriff vom Umfang der Arbeit mögen ein paar Zahlen vermitteln: In den drei Briefen an die Epheser, Philipper und Kolosser sind mehr als 30000 patristische Zitate ediert, in den sieben Katholischen Briefen etwa 17000. Im Quartformat der Vetus Latina-Ausgabe beansprucht der Epheserbrief knapp 400 Seiten, er umfaßt aber nicht einmal 2% des Neuen Testaments. Für die Darstellung der lateinischen Übersetzung des gesamten Neuen Testaments wird man 15–20000 Seiten veranschlagen müssen.

Diese Arbeit ist riesengroß, aber nicht unlösbar; sie will in Geduld und mit größter Sorgfalt getan werden. Man kann natürlich die Frage stellen, ob der Aufwand lohnt; sie impliziert bereits den Verzicht auf die lückenlose Bezeugung des Textes der Hl. Schrift und auf die ebenso sachgerechte wie angemessene Darstellung seiner Überlieferung. Ernstlich kann niemand wünschen, daß es weiterhin in unseren griechischen Ausgaben bei der bloßen, und noch dazu häufig fehlerhaften, Übernahme der patristischen Bezeugung aus Tischendorfs Editio octava bleibt. Anzustreben wäre, daß die Herausgabe der Vetus Latina so vorankäme, daß ihre einzelnen Teilbände jeweils vor Erscheinen der betreffenden Lieferungen des geplanten Novum Testamentum Graece bereitstünden. Dann wäre die richtige Wertung und Benutzung der Väterzitate, die offenbar nur der Fachmann vorbereiten kann, gewährleistet.

---

der lateinischen Übersetzung des Epheserbriefes, Bonn 1958 (Dissertation, Maschinenschrift); H. Zimmermann, Untersuchungen zur Geschichte der altlateinischen Überlieferung des zweiten Korintherbriefes, Bonn 1960 (= Bonner biblische Beiträge 16); E. Wolgarten, Die lateinischen Texte des Titusbriefs, Bonn o. J. (wohl 1968) (ungedruckte Diplomarbeit).

[59] Epistulae Catholicae, Freiburg 1956–69 (= Vetus Latina 26/1).

[60] Epistula ad Ephesios, Freiburg 1962–64 (= Vetus Latina 24/1).

[61] Epistulae ad Philippenses et ad Colossenses, Freiburg 1966–71 (= Vetus Latina 24/2).

BRUCE M. METZGER

GREEK LECTIONARIES AND A CRITICAL EDITION OF THE GREEK NEW TESTAMENT

Of the various kinds of witnesses to the text and transmission of the Greek New Testament, lectionaries have received, proportionately to their number and importance, the least amount of attention from textual scholars. Until the 1930's, when their systematic study for purposes of textual criticism was begun at the University of Chicago, they had been given only sporadic and insufficient attention. In fact, von Soden, despite the enormous range of his researches into the later ecclesiastical text, deliberately excluded lectionaries from his otherwise comprehensive survey[1]. This lack of interest in the lectionaries is all the more surprising when one considers that, since they are liturgical books, it is probable that they would be conservative in transmitting an older and more traditional type of text than the date of the copying of a given lectionary manuscript might suggest would be the case.

The following pages will give consideration to three main topics concerned with lectionaries: I. The Structure of Gospel Lectionaries; II. A Survey of Printed Materials Bearing on the Text of Greek Lectionaries; III. Problems Bearing on the Use of Evidence from Lectionary Manuscripts in a Critical Apparatus.

I. The Structure of Gospel Lectionaries

The word "lectionary" is used in two senses. It may refer to a table of references to portions of Scripture appointed to be read in services of worship on particular days; or, it may refer to a book that contains such portions of Scripture appointed to be read on particular days. It is easy to see how, historically, the transition was made from the former to the latter usage. In the course of time, it would have become irksome to find the regularly used Scripture lessons from a continuous text, in which the lector would not have been able so quickly or so clearly to catch the proper beginning or the appropriate ending of the passage appointed for the day. The time came when it was found more convenient to gather into a special book the several passages of Scripture arranged in the fixed order prescribed for the appropriate days,

---

[1] *Die Schriften des Neuen Testaments*, I, i, Leipzig 1902, pp. 19f.

every lesson being supplied with the necessary words of introduction and with such trifling modifications at the beginning of the passage as might seem to be necessary when it was detached from the preceding context. Thus the church came to have lectionaries or lesson-books.

The lesson-books, especially those of the Gospels, soon became the chief ornament of the library of the churches. The front cover was often decorated with semi-precious stones. The writing used in the book was the large letter or uncial script; indeed, it appears that these large letters continued to be used for lectionary manuscripts some generations after they had passed out of fashion in other works, including even copies of the Scriptures with continuous text. In the finer copies the beginning of each lesson is indicated by the presence of a large initial in gold ink, which is often further decorated with vermillion and blue colors.

Such lesson-books comprise two main parts, each of which embraces the whole year. The two sections are known as the synaxarion and menologion[2]. Each supplies lessons for a year, but the two are organized on different calendars. The synaxarion follows the moveable, ecclesiastical calendar, beginning and closing with the variable date for Easter. The menologion follows the fixed, civil calendar, beginning with September 1st and closing with August 31st.

Two types of lectionaries were in use: those whose synaxarion contained lessons for every day of the week, and those which contained lessons only for Saturdays and Sundays (except for the period between Easter and Pentecost, when daily lessons are provided by almost all lectionaries). About 40% of the known Gospel lectionaries have lessons for every day of the ecclesiastical calendar, and about 60% are Saturday and Sunday lectionaries.

The structure of a typical daily Gospel lectionary comprehends the following sections.

A. The Synaxarion

1. From Easter to Pentecost (= Whitsunday) inclusive, a period of fifty days, almost all the selections to be read are taken from the Gospel according to John. Although in general the sequence of lessons runs progressively throughout the Gospel, it is by no means an absolutely smooth sequence, and on the third Sunday (i. e., the second after Easter) the lesson is from Mark (namely, 15:43–16:8).

---

[2] The words "synaxarion" and "menologion" have been used by various scholars with a variety of meanings (cf. Jacques Noret, "Ménologes, synaxaires, ménées; essai de clarification d'une terminologie," *An. Boll.* 86 [1968], pp. 21–24). The definitions given in the present discussion are standard among textual critics.

2. From the Monday after Pentecost to approximately September 14th, or a period of about sixteen weeks, the lessons for Saturdays and Sundays are taken from the Gospel according to Matthew. Again the sequence is in general a progressive one throughout the Gospel, but there are not a few dislocations and reversals in the order of scriptural sequence. During this period the readings for the weekdays (i. e., days other than Saturday and Sunday) are taken from two Gospels. For the first eleven weeks the Gospel according to Matthew supplies not only the readings for Saturday and Sunday, as was just mentioned, but for the other days of the week as well. But, beginning on Monday of the twelfth week, the selections for the weekdays are taken from the Gospel according to Mark. This alternation of lessons from Matthew and Mark continues until the conclusion of the sixteenth week. Up to this time about one half of Mark's Gospel has been used.

3. From about September 14th to Lent, the lessons for Saturdays and Sundays are taken from the Gospel according to Luke. Those lectionaries which have weekday readings take them from Luke for the first twelve weeks. Beginning with the Monday of the thirteenth week to the close of the seventeenth week, the weekday lessons are taken from the second half of Mark.

4. During Lent the six Saturdays and Sundays (including Palm Sunday) are supplied with lessons from Mark, except that two of the twelve readings are from John. There are no weekday readings from the Gospels in Lent; the Old Testament provides these. The only exception to this is that a group of five lections called Vigils (Παννυχίδες) is read on the weekdays of the first week of Lent.

5. During Holy Week, as might be expected, the lessons are particularly numerous and long. They are as follows.

(a) A reading for matins and another for vespers is given for every day of the week. These are taken from the Gospels according to Matthew, Luke, and John.

(b) One or two lessons for Holy Thursday are taken from John describing the Footwashing scene.

(c) Holy Thursday is also provided with twelve lessons of the passions of Jesus (notice the plural number "passions" or "sufferings", Εὐαγγέλια τῶν ἁγίων πάθων Ἰησοῦ Χριστοῦ). They are taken from all four Gospels.

6. Eleven morning resurrection lessons frequently appear after Holy Week, although they sometimes appear at the end of the menologion. They are read on Sunday mornings beginning with All Saints' day.

B. The Menologion

The calendar for the fixed years begins, like the Jewish or Syro-Macedonian year, with the first of September. That part of the lectionary which follows strictly the months of the calendar is called the "month reckoning" (μηνολόγιον). The organizing principle here is the celebration of festivals and saints' days. While the two types of synaxaria (daily and Saturday/Sunday) are standardized and are practically uniform in their order and choice of lessons, menologia present many variations among themselves. Except for the thirteen greater festivals of the Church[3], the menologia exhibit many deviations. Not only is there no uniformity in the choice of Scripture lessons to be read in honor of various saints, but the lists of saints and festivals likewise vary among menologia. The reason for this variation is doubtless to be sought in terms of historical and geographical considerations. It was inevitable that congregations would regard with more interest the traditions of saints and festivals intimately connected with their own locality than those of distant places. Thus there grew up, little by little, divergent lists of saints and diversified lessons, presenting many permutations and combinations[4]. In addition to variations of this nature, menologia differ sharply as to bulk. Very ofen when it happens that the lesson in the menologion is the same as the Scripture text assigned for a day in the synaxarion, the actual text will not be written out again in the menologion, but the lector will be referred to the proper place in the synaxarion. Thus it results that the bulk of the menologion is often inversely proportionate to the length of the synaxarion. If the latter supplies lessons for every day of the week, the menologion will be comparatively short.

It may seem as though two divisions of a moveable and a fixed year would exhaust all possible exigencies. But often at the close of the menologion a lectionary manuscript will present a brief list of lessons for services suited to various special occasions. These include such diversified subjects as lessons for penitents, for seasons of drought, for funerals, and for other special occasions. These lections are drawn from all four Gospels.

Throughout the lectionary each lesson is introduced by a stereotyped formula called the incipit. In accord with current practice of identifying them by means of a Roman numeral, they are as follows: I = τῷ

---

[3] On the thirteen greater festivals, see p. 488 below.

[4] This lack of uniformity, however, can be pressed into service in seeking to determine from chance references to local saints or places clues regarding the origin of the manuscript whose provenience would otherwise be unknown; see Jean Duplacy's illuminating and helpful study, "Les lectionnaires et l'édition du Nouveau Testament grec," *Mélanges bibliques en hommage au R. P. Béda Rigaux*, Bruxelles 1969, pp. 519ff.

καιρῷ ἐκείνῳ, II = εἶπεν ὁ κύριος τοῖς ἑαυτοῦ μαθηταῖς, III = εἶπεν ὁ κύριος πρὸς τοὺς ἐληλυθότας πρὸς αὐτὸν Ἰουδαίους, IV = εἶπεν ὁ κύριος πρὸς τοὺς πεπιστευκότας αὐτῷ Ἰουδαίους, V = εἶπεν ὁ κύριος, VI = εἶπεν ὁ κύριος τὴν παραβολὴν ταύτην. In addition to the presence of the incipit, often the proper name is introduced for a person who may be referred to simply by a pronoun in the continuous text manuscripts, and the language may be otherwise adjusted to fit it with the incipit. Such adaptation, however, rarely extends to more than half a dozen words.

Besides Gospel lectionaries, which have occupied our attention thus far, there are also what are called Apostoloi. These are manuscripts containing lessons from the Book of Acts and from the Epistles. Such manuscripts, which are far less numerous than those of the Gospels, are also arranged in two parts, the synaxarion and the menologion. The special problems connected with lessons from the Apostoloi are discussed by Dr. Junack (see pp. 498–591).

The question when it was that the list of specified lessons was drawn up, and where, is as intriguing as it is perplexing. Casual remarks preserved in the writings of Origen, Cyril of Alexandria, John Chrysostom, and other patristic authors, indicate that specific Scripture lessons for specific days seem to have been customary in their localities. Indeed, it is interesting to observe that nearly three-fourths of Chrysostom's Homilies on Matthew either begin at the first verse of a known lectionary pericope, or at the first verse after the close of a pericope. How ancient the so-called Constantinopolitan system of pericopes is, it is difficult to determine. C. R. Gregory hazarded the guess[5] that the Sunday lessons were selected about A. D. 100–150, and the Saturday lessons about A. D. 165–175. Whether these dates are too early, it is not for the present writer to judge. It cannot be disputed, however, that Gregory is correct in separating the formation of the list of Sunday lessons from the list of the Saturday lessons. This is obvious from an examination of the Lucan passages assigned to each list. If one goes *seriatim* from Saturday to Sunday to Saturday to Sunday, the resultant sequence of chapters and verses presents a bewildering and haphazard combination of passages. If, however, all of the Saturday lessons are listed in sequence, their order is almost entirely regular, going through the Gospel to chapter 20 (see Table I), and in some lectionary manuscripts to chapter 21. A similar list of the Sunday lessons presents the same almost perfectly regular order of Scripture text running from chapter 5 to chapter 19. In this list of lessons for Sunday, only one is out of its present order in Luke's gospel, that of Lazarus and the rich

[5] *Textkritik des Neuen Testamentes*, I, Leipzig 1900, p. 337, and III, Leipzig 1909, pp. 1216f.

man designated to be read on the 5th Sunday. At the end of each list, the order of the last three or four lessons is irregular, whether the Saturday lessons are separated from the Sunday lessons, or whether the two are taken *seriatim*.

Precisely the same conditions prevail in the Matthean section of the synaxarion, namely, in those pericopes read on Saturdays and Sundays from Pentecost to about the first week of September. Here too if the lessons are taken in chronological sequence the succession of passages within the Gospel according to Matthew is entirely haphazard and without order[6]. But let all the Saturday lessons and all the Sunday lessons be taken separately and an almost perfect Scriptural sequence throughout the Gospel is clearly manifest (see Table II)[7].

II. Survey of Printed Material Bearing on Gospel Lectionaries

As it happens, the first considerable portion of the Greek New Testament (comprising about six chapters of the Gospel according to John) to come from the printing presses of Europe was without doubt derived from a manuscript equipped with lectionary data. In 1504 a book containing a Latin translation of the Poems of St. Gregory of Nazianzus was issued at Venice from the famous Aldine Press[8]. On the center pages of each gathering (quaternion) is printed the Greek text of John (extending from 1 : 1 to 6 : 36 ὅτι καὶ ἑωράκατέ με), with a Latin translation on the facing page. The text begins with the customary lectionary heading for the first lesson of the synaxarion: τῇ ἁγίᾳ

[6] Ernst Ranke ("Perikopen," Herzog and Hauck's *Real-Encyklopädie*, 2te Aufl., XI [Leipzig 1883], pp. 463ff.) realizes full well the lack of consecutiveness but does not perceive the key which brings order out of chaos. In general, Ranke's article is more satisfactory than the later article under the same title by Walter Caspari in the third edition of *R-E*.

[7] The only exceptions are the lections for the first and last Sundays (see Table II). Although not pertaining directly to the matter at hand, it may be mentioned that in daily Gospel lectionaries the pericopes from Luke appointed to be read on the days of the week other than Saturday and Sunday in the first twelve weeks of Luke are generally taken from consecutive passages throughout the Gospel of Luke, but it is significant that they do not in any instance form a sequence with the adjacent Saturday or Sunday lessons. Similar conditions prevail in the first eleven weeks of Matthew in daily lectionaries, when most of the lessons are taken from the Gospel of Matthew. What importance these facts have for tracing the history of the development of the two types of Gospel lectionaries, the daily and the σαββατοκυριακή, it is not necessary to inquire here.

[8] The book is volume 3 of *Poetae Christiani* published by Aldus. The colophon reads: Venatiis ex Aldi Academia mense Iunio, 1504. Capital spaces are provided with guide letters, and capitals are supplied by hand in red, blue, and yellow. For a fuller description, see Ant.-Aug. Renouard, *Annales de l'imprimerie des Alde*, 3e éd., Paris 1834, p. 46. and *Bibliotheca Lindesiana*, III, Aberdeen 1910, col. 7173.

καὶ μεγάλῃ κυριακῇ τοῦ Πάσχα εὐαγγέλιον κατὰ Ἰωάννην. Then there follows the Greek text of John 1 : 1—17, which is the lesson regularly read on Easter. After the close of the first lection, the next rubric announces τῇ δευτέρᾳ μετὰ τὸ Πάσχα, followed by the passage Jn. 1 : 18–28. Other passages follow, each introduced either by a lectionary rubric or by a τίτλος (as an example of the latter, the last section, beginning with 6 : 16, is headed περὶ τοῦ ἐν θαλάσσῃ περιπάτου).

What appears to be the earliest printed edition of a complete Gospel lectionary came from the press of Stephan Sabien at Venice in 1539; the title-page identifies the contents simply as ἱερόν ἐυαγγέλιον (sic)[9]. It was many years after 1539, however, that the text of Greek lectionaries began to attract scholarly attention in the West. The first edition of the Greek. New Testament to cite variant reading from lectionaries was that of John Mill, London 1707, who made use of eight Gospel lectionaries and one Apostolos lectionary. After J. A. Bengel, who refers to several lectionaries in his edition of 1734, the scholar who made most ample use of lectionary evidence was J. J. Wettstein, Amsterdam 1751/52. J. J. Griesbach, who published editions between 1774 and 1811, collated twelve Gospel and two Apostolos lectionaries, besides making use of previously published material.

The first New Testament scholar to present, in addition to evidence from lectionary manuscripts, a table of the readings appointed for the several days of the synaxarion and the menologion was Christian Friedrich Matthaei. In his twelve volume *Novum Testamentum Graece et Latine,* Riga 1782–1788, he gives at the beginning of each volume, except that for the Apocalypse (from which book the lectionary takes no lessons), a list of the pericopes in the Greek Church, with selected readings from a number of manuscripts. In his second edition (vols. 1 and 2, Hof 1803 and 1804; vol. 3, Ronneburg 1807) he collects such lists for the Gospels (vol. 1., pp. 723–768) and for the Apostolos (vol. 3, pp. 3–24). Matthaei brought the total of Gospel lectionaries cited to 57, and of Apostolos lectionaries to twenty.

At the end of the first third of the nineteenth century, Johannes Martin Augustin Scholz published his two volume *Novum Testamentum Graece,* in the first volume of which (Leipzig 1830, pp. 453–493) he provides the synaxarion and menologion of four manuscripts, two uncials (K and M), and two minuscules (262 and 274). In his second volume (1836, pp. 456–469) he extracts from several manuscripts at Paris the synaxarion and menologion for the Book of Acts and the Epistles. The total number of Gospel lectionaries that he lists in his introduction is 178, and of Apostoloi 58; most of these he described for the first time.

---

[9] See C. R. Gregory, *Textkritik des Neuen Testamentes.* I, Leipzig 1900, p. 341.

Toward the close of the nineteenth century, Frederick Henry Ambrose Scrivener gave a conveniently arranged list of the ecclesiastical lections of the "Synaxarion and Eclogadion of the Gospels and Apostolic Writings Daily Throughout the Year" (*A Plain Introduction to the Criticism of the New Testament,* 3rd ed., London 1883, pp. 78–86; 4th ed., 1894, vol. I, pp. 80–89), based on half a dozen Greek manuscripts. In addition, Scrivener prepared an informative article on "Lectionary" for Smith and Cheetham's *Dictionary of Christian Antiquity,* vol. II (London, 1880), pp. 953–967.

At the beginning of the twentieth century considerable attention was given to Greek lectionaries by Caspar René Gregory in his *Textkritik des Neuen Testamentes,* I, Leipzig 1900. Here Gregory provides information, derived partly from Scholz and from Matthaei and partly from several manuscripts that Gregory had consulted himself, concerning the scriptural passages and the sequence of the lessons in both synaxarion and menologion[10].

Early in the twentieth century an edition of the Greek New Testament was published whose text was based, for the most part, on lectionary manuscripts[11]. Under the editorial supervision of Professor B. Antoniades and issued by the authority of the Ecumenical Patriarchate of the Orthodox Church, the edition is based on about sixty lectionaries dating from the ninth to the sixteenth centuries. Those portions of the New Testament that are not contained in lectionaries (in addition to the Book of Revelation in its entirety, certain parts of Acts not read in the church) are based on continuous text Byzantine manuscripts, mostly cursive and later than the tenth century. From information contained in the Preface it appears that more than one reading was adopted for rather arbitrary reasons. Thus, although sometimes the editor prefered the non-Byzantine text (as in Matt. 12:25–27, 40; 13:13, 36; 17:22; Luke 21:38), in other cases the Byzantine reading was adopted (as Γαλιλαίας in Luke 4:44; παρέθεντο in Luke 12:48; and Acts 8:37, where the entire verse is included). Curiously enough, although the editor confesses that it did not appear possible on scholarly grounds to include the passage of the "three witnesses" in I John 5:7–8, it was finally retained on the basis of the wishes of the Holy Synod. Enough has been said to indicate that, for scientific purposes, the Antoniades edition leaves much to be desired.

A long step forward in the study of Greek lectionaries was taken in 1932 when Ernest C. Colwell published a methodological study entitled

---

[10] *Op. cit.,* 327–478. For a brief, popular account of lectionaries see Gregory's volume, *The Canon and Text of the New Testament,* New York 1907, pp. 384–393.

[11] Ἡ Καινὴ Διαθήκη, ἐγκρίσει τῆς Μεγάλης τοῦ Χριστοῦ Ἐκκλησίας, Constantinople, preface dated 1904.

"Is there a Lectionary Text of the Gospels?"[12] After analyzing the collations of sample lections in more than fifty manuscripts, the author concludes: "Whether a small number of lectionaries are compared in a large number of lections or a large number of lectionaries are compared in a small number of lections, the result is the same: they agree with one another. This agreement is the more significant when it is noted that the support from non-lectionary mss. varies in both kind and amount; and even where there is no other support, the agreement of lectionary with lectionary is as close as ever. Such agreement justifies speaking of the text of lectionaries as 'the lectionary text'"[13].

Beginning in 1933 there came from the University of Chicago Press the first of several monographs under the general title, "Studies in the Lectionary Text of the Greek New Testament." Volume I, entitled *Prolegomena to the Study of the Lectionary Text of the Gospels* and edited by Ernest Cadman Colwell and Donald W. Riddle, may be consulted with profit for data on terminology, contents, method of study, textual evaluation, and previous use of Greek lectionaries. As in Colwell's article in the *Harvard Theological Review*, the proper methodology in the study of lectionaries is shown to be the individual lesson as the unit for analysis. Likewise, on the basis of a wider induction of evidence the quality of text is found to vary by lessons or groups of lessons, while, at the same time, a remarkable homogeneity of text is displayed in such lessons, irrespective of the date of the manuscripts.

The other monographs in the Chicago series, each dealing with a special section of the lectionary text, are the following. In 1934 there was published James Rodney Branton's study entitled *The Common Text of the Gospel Lectionary in the Lenten Lections*[14]. On the basis of evidence derived from 27 manuscripts, Branton established the common text of the Gospel lectionary in the Lenten lections. When the results of the collations were analyzed, it was found that "the manuscripts were in all but perfect agreement in reading 30 variants from Stephanus. More than 50% of the manuscripts were in agreement in four other readings. Other than these 34 variants there was no noticeable agreement on any other readings"[15]. In analyzing the textual complexion of the lectionary variant readings, Branton discovered that von Soden's K^r group "reads 25 of the 34 lectionary variants in all the

[12] *HThR* 25 (1932), pp. 73–84.

[13] *Ibid.*, p. 84. For comments, generally of approval, on Colwell's article, see Kirsopp and Silva Lake's contribution, "The Text of Mark in Some Dated Lectionaries," in *Amicitiae corolla; a Volume of Essays Presented to James Rendel Harris* ..., ed. by H. G. Wood, London 1933, pp. 147–183.

[14] Branton's monograph is vol. II, no. 1, of the Chicago series.

[15] *Ibid.*, p. 2.

manuscripts which are available, and one other of the lectionary variants is read by a small minority of this type"[16].

In 1936 Morgan Ward Redus completed a study entitled *The Text of the Major Festivals of the Menologion in the Greek Gospel Lectionary*[17]; this deals with the thirteen major festivals in the menologion. Unlike the great diversity of saints and Scripture passages which characterizes lectionaries in other parts of the menologion, almost all of the major festivals utilize virtually the same passage in all the twenty manuscripts examined by Redus. For two of the festivals the manuscripts regularly omit the Scripture text and refer to some other place in the lectionary for the readings. In such cases Redus omits the textual variants, since, belonging to a different section of the lectionary tradition, they present a different textual character and would, if taken into account in studying the textual affinities of the menologion, merely confuse the issue.

Among Redus's conclusions concerning textual affinities the following may be mentioned here. "Lack of uniformity displays itself in the type of text found in the fourteen lection. Six of the small lections (four happen to be from Matthew) have colorless K^x texts . . . The text of John 19 is closely related to that of family Θ, although, for the most part, the poor relations of that family afford the best support . . . . In most of the text which does not agree closely with the Textus Receptus, I is the strongest element"[18].

The third fascicle of volume II of the Chicago series of "Studies in the Lectionary Text of the Greek New Testament" was contributed by the present writer[19]. On the basis of evidence from fourteen lectionary manuscripts, the majority text of the Saturday and Sunday lessons from Luke in the Greek Gospel Lectionary was constructed and analyzed. The methodology that was followed in assessing the textual complexion of the lectionary text involved the comparison of that text in two selected pericopes with the reconstructed text of each of the major types of New Testament text; namely, the Alexandrian, the Western, and the so-called Caesarean text. It was discovered that the Alexandrian and the Western types of text are represented in the lectionary text to only a very slight degree. On the other hand, "about 70% of the total number of pre-Caesarean readings are present in both the sample Saturday and Sunday lessons, and about 55% and about 60% of the total number of Caesarean readings proper are in the sample Saturday and Sunday lessons respectively."[20] It is also to be

[16] *Ibid.*, p. 26.

[17] Redus's monograph is vol. II, no. 2, of the Chicago series.

[18] *Ibid.*, pp. 33f.

[19] The title is *The Saturday and Sunday Lessons from Luke in the Greek Gospel Lectionary.*

[20] *Ibid.*, p. 66.

observed that "the lectionary text has more than twice as many 'Caesarean' readings than does the Byzantine text .... It is difficult, therefore, to avoid drawing the conclusion that the lectionary text for this area of Saturday and Sunday lessons from Luke was constituted from a New Testament text which was predominantly 'Caesarean' (pre-Caesarean) in character"[21]. During the subsequent years of the transmission of the lectionary text it appears that a considerable amount of Caesarean element was gradually eliminated as lectionaries came to be conformed to the prevailing Byzantine standard.

The next fascicle in the Chicago series appeared in 1958 under the title *The Johannine Lessons in the Greek Gospel Lectionary*[22]. The author, Harry Merwyn Buck, Jr., utilized collations of twenty-five lectionary manuscripts, and supplemented his research with a check of several lections in sixty other lectionaries. Analysis of sixty-three majority readings revealed affinities with certain Byzantine witnesses of the early Kappa type *(K^1, K^a, K^i)* and the *I* type: the Saturday and Sunday lessons disclosed noteworthy connections with certain Caesarean witnesses, especially 69, 1424, and 700. Analysis of 213 variants found in a minority of lectionaries in two lections in each group (i. e., Saturday and Sunday lections, and week-day lections) showed a significantly higher support of Caesarean documents, a diminution of Byzantine agreements, and an unusual incursion of Bezan readings in the Sunday lections. From these data Buck concluded, "On the surface, lectionaries are Byzantine in character, and the support of codices S and Ω to their readings ... [indicates a relation] to von Soden's K^1 group. However, if a more critical text rather than a majority text is used, the Johannine portions of the lectionary are seen to be more closely allied to the 'Caesarean' text-type than to any form of the Byzantine, including K^1. The reason why lectionaries appear to be Byzantine is that in significant readings they have been 'corrected' to a prevailing standard. 'Caesarean' witnesses, however, are prominent both to the majority and in the identification of strong minority groups"[23].

The Week Day Lessons from Luke in the Greek Gospel Lectionary is the title of the next fascicle that was published in the Chicago series[24]. The author, William D. Bray, having investigated the text of fifteen

[21] *Ibid.*, pp. 66f.

[22] It is vol. II, no. 4, of the Chicago series.

[23] *Ibid.*, pp. 76f.

[24] This monograph was issued in 1955 as vol. III, no. 1, of the Chicago series (73 pages). Soon after several copies were distributed for review purposes, the book was withdrawn from circulation. After the contents had been somewhat revised, the book was issued in 1959 as vol. II, no. 5 (72 pages). Copies of both forms of the monograph are in the Library of Princeton Theological Seminary.

lectionaries in the weekday lessons from Luke, concluded that the affinities of this portion of the lectionary text are rather closely related "to the Alpha text [= Byzantine], then to the Gamma [= Caesarean], then to the Beta [= Alexandrian], and finally to the Delta [= Western]. This conclusion corroborates and is corroborated by the same trend of findings from the only other research made in this area of Luke, which was conducted by Metzger"[25].

The Matthean Weekday Lessons in the Greek Gospel Lectionary (1966) is the title of the last fascicle that has appeared in the Chicago series[26]. In this monograph, Ray Harms, in a doctoral dissertation directed by the present writer, analyzes the textual complexion of the majority readings in the Matthean weekday lessons on the basis of collations of fourteen lectionary manuscripts. As is true also in other areas of the lectionary text, Harms found that "the lectionary majority readings exhibit more homogeneity than those of the [four] text-types with which comparison was made. While minority readings are not so consistently attested, they also indicate a common textual pattern, i. e., basic agreement with the *Textus Receptus*. From the factors of homogeneity and of the clear affinities in both majority readings with the 'Caesarean' group, it follows that the text of the Matthean weekday readings may be described as sub-type of the Alpha [=Byzantine] group, characterized by an increment of early non-Alpha readings, particularly of the Gamma [= Caesarean] type"[27].

In addition to the Chicago series of lectionary studies, occasional studies and monographs have appeared from time to time. In 1959 Geerlings provided a collation of Cod. Vat. Gr. 1217, which is a Greek lectionary (no. 547) dating from the 13th or 14th century and containing a text discovered by Cardinal Mercati to be related to the Ferrar group of minuscule manuscripts[28]. According to Geerlings, "the Ferrar Lectionary belongs to the Family 13^b group rather than to Family 13^a or 13^c and in the Marcan and Johannine lections it has many variants supported only by Ms 124"[29]. Another lectionary text, rather fragmentary in extent, was made available in 1962 by P. Benedikt Schwank, O. S. B., who deciphered the palimpsest text of Matthew 28:1–13; 25:36–46; 6:14–15 in Paris Bibl. Nat. Suppl. Gr. 1232 from the 13th century[30]. Although in general the text belongs to the By-

[25] *Ibid.*, p. 30 [1955 ed.], p. 32 [1959 ed.].

[26] It is vol. II, no. 6, of the Chicago series.

[27] *Ibid.*, p. 41.

[28] Jacob Geerlings, *The Lectionary Text of Family 13 According to Cod Vat Gr 1217 (Gregory 547)*, being vol. XV of *Studies and Documents*, Salt Lake City 1959.

[29] *Ibid.*, p. 9.

[30] "Die Matthäustexte des Lektionars 1837 im Palimpsestkodex Paris B. N. Suppl. Grec 1232," *ZNW* 53 (1962), pp. 194–205.

zantine text-type, among the readings presented by the manuscript one of the most interesting is τὸ σκότος τὸ ἐξώτερον instead of τὸ πῦρ τὸ αἰώνιον in Matt. 25:41.

Here we must draw to a close our survey of published material on Gospel lectionaries (literature on Apostolos lectionaries is cited by Dr. Junack, pp. 498ff below). In addition to the monographs mentioned above, one will find other, more minor publications surveyed by D. W. Riddle in the volume, *Prolegomena to the Study of the Lectionary Text of the Gospels*[31], and by Allen Wikgren in his valuable contribution to the R. P. Casey Memorial Volume[32], but for the purposes of the present paper, it is time now to give attention to problems that bear upon the use of textual evidence from lectionary manuscripts in a critical apparatus.

III. Problems Bearing on the Use of Evidence from Lectionary Manuscripts in a Critical Apparatus

The chief problems connected with representing in a critical apparatus the evidence from the known Greek lectionaries (which numbered a total of 2146 as of 1969) arise from the structure of lectionaries. The same passage of Scripture may be present more than once in the same manuscript, appointed to be read on more than one day of the ecclesiastical and/or civil calendar. Furthermore, it is almost always the case that when the same passage is presented at two locations in the same lectionary, there will be textual differences between them. A still more basic problem concerns the question how to select the lectionaries whose text deserves to be cited in a critical apparatus. If we may begin with the last question first, perhaps it will be of interest to set forth the procedure by which the International Greek New Testament Project has selected the lectionary evidence for Luke[33].

After long deliberation it was finally decided that for Luke the evidence of forty lectionary manuscripts will be cited. Ten of these manuscripts present the dominant text of the Greek lectionaries, which will be cited under a single siglum, "Lect." The process by which the ten representative lectionaries were selected, in the words of E. C. Colwell, was as follows[34].

---

[31] pp. 67–77.

[32] "Chicago Studies in the Greek Lectionary of the New Testament," in *Biblical and Patristic Studies in Memory of Robert Pierce Casey*, edited by J. Neville Birdsall and Robert W. Thomson, Freiburg 1963, pp. 96–121.

[33] For another procedure of selection (namely, in accord with place of origin) see Duplacy, *op. cit.*

[34] E. C. Colwell, *et al.*, *JBL* 87 (1968), pp. 189ff. (several footnotes in Colwell's account are not cited here).

"1. One lection from each of the gospels was collated in 250 lectionary manuscripts: namely, Matt. 18:23–25; Mark 7:24–30; Luke 6:1–10; John 1:35–52. The number of minority readings was tabulated in each lection for each manuscript.

"2. From the 250 MSS, 15 were selected on the basis of textual homogeneity, completeness, and chronological range. These consisted of nine weekday lectionaries and six Saturday-Sunday lectionaries: 152 (ix [century]), 159 (xi), 381 (xi/xii), 434 (xii), 745 (xii/xiv), 885 (xiv), 991 (x/xi), 995 (xi), 1014 (x), 1038 (xii), 1076 (ix/x), 1084 (xiii), 1141 (xii), 1750 (xi), 1757 (xiv).

"3. A larger sample of Lukan lections was drawn from the Synaxarion. This sample amounted to 67 verses in the weekday lections and 46 verses in the Saturday-Sunday lections. The sample was extended into the Menologion with two large lections comprising a total of 45 verses.[35]

"4. The collation of the 15 MSS in these lections confirmed again the homogeneity of the lectionary text. The Saturday-Sunday lectionaries (152, 159, 434, 885, 1038, 1076) were then dropped from the sample, since weekday lectionaries contain much more of the text of the gospels.

"5. The sample was replenished by the addition of 11 other weekday lectionaries, which were selected as in paragraph 2 but not restricted to the 250 manuscripts: 118 (xiv [century]), 203 (xiii), 513 (xii), 813 (x), 852 (xi), 853 (xi), 861 (xii), 867 (xii), 997 (xii), 1004 (xi), 1033 (xii). This new total of 19 MSS was then collated in 12 of the test passages [listed in footnote 35]. Any MS which carried more than 8 minority readings, and any which missed more than 5 majority readings were eliminated. Twelve lectionaries remained. But the majority of these witnesses cluster in the libraries in Jerusalem and at Mount Sinai. The danger of having isolated a purely localized tradition seemed obvious. It was necessary to assess the threat of a peculiar strain infecting the dominant text.

"6. The sample was extended to embrace 10 more weekday lectionaries. These also ranged from the ninth to the thirteenth centuries, and represented other great manuscript collections.[36] . . . [Thus] the threat of a local textual tradition was removed.

---

[35] β' της α' 3: 19–22, γ' της α' 3: 23–4: 1, δ' της α' 4: 1–15, ε' της α' 4: 16–22, παρα. της α' 4: 22–30, παρα. της ε' 10: 1–15, σαβ. α' 4: 31–36, κυρ. α' 5: 1–11, σαβ. β' 5: 17–26, κυρ. β' 6: 31–36, κυρ. η' 10: 25–37. Menologion, June 24, 1: 1–25; Dec. 24, 2: 1–20.

[36] The following lectionaries were collated in the test passages of the Synaxarion: 69 (xii [century], Paris), 80 (xii, Paris), 150 (x, London), 292 (ix, Carpentras), 299 (xiii, London), 303 (xii, Princeton), 333 (xiii, London) 374 (xi, Paris), 883 (xi, Istanbul), 1642 (xiii, Chicago).

"A statistical study of the collations was coupled with an examination of the variable contents of the lectionaries. This combination yielded two conclusions: First, the *present* location of the MSS tells nothing about the representation of the dominant lectionary text. There is variety in the textual character of MSS in the same collection. Therefore the present geographical distribution of the lectionaries cannot guide the process of selecting dominant-text witnesses. Second, the *original* location of the MSS is crucial for the representation of the dominant lectionary text, especially in the Menologion. Here everything depends on the provenance of the lectionaries, on their place in the spheres of ecclesiastical authority. The influence of Constantinople shaped the lectionaries in both their content and their textual character. When local or regional traditions were strong, a lectionary varied from the Constantinopolitan norm. In the Menologion, special lections memorialized local persons and events, and these variations in content are proportionate to variations in textual character. When the elemental tradition of Byzantium prevailed, content and textual character were uniform (e. g. lectionaries 69 and 852).

"Thus the process of selection has served its purpose well. The tabulation of majority- and minority-variants (from the TR) has pared away any local traits and has put attention on the lectionaries where the broad tradition rules. This tradition is so strong that a few witnesses can represent it well. Lectionary 69 could portray the dominant text all alone. But work on its companion lectionaries is almost complete, so the apparatus will use the testimony of ten MSS for the siglum of the dominant lectionary text[37]. A composite collation of this evidence is in the final stages of preparation. It will contain the readings of the following lectionaries: 69 (xii [century], Paris); 333 (xiii, London); 513 (xii, Messina); 852 (xi, Sinai); 853 (xi, Sinai); 867 (xii, Sinai); 991 (x/xi, Jerusalem); 995 (xi, Jerusalem); 1084 (xiii, Athos); 1750 (xi, Sinai)."

In addition to these ten manuscripts, which (as was mentioned above) are to be cited under the siglum "Lect.", evidence is also to be cited from thirty other lectionary manuscripts, namely 10, 12, 32, 70, 76, 80, 150, 184, 211, 253, 292, 299, 524, 547, 854, 859, 883, 890, 950, 1016, 1056, 1074, 1127, 1231, 1579, 1599, 1627, 1634, 1642, 1663. In every case these will be cited individually and as to location within the lectionary structure. It is admitted that such citation requires a disproportionate amount of space devoted to presenting lectionary information in the apparatus. On the other hand, if in the interests of saving space one were to cite the evidence in the manner of Tischen-

[37] Since minority readings are so scant, it is unprofitable to encumber the apparatus with minority exceptions to the symbol. In those rare cases where the ten witnesses divide, an appropriate signal will appear.

dorf, Legg, and other editors, without giving any indication of its position within the lectionary structure, the user of the apparatus would be deprived of the necessary means for evaluating the nature and history of the reading. The situation would be comparable to the citation of a patristic reading simply by the name of Origen or Augustine with no further information. In order to evaluate the significance of a patristic reading one must know in which treatise it occurs, and the context in which the passage is cited — as well as whether the patristic author is consistent in the way in which he cites the passage elsewhere. So, too, in evaluating the significance of testimony derived from lectionaries, it makes a considerable difference whether the passage is from the Saturday and Sunday lessons (which are presumably the oldest parts of the lectionary system), and whether the same passage reads differently in different parts of the synaxarion and/or menologion.

Among the minor problems connected with citing lectionary evidence in a critical apparatus is the question how one should represent the modifications that arise due to the presence of the stereotyped incipit that introduces a given lesson. It appears to the present writer that the Chicago practice in this matter is the correct one to follow, namely, to indicate in a preliminary table the several standard incipits, each assigned a Roman numeral, and to utilize the numeral (preceded by "Inc") in the citation of the variant reading. By this means much space will be saved in the apparatus.

Another relatively minor problem involves the question how to provide for the user of the apparatus the necessary information concerning the basic structure of the lectionary synaxarion and menologion. Although much of this kind of information must necessarily be supplied through handbooks and other volumes of introduction, it appears to the present writer that as a minimum the apparatus-volume ought to contain a skeleton outline (with scriptural references) of the several sections of a typical weekday lectionary so that the user may be able to identify the significance of the sigla by which a lectionary is cited. These sigla, besides "*Lect.*" or something similar to indicate the reading of the majority of lectionary manuscripts, should include the following[38]:

Lect^{m} = the reading of the majority of lectionaries in the menologion when it differs from that of the synaxarion or occurs only in the menologion.

l$^{12,\text{ etc.}}$ = an individual lectionary, cited by number, when it differs from the majority reading in the synaxarion passages.

---

[38] Most of these sigla are used in the United Bible Societies' edition of the Greek New Testament.

$l^{135\text{m, etc.}}$ = an individual lectionary in its menologion, when it differs from the majority reading of other lectionaries.

$l^{76\text{s, m, etc.}}$ = an individual lectionary in which both the synaxarion and the menologion passages are in agreement.

$l^{135\text{pt, etc.}}$ = an individual lectionary which contains a passage two or more times, with readings differing from each other.

$l^{135\text{ De } 25}$ = an individual lectionary in its menologion for (say) December 25.

Conclusions

Several conclusions, implicit or explicit in the preceding observations, may now be suggested.

1. Evidence from Greek lectionaries is chiefly useful in tracing the history of the transmission of the text of the New Testament. On the whole, lectionaries as a group of witnesses have only a minor role to play in the determination of the original text of the New Testament.

2. Granted that lectionaries are not of major value in ascertaining the original text, it must nevertheless be acknowledged that they do have at least a minor role in such an attempt. They are chiefly valuable in alerting the investigator to the presence in continuous text manuscripts of readings that probably owe their origin to influence from the lectionary framework or from lectionary incipits.

Thus, the location of John 7:53–8:11 after Luke 21, and the location of Luke 22:43–44 after Matt. 26:39 in the group of minuscules known as Family 13 are two widely recognized instances where the inlfuence of lectionary usage has been exerted upon non-lectionary manuscripts. Likewise, occasional small textual modifications in non-lectionary manuscripts have arisen from the presence of the incipit at the beginning of a passage appointed to be read on a given day in the ecclesiastical calendar. Typical examples of such textual contamination are the following:

At Matt. 25:31, in accord with standard lectionary usage ms. Γ prefixes εἶπεν ὁ κύριος.

At Luke 9:57, in accord with standard lectionary usage C³ prefixes τῷ καιρῷ ἐκείνῳ.

At Luke 13:10, in accord with the majority text of lectionaries, after διδάσκων G H Γ Ω 59 440 474 475 478ᶜ 481 *al* add ὁ Ἰησοῦς.

3. Basically, the Greek lectionary text presents a Byzantine type of text, but there are also present noticeable traces of what is commonly called the Caesarean type of text, as well as certain Alexandrian and Western readings. In light of such data, as well as the chance remarks by several Church Fathers, it appears that the lectionary system cur-

rent today in the Orthodox Church had its origin sometime during the fourth century and was constructed on the basis of texts chiefly of a mixed character, related primarily to the Koine group of witnesses[39].

4. The evidence of Greek lectionaries may be presented most clearly in the apparatus of the Greek New Testament by representing the reading of the majority text through the use of a suitable siglum, and by citing any aberrant readings of the menologion or elsewhere in the synaxarion by using a siglum that indicates the particular section of the lectionary structure in which these readings are present.

TABLE I

The Saturday and Sunday Lessons from Luke

	Saturday		Sunday
1.	4:31–36		5:1–11
2.	5:17–26		6:31–36
3.	5:27–32		7:11–16
4.	6:1–10		8:5–15
5.	7:1–10		16:19–31
6.	8:16–21		8:26–35, 38–39
7.	9:1–6		8:41–56
8.	8:37–43a		10:25–37
9.	9:57–62		12:16–21
10.	10:19–21		13:10–17
11.	12:32–40		14:16–24
12.	13:19–29		17:12–19
13.	14:1–11		18:18–27
14.	16:10–15		18:35–43
15.	17:3–10		19:1–10
16.	18:1–8		18:9–14
17.	20:46–21:4	[Mt.	15:21–28, by reference[40]
18.	15:1–10][40]		15:11–32
19.	21:8, 9, 25–27, 33–36	Mt.	25:31–46

[39] For a similar view, cf. Wikgren in the Casey Memorial Volume, pp. 120f.

[40] Lectionaries are not uniform at these lections. Of fourteen lectionaries consulted by the present writer, five refer the lector back to the 17th Sunday of Matthew for the text of Matt. 15 : 21–28, which is called, because of the subject matter, the Sunday of the Canaanitess. These five manuscripts are 12 80 303 1639 1963. Furthermore, lectionaries 12 80 303 333 1599 1634 provide as well the text of Luke 15 : 1–10 for the Saturday before Apocreos or Carnival (corresponding to Septuagesima). See also J. M. A. Scholtz, *Novum Testamentum Graece*, I, Leipzig 1830, p. 470; F. H. A. Scrivener, *A Plain Introduction to the Criticism of the New Testament*, 4th ed., I, London 1894, p. 86; Caspar René Gregory, *op. cit.*, I, Leipzig 1900, pp. 359f.

TABLE II

The Saturday and Sunday Lessons from Matthew

	Saturday	Sunday
1.	5:42–48	10:32f., 37f. and 19:27–30
2.	7:1–8	4:18–23
3.	7:24–8:4	6:22–33
4.	8:14–23	8:5–13
5.	9:9–13	8:29–9:1
6.	9:18–26	9:1–8
7.	10:37–11:1	9:27–35
8.	12:30–37	14:14–22
9.	15:32–39	14:22–34
10.	17:24–18:4	17:14–23a
11.	19:3–12	18:23–35
12.	20:29–34	19:16–26
13.	22:15–22	21:33–42
14.	23:1–12	22:2–14
15.	24:1–13	22:35–46
16.	24:34–37 and 42–44	25:14–29 (30)
17.	25:1–13	15:21–28

KLAUS JUNACK

ZU DEN GRIECHISCHEN LEKTIONAREN UND IHRER ÜBERLIEFERUNG DER KATHOLISCHEN BRIEFE

Die neuen Impulse und Aktivitäten auf dem Gebiet der neutestamentlichen Textkritik und Textgeschichte sind, wie es scheint, auf die Lektionarforschung nicht ohne Rückwirkung geblieben. Natürlich standen in den Publikationen der letzten Zeit, sei es in Monographien, Dissertationen oder Aufsätzen, die Fragen der Überlieferung in den Papyri und in den alten Hss oder Handschriftengruppen im Vordergrund. Aber sowohl durch die schon Jahrzehnte währenden wie die neuen Bemühungen, in großen Ausgaben des Neuen Testaments die Gesamtüberlieferung oder doch wenigstens deren wesentliche Zweige zu erfassen, sind doch auch die mittelalterlichen Zeugen des neutestamentlichen Textes stärker in das Blickfeld getreten und mit ihnen die Lektionare.

Ein detaillierter Überblick über die verschiedenen Arbeiten und Publikationen zu den Lektionaren braucht hier nicht gegeben zu werden; bereits 1963 hat Wikgren in der Casey-Festschrift[1] einen Abriß über die bis damals vorliegenden Arbeiten zum Text und Textcharakter der Lektionare gegeben, die vornehmlich seit 1933 in Amerika entstanden sind. 1968 findet sich dann im JBL ein Bericht darüber, nach welchen Prinzipien und in welcher Auswahl diese Handschriftengruppe im Lukasband des International Project benutzt werden soll[2], im Beitrag von B. M. Metzger[3] sind diese Darlegungen in den verschiedensten Hinsichten erweitert und ergänzt. Im Hinblick auf die Novi Testamenti editio maior critica hat Jean Duplacy 1970 in seinem Überblick „Les lectionnaires et l'édition du Nouveau Testament grec"[4] in wesentlich stärkerem Maße auch die Fragen der Traditions- und Handschriftengeschichte und die Publikationen dazu in die Diskussion einbezogen. Diese konsequente Erweiterung des Themenkreises, auf deren Notwendigkeit in internen Diskussionen unter

---

[1] A. Wikgren, Chicago Studies in the Greek Lectionary of the New Testament, in: Biblical and Patristic-Studies in Memory of R. P. Casey, ed. by I. N. Birdsall and R. W. Thompson, Freiburg (1963), 96–121.

[2] E. C. Colwell with I. A. Sparks, F. Wisse, P. R. McReynolds, The International Greek New Testament Project: a Status Report, JBL 87 (1968), 187–197, insbes. S. 188ff.: Lectionary Evidence.

[3] Siehe diesen Band S. 479–497.

[4] Mélanges bibliques en hommage au R. P. Béda Rigaux, publiés sous la direction de Mgr Albert Descamps et du R. P. André de Halleux, Gembloux 1970, 509–545.

den Beteiligten schon immer hingewiesen wurde, scheint mir ein bedeutsamer Fortschritt, obwohl damit die Schwierigkeiten und Unübersichtlichkeiten dieses Überlieferungskomplexes weiter gesteigert werden, zumal wir in dieser Hinsicht erst am Anfang stehen. Ob daher alle Thesen, Folgerungen und Vorschläge Duplacys, mit denen er seinen Bericht schließt[5], so übernommen werden können, ist mir zweifelhaft und soll am Schluß dieses Aufsatzes nochmals angeschnitten werden. Das kann aber erst geschehen, nachdem seine Darlegungen, die schon von seiner Zielsetzung her summarisch bleiben mußten, konkretisiert worden sind und wenigstens der Versuch gemacht wurde, einen Teilkomplex, eben die Überlieferung der Katholischen Briefe in den griechischen Lektionaren, genauer abzuhandeln. Daß dabei der Blick vornehmlich auf den Jakobusbrief gerichtet ist, versteht sich von selbst, da auf ihn alle Vorarbeiten für die Editio maior critica abgestellt sind. Daß andererseits hier nur von den gegenwärtigen Ergebnissen ausgegangen werden kann und manches daher vorläufigen Charakter hat, ist eine — leider häufig nicht eingestandene — Selbstverständlichkeit und dürfte nach dem oben Gesagten akzeptiert werden.

1. Der gegenwärtige Bestand der griechischen Lektionare

1. Am Anfang hat die Frage nach dem Bestand an griechischen Lektionaren zu stehen, die für die betr. Untersuchung oder Unternehmung herangezogen werden müssen. Hinweise auf den Gesamtumfang dieses Bestandes finden sich zwar häufig in der Literatur und ergeben sich aus den vergebenen Listennummern der „Kurzgefaßten Liste"[6] und der „Fortsetzungsliste VII"[7]. Ferner umreißt Duplacy in etwa die Zahl der Lektionare, in denen Evangelien- oder Apostolosperikopen überliefert sind[8]; doch die genauere Aufgliederung und exakte Zahlenangaben dazu sind bisher nicht publiziert[9], weil ihre Erarbeitung sehr mühevoll ist, wenn keine Hilfsmittel zur Verfügung stehen.

In der im Institut für neutestamentliche Textforschung, Münster, geführten Sichtlochkartenkartei, die den Gesamtbestand der grie-

[5] A. a. O. 542–545.

[6] K. Aland, Kurzgefaßte Liste der griechischen Hss des Neuen Testaments, I. Gesamtübersicht, Berlin 1963 (= ANTF 1).

[7] Materialien zur neutestamentlichen Handschriftenkunde I., in Verbindung mit ... hg. von K. Aland, Berlin 1969 (= ANTF 3), 22–37.

[8] A. a. O. 510.

[9] Ein Vortrag des Verf. zu diesem Gegenstand, als Communication gehalten auf dem Kongreß „The New Testament today" Oxford 1961, wurde wegen der damals bereits in Vorbereitung befindlichen „Kurzgefaßten Liste" (vgl. Anm. 6) und der durch sie veränderten Ergebnisse nicht zum Druck gebracht.

chischen neutestamentlichen Hss nach seinen Einzelkriterien aufgliedert und die verschiedensten Fragestellungen und ihre Kombinationen zuläßt, besteht jedoch eines dieser Hilfsmittel, das relativ schnelle Antworten auf diese Frage ermöglicht[10]. Sie beruht auf dem Stand der Fortsetzungsliste VII, obwohl seit deren Erscheinen nicht nur weitere 4 Papyri, 1 Unziale und 24 Minuskeln, sondern auch 47 Lektionare bekanntgeworden sind und im Institut registriert wurden. Da jedoch die Zuteilung von Listen-Nummern an diese Hss bisher nur in einer provisorischen Fortsetzungsliste erfolgt ist[11], sei von dem Stand der Fortsetzungsliste VII ausgegangen:

2146 Listen-Nummern sind für die Lektionare bisher vergeben;
51 Stück kommen bisher hinzu, weil eine Reihe von Lektionarfragmenten, die in anderen Lektionaren als Schutzblätter eingebunden sind oder zu Sammelhandschriften zusammengefaßt sind und nur ein Konvolut von Lektionarfragmenten darstellen, in der Handschriftenliste mit zusätzlichen Indexbuchstaben b, c, d usw. bezeichnet worden sind, obwohl sie Reste selbständiger Hss darstellen.

2197 ist somit die neue Gesamtzahl, von der
80 Nummern abzuziehen sind, die durch Identifikationen oder Zusammenlegungen frei geworden oder gänzlich frei geblieben sind[12].

2117 Lektionare oder Lektionarfragmente sind somit in den Handschriftenlisten registriert.

---

[10] Vgl. dazu auch den Bericht der Stiftung zur Förderung der Neutestamentlichen Textforschung für das Jahr 1969, Münster 1970, 14ff.

[11] Bericht der Stiftung zur Förderung der Neutestamentlichen Textforschung für die Jahre 1970 und 1971, Münster 1972, 14ff. Für die von G. Krodel 1969/70 in Zypern und Griechenland neu erfaßten Hss vgl. auch den von ihm erstatteten Bericht (für das JBL 1972 geplant).

[12] Da seit 1954, vgl. K. Aland, Zur Liste der neutestamentlichen Hss V, ZNW 45 (1954), 179–217, insbesondere S. 185ff., keine gesonderte Zusammenstellung der Identifikationen publiziert worden ist, seien die gegenwärtig durch Identifikationen, Zusammenlegungen usw. freien Nummern der Lektionare, die sich seitdem mehr als verdoppelt haben, hier für den Interessierten nach dem letzten Stand geboten:

[*l* 33] = *l* 563
[*l* 242] = *l* 1386
[*l* 285b] = *l* 1920
[*l* 349] = 0237
[*l* 459] = *l* 1495
[*l* 460] = *l* 1494
[*l* 461] = *l* 1496
[*l* 595] = 921
[*l* 652] = 2665
[*l* 660] = 2666
[*l* 879] = *l* 878
[*l* 946] = *l* 848
[*l* 1041] = *l* 1668
[*l* 1042] = *l* 1220
[*l* 1163] gestrichen
[*l* 1205] = *l* 1495
[*l* 1206] = *l* 1496
[*l* 1260] = 2326
[*l* 1306] = 2652
[*l* 1398] = *l* 847
[*l* 1399] = *l* 1003
[*l* 1400] = *l* 865
[*l* 1401] = *l* 857
[*l* 1402] = 653

Wenn man nun diese Gesamtzahl nach den Inhalten aufgliedert, ergeben sich folgende Teilkomplexe:

1564 Hss oder Fragmente bieten nur Evangelienperikopen (in den Handschriftenlisten nur mit *l* bezeichnet),
284 ausschließlich Lesestücke aus dem Apostolos (mit l^a bezeichnet),
91 Lektionare haben sowohl Apostolos- wie Evangelienperikopen (daher die Bezeichnung l^{+a}).

1939 registrierte Hss oder Fragmente sind somit Lektionare im Vollsinn des Wortes und bieten abgesehen von Tagesangaben und liturgischen Hinweisen auf Prokeimena usw. nur die Perikopen des Neuen Testaments. Die restlichen
178 Hss bieten im Zusammenhang mit Liturgieformularen oder mit anderen liturgischen Zusammenstellungen (Hymnen, Gebeten usw.) einzelne Lesungen oder kurze Lesungsreihen aus dem Neuen Testament.

2. Die zuletzt genannte Gruppe, deren Inhalt in der Kurzgefaßten Liste mit *l* Lit, l^a Lit oder l^{+a} Lit umschrieben wird, ist völlig heterogen, sowohl bezüglich der Liturgika wie auch der neutestamentlichen Lesungen. Die Skala reicht hier von Einzellesungen innerhalb der betr. Akoluthien[13] über die Wiedergabe der ἑωθινά[14], über die Zusammen-

---

[*l* 1405] = *l* 868
[*l* 1406] = *l* 1013
[*l* 1407] = *l* 995
[*l* 1408] = *l* 999
[*l* 1409] = *l* 1001
[*l* 1410] = *l* 1005
[*l* 1411] = *l* 653
[*l* 1412] = *l* 1018
[*l* 1413] = *l* 1443
[*l* 1414] = 1885
[*l* 1415] = *l* 914
[*l* 1418] = *l* 761
[*l* 1419] = *l* 1016
[*l* 1420] = *l* 1009
[*l* 1421] = *l* 1008
[*l* 1422] = *l* 1296
[*l* 1423] = *l* 901
[*l* 1424] = *l* 1011
[*l* 1435] = 0234
[*l* 1444] gestrichen
[*l* 1472] gestrichen
[*l* 1502] gestrichen
[*l* 1508] = *l* 426
[*l* 1520] = *l* 444
[*l* 1543] gestrichen
[*l* 1544] = *l* 1536
[*l* 1545] = *l* 1632
[*l* 1561] = 0250
[*l* 1565] = *l* 1432
[*l* 1566] = *l* 1602
[*l* 1567] = *l* 966
[*l* 1574] frei
[*l* 1575] = 0203
[*l* 1576] = *l* 1575 (neu)
[*l* 1581] bis [*l* 1589] frei
[*l* 1596] frei
[*l* 1597] = *l* 1555
[*l* 1605] = *l* 1993
[*l* 1636] = *l* 1120
[*l* 1654] = *l* 830
[*l* 1674] = 2751
[*l* 1677] = *l* 304
[*l* 1679] = 2651
[*l* 1730] = *l* 909
[*l* 1736] = 2761
[*l* 1893] = 2658
[*l* 1919] = *l* 285 (a)
[*l* 1947] = *l* 1656

[13] z. B. in *l* 493.
[14] z. B. in *l* 1546; zu ἑωθινά vgl. unten S. 517.

stellung der Lesungen τῆς ἑβδομάδος[15], denen häufig die Lesungen für anonyme Märtyrer, Kirchenobere usw. sowie für die Herren-, Marien- und Apostelfeste[16] angeschlossen werden, bis hin zu den Psalmen und Oden, unter die auch das Magnificat und Benedictus zählt, und bis zu den Prophetologien, die die alttestamentlichen Lesungen für die Vespern (ἑσπερινά) und andere Stundengebete spezieller Tage bieten[17].

Die Anfänge der Verzeichnung dieser Hss in der Handschriftenliste geht, soweit ich sehe, auf Griesbach zurück, ihre Erfassung ist aber nie konsequent durchgeführt worden. Charakteristisch für die Zurückhaltung, mit der die Bearbeiter der Handschriftenliste diesen Lit-Hss gegenüberstanden, ist C. R. Gregorys Bemerkung, „die meisten liturgischen Bücher in Gardthausen, Cat. codd. Gr. Sinaiticorum, . . ., enthalten Lesestücke . . . Nur wenige werden hier der Liste eingefügt; man muß sie ansehen"[18].

Die sachliche Begründung dafür ergibt sich aus dem vorigen Absatz, denn die Lit-Hss stellen kein einheitliches Genus dar; bis auf die παρακλητικαί oder Triodien mit den ἑωθινά und die Prophetologien sind sie in der Mehrzahl liturgische ad-hoc-Zusammenstellungen wechselnden Inhalts, die unter die verschiedenen Genera der liturgischen Bücher in den orthodoxen Kirchen einzureihen sind oder Zwischenstellungen zwischen ihnen einnehmen. Die Aufnahme neutestamentlicher Perikopen in sie hat damit eindeutig sekundären Charakter, alle diese Leseabschnitte finden sich auch in den verschiedenen Abteilungen der normalen Lektionare (vgl. z. B. Anm. 15). So scheint

---

[15] Entsprechend den liturgischen Grundeinstimmungen der Wochentage, die normalerweise nur in den Hymnen der Stundengebete ihren Niederschlag finden, werden hier die Standardperikopen für die betr. Gedächtnisse geboten, wie sie sich regelmäßig auch im Menolog finden. Dabei dient der Montag dem Gedächtnis der Engel (ἀσωμάτων; die Perikopen entsprechen denen des 8. November), der Dienstag dem des Täufers Johannes (προδρόμου; = 29. August bzw. 24. Februar), der Mittwoch dem der Maria (θεοτόκου; = 8. September bzw. 15. August bzw. 21. November), der Donnerstag dem der Apostel (ἀποστόλων; = 30. Juni), der Freitag dem des heiligen Kreuzes (τιμίου καὶ ζωοποίου σταυροῦ; = 14. September), der Sonnabend dem der Heiligen (ἁγίων; = 1. Sonntag des Matth.) oder der Toten allgemein (so z. B. in *l* 340, *l* 1557 u. a.).

[16] An das Gedächtnis der Heiligen oder der Toten (vgl. Anm. 15) werden in einigen Hss sachlich angeschlossen die Perikopen für anonyme Märtyrer, Heilige, Kirchenobere, Priester usw.; diese Perikopen werden benutzt für die Feier der lokalen oder im betr. Kirchenbereich verehrten Angehörigen dieser Gruppen. Die Leseabschnitte entsprechen denen, die in den eigentlichen Lektionaren unter εἰς διαφόρους μνήμας (vgl. unten S. 531) zusammengefaßt sind. Diese Reihe von Lesungen wird dann häufig fortgesetzt durch die Perikopen für die hauptsächlichen Feste des Heiligenkalenders (Herren-, Marien-, Apostelfeste, vgl. unten S. 528).

[17] Zu den Prophetologien (z. B. *l* 473, *l* 1312) vgl. A. Rahlfs, Die alttestamentlichen Lektionen der griechischen Kirche, Nachrichten von der kgl. Gesellschaft der Wiss. zu Göttingen, Phil.-hist. Klasse 1915, Berlin 1916, 30ff. und unten S. 516.

[18] C. R. Gregory, Textkritik des Neuen Testamentes, Leipzig 1900–1909, 449f.

es gerechtfertigt, wenn diese Lit-Hss zunächst einmal zurückgestellt werden, bis die Lektionare aufgearbeitet sind. Auch ihre Eliminierung aus der Liste der Lektionare, wie sie Aland vorgeschlagen hat[19], dürfte voll berechtigt sein.

Eine Ausnahme davon wird jedoch bei den Prophetologien zu machen sein. Wie schon die Zusammenstellungen ihres Inhalts bei Rahlfs[20] ergeben, finden sich unter den alttestamentlichen Lesungen in ihnen regelmäßig neutestamentliche Stücke, die an den Vorfeiern (παραμοναί) oder Vespern (ἑσπερινά) von Apostelfesten gelesen werden[21]. Von ihnen fehlt wenigstens 1 Petr 2, 11–20 in den regulären Lektionaren, so daß für diese Versfolge nur die Prophetologien Zeugen des Lektionartextes sind!

3. Wie die obige Aufstellung erweist, stehen also den 1564 Evangelienlektionaren insgesamt 375 Hss gegenüber, die Apostoloslesungen bieten. Wenn Duplacy mit einigen 500 Lektionaren mit Lesungen aus den Katholischen Briefen rechnet[22], so umfaßt diese Zahl alle Lit-Hss. Aus den obigen Ausführungen ergibt sich jedoch, daß diese Zahl nur mit Einschränkungen richtig ist und wenigstens für den Jakobusbrief nicht zu gelten braucht. Denn die wenigen Perikopen der Kath. Briefe, die sich in den Lit-Hss finden, sind hier in genau den gleichen Zusammenhängen, d. h. für genau die gleichen Feste und Gelegenheiten überliefert wie in den wirklichen Lektionaren (vgl. unten S. 523).

Wenn man also von der Zahl 375 für die Lektionare mit regelmäßigen Apostoloslesungen ausgeht, ergibt sich zu den reinen Evangelienlektionaren ein Verhältnis von 1:4, klammert man die 91 Apostelevangelien aus, steigt dieses Verhältnis noch auf 1:5,5. Beide Verhältniszahlen übertreffen bei weitem das bei den Texthandschriften gültige, wo einer Hs mit Apostolostext drei Texthandschriften der Evangelien gegenüberstehen. Allerdings verschiebt sich bei den Texthandschriften das Verhältnis, wenn man die Kommentarhandschriften unberücksichtigt läßt, weil ja ihr Sitz im Leben ein ganz anderer ist als bei den reinen Texthandschriften. Da annähernd gleich viel Evangelienkommentare wie Apostolos-, vornehmlich Paulus- und Apokalypsenkommentare erhalten geblieben sind, nähert sich dann auch bei den Texthandschriften das Verhältnis dem Wert von 1:4.

Wo bisher eine Erklärung für das zahlenmäßige Überwiegen der Evangelienhandschriften versucht wurde, blieb sie gekünstelt oder war

---

[19] Kurzgefaßte Liste, 15ff.

[20] A. a. O. 42ff.

[21] So wird regelmäßig in ihnen die Perikopenreihe 1. Joh 3, 21–4, 6; 4, 11–16; 4, 20–5, 11 für die beiden Johannes-Feste am 26. September und 8. Mai sowie 1 Petr 1, 3–9; 1, 13–19; 2, 11–24 für Peter und Paul am 29. Juni bzw. 28. Juni (παραμονή) geboten.

[22] A. a. O. 510.

unlogisch. Gregory z. B. sagte[23]: „Ein fortlaufender Text der Apg und der Briefe ist nicht so sehr verschieden von dem Lesebuch dieser Teile des Neuen Testamentes, und das Lesebuch ist deswegen weniger nötig, kommt deswegen weniger häufig vor." Da aber sowohl Apostolos-Lektionare wie Apostolos-Texthandschriften „weniger häufig" vorkommen, geht dieser Erklärungsversuch ins Leere. Alle Deutungen aber, die irgendwelche Probleme der Lektionare betreffen, sei es ihrer Überlieferung, sei es auch äußerer Erscheinungen, müssen ausgehen von den liturgischen Vorfindlichkeiten und den daraus resultierenden Bedingungen, also stets an der Frage nach dem Sitz im Leben dieser Handschriftenkategorie überprüft werden.

Von daher aber kann es nur eine Erklärung für die angeschnittene Frage geben: Ihrer unterschiedlichen Funktion innerhalb der byzantinischen Liturgie entsprechend, in der die Masse der erhaltenen griechischen Hss des Neuen Testaments ihren Sitz im Leben hatte, stellen die Hss mit Evangelientexten neben Kelch, Patene und Antemensium eines der konstitutiven Elemente des Altars dar. Die Hss mit Apostolostext bilden im Gegensatz dazu nur eine Gruppe unter den verschiedenen Lesebüchern für die Liturgie. Die Evangelienhandschriften, die im liturgischen Geschehen den auf Erden wandelnden Herren repräsentieren, stehen also in ihrer Wertung weit über den Apostoloshandschriften, sind andererseits aber auch schon dieser besonderen Funktion entsprechend besser ausgestattet als die meist schmucklosen Apostoloshandschriften. Daß daher die Verlustrate bei den Apostoloshandschriften im Laufe der Jahrhunderte und der vielfältigen Zerstörungen, die über byzantinische Kirchen und Klöster hinweggegangen sind, weit höher ist als bei den Hss mit Evangelientext, ist nur allzu natürlich und somit erklärlich.

2. Die ältesten Hss der Lektionarliste: Eingrenzung des Begriffs Lektionar und Diskussion der frühesten Zeugen

1. Obwohl die Begriffsbestimmung des Wortes Lektionar relativ eindeutig ist und im Hinblick auf die neutestamentliche Handschriftenliste nur die Bücher meinen kann, die biblische Perikopen, nach einer besonderen Folge geordnet, für den gottesdienstlichen Gebrauch enthalten, war die Handschriftenliste dieser Lektionare lange Zeit die „Schublade", in die alles hineingestopft wurde, was nicht eindeutig eine Texthandschrift darstellte. Daß in der Lektionarliste längere Zeit Papyri verzeichnet waren, deren erhaltener Text nahelegte, daß es sich bei ihnen um Perikopenbücher gehandelt haben könnte, ist dabei

---

[23] A. a. O. 333f.

verständlich und konsequent[24]. Wenn aber Gregory bei der Umordnung der verschiedenen Handschriftenlisten die (wenigen) registrierten Psalmenhandschriften mit neutestamentlichen Oden aus der Unzialliste in die Lektionarliste umgruppierte[25], verwischte er damit den Gattungsbegriff Lektionar. Wenn er darüber hinaus aber hier sogar Hss wie z. B. den Palimpsest im Westminster College, Cambridge, als *l* 1561 registrierte, weil in ihm rätselhafte Unterbrechungen im Ablauf des griechischen Textes vorkamen, ist das auch als Verlegenheitslösung nicht mehr zu verstehen[26].

Hinzu kommt, daß nicht nur von Gregory, sondern von allen früheren Bearbeitern der Handschriftenliste — wie schon bei den Lit-Hss erwähnt — die verschiedensten Handschriftenkategorien der unterschiedlichsten Provenienzen hier registriert wurden, sobald sie nur irgendwelche Lesungen aus dem Neuen Testament aufwiesen. Neben rein griechischen Hss sind dabei auch die verschiedensten Formen von anderssprachigen Hss aufgenommen worden; so verzeichnet die Lektionarliste griechisch-koptische, griechisch-hebräische, griechisch-lateinische und griechisch-arabische Bilinguen oder sogar griechisch-koptisch-arabische Trilinguen.

Es findet sich also in der Liste der Lektionare ein buntes Spektrum von Hss. Für eine sachbezogene Auswertung, wie sie für die Vorbereitung der Editio maior critica notwendig ist, kann demzufolge eine Untergliederung nach Inhalten (Evangelien/Apostoloshandschriften), wie sie oben vorgenommen wurde, nicht genügen, sondern das heterogene Material bedarf einer weiteren Abgrenzung und Untergliederung. Das Gliederungsprinzip muß aber, wenn man nicht zu falschen Ergebnissen gelangen will, sachkonform sein, und das kann bei den Lektionaren nur heißen: Unterteilung nach dem Lesesystem, das den jewei-

---

[24] Es handelt sich um P^3 und P^4, die als evl 348 und evl 943 registriert worden sind, vgl. C. R. Gregory, Prolegomena (Vol. III der editio octava von C. Tischendorf), Leipzig 1884–1894, 734 und 1312. Zum Problem der angeblichen oder tatsächlichen Lektionare auf Papyrus siehe unten S. 506ff.

[25] Die von Gregory in den Prolegomena (vgl. Anm. 24) S. 385f. und 441 als „Unzialevangelien" O^a bis O^h registrierten Psalmen und Oden wurden von ihm in Die griechischen Handschriften des Neuen Testaments, Leipzig 1908, S. 162, auf *l* 1345–*l* 1352 umgesetzt; zwei weitere Psalterien wurden von ihm 1909 im dritten Teil der Textkritik als *l* 1500 und *l* 1527 registriert.

[26] Vgl. Textkritik, 1374f. und die Edition des griechischen Teils des Palimpsest durch I. Moir, Codex Climaci rescriptus graecus, Cambridge 1956 (= Text and Studies, New series, Vol. II). Während noch Moir wähnte, daß „the almost unstudied wealth of the Lectionary Manuscripts may yield the clue", glaube ich, in meiner Besprechung dieser Edition, ThLZ 1957, Sp. 355–358, nachgewiesen zu haben, daß nicht im Bereich der Lektionare, sondern nur im Bereich der Texthandschriften, und zwar vornehmlich in ihrer synoptischen Einrichtung durch die Sektionszahlen das Geheimnis dieser Hs zu suchen ist. Demzufolge ist diese Hs in der „Kurzgefaßten Liste" auf 0250 umgesetzt worden.

ligen Hss wenigstens im Prinzip zugrunde liegt. Einer textlichen Auswertung der Lektionare sollte nämlich eine sachliche Untersuchung des Lesesystemaufbaus und der Prinzipien für die Perikopengestaltung vorangehen, schon um vorkommende Varianten richtig bewerten zu können. Denn eine ganze Reihe von Problemen in der Überlieferung und Textgestaltung durch Lektionare wird ihre richtige Lösung nur finden können, wenn man nähere Einzelheiten der jeweiligen besonderen Überlieferungsform berücksichtigt. Wenn etwa bei den Kommentar- oder Katenenhandschriften andere Prinzipien oder Bewertungsmaßstäbe für die Auswertung ihres neutestamentlichen Textes herangezogen werden können oder müssen als bei den üblichen Texthandschriften[27], gilt das in noch stärkerem Maße bei den Lektionaren.

2. Schon die Durchmusterung der ältesten uns erhaltenen Lektionare wird diese Überlegungen verdeutlichen. Dabei soll zunächst von der bisherigen Alterszuweisung aufgrund paläographischer Gesichtspunkte ausgegangen werden. Danach wird ins 4. Jh. die Entstehungszeit von *l* 1604, ins 5. Jh. die von *l* 1043, ins 6. Jh. die von *l* 1276, *l* 1347, *l* 1354 und ins 7. Jh. die von *l* 355, *l* 1348, *l* 1353 und *l* 1637 angesetzt. Aus diesen neun Hss fallen sofort heraus *l* 1347 und *l* 1348, da es sich bei ihnen um Hss handelt, die nur die Psalmen und Oden bieten, also nicht Lektionare im eigentlichen Sinn darstellen. Der Vollständigkeit halber müssen aber hinzugefügt werden die Papyri, die nach ihrer Textdarbietung oder Textfolge im weitesten Sinn nur irgendwie verdächtigt worden sind, ebenfalls Lektionare zu sein; es handelt sich um P^{4} aus dem 3. Jh., P^{6} und P^{62} aus dem 4. Jh., P^{2} aus dem 6. Jh., P^{3}, P^{43} und P^{44} aus dem 6.–7. Jh. und P^{42} aus dem 7.–8. Jh.[28].

Von ihnen scheiden P^{4}, P^{42} und P^{43} sofort aus. P^{4} [29] bietet nämlich einen Text, der in allen Lücken rekonstruierbar ist und keine Sprünge aufweist. Verdacht erregte hier nur auf einem Blatt die Überschrift ЄΥΑΓΓЄΛΙΟΝ [Κ]ΑΤΑ ΜΑΤΘΑΙΟΝ ohne Folgetext. Das aber gehört möglicherweise sachlich zu den Resten von P^{64} + [P^{67}], wenn diese zusammen mit P^{4} aus einer Hs stammen, wenigstens aber wohl leitete es einen nicht mehr erhaltenen Handschriftenteil ein. P^{43} [30] bietet

[27] Vgl. dazu B. Ehlers, Eine Katene zum Johannesevangelium ... (050), in: Materialien zur neutestamentlichen Handschriftenkunde I, Berlin 1969 (= ANTF 3), 96–133, insbes. S. 116ff.

[28] Ausgegangen wurde dabei von Bemerkungen, Hinweisen oder Zweifeln der Editoren zu dem Genus der betr. Papyri; vgl. dazu und für die folgenden Ausführungen auch die Beschreibungen der Papyri in K. Aland, Studien zur Überlieferung des Neuen Testaments und seines Textes, Berlin 1967 (= ANTF 2), 107–136, an denen der Verf. wesentlichen Anteil hatte.

[29] Edition durch F. V. Scheil, RB 1 (1892), 113–115; Neuedition durch J. Merell, RB 47 (1938), 5–22; von Gregory zunächst als Lektionar verzeichnet (evl 943).

[30] Erstedition durch W. E. Crum und H. I. Bell, Wadi Sarga, Coptic and Greek Texts, Kopenhagen 1922, 43–45; ihr Urteil: „perhaps a lectionary or other liturgical work".

auf r^0 und v^0 zwei weit auseinander liegende Reste der Apokalypse. Da diese beiden Reste aber eindeutig von verschiedenen Händen stammen und zudem noch gegeneinander um 180 Grad verdreht sind, braucht zur Erklärung der unterschiedlichen Textstücke nicht auf die Annahme zurückgegriffen zu werden, daß es sich hier um ein Lektionar handelt. P^{42} [31] ist wiederum eindeutig eine Hs der biblischen Oden und bietet nach Resten aus Dan 3 (Ode 8) Teile des Magnificat griech.-koptisch und des Benedictus griechisch, z. T. mit den entsprechenden Zwischenüberschriften. Auch P^{62} [32] mit Mt 11, 25–30 (griechisch-koptisch) und anschließend Dan 3, 50–55 (nur griechisch erhalten) weist sich schon durch sein Format (ursprünglich etwa 6,6 × 5,6) als Andachtsbüchlein im „Taschenformat" aus und kann deswegen ausgegliedert werden.

P^{6} [33] dagegen ist in seinem Charakter nicht eindeutig. Dem 1. Clemensbrief (bis 26,2) und dem Jakobus-Brief in Achmimisch folgen unmittelbar Reste von Joh 10, 1–13, 12 in Griechisch und Koptisch. Nach der Rekonstruktion scheint sich dabei zu ergeben, daß die koptische Versfolge vollständig gewesen war, ihr aber jeweils nur ein Stück des entsprechenden griechischen Textes vorangestellt wurde. So folgt auf Reste von Joh 10, 1–10 in Griechisch unmittelbar anschließend nicht nur 10, 1–10, sondern Reste von 10, 1–42 in Koptisch, auf 11, 1–8 (griechisch) folgen Teile von 11, 1–44 (koptisch), auf 11, 45–52 (griechisch) müßte 11, 45–12, 20 in Koptisch gefolgt sein. Nach einer Lücke bietet P^{6} noch Reste von 13, 1–12 in Koptisch, der entsprechende griechische „Vorspann" dazu läßt sich nicht rekonstruieren. Daß in diesem Papyrus kein eigentliches Perikopenbuch vorliegt, wird durch die vorangehenden Texte und durch das Fehlen aller Zwischenüberschriften bewiesen. Der Charakter der Textaufteilungen in der Johannes-Partie der Hs bleibt ungewiß und mag möglicherweise vom Lese-Usus in der koptischen Kirche her bestimmt sein, ein eigentliches Lektionar dürfte P^{6} aber nicht gewesen sein.

Anders dagegen ist es mit P^{3} und P^{44} sowie der griech.-koptischen Bilingue P^{2}. P^{3} [34] bietet auf der einen Seite eines Blattrestes Lk 10, 38–42, dem eine Überschrift ΕΥΑΓΓΕΛΙΟ]Ν ΤΟΥ ΑΓΙΟΥ ΛΟΥΚΑ vorangeht, und auf der anderen Lk 7, 36–45; auch hier ist eine Überschrift vor 7, 36 erhalten, die der der Umseite entsprochen haben

[31] Erstedition durch W. Till und P. Sanz, Monumenta biblica et ecclesiastica 5, Rom 1939.

[32] Erstedition durch L. Amundsen, SO 24 (1945), 121–147.

[33] Erstedition durch F. Rösch, Bruchstücke des ersten Clemensbriefes ..., Straßburg 1910; zu den in Betracht kommenden Blättern sagt er: „Die einzige Erklärung für die griechische Texteinteilung wäre die, daß die Abschnitte aus einem Lektionarienverzeichnis entnommen sind", S. XXVII.

[34] Erstedition durch C. Wessely, Wiener Studien 4 (1882), 198–214, und 7 (1885), 69/70; sein Urteil: „gewiß ein Evangelistar", S. 206.

dürfte. Diesem Textbefund sind aber zwei Fakten hinzuzufügen: 1. Zwischen den Überschriften und den ersten Textzeilen stehen noch Buchstabenreste, die vom Editor nicht gedeutet wurden, aber nunmehr eindeutig identifiziert sind. Es handelt sich vor 10, 38 um ... ΘΑϹΚΑΙΜΑΡ ... (vom Editor ΚѠΜΗ gelesen!) und damit um Reste des Titlos περὶ Μάρθας καὶ Μαρίας, vor 7, 36 um ... ΤΟΝ ΚΝ̅ ΜΥΡ ... (vom Editor ΤΟΝ Κ[Ν Ι]ΗϹΟΥ gelesen) und damit um Reste des Titlos περὶ τῆς ἀλειψάσης τὸν κύριον μύρῳ[35]. 2. P³ ist in relativ kleiner unregelmäßiger Schrift mit kursivem Einschlag geschrieben, die diesem Fragment den Charakter einer Privatabschrift gibt. P⁴⁴[36] bietet auf diversen Fragmenten von wenigstens zwei Blättern Textfolgen, die Sprünge aufweisen und keinen kontinuierlichen Text ergeben. Leider ist keine Fuge zwischen den verschiedenen Versfolgen erhalten, so daß die Frage nach Zwischenüberschriften und Einleitungsformeln unbeantwortet bleiben muß. Auf der einen Seite des einen Blattes finden sich Reste von Mt 17, 1–7; 18, 15–19, auf der Umseite Reste von Mt 25, 8–10; Joh 10, 8–14; auf der einen Seite des anderen Blattes sind Reste von Joh 9, 3–4, auf der Umseite Reste von Joh 12, 16–18 erhalten. P²[37] ist ein Blattrest mit Lk 7, 22–26 in Koptisch, auf der Umseite mit Lk 7, 50 (koptisch) und nach einer Überschriftzeile ЄΥΑΓΓЄΛ[ΙΟΝ ... mit Joh 12, 12–15 in Griechisch. Zwischen 7, 26 und 7, 50 liegt zu viel Text, als daß die fehlenden Verse auf den verlorenen Blatteilen gestanden haben könnten.

Die verschiedenen Versfolgen von P³, P⁴⁴ und P² stellen zweifelsfrei abgegrenzte neutestamentliche Lesungen dar, und zumal die Zwischenüberschriften weisen diese Fragmente eindeutig als Lektionare (P², P⁴⁴) oder als privates Lesebuch (P³) aus. Wenn man dagegen die verschiedenen Perikopen oder ihre Reste anhand der Lektionstabellen der griechischen Lektionare, die sich in der Literatur finden[38], zu identifizieren und in ein System zu bringen versuchen, erleidet man Schiffbruch. Zwar finden sich in ihnen vergleichbare Abschnitte, etwa zu denen von P³, nämlich Lk 7, 36–50 und 10, 38–42 + 11, 27–28, aber die Datenangaben für diese Perikopen (Montag der 4. Lukas-Woche

---

[35] So von H. Bolte bei der Vorbereitung der Bände Das Neue Testament auf Papyrus gelesen.

[36] Erstedition durch W. E. Crum und H. G. Evelyn-White, The Monastery of Epiphanius at Thebes, Vol. II, New York 1926 (= Egyptian Expedition Publications IV), 120f. und 301, unter der Überschrift: Fragments of a Lectionary.

[37] Erstedition durch E. Pistelli, Studi religiosi 6 (1906), 129–140.

[38] Vgl. z. B. I. M. A. Scholz, Novum Testamentum graece, Vol. I, Leipzig 1830, 453–493; Vol. II, Leipzig 1836, 456–469; F. H. A. Scrivener, A Plain Introduction, 4th ed. by E. Miller, Vol. I, London 1894, 80–89; C. R. Gregory, Textkritik, 344–386; E. C. Colwell und andere, in: Prolegomena to the Study of the Lectionary Text of the Gospels, ed. by E. C. Colwell and D. W. Riddle, Chicago 1933 (= Studies in the Lectionary Text I), 81–156.

bzw. verschiedene Märtyrerinnen und 15. August) schließen die eine oder andere Aufeinanderfolge der beiden Abschnitte grundsätzlich aus. Ebenso ist es bei P44 und P2 [39].

Die Erklärung dafür ist relativ einfach und den Kundigen selbstverständlich: Die in Anm. 38 genannten Lektionslisten beruhen auf dem byzantinischen Lektionssystem, wie es sich in der Mehrzahl der Lektionare findet und auch heute noch in der orthodoxen Kirche in Gebrauch ist[40], und haben nur für die Hss des byzantinischen Raumes Geltung, die Papyri stammen aber aus Ägypten, also aus einem ganz anderen Kirchenbereich[41]. In den genannten Lektionstabellen ist aber diese Einschränkung ihrer Gültigkeit nirgends mit genügender Deutlichkeit hervorgehoben. Weder können also diese Papyrus-Lektionare als Zeugen etwa für das Alter eines Lektionssystems herangezogen werden, das gänzlich von dem ihren abweicht, noch dürfen sie ohne weiteres mit den Lektionaren anderer Systeme „in einen Topf geworfen" werden.

Auch *l* 1604[42], jenes älteste Pergament-Lektionar (4. Jh.), weist sich durch seine Zweisprachigkeit (griech.-sahidisch) und wohl auch seinen Fundort als ägyptisch aus. Aber auch der Wechsel in den erhaltenen Textstücken (auf sahidisch Mt 5, 13–19 folgen griechische Reste von Mt 7, 28–8, 9) hat keine Entsprechungen im byzantinischen Lektionssystem. *l* 1043[43] aus dem 5. Jh. ist zwar eine rein griechische Hs, aber sowohl im Duktus der Schrift wie in der Gestaltung der jedem Abschnittsanfang oder Sinnabschnitt beigeordneten Paragraphai erkennt man Parallelen zu koptischen Hss. Ebenfalls ist die Textabfolge:]Mt 3, 7–17; 4, 23–5,12; 7, 13–7, 20; 10, 37–42; 9, 35 (?) – [;]Mk 6, 18–29; Lk 2, 1–20; 11, 27–32; 24, 36–38 [;] Joh 20, 1–18; 20, 24–27[mit keinem mir bekannten griechischen Lektionar oder Lek-

---

39 Den Stücken in P44 würden folgende Perikopen in den genannten Listen entsprechen: Mt 17, 1–9 = 6. Aug.; 18, 10–20 = Montag der 1. Mt-Woche bzw. 8. Nov., ὀρθρ.; 25, 1–13 = 17 Mt-Sonnabend bzw. diverse Märtyrerinnen und Heilige; Joh 10, 8–13 in dieser Abgrenzung nicht belegt, entweder Joh 10, 1–9 = Donnerstag der 5. Joh-Woche bzw. viele Kirchenobere (ἱεράρχας), oder aber 10, 9–16 = viele Kirchenobere; Joh 9, 1–38 = 6. Joh-Sonntag; 12, 1–18 = Palmensonntag. In P2: Joh 12, 1–18 wie eben; Lk 7, 36–50 = Montag der 4. Lk-Woche bzw. Märtyrerinnen; Lk 7, 17–30 = Donnerstag der 3. Lk-Woche bzw. 24. Februar ὀρθρ.

40 Vgl. Θεῖον καὶ Ἱερὸν Εὐαγγέλιον; Ἀπόστολος (Ausgaben der Ἀποστολικὴ Διακονία, Athen, oder unter dem gleichen Titel die römischen Ausgaben).

41 Über Lektionen und Lektionssysteme im Raum der ägyptischen/koptischen Kirche ist bisher wenig gearbeitet worden. Neben einer Zusammenstellung von Lektionen im Bohairischen bei A. Vaschalde, Muséon 45 (1932), 125–156, finden sich in der Literatur nur sporadische Hinweise darauf.

42 Vgl. P. E. Kahle, Bala'izah, Coptic Texts ... I, London 1954, 399–402.

43 Edition durch C. Wessely, Studien zur Paläographie und Papyruskunde XII, Leipzig 1912, 231–240: Nr. 184; vgl. auch K. Gamber, Fragmente eines griechischen Perikopenbuches ..., OrChr 44 (1960), 75–87.

tionarsystem in Übereinstimmung zu bringen. Außerdem ist darauf hinzuweisen, daß alle Textanfänge wörtlich mit dem fortlaufenden Text übereinstimmen, keine Kopulae ausgelassen sind (Mt 4, 23; 9, 35: καί, Lk 2, 1; 11, 27: δέ), keine Nomina statt Pronomina geboten (Lk 11, 27 αὐτόν) oder zugefügt werden (Mt 4, 23), Veränderungen, die beim Perikopenbeginn in byzantinischen Lektionaren neben der Zufügung einer Einleitungsformel[44] regelmäßig vorgenommen werden.

Das gleiche Phänomen kann man an den beiden Fragmenten aus dem 6. Jh. beobachten. *l* 1276[45] besteht aus fünf hebräisch überschriebenen Fragmenten und enthält Reste von Mt 10, 2–4 (Frgm. 1); 10, 11–15 (Frgm. 2 u. 3); Joh 20, 11–15 (Frgm. 4 u. 5). Oberhalb der 1. Textzeile von Frgm. 1^r finden sich Teile einer Überschrift ЄΥΑΓΓЄΛΙΟ[Ν ... Κ]ΑΤ[Α] ΜΑΤΘΑ[ΙΟΝ sowie darunter schwache Reste von ΤΟΝ(?) Є. Daß wir in *l* 1276 ein Lektionar vor uns haben, legt allenfalls diese Überschrift nahe. Der Editor weist zwar ferner darauf hin, daß die obere Schrift aus einem fortlaufenden Stück stammt und meint: „If A, B, C were not far apart in the earlier codex, this must have been an Evangelisterium"[46]. Aber wieder zeigt sich, daß der erhaltene Mt-Text nicht ins byzantinische Lektionssystem paßt (am Montag der 3. Mt-Woche wird 9, 36–10, 8 fortlaufend gelesen, die Überschrift wäre also sinnlos, oder 10, 1. 5–8 ist unter Auslassung der Apostelnamen für Wundertäter bestimmt). Schon Gregory war sich über die Eingruppierung dieser Hs als Lektionar nicht sicher[47], aber auch abgesehen davon kann *l* 1276 vom Text her nicht als byzantinisches Lektionar eingeordnet werden. *l* 1354, ursprünglich als Unziale unter T^e registriert und aus Oberägypten stammend[48], bietet Reste von Mt 3, 13–16. Nach unidentifizierbaren Buchstabenresten folgen innerhalb zweier doppelter Zierlinien eine Überschrift, die zu ΚΑΤΑ ΜΑΘΘΑΙΟΝ ΤΟΥ ЄΥΑΓΓЄΛΙΟΥ ΤΩ ΑΝΑΓΝΩϹΜΑ zu ergänzen ist (Orthographie wie in der Hs) und dann Mt 3, 13. Auch bei den Byzantinern beginnt die Lesung der Liturgie für den 6. Januar mit Mt 3, 13, sie wird aber eingeführt mit einer der üblichen Einleitungsformeln, nämlich mit Τῷ καιρῷ ἐκείνῳ. *l* 1354 hat aber keine Einleitung, sondern beginnt mit dem Τότε des fortlaufenden Textes. Hier liegt von allen bisher angeführten Fragmenten erstmals bei einer Übereinstimmung im Lektionsbeginn ein Hinweis darauf vor, daß die bei den Byzantinern üblichen Einleitungsformeln nur für ihren Bereich spezifisch zu sein

---

44 Vgl. B. M. Metzger, in diesem Band S. 482 f.

45 Edition durch C. Taylor, Hebrew-Greek Cairo Genizah Palimpsests from the Taylor-Schechter Collection ..., Cambridge 1900, 89–92.

46 S. 89; Taylor liest unter der Überschrift nur Τ. Є und vermutet hier eine Datumsangabe, etwa ΤΗ Є̄ (τῇ πέμπτῃ = Donnerstag), S. 90.

47 Textkritik 1273.

48 Prolegomena 392; Textkritik 67.

scheinen. Alle bisher ins 7. Jh. datierten Lektionare können dagegen aus unserer Diskussion ausscheiden: *l* 1353 ist griechisch-koptisch[49]. Darüber hinaus aber weisen Teile dieser Hs (fasc. 96) enge Beziehungen mit *l* 963 (11. Jh.!) auf und gehören möglicherweise mit diesem Fragment zusammen. Auch der Editor trennt fasc. 96 von fasc. 97 und datiert den einen ins 10. oder 11. Jh., den anderen ins 10. Jh. Nur ungenügende Wertungsmaßstäbe bei der paläographischen Beurteilung koptischer oder griechisch-koptischer Hss führten zur bisherigen altersmäßigen Einordnung von *l* 1353. Der Frühdatierung von *l* 1353 widerspricht aber auch, daß sich in beiden Teilen ausführliche liturgische Rubriken finden, die ihre Parallele erst frühestens in Hss des 9. Jhs. haben[50]. *l* 355 ist in einer kleinen, knapp 0,3 cm hohen aufrechten Unziale geschrieben, die auffällige Ähnlichkeiten zu E (07) vom 8. Jh. aufweist. Die Grundform fast aller Buchstaben ist noch auf das Quadrat zurückzuführen, nur K fällt in zwei Schriftzügen auseinander, und alle unterlängigen Buchstaben (Ρ, Υ) sowie Φ und Ψ überschreiten das Quadrat. Gleiche Erscheinungen sind bei E festzustellen. Mit E ist *l* 355 gemeinsam, daß Akzente sehr selten gesetzt werden und der Zirkumflex überwiegt. Spiritus kommen zwar in E häufiger vor als in *l* 355, dafür aber ist die Strichführung und Ausgestaltung der Buchstaben in beiden Hss so ähnlich, daß sie ohne Zweifel der gleichen Epoche zuzuweisen sind. Auch Omont[51] datiert dieses Fragment ins 8. Jh. Ein weiteres Problem bildet der Text von *l* 355: Auf einem Blatt findet sich in zwei Spalten der Text von Lk 13, 17–13, 24 fortlaufend. Nach 13, 17 findet sich vor 13, 18 die Zwischenüberschrift CAB ΙΒ ЄΥΑΓΓ. ΚΑΤ. ΛΟΥΚΑΝ. Dieses Rubrum entspricht exakt dem byzantinischen Lesesystem, das für den 12. Lk-Sonnabend Lk 13, 18 bzw. 13, 19–29 vorsieht. Auch die Einleitungsformel der Lesung, die vs. 18 umgestaltet, ist identisch mit dem byzantinischen Usus. Lk 13, 17 dagegen ist nach dem byzantinischen Lesesystem der letzte Vers der Lesung für den 10. Lk-Sonntag, in einem Lektionar würden zwischen diesem Vers und Lk 13, 18 mindestens noch die Lesungen für den 11. Lk-Sonnabend und 11. Lk-Sonntag gestanden haben. Von daher erhebt sich zusätzlich die Frage, ob *l* 355 nicht ursprünglich eine Hs des *fortlaufenden* Textes mit eingetragenen Rubriken des byzantinischen

[49] Ursprünglich als T^{d} registriert (Prolegomena 392; Textkritik 67). Ediert durch G. Balestri, Sacrorum bibliorum fragmenta copto-sahidica Musei Borgiani III, Rom 1904, LVIIf., 40f., 92, 123, 309 und 316.

[50] Welche Schwierigkeiten bei der Datierung von koptischen Hss selbst für Koptologen bestehen und welche unterschiedlichen Ansetzungen für diese standardisierte Schrift möglich ist, kann man z. B. aus K. H. Schüssler, Eine griechisch-koptische Handschrift des Apostolos, in: Materialien zur neutestamentlichen Handschriftenkunde I, 218–265, insbes. 236ff. entnehmen.

[51] Facsimilés des plus anciens mss grecs, Paris 1892, Tafel 20 bis, Nr. 4, bzw. Catalogue des mss grecs ... recueillis par feu I. Miller, Paris 1897, 4f., 103f.

Lesesystems und Umgestaltung der Perikopenanfänge gewesen und demzufolge in die Unzialliste umzusetzen ist[52]. Auch an der bisherigen Datierung von *l* 1637 bestehen ernsthafte Zweifel. Die Buchstaben der unteren Schrift dieser Palimpsesthandschrift werden von K. W. Clark als „broad, square upright uncials" beschrieben und ins 6.–7. Jh. datiert[53]. Die Kontrolle dieser Datierung am Mikrofilm läßt jedoch trotz mancher Schwierigkeiten Zweifel daran aufkommen. Zwar ist von dieser Hs nur ein Positivfilm verfügbar, der an wenigen Stellen nur Schatten der älteren Schrift erkennen läßt, aber schon diese Schatten legen nahe, daß es sich hier höchstens um eine Frühform der sogenannten Spitzunziale handelt. Die Buchstaben stehen aufrecht, ihre Grundformen aber sind nicht mehr breit oder quadratisch, sondern ganz deutlich rechteckig, das M dagegen weitet sich aus. Keilförmige Knötchen bestimmen das Bild, das bereits der „slavonic uncial" sehr nahe kommt. Am auffälligsten, von Clark dagegen gar nicht erwähnt ist die Tatsache, daß auf allen Blättern Reste der sogenannten ekphonetischen Zeichen sichtbar sind. Ein Vergleich mit C. Höeg[54] ergibt, daß alle in diesem Standardwerk aufgeführten Zeichen sich auch auf den Blättern von *l* 1637 wiederfinden, in dieser Hs also das voll ausgebildete System der ekphonetischen Notierung belegt ist. Damit ist aber der *terminus ante quem non* gegeben. Sowohl E. Wellesz wie auch C. Höeg stimmen darin überein, daß die ältesten Belege für das vollständige ekphonetische System frühestens aus dem 8. Jh. stammen[55]. C. Höeg schränkt diesen Ansatz sogar noch ein und sagt: „à vrai dire, nous ne savons pour ainsi dire, rien sur la notation anterieure au IXe siècle"[56]. Dem entspricht auch der allerdings sporadische paläographische Befund, der eher eine Zuweisung ins 9. Jh. als ins 8. Jh. nahelegt.

Vom 8. Jh. an dagegen haben wir eine größere Zahl von Fragmenten, die mit dem byzantinischen Lesesystem übereinstimmen und auch die Einleitungsformeln und Umgestaltungen der Anfangsverse beim Perikopenbeginn belegen, wie sie sich in den späteren Lektionaren bis hin zu den heutigen liturgischen Büchern der griechischen Kirche finden. Neben den relativ zahlreichen Palimpsesten sind es auch gut erhaltene Fragmente (z. B. *l* 354, *l* 360, *l* 525) oder sogar Vollhandschriften (z. B. *l* 689).

---

52 Das gleiche Phänomen ist bisher allerdings nur bei Minuskelhandschriften beobachtet worden, z. B. ap 1838 (vgl. Anm. 210).

53 A Descriptive Catalogue of Greek NT Mss in America ..., Chicago 1937, 314f.

54 La notation ekphonétique, Kopenhagen 1935, insbes. S. 17–25.

55 E. Wellesz, A History of Byzantine Music and Hymnography, Oxford 1961, 246f: „It (i. e. das ekphonetische System) appears fully developed in eight-century manuscripts". C. Höeg a. a. O. 137: „Nous pouvons tirer des manuscrits conservés la conclusion, que le system etait pleinement évolué dès le VIIIe siècle."

56 A. a. O. 108.

3. Als Ergebnis zeichnet sich also klar ab, daß die ältesten Hss mit neutestamentlichen Lektionen oder wenigstens deutlich abgeteilten Leseabschnitten — nicht zu verwechseln mit Einzelversen oder kurzen Texten für apotropäische Zwecke (Amulette u. ä.) — aus dem 4. Jh. (*l* 1604, P^6?) stammen, aus dem 5. und 6. Jh. sich weitere Zeugnisse dafür finden (*l* 1043, *l* 1276, *l* 1354 sowie P^2, P^{44} und auch P^3). Aber allen diesen Zeugen ist gemeinsam, daß sie nicht mit ihren Lektionsabgrenzungen in Übereinstimmung zu bringen sind mit dem geläufigen byzantinischen System. Ferner weisen die Fundorte dieser Hss, ihre Zweisprachigkeit oder andere Indizien auf den ägyptischen Raum. Andererseits wiederum hat keines dieser Fragmente richtige Lektionarrubriken mit Tagesangabe oder näherer Bestimmung, wann der betr. Abschnitt zu lesen ist, wie sie auch die späteren griechisch-koptischen oder rein koptischen Lektionare vom 8. und 9. Jh. an aufweisen. Ohne nun das Verhältnis der Perikopenabgrenzungen in diesen Hss zu dem späteren Lesesystem der koptischen Kirche hier im einzelnen untersuchen zu können, mag an dieser Stelle der vorläufige Schluß gewagt werden, daß wir in den genannten Hss Lektionare oder Perikopenzusammenstellungen vor uns haben, die als Vorformen zu den später in der koptischen Kirche gebräuchlichen Lektionaren anzusehen sind. Ihre genauere Untersuchung und auch die nähere Bearbeitung der jüngeren griechisch-koptischen Lektionare muß jedoch dem Koptologen überlassen bleiben, zumal alle in der Handschriftenliste registrierten zweisprachigen Fragmente jüngeren Datums nur eine Zwischenstufe zu den rein koptischen Lektionaren bilden und im Lesesystem mit ihnen eng zusammenhängen[57].

Andererseits ist hier festzuhalten: Die ältesten Hss oder deren Fragmente in der Lektionarliste, die Berührungen zu dem byzantinischen Lesesystem aufweisen oder tatsächlich dessen früheste Zeugen sind, stammen erst aus dem 8. Jh. Daß es sich bei ihnen ausschließlich um Hss mit Evangelientext handelt und das älteste Fragment mit Apostolostext erst ins 9. Jh. datiert wird, mag seinen Grund in den oben angestellten Überlegungen haben[58]. Das Ergebnis braucht deswegen nicht modifiziert zu werden, zumal nach Clark *l* 1637 — wenn diese Hs ins 8. Jh. zu datieren ist — neben Evangelien auch Apostoloslesungen haben soll, was jedoch am Film leider nicht verifiziert werden konnte.

4. Die Frage nach der ältesten Bezeugung des byzantinischen Lektionssystems kann mit dieser Feststellung noch nicht endgültig abgeschlossen werden. Denn es muß mit der Möglichkeit gerechnet werden,

---

[57] Erste Schritte in dieser Hinsicht plant G. Mink und beabsichtigt, dabei auch die hier übergangenen Lektionare aus dem ägyptischen Raum zu behandeln.

[58] Vgl. oben S. 503 f.

daß vor der Umgliederung der Perikopen in bestimmte Lesefolgen und ihrer Wiedergabe in speziellen Lektionaren reine Texthandschriften, die den Text in der biblischen Folge bieten, mit Lektionsvermerken versehen worden sind und längere Zeit die Funktion hatten, die dann vom 8. Jh. an teilweise die Lektionare übernahmen. Denn auch in späteren Jahrhunderten findet sich außer in Lektionaren in einem hohen Prozentsatz von Texthandschriften der volle Lektionsapparat mit Tagesangaben, genauer Bezeichnung der ἀρχή und des τέλος für die betreffende Perikope, den Einleitungsformeln und einer entsprechenden πίναξ τῶν ἀναγνώσεων in Lesefolge, vorn oder hinten in die betreffenden Hss eingebunden.

Eine Durchmusterung aller uns erhaltenen Unzialhandschriften oder -fragmente führt aber zu folgendem Ergebnis: Weder in den Hss des 4. Jhs. noch in den älteren Fragmenten finden sich Rubriken oder spezielle Lektionsvermerke. Die in ihnen zu beobachtenden Gliederungsprinzipien sind eigentlich nur von einer Sach- oder Sinngliederung her erklärbar, sie könnten möglicherweise, aber brauchen nicht zwangsläufig von einer Leseordnung her gedeutet zu werden. Durch das Fehlen aller Rubriken wäre selbst dann die Zuweisung zu irgendeinem Lesesystem unmöglich.

Diese Feststellung mag noch nicht überraschen, sondern fügt sich in das Bild ein, das man von den frühen Hss hat. Dieselbe Feststellung gilt aber auch für die Hss und Fragmente aus dem 5. Jh., ja selbst für die aus dem 6. und 7. Jh. Die ältesten Hss mit Lektionsrubriken sind erst E^{e} (07) und L^{e} (019) aus dem 8. Jh., die ältesten Fragmente mit derartigen Zusätzen sind 0102 + [0138] und 0115, ebenfalls ins 8. Jh. datiert[59]. Das Lesesystem, das alle diese Hss widerspiegeln, ist identisch mit dem byzantinischen, der Befund, der aus den Texthandschriften erhoben werden kann, deckt sich also in überraschender Weise mit dem aus den Lektionaren. Auch die nachgetragenen Rubriken in C (03) und D^{ea} (05) ändern dieses Ergebnis nicht. Sowohl der Korrektor von C, von dem die Lesevermerke stammen, wie auch die Hand, die in D die marginalen Leseangaben zufügte, werden von

[59] 0102 wird zwar teilweise ins 7. Jh. datiert, aber [0138], mit dem 0102 zusammengehört, wird ins 9. Jh. gesetzt. In der Edition von 0102 durch Omont, Catalogue ..., S. 1, ist dieses Fragment ebenfalls auf das 8. oder 9. Jh. datiert (vgl. auch R. Peppermüller, Ein Unzialfragment auf dem Athos und in Paris, in: Materialien ... I, 144–176, insbes. 145). — Den genannten Fragmenten ist hinzuzufügen 0148, ein Wiener Fragment des 8. Jh., auf dem zwar heute keine Rubriken mehr auszumachen sind, das aber ekphonetische Zeichen zum Text bietet, sowie 0209, ein Palimpsest in Ann Arbor. Diese Blätter werden zwar von K. W. Clark, Descriptive Catalogue .., 277, ins 7. Jh. gesetzt, diese Angabe ist jedoch — zu Recht — mit einem Fragezeichen versehen; denn die Buchstaben von 0209 weisen in Einzelgestaltung und Duktus mehr Berührungen mit den Hss des 8. Jhs. auf (etwa mit E [07], 0126, 0146) als mit denen des 7. oder gar 6. Jhs.

den Editioren ohne Schwanken ins 9. Jh. datiert[60], und auch spätere Bearbeiter haben diese Ansetzung nicht wesentlich modifiziert[61]. Gleiches gilt auch für ein Fragment mit Lektionsvermerken, dessen Entstehung vor das 8. Jh. oder ins 8. Jh. anzusetzen ist; bei ihm stammen die Lektionsvermerke ebenfalls aus späterer Zeit[62]. Also auch von den Texthandschriften her, von denen uns aus dem ersten Jahrtausend wenigstens in Fragmenten immerhin mehr als 200 erhalten sind, ist für das byzantinische Lektionssystem kein Zeuge beizubringen, der eindeutig aus einer früheren Zeit als dem 8. Jh. stammt. Auch von dieser Seite her braucht also das obige Ergebnis nicht modifiziert zu werden, im Gegenteil, es erhält eine überraschende Bestätigung. Allen theoretischen Überlegungen oder Postulaten[63] zum Trotz finden sich auch in den Texthandschriften keine Notate oder Rubriken, die als Vorläufer für das byzantinische Lektionssystem anzusehen sind.

Bevor nun dieses Ergebnis unter weiteren Aspekten überprüft werden kann, ist es erst einmal nötig, das byzantinische Lesesystem sowohl bezüglich seines Aufbaus, seiner Perikopenauswahl wie auch mancher Einzelprobleme kurz darzustellen.

3. Zur Struktur des byzantinischen Lektionssystems, besonders seiner Apostoloslesungen

1. Wie bereits angedeutet[64], beschränken sich, soweit ich sehe, alle Darstellungen des byzantinischen Lektionssystems auf eine Wieder-

---

[60] C. Tischendorf, Codex Ephraemi syri rescriptus, Leipzig 1843, 24: „Nos quidem in iis (sc. den Lektionsvermerken) nihil reperimus quod aut ab origine Constantinopolitana abhorreret aut nono seculo videretur posterius esse", zusammen mit 20: „... pro litterarum quibus utitur genere inferior esse nequit nono seculo". Entsprechend auch R. W. Lyon, A Reexamination of Codex Ephraemi rescriptus, unveröffentlichte Ph.D.-Dissertation von St. Andrews (1959), 24: „Tischendorf's ninth century date ist good enough." F. H. A. Scrivener, Bezae codex Cantabrigiensis, Cambridge 1864, XXVII: „. . . that L (Schreiber der Sektionen und der meisten Lektionsangaben) . . . cannot be placed earlier than the ninth" (i. e. century).

[61] Als Abschluß aller das Griechische betreffenden Korrekturen und Zusätze gilt heute etwa das Jahr 800, vgl. B. Fischer, in diesem Band S. 39f. Daß über die Zuweisung der Lektionsvermerke in D zu einem bestimmten Lesesystem noch manche Frage unbeantwortet ist, kann hier übergangen werden.

[62] 0106 + [0119]: vgl. K. Treu, Die griechischen Handschriften des Neuen Testaments in der UdSSR, Berlin 1966, 34. — Auch 054 aus dem 8. Jh. weist Lektionsvermerke auf, die einer späteren Zeit angehören dürften.

[63] Vgl. z. B. G. D. Kilpatrick in seiner Besprechung von B. M. Metzger, The Saturday and Sunday Lessons from Luke in the Greek Gospel Lectionary, Chicago (1944) (= Studies in the Lectionary Text II, 3), veröffentlicht in JThS 46 (1945), 87–91, auf S. 90: „The lectionary book, as distinct from the continuous text manuscript with a lectionary apparatus, is late in date."

[64] Vgl. oben S. 508f und Anm. 38.

gabe der in einigen benutzten Lektionaren gebotenen Leseordnung und bauen darauf einige Beobachtungen und Bemerkungen auf. Am weitesten ist noch C. R. Gregory gegangen, der den Lektionstabellen eine 16 seitige Einleitung voranstellte und versuchte, wenigstens einige der Phänomene zu deuten. Erst in jüngerer Zeit sind im französischsprachigen Gebiet Ansätze zu beobachten, wenigstens Teilkomplexe des byzantinischen Lesesystems systematisch zu untersuchen[65]. Auch hier kann natürlich diese Lücke nicht geschlossen, sondern nur der Versuch unternommen werden, die byzantinische Leseordnung unter systematischen Gesichtspunkten darzulegen und die Ansätze von B. M. Metzger auszubauen und auf die Apostoloslektionare zu erweitern. Das Ziel dabei soll sein, einmal die Überlieferungsform der Katholischen Briefe in den Lektionaren klar zu umreißen und andererseits mögliche Hinweise auf die Entstehungszeit dieses Lesesystems insgesamt herauszuarbeiten, da für die textkritische Wertung der Lektionare bezüglich der Katholischen Briefe wie auch der anderen Teile des Neuen Testaments von dorther einiges Licht fallen dürfte.

Neutestamentliche Lesungen aus Apostolos und Evangelium werden in den Lektionaren bereitgestellt für die Liturgiefeiern, in denen die Schriftlesungen als Repräsentationen des Apostelzeugnisses vom Herren bzw. der Lehre und Wirksamkeit des auf Erden wandelnden Herren einen integrierenden Bestandteil bilden. Außer ihnen werden im Gegensatz zu anderen Kirchenbereichen in der byzantinischen Liturgie[66] keine weiteren biblischen Lesungen geboten. Alttestamentliche Lesungen aus den geschichtlichen und prophetischen Büchern erfolgen nur in den Vesperfeiern (ἑσπερινόν) besonderer Festtage[67] und dienen nur der Vorbereitung und Hinführung auf die in der Liturgie gefeierte Heilsvergegenwärtigung, während die Psalmen und alttestamentlichen Hymnen ihren Ort in den Stundengebeten haben. Dieses Grundschema hat natürlich eine Reihe von Ausnahmen. So werden alttestamentliche Perikopen auch in der sogenannten Präsanktifikantenmesse (λειτουργία τῶν προηγιασμένων) gelesen, die vom Montag bis Freitag in den Wochen der großen Fastenzeit vor Ostern (τεσσαρακοστή) zelebriert wird, wenn in der Liturgie keine eigentliche Eucharistie gefeiert wird, sondern nur die am vorherigen Sonntag geweihten Elemente zugeteilt werden. Andererseits wird in

[65] z. B. P.-M. Gy, La question du système des lectures de la liturgie byzantinie, in: Miscellanea Liturgica in onore ... G. Lercaro, II, Rom 1967, 251–261.

[66] Vgl. die Beschreibungen der byzantinischen Liturgien in den Nachschlagewerken, besonders im Dictionnaire d'archéologie chrétienne et de liturgie, Bd. VI, 1591–1662, sowie in den Spezialwerken, bes. F. E. Brightman, Liturgies eastern and western, Oxford 1896, und Editionen, bes. J. Goar, Euchologion sive rituale Graecorum, Nachdruck Graz 1960.

[67] Vgl. A. Rahlfs, Die alttestamentlichen Lektionen, 28–136.

den morgendlichen Stundengebeten (ὄρθρος) der Sonntage je eines der sogenannten 11 εὐαγγέλια ἑωθινά (eigentlich ἀναστασιμά) zur besonderen Feier der Auferstehung gelesen, also Perikopen mit den Auferstehungsberichten aus allen Evangelien; im ὄρθρος großer Feste treten an ihre Stelle entsprechende andere Evangelienperikopen mit Sachbezug zum Fest. Daß an die Stelle der alttestamentlichen Lesungen bei den Vespern der großen Apostelfeste Lesungen aus den Katholischen Briefen treten, wurde bereits erwähnt[68]. Die Regel bleibt aber, daß neutestamentliche Lesungen ihren genuinen Ort nur in der Liturgie haben und das Perikopensystem vornehmlich auf diesen Gebrauch zugeschnitten ist.

Bei der Darstellung der Struktur des Perikopensystems soll zunächst nicht ausgegangen werden vom Menolog[69], also vom Heiligenkalender mit seinen Lesungen, der der Tagesreihe des bürgerlichen Jahres folgt, sondern vom sogenannten Synaxar, von dem Zyklus mit Lesungen, die für die Feste und Tage des beweglichen, vom Ostertermin abhängigen Jahres bestimmt sind. Dieser Zyklus nämlich ist es, der einen relativen Abschluß erreicht hat und in sich ein geschlossenes System bildet, während das Menolog bis in die späteste Zeit hinein Erweiterungen durch neu kanonisierte Heilige und Märtyrer erfahren hat. Beide Zyklen weisen zwar eine Reihe von Berührungspunkten auf bzw. durchdringen sich (14. Sept. — Kreuzeserhöhung —, Weihnachten und Epiphanias — τὰ φῶτα — und einige Gedenktage, die den Ablauf des Zyklus des beweglichen Jahres regelmäßig unterbrechen), bilden in sich jedoch geschlossene Einheiten, die in den eigentlichen Lektionaren auch immer getrennt geboten werden.

2. Das Synaxar umfaßt die Tagesreihe vom Ostersonntag bis zum Ostersonnabend des folgenden Jahres. Folglich ist auch durch das Wandern des Ostertermins seine faktische Länge unterschiedlich, aber als abgeschlossenes Lesesystem muß es enthalten und enthält es auch tatsächlich ausreichend Lesungen für die längste mögliche Dauer dieses Zyklus. Die größte Länge des Zyklus nun bestimmt sich durch den größtmöglichen Abstand zweier aufeinanderfolgender Ostertermine. Da das Osterfest stets abhängig ist vom ersten Vollmond nach Frühlingsanfang[70] und das Vollmonddatum, bedingt durch die unter-

---

[68] Vgl. oben S. 503 und unten S. 523.

[69] Bei dem Gebrauch der Lektionar-Termini bleibe ich bei dem durch Gregory u. a. verbreiteten Usus, obwohl er z. T. ungenau ist und sich mit anderen liturgischen Termini überschneidet. J. Noret hat zwar in seinem Aufsatz Ménologes, synaxaires, ménées, AnBoll 86 (1968), 21–24, eine neue sauberere Terminologie vorgeschlagen, die aber teilweise etwas umständlich ist und künstlich wirkt, sowie, wenn sie sich durchsetzen sollte, dafür noch einige Zeit benötigt. So ist es wohl gerechtfertigt, wenn ich bei der alten bleibe.

[70] So die entsprechenden Bestimmungen des 1. Nicaenums von 325 p. Chr., vgl. H. Schwartz, Christliche und jüdische Ostertafeln, Berlin 1905.

schiedliche Länge von Mond- und Kalenderjahr, in aufeinanderfolgenden Jahren maximal 19 Tage später liegen kann als im Vorjahr[71], ergibt sich als längste Dauer 365 Tage (Dauer des Kalenderjahres) + 19 Tage (größte Verschiebung des Monddatums) + 1 Tag (Wochentagsverschiebung) = 385 Tage oder 55 Wochen. Diese Rechnung beruht auf den siderischen Voraussetzungen für aufeinanderfolgende Ostertermine und entspricht den tatsächlichen Verhältnissen. Eine andere Rechnungsweise, die die siderischen Voraussetzungen außer acht läßt, scheint, wie sich aus einigen Lektionaren ergibt[72], auch vorgenommen worden zu sein und kommt zu 57 Wochen. Wenn ich recht vermute, geht sie von den sogenannten Ostergrenzen aus, d. h. berücksichtigt die theoretisch größte Spanne zwischen dem frühesten und spätesten Ostertermin, d. h. zwischen dem 22. März und 25. April. Das nämlich sind 365 Tage + 9 + 25 Tage = 399 Tage oder 57 Wochen.

Unabhängig von seiner Länge in den verschiedenen Hss gliedert sich dieser Zyklus stets in die gleichen Unterabteilungen, die einmal durch die in ihm enthaltenen großen Feste Ostern und Pfinsten, bei den Evangelien-Lektionaren zusätzlich durch die Kreuzeserhöhung (14. Sept.), oder durch die Fastenzeit und Karwoche begrenzt oder gebildet werden und die andererseits dadurch gekennzeichnet sind, daß in diesen Unterabteilungen die Lesungen aus bestimmten verschiedenen neutestamentlichen Schriften oder Schriftengruppen ausgewählt werden[73].

a) Der erste Teil des Synaxars umfaßt die Zeit zwischen Ostern und Pfingsten. Er entspricht dem sogenannten Pentekostarion, dem

---

[71] Vgl. F. Ginzel, Handbuch der mathematischen und technischen Chronologie, Leipzig 1914, oder H. Grotefend, Taschenbuch der Zeitrechnung des deutschen Mittelalters und der Neuzeit, Hannover 1960[10].

[72] z. B. *l* 23, *l* 590, *l* 597, *l* 599, *l* 1289, *l* 1300, *l* 1442; zu *l* 590 vgl. unten S. 524f.

[73] Bei der Darstellung im folgenden werden neben gelegentlichen Übersetzungen der Tagesbezeichnungen für das Synaxar die in den Lektionaren und liturgischen Büchern üblichen benutzt. Sie bestehen aus der Wochentagesbezeichnung: κυριακή (κυρ. = Sonntag), δευτέρα (ἡμέρα; abgekürzt mit Zahlzeichen β' = Montag), τρίτη (γ' = Dienstag), τετάρτη (δ' = Mittwoch), πέμτη (ε' = Donnerstag), ἕκτη oder παρασκευή (ς' = Freitag), σάββατον (σαβ. = Sonnabend) und der Wochenangabe, einer Ordinalzahl, die die Wochen der betr. Unterabschnitte einzeln durchzählt und, wenn nötig, durch die Kennzeichnung des betr. Unterabschnitts ergänzt wird: (Joh) = Zeit zwischen Ostern und Pfingsten nach den Evangelienlesungen aus Joh.; (Mt) = Zeit zwischen Pfingstmontag und Kreuzeserhöhung (14. Sept.); (Lk) = Zeit von Kreuzeserhöhung bis Vorfastenzeit; ἀποκρ(έου, ἀποκρέως o. ä.) = Woche der Fleischesenthaltung (lat. = Woche Sexagesimae); τυρ(οφάγου, τυρίνης o. ä.) = Woche der Enthaltung auch von Laktizinien (lat. = Woche Estomihi); α'–ς' νηστ(ειῶν) = 1.–6. Fastenwoche (τεσσαρακοστή); μεγ(άλης) ἑβδ(ομάδος) = Karwoche. Für das Menolog werden die üblichen Tagesangaben des byzantinischen Jahres zusammen mit dem Namen des gefeierten Heiligen, Märtyrers, Festes o. ä., benutzt. Vgl. auch Anm. 78.

für diese Zeit dienenden Buch mit den liturgischen Hymnen, und wird gelegentlich auch mit dessen Namen bezeichnet. Fast alle Lektionare bieten für diesen Abschnitt Lesungen zu allen Tagen, da diese Freuden-Festzeit dadurch gekennzeichnet ist, daß in der Regel an allen Tagen, also auch an den Wochentagen Liturgien gefeiert werden. Die Lektionen für diese Zeit entstammen ausnahmslos der Apostelgeschichte und bis auf wenige Ausnahmen dem JohEv. Eine Analyse der Apostoloslesungen, die für den Ostersonntag mit Apg 1, 1–8 beginnen, ergibt, daß die Perikopen fast eine Art lectio continua bilden, also in annähernd fortlaufender Folge auf die Tage aufgeteilt sind, unabhängig, ob es sich um Wochentage, Sonnabende oder Sonntage handelt. Unterbrochen wird die Folge einmal an den Stellen, wo Perikopen vom Inhalt her Beziehungen zu einem besonderen Tag haben; so wird Apg 2, 1–11 am Pfingstsonntag gelesen, Apg 5, 12–20 am „weißen Sonntag" (κυρ. ἀντίπασχα), Apg 14, 6–18 am sogenannten Tage der Mittpfingsten[74], Apg 1, 1–12 am Himmelfahrtstag (nachdem schon 1, 1–8 am Ostersonntag gelesen wurde)[75]. Zum anderen wird, von einigen Versen abgesehen, die zwischen den Perikopen fehlen, die lectio continua unterbrochen durch folgende Partien, die nicht ins Lesesystem aufgenommen wurden: 1, 18–20; 2, 43–47; 4, 32–37; 5, 33–42; 7, 6–46[76]; 8, 1–4; 10, 17–21; 11, 11–18; 12, 18–24; 13, 25–14, 5[77]; 15, 13–34; 16, 1–15; 16, 35–40; 17, 10–18; 17, 29–18, 21; 19, 9–20, 6; 20, 13–15; 20, 19–27[78]; 20, 37–21, 7; 21, 15–25; 21, 33–22, 30; 23, 12–25, 12; 25, 20 bis 26, 32[79]. Trotz der aufgeführten Unterbrechungen beweist die Abfolge der Perikopen, daß die Apostolos-Lesungen für diesen Abschnitt in einem einmaligen Akt festgelegt sind, da sonst die meist nahtlosen Anschlüsse sowie die Übergänge von Wochentagslesungen zu Sonnabend-, und die von Sonnabend- zu Sonntagslesungen nicht erklärt werden können.

Gleiches gilt auch für die Evangelienperikopen, die für Ostersonntag mit Joh 1, 1–17 beginnen. Die Lesungen für die Tage zwischen

---

[74] d. h. der Tag, der rechnerisch die Mitte zwischen Ostern und Pfingsten bildet, er fällt auf δ' τῆς δ' (Joh).

[75] Ferner erfolgt eine Umstellung: σαβ. δ' wird Apg 12, 1–11 gelesen, am darauffolgenden Sonntag Apg 11, 19–26. 29–30.

[76] Sowohl in der Perikope β' τῆς γ' wie am 27. Dez. (Stephanus) übersprungen.

[77] In den Bereich dieser Auslassung fällt jedoch die Perikope 13, 25–33, die am 29. Aug. (Hinrichtung des Täufers) gelesen wird; in den Übersprung von Kap. 17 fällt die Perikope vom 3. Okt., Dionysios Areopagitis, mit 17, 16–23. 30–34, in den von Kap. 18 die vom 11. Mai, Gründung von Konstantinopel, mit 18, 1–4. 8–11.

[78] In der Perikope für κυρ. ζ' (ς') übersprungen. (Die Zählung dieses und der übrigen Sonntage dieses Abschnittes differiert. Die Regel ist, daß — allerdings nur in diesem Abschnitt — die Sonntagsbezeichnung sich von der folgenden Woche herleitet; häufig wird in den Handschriften der Usus der anderen Partien des Synaxars übernommen und der Sonntag mit der Zahl der vorangehenden Woche bezeichnet.)

[79] Apg 26, 1. 12–20 wird aber am 21. Mai (Konstantin und Helena) gelesen.

Ostern und Pfingsten weisen zwar mehr Unterbrechungen, Umstellungen usw. auf, führen aber auch zu dem Schluß, daß sie in einem einmaligen Akt festgelegt sind. Außer den wohl traditionsbedingten Lesungen aus Lk 24, 12–35 für γ' τῆς διακινησίμου (oder α'), aus Mk 15, 43–16, 8 für κυρ. γ' (τῶν μυροφόρων), aus Lk 24, 36–53 für Himmelfahrt sowie den Lesungen aus Joh für die Sonntage entsprechend ihrer zusätzlichen Benennung und für Mittpfingsten[80] folgen die Perikopen im großen Ganzen dem Ablauf des JohEv bis 17, 26. Als Unterbrechungen dieser Reihe sind hier hervorzuheben die Auslassungen von Joh 1, 29–34, gelesen am 7. Jan., σύναξις τοῦ 'Ιωάννου προδρόμου; 10, 9–16, Perikope für Kirchenlehrer und -führer und so z. B. gelesen am 13. Nov., Johannes Chrysostomos; 11, 1–45, gelesen am σαβ. ς' νηστ. (= Λαζάρου); 12, 1–18, gelesen an κυρ. ς' (= βαΐων); 13, 1–10. 12–17, gelesen am ε' τῆς μεγ. ἑβδ. als εὐαγγέλιον νιπτῆρος α' und β'; 15, 9–16, gelesen zusammen mit 14, 15–17. 21–23. 25–27 am 11. Mai, Gründung von Konstantinopel[81].

Die Überlieferung der umrissenen Perikopenordnung für die 7 Wochen von Ostern bis Pfingsten in den Lektionaren, deren weitere Einzelheiten aus den in Anm. 38 genannten Listen entnommen werden können, ist, von geringen bisher bekannten Verschiebungen um Halbverse oder Verse abgesehen, von absoluter Geschlossenheit. Die Reihe sowohl der Apostolos- wie auch der Evangelienlesungen weist, wie es scheint, keinerlei Modifikationen oder Abweichungen auf und muß demzufolge in allen griechisch-sprechenden Bereichen gegolten haben.

b) Die nächsten beiden Unterabschnitte müssen für den Apostolos zusammengenommen werden, da die Apostoloslesungen in ihnen eine Einheit bilden, also der Zyklus der Perikopen keine Unterbrechung erfährt wie der der Evangelienperikopen am 14. Sept. bei Kreuzeserhöhung, wo an die Stelle der Mt-Lesungen die aus Lk treten. Daher werden auch die Wochen im Apostolos ohne Unterbrechung durchgezählt und laufen normalerweise von α' bis λγ' (1 bis 33), ferner wird der gesamte Zyklus von Pfingsten bis zur Vorfastenzeit häufig nach dem liturgischen Buch der Hymnen für diese Zeit mit dem Terminus (Zeit des) Oktoïchos ('Οκτώηχος) bezeichnet.

Die Überlieferung der Perikopen ist für diese Zeit nicht ganz so einheitlich wie die der Zeit bis Pfingsten. Schon dadurch differieren die Lektionare äußerlich, daß nur ein gutes Drittel aller Apostolos-Lek-

---

[80] κυρ. ἀντίπασχα: Thomas (Joh 20, 19–31), κυρ. γ': μυροφόρων (Mk 15, 43–16, 8; siehe Text), κυρ. δ': παραλύτου (Joh 5, 1–15); δ' τῆς δ': Mittpfingsten (Joh 7, 14–30), κυρ. ε': Samariterin (Joh 4, 5–42), κυρ. ς': τυφλοῦ (Joh 9, 1–38), κυρ. ζ': Hlg. Väter von Nicaea (Joh 17, 1–13), (κυρ) Ν': πεντεκοστῆς (Joh 7, 37–52; 8, 12).

[81] Vgl. Anm. 79; Gregorys Angabe in Textkritik 379 ist wie manche andere falsch und erst in seinem Handexemplar korrigiert; andere Korrekturen von ihm finden sich Textkritik 1211–1224.

tionare (nach meiner Zählung 129 von 375 Hss) Lesungen für alle Tage einschließlich der Wochentage bieten, während die anderen ausschließlich Lesungen für die Sonnabende und Sonntage (sog. σαββατοκυριακαί) bieten[82]. Soweit ich sehe, ist in der Literatur noch nichts Genaueres zur Erklärung und Deutung des Unterschiedes zwischen diesen beiden Typen veröffentlicht; ich vermute, daß die Lektionare mit Perikopen für alle Tage vornehmlich, wenn nicht ausschließlich für den klösterlichen Gebrauch bestimmt waren, während die anderen dem normalen kirchlichen Usus folgen, der für diese Zeit nur Liturgien an den Wochenenden vorsieht[83]. Die Differenzen nun innerhalb der Apostolos-Lektionare betreffen fast überwiegend die Wochentagslesungen, während die Sabbatokyriakai wieder mit einer überraschenden Einhelligkeit überliefert werden, also auch bei den Hss die gleichen sind, die an den Wochentagen abweichen. Differenzen bezüglich der Sabbatokyriakai sind mir — abgesehen von den beiden letzten Sabbatokyriakai — bisher nur bekannt bei *l* 60[84], das zwar für die Sonnabende dieser Periode völlig eigene Wege geht, aber wenigstens für 15 der 33 Sonntage gleiche Lesungen bietet. Bezüglich der Wochentagslesungen heben sich bisher folgende Hss heraus: *l* 156. *l* 165. *l* 170. *l* 176. *l* 609. *l* 617. *l* 1818. *l* 2098, ferner *l* 148, aber auch *l* 590. Mit Ausnahme von *l* 148 differieren sie aber neben anderen[85] auch in der Länge dieses Zyklus von den übrigen Hss: sie zählen insgesamt 35 Wochen bzw. mit der Woche πρὸ τῆς ἀποκρ. 36 Wochen.

Beginnen wir aber erst einmal mit der Analyse der Apostoloslesungen in den normalen Lektionaren: Dabei wird sofort deutlich, daß die Lesungen für die Sonnabende und Sonntage nicht mit denen der Wochentage korrespondieren. Vielmehr ergibt sich, daß sowohl die Perikopen für die Sonntage wie die für die Sonnabende, und zwar jede für sich, eine lockere Reihe bilden, die fortlaufend, also in Form einer sogenannten Bahnlesung aus den paulinischen Briefen einschließlich Pastoralbriefen herstammen. Einzige Ausnahme ist die Lesung für

---

[82] Das entsprechende Verhältnis bei den Evangelien-Lektionaren ist, wie B. M. Metzger in diesem Band S. 480 berichtet, etwa 40:60 oder 2:3.

[83] Eine ähnliche Vermutung spricht auch P.-M. Gy a. a. O. (vgl. Anm. 65) 256 aus. Diese Vermutung wird dadurch unterstützt, daß die Lektionare mit Lesungen für alle Tage (in der Handschriftenliste mit *l* e bzw. *l* ^{a}e bzw. *l*$^{+a}$e bezeichnet, weil sie volle Lesungen für alle ἑβδομάδες haben) auch im Menolog meist für alle bzw. sehr viele Tage des Jahres Heilige aufführen, während die anderen, die nur bis Pfingsten für alle Tage, danach aber nur für die Sabbatokyriakai Lesungen bieten (*l* esk, *l*^{a} esk, *l*$^{+a}$ esk), im Menolog vornehmlich nur die größeren Feste und Heiligen erwähnen.

[84] *l*$^{+a}$ esk, A. D. 1021, heute Paris, B.N.Gr. 375; den Hinweis darauf verdanke ich Diego Losada, Buenos Aires, der bei seinen Arbeiten im Institut für Neutestamentliche Textforschung über den Text des Röm in den Lektionaren auch eine ganze Reihe von Hss nach ihrem Lesesystem durchforscht hat. Seine Ergebnisse sollen in Argentinien veröffentlicht werden; vgl. aber auch J. Duplacy 529f.

[85] *l* 738, *l* 1365 z. B. bieten hier 34 bzw. 35 Wochen.

den 1. Sonntag, den Sonntag ἁγίων πάντων, sie stammt aus Hebr 11, 33–12, 2. Alle übrigen bieten mit steigender Wochenzahl Stücke, die einander folgen. Dabei ist die Reihenfolge der Briefe genau diejenige, die sich in allen späteren byzantinischen Hss findet und dem Nestle entspricht. Daß die Sonntagsreihe sich von der der Sonnabende abhebt, ergibt sich daraus, daß sie am 2. Wochenende noch „nachhinkt" (Röm 3, 19–26 wird am Sonnabend, Röm 2, 10–16 am Sonntag gelesen); von der 3. Woche eilt die Sonntagsreihe der anderen aber zunehmend voraus.

Die Reihe der Wochentagslesungen nun schließt systematisch die Lücken, die von den beiden Bahnlesungen übriggelassen worden sind. Sie beginnt ebenfalls mit einer Ausnahme, am Montag nach Pfingsten wird Eph 5, 8–19 gelesen (übrigens auch in Lektionaren geboten, die hier nur Sabbatokyriakai haben), am Dienstag folgt aber gleich Röm 1, 1–7. 13–17. Dabei zeigt sich schon ein anderes wichtiges Phänomen. Bei dieser „Nachlese" für die Wochentage werden normalerweise die Stücke übersprungen, die bereits für eine andere Lesung vorgesehen waren, hier also Röm 1, 7–12, das am 1. Sonnabend gelesen wird. Diese Übersprünge erfolgen aber nicht nur bei den Sabbatokyriakai, sondern auch, wenn die Apostoloslesungen in den anderen Teilen des Synaxars, also in der Fastenzeit und Karwoche verwendet worden sind, und darüber hinaus sogar bei wichtigen Festen des Menologs, wie es sich schon bei der Zeit vor Pfingsten für Acta und Joh[86] abzeichnete. Gerade diese letztere Tatsache bildet auch den Grund dafür, daß bei der oben erwähnten Reihe der Sonntagslesungen solche aus Philipper, 1. 2. Thess und Titus, bei der Sonnabendreihe Lesungen aus Philipper, 2 Thess, 1 Tim und Titus fehlen. Die inhaltlich gewichtigeren Perikopen waren bereits für besondere Feste des Menologs bzw. die κυρ. βαΐων vorgesehen. So interessant es wäre, würde die vollständige Aufzählung der in der Wochentagsreihe übersprungenen Perikopen den hier gezogenen Rahmen überschreiten, handelt es sich doch zusammen mit den wenigen völlig übergangenen Versen um über 50 längere oder kürzere Versfolgen. Dieses Phänomen aber wird unten (vgl. S. 536f.) noch für den Versuch einer Datierung des Perikopensystems herangezogen und dabei wenigstens in den Hauptpunkten näher dargestellt. Die Wochentagsreihe umfaßt ebenfalls die paulinischen Briefe in der kanonischen Reihenfolge einschließlich Pastoralbriefe — aber ohne Philemon — und Hebräer und reicht bis γ' τῆς λα', also den Dienstag der 31. Woche. Für die restlichen Tage bis zum Beginn der Vorfastenzeit und auch für die Wochentage der 34. Woche und der Wochen ἀποκρέου und τυροφάγου werden dann die Katholischen Briefe gelesen, ebenfalls in der kanonischen Folge Jak, 1. 2 Petr, 1–3 Joh und Jud.

[86] Vgl. oben S. 519f. und Anm. 77.

Auch hier handelt es sich um eine „Nachlese“, wird also die lectio continua unterbrochen, wenn bestimmte Perikopen zur Lesung in anderen Teilen des Systems, d. h. bei den Katholischen Briefen nur im Menolog vorgesehen sind. Im einzelnen ergibt sich dabei folgende Gliederung:

Jak 1, 1–5, 9 wird von δ' τῆς λα' bis ε' τῆς λβ' gelesen;

Jak 5, 10–20 jedoch ist Festperikope für Elia am 20. Juli und wird auch gelesen für andere Propheten (z. B. Elisa) und für „verschiedene Gelegenheiten“ (εἰς διαφόρους μνήμας, vgl. den betr. Abschnitt);

1 Petr 1, 1–2, 10 wird ς' τῆς λβ' gelesen;

1 Petr 2, 11–24 gehört mit 1 Petr 1, 3–9; 1, 13–19 zu den Texten des 29. Juni, die auf das Fest Peter und Paul hinführen, also in den vorbereitenden Stundengebeten anstelle der sonst bei großen Festen üblichen alttestamentlichen Perikopen gelesen werden;

1 Petr 2, 21–5, 5 wird von β' bis ε' τῆς λγ' gelesen;

1 Petr 5, 6–14 ist Festperikope für den Evangelisten Markus am 25. April;

2 Petr 1, 1–10 wird ς' τῆς λγ' gelesen;

2 Petr 1, 10–19 ist Festperikope für den 6. Aug. (Verklärung);

2 Petr 1, 20–3, 18 wird von β' bis δ' τῆς λδ' gelesen;

1 Joh 1, 1–7 ist Festperikope für den Evangelisten Johannes am 8. Mai;

1 Joh 1, 8–4, 11 wird von ε' τῆς λδ' bis δ' τῆς ἀποκρ. gelesen;

1 Joh 4, 12–19 ist Festperikope für den 26. Sept. (Metastasis des Evst. Johannes);

1 Joh 4, 20–5, 21;

2 Joh 1 — Jud 25 werden von ε' τῆς ἀποκρ. bis ε' τυρ. gelesen.

Soweit die Darstellung der normalen Apostolos-Lektionare. Die mir bisher bekannten davon abweichenden Lektionare haben eines gemeinsam: Neben der identischen Reihe der Sabbatokyriakai bieten sie für die Wochentage kürzere Perikopen als die Normallektionare. Die Folge davon ist, daß sie in den Wochen von Pfingsten bis einschließlich der Vorfastenzeit mit Wochentagslesungen aus den Paulinen einschließlich Past. und Hebr auskommen, also hier *keine* Lesungen aus den Katholischen Briefen bieten. Die Abgrenzung der Wochentagslesungen ist bei ihnen nicht völlig einheitlich, die Hss *l* 156, *l* 165, *l* 170, *l* 176, *l* 609, *l* 617, *l* 1818, *l* 2098 stimmen untereinander weitgehend überein[87],

[87] Die Einzelheiten zur Perikopenabgrenzung dieser Handschriften können aus Scrivener und Gregory entnommen werden. In F. H. A. Scrivener, Plain Introduction... I, London 1894, finden sich S. 81f. für die Mt-Wochen zu den Wochentagen die Lesungen aus *l* 170, die Ergänzung dazu für die letzten Mt- und die Lk-Wochen steht auf S. 86 in Anm. 3, dabei sind aber alle Wochenzahlen falsch und jeweils um

l 148 geht dagegen — soweit ich sehe — relativ eigene Wege und *l* 590 stellt eine sehr merkwürdige Mischform da. In *l* 590 werden für die Wochentage bis ε' τῆς κγ' zunächst Perikopen geboten, die bis auf geringe Differenzen in der Perikopenabgrenzung denen von *l* 156 und Genossen entsprechen, die Wochentagslesungen von ϛ' τῆς κγ' an entsprechen dann aber genau denen der Normalhandschriften von ϛ' τῆς ιϛ' an, sind in der Abgrenzung mit ihnen völlig identisch, laufen ihnen aber exakt 7 Wochen voraus. Dieser Überhang wird dadurch ausgeglichen, daß *l* 590 2 Wochen in den Zyklus einschiebt, also statt 33 Wochen insgesamt 35 Wochen bietet[88] und dann die Leseordnung der Normalhandschriften über die Vorfastenwochen hinaus, ebenfalls unter Wegfall von Lesungen für die 1. Fastenwoche (α' νηστ.), bis in den Wochen β' — ϛ' νηστ. weiterführt! In *l* 590 liegt also eine Hs vor, die in der τεσσαρακοστή Perikopen für die Wochentage bietet, während, wie erwähnt[89], die Normallektionare hier keine Lesungen bieten, da an den Wochentagen in den Präsanktifikanten-Messen das Alte Testament gelesen wird. *l* 156 und Genossen bieten ebenfalls wie *l* 590 für diesen Abschnitt 35 Wochen, somit bezieht sich die Berührung von *l* 590 mit dieser Gruppe auch auf die Länge des Abschnittes; die von *l* 156 usw. eingeschobenen Lesungen sind aber mit denen von *l* 590 nicht in allen Punkten identisch[90].

Alle diese für die Apostolos-Lesungen dieses Zeitabschnittes beschriebenen Erscheinungen entsprechen weitgehend denen, die in den Evangelienlektionaren begegnen. Das bezieht sich sowohl auf die beiden „Bahnlesungen" für die Sonnabende und Sonntage, wie auch auf die lectio continua für die Wochentage, wobei ebenfalls nicht nur

---

1 zu erhöhen. Gregory übernimmt diese Angaben unter Apl 68 in seine Liste, Textkritik 347–360, übernimmt aber auch den Zählungsfehler, so daß die Reihe bei ihm nur bis ἀποκρ., nicht wie in *l* 170 bis τυροφάγου reicht. *l* 156 und die anderen haben fast stets die gleichen Perikopen wie *l* 170.

[88] Die beiden zusätzlichen Wochen werden nach σαβ. λβ' eingeschoben. Als Lesung κυρ. λβ' wird 1 Tim 6, 11–16 gelesen (in den Normalhandschriften stets σαβ. μετὰ χυ γενν,), die Wochentagslesungen λγ' entsprechen denen von Woche κϛ' der Normalhandschriften, als σαβ. λγ' 1 Tim 2, 1–7 (sonst 1. Sept., Indikation), als κυρ. λγ' 2 Tim 1, 3–9 (sonst 22. Jan., Timotheus), als Woche λδ' übliche Lesungen von Woche κζ', als σαβ. λδ' 1 Tim 3, 13–4, 5 (sonst σαβ. πρὸ τῶν φώτων); κυρ. λδ' entspricht dann wieder κυρ. λβ'. Als Lesung σαβ. πρὸ τῆς ἀποκρ. wird 2 Tim 3, 1–9 gelesen wie in vielen Normalhss.

[89] Vgl. oben S. 516.

[90] Die Einschübe beginnen im Gegensatz zu *l* 590 bereits mit σαβ. λβ'; an diesem Tag wird gelesen Kol 2, 8–12 (sonst 1. Jan., Beschneidung Christi), κυρ. λβ', σαβ. λγ', κυρ. λγ', σαβ. λδ' wie *l* 590, κυρ. λδ' 2 Tim 3, 10–15 (sonst κυρ. λγ', also Ende des 1. Einschubs einer Woche); σαβ. λε' mit 1 Tim 4, 9–15 ist identisch mit κυρ. λβ', der 2. Einschub beginnt danach mit κυρ. λε' 2 Tim 2, 1–10 (sonst 1. Sept., Indikion), σαβ. λϛ' 2 Tim 2, 11–19 (sonst σαβ. λγ'); bezüglich der Wochentagslesungen vgl. die bei Scrivener und Gregory gedruckten Listen unter Berücksichtigung von Anm. 87.

die für die Sabbatokyriakai und die anderen Teile des Synaxars vergebenen Perikopen übersprungen werden, sondern auch einige Festperikopen für die großen Feste des Menologs, und zwar sowohl in Mt und Lk, den Hauptevangelien der beiden Abschnitte, wie auch in Mk, dem „Ergänzungsevangelium" für die Wochentage von der 12. bzw. 13. Woche an[91]. Auch bei ihnen kommen kaum Abweichungen bei den Sabbatokyriakai vor, sie beziehen sich vornehmlich nur auf die Stellung der σαβ.-κυρ. ιζ' des Mt, die entweder suo loco geboten oder dort eingeschoben wird, wo sie gelesen wird, nämlich vor der 15. Lk-Woche oder danach, d. h. am Ende des Zyklus[92]. Die eigentlichen Abweichungen erfolgen bei den Wochentagslesungen. Vornehmlich zwei Lektionare sind hier zu erwähnen, *l* 292 und *l* 1841[93]; sie bieten in den Mt-Wochen zunächst größere Wochentagsperikopen, brechen damit aber am ς' τῆς θ' ab (Perikope, Mt 25, 1–13) und haben von da an nur noch Sabbatokyriakai; in der Lk-Zeit folgen sie zunächst bis β' τῆς ζ'

[91] Die Feste des Menologs, deren Perikopen in den Wochentagslesungen übersprungen werden, entsprechen weitgehend denen, deren Lesungen auch von den Apostolos-Lektionaren übersprungen werden.

[92] Obwohl die Zählung der Sabbatokyriakai des Mt bis ιζ' durchgeführt wird und auch entsprechende Perikopen vorgesehen sind, finden sich in keiner Handschrift Wochentagslesungen für diese Woche! Der Grund dafür ist entweder darin zu sehen, daß eine 17. Woche nur benötigt wird, wenn Ostern auf den 22. März fällt; denn nur dann überschreitet die Summe der Wochen bis zur σαβ./κυρ. πρὸ τῆς ὑψώσεως die Zahl 16. Dieser Ostertermin ist jedoch sehr selten und lt. H. Lietzmann, Zeitrechnung, Berlin 1956³, nur für die Jahre 604, 851, 946, 1041 belegt. Schon wenn Ostern auf den 23. März und Pfingsten auf den 11. Mai fällt, ist der 17. Sonntag nach Pfingsten die κυρ. πρὸ τῆς ὑψώσεως. Oder aber es kommt als Erklärung in Betracht, daß die σαβ./κυρ. πρὸ τῆς ὑψώσεως zusammen mit der μετὰ τὴν ὕψωσιν erst später in Angleichung an den Brauch für Weihnachten und Epiphanias festgelegt wurde, so daß damit eine 17. Sabbatokyriake aus Mt überflüssig ist und demzufolge diese ganze Woche nicht mehr mit Wochentagslesungen aufgefüllt wurde (vgl. dazu auch S. 535 mit Anm. 133). Auf jeden Fall hat diese Sabbatokyriake in dem Lesesystem ihren Platz vor dem Ende des Lk-Zyklus bekommen und wird in einer Reihe von Hss auch dort überliefert. Die anderen bieten sie zwar suo loco, setzen aber gewöhnlich eine Leseanweisung dazu, die der bei Gregory, Textkritik, 353, abgedruckten entspricht. — In diesem Zusammenhang noch einen Hinweis, der einen weitverbreiteten Irrtum klären kann: Die für die Werktage einer bestimmten Woche festgelegten Lesungen brauchen durchaus nicht aus der Woche zu stammen, aus der Lesungen für das Wochenende vorgesehen sind, sondern können im Lektionar unter einer anderen Wochen-Nummer geführt werden. So kann in der Woche vor dem Sonntag der Kanaanäerin (κυρ. ιζ' [Mt] nach der Perikope Mt 15, 21–28) aus einer nicht benötigten Lk-Woche gelesen werden. Alle näheren Einzelheiten über die faktischen Lesepläne der betr. Jahre werden nämlich ad hoc durch das Typikon oder entsprechend dem gebrauchten Typikon in Leseplänen (heute ἡμερολόγια) geregelt, wo gleichzeitig auch Konkurrenzen zwischen Heiligen bzw. Menolog und Synaxar geklärt werden.

[93] Zu den Einzelheiten vgl. die Liste von Gregory; erste Hinweise auf die besondere Tradition dieser Hss und mögliche Zusammenhänge gibt J. Duplacy in seinem Bericht S. 517 Anm. 4, 528, 538, jeweils mit Anm.

dem Normalschema, bis zur 11. Woche bieten sie wiederum längere Perikopen aus Lk und lesen dann von der 12. Woche das ganze übrige MkEv an den Wochentagen bis in die erste Vorfastenwoche hinein.

Die oben erwähnte Dauer des Zyklus zwischen Pfingsten und der Vorfastenzeit von 33 Wochen wird durch einige Festoktaven der großen Feste des Menologs verlängert, die in diese Zeit fallen: das der Kreuzeserhöhung, von Weihnachten (Χριστοῦ γεννήσεως) und von Epiphanias (τὰ φῶτα)[94]. Auf diese Weise erfährt dieser Zyklus eine Ausdehnung auf insgesamt 38 Wochen. In ihm erfolgt aber auch die notwendige Verkürzung, wenn durch die aufeinanderfolgenden Osterdaten nicht die volle Wochenzahl benötigt wird, indem zwischen κυρ. μετὰ τὰ φῶτα und dem 32. Sonntag die überschüssigen Wochen ausgelassen werden. Dabei bleibt in der Regel immer der Abschluß dieses Zyklus durch die Sonntage „Zakchäus", („Kanaanäerin") und „Pharisäer und Zöllner" erhalten, d. h. die Verkürzung berührt nicht die letzten regulären Wochen mit ihren Lesungen.

c) Der nächste Unterabschnitt umfaßt die Vorfasten- und Fastenzeit und dauert 9 Wochen, wenn man die Karwoche miteinbezieht, 10 Wochen, und entspricht dann dem Gebrauch des Triodium, dem 3. Hymnenbuch für den Jahresablauf. Die Abgrenzung zum vorangehenden Abschnitt ist, was die Perikopen angeht, etwas fließend, da die Ausdehnung der Fastenzeit nach vorn um die Wochen ἀποκρ. und τυροφάγου und die Vorschaltung der Woche ἀσώτου, genannt nach dem Sonntagsevangelium Lk 15, 11–32, oder πρὸ τῆς ἀποκρ. ein späteres Entwicklungsstadium darstellt. Daher laufen auch die Perikopen nicht einheitlich durch diesen Zeitraum. Die ἀσώτου-Woche bildet eigentlich den Abschluß des vorangehenden Abschnitts, die Sonnabendlesung des Apostolos und Evangeliums steht mit 1 Tim 6, 11–16 und Lk 20, 46–21, 4 noch ganz in dieser Perikopenreihe, die Sonntagslesung des Evangeliums (Verlorener Sohn, Lk 15, 11–32) ebenfalls, der Apostolos (1 Kor 6, 12–20) stellt dagegen eine Besonderheit und den Übergang zur Folgewoche dar. Die Sabbatokyriakai für ἀποκρ. entstammen nämlich beide dem 1 Kor und die für τυροφάγου dem Röm. Über die Wochentagslesungen aller drei Wochen aus den Katholischen Briefen ist bereits im vorigen Abschnitt gesprochen, sie laufen nach dem gleichen Prinzip wie dort bis in die Woche τυροφάγου nahtlos weiter, in der das volle Fasten ohne Liturgie am Mittwoch und

---

[94] Der Begriff Festoktave entspricht bei den Byzantinern nicht genau dem lateinischen. Sie feiern nämlich für die genannten Feste προ- oder μεθεόρτια nur bis zu den Sabbatokyriakai, die dem Fest vorangehen oder folgen, und beziehen die entsprechenden Sabbatokyriakai in die Vor- und Nachfeiern ein, verzeichnen deren Lesungen also auch im Menolog. So braucht bei ihnen die entsprechende Oktave nicht immer eine volle Woche zu umfassen. Zur „Festoktave" von Kreuzeserhöhung vgl. auch Anm. 92.

Freitag einsetzt, also für diese Tage normalerweise Perikopen fehlen[95]. Gleiches gilt auch für die Wochentagslesungen ἀποκρ. der Evangelien, während die Sabbatokyriakai bis auf σαβ. ἀποκρ. (Lk 21, 8–9. 25–27. 33–36) aus Mt und die Wochentagslesungen τυρ. aus Lk stammen. Auch die Überlieferungstreue dieser Perikopen entspricht der des vorigen Abschnitts, die Sabbatokyriakai weisen bisher keine Abweichungen auf[96], bei den Wochentagslesungen finden sich außer den im vorigen Abschnitt beschriebenen weitere Differenzen, vornehmlich in den Evangelienperikopen τυροφάγου.

Die eigentliche Fastenzeit (τῶν νηστειῶν) stellt auch bezüglich der Perikopen eine eigenständige Größe dar. Wie ausgeführt, wird in diesen 6 Wochen Liturgie mit Meßopfer nur an den Wochenenden gefeiert, die Perikopen dafür sind schon ganz auf die kommenden Heilsereignisse (Ostern) eingestimmt. So entstammen die Apostoloslesungen dem Hebr, nur am letzten Sonntag (κυρ. βαΐων) wird Phil 4, 4–9 gelesen. Die Evangelien entstammen vornehmlich dem Mk, am ersten Sonntag und am letzten Wochenende wird Joh gelesen. Für die Wochentagslesungen wird in den Präsanktifikantenmessen das Alte Testament benutzt (Bahnlesung aus Genesis und Proverbia). Die Überlieferung der Perikopenabgrenzungen ist sowohl für den Apostolos wie die Evangelien völlig einheitlich.

In der Karwoche, dem letzten Teil dieses Abschnittes und als μεγάλη ἑβδομάς das Endglied des ganzen Zyklus, werden bei den vielfältigen kirchlichen Feiern, die die normalen liturgischen Abläufe sprengen, Apostoloslesungen nur für die Hauptfeiern des Donnerstag, Freitag und Sonnabend geboten, die Lesungen stammen aus 1 Kor und Röm. Daneben finden sich in den Lektionaren auch Lesungen für die vier liturgischen Stunden des Karfreitags (ὥρα α', γ', ς', θ'), sie aber wechseln in den Hss und bestehen meist nur aus Verweisen auf andere Lektionen, stellen also im Gegensatz zu allen anderen Apostoloslektionen dieses Abschnittes für die betreffende Verwendung keine genuinen Perikopen dar, sondern greifen auf Lesungen zurück, die bereits für andere Tage bestimmt waren. Bis auf die genannten Schwankungen für die liturgischen Stunden des Karfreitags weichen die Lektionare in der Abgrenzung der Perikopen nicht voneinander ab. Über die Vielfalt der Evangelienperikopen, wie sie B. M. Metzger beschreibt[97], kann hier nur bemerkt werden, daß ihre Abgrenzungen und

[95] Die Lektionare der Sondergruppe *l* 156 und Genossen bieten im Gegensatz zu den Normallektionaren auch für δ' τῆς τυρ. und ς' τῆς τυρ. Lesungen, setzen also auch für diese Tage Liturgien voraus.

[96] Gregory's Bemerkung S. 361 zu κυρ. τυρ. über Scholz ist falsch. I. M. A. Scholz, NT graece, I, 471, bietet die reguläre Lesung Mt 6, 14–21; die Angabe über Joh 13, 12–17 ist ohne Tagesangabe zur Stelle geboten und bezieht sich auf ε' τῆς μεγ. ἑβδ. μετὰ τὸ νίψασθαι.

[97] Vgl. oben S. 481.

Inhalte z. T. sehr schwanken und noch einer genaueren Untersuchung bedürfen. Das ist bei dem teilweise harmonistischen Charakter, mit dem z. B. am Gründonnerstag und Karfreitag Elemente aus allen vier Evangelien zu Lesungen aneinandergereiht werden[98], bzw. bei den Übersprüngen, die für die Lesungen anderer Feiern die Regel zu sein scheinen, kein Wunder.

3. Das Menolog nun, der zweite, nach dem bürgerlichen Jahr aufgebaute Teil der Lektionare, läuft vom 1. Sept. bis zum 31. Aug. Seine Überlieferung in den Lektionaren ist in großem Maße uneinheitlich und variiert, sowohl was die Menge der angeführten Tage, häufig auch was die gefeierten Heiligen, Märtyrer usw. angeht, wie auch, was die dafür gebotenen Perikopen betrifft. Einen festen Kern bilden die großen Herren- und Marienfeste (δεσποτικαὶ καὶ μητρικαὶ ἑορταί): 8. Sept., Geburt Marias; 14. Sept., Kreuzeserhöhung; 21. Nov., Tempelbesuch Marias; 25. Dez., Weihnachten; 1. Jan., Beschneidung Christi; 6. Jan., Epiphanias; 2. Febr., Darstellung im Tempel; 25. März, Verkündigung; 6. Aug., Verklärung; 15. Aug., κοίμησις Marias. Zu ihnen treten normalerweise eine Reihe von Festen, deren Inhalte durch das „Neujahr" oder durch die Feier großer Apostel sowie deren Vorläufer bzw. Nachfolger, d. h. der großen Kirchenlehrer bestimmt sind: 1. Sept., Jahresbeginn; 26. Sept., Metastasis des Evst. Johannes; 6. Okt., Thomas; 18. Okt., Evst. Lukas; 8. Nov., Erzengel/Michael; 13. Nov., Chrysostomus(?); 16. Nov., Evst. Matthäus; 7. Jan., σύναξις Johannes des Täufers; 25. April, Evst. Markus; 8. Mai, Evst. Johannes; 24. Juni, Johannes der Täufer; 29. Juni, Peter und Paul; 30. Juni, alle Apostel; 20. Juli, Elia; 29. Aug., Hinrichtung des Täufers.

Im großen Ganzen bieten diese Listen die Daten und Festinhalte, die in allen Lektionaren wiederkehren. Aber schon hier ist keine absolute Identität innerhalb der Lektionare gegeben, bei der weiteren Auffüllung des Kalenders treten dann immer größere Divergenzen auf, obwohl sich für bestimmte Tage bestimmte Feste relativ fest einbürgern[99]. Da aber die systematischen Untersuchungen über den Festkalender der Lektionare überhaupt sowie sein Vergleich mit dem in anderen liturgischen Büchern noch gar nicht richtig angelaufen sind, können sich alle Aussagen hier nur im Allgemeinen bewegen bzw. keinen Anspruch auf Vollständigkeit erheben.

---

[98] Vgl. in diesem Zusammenhang die Tatsache, auf die schon Gregory, Textkritik, 362, und nach ihm andere hinwiesen, daß die Einfügung von Lk 23, 43–44 nach Mt 26, 39 durch die Ferrargruppe ganz einfach vom Lektionar her erklärt werden kann, da die Lesung für Gründonnerstag sich regelmäßig zusammensetzt aus Mt 26, 1–20; Joh 13, 1–17; Mt 26, 21–39; Lk 23, 43–44; Mt 26, 40-27, 2.

[99] Dazu gehören 1. Sept., Symeon Stylitis; 20. Sept., Eustathios; 23. Sept., Empfängnis von Joh. dem Täufer; 24. Sept., Thekla; 8. Okt., Pelagia; 26. Okt., Dimitrios; 1. Nov., Kosmas und Damian; 14. Nov., Apostel Philippus; 30. Nov., Apostel Andreas, wenn man die betr. Feste der ersten drei Monate nennen will.

Dennoch seien unter genanntem Vorbehalt einige Beobachtungen notiert: Für viele der genannten relativ einheitlich gefeierten Feste werden in den Lektionaren Perikopen geboten, die im Lesesystem des Synaxars nicht verwendet werden, sondern im Gegenteil dort trotz der erwähnten Nachlese für die Wochentage systematisch ausgespart und übersprungen sind. Das gilt sowohl für Apostolos- wie für Evangelienperikopen und betrifft auch eine Reihe von Vorfeiern oder Nachfeiern an den Sonnabend/Sonntagen vor oder nach den großen Festen am 25. Dez. und 6. Jan. Für diese Feste sind dann die entsprechenden Perikopen mit ihrem vollen Wortlaut im Menolog ausgeschrieben, während sonst die Regel ist, daß für die Perikopen des Festes auf den Tag des Synaxars verwiesen wird, an dem sich der Text schon findet. Demzufolge finden sich in esk-Handschriften im Menolog mehr ausgeschriebene Texte als in den Hss, die im Synaxar für alle Wochentage Lesungen bieten, selbst wenn die esk-Lektionare, wie erwähnt, normalerweise im Menolog nicht jeden Tag aufführen. Ferner ist aufgrund Gregorys Liste und auch eigener Beobachtungen festzustellen, daß die Auswahl der Evangelien- und Apostelperikopen für das Menolog relativ stereotyp ist und sich weitgehend auf einige Standardperikopen konzentriert, die entsprechend dem Festcharakter oder der Wertung des Gefeierten als μάρτυς, ὅσιος, ἀνάργυρος, πατριάρχης o. ä. häufig wiederkehren, also nicht individuell variiert werden[100]. Doch selbst wenn in Lektionaren die Festinhalte übereinstimmen, ist damit noch nicht gesagt, daß in ihnen dann auch gleiche Perikopen im Wortlaut oder Verweis geboten werden. Überhaupt ist festzustellen, daß durch das Anwachsen der Gedächtnisse für Kirchenmänner und -frauen sich die Tage des Menologs besonders in den Monaten, die nicht durch große Feste oder Festzeiten des Synaxars überlagert sind, mehr und mehr füllten, so daß sich in vielen Lektionaren zu einzelnen Tagen ganze Kataloge von Heiligen usw. finden, für die einzeln oder zusammen Perikopen geboten werden. Aber auch die Monate März bis Mai bieten in vielen Lektionaren, besonders in den „täglichen" Lektionaren, ein oder mehrere Gedächtnisse für jeden Tag.

Während noch für das Synaxar sich schon aus der Bearbeitung einer begrenzten Zahl von Lektionaren relativ schnell bestimmte Linien herausarbeiten ließen, die für die Entwicklung charakteristisch sind, ist das Bild im Menolog so undurchschaubar und verwirrend, daß hier im gegenwärtigen Forschungsstand darauf verzichtet werden muß, sowohl was die Festinhalte wie auch die Perikopenauswahl insgesamt betrifft. Auch bezüglich der Katholischen Briefe ist das Bild verwirrend und absolut uneinheitlich. So lesen die meisten Normallektionare für den 23. Okt., Jakobus, Gal 1, 11–19 oder verweisen auf κυρ. κ'; an-

[100] Vgl. dazu auch S. 531.

dere verweisen auf andere Tage oder Stellen; die Sondergruppe *l* 156 und Genossen bietet aber Jak 1, 1–12, was z. B. *l* 588 dazu bringt, auf δ' τῆς λα' zu verweisen, wo — da diese Hs nicht zur Sondergruppe zählt — Jak 1, 1–18 ausgeschrieben ist. Die Sondergruppe hebt sich aber auch bezüglich des 31. Okt. heraus und feiert hier Abramios und Nichte Maria, deren normaler Gedenktag der 29. Okt. ist. *l* 156 und Genossen lesen am 31. Okt. Jak 5, 12–20, die Normalhandschriften feiern an diesem Tag meist die Apostel des 70 ger Kreises Stachyos, Amplias und Aristobul und bieten Verweise auf κυρ. ι' oder andere Tage oder lassen diesen Tag ganz aus. Wenn am 19. Juni der Apostel Judas gefeiert wird, bieten dafür einige Hss Jud 1–4. 20–25[101], andere 1–10. 17–25[102], andere den ganzen Jud[103] im Wortlaut; wieder andere verweisen auf γ' τῆς τυρ.[104], wo nur Jud 1–10 steht; andere verweisen auf andere Tage des Menologs[105], feiern andere Persönlichkeiten an diesem Tag[106] oder führen den 19. Juni gar nicht auf[107].

Diese Vielfalt gilt dagegen nicht für jene Tage, die zum Grundbestand der Lektionare gehören: Am 26. Sept. (Metastasis des Evst. Joh.), am 8. Mai (Evst. Joh.), am 20. Juli (Elia), am 6. Aug. (Verklärung) und bis zum gewissen Grad auch am 25. April (Evst. Markus) sind die Lektionare einschließlich der Sondergruppe, sowohl was den Festinhalt wie auch die Perikopen betrifft, von überraschender Einmütigkeit und bieten im Wortlaut, was an Perikopen im Lesesystem des Synaxars übersprungen wurde[108].

Das gilt aber nicht nur für die Katholischen Briefe, sondern auch für die anderen Teile des Apostolos: Verwirrende Vielfalt an der Mehrzahl der Tage in Hinsicht auf Festinhalt und Perikopenauswahl, Einhelligkeit bei den großen Festen. Welche Feste jedoch noch oder schon dazu gehören, ist im Moment noch nicht eindeutig zu bestimmen. Wie der 25. April (Markus, 1 Petr 5, 6–14) in manchen Hss ganz fehlt[109] oder Verweise auf κυρ. ι' (1 Kor 4, 9–16) aufweist[110], ist weder von den gebotenen Apostolos- noch von den Evangelienperikopen her festzustellen, ob etwa der 18. Okt. (Evst. Lukas)[111] noch zum Grundbe-

---

101 So *l* 427. *l* 1280. *l* 1284 u. a.

102 So *l* 585. *l* 610 u. a.

103 So *l* 592. *l* 1196. *l* 1281 u. a.

104 So *l* 620. *l* 621. *l* 1159 u. a.

105 So *l* 841. *l* 1154. *l* 1364 u. a., die auf den 1. Febr. verweisen, wo normalerweise Röm 8, 28–39 gelesen wird.

106 z. B. den Apostel Thaddäus oder den Propheten Ezechiel.

107 So *l* 589. *l* 591. *l* 854 u. a.

108 Die Perikopen für diese Feste, die die Wochentagsreihe unterbrechen, sind oben S. 523 aufgezählt.

109 z. B. in *l* 1707. *l* 1767.

110 z. B. in *l* 1127. *l* 1197. *l* 1282.

111 Die Lesung Kol 4, 5–18 entspricht denen von ε' und δ' τῆς κβ'; die Lesung Lk 10, 16–21 der vom 8. Nov., Michael.

stand gehört oder der 7. Jan. (Synaxis des Täufers)[112] bzw. die παραμοναί am 24. Dez.[113] und 5. Jan.[114] schon zum Grundbestand gerechnet werden müssen.

4. Den Schlußabschnitt in den Apostoloslektionaren bildet jener Teil, der normalerweise εἰς διαφόρους μνήμας überschrieben ist und — wie in den Evangelienlektionaren — Perikopen für verschiedene Gelegenheiten und anonyme Persönlichkeiten bietet, deren Gedächtnis nur in bestimmten Bereichen oder Gemeinden besonders gefeiert wird. Die Rubriken reichen von Kirchweihe über Feuersbrunst, Regenlosigkeit, Erdbeben und Heideneinfall bis hin zur Feier für Heilige, Märtyrer, ἱεράρχας, προφήτας usw. und zu verschiedenen Kasualien (nach westlicher Terminologie): Mönchseinkleidung, Ölweihe, ἐξομολόγησιν, Krankenfürbitte. Weder sind in den Lektionaren die Zahl der hier aufgeführten „Gelegenheiten", ihre Reihenfolge, noch die dafür gebotenen Perikopen einheitlich. Alle hier durch Verweis oder wörtliche Wiedergabe gebotenen Perikopen, die für einzelne Gelegenheiten auch alternativ angeboten werden, sind aber als Standardperikopen anzusehen, die auch im Menolog für eine Fülle entsprechender konkreter Feiern und Gedächtnisse Verwendung finden und wohl auch über diesen Abschnitt dorthin gelangt sind. Man hat sich sicher vorzustellen, daß lokale Persönlichkeiten, deren Gedächtnis nach den hier gebotenen Rubriken mit einer bestimmten Perikope zusammengewachsen ist, bei ihrer regionalen oder kirchenweiten Anerkennung zusammen mit der entsprechenden Lesung in den Heiligenkalender aufgenommen worden sind. Dadurch muß aber mit der Möglichkeit gerechnet werden, daß trotz der Vielfalt von Heiligen nicht nur die Perikopen relativ stereotyp sind, sondern auch deren Textform. Keine Übereinstimmungen mit anderen Lektionen weisen nur einige Perikopen für das Totengedächtnis (εἰς κοιμηθέντας auf): 1 Kor 15, 20–28; 15, 47–57; 1 Thess 4, 13–17; alle anderen hier verzeichneten Lesungen stimmen mit denen anderer Tage des Synaxars oder Menologs überein. Das gilt auch für die relativ wenigen Perikopen dieses Abschnitts aus den Katholischen Briefen: Jak 5, 10–20 oder Teile davon stehen für ἔλαιον ἀρρώστων[115], ἐξομολόγησιν[116], ἀσθενούντας[117],

---

112 Die Lesungen Apg 18, 22–28 oder 19, 1–8 und Joh 1, 29–34 fallen in einen Übersprung bei den Wochentagslesungen.

113 Die Apostoloslesungen sind uneinheitlich und korrespondieren mit dem Synaxar, Lk 2, 1–10 ist dort übersprungen.

114 Beide Lektionen (1 Kor 9, 19–10, 4 und Lk 3, 1–18) fallen in Auslassungen beim Synaxar.

115 So mit Jak 5, 10–16 *l* 158. *l* 809. *l* 1124 u. a.

116 So mit Jak 5, 13–16. 19–20 *l* 617.

117 So mit Jak 5, 10–16 *l* 427. *l* 1124 u. a.

ἀνομβρίαν[118] oder auch für προφήτας[119]. 2 Petr 1, 1 oder 1, 2–10 wird neben anderem nur εἰς σχῆμα μοναχῶν geboten[120]. Leider ist hier in diesem Schlußteil durch mechanische Schäden vieles in den Lektionaren zerstört oder verloren, so stehen die Angaben nicht auf so breiter Basis wie in den anderen Teilen.

4. Versuche zur Altersbestimmung des byzantinischen Lektionssystems

1. Obwohl sich bei der Darstellung der Struktur der byzantinischen Lektionare an einigen Stellen Schlußfolgerungen bezüglich einer relativen oder absoluten Chronologie fast aufdrängten, ist diese Fragestellung und der Versuch einer Antwort darauf zurückgestellt worden, um die betreffenden Erscheinungen im Zusammenhang zu besprechen und darzustellen. Dabei aber soll zunächst ausgegangen werden von den bisherigen Deutungen und Folgerungen früherer Bearbeiter:

C. R. Gregory versuchte, in der Einleitung zu seiner Lektionsliste[121] — allerdings nur durch „Theoretisieren“ und Deduktionen — eine Chronologie des Lektionssystems aufzustellen. Über eine von ihm für Ende des 4. Jhs. für Antiochia postulierte Leseordnung glaubte er, das feste Lesesystem bis in die Frühzeit der Kirche, d. h. bis in die Zeit zurückführen zu können, als alttestamentliche Lesungen vom Neuen Testament abgelöst wurden. „Nach der Theorie wäre die Sonntagsreihe vielleicht schon in der ersten Hälfte des 2. Jhs. entstanden, die Sonnabendreihe sagen wir bis zum Ende des dritten Viertels des 2. Jhs., und die Wochentagsreihe etwa gegen Ende des 2. Jhs., als die katholische Kirche sich alttestamentlich hierarchisch gestaltend den Gottesdienst genau zu regeln anfing.“ Trotz der unerlaubten Identifizierung aller Kirchenbereiche bezüglich des Lesesystems und der fatalen Projektion von späteren Ordnungen in die Frühzeit durch Gregory wirkte die Frühansetzung des Lesesystems — wenn auch abgeschwächt — bei Neutestamentlern und Textkritikern nach, selbst wenn sie an die Stelle der Identifizierung sachgemäß eine entsprechende Differenzierung setzten[122].

---

[118] So mit Jak 5, 17–20 *l* 160. *l* 593. *l* 1159 u. a.

[119] So mit Jak 5, 10–20 *l* 610. *l* 621. *l* 809 u. a.

[120] z. B. von *l* 740. *l*. 742. *l* 1227 u. a.

[121] Textkritik 336ff.

[122] z. B. E. Nestle, Einführung in das griechische NT, Göttingen 1909³, 104: „Mit als ein Zeichen der frühen Zeit, zu der die Einordnung und Anordnung der Lesestücke (in liturgische Bücher, so der vorangehende Satz) stattfand, führt Gregory mit Recht an, daß kein einziges Lesestück aus α (d. i. die Apokalypse) Aufnahme fand. .... Chrysostomus erklärt es als eine Anordnung der Väter .. ., nach Himmelfahrt (gemeint ist Ostern, vgl. unten S. 537 f) mit der Apostelgeschichte zu beginnen.“

Etwas vorsichtiger urteilten die beiden Lakes und im Anschluß daran die Amerikaner. K. und S. Lake kommen zu dem Schluß, daß "the lectionary in its usual (i. e. Constaninopolitan, so die Anm.) present form is a monastic creation, and can hardly be earlier than the time of St. Basil"[123]. Diesen Ansatz in die 2. Hälfte des 4. Jhs. modifiziert z. B. sehr vorsichtig B. M. Metzger, indem er darauf verweist, "that nearly three-fourth of Chrysostom's Homilies on Matthew either begin at the first verse of a known ecclesiastical lesson or at the first ensuing verse after the close of a lesson. But how minutely the present lectionary system had been elaborated in the time of Chrysostom is not known"[124].

Eine Datierung in wesentlich spätere Zeit erfolgte dagegen durch Nicht-Neutestamentler, die von anderen Seiten her auf die Frage nach dem Alter des byzantinischen Lesesystems und kirchlicher Lesegebräuche kamen. A. Rahlfs beschäftigte sich im Zusammenhang mit den alttestamentlichen Lektionen mit dem Aufbau des Fest- und Lesegebrauchs der Fastenzeit. Über eine genauere vergleichende Untersuchung der verschiedenen Gestaltungen dieses Zeitraumes in den östlichen Kirchen kommt er, von verschiedenen Quellen unterstützt, zu dem Ergebnis, daß eine der Einigungsbemühungen des Kaisers Heraklius († 641) darauf abzielte, eine einheitliche Dauer der Fastenzeit von 8 Wochen in den verschiedenen Kirchen durchzusetzen, und so von ihm in Byzanz die Woche τυροφάγου als (Vor-)Fastenwoche eingeführt worden sei. Rahlfs schließt: „Hiermit haben wir zugleich einen Terminus post quem für das konstantinopolitanische Lektionssystem der Fastenzeit gewonnen. In seiner jetzigen Ausgestaltung kann es frühestens um 630 n. Chr. erstanden sein."[125] Dieses Urteil hat natürlich zunächst die alttestamentlichen Lesungen im Auge, für die gerade in der τεσσαρακοστή zusätzlich noch eine gewisse Abhängigkeit von Jerusalem zu konstatieren ist[126], dürfte aber auch für die neutestamentlichen Lektionen gelten, da sich hier die gleichen verschiedenen Stufen und Stadien deutlich abzeichnen, ohne daß hier m. E. ein Einfluß von Jerusalem festgestellt werden kann[127].

Von ganz anderer Seite her kommt A. Ehrhard zu einem ähnlichen Ergebnis wie Rahlfs. Durch systematische Untersuchung des Festkalenders anhand liturgischer und homiletischer Hss ergibt sich ihm, daß „für die Entstehung des byzantinischen Kalenders . . . somit nur

---

[123] Amicitiae Corolla, London 1930, 147.

[124] The Saturday and Sunday Lessons 13; vgl. auch oben S. 483.

[125] Die alttestamentlichen Lektionen 111.

[126] Rahlfs 112.

[127] So im Gegensatz zu P.-M. Gy (vgl. Anm. 65). Denn sowohl bezüglich der Zahl von Lektionen wie fast stets auch der gelesenen Bücher bestehen zu Jerusalem keine Beziehungen, wie ein Vergleich mit dem armenischen Lektionar, einem direkten Deszendenten von Jerusalem erweist; vgl. zuletzt A. Renoux, Les lectures quadragésimales du rite arménien, Revue des études arméniennes 5 (1968), 231–247.

die Zeit zwischen der Mitte des 7. und der 1. Hälfte des 8. Jhs.“ offen bleibt, weil „seine Entstehung vermöge seiner ‚ökumenischen‘ Anlage nicht in die Zeit verlegt werden darf, in der die kirchlichen Lokalkalender im Gebrauch waren. Damit scheidet das 4. bis 6. Jh. von vornherein aus“. Ihm scheint nämlich „der Beweis erbracht, daß der Gebrauch von Lokalkalendern noch bis gegen die Mitte des 7. Jhs. andauerte“. Ehrhard fährt fort: „Es versteht sich, daß diese Neuerung (in Byzanz) sich nicht auf die Heiligenfestordnung beschränkte, sondern sich auch auf die alt- und neutestamentlichen Lesungen erstreckte, die an den großen Festen und an den Sonntagen des beweglichen Kirchenjahres vorgenommen wurden.“[128]

P.-M. Gy nimmt dieses Urteil von Rahlfs und Ehrhard auf, differenziert aber ihr Urteil in sehr überlegter Weise. Er unterscheidet einen „type ancien antérieur à l'établissement de lectures pour les cinq premiers jours de la semaine en dehors du temps pascal, et le type récent comportant ces lectures“[129] und übernimmt in etwa die Ansetzungen von Rahlfs und Ehrhard nur für den jüngeren Typ. Seiner These, daß das System der Wochentagslesungen nach Pfingsten die Fastenzeitordnung des Heraklius voraussetzt (S. 256), ist dabei unbedingt zuzustimmen. Seine Versuche dagegen, auch für die Reihe der Sabbatokyriakai zu einer zeitlichen Ansetzung zu kommen, bleiben etwas unbestimmter. Über die Feststellung, „que les homiélies de Sévère (von Antiochien, gehalten 512–518) supposent l'existence à Antiochia d'un système de péricopes évangéliques domenicales choisies, tout à fait different de la Bahnlesung semicontinue de Constantinople, que cette Bahnlesung ait déjà du temps de Sévère ou qu'elle ait été adoptée ultérieurement“ (S. 257f.) und einige zusätzliche Beobachtungen, die hier zunächst übergangen werden können, kommt er zu dem Schluß, „que, si cette particularité (gemeint ist die Reduktion der Messelektionen auf Apostolos und Evangelium, die in allen Teilen der Sabbatokyriakai vorausgesetzt ist) a été empruntée par Rome à Constantinople, l'emprunt a dû se faire au plus tard dans le cours du VI^{e}s“. (S. 261).

2. Gehen wir zunächst von dieser letzten Folgerung von Gy aus, so ist sofort festzustellen, daß für die angegebene Zeit jegliche „Entlehnung“ von Rom her nach Konstantinopel historisch höchst unwahrscheinlich ist, denn im Verlauf des 6. Jhs. liegt das Übergewicht, alle kirchlichen und profanen Bereiche betreffend, eindeutig im Osten. Wenn auch mit dem Namen Justinians I. verschiedene kirchliche Einigungsbestrebungen verbunden sind, so doch kaum auf liturgischem Gebiet; denn — und das spricht wieder gegen Gy — im westlichen Be-

[128] A. Ehrhard, Überlieferung und Bestand der hagiographischen und homiletischen Literatur . . ., I, 1, Leipzig 1937 (= TU 50), 32ff.

[129] La question du système des lectures de la liturgie byzantine (vgl. Anm. 65), 255.

reich setzte ja zu dieser Zeit überhaupt erst die Entwicklung zur liturgischen Vereinheitlichung ein, und diese Entwicklung erreichte erst später an der Wende zum 7. Jh. eine Ausformung, die „entlehnt" werden konnte. Außerdem müssen wir Maximus Confessor († 662) als einen Zeugen bewerten, der wenigstens für das frühe 7. Jh. noch den Gebrauch alttestamentlicher Lektionen in der byzantinischen Liturgie belegt, worauf bereits Rahlfs S. 124 hinwies. In der Mystagogie[130] nämlich, einer Ausdeutung der byzantinischen Liturgie, wird auf die verschiedenen Teile der Liturgie deutlich Bezug genommen: Nach dem Einzug, Kap. 9[131], bespricht er Kap. 10 τὰ θεῖα ἀναγνώσματα allgemein, bevor er über den Friedensgruß (Kap. 11) zur Verlesung des Evangeliums usw. kommt. In Kap. 23 nun deutet er speziell Einzug und „Lesungen" zusammen nochmals in ihrer Wirkung auf den „von außen Kommenden" aus und beschreibt sowohl τὴν ἐν πνεύματι φυσικὴν θεωρίαν wie einige Sätze später τὸ θαυμαστὸν καὶ μέγα τῆς ἐν νόμῳ καὶ προφήταις δηλουμένης θείας προνοίας μυστήριον[132]. Somit scheint mir relativ zwingend, daß neben der Ausweitung der Fastenzeit auch die Umordnung der Liturgie und die Reduktion auf Apostolos und Evangelium erst in das 7. Jh. fallen können, selbst wenn Gy diese Texte „paraissent peu convaincants" (S. 261).

Aber noch von einer dritten Seite her stoßen wir auf dieses Datum. Durch die Wiedergewinnung der Kreuzesreliquie im Jahre 628 unter Heraklius bekommt das Fest der Kreuzeserhöhung eine besondere und für den byzantinischen Bereich dominierende Stellung und kehrt regelmäßig in allen Menologen und Kalendarien wieder. Auch für die Sonnabend/Sonntagreihe wenigstens der Evangelien hat es eine bedeutende Funktion, denn mit ihm enden die sogenannten Mt-Wochen und beginnen die Lk-Wochen. Ein zeitlicher Zusammenhang zwischen beidem kann hier zwar nicht bewiesen werden, zumal ja die Apostolosreihe ohne Unterbrechung über den 14. Sept. hinläuft, sollte aber nicht von vornherein ausgeschlossen werden[133].

---

130 MPG 91, Sp. 651–718.

131 Das ist im Gegensatz zur späteren Zeit noch der Einzug vom Narthex in die Kirche, nicht der „μικρὴ εἴσοδος" mit dem Evangelienbuch von der Prothesis her.

132 Sp. 700 A.

133 Von den Perikopen her, etwa durch Übersprünge, läßt sich über das zeitliche Verhältnis zwischen Kreuzeserhöhung und Sabbatokyriakai nichts aussagen. Die Apostolosperikope ist, wie von der Sache her zu erwarten, mit der Karfreitagsperikope (1. Kor 1, 18–24) identisch; das Evangelium, eine spezielle „Bahnlesung" aus Joh 19, ist ohne Vorbild oder Identitäten. Wenn dagegen die Sabbatokyriakai πρὸ τῆς ὑψώσεως und μετὰ τὴν ὕψωσιν Identitäten mit anderen Perikopen (z. B. ε' τῆς α' Joh, σαβ. ζ' Mt) aufweisen, zeigt das nur, daß diese Vor- und Nachfeiern relativ jung sind und später entstanden sein müssen, zumal sich auch in den Lektionaren recht differierende Angaben über die hier zu lesenden Perikopen finden (vgl. dazu auch Anm. 92).

Einen wesentlich deutlicheren Hinweis, daß die Lesereihe der Sabbatokyriakai und die danach entstandene Reihe der Wochentagslesungen eigentlich nicht vor dem 7. Jh. entstanden sein kann, erhalten wir durch folgende Tatsache: Alle Perikopen, die in der Fasten- und auch in der Vorfastenzeit verwendet werden, sind in allen anderen Reihen sorgfältig ausgelassen bzw. übersprungen. Das ist besonders auffällig für Hebr, aus dem sicher aus diesem Grunde keine Sonnabend/Sonntags-Perikope stammt außer der von κυρ. α′ als Fest τῶν ἁγίων πάντων, einem sicher älteren Feierbrauch[134]. Wenn also die besondere Ausformung der byzantinischen Praxis für die Fastenzeit und wohl auch der entsprechenden Ordnung für die Fastengottesdienste unter Heraklius anzusetzen ist, dann kann die Ordnung der anderen Lesereihen allenfalls gleichzeitig sein oder sie ist später anzusetzen. In die gleiche Richtung weist auch die Tatsache, daß die Perikopen für die meisten Herren-, Marien- und eine Reihe von Apostelfesten von diesen Lesereihen übersprungen werden[135]. Da aber noch nicht exakt einzugrenzen ist, wann die betreffenden Feste in den Heiligenkalender gelangt sind, weil aus der Frühzeit keine entsprechenden Quellen erhalten sind, ergeben sich von hier nur sehr allgemeine Datierungsmöglichkeiten.

Wie betont, ist dagegen der zeitlichen Differenzierung zuzustimmen, die von allen Forschern zwischen dem Entstehen der Perikopenreihe der Sabbatokyriakai (sicher einschließlich der Wochentagslesungen für die Zeit des Pentekostarions) und dem der Reihe der Wochentagslesungen für die Zeit nach Pfingsten vorgenommen wird. Wenn für die ältere Reihe als Entstehungszeit eigentlich nur die erste Hälfte bis zur Mitte des 7. Jhs. in Frage kommt, so ist für die Auffüllung des Synaxars durch die Wochentagslesungen allenfalls an die 2. Hälfte dieses Jhs. zu denken. Hierfür wäre ein historischer Fixpunkt eventuell im 2. Trullanum (691) zu sehen, das durch seine vornehmlich disziplinär bestimmten Kanones großes Gewicht auf eine Regelung der vita clericalis legte und nebenher auch die Ausweitung der Perikopenordnung beschlossen oder angeregt haben könnte[136]. Aber auch die Ausweitung, die das Mönchs- und Klosterleben in diesem und dem beginnenden 8. Jh. erfahren hat, sind hier als Hintergrund gut vorstellbar, zumal wohl als sicher anzusehen ist, daß die Festlegung vollständiger Wochentagslesereihen in engem Zusammenhang mit den klösterlichen Liturgiefeiern steht.

Aus der Tatsache dagegen, daß die Lektionare *l* 156 und Genossen in den Wochentagslesungen die Lektüre der Katholischen Briefe ver-

---

134 Vgl. dazu auch Gy 258f.

135 Vgl. oben S. 528f.

136 So schon A. Ehrhard, 33, bezüglich der gesamten Neuordnung des byzantinischen Perikopenwesens.

meiden[137] und statt dessen kürzere Perikopen aus den Paulinen bieten, lassen sich m. E. keine Rückschlüsse auf die Entstehungszeit ziehen, obwohl man versucht ist, hier eine Nachwirkung der Kanonsgeschichte zu sehen. Denn in diesen Lektionaren finden sich im Menolog nicht nur die Perikopen aus den Katholischen Briefen, die auch von den Normallektionaren geboten werden, sondern darüber hinaus noch weitere Lesungen, wo die Normalhandschriften auf die Paulinen zurückgreifen. Wo die Gedächtnisfeier des Jakobus mit Jak 1, 1–12 statt mit Gal 1, 11–19 gefeiert wird, kann man nicht von einer kanonsgeschichtlich bedingten Abstinenz von den Katholischen Briefen reden. Im Gegenteil muß man daraus, daß sich deutlich abhebbare Gruppen mit von den übrigen Lektionaren unterschiedenen Wochentagslesungen nach Pfingsten sowohl im Apostolos wie bei den Evangelien finden, viel eher darauf schließen, daß diese Reihe eben relativ jung ist und nicht die Dominanz besitzt wie die Reihe der Sabbatokyriakai, die von allen Gruppen sehr einheitlich überliefert ist.

3. Trotz oder gerade wegen dieses Ergebnisses ist es aber nötig, noch auf die Argumente einzugehen, die für eine frühere Entstehung des byzantinischen Perikopensystems ins Feld geführt werden. Eine zentrale Bedeutung dabei wird der Person von Johannes Chrysostomus beigelegt, da viele aus seinen Homilien ein Zeugnis dafür ableiten, daß wenigstens in Antiochien eine bestimmte Leseordnung bestand. Das ist für eine kontinuierliche Lesung der Genesis in der Fastenzeit richtig und schon von Rahlfs herausgearbeitet worden[138]. Aber schon hier tauchen berechtigte Zweifel auf, ob „hieraus auf das Vorhandensein eines Lesesystems zu schließen (ist), welches die Gen genau so wie Chrys. auf die verschiedenen Zeiten und Tage verteilt hätte“[139]; anders formuliert: Chrysostomus bezeugt zwar den Usus, in der Fastenzeit Genesis zu lesen, belegt aber nicht eine feste Perikopenordnung.

Ebenso scheint es mir mit Acta zu sein. In den eindeutig nach Antiochien gehörenden vier Homilien des Chrysostomus, die bei Migne „In principium Actorum“ überschrieben sind[140], wird in Hom 4 ausführlich darüber gesprochen, warum Acta zu Pfingsten gelesen wird und eigentlich die Berichte über die Wundertaten der Apostel danach zu lesen seien, weil sie von der Geistgabe abhängig seien. Dem setzt aber der Prediger die Frage entgegen Τίνος οὖν ἕνεκεν οὐ τότε αὐτὰ ἀναγινώσκομεν, ἀλλ' εὐθέως μετὰ τὸν σταυρὸν καὶ μετὰ τὴν ἀνάστασιν. Seine Antwort lautet: . . . τῆς δὲ ἀναστάσεως ἀπόδειξίς ἐστι τὰ σημεῖα τὰ ἀποστολικά, . . . τοῦτο μετὰ τὸν σταυρὸν καὶ τὴν ζωηφόρον ἀνάστα-

---

137 Vgl. oben S. 523f.

138 So auf S. 114–122 mit vielen Einzelbelegen.

139 Rahlfs 120.

140 MPG 51, Sp. 65–112.

σιν εὐθέως οἱ Πατέρες ἐνομοθέτησαν ἀναγινώσκεσθαι[141]. Auch aus diesen Worten läßt sich nur ein bestimmter Leseusus ableiten, und an keiner Stelle wird das Bestehen einer fixierten Perikopenordnung vorausgesetzt.

Das wird noch deutlicher, wenn man diesen Äußerungen die 55 Homilien über die Apostelgeschichte gegenüberstellt[142]. Sie sind nach eigener Aussage im 3. Jahr der Wirksamkeit von Chrysostomus, also etwa 400 in Konstantinopel gehalten und zogen sich wohl über fast ein Jahr hin. Sie sind irgendwann im Jahr außerhalb der Fasten- und Osterzeit begonnen worden[143]. An ihrem Anfang nun steht die bezeichnende klare Feststellung: Πολλοῖς τοῦτο τὸ βιβλίον οὐδ ’ἔνι γνωριμόν ἐστιν, οὔτε αὐτὸ οὔτε ὁ γράψας αὐτὸ καὶ συνθείς[144]. Daraus ergibt sich eindeutig, daß Acta in Konstantinopel nahezu unbekannt ist, also mit Sicherheit nicht regelmäßig in einer besonderen Festzeit verlesen wurde; ebenso deutlich ist aber auch, daß Chrysostomus den Lese-Usus, Acta nach Ostern zu lesen, nicht sofort in der Hauptstadt eingeführt haben kann, und wohl auch, daß keine feste Perikopenordnung in Antiochien bestand, die zu dieser Zeit nach Konstantinopel „mitgenommen“ und dort eingeführt werden konnte. Zieht man ferner in Betracht, daß zwar auch in anderen Kirchenbereichen wie z. B. in der armenischen Kirche Acta nach Ostern gelesen wurde, aber die Leseordnung fast einer lectio continua entspricht[145], ist nur der Schluß zu ziehen, daß Konstantinopel dem verbreiteten Usus sich anschloß, nach Ostern Acta zu lesen, die eigentliche Perikopenordnung aber unabhängig von Antiochien und anderen Kirchen festlegte.

Auch aus den Joh-Homilien und Mt-Homilien des Chrysostomus, auf die B. M. Metzger abhob, lassen sich für die Fixierung eines Lesesystems im byzantinischen Bereich keine Folgerungen ableiten. Weder die Abgrenzungen der Homilien, auf die Metzger hinwies[146], noch der Inhalt der Homilien geben eine Handhabe dafür. Wenn drei Viertel der Anfangs- oder Endverse dieser Homilien mit einem byzantinischen Lektionsbeginn oder -ende zusammenfallen, sagt das gar nichts, denn beide berücksichtigen in etwa die vom Text her gegebenen Sinneinschnitte und versuchen zu Einheiten zusammenzufassen, was der Text bietet.

---

141 Sp. 105.

142 MPG 60, Sp. 13–384.

143 Hom 1 Sp. 24: ’Αλλὰ τὸν καιρὸν ἀναμένεις τῆς τεσσαρακοστῆς; Sp. 22: Εἰ δὲ λέγοι τις· Τίνος ἕνεκεν καὶ ἡμεῖς οὐκ ἐν τῷ καιρῷ τούτῳ βαπτίζομεν ...

144 Hom. 1, Sp. 13.

145 Vgl. A. Renoux, Les lectures du temps pascal dans la tradition arménienne, Revue des études arméniennes 4 (1967), 63–67.

146 Vgl. S. 533 und Metzger S. 483.

Gewichtiger dagegen ist eventuell die Tatsache, auf die zuletzt wieder P.-M. Gy verwies[147], daß nämlich Severus von Antiochien für Antiochien im frühen 6. Jh. sowohl die Perikope Joh 1, 1ff. für den Ostertag wie Joh 7, 14ff. für „Mittpfingsten" voraussetzt. Auch in Armenien ist Joh 1, 1–17 für Ostern als Evangelienperikope belegt[148]. Doch auch hieraus läßt sich m. E. nur auf einen gemeinsamen Lesegebrauch schließen, der das JohEv für die Festzeit zwischen Ostern und Pfingsten vorsieht und in mehreren Kirchenbereichen geübt wird; über die Einzelheiten der Perikopenabgrenzungen und die Zeit ihrer Festlegung können daraus jedoch keine definitiven Schlüsse gezogen werden, zumal als Ordnungsprinzip überall eine verschieden modifizierte Art der lectio continua vorauszusetzen ist, die eben mit Joh 1, 1 am Ostertag beginnt. Wenn dabei eine Perikope wie Joh 7, 14ff. mit ihrem Anfangsvers Τῆς ἑορτῆς μεσούσης in zwei Kirchenbereichen für „Mittpfingsten" vorgesehen wird, kann daraus ebenfalls noch nichts für die Abgrenzung der anderen Perikopen oder die Abhängigkeit des Gesamtsystems geschlossen werden.

4. Als weiteres Argument für eine Frühdatierung oder wenigstens eine frühere Datierung als das 7. Jh. wird angeführt, daß im byzantinischen Lesesystem nicht nur die Apokalypse, sondern auch die Perikope von der Ehebrecherin keine Aufnahme gefunden hat. Beide Tatsachen bilden jedoch kein Hindernis für die von mir vorgeschlagene zeitliche Ansetzung der byzantinischen Leseordnung. Denn:

a) Die Wertung der Apk ist im Osten nicht nur im 3. Jh. sehr zwiespältig, sondern dieses Buch hat sich hier trotz Euseb und Athanasius, die sie in ihre Kanonverzeichnisse aufnahmen, auch in den folgenden Jahrhunderten nicht eindeutig als kanonischer Bestandteil des Neuen Testamentes durchsetzen können. Ja selbst Ende des 7. Jhs. (Trullanum II) ist bei den Griechen die Stellung zur Apk noch nicht ganz eindeutig definiert. Erst durch Mönchtum und Volksfrömmigkeit erhält sie vom 8. Jh. ab die Position, die sie im Westen schon lange hatte. In der handschriftlichen Tradition des Neuen Testamentes blieb ihr die volle Integration jedoch auch dann noch verwehrt. Die Überlieferung der Apk erfolgte vielmehr auch im späten Mittelalter meist nicht zusammen mit anderen neutestamentlichen Schriften, sondern innerhalb theologischer oder anderer Lehrschriften[149]. Ihr Fehlen im byzantinischen Lesesystem ist also kein Argument gegen die vor-

---

147 A. a. O. 257.

148 Vgl. Renoux 68.

149 Vgl. dazu J. Schmid, Studien zur Geschichte des griechischen Apk-Textes, München 1955/56, insbes. den 2. Teil mit § 2: Die Stellung der Apk innerhalb der Überlieferung des NT, 31–43.

geschlagene Datierung, sondern daraus ist nur umgekehrt zu schließen, daß die faktische Einbeziehung der Apk in den Kanon erst nach dem 7. Jh. erfolgte.

b) Anders liegt es mit der Ehebrecherinperikope Joh 7, 53–8, 11. In ihrem üblichen Zusammenhang hat sie im Synaxar der byzantinischem Perikopenordnung keine Aufnahme gefunden. Die Pfingstlesung des Evangeliums nämlich läuft von Joh 7, 37 bis 7, 52 und endet mit dem daran unmittelbar angeschlossenen Vers 8, 12. Die Wahl der Perikope für diesen Tag — außerhalb der kontinuierlichen zeitlichen und buchmäßigen Abfolge von Joh — ist mit Sicherheit bedingt durch den Inhalt von Vers 39[150] und wohl auch durch den passenden Perikopenbeginn[151], der keiner formelmäßigen Einleitung mehr bedurfte. Damit würde aber die in sich geschlossene Geschichte von der Ehebrecherin kollidieren, zumal bereits die Verse 45–52 den üblichen negativen Hintergrund abgeben, der zum Perikopenende einer positiven Aufhellung bedurfte; und den bietet 8, 12. Ähnliche Perikopengestaltung können wir auch anderswo beobachten. Die ineinander verschachtelte Geschichte von Jaïrus und der Blutflüssiger z. B. in Mk 5, 22–6, 1 wird im Lektionar auch zergliedert, 5, 22–24. 35–6, 1 wird ς' τῆς ιδ' Mt gelesen, 5, 24–34 β' τῆς ιε'[152]. Mit der Ausgliederung von Joh 7, 53-8, 11 aus der Pfingstperikope ist also primär gar nichts bewiesen. Warum dagegen dieses Stück nirgendwo anders im Synaxar gelesen wird, ist die einzige offene Frage. Sie hätte beispielsweise theoretisch an ε' της δ' statt 8, 12–20 ihren Platz finden können. Ob das nun unterblieben ist, weil an diesem Punkt die Erinnerung wachgeblieben ist, daß diese Perikope in der Überlieferung angezweifelt war, oder ob es sich dabei nur um einen der wenigen Übersprünge im JohEv handelt, kann im Moment nicht geklärt werden. Der Hinweis scheint mir jedoch angebracht, daß neben 7, 53–8, 11 auch Joh 1, 29–34 und vor allem Joh 10, 9–16 aus der Perikopenreihe zwischen Ostern und Pfingsten fehlen. 1, 29–34 gehört davon als Perikope für den 7. Jan. mit großer Wahrscheinlichkeit zum sogenannten Grundbestand des Menologs[153]. Für Joh 10, 9–16 ist das nicht so sicher, denn neben dem 13. Nov., Chrysostomus, wird diese Perikope auch für viele andere Kirchenlehrer und sogenannte ἱεράρχας gelesen und steht unter diesem Rubrum auch im Schlußteil der Lektionare εἰς διαφόρους μνήμας. Ge-

---

[150] τοῦτο δὲ εἶπεν περὶ τοῦ πνεύματος οὗ ἔμελλον λαμβάνειν οἱ πιστεύσαντες εἰς αὐτόν· οὔπω γὰρ ἦν πνεῦμα ἅγιον, ὅτι Ἰησοῦς οὐδέπω ἐδοξάσθη.

[151] Ἐν τῇ ἐσχάτῃ ἡμέρᾳ τῇ μεγάλῃ τῆς ἑορτῆς ...

[152] Gregory gibt S. 352 für diesen Tag fälschlich Mk 5, 22–34 an.

[153] Vgl. oben S. 528.

nau das gleiche gilt aber auch für die „Ehebrecherin". Sie wird häufig am 8. Okt., gelesen und bildet neben Mt 25, 1–13, Lk 7, 36–50 und Mk 5, 24–34 das Lesestück εἰς ἁγίας γυναῖκας in jenem Abschnitt „besondere Gelegenheiten", könnte also auch aus gleichem Grund im Synaxar übersprungen worden sein wie Joh 1, 29–34 oder wenigstens Joh 10, 9–16.

c) Ein weiteres mögliches Gegenargument besteht in der Frage, was denn vor der späten Festlegung des Lesesystems an neutestamentlichen Perikopen in der byzantinischen Liturgie gelesen worden sein könnte. Die Antwort darauf ist relativ einfach und wird durch das Zeugnis des Chrysostomus und Severus gestützt: Außerhalb der großen, inhaltlich fixierten Feste, für die selbstverständlich die sachentsprechenden Perikopen vorgesehen waren, stand wohl nur der Brauch, für die Lektionen innerhalb eines Zeitabschnittes eine bestimmte Schrift zugrundezulegen und in Form einer lectio continua daraus in den Liturgien vorzulesen. Diesen Usus bestätigen über Chrysostomus und Severus hinaus z. B. auch die armenischen Perikopenordnungen der Osterzeit. Dieser Lese-Usus scheint eine sehr alte Tradition zu haben, und nur ihn — nicht das byzantinische Lesesystem — wird man mit Gregory auch in der Frühzeit der Kirche im 2. Jh. voraussetzen können, denn dieser Usus entspricht in etwa dem Vorbild der Synagoge.

Bis zum gewissen Grad wirkte dieses Vorbild auch noch im fixierten Lesesystem nach, denn eines der gestaltenden Prinzipien war dabei immer noch die lectio continua bzw. ihre Abwandlung in Form einer Bahnlesung. Der fortschreitenden Reglementierung der Liturgie, besonders bezüglich ihrer hymnischen Stücke, ging jedoch mit Sicherheit auch eine genauere Festlegung der Perikopen parallel, die späterhin wie die anderen Propria des Tages oder des Festes in speziellen liturgischen Büchern zusammengestellt wurden, obwohl sie ursprünglich, von den Lesungen für die großen Herren- und auch einige der Marienfeste abgesehen, weitgehend austauschbar waren, also nicht entscheidend war, welche Perikope, sondern nur daß eine Perikope des betreffenden neutestamentlichen Bereiches gelesen wurde.

5. Also auch von diesen Aspekten her scheint mir die zeitliche Ansetzung für die Ausbildung des byzantinischen Perikopensystems ins 7. Jh. nicht in Frage gestellt. Nehmen wir nun dieses Ergebnis und vergleichen wir es mit dem des 2. Kapitel, so erhalten wir von zwei ganz verschiedenen Seiten her zwei Beweiskomplexe für ein Faktum. Dort war festgestellt worden, daß sowohl unter den Lektionaren wie unter

den Texthandschriften kein Zeuge für das byzantinische Lektionssystem existiert, der in eine Zeit vor das 8. Jh. datiert werden kann. Und damit korrespondiert nun in ganz auffälliger Weise, daß sich aus der Struktur dieses Lesesystems und dem Versuch seiner historischen Fixierung ergibt: Dieses Lesesystem ist mit größter Wahrscheinlichkeit erst im Laufe des 7. Jhs. zu seiner Ausformung gelangt und kann uns daher nur in den Hss vom 8. Jh. an überliefert sein. Daß die ersten Zeugen E (07) und L (019) und von den erwähnten Unziallektionaren *l* 525. *l* 689 vornehmlich Zeugen für den „type ancien" sind, also nach Pfingsten nur die Sabbatokyriakai bieten, verstärkt die historische Wahrscheinlichkeit und beruhigt die Zweifler, denen der zeitliche Abstand zwischen Entstehung des Systems und ersten handschriftlichen Zeugen dafür zu klein scheint.

Ob diesem zeitlichen Ansatz aber auch der von den byzantinischen Lektionaren gelesene Text entspricht, soll wenigstens für die Katholischen Briefe in den beiden folgenden Kapiteln untersucht werden.

5. Eine Stichkollation der Lektionare zu Teilen der Katholischen Briefe

1. Für die vorläufige Feststellung des Textcharakters und des Textwertes der Lektionare wurde der gleiche Weg gewählt, der im Institut für Neutestamentliche Textforschung / Münster für die Beurteilung der Texthandschriften beschritten und von K. Aland bereits mehrfach beschrieben wurde[154]. Da er bei den Texthandschriften zu ersten brauchbaren Ergebnissen geführt hatte, lag es nahe, ihn auch für die Lektionare zu benutzen, zumal auf diese Weise umfassende Vergleichsmöglichkeiten zur Verfügung standen. Demgegenüber wurden gewisse Überlegungen, eine lektionarspezifische Stellenfolge für die Stichkollation auszuarbeiten, zurückgestellt, zumal primär die Frage nach der Stellung der Lektionare innerhalb der Gesamtüberlieferung geklärt werden sollte. Für Jak waren durch K. Aland insgesamt 25 Stellen ausgewählt worden, an denen entweder zu erwarten war, daß sich hier die Textgruppen klar voneinander schieden, oder doch zumindest festgestellt werden konnte, ob Lesarten alter Hss in der jüngeren Überlieferung nachwirkten. Diese Stellen nun erstrecken sich auch relativ gleichmäßig über alle in den Lektionaren vorkommenden Lesungen einschließlich der im Menolog. In die Lesung für den Mittwoch der 31. Woche fallen 3 Stellen (Nr. 1–3: 1, 5; 1, 12; 1, 17), für den folgenden Donnerstag 4 (Nr. 4–7: 1, 20; 1, 22; 1, 25; 1, 26), für den Freitag 3 (Nr. 8–10: 2, 3; 2, 4; 2, 5), den Montag der 32. Woche wieder 4

[154] Vgl. zuletzt NTS 16 (1969/70), 169f. in Verbindung mit dem Bericht der Stiftung zur Förderung der Neutestamentlichen Textforschung 1969, Münster 1970, 36ff.

(Nr. 11–14: 2, 18; 2, 19; 2, 20; 2, 24), den Dienstag 3 (Nr. 15–17: 3, 3; 3, 8 [1]; 3, 8 [2]), den Mittwoch 1 Stelle (Nr. 18: 4, 4), den Donnerstag nochmals 4 Stellen (Nr. 19–22: 4, 9; 4, 11; 5, 7; 5, 9) und für den 20. Juli, Elia, 3 (Nr. 23–25: 5, 11; 5, 16; 5, 20). Somit ergab sich eine große Ausgewogenheit, die ein repräsentatives Bild erwarten ließ[155].

Außerdem fand zum Vergleich eine Stichkollation im 2. Petrus-Brief statt, um alle eventuell möglichen Zufälligkeiten, die sich innerhalb eines relativ kurzen Briefes ergeben können, auszuschließen. Der 2 Petr wurde gewählt, weil er im byzantinischen Lesesystem ähnlich aufgeteilt ist wie der Jak[156], ihm aber nicht unmittelbar folgt.

Kollationiert wurden von den insgesamt festgestellten 129 Hss[157] mit Wochentagslesungen des Apostolos insgesamt 100 Stück. Zur Auswertung können jedoch für Jak nur 99 und für 2 Petr nur 98 herangezogen werden. Obwohl von nur 13 *l*^{a}e oder *l*$^{+a}$e Hss bisher keine Filme beschafft werden konnten, reduzierte sich ihre Zahl für eine Kollation nämlich weiter, weil z. B. eine ganze Reihe von Hss Beschädigungen aufweisen, denen die Katholischen Briefe oder wenigstens wesentliche Teile von ihnen zum Opfer gefallen sind, oder einige von ihnen nur aus wenigen Lagen bestehen, die zwar eine Inhaltsbestimmung (*l*^{a}e bzw. *l*$^{+a}$e) zulassen, aber ebenfalls keine der betreffenden Partien enthalten. Trotz ihrer Überlieferung der Katholischen Briefe nur im Menolog wurden aber 6 Hss der Sondergruppe *l* 156 und Genossen in die Stichkollation einbezogen, die an den betreffenden Wochentagen statt der Katholischen Briefe verkürzte Lektionen aus den paulinischen Briefen bieten[158].

Jene 99 auswertbaren Hss verteilen sich nach den bisherigen Datierungen über alle Jahrhunderte vom 10. bis 17. Jh., aus dem 10. Jh. stammt eine (*l* 156), aus dem 11. stammen aber schon 9 (*l* 165, *l* 590, *l* 591, *l* 617, *l* 740, *l* 883, *l* 1178, *l* 1279, *l* 2024), aus dem 12. Jh. 25, aus dem 13. Jh. 8, aus dem 14. Jh. 21, aus dem 15. Jh. 16, aus dem 16. Jh. 15 und aus dem 17. Jh. 4 Stück. Von ihnen sind bei den Kollationen vornehmlich die Sachvarianten erfaßt. Lesarten, die allein orthographisch bestimmt sind[159] oder nur offensichtliche Irrtümer des betreffenden Schreibers darstellen[160], sind ausgeschlossen worden, um

---

[155] E. C. Colwells berechtigtes Postulat nach einer Bewertung der Lektionare „lection by lection" (Method in the Study of the Text of the Gospel Lectionary, in: Prolegomena ..., 17) ist auf diese Weise zu berücksichtigen möglich, ohne deswegen das System der Stellenauswahl ändern zu müssen, vgl. aber Anm. 207.

[156] Neben Lesungen für normale Wochentage gehört zum 2 Petr ebenfalls eine Lesung vom Menolog, die des 6. Aug., Metamorphosis.

[157] Vgl. oben S. 521.

[158] Vgl. oben S. 523f.

[159] z. B. Nr. 21: Jak 5, 7 πρόϊμον / πρώϊμον.

[160] z. B. Nr. 12: 2 Petr 3, 10 κατακαήσεται / κατακλείσεται *l* 162 (vermutlich ein von der Vorlage bedingter Abschreibfehler mit Itazismus: ΚΑΤΑΚΛΕΙCΕΤΑΙ = ΚΑΤΑΚΑΕΙCΕΤΑΙ).

die weitgehend im Statistischen liegende Auswertung nicht zu verfälschen. Dieses Prinzip wurde jedoch nicht schematisch angewendet; wenn nämlich Orthographica zu einer klaren Gruppenbildung führen[161] oder ihrerseits für weitere Lesarten variantenbildend waren[162], sind sie trotzdem berücksichtigt worden.

Zum Vergleich für das Ergebnis der Stichkollation sind bei Jak herangezogen sowohl die entsprechenden Stichkollationen für die Unzial- und Minuskelhandschriften wie auch ein Teil der vorbereitenden Vollkollationen für die Editio maior critica. Dabei werden der Übersichtlichkeit halber nur die Unzial- und gelegentlichen Papyrusbezeugungen individuell geboten, die Minuskeln dagegen wegen der Menge des Materials nur summarisch zitiert. Ziffern in runden Klammern nach einer Lesart bedeuten dabei, wieviele der insgesamt 483 Minuskeln mit dem Text der Katholischen Briefe entsprechend der Stichkollation die betreffende Lesart bezeugen. Bei Bruchangaben in eckigen Klammern gibt die zweite Zahl an, in wieviel Hss der Vollkollation die Stelle bezeugt ist, die erste Zahl, in wieviel Hss die betreffende Lesart bezeugt ist. Benutzt dafür wurde die Vollkollation von 50 Minuskeln, die bereits aufgrund einer ersten Auswertung ihrer Stichkollation wegen der herausstechenden Ergebnisse wenigstens in einem der Katholischen Briefe für eine Benutzung im kritischen Apparat der Editio maior ins Auge gefaßt sind. Unter ihnen befinden sich Hss wie 630. 945. 1243. 1739 (sogenannte 1. Klasse), aber auch Hss geringeren Gewichts wie 389. 1066. 1251. 1729, die in Jak nur in Klasse 3 gehören und hier weitgehend mit dem byzantinischen Text identisch sind. Im 2 Petr dagegen liegen derartige Materialien noch nicht vor. Hier sind neben Papyri und Unzialen nur die Ergebnisse der Minuskel-Stichkollation in runden Klammern zugefügt.

2. Als Ergebnis der Stichkollation von Lektionaren im Jak zeichnet sich folgendes Bild ab: Von den insgesamt 25 Stellen, an denen mehrere der alten Unzialen oder wenigstens eine von ihnen zusammen mit einem charakteristischen Gefolge von Minuskeln einen besonderen Text bieten, haben die Lektionare vom (byzantinischen) Mehrheitstext

a) an 9 Stellen *gar keine* Abweichungen. Es handelt sich um

Nr. 3: 1, 17 τροπῆς ἀποσκίασμα || τροπῆς ἀποσκιάσματος (P^{23}) ℵ* B [3/47] (4);
Nr. 5: 1, 22 μόνον ἀκροαταί || ἀκροαταὶ μόνον B [10/48] (21);
Nr. 10: 2, 5 τοῦ κόσμου || (ἐν) τῷ κόσμῳ P^{74} ℵ A* B C* [9/48] (12);
Nr. 13: 2, 20 νεκρά || ἀργή B C* [3/48] (6); κενη P^{74};
Nr. 17: 3, 8 (2) ἀκατάσχετον || ἀκατάστατον ℵ A B K P [4/48] (7);
Nr. 18: 4, 4 μοιχοὶ καὶ μοιχαλίδες || μοιχαλίδες ℵ* A B [3/49] (6);

[161] z. B. Nr. 22 der Vollkollation Jak 3, 5 μεγαλαυχεῖ / μεγάλα αὐχεῖ, vgl. unten S. 578.
[162] z. B. Nr. 7 der Vollkollation Jak 3, 3 εἰ δέ = ἴδε / ἰδοῦ.

Nr. 19: 4, 9 καὶ κλαύσ(α)τε || κλαύσ(α)τε ℵ A [2/49] (2);
Nr. 24: 5, 16 τὰ παραπτώματα || τὰς ἁμαρτίας ℵ A B P Ψ [23/47] (39);
Nr. 25: 5, 20 ἐκ θανάτου || αὐτοῦ ἐκ θανάτου ℵ A P [8/47] (26);
ἐκ θανάτου αὐτοῦ P74 B [3/47] (7).

b) An 8 Stellen weichen nur 1–3 Lektionare ab:

Nr. 2: 1, 12 ὁ κύριος || ὁ θεός *l* 596. *l* 1123 = [9/48] (22);
κύριος *l* 593 = C [3/48] (19);
om. P23.74vid ℵ A B Ψ [2/48] (3).
Nr. 6: 1, 25 οὗτος οὐκ || οὐκ *l* 596. *l* 616. *l* 1297 = ℵ A B C [9/48] (20).
Nr. 8: 2, 3 ὧδε ὑπό || ὧδε ἐπί *l* 593. *l* 596 = B3 P [16/47] (19);
ὑπό A C* [6/47] (9);
ἐπί Ψ (10);
ἐκεῖ ὑπό B* (5);
ἐκεῖ ἐπί B2 (4).
Nr. 11: 2, 18 ἐκ || χωρίς *l* 596 = ℵ A B C P Ψ [21/49] (49).
Nr. 15: 3, 3 πρὸς τό || εἰς τό *l* 596 = ℵ B C Ψ [6/46] (8);
τῷ *l* 1441 = (4).
Nr. 16: 3, 8 (1) δύναται ἀνθρώπων δαμάσαι || δυν. δαμασ. ἀνθρ. *l* 1440. 1441
= ℵ A K P Ψ [21/47] (46);
δαμασ. δυν. ἀνθρ. P20 B C [2/47] (3);
δυν. δαμασ. *l* 1278 = (7).
Nr. 20: 4, 11 καὶ κρίνων || ἢ κρίνων *l* 164. *l* 596. *l* 1188 = ℵ A B P Ψ [27/48] (64).
Nr. 21: 5, 7 λάβῃ ὑετόν πρ(ό)ϊμον καὶ ὄψιμον || λαβ. ὑετ. ὀψιμ. και πρ(ο)ϊμ.
l 593 = Ψ (2);
λάβῃ καρπὸν τὸν πρ(ό)ϊμ. καὶ ὄψιμον ℵ* (c) [3/48]
λάβῃ πρ(ό)ϊμ. καὶ ὄψιμ. P74 B [3/48].

c) An 4 Stellen weichen 4–6 Lektionare ab:

Nr. 1: 1, 5 οὐκ || μή *l* 427. *l* 596. *l* 1441. *l* 2058 = ℵ A B C L P Ψ [28/48] (125).
Nr. 4: 1, 20 κατεργάζεται || ἐργάζεται *l* 422. *l* 588. *l* 596. *l* 884. *l* 1305 = ℵ A B C2
K Ψ [9/48] (72).
Nr. 14: 2, 24 ὁρᾶτε τοινῦν || ὁρᾶτε *l* 422. *l* 596. *l* 623. *l* 742. *l* 1188. *l* 1197 = ℵ A B
C P Ψ [30/47] (51).
Nr. 22: 5, 9 κατ' ἀλλήλων ἀδελφοί || μετ' ἀλλήων ἀδελφ. *l* 592. *l* 809. *l* 884 = (3);
ἀδελφοὶ κατ' ἀλλήλων B P Ψ [16/48] (33);
ἀδελφ. μου κατ' ἀλλήλων *l* 241 (*l* 1197: μετ' αλλ.) = A [10/48] (17);
κατ' ἀλλήλων *l* 257 = K [4/48] (32).

d) An 3 Stellen weichen mehr als 6 Lektionare ab:

Nr. 9: 2, 4 καὶ οὐ 76 Lekt. = K L P ϛ [25/47] || οὐ 14 Lekt. = ℵ A B2 C (Ψ)
[21/47] (119);
και [1/47] (3);
om. B* (1).
Nr. 12: 2, 19 ὁ θεὸς εἷς ἐστιν 79 Lekt. = Kc L [25/48] || θεὸς εἷς ἐστιν 7 Lekt. =
[5/48] (40); ἔστιν θεός Ψ;
ὁ θεός ἐστιν *l* 592 = K* (2);
εἷς θεός ἐστιν *l* 1440 = B [11/48] (16);
εἷς ὁ θεός ἐστιν C [2/48] (5);

εἷς ἐστιν θεός [3/48] (4);
εἷς ἐστιν ὁ θεός *l* 596. *l* 2037 = P⁷⁴ ℵ A [2/48] (6).

Nr. 23: 5, 11 ἐστιν 57 Lekt. = K L [34/48] || ἐστιν ὁ κύριος 19 Lekt. = ℵ A P Ψ [14/48] (45); ἐστιν κύριος B.

e) An einer Stelle ist die Lektionarüberlieferung gespalten:

Nr. 7: 1, 26 εἶναι ἐν ὑμῖν 31 Lekt. = K L [24/46] || ἐν ὑμῖν εἶναι 58 Lekt. = [2/46] (39); εἶναι *l* 596 = ℵ A B C P Ψ [20/46] (36).

Aus den Aufstellungen ergibt sich folgendes Bild: Die Lektionarüberlieferung scheint in Jak relativ geschlossen zu sein und in ihrem Grundbestand dem byzantinischen Mehrheitstext treu zu folgen. Dafür spricht einmal, daß an 9 Stellen von ihm keine Abweichungen erfolgen, obwohl sich bei den meisten Lesarten die Überlieferung der älteren (ägyptischen) Hss klar abhebt und noch deutliche Spuren in der Minuskelüberlieferung hinterlassen hat. Daß sich an weiteren 8 Stellen 1 bis 3 Lektionare aus insgesamt 99 vom Mehrheitstext unterscheiden, stellt dieses Ergebnis nicht in Frage, sondern unterstreicht es nur. Denn wenn an insgesamt 17 Stellen, d. h. an fast zwei Dritteln aller Stellen, maximal 3 Lektionare anderen Traditionen folgen und das dann noch jeweils — außer *l* 596 und *l* 1441 — immer andere Hss sind, wird dadurch das Bild der Geschlossenheit nur noch verstärkt. Denn bei 4 Stellen (1, 12; 2, 3; 3, 8; 5, 7) bestehen die Abweichungen der Lektionare nur aus Unter- oder Nebenvarianten des Mehrheitstextes und stimmen meist nur mit jüngeren Handschriften-Traditionen überein, während die alten Unzialen sich deutlich davon unterscheiden, oder aber auch sie fluktuieren in ihrem Text stark. Bei 2 Stellen (2, 18; 3, 3) folgt nur *l* 596 der alten Tradition; *l* 596 wird sich aber auch an anderen Stellen von der Lektionartradition unterscheiden. Nur 2 Stellen (1, 25; 4, 11) weichen vom bisherigen Bild etwas ab, aber auch hier ist *l* 596 unter den abweichenden Hss, und bei 4, 11 zeigt sich auch in den Minuskeln eine gewisse Unsicherheit[163].

Es bleiben somit nur noch 8 Stellen, wo die Überlieferung der Lektionare nicht von gleicher Einheitlichkeit ist. Eine Stelle wie 1, 26 (Gruppe e) muß dabei aber völlig übergangen werden, da jene abweichenden 58 Lektionare nicht einer älteren Tradition folgen, sondern nur eine Untervariante, d. h. eine Umstellung zum byzantinischen Langtext bieten, während *l* 596 mit den alten ägyptischen Zeugen den ursprünglichen Kurztext liest, also nur sie hier gewertet werden darf. Stellen wie 1, 5 und 2, 24 aus Gruppe c oder 2, 4 und 2, 19 aus d fallen ebenfalls nicht besonders ins Gewicht, denn hier ist — entweder von der Sache oder vom Formalen her — die Fluktuation in den Hss ganz

---

[163] 27 der 48 zur Stelle erhaltenen Minuskeln der Vollkollation und insgesamt 64 der Stichkollationen lesen hier wie jene 3 Lektionare.

allgemein und braucht nicht zwangsläufig von Abhängigkeiten zu älteren Traditionen ausgegangen zu werden. Trotz einer deutlichen Unterscheidung zum Mehrheitstext weichen ähnlich den Lektionaren auch die Minuskeln an diesen Stellen in weit stärkerem Maße ab als anderswo[164]. Diese Erscheinung findet sich auch von den restlichen 3 Stellen (1, 20; 5, 9; 5, 11) bei 1, 20[165], während in 5, 9 drei Lektionare durch eine Variante im Mehrheitstext, der nur 3 Minuskeln folgen, das statistische Bild verfälschen. Anders zu bewerten scheint die Abweichung in 5, 11 zu sein: Hier folgen prozentual mehr Lektionare dem alten Text, der letztlich auch von B bezeugt wird, als Minuskeln[166]. Wer aber an die Aufteilung des Jak auf die verschiedenen Tage des Jahres denkt, wird sofort die Vermutung äußern, daß 5, 11 ja zu der Perikope von Elia gehört und nicht in einer Wochentagslesung steht. Die Zufügung des ὁ κύριος — übrigens wohl eine „septuagint reading" — könnte also als vorbyzantinische Lesart sich in der Perikope erhalten haben und so in die Lektionare gekommen sein. Andererseits ist aber die Auffüllung des Zitates gerade in den Lektionaren auch ohne Abhängigkeiten von alten Unzialen vorstellbar. Die Zufügung wird übrigens von 4 der 7 zur Stelle erhaltenen Lektionare der Sondergruppe gelesen, die keine Katholischen Briefe in den Wochentagslesungen haben[167].

Da aber auch hier wie bei den anderen Stellen immer wieder andere Lektionare als Zeugen für die abweichenden (älteren) Lesarten auftreten, sind diese Gleichheiten mit den älteren Traditionen nichts für die Lektionare Charakteristisches, sondern Erscheinungen, wie sie in der griechischen Minuskelüberlieferung, aber auch in der lateinischen Vulgataüberlieferung immer wieder zu beobachten sind[168]. Einzelne Lesarten haben ein kaum auslöschbares Leben und tauchen unregelmäßig auch in jüngsten Traditionen immer wieder auf, ohne für die betreffende Tradition besonders charakteristisch zu sein.

---

[164] In 1, 5 lesen 28 von 48 Hss der Vollkollation und sogar 125 der Stichkollation, also fast 25% der Minuskeln wie jene nur 4 Lektionare (4% der Lektionare); in 2, 24 ist die alte Auslassung nicht nur in 6 Lektionaren, sondern auch in 30 von 47 vollkollationierten Handschriften und insgesamt 51 Minuskeln der Stichkollation bezeugt; in 2, 4 sind es zwar 14 Lektionare, aber auch 21 von 47 bzw. 119 Minuskeln bezeugen die Auslassung des καί; und in 2, 19 führt die verschieden gedeutete Formel nicht nur bei den Lektionaren (11 Stück), sondern auch bei den Unzialen und Minuskeln insgesamt (23 von 48 bzw. 73 Stück) zu einer starken Fluktuation.

[165] Neben 5 Lektionaren (5%) belegen zwar nur 9 von 48 Minuskeln der Vollkollation, insgesamt aber nach der Stichkollation 72 Minuskeln (fast 15%) die alte Lesart.

[166] 19 Lektionaren (20%) stehen hier nur 14 von 48 bzw. insgesamt 45 Minuskeln (rund 9%) gegenüber.

[167] *l* 165 ist zur Stelle und im Folgenden nicht mehr erhalten, *l* 156 und *l* 1818 lesen wie der Mehrheitstext.

[168] Vgl. dazu B. Fischer, in diesem Band S. 16 ff.

Dieses Urteil wird bestätigt durch die folgende Zusammenstellung, die nicht von den Stellen, sondern von den Zeugen ausgeht und angibt, wie oft eine Hs sich vom byzantinischen Text abhebt. Insgesamt weichen von den 99 Lektionaren

48 an keiner Teststelle vom Mehrheitstext ab,
31 nur an einer Stelle,
18 nur an zwei oder drei Stellen,
1 Lektionar, *l* 1441, weicht an 5 von 25 Stellen[169], d. h. an 20% der Stellen,
1 Lektionar, *l* 596, weicht an 12 von 23 Stellen, d. h. an über 50% ab[170].

Mit anderen Worten: 79 Lektionare oder 78% der Hss sind identisch mit dem Mehrheitstext bzw. weichen nur einmal, d. h. statistisch in 4% der Fälle ab, bei 18 (= 18%) übersteigt dieser Prozentsatz nicht die 12%-Grenze. Vergleicht man damit die Stichkollation der Minuskeln, so weichen gar nicht oder nur an einer Stelle 281 Minuskeln (= 58%) ab und 106 Minuskeln (= 22%) an 2 oder 3 Stellen ab[171]. Im Gegensatz zu den anderen heben sich nur *l* 1441 und *l* 596 deutlich aus der Masse heraus, *l* 1441 erreicht die obere Grenze der Durchschnittsminuskeln, *l* 596 dagegen nimmt eine Sonderstellung ein, die der von 33, 630 oder 1739 vergleichbar ist.

3. Da selbst für eine vorläufige Bewertung der Lektionare die Basis mit 25 Stellen in Jak sehr schmal ist und leicht von Zufälligkeiten verfälscht sein kann, sind die gleichen Lektionare nach dem gleichen Schema auch zum 2 Petr ausgewertet worden (für ihn waren 15 Stellen für die Stichkollation ausgewählt)[172].

Das Bild, das die Lektionare bieten, unterscheidet sich in 2 Petr nicht von dem in Jak. Von den 15 Stellen haben die Lektionare

---

[169] Es handelt sich um 3, 3 und 3, 8 von Gruppe b; 1, 5 von c und 2, 4 und 2, 19 von Gruppe d.

[170] Es handelt sich um 1, 12; 1, 25; 2, 3; 2, 18; 3, 3; 4, 11 von Gruppe b; um 1, 5; 1, 20; 2, 24 von Gruppe c; 2, 4; 2,19 von Gruppe d und 1, 26 in Gruppe e.

[171] Für diese Angaben wurden die Ergebnislisten der Stichkollation benutzt, die im Institut für Neutestamentliche Textforschung J. G. Schomerus erarbeitet hat.

[172] In Klammern finden sich wieder nach den Unzialen summarische Angaben über das Ergebnis der Stichkollation der Minuskeln, Vollkollationen liegen für 2 Petr noch nicht vor. — Die 15 Stellen von 2 Petr verteilen sich auf die Lektionen wie folgt: In die Lektion für den Freitag der 33. Woche fällt Nr. 1 (1, 4), in die für den 6. August, Metamorphosis, fallen Nr. 2–4 (1, 12; 1, 17; 1, 18), für den Montag der 34. Woche Nr. 5 (1, 21), den Dienstag Nr. 6–10 (2, 13; 2, 15; 2, 17; 2, 20; 2, 21), den Mittwoch Nr. 11–15 (3, 10a; 3, 10b; 3, 11; 3, 16; 3, 18).

a) an 7 Stellen gar keine Abweichungen:

Nr. 2: 1, 12 οὐκ ἀμελήσω || μελλήσω ℵ A B C P (Ψ) (10).

Nr. 3: 1, 17 οὗτός ἐστιν ὁ υἱός μου ὁ ἀγαπητός || ὁ υἱός μου ὁ ἀγαπητός μου οὗτός ἐστιν P72 B. (P confl. reading)

Nr. 4: 1, 18 ὄρει τῷ ἁγίῳ || ἁγίῳ ὄρει P72 B C* (8).

Nr. 6: 2, 13 κομιούμενοι || ἀδικούμενοι P72 ℵ* B P Ψ (3).

Nr. 7: 2, 15 βοσ(ο)ρ || βεωρ B (3); βεωορσορ ℵ*.

Nr. 13: 3, 11 οὖν || οὕτως P72 B (21); δὲ οὕτως C P (10).

Nr. 15: 3, 18 ἀμήν || om. ἀμήν B (11).

b) An 4 Stellen weichen nur 1–3 Lektionare ab:

Nr. 8: 2, 17 νεφέλαι ... || καὶ ὁμίχλαι ... *l* 596 = P72 ℵ A B C Ψ (48).

Nr. 10: 2, 21 ἐπιστρέψαι || ὑποστρέψαι *l* 596 = P72 B C P (20); εἰς τὰ ὀπίσω ἀνακάμψαι *l* 616. *l* 743 = ℵ A Ψ (17).

Nr. 11: 3,10a κλέπτης ἐν νυκτί || κλέπτης *l* 427. *l* 596. *l* 1154 = P72 ℵ A B P Ψ (50).

Nr. 12: 3, 10b κατακαήσ(ε)ται || κατακαύσεται *l* 1305; εὑρεθήσεται P72 ℵ B K P (11); ἀφανισθήσονται C.

c) An 2 Stellen weichen 4–6 Lektionare ab:

Nr. 1: 1, 4 τιμία ἡμῖν καὶ μέγιστα ἐπαγγέλματα || τιμ. καὶ μεγ. ἐπαγγ. ἡμῖν *l* 1441 = P72 (1); τιμ. καὶ μέγ. ἡμῖν ἐπαγγ. B (28); μέγ. ἡμῖν καὶ τιμ. ἐπαγγ. *l* 809 (4); μέγ. καὶ τιμ. ἡμῖν ἐπαγγ. *l* 596 (*l* 1440: om. ἡμῖν) = A C P (Ψ) (33).

Nr. 5: 1, 21 ἅγιοι θεοῦ ἄνθρωποι || ἄνθρ. ἅγιοι θεοῦ *l* 422 (1); ἅγιοι τοῦ θεοῦ ἄνθρ. *l* 592. *l* 612 = A (10); ἀπὸ θεοῦ ἄνθρ. *l* 596 = P72 B (C) P (25).

d) An 2 Stellen weichen mehr als 6 Lektionare ab:

Nr. 9: 2, 20 κυρίου καὶ σωτῆρος Ἰησοῦ Χριστοῦ || κυ. ἡμῶν καὶ σωτ. Ἰησ. Χρ. *l* 1197 (*l* 596: Ἰησ. Χρ. καὶ σωτ.) = P72 ℵ A C P Ψ (58); κυ. καὶ σωτ. ἡμῶν Ἰησ. Χρ. *l* 257. *l* 1123. *l* 1440. *l* 1441 = (34); κυ. ἡμῶν Ἰησ. Χρ. *l* 241. *l* 2058 = L (6).

Nr. 14: 3, 16 ταῖς ἐπιστολαῖς || ἐπιστολαῖς 15 Lekt. = P72 A B C Ψ (7).

Auch in 2 Petr zeigt sich nach diesen Listen eine relative Geschlossenheit bei den Lektionaren und eine weitgehende Identität mit dem byzantinischen Text. An fast der Hälfte, nämlich 7 der 15 Stellen weicht kein Lektionar ab. Zwar profilieren sich an einigen dieser Stellen (1, 17; 2, 15; 3, 18) die alten Hss mit ihren Lesarten nicht sehr eindeutig[173], doch gleichen eigentlich zwei weitere Stellen aus Gruppe b diese Schwäche der ersten Gruppe aus: In 3, 10b bietet *l* 1305 nur eine Modifikation des byzantinischen Textes, und in 2, 17 folgt nur *l* 596 wie so oft den alten Zeugen, während alle übrigen den Mehrheitstext bieten.

---

173 Diese Stellen wurden für die Stichkollation primär dazu ausgewählt, die Nachwirkungen alter (Singulär-)Varianten in den Minuskeln nachprüfen zu können, vgl. Stiftungsbericht 1969, S. 36f.

Von den restlichen 6 Stellen gehören 3, nämlich 1, 4; 1, 21 und 2, 20 zu denen, an denen vom Formalen oder Sachlichen her auch bei den Texthandschriften vielerlei Variationen durch Umstellungen oder Erweiterungen festzustellen sind. Sowohl die Umstellung des ἡμῖν in 1, 4 wie des θεοῦ in 1, 21 wie auch die Zufügung des Artikels hier oder des ἡμῶν in 2, 20 sind nicht gruppenspezifisch, wohl aber in 1, 21 das ἀπό; aber das wird wieder nur von *l* 596 bezeugt. Von den letzten 3 Stellen ist dagegen bei 2, 21 und 3, 10a festzustellen, daß hier in einigen Lektionaren sich die ägyptische Lesart gehalten hat; das gilt aber ebenso bei 3, 10a für eine erhebliche Zahl, nämlich 50 Minuskeln. bei 2, 21 für immerhin noch 17, wenn man die Lesart von *l* 596 = P⁷² BC (20) gesondert wertet. In 3, 16 übertrifft dagegen die Zahl der Lektionare, die mit P⁷² A B C Ψ den Artikel auslassen, die der Minuskeln, in denen diese Lesart fortlebt. Der Sachgehalt dieser Variante ist aber nicht bedeutend, und die Auslassung braucht nicht durch Traditionsabhängigkeit bedingt zu sein, sondern kann ohne Schwierigkeit durch Homoioteleuton erklärt werden. Auffällig bleibt dennoch, daß dann mehr Lektionare als Minuskeln diesem Fehler erlegen sind.

In 2 Petr gilt noch mehr als in Jak, daß die vom Mehrheitstext abweichenden Hss nie oder nur selten dieselben sind. Das beweist wieder die Zusammenstellung, die über die Zahl der Abweichungen in den einzelnen Lektionaren Aufschluß gibt: Von den 98 kollationierten Hss[174] weichen

62 überhaupt nicht vom Mehrheitstext ab (davon hatten 34 auch in Jak keine Abweichungen, 23 nur eine und 5 wiesen in Jak 2 Varianten zum Mehrheitstext auf),

33 weichen nur an einer Stelle ab (davon waren 14 in Jak ohne Varianten zum Mehrheitstext, 10 hatten ebenfalls nur eine Abweichung, 5 zwei Abweichungen und 4, nämlich *l* 422. *l* 592. *l* 593 und *l* 809 drei); nur

2 Lektionare, *l* 1440 und *l* 1441, weichen zweimal ab (in Jak hatte *l* 1440 ebenfalls zwei, *l* 1441 dagegen 5 Abweichungen vom Mehrheitstext); und

1 Hs, wie zu erwarten *l* 596, weicht an 6 von 12 erhaltenen Stellen ab.

Das Ergebnis der Stichkollation zu Jak ist durch das von 2 Petr nicht nur bestätigt, sondern präzisiert worden, und zwar nicht nur von den Varianten her, sondern auch von den Hss. Die relativ hohe Abweichungsquote in *l* 1441 bei Jak reduziert sich in 2 Petr auf ein Normalmaß, große Überraschungen dürften also von dieser Hs nicht zu erwarten sein. *l* 596 bildet wieder in 2 Petr nicht nur zahlenmäßig eine

---

[174] *l* 165 ist in 2 Petr nicht mehr erhalten.

Ausnahme mit seinem wiederum 50% Abweichungen, sondern die Abhängigkeit seines Textes von den alten (ägyptischen) Lesarten zeigt sich in 2 Petr erneut[175].

4. Abschließend zu diesem Komplex die Erklärung der Sonderstellung von *l* 596 innerhalb der Lektionare: *l* 596, heute in Spanien beheimatet (Escorial Ψ. III. 9), stammt aus dem 12. Jh. Sie ist datiert auf 1146 und vom Schreiber Kallinikos geschrieben. Weitere Hinweise auf die Entstehungsumstände, speziell den Entstehungsort fehlen im Kolophon[176]. Das Geheimnis ihres Textes lüftet sich aber bei einer Untersuchung des Inhaltes dieser Hs. Während alle anderen Lektionare der Stichkollation neben den Sonnabend / Sonntaglesungen in den Wochen nach Pfingsten die Wochentagslesungen bieten, bringt *l* 596 auf fol. 1–132ᵛ nur die betreffenden Wochentagslesungen vom Dienstag nach Pfingsten[177] bis zum Donnerstag τυροφάγου und keine Lesungen für die Sabbatokyriakai. Ebenso wie fol. 132ᵛ–135ʳ wenige Lesungen das Menolog ganz offensichtlich nur ergänzen[178], da die Hauptfeste fehlen, kann auch die Partie mit den Wochentagslesungen nur als Ergänzung zu einer Normalhandschrift mit den Sabbatokyriakai gedeutet werden. *l* 596 ist demzufolge nur ein Supplementband, eine Nachtragshandschrift, die eine *l*ᵃesk-Hs zu einer *l*ᵃe-Hs ergänzt. Die Rubriken dafür wurden vermutlich einem Typikon oder Oktoïchos entnommen, der Text dagegen wird aus einer Texthandschrift stammen, die alte Traditionen stärker bewahrt hat als andere und etwa einen Text wie Ψ oder 33 bot. Auf diese Weise kann man relativ leicht und schlüssig deuten, warum der Text von *l* 596 außerhalb der normalen Lektionartradition steht, und gleichzeitig wird durch diese Erklärung die Sonderstellung von *l* 596 innerhalb der Lektionare verständlich. *l* 596 ist demzufolge nur die Ausnahme, die die Regel bestätigt.

5. Das überraschend klare Bild, das sich aus den Stichkollationen einer repräsentativen Zahl von Lektionaren über ihren Text der Katholischen Briefe ergibt, ist in der Lage, trotz seiner Vorläufigkeit die

175 Die Stellen aus der Perikope des 6. August (1, 12; 1, 17; 1, 18) werden in den Lektionaren ohne Abweichungen überliefert, demzufolge gehören die in 2 Petr erhaltenen und berücksichtigten Hss der Sondergruppe (*l* 148. *l* 156. *l* 170. *l* 609. *l* 617) allesamt zu denen, die in 2 Petr keine Varianten zum byzantinischen Text bieten.

176 Vgl. auch G. de Andrés, Catalogo de los Codices Griegos de la Real Biblioteca de el Escorial, III, Madrid 1967, 67f. Die Ortsangaben zu einer Brunnenweihe, von der auf fol. 135ᵛ eine Benutzernotiz des 14. Jhs. berichtet, konnten bisher nicht lokalisiert werden.

177 In den normalen *l* esk und *l*ᵃ esk-Hss gehört die Lesung für den Pfingstmontag zum Normalbestand.

178 Es werden 3 Lesungen für Verstorbene geboten: 1 Kor 15, 20 — [28; 1 Kor 15, 47]—57; 1 Thess 4, 3–17 (normalerweise finden sich bis zu fünf in den Lektionaren), eine Lesung für den hl. Nikolaus: Hebr 13, 17–21, und eine für den hl. Panteleimonos: 2 Tim 2, 1–10.

einzige mir bisher bekannte Untersuchung über diesen Komplex zu korrigieren und zu ergänzen. 1963 veröffentlichte S. Kubo „an attempt to contribute some knowledge on this neglected area"[179] auf der Basis von fünf Lektionaren[180]. Er begnügte sich dabei, diese Lektionare gegen den Textus receptus zu kollationieren und die sich dabei ergebenden Varianten mit einer Kontrollgruppe von Texthandschriften auf der Basis von v. Sodens Textklassen anhand des Apparats von Merks Novum Testamentum graece zu vergleichen, wobei diese Bezeugungen dann an den großen Textausgaben verifiziert wurden. Daß einige Perikopen in den Lektionaren wie 1 Petr 2, 11–20 gar nicht und 1 Petr 5, 6–14; 2 Petr 1, 10–19; 1 Joh 1, 1–7 an teilweise abweichenden Tagen gelesen werden, wird nur konstatiert, aber nicht erläutert[181].

Schon diese Ansätze, mehr noch aber die Durchführung der Textvergleichungen läßt an dieser Untersuchung und ihren Ergebnissen Zweifel aufkommen. Wenn etwa als „majority readings"[182] jene Lesarten definiert werden, „that are read at least three times by the five manuscripts", oder sogar „because the lection was not present in all five the majority was only two"[183], kann man wohl kaum von einer sachgerechten Untersuchung und Wertung der Varianten sprechen, wobei schon vorher die Tatsache, daß nur die Abweichungen vom Textus receptus berücksichtigt werden, zwangsläufig in die Irre führen muß[184]. Da außerdem alle sogenannten Varianten nur zahlenmäßig, nicht aber vom Text her diskutiert werden, kann keine Angabe nachgeprüft werden und bleiben die Ergebnisse völlig im Subjektiven. Obwohl seine conclusions[185] wegen der schmalen Basis sehr vorsichtig formuliert sind, kann ihnen in ihren positiven Aussagen aus allen genannten Gründen kein Gewicht beigemessen werden: Wegen einer hohen Abweichungsquote spricht Kubo von „the peculiar and distinctive character of ms. 1441", obgleich er konstatieren muß, daß "the scribe may not have been too careful" (Nr. 1). Die Stichkollationen in Jak und 2 Petr ergaben zu dieser Hs, daß schon dieses vorläufige Ur-

[179] S. Kubo, The Catholic Epistles in the Greek Lectionary, a Preliminary Investigation, in: Andrews University Seminary Studies 1, Berrien Springs/Michigan 1963, 65–70.

[180] *l* 147. *l* 809. *l* 1153. *l* 1441. *l* 1590; alle diese Hss wurden auch in der Stichkollation benutzt.

[181] Es handelt sich bei diesen Lesungen um Perikopen des Menologs zu den Apostelfesten (vgl. oben S. 523), deren Text möglicherweise auf älteren Traditionen beruht.

[182] Zu der Frage der sogenannten majority readings vgl. unten S. 554.

[183] Kubo 67.

[184] Daß der Autor selbst Zweifel an dieser Methodik hat, beweist seine richtige Feststellung, „that the Textus receptus at least in the Catholic Epistles has very poor readings with very little support even from the late minuscule manuscripts of the I and K groups" (S. 68). Zum Problem des Textus receptus siehe unten S. 555f.

[185] Kubo 70.

teil zu weit geht. Wenn Kubo formuliert: „the large percentage of readings not supported by the control group shows that the lectionary text has a small area of distinctive quality" (Nr. 3), ist er dafür jeden detaillierten Beweis schuldig geblieben. Sein Urteil über „the Alexandrian character of the minority readings and mixed character of its majority readings" (Nr. 2) ist ebenfalls vorschnell und unbegründet. So verzeichnet auch seine Feststellung, daß „a definite trend of conforming the lectionary text to the Byzantine standard" zu konstatieren sei, das tatsächliche Bild, wie es sich aus der Stichkollation ergibt; denn nach der Stichkollation *ist* der Lektionartext byzantinisch, viele Abweichungen davon sind ohne „distinctive quality"; nur wenige ältere Lesarten leben in einzelnen Hss zwar weiter, aber das kann das Urteil über den Grundcharakter des Textes nicht ändern.

Voll zuzustimmen ist jedoch Kubos letztem Satz, daß erst noch mehr Kollationen diese vorläufigen Feststellungen erhärten können. Selbst die obigen Ergebnisse der Stichkollation bedürfen noch einer Vertiefung; denn erst die durchgängige Untersuchung aller Perikopen wenigstens eines Briefes anhand einer Vollkollation kann die summarischen Urteile bestätigen, präzisieren oder modifizieren.

6. Eine Vollkollation von Lektionaren zum Jakobus-Brief

1. Eine Untersuchung dieser Art bedarf jedoch erst einiger methodologischer Überlegungen. Denn alle auf diesem Gebiet bisher veröffentlichten Arbeiten waren, wie es mir scheint, nicht in der Lage, ein klares und einleuchtendes Urteil zu ermöglichen. Nach der vornehmlich in Amerika angewandten und in den bisherigen Bänden der „Studies in the Lectioary Text" fast durchgängig benutzen Methode werden nämlich die Lektionare (ähnlich wie es Kubo tat, vgl. oben) gegen den Textus receptus (T. r.) kollationiert, alle abweichenden Lesarten dann auf ihren „non-lectionary Support" untersucht und anhand der entsprechenden Listen statistische Angaben von Übereinstimmungen mit Texthandschriften erarbeitet. Diese Übereinstimmungen sind dann die Grundlage für die Bewertung der untersuchten Hss[186], allenfalls durch eine zweite direkte Kollation der untersuchten Hss gegen die Texthandschrift oder Texthandschriften mit den meisten Übereinstimmungen oder eine Vergleichung der Variantenlisten beider ergänzt[187]. Da sich die bisherigen Untersuchungen jedoch stets auf mehrere Lek-

---

[186] Vgl. z. B. Kubo a. a. O., in Nachfolge der meisten früheren amerikanischen Untersuchungen seit D. W. Riddle, The Character of the Lectionary Text of Mark in the Week-days of Matth. and Luke, in: Prolegomena ..., 21–42.

[187] So schon im Prinzip P. Schubert, The Text of the Markan Week Day Lections and von Sodens Iφ Text, in: Prolegomena ..., 43–56; B. M. Metzger „institutionalisierte" diese Methode in seinem Band The Saturday and Sunday Lessons.

tionare erstreckten, differenzierte man vor der Auswertung noch nach sogenannten majority- und minority-readings. Als majority-reading wurde dabei regelmäßig die Lesart definiert, die in mehr als der Hälfte der untersuchten Hss belegt ist, als minority-reading jene, die in weniger als der Hälfte bis hinab zu zwei oder drei der Hss belegt ist[188]. Auf den Übereinstimmungen von majority readings mit Texthandschriften in Abweichungen vom T. r. beruhen dann in der Regel die bisherigen Urteile.

Zunächst zur Differenzierung majority-/minority reading: Richtig an ihr ist, daß für die Lektionare repräsentative Lesarten anders, d. h. stärker bewertet werden müssen als mehr oder minder zufällige oder schwach bezeugte Varianten. Offen bleibt dabei nur, was repräsentativ ist und was nicht. Diese Frage allein von der Quantität her beantworten zu wollen, mag häufig möglich sein, aber die endgültige Zuordnung ist keine Frage der großen Zahl, sondern der Einzelbewertung. Denn sogenannte minority-readings können, wie schon die Stichkollation zeigte, entweder Reminiszenzen an ältere Texttraditionen sein[189] oder aber Subvarianten zu Lesarten des byzantinischen Mehrheitstextes[190] oder aber auch singuläre Verbesserungen eines scheinbar oder möglicherweise in der Vorlage verderbten Textes darstellen[191] oder bloß Ungenauigkeiten in der Textwiedergabe durch zufälligerweise mehrere Lektionare[192]. Je nachdem sind sie für die Bewertung einer einzelnen Hs oder aber für die gesamte Überlieferung charakteristisch und unterstützen vielleicht sogar jene sogenannten majority-readings. Mir scheint daher die rein quantitative Differenzierung der Lektionar-Lesarten sowohl vom Ansatz her falsch wie für die Auswertung irreführend. Es würde hier den Rahmen sprengen, wenn im einzelnen nachzuweisen versucht würde, bei welchen der bisher vorgenommenen Untersuchungen dadurch das Ergebnis beeinflußt worden ist, zumal bei einer Reihe von unpublizierten Dissertationen nur von dem zusammenfassenden Bericht Wikgrens ausgegangen werden könnte[193]. Aber allen summarischen Urteilen gegenüber, die sogenannten minority- oder majority readings betreffend, scheint mir eine

---

188 So bereits D. W. Riddle (Prolegomena 25) aufgrund der Ergebnisse von E. C. Colwells erstem Aufsatz zum Thema Is there a Lectionary Text of the Gospels ?, HThR 25 (1932), 73–84, und dem fast gleichzeitig und unabhängig davon erschienenen Festschriftbeitrag von K. und S. Lake, The Text of Mark in some Dated Lectionaries, in: Amicitiae Corolla, London 1933, 147–183.

189 z. B. die Variante von *l* 596 in Jak 2, 18 oder 2 Petr 2, 17.

190 z. B. die Variante in Jak 1, 26 oder 2 Petr 3, 10b.

191 z. B. die Variante von *l* 1441 zu Jak 3, 3.

192 z. B. die Varianten in Jak 4, 11 oder 2 Petr 3, 16.

193 Vgl. oben Anm. 1.

gewisse Zurückhaltung angebracht, solange keine detaillierte sachliche Begründung zugefügt ist[194].

Gewichtiger aber sind die Einwände, die man gegen die Feststellung der Lektionarvarianten durch Kollation der Lektionare gegen den Textus receptus und die Beurteilung ihres Textes anhand dieser Varianten erheben muß. Denn einerseits bietet der T. r. eine große Zahl von recht schwach bezeugten Lesarten, die nur von ganz wenigen Minuskeln gelesen werden. Diese Tatsache, auf die auch von früheren Lektionarbearbeitern schon gelegentlich hingewiesen wurde[195], führt zwangsläufig zu einer Verfälschung der statistischen Auswertung, weil nämlich häufig als Variante gezählt wird, was eigentlich der gemeinsame Text von Lektionaren und Kontrollhandschriften ist, von augenscheinlichen Minoritäten, die abweichen, abgesehen. Allein im Jak-Brief bin ich auf 8 solcher Stellen gestoßen, an denen dann für die Lektionare auf eine Übereinstimmung mit alter Überlieferung geschlossen werden müßte, weil die Lektionare oder wenigstens ihre Mehrheit zusammen mit den Kontrollhandschriften vom T. r. abweichen[196]. In Wirklichkeit aber lesen beide Gruppen meist gemeinsam den üblichen Text oder folgen die Lektionare dem byzantinischen Text.

An anderen Stellen dagegen folgt der T. r. einer gut bezeugten Lesart gegen die jüngere byzantinische Tradition. An derartigen Stellen — es handelt sich allein in Jak um 3 Stellen[197] — weichen dann nur die Lektionare vom T. r. ab, nicht die älteren Kontrollhandschriften. Das Bild, das sich in summarischen Auswertungen dabei abzeichnet, ist also ebenfalls unscharf; denn in diesen Fällen scheinen die Lektionare einer besonderen Tradition zu folgen, die sich bei den Kontrollhandschriften unterschiedlich auswirkt. In Wirklichkeit aber bieten die Lektionare normalerweise ebenfalls nur wieder den byzantinischen Text, während für bestimmte Kontrollhandschriften gar keine Va-

---

194 Zu welchen Verschiebungen allein schon der Prozentsätze, aber auch der darauf beruhenden Bewertungen es führen kann, wenn die genannte Differenzierung nicht eingehalten wird oder Varianten nicht richtig bewertet und abgegrenzt werden, hat H. Greeven in seinem Aufsatz „Die Textgeschichte der Evangelienlektionare", ThLZ 76 (1951), 513–522, auf Spalte 519 demonstriert, wo statistische Angaben von B. M. Metzger, Saturday and Sunday Lessons, nachgeprüft wurden.

195 Vgl. z. B. K. und S. Lake: „There are also a moderately large number of cases where the textus receptus has the unusual reading, and where, like most gospel MSS, all the lectionaries ... vary from it" (a. a. O. 154) oder S. Kubo 68; zum Grundsätzlichen vgl. K. Aland, Studien ... 89f.

196 Es handelt sich um Jak 1, 13: τοῦ (θεοῦ); 2, 5 (κόσμου) + τούτου; 2, 13 καὶ (κατακαυχᾶται); 3, 3 ἰδού; 4, 2 (οὐκ ἔχετε²) + δέ; 4, 12 σύ (statt σὺ δέ); 4, 14 ἔπειτα δέ (statt ἔπ. δὲ καί); 5, 10 ~ τῆς κακοπαθ(ε)ίας ἀδελφοί μου, an welchen Stellen regelmäßig keine Unziale, sondern nur wenige Minuskeln (und ganz selten einzelne Lektionare) die Lesart des T.r. bezeugen.

197 Jak 1, 27 τῷ (θεῷ) = P74 ℵc A B C* Ψ; 5, 7 ἐπ' αὐτῷ P74 ℵ A B P Ψ; 5, 11 (ἐστιν) + ὁ κύριος ℵ A (B: om. ὁ) P Ψ.

riante notiert wird. Obwohl eigentlich von der Theorie her völlig gleichgültig ist, welche Kollationsbasis gewählt wird und wogegen Probanden und Kontrollhandschriften verglichen werden, wenn nur die entsprechenden Vergleichungen sachgerecht durchgeführt werden, verleitet die Benutzung des T. r. dazu, eine wesentliche Etappe der Vergleichung zu überspringen: Das ist die Auflistung von Übereinstimmungen von Probanden und Kontrollhandschriften mit der Kollationsbasis, wo andere Hss abweichen. Selbst wenn die jeweiligen Abweichungen zahlenmäßig erfaßt werden, was normalerweise geschieht, finden sich an solchen Stellen *qualitative Divergenzen*, die bei der *quantitativen Analyse* untergehen bzw. sich ausgleichen. Diese Tatsache ist z. T. gesehen und durch zusätzliche Untersuchungen zu umgehen versucht worden[198].

Weitergehend und dabei auch z. T. das Prinzipielle modifizierend ist erst die sogenannte „Profile-method". Bei dieser von F. Wisse und P. R. McReynolds entwickelten Methode, die vornehmlich „for judging the text of a minuscule as to group membership" dient — so die offizielle Vorstellung dieser Untersuchungsmethode[199] — werden nämlich nunmehr auch Übereinstimmungen des oder der Probanden mit dem T. r. erfaßt, wenn andere Hss von ihm abweichen, und umgekehrt. Allerdings ist auch hier wieder der Ausgangspunkt eine umfassende Kollation von möglichst vielen Hss gegen den T. r., um anhand der daraus sich ableitenden Ergebnisse ein spezifisches Profil für bestimmte Überlieferungsgruppen erarbeiten zu können. Tatsächlich bestehen die Lesarten des betreffenden Gruppenprofils also aus einer Aneinanderreihung von distinctive und singular readings, nun — und das scheint mir der Fortschritt — allerdings losgelöst von der Kollationsbasis und in unmittelbare Beziehung gesetzt zu anderen Überlieferungszusammenhängen. Der Haupteinwand gegen die Profile-method ist jedoch, daß jene Gruppenprofile *a priori* festgelegt werden müssen, die ganze Arbeit also allenfalls nur zu einer Bestätigung einer eingangs aufgestellten Prämisse dienen kann, obwohl eigentlich die Feststellung von Gruppen das Ziel und die Abgrenzung dieser Gruppen oder Untergruppen erst das Ergebnis einer eingehenden Durcharbeitung des Materials sein kann.

2. Aufgrund dieser Feststellungen lag es mir nun daran, einen modus procedendi für die Kollation und Vergleichung der Lektionare gegen Texthandschriften zu wählen, der die negativen Erscheinungen

---

[198] So z. B. in den Studies in the Lectionary Text bei B. M. Metzger, Vol. II, 3 (1944), durch Rekonstruktion eines (Normal-)Textes der Vergleichsgruppen (vgl. oben S. 553), und H. M. Buck, Vol. II, 4 (1958), und W. D. Bray, Vol. II, 5 (1959), durch zusätzliche Anwendung der „multiple method".

[199] E. C. Colwell with I. A. Sparks, F. Wisse, P. R. McReynolds, The International Greek NT Project, JBL 87 (1968), 187–197, insbes. S. 191ff.

bei den bisherigen Arbeiten umgeht und — auch in einer summarisch-statistischen Auswertung — zu einem klaren Bild der Überlieferungssituation führt. Ausgegangen wurde dabei von einer Vollkollation zu Jak, die sowohl eine begrenzte, aber wohl repräsentative Zahl von Lektionaren umfaßt wie auch alle Papyri und sogenannten Buchstaben-Unzialen[200]. Kollationsbasis war der Nestle, 25. Auflage. Die Ergebnisse dieser Vollkollation wurden unter Weglassung aller eindeutig als Schreiberversehen zu klassifizierenden Abweichungen zu einer Übersicht zusammengefaßt, die neben dem Kollationstext synoptisch alle Varianten aller kollationierten Hss enthielt. In einem weiteren Arbeitsgang wurden zur Zeile mit dem Nestletext aus den Kollationsbogen die Zeugenangaben hinzugefügt, die diesen Text bezeugen, wenn Varianten zur Stelle von wenigstens zwei Zeugen belegt sind. Ebenfalls wurden aus der bereits erwähnten Vollkollation von 50 Minuskeln die Bezeugungen zu den erfaßten Varianten ergänzt und weitere in den Minuskeln belegte Lesarten zu der betreffenden Stelle zugefügt[201]. Das sich daraus ergebende Spektrum von Varianten sollte dann noch nach den Apparaten von Tischendorfs Editio octava und von v. Soden ergänzt werden, aber es zeigte sich, daß bis auf wenige Ausnahmen[202] bereits alle möglichen Spielarten des Textes erfaßt waren.

Das so gewonnene Material bedurfte nun einer Aufgliederung, die nicht nur zusammenfaßte, was zusammengehört, sondern gleichzeitig klassifizierte. Um zu möglichst objektiven, von allen Theorien freien Kriterien zu gelangen, wurden dafür folgende Klassen gewählt:

Klasse A: Lesarten der Mehrheit von Zeugen, denen eine (qualifizierte) Minorität, d. h. Lesarten der Klasse B—D gegenüberstehen; hier handelt es sich fast durchgängig um die Lesarten des byzantinischen Textes oder aber einer qualifizierten Mehrheit desselben, bzw. den Normaltext.

Klasse B: Lesarten, die durch mehrere alte Unzialen (einschl. Papyri) oder durch eine von ihnen bezeugt sind und in der

200 Zur Auswahl der Lektionare siehe unten S. 560f.; mit „Buchstaben-Unzialen" sind die Vollhandschriften ℵ, A–Ω, also 01–045 gemeint, von ihnen überliefern Jak.: ℵ A B C (: nur 1, 1–4, 2 πολεμεῖτε erhalten) K L P (: gelegentlich mutiliert) Ψ. Auf die sogenannten 0-Unzialen wurde verzichtet, weil sie entweder nur kleine Fragmente oder Kommentarhandschriften sind, deren Text in Semiunziale, deren Kommentar aber in Minuskeln geschrieben ist (z. B. 0142), sie also eigentlich in die Minuskelliste gehören (vgl. K. Aland, Kurzgefaßte Liste, 14). Von ihnen ist nur K (018) benutzt.

201 Vgl. S. 544. Die reinen Minuskellesarten werden aber aus Raumgründen in Tafel 1 und 3 nicht verzeichnet.

202 Vgl. nr. 13 in Tafel 1, wo für die Lesart von *l* 1768 in C. 1 nur aus Tischendorf [Ti] Minuskelbelege erhoben werden konnten.

Minuskelüberlieferung deutliche Nachwirkungen aufweisen; hier handelt es sich meist um Lesarten des sogenannten ägyptischen Textes oder eines seiner Zeugen.

Klasse C. 1: Lesarten von späten Unzialen oder Minuskeln, wenn diese auch in den Lektionaren belegt sind, bzw. umgekehrt: Lesarten von Lektionaren, die auch in späten Unzialen oder Minuskeln belegt sind; hier handelt es sich häufig um Varianten zum byzantinischen Text oder aber um singular readings, die auch anderweitig belegt sind oder nachgewirkt haben.

Klasse C. 2: Lesarten, die nur von mehreren Lektionaren *oder* nur von mehreren jüngeren Texthandschriften bezeugt sind, die also nicht in einer anderen Handschriftenkategorie nachgewirkt haben.

Klasse D: singular readings einzelner Hss, wenn diese einen Sinn geben oder grammatikalisch möglich sind und kein weiterer Beleg dafür zu erbringen ist.

Einige Worte zur Erläuterung und Begründung für diese Einteilung: Die Abgrenzung von Klasse B ist einfach, sie umfaßt die Lesarten der alten Hss und ihrer Satelliten, wobei in den Katholischen Briefen für unseren Zweck auf eine weitere Unterteilung verzichtet werden kann, da alle Versuche, hier überzeugend einen „westlichen Text" in den griechischen Hss nachzuweisen, zu keiner befriedigenden Lösung geführt haben[203]. Unter C finden sich Lesarten, die nur in jüngeren Zeugen, d. h. in Hss nach dem 8. Jh. belegt sind. Natürlich könnte es sich dabei theoretisch auch um älteres Traditionsgut handeln, für das nur alte Zeugen fehlen. Faktisch aber können alle hier eingeordneten Varianten bei einer ernsthaften Diskussion um den Wortlaut des Früh- oder Urtextes ausscheiden[204]. Die Unterteilung der Klasse C in C. 1

[203] Vgl. zuletzt den noch sehr optimistisch formulierten Seminarbericht von J. Duplacy, ‚Le text occidental' des épîtres catholiques, NTS 16 (1969/70), 397–399, oder auch im gleichen Band M. M. Carder, Evidence for a Caesarean Text in the Catholic Epistles, 252–270, die S. 254 und Anm. 7 „as pointers to the Western strand the witness of א C Ψ (occasionally A), where these are clearly separated from the Alexandrian family" postuliert, aber auch zu letzterem die Kritik durch K. Aland, Bemerkungen zu den gegenwärtigen Möglichkeiten textkritischer Arbeit aus Anlaß einer Untersuchung zum Caesarea-Text der Kath. Briefe, NTS 17 (1970/71), 1–9.

[204] Ein gewisser Beweis dafür mag aus Folgendem hergeleitet werden: Eine besondere Kollation gegen die als Manuskript gedruckte Greek-English Diglot, The General Letters, London 1961, deren griechischer Text von den neutestamentlichen Textkritikern als sehr eigenwillig und vornehmlich nach „inneren Kriterien" konstituiert gewertet wird, hat ergeben, daß aus den unter C eingeordneten Varianten von dieser Ausgabe nur eine rezipiert worden ist: Jak 2, 13 καὶ (κατακαυχᾶται). Sie gehört zu jenen Stellen, an denen der T.r. einer Minorität von Minuskeln folgt (bei

und C. 2 ist vom äußeren Befund abhängig, je nachdem, ob Lektionare und einige jüngere Texthandschriften zusammen eine Lesart bezeugen, also Einflüsse von der einen Hss-Kategorie zur anderen bzw. umgekehrt vorliegen, oder ob die betreffende Lesart nur in den Lektionaren oder nur in jüngeren Texthandschriften überliefert ist. Obwohl hier mit wachsender Kenntnis der Gesamtüberlieferung Umordnungen notwendig werden, ist doch aber gerade bezüglich der Lektionare von Interesse, welche ihrer Lesarten als typische Lektionarlesarten anzusehen sind und welche von ihnen Berührungen mit den Texthandschriften haben, also entweder den laufenden Text beeinflußt haben oder von irgendeiner seiner Untergruppe bestimmt sind. Auch manche der Lesarten, die gegenwärtig unter Klasse D verzeichnet sind, werden umgruppiert werden müssen, wenn die Kenntnis von den Einzelheiten der Gesamtüberlieferung wächst. Dennoch kann nicht auf diese Klasse verzichtet werden, denn die Zahl der Sonderlesarten einer einzelnen Hs ist ein Bewertungsstab für Hs und Schreiber und wichtig für die Beurteilung der anderen Lesarten dieser Hs. Der textkritische Wert z. B. von P^{72} wird m. E. häufig überschätzt, weil die Fülle von singular readings, die er bietet, zwar nicht den traditionsgeschichtlichen Zusammenhang in Frage stellen, aber doch beweisen, daß P^{72} sehr am Rande dieser Tradition steht. Außerdem verfälschen die Sonderlesarten jede summarische Auswertung, wenn sie nicht als Einzelklasse geführt werden. Wenn hier eventuell manches vorsichtshalber noch eingruppiert wurde, was eigentlich als Nonsens oder Versehen ausgeschlossen werden sollte, wirkt sich das auf diese Weise ebenfalls nicht negativ auf die Auswertung aus. In Klasse A sind dann alle jene Lesarten eingeordnet, denen eine Variante irgendeiner anderen Klasse gegenübersteht. Sie umfaßt also den übereinstimmend bezeugten Normaltext, von dem nur einzelne oder mehrere jüngere Zeugen abweichen, sie umfaßt aber auch den sogenannten Mehrheitstext, der dann nor-

---

v. Soden finden sich nur zwei Zeugen dafür), aber auch vier Lektionare diese Lesart bezeugen (vgl. Anm. 196). Eine Sachdiskussion dieser Lesart erübrigt sich, da der Normaltext (ohne Kopula, bezeugt von ℵ *BC* KLΨ [39/48] und 7 von 13 Lekt.) auf verschiedene, mit Sicherheit sekundäre Weise an den vorangehenden Kontext angeschlossen wird: durch imperativische Folgerung (C^2) bzw. Imperativ der 3. Pers. mit eingefügtem δὲ (A [2/48]), nur durch Einfügung von δέ ($ℵ^2$ [6/48]) oder eben durch καὶ (T.r. min.). Mit dieser einen Lesart sind zwar in Jak die Eigenwilligkeiten dieser Ausgabe noch nicht erschöpft, sie berühren aber nur Stellen, die im Griechischen gar keine Bezeugung haben (z. B. 2, 18 omit. μου mit lat. sy; vgl. Vetus Latina Bd. 26 zur Stelle) oder nur durch einzelne Minuskeln belegt sind (z. B. 5, 9 κατακριθῆτε), also bei der Vollkollation ohne Bedeutung sind, da ausschließlich von Minuskeln bezeugte Lesarten übergangen sind, wenn nicht wenigstens ein Lektionar hinzutritt. — Die von G. D. Kilpatrick in ThZ 23 (1967), 433, als „Originaltext" von Jak in 2, 11 vorgeschlagene Lesart ἐγένου ἀποστάτης νόμου (= P^{74} A) läuft ihrer Bezeugung wegen unter Klasse B.

malerweise mit dem byzantinischen Text identisch ist, wenn alte Unzialen einer eigenen Überlieferung folgen.

3. Bei der Auswahl der für die Vollkollation heranzuziehenden Lektionare kam es mir nicht nur darauf an, diejenigen Hss mit dem höchsten Abweichungsquotienten bei der Stichkollation durchzuprüfen, sondern auch die Konsistenz bei jenen Hss zu kontrollieren, die an keiner der Teststellen vom Mehrheitstext abwichen. Zum Vergleich dazu mußte festgestellt werden, ob die Hss mit einem niedrigen Abweichungsquotienten (zwei bis drei Abweichungen bei den Probestellen) auch im gesamten Textbereiche sich von der Menge abheben. Um aber auch den Text jener Sondergruppe *l* 156 und Genossen kennenzulernen, die in den Wochentagslesungen keine Katholischen Briefe verwenden, wurden unabhängig vom Abweichungsquotienten auch 5 Hss dieser Gruppe kollationiert. Da andererseits die Frage zu beantworten ist, ob die Dauer der Überlieferung den Textcharakter der Lektionare beeinflußt hat, wurden in allen Kategorien Repräsentanten aus allen Jahrhunderten gewählt[205]. So ergab sich für die Vollkollation folgende Auswahl[206]:

Gruppe 1: Lektionare mit hohen Abweichungszahlen

l 596, A. D. 1146: Escorial ψ. III. 9
l 1441, s. XIII: Sinai Gr. 291

Gruppe 2: Lektionare ohne Abweichungen

l 172, s. XIII: Cambridge/Mass., Harvard 7
l 590, s. XI: Athen, Nat.Bibl. 101
l 841, A. D. 1555: Athos, Kutlumusiu 277
l 883, s. XI: Istanbul, Triados 13
l 921, s. XII: Istanbul, Kamariotissa 59
l 938, s. XIII: Istanbul, Kamariotissa 74
l 1141, A. D. 1105: Athos, Vatopediu 925
l 1281, A. D. 1454: Sinai Gr. 296
l 1768, s. XVII: Sinai Gr. 2050
l 2073, A. D. 1386: Meteora, Metamorphosis 555

Gruppe 3: Lektionare mit 2/3 Abweichungen

l 422, s. XIV: Athen, Nat.Bibl. 200
l 592, A. D. 1576: Athen, Nat.Bibl. 115
l 593, s. XV: Athen, Nat.Bibl. 102

Sondergruppe:
l 156, s. X: Paris, Bibl.Nat. Gr. 382

---

[205] Daß in allen Gruppen den datierten Handschriften der Vorzug gegeben wurde, ist selbstverständlich.

[206] Ausgegangen wurde bei der Auswahl von den Ergebnissen der Stichkollation zu Jak, sie stimmen weitgehend mit denen zum 2 Petr überein. Differenzen dazu lagen nur vor bei *l* 1441 (nur 2 Abweichungen von 15 Stellen), *l* 172, *l* 938, *l* 2073 (jeweils eine Abweichung), *l* 422, *l* 592, *l* 593 (auch nur je eine Abweichung).

l 165, s. XI: London, Lambeth 1190
l 170, s. XIV: Ann Arbor, 35
l 617, s. XI: Venedig, San Marco 1216
l 1818, s. XVI: Athen, Nat.Bibl. 2726

Auf die verschiedenen Jahrhunderte verteilen sich diese Hss wie folgt: 1 aus dem 10., 4 aus dem 11. Jh., je 3 aus dem 12., 13., 14. und 16. Jh., 2 aus dem 15. und 1 aus dem 17. Jh.

4. Da trotz der begrenzten Zahl von Lektionaren und Kontrollhandschriften selbst bei dem relativ geringen Umfang des Jak-Briefes die Darstellung aller sich ergebenden Varianten die Grenzen dieser Untersuchung sprengen würde, sei hier zunächst im Detail das Ergebnis einer Normalperikope, der des Dienstag der 32. Woche (Jak 3, 1–10) dargeboten[207]. Auf Tafel 1 (S. 576) sind alle in diesem Abschnitt bei den Hss vorkommende Varianten erfaßt und nach den oben erläuterten Klassen gruppiert. Nach der jeweiligen Lesart ist in der 2. Zeile die Bezeugung durch die Lektionare, in der 3. Zeile die durch die Text-Hss notiert. Bei Bruchangaben bezeichnet der Nenner wiederum die Zahl der Minuskeln (vgl. aber Anm. 201), der Zähler die faktische Bezeugung. Insgesamt handelt es sich um 45 Stellen, an denen wenigstens eine der benutzten Hss abweicht. Davon sind allerdings 13 reine singular readings (Klasse D), 5 ausschließlich von einzelnen Unzialen bezeugt (nr. 3. 8. 14. 25. 37), 8 nur von jeweils einem Lektionar (nr. 20. 24. 26. 29. 31. 40. 42. 44). Von den übrigen 32 differierenden Lesarten werden fast die Hälfte, nämlich 15 von mehreren alten Unzialen oder wenigstens von einer und einer distinktiven Reihe von Minuskeln bezeugt (Klasse B: Nr. 5. 12. 15. 16. 18. 19. 22. 23. 28. 30. 35. 36. 38. 39. 41). Zu diesen 15 Lesarten sind noch 4 weitere hinzuzufügen, da an den betreffenden Stellen gleichzeitig singular readings eines Lektionars (nr. 11. 33.), einer Texthandschrift (nr. 43), oder eines Lektionars und einer Texthandschrift (Nr. 9) auftreten. Diese Lesarten differieren zwar untereinander sowohl bezüglich ihrer Bezeugung wie auch ihrer Gewichtigkeit, sie heben sich aber deutlich von ihren Gegenlesarten ab[208]. Wesentlich bedeutsamer aber ist, daß von diesen 15 bzw. 19 Lesarten 9 bzw. 11 bei den Lektionaren völlig unbekannt sind. Unter ihnen befinden sich so charakteristische Lesarten wie nr. 23: Jak 3, 5

[207] Die Wochentagsperikopen entsprechen einander im Ergebnis bei der Vollkollation, da sie einer geschlossenen Perikopenreihe entstammen. E. C. Colwells Forderung, „the collators of lectionary MSS should publish their results lection by lection" (vgl. Anm. 155) kann daher, ohne eine Verschiebung des Ergebnisses zu befürchten, dahingehend modifiziert werden, daß Untersuchungen und Auswertungen von Lektionaren innerhalb geschlossener Perikopenkomplexe vorgenommen werden können, wie es ja auch bei den bisherigen Publikationen durch die Amerikaner geschehen ist.

[208] Nur für die Lesarten nr. 16. 30. 35 können Zweifel bezüglich ihrer Zuweisung angemeldet werden; sie können per definitionem andererseits aber nicht als singular readings gebucht werden.

ἡλίκον πῦρ, das zu ὀλίγον πῦρ geglättet wurde, oder nr. 28 (Jak 3, 6), wo die jüngere Tradition und alle Lektionare zur Erleichterung ein οὕτως einfügen, oder nr. 39 (Jak 3, 8) ἀκατάστατον, das zu ἀκατάσχετον präzisiert wurde. 11 abweichende Lesarten[209] werden nur von jüngeren Hss bezeugt, von ihnen gehören 6 (nr. 6. 10. 17. 27. 34. 45) in die Klasse C. 1, finden sich also in Lektionaren und Texthandschriften gemeinsam, während die anderen 5 zu Klasse C. 2 gehören und nur allein von Texthandschriften (nr. 2. 4) oder allein von Lektionaren (nr. 1. 21. 32) bezeugt sind. Dabei handelt es sich bei nr. 1 um eine typische Lektionarlesart; denn die stereotype Einleitungsformel Ἀδελφοί macht das nachfolgende ἀδελφοί μου des Textes überflüssig, ja sinnlos[210]. Auch nr. 45 ist als Lektionarlesart zu werten, die allerdings auf Texthandschriften eingewirkt hat: Das ἀδελφοί μου des Textes wird am Ende der Lektion, ihrem Höhepunkt, erweitert zum ἀδελφοί μου ἀγαπητοί. An den restlichen 2 Stellen ergeben sich in der Überlieferung multiple readings[211], wo entweder neben einer Umstellung auch die Auslassung des betreffenden Wortes belegt ist (nr. 13) oder sich aus einer orthographischen eine Sachvariante mit Nebenlesart entwickelt hat (nr. 7).

Die Ergebnisse der Kollation sind in Tafel 2 (S. 582) zusammengestellt und nach Einzelhandschriften summarisch zusammengefaßt. Diese Form der Auswertung ist in vielerlei Hinsicht die gewiesene. Denn sehr viele der verzeichneten Lesarten betreffen rein formale Abweichungen und können in der Überlieferung voneinander völlig unabhängig entstanden sein, so daß allein von diesen Stellen her nicht entschieden werden kann, ob eine Hs einer Tradition folgt oder ob die Voraussetzungen, die zum Entstehen dieser Variante geführt haben, auch bei Einzelhandschriften, und zwar unabhängig von einer Tradition, diese Lesart entstehen ließen. Z. B. wenn bei nr. 7 *l* 422, *l* 590. *l* 592. *l* 883 mit ℵ A B K L Ψ εἱ δέ lesen, ist diese Übereinstimmung ohne Beweiskraft für eine Abhängigkeit, da sie auch phonetisch bedingt sein kann. Diese Möglichkeit wird unterstrichen dadurch, daß nach Tabelle 2 *l* 422 3 Sonderlesarten und *l* 592. *l* 883 je eine Sonder-

---

209 Hier sind auch mitgezählt nr. 6 und nr. 27, wo je ein Lektionar nebenher eine Sonderlesart aufweist.

210 Im Apparat von v. Soden findet sich zwar zur Stelle auch ein Minuskelbeleg für diese Lesart, demzufolge auch diese Lesart unter C. 1 zu buchen wäre, aber das betr. Notat ist falsch. Die Hs 1838 (bei Soden *I* a² 175) bietet innerhalb des fortlaufenden Textes den vollen Lektionsapparat, hat also eigentlich nur die Lesestücke in der neutestamentlichen Reihenfolge und dazwischen ggf. die nicht gelesenen Stücke als Zutat. Demzufolge bietet sie auch in 3, 1 nicht die Text-, sondern die reine Lektionarlesart, kann also nicht zur Stelle zitiert werden.

211 Auch nr. 38 könnte mit gewissem Recht als multiple reading gewertet werden; da aber zwei der verschiedenen Umstellungen von alten Unzialen sowie Minuskeln überliefert sind, sind diese Lesarten zusammen nur unter Klasse B verzeichnet.

lesart (Klasse D) aufweisen, aber diese Hss auch sonst orthographische Unsicherheiten und Eigenheiten zeigen. Gleiches gilt auch z. B. für nr. 18, wo neben *l* 596 wieder *l* 422 sowie *l* 593. *l* 1768 mit ℵ B L den Indikativ βούλεται statt des Konjunktives lesen. Auch die Übereinstimmungen in C. 1 oder C. 2 sind nicht an allen Stellen signifikant. Nr. 1 und nr. 45 stellen typische Lektionarvarianten dar und müssen gesondert gewertet werden. Übereinstimmungen wie etwa nr. 17 sind rein orthographisch, allenfalls nr. 21 und eventuell noch nr. 32 könnten Hinweise auf Nebengruppen bieten, wenn sich die Bezeugung dieser Lesarten an anderer Stelle wiederholte.

Eindeutige Tendenzen zeichnen sich nur ab, wenn z. B. Übereinstimmungen mit alten Hss an mehr als ein oder zwei Stellen vorliegen, und das ist wiederum nur bei *l* 596 der Fall, das insgesamt an 5 Stellen Varianten der Klasse B aufweist, wodurch die Ergebnisse der Stichkollation gerade für diese Hs eine erste Bestätigung erfahren. Ebenfalls ergibt sich aber auch aus Tafel 2 mit Deutlichkeit die textliche Abhängigkeit der Lektionare vom Mehrheitstext. Das gilt nicht nur für die Hss, deren Prozentsätze in der Spalte A die Zahl 96 erreichen (eine absolute Identität mit dem Mehrheitstext ist durch die beiden spezifischen Lektionarlesarten nr. 1 und 45 ausgeschlossen), sondern auch alle anderen Hss mit niedrigeren Prozentsätzen sind als seine Repräsentanten anzusehen. Selbst wenn der Prozentsatz bei einer Hs wie *l* 921 stark absinkt und Größenordnungen erreicht, die bei den Kontrollhandschriften denen von Ψ entsprechen, ist damit die Abhängigkeit vom Mehrheitstext nicht widerlegt; denn diese Hs weist, wie Spalte D zeigt, 5 Sonderlesarten auf und hat zudem je eine zusätzliche Lesart der Klasse C. 1 und C. 2, bietet also nur zusätzliche Nebenlesarten, die diese Hs als relativ ungebunden und in ihrer Textüberlieferung schwankend charakterisieren, wie es schon für *l* 422 u. a. festgestellt wurde. Andererseits erhalten auch die Ergebnisse der Stichkollation bei Hss wie *l* 1441, die dort mit 5 von 25 Stellen relativ stark aus dem Überlieferungsschema herausfiel, von Tafel 2 her die notwendige Interpretation: Neben einer interessanten und dem Gedanken des Textes adäquaten Sonderlesart[212] bietet sie je eine zusätzliche Variante in C. 1 und C. 2, die beide als natural addition charakterisiert werden können, und eine in Klasse B verzeichnete Umstellung, Ergebnisse, die von anderen Hss, die bei der Stichkollation nicht auffielen, z. T. noch übertroffen werden. Kubos ambivalentes Urteil über *l* 1441[213] wird also schon von der Vollkollation zu einer Perikope, nach anderen Gesichtspunkten als seinen durchgeführt, in der Hinsicht präzisiert, daß der Schreiber „not have been too careful".

---

[212] Nr. 11: das πρὸς / εἰς τὸ πείθεσθαι wird in *l* 1441 zu τῷ πείθεσθαι.

[213] Vgl. oben S. 552.

Insgesamt zeigen die Tafeln 1 und 2 — auch in den Werten für *l* 921 und *l* 422 — mit Deutlichkeit, daß, wie schon bei der Stichkollation festgestellt, in der Textüberlieferung eine gewisse Schwankungsbreite in Nebensächlichkeiten zu konstatieren ist, die aber nicht überbewertet werden darf, sondern als für jede handschriftliche Überlieferung typisch angesehen werden muß. Die Auslassung etwa des zweimaligen τε in Jak 3, 7 (nr. 34/C und 35/B), die Zufügung von Possessivpronomina (wie nr. 32/C. 2) oder Artikel (nr. 27/C. 1), aber auch manche Umstellung (z. B. nr. 38/B) ist neben den oben besprochenen Abweichungen nr. 7/B und nr. 18/B ohne tiefere Bedeutung, wenn die Bezeugung laufend wechselt, und nur für die Überlieferungstreue einzelner Hss ein negatives Kriterium, die hier zitiert werden müssen.

5. In der Stichkollation war bei Jak 5, 11 mit der Möglichkeit gerechnet worden, daß die relativ starke Bezeugung für eine ältere Lesart durch Lektionare dadurch bedingt sein könnte, daß die betreffende Perikope 5, 10–20 im Menolog überliefert ist und, meist für Elia am 20. Juli gelesen, in einem früheren Stadium rezipiert wurde als die Wochentagslesungen. Daher sei in den Tafeln 3/4 das Kollationsergebnis dieser Perikope dargestellt und im Folgenden kurz besprochen. Ausgegangen wird dabei von derjenigen Textwiedergabe in den einzelnen Lektionaren, die den ganzen Textkomplex umfaßt oder an vorderster Stelle geboten wird. Das ist für *l* 593 der 6. Mai (Hiob), für *l* 156. *l* 170. *l* 617. *l* 1818 (alles Hss der Sondergruppe[214]) der 14. Juni (Elisa), für alle anderen Lektionare der 20. Juli (Elia).

Wie bereits dargestellt[215], wird diese Perikope bzw. Teile davon auch anderweitig, meist für „verschiedene Gelegenheiten" gelesen. In den kollationierten Normallektionaren nun werden diese Wiederholungen meist nur durch Verweise gekennzeichnet. Nur *l* 1441 schreibt 5, 10–16 auch für den 14. Juni (Elisa) aus. Bei den Lektionaren der Sondergruppe aber sind die Wiederholungen in der Regel ausgeschrieben. So kommt es, daß, ihrem Perikopensystem entsprechend, 5, 12–16. 19–20 auch für den 31. Oktober (Abramios und Nichte Maria) von *l* 156. (*l* 165). *l* 170. *l* 617 im vollen Wortlaut geboten wird[216], aber auch 5, 13–16. 19–20 von *l* 617 für εἰς ἐξομολόγησιν sowie 5, 16–20 von *l* 156. *l* 617 für εἰς ἀνομβρίαν voll ausgeschrieben werden. Die betreffenden Verse finden sich also häufig zweimal in den Hss, in *l* 156 ist 5, 16. 19–20 sogar dreimal, in *l* 617 5, 13–15 dreimal, 5, 16. 19–20

---

[214] *l* 165 (Sondergruppe) bricht mit dem 5. Februar ab, bietet also von dieser Perikope nur 5, 12 ἀδελφοί, μὴ ὀμν. bis 5, 16 ἐξομολογεῖσθε[am 31. Okt., zusätzlich noch mutiliert.

[215] S. 531 f.

[216] *l* 1818 fällt in dieser Hinsicht aus der Sondergruppe heraus, es feiert Abramios und Maria am 30. Oktober und verweist für die Lesung auf die Abteilung Verschiedene Gelegenheiten, εἰς ὁσίους, bietet dort aber unter diesem Rubrum keine Lesung; zu *l* 165 vgl. Anm. 214.

sogar viermal wiedergegeben. Eine Vergleichung aller mehrfach ausgeschriebenen Texte ergibt aber, daß bis auf eine einzige mögliche Ausnahme[217] die jeweilige Textform ohne jede substantielle Änderung immer wieder reproduziert wird. Andererseits kann man gerade dabei mit Deutlichkeit entnehmen, was in den Hss bei mehrfacher Abschrift fluktuiert und nur als Formalie gewertet werden kann. Das beginnt bei der Interpunktion[218], geht über die Aspirierung und Akzentuierung[219] bis hin zu Itazismen[220] und itazistisch identischen, aber differierenden Verbformen[221]; ja, die möglicherweise als sachliche Differenz gewertete gelegentliche Zufügung des μου in 5, 19 (vgl. Anm. 217) dürfte mit großer Wahrscheinlichkeit ebenfalls nur als „Formalie" angesehen werden. Abgesehen von den generellen Folgerungen, die man aus diesen Erscheinungen ableiten muß oder bestätigt findet, wird auch Colwells These „of the heterogenity of the lectionary"[222] von hierher eingeengt und erhält eine Präzisierung, die nicht nur von jener Sondergruppe abgeleitet, sondern auch von Hss wie *l* 1441 in allen Punkten belegt werden kann.

Da selbst bei mehrfacher Wiedergabe keine substantiellen Differenzen in den Lektionaren vorkommen, kann sowohl die Darstellung der Varianten für Jak 5, 10–20 in Tafel 3 (S. 583ff.) wie die Auszählung in Tafel 4 (S. 590) in gleicher Form geboten werden wie in Tafel 1 und 2. Zusätzlich sind hier nur die 5 Lektionare der Sondergruppe zugefügt, die in Jak 3, 1–10 nicht zitiert werden konnten, da sie bei den Wochentagslesungen keine Katholischen Briefe lesen.

Beide Auszählungsergebnisse (in Tafel 2 und 4) sind überraschend gleichförmig. Bei 4 Lektionaren der Normalform (*l* 590. *l* 841. *l* 1141. *l* 2073) ist die prozentuale Übereinstimmung mit dem Mehrheitstext bei 3, 1–10 und 5, 10–20 absolut gleich, bei 4 weiteren (*l* 172. *l* 592. *l* 938. *l* 1281) differiert sie nur um 2%, bei den anderen ist sie etwas größer, da in den Spalten C und D die Prozentsätze schwanken. In beiden Perikopen sind ebenfalls die Übereinstimmungen mit den Les-

---

[217] *l* 617 liest in 5, 19 (Nr. 41) dreimal ἀδελφοί (31. Okt., ἀνομβρίαν, ἐξομολόγησιν), aber einmal ἀδελφοί μου (14. Juni).

[218] z. B.: *l* 156 setzt in 5, 12 nach γῆν einmal einen Hochpunkt (31. Okt.), einmal ein Komma (14. Juni); *l* 617 setzt in 5, 19 nach ἀληθείας zweimal einen Hochpunkt (ἐξομολ., ἀνομβρ.), zweimal gar kein Satzzeichen (31. Okt., 14. Juni).

[219] z. B.: *l* 617 in 5, 15 ἁμαρτίας (14. Juni, ἐξομολ.), ἀμαρτίας (31. Okt.); *l* 170 in 5, 20 πλῆθος (31. Okt.), πλήθος (14. Juni).

[220] z. B.: *l* 170 in 5, 16 πολύ (31. Okt.), πολλοί (14. Juni), in 5, 14 (Nr. 22) ἐπ' αὐτόν (31. Okt.), ἐπ' αὐτῶν (14. Juni). Dabei ist auffallend, daß jeweils die erste Wiedergabe am 31. Okt. die richtigen, die spätere am 14. Juni die verballhornten Formen aufweist.

[221] z. B.: *l* 617 in 5, 19 (vgl. Nr. 43) zweimal ἐπιστρέψῃ (31. Okt., ἀνομβρ.), zweimal ἐπιστρέψει (14. Juni, ἐξομολ.).

[222] Method in the Study of the Text, in: Prolegomena ... 16f.

arten alter Hss relativ gering und gleichförmig, sie überschreiten auch in Tafel 4 nicht die Zahl 2 (4%), obwohl auch in 5, 10–20 eine Reihe distinktiver Abweichungen vorkommt. Die Übereinstimmungen betreffen außer Nr. 10, jener Stelle von 5, 11, die bei der Stichkollation besprochen wurde[223] (hier belegt von *l* 170. *l* 592. *l* 617), noch in 5, 14 (Nr. 23) die Auslassung von αὐτόν nach ἀλείψαντες (*l* 590 mit BP und [2/46]) sowie Nr. 41, die Zufügung von μου nach ἀλελφοί in 5, 19 (*l* 422. *l* 593 sowie einmal gegen dreimal in *l* 617[224] mit P⁷⁴ * A B K P Ψ [32/47]), und Nr. 42 im gleichen Vers, die Zufügung von τῆς ὁδοῦ (*l* 921) bzw. ὁδοῦ (*l* 422) nach ἀπό bezeugt durch (P⁷⁴) ℵ und [7/47]. Alle Lesarten außer der ersten von 5, 19 sind von einigem Gewicht, aber auch hier wird die Lektionarüberlieferung wieder dadurch entwertet, daß jeweils immer andere Hss diese Lesarten bezeugen, also in keinem Zeugen — *l* 596 hat diese Perikope nicht[225] — von einem eindeutigen Nachwirken alter Lesarten gesprochen werden kann, obwohl es für eine Perikope des Menologs genealogisch naheliegen könnte und sich die Überlieferung der alten Hss auch anderweitig vom Mehrheitstext deutlich abhebt[226].

Einer besonderen Erwähnung bedarf noch das Zurücktreten der Sonderlesarten, die in Tafel 2 für *l* 921 einen extrem hohen Wert annahmen, während diese Hs hier ohne alle Extravaganzen ist. Genau umgekehrt liegt die Situation bei *l* 593; im Gegensatz zu 3, 1–10 müssen für sie hier an 4 Stellen (Nr. 14. 23. 35. 37) Sonderlesarten notiert werden, die aber alle als Schreibversehen erklärt werden können. Auch für die alten Schreiber hat also wohl schon das Gesetz der Serie seine Gültigkeit gehabt. In abgeschwächter Form zeigt sich diese Erscheinung bis auf *l* 422 auch bei den anderen Hss, die in Tafel 2 Spalte D in Erscheinung traten.

Auffallend dagegen ist in dieser Perikope für viele Lektionare das Ansteigen der Lesarten in Klasse C. 1 (Abweichungen zusammen mit jüngeren Hss), obgleich hier nur die eine vom Lektionsbeginn 5, 10 bedingte und von Minuskeln übernommene Variante (Nr. 2) gezählt ist. Eine genauere Durchsicht ergibt, daß es sich hierbei aber in der Mehrzahl um itazistisch bedingte Verbformänderungen handelt[227] und nur in zwei Fällen echte Nebenformen vorkommen, beide in 5, 11: In Nr. 8 wird das lautgleiche εἴδετε (ℵ B* K T. r. [19/48]) / ἴδετε (A B² L P Ψ [28/48]) durch 6 von 18 Lektionaren zu οἴδατε präzisiert, und in

---

[223] S. 547. [224] Vgl. Anm. 217. [225] Vgl. Anm. 178.

[226] In diesem Zusammenhang sei nur auf Lesarten verwiesen wie Nr. 31 (5, 16) τὰς ἁμαρτίας ℵ A B P Ψ [23/47] statt τὰ παραπτώματα K L T.r. [24/47]; Nr. 44 (5, 20) γινώσκετε ὅτι B [5/47] bzw. omissio P⁷⁴ Ψ statt γινωσκέτω ὅτι ℵ A K L P T.r. [42/47]; Nr. 48 (5, 20) αὐτου ἐκ θανάτου ℵ A P [8/47] bzw. ἐκ θανάτου αὐτοῦ P⁷⁴ vid B [3/47] statt ἐκ θανάτου K L Ψ T.r. [36/47].

[227] So Nr. 18 und 19 in 5, 13 (κακοπαθῇ, εὐθυμῇ), Nr. 27 in 5, 15 (σώσῃ) jeweils statt der Indikativform.

Nr. 9 durch 11 von 18 Lektionaren das πολύσπλαγχνος sprachlich verbessert zu πολυεύσπλαγχνος, ohne daß dabei von typischen Lektionarlesarten geredet werden kann. Aus diesen Einzelbeobachtungen ergibt sich wenigstens für Jak, daß der Texttyp der Menolog-Perikope sich doch nicht wesentlich von dem der Wochentagslesungen unterscheidet.

6. Natürlich können von zwei Lektionen her für Jak noch keine endgültigen Urteile gefällt werden, deshalb sind in Tafel 5 (S. 591) die auf gleiche Weise erarbeiteten Ergebnisse der Kollation des gesamten Jak zusammengestellt, schon weil von der größeren Zahl her Tendenzen eindeutiger abzuleiten sind und Zufälligkeiten sich ausgleichen. Das durch eine einzige Lesart bedingte Anwachsen um 2% bei Tafel 2 und 4 gleicht sich in Tafel 5 stärker aus, weil allein von der Zahl her erst 4 Lesarten mit 1% zu Buche schlagen. Dennoch oder gerade deshalb fallen die Übereinstimmungen bei den Prozentsätzen in allen drei Tabellen um so stärker ins Auge: Hss wie *l* 172. *l* 590. *l* 592 *l* 841. *l* 938. *l* 1141. *l* 1281. *l* 1441. *l* 2073 weisen für Spalte A in allen Tabellen die gleichen Prozentsätze auf oder differieren nur um 1–3%, auch in den anderen Spalten bleiben bei ihnen bis auf *l* 592 die Prozentsätze auffallend gleich[228]. Andererseits aber flachen sich die extremen Werte etwa von *l* 921 in Tafel 2 in Tafel 5 ab, die Abweichungen vom Mehrheitstext fallen zurück (nunmehr 87% statt 79% Übereinstimmungen), die Sonderlesarten (Spalte D) sogar von 11% auf nur 3%.

Die Sondergruppe hebt sich von den Prozentzahlen wie vom Charakter der Lesarten her nicht aus dem Gesamtbild der Lektionare heraus, wenngleich hier nur 2 Perikopen zum Vergleich zur Verfügung stehen, Jak 1, 1–12 und 5, 10–20, die Basis also wesentlich schmaler ist als bei den anderen Lektionaren. Ja, von einer Stelle abgesehen, unterscheidet sich ihr Texttyp nicht von dem der Lektionare der Normalform, sowohl was die Gesamtcharakterisierung (Mehrheitstext) wie die individuellen Abweichungen angeht. An dieser einen Stelle aber hebt sich ihr Text deutlich ab: In 1, 5 bieten nämlich alle aus dieser Sondergruppe kollationierten Hss einen Text, der von keinem anderen Lektionar und keiner Texthandschrift bisher bezeugt war, sie lassen καὶ δοθήσεται αὐτῷ aus, ohne daß ein zwingender äußerer oder innerer Grund dafür angegeben werden kann. Allenfalls könnte man daran denken, daß aus Gründen der Parallelität zu Vers 6a diese Worte ausgelassen worden sind. Es handelt sich hierbei in jedem Fall um eine distinctive reading par excellence. Sonst aber können *l* 156 und Genossen bis auf ihr hervorstechendes Perikopensystem, das nicht nur im Synaxar, sondern

[228] Daß *l* 1441 in den Prozentzahlen von Spalte C. 2 um 4 differiert und sich bei *l* 841. *l* 1141. *l* 1281 hier die Differenz auf 2,5 erhöht, ist bei dem beschriebenen Charakter von *l* 1441 bzw. dem der Spalte C. 2 nicht verwunderlich und durchbricht nicht das Grundschema.

auch im Menolog eigene Wege geht (vgl. oben S. 530f.), textmäßig ohne besondere Differenzierung mit den Normallektionaren zusammengefaßt werden.

Also auch von ihnen her bestätigt sich im großen Rahmen das Bild, das wir von den Ausschnitten und der Stichkollation her genauer kennen: Relativ treue Überlieferung des Mehrheitstextes durch die Lektionare, einhellige Abweichung oder fast einhellige Abweichung an Stellen, die durch Lektionsbeginn bzw. Lektionscharakter bedingt sind und z. T. auf Minuskeln eingewirkt haben[229], stärkere Streuung der Lesarten, wenn Formalia des Textes bezüglich Orthographie (auch Akzentuierung, Itazismen), Umstellungen oder Zufügungen bzw. Auslassungen von Kurzwörtern wie Artikel, Partikel usw. betroffen sind, und zwar durch Abweichungen von mehreren Lektionaren[230] oder natürlich durch individuelle Abweichungen, wobei gelegentlich Berührungen mit älteren Texttraditionen zu konstatieren sind. Jedoch selbst wenn diese Berührungen wie bei *l* 593 sich auf insgesamt 16, d. h. 4% belaufen, ist das noch keinesfalls signifikant, da alle diese Varianten wie die 11 Sonderlesarten unabhängig von der Tradition entstanden sein können, handelt es sich doch stets um Lesarten, die

---

[229] Als typische Lektionarvarianten ergeben sich: 1, 19 om. ἴστε, die Lektion beginnt mit 'Αδελφοί μου ἀγαπητοί, ἔστω πᾶς ἄνθρωπος (ἴστε / ὥστε haben alle Texthandschriften, das δέ nach ἔστω lassen alle Lektionare — UBS-Ausgabe hier falsch — und K L P² Ψ sowie 43 von 48 Minuskeln und T.r. aus; hier berührt sich die Lektionarlesart mit der des byzantinischen Textes); 2, 1 om. μου, das ἀδελφοί des Textes wird zur Einleitungsformel am Lektionsbeginn (nur eine Minuskel der 47, 1251, folgt den Lektionaren); 2, 14 om. ἀδελφοί μου, da vor τί τὸ ὄφελος ein ἀδελφοί als Einleitungsformel zugefügt (keine Bezeugung durch Texthandschriften); 3, 1 om. ἀδελφοί μου, da die Lektion beginnt ἀδελφοὶ μὴ πολλοί (keine Bezeugung durch Texthandschriften; vgl. auch Anm. 210); 3, 10 ἀδελφοί μου + ἀγαπητοί, wohl zur Steigerung im Schlußvers der Lektion zugefügt (von 12 der 15 vollkollationierten Lektionare sowie von 4 der 48 Minuskeln bezeugt); 4, 7 om. οὖν, am Lektionsanfang ausgelassene Partikel (von Ψ und einer der 48 Minuskeln, 1066, bezeugt); 5, 10 om. ἀδελφοί (μου), da die Lektion beginnt ἀδελφοὶ ὑπόδειγμα (4 von 48 Minuskeln folgen dieser Lesart).

[230] Als Beispiele nur aus den ersten beiden Kapiteln seien erwähnt für reine Orthographica Jak 2, 13 ἀνέλεος 7 von 14 Lekt. mit P⁷⁴ ℵ A B C K P [22/48]: ἀνίλεως 4 Lekt. mit L Ψ T.r. [12/48]: ἀνίλεος 3 Lekt. [12/48]; für Akzentuierung 1, 15 ἀποκύει 10 von 17 Lekt. mit B² K T. r. [41/48]: ἀποκυεῖ 7 Lekt. mit L Ψ [4/48] daneben von Minuskeln auch κύει und κυεῖ bezeugt); für Itazismus bzw. Wechsel der Pronomina 1, 21 ψυχὰς ὑμῶν 7 von 15 Lekt. mit P⁷⁴ ℵ ABCKPΨ T.r. [33/47]: ψυχὰς ἡμῶν 8 Lekt. mit L [14/47]; für Umstellung einschl. Itazismus 2, 17 ἔργα ἔχῃ 7 von 15 Lekt. mit L T.r. [14/49]: ἔργα ἔχει 5 Lekt. mit [3/49]: ἔχῃ ἔργα 3 Lekt. mit ℵ A B C K [22/49] (daneben ἔχει ἔργα [3/49]: ἔχῃ τὰ ἔργα Ψ u. a.); für Auslassung bzw. Zufügung des Artikels 1, 25 τὸν τῆς ἐλευθερίας 6 von 15 Lekt. mit allen Unz., T.r. und [43/46]: τῆς ἐλευθερίας 9 Lekt. [1/46] (2 Minuskeln lassen τέλειον τόν aus); einer Partikel 1, 27 καὶ πατρί 7 von 15 Lekt. mit allen Unz., T.r. und [43/47]: πατρί 8 Lekt., keine Minuskel der Vollkollation, nur 4 Min. bei Ti. 8 (4 Minuskeln lassen καὶ πατρί aus).

mit gutem Recht als Formalia betrachtet werden können[231]; aber auch gewichtigere Übereinstimmungen[232] brauchen nichts an diesem Urteil zu ändern, da diese Hs auch in Klasse C mehr Eigenheiten aufweist als der Durchschnitt der Lektionare.

Echte Abhängigkeiten von der älteren Tradition sind wiederum nur bei *l* 596 festzustellen, das an insgesamt 35 Stellen oder 10% aller möglichen Stellen den Text der alten Unzialen bewahrt hat. Selbst wenn ein gewisser Teil dieser Lesarten im Charakter ähnlich denen von *l* 593 ist, bleiben neben der relativ hohen Zahl von Übereinstimmungen, die besondere Beachtung verdient, doch auch Varianten wie 2, 18 χωρίς statt ἐκ oder 4, 12 πλησίον statt ἕτερον, an denen *l* 596 als einziges von allen Lektionaren den alten Traditionen folgt.

7. Zusammenfassung und Schlußfolgerungen

1. Der Text der kollationierten Lektionare weist — wenigstens für den Jakobus-Brief und mit der Ausnahme von *l* 596 — nicht nur Berührungen zum byzantinischen Text auf, sondern stellt einen wesentlichen Zeugen für diesen Texttyp dar. Dieses Urteil wird selbst durch *l* 596 bestätigt, das in seinem Grundbestand ebenfalls den byzantinischen Text bietet und nur in einer Reihe von Lesarten stärker als die anderen Lektionare Reminiszenzen an ältere Traditionen aufweist. Auch die Sondergruppe *l* 156 usw., deren Perikopensystem durch den Ausschluß der Katholischen Briefe aus den Wochentagslesungen eventuell auf eine ältere Tradition, wenigstens aber auf eine Sondertradition schließen läßt, bestätigt dieses Urteil von den beiden Perikopen des Jak her.

Diese Bewertung des Lektionartextes basiert sowohl auf der Stichkollation von vielen, d. h. 100 Lektionaren an relativ wenigen, aber textkritisch charakteristischen Stellen (Kapitel 5), wie auch auf der Vollkollation von wenigen, d. h. maximal 20 Lektionaren, die alle Abweichungen erfaßt (Kapitel 6). Dabei wird das Bild, das durch die Stichkollation gewonnen wurde, bestätigt und nur wie folgt präzisiert:

a) Die Hss, die in der Stichkollation an den ausgewählten Stellen mit dem Mehrheitstext identisch waren, weisen auch bei der Voll-

[231] Es handelt sich dabei z. B. um differierende Verbformen wie 1, 17 ἐστιν mit ℵ P [17/47] statt ἔνι, 2, 10 τηρήσῃ mit ℵ B C [3/49] oder πταίσῃ mit ℵ A B C [4/48] statt -σει, 3, 4 βούλεται mit ℵ B L [8/47] statt βούληται; um Umstellungen wie 3, 4 ἀνέμων σκληρῶν mit ℵ B C K P [22/48] statt σκλ. ἀνεμ.; um Auslassung von Kurzwörtern wie 2, 16 τί ὄφελος mit B C* [1/49] statt τί τὸ ὄφελος; an fast allen Stellen weichen zusammen mit *l* 593 auch andere Lektionare, aber in jeweils anderer Zusammensetzung ab.

[232] z. B. 3, 14 καυχᾶσθε mit A [5/48] statt κατακαυχᾶσθε oder 2, 22 συνεργεῖ mit ℵ* A [1/48] statt συνήργει.

kollation die meisten Übereinstimmungen mit ihm auf; alle diese Hss bis auf *l* 921 liegen mit ihren Übereinstimmungen bei 90 bis 95%, ihre Quoten in den anderen Spalten bieten bis auf *l* 590 und *l* 1768 Durchschnittswerte oder rangieren am Ende der Skalen. Eine Differenzierung nach dem Entstehungsalter der Hss läßt sich nicht vornehmen, von dem Alter einer Hs her lassen sich, wie es scheint, keine Rückschlüsse auf die Nähe zum Mehrheitstext ziehen. Das wird auch von den Hss der Sondergruppe her bestätigt; die ältesten Lektionare dieser Gruppe weisen ähnliche Prozentsätze auf wie die jüngeren und alle Hss der Normalform. Daß *l* 590 (s. XI) mehr Übereinstimmungen mit alten Texthandschriften aufweist als der Durchschnitt, stellt bei dem beschriebenen Charakter der Lesarten (S. 568f.) diese Feststellung nicht in Frage. Das Gleiche gilt auch für *l* 1768, denn auch seine Lesarten der Klasse B haben in anderen Lektionaren ihre Entsprechung. *l* 921 fällt dagegen aus dem Rahmen; es scheint von einem Schreiber geschrieben zu sein, der seine Vorlage nicht sehr exakt kopierte und manche Eigenheiten in den Text eintrug.

b) Die Hss, die schon bei der Stichkollation gelegentlich vom Mehrheitstext abwichen (*l* 422. *l* 592. *l* 593), weisen auch bei der Vollkollation weniger Übereinstimmungen mit diesem Text auf. Auffallend ist aber, daß die Quote aller dieser Hss bei den Sonderlesarten (Spalte D) den Durchschnitt der anderen Lektionare z. T. erheblich übersteigt und auch in Klasse C. 1 an der Spitze liegt. Von dorther werden aber dann sowohl die höheren Prozentsätze in Spalte B wie die niedrigeren in Spalte A entwertet, zumal die Übereinstimmungen, wie es oben (S. 568f.) für *l* 593 diskutiert wurde, vornehmlich bei Varianten vorkommen, die nicht durch textliche Abhängigkeiten bedingt sein müssen. Andererseits scheint aus der Tatsache, daß diese Hss insgesamt einer späteren Epoche angehören, kein besonderer Rückschluß erlaubt, denn gleichzeitige Lektionare (z. B. *l* 841. *l* 1281) können durchaus eine höhere Überlieferungstreue aufweisen.

c) Wo sich dagegen schon bei der Stichkollation eine besondere Profilierung ergab wie bei *l* 596, wird auch dieses Ergebnis bestätigt und verdeutlicht. Obwohl rein zahlenmäßig bei dieser Hs mehr Übereinstimmungen mit dem Mehrheitstext zu registrieren sind als bei einem „Vagabunden" wie *l* 422, hebt sich die Beeinflussung des Textes von *l* 596 durch alte Überlieferung in allen erhaltenen Perikopen deutlich heraus, sie erreicht Größenordnungen, die die der anderen Lektionare um eine beträchtliches Vielfaches übertrifft und betrifft signifikante Lesarten oder Stellen, an denen *l* 596 als einziges Lektionar von den übrigen abweicht. Dennoch erreicht die Übereinstimmung mit den Lesarten alter Hss nicht den Grad, der noch in bestimmten jüngeren Unzialen wie P und Ψ erreicht wird, übertrifft aber den von K und L erheblich. Die Erklärung dafür ist ebenfalls schon dargelegt

(S. 551) und darin zu sehen, daß *l* 596 außerhalb der eigentlichen Lektionartradition steht; seine Quoten sind also in keiner Weise für die Lektionare signifikant. Anders verhält es sich dagegen mit *l* 1441, für das in der Stichkollation zwar nicht exzeptionelle, aber doch relativ hohe Abweichungszahlen ermittelt werden. Und diese ebnen sich, auf die Breite des ganzen Jak verteilt, ein und erreichen, wie schon bei der Stichkollation zu 2 Petr festgestellt, das Normalmaß.

Insgesamt aber ist festzustellen, daß das Ergebnis der Stichkollation bestätigt wurde und nur präzisiert werden konnte, obwohl die Stellen nicht für die Beurteilung der Lektionare ausgesucht wurden, sondern nur zur Sichtung der Texthandschriften dienen sollten. Darüber hinaus hat aber die Vollkollation eine Tatsache verdeutlicht, die für die Lektionare in dieser Form noch nicht herausgestellt wurde: Auch bei ihnen finden sich — wenigstens für Jak und die Katholischen Briefe — die Fluktuation und die Formenvielfalt, die für jede handschriftliche Überlieferung und auch die Minuskeln charakteristisch sind. Einer großen Zahl von für den betreffenden Texttyp (hier der byzantinische Text), aber auch den Überlieferungstyp „Lektionar" signifikanten Lesarten steht eine von Hs zu Hs wechselnd hohe Zahl von Abweichungen in textlich und inhaltlich untergeordneten Dingen gegenüber, die weder überbewertet werden darf, noch übersehen werden kann.

2. Diese Fluktuation in den Lektionaren ist in dem bisher allein angewendeten Auswertungsschema majority readings/minority readings nicht richtig zu erfassen, geschweige denn zu werten. Denn gerade die hier angesprochene Art von Varianten ist so gestaltet, daß von ihnen her keine zwangsläufigen Abhängigkeiten oder Zusammengehörigkeiten abgeleitet werden können. Da diese Varianten unabhängig von der Vorlage entstanden und Übereinstimmungen in diesem Punkt rein zufällig sein können, sollten künftig derartige Varianten für die Bewertung von Hss oder Handschriftengruppen gesondert registriert und untersucht werden. Identitäten mit anderen Hss sind hier in der Regel ohne Belang, zumindest reicht die bisherige quantitative Bestimmung solcher Varianten als minority readings oder möglicherweise sogar als majority readings nicht aus, und ihre Auswertung durch Vergleich mit anderen Hss ist irreführend. Selbstverständlich ist es schwer, diese Varianten zu den anderen signifikanten eindeutig abzugrenzen, zumal im Auge zu behalten ist, daß eine derart entstandene Variante treu kopiert werden und in den Abkömmlingen echten Überlieferungscharakter annehmen kann. Dafür haben sich in der Vollkollation Beispiele ergeben, die nur so gedeutet werden können (z. B. in Tabelle 3). Als Kriterium würde ich daher im Moment für die Bestimmung und Abgrenzung derartiger Varianten vorschlagen, daß eine Lesart — unabhängig von ihrer Bezeugung — dann aus dem allgemeinen Bewertungsschema ausgegliedert und unter einer besonderen Rubrik geführt

werden sollte, wenn nicht nur ihr Entstehen, sondern auch ihr Verschwinden in der handschriftlichen Überlieferung sich ohne Schwierigkeiten erklären läßt, der Vorgang also, der zu ihrem Entstehen geführt haben kann, reversibel ist.

Das aber sind Überlegungen, die noch weiterer Untersuchungen, vor allem aber der eingehenden Diskussion in Fachkreisen bedürfen. Daher habe ich es auch nicht gewagt, dieses Schema bereits der Auswertung der Vollkollation zugrundezulegen, sondern alle Lesarten sowohl in den Variantenlisten wie in den Auszählungen berücksichtigt, die in den bisherigen Untersuchungen und kritischen Apparaten ebenfalls berücksichtigt wurden. Nur habe ich zunächst aufgrund der oben dargelegten Gründe und Bedenken (vgl. Kapitel 6. 1) versucht, die vorkommenden Varianten möglichst nach objektiven Gesichtspunkten, d. h. frei von Theorien und unabhängig von bisherigen Darstellungsschemata zu gruppieren. Wenn trotz aller bisherigen Arbeiten zu diesem Thema — hier ist wieder E. C. Colwell und besonders sein Sammelband Studies in Methodology, Leiden 1969, zu nennen — wieder die Frage aufgenommen wird, wie und welche Lesarten bei der Untersuchung von Handschriftengruppen oder Einzelhandschriften bewertet werden müssen, so geschieht das aus der Zwangslage, in die sich jeder Bearbeiter textkritischer Zusammenhänge erneut gestellt sieht. Jeder neubearbeitete Überlieferungskomplex des Neuen Testaments wirft eben neue Probleme auf und stellt alte Lösungsvorschläge in Frage. Jede Untersuchung sollte aber auch die Diskussion erneut beleben, selbst wenn es vermutlich erst der großen Ausgaben bedürfen wird, um die Fülle der Überlieferungsspielarten in den Blick zu bekommen, und abschließend dann erst möglich sein wird, gültige Bewertungsmaßstäbe dafür aufzustellen.

3. Unabhängig davon dürften sich aber aus den angestellten Untersuchungen über die Lektionare insgesamt, zumindest aber für Teilkomplexe dieses Überlieferungsbereichs einige Gesichtspunkte ergeben haben, die das bisherige Bild verdeutlichen bzw. korrigieren können. Die byzantinischen Lektionare heben sich von allen anderen in der Lektionarliste verzeichneten Hss deutlich ab und stellen eine große relativ geschlossene Gruppe dar. Die erhaltenen Hss gehen nicht vor das 8. Jh. zurück (Kapitel 2), auch aus anderen Sachverhalten legt sich der Schluß nahe, daß das ihnen zugrunde liegende Perikopensystem in seiner vollen Ausformung nicht wesentlich älter sein und sicher nicht vor dem 7. Jh., sondern erst in diesem 7. Jh. angesetzt werden kann (Kapitel 4). Die älteren Elemente, die dieses Perikopensystem aufnimmt, sind relativ begrenzt und konzentrieren sich einerseits auf Lesegebräuche in bestimmten Festzeiten (z. B. Lesungen aus Acta und Joh zwischen Ostern und Pfingsten), ohne aber feste Perikopenabgrenzungen zu übernehmen, andererseits auf die Übernahme

von möglicherweise schon abgegrenzten Lesungen für die Feier von Herren-, Marien- und Apostelfesten in geringer Anzahl. Diese Elemente werden zu einem völlig durchkonstruierten Lesesystem ausgebaut, das für alle Eventualitäten vorsorgt (Kapitel 3). In der kirchlichen Praxis ergeben sich späterhin einige Abrundungen und auch Perfektionismen, vor allem aber wächst der Heiligenkalender und verlagert sich das Gewicht in Richtung Menolog. Diese Entwicklung ist vermutlich stärker regional bestimmt. Sie näher zu umreißen und auch auf bestimmte Zentren zu lokalisieren, fehlt im Moment noch das Material in der dafür notwendigen Breite und so die Möglichkeit umfangreicherer Vergleichungen. Daher muß sich die künftige Arbeit an den Lektionaren weitgehend auf diese Bereiche konzentrieren bzw. müssen die ersten Ansätze in dieser Hinsicht weiter ausgebaut werden.

Diese Forderung ist nicht neu und berührt sich mit einer der von Duplacy aufgestellten Thesen, ja nimmt in seinem Stufenplan für die künftige Arbeit an den Lektionaren sogar schon im Hinblick auf die Editio maior critica ein spezielles Stadium ein. An Duplacys These ist richtig, daß sich die notwendigen Untersuchungen auf alle Hss erstrecken müssen, die in irgendeiner Form Apostolostexte enthalten. Andererseits aber kommt bei ihm nicht genügend zum Ausdruck, daß hier bereits die Scheidung nach unterschiedlichen Lektionssystemen einzusetzen hat, also nach Leseordnungen in den Lektionaren, die genealogisch *nichts* miteinander zu tun haben. Jede dieser divergierenden Zeugengruppen bedarf nämlich einer eigenständigen Untersuchung, sowohl was die Geschichte ihrer Zeugen angeht wie auch die spätere Ausformung des Lesesystems. Diese Differenzierung müßte aber auch in allen anderen Stadien, die Duplacy postuliert (genaue Inhaltsfeststellung, „classement general des lectionnaires“, „première sélection“, „dernière sélection“), berücksichtigt und nach den verschiedenen Zeugengruppen mit unterschiedlicher Leseordnung getrennt durchgeführt werden; denn, wie ausgeführt, haben Lektionare, die in irgendeiner Form die ägyptisch-koptische Leseordnung widerspiegeln, nicht die geringsten Beziehungen zu den byzantinischen Lektionaren und umgekehrt (vgl. Kapitel 2). Überhaupt scheint mir — abgesehen von der Erweiterung des Gesichtswinkels, unter dem Duplacy die Lektionare erstmals zu behandeln versucht, und der umfassenden Dokumentation — vieles in seinen Forderungen und Arbeitsplanungen zu sehr von theoretischen Gesichtspunkten bestimmt zu sein und zu wenig von den Vorfindlichkeiten in den uns erhaltenen Lektionaren auszugehen. Eine Reihe von späteren Entwicklungsstadien der byzantinischen Lektionare, um nur ein Beispiel zu nennen, wird im Hinblick auf den neutestamentlichen Text kaum Ergebnisse erbringen, denn — wie in Kapitel 3. 3 bzw. 4 ausgeführt — ist die regionale Ausweitung des Heiligenkalenders meist ohne unmittelbare Bedeutung für den Textcharakter der betreffenden Hss, da in der Regel für neue Heilige auf schon früher rezipierte Perikopen im Synaxar zurückgegriffen wird oder Perikopen benutzt werden, die im Menolog oder in dem Abschnitt „für verschiedene Gelegenheiten" für anonyme Heilige usw. schon geboten werden, so daß man bei neuen Heiligen meist mit Rückverweisen auf frühere Perikopen auskommt oder die „Standardperikope" nochmals ausschreibt. Vornehmlich die genauere Lokalisierung der betreffenden Einzelhandschrift, aber auch die Zugehörigkeiten mehrerer Hss zu einem Lokaltyp — nur auf das Lesesystem bezogen — werden sich aus den liturgiegeschichtlichen bzw. hagiographischen Arbeiten ableiten lassen. Natürlich ergeben sich dadurch gleichzeitig zusätzliche Kontrollmöglichkeiten für die rein textkritische Bewertung der Hss und ihrer Filiationen, gelegentlich kann sogar bei der Fülle des Variantenmaterials, besonders im Falle der nichtsignifikanten Varianten, die Lokalisierung das einzige Kriterium für Zusammengehörigkeiten bilden.

Etwa anders liegt es bei den Lektionaren, die unabhängig von anderen bestimmte Bereiche des Perikopensystems neu gestalten, wie etwa die beschriebene Sondergruppe *l* 156 und Gefolge, oder erweitern, wie die Lektionare *l* 590 u. a. Bei ihnen laufen die Fragen nach dem historischen Ort und nach dem Texttyp, der den Modifikationen des Lesesystems zugrunde gelegt ist, parallel und haben gleiches Gewicht, bei ihnen können theoretisch die neu rezipierten Texte Eigenheiten aufweisen und von dem durch andere Lektionare in anderen Zusammenhängen und Abgrenzungen gebrauchten abweichen. Und doch sollte aus pragmatischen Gründen das Ziel zunächst die Erhellung der Gesamtsituation der Lektionare sein — worauf ich mich zu konzentrieren versucht habe — und dann erst die Erweiterung auf die spezielle Entwicklungsgeschichte des Lektionssystems und der Lektionare anhand der Rubriken in den Einzelhandschriften erfolgen.

Gegenstand dieser Untersuchungen dürfen aber nicht allein die Lektionare sein, denn auch die Mehrzahl der mittelalterlichen Texthandschriften hat ihren „Sitz im Leben" im liturgischen Gebrauch und bietet durch Lektionsnotizen am Rand und durch Lektionsverzeichnisse vorn oder hinten in den Hss das gleiche Material wie die Lektionare. Neben notwendigerweise zu verstärkenden Untersuchungen zur Paläographie und Ikonographie werden sich durch Ausschöpfung und Aufarbeitung dieser liturgischen Angaben über die knappen und relativ seltenen historischen Notizen hinaus, die sich in Kolophonen und Benutzerbeischriften finden, endlich die Grundlagen für eine regionale Gliederung der späten Textüberlieferung erschließen. Nebenher können nach meiner Meinung die eigentlichen textkritischen Untersuchungen weiterlaufen und wenigstens die Spezifika des Textes der betreffenden Hss herausgearbeitet, die Eigenheiten bei der Textüberlieferung festgestellt und Untersuchungen über den Texttyp vorgenommen werden. Bei der historischen Wertung und der endgültigen Einordnung der Hs oder Handschriftengruppe in die Textgeschichte kommen dann beide Komponenten zusammen, sie kann erst erfolgen, wenn auch die handschriften- und liturgiegeschichtlichen Untersuchungen vorliegen. Dann aber stehen Ergebnisse zur Verfügung, die alle in Betracht kommenden Gesichtspunkte ausgeschöpft haben und eine relative Endgültigkeit besitzen, die uns bisher im griechischen Bereich so mangelt.

4. Damit werden, wie mir scheint, die Lektionare — und neben ihnen auch die für den liturgischen Gebrauch eingerichteten Minuskeln — ihre spezifische Bedeutung erhalten: Sie geben uns die Wegmarken für die Textgeschichte in der 2. Hälfte des 1. Jahrtausends und der Zeit bis zur Erfindung des Buchdrucks, ja sie werden mit Sicherheit eine Schlüsselposition einnehmen für die Aufhellung der Geschichte und Verbreitung des byzantinischen Textes, ohne sie werden die verwirrenden Einzelheiten dieser Textentwicklung keine Erklärung und Deutung finden. Denn sie sind Zeugen dieses byzantinischen Textes, wie es mir aufgrund der obigen Untersuchungen für die Katholischen Briefe nachgewiesen scheint, wie es sich aber auch mehr oder weniger deutlich aus den amerikanischen Untersuchungen für die Evangelien-Lektionare ergab. Affinitäten zu anderen, eventuell älteren Textgruppen sind relativ selten, beruhen häufig nur auf den beschriebenen nichtsignifikanten Lesarten oder beziehen sich auf Textfamilien wie den sogen. Caesareatext, dessen Familiencharakteristika über mehrere neutestamentliche Schriften hin noch nicht schlüssig nachgewiesen und, vor allem, dessen Altersbestimmung (trotz O. Linton u. a.) noch nicht überzeugend gelungen ist.

5. Gerade deshalb sollte sich die Fragestellung grundsätzlich wandeln, mit der man bisher an die Erforschung der Lektionare herangegangen ist. Sie sollte nicht vornehmlich davon beherrscht sein festzustellen, welche Prozentsätze „alter" Lesarten in den Lektionaren erhalten sind, um dadurch die textkritische Bedeutung der Lektionare für den Früh- oder Urtext zu rechtfertigen oder gar zu retten, sondern sie sollte sich auf die Erhellung der Text*geschichte* konzentrieren und zeigen, wie der „alte Text" mehr und mehr zurückgedrängt wurde und sich ein kirchlicher Normaltext durchsetzte. Nicht nur bei den Lektionaren, sondern auch bei einer großen Zahl von Minuskeln und bei vielen der jungen Unzialen besteht nämlich, wie mir scheint, die Gefahr, daß durch falsche Fragestellungen falsche Antworten und Ergebnisse bedingt sind. Und davon sollte sich der neutestamentliche Textforscher hüten und sich gewarnt sein lassen durch Mt 7, 16: „Kann man auch Trauben lesen von den Dornen oder Feigen von den Disteln?"

Tafel 1: LESARTENSCHEMA ZU JAK 3, 1–10 (γ' τῆς λβ' ἑβδομάδος)

Lektionare: *l* 172. *l* 422 (3, 1–7. 10). *l* 590. *l* 592. *l* 593. *l* 596. *l* 841. *l* 883. *l* 921. *l* 938. *l* 1141. *l* 1441. *l* 1281. *l* 1768. *l* 2073

Kontrollgruppe: P[74]. ℵ. A. B. C. K. L. P. Ψ und 48 Minuskeln

	A. Lesarten der Mehrheit	B. Lesarten der alten Unzialen (+ jüng. Hss)	C. 1 Lesarten, wo jüng. Hss/Lekt. gemeinsam	C. 2 Lesarten jüng. Hss einer Art	D. ,,singular readings'' einzelner Hss
Nr. 1. Jak 3, 1	ἀδελφοί μου — ℵ A B C K L P Ψ [48/48]			om. ἀδελφοί μου *15/15* —	
Nr. 2.	μεῖζον *15/15* ℵ A B C K²L P Ψ [47/48]			μείζονα — K* [1/48]	
Nr. 3. Jak 3, 2	πολλὰ ... ἅπαντες *15/15* ℵ A B C L P Ψ [48/48]				om. πολλὰ ... ἅπαντες — K.
Nr. 4.	ἅπαντες *15/15* ℵ A B C K L Ψ [46/48]			πάντες — P [2/48]	
Nr. 5.	δυνατός *13/15* A B C K L P Ψ [36/48]	δυνάμενος *l 592. l 596* ℵ [12/48]			
Nr. 6.	χαλιναγωγῆσαι καί *13/15* ℵ A B C K L P Ψ [47/48]		χαλιναγωγῆσαι *l 422* [1/48]		χαλιναγωγῆσαι δέ *l 592* —
Nr. 7. Jak 3, 3	ἴδε *11/15* C P [32/48]	εἰ δέ *l 422. l 590. l 592. l 883* ℵ A B K L Ψ [16/48]		ἰδού — [T.r.]	

(Tafel 1: Fortsetzung)

	A. Lesarten der Mehrheit	B. Lesarten der alten Unzialen (+ jüng. Hss)	C. 1 Lesarten, wo jüng. Hss/Lekt. gemeinsam	C. 2 Lesarten jüng. Hss einer Art	D. „singular readings" einzelner Hss
Nr. 8.	ἴδε] ohne Kopula *15/15* ℵ[c] A B C K L P Ψ [48/48]				+ γάρ — ℵ*
Nr. 9.	τὰ στόματα *14/15* ℵ B C K L P [33/48]	τὸ στόμα — A [15/48]			στόμα πρὸς στόμα Ψ τὰ στόματα τούτων *l 921*
Nr. 10.	βάλλομεν *14/15* ℵ A B C K L P Ψ [42/48]		βαλῶμεν *l 422* [4/48]		
Nr. 11.	πρὸς τὸ πείθεσθαι *13/15* A K L P [40/46]	εἰς τὸ πείθεσθαι *l 596* ℵ B C Ψ [6/46]			τῷ πείθεσθαι *l 1441* —
Nr. 12.	αὐτοὺς ἡμῖν *15/15* ℵ B K L P [35/46]	ἡμῖν αὐτούς — A C Ψ [7/46]			
Nr. 13.	αὐτῶν μετάγομεν *13/15* ℵ B C K L P [43/46]	μετάγομεν αὐτῶν — A Ψ [1/46]	αὐτοῦ μετάγομεν *l 1141* = [1/46] μετάγομεν *l 1768** [Ti]		
Nr. 14. Jak 3, 4	τὰ πλοῖα *15/15* ℵ A C K L P Ψ [48/48]				τὰ πλοῖα τά — B.
Nr. 15.	σκληρῶν ἀνέμων *13/15* A L Ψ [26/48]	ἀνέμων σκληρῶν *l 593. l 596* ℵ B C K P [22/48]			

(Tafel 1: Fortsetzung)

	A. Lesarten der Mehrheit	B. Lesarten der alten Unzialen (+ jüng. Hss)	C. 1 Lesarten, wo jüng. Hss/Lekt. gemeinsam	C. 2 Lesarten jüng. Hss einer Art	D. ,,singular readings" einzelner Hss
Nr. 16.	ὅπου ἄν *15/15* A C K L P Ψ [47/47]	ὅπου — ℵ B.			
Nr. 17.	εὐθύνοντος *12/15* ℵ A B C K L P Ψ [46/47]		ἰθύνοντος *l 1281. l 1441. l 1768* [1/47]		
Nr. 18.	βούληται *11/15* A C K P Ψ [38/47]	βούλεται *l 422. l 593. l 596. l 1768* ℵ B L [8/47]			
Nr. 19. Jak 3, 5	οὕτω⟨ς⟩ *15/15* ℵ B C K L P [38/48]	ὡσαύτως — P^{74} A Ψ [10/48]			
Nr. 20.	ἡ γλῶσσα *14/15* P^{74} A B C K L Ψ [48/48]				γλῶσσα *l 1281** —
Nr. 21.	ἐστὶν καί *12/15* P^{74} ℵ A B C K L P Ψ [48/48]			ἐστίν *l 592. l 1281. l 1768* —	
Nr. 22.	μεγαλαυχεῖ *15/15* ℵ C^2 K L Ψ [46/48]	μεγάλα αὐχεῖ — P^{74} A B C* P [2/48]			
Nr. 23.	ὀλίγον πῦρ *15/15* A* C^2 K L Ψ [44/48]	ἡλίκον πῦρ — P^{74} ℵ A^2 B C* P [4/48]			

(Tafel 1: Fortsetzung)

	A. Lesarten der Mehrheit	B. Lesarten der alten Unzialen (+ jüng. Hss)	C. 1 Lesarten, wo jüng. Hss/Lekt. gemeinsam	C. 2 Lesarten jüng. Hss einer Art	D. „singular readings" einzelner Hss
Nr. 24.	ἀνάπτει *14/15* P[74]ℵABCKLPΨ [48/48]				ἅπτει *l 422* —
Nr. 25. Jak 3, 6	καί *15/15* P[74]ℵ[2]BCKLPΨ [47/47]				om. καί — ℵ*
Nr. 26.	ἡ γλῶσσα *14/15* P[74]ℵABCKLPΨ [47/47]				γλῶσσα *l 883* —
Nr. 27.	πῦρ *13/15* P[74]ℵABCKLPΨ [46/47]		τὸ πῦρ *l 1441* [1/47]		om. πῦρ *l 921* —
Nr. 28.	ἀδικίας, + οὕτως *14/14* P (L) [24/48]	ἀδικίας — P[74]ℵABCKΨ [20/48]			
Nr. 29.	(οὕτως) ... ἡμῶν *14/15* P[74]ℵABCKLΨ [48/48]				αὕτη εστίν *l 921* —
Nr. 30.	ἡ σπιλοῦσα *15/15* ℵ[c]ABCKLPΨ [46/48]	καὶ σπιλοῦσα — ℵ* [1/48]			
Nr. 31.	ὅλον *14/15* ℵABCKLPΨ [48/48]				om. ὅλον *l 921* —

(Tafel 1: Fortsetzung)

	A. Lesarten der Mehrheit	B. Lesarten der alten Unzialen (+ jüng. Hss)	C. 1 Lesarten, wo jüng. Hss/Lekt. gemeinsam	C. 2 Lesarten jüng. Hss einer Art	D. „singular readings" einzelner Hss
Nr. 32.	σῶμα *13/15* ℵABCKLPΨ [48/48]			σῶμα ἡμῶν *l 921. l 1441* —	
Nr. 33.	γενέσεως *13/15* ABCKLPΨ [45/47]	γενέσεως ἡμῶν *l 596* ℵ [2/47]			ζωῆς ἡμῶν *l 921* —
Nr. 34. Jak 3, 7	θηρίων τε *13/14* ℵABCKLPΨ [40/48]		θηρίων *l 921* [8/48]		
Nr. 35.	ἑρπετῶν τε *12/14* ℵBCKLPΨ [45/47]	ἑρπετῶν *l 921. l 2078* A [2/47]			
Nr. 36	δαμάζεται καὶ δε-δάμασται *14/14* ℵABKLPΨ [41/47]	δεδάμασται καὶ δα-μάζεται — C [6/47]			
Nr. 37. Jak 3, 8	τὴν δὲ γλῶσσαν *14/14* ℵABCKLΨ [47/47]				τὴν γλῶσσαν — P
Nr. 38.	δύναται $\overline{\text{ανων}}$ δαμάσαι *13/14* L [24/47]	δύνατ. δαμάσ. $\overline{\text{ανων}}$ *l 1441* ℵAKPΨ [21/47] δαμάσ. δύνατ. $\overline{\text{ανων}}$ — BC [2/47]			

(Tafel 1: Fortsetzung)

	A. Lesarten der Mehrheit	B. Lesarten der alten Unzialen (+ jüng. Hss)	C. 1 Lesarten, wo jüng. Hss/Lekt. gemeinsam	C. 2 Lesarten jüng. Hss einer Art	D. „singular readings" einzelner Hss
Nr. 39.	ἀκατάσχετον *14/14* C L Ψ [44/48]	ἀκατάστατον — ℵ A B K P [4/48]			
Nr. 40. Jak 3, 9	αὐτῇ *14/15* ℵ A B C K L P Ψ [48/48]				αὐτῇ γὰρ τῇ γλώσσᾳ *l 422* —
Nr. 41.	τὸν θεόν *15/15* K L [43/48]	τὸν κύριον — ℵ A B C P Ψ [5/48]			
Nr. 42.	τοὺς καθ' ... στόματος *14/15* ℵ A B C K L P Ψ [48/48]				ἐξ αὐτῆς *l 422* —
Nr. 43.	γεγονότας *14/14* ℵ B C K L P [38/48]	γεγενημένους — A [10/48]			γενομένους — Ψ
Nr. 44. Jak 3, 10	αὐτοῦ στόματος *13/14* P[74]ℵABCKLPΨ [48/48]				στόματος αὐτοῦ *l 1768** —
Nr. 45.	ἀδελφοί μου *l 422. l 596. l 1441* P[74]ℵABCKLPΨ [44/48]		ἀδελφοί μου ἀγαπητοί *12/15* [4/48]		

Tafel 2: ZUSAMMENFASSENDE ÜBERSICHT ZU JAK 3, 1—10 (γ' τῆς λβ')

Hss.-Nr.	Stellen insgesamt	Klasse A Stellen (%)	Klasse B Stellen (%)	Klasse C. 1 Stellen (%)	Klasse C. 2 Stellen (%)	Klasse D Stellen (%)
A. Lektionare						
l 172	45	43 (96%)	—	1 (2%): Nr. 45	1 (2%): Nr. 1	—
l 422	39	31 (80%)	2 (5%): Nr. 7. 18	2 (5%): Nr. 6. 10	1 (2%): Nr. 1	3 (8%) Nr. 24. 40. 42
l 590	45	42 (94%)	1 (2%): Nr. 7	1 (2%): Nr. 45	1 (2%): Nr. 1	—
l 592	45	39 (88%)	2 (4%) Nr. 5. 7	1 (2%): Nr. 45	2 (4%): Nr. 1. 21	1 (2%): Nr. 6
l 593	45	41 (92%)	2 (4%): Nr. 15. 18	1 (2%): Nr. 45	1 (2%): Nr. 1	—
l 596	45	39 (87%)	5 (11%): Nr. 5. 11. 15. 18. 33	—	1 (2%): Nr. 1	—
l 841	45	43 (96%)	—	1 (2%): Nr. 45	1 (2%): Nr. 1	—
l 883	45	41 (92%)	1 (2%): Nr. 7	1 (2%): Nr. 45	1 (2%): Nr. 1	1 (2%): Nr. 26
l 921	45	35 (79%)	1 (2%): Nr. 35	2 (4%): Nr. 34. 45	2 (4%): Nr. 1. 32	5 (11%): Nr. 9. 27. 29. 31. 33
l 938	45	43 (96%)	—	1 (2%): Nr. 45	1 (2%): Nr. 1	—
l 1141	45	42 (94%)	—	2 (4%): Nr. 13. 45	1 (2%): Nr. 1	—
l 1281	45	40 (90%)	—	2 (4%): Nr. 17. 45	2 (4%): Nr. 1. 21	1 (2%): Nr. 20
l 1441	45	39 (88%)	1 (2%): Nr. 38	2 (4%): Nr. 27. 45	2 (4%): Nr. 1. 32	1 (2%): Nr. 11
l 1768	45	38 (85%)	1 (2%): Nr. 18	3 (7%): Nr. 13. 17. 45	2 (4%): Nr. 1. 21	1 (2%): Nr. 44
l 2073	45	42 (94%)	1 (2%): Nr. 35	1 (2%): Nr. 45	1 (2%): Nr. 1	—
B. Kontrollgruppe						
P[74]	13	9 (70%)	4 (30%)	—	—	—
ℵ	45	30 (67%)	13 (29%)	—	—	2 (4%): Nr. 8. 25
A	45	34 (76%)	11 (24%)	—	—	—
B	45	33 (74%)	11 (24%)	—	—	1 (2%): Nr. 14
C	45	36 (80%)	9 (20%)	—	—	—
K	45	38 (85%)	5 (11%)	—	1 (2%): Nr. 2	1 (2%): Nr. 3
L	45	43 (96%)	2 (4%)	—	—	—
P	45	37 (82%)	6 (14%)	—	1 (2%): Nr. 4	1 (2%): Nr. 37
Ψ	45	35 (78%)	8 (18%)	—	—	2 (4%): Nr. 9. 43

Tafel 3: LESARTENSCHEMA ZU JAK 5, 10–20 (20. Juli, Elia u. a.)

Lektionare: *l* 172. *l* 422. *l* 590. *l* 592. *l* 593. *l* 841. *l* 883. *l* 921. *l* 938. *l* 1141. *l* 1281. *l* 1441. *l* 1768. *l* 2073 und Sondergruppe *l* 156. *l* 165 (5, 12–16). *l* 170. *l* 617. *l* 1818

Kontrollgruppe: P74. ℵ. A. B. K. L. P. Ψ und 48 Minuskeln

	A. Lesarten der Mehrheit	B. Lesarten der alten Unzialen (+ jüng. Hss)	C. 1 Lesarten, wo jüng. Hss/Lekt. gemeinsam	C. 2 Lesarten jüng. Hss einer Art	D. „singular readings" einzelner Hss
Nr. 1 Jak 5, 10	ὑποδ. λάβετε ... μακροθ. 18/18 ℵ(*) B K L P [43/48]	ὑποδ. ... μακροθ. ἔχετε — (ℵc) A Ψ [5/48]			
Nr. 2	ἀδελφοί μου — ℵ K L [24/48]	ἀδελφοί — A B P Ψ [19/48]	om. ἀδελφ. μου 18/18 [4/48]		~ τῆς κακοπαθ. ἀδελφ. μου [T.r.] ἄνδρας [1/48]
Nr. 3	κακοπαθ(ε)ίας 18/18 A B K L P Ψ [48/48]				καλοκαγαθίας ℵ
Nr. 4	τῷ ὀνόματι 18/18 A K L Ψ [23/48]	ἐν τῷ ὀνόματι — (ℵ) B P [23/48]			ἐπὶ τῷ ὀνόματι [1/48] ἐν νόμῳ [1/48]
Nr. 5 Jak 5, 11	μακαρίζομεν 17/18 ℵ A B K L P Ψ [44/48]		μακαρίζωμεν *l* 1818 [4/48]		
Nr. 6	ὑπομένοντας 18/18 K L [32/48]	ὑπομείναντας — ℵ A B P Ψ [16/48]			
Nr. 7	τὴν ὑπομονήν 17/18 ℵ A B K L P Ψ [48/48]				τῇ ὑπομονῇ *l* 170

(Tafel 3: Fortsetzung)

	A. Lesarten der Mehrheit	B. Lesarten der alten Unzialen (+ jüng. Hss)	C. 1 Lesarten, wo jüng. Hss/Lekt. gemeinsam	C. 2 Lesarten jüng. Hss einer Art	D. „singular readings" einzelner Hss
Nr. 8	εἴδετε 4/18 = ℵ B* K T.r. [19/48] ἴδετε 8/18 = A B² L P Ψ [28/48] (οἴδετε [1/48] [v Sd ?])		οἴδατε (ex οἴδετε ?) 6/18 [v Sd ?]		
Nr. 9	πολύσπλαγχνος 7/18 ℵ A B K L P Ψ [18/48]		πολυεύσπλαγχνος 11/18 [30/48]		
Nr. 10	om. ὁ κύριος 15/18 K L [34/48]	ὁ κύριος *l* 170. *l* 592. *l* 617 ℵ (B) A P Ψ [4/48] T.r.			
Nr. 11 Jak 5, 12	δέ 18/18 ℵ^c A B L P Ψ [46/48]			om. δέ — K [2/48]	οὖν ℵ*
Nr. 12	ἄλλον τινὰ ὅρκον 18/19 ℵ B K L P [46/48]	ἄλλον ὅρκον τινά — A Ψ [1/48]	τινα ἄλλον ὅρκον *l* 921 [1/48]		
Nr. 13	δέ² 19/19 ℵ^c A B K L P Ψ [44/48]	δὲ ὁ λόγος — ℵ* [4/48]			
Nr. 14	ὑμῶν 18/19 ℵ A B K L P Ψ [48/48]				ὑμῖν *l* 593

(Tafel 3: Fortsetzung)

	A. Lesarten der Mehrheit	B. Lesarten der alten Unzialen (+ jüng. Hss)	C. 1 Lesarten, wo jüng. Hss/Lekt. gemeinsam	C. 2 Lesarten jüng. Hss einer Art	D. ,,singular readings" einzelner Hss
Nr. 15	καί 18/19 ℵ A B K L P (Ψ) [48/48]		om. καί *l* 165 [Ti]		
Nr. 16	τό 19/19 ℵ A B K L P [47/48]			τὸ δέ — Ψ [1/48]	
Nr. 17	εἰς ὑπόκρισιν 19/19 K L P Ψ [38/48]	ὑπὸ κρίσιν — ℵ A B [9/48]			εἰς κρίσιν [1/48]
Nr. 18 Jak 5, 13	κακοπαθεῖ 15/19 ℵ A B K L P Ψ [43/48]		κακοπαθῇ *l* 165. *l* 170. *l* 422. *l* 1141 [5/48]		(κακοπαθι P74)
Nr. 19	εὐθυμεῖ 18/19 A B K L P [45/48]		εὐθυμῇ *l* 1818 [1/48]	ἀθυμεῖ — Ψ [2/48]	(εὐθυμι P74 ℵ)
Nr. 20	τις 18/19 P74 ℵ A B K L P Ψ [48/48]		τις + ἐν ὑμῖν *l* 422 [v Sd.]		
Nr. 21 Jak 5, 14	ἀσθενεῖ 18/19 A B K L P Ψ [48/48]				ἀσθενῇ *l* 170 (ἀσθενι P74 ℵ)
Nr. 22	ἐπ' αὐτόν 19/19 ℵc A B K L P Ψ [47/48]				ἐπ' αὐτούς ℵ* ἐπ' αὐτῷ [1/48] (ἐπ' αὐτῶν *l* 170 1/2)

(Tafel 3: Fortsetzung)

	A. Lesarten der Mehrheit	B. Lesarten der alten Unzialen (+ jüng. Hss)	C. 1 Lesarten, wo jüng. Hss/Lekt. gemeinsam	C. 2 Lesarten jüng. Hss einer Art	D. „singular readings" einzelner Hss
Nr. 23	ἀλείψαντες αὐτόν 17/19 ℵ A K L Ψ [44/46]	ἀλείψαντες *l* 590 B P [2/46]			ἀλείψαντες αὐτῷ *l* 593
Nr. 24	ἐλαίῳ 19/19 ℵ A B K L P [45/46]			ἐν ἐλαίῳ — Ψ [1/46]	
Nr. 25	τοῦ κυρίου 19/19 ℵ K L P [43/47]	κυρίου — A Ψ [4/47]			om. τοῦ κυρίου B
Nr. 26 Jak 5, 15	εὐχή 19/19 ℵ A B K L Ψ [45/47]			προσευχή — P [2/47]	
Nr. 27	σώσει 17/19 ℵ A B K L P Ψ [46/47]		σώσῃ *l* 593. *l* 1818 [1/47]		
Nr. 28	ἐγερεῖ 19/19 ℵ A B K L Ψ [45/47]			ἐγείρει — P [2/47]	
Nr. 29	ἀφεθήσεται 19/19 ℵ A B K L Ψ [34/47]			ἀφεθήσονται — P [13/47]	
Nr. 30 Jak 5, 16	ἐξομολογεῖσθε 18/18 L Ψ [25/47]	ἐξομολογεῖσθε οὖν — ℵ A B K P [22/47]		ἐξομ. δέ — [Ti]	

(Tafel 3: Fortsetzung)

	A. Lesarten der Mehrheit	B. Lesarten der alten Unzialen (+ jüng. Hss)	C. 1 Lesarten, wo jüng. Hss/Lekt. gemeinsam	C. 2 Lesarten jüng. Hss einer Art	D. „singular readings“ einzelner Hss
Nr. 31	τὰ παραπτώματα 18/18 K L [24/47]	τὰς ἁμαρτίας — ℵ A B P Ψ [23/47]			
Nr. 32	τὰ (παραπτ./ἁμ.) 18/18 ℵ A B K P Ψ [31/47]			τά παραπτ. ὑμῶν — L [15/47]	τὰ παραπτ. ἑαυτων [1/47]
Nr. 33	εὔχεσθε 18/18 ℵ K L P Ψ [42/47]	προσεύχεσθε — A B [4/47]			εὔξασθε [1/47]
Nr. 34	πολύ 17/18 ℵ A B K L P Ψ [45/47]		πολὺ γάρ *l* 1768 [2/47]		
Nr. 35	δικαίου 17/18 ℵ A B K L P Ψ [47/47]				κυρίου *l* 593
Nr. 36 Jak 5, 17	ἡμῖν 18/18 ℵ A B K L P [47/47]				om. ἡμῖν Ψ
Nr. 37	προσευχῇ ... καί 17/18 ℵ A B K L P Ψ [47/47]				om. προσευχῇ ... καί *l* 593

(Tafel 3: Fortsetzung)

	A. Lesarten der Mehrheit	B. Lesarten der alten Unzialen (+ jüng. Hss)	C. 1 Lesarten, wo jüng. Hss/Lekt. gemeinsam	C. 2 Lesarten jüng. Hss einer Art	D. ,,singular readings" einzelner Hss
Nr. 38	τοῦ μὴ βρέξαι 14/17 ℵ A B K L P [47/47]			μὴ βρέξαι *l* 1141. *l* 1768 —	τοῦ μὴ βρέχειν Ψ om. τοῦ μὴ βρέξαι *l* 422
Nr. 39	καὶ μῆνας 17/18 ℵ A B K L P Ψ [47/47]				μῆνας *l* 1818
Nr. 40 Jak 5, 18	ὑετὸν ἔδωκεν 18/18 B K L P [39/47]	ἔδωκεν ὑετόν — (ℵ) A Ψ [8/47]			
Nr. 41 Jak 5, 19	ἀδελφοί 16/18 L [15/47]	ἀδελφοί μου *l* 422. *l* 593 (*l* 617 1/3) P74 ℵ A B K P Ψ [32/47]			
Nr. 42	ἀπὸ τῆς ἀληθείας καί 16/18 A B K L P [40/47]	ἀπὸ τῆς ὁδοῦ τῆς ἀλ. κ. (*l* 422). *l* 921 ℵ [7/47]			om. ἀπό ... καί Ψ ἀπὸ τῆς ὁδοῦ καί P74
Nr. 43	ἐπιστρέψ(η) τις 18/18 P74 ℵ A B (K) L P [42/47]			ἐπιστρέψητε — [4/47]	ἐπιστρέψατε Ψ ἐπιστρέψῃ [1/47]
Nr. 44 Jak 5, 20	γινωσκέτω ὅτι 18/18 ℵ A K L P [42/47]	γινώσκετε ὅτι — B [5/47] om. γινωσκ. ὅτι —; P74 Ψ.			

(Tafel 3: Fortsetzung)

	A. Lesarten der Mehrheit	B. Lesarten der alten Unzialen (+ jüng. Hss)	C. 1 Lesarten, wo jüng. Hss/Lekt. gemeinsam	C. 2 Lesarten jüng. Hss einer Art	D. ,,singular readings" einzelner Hss
Nr. 45	ἐκ πλανῆς τῆς ὁδοῦ 15/18 P74א A B K L P Ψ [47/47]			ἐκ τῆς ὁδοῦ *l* 592. *l* 1281. *l* 1768 —	
Nr. 46	σώσει 16/18 P74א A B K L P Ψ [47/47]			σώσῃ *l* 593. *l* 1818 —	
Nr. 47	ψυχήν 18/18 P74א B K L P Ψ [42/47]	τὴν ψυχήν — A [5/47]			
Nr. 48	ἐκ θανάτου 18/18 K L Ψ [36/47]	αὐτοῦ ἐκ θανάτου — א A P [8/47] ἐκ θανάτου αὐτοῦ — P74vid B [3/47]			

Tafel 4: ZUSAMMENFASSENDE ÜBERSICHT ZU JAK 5, 10—20 (20. Juli, Elia u. a.)

Hss.-Nr.	Stellen insgesamt	Klasse A Stellen (%)	Klasse B Stellen (%)	Klasse C. 1 Stellen (%)	Klasse C. 2 Stellen (%)	Klasse D Stellen (%)
A. Lektionare (Normalform)						
l 172	48	47 (98%)	—	1 (2%): Nr. 2	—	—
l 422	48	41 (86%)	2 (4%): Nr. 41. 42	4 (8%): Nr. 2. 9. 18. 20	—	1 (2%): Nr. 38
l 590	48	45 (94%)	1 (2%): Nr. 23	2 (4%): Nr. 2. 9	—	—
l 592	48	43 (90%)	1 (2%): Nr. 10	3 (6%): Nr. 2. 8. 9	1 (2%): Nr. 45	—
l 593	47	37 (80%)	1 (2%): Nr. 41	4 (8%): Nr. 2. 8. 9. 27	1 (2%): Nr. 46	4 (8%): Nr. 14. 23. 35. 37
l 841	48	46 (96%)	—	2 (4%): Nr. 2. 9	—	—
l 883	48	47 (98%)	—	1 (2%): Nr. 2	—	—
l 921	48	43 (90%)	1 (2%): Nr. 42	4 (8%): Nr. 2. 8. 9. 12	—	—
l 938	48	47 (98%)	—	1 (2%): Nr. 2	—	—
l 1141	48	45 (94%)	—	2 (4%): Nr. 2. 18	1 (2%): Nr. 38	—
l 1281	48	44 (92%)	—	3 (6%): Nr. 2. 8. 9	1 (2%): Nr. 45	—
l 1441	48	47 (98%)	—	1 (2%): Nr. 2	—	—
l 1768	48	42 (88%)	—	4 (8%): Nr. 2. 8. 9. 34	2 (4%): Nr. 38. 45	—
l 2073	48	45 (94%)	—	3 (6%): Nr. 2. 8. 9	—	—
B. Lektionare (Sondergruppe)						
l 156	48	47 (98%)	—	1 (2%): Nr. 2	—	—
l 165	18	16	—	2 : Nr. 15. 18	—	—
l 170	48	42 (88%)	1 (2%): Nr. 10	3 (6%): Nr. 2. 9. 18	—	2 (4%): Nr. 7. 21
l 617	48	46 (96%)	1 (2%): Nr. 10	1 (2%): Nr. 2	—	—
l 1818	48	41 (86%)	—	5 (10%): Nr. 2. 5. 9. 19. 27	1 (2%): Nr. 46	1 (2%): Nr. 39
C. Kontrollgruppe						
P74	9 (12)	5	3	—	—	1 : Nr. 42
א	46 (48)	32 (70%)	11 (22%)	—	—	3 (6%): Nr. 3. 11. 22
A	48	34 (71%)	14 (29%)	—	—	—
B	48	35 (73%)	12 (25%)	—	—	1 (2%): Nr. 25
K	48	45 (94%)	2 (4%)	—	1 (2%): Nr. 11	—
L	48	47 (98%)	—	—	1 (2%): Nr. 32	—
P	48	36 (75%)	9 (19%)	—	3 (6%): Nr. 26. 28. 29	—
Ψ	48	31 (65%)	10 (21%)	—	3 (6%): Nr. 16. 19. 24	4 (8%): Nr. 36. 38. 42. 43

Tafel 5: GESAMTÜBERSICHT ZUM JAKOBUS-BRIEF

ausgewertete Hss	Jh.	Stellen insgesamt	Klasse A Stellen	%	Klasse B Stellen	%	Klasse C. 1 Stellen	%	Klasse C. 2 Stellen	%	Klasse D Stellen	%
A. Lektionare (Normalform)												
l 172	XIII	395	377	95	3	1	10	2,5	5	1,5	—	—
l 422	XIV	327	269	82	11	3	22	7	6	2	19	6
l 590	XI	393	366	93	13	3,5	10	2,5	4	1	—	—
l 592	XVI	395	346	88	6	1,5	24	6	6	1,5	13	3
l 593	XV	395	338	86	16	4	24	6	6	1,5	11	2,5
l 596	XII	343	287	84	35	10	12	3,5	5	1,5	4	1
l 841	XVI	395	376	95	4	1	5	1,5	10	2,5	—	—
l 883	XI	395	373	94	3	1	6	1,5	5	1,5	8	2
l 921	XII	395	341	87	10	2,5	24	6	6	1,5	14	3
l 938	XIII	395	376	95	4	1	10	2,5	5	1,5	—	—
l 1141	XII	395	369	94	6	1,5	14	3	6	1,5	—	—
l 1281	XV	395	363	92	8	2	16	4	7	1,5	1	0,5
l 1441	XIII	395	353	90	10	2,5	17	4	6	1,5	9	2
l 1768	XVII	395	357	91	10	2,5	16	4	8	2	4	1
l 2073	XIV	395	369	93	3	1	17	4	5	1,5	1	0,5
B. Lektionare (Sondergruppe)												
l 156	X	79	76	96	—	—	1	1,5	2	2,5	—	—
l 165	XI	47	43	92	1	2	2	4	1	2	—	—
l 170	XIV	79	70	89	1	1,5	4	5	2	2,5	2	2,5
l 617	XI	79	76	96	1	1,5	—	—	2	2,5	—	—
l 1818	XVI	79	70	89	1	1,5	4	5	3	3,5	1	1,5
C. Kontrollgruppe: Texthandschriften												
P[74]	VII	143	101	71	34	24	—	—	—	—	8	5
ℵ	IV	398	289	72	97	25	—	—	—	—	12	3
A	V	398	287	72	105	26,5	—	—	—	—	6	1,5
B	IV	398	292	73	101	25,5	—	—	—	—	5	1,5
C	V	258	199	77	57	22	—	—	—	—	2	1
K	IX	398	365	92	17	4	4	1	7	1,5	5	1,5
L	IX	398	386	97	7	1,5	1	0	2	0,5	2	0,5
P	IX	377	305	81	61	16	3	1	5	1	3	1
Ψ	VIII/IX	396	303	76	63	16	3	1	11	3	16	4